D1826981

Taschen-encyclopaedie Der Medicinischen Klinik

You are holding a reproduction of an original work that is in the public domain in the United States of America, and possibly other countries.You may freely copy and distribute this work as no entity (individual or corporate) has a copyright on the body of the work.This book may contain prior copyright references, and library stamps (as most of these works were scanned from library copies).These have been scanned and retained as part of the historical artifact.

This book may have occasional imperfections such as missing or blurred pages, poor pictures, errant marks, etc. that were either part of the original artifact, or were introduced by the scanning process. We believe this work is culturally important, and despite the imperfections, have elected to bring it back into print as part of our continuing commitment to the preservation of printed works worldwide. We appreciate your understanding of the imperfections in the preservation process, and hope you enjoy this valuable book.

TASCHEN - ENCYCLOPÄDIE

der

MEDICINISCHEN KLINIK,

enthaltend

die speciellen Symptome, Diagnose und Therapie mit Receptformeln für sämmtliche innere
Krankheiten alphabetisch geordnet, nebst
einem Anhange

als

Recepttaschenbuch

sämmtlicher Arzneimittel

für

praktische Aerzte und Studirende

von

Dr. Martell Frank,

Privatdocenten der Universität, königl. Gerichts- und
Polizei-Arzte der Hauptstadt München.

———

Fünfte, vielfach vermehrte und verbesserte Auflage.

Stuttgart.

Verlag von Adolph Krabbe.

1855.

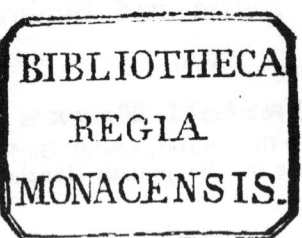

BIBLIOTHECA
REGIA
MONACENSIS.

Gedruckt bei K. Fr. Hering & Comp.

Vorrede.

Wie wir in unserer Vorrede zur vierten Auflage schon hervorgehoben, dass man in der Therapie einfach sein solle, so halten wir auch bei dieser neuen Auflage nochmals wegen der in neuerer Zeit immer sich mehrenden Zahl von Medicamenten es für zweckdienlich, diesen Punkt in unserer Encyclopädie, welcher so leicht als ausschliessliche Haupttendenz die Heilungspraxis untergeschoben wird, hervorzuheben, und glauben diese therapeutische Richtung am besten durch eine anderswo aufgestellte schematische Lehre veranschaulichen zu können:

1) Wo keine Krankheiten — keine Heilmittel,
2) bei wenig Störung — wenig,
3) bei zweifelhaften Krankheiten — pianissime,
4) bei acuten Krankheiten — fortissime,
5) bei chronischen, zumal organischen Uebeln piano-retardato i. e. nur langsam und exspectativ, aber nicht verzagt.

Nur bezüglich der acuten und chronischen Krankheiten müssen wir aber eine Erläuterung hinzufügen, indem wir mit Anderen die Ueberzeugung theilen, dass bei acuten Krankheiten eine grosse Anzahl derselben den Weg zu ihrer Heilung sich selbst vorgezeichnet hat und verfolgt, und die Heilung derselben oft am besten der Natur, während man den Kranken gegen äussere Unbilden schützt, zu

überlassen sei; während indess bei chronischen
Krankheiten häufig es einer starken Anregung einzelner physiologischer Functionen bedürfe.

Stets muss die Heilkraft der Natur berücksichtigt
werden, wenn sich die Therapie nicht auf trügerische
Thatsachen stützen soll. Viele Krankheiten, zumal
acute, heilen von selbst, eine zweifellose Thatsache,
die der Anfänger stets im Auge behalten sollte, und
bei ihrer Leitung wird er oft vor dem verführerischen
Reize gefährlichen Eingreifens geschützt werden.
Man hat sehr richtig gesagt, dass derjenige, welcher niemals oder selten Ursache findet, mit irgend
einem thätigen Eingreifen zu zögern, entweder
ein ausserordentliches Genie, oder ein Quacksalber
und Routinier sein müsse. Die exspectative
Methode ist eine grosse Kunst, wird aber leider von
Anfängern und Recepteschreibern selten verstanden,
und von verderbten unvernünftigen Menschen auch
ungerne ertragen. In dieser Hinsicht ist den von
Ruete aufgestellten Grundregeln beizustimmen; man
verfahre exspectativ, 1) wenn jene grosse Reihe organischer Veränderungen und Functionsstörungen vor-
liegt, die man durch die pathologische Anatomie
kennen gelernt hat, und bei denen die Unzulänglich-
keit, Nutzlosigkeit oder offenbare Schädlichkeit der
bisher bekannten Heilmethoden klar ersichtlich ist;
2) wenn das Hauptübel einen bestimmten Ciclus der
Entwicklung zu seinem Absterben durchlaufen muss;
3) wenn die vorhandenen Erscheinungen nicht ausreichen, um eine sichere Diagnose zu stellen, um
sich klare Gründe für ein actives Einschreiten zu
entwickeln. Ganz im Allgemeinen könne man sagen,
dass nur drei Indicationen zur Anwendung von Heilmitteln, also zur künstlichen Regulirung der Functionen vorliegen: 1) wenn die Heilkraft der Natur zu
schwach ist, 2) wenn sie zu stürmisch auftritt, und
3) wenn sie eine fehlerhafte Richtung annimmt. Immer aber muss man des Satzes sich erinnern: Natura
sanat, medicus curat morbos. —

Um im Gebiete der Pathologie der lobenswerthen
auf Anatomie und Physiologie sich fussenden Ver-
einfachung in unserer neuen Auflage nachzukommen,
haben wir eine Menge veralteter früherer Ansichten
gestrichen, und mit den neuen Lehren in Vereinbarung
zu bringen gesucht. Wir haben viel Pathologisches

ausgemerzt, und dafür das Possitive und durch die
Erfahrung und Wissenschaft Anerkannte der Pathologie gegeben, um im Handeln einen rationellen An-
haltspunkt zu haben. Ob nun zwar die heutige Pathologie mit Recht gewisse Symptomengruppen in
willkührlich geschaffene Bilderrahmen, oder in die
a priori construirten Fächer eines künstlichen nosologischen Systems einzuzwängen, vermeidet, denn die
Krankheitsform ist entweder als Anfang oder Mittelglied oder Schlussstein einer Reihe pathologischer
Veränderungen anzusehen, so dringt sich doch das
praktische Bedürfniss auf für die Berücksichtigung
und ins Augefassen von Symptomengruppen, und so
wurden angesichts der modernen Pathologie doch
noch Krankheiten unter Namen aufgeführt, die jetzt
als obsolet erscheinen, z. B. Febris biliosa, statt
acuter Cholaemie u. s. w. Es wurden ferner aus derselben praktischen Rücksicht oft noch Krankheiten
als ganz verschieden unter sich betrachtet, und als
solche einzeln nosologisch aufgeführt, die vielleicht
später als einer gemeinschaftlichen Ursache ange-
hörend, zusammengestellt werden müssen, allein für
die Praxis war diese Generalisirung bis jetzt nicht nützlich. Ja es wurden einzelne Symptome unter der Firma
selbständiger Aufschriften öfters aufgeführt, denn oft
ist in Krankheiten, nebst den specifisch wirkenden
Hauptmitteln, eine intercurrirende symptomatische
Behandlung nöthig, und es ist daher praktisch höchst
wichtig, eine Behandlung der Symptome kennen
zu lernen.

Wir haben ferner dem Anhange dieser neuen
Auflage einen bedeutenden Zuwachs gegeben, welcher
für den Anfänger in der Receptirkunde zur Anlei-
tung dienen kann, indem wir die allgemeinen Grundsätze dargelegt haben, nach welchen einzelne Arzneiformeln der Pilulae, Morsuli, Rotulae, Trochisci,
Decocte, Infuse, Elaeosacchara, Emulsionen u. s. w.
bereitet werden, und ausserdem haben wir das Ver-
zeichniss der Badeorte, Heilquellen, mit Angabe ihrer
Bestandtheile u. s. w., so wie das der Medicamente
selbst, bedeutend vermehrt.

Endlich glauben wir, wie in den vier vorangegangenen Auflagen, so auch in dieser fünften die
Literatur bis auf die neueste Zeit verfolgt, und hinlänglich fleissig benützt zu haben, so dass wir mit

Befriedigung sagen dürfen, diese Auflage sei der Zeit
entsprechend, und übertreffe an Brauchbarkeit und
innerem Werth die früheren um ein Bedeutendes,
und leben der angenehmen Hoffnung, dass auch sie
sich des Beifalls erfreuen werde, der den früheren
Auflagen zu Theil geworden.

München, Ende November 1854.

Der Verfasser.

A.

Abdominalplethora. S. Plethora abdominalis.

Abdominalpulsation. Bauchklopfen, Pulsatio abdominalis. Ein vom Herzschlage verschiedenes Klopfen in der Bauchhöhle, besonders im Oberbauche, dem Kranken auffallend, oft lästig und schmerzhaft (colica pulsatilis), zuweilen auch dem Arzte fühlbar. Pulsationen im Unterleib, besonders in den Praecordien, kommen in acuten Krankheiten vor; sie verkünden heftiges Delirium und sind gefahrdrohendes Zeichen. Auch bei chronischen Krankheiten werden Abdominalpulsationen beobachtet. Hypochondristen und Hysterische leiden nicht selten daran und werden sehr dadurch beunruhigt, ja können dem Arzte für Aneurysmen imponiren: doch können solche (rein krampfhafte) Pulsationen statt finden, ohne dass irgend eine Fehlerhaftigkeit der Organisation vorhanden ist. Abdominalpulsationen entstehen, wenn irgend ein angeschwollenes oder verhärtetes Organ auf der Aorta oder auf einer andern beträchtlichen Arterie aufliegt. Dergleichen Pulsationen sind auch mit dem Herzschlage synchronistisch. Endlich gibt es krampfhafte Pulsationen, welche wohl in den meisten Fällen von partiellen Muskelzuckungen, z. B. im Darmkanale, ausgehen. Doch scheint es, dass wohl bisweilen die Pfortader in eine krampfhaft pulsirende Bewegung gerathen könne. Unter gewissen Umständen können auch die Venen, sogar die Hautvenen pulsiren. Ein Aneurysma ist da anzunehmen, wo das Klopfen in einer festen und umschriebenen Geschwulst stattfindet, während die gleichmässige und weite Verbreitung der Pulsation auf das Gegentheil deutet. Beim Aneurysma abdominale kommt das Pulsiren allmälig, es ist gleichmässig, in allen Lagen unveränderlich, nicht verbreitet; leicht wird die Function des Theils, wohin die Arterie führt, gestört, daher ein kleiner, welliger, an Stärke und Zahl ungleicher Puls, Stupor und Abmagerung der Füsse, Rückenschmerz etc.; zuweilen verräth sich die Stelle äusserlich durch einen rothen Fleck. Aneurysma der Aorta abdom. erregt heftiges Brennen, Blut-, Kothbrechen, Erweiterung der Leber- und Milzarterien, Hypochondrie, Dyspepsie u. s. w. Bei einem auf die Aorta drückenden Körper ist das Pulsiren nicht gleichmässig, nach der Körperlage veränderlich u. wird zuweilen plötzlich heftig. Scrophel-, Sack-, Blut- und andere Geschwülste sind es, welche, wenn sie auf einer Arterie liegen, vielleicht pulsiren, allein entfernt man die Geschwulst von der Arterie, so schwindet sogleich das Pulsiren. Bei

Hypochondristen verschwindet es nach dem Gebrauche von auflösenden Mitteln. Bei Hysterischen beobachtet man dergleichen Pulsationen, wenn sie theils durch vorangegangene Krankheiten bereits sehr abgemagert sind und zur Hektik hinneigen, wo man auch zuweilen übrigens das Klopfen der Aorta selbst durch die Bauchdecken hindurch fühlt. Auch bei Schwangern werden Bauchpulsationen beobachtet, welche bisweilen auf Vollblütigkeit hindeuten und Blutentziehungen anzeigen. Die Bauchangst, Anxietas praecordialis, welche ohne Unterschied der Tageszeit kommt, periodisch oder anhaltend, ist mit Spannen, Stupor, Klopfen (verschieden vom Herzschlage), Drücken, Beengung, Zusammenziehen und Ausdehnen in der Herzgrube und im U.L. verbunden, ohne viel Veränderung im Puls und Athem; sie gründet sich auf ein Bauchübel. Diese Bauchübel verrathen sich schon zeitig, bis sie endlich auf die Brust wirken, durch deutliche Zeichen z. B. örtliche Empfindungen zumal beim äusseren Druck, eigenthümliche Leiden der einzelnen Organe, gestörte Verdauung und Stühle, Bauchklopfen u. s. w. — Die nervöse Pulsation der Aorta abdominalis ist keine seltene Erscheinung bei schwachen, magern und zarten Personen, besonders Hysterischen; ist oft mit Luftanhäufung im Colon, Faecalmassen und mit krankhaften Secretionen im Coecum verbunden. Auch tritt sie nicht selten in Folge vernachlässigter Dyspepsie ein; die Symptome dieser Krankheit sind gewöhnlich sehr charakteristisch, und lassen dieselbe hinlänglich von organischen Leiden dieses Gefässes unterscheiden. Diese Pulsation ist gewöhnlich mit nervösen und hysterischen Symptomen verbunden, und zeigt eine sehr veränderliche Beschaffenheit. Sie vermehrt und vermindert sich zuweilen ohne irgend eine wahrnehmbare Ursache, gewöhnlich aber in Folge geistiger oder gemüthlicher Aufregungen, so wie durch Ursachen, welche die Constitution im Allgemeinen afficiren. Krankheiten des Magens und Unregelmässigkeit der Uterinfunctionen veranlassen sie auch zuweilen oder führen einen Rückfall herbei. Ist der Anfall heftig, muss man die Aetherpräparate, Asa foetida, Valeriana, Ammonium anwenden; auch starker Kaffee, grüner Thee leistet Gutes. Sind Gemüthsbewegungen Schuld, so vermeide man diese; Diät sei leicht verdaulich, die Functionen des Darmkanals müssen in Ordnung erhalten werden. In Fällen, wo grosse geistige oder körperliche Irritabilität zugegen ist, wird Hyoscyamus, Conium und Morphium acetic., Hyoscyamus mit Camphor nützlich. Die Antispasmodica pflegen im Allgemeinen mehr zu leisten, als die Sedantia; wo das Uebel indessen durch grosse Irritabilität charakterisirt ist, leistet die Verbindung beider Klassen von Mitteln am meisten. Man muss namentlich die Menstruation berücksichtigen. Hat die Affection an Heftigkeit nachgelassen, so kann man zu einem mehr tonischen Regimen und zu Arzneimitteln derselben Art schreiten. Bittere Infuse und Decocte, Columbo, China, Cascarille, Chamillen mit Alkalien, später Eisen, Uebergiessungen, kalte Salzwasserbäder, Stahlwässer. — Die Tinctura colocynthid. 3mal täglich zu 5—15 Tropfen ist gegen Lähmung des Dickdarms und der unteren Extremitäten so gelobt, als gegen Abdominal-pulsationen. Ueberhaupt leisten die Purgantia in Verbindung mit Antispasmodicis hier sehr viel, z. B. Thee von Valeriana, Fol. aurantior., Fol. Sennae, summitat. millefol. ana ℥ß. Des Abends 2 Esslöffel voll mit heissem Wasser zu infundiren, die Nacht über stehen zu lassen und des andern Morgens die eine Hälfte und des Abends die andere zu nehmen.

Abdominaltyphus. S. Nervenfieber.

Achselschweisse. S. Schweisse.

After - Hypertrophie. Hypertrophia sphincteris ani. Vgl. Mastdarm.

Agrypnia. S. Schlaflosigkeit.

Albuminurie. Krankhafte Eiweissausscheidung durch den Urin.

Ausser den Fällen von exquisiter Albuminurie kommt dieselbe auch vorübergehend in acuten Krankheiten vor, und zwar im Verlaufe des Typhus, der Pneumonie; anhaltend auch in einigen chronischen Krankheiten, besonders in solchen, welche eine stärkere Propulsion des Blutes in den Arterien veranlassen oder eine Stagnation in den Venen des Abdomens begünstigen, und wo anhaltende Eiterungen Fistelöffnungen unterhielten, auch bei Blasenblutung, Blasenmarkschwamm, Nierensuppuration, bei Tuberculose, Puerperalfieber, Krebs, bei Chlorotischen, Wechselfiebern, Pneumonien, Pleuritis, Peritonitis, chronischen Catarrhen, Diarrhöen, Herzkrankheiten, Epilepsie, Chorea, Paralyse, Starrkrampf etc. kommt etwas Eiweiss im Harne vor. Der Nachweis also des Eiweisses im Urine hat eine sehr verschiedene semiotische Bedeutung. Abgesehen von dem Eiweissgehalt, welcher blutige und eitrige Beimischungen des Urins begleitet, gehört es a) der passiven Congestion durch Stagnation in den Nierenvenen an; wird mit derselben vorübergehend oder andauernd sein und im letzteren Falle zur albuminösen Nierendegeneration führen (vergl. Bright'sche Krankheit). Mit der Diagnose von Erkrankung der Nieren auf den Grund der Gegenwart von Albumen im Urine muss man aber äusserst vorsichtig sein, wenn einigermaassen die Geschichte des Falles nicht hinreichend bestimmte Data an die Hand gibt; denn oft findet man nach dem Tode keine Spur von Nierengranulation. b) Die Albuminurie zeigt sich bei arterieller Congestion der Nieren, zusammenfallend mit verstärkter und frequenter Pulsation und Fieber und hiemit wieder verschwindend, dagegen anhaltend und mit albuminöser (fibrinöser und fettiger) Degeneration der Nieren endigend, wenn durch Hypertrophie des linken Herzventrikels und gleichzeitige Erhöhung des ganzen arteriellen Lebens die Propulsion des Blutes und das Kaliber der Nierenarterie stärker sind. c) Der Eiweissgehalt des Urins hängt von einer Blutkrasis ab, und dieselbe wird erzeugt entweder durch anhaltende Eiterung, besonders Knocheneiterung, oder durch Gehalt des Blutes von

Fett im unverseiften Zustande, die Pyaemie der
Säufer, welches Stearose der Nieren wie der Leber
hervorbringt. d) Albuminurie stellt sich mit den
Erscheinungen der Nephritis ein nach heftiger Erkältung und Durchnässung der äusseren Haut, welche zugleich im Stande war einen lähmungsartigen
Zustand der Nerven hervorzubringen. Dasselbe ist
bei Verbrennung einer grösseren Hautfläche und beim
Scharlach der Fall. Mit Hebung der Ursache und
Wiederherstellung der normalen Hautfunction und
der peripherischen Nerventhätigkeit kann die Albuminurie gehoben werden. Erfolgt Albuminurie nach
Erkältung und Durchnässung, so kommen Steifheit
der Glieder, reissende, hinschiessende Schmerzen,
kühle, welke, unempfindliche Haut. Ist nur ein Zustand der Halblähmung der peripherischen Nerven
und ein gleicher der Nierennerven als associirte
Alienation anzunehmen, so steht sehr ungezwungen
die Hypothese da, dass eben hierdurch die beider-
seitigen Anomalien bedingt werden; in dem Hautorgane Aufhören der normalen Secretion und seröse
Infiltration ins Zellgewebe, in den Nieren unterdrückte
Ausscheidung der normalen Harnsalze und des Harnstoffes und Begünstigung des Durchtrittes von coagulablen Stoffen aus dem Blutserum. Wiederherstellung der Hautfunction ist stets mit Besserung
des Gemeinbefindens, mit Nachlass der Hautanäs-
thesie, mit Nachlass der Schmerzen in den grösseren Nervenzweigen (der Anästhesia dolorosa), mit
Einsinken des Oedems verbunden. Die innerlich
angewendeten Laugensalze und Laugenwaschungen
verbessern den Gesammtzustand, aber für die Albuminurie bleiben sie ohne wesentliche Wirkung. Die
Erscheinungen durch geänderte Qualität des Blutes
sind hier: Kopfschmerz, Schwindel, Ohrensausen,
Dyspnoe, Herzpalpitationen, Dauungsstörungen.
Wirkliche Anaemie und Hydraemie mit Ohnmachten,
Delirien, Hydrocephalus, Hydrops cerebri, pericar-
dii, pleurae, peritonaei gehören ebenfalls zu den
Symptomen. Als episodisch und sympatisch treten
die Spinalsymptome und das Schluchzen, Erbrechen
und die Stuhlverstopfung bei nephritischen Exacer-
bationen auf. — Gewöhnlich geht Verkältung oder
Durchnässung voraus, woraus sich Oedem der Füsse
einstellt, welches sich bald höher hinauf erstreckt.
Körperkraft, Hautthätigkeit, Appetit verschwinden.
Anasarca über den ganzen Körper, kühle, trockene
Haut, pelziges Gefühl der Extremitäten und Schwer-
beweglichkeit; Respiration sehr beklommen, von
häufigem Husten unterbrochen. Spannung und Druck
vom Rücken um die ganze Oberbauchgegend herum.
Urin hellbraun, durchsichtig, schäumend, enthält viel
Eiweiss. Wir wollen in folgenden concreten Fällen
das Bild der Krankheit und deren Behandlung näher
zeichnen:

1) Schlaflosigkeit, in der Bettwärme heftige
Schmerzen in den Unterschenkeln, Oedem der Knöchel und am Fussrücken, trockene, kühle Haut,
gänzlicher Mangel an Schweiss, häufiges Frostgefühl,
Mattigkeit, kleiner Radialpuls, geringe Schwerath-

migkeit bei Körperbewegung, zeitweise und später
auftretende Herzpalpitationen. Appetit und reine
Zunge, aber beschwerliche Verdauung mit brennender Sensation im Magen, saurem Aufstossen und sehr
trägem Stuhlgange. Die Untersuchung des hellen,
schmerzlos und in normaler Menge abgehenden Harns
ergibt kein Sediment, geringes specifisches Gewicht,
und rasche und consistente Coagulation durch Salpetersäure, eine starke Quantität von Eiweiss. —
Oefteres Einwickeln der Unterschenkel mit durch-
räuchertem Hanf bis zur copiosen Schweissbildung;
innerlich eine Mischung von kohlens. Natron und
Ammon. carbon. und Rheum. (In andern Fällen gibt
man auch ½ Gr. tart. emet. stündlich der Respira-
tionserscheinungen, sowie des unterdrückten Schweisses wegen.) Endlich Pillen aus vegetabilischen Ad-
stringentien aus ana China, Tormentille und Ratanhia gegen die Albuminurie. Schwefelleber 8 Gr. tägl.

2) Oedem der Füsse, blasse Gesichtsfarbe, matter
Blick, träger Gang, Abmagerung, Haut der Extremitäten kühl, trocken und welk. Oppression der
Brust ohne nachweisbare Respirationshindernisse.
Gefühl von Herzpalpitation, der Impuls nicht verstärkt, die Herztöne sind hell, der Rhythmus ungleich. Keine Dauungsstörung. Der helle reichliche Urin, ohne Wolken und Sediment, enthält viel
Eiweiss. — Oefteres Waschen des Tages mit warmem
Essig und Einhüllungen in wollene Decken. Waschen
mit warmer Lauge, wenn der Essig keine Wirkung
mehr hervorbringt. Täglich 4 Gr. Jodeisen; endlich
täglich ℨj acid. nitric. dilut., später täglich 30 gutt.
Liquor ferri nitric. und die Pillen aus China, Tormentille und Ratanhia ana 2gränige Pillen zu machen,
4 Pillen des Tages.

3) Oedematöse Anschwellung an den Wangen,
der vorderen Brust, dem Bauche, an den Knöcheln,
trockene Haut, sehr bleiches Aussehen, Mattigkeit
und Dauungsstörungen. Appetitmangel, Gefühl von
aufgetriebenem Epigastrium, Aufstossen, Nierenge-
genden gegen Druck empfindlich. Viel blassgelber,
schaumiger Urin, reagirt stark sauer, hat kein Sediment. Eiweissgehalt.

4) Leucophlegmatisches Gesicht, Miene ängstlich,
Auge scheu, Carotiden klopfen, Oppressionsgefühl
auf der Brust ohne Athemnoth, langsame Respiration.
Nach Verkältung, Durchnässung kommen kolikartige
Durchfälle, Erscheinungen von Nierenentzündung,
endlich sinken die Kräfte, Gesicht und Füsse schwellen an, Kopfschmerzen, Lendenschmerzen u. dergl.
kommen hinzu, der Urin wird nun reichlicher als
gewöhnlich gelassen, hat eine helle Farbe. Das
Oedem wird bedeutend, die Kräfte sinken mehr und
mehr. Das Aussehen ist anaemisch, Gang mühsam
und schwankend, Steifheit im Rücken beim Gehen,
Kleinmüthigkeit, deprimirte Stimmung, Haut trocken,
selten Schweiss, meist nur am Kopfe oder auf der
Brust, also nur partiel. Oedem, Kopfschmerz, Summen vor den Ohren. Herzpalpitationen, Schmerz in
der Nierengegend. Urin reichlich, hellgelb, schäumend, mit Salpetersäure versetzt bildet er einen

dichten weissen Niederschlag. — Waschungen mit
Kalilauge; Ammon. carbon. mit Rheum, um auf die
Haut zu wirken, den Stuhl zu regeln; endlich China
und Ratanhia. Kommt Nierenschmerz, so gibt man
Calomel trotz Blutcrasis, um drohenden Ereignissen
vorzubeugen in Folge der nephritischen Erscheinungen.

Alp. Incubus, Asthma nocturnum.

Symptome. Im Schlafe, in Folge von Congestionen zu den Lungen, Gefühl eines schweren Druckes
auf der Praecordialgegend, welcher das Athmen hindert; Beängstigung, ängstigende Phantasie, welche
getäuscht wird, so dass die Kranken zu sehen und
zu empfinden glauben, dass ein Ungeheuer auf sie
losstürme, auf ihre Brust springe, den Beischlaf ver-
lange etc., wobei man oft lange vergebens sich aufzurichten und zu bewegen oder nach Hülfe zu rufen
strebt, bis ein Angstgeschrei auszustossen gelingt,
womit man erwacht und befreit ist. Kommen alle
Nacht solche Anfälle und Ohnmachten dazu, so ist
zu besorgen, dass Epilepsie und Apoplexie erfolge.

Diagnose. Charakteristisch ist, dass die Anfälle
im Halbschlafe statt finden: die äusseren Sinne feiern,
aber der Leidende behält das Bewusstsein und weiss,
dass seine Empfindung nur eingebildet ist.

Therapie. Entferne allgemeine und örtliche Plethora, Blähungen, Verstopfungen, vermeide Abendessen und das Liegen auf dem Rücken. Oefters
nützen krampfstillende, stärkende Mittel, in hartnäckigen Fällen Hautreize, künstliche Geschwüre.
Ein allzulanges Zäpfchen kann des Nachts im Schlafe
die Respiration behindern und solche Beschwerden
nach sich ziehen wie die des s. g. Alpes; um diese
dann zu beseitigen, muss die Uvula zum Theil ab-
getragen werden.

Amenorrhoe. S. Menses. Nr. 2.

Anämie ist der Zustand der Blutleere oder des
Blutmangels; die erstere kann vorübergehend sein,
der Blutmangel drückt aber den Zustand einer stätigen dauernden Entbehrung aus. Die Anämie kann
sich auf einen Theil, ein Organ beschränken, oder
auf den ganzen Organismus ausdehnen.

Entweder mangelt es an Blut überhaupt (eigentliche Anämie) oder an den belebenden Bestandtheilen
des Blutes (Blutkügelchen, Fibrine), ohne dass das
Serum des Blutes verändert oder überwiegend ist.

Die Anämie geht mit der Zeit in Dyscrasie über.
Das Blut der Anämischen ist hell, wässrig, schleimig, hat geringen Gehalt an Blutkügelchen, Faserstoff, Eisen, desto grössern an Wasser; dann aber
Hydrämie genannt. Blutkuchen ist weich, zer-
fliessend. Vergl. noch Anämie bei Chlorose.

Das anämische Organ ist blass, trocken, saftlos,
hat an Volumen verloren, ist bald dichter, bald mür-
ber als im gesunden Zustande, bald wirklich erweicht.
Ist die Anämie allgemein, so findet man nach dem
Tode nur eine äusserst geringe Menge Blutes in der
rechten Herzhälfte, in den grösseren Arterien und
Venen, in den Haargefässnetzen. Manche Organe
indessen, besonders die Milz, werden auch bei be-

deutender Anämie niemals völlig blutleer, ja selbst hyperämisirt gefunden. In acuter Anämie, wo rasch eine grosse Menge arteriellen Bluts verloren geht, stellt sich sogleich ein Zustand von ausserordentlicher Schwäche und Beschränkung der animalen Functionen ein, Unempfindlichkeit, Unbeweglichkeit, Schwindel, Bewusstlosigkeit, Gehirnlähmung, Ohnmachten, Lungenlähmung mit Eiskälte, Todtenblässe, Pulslosigkeit, zuweilen plötzlicher Tod. Bei der chronisch sich bildenden Anämie: wachsähnliche, oft gelblich (icterisch) schimmernde Blässe der Haut, Schleimhäute, Bindehaut, Lippen, Zunge, des Zahnfleisches, der innern Oberfläche der Wangen; allgemeine Kraftlosigkeit, sogleich Ermüdung, selbst Ohnmachten nach der geringsten Anstrengung; melancholische Stimmung, Hang zur Einsamkeit, Seufzen, Weinen ohne Grund, Todessehnsucht, Schlummersucht, Trägheit, Kopfschmerz namentlich am Hinterhaupte; Schlaffheit des Fleisches, ödematöse Infiltration der Glieder, schwammige seröse Aufdunsung um die Augenlider, im Gesichte; oft auch Abmagerung, Wärmemangel, Frösteln, Herzklopfen bei jeder Bewegung, oft auch spontan; Herzschwirren und Schwirren in den grössern Arterien; Puls frequent, klein, zitternd, weich, leicht zu comprimiren, zuweilen aber heftig fibrirend, täuschend hart und gespannt, so dass man leicht auf einen Herzfehler oder eine Entzündung schliessen möchte. Die Geräusche in den grösseren Halsgefässen als diagnostisches Mittel bei Anämien anzusehen, wie häufig gelehrt wird, kann nach besseren Erfahrungen nicht gebilligt werden. Diese Geräusche kommen von den Venenstämmen her, werden bei den verschiedensten Blutmischungen und selbst bei Plethorischen wahrgenommen. Die Anämie ist eine der wichtigsten Quellen von Neurosen. Die gewöhnlichsten Nervensymptome sind grosse Mattigkeit und Schwäche und die Gastrodynia neuralgica (vagus). Die sog. Pica ist in den meisten Fällen vorhanden. Keuchen bei jeder Bewegung, Appetitlosigkeit, Verdauungsbeschwerden, Druck, Spannen, Schmerz in der Herzgrube, Sodbrennen, Magensäure, saures Erbrechen, Flatulenz, Verstopfung, zuweilen mit Durchfall wechselnd, Harn sparsam, bleich, entfärbt. Wirkungen örtlicher Anämie sind: Verminderte Energie des seines vitalen Motors beraubten Organes, zuletzt Lähmung seiner Verrichtungen. Das blutleere Gehirn wird zum Denken, zur Bestimmung der Bewegungsorgane unfähig, s. Hydrocephaloid. Die blutleeren Sinnesorgane, das Auge, Ohr u. s. w. werden gelähmt; der blutleere Magen verdaut nicht, die blutleere Leber secernirt keine Galle. Oft entstehen Delirien, Ohrenklingen, Lichtscheu, Funkensehen und Krämpfe durch Anämie der Unterleibsorgane, des Nervensystems; bei Verblutung entstehen vor dem Tode Convulsionen, die blutleeren Lungen werden dyspnoisch, das blutleere Herz palpitirt heftig, die Blutleere des Magens erzeugt Dyspepsie, oft Erbrechen u. s. w. Je mehr die Energie eines Organs oder des Organismus durch die Anämie geschwächt·wird, in desto grösserem Maasse wird seine Reizbarkeit erhöht. Eine zweite Wirkung der örtlichen Anämie ist: Verminderte Ernährung des anämischen Organs. Die Ursachen der Anämie sind: Gesteigerte Consumtion des Blutes durch rasches Wachsen, Blutverluste, Säfteverschwendungen, Aderlässe, Lactation, Speichelflüsse, Eiterungen, Diarrhoen, Schleimflüsse, Colliquationen, übermässigen Menstrualfluss, häufige Schwangerschaften, schwere Krankheiten, Erzeugung von Afterorganisationen. Hindernisse der normalen Bluterzeugung: Krankheit irgend eines Organs, Dyspepsie, Krankheiten des Dauungskanals, der Leber, Milz, Lungen, des Herzens, der Nieren, der Mesenterialdrüsen, Mangel an Nahrung, Fasten, schlechte Nahrung, verdorbene Luft, mit Metalldünsten geschwängerte Luft, die Luft in Bergwerken, Entziehung des Lichtes, die Pubertäts - Entwicklung, nervöse Erschütterungen. Oertliche Hemmung des Kreislaufes durch Druck, Obliteration, Atrophie, Verwachsungen. Antagonistische Anämie entsteht, wenn irgend ein Organ Sitz vermehrter Blutattraction ist, daher bei Frauen, welche menstruiren, auffallende Blässe des Gesichts, der Lippen, blaue Ringe um die Augen, Migraine. Vergl. Harn und den anämischen Harn. Die Anämie kommt meistens beim weiblichen Geschlecht, bei jungen Mädchen in der Pubertätsperiode, nicht selten auch bei Kindern vor. Am seltensten bei Frauenzimmern im vorgerückten Lebensalter und dann in Folge starker Blutverluste, organischer Uteruskrankheiten.

Therapie. Schädliche Aussenverhältnisse müssen beseitigt, krankhafte Zustände der hämopoetischen Organe, z. B. Dyspepsie, entfernt werden. Die directe Kur ist die restaurirend tonische. Obenan steht das Eisen in seinen verschiedenen Präparaten. Ferrum hydrijodatum zu 1½—2 Drachmen, in einem Nösel rothen Weins aufgelöst, zu 3 Essl. täglich, oder einfach in Wasser gelöst zu 10—15 Tropfen. Eisenhaltige Mineralwässer, besonders die reich an Kohlensäure sind, Pyrmont, Driburg, Brückenau, Bocklet, Schwalbach, Cudowa, Spaa, Vichy. Adjuvantia sind China und Mineralsäuren. Da im anämischen Blute der Salzgehalt geringer wird, so können geringe Dosen von Neutralsalzen mit obigen Mitteln verbunden die Heilung befördern. Die Diät soll animalisch sein, Fleisch, zuckerhaltige, bittere, aromatische Vegetabilien, Cichorien, Sellerie. Schädlich sind unreife Früchte, Salat, saure, fette, gesalzene Speisen, Backwerk, Thee. In Krankheiten anämischer und chlorotischer Kinder darf namentlich der antiphlogistische Apparat nur mit der grössten Vorsicht angewendet werden. Calomel besonders schafft hier oft grosses Unheil. Hatte Blutverlust die Anämie erzeugt, dann Transfusion, jedenfalls aber Eisen, China, Wein. Der Camphor ist ein kräftiges, flüchtig erregendes Mittel, welcher sowohl die Thätigkeit des Gefäss- als Nervensystems vermehrt, antispasmodisch wirkt, namentlich bei Spasmus ex inanit. ganz vorzüglich die erlöschende Lebensflamme des

Blutes und den Torgor vitalis anfacht. Um Schlaf zu erzeugen bei jener Schlaflosigkeit, die aus Blutverlust entsteht, sollen kalte Fussbäder vor dem Einschlafen angewendet, ein treffliches Mitttel sein. Das Extractum bovini sanguinis ist als ein neues Mittel in chronischen Anaemien bei Kindern von Mauthner empfohlen. Da wo er früher die Flores Salis ammoniaci martiales mit gutem Erfolge bei Kindern anwandte, welche an periodischen Congestionen mit Pulsfrequenz litten, wenn sich sonst keine organische Affection auffinden liess, und wenn die Kinder in der Zwischenzeit blass und gedunsen aussehen und immer matter werden, dann wendet er das eingekochte Ochsenblut an zu 10 Gr. — ʒj auf den Tag. S. Chlorose.

Anästhesie. S. Lähmung.

Anasarca. S. Hautwassersucht.

Angina. S. Bräune.

Angina-externa. S. Zellgewebsverhärtung des Halses.

Angina-gangraenosa. S. Bräune — brandige.

Angina-membranacea. S. Croup.

Angina-pectoris, Brustbräune, Asthma convulsivum, Sthenocardie, Neuralgia cardiaca.

Die Ang. pect. besteht in jener Krankheit des Herzens, wo theils bei abnormer Veränderung der Organoplastik des Herzens, theils bei krankhafter Alienation des Nerveneinflusses auf das Herz, unter Concurrenz bestimmter äusserer Einflüsse eigenthümliche Krankheitsparoxysmen herbeigeführt werden, welche Disharmonie in den Verrichtungen des Herzens, der Lungen, ja selbst des Gehirns zur Folge haben; oder aber, wo solche Störungen in dem Gefäss - und Nervenleben des Herzens von aussen her auf dieses Gebilde übertragen werden, und zwar von gewissen Theilen solcher Organe und Systeme, welche mit demselben im intimsten physiologischen Verbande stehen, und wodurch sodann gleiche Paroxysmen-Phänomene erzeugt werden, wie oben. Diese Krankheitsform wurde 1768 von dem Franzosen Raugnon näher herausgehoben und 1772 von Heberden genauer beschrieben und Angina pectoris getauft, welchen Namen sie seit jener Zeit beibehalten. Auch unter anderen Namen wird diese Krankheit öfters aufgeführt: Arthritis diaphragmatica —, Asthma arthriticum —, Syncope agens —, Asthma dolorificum, syncopticum —, Sternodynia syncope —, Asthma spastico - arthriticum —, Asthma spurium cardiacum —, Sternalgia —, Sternodynia syncopalis palpitans —, Stenocardia —, Cardiodynia spasmodica —, Angina pectoris —, Angina thoracica —, Neurosis cordis —, Neuralgie des Herzens —. Die Sectionsergebnisse bei dieser Krankheit waren meistens krankhafte Veränderungen der Coronararterien (Ossification), Hypertrophie des linken Herzventrikels mit und ohne Klappenfehler, Dilatation der Aorta, Fettsucht des Herzens. Einzelne Pathologen sind der Ansicht, dass die Krankheit von Verknöcherung der Kranzarterien abhinge, Andere leiten dieselben von Gichtleiden her, Andere von einem Herz — Leberleiden, halten sie für eine Neurose des Herzens, es sei das Leiden in den Herznerven begründet, das sich über die auf- und absteigenden Nerven des Pneumogastricus verbreitet. Es sind also theils organische Abnormitäten angenommen worden, theils aber auch nur dynamische, d. h. functionelle. Zur ersten grossen Classe gehören alle mit organischen oder Structurkrankheiten des Herzens oder solche der grossen Gefässe oder von organischen Leberleiden. Zur zweiten Classe gehören die reinen Herzneurosen, nervöse Brustbräune, sie mögen entstehen durch Spinalirritation oder Hyperästhesie der Herznerven und der Herzgeflechte. Die organische Abtheilung kann, da alle diese Veränderungen auf der Bahn vasculöser Krankheitsprocesse entstehen, auch Angina pectoris vasculosa, die zweite Angina pect. neurotica genannt werden, und da, wo die Phänomene sowohl im Leben, und da, wo die Phänomene sowohl im Leben, als nach dem Tode weder der einen Classe, noch bestimmt der anderen Classe beigezählt werden können, kann man für diese eine Angina pect. mixta annehmen.

Die Krankheit kommt in jugendlichen und mittleren Altersperioden, wo die Nerventhätigkeit des Herzens und dessen Antheil am Kreislaufe in seiner ganzen Integrität und Norm besteht, nur äusserst selten, wohl aber häufiger im vorgerückteren und Greisenalter, wo Nerven- und Gefässleben des Herzens relative Abnormitäten erleiden, namentlich bei Wohllebenden vor, ebenso nach unterdrückten Exanthemen.

Die Krankheit befällt ohne Vorboten, plötzlich, in einzelnen Anfällen von unbestimmter Dauer und Entfernung. Im Beginne der Krankheit sind dieselben kürzer, von geringerer Intensität und Ausdehnung der Symptome, in grössere Distanzen auseinander gerückt. Bei längerer Dauer erweitert sich der Kreis und die Intensität der Erscheinungen, die Anfälle rücken näher, werden durch geringere Anlässe provocirt, hinterlassen beim Kranken das Gefühl ihrer zugenommenen Stärke. Ohne alles vorangegangene Unwohlsein, bei scheinbar guter Gesundheit überkommt den Kranken beim Gehen auf ebenem Wege, nach der Mahlzeit, oft gerade bei Aufwärtssteigen oder Gehen gegen den Wind oder nach Actionen, die eine grössere Thätigkeit des Herzens beanspruchen, eine plötzliche Beraubung des Athems mit einer peinlichen, sehr unangenehmen Empfindung in der Brust, ein Gefühl nicht von Oppression, sondern des Mangels der Athemerquickung, von scheinbarem Luftmangel (Lufthunger), von beängstigendem Erschöpftsein, wie jenes des nahen Todes, und von Hemmung der Bewegung und aller Lebensverrichtungen. Sowie die Kranken aufhören, weiter zu schreiten oder sich zu setzen, verschwindet die unangenehme Empfindung, wiederholt sich auch gerne wieder nach einigen Minuten, aber schwächer. Der Anfall schliesst mit Seufzen und Aufstossen von Blähungen (die der Kranke oft selbst für eine Ursache der Krankheit hält) und nach demselben befindet sich der Patient anscheinend wieder ganz gesund, empfindet nicht die geringsten Respirationsbeschwerden; behält höchstens eine Empfindung in der Brust, wie nach lange an-

dauerndem Husten oder von Wundsein in derselben.
Kehren die Anfälle wieder, was erst nach Wochen
und Monaten erfolgt, so geschieht dieses mit einer
höchst peinigenden, ziehenden, lästigen Schmerzempfindung unter dem Sternum, bald mitten unter
demselben, bald höher, bald tiefer gegen die Herzgrube, bald quer durch die Brust. Dieser eigenthümlich zusammenschnürende, drückende und beengende
Schmerz steigert sich auch zuletzt bei späterer Wiederkehr der Anfälle und längerer Dauer der Krankheit zu höherem Grade. Von dem Brustbein verbreitet
er sich wohl noch nach der linken Brustwarze und
von der Brust weg in den linken Arm, bisweilen auch
in den rechten, seltener in beide, oder er zieht sich
auch an der inneren Fläche des Armes herab nach
dem Ellbogen über die Mittelhand nach den Fingerspitzen, wo er das Gefühl von Prickeln, Einschlafen,
Stechen hervorbringt. Dabei können die Kranken tief
einathmen, seufzen, gähnen, sie können den Athem
auch zurückhalten, doch vermehrt Sprechen gewöhnlich die Angst. Sie suchen im Anfalle eine aufrechte
Stellung, ohne sich vorzuneigen, im Gegentheile
drücken die Schulterblätter oft gegen eine Lehne.
Einige Kranke strecken die Arme über dem Kopfe
empor —, Andere drücken die Brust gegen einen
harten Körper. Selten kommt es zur wirklichen Ohnmacht, die Kranken haben vielmehr nur ein Vorgefühl derselben. Herz- und Pulsschlag werden unordentlich, schwach, klein, oft nur zitternd oder ganz
aussetzend. Herzklopfen ist während der Paroxysmen nie vorhanden. Die linke Seitenlage ist den
Kranken lästig, Gesicht und Hände werden kalt,
blass, mit klebrigem Schweisse bedeckt. Urin bald
helle, bald wenig colorirt, geht bei sehr heftigen
Paroxysmen manchmal unwillkührlich ab. Husten
und etwas Schleimauswurf nur manchmal vorhanden.
Die Anfälle, welche vorher nach der Mahlzeit, während der Nacht, oder Morgens oder auf Körperan-
strengungen, moralischen Emotionen entstehen, kommen jetzt mehrmals des Tags, indem ihnen ein eigenes
Vorgefühl vorangeht, dauern öfters Stunden lang, ja
wohl auch den Tag über. Die Kranken befällt grössere Angst, sie verzweifeln an ihrer Genesung und
besorgen zu erliegen, wenn der Schmerz noch länger
dauert oder heftiger wird — verlieren auch wohl das
Bewusstsein, der Tod erfolgt plötzlich; nicht gerade
nach überstandener Furcht vor Erstickung oder im
Anfall, sondern ohne alle Vorzeichen der bevorstehenden Gefahr. Das Centrum der Leiden ist also
das Herz und die weiteren Phänomene verbreiten
sich entweder nach dem Verlaufe der grossen Gefässe oder nach den Radien der drei Nervenbahnen
des Herzens, nämlich Vagus, Trigeminus (Ram.
maxill. infer. vom dritten Aste) und nach dem Sympathicus. Die eigentlichen Kreislaufstörungen stehen
sehr im Hintergrunde und beschränken sich so zu
sagen auf die momentan suspendirte oder deprimirte
Thätigkeit der linken Herzhälfte und dadurch gestörten Kreislauf in den Herzgefässen selbst. Hemmungen etc. im Pulmonalkreislaufe kommen nicht

oder erst später bei längerer Dauer und unter Complicationen vor : wesshalb auch nur in diesen Fällen Dyspnoe vorhanden ist — ausserdem keine Oppression, kein Herzklopfen, sondern Apnoe mit aller Möglichkeit tief einzuathmen. Es sind dieses Umstände, wodurch sich die Krankheit wesentlich von manchen Herzfehlern in Asthmaformen unterscheidet.

Die vasculöse Form scheint vorzüglich plethorische Individuen, solche mit venöser Anlage, kurzem Halse, apoplectischem Habitus, der Fettbildung oder Gicht inclinirende Constitutionen zu befallen.

Die neuralgische Form scheint mehr Constitutionen anzugehören mit reizbarer Nervenfaser, die psychisch leicht afficirt werden. — Nur die neurotische Species kann in vollkommene Gesundheit ausgehen, die anderen Folgekrankheiten sind: Hydrothorax, Lungenödem, Riss des Herzens, Apoplexie; der Tod ist ein häufiger Ausgang durch Herzlähmung oder in Folge von Structurveränderungen.

Die prophylactische Behandlung der vasculösen Form verlangt Aderlässe und Blutegel oder Schröpfköpfe, welche von Zeit zu Zeit zu wiederholen sind, dabei Calomel und Mittelsalze, salinische Digestiv- und Abführmittel, pflanzensäuerliche Getränke, Gefrornes, um die Blutgerinnungsfähigkeit zu mindern, Mineralwasser, Püllna, Saidschütz, Sedlitz, Friedrichshall, bei Abdominalplethora oder cachectischer Anlage der venösen Dyscrasie oder der atrabiliären: Karlsbad, Marienbad, Kissingen; bei ähnlicher Disposition mit rheumatischer oder exanthematischer: Baden etc. ; bei Anlage zu Fettablagerung die Jodquellen, dabei vegetabilische Kost, Bewegung. Sollten in einem plethorisch kräftigen Individuum kritische oder habituelle Blutungen, z. B. Hämorrhoiden, Menstruation oder Nasenbluten unterdrückt worden sein, und auf irgend eine Weise zur Entstehung oder Steigerung der Krankheit beitragen, so müssen dergleichen Blutungen wieder hergestellt zu werden versucht, oder Vicarirungen geschaffen werden.

Haben sich einmal eigentlich pathische Producte am Herzen niedergeschlagen, dann möchte es wohl nicht leicht mehr gelingen, dieselben regressiv zu machen und der Kunst wohl nur vorbehalten bleiben, die Krankheit auf einem niederen Grade der Entwicklung zu sistiren durch Exutorien am linken Arm, an der Herzgegend, Moxen, trockene Schröpfköpfe auf der ganzen linken Thoraxhälfte, Brechweinsteinsalbe, Entziehungscuren, von Zeit zu Zeit Abführmittel, Diuretica. — Bei rheumatischer oder arthritischer Grundlage: Quajac mit Rheum, Vin. colchici, Aconit., Extr. Colocynthid. u. s. w. Dabei Hautfrictionen, laue Bäder u. s. w. Baden, Ems, Töplitz, Soolenbäder, Seebäder, Seereisen, Climaveränderungen. Die Behandlung der neuralgischen Formen verlangt Entfernung alles dessen, was Ueberreizung oder Erschöpfung der betheiligten Nerven veranlassen kann: Scropheln, unterdrückte Krätze, Flechten u. s. w. verlangen entsprechende Behandlung. Wiederherstellung der unterdrückten Hautthätigkeiten: Antimonialia, Schwefel, Quajac, Holztränke, Laugen-, Schwefelbäder,

Antispasmodica gegen die Nervenverstimmungen, Moschus, Castor., Hyoscyam., Opium, Valeriana, Asa foetida, Chinin, Zink, Argent. nitric., Wismuth, kohlensaures. Eisen, Arsenik, Ammoniakkupfer. Gegen rheumatische Dyscrasie Hautderivation, Climawechsel, Electricität, Galvanopunctur. Gegen Leberanschwellung als zu Gru de liegende Ursache: Solventia, Seife, Rheum, Taraxacum, Unguent. merc. zum Einreiben in die Lebergegend, Pillen aus Schirling, Aconit, Calomel; auch Kali acetic., Eisensalmiak; Karlsbad, Kissingen, Marienbad.

Die Behandlung der einzelnen Anfälle verlangt, wenn der Puls auf Vollblütigkeit deutet, oder wo habituelle Blutflüsse unterdrückt worden sind und sich Blutandrang nach dem Kopfe und der Brust zeigt, Aderlässe, Blutegel, Fuss- und Handbäder mit Senf oder Lauge, Klystiere, mageres Regime, Ruhe, hohe Lage der Brust und des Kopfes. Nach Beseitigung der Congestion Kirschlorbeerwasser, Calomel, Zinkoxyd, Offenhalten des Unterleibs etc. Sehr erfolgreich sind warme Cataplasmen auf das Rückgrat. Sind erkennbare organische Fehler des Herzens, der grossen Gefässe vorsanden: ebenfalls mässige Blutentleerungen; innerlich temporirende Mittel. Bei Rheumametastasen ebenfalls Blutentleerungen, Frictionen der Brust- und Magengegend mit Flanell, Phosphorliniment u. s. w. Bleibt eine träge Circulation in der capillären Peripherie zurück, so reicht man eine Aura camphorata in Pfefferminze. Gegen die Flatulenz: Carminativ-Einreibungen. Die Anfälle der neuralgischen Form erheischen eine reine antispasmodische Behandlung: entferne beengende Kleider, ruhige Lage mit erhöhtem Kopfe, milde Luft. Opiumtinctur, Asa foetida-Emulsion, Castor, Schwefel- oder Essigäther, Aquae menthae mit Ammonium, Valeriana, Doverspulver, Moschus, Camphor, Hirschhorngeist etc. Hautreize; handgrosses Belladonnapflaster (1 Theil Extr. und 4 Theile Pflaster) auf die Herzgegend. Krampfstillende Klystiere. In den schlimmsten Fällen, wo übler Ausgang droht und Athmungs- und Herzfunctionen zu erlöschen drohen, muss man grosse Gaben Camphor, Moschus, Sal. C. C., Phosphor in Schwefeläther gelöst zu $\frac{1}{8}$—$\frac{1}{4}$ Gran geben.

Angina tonsillaris. S. Bräune.

Anorexie. S. Appetitlosigkeit.

Anthrax. Milzbrand.

Symptome. Fieber, Ermattung, Schwindel, Beängstigung, oft Erbrechen, Diarrhoe, Brandblatter. Ursache ist Vergiftung durch Milzbrandcontagium.

Diagnose. Der Karfunkel hier lässt sich nicht zur Eiterung bringen, bleibt beständig hart und entzündlich, gibt geöffnet eine Jauche von sich. Gewöhnlich am Rumpfe, besonders Rücken, Nacken, in der Magengegend, selten am Kopf und den Extremitäten. Bei dem Pest-Anthrax sind die übrigen Erscheinungen der Pest vorhanden.

Therapie. Emeticum, China, Camphor, Essig im Getränk, Buttermilch, Mineralsäuren. Man schneide die Brandbeule ein und schlage Holzessig auf.

Anurie. S. Harnblasenkrankheiten Nr. 3.

Aorten-Entzündung.

Symptome. Brennendes Gefühl nach dem Laufe der Aorta, Druck daselbst, Oppression der Brust, heftiger Husten, anfangs trocken, später Eiter und kanalförmig zusammengerolltes Blut bringend. Herz und Lunge zeigen keine Veränderung bei der Auscultation. — Regungsloses Daliegen, Schmerz bei jeder Bewegung, namentlich bei der Berührung der Iliaca und Carotiden, wenn sich die Inflammation weiter auf diese verbreitet hat. Fieber, Durst, geröther Harn, hart gespannter, voller Puls. Wenn Phthisiker über brennenden Schmerz in der Gegend und längs der Columna vertebralis klagen, so darf man auf Aortenentzündung schliessen.

Diagnose. Bei Bronchitis ist der Schmerz brennend unter dem Sternum (hier nach der Columna vertebr.), Gerassel in den Bronchien, der Auswurf purulent, Fieber torpid.

Therapie. Strenge Antiphlogose, V.S., Blutegel längs der Column., strenge Diät. ℞ Calomel gr. jj; Nitr. depurat. gr. jv; Pulv. herb. digital. gr. ¼; Sacch. alb. ℈β. M. Alle 2 St. 1 solches Pulv. Vgl. Arterien-Entzündung.

Aphonie.

Die Aphonie, mehr oder minder completer Verlust der Stimme, ist ein Symptom von vielen krankhaften Zuständen des Larynx; sie kommt hier vor bei Inflammation desselben, sowohl acuter als chronischer, der einfachen oder pseudomembranösen, bei Verwundungen des Organes, Ulcerationen, Abscessen, Vegetation, Fungositäten, Geschwülsten etc. etc., aber auch bei reinen Nervenleiden des Larynx, und zwar idiopathischen sowohl als sympathischen Leiden der Larynxnerven. — Diese nervösen Aphonien knüpfen sich zuweilen an physiologische Zustände, z. B. den Monatsfluss, die Schwangerschaft, Gemüthsbewegungen, Müdigkeit nach dem Singen oder anhaltendem Reden, oder sie knüpft sich an krankhafte Vorgänge, Entzündungen, Haemorrhagien, Neurosen der Digestivorgane, der Geschlechtsorgane, des Gehirns, an gewisse Vergiftungen, namentlich an Bleivergiftungen und die durch Solaneen, und es verschwinden dann diese Aphonien mit diesen verschiedenen ursächlichen Momenten — bleiben aber auch zuweilen selbständig zurück, wenn die localen Lesionen bereits beseitigt worden, oder wenigstens kann es die raube Stimme, oder Heiserkeit u. drgl. sein, die zurückbleiben in Folge nervöser Affection der Larynxnerven, namentlich des oberen und des Recurrens oder des Pneumo gastricus, welche die Larynxmuskeln beherrschen. Gegen diese Nervenaffectionen empfiehlt sodann Delioux den Aether (Grog, Punsch etc. vertreiben bekanntlich öfters die Heiserkeit nach anhaltendem Sprechen, nach Erkältungen u. s. w.). 1—4 Grammes Aether, löffelweise stündlich. Gegen die entzündlichen Formen der Aphonie empfiehlt er Kermes. Am häufigsten ist die Heiserkeit ein Symptom des Catarrhs und muss als solches mit Nitrum, Schwefel, Antimon, Kermes behandelt werden. Ist sie von scrophulöser Drüsenaffection des Halses, oder durch Metastasen, besonders auch Syphilis entstanden, so richtet sich die Behandlung nach diesen specifischen Momenten. Man hat die Aqua chlorata mit etwas Wasser verdünnt, und den gebrannten Meerschwamm als gutes Mittel hier kennen gelernt; es verschafft der Stimme ihren vollen Metallklang wieder, wenn nicht tief wurzelnde Lungenleiden Ursache der Heiserkeit sind. Gegen die hartnäckige Heiserkeit, die nicht selten nach acuten Entzündungen der Kehlkopfschleimhaut lange zurückbleibt, und eine Folge einer durch die Entzündung der Schleimhaut bewirkten Lähmung sein soll, dient Strychnin, Electromagnetismus. Zu den gepriesenen Mitteln gehören noch russische Dampfbäder, Sinapismen, Vesicantia auf den Hals. ℞ Nitri depurati ℈j; Sulphur. aurat. antim. gr. j. D. t. d. Nr. 12. S. 3mal 1 Pulver in einem Falle nach überstandener Lues. ℞ Camphor. tart., sulphur. aurat. ana gr. j; Sacch. albi ℈j. M. f. pulv. d. t. d. Nr. 6. S. 3 mal täglich 1 Pulv. gegen catarrhalische Heiserkeit. Nichts entfernt einem Sänger, der seine Stimme recht angestrengt hat, alle Rauhigkeit und Heiserkeit rascher, als ein Gurgelwasser mit Alaun, Molke oder Eiweiss zum Schaum geschlagen mit Alaunauflösung vermischt, löffelweise zu nehmen. ℞ Alumin. sulphur. ʒj—jv, Dct. Alth. ʒjv; Extr. belladonnae gr. jjj—v. S. Zum Gurgeln ¼—½ Stunde, bei nervösem Character mit etwas Belladonna innerlich gegeben. ℞ Ol. amygdal. dulc. ʒβ; Syrup. senegae, flor. anrantii ana ʒj; Tinct. croci ʒj. M. f. Linctus stündl. 2 Theel. voll gegen Catarrhalhusten und Heiserkeit bei Sängern. Andauernde Rauhigkeit und Unreinheit der Stimme bei Sängern rührt am häufigsten her von einer fehlerhaften Thätigkeit der Schleimhaut der Stimmorgane, indem diese entweder zu wenig, selten zu viel oder einen zähen, dicken, klebrigen Schleim absondern. Man kann daher am meisten von solchen Mitteln etwas erwarten, welche die Absonderung der Schleimhaut reguliren und den Auswurf des Schleimes befördern: z. B. kaltes Wasser; Tabakrauchen des Morgens bei schwarzem Kaffee; Süssholzwurzel, Brustthee; Salmiak und Succ. liquirit. ana täglich 2—4mal 1 Theel. voll. — Ist die Verstimmung der Thätigkeit des Magens und der Verdauungswerkzeuge Ursache der Rauhigkeit etc. durch den Genuss von Fettspeisen, Nüssen etc., dann: vermeide Ueberladungen des Magens, keine schweren, unverdaulichen, zu sehr gewürzte Speisen, keine fetten, geräucherten, gesalzenen Speisen (Schinken ausgenommen), kein Nussobst. Zuträglicher ist: frische Fleischspeise, Geflügel, Wildpret, Gemüse, leichte Mehlspeise, Milchspeise, Suppen, frisches Obst, namentlich letzteres, was Sänger oft mit etwas Brod vor ihrem Auftreten geniessen. Unedle Getränke schaden sehr, namentlich Bier, Branntwein; Wein schadet weniger (Cantores amant humores). Bei Frauen ist der zu häufige Genuss des Kaffees und Thees schädlich. Unmittelbar vor dem Singen ist der Genuss von Speisen und Getränken nicht zu empfehlen; indem dadurch die Nervenkraft zu sehr bei der Verdauung beschäftigt ist und von den

Stimmorganen abgeleitet wird. Am wenigsten schadet ein Glas Wasser, ein Glas Wein, eine Tasse Thee. Das Singen geht am besten, wenn die erste Verdauung vorüber ist, d. h. ungefähr 4—5 Stunden nach dem Essen und 1—2 Stunden vor demselben. Der mässige Genuss des Schnupf- und Rauchtabaks ist unschädlich. Bei Verstimmungen des Magens und der Verdauungsorgane ist zuweilen der Gebrauch des Glaubersalzes, des Bittersalzes, die Frühlingskräuterkur, die Molken, Traubenkur, die des frischen Obstes zu empfehlen. Ist Muskelschwäche Ursache der Ungleichheit der Stimme, dann empfehlen sich rother Wein, gute Fleischkost, freie Luft. Kräftige Naturen singen oft die Heiserkeit weg. Beim einfachen Katarrh: warmes Verhalten, flanellne Kleidung der Brust und des Halses, Fliederthee, Hollunderthee, Malven, Brustthee, Malzzucker, Lederzucker, Eigelb mit Zucker. Bei eingewurzelten Catarrhen Salmiak und Lakritzenpulver ana Theelöffelweise 2stündlich in warmem Fliederthee, Meerzwiebelhonig. Bei kräftigen Naturen leisten oft Grog, Crambambuli, Glühwein, Biersuppe die herrlichsten Dienste. — Zuweilen ist ein Vesicans ad pactus nöthig. — Unter den Heilquellen steht gegen Heiserkeit Burtscheid und Schlangenbad oben an, das Wasser muss sowohl getrunken, als auch zum Baden gebraucht werden; auch Ems wird hier gerühmt. — Varicöse Ausdehnung der Vasa thyreoidea, Teleangiektasie derselben erregt Stimmlosigkeit. — Ol. Crotonis bei verdächtiger Heiserkeit bis zur Pustulation in den Larynx eingerieben, sowohl gegen die Heiserkeit, welche idiopathisch in Folge von Anstrengungen des Kehlkopfes bei Sängern und Rednern, als auch consensuell im Abdominaltyphus auftritt. Es wird zu 5—10 Tropfen auf einmal in die Gegend des Kehlkopfes im Umfange eines Viergroschenstückes eingerieben, und damit fortgefahren, bis ein hirsekornförmiger pustulöser Ausschlag zum Vorschein kommt, wo dann das Einreiben so lange ausgesetzt wird, als jener nicht ganz abgeheilt ist, da der Ausschlag, besonders bei reizbaren Frauenzimmern, sich leicht bis auf Gesicht und Brust verbreitet und hässliche Narben zurücklässt. — Trouseau empfiehlt bei der chronischen Stimmlosigkeit (Aphonie) folgendes Verfahren. Man biege ein Fischbeinstäbchen von 1½ Linien im Durchmesser mittelst der Lichtflamme einen Zoll so um, dass es einen Winkel von 80 Graden bildet; an dieses Ende bindet man etwas Schwamm, taucht diesen in eine saturirte Auflösung von Höllenstein und betupft damit die hintere Wand des Pharynx; dadurch steigt der Kehlkopf in die Höhe und man ätzt so diese Theile und den Eingang der Glottis; das ganze Maneuvre darf nur einige Sekunden dauern. In hartnäckigen Fällen der chronischen Laryngitis selbst mit beginnender Tuberculose wird das Weilbacher Schwefelwasser 3 Weingläser Morgens, auch im Bette, sehr empfohlen. ℞ Ol. croton. gtt. x; Ol. terebinth., ℨjjß. M. f. 5—10 Tropfen zum Einreiben; oder auch zu gleichen Theilen mit Ol. terebinth. rectificat., oder

bei sehr reizbarer Haut mit Mandelöl. In acuten
Fällen 3—4 Tropfen, in chronischen 1—2 Tropfen des
Tags einzureiben. Am 2ten, 3ten u. 4ten Tage wählt
man eine andere Stelle zum Einreiben, bis die erste
trocken geworden ist. Bei krampfhaften Leiden im
Gebiete des Nervus vagus, bei Stimmlosigkeit und
Heiserkeit, Schlundkrämpfen, gibt Carus Extr. lactuc. viros. innerlich in Tropfenform und in Klystieren: ebenso beim Zahnen der Kinder mit Krämpfen.
— Nach des Asklepiades Gesundheitsvorschriften
heisst es: Wenn man den Klang der Stimme hell und
klar sich wünscht, so isst man Knoblauch, wie man
eben will, gleichviel ob roh, oder über Kohlen abgekocht; der Zimmt auch macht die Stimme hell, das
sei bewährt. — In der Schola Salernitana LXXX
heisst es: Nux, oleum, frigus capitis, anguillaque,
potus, ac pomum crudum faciunt hominem fore rau-
cum. Nuss, Oel, Kälte des Kopfes, dann Aale und
reichliches Zechen, rohe Früchte dazu, erzeugen die
Heiserkeit gerne. Wahre Stimmlosigkeit ist entweder angeboren, oder Folge einer Lähmung, gewöhnlich
von Apoplexie, oder Folge von Krampf. Die paralytische Aphonie wird als Lähmung behandelt; Kauen
von Senf, Ol. cajeput, Cubeben etc. Electricität auf die
Zunge, Galvanismus. Stummheit entsteht zuweilen
typisch bei Kindern von Wurmreiz; bei Erwachsenen von Hysterie, Catalepsie, Wahnsinn, Lähmung
nach Nervenfiebern, Kopfverletzungen. Stottern zeigt
in Fiebern immer eine bedenkliche, ans Paralytische
gränzende Affection des Sprechnerven und Gehirns
an. Bei Aphonie nach Schrecken entstanden: Emet.
aus Tart. stib. Aphonie nach unterdrückten Fussschweissen verlangt deren Wiederherstellung. Adstringirende Gargarismen, Cauterisation des Zäpf-
chens und Pillen aus Ferr. carbon. mit Rheum gegen
Stimmlosigkeit aus Atonie der Stimmorgane von zu
grosser Anstrengung derselben bei einer Sängerin.
Bei Verlängerung der Uvula, Vergrösserung der
Tonsillen; Cauterisation derselben. Eine nervöse
Dysphonie mit allgemeinen Convulsionen der oberen
Theile des Körpers, bei einem stets zu Krämpfen
geneigten Mädchen von 9 Jahren, wodurch die Stimme
dem Bellen eines Hundes ähnlich wurde, und wobei
der Kehlkopf sich sehr stark und schnell herauf und
herab bewegte, wurde durch Valerianainfus und Pillen aus ana Extr. valerianae, Fumariae, Hyosc., und
Flor. zinci, in Verbindung mit Moxen längs der Wirbelsäule, beseitigt. Eine hysterische Aphonie wurde
durch den inneren Gebrauch des Argent. nitric. gr.
$^1/_{16}$ p. dosi alle 2 Stunden, in kurzer Zeit geheilt.
— Senf mit Gargarisma, und als Gemüse verspeist
gegen chronisch-catarrhalische Aphonien mit Erschlaffung der Schleimhaut und Atome der Stimmorgane. Haarseil an die vordere Seite des Halses
angelegt, bei einem Sänger, der die Stimme seit
lange verloren hatte. Arnicablumen mit Spirit. sulphur. aether. gegen Aphonie in Folge des Zurück-
tretens eines hartnäckigen Exanthems. Aphonie beim
Eintritte der Menses ward durch V.S., im Augenblicke

des Eintrittes und bei den 2 nächsten Perioden wiederholt, geheilt.

Aphthae. Schwämmchen.

Symptome. In der Mundhöhle an mehreren Stellen
milchweisse, perlfarbige, käseähnliche Flecken, linsen-
oder erbsengross, sich manchmal auf den Pharynx,
den Oesophagus, den ganzen Tract. intestinal. bis
zum After erstreckend; sie steigen auch manchmal
den Larynx hinunter; sie brennen, schmerzen. Temperatur der Mundhöhle erhöht. Es erheben sich auf
diesen Fleckchen kleine Bläschen, die Geschwulst
der Zunge und Mundhöhle nimmt zu; Salivation eines
ätzenden Speichels entsteht. Endlich sinken die
Bläschen zusammen, es stossen sich kleine Borken
ab. Dieses Exanthem, das in vegetabilischen Para-
siten, Schimmelpilzen bestehen soll, kann, wie alle
acuten Exantheme, einen ereth., synochal. oder torpiden Character haben.

Diagnose. Bei Stomacace schwillt das Zahnfleisch
an, ist livid, blutet leicht beim Drucke, ebenso die
Schleimhaut unter der Zunge; das Exanthem ist nicht
wie bei Aphthen klein, einzeln, sondern eine grosse
bulböse Masse, die sich in Fetzen mit der Pincette
wegreissen lässt. Man hat früher die verschieden-
artigsten Krankheitsgruppen der Mundschleimhaut-
leiden der Kinder unter dem Namen der Hebe, des
Mehlhundes, der Bräune, des Soor, des weissen
Mäulchen, des Fasch etc. zusammengeworfen, welche
man neuerer Zeit in mannigfaltige Classification zu
bringen gesucht hat, was aber theils für den pract.
Arzt unnütz, theils zu gesucht und nicht immer am
Krankenbette nachweisbar ist. Man hält heut zu
Tage leider noch immer die Stomatitis in der Regel
für unschuldige Krankheiten und überlässt sie meistens den Apothekern und Hebammen zur Cur, daher der Missbrauch mit Pinselsäften. Die ganze
Mundhöhle des Neugeborenen ist hinsichtlich ihrer
Wände und ihrer Bauart nur für milde Nahrung,
Muttermilch zunächst, geschaffen, der Säugling kann
weder kauen, noch einspeicheln, der erste Act der
Verarbeitung und Verdauung fehlt also dem Kinde
gänzlich; man ist aber in unseren Zeiten von der
natürlichen Ernährung der Kinder abgekommen, und
gibt ihnen öfters Nahrung und Getränke, die für dieses Alter nicht passen, nämlich Mehlbrei und Milch-
koche aller Art, den sog. Schnuller u. s. w., und daher werden die fraglichen Krankheiten meistens idiopathisch bei solchen Kindern beobachtet, die künstlich
aufgefüttert werden, und höchst selten bei Kindern,
welche die Brust bekommen, und da wenigstens die
milderen Formen. Reizung der Mundschleimhaut,
übermässige Anstrengung des Mundes beim Kauen
und Schnullen, Reizung dieser Theile durch süsse,
säuerliche Nahrung, Verunreinigung der Mundhöhle
durch den Schnuller, der Tag und Nacht dem Kinde
im Munde stecken bleibt, müssen in Kindern erwähnte
Prozesse hervorrufen, und tritt eine üble Beschaffenheit der Luft, die solche Kinder einathmen müssen,
dazu; oft werden allerlei Auswüchse, Wucherungen
und entzündliche Exsudate in der Mund- und Rachen-

höhle zum Vorschein kommen. Daher diese Krankheiten auch meist in den Hütten und Wohnungen der Armen, in den überfüllten Sälen der Findel- und Kinderkrankenhäusern, in den niederen feuchten Stuben der sorglosen Kostfrauen (vrgl. Kinderkrankheiten). So wie aber anfangegebene Weise diese Mundkrankheiten der Kinder idiopathisch entstehen können, so kommen sie hier und da, wie bei Erwachsenen, symptomatisch bei Gedärmleiden der Neugeborenen, bei gastrisch-pituitösen Fiebern, bei Flatulenz und Diarrhoen zum Vorschein, und sind hier, wie beim Erwachsenen, sehr häufig das Ende einer solchen Krankheit. Man unterscheidet vorzüglich 2 Arten von diesen aphthösen Prozessen der Mundschleimhaut, die sich sowohl hinsichtlich ihres Sitzes, ihres Aussehens, Auftretens, ihrer Gutartigkeit und ihres Verlaufes wesentlich von einander unterscheiden, obwohl sie meist einer und derselben Ursache ihre Entstehung verdanken.

Man unterscheidet eine Stomatitis aphthosa (Aphthen), oder eine Stomatitis pseudomembranacea, Soor, Muquet, Hebe. Die Stomatitis aphthosa, tritt sie ganz gelinde auf, auch St. erythematosa genannt, geht in schlimmen Fällen in Ulceration und Brand über, oder bildet Pusteln als St. pustulosa, und hat immer ihren Sitz unter dem Epithelium auf der eigentlichen Haut. Ist die Krankheit nur auf die Mundhöhle beschränkt, so ist sie nie gefährlich, breitet sie sich aber über den ganzen Tractus intestinalis, so veranlasst sie Erbrechen und Diarrhoen, die lebensgefährlich werden können, und im Larynx kann sie Erstickungsanfälle erregen. Werden die Geschwürchen brandig, so können die Kinder im typhösen Prozesse zu Grunde gehen. Man behandelt diese einfache St. aphthosa durch Solution von Borax gr. xv—ʒj in ℥ß Syrup. mororum, Zinc ʒj—ʒß auf ℥ij Aq. Argent. nitric. 2—3 gr. auf ℥ij Wasser. 3—4 mal des Tages mit diesen Solutionen den Mund mittelst eines kleinen Pinsels oder einer Feder auszupinseln. Coley empfiehlt zum Auspinseln gr. j Sublimat auf ℥j Aq. dest.

Schwerere Formen und Complicationen erfordern eine Regulirung der Diät, Reisswasser zum Getränk und als Nahrung, grosse Reinlichkeit, Entfernung aus der schlechten Wohnung, interne: Rheum extr. zu gr. jjj—vj—ʒß mit ℥ij Aq. cinnamomi, oder Tinct. rhei aq., oder Extr. chinae frig. parat. gr. jjj—ʒj in ℥ij Aq. foeniculi oder Cinnamomi, oder Lapis infern. zu gr. ¹/₈—¹/₆—¹/₄ auf ℥ß—jj Aq. destill. Stündlich ½ Löffel voll davon zu nehmen. Bei brandigen Aphthen: Lapis infern. in Substanz. Dabei Bäder aus Milch oder Chamillen, Verhütung des Missbrauches der Schnuller.

Die Stomatitis pseudomembranaceae (vrgl. Diphtheritis) hat ihren Sitz auf der Oberfläche des Epitheliums; die Pseudomembran lässt sich vom Epithelium ablösen, wird aber sehr schnell wieder ersetzt. Sie ist meist Begleiterin einer Muco-Enteritis, eines Magen- und Darmcatarrhs, und kommt meist bei schwächlichen, schon kranken Kindern vor, geht

mit Fieber einher, es stellen sich profuse Diarrhoen
mit rapider Abmagerung ein, so dass die Kleinen in
wenig Tagen hohle matte Augen bekommen, ihr Gesicht runzlich wird, die Stimme wird heiser, schwach,
erlischt zuletzt ganz, wenn sich die Ausschwitzung
auf die Uvula und Tonsilles erstreckt und der Tod
erfolgt unter Coma. Die Krankheit (vrgl. Diphtheritis) ist sehr gefährlich und erfordert bei Muco-
Enteritis den Lapis infern. gr. ¹/₈—¹/₄ auf ℥jβ—℥jj
Aq. dest. interne; oft muss man Rheum und China
geben, schleimige Decocte zum Getränk, Reisswasser, Salepdecoct, oder Solution von Gummi arab.
mit Zucker; dabei die örtliche Behandlung. Ueber
Stomacace (Geschwüre am Zahnfleische oder an der
inneren Seite des Mundes), über Noma (Wasserkrebs) s. diese.

Apoplexia-neonatorum, die sich durch Röthe
und Livor des Gesichtes etc. kund gibt. — S. Apoplexia-sanguinea — verlangt bei der Umschlingung
der Nabelschnur während der Geburt sogleich Durchschneidung derselben; nach der Entbindung entziehe
man durch die abgeschnittene Nabelschnur etwas
Blut; bisweilen setzt man einen Blutegel hinter die
Ohren; bringt das Kind in ein warmes Bad mit etwas
Asche, Wein, Branntwein etc. vermischt, reibe den
Rücken mit Flanell.

Apoplexia-nervosa ist eine sog. dynamische
Krankheit des Nervensystems, eine Apopl. immate-
rialis, macht selten Vorboten, und bildet sie solche,
so beziehen sie sich mehr auf ein Leiden des sensibeln, als des arteriellen Systems; namentlich sind
es partielle paralytische Zufälle, als: Zittern der
Lippen, unwillkührliche Bewegung der Kinnlade, unwillkührliches Kauen, gehinderte Deglutition, Herab-
fallen des obern Augenlides, Unbeweglichkeit der
Zunge, Stammeln, Gefühl von Taubheit in den Gliedern, Einschlafen derselben etc. Tritt eine Apopl.
nerv. selbst ein, so fehlen die Zeichen der Congestion nach dem Kopfe, das Gesicht ist kalt, blass,
eingefallen, Körper kalt, Turgor vitalis verschwunden, die Thränencarunkel ist, wie bei chronischen
Hirnerweichungen, blass, während sie bei der vasculösen Apoplexie tief geröthet ist; der Puls schwach,
klein, aussetzend, unordentlich; das schnarchende
Athmen fehlt und das ganze Aussehen des Kranken
ist schon beinahe das eines Todten. Die Pathologie
und Diagnose dieser nervösen Apoplexie ist noch zu
schaffen. Sicher aber ist, dass Fälle vorkommen, in
denen plötzliche Anfälle auftreten, welche Verlust
der Intelligens, der Bewegung und Empfindung einer
Seite des Körpers mit nachfolgender Abmagerung der
Glieder der gelähmten Seite bedingen, ohne dass
bei der folgenden Section die aufmerksamste und
minutiöseste Untersuchung weder in den Häuten,
noch in der Substanz des Hirnes und Rückenmarks
irgend eine Spur von Hyperämie, Stase, Exsudat,
Extravasat, Paroplasten etc. entdecken konnte.

Diagnose. Alle Erscheinungen vor und mit ihr
deuten auf Nervenschwäche. Es gehen keine Congestionen voraus. Bei sehr empfindlichem Nerven-

system (Hysterie), nach schwächenden Ursachen, traurigen Leidenschaften, im Verlauf von Nervenfiebern, am Ende schwerer chronischer Krankheiten, bei Onanisten u. s. f. vorkommend.

Therapie. Spirituosa in kleinen öftern Gaben; Camphor, Moschus, Ambra, Phosphor, Arnica, Serpentaria, Valeriana, Cort. aurantior., Opium, Chin., Eisen, reizende Klystiere von Asa foetid., Tabak, Vesicantia hinter die Ohren, an den Nacken, die Extremitäten; lauwarme Bäder, Riechmittel mit Ammon. caust., Reibungen des Kopfes, der Schläfe, des Nackens, der Magengegend, des Rückens mit Spirituosen, Naphthen etc.; Bewerfen des Gesichts mit kaltem Wasser. ℞ Extr. nuc. vomic. spirituos., ℈ij; Pulv. cinnamom. q. s. ut f. pilul. gr. j. S. 3mal 1 St. bis zu 2—3 steigend. ℞ Rad. valerian., ʒβ; Flor. arnic. ℥ij; Diger. c. aq. fervid. q. s. p. ¼ h. ad colat. ℥vij; Sal. mirab. Glaub. ʒβ; Liquor. c. c. succ., Liquor. anodyn. Hofm., ana gtt. 60 syrup. cort. aurant. ℥β. Alle St. 1 Essl. ℞ Ol. cajeput. ℈j; Liquor. anodyn. Hoffm., Liquor. c. c. succ., ana ʒj. S. Alle 3 St. xxx gtt. ℞ Flor. arnic. ℈j; Ol. valerian. aeth. gtt. j; Sacch. alb. ℈β. M. f. Pulv. S. Alle 3 St. ein solches.

Apoplexia-pulmonalis. S. Lungenblutschlag.

Apoplexia-sanguinea seu cerebralis.

Symptome. Grosse Eingenommenheit und Schwere des Kopfes, Schwarzsehen wie durch Flor, Summen vor den Ohren, oft Schwerhörigkeit, Unaufgelegtsein zu geistigen Anstrengungen, Neigung zum Schlaf, dieser nicht erquickend, von schweren Träumen unterbrochen, injicirtes Auge, vermehrte Röthe und Temperatur der Kopfhaut, heftiges Pulsiren der Carotiden und Art. temporal., kalte Hände, kalte Füsse, Gefühl von Pelzigsein und Einschlafen an denselben. Dieses Stadium dauert mehrere Stunden oder Monate, in welchem letzten Falle Ebbe und Fluth der Symptome. Kommt es zum Schlag, so fallen die Kranken bewusstlos zusammen; in der Regel halbseitige Lähmung der obern und untern Extremitäten, oder einer Gesichtshälfte dabei. Mundwinkel nach der gelähmten Seite verzogen, ebenso die Zungenspitze; Stuhlverstopfung, Harnverhaltung oder auch Incontinent. Urinae. Auge geröthet, glänzend. Ist Blutaustritt da, so werden die Kranken blass, die Respiration nur bisweilen anfangs schon gestört, die Kranken können ganz blind werden, oder blos Sprache und Gedächtniss verlieren. Dass die Apoplexia cerebralis durch Herzkrankheiten sehr häufig bedingt sei, ist eine von vielen Schriftstellern aufgezeichnete Thatsache. Der Grund ist theils die Heftigkeit, mit welcher die Blutsäule von dem hypertrophirten linken Ventrikel zum Gehirne getrieben wird, welcher zu der Apoplexie disponirt, und bei Insufficienz und Verengerung der Mitral- und Tricuspidalklappen ist es die allgemeine Anlage zur Verknöcherung der Arterien bei der Klappeninsufficienz und das Hinderniss, welches die kranken Klappen der Rückkehr des Blutes vom Gehirne entgegensetzen, die dadurch unterhaltene Hirncongestion ist eine häufige Ursache

Folge allgemeiner Blutfülle, sondern oft allgemeiner Schwäche, indem bei kräftigem Impulse des Herzpochens das umgebende Parenchym der Hirngefässe nicht hinreichende Spannkraft besitzt, um den Rückfluss des Blutes zu befördern. Wirkliche Zerreissung der Gefässe und begränzte Blutungen findet man bei ihnen seltener, als ausgebreitete Blutausschwitzung im Gehirne und auf den Häuten. Desshalb erfolgt hier fast nie plötzlicher Tod, häufiger allmälige Erweichung der Gehirnmasse. Zu den Ursachen bei Kindern gehören Gehirnerschütterung, Ueberladung des Gehirns mit exanthematischen Stoffen, narcotische und reizende Arzneimittel; sie liegt den meisten Eclampsien zu Grunde.

Nach dem Leichenbefund gibt es eine Apoplexie von Blutaustritt aus den Gefässen, Hirnblutung mit Hirnriss; zweitens eine solche, in denen die kleinen Hirngefässe mit Blut überfüllt sind, Apoplexia simplex s. capillaris, und eine dritte, in welcher die kleinen Blutgefässe des Gehirns fast entleert und die innere Hirnsubstanz, selbst auch die Windungen, geradezu blutarm genannt werden müssen. In manchen Jahren trifft man in jedem apoplectisch Verstorbenen die Haemorrhagia cerebri, in anderen Jahren eine Apoplexie ohne diese. Die sog. Apoplexia nervosa ist meistens die Form der Apoplexie ohne Haemorrhagia cerebri, und zwar mit Blutarmuth.

Diagnose. Bei Encephalomalacie geht ein anderes stadium prodromor. voraus — paralytische, hemiplectische Erscheinungen oft Jahre lang, Schleppen des einen Fusses, periodische Schmerzen an einer bestimmten Stelle des Kopfes; dem Anfalle gehen keine Congestionen vorher.— Von Pulmonalapoplexie unterscheidet sich die Apopl. cerebr. durch die Erscheinungen bei der Auscultation, durch das livide blaue Gesicht, die Kranken sehen aus, als wären sie erdrosselt, haben blutigen Schaum vor dem Munde (hier ist das Gesicht blass), und den Mangel der paralytischen u. hemiplectischen Erscheinungen. Bei Apopl. serosa ist der eigenthümliche Körperbau, wie bei der sanguinea, nicht vorhanden, keine kurzgebaute, dickhalsige Beschaffenheit, das Auge ist matt, nicht geröthet, der Kopf nicht so warm, wie hier, Extremitäten kalt, die Getroffenen können durch heftiges Rufen etwas aus dem bewusstlosen Zustande aufgeweckt werden, S. Apoplexia serosa.

Therapie. Im ersten Stadium strenge Diät, Vermeidung aller Reize, kühles, säuerliches Getränk, Offenhalten aller Secretionen; Electuar. lenitiv., Cremor. Tart., reizende Fussbäder mit Senf oder Asche, von Zeit zu Zeit V.S. Bei Hämorrhoidalbeschwerden V.S. an den Füssen, Blutegel am After. Bei bedeutender Kopfcongestion setzt man 20—30 Blutegel hinter das Ohr, oder an die Schläfe. Ist es zum Schlag gekommen, so sind starke V.S. 16—20 ℥ das erste. Will das Blut nicht fliessen, so macht man am andern Arm eine Gegenöffnung oder comprimirt den andern Arm oberhalb des Ellenbogengelenks. Ferner Eisumschläge auf den Kopf, stellt die Füsse

in ein reizendes Bad oder reibt sie, oder legt Sinapismen auf, die mit Tr. cantharid. verstärkt sind,
oder begiesst die Füsse geradezu mit siedendem Wasser, setzt reizende Klystiere aus Magnes. sulphur.
mit Asa foetid. Zur Nahrung Wasserschleim, gekochtes Obst, zum Getränk Weinsteinmolken. Gegen
den 5ten bis 6ten Tag kommt es manchmal zu Fieberreizungen, welche blos gemässigt, nicht unterdrückt werden dürfen, als Naturheilversuche. Man
halte alle Secretionen offen, gebe Nitrum, Tamarinden, setze kalte Umschläge fort. Gegen die zurückgebliebene Paralyse wendet man Phosphorliniment
an; innerlich Arnica und Valeriana; besser ist aber,
man wartet mit der Anwendung dieser Mittel und
beschränkt sich erst nach Verlauf von 6—8 Wochen
nach dem Schlage auf die Douche der gelähmten
Glieder (nicht auf den Kopf) 8—10 Minuten lang,
allmählig bis zu 20 steigend; nach 8—10 Douche-
bädern pausirt man etwa 14 Tage und wendet sie
dann wieder an. Formeln s. bei Entzündung.

Apoplexia-serosa.

Symptome. Schläfrigkeit, Wüstheit des Kopfes,
Abgeschlagenheit, Geistes und Sinnesfunctionen verlieren von ihrer Lebhaftigkeit. Auge matt, Zunge
schwer, Appetit geht verloren, endlich erfolgt ein
Schlag. Gesicht blass, Pupille erweitert, Auge halb
offen, Kopf etwas warm, Extremitäten kalt, Respiration mühsam. Bewusstsein meist, aber nicht immer
verloren, ebenso sind paralytische Erscheinungen
vorhanden, oder nicht. Todtenähnlicher Schlummer,
aus welchem der Kranke erweckt werden kann.

Diagnose. Bei Apoplex. sanguin. hat man Leute
von plethorischem Habitus, kurzer Statur, dickem
Halse und Kopfe vor sich, es treten stets paralytische Erscheinungen hinzu, die Kranken sind nicht
zu erwecken aus ihrer Bewusstlosigkeit, Puls voll,
hart (hier klein). Bei Blutschlag ist das Gesicht
vorher geröthet, Temporal-Arterien und Carotiden
pulsiren heftig, Auge geröthet. Bei Apoplex. nervosa
gehen allgemeine Nervenschwäche, Convulsionen,
Zittern etc. voraus. Bei Encephalomalacie gehen
andere Vorläufer vorher. S. Gehirnerweichung.

Therapie. Sind Congestionen vorhanden gewesen
und noch zu erkennen, eine kleine V.S., Blutegel
hinter die Ohren, Sinapismen, Vesicant., heisse
Dämpfe an die Extremitäten, Klystiere mit Asa
foetida, Tart. stibiat. Ist durch den Mund etwas
beizubringen, Calomel, Magnesia sulph.; ist keine
Congestion vorhanden, so beschränkt man sich auf
die Anwendung der Hautreize, und innerlich: Calomel, Scilla, Tart. emet. in refract. dosi. ℞ Extr.
colocynth. ℈j; Natr. muriat. ℨjjj; Infus. chamomill.
℥v; Melag. gram. ℨjß. S. Zum Klystier.

Apoplexia-spinalis. Rückenmarksschlag.

Symptome. Kommt bei Alten, besonders Hämorrhoidariern, auch wohl bei Frauen vor, deren Menstruation plötzlich unterdrückt wurde. Congestionen
gegen Rückenmark, Gefühl von Wärme nach dem
Laufe desselben, besonders des untern Theils, als

Wassers den Rücken hinab gegossen würde. Andeutungen von Lähmungen in einzelnen Theilen, äusserst schwere Bewegung des Rückgrats, nur mit Schmerz möglich, als ob ein Reif um den Leib gespannt wäre, U.L. gleichwohl weich, nicht aufgetrieben, Gefühl von Taubheit, Pelzigsein in den untern Extremitäten, anhaltende Stuhl- und Harnbeschwerden, endlich kommt es zur Lähmung; mit der Beweglichkeit geht auch die Empfindlichkeit verloren. Untere Extremitäten kalt, gefühllos. Keine äussere Veränderung der Wirbelsäule. Einer 2ten Form, bei jungen Leuten vorkommend, dient Onanie zur Quelle; hier gehen Opisthotonus und Convulsionen der Lähmung voraus; diese Form tödtet rasch.

Diagnose. Von Apopl. cerebr. durch die Abwesenheit der Gehirncongestionen und der gelähmten Gesichtshälfte: hier ist die Lähmung blos auf die untern Extremitäten beschränkt.

Therapie. Blutegel 20—30, oder Schröpfköpfe längs der Columna vert., V.S. am Fusse, Blutegel am After, Klystiere mit Aloe; bei unterdrückter Menstruation Blutegel an die äusseren Geschlechtstheile; innerlich Infus. Senn. mit Sal. seign., Jalapp.

Appetitlosigkeit, Anorexie. Sind örtliche Fehler, gastrische Unreinigkeiten, Scirrhositäten des Magens, Knoten, Verletzungen, zu grosse Ueberladung, zu heisses Getränk Schuld, oder geminderte Thätigkeit der Verdauungsorgane, öfters chronische Magenentzündung, so ist die Behandlung nach diesen Ursachen verschieden. S. Gastroenteritis. Im Falle von Desorganisation beruhige man die Heftigkeit der Symptome durch Potio riveri, Aq. laurocer. S. Magenkrebs. Bei gastrischen Unreinigkeiten gebe man Emetica und darauf Aromatica; oft genügt die Hungercur oder Bewegung. Bei blos geminderter Thätigkeit des Magens gibt man Amara, Tr. chinae. Einige Tropfen verdünnter Schwefelsäure oder Elixir. acid. Halleri mit etwas Wein und so viel Zuckerwasser gemischt, dass dieses einen angenehmen säuerlichen Geschmack annimmt wie Limonade, ein paar Stunden vor dem Mittagsessen getrunken, macht vortrefflichen Appetit, ja Hunger, wenn dieses selten geschieht.

Arachnitis. S. Gehirnentzündung.

Arteritis-acuta et chronica. Arterienentzündung.

Symptome. Schüttelfrost, heftige Hitze, Kopfschmerz in der Stirngegend, Herzklopfen, heftiges Klopfen aller Arterien, sie fühlen sich hart, gespannt an; trocken heisse Haut; Urin wenig, brennend heiss, burgunderroth; Stuhl verstopft, Zunge weiss belegt. Bei der chronischen Form: Blasses, cachectisches Aussehen, Schwäche, Mattigkeit, fliegende Hitze gegen Abend, Arterienschlag voll, hart, gespannt, 100—110 Schläge, Herzschlag heftig, aber nicht ausgebreitet, viel Durst, reine Zunge, träger Stuhl, flammender Harn.

Diagnose. Ist durch den Mangel einer örtlichen Entzündung gesichert. Die chron. Form unterscheidet sich von Tabes durch die Erscheinungen im Pulse und Harne.

Therapie. Höchste Antiphlogose, V.S. bis zu 60 ℥ in 24 St., gleich die erste zu 20 ℥. Nitrum, Mittelsalze in Pulverform. Klystiere von Essig oder Magnes. sulphuric. Später setzt man dem Nitrum Digital. bei. Kühles Zimmer, strenge antiphlogist. Diät, Weinstein, Essigmolken, Kissinger-, Selterswasser mit Zucker, Pflanzen- u. Mineralsäuren. ℞ Nitr. depurat. gr. vj, cremor. tart., sacch. alb. ℈β. M. f. Pulv. alle 1—2 St. 1 Stück. Formeln S. bei Entzündung. Bei der chron. Form: öfters wiederholte V.S., innerlich Digitalis, Nitrum, wässerige Pflanzenkost, kühles Getränk, dauert die Palpitation des Herzens auch nach Minderung der Härte im Pulse fort, dann Moxa auf die Herzgegend, ein Fontanell daselbst.

Arthritis. S. Gicht.

Ascites. S. Bauchwassersucht.

Asphyxie. S. Scheintod.

Asthma. Brustkrampf. Das Asthma, eine sehr gewöhnliche Krankheitsform der alten Schule, wird von den neueren Aerzten als selbständige Krankheit fast gar nicht mehr aufgeführt, und dessen Existenz in Zweifel gezogen; allerdings findet man bei sorgfältiger Benutzung der gegenwärtigen diagnostischen Hülfsmittel, dass sich eine grosse Anzahl von Asthmafällen der alten Schule in diverse Herz-, Gefäss-, Lungen- u. a. Krankheiten auflösen (vergl. Angina pectoris); indessen bleibt doch immer noch eine gewisse Anzahl von dergleichen Fällen übrig, in welchen keine organischen Störungen aufzufinden sind, und welche man immer noch als Asthma nervosum aufführen muss. Ja selbst in manchen Fällen, wo materielle Störungen vorliegen, kommen Symptome vor, die sich nur durch Annahme einer neben der organischen bestehenden nervösen Affection erklären lassen und deren Heilung nur gelingt, wenn man auf letztere gehörig Rücksicht nimmt.

Symptome. Beschwertes Athemholen ohne Fieber, in Paroxysmen, meist in den Abendstunden, oder in der Nacht auftretend. Respiration wird metallisch klingend, trocken, rasselnd, Gesicht blau, Augen treten hervor, grosse Angst auf dem Gesichte sich malend. Auf die Anfälle folgt vollkommene Intermission.

Diagnose. Durch die Abwesenheit des Fiebers, von der Kurzathmigkeit, welche ein Symptom von hitzigen Fiebern ist; von der Phthisis pulmon. durch das paroxysmenweise Auftreten der Erscheinungen; von organischen Veränderungen des Herzens und der Lunge durch den Mangel der Erscheinungen durch das Stethoskop; vom Alp dadurch, dass dieser letztere ein Traumzustand ist, bei Asthma ist immer ein wachender Zustand vorhanden; bei Alp bleiben die Kranken auf dem Rücken liegen, bei Asthma setzen sie sich auf, athmen mit vorgestrecktem Halse. S. Angina pectoris.

Therapie. Man kann den Anfall durch warme Fussbäder und kaltes Wasser zum Getränk öfters unterdrücken. Bei den Anfällen selbst wende man

eine kleine V.S. Für die Behandlung der Krankheit
als Totalität sind gerühmt: Fontanelle; Rad. Irid.
german.; Athmen von Chlorgas; Tr. Cantharid. innerlich; Digitalis mit Opium verbunden; Blausäure;
starker Kaffee und kleine Gaben Ipecacuanh. in Verbindung mit Absorbentibus; Hopfen; ℞ Gm. ammoniac. 3j; Mucilag. gm. arab., syrup. simpl., ana 3j;
M. affunde aquae libr. j; S. alle 3 St. ½ Tasse z. n.
℞ Ol. amygd. dulc., syrup. diacod., ana 3β; Oxymel.
scill. 3d; Sacch. cryst. 3jj. S. während des Anfalls
zu nehmen; Goldschwefel in kleinen Dosen mit Extr.
dulcamar. oder Digital.; Camphoranflösung in Schwefeläther, wenig, aber öfters wiederholt; Valerian.
Extr. in grossen Gaben; Morph. acet.; Nux vomica
zu gr. jv 2mal täglich; Veratrum album zu ½ gr. alle
5 St. Phellandrium aquat. zu 3j 2mal täglich. —
Moxen auf die Brust; Rad. Belladon. zu ½ gr. 2 bis
3mal tägl. Terpenthin äusserlich. — Der lang fortgesetzte Gebrauch des Honigs zu einigen Unzen täglich — ℞ Gum. asae foetid. 3jβ; Extr. valerian. 3j;
Extr. aconit., extr. scill., ana gr. vj; Castor. 3β; Sal.
vol. c. c. gr. xv; M. f. pil. gr. jj. S. 3mal tägl. 10 Pillen.
— Flores Benzoes. — Folia Datur. Strammon 15—20
gr. zum Rauchen für eine Pfeife jedesmal, 1—3—4mal
des Tags. Tabakraucher lässt man den Tabak mit
Strammonium mischen. — Zinkoxyd. — Theerdämpfe.

Asthma-abdominale, flatulentum, hypochon-
driacum, saburale, von einer Ursache herrührend,
welche die freie Bewegung des Zwerchfells hindert;
von Blähungen, Säuren im Magen, von Indigestion,
Verstopfung, Auftreibung der Leber und anderer U.L.-
Eingeweide.

Therapie. Bei Indigestion: Brechmittel und Pur-
ganzen; bei Flatulenz Carminativa. ℞ Essent. castor.
liquor; anod. H., ana 3j; Ol. menth., gtt. vj; Laud.
S. ꞔj, alle 2 St. 40 gtt. — Klystiere. — S. Flatulenz.
Bei Verstopfungen der U.L.-Organe Resol ventia,
Kissingen, Karlsbad, Ems.

Asthma-convulsivum. S. Angina-pectoris.

Asthma-humidum. S. asthma-senile, Catarrhus senilis und Bronchitis.

Asthma-hystericum. S. Hysterie Nr. 7.

Asthma-metastaticum, arthriticum, rheumaticum, psoricum, scrophulosum, serosum, urinosum,
venereum, ist durch Versetzung und Ablagerung
eines Krankheitsstoffes auf die Lungen und Respirationsorgane entstanden; durch Metastase von Gicht,
Scropheln, Syphilis etc., von unterdrückten Hautkrankheiten und alten Geschwüren, unterdrückten
serösen Secretionen, verminderter Urinsecretion herrührend.

Therapie verlangt die Heilung der Krankheit,
wovon hier das Asthma Symptom oder Versetzung
ist, und Erregung und Unterhaltung künstlicher Geschwüre an den Oberarmen und Füssen. War Krätze
Schuld — Schwefeldampfbäder, Weilbacher Wasser,
Ungt. Autenr.; bei der gichtischen Form Antimonialia etc. Die Paroxysmen werden behandelt, wie bei
Asthma convuls. — Sinapis., Vesicant. etc. S. Krätze,
Gicht, Urodialysis etc.

Asthma-Millari.

Symptome. Kinderkrankheit: plötzlicher, gewöhnlich bei der Nacht eintretender Anfall von Engbrüstigkeit mit gehemmtem, keuchendem, pfeifendem Athem, bis zur Gefahr der Erstickung, grosser Angst, bellendem Husten: kein Fieber. Nach 6—8 Stunden völliger Nachlass der Zufälle, den Tag über oft völliges Wohlsein; in der nächsten Nacht die nämlichen Zufälle, aber noch heftiger, dann wieder völliger Nachlass u. s. f.; zuletzt wird manchmal der Typus constinuirend.

Diagnose. Bei intermitt. Croup dauern die Anfälle viel länger, der Verlauf der Krankheit ist viel rascher, während der Anfälle kommt Strangulationsathmen und metallischer Husten; bei Croup, Rasseln in den Bronchien, hier nichts Aehnliches, bei Croup ist der Druck auf den Larynx schmerzhaft, es ist Fieber zugegen, was alles hier fehlt, dafür krampfhafte Erscheinungen, Urina spastica. — Von Pertussis, Blauhusten, durch den ganz andern Verlauf, den Mangel des catharrh. Stadiums.

Therapie. Emet., dann Asa foetid. innerlich und in Klystieren, Moschus in starken Gaben, krampfstillende Einreibungen in die Brust, den U.L., den Rücken; Senfpflaster, Vesicant. auf die Brust; ℞ Mosch. elect. gr. vj; Tere c. sacch. alb. q. s. terendo affund. aq. cinnamom., aq. foenicul, ana ʒiβ; Tr. valerian. aeth. ʒj; Syrup. cinnamom. ʒj. S. alle ½ St. 1 Theelöffel voll. ℞ Rad. valerian., ʒij; Infund. aq. fervid. q. s. Colat. ʒiv; adde mosch. gen. gr. viij; liquor. ammon. succ. ∋ij; syrup. flor. aurant. ʒβ; tr. ambr. ʒij; alle ½ St. 1 Theelöffel. ℞ Asae foetid. ʒij; spir. Minder. ʒiij; muc. gm. arab. q. s. ut. f. c. aquae meliss. ʒiij; Emuls.; syrup. emuls. ʒj. S. Alle St. 1 Essl. Den Asand zu Klystieren.

Asthma-organicum, von Wasseranhäufung im Lungenparenchym, durch Buckel, organische Fehler des Herzens. Fast alle Bucklige leiden daran mehr oder minder. Von Zeit zu Zeit wende man eine kleine V.S. an, um die gestörte Circulation des Blutes herzustellen, die Plethora zu mindern. Fontanelle und andere Ableitungsmittel sind das Beste. Bei Herzfehlern lasse man öfters etwas zur Ader, setze Blutegel an die Herzgegend, mache kalte Fomentationen mehreremal täglich, vermeide allen Reiz und starke Bewegung, trage Fontanelle am Arme und der Herzgegend; innerlich Nitrum, Digitalis Aq. Laurocerasi.

Asthma-sanguineum. Folge entweder von Plethora oder örtlicher Congestion in den Lungen, besonders von unterdrückten Hämorrhoiden, Menstruation, Nasenbluten. Man entferne die Plethora durch V.S., sparsame Diät, Bewegung, stelle die unterdrückte Blutung wieder her.

Asthma-senile, siccum oder humidum. Es sind Greise von 60—70 Jahren. Das Rauchen von Datura Strammon., Dämpfe davon zu athmen, Theer und erweichende Dämpfe werden gerühmt. S. Asthma. S. Catarrhus senilis.

Asthma - thymicum. Viele neuere Kinder-

ärzte sehen es als eine deutsche Mystification an,
eine eigene Form des Asthma thymicum aufzustellen,
die krankhaften Anfälle seien nichts anderes als eine
Art Eclampsie, nicht Zeichen einer localen Affection
des Kehlkopfes und der Respirationsorgane, am wenigsten aber die Folge eines Druckes der Thymus
auf die Luftwege, sondern entspringe, wie dieses
schon die gleichzeitigen convulsivischen Erscheinungen in den Extremitäten beurkundeten, einzig nur
aus der Verbreitung des eclampischen Krampfes
auf die Muskeln der Athmungswerkzeuge, daher die
Behandlung auch eine antispasmodische sein müsse.
Erst seit dem Jahre 1830 trete das Asthma thym.
als eigene Krankheitsform auf, wozu Kopp Veranlassung gegeben. Vor dieser Zeit kannte man blos
ein Asthma Millari. Das Asthma thym. sei nichts
anderes, als das früher bekannte Asthma Millari.
Die Thymus allein sei nicht im Stande, die Krankheit zu erzeugen, gewöhnlich finde man auch andere
organische Fehler, Welkheit, Schlaffheit des Herzens, Hypertrophie desselben u. s. w. S. Craniotabes.

Symptome. Das Asthma thymicum wird nur bei
Kindern von 8—10 Monaten beobachtet und die ihrem
äusseren Ansehen nach von allen die Gesundesten
ihres Alters zu sein scheinen. Nur allmählig und
unmerklich bildet sich bei ihnen die Krankheit aus,
und man entdeckte früher nichts, als dass sie sich
beim Trinken an der Brust häufig verschluckten und
hinter den Athem kamen, wie man zu sagen pflegt.
Dieses Verschlucken kommt aber immer öfter, so
dass die Mütter gar bald auf den Gedanken kommen,
hier müsse wohl etwas dahinter stecken; diese Erscheinung tritt aber auch ein, wenn die Kinder nicht
trinken, z. B. nach dem Erwachen aus dem Schlafe,
beim Weinen u. s. w. Die Anfälle nehmen an Häufigkeit und Heftigkeit zu, und der Athem stockt auf
Augenblicke gänzlich, und nun beginnt das Wirken
des Arztes. Es ist oft das Asthma thymicum nichts
anderes als ein Krampf der Stimmritze und es müssen
auch nur krampfstillende Mittel dagegen angewendet
werden. Moschus, Asa foetida-Klystier, Flor. Zinci,
mit Calomel, Chamillenbäder, Ableitungen auf die
Füsse. Als Unterschied des Asthma thymicum vom
sog. Asthma Millari führt man an, dass die Paroxysmen des ersten beinahe von gar keinem Husten begleitet werden, oder wenn ein solcher auftritt, dass
er unwesentlich ist, dass der Ton bei dem Millarischen Asthma tief hohl, selbst brüllend sein soll,
indessen bei dem Thymus asthma mit einem feinen,
schrillernden Tone oder Schrei die Kurzathmigkeit
und der Stillstand des Athmens eintrete und ende.
Dem Millarischen Asthma geht Schnupfen und Fieber
vorher, welches bei dem Kopp'schen ganz fehlt. Bei
dem Mill. Asthma treten im ganzen Verlauf der Krankheit höchstens 5—6 Anfälle ein, indessen bei dem
Kopp'schen täglich 10—20 vorkommen können. Auch
ist hier der Krankheitsverlauf ein chronischer, während er bei jenem ein acuter ist.

Behandlung. Nach der Verschiedenheit der Ansichten über die Natur des Asthm. thym. sollen auch

noch verschiedene Ansichten über die Behandlung
hier folgen. Hatte das Asthma noch nicht lange gedauert, waren die Anfälle kurz, und folgten sie sich
in langen Intervallen, war die Percussion zwar dumpf,
gab die Auscultation dagegen nicht in bedeutendem
Umfange Mangel des Respirationsgeräusches, waren
die Kinder ausser den Anfällen wohl, gut genährt
und die Venen des Kopfes bedeutend hervortretend,
so lässt man 2—3 Blutegel an das Manubrium sterni
setzen, und sodann mit Jod versetzte laue Bäder abwechselnd mit Einreibungen von hydrojodsaurem
Quecksilber in die vordere obere Parthie der Brust
anwenden. Innerlich: in kleinen Gaben Calomel als
Derivans, um die Secretionsthätigkeit der Leber und
des Darmcanals zu bethätigen; dabei werde alles
vermieden, was Vermehrung der Lungenthätigkeit
und Aufregung des Gefässsystems herbeizuführen im
Stande ist, als Weinen, Schaukeln, grosse Wärme,
Sonnenhitze u. s. f. Tritt nun der Anfall selbst ein,
so thut ein laues Jodbad gute Dienste. Diese Behandlung wird eine Zeit lang fortgesetzt, und je nach
der grösseren oder geringeren Heftigkeit des Uebels
lässt man eine 5—8tägige Zwischenzeit eintreten, um
sodann das früher eingeleitete Heilverfahren fortzusetzen. Nach 2—3 Wochen wieder eine Pause von
8 Tagen, und dann werde ferner mit der früheren Behandlung bis zur Erzielung des gewünschten Erfolgs
fortgefahren. Diese Pausen sind nothwendig, um
dem Organismus Zeit zur Erholung von den Einwirkungen des Jods zu lassen. — Andere Ansicht: Für
die Heilung des Asthma thymic. bieten sich folgende
Indicationen : 1) Im Anfalle kann man sich darauf
beschränken, das Kind aufzurichten, allenfalls vorne
überzubeugen und den Rücken gelinde zu klopfen;
vielleicht nützt auch das Aufspritzen von Wasser.
Zu andern Mitteln ist keine Zeit und innere Arzneien
können ohnehin nicht geschluckt werden. 2) Die
symptomatisch vitale Indication fordert Mässigung
der Krämpfe, damit nicht ihr Uebermaass dem Leben
ein Ende mache, ehe Natur oder Kunst die Bildungsfehler besiegt haben. Dieser Anzeige möchte am
meisten der Gebrauch der Aqua Laurocerasi in kleinen allmälig steigenden Gaben entsprechen. Nächstdem interponirte Gaben Moschus. 3) Um jede Congestion nach Herz und Lungen, jede verstärkte Thätigkeit dieser Organe zu verhüten, muss in ähnlicher
Art, wie oft bei Herzübeln, die Ernährung möglichst
beschränkt und gewissermaassen eine vita minima
herbeigeführt werden, welche mit einem geringen
Maass von Respiration und Herzthätigkeit sich be-
gnügt, die dann mit der hemmenden Geschwulst weniger in Conflikt kommen. Selbst das Wachsthum
der Thymus wird durch solche Derivation und Re-
vulsion am ersten beschränkt. Daher neben der
passenden Diät, reichliche und oft wiederholte Blutausleerungen, Exutorien auf der Brust, fleissige energische Abführungen, und auch für diesen Zweck Aqua
Laurocerasi. 4) Vielfach ist versucht worden, die
Geschwulst der Thymus durch Antiscrophulosa, auf-

lis, Thierkohle, Meerschwamm und Jodine zu vertheilen.

Asthma-urinosum. S. Urodialysis.

Athem, stinkender, ist oft Symptom von Nasengeschwüren, gehinderter Verdauung bei Weibern, die sich schnüren, von krankem Zahnfleische, Unreinlichkeit im Munde, verdorbenen Zähnen, Würmern, langem Fasten, fauliger Diathesis des Blutes, daher bei übermässiger Fleischnahrung, besonders von rohem Fleische; von Scorbut, Faulfieber, eitriger Kakochymie, Eiterung in den Lungen, dem Kehlkopfe, übermässigem Mercurgebrauch, von herannahender Menstruation. Nach diesen Ursachen richtet sich die Behandlung. Bei schlechten Verdauungsorganen: Aromat., Calamus etc. Bei Unverdaulichkeit wo die Nahrungsmittel so zu sagen verfaulen, statt in Chymus überzugehen, bei Scrophulösen mit cariösen Zähnen, sind Enthaltsamkeit, strenge Diät, Aetherea das Beste. Sonst hat man gerühmt Kohle und Chlor. ℞ Aq. oxymuriat. ʒij; Aq. destillat. ℥iij; d. in vitr. rite clauso. S. Stündl. 1 Essl. bei strenger Diät. ℞ Succolat. pulverat. ℥iij; Carbon. vegetabil. ʒj; Vanill. ʒj; Mucil. gm. tragac. q. s. u. f. mors. gr. xvjjj; S. 6 — 8 St. täglich. ℞ Sulphat. alumin. et potass. ʒij — ʒjij; Aq. destill. ℥jv. S. Morgens und Abends damit zu gurgeln, wenn der Sitz des stinkenden Athems in der hintern Rachenhöhle ist. ℞ Chloruret. sicc. ʒij; Sacch. alb. ℥vjij; amyl. ʒj; Gm. tragac. ʒj; F. morsul. gr. jij. S. 2—3 St. tägl. ℞ Chlor. calc. ʒvjj; Sacch. vanill. ʒij; Gm. arab. ʒv; F. mors. gr. xv — xvjij. — ℞ Calc. chlor. ʒiij; Aq. destill., alcohol, ana ʒij; Ol. rosar., gtt. jv.; Solv. filtr. S. 1 Theel. hievon unter 1 Glas Wasser als Mundwasser. Nützen alle diese Dinge nichts, so schütze man sich in Gesellschaften dadurch, dass man Küchelchen aus Aromat. in den Mund nimmt, z. B. Mastix, Gewürznelken, Myrrhe, Moschus, Muscat etc. Natürlich alles dies, wenn der stinkende Athem kein Symptom von Lungenbrand, aphthösem etc. Process ist. Alaun zeigt sich gegen stinkenden Athem sehr nützlich, namentlich gegen den, der seinen Sitz in der hintern Rachenhöhle hat.

Athmungs-Beschwerde. Dyspnoe. Symptom vieler Krankheiten. Muss der Kranke dabei aufrecht sitzen, kann er gar nicht liegen, so nennt man das Uebel — Orthopnoe. — Dyspnoa pituitosa. Die Engbrüstigkeit ändert sich bei trockenem und vermehrt sich bei feuchtem Wetter, daher auch verschieden nach den Jahreszeiten. Bei reizender Kost fühlen sich die Kranken besser, als bei erschlaffender, die Beschwerden nehmen zu beim Liegen auf dem Rücken, mindern sich beim Gehen; die Kranken klagen über Kälte im U.L., werfen Schleim aus, solcher geht auch durch den Stuhl ab; die Auscultation ergibt Schleimrasseln.

Therapie. Entferne die Gelegenheitsursachen, als: feuchte Luft, übermässigen Genuss lauer Getränke, schlechte wässrige Nahrung, Ausschweifungen, lange dauernde Katarrhe, Tripper, Fluor. alb., Hämorrh., kühle Bekleidung, unterdrückte Hautkrankheiten,

Entleere den Schleim durch Emet., Purgant., Salmiak, Expectorant., Schwefelmittel, Antimonialia, Mercurialia, Seneg., Aromat.. Calamus, Gummata, Amara. Aeusserlich warme Bekleidung, flüchtige Salbe, Pechpflaster, Vesicantia, Ungt. Antenr., laue Bäder, Schwefel- und Eisenbäder, nährend reizende Diät.

Dyspnoe a tuberculis. Beständiger Druck und ein gewisses Stechen auf der Brust bei Bewegungen oder reizenden Getränken; trockener Husten; zuweilen wird des Morgens etwas Körnigtes ausgeworfen. Percussion ergibt dumpfen Ton an einzelnen Stellen, Auscultat., Mangel des Respirationsgeräusches. Therapie, Kräuterkur, Molken, Resolventia, Narcot., stärkende Mittel, Offenhalten aller Secretionen, künstliche Geschwüre. S. Asthma.

Atrophie. S. Marasmus.

Athrophia-mesaraica. S. Bauchscropheln.

Aufstossen. Ructus. Frisches Wasser u. vorzüglich kleine Eisstückchen, welche man schlucken lässt, erzeigen sich dagegen wohlthätig; nächstdem hat man die Darmausleerungen durch Abführmittel zu reguliren u. in dringlichen Fällen sogar die im Magen gährenden Stoffe durch Brechmittel zu entfernen. Wenn wegen Magensäure Alkalia anzuwenden sind, so vermeide man diejenigen, welche viel kohlensaures Gas entwickeln, gebe daher Magnesia usta statt der carbonica, gebe Ammoniumpräparate, Aetherea oleosa, Kümmel, Fenchel, Ol. Cajeput, Chamillen, Pfeffermünze, Melisse u. s. w.; wo ein krampfhafter Zustand Schuld ist, Valeriana, Asa foetida, Castoreum, seltener Narcotica; endlich Amara.

Aussatz, morgenländischer. S. südliche Krankheiten.

B.

Bandwurm. S. Wurmkrankheiten.

Bauchfell-Entzündung. Peritonitis membranacea.

Symptome sind denen der Enteritis sehr ähnlich, nur unterscheidet sie sich von ihr durch gleichmässige starke Auftreibung des U.L., durch die grössere Härte desselben, den intensiven Schmerz; die Temperatur ist nicht so ungleichmässig wie bei Enteritis, wo der Rumpf heiss, Extremitäten kalt; kommt auch chronisch vor. S. Darmentzündung.

Therapie. V.S., Blutegel, warmes Bad, Fomentationen von Spec. emollient. mit Narcot. Bei rheumatischer Form, wo die Schmerzen recht reissend werden, gelinde Hautreize, Linim. volat. und ana Ungt. Neapolit., Pulv. Doweri, Ammon. acet. Das Opium wird als Antiphlogisticum viel weniger angewendet, als dies geschehen sollte. Besonders anwendbar ist es bei Peritonitis, die von grossen Schmerzen und Schlaflosigkeit begleitet ist, in Verein mit Calomel. Bei alten Leuten ist es wegen der

Möglichkeit, eine Lähmung herbeizuführen, weniger
häufig anwendbar, namentlich bei chron. Bronchitis
der Alten. Ueberhaupt bei Krankheiten, die mit bedeutender Schlaflosigkeit einhergehen, wird am besten
die Kur mit einem Opiate, z. B. Morphium acetic.
gr. ⅛, eröffnet, und das Opium durch die ganze Be-
handlungszeit im Auge gehabt. Ist Erbrechen vorhanden, Aq. Laurocer., Potio Riveri. ℞ Herb. malv.,
rad. alth. ana ℨj; Capit. papav. ℨβ; S. mit Wasser,
℔ jjβ auf ℔ jj decoct. Flanell in diese erwärmte Flüssigkeit zu tauchen und gut ausgedrückt warm über-
zulegen. ℞ Liquor. kali caust. ℨβ—j; Aq. destill.
℥vjjj; S. wie voriges warm überzuschlagen. S. Darm-
Entzündung. V o l z sagt über die Peritonitis: Die
Behandlung der Peritonitis mit Calomel und andern
Laxirmitteln wird zwar oft gelehrt, gehört aber zu
den unglückseligsten. Bei jeder Peritonitis selbst
in ihren geringen Anfängen sollte man sich des Calomels und anderer Abführmittel strenge enthalten,
und sich weder durch hartnäckige Verstopfung, noch
durch die entzündlichen Erscheinungen zur Anwendung derselben verleiten lassen. Man beschränke
sich, da meist Perforation des Darmes die Ursache
ist, mehr auf Emulsionen und örtliche Blutentziehungen. Dagegen sollte man bei jeder einigermaassen
heftigen Peritonitis das Opium und zwar in grossen
Gaben consequent anwenden. Dieses Mittel ist von
entschiedenstem Erfolge, ohne alle Gefahr, mit keinen
Nachtheilen verbunden. Man gibt das Opium in
Substanz zu ½ gr. halbstündlich, stündlich, 2stünd-
lich. Narcose tritt fast nie ein, Ausleerung u. zwar
weiche, selbst dünne, kommt von selbst, sobald die
örtlichen entzündlichen Erscheinungen verschwunden
sind. Ein Erwachsener nimmt 4—6 gr. Opium ohne
allen Nachtheil. Oertliche Blutentziehungen sind
nicht ausgeschlossen. Auch in den der Bauchfell-
entzündung sich annähernden Zuständen, so insbesondere, wenn nach der Reposition oder Operation
eines eingeklemmten Bruches hartnäckige Verstopfung,
Erbrechen, Leibschmerzen zurückbleiben, verdient
das Opium eine allgemeinere Anwendung als bisher.
Indessen ist das Calomel in refracta dosi 2stündlich
etwa zu ¹/₂₄ gr. in der rein inflammatorischen Peritonitis doch von Wirksamkeit, in dieser Gabe aber
macht es auch kein Laxiren. R ö s c h rathet dabei an,
über die ganze Dauer der Schmerzen beständig warme
Ueberschläge über den Bauch zu machen; Blutentziehungen seien nur mit Vorsicht und vornämlich
bei der durch Verwundung entstandenen Entzündung
des Bauchfells wie hier, wenigstens in der ersten
Zeit zugleich Eisumschläge über den U.L. anzuwenden, neben dem Gebrauche des Opiums, nach besei-
tigter Hauptgefahr bei fortdauernder Entzündung sei
die Quecksilbersalbe einzureiben (oder ist Calomel
in refracta dosi einzureiben). Das bis zu 1 Stunde
fortgesetzte warme Bad, reizlose Klystiere, die Ueberschläge, Emulsionen und gegen den Brechreiz Eis-
mischungen und Champagner gehören zu den wirksamsten Mitteln hier.

Bauch-Scropheln, meseraische Drüsenentzün-
dung, Darrsucht, Atrophia-meseraica.

Symptome. Die Kranken sind Kinder mit Scro-
phel-Habitus; anfangs intermittirendes Fieber, später
remittirendes, stechende, kolikähnliche Schmerzen in
der Tiefe des Bauches, der aufgetrieben, weich, an
mehreren Stellen schmerzhaft beim Drucke ist, kein
Appetit, Durchfälle mit Verstopfung wechselnd; das
Ausgeleerte entweder die kaum genossenen Speisen,
oder eine weisse chylusartige Substanz, später Hüsteln, Abmagern des Körpers, der Bauch treibt sich
auf. Febr. hect., Tod.

Diagnose. Bei Helminthiasis sind die Schmerzen
periodisch, gewöhnlich des Morgens und im nüchternen Zustande, lassen sich durch Milch und Zucker
besänftigen, und durch andere Dinge, z. B. Häringe,
steigern. Der U.L. ist schmerzlos beim Drucke, weich,
unempfindlich, widerlicher Geruch aus dem Munde,
Jucken am After, Tenesmus, aussetzender Puls. Bei
Intermittens tritt der Paroxysmus Morgens auf, hier
Abends, es fehlen die topischen Symptome, es treten
Krisen durch Haut und Harn auf. Romberg macht
auf die varicöse Beschaffenheit der Bauchvenen bei
weiter vorgeschrittener Entartung der Mesenterialdrüsen aufmerksam, welche bei reinen Affectionen
der Darmschleimhaut nicht vorkommen. S. Milchkuren.

Therapie. Blutegel, Mercursalbe ʒß—ʒj p. die
mit Ungt. Alth. — Innerlich Calomel, wenn keine
Diarrhoe da ist, im andern Falle Salep mit Extr.
Cicut. Kleine Gaben Baryt. muriat.; Pulv. Doweri;
anfangs erweichende, später Calamus- und Malzbäder. Man' wechsle mit der Einwirkung auf die
verschiedenen Collatorien; als Essigammon, Baryt.
muriat. mit Tr. thebaic., Cataplasm. von Extr. Cicut.
und Spec. emolient., antiphlogist. Diät; bei Säurebildung Liquor kali, Krebsaugen. Bei der chronischen Form sehe man, ob Dyscrasien Schuld sind,
deren Indicat. realisirt werden müssen. Innerlich
Extr. Cicut. mit Aq. Laurocer., Liquor Kali, Kissinger Wasser. S. Scropheln. ℞ Extr. cicut., ʒß;
Extr. rhei ʒjj; Aq. cerasos. nigr. ℥vj. S. 3mal 1
Essl. ℞ Baryt. muriat. ʒj; Aq. cinnamom. ℥jj. Alle
2 St. gtt. x. ℞ Baryt. muriat. ʒj; Pulv. rad. alth.
ʒß; Extr. card. bened. q. s. ut. f. pilul. Nr. 60. ℞
Pulv. pueror. Hufeland. ϑß; Aethiop. mineral. gr. ʄ;
Pulv. herb. digit. gr. ¼. D. t. d. Nr. 12 2mal tägl.
1 St. für Kinder unter 1 Jahr zur Schmelzung des
harten aufgetriebenen U.L. Ol. jecoris aselli zu 2
Theel. täglich sehr gerühmt. — In der Gekrösaus-
zehrung der Kinder mit magern Gliedern und dickem
Bauche, worin die harten Knoten wie kleine Kartoffeln fühlbar sind, lässt man mit Nutzen Liniment.
volat. camphor., ℥jß und unguent. hydrarg. cin., ℥jj
ins Abdomen reiben, und gibt innerlich ℞ Extr.
Conii macul. ʒj—jß; Aq. cinnam. commun., syrup
cort. aurant., ana ℥ß. S. 2mal täglich ½—1 Theel.
voll. Auch lässt man mit Nutzen ein Jodliniment in
den U.L. (Jodi gr. xvj; Ol. olivar. ℥j oder Ol. jecor.)
2—3mal in 24 St. einreiben.

Bei Atrophia lactantium, welche viel Aehnlichkeit hat mit Atrophia meseraica, doch aus ganz anderer Quelle entspringt, muss man das Kind ablegen lassen, ihm bessere Milch geben, nährende Brühen, es in frische Luft bringen. Fast specifisch wirke in solchen Fällen der Tokaierwein zu 2—10 Tropfen 3mal tägl. in geringer Verdünnung. Dazu Malz — Chamillen — Calamusbäder. Der Tokaierwein wird auch bei anderen Erschöpfungszuständen (nach Diarrhoe, profuser Eiterung) von 8—12jährigen Kindern zu 20—25 gtt. 3mal vortreffl. ertragen. S. Scropheln.

Bauch-Wassersucht, freie, Hydrops ascites.

Symptome. Der U.L. schwillt an von unten nach oben; stehen die Kranken, so findet sich die Anschwellung nach unten und vorn, liegen sie auf dem Rücken, so ist sie in der Weichengegend. Fluctuation; bei geringer Ansammlung bemerkt man sie am ehesten in der Stellung à la vache. Beschränkungen aller Secretionen, Oedem der Knöcheln. Bei entzündlichem Ascites: brennend stechender Schmerz im UL., der sich spannt, fest, hart anfühlt, gegen Druck empfindlich, öftere Brechneigung, Erbrechen, Fieber. — Bei Ascites frigidus, atonicus schwillt der U.L. äusserst langsam an, schmerzlos, Gefühl von Kälte ın demselben, Digestionsstörungen, cachectisches Aussehen, Blässe der Lippen, der Zunge, des Zahnfleisches, der Mundhöhlenschleimhaut und Caruncula lacrymalis. Bei Ascites organicus — Abdominalcolorit im Gesichte und Auge, Störungen in den Organen der Chylopoese, auffallende Abmagerung. Bei Ascites psoricus s. impetiginos. war früher Krätze vorhanden, die vertrieben worden, worauf Erscheinungen nervöser Art eintraten und sich endlich hydropische Erscheinungen ausbildeten.

Diagnose. Hydrops saccatus geht immer von einem Punkte aus, daher die ersten Veränderungen im Bauche nicht gleichmässig, wie hier, die allgemeinen Erscheinungen des Hydrops kommen erst später. — Bei Harnblasenerweiterung tritt die Geschwulst über die Schaambeine hervor, ist mehr birnförmig; die Senkung des Bauches ist bei Lageveränderung nicht so auffallend als hier, dagegen sind die Störungen der Chylopose ausgezeichnet; der eingebrachte Katheter entleert sehr viel Harn, der U.L. fällt hierauf zusammen, die allgemeinen Erscheinungen des Hydrods fehlen. — Die innere Untersuchung, die Entwicklung der Geschwulst, die Regelmässigkeit in derselben, mangelnde Fluctuation, cessirende Menses, der Mangel der übrigen, eine Schwangerschaft charakterisirenden Momente, sichern vor Verwechslung mit dieser. Die Untersuchung per vaginam oder anum ergibt, ob Hydrometa etc. oder Schwangerschaft zugegen.

Therapie. Bei der acuten Form muss die Gefässreaction getilgt werden, daher V.S., die bei Härte und Spannung im Pulse wiederholt werden muss; topische Blutentleerung, Ungt. Merc., Foment. von Spec. emolient. mit narcot. Innerlich Ol. Ricin., bis Stühle kommen, die man mit Calomel unterhält; verlieren diese ihren foetiden Calomelgeruch, bekommen die Kranken Kneipen im U.L., lässt man das Calomel weg, gibt Demulcentia, Infus. Sambuc. mit Ammon. acet., Pulv. Doweri, warme Bäder. Bei Ascit. aton.: nährende reizende Kost, Aufenthalt in warmer reiner Luft, Amara, Absinth, Extr. Saponar., Eisen, Diuret. mit Amaris., z. B. Kali acet. oder Scilla mit Absinth., zur Hautbethätigung Pulv. Doweri, Antimon. ℞ Herb. absynth. ʒβ; Inf. aq. frigid. ʒvjjj; stet in digest., liquor. acetic. ʒj; Extr. scill. gr. v; Syrup. cinnam. ʒj; S. alle St. 1 Essl. Bei Ascites organ. muss man, wenn Fieberkuchen Ursache sind, eine sich wieder bilden wollende Intermitt. unterstützen. Bei Ascit. psoricus reibe man Ungt. Antenr. ein, warte nicht lange mit der Paracenthese, schnüre nach dieser den Leib so fest als möglich; kommen dann Erscheinungen der Entzündung, so schreite man ein; bei Störung der Lebersecretion Fel. tauri. Formeln S. bei Wassersucht und Brustwassersucht. Gegen Ascites ist Kartoffelbrei, der ausschliessliche Genuss ganzer Kartoffeln empfohlen und für sehr wirksam gefunden worden. Ueber das Kali hydrojodinicum S. Jod als Diureticum; besonders auch bei Bauchwassersucht.

Berauschung. S. Säuferkrankheiten.

Blähsucht. S. Flatulenz.

Blasen-Katarrh. S. Harnblasen-Krankheiten Nr. 6.

Blattern. Man hatte früher drei Gattungen von Blattern angenommen, Varicellen, Variolois und Variola vera. Die meisten neueren Autoren und Praktiker hingegen halten diese 3 Pockenspecies nur für verschiedene Grade einer und derselben Krankheit; wenigstens ist dieses sicherlich bezüglich der Variolois und Variola anzunehmen. Alle zwischen diesen Formen angegebenen unterscheidenden Merkmale sind gesuchte, künstlich zusammengestellte. Mit ebenso grossem Rechte könnte man zwischen den einzelnen verschiedenen Graden einer Pneumonie verschiedene Formen feststellen wollen, was Niemandem einfällt. Variola- und Vaccinagift ist identisch. Vaccina von den Kühen auf Menschen übergetragen, macht Menschenpocken, und diese auf das Euter der Kühe geimpft, erzeugt Vaccina. Die Impfung mit Vaccina schützt eine Zeitlang gegen Variola, und überstandene Variola lässt nicht zum zweitenmale Variola zu. Warum die überstandenen Menschenpocken sicher gegen Variola schützen, geimpfte Vaccine oder geimpfte Menschenpocke nicht schützt, rührt daher, weil eine allgemeine Infection durch ausgebreitete Variola wirksamer ist, als die örtlich verlaufende Impfblatter und Vaccine. Indessen wollen wir hier diese in der Natur nicht im geringsten begründeten Unterschiede durch 5 aufgestellte Formen, wie man sie früher nach Schönlein namentlich aufgeführt hat, wieder geben:

I. Varicellen. 1) Dieses Stadium durch nichts Eigenthümliches ausgezeichnet; man sieht blos, dass es ein Exanthem werden werde. 2) Es erscheint das Exanth. an verschiedenen Stellen des Körpers, ohne

stösse; dauert oft 6—8 oder 14 Tage, bis es endlich
3) zum Trocknen kommt. Das Exanthem hinterlässt
keine Narbe, die Krankheit kann den ereth., synoch.,
nervösen und gastr. Charakter haben.

Diagnose. Varicelle ist nicht ansteckend, kann
nicht eingeimpft werden, das Bläschen ist nicht zellig, hat keine Telle, keinen Eitergeruch; es kommen
keine Nachkrankheiten; hat im Stadium Prodromor-,
nicht jene heftigen nervös. Erscheinungen im Rückenmarke, wodurch sie sich im Ganzen von Variolois
und Variola unterscheidet.

Therapie richtet sich nach der Form; bei ereth.,
exspectativ. Verfahren. — Bei nervös., Moschus,
Ammon. acet., Essigklystiere, Sinapismen auf die
Waden, Waschungen mit Campher, Chlor., innerlich
ebenfalls Chlor. etc. — Bei Congestionen gegen den
Kopf, bei synochal. Form, — Antiphlogose, Mittelsalze,
Blutegel, keine V.S. — Will sich das Exanth. nicht
entwickeln, Campher mit Nitrum, Sinapism., Vesicant.; regulire die Diät, Elect. lenitivum. Die Behandlung der Varicelle, Variolois und Variola hat je
nach dem Charakter des Fiebers nichts Eigenthümliches, sie werden behandelt wie Scharlach und Masern unter ähnlichen Umständen. S. diese.

II. Variolois. 1) Im Kreuz und Kopfe nervöse Erscheinungen, Spinalreize, gastrische Schleimhautsymptome; Dauer unbestimmt, einige Stunden
bis 3—5 Tage, dabei accidentelle Symptome, Tenesmus, Athmungsbeschwerden, Magenschmerzen. 2) Es
kommt zum Exanthem; Dauer 2—3 Tage, es kommen
aber, wie bei Varicelle, oft 8—10 Tage lang Nachschübe. 3) Blüthestadium, die Bläschen sind zellig,
24 St. bis 10—12 Tage dauernd. Im Durchschnitte
steht das Bläschen 4 Tage in der Blüthe. Mangelnder Pockengeruch, kein Eiterungsfieber. 4) Es trübt
sich das Bläschen und nach 3—4 Tagen trocknet es.
5) Es schuppt sich der Ausschlag und blos beim Aufkratzen der Bläschen bleiben flache Narben zurück.

Diagnose. Bleiben Narben, so fehlen die charakteristischen Punkte; die Narbe ist nicht gerippt, mehr
flach, nicht rund wie bei Variola. Es gibt verschiedene Varietäten der Variolois, von Varicelle aufsteigend bis zur Variola. Variolois scarlatinoides, sehr schlimme Form, vesicularis, confluens etc. Variolois ist sehr contagiös, lässt sich
durch Impfen fortpflanzen, unterscheidet sich von
Variola dadurch, dass das erste Stadium hier nicht
constant wie bei Variola 3 Tage dauert; bei Variola
ist die Eruption am 3ten Tage geendet, bei Variolois kommen Nachschübe, auch geschieht die Eruption bei ihr an verschiedenen Theilen des Körpers
zugleich; bei Variola beginnt sie vom Gesichte und
verbreitet sich von da weiter; der specifische Geruch
der Variola fehlt bei Variolois, dabei ist die Narbenbildung verschieden. Variolois bildet zur Vaccina
ebenso wenig als Varicelle einen Gegensatz, können
neben einander bestehen, wohl aber zwischen Vaccina und Variola, denn erstere schützt wenigstens lange
Zeit gegen letztere. Variolois kommt oft epidemisch
vor. Impfung mit Variolois schützt vor Variolois.

Therapie im Allgemeinen dieselbe wie bei Scharlach angegeben worden, sie richtet sich nach dem Charakter des Fiebers. S. unten Variola.

III. **Variola.** Dem Ausbruche geht ein eigenthümlicher Geruch vorher. 1) Die febrile Aufreizung dauert 3 Tage, Kopfschmerz etc. 2) Die Eruption beginnt vom Gesichte aus 3—3½ Tage andauernd, das Fieber endet, wenn die Eruption an allen Theilen geschehen ist, mithin am 7ten Tage vom Anfange des Verlaufes an gerechnet. 3) Florescenz; die Bläschen haben eine Telle, specifischen Geruch. 4) Suppuration am 9ten Tage vom Ausbruch der Krankheit an gerechnet. Pockengeruch. Gesicht, überhaupt die Theile, wo die Pusteln nahe beisammen stehen, sind geschwollen; Febris secundaria tritt wieder auf, während das Fieber am 7ten Tage verschwunden war. 5) Mit der Abtrocknung hört das Fieber auf. 6) Desquamation hinterlässt gerippte, schwach punktirte Narben. Charakter des Fiebers, wie schon angegeben, verschieden, auch gibt es je nach der Form verschiedene Arten, distincte, confluirende etc. Vaccine schützt nur eine Zeit lang, etwa 10 Jahre lang, gegen Variola. Man hindert den Ausschlag im Auge, Gesichte, durch Aufschlagen kalten Wassers, u. begünstigt seine Eruption durch Sinapism., warme Essigwaschung. an andern Orten, wo er weniger Gefahr droht.

Therapie wie bei Variolois. Zur Verhütung der Pockennarben bestreicht man die Pocken mit Mandelöl tüchtig oder legt Goldplättchen, wie sie die Vergolder haben, mit Gummi arab. befestigt auf, so dass alle Luftzufuhr abgeschnitten wird. — Gegen Variola auf den Augen empfiehlt man, sobald letztere beim Ausbruche des Exanthems schmerzen und sich schon rothe Stippchen auf der Conjunctiva, oder dunkle auf der Cornea zeigen: ℞ Camphor ℈j; Solv. in aeth. sulphur. ℥j; Ol. caryophyll. gtt. vj. S. damit befeuchtete Leinwand auf das Auge zu legen. Andere sagen, noch besser sei hier das Empl. mercur. simpl. auf Leinwand gestrichen und täglich frisch über das ganze Gesicht und die Augenlider zu legen; dies verhüte zugleich sicher jede Entstellung durch Pockennarben. ℞ Ammon. carbon. depurat. gr. vj; Mosch. genuin. gr. vjjj; Sacch. alb. ℥β. M. terendo c. aq. flor. tiliae ℥jv. S. bei nervösen Pocken. Serpentaria, Angelica und Liquor c. c. succ. halten zur Zeit der Eiterung die Kräfte aufrecht, ebenso kleine Weinportionen. Gegen die Blattern hält Eisenmann das Chlor zu Waschungen für wichtiger als die Entdeckung Jenners, und seit dem Gebrauche dieses Mittels seien die Blattern keine gefährliche Krankheit mehr zu nennen, selbst wenn die Pusteln im Halse auftreten, wo er das Chlorgas einathmen lässt. Die Bösartigkeit der Variola und die Narbenbildung soll durch Chlorwaschungen alle 3—4 Stunden wiederholt, durch Bepinseln mit Tinct. Jodii und Waschen mit Sublimatsolution gr. j auf ℥j Wasser verhütet werden. Um die Narben nach Variola zu verhüten, haben auch Stokes u. Andere die VariolaPusteln mit Collodium oder Gutta percha-Solution

oder Emplast. de Vigo hemmen die Weiterentwick-
lungsphase der Blattern.

V a c c i n a. Est am dritten Tage zeigen sich
Reaction und Keime an der angestochenen Stelle, bis
zum dritten Tage ist nach regelmässigem Verlaufe
die Stelle scheinbar todt. Am 4ten eine Anschwellung, rosige Röthe, am 5ten eine Papula mit Telle,
Halo, das Bläschen nimmt von Tag zu Tag zu. Am
8ten bis 9ten trübt es sich. Am 6ten ist febrile Aufreizung, Cephaloe, Erbrechen oder Neigung dazu
vorhanden, bis zum 9ten oder 10ten Tage dauernd,
oft aber nur wenige Stunden. Am 10ten wird es ein
braunes Krüstchen, endlich kommen kreisrunde Narben mit 5 Punkten, die Narbe ist strahlicht. Man
nimmt den Stoff vom Bläschen am 7ten oder 8ten
Tage, wo die Flüssigkeit ganz durchsichtig, hell oder
perlgrau ist, und zwar nicht aus der Telle, sondern
aus der Peripherie. Man macht 3—5 Eistiche in
die Gegend des Muscul. Deltoid. Schlägt die Impfung
fehl, so wiederholt man sie nach 6 Monaten wieder.

Blauhusten. S. Keuchhusten.

Blausucht, Cyanosis, Morbus ceruleus.

Symptome. - Die Kranken haben lange obere Extremitäten, angeschwollene Nagelphalangen, blaues
Colorit, blaue Lippen, blaue Nase, grossen Livor des
Gesichts, grosse Ermüdung bei der geringsten Anstrengung, grosse Trägheit, verminderte Temperatur, Neigung zu Blutungen, Gefühl von Schwere auf
der Brust, häufige Ohnmachten, namentlich beim Liegen auf der linken Seite.

Diagnose ist durch den Habitus und die Farbe
gesichert; von Phthisis und Pneumonie durch die
Resultate der Auscultation und Percussion.

Therapie. Blos palliativ. Wenn man cyanotisch
neugeborne Kinder, ganz blau aussehend, auf die
rechte Seite legt mit etwas erhöhtem Kopfe u. Brust,
so sollen die Arterien mit oxygenirtem Blute gefüllt
werden, und die blaue Färbung verschwinden. Die
Hälfte der so behandelten Kinder sollen dem Leben
erhalten werden können; auch soll auf das anhaltende Liegen auf der rechten Seite die Möglichkeit
der Verschliessung des Foramen ovale befördert werden. Man erhöhe die niedere Temperatur des Kranken durch Aufenthalt in warmem Klima, durch warme
Kleider, der Kranke mache sich passive, wenig active
Bewegung; warme Bäder mit Aq. regia, Senf; Calomel, Rheum mit Cremor, tart., Digital., besser Scilla,
Liquor Kali acet., um die verschiedenen Collatorien
als Ableitungsorgane offen zu erhalten. Zur Oxydation der Säfte noch innerlich: Acid. muriat., — sulphuric. Die Kost bestehe aus Vegetabilien, leichtem
Fleische. Bei Steckanfällen kleine V.S. Sinapism.
auf die Brust, Oberarme, Friction der Haut mit Flanell; die Krankheit als auf einem Herzfehler beruhend ist unheilbar.

Bleichsucht. Chlorosis, Febris alba, amatoria,

Symptome. Eigenthüml. Aussehen, blasse Haut,
Blutleere, Blässe der Lippen und des Zahnfleisches
mit einer Beimischung von Gelb und Grün; Haut
kalt; die Kranken frösteln; auffallende Muskel-

schwäche, Trägheit; Respiration ist beengt. Auscultation und Percussion ergeben nichts Krankhaftes. In den Halsgefässen soll man das sog. Nonnengeräusch hören, dessen Entstehung in die Jugularvenen versetzt wird, weil es bei der Compression derselben aufhört, während man aus der Carotis zwei dumpfe Töne oder vielmehr kurze Geräusche hört. Dem Tastsinne gibt sich das Nonnengeräusch als Schnurren, Vibriren, Erzittern zu erkennen. Die Meisten klagen in Folge einer grossen Gefässreizbarkeit über Herzklopfen bei den geringsten Bewegungen u. dgl. Puls klein und schnell. Verminderte Esslust, Druck im Magen, Aufstossen, Blähungen nach dem Genusse von Speisen, Anomalien in der Menstruation; diese kann übermässig sein, Menorrhagie, welche die chlorotische Anaemie bedingt; die Menses können zu vereilig sein im Verhältnisse zum Alter und zur vegetativen Ausbildung des Subjectes; bei der Bleichsucht ganz junger Mädchen sind die Geschlechtsorgane noch vollkommen unentwickelt, keine Spur von Monatfluss, sogar Atrophie der Genitalien; die Menses können zufällig unterdrückt worden sein in einem nicht hinreichend ausgebildeten Körper; manchmal hysterische Affectionen, Pica, Appetit nach Mörtel, Wagenschmiere etc. Zuletzt Zittern, Ohnmachten, Delirien, Abzehrung, Wassersucht. Bei der wahren Bleichsucht, Chlor. torpida: grosse Trägheit, schnelle Ermüdung, wenig Empfindlichkeit für erregende Einflüsse, leichenartige Blässe, mangelnde Ausdünstung, Neigung zu Leucophlegmatien, Blenorrhoen, Schlaffheit, ohne ursprüngliche Leiden des Nervensystems. Bei Chl. erethica herrscht grosse Empfindlichkeit, öfter Wallungen, fliegende mit Blässe schnell wechselnde Hitze, Kopfweh, Schwindel, starkes Herzklopfen, Neigung zu Blutflüssen, leichte Fieberbewegungen, die leicht in Lenta übergehen können. Bei Erethismus nervosus, woran zärtliche, schwächliche, empfindsame, verwöhnte Damen leiden, kommen gerne Krämpfe und hysterische Zufälle hinzu. Die torpide Form geht gerne in Wassersucht, die erethische in Zehrkrankheiten über. Andere unterscheiden 3 Formen von Bleichsucht: 1) diese beruhe auf abnorm erhöhter Thätigkeit des Blutgefässsystems; an derselben leiden Mädchen mit untersetztem Körper, straffer Faser und dunklen Haaren; der Puls ist beschleunigt, hart und voll; die Menses fehlen; — kühlende Mittel, Ruhe, wenig Bewegung, V.S. am Fusse, endlich Salmiak und Amara. 2) Erhöhte Reizbarkeit des Nervensystems, verbunden mit abnorm erhöhter Thätigkeit des Blutgefässsyst. —, schwächliche, blonde Mädchen, — lauwarme Bäder, Brausepulver, Folia Aurantiorum, Valeriana, Caryoph-, Cascarill, China. 3) Torpide Form phlegmat. torpid. Mädchen — Eisen.

Diagnose: vergl. Anaemie, mit welcher man fälschlich beide identisch hielt. Anaemie ist keine selbständige Krankheit, ist nur ein Symptom, veranlasst durch grösstentheils bekannte Ursachen; sie kann

Die häufigsten Ursachen sind: verdorbene, feuchte, unreine Luft, unzureichende Nahrung, Blut- und Säfteverluste, Diarrhoen, Diabetes, Eiterungen, Sumpfmiasma, Mercurialvergiftung, Cachexie, Syphilis, Tuberculose, Krebs. Von Suppressio et retentio mensium unterscheidet sich die Chlorose durch den Mangel aller Menstruations-Congestionen, aller Erscheinungen von Blutflüssen etc.

Die cachectische Farbe der Milzkrankheit geht mehr ins Grünliche, selbst Schwarze. Dazu die localen Symptome des Milzleidens, der Mangel an Muskelschwäche. — Krebsdyscrasie gibt sich gewöhnlich durch bestimmtes Localleiden zu erkennen. Schwieriger ist oft das chlorotische Herzklopfen von organischen Herzkrankheiten zu unterscheiden, dafür jedoch folgende Anhaltspunkte:

Chlorotisches Herzklopfen.	*Organische Herzkrankheiten.*
Pubertäts-Alter, weibl. Geschlecht.	Oft erbliche Anlage.
Hier erscheint d. Herzklopfen plötzlich u. verschwindet eben so schnell wieder, lässt ganz freie Perioden, ist am stärksten nach körperl. Anstrengungen, oder zur Zeit, wo die Menses eintreten sollten, nimmt ab in demselben Verhältnisse, als sich die übrigen Erscheinungen der Chlorose mindern.	Die krankhaften Herzerscheinungen hören niemals auf, dauern immer fort.
Die Palpitationen treten erst mit den übrigen Symptomen der Chlor. ein.	Symptome der Herzkrankheit waren schon vor der Ausbildung der charakteristischen Gesichtsfarbe, oft von Geburt aus vorhanden.
Reizende Eisenmittel mildern die chlorotisch. Palpitationen.	Reizende Mittel vermehren die Zufälle organ. Herzkrankheiten.
Gesichtsfarbe ist bleich. ohne livide Beimischung.	Die Blässe nimmt nicht das ganze Gesicht ein, die Wangen und Lippen sind meistens livid.

Verwechselung mit Schwangerschaft, Icterus.

Becquerel und Rodier halten die Chlorose für eine Krankheit, die vom Nervensysteme ausgeht (nicht wie man allgemein annimmt, eine Blutkrankheit sei) und erst secundär bewirke sie Störungen in der Digestion, Menstruation und Circulation. Auch die Blutveränderung ist ihnen bei der Chlor. nur eine secundäre Erscheinung.

Therapie. Ordne die Diät; frisches Fleisch, frisches Gemüse, keine fetten mehlichten Speisen, gutes Bier, Eisensäuerlinge, warme Kleider. Sind bedeutende gastrische Erscheinungen vorhanden, ein Eme-

tic., darauf Amara, Extr. absynth., Quass., Eisen.
Eisensäuerlinge von Pyrmont, Schwalbach, Brückenau,
Boklet, zum Trinken und Baden. Kommen abdominal., hysterische Erscheinungen, so reicht man
Castoreum; bei Säurebildung: Absorbent.; man suche
die Menses zu reguliren. Ein mit Gewürz versetzter
Eisenrheinwein u. Quassiathee bekommt Chlorot. mit
schwachen Verdauungskräften gewöhnl. gut. Jodeisen
ist gerühmt. Als allgemeine Regel gilt bei Bleichsucht
die Eisenmittel bald nach dem Essen zu nehmen,
weil während des Verdauungsstadiums die Assimila-
tionskraft des Organismus überhaupt gesteigert ist,
und das Eisen mit dem Chymus gemischt leichter in
den Organisma übergeht, als es der Fall ist, wenn
es dem leeren Magen anvertraut wird. Gibt man
Eisen nach dem Frühstück, so ist Cacao oder Kaffee
mehr dazu zu empfehlen als Thee.

Wir halten mit B e c q u e r e l u. A. die Bleichsucht
ebenfalls für ein primär als Nervenleiden auftretendes
Uebel und für keine Blutkrankheit, sondern für eine im
Nervensystem des Rückenmarks begründete Krankheit, und haben darauf eine Behandlung eingeschlagen,
die uns fast nie im Stiche lässt und rasche Heilung
herbeiführt. Wir geben täglich 1—2 von den folgenden Pulvern aus Ignatia und Ferrum, denen wir wegen
der Hartleibigkeit der Bleichsüchtigen auch Rheum.
zusetzen. ℞ Fabae St. Ignatiae gr. j; Ferri carbonic.
gr. jj; Pulv. rad. Rhei gr. jjj. M. f. p. — Oder besser
noch zu empfehlen: ℞ Ferri jodat., Extr. gentianae,
ana ʒj; Herb. Sabina ʒβ; Pulv. fabae Ignatiae ʒβ.
M. f. pilul. Nr. 60; Consperg. cinnamom. S. 3mal
täglich 2 St. Dabei Blutwurstdiät. — A r a n empfiehlt
Frictionen des Rückens und der Extremit. mit Spirit.
Melissae, Spirit. camphor., Ammon. liquid. früh und
Abends. Die Meisten halten aber die Chlorose für
einen Krankheitsprocess, der in fehlerhafter Blutmischung begründet ist, die sich durch Mangel an
Blutkörperchen und mithin an Eisen oder, was dasselbe ist, an Haematin ausspricht. Die mikroscopi-
schen und chemischen Untersuchungen weisen dieses
nach. Die Behandlung erfordere daher Zufuhr an
Eisen: Pyrmonter Wasser, apfelsaures Eisenoxydul-
Oxyd in 10 Gran täglich 3mal mit einem rein bittern
Extracte oder mit aromatischem Wasser. Ebenso
wirkt das Ferrum lacticum, ist aber theurer. Jodeisen wirkt vortrefflich bei Chlorose mit starker Entwicklung des Zellgewebes, dann bei Frauen, welche
durch Geburten und Blutverlust geschwächt und von
jenem heftigen nervösen Kopfschmerz längs der Pfeil-
naht in Verbindung mit dem lästigen Gefühle der
Kälte gequält sind; 2—3 Gr. tägl. in Pillen, oder als
Syrup. ferri jodati oder in Selterserwasser. Tritt nach
Verbesserung der Blutmischung die Thätigkeit des
Uterus nicht ein, dann: Oleum Sabinae aether. mit
Sap. med. Aloe und Pulv. Herb. Sabinae in Pillen.
6—8 Gran dieser Pillenmasse täglich. ℞ Extr. gentian. rubr. ʒj; — chin. frigid. parat. — rhei, ana ʒβ;
flor. sal. ammon. ʒj. M. f. pilul. Nr. 60 4mal
3 St. ℞ Ferri sulphur. cristall ʒj; Extr. absynth.,
galban., ana ʒjjj; Syrup. cort. aurant. q. s. f. pilul.

Nr. 210, S. alle 3 St. 6—10 Stück. ℞ Extr. marub.
alb.; — aloes aq., flor. sal. ammon. martial., ana ʒj;
F. c. rad. valerian. q. s. pilul. gr. jj; S. 4mal 8 St.
℞ Extr. bellad. ɔj; Tinct. ferr. muriat. ʒjij; — aloes
ʒj; — cinnamom. ʒβ; S. 3mal 20—30 Tropfen. ℞ Ferri
tart. puri ʒjβ; Aq. selteran. nativ. ℥jij. S. Weingläser
weise zu trinken. ℞ Ferri pulv. ʒj; Sapon. medicat.,
extr. chamonill., ana ʒβ; f. pilul. gr. jj; S. 3mal 15 St.
— Kalte Klystiere gegen die Leibesverstopfung. —
℞ Pulv. borac. venet. ʒjij; Aloes lucid. gr. xxxvj;
Extr. sabin. ɔjv; M.' f. pilul. Nr. 180. D. ad vitr.
3mal 4 — 5 Stück. — Mutterkorn in grossen Gaben.
— ℞ Ferri hydrojodin. ʒj; Pulv. croci ʒjv; Sacch.
℥vjj; M. et f. c. q. s. mucil. Gm. tragac. rotul. Nr. 240.
S. 8—10 Stück tägl. Im Allgemeinen sind die Heil-
anzeigen nach den Arten der Bleichsucht verschieden. In der Chlor. aton. aetherische Oele, bittere,
aromat. Eisenmittel, aromat. Bäder. Bei der erethischen Form werden Eisenmittel anfangs nicht vertragen, sondern lauwarme Bäder, Valerian., Artemisia, Asa foetida, verdünnte Schwefelsäure, Elix. Hall.
sind am Platze. Bland's Formel: ℞ Ferri sulphur.
ʒβ, f. p. subtiliss.; Kali subcarbon. ʒβ, f. p. subtiliss. M. et c. s. q. mucilag. gummi tragac. f. boli
Nr. 48. D. in vitro. S. Am 1., 2., 3. Tage: 1 Pille
Morgens nüchtern und Abends. Am 4., 5., 6. Tage
noch eine Pille Nachmittags; den 7., 8. 9. Tag zwei
Pillen Morgens und zwei Pillen Abends. Am 10., 11.
12. Tage noch 2 Pillen Nachmittags. Den 14., 15.,
16. Tag 3 Pillen Morgens und 3 Abends. Am 17. und
den folgenden Tagen 4 Pillen Morgens, eben so viel
Abends und Nachmittags, und so lange damit fortzu-
fahren, bis die Krankheitserscheinungen verschwun-
den sind, und dann allmählig wieder zurückgegangen.
S. Anämie. — ℞ Tinct. ferri aceth. aeth., — vanill.,
— cort. aurant., ana ʒj; S. alle 2 St. 20 gtt. in einem
Essl. voll Wasser. — ℞ Tinct. ferri acet. aeth. ʒjij;
Aq. cinnamom. simpl. ℥jij; syrup. cort. aurant. ʒβ.
S. 4mal tägl. 1 Essl. gegen Bleichsucht in Folge
deprimirender Affecte. In der Bleichsucht starker
Frauenzimmer ist die V.S. indicirt, Schröpfköpfe,
Blutegel an die Genitalien, Cremor. tartar., Baryta
muriat., Calomel, Salmiak, Borax, strenge Diät.

　　　Blei-Kolik, Colica saturnina, eine Hyperästhesie des Nerv. mesenterius.

　　· *Symptome.* Drücken im Magen, Störungen im
Verdauungsprocess, unordentlicher Stuhlgang, Durst,
Trockenheit des Mundes, gastrische Gesichtsfarbe,
mit Blut gemischtes Erbrechen, heftige Magen - und
Leibschmerzen, krampfhafte Contraction des U.L.,
meist trockener, zuweilen wenig halbflüssiger Stuhl-
gang, Schwindel, Taumel, Sinnesstörungen, Delirien,
Convulsionen, Tod.

　　Diagnose. Der Umgang mit bleihaltigen Substanzen macht eine Verwechslung nicht möglich.

　　Therapie. Entfernung des ätiologischen Moments,
ferner Mittel, welche die Reizbarkeit des Darmkanals
abstumpfen. — Opium, und Mittel, welche Stühle erzwingen. Ol. Lini, Ricini, Latwergen aus Senna etc.
Crotonöl ½ Gtt. p. dosi 3—4mal des Tags, Magnes.

sulph., Natr. sulph. Man wechselt ab mit Klystieren
und Diaphoreticis und dem beruhigenden Opium.
Diaphoretica sollen aus Quajac, Sassaparill etc. bestehen. Alaun zu 1—2ʒ, in Julep. bis zu ʒvj, im
Tage, ist sehr empfohlen. Den Alaun mit Opium verbunden, aber erst nach Beseitigung der entzündlichen
Zufälle, es lindert den Krampf, regulirt die Oeffnung
und beruhigt den Kranken. Gegen die Schmerzen bei
der Bleikolik wendet man den Schwefeläther oder
das Chloroform in Klystieren an. Vom Schwefeläther
muss man stets ʒjj auf ein Klystier nehmen, um
bedeutende Wirkung zu erhalten. Des Morgens,
wenn die Schmerzen lebhaft sind, applicirt man das
Chloroform auf die Bauchgegend und andere schmerzende Stellen, indem man eine Compresse damit
befeuchtet, sie leicht ausdrückt und ¼ — ½ Stunde
liegen lässt. Dabei Chloroform gtt. 40 in Gomiwasser
Esslöffelweise innerlich und nach einem Reinigungs-
klystier das Chloroform auch im Klystier. ℞ Ol.
ricin. ʒj; Mucil. gm. arab. q. s., aq. menth. ʒjv; Tr.
sennae ʒj; — opii crocat. gtt. xjj; alle 4 St. den
¼ Theil zu nehmen. ℞ Fruct. cassiae ʒjj; Aq. commun., Ms. j; dect. colat. ʒjx; Magn. sulph. ʒj; Tart.
emet. gr. jjj; S. den Tag über zu verbrauchen.
℞ Quajac., rad. chin., sassaparill., ana ʒj Coq. c. aq.,
Ms. jβ; Colat. Ms. j; Sassafr. liquirit., ana ʒɟ; Coq.
colat. ʒxjj; S. den Tag über zu verbrauchen. Laudan.
liquid. S. zu 6—8—15 gtt. tägl. in Klystierform. —
S. Intermittentes.

Blennorrhagie. S. Tripper.

Blutbrechen. Haematemesis, Vomitus cruentus.

Symptome. Gefühl von Druck und Schmerz, Völle,
Oppletion im Magen, die sich von Zeit zu Zeit auch
wohl zu krampfhafter Affection steigert; zuweilen
periodische Pulsation im Scrobiculo cordis, Störungen
im Appetit und der Verdauung, bitteres, oft saures
Aufstossen; Eingenommenheit des Kopfs, Druck in
der Stirngegend, Schwarzsehen. Endlich kommt es
dem Kranken vor, als würde etwas Warmes in den
Magen ergossen, die Magengegend treibt sich auf,
die Percussion auf demselben ergibt einen Flüssig-
keitston; es kommt Brechneigung, Erbrechen, wobei
gemischt mit den Contentis des Magens Blut entleert
wird; es ist zuweilen mehr hell, zuweilen mehr
schwarz, geronnen, manchmal beides zugleich. Der
Geschmack desselben ist bitter oder sauer. Wenn
die Blutung bedeutend ist, kommen bald die Erscheinungen der Inanition, das Gesicht wird blass, fällt
zusammen, Extremitäten kalt, Puls klein, Schwarzsehen, Ohnmachten.

Diagnose. Von Pneumorrhagie durch das Congestionsstadium gegen die Lungen, das schaumige,
süssschmeckende, mit Blasen gemischte, hellrothe
Blut, den Schaum vor dem Munde, die Erscheinungen der Percussion und Auscultation, was hier alles
fehlt. Von Carcinom des Magens durch die Beschaffenheit des Erbrochenen, den Mangel der Degeneration, von Aneurysma durch das Periodische der Pulsation, welche bei Aneurysma stätig ist.

Therapie. Man stelle etwa unterdrückte Blutun-

gen wieder her, durch Derivation, Blutegel an die
Genitalien, den After, Dämpfe an diese Theile, reizende Klystiere. Ist die Blutung schon zum Ausbruche gekommen und heftig, der Kranke vollblütig,
bei guten Kräften (sonst nicht), so lässt man am
Fusse zur Ader, legt Sinapismen auf die Waden,
blinde Schröpfköpfe auf die Fusssohlen. Bei genossenen scharfen Giften gibt man einhüllende schleimige Getränke mit Milch. Sonst gebe man Säuren
und Adstringentia. Schwefel-, Phosphorsäure, schwefelsaures, salzsaures Eisen, Alaun. Bei heftiger
Blutung wende man Kälte auf die Magengrube an.
Steht die Blutung, so stumpfe man die Reizbarkeit
des Magens ab durch Narcot., Bellaḍ. infus., und
leite das ergossene, geronnene, noch vorhandene
Blut im Magen durch Klystiere ab. Seifenwasser
mit Magnesia sulphur.; strenge Diät, Ruhe, säuerliches Getränk, Offenhalten der Darmsecretion. Zur
Nachkur Extr. Saponariae, Syrup. mineralis. ℞ Natr.
carbon. sicc. ʒj; Elaeosach. foeniculi ꝫjj; Sacch.
alb. ʒjj. S. alle 2—3 St. 1 Theel. voll im Wasser,
und darauf 1 Theel. voll Tr. rhei. aq. bei Plethora
abdominalis und den Vorboten der Haematemesis.

Bluter. Die erbliche Anlage zu Blutungen, Hae-
mophilia. Diathesis haemorrhagica.

Symptome. Die Kranken haben zarte durchscheinende Haut, mit zarten durchscheinenden Venen; es
entstehen öfters Ecchymosen, häufige Blutungen bei
der geringsten Verletzung, z. B. beim Nadelstich,
Ausfallen eines Zahnes, oder durch einen Splitter
veranlasst, welche ein dissolutes, dünnes, wässeriges
Blut ergiessen und fast nicht zu stillen sind, so dass
die Kranken in Gefahr kommen, auszulaufen; es entsteht Blutleere, und in solcher sterben sie.

Therapie. Die Behandlung bleibt palliativ. Man
hüte vor Verletzungen, keine V.S., keine Blutegel,
vermeide alle sonstigen mechanischen Verletzungen.
Treten Blutungen ein, so stille man sie zeitlich mit
Gum. kino, Alaun, den Säuren äusserlich und inner-
lich, und lasse nicht zu lange aufs Glüheisen warten.
In der Zwischenzeit Eisenpräparate, Fleischkost,
Eisensäuerlinge. Die Tinct. des salzs. Eisens bei
Verletzungen der Bluter gegen die Blutung örtlich
anzuwenden, soll das Blut sogleich gerinnen machen.
Das Sal. Glauberi hat man gerühmt. Das letzte Mittel
ist die Transfusion.

Blutflecken-Krankheit, Purpura, Petechia,
Peliosis Werlhofii, Morbus maculosus Werlh.

Symptome. Es entstehen auf der Haut Flecken
von mehr umschriebener Gestalt, von der Grösse
einer Linse bis zu der eines 12ers, sie fliessen, wenn
sie beisammen stehen, in einander; unter dem Drucke
des Fingers verschwinden sie nicht; anfangs hellroth,
werden sie bald dunkel, violblau, oft ganz tinten-
schwarz, später braun, gelb und verschwinden zuletzt ohne Abschilferung. Die Eruption geschieht
nicht auf einmal, sondern oft wochenlang hindurch;
Zahnfleisch lockert sich auf, ebenso die Zunge und
innere Backenfläche, bluten bei der geringsten Berührung oder spontan, und ebenso kommen Blutun-

gen aus Nase, Lunge, After, Haut ist kalt, Stuhl angehalten oder mit Blut gemischt, Harn zersetzt, roth; selten Fieber oder es hat hektischen Charakter; dabei grosse Entkräftung, häufige Ohnmachten. Oft complicirt mit Syphilis.

Diagnose. Von einer ähnlichen rheumatischen Krankheit, bei welcher solche Flecken auftreten, durch dabei stattfindende Abwesenheit der Symptome im Zahnfleische, der Zunge, inneren Backenfläche, aller Blutungen, aller Entkräftung, Mattigkeit und Abgeschlagenheit.

Therapie. Man entferne die Kranken aus den dumpfen Wohnungen, bringe sie in trockene Atmosphäre. Sie sollen Fleisch, frisches grünes Gemüse geniessen, namentlich die Antiscorbutica, Meerrettig, Senf etc. Innerlich gibt man China, Säuren. Bei den schwächeren Formen vegetabilische Säuren, Zitronensaft, Essig; bei den heftigern Mineralsäure, Schwefel-, Phosphorsäure. Tinct. aromat. acid., von Zeit zu Zeit etwas Burgunder. Die Blutungen aus der Haut werden mit warmem Essig oder verdünnter Schwefelsäure behandelt. Innerlich dazu Tannin-Eisen; bei Complication mit Milzentzündung topische Antiphlogose, wobei man Acht gibt, dass sich der Kranke nicht verblute, dazu Rheum mit Magnes. sulph. Die Blutungen aus dem Munde stillt man mit Thedens-Wasser. Bei der rheumat. Form halte man blos die Kr. warm, gebe Fliederthee, Essigammon., Extr. tarax., Rheum, Tart. tartaris., um den etwa angehaltenen Stuhl zu bethätigen, Calamus mit bernsteinsaurem Ammon. für die Bethätigung der Haut. Bierhefe ʒij in Wasser ʒviij gelöst und ʒj Mel. despumat., alle 2 St. ein Essl., ein billiges und nützliches Mittel. S. Scorbut.

Blutharnen. S. Nieren-Blutung.

Bluthusten, Blutspucken, Haemoptoe, Haemoptysis.

Symptome. Gefühl von Brennen entweder im Larynx oder in der Trachea, oder einem grössern Theile der Bronchien, Reiz und Kitzel zum Husten. die Sprache etwas verändert, der Ton derselben rauh. Endlich bringt der Kranke mit dem Husten Blut heraus, das immer hellroth ist, süss schmeckt, und entweder streifig dem Schleime beigemengt erscheint oder den Schleim tingirt. Auscultation ergibt das Respirationsgeräusch normal, die Percussion keine. Tonveränderung, bei Aufsetzung des Stethoscops auf die Trachea hört man Schleimrasseln.

Diagnose. Bei Pneumorrhagie (vrgl. Lungenblutschlag) hat das vorausgehende Congestions-Stadium auf der Brust seinen Sitz (Gefühl von Schwere, Druck und vermehrter Wärme auf und in der Brust). Die Menge des Blutes ist dort sehr copiös, hier nicht; dort ist das Blut mit grossen Blutblasen gemengt. hier blos dem Schleime beigemengt; durch die Auscultation und Percussion. Nach Gendrin bildet sich Haemoptoe bei Tuberculosis durch die Impermeabilität der Blutgefässe im Umfange der Tuberkelmasse, und die hiedurch verursachte Ueberfüllung und Berstung der benachbarten Blutgefässe. Blutgestreifter

Auswurf erklärt er immer für ein Zeichen der Tuberculose, während Auswurf copiösen Blutes auch in Folge anderer Krankheiten, namentlich des Herzens, entstehen kann.

Therapie. Grösste Ruhe, Enthalten des Redens, die Atmosphäre sei nicht trocken, nicht kühl, sondern mehr lauwarm, feucht. Innerlich ölig schleimigte Mittel, Emulsio Gm. arab. mit Hyoscyam. oder Lactuc. Einreibungen von Ol. hyosc. mit Ungt. alth. längs der Trachea. Lauwarmes schleimiges Getränk, Abkochung von Pasta liquirit, Alth., Zuckerwasser, Fussbäder, bei anhaltender Irritation, V.S., Nitrum, Magnesia sulph. Gegen Haemoptoe weiter empfohlen sind: Ipecacuanha in kleinen Gaben. — Grosse Gaben Nitrum ʒj alle 2 St. in Gerstenschleim. — Blausäure mit Digitalis. — Plumb. acet. mit Opium. — Wasserfenchel. — Cuprum sulphuric. 10 gr. in ℞ ℥ij Wasser gelöset alle St. 1 Theel. voll. Innerlicher Gebrauch der Tinct. cupri acet.; nach Rademacher's Vorschrift zu 15 Tropfen alle 3 St. bei einem Jünglinge, welcher früher an häufigen anhaltenden Nasenblutungen und an Morbus maculosus gelitten hatte, nun aber von heftigen Lungenblutungen heimgesucht wurde. Nach 2tägigem Gebrauche des Mittels hatten die Blutungen zusehends abgenommen und am 5ten Tage hörten sie gänzlich auf, es stellten sich beim Fortgebrauche des Mittels guter Appetit mit vortrefflicher Verdauung und Zunahme an Kräften ein und nach Verbrauch von 5½ Unzen war die Krankheit als gänzlich beseitigt zu betrachten! — Vesicantia zwischen die Schultern. — Bei Verschleimung der Bronchien, selbst bei knotiger Lungensucht ist der Gebrauch der Alaunmolken ungemein wohlthätig. Man lasse ein reinisches Maas Milch mit 1 Loth Alaun kochen, den Käse abseihen und die Molke tassenweise trinken. Dem Bluthusten widersteht nichts so kräftig, als diese Molke. Bei Haemoptoe hat man auch auf die Qualität des Blutes Rücksicht zu nehmen, ist dieses mehr dunkel- als hellroth, ist es also mehr nervöser Natur, findet sich dabei an irgend einer Stelle der Brust bei der Percussion ein dumpfer Wiederhall, so kann man einen venösen Infarctus annehmen, und in diesem Falle muss man, namentlich wenn noch habituelle Verstopfung sich vorfindet, zur Ableitung zwischen den Schulterblättern der infarcirten Stelle gegenüber 8—10 Schröpfköpfe ansetzen, und innerlich Tamarindendecoct ℥ij auf eine Colatur mit ℥ij Sulfas sodae 2stündlich 2 gehäufte Esslöffel voll reichen; dabei, wenn die Blutung etwas copiös ist, Limonade kühl trinken lassen, absolute Sprechruhe anempfehlen und die Zimmertemperatur nicht über 14° R. gehen lassen. Etwas anderes ist es, wenn viel Hustenreiz zugegen ist, in welchem Falle man gegen diesen Reiz selbst durch lauwarmes Getränke wirken muss, während bei mangelndem Husten die Getränke kühl sein müssen.

Digitalis (um die Herzcontractionen zu verlangsamen und den Impuls der Blutsäule zu mässigen) in Verbindung mit Secale cornutum ist bei dem symptomatischen Bluthusten sehr empfohlen.

Bei sehr heftigem Bluthusten mit ungünstiger Prognose bedient man sich der kalten Fomentationen und des Einwickelns des Thorax in durchnässte Tücher.

Wenn bei Hæmoptoe durch reichlichen Blutverlust ein Zustand von Anämie besteht, welcher Blutentziehungen nicht mehr zulässt, auch andere schwächende Mittel sich nicht besonders empfehlen, so beschwichtet das Plumb. acet. am besten den Gefässsturm. Täglich zu 2—4 Gr. und später allmählig damit zurückgehend. Vrgl. Lungen-Blutschlag.

Blutsturz. S. Lungen-Blutschlag.

Blutungen. Hämorrhagien. Im Allgemeinen können für die Behandlung derselben folgende allgemeine Regeln aufgestellt werden. 1) Man entferne Alles, was Gefässreiz überhaupt, oder in dem leidenden Organe setzt. 2) Man leite die Congestion von dem leidenden Organe ab durch die Diät, Lage, die man dem Kranken anweist. Bei Blutungen oberhalb des Zwerchfells muss die Lage des Kranken mehr eine sitzende sein, bei Blutungen aus Organen unterhalb desselben mehr eine horizontale. Das blutende Organ wird etwas höher gelegt. Man leite auch ab durch V.S., Blutegel, was auch zur unmittelbaren Entleerung der Theile von überflüssigem Blute gebraucht wird; man reize andere Organe, welche mit dem im Zustande der Hämorrhagie befindlichen einen Gegensatz bilden, welcher Gegensatz durch die momentane Blutleere dieser Organe angedeutet wird. Man stille die Blutung. Contraindicationen dieser letzten Aufgabe sind häufig: 1) Wenn die Blutung aus peripherischen Organen erfolgt, wo also zu jedem Augenblicke, wenn es Noth thut, Hülfe eintreten kann. 2) Wo der Blutung heftige Congestionen vorausgingen, oder wo diese auch fortdauern, wenn mit dem Eintritte der Blutung die Congestion entweder nicht ganz verschwand, oder wenigstens sich nicht mässigte, wenn die Blutung noch nicht profus ist; wenn mit der Blutung Fieber einherging; besonders bei synochalem Charakter — im Allgemeinen endlich mehr bei arteriellen als venösen Blutungen. In diesem Falle ist das Verfahren blos sedativ, denn die Unterdrückung der Blutung könnte Steigerung der Affection zur Inflammation herbeiführen. Der Kranke beobachte die grösste Ruhe, geniesse blos Vegetabilien, zum Getränk blos säuerliche Dinge mit gehöriger Abkühlung, Limonade, Orangenwasser, Weinstein mit Wasser, Zucker; bei heftigen Blutungen, Phosphor- oder Schwefelsäure ʒj auf ℥iij Syrup, rub. Idäi. (Syrup. mineral.) Zur Stillung der Blutung gebraucht man mechanische Mittel, Compression mit den Fingern, dem Tourniquet, Compressorien, graduirten Compressen, festgezogenen Binden, zusammengeballter Charpie, Agaricus, Styptica, Unterbindung, Umstechung, Cauterisation, natürlich bei Blutungen aus äusseren Theilen, was eigentlich nicht hieher gehört. Innerlich: Adstringirende Säuren, Essig-, Weinstein-, Phosphor-, Schwefel-, Salzsäure, Eisen, Thonerde, Gm. Kino, Katechu, Secale cornut., Plumb. aceticum. Endlich stumpfe man die

Reizbarkeit im blutenden Organe ab durch Entfernung des geronnenen Blutes und durch Narcotica. Die Ohnmachten, die nicht Folge von Blutleere sind, dürfen nicht plötzlich gehoben werden, denn sie sind ein heilsamer Akt der Natur zur Stillung der Blutung. Die folgende Schwäche auf Blutungen, die Erscheinungen der Blutleere verlangen China etc. S. Blutleere. Die zurückbleibenden Störungen in den Digestionsorganen verlangen Aromat., Calamus, bittere Extract., bei zurückbleibenden Hydropsien wende man keine Digitalis, sondern Terebinth., Scilla an; die zurückgebliebene Reizung weicht nicht der Digitalis und der Aq. lauroceras., sondern Eisenpräparaten, namentlich Eisensäuerlingen, Mineralwässern. Gegen Blutflüsse, deren Grund in krankhafter Reizbarkeit, in Schwäche des Gefässsystems liegt, Bluthusten mit Trockenheit und Krampf, Mutterblutflüsse, häufige Menstruation, zu stark fliessende Hämorrhoiden, Blutharnen etc. dient Ipecacuanha in refract. dosi vortrefflich, alle ¼ Stund 1—2 Gran. Craosot ist häufig empfohlen; Blausäure und die sie enthaltenden Mittel gegen Bluthusten, Blutbrechen, Gebärmutterflüsse mit Erethismus des Gefässsystems. Cuprum sulphuricum dient bei passiven Blutungen, die von Atonie der Gefässe und scrophulöser Verderbniss herrühren. Das Plumbum aceticum zu gr. 1—2—3 pro dosi mit Opium ist trefflich. Bei allen Hämorrhagien, die nicht Folge von Verwundung oder Lähmung der Gefässe sind, also bei denen, die man active nennt, nützt die Digitalis, denn jedesmal ist bei ihnen das ganze Gefässsystem aufgeregt, und nichts vermag diese Aufregung so zu beschwichtigen, als Digitalis (mit Cremor tartari). Gegen innerliche Blutungen (ohne bestehenden Orgasmus, vollen Puls) wurde empfohlen das Ol. terebinth. zu 8—30 Tropfen in einer Emulsion, namentlich auch bei Blutungen während des Verlaufes des Typhus. Ebenso ist die Gallussäure als sehr kräftig blutstillendes Mittel etwa 2—3 Gran auf einmal empfohlen. Vogel sagt in seiner vortrefflichen Abhandlung über die Blutflüsse: wo die Kräfte erschöpft, Kälte, Angst, Ohnmacht vorhanden sind, da ist nichts so im Stande, die Kraft des Herzens zu beleben, als Opium. — Blutungen aus Wunden werden mit dem Safte der Calendula officin. sehr schnell gestillt. ℞ Secale cornut. gr. vⅲ; Sacch. alb. ʒj. M. f. p. d. t. d. Nr. xⅱ. S. alle ½ St. 1 Pulver. ℞ Sacch. saturn. gr. vj; Aq. destill. ʒv; Laud. liq. S. ꝫβ—j; Syrup. simpl. ʒj; D. S. Alle Stund 1 Essl. Vrgl. Darmblutungen. — Anämie.

Bräune, Halsbräune, Angina, Tonsillitis, Mandelentzündung.

Symptome. Geschwulst der Tonsillen, oft auch des Velum palatin. und der Uvula; die Stimme alienirt, Athmung schwer; Geschwulst zeigt verschiedene Röthe, ist fest, durch die Halsbedeckung fühlbar, Druck von aussen vermehrt den Schmerz, Schlingen erschwert, Fieber. Hat sie catarrhalischen, rheumatischen Charakter, so sind Secretionen aus der Nase, stechender Schmerz im Ohre, Summen, Sausen,

Schwerhörigkeit vorhanden. Bei rheumatischer Form, Steifigkeit und Unbeweglichkeit des Halses, reissende Schmerzen im Hinterhaupte. Bei erysipelatöser Form, Kopfschmerzen in der Stirne, dick belegte Zunge, bitterer Geschmack, Brechneigung. Hat sie nervösen Charakter, so sind meistens Aphthen auf ihr, blasses Gesicht, blaue Ringe um die Augen, Eingenommenheit des Kopfes, grosser Durst, heisse Haut, Neigung zu Gangrän und Typhus vorhanden.

Diagnose wird durch den Sitz der Krankheit festgestellt. S. Zellgewebsverhärtung des Halses.

Therapie. Nach Umständen V.S., Blutegel 8—20 Stück am Halse oder besser Scarificationen der Tonsillen selbst. Zum Baden der entzündeten Theile nimmt man in den Mund: ℞ Decoct. alth. ℥vj—viij; Nitr. depur. ʒj—jj; Mell. rosar. ℥j; S. Gargarisma. ℞ Infus. flor. sambuc. ℥x; Nitr., s. sal. ammon. ʒjβ; Oxymel. simpl. ℥j; S. zum Gurgeln, — Klystiere von Magnesia sulphurica. Bildet sich ein Abscess, so öffnet man ihn. Bei Angin. erysipel. ein Emet., Manna, Tamarind., Sal. Seignett. Bei der catarrhalischen Form halte man den Kranken im Bette, gebe Diaphoretica, infus. Sambuc. mit liq. Ammon acet.; dauert die Schleimsecretion fort, Adstringentia, Alaun, Lapis divin., Ratanhia, Pimpinell. Bei der rheumatischen Form Vesicant. in den Nacken. Bei der Form mit Aphthen Gargarisma mit Säuren, Aq. chlorat., letztere auch innerlich, keine V.S.; Klystiere mit Weinessig und Kleienabkochung. ℞ Spirit. minder. ℥j; Sal. ammoniac. ʒj; alle ¼ St. 1 Theel. voll bei Anginen sowohl rheumat., catarrh., als auch erysipel.

Natur. — Als ein specifisches Mittel gegen acute Anginen wird das Plumb. acet. empfohlen. Das bei starker acuter Anschwellung der Tonsillen so sehr erschwerte und schmerzhafte Schlucken soll ganz einfach dadurch momentan sogleich erleichtert werden, wenn man die Ohren mit den Handballen sehr stark comprimirt, wodurch nämlich der Nervus trifacialis mit comprimirt, und der Pharynxzweig desselben also ebenfalls empfindungslos gemacht wird. Cataplasmen und Blutegel gegen die Anginen sind ganz wirkungslos und sehr unbequem. Das Plumb. acet., welches auch gegen die catarrhalischen acuten Augen-Blennorrhoen so gute Dienste leistet, wird in ℥v Aq. destill., ℥β Gummi arabic. zu gr. vj—x und mit ℥j Syrup verschrieben, und damit soll alle Stund gegurgelt werden (zuweilen färbt das Mittel die Zunge etwas schwarz). In den Zwischenzeiten soll man ein Gurgelwasser aus Carotten anwenden, und ein Purgativmittel. Sind die Kranken zu jung noch, um gurgeln zu können, so lässt man einen Tampon aus Leinwand in eine Bleisolution tauchen, um die Schlundtheile damit stündlich zu benetzen; die Dosis ist zu gering, als dass etwaiges Schlucken des Mittels grossen Schaden anrichten könnte. Wird man zu spät gerufen, und hat sich schon Eiter gebildet, so behindert man den Abscess durch ein Gargarisma aus ℥vj Regenwasser, ℥ij Gummi arabic., ℥β Cremor tartari; ℥β Senf, in ℥β Syrup. mororum, wodurch der Abscess bald reif wird, so dass man ihn nicht mit dem Messer zu öffnen nöthig hat. Nach der Entleerung aber greife man wieder zum Plumb. acet., wodurch das Uebel in Bälde beseitigt sein wird. Bei den chronischen Anginen ist der Alaun dem Blei vorzuziehen; besser aber ist in den Folicular-Anginen der Höllenstein gr. ß auf ℥j Aq. destill. zum Gurgeln, oder Bepinseln; bei syphilitischen Anginen ist wieder das Blei vorzuziehen. Gegen Angina tonsillaris acuta soll als vortreffliches Abortivmittel das Gujakpulver sein. Guajac. p. 15 Grm.; Mucilag., Syrup. ana 30 Grm.; Aquae cinnamom. 15 Grm.; Aq. 180 Grm. M. D. S. Alle 6 Stunden 2 Unzen zu nehmen. In 24 Stunden sei die ganze Krankheit beseitigt. — Gegen chronische Anschwellung der Mandeln dienen adstringirende Gargarismen und Cauterisation mit Höllenstein. Ueberhaupt wenden viele Praktiker bei fast allen Anginen das Touchiren mit Höllenstein mit dem besten Erfolge an. Bei entzündlichen Zuständen der Schlingwerkzeuge schwinden die bekannten beschwerlichen Symptome nach der Anwendung eines guten Belladonna-Extracts ¹/₈—¹/₆ Gr. mit einigen Gr. Zucker in 2—3stündlichen Repetitionen, in sehr kurzer Zeit, und der eigentliche Krankheitszustand geht, ohne sich zu einer gewissen Höhe zu entwickeln, abortiv zu Grunde, besonders wenn man gleich bei den ersten Erscheinungen gerufen wird. Aber auch bei jenen bereits vorgeschrittenen Anginen, wo bedeutende örtliche Beschwerden stattfinden und wo Eiterung in den Tonsillen eingetreten ist, trägt die Belladonna zur Linderung des Leidens, zur Beförderung der Eiterung und zum raschen spontanen Aufbruche des Mandelabscesses Vieles bei. Bei Angina tonsillar. habitualis, die so gerne jedesmal in Eiterung übergeht, ist die Exstirpation der Mandel das Rathsamste. Wie der Alaun überhaupt sehr wohlthätig auf die Mundhöhle wirkt, so ist er das beste Mittel, Anschwellung der Tonsillen, ehe sie bedeutend wird, zu heben, und was am wichtigsten ist, die Disposition dazu aufzuheben, namentlich mit Camphor verbunden 3—4mal tägl. 1 Pulv. aus Alaun u. Camphor, ana gr. jj—jjj, oder Alaunmolken. Fleury kennt keine bessere Behandlung der Angina, als die substitutive durch Senf-Gargarismen. Er lässt den Hals bis zu den Ohren mit einer groben wollnen Binde einwickeln, und verschreibt folgendes Gurgelwasser, welches nach Verschiedenheit des Alters, der Constitution und Empfindlichkeit verschieden concentrirt sein muss. ℞ Sinap. nigr. ʒvj; Sal. culin. ʒj—jß; Acet. ordin. ℥jjj; Aq. tepid. vel frigid. ℥vj—vjj; Filtra. Man gurgelt sich 7—8mal des Tags und 2—3mal Nachts.

Rademacher gibt mit glänzendem Erfolge gegen Angina tonsillaris das Zinc. acetic. ϶j—ʒj auf ℥vj—vjjj Aq. destill.; in stark entzündlichen Fällen mit etwas Mucilago Gm. mimosae und lässt 2stündlich ¹/₂ Essl. voll nehmen, und ebenso oft den Mund mit dieser Lösung ausspülen und gurgeln. Meist heilt die Angina in 2—3 Tagen. Chronische Entzündung des Gaumens und der Mandeln sei häufig eine hier vorwaltende Affection

des Gesammtorganismus, welche unter der Heilgewalt
des Eisens stehe. Zuweilen rühre das Uebel blos von
Magen- und Darmsäure her, wo dann Alkalien, Natron
hilfreich seien. In einzelnen Fällen sei der Grund im
Pfortadersystem zu suchen ; man helfe dann am besten
durch Schwefel und nöthigenfalls durch Blutegel.
Ausser der consensuellen chronischen Halsentzündung
gebe es noch eine örtliche, die ein ächtes Urleiden
des Gaumens, der Mandeln und des Schlundes sei.
Diese sei selten, aber sie sei auch, wenn sie eingewurzelt ist, sehr übel zu heilen. Ein Gurgelwasser
von Sublimat gr. β auf die ℥j Wasser vor dem Schlafengehen damit zu gurgeln, thue gute Dienste.

Bei chronischer Halsentzündung, bei welcher die
Mandeln schon einen gewissen Grad von Verhärtung
angenommen, hat Einreiben von Jodsalbe und Gurgelwasser ℥viij Wasser und gtt. xvj Jodtinctur die besten
Dienste geleistet.

Bräune, brandige. Angina gangraenosa.

Symptome. Schlingbeschwerden, Uvula u. Velum
palatin. angeschwollen, dunkel geröthet, Wurzel der
Zunge bleifarben bedeckt, Eingenommenheit des
Kopfes, brennend heisse Haut, Abgeschlagenheit der
Glieder, torpides Fieber. Die Tonsillen, oft sogar
auch die innere Backenfläche und Lippen bedecken
sich mit einer dunkelgelben, braunen Kruste, welche
losgerissen die leichtblutende darunter liegende
Schleimhaut zeigt. Geruch aus dem Munde aashaft.
Erstreckt sich die Affection über den Larynx, so
kommen Croup-Erscheinungen hinzu. Das Fieber
wird heftig; furibunde, oft mussitirende Delirien.
Kommt epidemisch vor, ist oft contagiös.

Diagnose wird durch die Untersuchung mit dem
Auge festgestellt. S. Diphteritis, Soor. Bei Dipht.
ist ein Exsudationsprocess, bei Angin. putr. ein
Mortificationsprocess.

Therapie. Aufenthalt im Bette, man versuche
Schweiss hervorzubringen. Im Anfange der Krankheit ist ein Emeticum dringend zu empfehlen, aber
ein solches, das nicht durchschlägt und schwächt.
Calomel ist durchaus zu verwerfen, ebenso alle Blutentziehungen. Nach dem Emet. gibt man Angelica,
Serpentaria, Valeriana mit Mineralsäuren, Weinmol-
ken. China wird im Anfange nicht vertragen, später
aber leistet sie ausserordentliche Dienste, in Verbindung mit Mineralsäuren, bei erschöpfenden Durchfällen mit Opium; auch Klystiere aus China und
Fleischbrühe. Aromatische Umschläge um den Hals.
Einreibungen flüchtiger Salben. Ist die Krankheit im
Abnehmen, so soll man ein Purgans verordnen, um
die fauligen, in den Eingeweiden angehäuften Stoffe
auszuleeren. Die örtliche Behandlung ist die der
Diphteritis. Gargarismen aus Rosenhonig ℥j und
10—20 gtt. Salzsäure. Niemals dürfen die Borken
mit den Fingern oder Instrumenten abgelöst werden.
Man soll so bald wie möglich, wenn man die häutige
Exsudation bemerkt, die Cauterisation mit Höllenstein oder Salz-, Salpeter-, Schwefelsäure vornehmen. — Einblasen von Alaun. — Infus. capsici ann.

innerlich, wo auch die China passt, und als Gargarisma. S. Mundfäule, Diphteritis.

Bright'sche Nierenentartung. S. Nierenentartung.

Bronchitis.

Symptome. Entzündung der Schleimhaut der Bronchien, ausgezeichnet durch beständigen und heftigen
Reiz, Kitzelhusten und heisere Stimme, ist nichts
weiter, als eine catarrhalisch entzündliche Reizung
dieser Schleimhaut, Catarrhus pulmonum inflammatorius. Gefühl von Druck gegen die Mitte des Sternums an der Bifurcation der Trachea, selten Stechen.
Das Athmen wird dadurch beengt, gegen Abend kommt
es zuweilen zu Asthma-ähnlichen Zufällen, Husten
mit Auswurf bald zähen Schleimes, bald kohliger
schwarzer, bald mehr dicker breiiger, oft sogar san-
diger Massen, die unter dem Fingerdrucke knirschen.
Die Percussion leistet für die Diagnose des Bronchial-
catarrhs und der Bronchitis nichts, weil die Vollheit
des Tones durch den Luftgehalt der Lungenbläschen bedingt ist. Neben diesen kommen die Bronchien nicht in Betracht. — Alle die eigentlich blos
nominell verschiedenen Arten von Bronchialcatarrh,
wie die Blennorrhoe, Phthisis pituitosa, Asthma
humidum, die Pneumonia notha oder Bronchitis capillaris, geben niemals eine leere Percussion, d. h.
keinen dumpfen Ton; findet sich ein solcher auffallend an einer Stelle, so ist es ein Zeichen, dass das
ganze Lungengewebe undurchgängig und in Form
z. B. einer catarrhalischen oder croupösen Pneumonie
oder einer tuberculösen Infiltration, von fester oder
flüssiger Masse in Beschlag genommen worden sei.
Namentlich was die Pneumonia notha anbetrifft,
hört man ihr öfters einen leeren Percussionston zu
ertheilen; es ist dieses aber unrichtig. So lange es
eine Pneumonia notha, ist es eben keine Pneumonia, d. h. so lange ist den Lungenbläschen ihr Luftgehalt gesichert. Dem Kranken mag der in den fei-
neren Bronchien angesammelte Schleim noch so
quälende Bangigkeit und noch so fürchterlichen Hustenreiz verursachen, er mag dadurch noch so tief in
Marasmus versinken, immer noch weist die Percussion
einen vollen Ton nach, denn es ist noch Luft in den
Lungenbläschen. Im Gegentheil gibt der Thorax
alter Leute, welche an der Pneumon. notha leiden,
sehr oft nicht blos einen vollen, sondern sogar einen
tympanitischen Ton. Diese Erscheinung beruht auf
der durch die angestrengten Athembewegungen und
dem heftigen Hustenreiz bedingten emphysematösen
Auftreibung des Lungenparenchyms, neben welcher
ganz unbeschadet einzelne Bronchien mit Schleim-
massen angefüllt sein können. Daneben ist freilich
nicht zu leugnen, dass sich zu der Pneumon. notha
nur gar gerne und nur zu oft Pneumon. vera hinzu-
gesellt, dann aber diagnosticiren wir durch die Percussion nicht jene, sondern diese. Die Pneumon. notha
endigt, wenn sie nicht durch einen Erstickungsanfall
oder Marasmus tödtet, in der Regel das Leben durch
eine später noch hinzutretende Lungenentzündung.

Therapie. Die Kranken müssen, wenn sie einer

schädlichen Luft ausgesetzt sind, in eine trockene gebracht werden. Man lege 20—30 Blutegel an das Manubr. stern., reibe jodinsaures Quecksilber ein, gebe innerlich kleine Gaben Jod, etwas Spongia marin. mit Hyoscyam. Droht Stockung der Lungenschleimhaut, so setzt man etwas Goldschwefel bei. Nur wenn die Steckanfälle gegen Abend heftiger werden, ist eine kleine V.S. angezeigt. ℞ Protojoduret. merc. ɔj; Axung. porc. ℥j; M. f. ungt. Zum Einreiben.

Bronchitis der Kinder. S. Lungenentzündung der Kinder.

Bronchitis-maligna. S. Pneumonia notha.

Brustvergrösserung wird zuweilen durch Einreibungen von Kali hydrojodinicum geheilt.

Brust-Wassersucht. Hydrothorax. Die Brust-Wassersucht ist meistens von Herzfehlern abhängig, in einzelnen seltenen Fällen entsteht sie auch wohl von chronischen Leber- oder Milzleiden. Auch eine Urerkrankung des Brustfelles kann diese Wassersucht erzeugen.

Symptome. Athmungsbeschwerden, Dyspnoe; die Brust hebt sich nicht, Respirat. abdominal.: Percussion ergibt an einer tiefliegenden Stelle einen dumpfen Ton, der bei der Lageveränderung des Kranken sein Niveau verändert. Da wo die Percussion einen dumpfen Ton ergibt, findet bei der Auscultat. Mangel des Geräusches statt. Dabei Husten, der entweder trocken ist, oder Schleim auswirft. Während der Hustenanfälle ist das Gesicht blau, die Züge verrathen grosse Angst. Bei der acuten Form ist Fieber vorhanden, manchmal auch noch eine entzündliche Stelle der Lunge damit verbunden. Die chronische Form entsteht sehr langsam. Brustbeklemmung beim Treppensteigen, Aufschrecken im Schlafe, die Kranken müssen aufrecht im Bette sitzen. Dabei die allgemeinen Erscheinungen der Hydropsie: Oedema pedum, trockene Haut, Beschränkung der übrigen Secretionen.

Diagnose. Die einzigen sichern Symptome sind: der dumpfe Ton bei der Percussion der Brust, dessen Niveau sich mit der Lage des Kranken ändert, und der Mangel des Respirationsgeräusches bei der Auscultation an diesen Stellen. Dazu die negativen Symptome. Abwesenheit der Erscheinungen, welche den verschiedensten Herz- und Leberleiden angehören. S. Brustkrankheiten Nr. 6.

Therapie. Bei der acuten Form hat man das Fieber zu berücksichtigen; bei entzündlichen Erscheinungen V.S., darauf ein Emeticum; 12—16 Stunden nach erfolgter Wirkung des Emet. ein Infus. Digital. mit Nitrum. Zeigt der Puls noch Spannung und Härte, so muss die V.S. wiederholt werden. Man halte den Stuhl offen durch Electuar. lenitiv. — Vesicantia auf die Brust. Bei den Formen, die sich in 3—4 Stunden bilden, muss man die Paracenthese anstellen. Bei der chronischen Form sehe man auf die veranlassende Ursache, als auf Gicht, zugeheilte Fussgeschwüre, Missbrauch spirituoser Getränke etc. Man hat also Geschwüre wieder herzustellen, Autenrieth. Salbe einzureiben, Pechpflaster auf der Brust oder Flanell

tragen zu lassen, wenn unterdrückte Hautausschläge
Schuld waren. Bei plethorischen Subjecten sind mässige V.S. indicirt: Man lässt dabei Ungt. neapolit.
mit Ol. hyoscyam. einreiben, gibt Diuretica u. Mittelsalze, anfangs 2—3 Tage lang Digit. mit Calomel u.
Nitrum, dann ein antiphlogistisches Abführmittel,
Infus. fol. senn. mit Sal. Seignet. u. s. f. War Gicht
Schuld, so verbindet man damit auf die Haut wirkende Mittel, namentlich Antimonialia, Quajac, Anti-
arthritica. S. Gicht. War die Affection durch Um-
sprung von der Mucosa, nach Phthisis pituitosa,
Catarrhen etc. oder durch Erschöpfung der Nerventhätigkeit der Lungen bei Brusthysterie entstanden,
so gibt man die Gummata ferulacea, Gm. ammoniac.
Benzoe, Myrrhe mit Diureticis, Potio antihydropica
Frankii; dabei Vesicantia auf die Brust. Werden die
starken diuret. Mittel, Scill. etc. nicht vertragen,
verursachen sie Erbrechen, so wendet man Diuretica
äusserlich an. Gegen die Steckanfälle des Nachts
wendet man Sinapismen auf den Oberarm und innerlich kleine Gaben Naphthen an. Man lasse sich nicht
zu V.S. verleiten. Bei ödematöser Anschwellung der
untern Extremitäten mache man Scarificationen.
℞ Kali tartarici ℈β—℈j; Calomel. gr. jj; Pulv. rad.
zingiberis gr. v; Syrup. simpl. q. s. f. l. a. Bolus. S.
Vor dem Schlafengehen zu nehmen. ℞ Herb. digit.
gr. β—j; Extr. lact. viros. gr. jjj; Sacch. alb. ℈β.
D. t. d. Nr. 12. 2stündlich 1 Pulv. mit Fenchelthee
für einen Erwachsenen. Lassen nach dem 3—4ten
Pulver die Symptome nach, so werden nur alle 3 Stunden die Pulver fortgesetzt. ℞ Nitr. depurat. ℈j;
Sulph. aurat. antim. gr. j. M. f. p. 4mal ein solches
Pulver täglich, dabei Wachholderthee zu trinken.
℞ Tinct. digit. ʒij; — chin. Huxh. ʒvj; 3mal 15—30gtt.
℞ Pulv. scill. ℈j; Nitr. ʒij; Roob. junip. ʒij; Spirit.
nitr. dulc. ʒj; Aq. ʒviij. Alle 1 St. 1 Essl. ℞ Rad.
senegae ʒij; Infus. colat. ʒvj; Liquor. ammon. acet.
ʒij; Syrup. ononid. spin. ʒj. Stündlich 1 Essl. S.
Wassersucht.

Bubonen, s. Syphilis.

C.

Cachexie, übler Gesundheitszustand mit auffallend krankhaftem Ansehen und Mangel an Farbe.
Unter diesem Namen begreifen die ältern Aerzte alle
diejenigen Krankheiten der Reproduction, welche mit
schlechter Digestion, Nutrition und Assimilation verbunden sind, und Missfärbung, Entstellung des äusseren Habitus zur Folge haben, deren Wesen auf
abnormen Mischungsverhältnissen, besonders der
Säfte ruht, z. B. Hyperoxysis bei Scropheln, Rhachitis, Lithiasis, chron. Blennorrh., Diabetes; die
Hypercarbonisation, Uebermaass von Kohlenstoff bei
Scorbut, paralytische Blutungen, nerv. Dyscrasie,
Hämorrhoidal-Cachexie, Icterus hepaticus, Leberver-
härtung, Gallensteinen; auch die Chlorosis, Mercurialkrankheit, Morbus maculos., Cyanosis, chronischen

Petechien gehören unter die cachectischen Uebel, so wie die Wassersuchten, Phthisen, Impetigines etc. S. Dyscrasie.

Cancer aquaticus. S. Wasserkrebs.

Carbunkel. S. Anthrax.

Carcinom. S. Krebs.

Cardialgie. S. Magenkrampf.

Carditis. S. Herz-Entzündung.

Catalepsie. Starrsucht.

Symptome. Paroxysmen. — Die Verrichtung des Geistes steht plötzlich, die Verrichtungen der äussern und innern Sinne hören plötzlich auf, — Gefühllosigkeit; bisweilen, aber selten, bleibt etwas Bewusstsein zurück (und solche Scheintodte, Cataleptische fühlen alsdann Alles, sehen Alles und hören, was um sie her vorgeht), die willkürliche Bewegung hört auf, die Knochen nehmen jede Stellung an, die man ihnen gibt, der Einfluss des Willens hat ganz aufgehört. Das Gesicht ist blass, Puls geht fort, aber etwas langsam; dies dauert oft nur wenige Minuten, oft Stunden lang. Nach dem Paroxysmus ist es dem Kr. wie ein Erwachen aus einem Traume, er redet fort, wo er vorhin aufhörte. Zuweilen sind diese Anfälle periodisch, oft und häufiger unregelmässig. Vorläufer sind: Kopfweh, Mangel an Appetit, Urina spastica, blasses Gesicht, trübe Stimmung des Geistes, unruhiger Schlaf.

Diagnose. Die Krankheit ist nicht zu verkennen durch das Eigenthümliche der wächsernen Biegsamkeit.

Therapie. Dauern die Paroxysmen lange, so hält man stark riechende Mittel vor die Nase, gibt Klystiere von Asa foet., Opium, lauwarmem Thee, Campher mit Opium, Moschus; Fussbäder, laue ganze Bäder. Sind gefahrdrohende Congestionen vorhanden, so sind, um Apoplexie zu verhüten, allgemeine und örtliche Blutentziehungen nicht zu unterlassen. — Man berücksichtige die Ursache, als: Onanie, Entziehung der Säfte durch Blutungen, Tripper, Fluor albus, Anstrengungen des Geistes, Leidenschaften, Uebermaas reizender Getränke, Würmer, örtliche Krankheiten. Zur Radialkur wendet man die Ekelkur an, die Nervina, Fontanellen, Haarseile; man rühmt auch eine Mischung aus Phosphor gr. jv in ℥β Schwefeläther gelöst und ℈j Ol. valerian zugesetzt; 2 gtt. davon auf Zucker zu nehmen. ℞ Asae foét. ℨjβ; Vitellor. ovi q. s. aq. valerian., — flor. chammom., ana ℥iij; Solv. et adde, liq. c. c. succ. ℨj; Syrup. cinnamom. ℨj. S. Nr. 1. ℞ Flor. zinci gr. xv; Castor. sib. ℨβ; Pulv. rad. valerian. ℈jv; Ol. anim. Dippel., gtt. x; M. f. p. div. in part. vjjj. S. Nr. 2. Von Nr. 1 2st. 1 Essl. v. u. von Nr. 2 1mal tägl. 1 Pulv. Alkalische Bäder nebst Castor. und Ipecac. in refr. d. — Thierischer Magnetismus. Die Magnet-Electricität leistete Abhülfe bei der Catalepsie dieser vor einigen 30 Jahren viel häufiger vorgekommenen und damals von dem Magnetismus mit so grossem Vortheil ausgebeuteten Krankheit; eine Platte aufs Genick, die andere auf die Stirne, oder aufs Genick die eine Platte und auf die vordere Fläche des Hal-

..ses die andere Platte. — Das Gangliensystem irriti-
rende, auf den Darmkanal wirkende, Congestion ableitende Mittel. — Mittel wie gegen Epilepsie. —
Kleine Gaben Nicotiana.

Catarrhus. Katarrh. Catarrh. simpl., Schnupfen.

Symptome. Gefühl von leichtem Brennen und
Kriebeln in der Nase mit Reiz zum Niessen, copiöse
Schleimsecretion, wodurch die Oberlippe und der
Eingang der Nase excoriirt wird, oder wenigstens
leicht sich röthet. Der Nasenschleim häuft sich an,
und in Folge dessen entstehen Beschwerden, die
Luft durch die Nase zu ziehen, und die Kranken
athmen mit offenem Munde. Verbreitet sich die Affection weiter a) nach aufwärts, so entsteht drückender, reissender, bohrender, stechender Schmerz an
der Wurzel der Nase bis gegen die Stirnbeinhöcker,
b) seitwärts über die Schleimhaut des Antrum High-
mori, so entsteht drückender, stechender Schmerz in
der Backengegend, reissend ziehende Schmerzen in
der oberen Reihe der hinteren Backenzähne. Affection
des Sinus frontalis und Antr. Highm.[1] sind gewöhnlich vereint unter dem Namen Gravido catarrhalis bekannt. c) Auch auf die Augen erstreckt
sich zuweilen die Affection, das Auge thränt, ist injicirt, — Ophthalmia catarrhalis; d) rückwärts durch die Choanen auf die Schleimhaut der
Deglutitionsorgane und durch leichte Auftreibung der
Tonsillen, etwas Röthe derselben und einige Schlingbeschwerden entsteht — Angina catarrhalis;
oder e) in die Eustachischen Röhren, wodurch Schwerhörigkeit entsteht, oder f) es wird der Larynx ergriffen, und es entsteht Husten und Auswurf von
zähem albuminösem Schleim, die Stimme ist rauh,
lautlos; oder die Affection geht tiefer in die Trachea
und Bronchien, wodurch drückendes Gefühl unter
dem Manubrio sterni, Husten mit etwas blutgefärb-
tem Schleimauswurf entsteht. Das Stethoscop ergibt
keine Veränderung in den Bronchien der Lunge, aber
in der Trachea hört man Schleimrasseln, Catarrh.
pectoris laryngeus, trachealis, bronchialis. Dabei ist
manchmal etwas Fieber, gegen Morgen Remission.
In der Aetiologie der catarrhalischen epidemischen
Krankheiten, Diarrhoen und Masern etc. gewinnt das
athmosphärische Ozon als Krankheitsursache immer
mehr Boden bei den Beobachtern. Dasselbe mache,
wie das Chlor, Brom, eigenthümliche catarrhalische
Zufälle. (Vergleiche noch den Anhang Art. Ozon.)
Dieses Ozon soll nun in der athmosphärischen Luft
von Zeit zu Zeit strömen, und die epidemischen
Reizungen der Schleimhaut, der Lungen und des
Darmes veranlassen. Bei Gewittern, Schneefällen,
feuchten Tagen im Winter wie im Sommer etc. kann
man mit folgender Methode auf das Ozon reagiren.
Man kocht Stärke, der höchstens 1/50 Jodkalium bei-
gefügt worden, zum Kleister von gewöhnlicher Dicke
an, verdünnt diesen mit etwa seinem 8fachen Volumen
Wasser, lässt das Ganze einige Minuten aufkochen
und taucht in diese Flüssigkeit Streifen weissen un-
geleimten Druckpapiers von etwa 6 Zoll Länge und
1/2 Zoll Breite. Die getränkten Streifen trocknet

man in einem Zimmer und bewahrt sie in verschlossenen Flaschen auf. Das so präparirte und lufttrockene Papier wird zum Behufe der Anstellung besagter Versuche der freien Luft ausgesetzt und in Wasser getaucht, wenn man die Stärke der erfolgten Blauung wahrnehmen will etc. Im Württemb. ärztl. Correspondenzblatt 1848. Nr. 44 ist das Experiment weiter angegeben.

Diagnose. Bei Entzündung dieser Theile findet sich mehr Schmerz, Geschwulst, entzündliches Fieber; bei Cerebraltyphus sind Sinnestäuschungen im Auge und Ohre in Folge von Congestionen vorhanden.

Therapie. Der Charakter des Fiebers bestimmt die Behandlung. Bei ereth. Charakter kommt man mit diäthetischem Verfahren zurecht — mässige Antiphlogose, Aufenthalt in gleichmässig warmer Luft, 15 — 16° R., schleimiges, lauwarmes Getränk; zur Diaphorese gibt man Essigammoniak, gegen Abend Pulv. Doweri. Bei synochalem Charakter des Fiebers, vollem, hartem, gespanntem Puls, V.S. Nitr., Seignett-Salz, Magn. sulph. Das Fieber kann selbst torpid sein oder werden, in welchem Falle die Verwechslung mit Typhus oft geschieht. Dieser Charakter verlangt die Behandlung des Typhus mit Säuren, Chlor, Schwefelsäure, Begiessungen und Waschungen. Bei Gravido lässt man Dämpfe von Malven oder Alth. dect., die man durch einen Schwamm in die Nase einzieht, einathmen, reibt Mercursalbe, Ungt. Alth. oder blosses Fett in die Stirngegend; bei Larynx - Affectionen gibt man ölig schleimigte Mittel, dct. Alth., Pulv. Gm. arab., Ol. amygd. Bei sogenanntem Stockschnupfen kann man Anfangs noch den Versuch machen, ob man durch Einathmen erweichender, später gelind reizender Essigdämpfe die Schleimsecretion erzielt; gelingt es auf diese Weise nicht, so muss man heftigere Reize anwenden, lässt Tabak schnupfen, gibt ein Pulver aus Seidelbastrinde mit etwas Ammon. subcarb., in hartnäckigen Fällen selbst das Capsicum als Schnupftabak. Bei Raucedo catarrh. ebenfalls erweichende Dämpfe, und helfen diese nicht, so wende man äussere Hautreize an. Entzündungen aus Katarrhen sind sehr hartnäckig und verlangen strenge Antiphlogose u. grosse Gaben von Tart. emet. Chlor ist bei acuten sowohl als chronischen Katarrhen ein Hauptmittel, besonders wenn man es auf die leidende Schleimhaut selbst anwendet, bei Bronchial-Katarrhen z. B. in Gasgestalt; bei Katarrhen der Darmschleimhaut durch den Mund genommen, bei Catarrh. vesic. urin., d. Uterus, d. Vagina, innerlich und in Injection. S. Heiserkeit. Das Einathmen von Cognakdämpfen, einigemale täglich durch Erhitzung gleicher Theile von Cognak u. Wasser bereitet, und mittelst eines Trichters einzuathmen. Die Wirksamkeit dieser Dämpfe bei Anlage zu katarrhalisch entzündlichen Leiden der Schleimhaut des Kehlkopfes und der Luftröhre gründet sich auf die Bedeutung, welche der örtlichen Anwendung des Weingeistes überhaupt in der Bekämpfung einer Anlage zu Entzündungen mit nervöser Asthenie gebührt; und soll namentlich in Spanien zur Tilgung der Disposition zu Halsentzündungen jener Art sehr erprobt und in dieser Anwendungsweise sehr beliebt sein. — Elixirium anticatarrhale: R Extr. dulcamarae ʒß; Extr. card. bened. ʒj; Aq. foenicul. ʒß—j; Aq. Laurocer. ʒj; M. S. 4mal tägl. 60 gtt. in einer Tasse Thee. Vergl. Husten.

Catarrhus-chronicus, Blennorrhoea trachealis et bronchialis.

Symptome. Leichte Beschwerden auf der Brust, Brustbeklemmung, vorzüglich unter dem Manubrio sterni, Steigerung bei der Bewegung, beim Treppen- und Höhensteigen, rasselnder Husten mit Auswurf eines zähen, albuminösen, in Fäden sich ziehenden oder eines dicklichen, grünlich gefärbten, eiterähnlichen, zwar geformten, aber, in einem Gefässe gesammelt, in einen homogenen Brei zusammenfliessenden Schleimes. Bei trockenem, kaltem oder warmem Wetter wird weniger ausgeworfen als bei feuchter Witterung. Die Percussion ergibt allenthalben einen hellen sonoren Ton, die Auscultation ergibt in der Trachea und den Bronchien Schleimrasseln. Oft ist das Ende der Bronchien höhlenartig erweitert; dann hört man Höhlenrasseln, und wenn der Schleim kurz vorher entleert wurde, manchmal sogar Pectoriloquie. Ist fieberlos.

Diagnose. Bei Phthisis wird anfangs etwas Blut ausgehustet, gleichzeitig oft noch lange fort werden bröckliche, tuberculöse Massen im Schleim gefunden; von beiden hier keine Spur. Die Percussion ergibt an der Stelle der Excavation einen dumpfen, matten umschriebenen Ton, hier resonirt die Brust überall hell. Bei Phthisis findet sich exquisite Pectoriloquie, wenn die Krankheit einmal entwickelt ist, hier ist die Pectoriloquie nur in manchen Fällen zugegen, und wenn, doch nur zu bestimmten Zeiten u. undeutlich; bei Phthisis ist endlich Febr. hect., hier fehlt es, und mit ihm alle anderweitigen Colliquationen.

Therapie. Die Neigung zum Schnupfen und die Hartnäckigkeit des Schnupfens ist häufig zunächst in einem Blutandrange nach der Schleimhaut der Nase begründet, und diese hängt wieder häufig von Bauchvollblütigkeit oder von chronischen Leber- oder Milzleiden ab. Darum lässt sich eine solche Neigung zum Schnupfen auch nur durch Heilung des Grundübels beseitigen. Kopfräucherungen oder Schnupfpulver von Camphor sind in Verbindung mit dem inneren Gebrauche des Natrum nitricum hinreichend, einen gewöhnlichen Schnupfen gar bald zu beseitigen, aber nicht den consensuellen. Auch eine krankhafte Reizbarkeit der Hautorgane, vornehmlich des Kopfes und Halses, kann eine Neigung zum Schnupfen und die Hartnäckigkeit desselben begründen. Das Waschen des Kopfes und Halses mit Branntwein im Winter, und im Sommer das Begiessen dieser Theile mit kaltem Wasser leistet in solchen Fällen wohl gute Dienste, wenn es lange genug fortgesetzt wird. Kranke mit chron. Katarrh müssen dem Einflusse nasser feuchter Luft entzogen werden durch Vertauschung des Aufenthaltes etc. Genuss von schleimigen lauwarmen Mitteln ist schädlich; man

lässt Eisensäuerlinge trinken, warm kleiden, flanellne
Jacken und Beinkleider tragen, für Hautcultur, reizende Bäder mit Kali sorgen, nach dem Bade die
Haut frottiren. Bei nassem feuchtem Wetter dürfen
die Kranken das Zimmer nicht verlassen. Zur Beschränkung der Secretion auf der Schleimhaut gibt
man Uva ursi mit Schwefelsäure, Gm. kino, Ferr.
sulphur., Ratanhia, Katechu, Torment., China, als
Corrigens setzt man diesen Mitteln Aromata zu. Zur
Derivation wählt man Camphor. mit Sulph. aurat.,
Pulv. Dow., von Zeit zu Zeit ein Drasticum, Jalappa.
Sind die Bronchien so sehr mit Schleim überfüllt,
dass Erstickung droht, so gibt man ein Emeticum,
Ipecac. mit Kermes oder Sulph. aurat. Bei weniger
dringenden Umständen blos Nauseosa, kleine Gaben
von Ipecac. ¹/₁₆ gr. p. d. ℞ Rad. helenii ℨj; summitat. hyssopi, fol. heder. terest., ana ℨjj; Mell. despum.
℥j; Coq. c. aq. f. libr. jjj; S. 1–2 ℔ täglich zu verbrauchen. ℞ Rad. polyg. amar. ℨj; Coq. c. aq. font.
℥xjv; Col. ℥vjjj; Adde spirit. muriat., aeth. ℨj; syrup.
alth. ℨj; 2stündl. 1 Essl. bei Atonie der Lungen.
℞ Polyg. amar. ℥β; c. c. aq. font. q. s. per ¹/₄ hor.
sub. fin. coct. adde rad. calam. aromat. ℨjj; Colat.
℥vjj; Liquor. anod. H. ℨj; Syrup. cort. aurant. ℨvj.
Alle St. 1 Essl. ℞ Rad. seneg. ℨjj; Cort. cascar.
ℨjjj; C. aq. font. ℨjx; Col. ℥vj; Gm. mim. ℨjj; Liq.
ammon. anis ℨjβ; Syrup. balsam. ℨj. Zweistündl. 1
Essl. gegen aton. Lungenverschleimung. ℞ G. ammon ℨjj; Vitell. ov. q. s. aq. foenic. ℥v; Liq. ammon. anis. ℨjjj; Vini stib. ℨjj; Syrup: alth. ℨj; f. l.
a. mixtur. S. Umgeschüttelt alle 2 St. 1 Essl. gegen
Atonie, stockenden Auswurf, Asthma. ℞ Fol. uv.
ursi ℨjβ; Summitat. millefol. ℨj; Coq. c. aq. font.
libr. jjj; ad libr. jj; sub fin. coct. adde rad. liquirit. ℨj; Colat. admisc. syrup. cinnammom. ℨjj. In
2 Tagen zu verbrauchen gegen atonischen Lungen-
auswurf. — Elixir. pector. regis Daniae ℨjj. S. 3mal
1 Theel. voll. ℞ G. Ammoniac. ℨjβ; Vit. ov. q. s.
aq. hyssop. ℥jv; Oxymel. scill. ℨj; F. l. a. mixtur.
Umgeschüttelt 2stündl. 1 Essl. gegen Verschleimung,
beginnende Lähmung der Lungen. — Phellandrium
aquaticum, 12—40 Gr., — Opium bei heftiger Reizung. — Tinct. pimpinell. mit liquor. Ammon. anisat.
— Theerdämpfe, Theerwasser bereitet aus ℨj Theer
in einer Pinte Wasser acht Tage macerirt, häufig
indessen umgeschüttelt, dann filtrirt. Dieses Wasser mit Milch vermischt zu ℥vjjj bis xjj täglich in
2malen. ℞ Sulphur. aurat. antim. gr. vjjj; moschi
gr. jv; Opii gr. jj; Sacch. ℨj; Divid. in xvj part. Alle
3 St. 1 Pulv. bei chronischen mit heftigem Husten
verbundenen Lungenkrankheiten. ℞ Sulphur. aurat.
gr. j; Extr. papav. alb. gr. jβ; flor. benzoes gr. jβ;
Elaeosach. anis. gr. vjjj. Alle 2 St. 1 Stück. ℞ Nitr.
depurat. ℈β; Sulphur. aurat. ant. gr. j; Camphor.
gr. jj; Opii gr. ¹/₄. 3—4mal tägl. ein solches Pulv. —
℞ Extr. card. bened. ℨj—jj; Extr. hyosc. gr. vjj—xjj;
Aq. comm. ℨj; Spirit. sal. ammon. anis ℨj; Syrup.
liquir. (seneg.) ℨj. Alle 2 St. ¹/₂—1—2 Theel. gegen
chronischen Katarrh mit Krampfhusten. — Einreibung
von Brechweinsteinsalbe. — S. Husten.

Catarrhus-senilis. Asthma humidum ist ein Bronchialcatarrh, eine Bronchitis capillaris. S. Bronchitis.

Symptome. Schwerathmigkeit, Beengung unter d. Sternum, die sich bei Anstrengungen, Treppensteigen etc. steigert, das Athmen ist kurz und rasselnd, das Aushusten des Schleims gelingt nur mit Mühe. Gegen Morgen asthmatische Anfälle, nach denen die Kranken endlich unter Brechhusten eine grosse Menge von Schleim auswerfen. Den Tag über ist gewöhnlich Ruhe, gegen Morgen kehren die Anfälle zurück; bei trockener Witterung setzen sie oft 10 — 14 Tage aus. Die Percussion ergibt allenthalben guten hellen sonoren Brustton, die Auscultation Rasseln nach dem Verlaufe der Bronchien.

Diagnose. Die Krankheit findet sich nur bei Alten und hängt meist mit früher vorhandener Gicht und Rheumatismus zusammen. Die Erscheinungen der Percussion und Auscultation, die Steckanfälle des Morgens, der Auswurf eines zähen Schleimes sichert die Erkenntniss..

Therapie. Entfernung aus feuchter dumpfer Luft etc., Sorge für Hautkultur durch warme Kleidung, flanellne Jacken, reizende Bäder mit Kali, Frottiren der Haut. Die Anfälle werden mit Ipecacuanha, Kermes, Sulphur. aurat., Benzoe, Myrrhe behandelt; erstere Mittel in Brechen erregender Dosis. Dabei Sinapismen auf den Oberarm, die Brust, die Magengrube. Die Krankheit an sich verlangt die Anwendung der Adstringentia mit den Expectorantibus, Senega mit Ipecacuanha, Benzoe, Myrrhenzucker, Einreibungen von Autenriethscher Salbe, ableitende Fussbäder, gelinde darmausleerende Mittel. Im Sommer nützt der Aufenthalt in Tannenwäldern, auf hohen Bergen, gegen Ende des Sommers Laxiren, im Spätherbste Schröpfen, den Winter über Wachholdertrank. Spätes Baden im Herbste ist den Alten sehr gut. Dann rathet man ihnen Pechpflaster zu tragen. Zum Laxiren gibt man Schwefelmittel. Man lässt sie rohe Eier verschlucken; Ol. amygd. dulc. mit einem Syrup gebraucht, und ist etwas Krampfhaftes dabei, so gibt man Flores zinci mit etwas pulvis Doweri. Stockt der Katarrh., so lässt man 4 — 5 ℥ zur Ader, reibt Mercur ein, gibt innerlich Nitrum. Ist die Entzündung gehoben, so gibt man Elixir. pector. reg. Daniae in einem Dct. Alth. Man setze Fontanellen auf die Brust. ℞ Rad. seneg. ϶β; Sulph. aurat. antim. gr. β; Sacch. myrrh. ϶j; flor. benzoes gr. j; F. Pulv. Alle 2 St. 1 Stück. ℞ Rad. seneg. ℥jj; F. dct. ℥vj; Vini stibiat. ℥jj; Syrup. capill. Veneris ℥j. Alle St. 1 Essl. ℞ Polygal. ℥ß; F. dct. ℥x; Colat. infund. rad. ipecacuanh. gr. jv; stet. in digest. per ½ hor., syrup. rub. idaei ℥j. Alle 2 St. 1 Essl. ℞ Pulv. rad. inul. ℥ß; Sacch. ℥j. 3 — 4mal 1 Kaffeel. S. Asthma senile.

Catarrhus-suffocativus, Steckfluss.

Symptome. Plötzlicher Anfall von Erstickung, Orthopnoe, Röcheln, Angstschwäche, Todesangst, zuweilen mit, aber oft ohne Verlust des Bewusstseins: die Lähmung geht entweder vom Brustnerven aus, oder es sind materielle Anhäufungen oder Extravasate in den Bronchien Veranlassung, z. B. Schleim, Blutextravasat, Eitererergiessung.

Diagnose. Meist tritt die Krankheit des Nachts ein. Deutliches Röcheln und Schleimrasseln in der Tiefe der Brust, ängstliches Bestreben der Brust u. Extremitäten sich von dem quälenden Reize zu befreien. Zunge feucht und schleimig, Puls klein, schnell, anfangs regulär, nachher regellos, aussetzend. Auswurf fehlt, oder quillt nicht leicht hervor, später Unfähigkeit zu husten, bei grossem Drang dazu. Dies dauert alles fort ohne Intermission: Abends Exacerbation, Morgens geringer Nachlass. Allmälig wird das Bewusstsein dunkel, Fieber, Schleimrasseln, Angst, Kleinheit und Unordnung des Pulses nimmt zu, Auge starr, Haut kalt und blass, Kräfte ganz gesunken, sanfter Tod ohne Zuckungen oder apoplectisch. Erfolgt der Tod nicht, so bleibt doch Neigung zu Rückfällen. Die Kranken sind Greise oder Kinder von 1—6 Jahren, Schwelger, Asthmatiker, Lungen- und Nervenschwache, zu Katarrhen geneigte Personen; besonders nach Erkältung, Magenüberladung, heftigem Zorn, Gichtausschlag, Metastasen, Unterdrückung von Husten, Haemorrhois, Menstruation.

Therapie. Man befreie schnell die Lungen von der Ueberfüllung und erwecke ihre Thätigkeit durch V.S. am Arme; Bäder, dann ein Dct. Senegae, Arnic. mit Tart. emet., Liquor. anod. H., Liq. c. c. succin., Moschus, Vesicantia. Bei Lungenlähmung Camphor mit Goldschwefel und Moschus, Benzoe. ℞ Camphor. gr. jj; Acid. benzoes gr. vj; Sulphur. aurat. gr. j; Sacch. albi Əj. M. f. p. dct. d. Nr. 6. S. Alle ½ bis 1½ St. 1 Pulv. S. Catarrhus-chronicus.

Chloasma. S. Leberflecken.

Chlorosis. S. Bleichsucht.

Cholaemie. Vergl. Febr. biliosa.

Cholera - epidemica, Brechruhr, Cholera-asiatica.

Symptome. Sie befällt mit oder ohne Vorboten, der Kranke fühlt drückenden, manchmal brennenden Schmerz in der Herzgrube, Poltern und Kollern im U.L.; endlich schmerzloses Abführen einer dünnen, hellbraunen Flüssigkeit 3—4mal des Tages. Es befällt den Erkrankten eine lästige Enge in der Herzgegend, Abspannung der Kräfte, leichter Kopfschmerz, Schwindel, leichte Wadenkrämpfe. Der Durchfall wird stärker und verändert seine Farbe, — wie Reiswasser mit zahlreichen zu Boden sinkenden Flocken. Mit Erbrechen beginnt sie selten. Das Erbrochene enthält eine trübe Flüssigkeit mit bräunlich. Schaume. Urinabsonderung hört auf, Hypochondrien eingezogen, Bauch- und Nabelgegend weich, bemerkbares Schwappen, drückend, brennende Schmerzen in der Herzgrube, zusammenschnürende Schmerzen in den Gedärmen, beschleunigter Athem, ungestörte Sinnesverrichtungen. Die Choleraphysiognomie besteht aus blassgräulichter Gesichtsfarbe, tiefliegenden Augen, unstätigem Blicke, blaulichten Nasenflügeln, lividen Lippen und Ohren. — Zunge eiskalt, leicht belegt,

Athem kühl, alle Gesichtstheile kalt, nur selten die
Stirne warm. Stimme wird rauh, heisser, abgebro-
chen — Vox cholerica. — Haut kalt, eine auf ihr
gebildete Falte zeigt keine Elasticität, bleibt stehen;
Zehen und Finger livid, Nägel blauröthlicht, auf dem
Rücken und den Seiten der Finger Längenfalten und
Runzeln, Fingerspitzen abgeplattet, Krämpfe an
den Zehen und Waden sind nun bedeutend, geringer
an den Händen. Radialpuls schnell, 110—120, faden-
förmig, fehlt häufig. Durst gross, Angst, Unruhe,
Schlaflosigkeit, Umherwerfen im Bette, dabei häufig
vollkommenes Bewusstsein, Gleichgültigkeit. Wenn
die Cholera als Epidemie zum Ausbruche kommt,
ereignen sich einige Choleraanfälle, welche Anfangs
Zweifel über ihre Aechtheit übrig lassen können.
Rasch aber folgen dann andere, welche unverkennbare Symptome an sich tragen. Zwischen dem 18. bis
21sten Tage erreicht sie gewöhnlich ihren höchsten
Grad von Ausbildung und nimmt dann regressiv wieder ab. Im Anfange der Epidemie werden beinahe
durchaus Diarrhoen als Vorläufer beobachtet. Gegen
die Höhe der Krankheit zu dauern sie kürzere Zeit
oder fehlen ganz, was in höchst seltenen Fällen geschieht.

Diagnose. Die sporad. beginnt mit fieberhaften
Erscheinungen, ihre Brechdurchfälle entleeren eine
mässige Quantität im Anfange grünlicher und hierauf gelblicher Massen; meist, fast immer begleitet
sie Tenesmus; die epidemische ist fieberlos, ihre
Brechdurchfälle sind copiös, das Ausgebrochene ist
eine trübe wässrige oder durchsichtig schleimige,
flockenreiche Flüssigkeit, das Abgeführte riecht nicht
faeculent. Bei der sporad. dauern die schmerzhaften
Krämpfe der Gedärme an, und werden sogar gesteigert; bei der epidem. tritt gleich das allgemeine
Leiden und der Habitus cholericus hervor, und die
Bauchschmerzen werden von den Krämpfen der Extremitäten übertroffen. Der Ausgang der sporad.
Cholera erfolgt nicht unter 24—30 Stunden, es sind
entzündliche Erscheinungen des Dünndarms vorhanden, die epidem. kann in 6—8 Stunden verlaufen,
aber auch 2—3 Tage und länger dauern.

Therapie. Die Cholera wird in der neueren Zeit
von den meisten Beobachtern für contagiös gehalten,
und sie kehrt in Orte, wo sie ausgebrochen ist, oft
erst nach grossen Zeiträumen zurück. Ein überstandener vollständiger Anfall der Cholera soll die Anlage
für eine erneuerte Einwirkung des Ansteckungsstoffes
zerstören. Das erste Stadium, der Brechdurchfall
steckt wohl noch nicht an, während der nachfolgende
typhöse Zustand die essentielle Krankheit sein mag,
wo das Contagium bereitet wird. Eine Hauptsache
sind die sanitätspolizeilichen Maassregeln gegen die
Cholera, Cordons, Localsperren, Isolirung der Kranken, Unterstützung der Armen, Vermeidung des Verkehrs mit Menschen und inficirten Dingen, Luftung,
Reinigung u. s. w. Es gibt kein Prophylacticum. — Man
meide indessen feuchte Wohnung, Erkältung, Durchnässung des Körpers, namentlich der Füsse und des
U.L., hüte sich vor Missbrauch geistiger Getränke,

geniesse kein unreifes Obst, keine Blattgemüse, keine
Melonen, Gurken, Salat etc. Dafür Wurzelgemüse,
Erbsen, Linsen (ohne Hülsen), mürbes Fleisch. Man
wasche zuweilen den ganzen Körper mit Weingeist
und Ammon., um die Transpiration offen zu erhalten. — Es gibt kein Specificum. Man handle nach
allgemeinen Indicationen und individualisire. — Man
beachte den allgemeinen Krankheitscharakter der
Epidemie und die Individualität des Kranken, wür-
dige die Ursache und die Form. Sobald Jemand
Spuren von Unwohlsein fühlt, lege er sich zu Bette
und trinke Thee zum Schwitzen; man entferne etwa
vorhandene Saburralzustände des Magens, schütze
die Centralorgane des Kopfes und der Brust vor zu
heftigem Blutandrange (Blutegel, kalte Ueberschläge
etc.), beruhige das Nervensystem, komme der drohenden Nervenlähmung entgegen, berücksichtige einzelne wichtige Symptome. Ist die Epidemie entzündlicher Natur, so setzt man Blutegel an den
Leib, den After; kleine V.S. sind auch bei nicht
entzündlichem Charakter der Epidemie häufig nothwendig, besonders bei kleinem, fast verschwundenem
Pulse, blauem Gesichte, beengter Respiration, drohender Erstickungsgefahr, um die Circulation des
Blutes frei zu machen. Grosse V.S. schaden. Man
lasse das Blut nur so lange fliessen, bis die Circulation etwas freier geworden. Leider kommt man oft
zu spät, das Blut fliesst nicht mehr. Hat die Epidemie den nervösen Charakter, so wende man ja keine
V.S. oder nur in den dringendsten Fällen an. Man
gebe vor Allem ein Emet. aus Ipecacuanha $\ni\beta$ alle
10 Minuten bis zur Wirkung, u. lasse darauf schwitzen.
Die Heftigkeit der gefährlichen Symptome lässt
nach, sobald die Stühle eine gefärbte Beschaffenheit
annehmen. Gegen das allzuheftige Erbrechen dient
am besten das von den Kranken verlangte kühle
Getränke, als: ganz frisches Wasser, Bier, Eispillen, Brausepulver. Man lasse Bier und Wasser oder
letzteres mit Essig gemischt trinken, so viel dem
Kranken beliebt. — Man umwickle den Kranken mit
in warmen Essig getauchtem Flanell, und erneuere
häufig diese Essig-Fomentationen. Hauptsache bleibt
die Erzwingung gallig gefärbter Stühle, wozu Rheum
und Calomel, ersteres zu gr. jj — vjjj; letzteres von
½ gr. bis jj alle St.; Calomel für sich allein oder
mit Rheum gibt man so lange fort, bis die Stühle
sich färben. Die Verbindung des Calomels zu gr. jj
etwa mit ¼ gr. Opium ist ausdrücklich nur für jene
Fälle beizubehalten, wo man durch das Opium die
heftigen Bauchschmerzen zu mildern beabsichtigt.
Bei nervösem Charakter der Epidemie thut Campher
mit Terpentin gute Dienste. Spirit. Mindereri als
Diaphoret., überhaupt säuerliche Dinge scheinen in
den meisten Fällen gut zu bekommen. Hat die
Krankheit ihre Akme überschritten, sind die Stühle
nicht mehr die charakteristischen, sondern nur noch
copiös, so hat der Calomel keine Anwendung mehr,
und bei mehr als mässiger Leibesöffnung ist die
Sistirung der erschöpfenden überzähligen Stühle
Hauptindication. Rheum in kleineren tonisirenden

Gaben zu gr. jj—iij—v; p. d. ist das Indicatum. Im
Allgemeinen also ist die entleerende Methode die-
indicirte. Zur Derivation, um die Centralorgane mehr
zu befreien, die Hautthätigkeit zu beleben, die
Krämpfe zu mildern etc., sind Sinapismen, heiss gemachte Essigumschläge nicht zu unterlassen. Thielemann's Methode gegen die Cholera finden wir
sehr lobenswerth. Vor allem machte er die seiner
Pflege Anvertrauten mit den Vorboten und Haupt-
symptomen der Krankheit bekannt, regelte ihre Diät,
machte ihnen begreiflich, dass man den Funken sehr
leicht, die ausgebrochene Feuersbrunst aber nur
mit grösster Anstrengung, oft gar nicht mehr löschen
kann, dass also so schnell als möglich Hülfe gesucht
werden müsste. Besonders muss der der Cholera
meist vorangehende Durchfall sogleich gemässigt
oder gänzlich beseitigt werden. Thielemann
liess überall folgende Tropfen vorräthig haben: R̹
vini ipecacuanh., essent. Menth. pip., ana ℥jj; tinct.
Opii croc. ℥j; tinct. Valerian. aeth. ℥β. M. S.
1) Gegen anhaltendes Kollern im Leibe alle 2—3 St.
15 Tropfen bis zum Nachlass zu nehmen (einige
Gaben reichen gewöhnlich dazu hin). 2) Gegen nervöse Schmerzen und Krampferscheinungen in der
Brust, den Extremitäten, der Herzgrube und dem
Darmkanale alle 2—3 St. Erwachsenen zu 20—30 gtt.,
und Kindern zu 3—15 Tropf. nach Verhältniss ihres
Alters bis zum Verschwinden derselben zu nehmen.
3) Gegen Durchfall nach jeder Ausleerung die in
Nr. 2 erwähnten Gaben bis zum Nachlasse desselben.
Gewöhnlich folgt nach dem Gebrauche des Mittels
ein reichlicher Schweiss, den man im Bette abwarten
muss. Den wahren Choleraanfall stillt es jedoch nur
selten und muss dann durch Dct. Columbo (℥β—℥vj
auf ℥vj), kleine Gaben Ipecacuanha, Tanin zu gr. j—jj,
Calomel zu gr. ¼—½ mit gummi arab. gr. x alle
1—2 St. ersetzt werden. Bei völlig ausgebrochener
Cholera muss man schleunigst jedes gussweise Erbrechen und den ebenso reichlichen Durchfall stillen,
weil mit jedem Gusse nach oben und unten die Lebenskräfte im hohen Grade schwinden, der Puls kleiner, die Temperatur kühler wird. Das Calomel zu
gr. jj mit Gummi arab. gr. x in etwas eiskaltem
Wasser alle ½ Stunde bis zum Nachlass des Erbrechens hatte sich Thielemann am wirksamsten hier
gezeigt. In der Mehrzahl waren 2—3 Dosen hinreichend, dieses Erbrechen zu stillen. Wenn noch Erbrechen folgte, so war es nicht jenes das Leben er-
tödtende, sondern es bestand nur aus kleinen Mengen
genossenen Getränkes oder aus Magenschleim mit
oder ohne Galle. Nachher liess Thielemann
stets das Calomel noch einige Zeit zu gr. ½—j alle
1—2 St. fortsetzen. Gleichzeitig kleine Quantitäten
mit Eis erfrischten Wassers oder kleine Eisstückchen, ein wahres Labsal für Cholerakranke. — War
bereits Cyanose, Asphyxie, Pulslosigkeit eingetreten,
so sah Thielemann in vielen Fällen den entschiedensten Nutzen von Essigäther mit Camphor. Cám-
phorae gr. xjj; solv. in äther. acet. ℥β. S. Erwachsenen alle ¼—½ St. 20—30 Tropfen, Kindern

nach Verhältniss ihres Alters von 3—15 Tropfen, bis
zur Wiederkehr des Pulses mit einem halben Esslöffel voll eiskalten Wassers zu nehmen. Oft waren
2—3 Dosen hinreichend, um die erwünschte Reaction
zu erzeugen. Warme Getränke jeder Art fand Thielemann eher schädlich als nützlich; Eis und Eiswasser brachte stets den entschiedensten Nutzen.
In das Lob der äusseren Mittel kann Thielemann
nicht einstimmen. Warme Wasserbäder aber, ganz
besonders mit Kali caust. zeigten sich in vielen Fällen bei Krämpfen und Pulslosigkeit etc. noch wirksamer, wo andere Mittel ihre Hülfe versagen. Spirituose Einreibungen, Senfteige, Wärmflaschen leisteten nicht das Geringste. — Das Opium in grösseren
Gaben hat denn doch sehr viele Lobpreiser in der
Cholera für sich, z. B. ʒβ Opium tinctur. auf ℥vj Vehikel esslöffelweise 2stündlich. — Das sogen. Cho-
leratyphoid, welchem mehr Kranke unterliegen,
als der Cholera selber, ist eine Verbindung von
wahrhaft entzündlichen Zuständen des Magens und
Gehirns mit zahlreichen nervösen Symptomen. — Im
Anfange mögen Thee und warme Getränke in Verbindung mit Einwicklungen zur Erzielung einer Reaction vorzuziehen sein, später aber das Eis mit
etwas Salz. — Gegen die peripherischen Krämpfe
hat man das Chloroform empfohlen, bis Reaction
folgt. — Auch das Carbon. trichlor. zu 5 Gr. stündl.
in Pulver mit Zucker ist empfohlen worden.

Rademacher gab in allen Stadien der Cholera
von vorne herein: ℞ Aquae purae ℥vjj, Natr. acet.
ʒjβ; Aq. nicotian. ʒj; Mucilag. gm. arabic. ℥β; stündl.
1 Essl. voll. Die Mehrzahl genass unmittelbar von
ihren Zufällen. In den Fällen, in welchen ein ty-
phöses Stadium nachfolgte, verordnete er: ℞ Tinct.
ferri acetici ʒj; Aq. nicotian. ʒj; Aq. purae ℥vjj;
Gummi arabici ℥β. Die Kranken wurden alle in
mehr oder minder kurzer Zeit hergestellt. — Gerühmt
hat man: Chinin als Praeservativ. ℞ Chinin.
sulphur. ʒjj; Ol. cajeput. ꝯj; Extr. liquirit. ꝯjj; f.
pilul. Nr. 60. S. Erwachsenen 2mal 2—4 Stück. Ammon. caust. 5—10 gtt; alle ½—1 St. — Ammon. carbon. 5—8 gr. alle 2 St. Liquor ammon. anisat., ol.
menth., ana gtt. 20; mit Tr. valerian. aeth. und Liquor ammon. anisat., ana ʒj; und Tr. opii crocat.
ʒj; stündl. Theelöffelweise. ℞ Camphor. gr. jv; Rad.
salep. ʒβ; Ipecac. gr. jjj; Opii puri gr. jj; Ol. Cajeput, — menth., ana gr. vjj. M. f. pulv. divid. in
part. xv aeq. S. stündl. 1 Pulv. mit Pfeffermünzthee.
℞ Sal. vol. c. c. ʒβ; Satur. c. succ. citr. q. s., aq.
cinnam. ℥jjj; — fontan. ℥jj; Tinct. ambr. mosch. ꝯj;
Syrup. pap. rhoead. ʒvj. S. Alle ½ Stund 1 Essl.
℞ Tinct. rhei aq. ʒj; Liquor. mineral. H. ʒj; Aq.
cinnamom. c. vino ℥vjjj. S. Alle ½ St. 2 Esslöffel.
Die Schwefelsäure ist von englischen Aerzten gegen Diarrhoe und heftige Anfälle der epidemischen
Cholera mit bedeutendem Sinken der Kräfte angelegentlichst empfohlen. Dagegen gewähre bei gewöhnlichem galligem Erbrechen und Durchfall die
Behandlung mit Opium und Calomel, dann Rheum,
säuretilgenden und adstringirenden Mitteln, ebenso

rasche und vollständige Hülfe als die Schwefelsäure
(Aced. sulphur. dilut. gtt. xv; Tinct. opii gtt. j;
Magnes. sulphuric. ʒjβ; Aq. destill. ʒjβ; M. f. haustus, statim summendus, quarta, quaque hora repe-
tendus), sowohl bei Erwachsenen als Kindern.

Cholera-sporadica.

Symptome. Sie erscheint in heissen Sommertagen
und hat fast dieselben Symptome, wie die Cholera
asiatica, mit den bei der Diagnose jener Krankheit
angegebenen unterscheidenden Merkmalen.

Therapie. Opium mit schleimigen Mitteln ist das
Beste. Syr. diacod. mit Aq. flor. sambuc. — Man
lässt Gerstenschleim trinken und den Kranken, soviel die Ausleerungen es erlauben, im Bette liegen.
Lässt aber das stärkere Wärmegefühl im Bauche
Entzündung befürchten, so lässt man Quecksilber
in den Bauch einreiben, oder setzt Blutegel. Hierauf gebe man besänftigende Mittel für den Bauch,
die zugleich etwas Zusammenziehendes haben. Gm.
arab., Ratanh., Eisen, zuweilen etwas Opium, am
besten kleine Gaben Blei. Ueber Cholera-infant.
vrgl. Diarrhöa lactantium.

Chorea St. Viti. S. Veitstanz.

Cirrhosis hepatis. S. Leberverhärtung.

Colica, Kolik.

Symptome. Es finden heftige Schmerzen an verschiedenen Stellen des U.L. statt; Stechen, Reissen,
Brennen wechseln ab; bald ist Stuhlgang, bald Verstopfung, bald Durchfall vorhanden; die Schmerzen
intermittiren, der U.L. ist nach innen gezogen. Kein
Fieber, aber Krampferscheinungen. Species sind:

1) Colica biliosa. Es gehen biliöse Erscheinungen vorher, gelblicher Zungenbeleg, bitterer Geschmack, Aufstossen, Cephaloe, biliöser Anhauch in
der Gesichtshaut, der Albuginea, biliöser Harn. Im
Anfalle selbst kommt es zum Erbrechen galligter
Stoffe.

Diagnose. Durch den Mangel der Auftreibung,
Spannung und Schmerzen im rechten Hypochondr.,
unterscheidet sie sich von Hepatitis; von Gallenstein-
kolik dadurch, dass man keine Gallensteine fühlt,
der Schmerz nicht vom rechten Hypochondr. ausgeht, die icterischen Erscheinungen hier geringer
sind. Von Cholera dadurch, dass der Schmerz bei
ihr plötzlich befällt, dass weder vorher, noch während des Anfalls der Cholera die biliösen Erscheinungen hervorstechend sind.

Therapie. Aeusserlich Fomentationen mit Spec.
emollient. und narcotic. Innerlich, auf den Darm
gelind wirkende Mittel, denn das Erbrechen ist hier
immer unangenehm. Potio Riveri mit oder ohne Zusatz von Opium, besser Aq. laurocerasi; Cremor.
tart.; Saturat, Kali carbon. — Klystiere. Zur Nachkur Wasser mit Wein, Infus. cort. aurant., mit
einigen gtt. Naphth., Extr. saponat. nach Umständen
mit Rheum. Chronisches Erbrechen als reine Neurose wird mit Wismuth, Arsenik, Flor. zinci behandelt. ℞ Kali carbon. ʒjj; Cremor. tart. ʒvj; Sacch.
alb. ʒβ. M. f. p. S. 1 Kaffeelöffel voll in Wasser
während des Aufbrausens zu nehmen. ℞ Natr. car-

bon. acid. gr. viij; Acid. tart. gr. v; Sacch. alb. ℈ß.
M. f. p. S. stündl. oder 2stündl. 1 Pulv. unter Aufbrausen.

2) Colica flatulenta, Windkolik und Col.
neonatorum.

Symptome. Es entleert der Kranke Gase nach
unten und oben, U.L. ist aufgetrieben, nicht hart,
aber sehr·elastisch, Kollern im Leibe, Schmerz verändert seinen Platz, Percussion ergibt tympanitischen
Ton. Dazu schmerzhafte Sensationen in andern Organen, z. B. stechender Schmerz in der Brust, im
Kopfe, den Extremitäten. Alle diese Schmerzen wandern (verschlagende Winde). Die Hoden sind krampfhaft hinaufgezogen, bei Kindern kommt es zu saue-
rem Aufstossen, gehackten Eiern ähnlichen Durchfällen, sie wimmern, ziehen die Beine gegen den
U.L. — Risus sardonicus, Erectionen; man könnte
auf einen Stein in der Blase muthmassen. Im höheren Grade werden die Extremitäten kalt, Puls klein,
krampfhaft zusammengezogen; Urina spasmodica. Die
Kolik, das Grimmen, kommt bei Kindern sehr
häufig vor, besonders wenn sie an Verstopfung leiden; sie entsteht oft durch zu reichliche Nahrung,
durch Erkältung, durch unregelmässige Diät der
Amme und ·schlechte Milch. Sie beginnt plötzlich
und wird an dem heftigen Schreien erkannt, das
ohne Vorboten eintritt, mit kurzen, ruhigen Zwischenzeiten abwechselt und mit Härte der Bauchmuskeln,
mit Umsichschlagen und Anziehen der Schenkel und
oft mit Urinverhaltung verbunden ist.

Diagnose. Die Ungleichheit des U.L., das eigenthümliche Kollern, der tympanitische Ton, der Abgang von Gas nach oben und unten sichert vor Verwechslung.·

Therapie. Man gibt die absorbirenden Mittel:
Magnes. ust., frischgebrannte Kohle, kaltes Wasser
und Carminativa; Menth., Anis, Kümmel, als Elaeosacch. oder als Infus. in Verbindung mit Rheum-
tinctur; äusserlich trockene Wärme, Einreibung flüchtiger Salben, Ol. nuc. mosch. oder auch Ungt. carminativ. zum Einreiben; reizende Klystiere. Später
bittere Extracte, China, Eisen. ℞ Liquor. anod.
min. H.; essent. castor. ana ʒj; Ol. foenicul. gtt. xx.
S. alle ¼ St. 15—20 gtt. ℞ Aq. cinnam. c. vin., —
— sine vino ana ℥jß; Tinct. opii ℈j. S. alle ¼ St.
1 Theel. voll. ℞ Magnes. carbon., acid. tart. ana
ʒj; Fol. aurantior ʒß; Ol. cajeput gtt. iij; Sacch. alb.
ʒß. M. f. p. S. 3—4mal 1 Messerspitze voll. Bei
Kindern suche man die Ursache auf, besonders achte
man auf das Verhalten der Amme. Man bringe das
Kind in ein warmes Bad. — Erweichende Umschläge
aus Alth. etc. Hat man den U.L. erschlafft, so gebe
man abführende Syrupe (s. Kinderkrankheiten). Das
Grimmen bei Kindern weicht bald einem Klystiere
oder Stuhlzäpfchen, es gehen wieder Faeces u. Winde
ab. Warme Bäder, Fomentationen und Einreibungen
des U.L. mit einem schmerzstillenden Balsam, oder
mit Laudanum sind dienlich, dauern die Schmerzen
aber fort, so kann man 2 oder 3 gtt. Opiumtinctur
oder basser eine reichliche Dosis Tinct. Hyoscyami

mit einem Theelöffel Anisöl geben. Ist das Kind öftern Kolikanfällen ausgesetzt, so kann man 1- oder 2mal tägl. einige Tropfen Tinctura asae foetida geben; stets muss man einer längeren Dauer der Schmerzen vorbeugen, denn sie können leicht in Entzündung eines Eingeweides oder in Convulsionen übergehen. Bei Windansammlungen gebe man Infus. von Anis, Foenicul., Menth., setze etwas Aether. sulphur. bei; lege am Feuer gewärmte Servietten auf den Bauch, gebe Klystiere aus Mohnsamenköpfen bereitet; sehleimigte Mittel sind besser als öligte. Bei Blähungen und Säurebildung Antacida und später Amara; Absynth, Melissa etc. Rosensteinpulver aus Magnes. usta, pulv. Rhei, pulv. Irid. florent. ana und etwas Anis stellat.

3) Colica habitualis, Gewohnheitskolik, ist blos eine Colica spasmodica bei jungen, durch vorausgegangene Krankheiten geschwächten Individ., die bleich und hager sind. Die Kolik ist oft periodisch mit der Reinigung verbunden (Colica menstrualis). Gelegenheitsursachen sind feuchte Luft, schlechte vegetabilische Nahrung, wässeriges Getränk, zu kühle Bekleidung, Unmässigkeit, Ausleerungen durch Brech- und Abführmittel, traurige Leidenschaften, Ausschweifungen in Venere, allgemeine Krankheiten, die aufhörten und wonach diese Col. entsteht. Solche Personen müssen streng diätetisch leben, öfters, aber wenig leicht verdauliche Speisen geniessen, kein Obst, Salat etc. Der Anfall selbst wird wie bei Col. flatul. behandelt; ebenso ist die Nachbehandlung.

4) Colica inflammatoria. Das Aeussere ist lebhaft, Gesichtsfarbe roth, Wärme vermehrt, Puls voll, stark, nicht sehr frequent, Schmerz sehr heftig; ein Theil des U.L. leidet am meisten; geht leicht in Enteritis über, oder ist selbst schon eine solche zu nennen.

Therapie. V.S., Blutegel, erweichende Fomentationen, laue Bäder, eröffnende Klystiere, Abführungen mit Manna, Tamarinden, Ricinöl, Cremor. tart.

5) Colica menstrualis. S. Menses Nr. 3.

6) Colica metastatica. Eine Krankheit ging vorher, nach deren Unterdrückung die Col. entstanden; besonders nach Gicht und Rheumatismen, wornach sich auch die Behandlung richtet. ℞ Flor. sulphur., magnes. carbon. ana ʒij; Opii puri, rad. ipecacuanh. ana gr. jjj. M. f. Pulv. divid in part. xij. S. 4mal 1 Pulv. Bei der arthritischen auch Natrum mit Amaris, warme Bäder, Vesicantien auf den Leib, wollene Bekleidung, Fontanellen. Nicht selten kommt diese Form durch Syphilis veranlasst vor. Mercur innerlich und äusserlich. Gegen die psorische — Kalien, Schwefel, Antimonialia, Vesicantia perpet., Schwefelbäder, Aachen, Wipfeld.

7) Colica pictorum. S. Bleikolik.

8) Colica rheumatica, entsteht plötzlich, wie in einem Nu, Haut trocken, Temperatur an den Extremitäten vermindert, Puls klein, krampfhaft, Schmerzen machen Intermissionen, sind reissend, stechend, verändern den Ort.

Diagnose. Von Enteritis durch den nach Innen gezogenen U.L., die Intermission der Schmerzen. Von Nieren- und Gallenstein-Kolik dadurch, dass bei jenen Krankheiten Aufstossen, Brechneigung und wirkliches Erbrechen vorhanden ist, und der Schmerz von einer bestimmten Stelle, Leber oder Niere ausgeht.

Therapie. Innerlich Narcotica, namentlich: Cicuta, Belladonna; Sambuc. und Chamillenthee mit Vorsicht; Fomentationen mit Species emollient. und narcot.; warme, mit Narcotic. bereitete Bäder; Einreibung von Liniment. volat. Zur Nachkur müssen die Kranken eine Flanellbinde oder Pechpflaster tragen. ℞ Ol. hyoscyam. ʒjβ; Gm. arab. ʒjjj; Aq. cerasor, nigr. ʒvj; Extr. cicut. gr. vjjj; Syrup. menth. ʒj. ℞ Tart. emet. gr. ¹/₁₂; Mag. carb. gr. v; Sacch. alb. Ӡβ. S. Alle Stund 1 Pulv.

9) **Colica spasmodica**, wenn äusserst reizbare Subjekte durch vorhergegangene Krankheiten geschwächt sind. Die Behandlung ist wie bei Colica flatulenta.

10) **Colica stercorata.** In Folge von Unmässigkeit. U.L. aufgetrieben, voll; Neigung zum Erbrechen, oft Durchfall, nebst den eigenthümlichen Erscheinungen der Kolik. Man entleert die Stoffe durch Emetic. oder Abführmittel, je nachdem sie turgesciren, und gibt einige Tincturen, z. B. Tinct. aromat. acid. darauf.

11) **Colica visceralis.** Von Physconien und Verstopfungen entstanden. Man gibt Resolventia, z. B. Gm. ammoniac. ʒjjj; Sapon. medicat. ʒjj; Pulv. rad. rhei ʒj; Extr. tarax. q. s. f. pilul. gr. jj. S. 2mal 10—15 St. — Karlsbad, Ragozy.

Condyloma. S. Syphilis Nr. 4.

Congestion, Orgasmus des Blutes ist jener dynamisch kranke Zustand erhöhter vitaler Spannung im Gefäss- und Blutsystem oder in einzelnen Organen, durch welchen sich abnorme Blutanhäufungen in ihnen sammt den Erscheinungen einer gestörten normalen Function derselben ausbilden. Hieher gehören alle die Blutanhäufungen, welche sich bilden in Folge gesteigerter Reizbarkeit und Thätigkeit der Gefässe im normalen Zustande des Organismus zu gewissen Perioden, z. B. Congestion nach Kopf, Lungen, Brust, Genitalien in den Entwicklungsperioden dieser Organe; oder während der Ausübung ihrer Function, z. B. während des Denkens nach dem Kopfe, des Beischlafes nach den Genitalien. — Congestionen krankhafter Natur sind nur diejenigen, welche die Function der Organe stören. Anhäufungen des Blutes in den Gefässen oder dem Zellgewebe der Organe, welche nicht eine dynamische Ursache haben, sondern auf eine andere Weise entstanden sind, z. B. durch Stagnation bei Aneurysmen, Krampfadern, Extravasat, Sugillation, gehören nicht zur Classe der Congestionen. Der Sitz der Congestion ist das Netz der kleinen Blutgefässe, und nur in den Gefässen einzelner Organe findet sie statt; allgemeine Congestionen gibt es keine. Es gibt 3 Grade oder Modificationen, welche die Congestion annehmen kann; 1) den synochalen Charakter, analog den hypersthenischen, synochalen Entzündungen; 2) die erethische Congestion; sie ist weniger das Werk der Kraft, mit welcher sie die Gefässe das Blut nach ihren Endigungen treiben, als vielmehr Folge einer rein überspannten exaltirten Thätigkeit der kleinen Gefässe. Die Muskelkraft der Arterie nimmt hieran keinen Antheil. Solche Congestionen finden sich am häufigsten bei reizbaren Subjekten, bei Febr. nerv. vers. und bei Krämpfen. Der Puls ist schwach, dabei härtlich und gespannt; er fühlt sich wie Draht an, dabei klein, leicht zusammendrückbar, sehr frequent; Hitze des Körpers sehr gross, Wärme ungleich vertheilt. Bei Congestionen dieser Art in äusseren Theilen findet Calor mordax statt; die Augen geröthet, Gehirn exaltirt. 3) Kommen Congestionen zu Stande dadurch, dass es den Gefässen an dem normalen Grade der Thätigkeit, ihrer Reizbarkeit, oder ihrem Wirkungsvermögen, oder an beiden zugleich gebricht, um das in sie einströmende Blut in einem bestimmten Zeitverhältnisse weiter zu treiben. Es bildet sich die Congestion hier durch eine passive Stagnation in den unthätigen Gefässen, und sie hat den Charakter der Paralyse, der Passivität. Es fehlen hier alle Zufälle aktiver Congestionen, die Arterien sind ruhig, Puls mehr langsam, nicht schnell, aber weich; der befallene Theil hat keine rothe lebhafte, wohl aber bläuliche oder dunkelblaue Farbe, der Schmerz weniger empfindlich, selten stechend oder brennend, sondern dumpf drückend, spannend; es stellt sich Taubheit der Sinnesorgane und Stumpfheit des Sensoriums, Sopor ein, wenn z. B. das Gehirn im Zustande solcher Congestion sich befindet.

Diagnose ergibt sich 1) aus den Erscheinungen einer abnormen Thätigkeit der leidenden Gefässe, wobei die Thätigkeit derselben gesteigert u. wenigstens extensiv erhöht ist (active Cong.); oder die Thätigkeit der Gefässe ist gesunken, es findet sich der Zustand der Torpidität in den Gefässen mit den ihr eigenthümlichen Symptomen (passive Cong.). Im ersten Falle entstehen vermehrtes Volumen und Anschwellung des leidenden Organs, Röthe, Hitze, Härte desselben, und mannigfaltige unangenehme Gefühle, Druck, Taubheit, Brennen, Stechen, Sausen u. s. w. Bei den sog. passiven Congestionen aber nimmt man wenig oder gar nicht vermehrte und beschleunigte Oscillation wahr. Der Puls ist weich, langsam, der leidende Theil zeigt weniger Röthe, als vielmehr eine bläuliche Farbe; die schmerzhaften Gefühle sind nicht sowohl lebhaft, als dumpf, drückend, spannend. 2) Die Function des leidenden Organs ist gestört; daher bei Cong. nach dem Kopfe, — Röthe und Wärme desselben, Kopfschmerz, Lichtscheu, Unfähigkeit zu denken, Betäubung, Sopor, Ohnmacht, äussere u. innere Blutung. Bei Congestionen nach den Lungen gehemmte Respiration, Stechen in der Brust, Herzklopfen, innere Angst, Bluthusten. Bei Cong. nach dem U.L. Spannung, Hitze, Brennen daselbst, Zufälle der Hämorrhoidal- und Menstrual-Cong. und die mannigfaltigsten Abnormitäten in den

Functionen der Abdominalorgane. 3) Aus den Zufällen des Blutmangels in entfernten Organen, besonders in solchen, die mit dem im Zustande der Cong. begriffenen im antagonistischen Verhältnisse stehen; daher die Kälte, Blässe, der krampfhafte Zustand, sogar die fehlende Pulsation in den untern Extremitäten bei Cong. nach dem Kopfe; die zusammengezogene, blasse, fröstelnde Haut bei Cong. nach dem U.L. 4) Aus der Gegenwart solcher Zufälle, die schon als Ausgänge oder Folgekrankheiten der Cong. angesehen werden müssen; besonders gehören hieher: Nasenbluten, Blutspucken, Hämorrhoiden, Metrorrhagien etc. Congestionen innerer Theile sind schwieriger zu erkennen; man muss in diesem Falle die innern, unangenehm spannenden, drückenden, brennenden Gefühle; gleichzeitig verbunden mit den Erscheinungen des Blutmangels in entfernten, besonders antagonistischen Organen, berücksichtigen. Man unterscheide Congestion von Hyperämie, welche bekanntlich häufig synonym gebraucht werden, so wie überhaupt in den Begriffen Congestion, Hyperämie, Stase und Entzündung grosse Verwirrung herrscht, weil die pathologische Anatomie der Neuzeit sich über ihre Gränzen wagte und Darstellungen der Lebensvorgänge in ihr Gebiet zog. Congestion ist Anhäufung des circulirenden Blutes in den Gefässen, also mit Bewegungsfortdauer, Hyperämie aber Blutüberfüllung mit gehemmter Bewegung in den Gefässen; Stase ist gänzliche Stockung des Blutes von mehr oder minder beschränkter Dauer mit Austritt von Blutserum, und Entzündung Stockung des Blutes mit Austritt von Blutplasma. Man sieht, wie leicht diese Zustände in einander übergehen können.

Therapie. Man beseitige die entfernte Ursache, als: organische Fehler u. Missverhältnisse einzelner Organe zu einander. Man stärke durch frühere Krankheiten erschöpfte Organe; entferne die schädliche Wärme, Kälte, gewisse Nahrungsmittel, Arzneimittel, Spirituosa, Narcotica, ätherische Oele; vermeide die heftige Anstrengung der Organe, entferne die mechanische Hemmung des Blutumlaufes, den Entzündungszustand, führe die Kranken durch Offenhalten aller Secretionen über jene Lebensperioden, bei deren Eintritt gewisse Congest., z. B. nach den Zähnen etc., normal sind. Man behandle den Charakter, den die Congestion an sich trägt, und nehme Rücksicht auf die leidenden Organe. Bei activer Congestion gebraucht man die antiphlogist. Methode, V.S. im Anfalle der Congest. am leidenden Theile oder in seiner Nähe; wo aber die Congest. erst im Entstehen ist, und wo namentlich unterdrückte Blutflüsse sie herbeiführten, stelle man die V.S. an entfernten Orten als revulsorisches Mittel, besonders an der entgegengesetzten Körperhälfte an. — Blutegel, Nitrum, kühlende, antiphlogistische, nicht drastische Abführmittel, Cremor tart., Manna, Tamarind., Cassia, Elect. lenit., Natr. tart., Kali acet.; strenge antiphlogistische Diät. Derivation

Klystiere. — Bei erethischer Congestion nützen die
topischen Blutentleerungen·mehr, als die allgemeinen, auch muss man hier die erhöhte Reizbarkeit
der Gefässe herabstimmen durch Digital., Sulphur.,
Säuren, Johannis-, Maul- und Himbeersäuren, Him-
beeressig, Zitronensäure mit Wasser, Elixir. acid.
H., Acid. phosphor. Ausserhalb des Anfalles gibt
man Castor., Asa foetid., Valerian., Lich. island.,
endlich Eisen. Bei spastischer Anlage, besonders
wo die Nerventhätigkeit die der Gefässe überragt
und diese kraftlos·wirken, entsteht sehr leicht an
einzelnen Stellen gewaltige Aufregung derselben,
die oft ebenso schnell und spurlos vorübergeht, als
sie entstanden ist, das Leben indessen allmählig
schwächt. Bei Hypochondrie u. Hysterie sehen wir
dies alltäglich. Da gibt es denn nichts, was solche
tumultuarische Auftritte besser heilt und verhütet,
als das Ferrum carbonicum, denn die Ursache davon
ist, dass bei allgemeiner Schwäche die Thätigkeit
an einzelnen Stellen heftig aufgeregt erscheint; das
kohlensaure Eisen bewirkt aber gleichförmige Thätigkeit im ganzen Systeme und hebt folglich die
Anlage zu solchen Aufregungen auf. — Die Rad.
Senegae (Infus oder Pulver, nicht Decoct) mindert
die Masse des Fettes bei zu dessen Bildung geneigten Personen. Sie hebt nicht die Folgen von
habitueller Congestion des Blutes nach dem Kopfe,
der Brust, den Beckeneingeweiden auf, sondern die
Congestionen selbst; sie ist das beste Vorbauungsmittel solcher congestiven Zustände. Ist Jemand an
Blutlassen gewöhnt, will sich aber davon entwöhnen,
so fühlt er periodisch die Beschwerden, die davon
entstehen; diesem beugt Senega vor. Wird ein an
mässigen Genuss gewöhnter Mensch zu einer Lebensweise genöthigt, in welcher er viel reichlicher geniesst, so lauft er Gefahr, zu erkranken; die Senega
beugt diesem vor. Bei Neigung zur Apoplexie von
Andrang des Blutes nach dem Kopfe gibt es nichts,
was die Lebensgefahr sicherer abwendet, als die
Senega. Bei Frauen, die durch Congestionen nach
den Beckeneingeweiden abortiren oder Blutflüssen
ausgesetzt sind, bei 50jährigen, die nach Aufhören
der Menses durch Blutandrang nach dem U.L. leiden,
ist sie das Hauptmittel. Noch wirksamer ist sie bei
denen, die zur Schwindsucht, zur Haemoptysis neigen; freilich muss ihre Wirkung durch Mässigkeit
unterstützt werden, aber sie verhütet grosse Gefahren, mindert die Blutbereitung. Dazu Vesicantia,
Sinapismen, Einreibungen. Bei passiver Congestion
nur topische Blutentleerung und innerliche und äusserliche Mittel, welche die Contraction der erschlafften Gefässe wieder herstellen, ihre Energie begünstigen. China, Tormentill., Lign., Campech., concentrirte Säuren, kalte Fomentationen, Auflösungen
des Alauns, Eisenvitriols, China und Eichenrinde-
decoct. Endlich bei allen Congestionen vorzugsweise
jene Mittel, welche eine besondere Beziehung zu dem
leidenden Organe haben; z. B. Schwefel bei Hämorrhoidalcongestion, Nitrum bei denen der Respiration etc.

Constipation. S. Stuhlverstopfung.
Convulsionen, Zuckungen.

Symptome. Abwechslung der Zusammenziehung und Ausdehnung der antagonistischen Muskeln bei völligem Bewusstsein; dabei oft Verdrehung der Augen, Ausstrecken der Zunge, abwechselnde Röthe mit Blässe; Wärme und Kälte. Sie sind bald in einzelnen Theilen, oft im ganzen Körper, oft nur wenige Minuten lang, oft 24 Stunden andauernd. Oft gehen Blässe, Ziehen u. Spannen im Kopfe, Urina spastica, oft keine Vorläufer vorher. Gelegenheitsursachen: Leidenschaften, nicht gut endende Liebschaft, Ausschweifungen, Verlust der Säfte durch V.S., Menstruation etc. Schlechte Wohnung, Geistesanstrengung, wenig Schlaf, Würmer, Steine, Krätze, Geschwülste, Verhärtung, Verwachsung etc., allgemeine Krankheiten, Entwicklungsperioden. Sie können sich aus sehr lange dauernden sympathischen zu idiopathischen Convulsionen steigern, die sich beim geringsten Eindrucke einstellen. Sympathisch sind sie in Folge von Meconiumverhaltung, Gastricismus, Säuren, Helminthen, Milch einer Amme, die dem Zorne, Trunke, den Leidenschaften ergeben ist, oder sich mit schlechten Speisen nährt; von Dentition, Zorn, Ueberraschung, Anblick von Convulsivischen, Furcht, zögerndem Ausbruch von Exanthemen, den ersten Mensibus, Gift, Bleipräparaten. Convulsionen, die gleich im Anfange einer Krankheit bei Kindern auftreten, sind nicht gefährlich, treten sie aber erst gegen das Ende einer Krankheit hinzu, so sind sie sehr gefährlich. — Anfälle von Convulsionen, welche sogar längere Zeit intermittiren können, der Eclampsie ähnlich sind, bilden nicht selten den Anfang der Meningitis der Kinder. S. Eclampsie.

Diagnose. Durch das vorhandene Bewusstsein von Epilepsie.

Therapie. Bei den Convulsionen der Kinder muss man die Krämpfe vom Gehirn und seinen Nachbartheilen ausgehend unterscheiden von den sympathischen Leiden dieser Kr. Von den ersteren ist es für die Behandlung von grösster Wichtigkeit, active und passive Zustände nicht zu verwechseln, da jene vollsaftige, seither selten kranke und in der Regel kräftig gebaute Kinder betreffen, die rasch eintreten und alle Zeichen der Blutfülle darbieten, diese aber schwächliche, cachectische Kinder, die entweder schon längere Zeit krank waren, oder überhaupt eine schlechte Blutbeschaffenheit haben, befallen, wie bei der Hydrocephaloid-Krankheit von Marshal-Hall. Wenn bei ersteren kräftige derivatorische Behandlung (Blutegel, Laxantia, kalte Fomentationen, Sturzbäder) nothwendig, schadet dieses Verfahren in der anderen Form, bei welcher gelind excitirende und roborirende Behandlung, oft selbst Wein, China etc. indicirt ist. Von den sympathischen Krampfkrankheiten (während der Dentitionsperiode leicht vorkommend) gilt dieselbe Therapie. Die meisten derartigen Krämpfe entspringen aus dem Magen und den Gedärmen, von hier kommt der Reflex durch die

ist das richtig angewendete Emeticum oder Laxans
das beste Convulsionen beseitigende Mittel. Wenn
ein stark sanguinischer Kranker mit grossem Kopfe,
rothem Gesichte, funkelnden Augen, Convulsionen
bekommt und in Betäubung fällt, so ist dies ein Beweis von Congestion des Blutes nach dem Kopfe.
Man hat alsdann zu fürchten, dass Apoplexie den
Convulsionen folge. Man mache daher V.S., setze
Blutegel hinter die Ohren, gebe laue Bäder, Laxan-
zen, Klystiere. Sollten nach dem Gebrauche der
ausleerenden Mittel die Convulsionen fortdauern, so
brauche man krampfwidrige Arzneien, z. B. Aq. flor.
naphae, Aether, Syrup, Diacodii, Opium, Moschus,
Liquor. C. C. succin., Asa foetid.; rühren die Convulsionen von Schwäche her, so gibt man Tonica,
China, Gentiana, Rheum, Aq. flor. tiliae, Menth.,
und um vom Muskelsystem die Reizung abzuleiten,
sind kalte Bäder sehr gut. Bäder, Halbbäder, laue
Fussbäder, Klystiere vermindern wunderschnell alle
vor dem Ausbruche eines Exanthems hergehenden,
oder nach Erkältung entstandenen Convulsionen. Besänftigende Klystiere aus Oel oder warmer Milch
sind bei Kindern oft nöthig, um Zuckungen zu be-
endigen, die durch Wurmreiz sich verschlimmern.
Gegen Convulsionen in der Dentitionsperiode sind
Applicationen von Eis auf das Rückgrat vortrefflich.
Bei Convulsionen in Folge unterdrückter Ausschläge:
Sulphurata, Vesicantia. Als Regel gilt: die Anfälle
mildere man durch laue Bäder etc., Einreibungen von
Ol. hyosc., beruhigende Klystiere, und die Zwischenzeit benütze man zur Anwendung von Flor. zinci,
Moschus etc. Zum Behufe der radicalen Heilung entferne man die oben genannten Schädlichkeiten, welche
als Ursache dienen können, dazu laue Bäder, Schwe-
fel-, Stahl-, reizende Fussbäder, Electricität, Magnetismus, Cardiaca, Analeptica. S. Krampf. ℞ Mosch.
elect. gr. vj—꒻j; Tere c. sacch. alb. q. s. affunde
(Aq. foenicul., cinnamom. ana ℥jβ; für Kinder) (Infus.
rad. serpent. ℥vj; für Erwachsene); Adde extr. cort.
aurant., — chinae ana ℈β—jβ; Tinct. valer. aeth.
℈j—℈jjj; Syrup. cinnam. ℥j. M. D. S. Alle ½ St., und
bei eintretender Besserung alle St. 1 Essl., bei Kindern 1 Theel. voll. ℞ Zinc. oxyd. alb. gr. vj; Lapid.
cancror. ppt., pulv. rad. paeon., sacch. alb. ana ℈j.
M. f. p. divid. in xjj part. S. 2stündl. 1 Pulv., bei
Krämpfen eines Säuglings. ℞ Kali carbon. ℈β; Aquae
dest. ℥jβ. S. 10—40 Tr. ℞ Aq. flor. chamom. ℥jj;
Liq. ammon. pyroleos. ℈β; Syrup. flor. aur. ℥β.
S. stündl. 1 Theel. voll. ℞ Moschi optimi gr. jj;
Sacch. alb. ꒻β; Tere exact. et adde syrup. alth. ℥j;
Liquor. kali carb. ꒻j. S. Umgeschüttelt stündlich
1 Theel. für ein 6monatliches Kind. — Chloroform-
einathmungen. —

    Coryza. In Folge von Masern und Scharlach
bildet sich dieser so benannte Schnupfen als Nachkrankheit. Oft bildet sie sich indessen schon im
Efflorescenzstadium des Exanthems, oft aber auch
erst in der Desquamationsperiode. Die Nasenschleimhaut schwillt an, wird trocken, es tritt heftiges
Niesen ein; bald aber ergiesst sich ein albuminöser

Schleim in grosser Menge, der äusserst ätzend ist,
so dass er nicht blos die Nasenschleimhaut, sondern
auch Oberlippe und Wangen aufbeisst und wund
macht. Am heftigsten ist seine Einwirkung auf die
Schleimhaut der Nase, und indem er durch die Choanen in die Mundhöhle abfliesst, auch auf die Schleimhaut der Mundhöhle, wo er phagadänische Geschwüre
und endlich Febris hectica erzeugt. Coryza scarla-
tinosa ist eine schlimme Krankheit, der viele Kinder
als Opfer fallen. Als absolut lethal ist sie zu betrachten, wenn sie sich mit Parotidenbildung complicirt. Die Ozaena, d. h. die Geschwürbildung auf der
Schleimhaut der Nase geht dann auch auf die tiefer
liegenden Theile. Topisch wirkt hier gut Chlorkalk
in Verbindung mit Opium. Jod. —; innerlich China.

Craniotabes infantum, Erweichung des Hinterhauptes.

Diese von Elsässer 1843 zuerst beschriebene
Krankheit charakterisirt sich durch geringe Dichtig-
keit der Knochen des Craniums und eine eigenthümliche Weichheit des Hinterhauptes, welches oft in
seiner Totalität, oft aber nur stellenweise so weich
und biegsam ist, dass seine Lamelle wie ein Karten-
blatt oder wie ein dickes Papier sich anfühlt und
einem mässigem Fingerdrucke nachgibt. Bei der Section findet man diese Stellen biegsam, poröser und
saftreicher, sie sind leicht mit dem Messer zu schneiden. Oft zeigen sich förmliche Lücken und siebför-
mige Durchlöcherungen, wo jede Knochensubstanz
fehlt, und blos ein häutiges Gebilde wahrzünehmen
ist. Das Periost ist blutreicher in Folge dieser Suc-
culenz, dicker und stärker adhärirend. Die innere
Fläche zeigt durch Furchen zusammenhängende
Gruben, ähnlich den später sich bildenden Impressiones digitat. Elsässer hielt diesen abnormen Zustand für die erste Aeusserung der Rhachitis, für
das erste Stadium derselben, die, mit dem Kopfe
beginnend, am Skelette herabwandelt, in ihren weitern Fortschritten Extremitäten, Thorax und Wirbelsäule befällt, oft aber auch in dieser Form erlischt.
Bei mehreren von ihm beobachteten Kindern bildeten
sich später an anderen Theilen des Skeletts Aeusserungen des rhachitischen Krankheitsprocesses, nachdem die Anomalien am Schädelgewölbe sich bereits
ausgeglichen hatten. Er nennt desshalb die Craniotabes auch die Rhachitisform des Säuglingsalters.
Dass die Erweichung und theilweise Resorption vorzüglich in der Knochenmasse des Hinterhauptes stattfindet, soll daher rühren, weil bei dem menschlichen
Säuglinge in Folge seiner horizontalen Lage die Last
des Gehirns allein auf dem Hinterkopfe ruht. Die
Disposition zu dieser Krankheit findet man mehr oder
minder deutlich ausgeprägt. Solche Kinder sind von
Geburt aus mager, und wenn auch fleischig, so ist
das Fleisch mehr schlapp, gedunsen, die Haut bleich,
die vordere Fontanelle sehr gross, die Saturen sind
weit von einander abstehend, die hinteren Fontanellen
schliessen sehr langsam, der Kopf ist spärlich mit
Haaren bedeckt. Manche sind in der ersten Woche
sehr unruhig, haben häufig unterbrochenen Schlaf,

schreien viel, und äussern überhaupt schmerzliche Störungen des Gemeingefühls ohne auffallende Ursache, zeigen grosse Neigung zum Schwitzen, besonders am Kopfe, und zu frieselähnlichen Ausschlägen. Ausserdem sind diese Kinder sehr reizbar, erschrecken leicht, sind zu convulsivischen Affectionen sehr geneigt, daher Verdrehen der Augen, Zuckungen des Mundes, der Extremitäten. Hat sich die Krankheit ausgebildet, so wird die schon vorher bestandene Unruhe auffallender, oder sie stellt sich jetzt erst ein. Die Kinder ächzen im Schlafe, erwachen alle ¼ oder ½ Stunde unter Aechzen und Weinen und drehen den Kopf auf dem Kissen hin und her, heben ihn öfters empor und bewegen die Händchen nach demselben. Wenn man den Kopf reibt oder sie auf die Seite legt, schlafen sie lieber; überhaupt schlafen sie lieber auf der Seite als auf dem Rücken liegend. Hebt man sie auf, so sind sie oft augenblicklich ruhig. Aufrecht getragen zu werden, wobei sie den Kopf vorwärts neigen, so dass das Hinterhaupt frei ist, behagt ihnen, besonders wenn sie die Stirne auf das Gesicht der Wärterin stützen können. Diese Unruhe ist bei Nacht heftiger als bei Tage, am Tage sind die Kinder oft gerade das Gegentheil. Diese Symptome können lange bestehen, ehe das Allgemeinbefinden des Kindes eine Störung erleidet, ehe die speciellen Symptome in Form tonischer und klonischer Krämpfe von verschiedener Dauer, von einigen Secunden bis zu mehreren Minuten, die den Tag über sich öfters wiederholen, auftreten und endlich einen Reiz und Fieberzustand herbeiführen. Die tetanische Affection verbreitet sich gerne auf die respiratorischen Muskeln und bringt jene Form von Asthma hervor, welche als thymicum, larinicum beschrieben, von Elsässer Tetanus apnoicus periodicus genannt wird. Diese Krampfzufälle leitet Elsässer von einem vorübergehenden Congestionszustande des durch die Craniotabes empfindlicheren Gehirns ab. In der Regel bildet sich die Krankheit im zweiten Trimester aus. Melion widerspricht der Ansicht Elsässer's über die Natur des Uebels und hält es für nichts Anderes, als für die Phänomene eines sich stufenweise entwickelnden Hydroceph. chronicus. Er kehrt also die Sache um und betrachtet den Hydroceph. als die ursprüngliche Krankheit, welche den Knochen in Mitleidenschaft zieht, während Elsässer das Knochenleiden als das primäre betrachtet und die materiellen Veränderungen im Gehirne als secundäre. — Die Kur besteht im engeren Sinne in Anwendung der Martialien, besonders des Ferrum carbonicum zu 1—5 gr. 2—3mal täglich, nebst stärkenden Bädern, und zur Regulirung der Darmfunction ist hie und da ein Zusatz von Extr. Aloes aq. zu ⅛—⅓ gr. pro Dosi nothwendig. Als Palliativum gegen die Steckanfälle kann man auch den Kindern Zincum hydrocyanicum ⅓ gr.; pulv. rad. belladon. ¼ gr. 2mal täglich geben. Dabei stärkende Malz-, Loh-, selbst Stahl-Bäder. Eichelkaffee zum Getränk, und Thee aus Rasur. C. C., Hord. excort., Sacch. lactis, ana ʒβ; flor. Cassiae ʒj;

wovon 1 Kaffeel. voll mit 1 Quart siedendem Wasser angebrüht wird; lässt die Kinder viel in die freie Luft tragen, den Kopf kühl bedecken.

Cretinismus. S. Gehirn-Atrophie und Gehirn-Hypertrophie.

Crisen. Man versteht unter Crise denjenigen Uebergang der Krankheit in die Gesundheit, der plötzlich und mit auffallenden Erscheinungen geschieht, während unter Lysis der allmählige Uebergang zur Gesundheit ohne besondere Erscheinungen, ohne dass man eine Gränze ziehen könnte, verstanden wird. Die Crisen sind Symptome der Krankheit und blos nothwendige Wirkungen der Krankheit selbst, aus denen, wie aus andern Symptomen, sehr viel geschlossen werden kann. Jede Crise ist ein Beweis, dass eine Veränderung im kranken Zustande eintrat, was auch bei jedem andern Symptom der Fall ist. So lange der Grad der Krankheit beträchtlich ist, leiden die ausleerenden Organe nicht selten unter allen am meisten. Tritt eine Veränderung im Grade der Krankheit ein, so erfolgt auch Veränderung in der Ausleerung. Die zurückkehrende Ausleerung ist oft profus, wenn Stoffe zurückgehalten waren. Jede eigentliche sogenannte Crise, zum Unterschiede von Pseudocrise, entsteht durch Minderung der Krankheit, durch Besserung; lässt nämlich der krankhafte Zustand nach, so müssen auch die bisherigen Symptome aufhören. Die häufigsten critischen Ausleerungen sind folgende: 1) B l u t u n g e n. Sie treten zur erwarteten, critischen Zeit ein, die Krankheit mindert sich, und sie erfolgen aus der Nase, den hämorrhoid. Gefässen des Afters, dem Uterus. Die Blutung aus der Nase ist die frequenteste; man trifft diese am häufigsten bei der Synocha, aber auch bei andern Fiebergattungen. Man erkennt dieses Symptom aus einem grossen, starken Pulse, ohne dass sonst aus anderen Zeichen eine Zunahme der Krankheit könnte angenommen werden; Puls dicrot., Röthe des Gesichts und der Augen, Schwerhörigkeit, Ohrensausen, Glanz und nachher Dunkelwerden vor den Augen, unwillkürliches Thränen der Augen ohne Leidenschaft, Unruhe und Auffahren im Schlafe; auch gibt das jugendliche Alter eine Anzeige bevorstehender Blutung, wenn ausser Obigem die Nasenlöcher röther werden. 2) S c h w e i s s. Er bricht zu der Zeit, wenn die Krankheit in Genesung übergehen will, reichlich über der ganzen Oberfläche des Körpers hervor, mit eigenthümlichem Geruche. Dass er eintreten werde, sehen wir: wenn die Haut, die vormals sehr trocken war, feucht, roth wird, und anfängt zu jucken; bei einem gewissen Schauer, wenn der Athem etwas ängstlich und beschwerlich wird, ohne dass dieses aus Zunahme der Krankheit zu vermuthen, wenn der Puls weicher und voller zu werden anfängt. Wenn der Schweiss critisch sein soll, darf er nicht gleich anfangs, sondern erst an critischen Tagen, dem 7ten, 14ten Tage des Fiebers eintreten; rein catarrhalische und rheumatische Fieber machen hievon eine Ausnahme. 3) U r i n. Diese Crise erkennen wir: Der Kranke hat viel Trieb zum Uriniren, der reichlich

gelassene Urin macht mehr Bodensatz, der Kranke
klagt über mehr Durst, er bekommt etwas mehr
Ziehen und Spannen in der Gegend des U.L. Der
Puls wird etwas schneller, oder er setzt etwas aus,
oder er wird etwas stärker. 4) Durchfall. Er wird
erkannt durch Aufgetriebenheit des U.L., dabei Kollern, Spannen in demselben, Schauer, der nur kurze
Zeit andauert, sich über den ganzen Körper verbreitet, Trockenheit der Zunge, Durst, Schwere in
den Knieen u. Händen, aussetzender Puls. 5) Ausschläge um den Mund herum; davon haben wir
keine Anzeige. 6) Speichelfluss gibt folgende
Anzeichen von sich: ein häufiger Auswurf von Schleim
aus dem Faucibus, Aufgetriebenheit der Speicheldrüsen, Geschwulst des Halses, Veränderung des
Geschmacks. 7) Erbrechen ergibt sich zu erkennen
durch Aufstossen, Ueblichkeit, Beben der Unter-
lippe. 8) Schlaf. Er muss dem gesunden Schlafe
nahe kommen, es muss eine solche Lage vom Kranken
angenommen werden, in welcher er im gesunden Zustande zu schlafen gewohnt war, die Haut muss etwas
duften, der Puls wird etwas träger und seltener als
im Wachen.

Croup ist der englische Ausdruck für Cynanche
trachealis oder laryngea, Angina membranacea, poly-
posa, häutige Bräune. — Wesentlicher Charakter des
wahren Croups ist Entzündung der absondernden
Fläche der Fauces, des Larynx und der Trachea,
welche in allen Fällen eine Pseudomembran (Angina
lardosa) oder ein albuminöses Exsudat setzt. Die
exsudative Entzündung beginnt constant in dem obern
Theile der Respirationsorgane und breitet sich von
oben nach unten, nie in entgegengesetzter Richtung
aus. Die croupöse Entzündung des Schlundes und
Mundes geht sehr häufig in wahren Croup über, auch
bei den Epidemien des Soors kommen simultan Croupe
vor. Der Croup soll daher von vorne herein gleich
örtlich behandelt werden. Die Laryngitis pseudomembranacea oder der Croup ist nach Gaillard nur
dann die wahre Form des Croups, wenn sie als Diphtheritis des Larynx oder der Trachea auftritt. Die
diphtheritische Angina od. die diphtheritische Rachen-
entzündung sei eine sehr tückisch heranschlei-
chende Krankheit, und werde schon frühe durch
Besichtigung des Rachens erkannt. Dem ächten Kehlkopfcroup gehe immer Diphtheritis im Halse voraus,
und nicht jene Laryngitis stridulosa, welche durch
ihren plötzlichen Eintritt den rauhen, herben, pfei-
fenden Husten und die frühzeitigen Erstickungsanfälle sich charakterisiren, sei als wahrer Croup zu
nehmen, sondern als falscher, der nur mit vielem
Lärm auftrete, Schrecken in der Familie errege, die
Aerzte Nachts aus dem Bette treibe, aber nicht viel
Gefahr habe, er weiche dem Brechmittel, und diese
Form kehre sehr leicht wieder, und es gebe Kinder,
die 8—10mal von diesem Croup geheilt worden seien,
während doch der wahre Croup sehr gefährlich, und
glücklich das Kind, das nur einmal vom wahren
Croup befreit worden sei. Diese Ansichten Gail-
lards können nicht acceptirt werden. Der Croup

besteht in einer meistens sehr lebhaften acuten Entzündung des Kehlkopfes und der Luftröhre oder beider zugleich, und endigt in den meisten Fällen in
Ausschwitzung eines gerinnbaren Stoffes, der auf die
innere Fläche der genannten Organe sich ablagert
und eine Art Ueberzug oder Haut bildet. Die Membran auf dem Gaumensegel und den Mandeln, von
welcher Gaillard spricht, ist nur der Stomatitis
pseudomembranacea oder Angina diphtheritica eigen,
und ist eher Folge als Ursache des Croup. Unter
welchen Umständen der Croup auch eingetreten sein
mag, so sind die Symptome, die in Folge der Affection des Kehlkopfs und der Luftröhre, wodurch der
Luftweg entweder durch falsche Membrane oder durch
krampfhafte Verschliessung der Stimmritze verstopft
wird, so ziemlich immer dieselben. Die Art und
Weise, wie die Krankheit ihren Eintritt markirt, ist
jedoch sehr verschieden. Bisweilen, besonders in
denjenigen Fällen von Croup, welche bei gesunden,
auf dem Lande lebenden Kindern vorkommen, kündigt sich die Krankheit durch gar keine oder durch
sehr unbedeutende Vorboten an, meist ist die Affection des Kehlkopfs gleich von Anfang an sehr deutlich und erreicht in wenigen Stunden einen hohen
Grad von Heftigkeit.

Die nachfolgenden fünf verschiedenen Formen
sind diejenigen, welche man gewöhnlich als Croup
bezeichnet, sie kommen nur bei Kindern vor, und
zwar bis in ihr 6tes Jahr hinein. Mit dem 6—7ten
Lebensjahre verschwindet die Disposition zum Croup
meistens. Auch bei Erwachsenen kommen Croupformen vor, die aber meistens als Oedema Glottidis
zu bezeichnen sein möchten. Die Diagnose von Blauhusten wird dadurch festgestellt, dass letzterer nicht
des Nachts, sondern zu allen Tageszeiten seine Anfälle macht, dass ihm catarrhalische Erscheinungen
im Auge vorhergehen, die Paroxysmen viel häufiger
wiederkehren, die Kranken die Anfälle voraus ahnen
wie bei Epilepsie, und der Verlauf viel chronischer
ist. Man soll einigemal den Croup mit jenen Fällen
verwechselt haben, wo fremde Körper in der Luftröhre sich befänden. Ueber die mögliche Verwechslung mit Asthma Millari vergl. man dieses. Das
allgemeine Bild des Croups lässt sich in drei Stadien
zeichnen. 1) Hüsteln, rauhe Sprache, um Mitternacht erfolgt ein Paroxysmus mit einem eigenthümlichen Croup-Husten; während des Anfalls ist das
Gesicht geröthet, das Auge injicirt, aufgeregte Action
sämmtlicher inspiratorischer Muskeln, stürmische Bewegung der Nasenflügel, des Halses, der Zwerchfell-
gegend. Gegen Morgen Nachlass der Erscheinungen,
den Tag über Alles vorüber, nur von Zeit zu Zeit
eine rauhe Stimme. Gegen Mitternacht kehrt der
Paroxysmus wieder; 4—6 Tage dauernd. — 2) Beständig heissere Stimme, Brennen im Larynx und der
Trachea, die sich beim Drucke schmerzhaft zeigen,
von Zeit zu Zeit Suffocationszufälle, dabei Fieber. —
3) Die Kinder liegen auf dem Rücken mit vorgestrecktem Halse, es kommen mit den Paroxysmen
Brechanfälle, welche fetzige Massen entleeren; ängst-

liche Physiognomie; Tod bei vollem Verstande, selten Zuckungen.

. Die häufigste Form ist der congestive Croup; er entsteht meist zur Zeit einer catarrhalischen Witterungsconstitution, plötzlich, gewöhnlich in der Nacht und ohne die geringsten Vorläufer, wenn nicht etwa Tags zuvor etwas Schnupfen vorausgegangen ist. Die Kinder erwachen aus dem ruhigen Schlaf mit einem scharf bellenden, rauhen, kurz abgestossenen Husten, setzen sich ängstlich auf und weinen, wobei man zuweilen, aber nicht immer ebenso wie beim Husten, eine pfeifende, zischende Inspiration wahrnimmt. Das Gesicht wird in diesem Augenblicke manchmal geröthet, turgescirend, aber die Respiration ist nicht beschleunigt und im Pulse lässt sich kaum ein Fieberreiz wahrnehmen. Ist der Anfall vorüber, so schlafen die Kinder wieder ein, ruhen entweder bis zum Morgen, oder es wiederholt sich auch der gleiche Anfall, wornach in seltenen Fällen die Respiration geräuschvoller, röchelnd, zischend wird, und die Kinder sich zum Brechen üben, oder auch wirklich erbrechen. Diese Croupform bedarf zu ihrer Beseitigung kaum etwas mehr als wie eine sorgfältige Pflege. Man halte die Kinder im Bette, reiche ihnen reichlich warme Getränke und höchstens eine Oelemulsion oder Salmiak mit Goldschwefel im Saft, nebst dem, dass man ihnen in heisses Wasser getauchte u. ausgedrückte Schwämme auf den Hals legt. Wo jedoch nach dem Anfalle eine zurückbleibende zischende und beschleunigte Respiration über den weiteren Gang beunruhigen könnte, da ist nichts erfolgreicher als ein Emeticum, bei Kindern im ersten Lebensjahre alle ¼ Stunde ¼ Gran Cuprum sulphuricum, bis mehreremale Erbrechen erfolgt ist. ℞ Cupri sulphurici gr. jj—jjj; Sacch. lactis ϑβ; M. f. p. v. t. d. Nr. IV. S. Alle 10 Min. 1 Pulv. bis zum Erbrechen. Nach dem Erbrechen durch Kupfer ist eines der vortrefflichsten Mittel nicht allein bei dieser Form von Croup, sondern auch bei manchen anderen, ein in kaltes Wasser getauchtes Tuch um den Hals gelegt, dieses mit einem zweiten trockenen bedeckt, und alle 10 Minuten das nasse Tuch frisch aufgelegt, 2—3mal dieses wiederholt, dann läst man es 12 Stunden lang liegen. Warme Brustbekleidung, Schwitzen durch Zudecken. Man gibt dann noch Cuprum sulphuricum gr. β auf ℥jv Wasser alle 2 Stunden 1 Esslöffel voll, und setzt die nassen Umschläge in obiger Weise 2—4 Tage lang fort. Nach dem Erbrechen schwinden entweder alle Erscheinungen des Croups vollständig, der Husten kommt seltener, wird catarrhalisch, oder nach 5—6 Stunden wiederholt sich der Anfall, wo man von neuem erbrechen lässt, und ist oft genöthigt, das Calomel zu gr. j—jj alle 2 Stunden zu reichen. Zu dieser Croupform scheint mitunter auch eine angeborne und erworbene Anlage zu führen; es gibt nämlich Kinder, die keinen Schnupfen oder Husten bekommen können, ohne dass ein solcher Anfall vorausgeht, und andere Kinder, die einmal eine ernstere Kehlkopf- oder Luftröhrenkrankheit in dem ersten Lebensjahre überstanden haben, erkranken fast jedesmal unter ähnlichen Zufällen, so oft sie catarrhalisch ergriffen werden. Die glückliche Behandlung des Croup mit kaltem Wasser hat viele Praktiker diesem Verfahren zugewendet. Von 3 zu 3 Stunden werden Uebergiessungen des Halses, Rückens und der Brust mit kaltem Wasser gemacht, das kranke Kind in nasse, kalte, stark ausgerungene Tücher eingehüllt, und in denselben während $1/_2$ bis $3/_4$ Stunden liegen gelassen und dann in eine grosse wollene Decke eingehüllt. Der Hals wird überdies von $1/_2$ zu $1/_2$ Stunde mit einem leinenen Tuche, das in Eiswasser getaucht worden, belegt, und über dieses Tuch ein anderes breites, trockenes Tuch gewunden. Dabei unterstützt man dieses Verfahren durch reichliches, theils lauwarmes, theils kühles Getränk und täglich 2malige eröffnende Oelklystiere.

Die zweite Form ist der entzündliche Kehlkopfcroup von bei weitem ernsterer Natur. Er entsteht nie ohne Vorläufer oder nachweisbare Einwirkung schädlicher Einflüsse. Entweder war der Anfang die congestive Form, und sie wurde von den Angehörigen nicht beachtet, so dass das Kind nach wie vor der schlechten Witterung ausgesetzt wurde, oder das Kind war schon mehrere Tage, wenn auch leicht, heisser und hüstelte, wurde aber nichts desto weniger auf die Strasse und ins Freie gelassen, oder durchnässt u. s. w. Meistens zu Ende Februars, im März, oder gegen Ende Oktobers und im November auftretend. Das Kind wird nach den bewussten Vorläufern von einem Husten befallen, der kurz abgestossen, rauh, pfeifend ist und dann jedesmal eine angestrengte scharf tönende Inspiration nachfolgt; es setzt sich auf, springt auf, verräth grosse Aengstlichkeit und Athemnoth und fährt mit den Händen am Kopf und Hals herum. Gesicht stark erhitzt, geröthet, bläulich, Herz und Pulse schlagen schnell. Nach dem Anfall wird das Kind etwas ruhiger, aber es bleibt gewöhnlich auffallend munter und zum Spielen geneigt, es hat etwas Aufgeregtes u. weigert sich, sich zu legen oder zu schlafen. Unmerklich wird die Respiration beschleunigter, man bemerkt feines Röcheln, dem sich bald ein scharfer, feiner, metallischer Ton beimengt. Die Stimme ist gleich anfangs gelinde heiser, die Heiserkeit nimmt allmählig zu, und die Kleinen sprechen leise, lautlos, zischend. Die Anfälle kommen immer häufiger, stärker, das Kind wird in der Zwischenzeit immer unruhiger, unwilliger, der Puls schneller und kleiner. Endlich hört diese Unruhe auf, die Kinder schlummern fast anhaltend, indem sie die Rückenlage annehmen, den Hinterkopf ins Kopfkissen drücken und die Kehle hervorstrecken. Die Physiognomie verändert sich, ist verzogen: bleiches, gedunsenes, gelbweisses oder bläulichweisses Aussehen, Augen eingesunken und halb geschlossen; sie sind schwer zum Trinken zu bringen; Respiration laut, geräuschvoll, röchelnd, die Halsmuskeln arbeiten convulsivisch, Puls sehr schnell und klein. Es sterben die Kinder jetzt entweder in diesem Sopor unter den Zeichen der Lähmung, oder sie bekommen noch

einmal einen Erstickungsanfall, oder die Scene endigt
sich mit Convulsionen. Die Section ergibt die bekannten häutigen Ablagerungen im Kehlkopfe. —
Diese Krankheitsform erfordert eine frühzeitige und
energische Hülfe der Kunst. Vor Allem wiederholt
Blutegel so viel als das Kind Jahre zählt, bis man
dem Kinde den Eindruck des Blutverlustes ansieht.
Hierauf Cuprum sulphuricum zuerst in Brechen erregender Gabe zu 3—4 Gr. und dann halbstündlich
oder stündlich ⅛—¼ Gr. bis man über den günstigen
Verlauf der Krankheit versichert ist. Aeusserlich
Unguentum neapolit. c. Liquor ammon. caust. In
dieser Form tritt eine Indication zu Moschus in Verbindung mit Opium da ein, wo trotz der frühzeitigen
Anwendung wiederholter Blutentziehung und des
Gebrauches der Brechmittel, die Erstickungsanfälle
immer wiederkehren, immer heftiger werden, und die
Erscheinungen des Sopors noch nicht eingetreten
sind (gr. jj Moschus und ⅛ gr. Opium stündl. 1 Pulv.
etwa 3 im Ganzen oder stündlich 1 Theelöffel voll
von 8 gr. Moschus, ½ gr. Opium und ʒjß Syrup.
Althaeae). Viele haben den krampfhaften Zustand
der Stimmritze als eine wesentliche, nie fehlende
Erscheinung beim Croup angesehen, und daher immer
antispasmodische Mittel für nothwendig gehalten.

Die dritte Form ist der entzündliche
Luftröhrencroup. Er entwickelt sich gleichfalls
nicht ohne Vorläufer und die vorausgegangene offenbare Einwirkung grosser Schädlichkeiten. Die Kranken bekommen zuerst, durch den Witterungseinfluss
veranlasst, einen trockenen, etwas rauhen Husten,
werden heisser, Durst nimmt zu, Husten wird rauher,
kürzer, trockener, bellend, endlich ist die Stimme
ganz erloschen, der Husten wird beängstigend und
die Kleinen fangen an dabei nach Luft zu ziehen.
So erfolgt denn, nachdem schon etwa 8 Tage für die
Entwicklung der Krankheit verflossen, der erste
Erstickungsanfall und der Arzt wird gerufen. Die
Kranken sitzen dann oft munter im Bette und spielen,
sind aufgeregt und zu grosser Lustigkeit gestimmt,
ihre Stimme ist total verschwunden, pipsend, Respiration etwas beschleunigt und wenig angestrengt,
leise oder heiser rauschend; Husten selten, kurz, rauh,
kein Auswurf, oder eines nur etwas weissen schaumigen Schleimes mit einigen feinen Blutstreifen, Puls
beschleunigt, Haut warm, Urin natürlich. Schmerz
im Halse und in der Mitte der Brust; nach und nach
kommen die Erstickungsanfälle häufiger, die Respiration beschleunigter, erschwerter, Ton rauher, schnar-
render. Der Tod erfolgt im Sopor. Die Section zeigt
die Schleimhaut der Mund- und Rachenhöhle bleich,
ebenso die des Kehlkopfes; dagegen ist die Luftröhre
bis in ihre Verzweigungen hinein an ihren Wandungen von einer dünnen, weissgrauen, fast durchsichtigen Membran bedeckt, von denen sich dünne Fäden
nach allen Seiten an die entgegengesetzte Wand hinziehen, so dass die Luftröhre wie zugesponnen aussieht; auch scheint das Volumen der Luftröhre verengt. In dem Zustande der Agonie beim Croup bilden
sich Faserstoffgerinnsel im Herzen, welche den Tod

herbeiführen. Gegen diesen Zustand kann natürlich
auch die als letztes Hülfsmittel so oft gepriesene
Tracheotomie gegen alle Croupformen nichts
mehr nützen; wäre hier die Pseudomembran wesentliche Todesursache, so müsste die Tracheotomie helfen. Aber auffallend ist, dass die Kinder kurz vor
dem Tode oft 1—2 Stunden ganz ohne Beschwerden
athmen und dennoch sterben, dass der Puls in dieser
Zeit dem Athmen nicht entspricht, sondern klein,
sehr schnell und aussetzend wird, dass die Tracheotomie nichts nützt, kurz, dass diese Kinder sterben,
ohne dass innere bemerkenswerthe Todesursachen
im Thorax oder im Hirn vorhanden sind — ausser
Faserstoffgerinsel im Herzen und den Pulmonalarte-
rien. Hier kann also natürlich die Tracheotomie nichts
nützen, welche in den letzten Zeiten der Pseudo-
membranentwicklung doch helfen müsste und würde.
Immer wird man daher bei der Wahl dieses Mittels
den Zustand des Pulses beobachten müssen. Ist die
Blutbewegung noch ziemlich normal, sind die Herztöne noch rein, der Puls voll und mässig frequent,
so wird die Operation noch Nutzen verschaffen können, in anderen Fällen nicht, da wir an dem in den
letzten Stunden nicht selten eintretenden ruhigen
Athmen und an der oft bemerkbaren Nutzlosigkeit der
Tracheotomie sehr deutlich sehen, dass der Athem-
mangel nicht immer den Tod bewirkt, sondern dass
dieses nur in den plötzlich eintretenden Erstickungsanfällen anzunehmen ist. Der Todesakt ist durch
mechanische Hindernisse bedingt, entweder durch
gehindertes Eindringen der Luft in die Lungen, oder
durch Behinderung der Blutausstossung aus dem
Schädel, woselbst sich dann Wasser bildet. Ist im
Stadium der Herzpolypenbildung die Tracheotomie
ganz nutzlos, so könnte nur noch Calomel und Cuprum
sulphuricum etwas nützen. — Blutentziehungen sind
bei dieser Form die ersten und wichtigsten Mittel.
Brechmittel scheinen hier keinen so bedeutenden
Einfluss auf den Verlauf zu haben, wie bei der vorhergehenden Form; auch scheinen Vesicatore auf den
Nacken, Senfbad und Calomel wohlthätig zu wirken.
    Die vierte Form ist der aphthöse Croup,
die schrecklichste, aber auch die seltenste. Er entwickelt sich nie ohne Vorläufer und dann zugleich
höchst unscheinbar. Die Kinder sind etwas gereizt,
haben vorübergehend etwas geröthetes Gesicht, leichte
vorübergehende Fieberbewegungen. Wird das Kind
nicht gehütet, so kommen Klagen über Halsweh beim
Schlucken, die Mandeln sind etwas angeschwollen,
geröthet und an einzelnen Stellen von einem gelblich-
weissen, dicken, eiterähnlichen, festen Ueberzug bedeckt. Die Submaxillardrüsen angeschwollen. Die
aphthösen Streifen der Punkte dehnen sich nur allmählig immer mehr aus, stossen zusammen und
kriechen immer weiter. Nach mehreren Tagen werden
die Erscheinungen ernsthafter: Heiserkeit, Hüsteln,
vorübergehende Beklemmungen erfolgen. Nun dauert
es nicht mehr lange, bis sich der ganze schreckhafte
Verlauf des Croups ausgebildet hat, und die Kranken sterben nach mehrtägigen unsäglichen Leiden

im Sopor. Die Section ergibt: dunkle Röthe der Schleimhaut und leichte Erosionen auf derselben da, wo sich der Ueberzug abgestossen hat; da, wo er aber sitzen geblieben, stellt er nur eine mehr oder weniger dicke Membran dar, welche sich über den Kehldeckel durch die Luftröhre bis in ihre Verzweigungen verbreitet. Diese Membran senkt sich in alle Vertiefungen der Schleimhaut ein und schmiegt sich so fest an, dass sie alle Eindrücke bis auf die Form der Luftröhrenknorpel annimmt. Die Membranen scheinen sich abzustossen und immer wieder neuerdings zu bilden. — Nur prophylactische Maassregeln stehen gegen diese Croupform zu Gebot. Man darf im Herbste zur Zeit der anhaltenden Regentage die geringste Unpässlichkeit kleiner Kinder nicht gering achten, und muss sie in einem solchen Falle von der feuchten Luft abhalten, bis jede Spur von Unwohlsein verschwunden ist. Cauterisation der Mandeln ist als Heilversuch hier empfohlen. Gegen Leiden der Luftwege im Allgemeinen, insbesondere die chronischen, hat man Aetzungen mit Lapis infern. empfohlen. Ein Fischbeinstäbchen mit einem Schwämmchen versehen wird in eine Solution von ℈ij—ʒj auf ʒj aq. destill. getaucht und damit die Theile geätzt. Blutegel sind an den Hals anzulegen, die Kinder im Bette zu behalten und zum Schweisse zu bringen.

Die fünfte Croupform ist die eitrige. Er entsteht zur Zeit der catarrhalischen Witterungsconstitution, entwickelt sich jedesmal aus einem vorausgegangenen, vollständig ausgebildeten Catarrh: Fieber, Unruhe, Schlaflosigkeit; der vorher lose Husten wird trocken, bellend, er kommt anfallsweise, die Kinder sind heiser, werden später stimmlos, die Respiration wird angestrengter; das Fieber geht anhaltend fort, die Kinder schlummern meistens, es gesellen sich Erstickungsanfälle dazu, die Respiration wird keuchend, rasselnd, das Aussehen wird bleich, gedunsen. Sopor mit schnellem Pulse und profusen Schweissen macht dem Kinde ein Ende. Bei der Section findet man die ganze Schleimhaut der Luftröhre intensiv geröthet und ihr Lumen von flüssigem Eiter überfüllt. Das Parenchym der Lunge stellenweise hepatisirt. — Frühzeitige Blutentziehungen muss man dagegen anwenden, kommen Erstickungsanfälle, so reicht man Cuprum sulphuric. als Emeticum.

Crusta lactea. S. Milchgrind.
Cyanose. S. Blausucht.
Cystitis. S. Harnblasenkrankheiten Nr. 2.
Cystodynie. S. Harnblasenkrankheiten Nr. 3.

D.

Darmblutungen, welche sich bei acuten und chronischen Krankheiten zuweilen ereignen, sind immer verdächtig; ob sie aber tödtlich sein werden, das lässt sich in manchen Fällen nicht allein nicht mit Sicherheit, sondern nicht einmal mit Wahrscheinlichkeit vorhersagen; denn wer kann wissen,

woher solche Blutungen kommen? Es ist wahrscheinlich, dass sie sich meist aus geborstenen Blut-
aderanschwellungen ergiessen. Vergl. Blutungen,
Mastdarmblutungen und Melaena.

Darm-Entzündung. Enteritis.

Symptome. Brennend reissender Schmerz im
Bauche, Abdomen aufgetrieben, hart gespannt, gegen
Druck sehr empfindlich. Stuhlverstopfung, Brechneigung u. Erbrechen. Ist Hernia Schuld: Kotherbrechen.
Heftiges Fieber, kalte Extremitäten, heisser Rumpf,
heftiger Durst, zusammengefallenes Gesicht. Bei Entzündung der Mucosa sind Durchfälle wie Darmgeschabsel vorhanden, mit Blut tingirt. Es kommen auch
chronische Formen vor, woran nicht selten Helminthen
Schuld sind. Ist das Colon entzündet, so folgen die
Schmerzen seinem Laufe, ebenso die Aufgetriebenheit; Durchfälle mit Darmgeschabsel und Blut.

Diagnose ist durch den Sitz der Schmerzen gesichert. Nur um die Erkenntniss der zu Grunde
liegenden Ursache handelt es sich, namentlich bei
öfters wiederkehrender Entzündung; ob Würmer,
Zahnen, unterdrückte Menstruation oder Blutungen.

Therapie. Ausgedehnte Antiphlogose, V.S., bis
der Puls voller u. breiter wird, Blutegel 20—30 Stück,
Einreibungen von Quecksilbersalbe mit Ol. Hyoscyam.,
Ol. amygdal. amar. aeth. Ϡβ; Unguenti amygdal. Ʒj.
F. Unguent. S. Auf Leinwandlappen aufgestrichen
12 Stunden liegen zu lassen, und dann zu wiederholen,
erweichende Ueberschläge mit Narcoticis, warme Bäder,
ölig schleimige Mittel, Ol. amygd. mit Gummi arab.,
Semin. Hyoscyami Ϡβ mit Ʒβ Semin. papav. albi zur
Emulsion, Ricinusöl, Calomel, Klystiere mit Magnes.
sulphur., aber letztere gewiss nicht bei Entzündung der
Mucosa; strenge Diät, Aq. Laurocer., Belladonna. Wenn
Diaphorese da ist, so sind die Bäder contraindicirt; zur
Crisis Pulv. Doweri. Calomel in Verbindung mit Opium
soll vortrefflich sein. Dauern nach gehobener Entzün-
dung die Durchfälle fort, so gibt man Lichen island.
Columb., Tinct. Mart. salit., rothen Wein; bei Colon-
entzündung Amylumklystiere mit Ol. Hyosc. In der
Reconvalescenz Extr. Saponar. Gramen, Rheum.

Darmmittel nach Rademacher.

Ein vortreff-
liches Darmmittel ist Oel Ʒiij mit Ʒj Gummi arabic.
u. Ʒviij Wasser zur Emulsion gemischt. Es wirkt
nicht allein wohlthätig auf die Därme, sondern auch
auf die Darmgänge, bei Durchfällen, selbst bei schmerzhaften, und ist bei Kindern nicht hoch genug zu rühmen. Bei blossen schmerzhaften Affectionen der Därme
mit Verstopfung, oder zum wenigsten ohne Durchfall,
ist das blosse Oel zweckmässiger, namentlich bei
Kindern, die an Bauchweh klagen. Am brauchbar-
sten ist Mohnöl, es ist ganz mild von Geschmack
und wird nicht ranzig wie das Mandelöl, das, wie die
meisten Oele, die nicht überrein sind, sauer sind und
ins Auge z. B. gebracht, schmerzen. Mit Magnesia
gemischt kann der Apotheker die Oele von ihrer
Säure befreien. Das zweite Hauptdarmmittel ist Jod.
Es hebt die Bauchschmerzen meist schneller als
Opium. Man reicht 40 Tropfen der Tinctur in Ʒviij
Wasser und Ϡj Traganthgummi stündlich 1 Esslöffel,

so dass 'jede Gabe noch keine 3 Tropfen enthält. —
Tinctura nucis vomicae mit Asa foetida gemischt, ist ausgezeichnet krampfstillend bei Bauch-
coliken. In dringenden Fällen alle ½, in minder
dringenden Fällen alle Stunden 1 Esslöffel voll von
℞ Asae foetidae ℨjj; Lutei ovorum q. s. aq. ℥viij;
Tinct. nucis vomicae ℨiij—℥β. M. D. Da diese Mischung
auch heilsam auf die Leber ist, so kann man, sprich-
wörtlich zu reden, 2 Fliegen mit einer Klappe schlagen. Bei Lebercoliken lässt diese Mischung selten
im Stiche. Vortrefflich in Coliken wirkt, wenn innerliche Mittel nicht ertragen werden, und der Darm die
Klystiere nicht eindringen lässt, auch Cataplasmata
nichts nützen, das ½ Stunde lang anhaltende Einreiben des Bauchs mit Liniment. volat. camphorat.
Auch die mit Mentha piperit. gefüllten abgenähten
Bettdecken aufgelegt und beständig liegen gelassen,
heben diese heftigen Coliken, gegen welche intense
Mittel nicht ertragen werden. — **Zinc. aceticum**
ist das wahrhafte mineralische Opium. Man stillt
damit den Durchlauf ebenso gut, wo nicht besser,
als mit Opium. ℨjβ Zinc. acet. und ℨj Gummi arab.
in ℥viij Wasser, alle Stunde 1 Essl. voll. Da er aber
leicht Uebelkeiten und Erbrechen erregt, so thut man
gut, wenn man die ersten 4 Stunden nur ½ Esslöffel
voll gibt. Manche Menschen vertragen statt ℨjβ nur
ℨj in 8 Unzen, Andere vertragen wieder mehr. Es
ist zugleich das Zinc. acet. das unentbehrlichste
Gehirnmittel und wird weiters die Rede von ihm bei
diesen sein. — **Extract. Mimosae Catechu und
Salmiak gemischt.** Extr. Catechu ℨj; Salis ammoniaci ℨβ; Gummi arabic. ℨj; Aquae ℥viij. M. D. S.
stündl. 1 Esslöffel voll, oder alle 2 Stunden. Diese
Mischung ist, um einen Durchfall zu halten, der nicht
consensuell, nicht ein in den Därmen vorwaltendes
Leiden des Gesammtorganismus ist, sondern der in
einem wahren Urleiden der Därme besteht, leicht das
beste Mittel, welches die Medicin aufzuweisen hat.
Es sind aber diese Durchfälle selten, denn in manchen Jahren sind die vorkommenden Durchfälle ein
in den Därmen vorwaltendes Leiden des Gesammtorganismus, oder sie sind häufig consensueller Art,
oder wenn es Urleiden des Darmcanals sind, so sind
es doch Urleiden anderer Art, welche vielleicht sicherer
unter der Heilgewalt des Zinc. stehen. — **Muskatnuss und Gewürznägeleinöl gegen Durchfälle.**

Darm-Rheumatismus.

Symptome. Reissende Schmerzen in der Nabelgegend, die nicht stätig sind, sondern Remissionen
machen; U.L. nicht aufgetrieben, weich empfindlich
gegen Druck; Stuhlverstopfung. Dauert diese lange,
so kommt es zur Turgescenz nach Oben und zuletzt
zu Erbrechen von Faecalmaterien. Ziehend reissende
Schmerzen in den äusseren Muskeln.

Diagnose. Von Entzündung durch den langsamen
Gang der Affection, durch den mässigen Schmerz,
den weichen nicht aufgetriebenen Bauch, geringe
Schmerzhaftigkeit beim Drucke, den Mangel des
Fiebers. — Von Ileus in Folge organischer Verän-
derungen, durch die Raschheit, mit der sich die

Krankheit ausbildet, und die Untersuchung des Darms; Ileus organ. hat jahrelangen Verlauf, bis es zum Kotherbrechen kommt, und man fühlt die einzelnen Stellen der Degeneration.

Therapie. Ist die Krankheit neu, so macht man Fomentationen von Spec. narcot., gibt innerlich pulv. Doweri. Besteht die Krankheit längere Zeit, kommen Spuren von Entzündung hinzu, so setzt man Blutegel. Warmes Bad, Klystiere. Vesicantien auf den U.L., Einreibungen von Linim. volat. camphor.

Darmschwindsucht, Enterophthisis.

Symptome. Schmerz im U.L. periodisch auftretend, häufig ist er brennend, besonders des Nachts; bei tiefem Drucke auf den U.L. empfinden die Kranken Schmerz. Der Sitz desselben ist verschieden. Copiöse Stuhlausleerungen, anfangs ausschliesslich des Nachts, später kommen die Durchfälle auch bei Tage, die zur Nachtzeit jedoch sind immer noch heftiger. Die Durchfälle stocken manchmal 2—3 Tage, aber schwappiges Geräusch beim Drucke ist desswegen doch vorhanden. Die Ausleerungen zeigen, in einem Glase aufgefangen, einen flockigen, von Zeit zu Zeit mit Blutstreifen gemengten, oder durch Blut dunkelroth gefärbten Eiter, der nach Abguss der Faecalmaterie häufig einen äusserst übeln Geruch zeigt. Dabei Abmagerung, Febris hectica, colliquative Schweisse. Sie entsteht nach Dysenterie und Abdominaltyphus, kommt mit Lungenschwindsucht verbunden vor; bei scrophulösen Subjecten mit Anschwellung der mesaraischen Drüsen; nach Variola, Variolois, Scarlat., anomaler Gicht.

Diagnose. Die Beschaffenheit des Bauches, der Schmerzen, die Qualität und die Zeit der Stuhlausleerungen, die Gegenwart des hektischen Fiebers, die Untersuchung des Mastdarmes, welche die Hämorrhoiden und Carcinom charakterisirenden Erscheinungen nicht nachweist, sichert die Erkenntniss. Bei Dysenterie sind die unzählbaren Durchfälle mit Tenesmus charakteristisch. Zu Enterophthisis kann sich auch Peritonitis gesellen, wo sich dann der Bauch auftreibt, schmerzt, Erbrechen, sogar Kotherbrechen auftritt.

Therapie. So lange der Schmerz, besonders beim Drucke heftig ist, muss antiphlogistisch verfahren werden; Blutegel an die schmerzhafte Stelle, Fomentationen von erweichenden Kräutern mit Narcoticis, Einreibungen von Ol. Hyosc., Umschläge von Ung. aus Ol. amygd. amar. aether. (s. Darmentzünd.), Bäder. Man beschränke die Secret. durch Mittel, die man wo möglich in Salbenform durch den Mastdarm, wenn man beikommen kann, applicirt, oder durch Klystiere beibringt, wenn die Geschwüre höher sitzen, oder gibt die Mittel innerlich. Blei mit Opium und einigen gtt. Tinct. Nuc. vomic., Ferr. sulphuric., Plumb. acet., Tinct. Mart. salit. Formeln S. bei Lungenschwindsucht. Die grosse Reizbarkeit des Darms wird durch Narcotica, Belladonna, Cicut. etc. am besten durch Nux vomica, Opium abgestumpft. Ist das Fieber torpid, so gibt man Chinadct., bei Neigung zur Dissolution der Säfte, — Säuren. Diät

wie bei Lungenschwindsucht. R Ol. amygdal. ℥β ⁒
Gm. arab. ℨij; Aq. ceras. ℥vj; Tinct. nuc. vom. ℨj ⁒
Syrup. emuls. ℨj. D. S. stündlich 1 Essl. R Ol.
amygd. ℨij; Vit. ov. Nr. 1; Mucil. gm. arab. ℥β ⁒
Cont. admisc. Plumb. acet. gr. ij; Syrup. amygd. ℥β.
F. l. a. emuls. S. 3stündl. 1 Esslöffel.

Darmsteine. S. Magensteine.

Darm-Verengerung, Enterosthenosis. Miserere, Ileus.

Symptome. Von Zeit zu Zeit Kolikschmerz nach
dem Genusse von Speisen, welche harte Faeces machen; bei angezogenen Füssen fühlt man am U.L.,
wo der Dünn- in den Dickdarm übergeht, eine deutlich umschriebene, harte Geschwulst; Stuhlverstopf.;
dünne Faeces von geringem Durchmesser. Bei längerer Verstopfung erfolgt Aufstossen übelriechender
Gasarten, später Erbrechen der Fäcalmaterie. S. Ileus.

Diagnose. Die langsame Entwicklung der Erscheinungen, Mangel der Aufgetriebenheit des U.L.,
die Art der Geschwulst, Mangel des Fiebers sichern
vor Verwechslung mit Enteritis und Hernia.

Therapie. Man suche flüssigen Stuhl zu erhalten,
gebe nur kleine Mengen Aliment, Extr. Gramin. mit
Rheum; Cremor. tart.; kommt Brechreiz, kalte Ueber-
schläge, selbst Eis; kleine Gaben von Ricinusöl,
Brausepulv. mit Tinct. Theb., Eispillen. Bei entzündl.
Zuständen Antiphlogose. Ist man der verengten
Stelle sicher, so bleibt noch Gastrotomie und Anle-
gung eines künstlichen Afters übrig.

Darrsucht der Kinder. S. Bauchscropheln.

Delirium. Irrereden, Phantasiren, ist eines
der vorzüglichsten Symptome bei psychischen Krankheiten. — Del. chronicum, besonders bei Fatui-
tas, Amentia, Mania, Melancholia. Bei hitzigen Fiebern, Local-Entzündungen des Gehirnes und anderer
edeln Eingeweide ist es keine seltene Erscheinung.
Es ist das Zeichen von einem vorhandenen, bald
idiopathischen, bald symptomatischen Reize in den
Nerzen und dem Gehirne, oder in den Blutgefässen,
oder in beiden zugleich, und deutet besonders in
Fiebern auf beschleunigte Blutbewegung und Congestion zum Kopfe, auf Grösse und Heftigkeit des
Uebels, nach Umständen auf Gefahr; am Ende der
hitzigen Krankheiten und bei den übrigen Symptomen
wahrer Adynamie auf herannahenden Tod. Das Del.
ohne Fieber deutet auf Krampf, auf scharfe Galle
und sonstige Cruditäten in den Gedärmen. Hier so
wie bei Epileptischen, Hysterischen, Kataleptischen,
kurz vor oder bald nach den Krampfanfällen, bei
reizbaren empfindlichen sensibeln Personen, zarten
Kindern und Weibern, in Fiebern, wo es gegen Abend
eintritt, gegen Morgen aufhört, wo es mit Lachen
und Weinen abwechselt, hat es wenig zu bedeuten.
Ist das Del. in hitzigen Fiebern mässig, nicht anhaltend, so deutet es auf Besserung; das Gegentheil
auf Verschlimmerung. Zeichen des bevorstehenden
Irreredens sind: verkehrtes Betragen der Kranken
in Handlung, Mienen und Sprache, heftiger anhaltender klopfender Kopfschmerz, Röthe des Gesichts,
wilder Blick, Ohrensausen, Schwerhörigkeit, anhal

tendes Wachen, veränderter Puls, Mangel an Durst,
Schamlosigkeit, Zittern der Hände, der Sprache, anhaltendes Stillschweigen, oder Schwatzhaftigkeit, mit
schneller heftiger Sprache; furchtbaren Träumen,
sonderbaren Gestikulationen. Delirium activum,
furiosum; der Kranke ist wild, streitsüchtig, will
fort ohne zu wissen wohin, spricht sehr lebhaft, aber
ohne Zusammenhang, gestikulirt viel. Hier ist meist
ein entzündlicher Zustand des Gehirns, des ganzen
Nervensystems; Encephalitis, Hydrophobie, Febr.
synoch. nervosa, Scarlatina etc. Hier passen: V.S.,
Blutegel an den Kopf, kalte Kopfumschläge, innerlich Nitrum mit Sal. anglic., amarum, Calomel etc.
Bei Geisteskranken zeigt ein solches Del. stets einen
heftigen Anfall von Manie an, der gleichfalls nicht
selten ähnliche Behandlung erfordert. Del. chronicum maniacum, anhaltendes, bald schwächeres
Irrereden der Wahnsinnigen. Es erfordert die ableitende kühlende Behandlung. Del. passivum,
blandum taciturnum, mussitans, mite, ti-
midum, stupidum, comatosum, sanftes Irrereden ohne Körperanstrengung, mit Schlafsucht,
Flockenlesen, stillem Murmeln etc. Gewöhnlich ist
diese Form Folge oder Ausgang von Del. activ., wenn
die Krankheit sehr heftig war, die frühe Hülfe fehlte,
oder der Arzt statt der Antiphlogose reizende Arzneien,
Camph., Opium, Serpent., Arnic. etc. gab, oder wenn
er die schwächende Behandlung übertrieb. Der Puls
ist hier klein, facile comprimendus, der Kranke höchst
schwach, Auge gläsern, der Kranke sucht stets auf
dem Lager etwas, rutscht im Bette herunter, befindet
sich nach seiner Angabe sehr wohl, hat kalte klebrige
Schweisse, schwächende Durchfälle. Die Gefahr ist
sehr gross. Die hier indicirten Excitantia, Moschus,
Sal. vol. C. C., Chinin, Serpent., Opium, Camphor,
vermögen alle wenig; frische Luft und kalte Sturzbäder, Einwicklungen in Essig, erwecken, wenn keine
organischen Zerstörungen vorhanden, vielleicht noch
am ehesten das schwache gesunkene Leben und retten vom Tode. Del. senile ist bei kindischen
Greisen nicht selten; das Uebel ist unheilbar, daher
baue man demselben vor durch tägliche Uebung der
Geisteskräfte und Körperbewegung. Del. spasticum, nervosum, periodicum, krampfhaftes Irrereden, nicht selten bei Epileptischen, Hysterischen,
Somnambulen, um die Zeit der Anfälle, wo unstrei-
tig das Sensorium sowohl idiopathisch als sympathisch (vom U.L. aus) krankhaft ergriffen ist. Diese
Form ist meist ohne Gefahr, vergeht mit der Zeit
von selbst. Frische Luft, Waschen des Kopfs mit
Essig, mit kaltem Wasser, innerlich einige gtt. Elix.
acid. Hall. sind hinreichend. Sind heftige Congest.
zum Kopfe dabei, z. B. bei vollsaftigen Epileptischen,
so dienen Blutegel an beide Schläfe, und vorzüglich
reizende Senffussbäder. Delirien der Wöchnerinnen. S. Kindbettwahnsinn.

Delirium tremens, Phrenesia, Encephalitis
potatorum, Säuferwahnsinn.

Symptome. Wüstheit des Kopfes, Appetitlosigkeit, Mattigkeit, Schlaflosigkeit, Delirium höchst

monotoner Art, eigenthümliche Art von nervöser Aufgeregtheit, Furcht, Zucken, Zittern der Zunge und der Glieder, blasses Gesicht, stieres glänzendes Auge, Wüthen, erhöhte Hauttemperatur, Zerfliessen im Schweisse, aufgetriebene schmerzhafte Lebergegend, verbrannte Faeces. S. Säuferkrankheiten.

Diagnose. Von Encephalitis durch Mangel der Congestion des gerötheten Gesichts, durch den Schweiss, durch die monotonen Delirien.

Therapie. Es gesellt sich oft Pneumonie und dergleichen hinzu, was V.S. nöthig macht. Sonst gibt man Opium gr. β alle ½ St. in steigenden Gaben; die Tinct. opii mit Acid. phosphoric., zugleich gegen die Schweisse. Bei gastrischen Symptomen, Emetica. Bei plethorischen Individuen etwa topische Antiphlog. am Kopfe. Man lasse die Kranken in einem mit Matrazen etc. gesicherten Zimmer wüthen, bis sie zusammenstürzen und schlafen. Kann durch Opium der heilsame kritische Schlaf nicht bewirkt werden, so thun dieses öfters kalte Begiessungen und das Chloroform; in neuester Zeit hat man das Chloroform innerlich ʒj in ℥ij Wasser auf einmal zu nehmen gegen die starke nervöse Aufregung des Delirium tremens mit bestem Erfolge gegeben, selbst in so heftigen Fällen, wenn bei Reizbarkeit des Magens das Opium nicht mehr ertragen haben und dieses immer wieder ausgebrochen wurde. Wenn dann der Kranke nach einer solchen Dosis anhaltend schläft und ruhig wird, so benützt man einen Zeitpunkt seines Erwachens, um ihm eine tüchtige Dosis Calomel (etwa 6 Gr. mit 10 Gran Camphor) zu geben, theils um das Gehirn vor Congestion zu bewahren, theils um den Darm offen zu erhalten. Sollten die Symptome wiederkehren, so lässt man das Chloroform ʒβ z. B. in ℥ij Camphormixtur wiederholen. Der Puls kann als Massstab dienen für den Gebrauch des Chloroform, Cautele ist, stets frische Luft durch offenes Fenster zu gehen zu lassen. Zur Nachkur Extr. saponar., Tart. tartar., Fel. tauri. ℞ Tinct. opii simpl. acid. phosphor. ana ʒiij. S. alle ½ St. 15 Tr. ℞ Opii pur. ʒβ; Fel. tauri ℥β. M. f. ungt. S. auf den abgeschorenen Kopf einzureiben. ℞ Rad. rhei ʒj; F. infus. ℥vj; Adde acid. sulphuric. dilut. Ϧij; Syrup. domest. ℥j. S. Alle St. 1 Essl. ℞ Fel. tauri recent. ℥ij; Aq. menth. ℥vj; Opii pur. gr. jv—vj; Syrup. rhei ℥vj. S. Alle St. 1 Essl. Morphium aceticum zu gr. j auf eine Vesicatorstelle. ℞ Morph. acetic. gr. j; Solv. aq. dest. ℥vj. S. Alle 2 St. 1 Essl. — Tart. emet. gr. v in ℥v Wasser alle 1—2 St. 1 Essl. Das Ammonium caust. liq. 15—20 Tropfen für den Tag wird von Einigen als ein specifisches Mittel gegen Delir. trem. betrachtet. Ueberhaupt werden die Ammoniumpräparate empfohlen. Liquor ammonii pyrooleos.

Dentition. S. Zahnen.

Diabetes. S. Harnruhr.

Diätetik. (Vrgl. noch die Sommerkrankheiten, wo über Diät gesprochen worden ist.)

Die L u f t übt nicht blos einen stäten mechanischen Druck auf den menschlichen Körper, ist der

Träger von Licht, Wärme und Elektricität, von Sauerstoff, Stickstoff und Kohlenstoff, diesen unentbehrlichsten, das Wesen der Luft constituirenden Qualitäten und Elementen, sondern sie enthält immer noch andere ganz zufällige und stets wechselnde Bestandtheile, welche noch mehr als die wesentlichen Qualitäten der Luft die Gesundheit des Menschen modificiren. Dahin gehören die verschiedenen Mengen Wassergas und Wasserdunst, verschiedenen Gase und Dämpfe, welche aus der Oberfläche der Erde und vulkanischen Herden aufsteigen, ferner die Dünste der sich bei gewöhnlicher Temperatur verflüchtigenden Körper, wie des Quecksilbers, dann die Exhalationen von lebenden und faulenden organischen Körpern, so wie endlich die vielen in Auflösung mit den Wasserdämpfen oder für sich in feinzertheiltem Zustande mechanisch aufgenommenen Körpertheile, der salzsauren Salze, Staub, Kalk etc.

Alle Weltpesten kommen von Osten nach Westen, den natürlichen Bewegungen der Luft folgend.

Die Ausdünstungen faulender Vegetabilien bei Sümpfen, Brackwasser, Reisfeldern, Deltas erzeugen Wechselfieber, Gallenfieber, gelbes Fieber — die Ruhr kommt häufig und epidemisch nur auf feuchten Territorien vor, vorzüglich längs den Flussthälern, und scheint somit an eine besondere Qualität der Atmosphäre durch Wasserreichthum gebunden zu sein. Auf Hochebenen ist Neigung zu Fettleibigkeit, Rheumatismus, Gicht, geröthete Haut, spärliche Menstruation sehr gewöhnlich; die geringere absolute Sauerstoffmenge der Atmosphäre veranlasst auch geringere Kohlenstoffsecretion durch die Lunge und die dünnere beweglichere Luft regt den Hauptpol der peripherischen Hautthätigkeit, der Quelle der Kohlenstofferzeugung im Blute, mehr an, desshalb der überflüssige Kohlenstoff als Fett abgelagert wird, und die Störungen der sehr thätigen Haut leicht Rheumatismen erzeugen.

Wasser. Es wird uns zugeführt durch die Luft als meteorisches Wasser, durch den Boden als tellurisches Quell- oder Flusswasser, und durch jede Nahrung als inhärirend allen Salzen, allen vegetabilischen und thierischen Nahrungsstoffen.

Flusswasser ist durchschnittlich chemisch reiner als Quellwasser, daher zum Trinken nicht so geeignet. Das gemischte Wasser ist nicht blos Lebensmittel, sondern auch Nahrungsmittel. Der Organismus kann lange Zeit von Wasser allein leben und den Hungertod entfernt halten, da dem Wasser viele Stoffe beigemischt sind, welche ernähren, namentlich das Baregin enthält, besonders in den Thermalwässern, während der Stoffwechsel und Stoffansatz nie und unter keiner Bedingung während des Lebens Unterbrechung erleidet. Auch bestimmte Krankheiten und Krankheitsdispositionen werden durch gewisse Qualitäten des Wassers bedingt. So behauptet man, Wasser mit reichlichem Gehalt an schwefelsaurem Kalke erzeuge den endemischen Kropf. Aehnlich verhält es sich mit dem Einflusse des Wassers auf die Beschaffenheit der Zähne. Wo die Trink-

wasser sehr reich an Kalksalzen, dort meist starke
Zähne; das Gegentheil bei dem Gebrauche von
Trinkwassern mit wenig Kalksalzen, weil es hier an
dem vorzüglichsten Elemente der Skelett- und Zahnbildung, dem Kalke, fehlt. Quellwasser ist immer
zuträglicher als Pump-, Fluss- oder Meteorwasser.
Für Kranke und zu Krankheiten Disponirte gibt Hippocrates die Regel: für trockene magere Constitutionen die leichtesten, süssesten, hellsten Wasser
zu gebrauchen, für schwammige Constitutionen die
härtesten, salzigen Wasser. Am besten sind diejenigen Wasser, welche gegen Osten schauen, dann
die, welche gegen Norden, drittens die, welche gegen
Süden schauen; besser die, welche auf Hügeln oder
halben Bergeshöhen entsprangen, als jene am Fusse
der Berge. Das mit Kohlensäure gesättigte Wasser
vermag den an und für sich in Wasser unlöslichen,
natürlichen, einfachen kohlensauren Kalk zu lös-
lichem, doppelt kohlensaurem Kalke umzuwandeln,
und in der That als solchen aufzulösen.

Bei dem Unterschiede, welcher im gemeinen Leben zwischen hartem und weichem Wasser gemacht wird, fragt man zwar selten darnach, welches
Salz der Kalk- oder Bittererde gerade daran Ursache
sei, dass ein gegebenes Wasser sich als hart charak-
terisire. Ist die Erörterung dieser Frage aber schon
in technischer Beziehung in so ferne wichtig, als
sich darnach das Verfahren zum Weichmachen des
Wassers stützt, so dürfte in Bezug auf Diätetik und
Therapie nicht minder die Nothwendigkeit sich her-
ausstellen, bei einem zum Genusse bestimmten harten
Wasser wohl zu unterscheiden, ob diese Eigenschaft
Folge des Gehaltes an doppelt kohlensaurem oder
an irgend einem andern Kalksalze sei. Wer je Gelegenheit hatte, sich auf einer Gebirgsreise mit frischem Quellwasser zu erquicken, der wird selbst nach
einer Reihe von Jahren sich noch mit Vergnügen der
lebenden Wirkung erinnern, welche es auf das Ge-
schmacksorgan hervorbrachte. Bekanntlich empfiehlt
auch die systematisch betriebene Wasserheilkunde
in der Mehrzahl von Fällen das Trinken frisch ge-
schöpften, und zwar wo möglich des Quellwassers;
und doch gibt es andererseits Aerzte, welche in
vollem Widerspruche mit diesen natürlichen Vorschriften ihren Patienten unbedingt den Genuss frischen Wassers verbieten, und blos jenen des sog.
abgestandenen erlauben, welches während längerer
Berührung mit der mehr oder minder hohen Temperatur des Krankenlocals nicht nur des 2ten Atoms
des Kalkbicarbonates (indem einfach kohlensaurer Kalk
unlöslich abgeschieden wird) beraubt und somit ne-
gativer Weise, sondern selbst positiv — durch vor
sich gegangene Absorption der mit so verschieden-
artigen Effluvien verunreinigten Atmosphäre — ver-
schlechtert worden. Ja selbst in Werken über Diätetik wurde das zum Trinken bestimmte Wasser, in
so ferne es doppelt kohlensauren Kalk enthält, nicht
günstig beurtheilt, und man hatte selbst den Vor-
schlag gemacht, das für London bestimmte Trinkwasser, weil es doppelt kohlens. Kalk gelöst enthalte,

durch Mischen mit Kalkwasser und darauf folgende
Filtration weich zu machen! Da aber das Wasser
als Getränk eine so wichtige Stelle spielt im thierischen und menschlichen Leben, so ist die Frage, ob
das Kalkbicarbonat als Bestandtheil des Wassers
bedeutungslos sei, oder ob es gar schädlich oder
auch nützlich wirken könne, von grösster Wichtigkeit. Das Kalkbicarbonat ist aber für die Entwicklung und Ernährung im Thiere von der grössten
Wichtigkeit, und der zur Knochenbildung erforderliche Kalk muss von Aussen zugeführt werden, und
die Nahrungsmittel und Getränke sind als die einzigen Quellen des im Organismus so bedeutend vorhandenen Kalkes zu betrachten; wird die Zufuhr
dieses Kalkes durch die Nahrungsmittel u. Getränke
verhindert, z. B. wenn man Tauben mit ausgelesenen
Waizenkörnern füttert und dabei alle beigemengten
Steinchen entfernt, keine steinernen Gefässe dabei
ihnen vorstellt, von denen sie abpicken können u. s. w.,
so saufen sie 8mal so viel als gewöhnlich, um durch
das Wasser den Kalk zu ersetzen, endlich aber werden ihre Knochen doch ganz dünner, schwinden und
brechen ausserordentlich leicht entzwei; gibt man
darauf diesen Thieren wieder kohlensauren Kalk, so
erholen sich diese herabgekommenen Thiere wieder.
Es können demnach die im Knochengewebe bereits
abgelagert gewesenen Kalksalze grösstentheils resorbirt werden, und die Resorption tritt wirklich ein,
sobald das verabfolgte Futter nicht jene Menge von
Kalksalzen und namentlich von kohlensaurem Kalke
enthält, welche zum Ersatze des bei der regressiven
Metamorphose zur Abscheidung gelangenden Kalkes
unumgänglich nothwendig ist; und bei absoluter
oder relativ fehlender Zufuhr von Kalk schreitet die
Resorption der Kalksalze aus den Knochen zwar
langsam, aber ununterbrochen fort; die Knochen werden dadurch dünner und zerbrechlich. Wenn die in
der Freiheit lebenden Tauben oft beträchtlichen
Schaden an den Ziegeldächern durch Wegpicken des
zur Befestigung der Ziegel dienenden Mörtels anrichten; wenn die Hühner den Maueranwurf ablösen
und die in Käfigen an der Wand hängenden Stuben-
vögel den Mörtel derselben geniessen, so muss man
dies als einen unverkennbaren Naturtrieb der Vögel
betrachten, sich einen zum Bestehen des Knochensystems unentbehrlichen Bestandtheil zu verschaffen.
In viel höherem Grade muss aber dieses Bedürfniss
dann hervortreten, wenn es sich im Organismus um
Neubildungen handelt, z. B. wenn Hennen die mit
den Kalkschalen versehenen Eier legen etc. und bei
Knochen- und Zähnebildung beim Menschen, es muss
daher auch darauf gesehen werden, dass das zum
Genusse bestimmte Trinkwasser die nöthige Menge
Erdsalze, besonders doppelt kohlensauren Kalkes
enthalte. Das chemisch reinste Wasser, nämlich das
destillirte, welches faden Geschmack besitzt, verursacht nach einem auch nur wenige Tage anhaltenden
Gebrauche zum Trinken Verdauungsbeschwerden und
Magendrücken. Um der Gesundheit zuzusagen, dürfen dem zum Trinken bestimmten Wasser folgende,

bisher als unbedeutend oder selbst als nachtheilig
betrachtete Bestandtheile nicht fehlen: Sauerstoff,
Kohlensäure, welche in diätetischer Hinsicht ungemein wirksam ist, Chlornatrium (Kochsalz), für dessen
Verdauung befördernde Kraft eine mehr als 1000jäh-
rige Erfahrung spricht; endlich doppelt kohlensaurer
Kalk, welcher den höchsten Rang einnimmt unter
den für die Erhaltung der Gesundheit erforderlichen
Bestandtheilen des Trinkwassers. Als gesundheits-
widrige Ingredienzen eines Trinkwassers dagegen
sind zu nennen: aufgelöste organische Stoffe, insbesondere, falls sie bereits in Fäulniss überzugehen
beginnen; der die Verdauung aussordentlich beein-
trächtigende schwefelsaure Kalk (Gyps); endlich das
Zugegensein bedeutender Mengen von salzsaurem,
salpetersaurem oder einem andern ähnlichen Kochsalze. Es ist also wohl ins Auge zu fassen, ob ein
als hart bekanntes Trinkwasser diese Eigenschaft
einem Gehalte an Kalkbicarbonat, oder aber dem
Zugegensein eines andern Kalksalzes, z. B. des salpetersauren oder schwefelsauren Kalkes verdanke. —
Bekanntlich werden Reisende, welche in ihrer Heimath an den Genuss harten Wassers gewöhnt waren,
von Diarrhoe befallen, wenn sie anderwärts auf den
Genuss weichen Wassers beschränkt sind. Da nun
ein täglich stattfindender Zusatz wenige Unzen doppelt kohlensauren Kalk enthaltenden Wassers nicht
nur den Geschmack weichen Wassers verbessert,
sondern auch auf die widrigenfalls leicht darnieder-
liegenden Verdauungswerkzeuge günstig einwirkt, so
dürfte dies, um dem zuvor berührten Durchfall abzuhelfen, sehr zu empfehlen sein. Auch Seereisende,
welche das durch Destillation des Meerwassers enthaltene destillirte Wasser zu trinken genöthigt sind,
werden gewiss dem Eintreten der auf länger fortgesetzten Gebrauch dieses Getränks eintretenden Indigestion und Diarrhoe durch Beimischung des Kalk-
bicarbonats enthaltenden Wassers im Verhältnisse
von ʒvj auf eine Maas Trinkwasser vorbeugen können. Auch in Sumpfgegenden wäre die Bereitung
destillirten Wassers anzurathen, indem insbesondere
die Gegenwart in Zersetzung begriffener organischer
Stoffe im Wasser, zu deren Entfernung die Filtration an und für sich unzureichend ist — leicht Veranlassung zur Entstehung einer Blutdyscrasie bieten
kann (oft sind Diarrhoen und Abmagerungen, für die
man gar keine anderweitigen Gründe auffinden kann,
begründet in der übeln Beschaffenheit des Wassers
in dem Hausbrunnen); man sollte daher solchen
Wassern Kochsalz und Kalkbicarbonat zusetzen, um
vor den Sumpffiebern sich zu wahren. Der kohlensaure Kalk stillt daher denn auch die bei Kindern
während des Zahnens oder während der Entwicklung
des Knochensystems beobachteten Diarrhoen, und
derselbe heilt die Knochenbrüche auch rascher.

Ein anderer Hauptnutzen, den das Wasser der
Ernährung leistet, ist, dass es die Nahrungsmittel
verdünnt, ihnen grössere Fläche gibt, und daher ihre
Einsaugung in die Lymphgefässe befördert. Daraus
geht ganz einfach hervor, wie sein Nutzen oder

Nachtheil bei der Ernährung zu bestimmen sei. Die Vermischung der Nahrungsmittel mit Speichel, Magensaft und Galle wird von der Natur erfordert, sie verdaulich zu machen; alle drei Absonderungen geschehen aber, indem die dazu bestimmten Organe das Blut in diese Säfte verwandeln, welches nicht ohne Ausscheidung einer bedeutenden Menge Wasser aus dem Blute möglich ist. Damit also diese Säfte ihre gehörige Qualität haben können, muss im Blute Wasser genug vorhanden sein, sie zu bilden. Besonders ist es die Absonderung des Speichels im Munde, welche die Empfindung des Durstes erregt, wenn sie gehindert ist. Sie kann aber durch vielfache Ursachen gehindert sein, die lange nicht alle durch Trinken gehoben werden. Erfolgt die Speichelabsonderung nicht normal, weil es dem Blute an wässrigen Bestandtheilen fehlt, so entsteht Durst, mitunter sehr heftiger, welcher durch Trinken gehoben werden muss und kann. Wenn aber Localkrankheit der Speicheldrüsen oder der Nervenknoten, die diese Absonderung beherrschen, an dem Mangel des Speichels Schuld ist, kann sehr heftiger Durst entstehen, der durch Trinken nicht erleichtert wird. Anderer Ursachen des Durstes ist zu gedenken, die ebenfalls nicht wahres Bedürfniss ankündigen. Unmittelbar und zunächst verdünnt Wasser, in den Mund gebracht, den Speichel und spühlt den vorhandenen in den Magen. Durch den Schlund geht es zu schnell, um anders auf ihn zu wirken, als durch seine Temperatur. Im Magen wirkt es sehr verschieden, je nachdem er leer oder gefüllt ist: im ersten Falle verdünnt es den Magensaft und füllt die Lymphgefässe desselben an: im letzteren Falle befördert es das Flüssigmachen der Speisen und ihren Uebergang in die Därme. Wenn es daher nach dem Essen in mässiger Menge getrunken wird, befördert es die Verdauung. Wird aber das Quantum des Getränkes zu gross, so geht es schnell in die Lymphgefässe über, füllt diese an und hindert den Uebergang des Speisebreies in dieselben; zugleich verhindert es die Wirksamkeit des Magensaftes, indem es ihn zu sehr verdünnt und sogar seine Absonderung vermindert. Das einfache Wasser, sowohl kalt als warm genossen, vermindert offenbar die Kraft und Thätigkeit der Nerven, welche zum Geschäft der Verdauung wirken; dasselbe thun narcotische Getränke, die das Gehirn aufregen, und die Unterleibsnerven in ihrer Thätigkeit hindern, doch in geringer Quantität gerade das Gegentheil leisten. Ein wenig Wein nach dem Essen getrunken befördert, viel Wein hindert die Verdauung. — Wasser geht viel schneller aus den Dünndärmen in die Lymphgefässe über, als Speisebrei; wird es in grosser Menge in die Därme gebracht, so füllt es die Lymphgefässe an, geht schnell in Blut über, bildet aber kein Blut, dazu werden Stick- und Kohlenstoff-haltige Substanzen erfordert; vielmehr entledigt sich das Blut des zu viel eindringenden Wassers durch die Nieren, die Lungen und die Haut; würden diese Absonderungen gehindert, so verlöre das Blut die Integrität seiner Mischung

und würde Fieber die Folge sein. Zudem verdünnt
es in den Därmen die Galle und schwächt auch hierdurch die Verdauung. Zuerst am Morgen, nach dem
Schlafe, wenn lange nichts genossen worden und der
Magen seit mehreren Stunden leer ist, darf man voraussetzen, dass der Magensaft, der Zeit gehabt, sich
anzuhäufen, ziemlich scharf und zähe geworden ist.
Dagegen ist noch kein lebhaftes Nahrungsbedürfniss
vorhanden, weil der Körper geruht hat. Ein wenig
kaltes Wasser, nach dem Erwachen, nüchtern getrunken, wird dann den Meisten wohlthätig sein, auch
den Abgang der Excremente durch seinen Reiz auf
den Magen befördern, der um diese Zeit am wohl-
thätigsten ist. Auch in den Mineralbadeorten ist das
Trinken von allzu vielem Mineralwasser in der Frühe
nachtheilig. Wer substanzielles Frühstück geniesst,
wird wohl thun, eine Stunde nach demselben Wasser
zu trinken. Wer des Abends viel gegessen und am
Morgen den Magen noch voll hat, kann wohl durch
eine geringe Quantität Wasser die Entleerung des
Magens von seiner Last befördern; viel Wasser würde
aber die geschwächte Digestionskraft noch mehr
schwächen. Einige Stunden nach mässiger Mittags-
mahlzeit, bei welcher nur eine geringe Quantität
Wein und nach dem Essen eine Tasse Kaffee ohne
Milch, genossen worden, wird wässriges Getränke,
auch etwas reichlicher genossen, zuverlässig am
besten vertragen. — Nach den ersten 6—10 Lebensmonaten gibt es für die Kinder kein besseres Getränk, als kaltes Wasser, wiewohl ihnen die anfangs
halbflüssige, endlich allmählig immer solider zu reichende Nahrung besser warm als kalt gereicht werden muss. Jedes andere Getränk, als Kaffee, Thee,
Wein, Bier, sogar Milch, sollte ihnen billig nur als
Arznei gereicht werden. — Heranwachsende Knaben
und Mädchen verschmähen sogar, wenn sie nicht
verwöhnt sind, jedes andere Getränk. Behalten sie
in den Jahren der Pubertät bis zum Alter der vollkommenen Ausbildung die Gewohnheit bei, ausschliesslich Wasser statt alles anderen Getränkes
zu trinken, so werden sie frei bleiben von einer
Menge Gefahren und Krankheitsanlagen, die das
Alter der Reife bedrohen; eine Menge von Leidenschaften, die ihre Glückseligkeit zerstören, werden
nicht erwachen und ihre edelsten Kräfte werden sich
vollständiger, freier entwickeln. Im Alter der vollkommenen Reife können zwar die Menschen, wie der
gesellschaftliche Zustand sie einmal verbindet, nicht
leicht von der Gewöhnung an andere Getränke frei
bleiben, indessen werden ihnen diese selbst weit
nützlicher bleiben, wenn sie sie mit der Gewohnheit
verbinden, täglich kaltes Wasser zu trinken. Morgens bald nach dem Erwachen gibt es kaum eine
Gewohnheit, die der Verdauung, dem Wohlbefinden
für den ganzen Tag besser zusagt, als die, ein Glas
kaltes Wasser zu trinken. Einige Stunden nach der
Hauptmahlzeit sollte jeder dies wiederholen, besonders wer Mittags Wein oder Bier zu trinken pflegt.
Man wird viel besser schlafen, wenn man den Tag
statt mit einem Glase Wein etc. mit dem Genusse

eines Glases kalten Wassers beschliesst. Im weiblichen Leben kommen Perioden vor, welche sich
wenig mit dem Trinken kalten Wassers vertragen,
z. B. die Pubertätsentwicklung, bei Chlorose, wo es
leicht zu Hydropsie führt; während der Menstruation, Schwangerschaft und Wochenbett. In fieberhaften Krankheiten dient das Wasser als das einzige
unter allen Umständen unschädliche, unentbehrliche
Getränk. Ob warmes oder kaltes Getränk nöthig
sei, muss der specielle Krankheitsfall bestimmen;
ist das warme Getränk vorzuziehen, so verbindet
man das Wasser, das einfach und ohne einen schmeck-
baren Stoff Ekel erregt, mit einem vegetabilischen
neutralen Stoff; dazu schickt sich nichts besser, als
Lindenblüthe. Süssholzthee ist Kindern noch ange-
nehmer, auch eine Mischung von Rad. Gei urbani
mit Süssholz. Blos laues Wasser ist darum widrig,
weil die Erwärmung dasselbe seiner Kohlensäure
beraubt, auch einen grossen Theil der atmosphärischen Luft daraus entfernt; dasselbe findet beim
destillirten Wasser statt. Zucker macht den Geschmack des Wassers angenehm und schadet nie.
Säuerlinge, z. B. Selterswasser sind sehr zu empfehlen. Geröstetes Brod, besonders Roggenbrod, in
Wasser getaucht, ist als Getränk in Fiebern ebenfalls zu empfehlen. Auch Obstsäfte, von Himbeeren,
Kirschen, Johannisbeeren, verbessern den Geschmack
des Wassers ohne Nachtheil. Eis, sog. Gefrornes,
nämlich das mit Milch und Obstsäften gemischte
Eis als Desert nach Mahlzeiten, oder zur Abkühlung
in der Sommerwärme ist für Jeden, der bei Mahlen
mehr und stärkeren Wein als gewöhnlich genossen
hat, ohne darum berauscht zu sein, ein wohlthätiger
Genuss; es hebt den Erethismus der Schleimhaut
des Magens auf, der solchem Genuss natürlich folgt.
Allein wenn der Magen leer ist, wenn er vielleicht
geschwächt, in Absonderung des Magensaftes gehindert ist, muss der Genuss des Eises nothwendig
schaden, den Nachtheil ungerechnet, den es auf die
Zähne, besonders aber auf die Schlingmuskeln ausübt, die zur Bildung des Gesanges beitragen. Sänger und Sängerinnen riskiren ihre Stimmen zu verlieren, wenn sie besonders nach Anstrengung der
Stimme Eis essen.

    Salz. Es gibt kein anderes so sicheres und
erprobtes Mittel, die Ernährung zu befördern, als
reichlicher Zusatz von Salz. Die Zuträglichkeit des
Salzes steigert sich nach dem Maasse, als Pflanzennahrung genossen wird, und in heissen Gegenden und
Jahreszeiten. Die Viehzüchter behaupten, dass $\frac{1}{3}$
bis zur Hälfte der Nahrungsmenge durch reichlichen
Zusatz von Salz erspart werde, und dass schlechte,
verdorbene, an Nahrungsstoffen arme Nahrungsmittel
durch reichliche Salzbeimischung zuträglich u. nahr-
haft gemacht werden. Ausserdem wird das Vieh dadurch viel kräftiger, munterer, die Milch reichlicher
und besser, das Fleisch fester und nahrhafter, und
Krankheiten, sowohl sporadische als epizootische,
werden ferngehalten. Es ist ein altes ererbtes, un-
geprüftes Vorurtheil, dass reichlicher Salzgenuss

Dissolution des Blutes, Scorbut erzeuge, weil man
den früher so häufigen See-Scorbut dem eingepöckel-
ten Fleische zuschrieb; derselbe ist jetzt selten geworden, obwohl das eingesalzene Fleisch noch immer
so häufig auf den Schiffen genossen wird, wie früher.
Vielmehr ist Salzentziehung Scorbut erzeugend. Die
Zuträglichkeit des Salzes für alle Constitutionen,
Alter und Geschlechter ist eine Regel ohne Ausnahme; es macht die magern, trocknen Constitutionen beleibter, feuchter, und die feuchten Constitutionen mager und trocken. Seine Vorzüge beurkun-
det es insbesondere dadurch, dass es die wichtigste
organische Function, die Fortpflanzung, wofür das
Leben seine schönste Blüthe, seine grösste Herrlich-
keit und Thätigkeit bei Pflanzen und Thieren offenbart, mehr als alles Andere regulirt und fördert. Kein
probateres Mittel, die weibliche Unfruchtbarkeit zu
heben, als Salz, und Zuchtstiere und Hengste werden am tüchtigsten durch reichlichen Salzgenuss.
(Die Venus entsteht aus dem Salzmeere, und die
ägyptischen Priester enthielten sich des Salzes wegen der Keuschheit.) Es gibt keine Contraindication
gegen das Salz und seine Menge, als das subjective
Gefühl des Widerwillens. Hufeland sagt, dass der
Gebrauch der Salzquellen allen Constitutionen ent-
spreche, und sie allein keine Gegenmeinungen haben.
Gerade bei der ärmeren Klasse der Bevölkerung ist
der vermehrte Salzgenuss dringend geboten und allein
ausgleichend für die schlechtere Pflanzennahrung.

Pflanzennahrung. Die Nahrungsmenge ist
vorzugsweise bedingt durch die Respiration zur Sättigung des mit jedem Athemzuge eindringenden
Sauerstoffes der Luft. Der meiste Kohlenstoff wird
verbraucht zur Sättigung des täglich eingeathmeten
Sauerstoffes, und wenig Kohlenstoff geht durch Faeces und Harn ab. $^6/_7$ der Kohlenstoffmenge ist durch
die Respiration bedingt, und sie entwickelt dabei eine
Wärme von 5500° C., welche bei dem langsamen Verbrennen innerhalb 24 Stunden eine Temperatur des
Körpers von 30° C. unterhält. Durch vorherrschenden Amylumgehalt der mehlhaltigen Früchte und
durch den reichlichen Kohlenstoffgehalt des Amylum
sind das Getreide, Reis und Kartoffel vorzugsweise
zu Respirationsmitteln geeignet, sowie auch durch
ihren Kleber und ihre Salze sie weitere Nährsmittel
sind.

München hat im Vergleiche zu Wien und Berlin
etc. die höchsten Ziffer des Verbrauches an Getreide.
Die hohe Lage Münchens und dadurch die reinere,
an Wassergas ärmere, vielbewegte Luft, die inten-
sivere Einwirkung des Lichtes durch südlichere Lage
und die flache Hochebene, der raschere Temperaturwechsel und dadurch auch die lebhaftere Transspira-
tion, machen stärkern Angriff und schnellere Wärme-
entziehung des Körpers, raschere Verdunstung, grössere peripherische Thätigkeit, leichtere Respiration
physikalisch nothwendig, daher auch für dort eben
so nothwendig vermehrte Zuführung von Verbren-
nungs-, Erwärmungs- und Verdunstungsmaterial.
Dieses bieten nur die sog. Respirationsmittel, wobei

die stärkmehlhaltige Nahrung obenan steht. (Bier, fette Mehlspeisen.) Ueberall unter gleichen Verhält- nissen auf Hochebenen und Gebirgen bei bewegter, reiner, wasserarmer Luft wird man erhöhtes Nahrungs- bedürfniss finden, namentlich nach den sog. Respira- tionsmitteln, Branntwein, Fett, Butter. Jeder kann an sich erproben, welchen Einfluss trockne Winde auf seinen Appetit haben; tiefere Ortslage beschränkt die Verdunstung, daher denn dort auch weit weniger Bier getrunken wird.

Kartoffel erhöhen den Geschlechtsreiz und das Geschlechtsvermögen, besonders wenn sie Abends genossen werden; müssen mit vielem Salz genossen werden.

Bier in seiner guten Zubereitung ist ein tadel- loses Getränk, welches als diätetisches Lebens- und Nahrungsmittel für alle Constitutionen und Alter bei mässigem Gebrauche dienen kann, was von keinem künstlichen Getränke, selbst nicht vom Weine un- vermischt gesagt werden kann.

Branntwein (Aqua vitae). Die Wirkungen des häufigen und übermässigen Branntweingenusses sind, im kürzesten Ausdrucke allmählige Lähmung der Geistes-, Willens- und Muskelkraft, Wahnsinn, Hallucinationen des Vorstellungsvermögens, Schwan- ken, Zittern, Unsicherheit der Willens- und Muskel- kraft (Säuferwahnsinn). Und doch kann die That- sache der Zuträglichkeit und des Bedürfnisses dieses Getränkes nicht abgeläugnet werden. Im kleinsten Raume, in concentrirtester Form und zu den billig- sten Preisen bietet es aller Orten die wohlthätigen Effekte des Weines und anderer geistigen Getränke. Er übet einen belebenden Reiz auf alle Lebensfunk- tionen, erwärmt, nährt und ermuthigt bei körper- lichen und geistigen Erschöpfungen. In kalten Kli- maten und Jahreszeiten dient er als ausgezeichnetes kohlenstoffhaltiges Respirationsmittel, die Wirkung des Sauerstoffes mässigend.

Wein gibt Einsicht und Muth in den schwie- rigsten Momenten des Lebens. Es ist nur Vorur- theil der Aerzte und Consequenz einer irrigen Theorie, wenn man den täglichen und regelmässigen Genuss des Weines unter allen Umständen widerrathen will. Führten wir alle ein Leben, wie im Naturzustande, ässen wir also nur sehr wenige und leicht verdau- liche Speisen, und machten uns starke Bewegung, so würde das blosse Wasser ein schickliches Ge- tränke sein. Allein bei unserer gegenwärtigen Le- bensart und besonders bei dem Mangel körperlicher Bewegung, der in höheren Ständen stattfindet, sind durchaus mehr reizende und nährende Getränke noth- wendig. Sie gehen nicht so leicht als das Wasser durch die Ausscheidungsorgane davon, sie reizen und stärken den Magen und befördern die Verdauung schwerer, besonders thierischer Nahrung. Junge Leute zwar, welche dem Naturzustande immer näher sind, den socialen Einflüssen entfernter, auch mehr Bewegung haben, bedürfen freilich des Weines nicht, aber ältere Personen und solche, die eine kränk- liche Anlage haben, müssen statt des blossen Was-

sers sich durchaus gegohrner und geistiger Getränke
bedienen. Selbst für Kinder, welche an Verschleimung, Würmern, Scropheln leiden, ist täglich mässiger Weingenuss mit Wasser vermischt zuträglich.
— Immer mit Wasser vermischt.

Die edleren Traubenrosinen enthalten Frucht-
zucker, Gummi, Pflanzenalbumin, Extractivstoff,
Weinstein, weinsteinsaure, äpfelsaure, traubensaure
Kalkerde in kleiner Menge, und auch Salze, und nur
das Wasser, durch Trocknen verdunstet, fehlt, welches sich aber sehr leicht ersetzen lässt, wenn man
die Rosinen ¹/₂ Stunde hindurch in heissem Wasser
aufquellen lässt. Von allen Obstsorten werden
die so aufgequollenen Rosinen (wie frische Weintrauben) am besten verdaut, sie erregen am seltensten
Verdauungs- und Blähungsbeschwerden, und besitzen
nicht geringe auflösende Kräfte. Sie sind als diätetisches Mittel heilsam bei Abdominalstockungen, Leberstörungen, gallichten Fiebern, beim Blutbrechen,
bei der Malaria, sie verdünnen und reinigen das Blut.
Der ausgepresste Saft aus den in heissem Wasser
aufgequollenen Rosinen kann sehr zweckmässig benützt werden, um als Zusatz zu dem Sauerampfer,
den gekochten Aepfeln, getrockneten Kirschen und
Birnen zu dienen, wodurch die Wirksamkeit der
genannten Früchte und des Sauerampfers in diätetischer Hinsicht vermehrt wird. Auch kann aus
den Rosinen ein kühlendes und angenehmes Getränk
für Fieberkranke bereitet werden, indem man 2 Loth
gute Rosinen nimmt, diese ¹/₂ St. lang mit heissem
Wasser übergossen stehen lässt, zerquetscht sie dann,
und setzt hierzu 2 Loth zerschnittene Aepfel mit
einem ¹/₂ Quentchen best crystallisirter Citronensäure.
Dieses Gemisch wird mit 10 Unzen Wasser und bei
gelindem Kohlenfeuer in einem bedeckten Gefässe 2
Stunden hindurch gekocht, bis 8 Unzen Flüssigkeit
übrig bleibt, alsdann durchgeseibt und mit 2—3 Loth
gestossenem Zucker versüsst.

Thee. Er regt die Lungen- und Hautausschei-
dung an, die in den feuchten Deltaländern immer
gehemmt ist, und macht den Genuss von mehr und
unschädlichen Flüssigkeiten möglich in den quellen-
losen Ländern, wo das Cisternenwasser spärlich und
leicht verderbt ist. Der Theegenuss beugt der Völ-
lerei vor, indem er direkt das Hungergefühl mässigt,
und indirekt die Mode des Thees jene der geistigen
Getränke verdrängt. Von Allen eingestanden ist,
dass die früheren häufigen Steinkrankheiten und das
Podagra in Holland derzeit abgenommen haben, dass
dagegen jetzt weisser Fluss, Hämorrhoiden, Nervenkrankheiten an der Tagesordnung sind.

Wenn auch für die feuchten Niederungen der
Theegenuss zuträglich erscheint, so ist es doch
nicht das Uebermass und nicht der schwache Aufguss desselben, welcher der wohlthätigen Wirkungen
des Gerbstoffes und des Aromas entbehrt; ferner
nachtheilig muss er sein, wo er nüchtern und ohne
gleichzeitig consistente Nahrung genossen wird, weil
er die Verdauungs- und Nerventhätigkeit überhaupt
aufregt, die dann auch ein Object ihrer Functions-

erregung verlangt. Am schädlichsten muss aber der
Thee wirken, wenn er mit Vernachlässigung dieser
Cautelen genossen wird, unter entgegengesetzten
klimatischen und individuellen Verhältnissen. In
allen Fällen ist der Theegenuss angezeigt, wo nach
Erkältung, Durchnässigung, Ermüdung eine vermehrte
Hautausdünstung und leichte Anregung des Nerven-
systems gewünscht wird.

Kaffee. Es liegt sehr nahe zu glauben, dass
dieses Getränk besonders da willkommen ist, wo dem
Körper in den übrigen Nahrungsmitteln wenig Stickstoff zugeführt wird, d. i. bei vorzugsweiser vegeta-
bilischer Nahrung, noch mehr, wo die Hauptnahrung
aus Kartoffeln besteht, welche unter allen Vegetabilien die wenigsten Stickstoffverbindungen enthalten.
Durch die aromatischen Oele, die tonisirenden Bestandtheile und Salze wirkt der Kaffee auch als Magenmittel. Es ist die glückliche Verbindung von
nährenden, anregenden und erwärmenden Eigenschaften des Milchkaffees, welche dieses Frühstück
so allgemein und unentbehrlich gemacht hat. Mehr
concentrirt und ohne Zusatz von Milch und Zucker
wirkt der Kaffee belebend und erregend auf die
Geistesthätigkeiten, erhöht das Wahrnehmungsver-
mögen, belebt das Gedächtniss und erweckt besonders das Nachdenken, dagegen aber lähmt er die
Muskelthätigkeit, macht körperlichen Bewegungen
abgeneigt, und schwächt ebenso das psychische
Correlat der Muskelthätigkeit, die Willensthätigkeit
und die Energie des Charakters. Er wirkt hier ganz
entgegengesetzt dem Weine, welcher das Reflexions-
vermögen lähmt, aber die Phantasie erhitzt und die
Muskelthätigkeit anregt, zu lebhaften Bewegungen,
zum Reden und Singen. Im Uebermass betäubt der
Wein und macht Schlaf, der Kaffee dagegen weckt
die Geistesthätigkeit und verscheucht den Schlaf.
Daher der Kaffee stets Lieblingsgetränk der Gelehrten, Denker, der ruhigen und der Meditation ergebenen Leute, des weiblichen Geschlechtes, des Alters;
der Wein dagegen wird mehr geliebt von der thaten-
lustigen Jugend, von den Kriegern, von Künstlern,
Dichtern und Musikern. Der individuelle Nachtheil des zu häufigen Kaffeeverbrauches ist Schwächung der Gesundheit. Er gibt Disposition zu
Krankheiten und macht wirklich krank, er schadet
der Kindheit und Jugend, begünstigt Unterleibs-
Krankheiten, veranlasst Nervenschwäche (Hämorrhoiden, Hypochondrie, Hysterie, Krämpfe, Fluor albus,
Bleichsucht.)

Zucker ist ein Nahrungsmittel. Kinder und
Greise können bei reichlichem Zucker in Wasser
neben einem Minimum von Stickstoffnahrung lange
und gesund leben. Es ist Vorurtheil, gegen den
Zucker als diätetisches Nahrungsmittel zu eifern.
Er ist das vegetabilische Salz; er wirkt wie dieses
erregend auf die Secretionsthätigkeit der Verdauungsorgane, befördert aber die Verdauung. (Er ist aber
den Zähnen nachtheilig und zwar mehr durch seine
unmittelbare Berührung als durch die Gasentwicklung, welche während seines Aufenthaltes im Magen

stattfindet. Die Erosion des Zahnes geschieht nicht
in Folge einer freien Säure, da eine solche im Zucker
nicht vorhanden ist, sondern durch die Neigung des
letztern, mit dem Kalkgehalte des Zahnes eine Verbindung einzugehen. Caspers Wochenschrift 1845.
Nr. 22.) Vgl. üb. d. Zuck. noch d. Anhang „Saccharum".

Tabak. Als Rauch-, Kau- und Schnupftabak
wirkt er im mässigen Grade betäubend, Congestionen
gegen das Hirn setzend, die geistigen, namentlich
Verstandesthätigkeiten anregend, zu unthätiger Be-
schaulichkeit hinneigend, dagegen die niederen Sin-
nen- und vegetativen Nerventhätigkeiten (Ganglien)
beruhigend, die Muskel-, Verdauungs-, Assimilations-
thätigkeit und Respirationsthätigkeit lähmend, daher
das Gefühl der Ermüdung und des Hungers aufhe-
bend. Durch consensuellen Reiz des oberen Nahrungskanals und durch Verschluckung des mit den
reizenden Stoffen des Tabaks imprägnirten Mund-
schleimes beschleunigt der Tabakrauch die peristaltische Bewegung des Darmkanals und fördert die
Stuhlausleerung.

Baumwolle. Die Kleider sind in ihrer Wirkung, die thierische Wärme zusammenzuhalten, die
schnelle Abkühlung bei niederer Temperatur und die
zu starke Erhitzung bei höherer zu verhüten, Aequi-
valente der Nahrungsmittel. Das Quantum der Nahrungsstoffe ist am meisten nothwendig zur Erzeugung
der thierischen Wärme, welche bei der Verbindung
des eingeathmeten Sauerstoffs mit dem Kohlenstoffe
der Nahrungsmittel sich vorzugsweise entwickelt. Je
schneller durch Ausstrahlung bei mangelnder Kleidung die thierische Wärme auf den Grad der äussern
Temperatur gesetzt wird, desto nothwendiger baldige
und ergiebige Zufuhr von Brennmaterial, resp. kohlenstoffhaltiger Nahrungsmittel, wenn nicht die eigenen
Gewebe angegriffen werden sollen. In der That ist
auch das Nahrungsbedürfniss im Winter grösser, und
ein wohlgesättigter Körper friert nicht so leicht, als
ein hungernder. Durch gute Bekleidung kann man
sonach das Quantum des Nahrungsbedarfes einigermassen vermindern.

Der diätetische Werth der Baumwolle steht
zwischen Leinwand und Wolle. Das baumwollene
Zeug hat die Tugenden beider ohne ihre Fehler.

Die thierische Wolle reizt die Haut, veranlasst
verstärkte und flüssige Ausdünstung, saugt den
Schweiss und die Ausdünstung ein, verhütet Nässe
und Erkältung der Haut, hält aber auch länger diese
Excretionsstoffe in seinem Gewebe zurück und lässt
sich schwer reinigen; ausserdem häuft die Wolle als
schlechter Elektricitätsleiter die Elektricität auf der
Haut an. Der leinene Stoff dagegen reizt nicht die
Haut, hält nur die Wärme zusammen durch das
dichtere Gewebe und die straffern Faser, kältet leicht
bei schwitzender Haut und hindert nicht die Aus-
strömung der thierischen Elektricität. Leinenzeug
lässt sich leicht reinigen. Der baumwollene Stoff
reizt und wärmt nicht so sehr als die Wolle, unterstützt aber doch mehr die Hautausdünstung, saugt
mehr ein und erkältet nicht so sehr als Leinen.

In kalten Klimaten bei sehr wechselnder Witterung wärmt die Baumwolle nicht genug, weil ihr Gewebe nicht so locker ist und nicht so viele Oberflächen bietet als Wolle.

Der Verbrauch der Baumwolle ist auch am grössten in wärmeren Ländern (Frankreich). Diese Hautbedeckung ist nicht zuträglich in der Kindheit, Jugend und dem kräftigen Mannesalter, überhaupt da, wo die Thätigkeit der Haut durch Alter, Hautbeschaffenheit oder Körperbewegung noch mit gehöriger Energie vor sich geht, wo dann Leinen zuträglich ist. Dagegen in späterem Alter und bei tonloser, unthätiger Haut oder weniger Körperbewegung ist ein baumwollenes oder flanellnes Hemd nöthig; wenigstens sollten ältere Leute oder schwer schwitzende Personen Hemden von Baumwolle und Leinen gemischt tragen.

Zu Fussbekleidung ist W o l l e meistens der passendste Stoff.

Diarrhoe. Durchfall.

1) *Diarrhoea-biliosa*, Druck in der Magengegend, von Zeit zu Zeit Kneipen, Schneiden, Kollern; Drang zum Stuhle, wobei selten breiige, meist flüssige, grasgrün oder spangrün gefärbte, ätzende, Brennen erregende Massen entleert werden. Drückender Stirnschmerz, leichter Zungenbeleg, bitterer Geschmack, Brechreizung, Aufstossen, dunkler Harn, Fieberbewegungen. Sie ist Conamen naturae crit., darf daher nicht unterdrückt werden. Sind die Stühle mässig 2—4 in 24 Stunden, sind sie grün und ätzend, erleichtern sie den Kranken, ist kein Fieber vorhanden, so überlässt man die Krankheit sich selbst, und ordnet blos Diät an; die Kranken sollen sich vor Verkältung hüten, nur Schleimiges essen und trinken. Bei Turgescenz nach Oben, ein Emet., Ipecacuanh. ohne Tart. emet. Sind die Ausleerungen mehr dicklich, nicht copiös, gelb, ist icterische Färbung, Druck im rechten Hypochond. zugegen, so ist Rheum angezeigt, Tinct. Rhei aq. mit Aq. foenicul. u. Syr. mannat.

2) *Diarrhoea-catarrhalis.* Unterleib nicht schmerzhaft, nicht aufgetrieben, von Zeit zu Zeit leichtes Suchen, Stühle entleeren einen hellen gefärbten Schleim alle $^1/_4$—$^1/_2$—1 St., dazu belegte Zunge, pappiger Geschmack, Mangel an Esslust, vermehrter Durst. Gegen Abend Febricula, Morgens Remission. Im Frühjahr und Herbste meistens. Die Natur heilt sie meist von selbst. Die Kranken sollen sich blos warm halten, lauwarm schleimiges Getränke geniessen, innerlich Mixtura oleosa mit Syrup. diacod.

3) *Diarrhoea-crapulosa*, seu Ephemera, in Folge schlechter Getränke und Speisen. U.L. aufgetrieben, etwas gespannt, mitunter etwas Kneipen, Abneigung gegen Speisen, bisweilen sogar Brechneigung. Mit den Stühlen gehen anfangs noch feste Fäces mit Winden ab. Die Kr. sollen sich nicht von Neuem den Schädlichkeiten aussetzen, nur lauwarmes Schleimiges geniessen, den U.L. warm halten.

4) *Diarrhoea-dysenterodes*, ruhrähnliche Diarrhoe. Druck, Oppletion im Bauche, von Zeit zu Zeit brennender Schmerz, Grimmen, Schneiden, darauf Drang

zum Stuhl, grau oder grünlich gefärbte, mit etwas
Blut tingirte schleimige Stühle. U.L. aufgetrieben,
aber schmerzlos beim Drucke; synochales Fieber.
Der Mangel an Schmerz beim Drucke unterscheidet
sie von Entzündung. Im Sommer vorkommend, nicht
selten epidemisch und Vorläuferin der Ruhrepidemie.
Vor allem Regulirung der Diät, einfacher Wasserschleim ohne Salz, Mandelmilch. Fomentationen auf
den U.L. von erweichenden Species mit narcotic.;
Einreibungen von Mercursalbe. Innerlich: ℞ Gm.
arab. ℥jj-jjj; Ol. amygd. ℥β; Aq. cerasor. nigr. ℥jv;
Syrup. diacod. ℥β. Alle ½ St. 1 Essl. — Pulv. Doweri, um auf die Haut zu wirken, aber ohne Kal
sulphuricum. Beim Uebergange in Entzündung topische und allgemeine Blutentleernng.

5) *Diarrhoea-ephemera.* S. Nr. 3.

6) *Diarrhoea-lactantium.* Es sind Säuglinge; Anziehen der Füsse gegen den U.L. Häufige Ausleerungen von flüssigen, übelriechenden, gehackten Eiern
ähnlichen, sauer riechenden, den After ätzenden
Massen. Bei heftiger Affection, sensibeln Kindern
entsteht bald Risus sardonicus. Das Kind verliert
die Farbe, zehrt ab. Dadurch unterscheidet sich die
Diarrhoe von den heilsamen reichlichen Stühlen beim
Zahnen oder von sonst unbedeutenden vorübergehenden Diarrhoen, welche keine Krankheit zu nennen.
Man gebe auch der Amme eine der Behandlung des
Kindes entsprechende Diät und Behandlung; schleimige Mittel, Gm. arab., auch Klystiere dieser Art;
Hühner- oder Kalbfleischbrühe; berücksichtige jedoch
zuvor die Ursachen: Erkältung, Säure, ungesunde
Milch; Verschleimung (sich kund gebend durch Aufstossen, Erbrechen), Zahnreiz, oder Schwäche in
Folge anderer Durchfälle (z. B. Säure) oder nieder-
drückenden Leidenschaften, wobei die Stühle wässrig
sind, ohne Zeichen von Cruditäten, Leibschmerz, mit
grosser Mattigkeit, Schwäche, Blässe, äusserer Kälte,
mit steigender Gefahr, wenn namentlich kleine Zuckungen etc. hinzukommen. Ist Turgescenz nach Oben
vorhanden, so gebe man: ℞ Tart. emet. gr. j; Aq.
destill. ℥jjj. Alle ¼ St. 1 Theel. oder einige Löffel
voll Syrup. Ipecacuanh., oder 10—12 gtt. vin. Huxh.
zu jedem Theel. voll Syrup. Rhei oder Oxymel. Scill.
Hört man viel Knurren, so sind wahrscheinlich viel
Sordes Schuld, die durch Syrup entfernt werden
müssen. Statt öligter Mittel gebe man schleimige;
zuckerstoffige erschlaffen zu sehr. ℞ Ol. amygd.
dulc., pulv. gm. arab., syrup. amygd. ana ℥jj; Aq.
cinnamom. s. v. ℥β; Aq. foenicul. ℥j. S. stündlich
1—2 Theel. Hat man die Reizbarkeit abgestumpft,
so gebe man Tonica. ℞ Pulv. rhei ℈β—j; Flat infus.
℥jv; Extr. torment. ℈β; Syrup. diacod. ℥jjj. Alle
½ St. 1 Theel. voll. ℞ Aq. foenicul. ℥jv; Tinct.
rhei vinos ℥β—j; Laud. liquid. Syd. gtt. vj; Syrup.
diacod. ℥β. Alle ½ St. 1 Theel. voll. Kommen Erscheinungen der Enteritis: Hitze, Durst, Trockenheit der Haut und rothe Zunge, harter, schmerzhafter
U.L., so verordne man Bäder, Blutegel, Einreibungen. Bei hartnäckigen Durchfällen der Säuglinge
beschwichtigt das Calomel in kleinen Gaben ⅛ Gran

2—4mal täglich, am sichersten und besten aber Cupr. sulphuric. gr. ¼ mit ¹/₁₂ Gran Opium 3 — 4 Dosen täglich dieses Leiden. Gegen die Lienterie, welche in der ersten Kindheit so häufig vorkommt, wo Alles unverdaut durchgeht, selbst die Milch nicht vertragen wird, der Bauchfluss aber ohne Schmerz und Fieber ist, passt kein Mittel besser als Natrum chloric. ʒj, welches das Kind in seiner Milch nimmt. In wenigen Tagen bessert sich die Verdauung. Säure verlangt Rheum und Magnesia. Bei Catarrhus intestinorum der Kinder wendet man mit sehr günstigem Erfolge das Argent. nitric. innerlich an. — ⅙ — ¼ auf ʒij aq. destill. stündl. 2 Kaffeelöffel voll; auf ein Klystier von ʒij nimmt man 6—8 Gr. Die Wirkung ist auffallend, wenn statt Milch oder Brei Schleimsuppe oder gar nur dünnes Reiswasser gegeben wird. Bei Cholera infantum verbindet man mit obigen Mitteln lauwarme Chamillenbäder, geistige Waschungen, und Senfteig auf die Magengegend. Bei der Diarrh. lienter. ist Rheum das Passendste. — Sind unterdrückte Hautausschläge Schuld, so suche man sie durch Vesicantia, warme Bäder wieder herzustellen. Ist Verkältung Schuld, — Sambuc., Diaphoretica. Waren Schrecken oder andere moralische Affecte Schuld, so suche man wieder mit Freundlichkeit, Zuspruch etc. zu wirken. ℞ Balsam. nucist. ʒj; Mixtur. oleos. bals. ʒj; Tinct. opii simpl. Ɂj. S. In den U.L. einzureiben bei chron. Diarrhoe. ℞ Rad. valerian. ʒβ; Columbo ʒj; Infund. aq. fervid. q. s. colat. ʒv; adde camph., subact. gr. j; Laud. liq. Syd. gtt. jj — jjj; Syrup. cort. aurant. ʒβ. 2 — 3stündl. 1 Theel. voll bei chronischer Diarrhoe mit Verdacht von Würmern.

7) *Diarrh.-paralitica.* U.L. weich, schmerzlos; die Kranken können bei Mangel von Drang zum Stuhle oft den Ort zur Entleerung der Fäces nicht mehr erreichen; die Ausleerungen unbedeutend, heller, grauer, wenig gefärbter Schleim, meist des Nachts gegen Morgen zu. Die Kranken werden cachectisch, leucophlegmatisch, zehren ab und sterben. Es sind schwächliche alte Leute, in Folge von Atrophie der Milz. Von Phthisis intestinalis unterscheidet sie sich durch die Ausleerungen; dort ist Eiter beigemengt und der Druck schmerzt, es ist dann auch Febr. hect. vorhanden. Man stumpfe die Reizbarkeit ab durch ölig schleimige Mittel mit Opium, Nux vomica, Strychnin, wende äussere Hautreize an, Pechpflaster, Blasenpflaster, Katzenfell, Einreibung von Liniment volat. Später geht man zu den Adstringent. über, Alaun, Kino, Columbo, Eisensalze. — Animalische Kost, rothe Weine, Eisensäuerlinge.

8) *Diarrh.-rheumatica.* Heftige Schmerzen im U.L., wie wenn die Eingeweide mit Scheeren zerrissen würden, meist etwas Tenesmus, reissende Schmerzen in den Schenkeln etc., etwas Fieber, Behandlung wie bei Nr. 2, nur muss man mehr auf die Haut wirken. Ipecacuanha. ℞ Ipecacuanh. Ɂβ; fiat infus. ʒv; Gm. arab. ʒjβ; Syrup. diacod. ʒj. Dabei Unguentum volat. zum Einreiben mit Ol. Hyosc. bereitet, oder Vesicans

auf den U.L. — Pulv. Doweri. — Ueber den Terpentin s. diesen im Anhange.

Allgemeines. Bei allen Diarrhoen ist stets die genaueste Untersuchung des Bauches vorzunehmen, um sich zu überzeugen, ob keine entzündliche Affection zugegen ist. In zweifelhaften Fällen ist es immer räthlich, Opium und die Adstringentia bei Seite zu setzen, sich auf öligschleimige Mittel zu beschränken, und erst wenn man gewiss ist, dass die inselförmige Entzündung verschwunden oder dass gar keine zugegen war, die Adstringentia in Anwendung zu ziehen. Fremde Körper im Mastdarm, z. B. aus verhärteten Excrementen gebildet, verursachen oft Jahre lange Leiden, die Kranken werden an Stricturen des Mastdarms behandelt etc., nach Karlsbad etc. geschickt, es gehen die dünnen Stuhlgänge bei den incrustirten Excrementen vorbei und daher besteht fortwährend dünner Stuhlgang. Man untersuche daher stets bei chronischen Diarrhoen den Mastdarm. Die fremden Körper müssen ausgezogen werden. Bei Krankheiten des Pancreas oder Missbrauch des Quecksilbers entsteht oft reichliche Ausleerung einer wässerig zähen, schäumigen, weissen Speichelflüssigkeit ohne Colik und Poltern, mit oder meist ohne Koth, zuletzt oft profus, zuweilen ein wenig blutig, manchmal mit Verstopfung abwechselnd. Bei Säuglingen gibt man Magnesia zu gr. vj — vjjj mit Mandelemulsion. Ferrum carbonicum bei habituellen Diarrhoen das trefflichste Mittel, es unterdrückt weniger, als es die Disposition aufhebt. — Macis, die Muskatblüthe gegen Diarrhoen und diese begleitende Magenschwäche ist besser als anderes Gewürze; es ist das beste Mittel, den Geschmack des Rheums erträglich zu machen, zugleich seine Wirksamkeit zu befördern. Argent. nitric. bei catarrhal. Processen der Schleimhaut und croupösen Exsudaten auf Mund- und Rachenschleimhaut und im Darm. $^1/_4$—$^1/_2$ Gr. auf ℥jβ aq. dest. In Pulverform mit Merc. gummos. und Zucker abgerieben zu $^1/_{16}$ — $^1/_{24}$ Gr. 4—5mal tägl., vorzüglich empfehlenswerth bei Darmcolliquationen bei Cholera infantum. — Calomel passt mehr bei acut auftretenden Leiden der Gedärme, und Rheum bei Atonie des Darmkanals und bei Cholerine und Cholera ähnlichen Erscheinungen. — Die Arnica gegen Diarrhoen, namentlich gegen atonische Durchfälle. ℞ Rad. arnic., — columbo ana ℨjj; Cort. cascarill. ℨjjj; Inf. aq. fervid. q. s. colat. ℥vj); adde syrup. cort. aurant. ℥j. S. Alle 3 St. 1 Esslöffel. ℞ Tinct. rhei aq. ℨj; Aq. menth. ℥jj; Aq. destill. ℥jv; Sal. ammoniac. ℨj; Syrup. alth. ℥j. Alle 3 St. 2 Essl. ℞ Pulv. r. rhei ℨj; Succ. liquir. q. s. f. pilul. Nr. 60. Alle 3—4 St. 3—4 Stück. ℞ Rad. rhei gr. jj; — ipecacuanh. gr. $^1/_4$; Conch. ppt. ℈β. M. f. p. Alle $^1/_2$ St. ein solches. ℞ Extr. cascarill. ℨj; Aq. menth. — chamomill., ana ℥jj; Mucil. gm. arab. ℥β. Alle 2 St. 1 Essl. voll. ℞ Extr. rhei gr. jj; Lapid. cancror. ppt., pulv. gm. arab., ana ℈j; Laud. liq. Syd. gtt. jj; nuc. mosch. gr. jjj. M. f. p. S. 2—3 solche Pulver tägl. ℞ Nuc. vomic. gr. jjj; Lapid. cancr. ℈β; Nuc. mosch. gr. jv. S. 2—3 Pulv. tägl. ℞ Pulv. rad. columbo ℨβ;

Coq. c. aq. f. ℥xjj—vj; adde syrup. cort. aur. ℥j; Laud.
liq. Syd. gtt. x. Alle 2 St. 1 Essl. ℞ Pulv. lign.
campech. ℥β; Cort. aurant ℨjβ; c. c. aq. font. ℥xjj—
viij; Syrup. cort. aur. ℥j. Alle St. 1 Essl. ℞ Tinct.
macidis ℥β; Laud. liq. Syd. ℨβ. S. 3—4mal 30 gtt.
℞ Plumb. acet. gr. jjj; Aq. rosar. ℥jv; Tinct. thebiac.
ℨj; Syrup. cort. aurant. ℥β. Alle 2 St. ½ Essl. bei
chronischen Diarrhoen. — Salicin zu ¼ — ½ Gran
2—3mal tägl. gegen chron. Diarrh. mit Dyspepsie
aus Schwäche der Darmschleimhaut, selbst schon bei
begonnener Hectik, bei chron. serosen Durchfällen
ohne Reizung. — Man sehe, ob nicht Gicht, Psora,
selbst versteckte Syphilis Schuld sei, namentlich bei
der chron. Form.

Diphteritis, s. Angina exsudatoria, auch Angina
membranacea tonsillaris, Angina cuenneuse, Gastro
entérite angineuse, Rachencroup etc. genannt, ist eine
gefährliche Verbindung von exsudativer Entzündung
des Schlundes, der Mandeln, des Gaumensegels mit
Laryngitis exsudatoria, ein gesteigerter aphthöser
Process; tritt meist epidemisch und bösartig auf,
aber auch sporadisch. Mit dieser Bezeichnung Diphtheritis wird ein grosser Missbrauch getrieben. Ueberall, wo sich etwas von der Pseudomembran bildet,
bei jeder Aphthe u. s. w. gebrauchen jetzt Viele diese
Bezeichnung, und doch kommt sie nur jener Affection
mit Recht zu, welche contagiös ist, in der Continuität weiter greift, die Schleimhäute und äussere
Haut durch Contiguität ergreift, anstatt sich auf der
ursprünglichen Stelle ihres Entstehens zu erschöpfen,
sich gleichzeitig an mehreren Stellen zeigen kann,
und endlich noch zur gewissen Zeit eine bedeutende
und dann jederzeit tödtende Cachexie erzeugt. In
der Privatpraxis ist die Distinction leicht, allein in
den Kinderspitälern, wo die Diphteritis ebenso oft
stationär bleibt, wie die acuten Exantheme, ist es
oft sehr schwer, diese Distinction genau festzuhalten,
weil selbst Vesicatorstellen leicht diphteritisch afficirt werden, ebenso die durch Aphthen ulcerösen
Mundwinkel, die inneren Backenflächen und die Mercurialgeschwüre. Daher kommen denn auch die Con-
fusionen. Jedenfalls muss das Epithelium oder die
Epidermis eines Theiles entfernt sein und etwas
Irritation vorhanden sein, wenn sich der diphteritische, typhöse Process (auch der Hospitalbrand wird
als Diphteritis phagadaenica zur Diphteritis gesellt)
an einer Stelle entwickeln soll und zu einer zufälligen derartigen Entblössung eines Theils kann auch
der diphteritische Process leicht hinzukommen. Am
gefährlichsten ist die Diphteritis am Larynx, wohin
sie sich auch leicht verbreiten kann vom Munde aus,
und während den Rötheln und den Masern geschieht
dieses auch leicht. Nicht allein Kinderspitalluft, sondern überhaupt unreine, ungesunde Luft in den Hütten
armer Leute, wo viele Kinder wohnen, kann sich
Diphteritis leicht erzeugen. Diphteritis, ursprünglich die Entzündung einer (gerbbaren) Membran bedeutend (wegen des gegerbten Ansehens), bezeichnet
nur die Tendenz zur plastischen Ausschwitzung. Das
Uebel beginnt zuweilen mit Anschwellung der Ohr-

speichel- und Submaxillardrüsen, leichter Fieberbewegung, Beschwerden beim Schlucken, Steifigkeit des
Halses, Heiserkeit der Stimme. Auffallende Veränderung der Gesichtszüge, beklommene Respiration,
croupartiger Husten. Die Untersuchung der Mundhöhle ergibt Anschwellung der Mandeln, welche gleich
dem Zäpfchen, dem weichen Gaumen, der ganzen
hintern Mundhöhle und der Wurzel der Zunge mit
einer schmutzig weissen dichten Pseudomembran überzogen sind, die sich nach und nach über die innere
Fläche der Wangen, das Zahnfleisch und die Zunge
ausbreitet und ein pelziges Ansehen gewinnt. Manchmal werden unter Husten Stückchen dieser Membran
ausgeworfen. Alle diese Symptome steigern sich,
Respiration wird beklommen, Extremitäten kalt,
Stimme fast erloschen, Deglutition sehr schwierig,
Husten klanglos, Tod suffocatorisch. Zuweilen tödtet
die Krankheit schon in 24 Stunden, zuweilen innerhalb 3—7 Tagen. Sie kann sich über den Darmkanal
ausbreiten. Geht es günstig, so stösst sich die Membran ab, wird ausgeworfen, oder springt und schrumpft
zusammen. Anfangs sind die Erscheinungen der Diphteritis von denen der gewöhnlichen Halsentzündung
nicht verschieden und noch keines jener eigenthümlichen Symptome vorhanden, durch welche sie sich
von den gewöhnlichen Halsentzündungen unterscheidet. Nach 1—2 Tagen aber, manchmal auch schon
nach wenigen Stunden kommen an erwähnten Theilen
unregelmässige, weissgelbliche oder grauweisse Flecke
zum Vorschein, welche zuerst vereinzelt stehen, sich
aber in kurzer Zeit sehr vervielfältigen. Auf den Tonsillen breiten sich die weissen Flecke oft ungemein
rasch aus und verbinden sich mit einander zu grösseren Flächen; in gleichem Verhältnisse bekommt die
benachbarte, noch freie Schleimhaut eine mehr livide
Röthe. Auch an den übrigen Stellen nehmen die
Flecke an Ausdehnung zu, bis sie durch Berührung
in einander fliessen. Auf diese Weise wird endlich
die ganze entzündete Fläche entweder mit einer einzigen und zusammenhängenden oder mit mehreren
neben einander liegenden Afterhäuten bedeckt, die
sowohl unter als auch unmittelbar über dem Epithelium liegen können. In der Regel beschränkt sich
dieser merkwürdige (typhöse) Entzündungsprocess
auf den Pharynx und die Mandeln, zuweilen aber setzt
er sich aufwärts in die Nasenhöhlen und nach Unten
in die Speise- und Luftröhre fort, daher unterscheiden Einige eine Diphter. pharyngea, laryngea und
nasalis. Die Membranbildung in der Nasenhöhle ist
fast immer mit schmerzhaften Excoriationen der daselbst befindlichen Schleimhaut verbunden. Die Kranken müssen mit offenem Munde athmen, Nasensprache;
scharfe Flüssigkeit sickert aus den Nasenlöchern. Die
in den Luftwegen erfolgende Ausschwitzung wird durch
Heiserkeit, Husten, Dyspnoe, Aphonie, überhaupt
durch Symptome verrathen, die mehr oder weniger
die des eigenthümlichen Croups sind. Breitet sich
die Krankheit bis zum Magen und Darmkanal aus
(nach Emangard soll ein ursprüngliches Erkranken
der Schleimhaut des Magens und der dünnen Ge-

därme der Diphter. zu Grunde liegen, und die Affection nichts anderes sein, als eine Gastroenteritis, die
sich nach oben verbreitet habe), so hat der Kranke
schmerzhafte, von Erbrechen begleitete Empfindungen
im Epigastrium, zu denen zuweilen Durchfälle und
Excoriationen am After sich gesellen. Die plastische
Entzündung verbreitet sich zuweilen sogar bis zur
Schleimhaut der Genitalien, Stirnhöhlen, auf den
äusseren Gehörgang. Die Zufälle, die den Rachencroup begleiten, sind nach der Intensität der Krankheit u. ihrer Ausdehnung sehr verschieden. Schlingen
ist erschwert, oft mit Schmerzen verbunden ; aufs
Trinken folgt Husten, der Athem hat einen unangenehmen Geruch, Drüsengeschwülste am Halse sind
schmerzhaft. Die Ausschwitzung auf der Schleimhaut erzeugt sich sehr schnell wieder. Oft wird das
Zahnfleisch schwammig, aufgelockert, blutend; ein
ähnlicher Zustand bildet sich auf der inneren Fläche
der geschwollenen Wangen aus, als ob eine durch-
greifende Mercurialkur stattgefunden hätte. Der
Rücken der Zunge ist in der Regel von einer dünnen
weisslichen Decke überzogen, aus welcher die rothen
Papillarkörper hervorragen. Die in Folge der Reaction des Organismus entstehenden Symptome zeigen
sich, je nach dem Alter und der Stärke der Individuen etc. in mehr oder minder starkem Grade. Der
Verlauf der gewöhnlichen Diphteritis ist oft reissend
schnell, und zuweilen erfolgt der Tod schon nach
24 Stunden. Complicirt sich die Krankheit mit Croup,
so sterben die Kranken gewöhnlich zwischen dem
3ten und 7ten Tage. Das Exsudat bildet das hauptsächlichste Merkmal des Uebels. Entweder eine
breite Oberfläche einnehmend, oder stellenweise in
Form von Plättchen sich zeigend, occupirt das pseu-
domembranöse Concrement zuweilen die ganze Nasenhöhle, das Gaumensegel, die Mandeln, den Pharynx,
die Speiseröhre, den Larynx, die Luftröhre und selbst
die Zweige der Bronchien. Am häufigsten beobachtet
man es jedoch am Pharynx und an den Mandeln. An
diesen Stellen adhärirt es gewöhnlich sehr stark,
während man es in der Luftröhre in der Regel frei-
hängend findet. Unter der Pseudomembran findet
man die Schleimhaut ganz unversehrt. Bei der Dipht.
ist der septische Zustand nicht so weit gediehen als
in der ihr ähnlichen Angina putrida; der entzündliche Charakter ist in ihr noch immer mit einer mehr
oder weniger kräftigen Reaction verbunden, und nur
bei einer bösartigen Richtung nähert sie sich dem
Anscheine nach der putriden Bräune, ohne jedoch
wie letztere mit einer sphacelösen sich tief bis auf
die musculösen Gebilde verbreitenden Verschwärung
verbunden zu sein. Die der putriden Bräune eigenthümliche Exanthembildung unterscheidet diese Krankheit übrigens auch hinlänglich von der Dipht. Letztere hat Aehnlichkeit mit einer von Hämorrhagie oder
Blutausschwitzung begleiteten Entzündung; die Kranken werfen in der Regel viel Blut und Ichor in Verbindung mit Stücken von falschen Membranen aus.
Dipht. kommt am häufigsten bei Kindern vor, doch
auch bei Erwachsenen, selten sporadisch, herrscht

meistens epidemisch oder endemisch. Nicht selten
beobachtet man einzelne Fälle von Diphter. um die
Zeit, wenn Ruhren, gastrisch - typhöse Fieber und
exanthematische Krankheiten epidemisch herrschen.

Therapie. Hauptsache ist die Zerstörung der
Membrane. — Bei heftiger Entzündung stelle man
örtliche Blutentziehungen an. Ist die erste Periode
der Krankheit vorüber oder das Individuum sehr geschwächt, die Haut kalt, Puls langsam, Stimme fast
erloschen, so werden Blutentziehungen sehr schaden.
Hat sich der Krankheitsprocess im Kehlkopfe und in
den Luftröhren entwickelt, treten Croupzufälle auf,
so sind Emetica indicirt; es dürfen aber keine entzündliche Erscheinungen des U.L. vorhanden sein.
Abführmittel leisten zuweilen gute Dienste, doch
dürfen sie nicht erschöpfende Durchfälle herbeiführen. Calomel nach den Blutentziehungen und
dem Brechmittel ist gerühmt; gr. $1/2$ — 1 stündlich.
Andere empfehlen grosse Dosen Calomel 2—3 Drachmen in 24 Stunden. Man verbinde das Calomel mit
Opium, um seine abführende Wirkung zu verhüten.
Tritt der septische Zustand mehr hervor, so verordne
man ein mehr oder minder starkes Chinadecoct mit
Mineralsäuren, säuerl. kühlende Getränke mit Elix.
acid. Hall., leicht verdauliche nährende Diät, gesunde
reine Luft, Waschungen mit Wasser u. Essig. Liegt
bei gleichzeitiger Affection der Luftwege die Reac-
tionskraft gänzlich darnieder, Puls langsam, Haut
kalt, Husten selten, Stimme erloschen, soporöser
Zustand, dann bleiben nur übrig Emetica, Senfpflaster
um den Hals, Moschus, China u. Valeriana, Klystiere
von Asa foetida mit China. Oertliche Behandlung:
Ist die Farbe des exsudativen Produkts weiss, die
Umgebung lebhaft geröthet, ist nur geringe Sepsis
bemerkbar, so reichen häufige Waschungen der Mund-
und Schlundhöhle mit Essig und Gerstendecoct mittelst eines an einem Fischbeinstäbchen befestigten
Schwammes aus. Bei atonischem Charakter, miss-
farbigem Exsudate, 1—2mal täglich Bestreichung mit
Rosenhonig, $1/5$ — $1/3$ Salzsäure zugemischt. Nimmt
durch diese Cauterisation die örtliche Entzündung
zu, dann milde Gurgelwasser, erweichende Umschläge
um den Hals. Gargarismen aus Dect. Chinae mit Salzsäure, mit Plumbum acet. Zur Zerstörung der Pseudomembranen! Einblasen von Alaunpulver, besser ist
jedoch die Application des Höllensteins, 1—2mal tägl.
mittelst eines Schwammes oder Pinsels: Auflösung
von Lap. infern. ℈j in ℥j aq. destill., oder den Höllenstein trocken angewendet. Niemals darf man versuchen, die falsche Membran mit Gewalt herauszu-
reissen. Vergl. Aphthae.

Durstcuren. S. Wassercuren.

Dyscrasie. Die fehlerhafte Beschaffenheit der
Säfte, welche als Krankheit erregende Ursache wirkt,
heisst man im Allgemeinen Dyscrasie; Cachexie aber,
wenn sie die Nutrition u. Reproduction stört. — Veränderung der Hautfarbe, Hautausschläge, Veränderung der Secretionen und von der Norm abweichende
Secrete (besonders des Urins), so auch oft von der
Norm abweichendes, aus der Ader gelassenes Blut;

Reizungen sowohl des Nerven- als Gefässsystems, daher Durst, Schmerzen, Krämpfe, gereizter Puls, Fieberbewegungen, Entzündungen, fehlerhafte Reproduction, Pseudoorganisationen, nicht selten Erzeugung eines Contagiuns, parasitische Bildungen und Degenerationen. Dauer ist chronisch. Ihre Wirkung, alle Arten von chron. und acut. Krankheiten, zuletzt Hectik, Atrophie, Phthisis, Hydrops, tödtlicher Ausgang entweder durch allgemeine Aufreibung der Kräfte oder durch örtliche Zerstörung edler Eingeweide. Ursachen derselben sind: zu viele oder zu wenige, oder schlechte Nahrung, schlechte Luft, Uebermaass oder Mangel an Wärme, chronische Vergiftung, Contagien, Miasmen, Unreinlichkeit, fehlerhafte Metamorphose, Digestion, Chylification u. Sanguification, fehlerhafte oder quallitativ umgeänderte Secretion oder Excretion, Hemmung oder Unterdrückung der Secrete.

Therapie. Erforschung und Entfernung der verschiedenen Ursachen, Reinigung der Säfte durch allgem. Beförderung aller Secretionen; dazu dienen die sogen. allgemeinen blutreinigenden Mittel, Alterantia, Purificantia, besonders die Wasserkur, die frisch ausgepressten Säfte von Tarax., Fumar., Gramen, Nasturt. aq., die Decocte und Ptisanen von rad. Bardan., Saponar., Sassaparill., Caric. aren., lign. Quaj., Antimonialia, Schwefel, Mercurialia, Abführungsmittel, besonders folia Sennae (selbst in Pulverform zu ʒj — jβ täglich), im Aufgusse, und rad. Jalapp., Pulvis antidyscrasicus, Species lign., Dct. Pollini, Zittmanni, Entziehungs-, Hungerkur, Erneuerung der Säfte durch Milch, reine Luft. ℞ Resin. quaj. ϶j — ʒβ; Sulph. aurat. antim., calomel., ana gr. ij; Magnes. carbon., elaeosacch. foenicul., ana ϶j. S. Pulvis antidyscrasicus. Bei reizbaren Kindern u. sensiblen Subjecten statt des Calomels u. Sulph. aurat. den Aethiops mineralis s. antimonialis. Bei Kindern auf das Jahr 1 gr., bei Erwachsenen ϶j täglich, oder früh und Abends die Hälfte eines Pulvers. ℞ Rad. sassaparill. — bardan., saponar., lign. quass., rad. liquirit., stipit. dulcamar., ana c. m. S. 2—3 Loth tägl. mit 2 ℔ Wasser zu Ptisanen abzukochen. ℞ Rad. sassaparill. ʒj; Stipit. dulcamar. ʒβ; Pulv. antimon. crud. ʒj; Coq. c. aq. font. ℔ jj—jβ; adde fol. senn. ʒβ—j; Cola adde syrup. fumar. ʒj. S. Dct. Pollini; tägl. zu nehmen. ℞ Rad. sassap. conc. ʒxjj; Coq. c. aq. commun. libr. xxjv per ¼ hor. adde sacch. aluminat. ʒjβ; Hydrarg. muriat. mit. ʒβ; Cinnabaris praeparat. ʒj, in nodulo ligat.; sub fin. coctionis adde folior. senn. ʒjjj; Rad. liquirit. ʒjβ; Sem. anisi vulg. — foenicul., ana ʒβ; Col. libr. xvj. D. ad lagen. Nr. 8. S. Dect. fort. Zittmanni. ℞ Resid. dct. fort.: rad. sassaparill. ʒvj; Coq. c. aq. font. libr. xxjv; sub. fin. coct. adde pulv. cort. citri — cinnamom. — cardamom., ana ʒjj; Rad. liquirit. ʒvj. Colat. libr. xvj. D. ad lagen. vjjj. S. Dct. Zittmanni tenue. Vom Decoct Nr. 1 trinkt man des Morgens so früh als möglich ¼ Quart erwärmt im Bette, wartet den Schweiss ab, legt erwärmte Wäsche an, und trinkt nach dem Ankleiden 1—2 Tassen schwarzen Kaffee

des Vormittags eine Tasse Bouillon, Mittags Brüh-
suppe und magern Fleischbraten, besonders junges
Geflügel, wohl auch junges Gemüse, keineswegs aber
Obst, Wein, Bier, Mehlspeisen. Nachmittags nochmals schwarzen Kaffee und vom Dct. Nr. 2 ½ Quart
als gewöhnliches Getränk kalt; Abends etwas Gries-
suppe. Vor dem Schlafengehen trinkt man von dem
Dct. Nr. 1 ¼ Quart kalt. Es ist zu rathen, sämmtliche Flaschen im Keller aufzubewahren und immer
nur 2 in Gebrauch zu nehmen, welche vorher immer
gut umgeschüttelt werden müssen. Der Kranke darf
täglich 4 Loth gebratenes Hammelfleisch und 4 Loth
weisses Brod geniessen. Roob oder Syrup von
Laffecteur: ℞ Rad. sassap. ℥ jx; Lign. quaj.,
rad. chin., ana ℥ vj; Chin. flav. ℥ jjj; Macer. per
48 hor. in aq. 140 ℔, Coq. usque evapor. ⅔ fluid.,
Colat. c. expressione coq. iterum saepius (bis) c. alia
aquae quantit. cola, misc. dct. tria, adde; sacch.
albiss. ℥ xxx; Coq. ad consistent. syrup. et infund.
syrup. fervid. sassafr. ℥ v; Sem. anis. ℥jv; Flor.
borag. ℥ jβ quae antea deponenda in lagena zinci
in baln. aquos. Decant. et conserv. D. S. Des Morgens nüchtern 6 Essl. voll, dann eine Stunde freie
Zeit, während welcher 1 Tasse leichten schwarzen
Kaffees oder eine leichte Suppe genossen wird. Nach
der Stunde, Dct. sassaparill. alle St. ½ Tasse lauwarm, so dass des Morgens wenigstens 1 ℔ verbraucht
wird. Die Mittagskost bestehe aus Fleischsuppe,
leichtem weissem Fleische und Brod, darauf wird eine
Stunde ausgeruht, des Nachmittags wiederum ℥ j
Dct. sassaparill., Abends bei der Suppe 1 St. frei,
nachher wieder 6 Esslöffel voll Roob, womit die Kur
per Tag geschlossen wird. Der Kranke beobachte
dabei strenge Reinlichkeit der Haut und warme Temperatur. Da dieser Syrup aber in der angegebenen
Qualität sehr kostspielig ist, so hat man dafür eine
andere Mischung substituirt. ℞ Rad. sassapar. ℥ j;
Aq. fervid. ℥ xvj; Mac. per hor. jv, vaso leniter
clauso prope ignem, deinde sassaparill. exhibe et
contunde, radic. contus. liquorem redde, et iterum
simili modo macer. per hor. jj; deind. coq. ad ℥ jj;
post decoction. superinfunde, fol. sennae sine stipit.
℥j; Fol. borag. ℥β; Col. solv. sacch. albiss. ℥ jjj; ut
f. l. a. Roob quod detur ad vitra v, quorum unum
continet ℥xjj. Der Gebrauch und die Anwendung ist
die beim Roob de Laffecteur angegebene.

Dysmenorrhoe. S. Menses Nr. 3.

Dyspepsie. S. Magen-Verschleimung.

Dysphagie, erschwertes Schlingen, ist ein
Symptom verschiedener Krankheiten und Zufälle.
Die Behandlung der Dysphagie ist nach den Ursachen verschieden; man bestrebe sich, diese zu
entfernen, und das Symptom wird von selbst verschwinden. S. Schlundveränderung.

Dyspnoe. S. Athmungsbeschwerden.

Dysenterie. S. Ruhr.

Dysurie. S. Harnblasenkrankheiten Nr. 3.

E.

Eclampsia-infantum. Gefraisel der Kinder.
Symptome. Die Kinder verdrehen die Augen nach
der Nase hin; werfen Schleim aus. — Zuckungen in
den Gesichtsmuskeln während des Schlafes; ziehen
die Füsse krampfhaft gegen den Bauch, schreien.
Nun kommen die Zuckungen in den Muskeln, zuweilen beginnend von den Bauchmuskeln, gehen von
da auf das Diaphragma und die Brust fort, erreichen
das Gesicht, namentlich das Auge, gehen auf die
Muskeln des Halses und der Extremitäten über. Die
Haut ist dabei kalt, Puls klein, Gesicht entstellt,
blass, Bewusstsein und Gefühl Null. Die kürzern
oder längern Anfälle enden mit tiefem Schlafe, aus
dem das Kind munter erwacht, oft aber zu derselben
Zeit am folgenden Tage, oder nachdem es getrunken
hat, einen neuen Anfall bekommt; oder mit Brechen
(geronnener Milch, zähen Schleims); oder Durchfall
(sauer, grün, wässerig); oder Schlafsucht mit Fieber
und Schwämmchen: oder die Krämpfe werden sicht-
barer, das Kind bewegt unaufhörlich den Kopf, reibt
ihn auf dem Kissen, zieht abwechselnd die Füsse
an, beisst die Kiefer zusammen, es brechen Zuckungen aus, mit Schaum vor dem Munde, Röcheln,
Schlagfluss, Tod. Eclampsie der Kinder oft Folge
des Zahnreizes (Reflex von den sensibeln Quintus-
fasern aufs Gehirn), zuweilen auch durch Reizung
im Darmkanal. Ein weniger berücksichtigtes ätiologisches Moment der Eclampsie bilden Krankheiten
der Respirationsschleimhaut, z. B. Bronchitis capillaris, Bronchiopneumonie, welche durch die neurotischen Erscheinungen gar oft zum grössten Unglücke
für die Kranken verdeckt werden.

Diagnose. Bei Hydrocephalus acutus kommen
stets ausgezeichnete Symptome von Congestionen
nach dem Kopfe vor. Bei den Convulsionen, die
dem Ausbruche von acuten Exanthemen vorausgehen
können, sind Fiebererscheinungen vorhanden, und
die Erscheinungen auf den Schleimhäuten und der
äusseren Haut hervorstechend. Von Intermittens
maligna unterscheidet sich die Krankheit durch den
Mangel des Froststadiums.

Therapie. Man fasse die Entwicklungsperioden,
das Zahnen u. s. w., ins Auge; sehe ob Mutter-
oder Ammenmilch Schuld sei, ob Säurebildung vorhanden. Wo die Krankheit durch früher vorhandene,
unterdrückte Uebel entstand, rufe man diese wieder
hervor; so z. B. die fratten wunden Hautstellen. Die
Behandlung der Krankheit an sich verlangt die Metalle. Zinc. oxyd. ½—1 Gran alle 1—2 St. Bei vorhandener Stuhlverstopfung Calomel. Wenn das Gehirn ergriffen ist und Lähmung droht, Moschus.
Dazu Chlorwaschungen, Kali-Bäder; bei Kopfcongestionen Blutegel hinter die Ohren etc. ℞ Moschi
optimi gr. jj; Flor. Zinc. gr. j; Magn. carb. gr. jv;
Cortic. aurantior., sacch. foenicul., ana gr. vjjj. M.

f. p. S. Alle ½ St. 1 Pulv. mit Honig. Siehe andere
Formeln für Moschus. — Cajeputöl auf die Magengrube eingerieben. — Senfteige auf die untern Extremitäten, warme Fussbäder. — ℞ Kali subcarb. ʒj ;
solv. aq. destill. ℥jjj. M. D. S. 10—40 gtt. täglich.
Lapides cancrorum; siehe hierüber Kinderkrankheiten. — Kalte Begiessungen während des Anfalls. —
Blausäure. — Aq. amygd. amar. Neugebornen alle
St. gtt. j, einige Monate ältern gtt. jj mit Chamillenthee. Kalte Waschungen mit Essig. — Vesicantia
anfangs im Nacken, später zwischen den Schultern
oder den Beinen. Eine sympathetische Kur, welche
oft mit dem günstigsten Erfolge angewendet werden
soll, besteht darin, dass der von den Federn entblösste After einer jungen Haustaube an den After
des Kindes gebracht wird, 10—15 Minuten lang,
4—8mal wiederholt, reiche nach 4—6 Stunden hin,
den gewünschten Erfolg herbeizuführen. Eine andere
Technik ist, den Schnabel der Taube in den After
einige Minuten lang zu stecken. Die Taube sterbe
bald nach der Operation.

Eclampsia - parturientium. Gefraisel der
Wöchnerinnen.

Symptome. Schwangere, Gebärende und Kindbetterinnen können befallen werden. Gern bei Erstgebärenden nach Affecten, Druck auf den Uterus,
anhaltenden Wehen. Vorboten sind: Müdigkeit, Zittern, Unruhe, Angst, Erbrechen, Schmerzen im Kopfe
oder Magen, veränderte Sehkraft, tiefe Seufzer, stilles
Irrereden, partielle Krämpfe, Zuckungen, Schaum vor
dem Munde, gewaltsames Arbeiten der Zunge, Augen-
verdrehen, Zähneknirschen. Zuweilen ist ein apoplectischer oder wassersüchtiger Zustand bemerklich,
oder eine exaltirte Empfindlichkeit, so dass selbst
bei sehr starken Convulsionen die Empfänglichkeit
für äussere Sinneseindrücke manchmal sehr vermehrt
ist, so wie auch die Leidende die Umstehenden erkennt. Ist der erste Anfall nicht tödlich, so folgt
in wenigen Stunden ein neuer, wenn die Entbindung
(bei Schwangern) nicht erfolgt oder wirksame Anstalten getroffen werden. Nach dem Anfalle erhält
die Kranke ihr Bewusstsein wieder und verfällt in
Schlaf. Auch während des Nachlasses ist der Puls
langsam, unterdrückt, aussetzend, häufig. Bei E.
sanguinea ist das Aussehen roth, Augen funkeln,
Puls voll, hart etc. E. ab inanitione in Folge übermässiger Ausleerungen z. B. innerer Hämorrhagien,
S. Blutleere.

Diagnose. Von Epilepsie, deren Form sie zwar
annehmen kann, ist sie ihrem Wesen nach verschieden, und zwar ist Eclampsie immer eine acute Krankheit und legt niemals den Grund zur habituellen Epilepsie. Wenn der erste Anfall der Eclampsie nicht
tödtlich abläuft, so wiederholen sich die Anfälle in
wenigen Stunden wieder, wenn nicht die Entbindung
folgt. Aura epileptica wird nie beobachtet, sie hinterlässt keine Anlage zur Epilepsie. Der Umstand,
dass bei Hysterie schon ähnliche Krämpfe vorausgegangen sind, die Art und Weise, wie bei Ecl. die
Anfälle erfolgen, vom Bauche ausgehend, gegen die

Brust, mit Herzklopfen gegen den Hals, Kopf, die Extremitäten, mit Delirien, Sopor, welche Erscheinungen selbst zwischen zwei Paroxysmen nicht verschwinden, sichert die Diagnose von Hysterie.

Therapie. 1) Ein kräftiger, bei fortdauernder Härte und Fülle des Pulses selbst zu wiederholender Aderlass; 2) Blutegel 20 — 30 an den Kopf; 3) Calomel 10 Gran pro dosi 3 — 4mal in 4 — 6 Stunden; 4) eröffnende Klystiere; 5) Sinapismen auf die Schenkel, Waden, Fusssohlen, schnell auf einander folgend. Zur directen Besänftigung der Gehirn- und Nerventhätigkeit Blausäure in der congestiven Periode ½ — ¾ — 1 Tropfen; nach Beseitigung des Congestivzustandes Moschus 1 — 2 Gr. p. d.; — Chloroform; als Unterstützungsmittel narcotische Cataplasmen auf den U.L. — Die Puerperalconvulsionen lassen sich unter zwei Formen, die anämische und sthenische, fassen. Bei Behandlung der letzteren Form müssen wir den Anfall verkürzen, das Coma zu heben suchen, und uns bemühen, ferneren Anfällen vorzubeugen. Diese Indicationen werden erfüllt dadurch, dass man die Gefässreizung und Congestionen in den Hirngefässen zu heben und die Geburt zu beschleunigen sucht; daher kräftige Blutentleerungen, um den Uterus zu erschlaffen u. Ausschwitzungen zu verhindern. Nach den Aderlässen und Blutegeln, besonders den Tart. emet. regelmässig angewendet. Dieses letztere Mittel macht starke Blutentziehungen überflüssig, wirkt aber am besten, wenn mehr Blut entzogen worden ist. Er stimmt nicht allein die arterielle Thätigkeit herab, sondern erschlafft zu gleicher Zeit diejenigen Gebilde, durch welche das Kind hindurch gehen soll. In allen Fällen von sthenischen Convulsionen sollte man den Tart. emet. in Ekel - erregenden Gaben reichen. Um Reizung der Schleimhaut des Darmkanals und eine Diarrhoe zu vermeiden, ist es oft gerathen, etwas Opium zuzusetzen. Wird der Brechweinstein einige Zeit fortgesetzt, so entsteht mitunter ein erythematöser Ausschlag. Purgirmittel sind in Puerperalconvulsionen von besonderer Wichtigkeit. In Fällen, in welchen die Kranken nur mühsam oder nicht schlucken können, streicht man 10 — 15 Gr. Calomel mit Butter gemischt auf die Zunge und gibt hinterher 1 — 2 gtt. Crotonöl. Gleichzeitig wird ein Klystier von Seife, Coloquinthen und Terpenthin gesetzt. Der Mercur muss mit grosser Vorsicht gebraucht werden, weil er leicht Salivationen, Durchfall und eine nachfolgende gefährliche Schwäche hinterlässt. — Bei der anämischen Form entbinde man die Frau, spritze kaltes Wasser ins Gesicht, gebe Aether und Ammonium. Bei heftiger Congestion gegen den Kopf Blutegel etc. Eisumschläge auf die Stirne, den Kopf. — Chinin. sulphur., wenn die Anfälle zu bestimmten Stunden wiederkehren. — Die krampfstillenden Mittel bei der hysterischen Form. — Opium, wo weder schnarchende Respiration, noch soporöse Zufälle vorwalten. — Ausleerende Mittel, bei gastrischer Complication. Berücksichtige die venöse Congestion in den Gefässen des U.L. und des Kopfes, die Cruditäten der ersten Wege; da-

her örtliche und allgemeine Blutentziehungen, kalte
Umschläge auf den Kopf; Brechmittel, Abführungen
und krampfstillende Mittel, nebst warmen Bädern,
Opiatklystieren, Senfteigen an die Waden, an das
Epigastrium; Morphium endermatisch. — Essigklystiere — Ipecacuanha zu $^1/_4$ — $^1/_2$ Gran alle Viertel-
stunden. — Blasenpflaster auf den abgeschorenen
Kopf. — Belladonnasalbe in den Muttermund einzureiben. — Liquor. Kali subcarbonici. — Flores Zinci. —
Moschus. — S c h ö n l e i n schlägt vor, den Uterus
durch Einspritzungen von Dct. Mezerei ʒjß auf ʒjv
colat. mit Liquor. ammon. caust. gtt. x zu reizen in
der Hoffnung, durch den Gefässreiz und die erzeugte
Gebärmutterentzündung den Nervenreiz antagonistisch zu mindern.

Eczema. S. Hitzblattern.

Eicheltripper, Balanitis blennorrhoica. S.
Tripper.

Eierstock-Entzündung. Ovaritis.

Symptome. Der Verlauf ist meistens äusserst
schleichend. Dumpfer Schmerz in der Tiefe des
Beckens; bei angezogenen Schenkeln in der Rückenlage fühlt man da, wo der horizontale Ast des Schambeins in das Darmbein übergeht, in der Tiefe eine
Geschwulst, die verschiebbar u. beim Drucke schmerzhaft ist. Gewöhnlich kommen diese Erscheinungen
nur auf der einen Seite vor. Gesteigertes Wärmegefühl an den afficirten Ovarien; consensuelle Erscheinungen: Verdauungsbeschwerden, der Schenkel
der leidenden Seite wird schwerer, taub, seine Bewegung lästig, bei weiteren Fortschritten der Krankheit wird er ödematös. Durch den Druck der Geschwulst auf Blase und Darm treten Beschwerden
beim Urinlassen u. Stuhlgang ein; starkes Drängen,
Strangurie, Ischurie, anhaltende Verstopfung. Bei der
Untersuchung durch die Scheide und den Mastdarm
ist die Geschwulst mehr oder weniger deutlich fühlbar, und oft schon in der beginnenden Entwicklung
Fluctuation zu erkennen bei fortgeschrittenem Uebel
der chron. Entzündung. Dazu nervöse Symptome,
welche die Krankheit oft mit Hysterie etc. verwechseln lassen; gegen den Magen zu Druck, Wasserspeien, Cephaloea hysterica, Clavus hyster.; oft steigern sich diese Symptome bis zu Convulsionen, nicht
selten zu Delirien nymphomanischer Natur. Nur bei
der acuten Form ist Fieber. Die Menses cessiren
oder zeigen sich blos momentan und spärlich; manchmal gesellt sich eine Hämorrhagie aus dem Uterus
hinzu.

Diagnose. Von Hysterie durch den Schmerz und
die Anschwellung in den Ovarien, und dadurch, dass
die Reizung nicht vom Uterus, sondern von den Ovarien ausgeht. Von einfacher Metrorrhagie durch die
permanenten, den Blutungen vorausgehenden Erscheinungen in den Ovarien und die sie begleitenden
nervösen Erscheinungen.

Therapie. Man sorge für Unterlassung von Ausschweifungen. Bei synochalem Fieber und heftiger
Entzündung V.S., sonst blos Blutegel an die Bauchbedeckungen, inneren Schamlippen u. das Perinäum;

Fomentationen mit kaltem Wasser. Innerlich Calomel mit Campher und Opium, oder jodinsaures Quecksilber. Bei heftiger nervöser Aufreizung Castoreum in Klystieren mit Asa foetid. ℞ Hydrarg. jodici gr. j; succ. juniperi inspis. gr. xjj; Pulv. rad. liquirit. q. s. f. pilul. Nr. 8. Früh und Abends 2—4 Stück.

Eierstock-Hypertrophie.

Symptome. Anfangs kugelichte, später ungleiche höckerigte Geschwulst über dem queren Aste des Schambeins, die zur Zeit der Menstruation schmerzhaft ist, dumpfen Ton bei der Percussion gibt, zur Zeit der Menses an Grösse zunimmt, den Uterus nach Unten auf die Blase und den Darmkanal drückt, Taubheit und Einschlafen des Schenkels der leidenden Seite verursacht. Dazu Anomalien der Menstruation, Anfälle von Hysterie.

Diagnose. Von Hydrops durch das Nichtfluctuiren der Geschwulst, Mangel der übrigen hydropischen Erscheinungen. Die Paracentese gibt den sichersten Aufschluss.

Therapie. 1) Exstirpation. 2) Ableitung u. Antiphlogose. — Jod innerlich u. äusserlich; beim Schmerz Blutegel. Man mache Pausen mit den Arzneien und gebe gute Kost 3—4 Wochen lang, dann beginne man die Behandlung wieder. Bei Vollblütigen alle 14 Tage eine kleine V.S. Endlich palliative Behandlung, Beseitigung der secundären Zufälle, Beförderung der Menstruation.

Eierstock-Wassersucht. Hydrops ovarii.

Symptome. In der Gegend des Eierstockes meist auf einer Seite bildet sich eine Geschwulst, die Anfangs nur ein Gefühl von Druck u. Schwere erzeugt; später wird sie deutlicher gefühlt bei der Untersuchung und der U.L. aufgetrieben. Die Geschwulst ist verschiebbar, durch sie wird der Uterus verschoben, wie die Untersuchung zeigt. Man fühlt Fluctuation durch das Scheidengewölbe und den Mastdarm. Dazu Gefühl von Taubheit im Schenkel der leidenden Seite mit ziehenden reissenden Schmerzen wechselnd. Aufsteigen von Globus hysteric., Brechreizung, wirkliches Erbrechen, beschwerliche Harnsecretion, Verstopfung, Blähungen, Blässe des Gesichts mit Hinneigung zur chlorotischen Färbung, trockene Haut, Oedem der Knöchel.

Diagnose. Von Psoasabscessen, Vereiterung der Ovarien, durch den Mangel des hektischen Fiebers, durch die Art und Weise der Bildung der Geschwulst und die Gegenwart der hydropischen Erscheinungen. Von Ascites durch die Art und Weise der Entwicklung der Geschwulst, die Lage derselben, die Erscheinungen im Genitaliensystem.

Therapie. Man entleere das Wasser durch die Paracentese, entleere den Harn durch den Katheter, sorge für Stuhlausleerungen, und gebe innerlich die gelindern, die Dauungsorgane nicht sehr beschwerenden Antihydropica, oder verbinde sie mit Amaris. Jod äusserlich und innerlich. — ℞ Kali hydrojod. ʒj; Axung. porc. ʒj. D. S. 2mal tägl. damit einzureiben. ℞ Kali hydrojod. ʒj; Aq. destill. ʒj. S. 15 gtt. 3mal tägl. u. bis 40 p. dosi steigend. S. Wassersucht.

Elephantiasis. S. Lepra.

Elythritis. S. Vaginitis.

Emphysem der Lungen.

Symptome. Am häufigsten erscheint diese Krankheit als Folge der chronischen Katarrhe, auch wohl nach Pneumonie. Die Kranken leiden beständig an Dyspnoe, Brustbeklemmung, ohne jedoch über Brennen, Stechen oder Schmerz zu klagen. Die Dyspnoe steigert sich paroxysmenweise. Während derselben sitzen die Kranken aufrecht, athmen keuchend mit vorgestrecktem Hase, der Thorax hebt sich entweder gar nicht, oder einseitig, die Respiration geschieht mehr durch die Bauchmuskeln und das Zwerchfell, und sie werden durch Anstrengung, Höhensteigen herbeigeführt, oder entstehen spontan, am häufigsten in den Abendstunden. Livor im Gesichte, der sich bei den Anfällen steigert. Husten stossweise, rasselnd, trocken oder mit schaumigem, nicht selten copiösem Auswurf. Ist das Emphysem bedeutend, so dehnt sich die Brust dieser Seite mehr aus; Intercostalräume erweitert. Beim Druck auf diese Stellen ein eigenthümliches Geräusch, wie beim Druck auf mit Luft infiltrirte Organe. Percussion gibt tympanitischen Ton; Auscultation, Mangel des Respirationsgeräusches an der Stelle des Emphys., dafür knisterndes, trockenes Rasseln. Kein Fieber.

Diagnose. Die paroxysmenweise auftretenden Anfälle von Dyspnoe, der eigenthümliche Ton an der Stelle des Emphysems, das knisternde, trockene Rasseln, der schaumige mit grossen Blasen gemengte Schleimauswurf, der Mangel des hektischen Fiebers sichert vor Verwechslung mit Phthisis.

Therapie. Man setzt Blutegel in scrobiculo cordis, macht Fomentationen von erweichenden, mit Aromaticis gemengten Kräutern auf die Brust. Innerlich Zincum hydrocyanicum 1—2 Gran alle 2—3 St. Haben diese Mittel keinen Erfolg, so gibt man Senega, Sulphur. aurat., Ipecacuanh. zu ¹/₁₀ gr.; setzt Vesicantien auf die Brust, den Oberarm und die Ausstrahlungen des Nervus pneumogastricus.

Empyem, Eiterbrust, eine Pseudocrise der Pleuropneumonie.

Symptome. Die Oppression der Brust nach einer Entzündung nimmt zu, der Kranke athmet nur mehr mit einer Lunge, mehr durch das Zwerchfell. Percussion ergibt dumpfen Ton, die Auscultation gänzliches Verschwundensein des Respirationsgeräusches in der kranken Lunge. Diese Erscheinungen wechseln den Ort nach dem Wechsel des Niveaus der Flüssigkeit bei der verschiedenen Lage des Kranken. Die Mensuration zeigt Erweiterung der kranken Brusthöhle und der Intercostalräume ihrer Seite. Bei bedeutendem Empyem wird das Herz nicht selten entweder zu sehr nach rechts, oder links, oder herunter gegen den Bauch geschoben. Blaues, livides Gesicht, grosse Angst; der Kranke liegt auf der kranken Seite oder sitzt aufrecht im Bette, und inspirirt mit weit vorgestrecktem Halse. Wenig, dunkler Harn.

Diagnose. Die Percussion ergibt dumpfen Ton.

Aigophonie an den Stellen der Ergiessung. Wenn
die Ergiessung vom Anfange sehr beträchtlich oder
erst später es geworden ist, so wird der Ton ganz
matt, die Aigophonie verschwindet, die Respiration
hört ganz auf in der linken Seite.

Therapie. Diaphoretica, Diuretica, Expectorantia, Calomel, Digitalis, Antimonium. Unguent. Neapolitan. — hydrojod., ol. Hyoscyami, ana ʒß; Ol. Juniperi ʒj. S. In die Brust einzureiben. — Digitalis.
Infus mit Liquor kali acet. ʒß. — Die Paracentese
der Brust beim Empyem ist das letzte Mittel, wenn
die Methode der Entleerung durch die normalen Secretionen nicht zum Ziele führt, oder wo der Druck
der Flüssigkeit auf die Lungen so bedeutend ist, dass
augenblicklicher lethaler Ausgang zu befürchten steht.

Encephalomalacia. S. Gehirn-Erweichung.

Engbrüstigkeit. S. Asthma.

Enteritis. S. Darm-Entzündung.

Enterophthisis. S. Darm-Schwindsucht.

Entzündung, Inflammatio, Phlogosis.
In neuester Zeit haben die Ansichten über die
Natur der Entzündung sich so wesentlich geändert,
dass es nothwendig scheint, kürzlich die Erscheinungen zusammenzufassen, die den Begriff Entzündung in Folge von Entzündung tragen sollen. Die
Veränderungen des Organismus beziehen sich theils
auf physiologische, theils anatomische, theils chemische Erscheinungen, von denen einige allgemein durch
den Organismus verbreitet sind, andere aber nur
local vorkommen, wie die Erscheinungen der Blut-
stase und Hyperämie in dem gerade entzündeten
Organe selbst, die Exsudation und der Schmerz, zu
ersterem aber eine Aufregung der Function gewisser
Nervenpartien und eine eigenthümliche Abänderung
der Mischung der näheren Blutbestandtheile. Nach
Andral und Gavarret zeichnet sich das Blut in
Entzündungen durch eine Abnahme des quantitativen
Verhältnisses der Blutkörperchen und der feuerbe-
ständigen Salze und durch eine Zunahme der aufgelösten Proteinverbindungen, des Faserstoffes und des
Eiweisses aus; — nach Scheerer reagirt es sauer,
nicht wie das Normale, alkalisch; enthalte daher eine
Säure. Die Anzahl der Blutkügelchen mindert sich
mit der Abnahme des Salzgehaltes im Serum, während Reichthum an Salzen des Serums sie conser-
virt. Die Blutkügelchen werden also in dem Verhältnisse stärker aufgelöst, als das Serum seiner
Aschensalze beraubt ist. Das Serum des entzündeten Blutes verliert gegen das normale bei 1000 Gr.
zwischen 4—16 Gr., woraus hervorgeht, dass die
Blutkügelchen stärker als im normalen Zustande
aufgelöst werden müssen. Die Blutkörperchen werden pathisch durch Endosmose in grösserer Quantität aufgelöst, wodurch sich nicht allein das Missverhältniss der absoluten Verminderung der Quantität
der Blutkörperchen, sondern auch die Vermehrung
der Menge der flüssigen Proteinverbindungen im Serum erklärt, nämlich der Fibrinate und Albuminate.

Nach Mulder besteht die sogen. Crusta phlogistica aus Proteinbioxyd und Proteintrioxyd, aus-

serdem noch aus Fibrin, Albumen und Fett. — In
dem Organe, das der Sitz der Entzündung ist, findet
eine Ausschwitzung von den im Blute überflüssig
vorhandenen Proteinverbindungen statt, es tritt das
Albumen und Fibrin aus den Capillaren in das Parenchym des ergriffenen Organs, aber nicht organisch
ausgebildet in Substanz des Organs verwandelt,
sondern selbst nur gleichsam präcipitirt. Durch die
Exsudation der festen Substanz wird das Serum des
Blutes specifisch noch leichter; der durch die Exsudation entstehende Verlust trifft aber nicht blos das
specifische Gewicht des Blutes, sondern es büsst
durch diese Exsudation auch an Masse, an Volumen
ein. Dies so veränderte Blut reizt das Nervensystem, zunächst wohl nur die Empfindungsnerven,
durch diese dann das Rückenmark, das besonders
die nicht willkürlichen in Bewegung setzt. Diese
Aufregung des Nervensystems begreift man unter
dem Namen Fieber. — So lange der exsudative Process in der Entzündung andauert und fortgeht, so-
lange also das Blut durch Abgabe plastischer Stoffe
von seinem Volumen einbüsst, ersetzt es sein Volumen durch Wasseranziehung aus der festen organischen Substanz; daher die Trockniss der äusseren
Haut, es fehlt ihr die Disposition zum Schweisse.
Den organisch-physischen Gesetzen gemäss muss
aber dies specifisch leichtere und zu leichte Blut
auch wieder aus der organischen Substanz durch
Endosmose Salze aufnehmen, wodurch die feste organische Substanz für das an das Blut abgegebene
Salz Wasser zurückbekommt; dadurch wird die Haut
weich, — transpirirt.

Die Membranbildung auf entzündetem Blute ist
bekannt und unbestritten, nicht aber ihre Bedeutung; denn schon die ältere Schule schloss nicht
von ihr auf Steigerung und Fortdauer der Entzündung; ja nach Enderlins oder Lehmanns Erfahrungen gelte sie vielmehr schon für ein Zeichen der
beginnenden Rückbildung des obwaltenden pathischen
Zustandes, indem durch pathische (therapeutische)
Ammoniakbildung der pathischen Säurebildung in der
Entzündung vom Organismus selbst entgegengewirkt
wird; wie auch diese Ansicht noch durch die Harn-
sedimente in entzündlichen Krankheiten bestätigt
wird. Die Mittel, deren sich die Natur selbst zur
Reconstruction des pathischen Blutzustandes bedient,
sind: 1) die Resorption des Wassers aus der festen
organischen Substanz; 2) durch Endosmose feuerbe-
ständiger Salze, namentlich phosphorsauren Natrons;
3) durch die Entgegenbildung einer organischen Base
gegenüber der pathisch entstandenen Säure. — Die
in diesen Processen verlaufende Zeit ist die Dauer
der Krankheit. Im Gegensatze mit diesen inneren
Vorgängen wird auch schon seit Hippocrat. Zeiten
der Eintritt einer freiwilligen Blutung als Naturheil-
process angesehen. Allein der günstige Einfluss sowohl dieser Blutung, wie der durch den Aderlass
erhaltene auf den Verlauf der Entzündung hängt
nicht, wie man allgemein glaubt, von der absoluten
Verminderung der Blutmenge ab, sondern ist vor-

züglich durch die Abänderung bedingt, die der quantitative Verlust an Blut auf die Qualität desselben hat; denn diese ist in Entzündungen fehlerhaft, wie die lehrreichen und genauen Experimente von Davy, Nasse u. Zimmermann beweisen. Durch die freiwillige wie künstliche Blutentleerung wird weder ein normaler noch pathischer Blutbestandtheil ausgeführt, aber indem dieser Verlust durch Inhibition von Wasser ersetzt wird, ändert sich auch zugleich das relative Verhältniss der Blutbestandtheile zu einander und das Verhältniss des Blutes selbst zum übrigen Organismus, was eben hauptsächlich Bedingung zur Rückbildung des entzündlichen Zustandes ist. — Das bei der Rückbildung der Entzündung im Blute überflüssige Wasser entleert der Organismus theils durch die Nieren oder den Schweiss; beide sind durchaus gleichzeitige Acte eines und desselben Lebensprocesses. — In dem bei der Entzündung auftretenden Fieber ist nicht blos die Beschleunigung des kleinen Kreislaufes, die schnellere Circulation des Blutes durch die Lungen wegen der dadurch gesteigerten und beschleunigten Oxydation gewisser organischer Substanzen von Wichtigkeit und Bedeutung für die Rückbildung der Entzündung, sondern auch die Beschleunigung des peripherischen oder grossen Kreislaufes hat einen auf die Heilung des entzündlichen Zustandes wesentlich günstigen Einfluss, indem nämlich dadurch das Blut intensiver und häufiger in die Capillaren eingetrieben wird, namentlich in die Muskelgebilde, wobei sich der Process der Endosmose und Exosmose findet, durch welchen sich dann die Blutmischung wieder zur Norm zurückbildet. — Richter glaubt daher, dass es nicht nöthig sei, zur Erklärung der Heilung der Entzündung seine Zuflucht zu dem Wirken jenes besonderen Wesens einer eigenartigen Naturheilkraft zu nehmen, weil sich überall ein einfacher Uebergang der pathischen in die therapeutischen Processe durch natürliche Vorgänge finde.

Symptome. Schmerz, Röthe, Geschwulst, erhöhte Temperatur. Druck erhöht den Schmerz, Störung in der Function des entzündeten Organs, häufig auf dem Blute Crusta phlogistica. 1) Active, bei vollsaftigen, robusten Leuten, bei Männern. Die Symptome sind solche, die mit den Nebenzufällen im richtigen Verhältnisse stehen, grösstentheils heftig, der Schmerz lebhaft anhaltend, drückend, stechend, klopfend, die Röthe unbeschränkt, gesättigt. Der Ausgang meist Zertheilung, gutartige Eiterung selten, Brand oder Verhärtung. 2) Passive Entzündung, bei schwächlichen reizbaren und dyscrasischen Subjecten. Die Symptome stehen mit dem Athem, Pulse und den übrigen Nebenzufällen im Missverhältnisse und sind grösstentheils unbedeutend. Der Schmerz wenigstens anfangs gering, selten stechend, mehr reissend, brennend, oft nur stumpf drückend, Röthe nicht lebhaft, mehr dunkel oder blass, oft bläulich oder missfarbig, Geschwulst nicht sehr heiss, meist unempfindlich, schlaff oder sehr hart, oft sehr gross, zuweilen verbreitet, Function des Theils gehindert,

Secretion in Unordnung, meist stark vermehrt oder verändert, Fieber asthenisch. Ausgang: oft Verhärtung oder Brand, manchmal Verschwärung. 3) Verborgene Entzündung, Inflammatio occulta, latens; kein stechender, heftiger, klopfender Schmerz, nur eine festsitzende und bleibende Empfindung von stumpfem Schmerz, Spannung, Schwere und Druck, ein ungewöhnliches Gefühl, beängstigend in gewissen Lagen und Stellungen, bei starker Berührung; nach Erhitzung, Bewegung und Erschütterung zunehmend, was der vielleicht betäubte Kranke durch Hingreifen oder Verziehung des Gesichtes andeutet. Dabei momentane Gefühle von Wärme oder gelindem Pochen, was man bei seicht liegenden Theilen bisweilen durch die aufgelegte Hand fühlt; an der verdächtigen Stelle bemerkt man oft auch eine ungleiche Erhebung und Senkung, eine bleibende Eingezogenheit; das leidende Organ vergrössert sich allmählig, seine Function wird träge, mehr oder minder gestört. Fieber fehlt, ist unbedeutend, Verlauf chronisch. Innere Theile gehen oft unvermuthet in Eiterung über.

Diagnose. Von activer Congestion und erhöhtem Turgor vitalis durch eine gewisse Dauer und Intensität des Lebensprocesses bei der Entzündung. Von Neurosen durch das Permanente der Erscheinungen.

Therapie. Antiphlogose; V.S., Blutegel, Nitrum, Calomel, Digitalis, Kälte; Ableitung durch Vesicantien, aber erst nach Beschwichtigung des ersten entzündlichen Sturms, Flanell in heissen Essig getaucht an die Füsse, Sinapismen, Klystiere, Mittelsalze, Tart. emet., sowohl um Erbrechen zu erregen, wie auch in grossen Dosen, als reines Antiphlogisticum. Moxa, Glüheisen, um die Entzündung von edlern innern, auf unedlere äussere Theile zu leiten. Bei besonders erhöhter Sensibilität folgen der Antiphlogose die Narcotica: Blausäure, Aq. Laurocerasi, Hyoscyam, Opium in Verbindung mit passenden Antiphlogisticis. Bei Gastricismus, Emetica und Abführungsmittel. Ist die Entzündung mit chronischen Krankheiten verbunden, so wird erst die Entzündung, dann die chronische Krankheit behandelt. Nach gehobener Phlogosis geht die Congestion manchmal in eine passive über, der Puls hat seine Härte verloren, aber Frequenz beibehalten; in diesen Fällen gebe man gelinde Mineralsäuren, Syrup. mineralis. Endlich antiphlogistische Diät. Bei Weibern ist die Entzündung namentlich wichtiger Organe nicht selten Gelegenheitsursache zur Entwicklung der Hysterie, zu welcher die passive Congestion den Uebergang bildet. In solchen Fällen gebe man die gelinderen Antihysterica in Klystierform. Nach den Blutentziehungen wirken vorzugsweise antiplastisch das Quecksilber, das Natrum nitricum, die Alkalien. Das Quecksilber lässt man entweder als graue Salbe einreiben oder innerlich als Calomel nehmen. Soll das Quecksilber rasch eindringen und seine antiphlogistische Kräfte entfalten, so sind Inunctionen vorzuziehen; sie müssen rasch auf einander, in grosser Dosis, und abwechselnd an verschiedenen Hautstellen angewendet werden. Einige lassen, ohne Blutent-

ziehungen und andere zweckmässige Mittel zu vernachlässigen, bei Hepatitis, Laryngitis, Croup, Otitis,
Pneumonie, Pleuritis, Pericarditis, Myelitis, Erysipelas, Ophthalmie, alle ½—2—4 Stunden ℈ij—ℨj des
Ungt. ciner., langsam und stät dem Striche der Haut-
härchen folgend, an den Extremitäten oder am Rumpfe
(in der Achselhöhle soll es am schnellsten resorbirt
werden) einreiben. Calomel darf bei entzündeter
Darmfläche nicht gegeben werden. Auch das kohlensaure Kali wirkt der excessiven Plastik des Blutes
entgegen. Man reicht das Kali carbonicum im Getränke ℨij auf 2—4 ℔ Wasser in 24 Stunden, Selterserwasser, dessen Kohlensäure man verrauchen lässt.
Ferner Nitrum. Lallemand empfiehlt den inneren
Gebrauch des Tart. emeticus bei Entzündungen in
allen Fällen, wo Blutentziehungen wegen allgemeiner
Körperschwäche nicht anwendbar sind; unter die
trefflichen Wirkungen dieses wiederholt dargereich-
ten Brechmittels gehört nach ihm auch die rasche
und sichere Beseitigung von acuter Blennorrhoe.

Es gibt sehr viele Fälle, wo der beste Praktiker
über die Zahl, die Frequenz und die Abundanz der
Venaesection, welche man dem Kranken machen
soll, in Zweifel ist. Die Speckhaut an sich allein
kann man nicht mehr als Leitungsmittel ansehen.
Nach Polks Vorschlage soll man sich nach der
grösseren oder geringeren Schnelligkeit, mit der sich
das Blutcoagulum bei verschiedenen Aderlässen, oder
selbst bei verschiedenen Epochen einer und derselben Aderlässe bildet, richten. Geht die Gerinnung
nur langsam vor sich, so kann man mit aller Sicherheit noch weiter zur Ader lassen. Gerinnt das Blut
aber augenblicklich, so ist es Zeit einzuhalten. —
In zweifelhaften Fällen, wo man nach Erwägung der
Constitution des Kranken, der Krankheitserscheinungen, des herrschenden Krankheitsgenius u. s. w.
nicht zum sichern Schluss kommen kann, in wie
weit die Reaction sthenisch oder asthenisch sei, wo
andererseits unter dem Zuwarten die Gefahr der
Krankheit steigt, ist der Probeaderlass der einzige Ausweg. Der Arzt muss dabei gegenwärtig
bleiben, und während des Fliessens des Blutes die
Veränderung im Pulse beobachten. Sinkt er, oder
wird er ungleich, so schliesse man die Vene, und
schlage ein anderes Verfahren ein. Hebt sich der
Puls und fühlt der Kranke schon während des Aderlasses Erleichterung, so ist diese Antiphlogose indicirt. ℞ Dct. hord. ℥jv; Nitr. ℨj; Sal. polychr. Seign.
ℨjß; Syrup. rub. idaei ℥ß. S. Alle St. 1 Esslöffel.
℞ Kali carbon. ℨß; Succ. citr. q. s. ad perfect. saturat.; aq. destill. ℥jv; Sacch. alb. q. s. ad gratum
saporem S. Potio Riveri. ℞ Amygd. dulc. cort. liberat. ℨij; — Amar. ℨij; Contund. exact. adde sacch.
alb. ℥ij. M. f. pasta D. in charta cerata S. 1 Essl.
voll mit 1 Quart Wasser zusammengerührt zum Getränk. ℞ Extr. hyoscyam. gr. ß; Nitri gr. iij; Arc.
duplicat., magnes. carb. ana gr. v; Sacch. alb. ℈ß.
M. f. p. temperans. ℞ Calomel, herb. digital. purp.
ana gr. ß; Sacch. alb. ℈ß. M. f. p. alle 2 St. 1 Stück.
℞ Acid. tart. ℨij; Elaeosacch. flaved. citr. ℨiij; Sacch.

albi ʒiij. M. f. p. S. Limonadenpulver. ℞ Sem.
papav. alb. ʒj; Contund. f. l. a. emulsio ex aq. font.
ʒvj; Syrup. amygd. ʒj; Kali nitrici ʒij. S. Gut umgeschüttelt alle 2 St. 1 Essl. voll. ℞ Pulp. tamarind. ʒβ; Past. alth. ʒij; Inf. c. aq. font. fervid. ℥ jj.
Stent in solutione. Cola. S. zum Getränk. ℞ Pulp.
tamarind. ʒjβ—jj; Elaeosacch. flaved. citr. ʒvj—ʒjβ.
S. 2—3 Theel. alle 2 St. ℞ Dct. aven. ʒjv; Natri
sulph., acet. crud, ol. olivar. ana ʒj. S. schnell wirkendes abführendes Klystier. ℞ Tart. emet. gr. jβ;
Aq. destill. ʒvj; Nitr. depurat. ʒij; Syrup. simpl. ʒj.
S. alle 2 St. 1 Essl. ℞ Magn. sulphur. ʒjj; Mannae
ʒj; Emuls. amygd. ʒjv. S. alle 2 St. 1 Essl. voll.
℞ Nitr. crudi ʒiij; Ammonii muriat. ʒj; Natr. muriat.
ʒv; Cont. ruditer. M. S. Zwischen Servietten in
kaltes Wasser getaucht zu streuen, und während der
Auflösung überzuschlagen. Doch nützen diese Schmin-
kerischen Umschläge bei weitem das nicht, was gestossenes Eis in Rindsblasen oder in Gutta percha-
säcken. ℞ Semin. sinap. pulv. ʒjβ; Farinae secal. ʒj;
Acet. q. s. ut. f. cataplasm. spissius, extende supra
corium magnitud. palmae, panno serico ten. obtegend.,
paratur in duplo. Das Aconit in Tincturform, z. B.
gtt. jjj Tinctur. in ʒvj Wasser und ʒj Zucker alle St.
1 Essl. voll, ist in vielen Fällen ein vortreffliches
Mittel gegen Entzündungen, z. B. Bruststechen,
Leberstechen und andere Entzündungszufälle. —
Das Natrum nitricum ist in Entzündungszuständen
fast allezeit dem Kali nitricum vorzuziehen.

Enuresis. S. Harnen — unwillkürliches.

Ephelis. S. Sommersprossen.

Ephemera, Diaria febris. — Ist der geringste
Grad eines anhaltenden Fiebers.

Symptome. Die allgemeinen Zeichen des Fiebers
ohne einen bestimmten Charakter; dauert zuweilen
nur 24 Stunden, beginnt mit Frost oder Schauder
und folgender feuchter Hitze, etwas Rücken- und
Kopfschmerzen, Schwere des Kopfes, rothem Gesichte, Mangel an Esslust, unruhigem Schlafe, ge-
schwindem, weichem Pulse, manchmal etwas Nasenbluten. Nach etwa 24 Stunden erfolgt reichlicher
Schweiss, trüber, dicker Harn, und die Krankheit
hat ein Ende. Oft kommen Bläschen am Munde.
oder auf der Zunge zum Vorschein.

Therapie. Ruhe, Diät, Potio Riveri, Brausepulver, Krystallwasser, ein kühlendes Abführmittel
von Sal. Glauberi, Tamarinden, Manna. ℞ Magnes.
carb., sal. essent., tart. sacch. alb. ana ℈j. M. f. p.
S. In einer Tasse Wasser im Aufbrausen zu nehmen.
℞ Cremor. tart. ʒβ; Coq. in vaso recente aq. font.
℥ v; ad solutionem pulveris; adde pomi citri conc.
Nr. 1, sacch. alb ʒvj. S. Krystallwasser zum Getränk. ℞ Roob. ribium ʒj (seu cerasorum, berberum, mororum); Infund. c. aq. font. fervid. ℥ jj—jjj;
stent ad solutionem; adde succ. cit. q. s. ad grat.
sapor. S. Zum Getränk für Damen. ℞ Sacch. lactis ʒβ; Infund. c. aq. font. fervid. ℥jj: stent ad solut. adde succ. citr. q. s. ad grat. sapor. S. Zum
Getränk.

Ephemera protracta. Dauert die Ephemera

simpl. über 24—36 Stunden hinaus, und geht sie bis
zum 3—4 Tage fort, dann hört es auf, ein eintägiges
Fieber im strengen Sinne, oder eine ächte Ephemera
simplex legitima zu sein, und man nennt es nun
Ephemera protracta, oder auch Febris simpliciter
continens.

Ephidrosis. S. Schweisse.

Epilepsie, Fallsucht.

Symptome. Paroxysmen. Die innern und äussern
Sinne hören auf, thätig sich zu äussern, die Kranken
fallen nieder, tonische und klonische Krämpfe wechseln ab, die Daumen werden eingebogen, Athmen,
ängstlich, Zähne werden auf einander gebissen, vor
dem Munde entsteht Schäumen. Es erfolgt zuweilen
Ausleerung des Urins, des Koths, ja selbst des Saa-
mens. Bisweilen sind die Anfälle regelmässig, bisweilen nicht; oft kehrt ein Anfall erst nach einem
Jahre wieder. Den Anfällen gehen vorher grosse
Mattigkeit, Afficirtsein des Kopfes, Mangel des Gedächtnisses, Kopfweh, Ideenjagd, Veränderung in
den Sinne=perceptionen, z. B. Flammensehen, veränderter Schlaf, Auffahren, Knirschen mit den Zähnen, beunruhigende Träume, Aura epileptica. Man
theilt die Epilepsie ein in Hinsicht ihrer Dauer in
eine chronische und acute: in Hinsicht des Typus
ist sie entweder E. atypica, erratica, oder periodica,
typica. In Hinsicht auf das Verhältniss zu andern
Krankheiten ist sie entweder idiopathica oder symp-
tomatica; E. cerebralis, thoracica, abdominalis, testi-
cularis, uterina, je nachdem der Reizungspunkt oder
die Ursache der Epilepsie sich im Gehirne, der Brust,
im U.L. etc. vorfindet.

Diagnose. Die Krankheit kann mit Apoplexie,
den heftigeren Formen der Hysterie, mit Intermittens
maligna verwechselt werden. Von allen diesen Krankheiten aber unterscheidet sich Epilepsie durch folgende Momente: dadurch, dass eine Aura epilept.
aufsteigt, durch die gänzliche Bewusstlosigkeit und
den Mangel der Perception während des Anfalles
selbst, und dadurch endlich, dass die Anfälle sich
mit einer einfachen nervösen oder unbedeutenden
somatischen Krise schliessen. Pollutionen während
des Anfalles deuten auf Affection der Medulla oblongata und des obern Theils des Rückenmarks.

Die anatomischen Untersuchungen des Gehirns der
an Epilepsie Verstorbenen haben eine Menge verschiedener Veränderungen ergeben, so dass keine Einheit aufzufinden ist. So findet man übermässig viel
Blut in der Arachnoidea angefüllt, und das Gehirn
selbst blutarm, oder man findet stachelförmige Kno-
chenwucherungen, welche von der inneren Fläche
des Schädels ausgehen, und zum Theil sich in die
Hirnsubstanz hineinsenken, in anderen Fällen findet
man Verknöcherungen, welche in der Pia mater und
an der inneren Fläche der Arachnoidea entstanden,
sich über die Hirnmasse hinlagern oder sich in diese
hineinsenken, auch Geschwülste der Arachnoidea an
den Seiten und an der Basis wurden gefunden. Am
öftersten kommen indessen Geschwülste in der Hirn-

substanz, Erweichungen und apoplectische Heerde, Gehirnverhärtungen in dieser vor.

Therapie. Man beseitige die äussern, und we möglich auch die innern, die Krankheit veranlassenden Ursachen, oder limitire sie, als Knochensplitter, Exostosen, fremde, in den Körper gedrungene Dinge, z. B. eine Bleikugel, oder Reiz pathischer Produkte, Helminthen, unterdrückte Krätze, Herpes, Gichtprodukte, Säurebildung, unterdrückte Menstruation. Die einzelnen Paroxysmen verlangen folgende Rücksichten. Man schütze den Kranken während des Anfalls gegen mögliches Unglück, oder man verhüte die Paroxysmen selbst dadurch, dass man zwischen dem Ausgangspunkte der Reizung und dem Gehirne einen Druck auf den Nerven durch Binden, Schnüren etc., des Theils anbringt, oder ein Haarseil, eine Fontanelle, ein Vesicator, einen Sinapismus zwischen diesen Stellen anlegt. Der Epileptische führe Liquor ammonii caustici bei sich, um es sogleich zu nehmen (xxx gtt. in eine Tasse Wasser auf einmal), sobald die Aura eintritt. Der Kranke vermeide Alles, was Gefässreiz verursacht in dem Ausgangspunkte der Reizung. Die einzelnen Paroxysmen suche man nicht durch Daumenbrechen etc. abzukürzen, sondern sehe nur, dass kein Unheil geschieht durch den Fall, das Beissen auf die Zunge, Congestion nach dem Kopfe. Der mehr oder weniger heftige Laryngismus ist nach Marshall.Hall die wesentliche Ursache aller bei der Epilepsie eintretenden convulsivischen und sonst furchtbaren Erscheinungen, es erfolgt eine Art Asphyxie durch Verstopfung, oder Krampf, Verschliessung der Luftröhre oder Glottis. Dasselbe Verhältniss findet statt bei den Convulsionen des Pertussis. Die Tracheotomie beugt den Convulsionen vor, die gemachte Oeffnung muss offen erhalten werden durch eingelegte Röhre. Die Operation beugt nicht der Epilepsie vor, sondern den Convulsionen, und dies gilt von jeder Art solcher Convulsionen bei Kindbetterinnen sowohl als Kindern, und gerade die Convulsionen sind es, welche die Nervencentren des Gehirns oder das verlängerte Mark so gewaltig angreifen und die Intelligenz und die Kraft der Gliedmassen schwächen. Die Epilepsie zerfällt überhaupt in 2 Arten: die Epilepsia mitior oder das petit-mal der Franzosen, und die Epilepsia gravior oder das haut-mal der Franzosen. Der Laryngismus ist das Symptom, welches die eine Art von der andern trennt. Die erste besteht aus Anfällen von Schwindel, Geistesverwirrung, Bewusstlosigkeit, während deren der Patient allerdings auch hinfallen und von partiellen krampfhaften Bewegungen befallen werden kann, die aber schnell vorübergehen. Dagegen gehören die Kehlkopfdyspnoe, die Lividität des Gesichts, die Convulsionen, das convulsivische Hinstürzen, das Beissen in die Zunge, das Schäumen, Coma und Delirien der zweiten Art der Epilepsie an. Die mildere Form tritt ohne Laryngismus ein, und die Tracheotomie kann also gegen sie nicht helfen. Die schwere Form hängt dagegen wesentlich vom Laryngismus ab und kann, wenn die Luftröhre weit genug geöffnet ist, nicht vorkommen. Die Epilepsie kann eingewurzelt oder erblich sein, es kann eine fehlerhafte Entwicklung der Nervencentren vorhanden sein; es können h ä u f i g e geringe Anfälle und nur g e l e g e n t l i c h e heftige Anfälle vorkommen; der Verstand oder das Empfindungs- oder Bewegungsvermögen können schon bedeutend gelitten haben; die organische Krankheit kann eine Ursache oder eine Folge gewesen sein; der intelligente Arzt wird leicht einsehen, was sich in dergleichen Fällen erwarten lässt und was nicht. Allein in Fällen, welche durch Gemüthsbewegungen oder diese oder jene Nervenreizung veranlasst werden, wo das Leiden noch nicht eingewurzelt ist, noch keine krankhafte Strukturveränderung herbeigeführt hat, und wesentlich aus convulsivischen Anfällen besteht, welche Lividität des Gesichts, Beissen in die Zunge, Schaumen des Mundes und alsdann Stupor und Delirium veranlassen, rührt es vom Laryngismus her, und kann es durch die Tracheotomie und das Einlegen eines Röhrchens in die Luftröhre beseitigt werden. Die Krankheit als Totalität verlangt die Metalle, die Säuren, die antagonistisch auf das Gefässsystem wirkenden Mittel, Iris florent., Paeonia, Aron, Ol. animale, Nauseosa; ferner die abstumpfenden Mittel, Narcotica: Opium, Belladonna, Blausäure. Endlich hat man Furcht, Schrecken mit Glück angewendet. Ist Säure Schuld, so thut das Markgrafenpulver gute Dienste. War Onanie etc. Ursache, so richte man seine Aufmerksamkeit auf die Enthaltung von solchen Lastern, verordne hierauf China, Eisen, kalte Bäder, Waschungen, Camphor. cum nitro, Loh-, Eisenbäder. Bei der Behandlung der Epilepsie vernachlässige man niemals den Gebrauch der der Flores Zinci und der Valeriana, man gebe sie aber nicht in zu kleiner Gabe und in zu kurzer Zeit. Man beachte auch die so häufigen Gehirncongestionen, und wende kalte Begiessungen gegen sie an. Der durch das Zink hervorgebrachte Ekel beruhigt das Nervensystem und vermindert die Congestionen nach dem Gehirn. Auch soll man in jedem Fall die Extremitäten untersuchen, von welchen die Aura ausgeht. Es sind zuweilen harte Stellen daselbst, die, wenn man sie drückt, heftige Schmerzen erregen, die sich dem Gliede entlang verbreiten. Die Zerstörung solcher Stellen mittelst Lapis causticus etc. heilt dann zuweilen die Epilepsie — Chloroform. Empfohlene Formeln. ℞ Rad. Aron. 3j; — Paeon. ℥ij; Herb. card. bened. ℥jβ; m. f. pulv. S. 4mal 1 Messerspitze voll mit Aq. card. bened. zu nehmen. ℞ Cupri sulph. gr. ¼; Chinini gr. ij—iij; Sacch. alb. ℈j. Dent. t. dos. Nr. 8. S. 3mal 1 Pulv. ℞ Lapid. infern. ℈β; Extr. gentian., — liquirit. ana ℥jβ; Opii puri gr. jv; M. f. pil. gr. j. D. S. 3 Pillen des Tags, und diese einige Zeit lang gegeben, bis auf 9 Stück zu steigen. ℞ Asae foed., extr. valerian. ana ℥β; Merc. gm. Plenkii, camphor. ana gr. vj. M. f. pilul. Nr. 40. S. 2mal 4 Stück. ℞ Magn. carbon., flor. aurant., rad. valer., — paeoniae ana gr. ij; Elaeosacch. foenicul. ℈j. M. f. p.

8. **Markgrafenpulver.** ℞ Cupri sulph. ammoniat. ℈j;
Extr. gentian., succ. liquirit. ana ʒjβ; Opii puri gr.
jv. M. f. pilul. gr. j. S. 3mal 1 Pille zu nehmen
und zu steigen. ℞ Flor. zinc. gr. jj; Rad. pyreth.
— paeoniae, ari, gr. v; Sacch. alb. gr. vjjj. S. 3mal
1 solches Pulv. ℞ Rad. belladonn. gr. jjj — Ipecacuanh. gr. jj; Zinc. oxyd. alb. gr. vj; Sacch. alb. ʒj.
Divid. in part. vj. S. Alle 2 St. 1 Pulver. ℞ Zinc.
oxyd. alb. gr. j; Conch. ppt. gr. jv; Rad. valer. ℈j;
Sacch. alb. ℈β; Ol. cajebut. gtt. jjj. M. f. p. D. t. d.
Nr. 12. S. 3mal 1 Pulv. mit folgendem Thee. ℞
Viss. alb., rad. valerian., folior. aurant. ana ʒjj; Sem.
foenicul. ℈j. M. f. species D. in vj plo. S. 1 Portion mit 3½ Tassen Wasser zu übergiessen und jedes von den vorherigen Pulvern mit einer Tasse voll
zu nehmen. ℞ Visc. quern., cort. peruv., rad. valerian. ana ʒβ. M. f. pulv. f. c. syrup. cort. aurant.
q. s. electuarium. S. alle 2 St. 1 Theel. voll. ℞
Rad. artemis. vulg. ʒj; Coq. per ½ hor. ad colat.
℥ j. S. alle 2 St. ½ Tasse voll. — Meerschweinchen
im Zimmer und öfters ins Bett genommen, sollen die
Epilepsie, so wie Gicht an sich ziehen, und den
Kranken befreien. — Das Ol. valerian. aeth. zu 5—20
Tropfen, — Arnica, besonders nach unterdrückten
Hautausschlägen. — Hydrarg. stib. sulph. ℈jj; Sulphur. depurat. lot. ℥β; Flor. cassiae, elaeosacch. valerian. ana ʒjj. S. täglich 1—2mal 1 Theel., nebenbei Hautreize, Bäder, bei Epilepsie in Folge von
Krätze. ℞ Pulv. fab. St. Ign. gr. x; Pulv. rad. ipecacuanh. gr. v; Pulv. flav. cort. aurant. ʒj; Magnes.
carb. ʒj; Sacch. alb. ℥j; Ol. menth. gtt. jv. S. 1
Theel. 4mal täglich, während der Zeit, wo der Anfall
kommen sollte. Ueber den Zusammenhang der Epilepsie mit Bandwurm vgl. Wurmkrankheit.

Epinyctis. S. Urodialysis.

Epistaxis. S. Nasenbluten.

Erbrechen, chronisches. Man kann folgende Ursachen annehmen. 1) Diätfehler, die tägl.
begangen werden. 2) Wahre Asthenie des Magens.
3) Ausdehnung, Geschwüre, Verhärtung des Magens.
4) Schwangerschaft. 5) Oertliche Fehler in entfern-
tern Theilen, welche mit dem Darmkanale in beträcht-
lichem Consensus stehen. 6) Wahre Cardialgie. Im
ersteren Falle entsteht das Erbrechen gleich nach
dem Essen, oft entsteht es auch des Morgens, was
den Magen aussordentlich reizbar macht. Man verbessere die Diät, erhöhe die Thätigkeit der Verdauung durch Spirituosa, Gewürze, wende permanent
reizende Mittel, China, Eisen etc. an. Bewegung
durch Reiten, Fahren. Bei Asthenie entsteht das
Erbrechen oft periodisch, z. B. alle Monate etc.;
Leidenschaften, Ausschweifungeu, Diätfehler, Mangel
an Bewegung können sie verursachen. Diät sei gut,
vorsichtig reizend; man wende äusserlich Reibungen
an. Vesicant., lauwarme Bäder. Bei Nr. 3 hat der
Kranke dumpfen drückenden Schmerz in der Herzgrube, das Erbrechen kommt bald nach dem Genusse
von Speisen, oder nach 2—3 Stunden, das Erbrochene
ist dunkel, schwarz, sauer. Abmagerung etc. s. Magenkrebs. Bei wahrer Ausdehnung des Magens, die

durch lange Unmässigkeit in Speisen und Getränken,
heisse Getränke, Thee etc. entsteht, erfolgt selbst
nach dem Genusse der mildesten Speisen Erbrechen
der genossenen Dinge und des Magensafts. Kein
Druck, kein Schmerz. — Dem Erbrechen geht Aufstossen vorher, der Leib ist voll, aufgetrieben, aber
nicht hart. Man kann blos palliativ verfahren, wenig, aber lauter nahrhafte, gewürzte, kalte Speisen
geniessen lassen. Aeusserlich Adstringentia, Vesicantia, Linim. volat. Innerlich anfangs Volatilia,
Campher, Calamus, nachher China. Eisenmittel;
nährende Klystiere. Bei Schwangerschaft: strenge
Diät, aromatische Wasser, z. B. Esslöffelweise Aq.
menth.; Pot. Riveri, Opium, Tinctura capsici ist
das beste Mittel, um das Erbrechen der Schwangern,
derer, die die See nicht ertragen, derer, die an Migraine leiden, zu stillen. Vgl. Schwangerschaftszu-
stände. Fomentationen, Vesicantia auf den U.L.,
laue Bäder, Klystiere von Asa foetid., Hyoscyamusöl,
warme Bekleidung; Bewegung, Zerstreuung. Gegen
das anhaltende Erbrechen der Schwangern wirkt specifisch Tr. vanill. 25—40 gtt. auf einem in rothen
Wein getauchten Zwieback getröpfelt, mit Vermeidung
jeden Getränkes. Etwas Gefrornes; Eispillen. Zuweilen muss man Blutegel an die Magengegend setzen.
Ist der Puls voll, zeigen sich frühzeitige Varices, erfolgt das Erbrechen nicht vor, sondern bald nach dem
Essen, und ist auch nur eine leise Andeutung von
Plethora abdominalis vorhanden, so leisten Aderlässe
und Blutegel grosse Dienste. Oertliche Fehler, entweder im Darmcanal, oder entfernt von diesem, Verhärtungen, Würmer, Intussusceptio. Diese Fehler
müssen entfernt werden, dann gibt man wenige, aber
öftere Nahrung, nährende Klystiere, Vesicantien,
flüchtige und permanente Reizmittel. Sind die örtlichen Fehler in entfernten Theilen, z. B. bei Kopf-
wunden, Brüchen, so muss doch auch zugleich Rücksicht auf das Erbrechen genommen werden. Beim
Erbrechen, welches man auf kein Localleiden beziehen kann, leistet der äussere und innere Gebrauch
des Eisens sehr viel. Wenn reine Nervosität des
Magens die Ursache ist, so schlägt man eine Cur
ein, wie bei Hysterie; es ist gewöhnlich Symptom
der Hysterie und mit Cephaloe verbunden. ℞ Tr.
cort. aurant. ʒij; — Castorei, — Aloes ana ʒj. M.
D. S. 2mal 60 gtt. Sind keine materiellen oder entfernten Ursachen des Erbrechens zu entdecken, oder
dauert es nach deren Beseitigung fort, so gibt man
Brausepulver. ℞ Kali carbon. ʒij; Succ. citr. q. s.;
Aq. meliss. ℥iij; Extr. hyoscyam. gr. vj; Tinct. opii
gtt. vjij. M. D. S. Alle St. 1 Essl. voll. ℞ Spirit.
matrical. ℥vj; Balsam. vit. H. ℥β; Tinct. opii ʒij,
zum Einreiben auf die Magengegend. Auch der Genuss von Eispillen oder Gefrorenem thut gute Dienste.
Ein hartnäckiges nervöses Erbrechen, welches bei
seiner jahrelangen Dauer und Häufigkeit die ganze
Gesundheit unterminirt hatte, und wo man anfangs
Magendegeneration gemuthmasst hatte, wurde durch
Strychnin geheilt, welches ja überhaupt bei Krankheiten der motorischen Nerven so gute Dienste lei-

stet, z. B. bei Chorea, hartnäckiger Verstopfung
u. s. w., und hier in dem genannten Falle die pe-
ristaltischen Bewegungen des Darmkanals und Magens regeln sollte. ¹⁄₁₀ Gr. Strychnin früh und Abends
zu nehmen. S. Neuralgie, Magenkrampf.

Erbrechen der Kinder. Das sog. Käsen
oder Erbrechen der Kinder ist eine dyspeptische Erscheinung, und besteht darin, dass einige Zeit nach
dem Saugen oder dem Genusse von Thiermilch, zuweilen, nicht jedesmal, das Kind eine säuerliche,
vollkommen molkenähnliche Flüssigkeit, in der sich
kleine geronnene Käsemassen (Topfen) befinden, wieder von sich gibt, zuweilen in geringer Menge ohne
Anstrengung, zuweilen aber in vollem Strome; das
Ausgeleerte riecht dann sauer, und ist dann nur wenig geronnen. Das Kind ist dabei gesund, blühend,
vollsaftig, munter und schläft gut, leidet aber besonders an Hartleibigkeit. Zuweilen bekommt es
aber ein kränkliches Aussehen, es wird mürrisch,
schläft schlecht, hat aufgetriebenen, empfindlichen
Unterleib, leidet an Verstopfung oder an wechselnden Durchfällen. Die Stühle sind grünlich,
gleichsam gehackt und mit unverdauten Käsemassen
versetzt, riechen säuerlich, ranzig. Zuweilen geht
das Käsen in wirkliches Erbrechen über, und die
Kinder werfen alles Genossene wieder aus, höchstens
bleibt Fleischbrühe; sie werden dann auffallend welk
und mager, schlafen auffallend viel oder sehr wenig
und unruhig, und haben einen bald tympanitisch
aufgetriebenen, bald eingefallenen Bauch, sind kühl,
besonders an Händen und Füssen, und wimmern und
winseln. — Die Krankheit kann in Magenerweichung
enden, oder in Marasmus oder Unterleibsatrophie.
Meist ist die gereichte Nahrung selbst schuld, wenn
z. B. die Mutter zu alt ist, wenn die Amme schon
viele Monate früher geboren hat, bei leidenschaft-
lichen Anstrengungen der Stillenden, zu häufigem
Coitus derselben, eintretender Menstruation. Die
erste Folge ist überflüssige Salzsäure im Magen. —
Regulirung der Diät ist nöthig. Absorbentia; schwache
Fleischbrühe, die aber nicht sehr versüsst sein
darf. So verkehrt es allerdings sein würde, Säuglingen bald nach der Geburt, wo sich erst allmählig
die Functionen des Darmkanals entwickeln, kaltes
Wasser zu geben, so zeigt es sich doch bald nach
der ersten Lebenswoche schon nützlich, wenn Kinder
alles wieder ausbrechen, was sie niedergeschluckt
haben; gibt man ihnen kühles Wasser von +12—18°
R., so brechen sie dies nicht nur nicht aus, sondern
sie gewöhnen sich, auch die Muttermilch nicht mehr
auszubrechen. Man erforsche die Ursache, ob Nahrungsmittel Schuld sind, narcotische Vergiftung mit
manchen Beeren, Grünspan an den Spielsachen, Würmer, Zahnen, unterdrückte Schweisse, Krätze, oder
ob natürliche Empfindlichkeit des Magens, Ueberladung mit Speisen, Säure. Heilsames Erbrechen nach
Ueberfüllen entsteht vor und nach dem Schlaf und
ist an seinen Folgen leicht erkennbar. S. Vergiftung.
Würmer verlangen Anthelmintica; Zahnen nichts.
Unterdrückte Schweisse oder Krätze etc. fordern

Diaphoretica, Vesicantia; Empfindlichkeit: Narcotica. Säuren, Antacida. Ŗ Rad. valer. ʒj; — Irid. flor. ʒjß; — Liquirit. ʒjj; Sem. anisi ʒß; Croc. opt. gr. vijj; Magn. carb. ʒj. M. f. pulv. S. 1—2 Messerspitzen voll 2—3mal tägl. bei Milchbrechen u. Krampfzufällen im U.L. der Kinder. Ŗ Tinct. rhei aq. ʒvj; Magn. carb. ʒß; Syrup. cort. aurant. ʒjj. S. 2—3stündlich 1 Theel. Gegen Erbrechen aus Säure. Das chronische Erbre-chen der Kinder kann sich auf verschiedene Grund-leiden beziehen, es kann von Würmern im Darm-kanale herrühren, und dann müssen hierauf Bezug habende Symptome vorhanden sein; es kann mit einer Affection der Nieren im Zusammenhange ste-hen, hier prüfe man den Urin und untersuche die Nierengegend; oft hängt es mit Krankheit der Ma-genschleimhaut zusammen, namentlich mit Ulceration und Erweichung, dann dürfen andere charakteristi-sche Erscheinungen nicht fehlen; es kann aber auch besonders vom Gehirne ausgehen, und dies muss man vorzüglich beachten, da es Gehirnkrankheiten gibt, die sich durch gar keine Empfindung im Kopfe oder in anderen Theilen kund geben, und nur Digestions-störung, Appetitlosigkeit, Erbrechen, Verstopfung zeigen. Dieses Erbrechen unterscheidet sich von dem, welches vom Magen ausgeht, dadurch, dass es auch bei leerem Magen, und zwar sturzweise erfolgt, sich nicht durch Uebelkeit ankündigt, beim Aufrich-ten des Kopfes durch Bewegung, Erschütterung her-vorgerufen wird und beim Niederlegen des Kopfes aufhört. Charakteristischer ist die gleichzeitige Ver-stopfung und grosse Torpidität des Darmkanals, darum auch starke Purganzen erforderlich sind. Ist zugleich Schmerz in der Stirngegend vorhanden, sind die Sinnesorgane afficirt, ein Flimmern vor den Au-gen, Abnehmen des Sehvermögens, Sausen vor den Ohren, ist das sonst muntre Kind mürrisch, so kann man noch bestimmter auf Gehirnleiden schliessen. Bei Leiden des kleinen Gehirns kommt es häufiger vor, als bei denen des grossen, und deutet meistens auf Tuberculose, erst später treten dann Erscheinun-gen von Convulsionen, Paralysen, Hemiplegie, Con-tractionen u. s. w. hinzu, auch oft krampfhafter Husten, Asthma, Zufälle, die sich durch den Druck der Tuberkeln, die an der Hirnbasis sitzen, auf den Nerv. Vagus, Accessorius leicht erklären. Die Prog-nose dieser Tuberculose ist übel, doch nicht so schlecht wie Manche annehmen, sie haben nicht im-mer den Tod zur Folge, sondern können resorbirt werden und sich mit Cysten umschliessen.

Erectionen. S. Pollutionen.

Ergotismus. S. Kriebelkrankheit.

Erysipelas. S. Rothlauf.

Exantheme, acute. Wenn acute Exantheme herrschend sind, z. B. die Morbillen, so kann man namentlich bei Kindern nicht genug auf seiner Hut sein, wenn mit auffallenden Cerebralerscheinun-gen ein Leiden beginnt, Torpor, Apathie der kleinen Kranken vorhanden ist, sie mit dem Kopfe bohren u. s. w., und man an ein genuines oder ein zu plötzlich eingetretenes Gehirnleiden denken könnte.

Oft ist es in solchen Fällen ein starker Hautreiz,
z. B. ein allgemeines Senfbad, welches das nur zurückgebliebene acute Exanthem rasch auf die Haut
lockt, und hiemit nach und nach die Cerebralerschei-
nungen verschwinden macht. Wenn bei den acuten
Exanthemen, denen ein specifisches Gift zu Grunde
liegt, z. B. dem Scharlach, das Hautorgan schon überladen ist, und der Process der Blutvergiftung noch
fortdauert, so dass das Hautorgan nicht weiter mehr
im Stande ist, die Giftausscheidung zu übernehmen,
mit andern Worten, wenn das Gift grösser ist, als
die Hautoberfläche im Stande ist aufzunehmen, — so
geht der Kranke zu Grunde. Jedenfalls scheint es,
als ob das Gift durch die Lungen aufgenommen, das
Blut zersetzt, sich als Gift hier selbst wieder reproducirt, und durch die Ausscheidungsorgane der
Haut, Nieren u. s. w. entfernt werden muss) Sind
diese Ausscheidungsorgane nicht kräftig genug, dieses Gift auszuscheiden, so wirft es sich aufs Gehirn,
es kommt zu Convulsionen und der Kranke stirbt
rasch, wie dies namentlich beim Scharlach so häufig
geschieht. Nur durch desinficirende Inhalation wäre
es vielleicht möglich, der Blutzersetzung entgegen
zu arbeiten. Denn in etwa 1½ Minuten passirt die
Blutmasse des ganzen Körpers die Lungenbahn und
es kann daher von diesen aus eher als auf dem weiten Wege durch den Magen her, wo die Stoffe sich
erst zersetzen müssen, um in die Blutmasse zu kommen, dem rasch wirkenden Krankheitsgifte entgegengewirkt werden. Geschieht dies nicht, so gewinnt
die Krankheit einen tödtenden Vorsprung vor unsern
Mitteln. Das sog. Zurücksinken der acuten Exantheme kann seinen Grund haben: 1) In der wahren
Paralyse der Haut, durch Erkältung etc., und in solchem Falle hat der Camphor seine Indication, um
einen gehörigen Torpor der Haut wieder zu erregen,
ebenso wendet man dann heisse Bäder an. 2) In der
Hyperämie innerer Organe, z. B. des Gehirns, der
Lungen u. s. w. Es entsteht der Turgor zur Lunge,
zum Gehirn, und weicht antagonistisch von der Haut
zurück. Nicht als ob das Zurücksinken die Encephalitis u. s. w. erregt habe, und die hier nothwendige
V.S. gegen das Zurückgetretensein nützlich wäre,
sondern die V.S. bekämpft nur die gefährliche Encephalitis u. s. w. Bei exanthematischen Fiebern hindert der Abdominalwurmreiz öfters den regelmässigen Ausbruch des Exanthems, stört den Verlauf der
ganzen Krankheit, macht sie anomal, bösartig. —
Bei acuten Exanthemen darf man nur bei topischer
Entzündung zur Ader lassen; man lasse sich durch
das Stürmen im Ausbruchstadium ja nicht zu V.S.
verleiten. Man hebt den Sturm, wenn man die Eruption befördert und der Haut einen Theil des Gift-
stoffes abnimmt. Dies geschieht im Allgemeinen
durch lauwarme Waschungen, mit verdünntem Ammon. caustic., oder mit Chlor. Man kann innerlich
bei heftigem Fieber Säuren oder auch Natr. subcarb.
geben, je nachdem das Exanthem kalisch oder sauer
reagirt. Muss man bei topischen Entzündungen Blut
entziehen, so begnüge man sich mit Blutegel, wenn

es möglich ist. — Fast alle acuten Exanth. werden nach Einem Maassstabe behandelt. Die Aufgabe bleibt stets die, das Exanthem seinen Lauf machen zu lassen, nur während des Verlaufs das Individuum vor Schädlichkeit zu schützen, die Natur in dem exanthemischen Process zu unterstützen, und stets zu suchen, den Charakter des Fiebers auf den erethischen zu bringen. So wie die narcotische Kraft in vielen äusserlich verschiedenen Pflanzen mit Glück durch Essig beseitigt wird, so unterliegt auch das exanthemische Gift so vieler an sich verschieden geformter Exantheme einer Normaltherapie, nämlich der Methode, das Gift aus dem Organismus zu entfernen und ihm Specifica entgegen zu setzen. 'Dies geschieht durch Waschungen mit Chlor, Ammon. caust., und innerliche Gaben von Ammon. subcarb., Camphor. etc. Essigklystiere bewähren sich bei sehr vielen Kinderkrankheiten und acuten Exanthemen. In der Abschuppungsperiode jeder exanthematischen Krankheit sind zweckmässig eingerichtete Bäder vortrefflich; ihr Nutzen ist ausgezeichnet und zu augenscheinlich, ihr Gebrauch zu naturgemäss, als dass sie durch irgend ein Mittel sich verdrängen liessen. Bei Krämpfen (bei acut. Exanth.) und Husten, auch im Auswurfstadium, ist Moschus in Verbindung mit Ammon. ein sehr gutes Mittel. Kommt es zu Delirien, Sehnenhüpfen etc., liegt das Nervensystem stark darnieder, so reicht man, um die Crisen, namentlich durch die Haut zu erzwingen: ℞ Tart. emet. gr. j; Chinin. sulph. gr. jj; Ammon. subcarb. sicc., pulv. cinnamom., ana gr. v; Sacch. alb. gr. vjjj (mit oder ohne Mosch., gr. jj); M. f. p. S. alle 2 St. 1 Pulv. zu nehmen. Zeigen sich die Symptome der Zersetzung, so reicht man Schwefelsäure in schleimigen Vehikeln. Bei älteren Individuen das Elixir. arom. acid.; namentlich eine Mischung aus ana Salpetersalzsäure mit Tr. Capsici annui und Cinnamom., dabei Waschungen mit Schwefelsäure etc. Zu den Waschungen nimmt man bei Erwachsenen 1 Theil Ammon. caust. und 2—3 Theile Aq. dest. — Von Chlor: gleiche Theile Aq. destill. und Aq. oxymuriat. ℞ Ammon. carb. sicc. ʒj—jj; Acid. nitr. puri q. s. ad perf. saturat.; aq. destill., ʒjj—v; Syrup. alth. ℥j. Alle 2 St. 1 Essl.; ein feines schwächendes, temperirendes Mittel in acuten Exanthemen und leichten entzündlichen Fiebern. ℞ Acid. nitr. pur. ʒjj — muriat. ʒjjj; Aq. font. ℥xvj. 2mal den Körper mittelst eines Schwammes damit zu waschen (zerfrisst die Leinwand und färbt die Hände des Waschenden). ℞ Rad. valerian. ℥β; Inf. q. s. aq. ferv. per ½ hor. colat. ℥vj; Refr. add. aeth. sulph. ʒβ; Liq. ammon. acet. ℥β; Syrup. chamomill., ℥j; 2stündl. 1 Essl., bei leicht nervösen Exanthemen. ℞ Flor. zinci gr. j; Laud. liquid. S. gtt. j; Sacch. alb. ƏJ; d. t. d. Nr. 4. 3stündl. ½ — 1 Pulver für 2 — 6jährige Kinder bei nervösen Exanthemen mit Krämpfen. ℞ Rad. valerian. ʒjj; Inf. aq. fervid. q. s. colat. ℥jv; adde liq. ammon. succ. ʒj; Syrup. floraurant. ℥j; 2stündl. 1 Essl. bei asthenischem Charakter. ℞ Camphor. Əj; Solv. spirit. vin. rectif. ℥jj; add. acet. vin. crud. ℥vjjj. Gewärmt mittelst eines

Schwammes einigemal täglich die Hände, Brust und Unterleib damit zu waschen, bei Unthätigkeit der Haut, in asthenischen Fiebern, Rücktritt der Exantheme. Senfbähungen. ℨjv—v gestossenen schwarzen Senf lässt man ¼ St. lang in kochendem Wasser digeriren, taucht dann wollene Decken darein und hüllt den Kranken damit ein; bei hohem Schwächegrade, bei Einsinken und Verschwinden von Exanthemen, zur Hervorrufung einer erhöhten Thätigkeit und kräftiger Reaction. ℞ Liq. ammon. acet. ℨjjj; Vin. antimon. ℨjß; Aq. flor. samb. ℨjjjj; Syrup. alth. ℨß. 2stündl. 1 Essl. ℞ Rad. angelic. ℨjj; — arnicae ℨß; Infund. aq. fervid. q. s. diger. per ½ hor. colat. ℨv refriger. adde moschi gr. jv; Camphor. gr. jj; Gm. mimos. ℨj; Elaeosacch. foenicul. ℨjjj. Stündlich 1 Theel. bei nervösen und faulichten Exanthemen.

Exantheme, chronische. Hautkrankheiten. Es stehen sich so ziemlich zwei Parteien schroff gegenüber über die Ansichten in der Behandlungsweise der chronischen Hautausschläge, gegründet auf die Verschiedenheit der Ansichten über die Natur dieser Krankheiten selbst. Die eine Partei denkt etwa so: man hat lange Zeit die Heilung der chron. Hautausschläge durch örtliche Mittel als etwas Gefährliches angesehen, ohne dass man genügende physiologische oder statistische Thatsachen dafür anzuführen gehabt hätte. Besonders hätte man irrthümlich die örtliche Behandlung für gefährlich gehalten, indem man die Ausschläge als eine Art Excretion, als einen Ausstoss schädlicher scharfer Stoffe betrachtet, und von einem raschen Aufhören dieser Excretion eine krankhafte Mischung des Blutes fürchtete; dem sei aber nicht so, diese Ausschläge seien nichts als gewöhnliche Entzündungs- u. Exsudationsprocesse; man kann sie künstlich durch Reizmittel, z. B. Crotonöl u. dergl. erzeugen, und es entstünden durch verschiedene Reizmittel, als z. B. Sublimatsalbe, Cantharidenpflaster, Brechweinstein u. s. w. verschiedene Ausschlagsformen. Man habe sich daher durchaus nicht zu fürchten, diese Ausschläge durch locale Mittel zu heilen. Ob zwar man nicht läugnen könne, dass wohl die meisten Hautaffectionen aus der constitutionellen Ursache hervorgingen, und in dyscrasischen Verhältnissen ihre Ursache hätten, so dürfe man daraus doch nicht den Schluss ableiten, dass eine constitutionelle Cur oder überhaupt eine innerliche Behandlung das einzig Nöthige für die Behandlung sei. Die innerliche Behandlung sei sogar in der Mehrzahl der Fälle nicht einmal das Wesentliche, obgleich man das a priori vermuthen sollte. Zwar sei es keinem Zweifel unterworfen, dass viele Hautkranke nur durch eine antisiphilitische oder eine sonstige antidyscrasische Kur, durch Jod- und Mercurgebrauch, durch zweckmässige Beschränkung oder Verbesserung der Diät geheilt werden könnten, aber nichts desto weniger könne man heut zu Tage in jedem Spital sich die Ueberzeugung verschaffen, dass im Allgemeinen weit weniger die sogen. blutreinigenden Tränke, als die örtlichen Mittel es seien, womit die

chron. Hautentzündungen geheilt würden. Es gehe
mit der Haut ebenso wie mit den meisten chron.
Entzündungen aller andern Organe, wir kennten die
eigentliche Ursache der Krankheit nicht, wir seien
genöthigt, eine constitutionelle dyscrasische Aetiologie zu vermuthen, aber wir heilten das Uebel am
sichersten durch örtliche Application der Mittel,
welche die Capillargefässe zur Contraction anspor-
ten, und die Resorption antreiben. Metastasen
einer chronischen Hautkrankheit kämen niemals vor,
d. h. wegen Aufhören dieser Exantheme entstünden
niemals Leiden in einem andern Theile des Körpers.
Der Glauben an das Zurücktreten oder Metaschemati-
siren der Hautkrankheiten beruhe, sagt Hebra, auf
einem Irrthum in der Beobachtung; diesen Irrthum
sucht H. aufzuhellen, und zwar: 1) wenn ein mit
einem acuten oder chron. Exanthem behaftetes Individuum anderweitig erkrankt, z. B. an Typhus, so
schwindet während der Dauer dieser heftigeren Krankheit das Hautleiden entweder gänzlich, oder zeigt sich
nur dem geübten Auge in einem sehr leichten Grade.
2) Wenn ein Individuum, das an einer Hautkrankheit
litt, plötzlich stirbt, z. B. apoplectisch, so wird man
am Cadaver von den beim Leben vorhanden gewesenen Efflorescenzen keine Spur wahrnehmen, es müssten
denn secundäre Krankheitsproducte, z. B. Hyper-
trophieen, Krusten, Schuppen etc. zugegen sein.
3) Wenn ein Hautausschlag und ein inneres Leiden
gleichzeitig anwesend, das Product ein und derselben
Allgemeinkrankheit sind, z. B. Erysipelas und Meningitis, so wird, wenn letztere zunimmt, erstere geringer
werden, und wenn endlich das Individuum unterliegt,
schon sub agone von dem Hautleiden darum nichts
mehr zu sehen sein, weil in der letzten Lebensscene
überhaupt die Capillargefässe der Haut kein Blut mehr
führen (Todtenblässe und Kälte) und dadurch natürlich sowohl die Röthe als Schwellung der Haut verloren geht. Endlich sind Hautkranke durch ihr Hautleiden weder von anderen Krankheiten geschützt,
noch unsterblich. Wenn nun aber ein Hautkranker
an was für einem Leiden zu Grunde geht, so wird
gewöhnlich der, beim Sterben und nach dem Tode
minder sichtbare, daher nach bisherigem Sprachgebrauch zurückgetretenen Hautkrankheit die Schuld
des Todes zugeschrieben, selbst wenn eine nachher
eingeleitete Section die Todesursache anderswo zu
suchen sich erkühnen würde. So etwa spricht eine
grosse Partei in Deutschland sowohl als Frankreich und England, und verachtet den alten Köhler-
glauben der Schärfen. Die andere Partei hält noch
fest an Dyscrasien. Man müsse wo immer möglich
ein hereditäres Verhältniss nachweisen, Scropheln,
Tuberculose, Gicht, Hämorrhoiden und die meisten
chronischen Hautausschläge seien als Typen einer
gemeinsamen dyscrasischen Mutter zu betrachten,
die in den meisten Fällen von den Eltern vererbt
seien, wobei dann mehr zufällige Momente, wie
Alter, Constitution, Lebensweise u. s. w. die spätere
Entwicklung dieser oder jener der genannten Formen
bedingten. Hierauf basirt sich denn auch die Be-

handlung, die nach gründlicher Erforschung der
dyscrasischen Momente bald durch entsprechende
Diät, Regimen, Bäder, bald durch methodische Anwendung antidyscrasischer Mittel eine Umstimmung
der ganzen Alimentation und Säftemasse bewirke.
Dabei besteht die Behandlung Anfangs in der kräftigen localen Entwicklung und Steigerung des exanthematischen Processes, um einestheils das infiltrirte
Exsudat zum Ausstoss zu bringen, theils den chronischen Process in dem acuten untergehen zu lassen.
Wenn das Aufhören des chronischen Ausstosses gefährliche Symptome hervorrufe, z. B. Asthma, Magendrücken, Colik u. s. w., so seien Revulsoria zur Wie-
dereröffnung der Haut nothwendig, und Fontanelle
und andere Hautreize. Es könne zwar bei der gehörigen Vorsicht, bei sorgfältiger Erwägung aller
genetischen Momente, so wie der constitutionellen
Verhältnisse jede zum habituellen Excretionsorgane
gewordene Hautkrankheit ohne Gefahr einem Heil-
versuche unterworfen werden, es sei aber vor Allem
die Blutkrase zu berücksichtigen, die Thätigkeit der
natürlichen Secretionswege, besonders auch die Lungen, und Bronchialwege, die Complicationen mit früheren gichtischen, scrophulösen oder Hämorrhoidalaus-
stössen, die vorangegangene Ophthalmie, Rheumatismen, Glandularanschwellungen, Neurosen u. s. w.
Dabei sei dann der Reizzustand der Haut selbst, die
Infiltration, die Gefässinjection, die Inveteration des
Exanthems und die Destruction der Hautgebilde nicht
zu übersehen, aber immerhin bleibe die Haut selbst,
wenigstens bei den exsudativen Hautläsionen, ein
untergeordnetes Moment, und die nur auf die in die
Augen fallenden äusseren Structurveränderungen
basirte Therapie werde nie zu einer gründlichen
Heilung führen. Um so befremdender seien die in
neuer Zeit aufgestellten Theorieen, als wären chronische Hautkrankheiten nichts als selbständige Functionsstörungen des Follicular-Apparates, als würde
die krankhafte Bildungsflüssigkeit, welche die Bläschen oder Pusteln enthalten, nur als Product der
Drüsenorgane der Haut selbst zu betrachten sein,
ohne irgend mit den übrigen Systemen des Körpers
im Zusammenhange zu stehen, woraus sich von
selbst ergebe, dass alle inneren Medicamente überflüssig und zur Heilung von Hautkrankheiten nur
auf die Hautdecken selbst wirkende Mittel, wie
Caustica, Adstringentia, Sudativa u. s. w. erforderlich
seien. Es müsste die äussere Kur aber als eine Vorkur betrachtet werden, und wenn die chronische Hautkrankheit äusserlich beseitigt, der Blutchemismus oder
die Dyscrasie hauptsächlich berücksichtigt werden.

Die Haupttheilmittel, d. h. die örtlichen Heilmittel gegen die meisten chronischen Hautausschläge
und Krankheiten sind ihrer wenige, namentlich sind
es: das Wasser, Kali, Lapis infernalis, Salpetersäure,
Schwefel-, Zink- und Mercurpräparate. Das Wasser
nach Art der Gräfenberger oder Schrothischer Kuren
benützt (vergl. Wasserkuren) heilt wohl die meisten
chronischen, tief eingewurzelten Hautkrankheiten.
Das Kali, als Lapis causticus chirurg., wird in Sub-

stanz oder in verschiedentlich diluirten Lösungen zum Aetzen und Fomentiren, dessgleichen das salpetersaure Silber und die Salpetersäure benützt. Schwefel und Quecksilber leisten theils allein, theils in Verbindung mit Jod in vielen Fällen erspriessliche Dienste und werden entweder in Substanz oder in Salbenform verabreicht. Zink wird nur selten, Blei fast nie angewendet. Eine Lösung der Gutta Percha in Chloroform ist bei Hautkrankheiten dem Collodium vorzuziehen, da sie durchsichtiger und weniger spröde ist. Nothwendig wird es gewöhnlich, dass dieser Ueberzug öfter frisch aufgetragen wird. Am meisten indicirt ist diese Lösung bei trockenen Ausschlägen, Psoriasis, Lepra; bei secernirenden wirkt sie langsamer. Gegen Dermatitis überhaupt, z. B. Erysipelas, Gutta rosacea, empfiehlt sich der örtliche Gebrauch des Collodiums oder der Gutta percha in Solution. Innerlich wird gewöhnlich Jod, Leberthran, Nussbaumblätterthee, Theerwasser, Mercur in verschiedenen Präparaten und Arsenik angewendet.

Nach diesen allgemeinen Principien wollen wir die Technik angeben, welche gegen sehr viele eingewurzelte Formen angewendet wird, ohne dass eine stricte Diagnose mit nosologischen Namen einzelner Formen festgestellt worden; denn es ist für den Practiker oft schwer, die Hautkrankheiten gut unter eine nosologische Categorie zu bringen.

Bei Psoriasisformen z. B. werden die Theile 3mal täglich mit Kali caust. ℥j, Aq. destill. ℥viij gewaschen, bis alles aufgezogen und ausgezogen; dann wird 4 Tage gewartet und dann mit Kleienwasser Alles abgewaschen. Hierauf werden die Theile mit Theerwasser gewaschen, und wenn einzelne Stellen noch da sind, die absondern etc., werden sie mit Chlorzink geätzt und dabei wird innerlich genommen: ℞ Kali jodinici ℥β; Solv. in aq. destill. foenicul. ℥ij; Aq. lexativ. Viennensis ℥ij; Syrup. sassaparill. ℥jv. D. S. 4mal täglich 1 Esslöffel voll. — Gegen Psoriasis inveterata ist die Pix liquida äusserlich und innerlich sehr zu empfehlen. Man lässt in einer Schüssel ℔ j Theer mit einem Quart kalten Wassers übergiessen, 24 Stunden an einem kühlen Orte ruhig stehen, davon jeden Morgen ein Bierglas abschöpfen, durch Löschpapier filtriren und dasselbe nüchtern trinken. Gleichzeitig werden die befallenen Theile mit diesem Wasser 2—3mal täglich gewaschen. — Die befallenen Theile werden auch mit einer Theersalbe behandelt, welche besteht aus: gereinigtem Fichtentheer, schwarzer Rasierseife, Leinöl, etwas Spermacet zur Consistenzgebung der Salbe. Innerlich obige Jodkali-Medicin aus ℥iij Jodkali, Aqua laxativ. Viennensis u. s. w. Später wird gegen die Schuppen eine Salbe aus Spermacet, Wachs, Rosenöl, Rosenwasser, Benzoetinctur angewendet; und noch später endlich täglich früh zum Waschen weisser Wein mit Aqua Coloniensis und Tinct. Benzoës benützt, und tüchtig schleimige Kleienbäder oder Wasser zum Waschen gebraucht. — Der Theer ist überhaupt als ein Specificum gegen alle juckende und schuppenbildende Hautkrankheiten empfohlen worden.

Die Solatio arsen. Fowleri wird öfters in tief eingewurzelten Hautleiden mit grossem Erfolge gegeben,
aber nie bei leerem Magen, sondern um die Mitte
des Vormittags und Abends vor dem Schlafengehen,
4 gtt.; bis ʒj der Solution verbraucht ist. Die 2te
Drachme wird zu 5 Tropfen genommen und die 3te
zu 6 Tropfen.— Man empfiehlt diese Arsenikgaben
auch gegen Furunkeldyscrasie und gegen Acne
simplex, welche man wegen ihres Sitzes in den
Talgdrüsen und ihres knotig-pustulösen Charakters
wegen als Furunkeln en miniature ansehen kann.
Die Acne zeigt sich am häufigsten bei jungen, un-
verheiratheten Männern auf der Stirne und im Gesichte, bei Mädchen in den ersten Jahren der Geschlechtsreife blos auf der Stirne, und wird durch
Arsenik geheilt. Die Schädlichkeit der Abführmittel
in der Furunkulosis und Acne dürfte der Vermuthung
Raum geben, dass die Quelle dieser Dyscrasieen in
einer specifischen Irritation der Darmschleimhaut bestehe, welche durch den Reiz der Abführmittel, besonders der salinischen, gesteigert wird. — Auch die
Calcaria muriatica zu ʒj auf ℔ jj Wasser mit Charpie
auf den Furunkel gelegt und diesen damit beständig
feucht gehalten, heilt ihn in Bälde. Die Behandlung
der Bartfinnen, Sycosis, Acne mentagra
leitet Hebra mit Fetteinreibungen, Fomentationen
oder Cataplasmen ein, hernach werden die betreffenden Theile rasirt, um sowohl die Haare, als auch die
vorhandenen Pusteln und Borken zu entfernen. Und
nun erst wird die Zerstörung der Knoten und die
Verhinderung der Infiltration durch Aufstreichen concentrirter Salpetersäure mittelst eines Charpiepinsels
oder Glasstabes vorgenommen. Das Letzte wird jede
Woche wiederholt; in der Zwischenzeit gebraucht der
Kranke kalte Umschläge und die Douche. Nach der
5ten Aetzung sind die Knoten bis auf eine geringe
Infiltration zerstört, welche endlich durch eine Salbe
aus rothem Präcipitat (ʒj auf ʒjj Fett) und fortgesetztes Douchen gehoben wird. Bei wenigen, nicht harten,
leicht zerfliesslichen Knoten genügt diese Salbe allein,
ohne dass eine Aetzung nöthig ist. Das chronische
Eczem behandelt Hebra mit Kälte, und zwar kalten Umschlägen und kalten Douchen. Genügt dieses
nicht, so verordnet er täglich 2mal Einreibung mit
der mittelst Wasser verriebenen grünen Schmierseife
nebst kalten Umschlägen und Douchen. Bei bedeutender Infiltration der Haut oder nicht genügender
früherer Behandlung bedient sich H. des Aetzkali in
Solution (Lixiv. caust. ʒj; Aq. dest. ʒjj. S. Mittelst
Charpiepinseln aufzutragen und mit Wasser wohl zu
verreiben. Unmittelbar nach der Aetzung verschlimmert sich das Eczem anscheinend, die Röthe wird
höher, Geschwulst grösser u. s. w., auf den Gebrauch
kalter Umschläge und Douche schwinden aber diese
Erscheinungen bald. Zur erneuerten Anwendung dieses Aetzmittels wird geschritten, wenn die Spuren
der vorausgehenden Aetzung vorüber, das Jucken,
Nässen, und die Infiltration der Haut aber noch vorhanden sind. Nach dem Schwinden auch dieser letzt-
genannten Erscheinungen wird zur Entfernung der

Schuppen eine Salbe aus Zinkblumen angewendet (ℨj auf ℥j Fett). Bei **Eczema impetiginosum**, namentlich an den behaarten Theilen, macht H. vor der Anwendung der Kälte Oeleinreibungen und warme Umschläge zur Entfernung der Borken, und um diese ferne zu halten bei Ergriffensein der behaarten Kopftheile sind tägliche Seifenwaschungen mittelst der Bürste vor Auftragung des Aetzmittels erforderlich. Bei Eczema impet. mit reichlicher Exsudatbildung führen Fomentat. aus einer Solution Sulfat. zinci (ℨj auf ℥j aq. destill.) schnell Heilung herbei. Bei Eczema impet. von geringer Ausdehnung, wie z. B. an den Lippen, genügt oft nach Entfernung der Borken das einmalige Einstreichen mit der Opiumtinctur zur Heilung. Ueber die Behandlung des Lupus s. Lupus; über Krätze: s. diese.

S u b l i m a t b ä d e r werden gegen die verschiedensten flechtenartigen Hautausschläge von T r o n s - s e a u und andern französischen Dermatologen jährlich zu Tausenden angewendet, ohne die geringste Gefahr. Kinder von sehr zartem Alter bleiben höchstens 15 Minuten in solchen täglichen oder alle 3 Tage wiederholten Bädern, Kinder über 1 Jahr ½ Stunde. Zwei Gramm Sublimat werden gewöhnlich in 30 Litres Wasser aufgelöst. Hartnäckige Eczemas, Lichen, Erythem, Eczema impetiginoides weichen bald diesen Sublimatbädern; ebenso seien sie am vortheilhaftesten bei syphilitischen Säuglingen. Sublimat gr. jj auf ℨij Wasser zum Betupfen ist ein vortreffliches Mittel gegen Milchschorf und überhaupt solche Hautleiden, deren Grundlage Pilze sind. Ebenso dienlich ist Kalkwasser täglich 1 Schoppen mit Milch getrunken gegen Milchschorf und Kopfausschläge. — Gegen nässende Flechten wird auch Zinc. aceticum äusserlich oft mit günstigem Erfolg gebraucht. — Gepulverter Schwefel zum Pudern der Hautausschläge heilt oft diese besser, als die feuchten Mittel. — Die Magnesia carbonica soll gegen Flechten im Gesichte dienlich sein; man lässt die Kruste abweichen, nicht blos die kranke Hautstelle, sondern auch den ganzen Umkreis derselben mit der Magnesia bestreuen und diese mit dem Finger sanft einreiben. Die Kruste wird täglich abgeweicht und Magnesia eingerieben, so wird die Kruste immer dünner, und die Wiedererzeugung hört endlich ganz auf.

F.

Faulfieber. Febris putrida.

Symptome. Charakterisirt wird dieses Fieber durch eine Neigung der organischen Krasis, besonders in den Säften und vorzugsweise im Blute zur Zersetzung und Entmischung; es ist selten etwas Primäres, meist nur secundär, ein hoher Grad des Nervenfiebers, ein Ausgang desselben in Putrescenz, oder Folge corrumpirter, schlecht behandelter Febr. gastr., saburral., petechial., verminos., mucos., oder von Dyscrasien, Cachexien etc. Wo es durch Sumpfausdünstungen etc.

oder andere klimatische Verhältnisse primär auftritt
oder vielmehr die Grundkrankheit früher schon den
putriden Charakter annimmt, sind die Zeichen im
Allgemeinen folgende: Calor mordax, kleiner, weicher,
veränderlicher Puls, wahre Adynamie, fauliger, stinkender Geruch des Athems, der Ausdünstung, des
Urins, Stuhlgangs, selbst des Blutes, Flecken, Petechien, Vibices, Blutblasen auf der Haut, passive Blutungen aus Nase, Mund, After, Harnröhre, höchst
flüssiges, dunkles, nicht gerinnbares Blut, mit schleimiger, regenbogenfarbig scheinender Kruste, aufgetriebenem U.L., Durchfälle mit schwärzlich schaumigem, stinkendem Abgange, schwärzlicher Urin
mit Bierhefen ähnlichem Bodensatze, klebrige kalte
Schweisse, leicht Decubitus und Brand an Vesicatorstellen etc.; Zunge, Lippen, Nase werden oft schwarz,
es entstehen brandige Geschwüre im Rachen, Bubonen, Carbunkeln, die Zeichen der Febr. nerv. stupid.
Die Leichen gehen leicht in Verwesung über.

Diagnose. Die Zersetzungen sind charakteristisch.
Es befällt zuweilen epidemisch, gern schwache Per-
sonen, besonders bei warmer feuchter Luft, Wind-
stille, heissem Klima, in eingeschlossenen niedrigen
Orten, Gefängnissen, Hospitälern, Schiffen etc. Alle
Ursachen und Symptome deuten auf Schwächung und
Unterdrückung der Lebenskräfte und verminderte Re-
action aller Organe hin. Der Kranke hat grosse Angst,
wird immer muthloser, gleichgültiger, fühlloser;
Delirien sind gewöhnlich mussitirend. Abscheu vor
Fleischspeisen und Sehnsucht nach Herzstärkungen,
Wein, sauren Dingen.

Therapie. Im Allgemeinen Antiseptica; Kälte,
Chlor- und salzsaure Räucherungen, solche Waschungen; innerlich vegetabilische, später mineralische
Säuren, namentlich Aqua oxymuriatica; China, Chinin, später mit Arnica. Diät sei vegetabilisch säuerlich; Obst, saure Früchte etc.; junges Bier, sogen.
Bärme löffelweise, überhaupt gährende, Hefen haltende Substanzen. Nur in der Reconvalescenz gute
animalische Kost mit Wein, Extr. Rutae, Cart. bened.,
Gentian., aromat. Wasser, Tinct. Rhei vinos., Elix.
viscer. H. Sind einzelne Gefahr drohende Symptome
vorhanden, als Diarrhoe, Aphthen, Exanthem, Blutflüsse, Decubit., Meteorism., so tritt die bei diesen
Krankheiten angegebene Behandlung ein.

Fames-canina. S. Gefrässigkeit.

Febris, Fieber. Wenn ein krankhafter Zustand
sich mit beschleunigtem Pulse, Wechsel von Frost
und Hitze und Gefühle von allgemeinem Unwohlsein
verbindet, zugleich ein solcher Zustand etwas nach
bestimmten Stadien Fortschreitendes und periodisch
Wiederkehrendes zeigt, so sagt man, es sei ein Fieber
vorhanden. Man versteht daher unter F. eine allgemeine, aber vorzugsweise im Gefässsysteme sich
äussernde Krankheit, welche bestimmte Zeiträume
und am Ende des Verlaufes bestimmte Krisen wahrnehmen lässt, und meistens auch mit einem bestimmten Typus erscheint. Reil sagt: alle Abtheilungen
in der grossen Masse der menschlichen Krankheiten
sind Werke der Menschen, die die Natur nicht überall

bestätigt, desshalb ist es auch nicht möglich, durch
eine bestimmte Definition die F. von denjenigen Krankheiten zu trennen, die es nicht sein sollen. So viel
ist jedoch gewiss, dass ein Fieber als eine rein dynamische Verstimmtheit unserer Lebenskraft in Ge-
fühlen und Thätigkeiten zu betrachten ist, die sich
am lebhaftesten in dem Gefässsystem ausspricht und
als Hauptzug Veränderlichkeit in seinem Charakter aufzuweisen hat. Die Zeiträume oder Stadien des F. sind: 1) Zeitraum der Zunahme, stad.
increment. s. cruditatis, vom Eintritte des F. beginnend, das Aufsteigen und Heftigerwerden der Krankheit bezeichnend. 2) Stad. acmes s. coctionis, in
welchem die Sympt. des F. den stärksten Grad ihrer
Heftigkeit erreicht haben. 3) Stad. decrementi oder
der Abnahme, s. criseos, in welchem die Spannung
und Heftigkeit der Krankheit etwas nachlassen und
Krisen erscheinen. Die Aufeinanderfolge dieser Zeiträume macht den Verlauf des Fiebers aus. Dieser
ist entweder in dem einfachen Kreise von 24 Stunden
abgeschlossen, und das ganze F. nach dem Eintritte
der Krisen beendigt, wo dann Frost, Hitze und
Schweiss die 3 Stadien darstellen, oder es wiederholt sich dieser Verlauf in der Art, dass die ganze
Krankheit aus solchen einzelnen F. sich zusammenreiht und im Grossen dieselben Zeiträume, denselben
Verlauf wahrnehmen lässt, wie die einzelnen ihr
untergeordneten Fieberanfälle im Kleinen. Hiernach
bestimmt sich der Typus des F. Indem sich der
Verlauf eines länger als einen Tag dauernden F. aus
einzelnen F. gleichsam zusammenreiht, entsteht für
die ganze Krankheit ein Wechsel von Besser- und
Schlimmerwerden, oder ein periodischer Charakter
der Krankheit. Die Zeit des Besserwerdens wird
Nachlass genannt, Remissio, Apyrexie; die Zeit des
Schlimmerwerdens, Exacerbatio, Paroxysmus. Mit
diesen Ausdrücken bezeichnet man zugleich die Art
des Wechsels selbst. Ist dieser so beschaffen, dass
in der Zeit des Besserbefindens die Fiebersymptome
den Kranken gänzlich verlassen, so nennt man die
Krankheit ein aussetzendes oder Wechselfieber, Febr.
intermittens, und spricht dabei von Paroxysmus und
Apyrexie. Findet aber der Wechsel in der Art statt,
dass die Symptome des F. nicht gänzlich, sondern
nur zum Theil, oder nur in der Heftigkeit nachlassen, so nennt man dies ein nachlassendes, Febris
remittens, und spricht von Exacerbation und Remission. Ein anhaltendes, F. continua s. continens,
Synochus, würde ein solches sein, welches nur die
obigen Zeiträume im Ganzen der Krankheit zeigte,
nicht aber den regelmässigen Wechsel des Besser-
u. Schlimmerwerdens im Einzelnen. Die periodischen
Fieber theilt man fernerhin nach der Eigenschaft ein,
ob die periodische Wiederkehr in regelmässigen Zwischenräumen erfolgt, oder in unbestimmten, unregelmässigen, Typus regularis, irregularis. Im ersten
Falle unterscheidet man wieder die Zeit der Wiederkehr. Man nennt alltägigen Typus, typus quotidia-
nus, einen solchen, wo die Zeit des Besser- und
Schlimmerbefindens zusammen 24 St. beträgt; drei-

tägigen Typus, typus tertian., wo dieselben Zeiten
zusammen 48 St. füllen; viertägigen Typus, typus
quartian., wo sie 72 St. betragen u. s. w. Man nennt
es Vorsetzen des Typus, typus anticipiens s. anteponens, wenn die Zeit des Besserbefindens sich verkürzt, also das Schlechterbefinden früher eintritt,
als es erwartet wurde; den entgegengesetzten Fall,
wo die Zeit des Besserbefindens sich verlängert, das
Schlechterbefinden also später, als erwartet, eintritt,
nennt man das Nachsetzen, typ. retard. s. postponens.
Merkwürdig ist im Verlaufe des F. die Wichtigkeit
des 9- und 7tägigen Cyclus, sowie der Hälften derselben 4½ und 3¾. S. Crisen. Ist das F. in wesentlicher Verbindung mit einem anderweitigen örtlichen
Leiden, so nennt man es ein zusammengesetztes,
Febris composita. Im entgegengesetzten Falle Febr.
simplex. Ein Fieberzustand begleitet zuweilen den
Eintritt chronischer Krankheiten und verliert sich
später von selbst, oder es tritt ein Fieberzustand
erst später zu ihnen hinzu, macht sie acut und entscheidet sie, z. B. Gicht, Gelbsucht etc., oder zeigt
blos symptomatisch eine besondere Heftigkeit der
Krankheit, oder eine besondere Theilnahme des allgemeinen Organismus in der Krankheit an, wie bisweilen bei chron. Hautausschlägen, Syphilis, Abzehrung,
Manie u. s. w. Das einfache F. zeigt 3 Verschiedenheiten, unter welche sich die weiteren Unterschiede
desselben bringen lassen. Sie sind entweder 1) solche,
in welchen das Gefässleiden der Nervenaffection ziemlich gleich gegenübersteht, in welcher die Krankheit
des Nervensystems einer gleich kräftigen Gefässreaction entspricht, Wechselfieber; oder 2) solche, in
denen das Nervenleiden vorwaltet, die Gefässreaction
nur gering ist, Nervenfieber, Febris nervosa; oder
3) solche, in welchen das Gefässleiden vorwaltet,
Febris vasculosa, und zwar theils in krankhaft übermässiger Spannung und Erregung mit plastischem
Zustande des Blutes, Entzündungsfieber, Febris inflammatoria: theils in völliger Erschlaffung der Gefäss-
wandungen, Sinken der Functionen des Gefässsystems,
aufgelöstem Zustande des Blutes und Entmischung der
Säfte, Febr. putrida. Die ältere französische Schule
betrachtete das Fieber immer nur als Folge einer örtlichen Affection, die neuere Pathologie hingegen
gesteht, dass es eine Reihe von Krankheiten gebe,
welche durch die pathologische Anatomie durchaus
nicht localisirt werden könne, bei denen wenigstens
keine localen Veränderungen des Organismus nachgewiesen werden können, und daher auf wirkliche Allgemeinleiden zu beziehen wären, wenn auch natürlicher Weise irgendwo Veränderungen nothwendig
angenommen werden müssen, entweder im Blutgefäss-
als Nervensysteme, allein bis jetzt hat weder Mikroscopie noch Chemie noch das Secirmesser weder in
den acuten Exanthemen noch im Typhus u. drgl. Fiebern constante primäre Veränderungen nachweisen
können, denn öfters verwechselte man die im Verlaufe
solcher Leiden auftretenden secundären Erkrankungen einzelner Organe, so die Drüsenaffection des
Ileums und Mesenteriums im Typhus, für primäre,

für den Ausgangspunkt der Krankheit. Es sind aber diese meist nur secundäre Erscheinungen, wie die Blatterpustel secundäre Erscheinung der Blatterkrankheit ist, und nicht Ursache der Blatterkrankheit, so ist das Typhusgeschwür im Darm nicht die Typhuskrankheit, sondern eine ihrer Erscheinungen, und reichet nicht aus zur Erklärung aller Typhussymptome. Wir werden bei dem Typhus in dieser Beziehung über die Bezeichnung Fieber noch zurückkommen. Vergl. Nervenfieber.

Therapie. 1) Tolle causam. Ruhe des Geistes und Körpers, Entfernung der Sinneseindrücke, Aufenthalt in einem gleichmässig erwärmten Zimmer, reiner Luft. Fieberkranke müssen im Allgemeinen mehr trinken, als essen, das Getränk muss verdünnend sein, nie erhitzen, bald wirklich kühlend; säuerliche Getränke aus Wasser und Zitronensaft, Weinsteinrahm, Weinsteinsäure, Essig, Sauerhonig, Himbeer-, Kirsch-, Maulbeersaft, Selterserwasser; bald einhüllend, wie die schleimigen Getränke mit Zucker mit Graupenschleim, Gerste, Alth., Hirschhorn etc. Emulsionen, die zugleich etwas beruhigend sind, aber selten lange vertragen werden, bald einfach durststillend u. nährend, wie Abkochung von Brod, Quecken, Süssholz, Rosinen, Gerste etc. Das Essen sei sparsam und wenig nährend, nur so viel als nöthig, um die Kräfte zu erhalten und die Crisen zu unterstützen. Auch darf der Kr. nur im Nachlasse oder in der fieberfreien Zeit Speisen zu sich nehmen, und auch nicht kurz vor der erwarteten Fieberzeit. Fleischkost ist nicht zulässig; Suppen bleiben das Beste. Man halte Stuhl- und Harnausleerungen in regelmässigem Gange, behandle dabei die Grundkrankheit und Complicationen, wie bei den einzelnen Formen angegeben. Um das Fieber zu mässigen, zugleich auf die Haut zu wirken und den schmerzhaften Empfindungen entgegen zu wirken, kann man etwa verschreiben: R̍ Aq. cerass. nigr. ℥ß; Aq. laurocer. ʒj; Tart. stibiat. gr. ¼; Extr. hyoscyam. gr. ij; Syrup. altheae ℥j; stündl. 2 Kaffeelöffel voll. 2) Die an sich gefährlichen, sehr lästigen, die Krankheit verschlimmernden, die Kur hindernden Symptome verlangen oft eine besondere Beachtung und müssen getilgt oder gemildert werden, ohne den Verlauf der Krankheit zu stören, oder die Kur zu übereilen. F r o s t wird dann gefahrdrohend, wenn er mit Krampfzufällen, Trismus, Tetanus, Convulsionen etc. sich verbindet, oder asthmatische u. apoplectische Zufälle herbeiführt. Eine etwas wärmere Bedeckung, Reibung der Extremitäten, Handbäder, Aufgüsse von Valerian., Chamill., mit einigen gtt. Liquor. anod. Hof. oder Naphtha sind passend, wenn nicht der Zustand mehr als blosses Symptom ist und eine umgekehrte Behandlung der Hauptkrankheit durch krampfstillende Mittel u. s. w. erfordert. H i t z e fordert selten eine symptomatische Behandlung. Etwas kühleres Verhalten, ohne Erkältung, öfterer Luftwechsel, mässig kühles säuerliches Getränk, etwas Essignaphtha mit Zucker können angewendet werden. D u r s t beschwichtigt sich keineswegs durch vieles Trinken, sondern durch ein nach dem individuellen

Falle ausgewähltes Getränke und dadurch, dass der Kranke wenig auf einmal davon zu sich und öfters kaltes Wasser in den Mund nimmt. E k e l und A u f - s t o s s e n sind in Verbindung mit Appetitlosigkeit und übelm Geschmack oft die Vorläufer der Crise in gastrischen Fiebern und dann nicht symptomatisch zu bekämpfen; oft aber sind sie nicht anders als die Folgen von vielem Trinken unpassenden Geträn- ken , machen daher eine bessere Auswahl der Ge- tränke nöthig, und weichen oft einigen Tassen Melis- senthee, einigen Tropfen Vitrioläther, dem Liq. anodyn. auf Zucker oder in Thee genommen. M a t t i g k e i t wird symptomatisch am zweckmässigsten durch vor- sichtig angestellte Waschungen mit lauem Essig be- handelt. S c h l a f l o s i g k e i t , K o p f s c h m e r z , A n g s t , sind bisweilen Folgen von Stuhlverstopfung, oder Vorläufer von Crisen, oder einer zu hohen Tem- peratur, oder zu wenig gewechselter Luft des Zim- mers, daher ist Abhilfe dieser Ursachen nöthig, und Essigwaschungen, Hand - und Fussbäder, Reiben an Stirn und Schläfen mit kaltem Wasser und Essig, Riechen an Aether. 3) Man leite die Crisen.

Febris-biliosa. S. Gallenfieber.

Febris-catarrhalis, Catarrfieber.

Symptome. Häufige Abwechslungen von Frost und Hitze, besonders gegen Abend, Ziehen in den Gliedern, besonders in den Muskeln des Halses, Steifigkeit in den Muskeln, Eingenommenheit des Kopfes, Druck im Kopfe, besonders in der Nasen- höhle. Die Augen sind empfindlich, roth, thränend, juckend; Nase anfangs verstopft, trocken, roth, äusserst empfindlich, endlich kommt Feuchtigkeit aus derselben, anfangs dünn, nachher dicker u. s. w. Geschmack ist gemindert, oder fehlt gänzlich; Stimme verändert. Der Charakter des Fiebers kann verschie- den sein, wonach sich die Behandlung richtet. Bei dem erethischen Charakter tritt die Behandlung ein, wie bei Catarrhus angegeben wurde. ℞ Flor. verbasc., herb. tussilag., flor. sambuc., rad. liquirit., alth., ana ℥j; Irid. florent., sem. foenicul., ana ʒvj. S. Brust- thee. Flor. verbasci, Herba Tussilag., Flor. Gale- opseos grandiflorae, Flores Veronicae; Zusatz von Rad. Althaeae, Foeniculi, Liquiritiae etc. ist immer beliebt. So hat man die Ingredienzen zu Brustthees, deren man immer mehrere im Vorrath haben muss, weil keinem Kranken Abwechslung so nöthig ist, als dem Brustkranken.

Febris-ephemera. S. Ephemera.

Febris-erysipelatosa. S. Rothlauffieber.

Febris-gastrica, gastrisches Fieber.

Symptome. Gefühl von Druck, Oppression im Magen, Magengegend etwas aufgetrieben, aber weich, und gegen den Druck nicht eigentlich empfindlich, nur macht er eine unangenehme Sensation, indem der Magen gewöhnlich mit Gasen gefüllt ist, daher denn auch die Auftreibung, der tympanitische Ton bei der Percussion, Brechneigung, Aufstossen von übelriechenden Gasarten, nicht selten wirkliches Erbrechen, mit dem zäher, verschieden gefärbter Schleim entleert wird. Die Zunge gastrisch belegt,

U.L. weich, meist Stuhlverstopfung, bei vorgeschrittener Krankheit aber Ausleerungen von stinkenden, schlecht verdauten Speisen mit Schleim, dabei Cephaloea gastr. Fieber. Frost, Hitze, gereizter schneller Puls, Urina, jumentosa. Entzündet sich eine Stelle im Magen, so kommt es zu heftigem Erbrechen, Schluchzen, umschriebenem Schmerz in der Magengegend, der sich bei der Berührung vermehrt. Hat das Fieber den synochalen Charakter, so entsteht Congestion nach dem Kopfe, voller, harter, gespannter Puls, trockene heisse Haut, dünn weisslich belegte Zunge. Die topischen und febrilen Erscheinungen remittiren des Morgens, exacerbiren des Abends; bisweilen kommen 2 Exacerbationen und 2 Remissionen binnen 24 Stunden. Bei den gastrischen Zuständen ist es eigen, dass nach Entleerungen, z. B. Blutentleerungen, Abführungen etc., so gerne ein grosser plötzlicher Collapsus eintritt, welcher die Laien sehr ängstigt.

Diagnose. Bei Intermittens sind die Anfälle gleich, hier ungleich; dort folgt vollkommener Nachlass der Erscheinungen, hier blos Remission; doch kann sich Intermittens dazu gesellen, — Hemitritaeus. — Bei Gastritis ist immer brennender Schmerz zugegen; hier blos Gefühl von Oppletion; dort ist die Magengegend hart, brettähnlich, hier weich; dort blos ein weisslicher Anflug, oft ist die Zunge ganz rein; hier gastrisch belegt; dort heftiges Erbrechen, hier wenig bei heftiger Brechneigung, dort im Erbrochenen nicht selten Blutstreifen, hier blos zäher Schleim; dort fehlt Urina jumentosa, der weiche, frequente, aussetzende Puls, der so charakteristisch für Febr. gastrica. Von Abdominaltyphus unterscheidet sich die Krankheit durch den Mangel der nervösen Erscheinungen, der Sinnesstörungen, des Schmerzes im Hinterhaupte, dass bei Typhus abdominalis die Magengegend nicht aufgetrieben, gleichwohl schmerzhaft gegen die Berührung ist; dass die Schmerzen am Coecum bei Febr. gastr. fehlen.

Therapie. Bei Vomituritionen, oder wenn das Erbrechen nicht hinreichend, gibt man ein Emeticum; Tart. emet. mit Ipecacuanha; bei torpiden heruntergekommenen Individuen muss man vorher Sinapismen auf die Magengegend legen, und erst wenn die Kranken ein Brennen fühlen, das Emet. reichen. Sind schon Durchfälle vorhanden, wenn der Arzt gerufen wird, so muss man das Emet. vorbereiten, man gibt Opium bis die Stühle stehen, und dann erst die Ipecacuanha mit Zinc. sulphur. Ist das Erbrechen sehr heftig, so stillt man es mit Potio Riveri, Brausepulver, Eispillen, und geht es mit diesen Mitteln nicht, so gibt man Opium, bis das Erbrechen steht. Verschwinden die gastr. Erscheinungen nicht, so gibt man erst nach 2—3 Tagen das Emet. Wenn inselähnliche Entzündung auf der Magenschleimhaut zugegen, so muss diese erst durch Blutegel, narcot. Fomentationen, Mercursalbe etc. beseitigt werden, ehe man zur Anwendung des Emet. schreitet. Ist der Zungenbeleg äusserst dick, fest und zähe, lässt er sich nicht lostrennen, sind die Erscheinungen des Stirn-

druckes und der Brechneigung unbedeutend, so gibt
man erst den Salmiak mit Tart. emet. in refract.
dosi; dadurch lockert sich der Zungenbeleg auf und
die Brechneigung steigert sich. Ist dies geschehen,
so reicht man das Emet. in voller Gabe. So lange
noch Druck, Oppletion im Magen, Brechneigung
vorhanden, Esslust sich nicht vermehrt, Zungenbeleg an Stärke zunimmt, Cephaloea gastr. nicht
verschwindet, so lange ist die Wiederholung des
Emet. indicirt. Pappiger und bitterer Geschmack,
Zungenbeleg allein verlangen die Wiederholung des
Emet. nicht, wenn nicht zu gleicher Zeit das Gefühl
der Oppletion in der Magengegend und Cephal. gastr.
zugegen. Hat das Fieber den ereth.-Charakter, so
reicht die Behandlung mit Diaphoret. hin; schon das
Emet. ist ein Diaphoret. Bei synochalem Charakter
reicht man mit dieser Behandlung nicht aus. Bei
vollblütigen Subjecten, starker Congestion nach dem
Kopfe, V.S., dann das Emet. und darauf Dct. Graminis mit Nitrum und Magnes. sulphur. oder Cremor.
tart. Man braucht diese Mittel fort, bis der entzündliche Charakter verschwunden, dann setzt man Diaphoret., Ammon. acet. an ihre Stelle. Bei torpid.
Charakter sind neben der angegebenen Behandlung
mit dem Emet. noch anzuwenden; äussere Hautreize,
warme Begiessungen, warme Bäder, Vesicantia ad
suras; zur Diaphorese Valerian. mit Ammon. acet.;
oder Bernsteinammon. Bei paralyt. Diarrh. mit Auftreibung des U.L. Fomentationen und Ferrum muriat.
Zur Diät Wasserschleim, wenig gekochtes Obst,
Johannisbeeren, Weichseln, Limmonade, Weinsteinsäure, Dct. Gram. mit Cremor. tart., Himbeersaft,
Essig mit Wasser; bei torpid. Charakter Franken-
oder Rheinwein mit etwas Zuckerwasser. In der
Reconvalescenz dauert die strenge Diät noch fort;
zartes Fleisch ohne Gewürze, allmählig etwas Gemüse. Zum Getränk Wein mit Wasser. Bei Uebergängen in Intermittens, exspectatives Verfahren, bis
sich die Anfälle erst etwas ausgebildet haben, dann
die Extr. sapon., ehe man zur China greift. R Natr.
carb. ℨj; Solv. in aq. destill. ℥vj. S. 1 Essl. voll
p. dosi zu nehmen und 1 Theel. Zitronensaft nachzutrinken. R Natr. sulph. siccat. ℨj; Tart. depurat.
ℨβ; Sacch. alb. ℥vj; 1—2 Theel. 2stündl. zum Purgiren. R Dct. hord. tenuior. ℔ℨℨ; Succ. citr. ℥ℨℨ;
Syrup. rub. idaei ℥ℨ. S. pro potu.

Zur Neutralisirung der Säure im Magen bei gastrischen und galligten Fiebern gibt R a d e m a c h e r
von dem Natro carbonico in 24 Stunden ℨβ aufgelöst
in ℥viij Wasser mit Əj Traganth gemischt zur Deckung
des übeln Geschmacks. Im Allgemeinen sind 3 solcher Portionen hinreichend, den übeln Geschmack,
die Vollheit in den Präcordien und das Fieber zu
heben, wenn dieses blos und allein von dem Reize der
Säure auf den Darmcanal und von vermehrter Action
der Gallengänge abhängt. Von dem Ammonium-carbo-
nicum gibt er in eben dieser Mischung ℨjj in 24 Stunden. Magnesia gebraucht er ebenfalls und zwar wenn
die Neigung zu Verstopfung grösser ist als zu Durchfall. ℨβ gebrannte Magnesia mit ℥viij aq. zum Schüt-

teltranke gemacht. Es ist unglaublich, bis zu welchem Grade ätzender Schärfe die Darmsäure gesteigert werden kann. Der After wird zuweilen nach 2—3 flüssigen Stühlen schon wund und sehr schmerzhaft, entweder durch Schrunden zwischen den Hautfalten der Mastdarmmündung, oder durch kleine, nadelkopfgrosse, helle, weisse Bläschen. Wirkt nun die Magnesia in solchen Fällen zu stürmisch abführend (indem sie mit der Magensäure sich zu einem abführenden Salze verbindet), so gibt man lieber das Natron, und erst am folgenden Tage die Magnesia. Bei dem von selbst eintretenden Durchlaufe, der im ersten Stadio der Gallenfieber zu gewissen Zeiten nicht selten ist, thut Ammonium oder Natron gute Dienste. R a d e m a c h e r sucht nämlich nicht nach Stoll's Manier die Säure durch Brechmittel zu entfernen, die erst noch recht krank machen können, Gelbsucht erregen u. s. w., sondern er neutralisirt die Magensäure durch die angeführten Mittel. Es ist freilich wahr, dass nach Stoll's Art die Gallenfieber zuweilen durch ein einziges Emeticum gehoben werden; aber bei der Neutralisirmethode hat man 5 Fälle gegen 1 bei der ausleerenden, dass man in einem einzigen Tage das Fieber hebt. Bei epidemischen Gallenfiebern mit an Intermittens gränzender Remittens leistet die Nux vomica (s. die Leberkrankheiten) das Beste.

Febris-hectica, Zehr-, schleichendes, hectisches Fieber. Man nennt es so, wenn 1) Abzehrung da ist, 2) Mattigkeit, 3) eine Hitze, die brennend ist, besonders im Gesichte nach dem Essen, in den Händen u. Füssen, 4) ein kleiner, schneller, weicher, doch oft auch härtlicher, meist 2schlägiger Puls, 5) eine ärgerliche verdriessliche Stimmung des Gemüthes, 6) beschwerliches Athmen, 7) häufige Ausleerungen, Durchfälle, schäumender Urin, Morgenschweisse, bald über den ganzen Körper, bald in einzelnen Theilen; die Schweisse sind häufig klebricht, und dann ist die Mattigkeit immer gross. 8) Geschwulst der Füsse. Es exacerbirt am Mittag nach dem Essen; die 2te Exacerbation ist um Mitternacht, und dauert bis zum Morgen. Die Behandlung ist dieselbe wie bei Febr. nerv. lent.; finden örtliche Fehler dabei statt, so sind sie Complicationen, und also unterscheidet sich Febr. nerv. lenta. S. Lungenschwindsucht.

Febris-intermittens. S. Wechselfieber.
Febris-mucosa. S. Schleimfieber.
Febris-nervosa. S. Nervenfieber.
Febris-nervosa-lenta.
Symptome. Dieses Fieber zeichnet sich besonders durch die Langwierigkeit der Vorläufer aus, es gehen oft Jahre darüber hin. Die Vorläufer sind: Die Kranken fühlen sich immer matt, gewöhnlich nach dem Schlafe am meisten, und je länger der Schlaf dauert, desto unangenehmer ist die Empfindung: es fehlt dem Kranken an Muth, sie machen sich traurige Vorstellungen, klagen am meisten des Morgens; erleichtert fühlen sie sich allemal, wenn sie gegessen und getrunken haben; alsdann nehmen

Mattigkeit und unangenehme Vorstellungen ab; nach
dem Mittagessen sind sie froh und heiter, allein nicht
lange, sie fühlen nun Verdauungsbeschwerden, Schmerz
im Kopfe und Unterleib, das Gesicht ist oft hochroth, Puls bald matt, bald äusserst frequent, Sinne
eingenommen, Mund ununterbrochen trocken. Nehmen die Kranken schwer verdauliche Speisen zu
sich, so sind die Beschwerden am grössten; bewegen
sie sich, so wird das Athmen schwer. Die Kranken
sind durchaus nicht Herr ihrer Empfindung; ist die
Luft feucht, so sind sie oft missvergnügt, ist der
Himmel heiter, so sind sie es auch. Im heitern
Winter befinden sie sich am besten, im Frühjahr und
im Sommer schlimmer, und am schlimmsten in feuchtem und heissem Sommer; nimmt die Krankheit zu,
so zeigt sich folgendes : Unangenehme Geistesstimmung, sie weinen leicht, Puls klein, schwach, frequent, häufige kalte Schweisse. Häufige Neigung
zum Uriniren, der Urin schäumt, oft molkig, Zunge
schleimig, sie können wenig Speise vertragen. Geistesstimmung immer trauriger, Verstopfung, Stuhlgang hart, schwarz; sie zittern immer, kein Appetit;
Schlaf ohne Erquickung, der Tod tritt langsam ein.
Das Fieber verwandelt sich oft in einen Zustand, der
mit Typhus verwechselt werden könnte; Flockenlesen
etc., Delirien. Ursachen sind häufig langwirkende
Traurigkeit, Entziehung der Säfte, besonders des
Samens, Mangel und Noth.

Diagnose. Die Krankheit zeichnet sich dadurch
aus, dass sie mit keinem Localleiden eines Eingeweides ursächlich verbunden; durch grosse Schwäche
der Nerven und aller davon abhängenden Functionen,
schnellen, kleinen, veränderlichen Puls, veränderlichen Urin, mehr Frost als Hitze. Anfangs keine,
oder nur flüchtige Schweisse, Kopfaffectionen, krampfhafte Beschwerden, hypochondrische Laune, Muth-
losigkeit, Gemüthsveränderlichkeit, schlechteres Befinden in den Morgenstunden und im nüchternen Zustande; Wohlbefinden und Verminderung des Fiebers
nach der Mahlzeit. (Das Gegentheil vom hektischen
Fieber.)

Therapie. Man stärke vorzüglich das Nervensystem, und restaurire, anfangs mit leicht verdauli-
chen, gelinden Roborant., steige zu den stärkeren,
nehme Rücksicht auf Eröffnung und Reinigung der
Dauungsorgane, und benütze die äussere Haut zur
Application der Nahrungsmittel. Zu empfehlen sind:
Rad. Caryophyll. mit Valerian., Quassia, Columbo,
nach und nach China erst im kalten, dann im warmen
Infus., Tr. Whytti, zuletzt China Decoct., endlich
flüchtige Eisenmittel, Aethiops. mart., eisenhaltige
Mineralwasser. Bei mehr fieberhaftem Zustand und
Neigung zum hektischen Fieber, Elix. acid. Hall.,
dazwischen bittere auflösende Extr., Rheum. Vor
Allem laue Wasser., noch besser Malzbäder, bei
grosser Schwäche mit Aromat. versetzt. Reibungen
der Haut mit Spirit. Serpilli, Rosmarin etc. Dabei
gute leicht verdauliche Nahrung, Milch, besonders
Eselsmilch, Salep, Arrowroot, Gelatin. Lich. island.,
Fleischgallerte, Schneckenbrüh, Bier, alten oder

süssen Wein, Alicant, Xeres, Malaga, Tokaier, tägl.
frischen Luftgenuss, Land- und Bergluft, mässige
Bewegungen im Freien, Vermeidung alles körperlich
oder geistig Schwächenden, besonders der Pollutionen.

Febris-nervosa-stupida ist der gewöhnlich
früher sog. Cerebraltyphus. S. Nervenfieber. Hier ist
die Mattigkeit gleich anfangs besonders stark; Brechreiz, u. oft wirkliches Erbrechen. Sinne sind blöde, sie
fühlen gar nichts etc.; daher der Name. Weder gehörig
Sehen, noch Hören; Eingenommenheit des Kopfes,
der Kranke will wohl reden, aber kann nicht, liegt
gewöhnlich in einem scheinbar starken Schlafe. Am
Ende der Krankheit entstehen Deliria mitia, Sehnenhüpfen, Flockenlesen, paralitische Zufälle; unbewusste Urinverhaltung, oder solche Entleerung; eben
so ist es mit dem Stuhle. Profuse Schweisse, sie
rutschen zu den Füssen herab, bleierne Schwere in
denselben.

Therapie die des Typhus. ℞ Rad. serpent. vir-
gin. ʒvj; Rad. valerian. ʒβ; Infund. aq. ferv. ʒvjjj;
Collat. refrigerat. adde: aether. sulph. ʒjj; Syrup.
cort. aurant. ʒj. S. Alle St. 1 Essl. voll. ℞ Phosphor. gr. jjj; Solv. in aether. sulph. ʒj; Ol. lini ʒj;
gm. arab. Эj. M. D. S. Alle St. 1 Theel. ℞ Herb.
menth., elaeosacch. menth. ppt, ana ʒβ. M. f. pulv.
Divid. in part. 8. S. 4mal 1 Pulv.

Febris-nervosa-versatilis. S. Nervenfieber,
I. Abdominaltyphus. — Die Febris-nervosa-versatilis
ist gewöhnlich auch lenta dabei. Die Unterscheidung
der nervos. versatilis und stupida beruht nicht auf
wesentlichen Differenzen, sondern gründet sich mehr
auf die Modification der nervösen Erscheinungen,
scheint mehr auf individuellen Verhältnissen zu beruhen, denn man bemerkt die versatile Form besonders bei Leuten von erregbarem Nervensystem, bei
Frauen, die früher an Hysterie litten, bei jungen
Mädchen um die Zeit der Periode, besonders bei
chlorotischen, was also blos individuelle Differenz
nachweist, keine wesentliche. Der Charakter besteht
darin, dass die Symptome nicht beständig sind. Bei
diesem Fieber klagen die Kranken sehr viel, sie
weinen, es schaudert sie; Hitze, Schmerzen, Ohnmachten, ohne dass man Veranlassung sieht; Puls
bald frequent, bald langsam, Deliria mitia, bald fu-
riosa; Schlaf mit Wachen wechselnd. Auge bald
glänzend und Gesicht roth, braun, und schwarz belegt; bald Verstopfung, bald Diarrhoe; Gehör oft
fein, bald stumpf; Haut gewöhnlich trocken, dann
aber auch klebrig schwitzend. Die krankhaften
Symptome sind wie die Geistesstimmung beständig
abwechselnd. Behandlung die des Typhus. Bei der
nervosa versatilis, wo weder die Baucherscheinungen
des Typhus abdomnalis, noch die Cerebralerschei-
nungen vorherrschen, sondern mehr der von R e i l
sogenannte irritable Typhus erscheint, Flockenlesen,
Sehnenhüpfen, Unruhe, Schlaflosigkeit, Geschwätzig-
keit, der Unterleib platt zusammengefallen, der Puls
klein, wegdrückbar ist etc., sind Valerianaklystiere
mit Castoreum angewendet ein vorzügliches Mittel,
um die Reizung des nervösen Systems zu mindern,

dabei müssen aber die Mittel innerlich gegen den typhösen Process selbst beibehalten werden. ℞ Infus. rad. valerian. (ʒij) ℥iij; Pulv. gm. mimosae ʒij; Castorei canad. ʒβ; D. ℞ Infus. rad. valerian. (ʒij) ℥jv; Mucilag. salep. ℥ij; Acid. muriat. ʒj; Syrup. simpt. ℥j; 2stündl. 1 Essl. Moschus ist ebenfalls zweckmässig. Opium und Narcotica schaden.

Febris-puerperalis. S. Kindbettfieber.

Febris-putrida. S. Faulfieber.

Febris-rheumatica. Wenn bei den bekannten wesentlichen Merkmalen des Fiebers Schmerz in den musculösen Theilen vorhanden ist, welcher durch Erkältung entstanden. Die Behandlung ist mit Rücksicht auf Hautreize durch Vesicantia, Rubefacientia etc. die bei Febris catarrhalis angegebene. ℞ Extr. aconit. gr. vjjj; Vin. antim. Huxh. ʒij; alle 3 St. 10—20 gtt. ℞ Spirit. Mind. ℥j; Vin. antimon. ʒj; Aq. flor. sambuc., aq. destill., ana ℥jv; Syrup. flor. auraut. ℥j; alle 2 St. 2 Essl. ℞ Camphor. gr. vj; Nitr. depurat. ʒj; Sacch. alb. ʒij; Divid. in part. vj. Alle 2—3 St. 1 Pulv.

Feigwarzen. S. Syphilis.

Fettsucht, Adiposis, Obesitas, Fettleibigkeit.

Symptome. Uebermässige Anhäufung von Fett, entweder im Ganzen, oder in einzelnen Theilen, sowohl äusserlich (Steatom), als auch in innern Organen, besonders dem Herzen, Omentum, den Nieren. Ihre Folgen sind: erschwerte Function des Theils, den sie trifft, und ist sie allgemein, erschwerte Bewegung, Druck, Belästigung des Ganzen, Trägheit der Circulation und aller Functionen, gehinderte Se- und Excretion, Geneigtheit zu äusserlichen erysipelatösen Entzündungen und Abscessen, endlich Uebergang in Cachexie und Hydrops. Von Fettsucht zur Wassersucht ist nur ein Schritt. Uebermässige Fettbildung muss nothwendig der freien Ausübung der thierischen Functionen Fesseln anlegen. Das Athmen geht nur unvollkommen oder schwierig von Statten, und man fühlt eine überaus geringe Neigung. sich Bewegung zu machen. Wegen des allgemeinen Druckes auf die grossen blutleitenden Gefässe findet sich die Circulation gehemmt und folglich häuft sich das Blut in den fettlosen Theilen des Körpers, z. B. in dem Hirne, den Lungen u. s. w., mehr oder weniger an; daher kommt es auch, dass der Puls bei fetten Personen stets schwächer gefunden wird als bei Andern, daher sind auch solche Personen traurig, schläfrig und träge. Eine Prädisposition zum Fettwerden ist oft erblich. Uebergenuss in den Tafelfreuden gehört zu den vorzüglichsten Ursachen der Fettleibigkeit. Fette Personen zeigen grosse Hinneigung auch zu andern Krankheiten, zur Selbstverbrennung. Es kommt zuweilen vor, dass die Fettansammlung in der Nähe des Herzens und der Eingeweide beträchtlich genug wird, um einen plötzlichen Tod herbeizuführen, ohne dass sich äusserlich gleichwohl ein auffallender Grad von Corpulenz bemerklich macht. Schwäche ist oft Ursache der Corpulenz, es ist Mangel an Lebenskraft, Mangel an Energie im Körper, fehlendes Gleichgewicht zwischen Nahrungsaufnahme und Excretionen. Der Schlaf ist bei Kindern mit die Ursache des Fettwerdens, ebenso die Ruhe. Fettwerden entsteht, wenn die Verwandlung des Blutes unvollkommen erfolgt, das Blut verwandelt sich in Serum und bildet Oedem.

Therapie. Wenige, nicht nährende, vegetabilische wässrige Nahrung, starke körperliche Bewegung, wenig Schlaf, Erregung von Gemüthsaffecten, Beförderung aller Secretionen, besonders des Schweisses und der Darmausleerung, Hungerkur, im äussersten Falle Jod, Quajac., Senega; Sapo alle Abend zu ʒj bis jv als Bolus, oder in Electur., oder im Wasser aufgelöst mehrere Wochen lang fortgesetzt. Man meide den Genuss von Eiern, zu vielem Fleische, Weissbrode, Zucker, starken Bieren, besonders dem Weizenbiere, kräftiger Bouillon etc. Der Genuss von geräuchertem oder gesalzenem Fleische ist sehr dienlich. Von Nutzen sind gelinde säuerliche Getränke, Wasser mit Citronensaft, Johannisbeersaft u. s. w. in reichlicher Menge genossen. Weinessig, namentlich äusserlich gebraucht, wo er nicht so schadet, als innerlich gebraucht. Die Säuren beleben äusserlich die Kräfte, erfrischen, trocknen aus, ziehen zusammen, lösen auf, stärken den Ton der Gewebe. Alle 8 Tage Morgens 1—2 Gläser Sedlizer Wasser. Vortrefflich, wenn man einem Kruge Selterserwasser 1 Loth Natron bicarbonatum zusetzt, davon täglich die Hälfte zu trinken. Durch das Natron, welches durchaus der Gesundheit nicht schädlich ist, wird das Fett so zu sagen verseift und aus dem Körper ausgeführt. Warme Bäder und V.S. schaden. Jeden Monat Ricinusöl, Ragozi zum Laxiren. Man bleibe nie zu lange ohne Speise. Man vermeide feculente mehlhaltige Speisen, Gemüse, rohes Obst, Kaffee, Thee, Liqueur etc. Gymnastische Uebung. — Kommt es zu Erstickungsanfällen, so mache man grosse V.S. von ℥x — ℔j; aber nicht zu oft wiederholt. Die kleinen V.S. machen fetter, nicht aber die grossen. — Calomel zu 10—20 Gr. täglich; hört seine Wirkung nach einiger Zeit auf, so gibt man Gummi-Gutt, Jalappe, Aloe; endlich hört die Wirkung dieser Mittel auf, so gibt man: ℞ Sal. Glauberi ℥jj; Aloes succot. gr. xjj; Extr. hyoscyam. gr. jj; Aq. foenic. ℔j; des Tags über zu gebrauchen. Später gibt man: ℞ Sapon. medicat., resin. jalapp., ana ℥ß; Gm. gtt. gr. xjj. M. f. pilul. gr. j. 3mal 8 St. und eine Tasse Biliner- oder Ragozi-Wasser nachzutrinken. Endlich Jod; Adelhaidswasser, man fängt mit 2 Gläsern an, und lässt damit steigen; alle Monate etwa 6 Flaschen, mehrere Monate lang fortzugebrauchen. Als Nachkur Soolbäder, Selterserwasser mit Wein. In einem Falle von Fettsucht bei einer 49jährigen Frau gab man Jodkali und Eisensalmiak in aromatischem Wasser gelöset 14 Tage lang, und hierauf Jodtinctur 20 Tropfen täglich. Nach 2 Monaten war die Fettsucht verschwunden, und die Frau konnte ihren gewohnten Beschäftigungen nachgehen; zur Nachkur erhielt sie noch einige Zeit hindurch Chininum sulphuric. Nicht selten entsteht Adiposis nach schwächenden Einflüssen, nach öfters wiederholten V.S., nach übermässigem Coitus , nach Mercurialmittel, nach Scorbut, Chlorosis, Typhus. Hier würden häufige Purgirmittel, Mercurialia, Jod, den grössten Schaden bringen, und Hydrops verursachen. Gute Dienste leisten alsdann Amara, China, Eisen , Stahlbäder, säuerliche Mittel, Elixir. vitr. M., wenig Vegetabilien, mehr gebratenes Fleisch, rother Wein. Ferrum carbonicum. An der Hand der neuen Lehre vom Ursprunge des Thierfettes, lässt sich die causale Heilanzeige mit wenigen Worten ausdrücken; sie besteht nämlich in der möglichsten Ausschliessung alles Fettes selbst, aller kohlenwasserstoffreichen Substanzen, endlich der Amylum- und Zucker-reichen Nahrungsstoffe, aus Speisen und Getränken, und dafür Einhalten einer mehr oder weniger exclusiven magern Fleischdiät; Anstrengung und Bewegung; endlich wären Stoffe in hinreichender Menge zu verabreichen, die den Stoffwechsel und damit auch die Consumtion der kohlenwasserstoffigen Materie beschleunigen, wohin namentlich alkalische (besonders Kochsalz) gehören; diese nämlich bieten die zur Gallenbereitung nothwendige Basis (meistens Natron), welche das Fett als Säure (Choleinsäure) gebunden in die Blutbahn, und damit dem Sauerstoff entgegen führt, also seine Verbrennung und Elimination einleitet. Kein Thier lässt sich mästen, das viel Kochsalz erhält. Zur Behandlung der Fettanhäufung im Unterleibe bemerkt Albers: Wie Brodie gegen Fettansammlungen und Fettgeschwülste den Liquor potasse (ʒj in etwas dünnem Bier 3mal tägl.) innerlich empfiehlt, so sind die Potaschenbäder gegen dieselbe wirksam; 2—3 ℔ auf 1 Bad für Erwachsene und 12 bis 20 solche Bäder. Besonders wirken sie gegen Fettablagerungen im Unterleib, die zuletzt bekanntlich die Verdauung stören, Schlaflosigkeit, Angst, Hypochondrie u. s. w. herbeiführen. Das Ferr. oxydat. hydrat. siccum et liquidum, das bekannte Antidot der arsenigen Säure rühmt Neumann als das beste Mittel gegen das Fettwerden.

Fieber. S. Febris.

Fieberkuchen. Eine zu schnelle und frühzeitige Suppression des Wechselfiebers, ohne vorhergegangene gehörige Hebung der entfernteren Ursache, oder auch eine zu lange Dauer des Fiebers mit zu später oder zu schwacher Anwendung der China, oder endlich die Fortdauer einer schon früher dem Fieber zu Grunde gelegenen Krankheit in derselben, oder in einer andern Form, sind die häufigsten Ursachen von dem Entstehen schon äusserlich fühlbarer Obstructionen und Physconien der Leber und Milz, am häufigsten der letztern, Fieberkuchen genannt.

Therapie. Man wendet die Resolventia der kräftigsten Art an, Calomel, G. ammoniac., Sal. ammon., Chelidonium, Belladonna; dazwischen ausleerende Mittel. Emplastr. de Galbano auf Milz, oder Lebergegend. Ist der Kranke schwächlich, ist zu wenig oder gar keine China gegeben, so gibt man Chinin in grossen Gaben gr. viij—x alle 8 St. und steigend, mit Eisenmitteln; namentlich sind gerühmt die Flores salis ammon. mart. ℞ Extr. tarax., graminis ana

ʒij; Gm. ammoniaci vitell. ov subact. ℈j; Flor. sal.
ammón. mart. ʒj; Mell. optimi s. q. ut. f. electuar.
S. tägl. 2mal, später 3—4mal 1 Theel. voll. ℞ Flor.
sal. ammon. mart., succi liquirit ana ʒj; Aq. cort.
citri ʒjv. S. alle 2 St. 1 Essl. Es gibt auch Fälle,
wo Misshandlung des Fiebers durch China, durch
allzu schnelles Dreinfahren mit grossen Gaben derselben Ursache des Fieberkuchens ist. In solchen
Fällen muss man das Chinin stets mit den Resolvent.
und dem Eisen verbinden und den gewöhnlich zu
Grunde gegangenen Tonus der Haut wieder herzustellen, der drohenden Cachexie zuvorzukommen
streben. Am wünschenswerthesten wäre es in solchen
Fällen, wo das Fieber ganz zu Grunde gegangen und
blos nur noch der hartnäckige Fieberkuchen vorhanden ist, wenn man das Fieber wieder hervorrufen
könnte, wozu salinische Purgirmittel und zuweilen
Belladonna dienen sollen. ℞ Mart. tartarisat. Edinb.
ʒβ; Pulv. rad. rhei, colombo ana gr. xv; Extr. chin.
q. s. ut. f. pilnl. gr. ij; Consperg. p. cinnamom.
3mal 5 Stück. ℞ Extr. graminis, — taraxaci ana ʒj;
Aq. meliss. ʒvij; Chinin sulphur. gr. xij; Tinct. chin.
compos., — Rhei vinos. ana ʒβ; Sal. ammoniac. depurat. ʒij; Tart. emet. gr. jβ. S. Umgeschüttelt
3mal tägl. 2 Essl. S. Wechselfieber.

Flatulenz, Blähsucht.

Symptome. Immer wiederkehrende übermässige
Luftentwicklung im Magen und Darmkanale, daher
Spannung und Auftreibung der Magengegend und im
ganzen Unterleib, Ructus, Flatus, die verschieden-
sten Beschwerden, Beängstigung, Beschwerden des
Athemholens, Verstimmung, Schmerz in den Prae-
cordien, Kolik, Herzklopfen, Sinnestäuschungen,
Ohrensausen, Doppelt-, Halbsehen, immerwährendes
Aufstossen von Blähungen, Murmeln, Poltern der
Luft in den Gedärmen; ist meist Symptom der Hy-
sterie, und kommt nach dem Genusse von Kohl,
Rüben, gährenden Getränken, Gemüthsaffecten, Er-
kältung, bei schwacher, schwerer Verdauung vor.

Therapie. Man entfernt die Blähungen durch
Carminativa und Antispasmodica; Semen Foenicul.,
Anis, Herb. Menth., Ol. aeth., Liq. ammon. anisat.,
Valerian., Castor., und im höhern Grade mit Opium;
Auflegen warmer Tücher, Einreibungen von Ol. cha-
momill. gtt. jv in ʒβ Aeth. sulph. aufgelöst; Klystiere
von Menth., Carv., Chamomill.; nüchtern 1 Tasse
Kümmelthee, und dabei Vor- und Nachmittags 60 Tr.
Elix. aurant. compos. Zur Radicalkur verfahre man
wie bei Magenschwäche. Bei heftigen hysterischen
Formen Bismuth. nitric. ℞ Ol. menth. gtt. x; Solv
in Liquor. anod. H. ʒj; Liq. ammon. anisat., Tinct.
valerian. ana ʒjβ. S. 30—40 gtt. mit Chamillenthee.
℞ Tinct. absynth., Elix. aurant. compos. ana ʒβ;
Essent. menth. ʒij. S. 3mal 60 gtt. ℞ Asae foetid.,
Fel. tauri inspissat., Extr. absynth., — quassiae, —
Cort. aurant. ana ʒj; Ol. cajeput. ℈β. M. f. pilul.
gr. ij. S. 2mal 10—15 Stück. ℞ Essent. menth., —
castor., liquor., anod. Hof. ana ʒj; Laud. liq. Syd.
ʒβ. S. 30 Tr. zu nehmen.

Fluor-albus. Weisser Fluss, Leucorrhoe.

Symptome. Eine abnorm vermehrte Schleimabsonderung, der die Vagina, den Uterus, die Harnröhre, ja selbst die äussern Genitalien auskleidenden
und überziehenden Häute. Die Qualität des in grösserer oder geringerer Menge ausfliessenden Schleimes
ist verschieden, anfangs albuminös, durchsichtig, geruchlos, nicht irritirend, mit der Zeit undurchsichtig,
grau, übelriechend, ätzend. Die Scheide fühlt sich
sandig an. Kommt der Schleim aus dem Uterus, so
ist diese körnige Beschaffenheit nicht vorhanden, und
der Muttermund hat eine runde Oeffnung. Zur Zeit
der Menstruation wird der Fluss heftiger. Endlich
leiden die Digestionsorgane; Dyscrasie, Säurebildung; die Kranken werden blass, erdfahl; blaue
Ringe um die Augen; Mattigkeit; Menses verlieren
sich.

Diagnose. Durch die Manualuntersuchung, das
Speculum, wird vor Verwechslung mit psorischer
Entzündung, Hypertrophie, Scirrhus, Retroversio
Uteri, die in Folge von dieser Krankheit symptomatisch manchmal auftreten, gesichert. Die Art der
Entstehung, die Gegenwart der Menses, die nicht
veränderte Gesichtsfarbe unterscheiden den syphilitischen vom gutartigen Fluss, der gutartige hinterlässt keine Flecken im Hemde, ist mehr schleimig.

Therapie. Entferne die Ursache: feste fremde
Körper in der Scheide; bei Anomalien in den Digestionsorganen, Stockungen, lasse man Kissingen,
Karlsbad, Resolventia gebrauchen; vertriebene Hautausschläge müssen durch Schwefelbäder, den innerlichen Gebrauch des Schwefels wieder zurückgerufen
werden; unterdrückte Fussschweisse werden durch
Kalibäder wieder restituirt. Sind die Kranken kräftig, frisch, so verordne man magere Diät, active und
passive Bewegung, Aufenthalt in trockner freier Luft,
von Zeit zu Zeit Calomel mit Jalappa, Fussbäder;
die Kranken sollen auf Matrazen schlafen. Sind die
Individuen blass, leucophlegmatisch, bei Neigung zu
Hydrops, etc., verordne man Fleischbrühe, gutes
Bier, Wein mit Eisensäuerlingen, zur Trink- und
Badekur. Bei Vaginalleucorrhoen sind Injectionen
äusserst wirksam; bei Uterinleucorrhoe nicht. Nachdem die Scheide ausgespritzt ist, namentlich mit
Solutio lapid. infernal., füllt man sie mittelst eines
Speculums vollständig mit Watte an 8—12 Tage
lang. Bei acuter Uterinleucorrhoe gewinnt man am
meisten mit Ansetzen von Schröpfköpfen im Kreuze,
oder von Blutegeln in der Nähe der Scheidemündung;
hierauf Hüftbäder, Vaginalinjectionen von warmem
Wasser, bis das acute Stadium vorüber ist. Sodann
und bei chronischer Form allzeit legt man ein Vesicator in die Kreuzbeingegend, und wiederholt es 1-
oder 2mal, cauterisirt mit Lapis infern. Besonders
wirksam sind: Balsam. copaiv. in steigenden Gaben;
Eisenpräparate mit Rheum; Decoct. von Lign. cam-
pechian.; Secale cornut. Alle diese Mittel wirken
um so sicherer, wenn man ein Vesicans vorher applicirt hat. Ist die Reizbarkeit gross, so setzt man
den Injectionen Opium bei; Aq. laurocerasi, Ol.
hyoscyam. Ist sie getilgt, dann injicirt man Dct.

von Loh, Eichen, Weiden, Ratanhia, Kino, Alaun, Eisen, cauterisirt. Ist der Ausfluss stinkend, so injicirt man Aq. chlorat. Das Jodkali zu Injectionen mindert zwar den Ausfluss, sistirt ihn aber nie, der nur den Einspritzungen des Decoct. colocynthidis weicht. Innerlich gehören noch zu den wirksamen Mitteln: Uva ursi, Salmiak, Jodine. ℞ Fol. uvae ursi ℥jß; Summitat. millefol. ℥j; Coc. c. aq. font. ℔ jjj ad ℔ jj; Sub finem coct. adde rad. liquirit. ℥j; Syrup. cinnamom. ℥j. S. In 2 Tagen zu verbrauchen. ℞ Lign. quass. ℥ß; Aq. calcar. ust. ℥xvjjj; Macer. in lagen. rit. claus. saep. agitando per biduum colat. add. aq. cinnamom. vinos. ℥jj. M. et disp. in III lagen. S. 3mal 1 gutes Glas voll. ℞ Ammon. muriat. depurat., Pulv. rad. liqurit. ana ℥jjj; M. f. p. divid. in IX. part. D. ad chart. cerat. S. 3stündl. 1 Pulv. mit Haferschleim. ℞ Pulv. cort. granat. ℥j — — Peruvian. rubr. ℥jj; Balsam. copaiv. q. s. ut f. boli pond. gr. xjj. S. Morgens und Abends einen Bissen zu nehmen. ℞ Balsam. copaiv.. Ol. terebinth. rectificat., — Succin. rectif. ana ℥j. D. S. 3mal 30 bis 60 gtt. auf Zucker und ½ Glas rothen Wein nachzutrinken. — Jod in Einspritzungen etwa ℈j Jodin in aq. destill. ℥jjj, oder innerlich dargereicht, oder besser als Einreibungen. Vortrefflich wirkt die örtliche Anwendung des Höllensteins. ℞ Argent. nitrici gr. jjj; Solv. in aq. destill. ℥j. D. S. Ein Stückchen Schwamm wird an ein Stück Fischbein befestigt, mit der Auflösung befeuchtet und behutsam an den Mutterhals hinaufgeführt: 1- oder 2mal tägl. Zur Injection 1—6 Gr. Höllenstein auf ℥j Aq. destill.. und nach der Einspritzung ein in diese Flüssigkeit getauchter Charpiebausch in die Scheide eingebracht, der so lange liegen bleibt, als es die Kranke ertragen kann. Eine Salbe aus Lapis infernalis in ein Mousselinsäckchen von sehr feinem Gewebe gebracht, so dass ein leichter Druck hinreicht, die Salbe daraus zu entleeren. Das Säckchen wird an dem Zeigefinger ungefähr in der Höhe des 1ten Fingergliedes befestigt, so dass dessen Spitze mitten in die Salbe eingebracht ist, so wird der Finger wie bei der gewöhnlichen inneren Untersuchung eingebracht und im ganzen Umfange der Scheide bis zum Scheidengewölbe, und um die Vaginalportion herumgeführt. Auf diese Weise übertüncht man gleichsam die ganze Oberfläche der Schleimhaut und ihre Falten und Ausbuchtungen, und wenn man recht feinen Mousselin genommen hat, wird man das Säckchen darauf ganz leer finden. ℞ Secal. cornut. ℈j; Coq. aq. fontan. ℥vjj. D. S. Binnen 2 Tagen zu verbrauchen. Gegen Leucorrhoe der Kinder: ℞ Extr. nuc. jugland. ℥jj; Tinct. ferri pom. ℈jjj; Aq. menthae ℥jj; Sacch. albi ℥jjj. S. 3mal tägl. 1 Theel. voll: auch Ferrum jodatum ist zweckmässig. Bei Kindern zeigt der Fluor albus meist auf scrophulöse Basis, oder auf schlaffe anämische Constitutionen. Hier Aethiops, antimonischen und mineralischen cum Rheo. Eisenpräparate etc. Zum Einspritzen Aqua calcis oder bei hartnäckigen Fällen eine starke Solution Argenti nitrici. Bei kleinen Kindern von 1—2 Jahren ist oft

Dentition causales Moment; bei ältern Kindern Anämie, ja selbst Coitus. Bei Kindern muss man vorsichtig sein mit der Suppression eines lange bestehenden Fluor albns.

Fluxus-coeliacus, chylosus, Bauchfluss.

Symptome. Es fliesst eine schleimigte, weisse Materie schnell nach dem Genusse der Speisen, bald anhaltend, bald aussetzend; Schmerz in der Herzgrube, Abwechslung mit Frost und Hitze, starke Essluss, Druck, Brechneigung nach dem Essen, erhöhter Durst; Stuhlgang wird häufig weisslichgrau mit Blutstreifen, der Trieb zur Ausleerung kommt plötzlich mit etwas Tenesmus, und die Schleimausleerung bleibt zuweilen aus, zuweilen kommt sie nur einmal des Tags. Oft muss der Kranke $1/_2$ St. lang ausleeren, oft riecht das Ausgeleerte übel; die Kr. zehren ab, es entstehen fieberh. Zufälle, Wassersucht.

Diagnose. Von Phthisis, durch die Differenz des Ausgeleerten vom Eiter, auch wird die weisse Materie nur periodisch, nicht immer wie bei Phthisis entleert. Von Dysenterie durch den chronischen Verlauf, die Beschaffenheit der Ausgeleerten und das Vorhandensein der Hektik.

Therapie. Man entferne die Gelegenheitsursache, den Missbrauch warmer oder reizender Getränke, Ausschweifungen in Venere, schlechte Nahrung, schlechte Luft, Würmer, örtliche Krankheiten, Callositäten, Scropheln, Rheumatismen, Psora, Exantheme. Man stumpfe die Reizbarkeit der Darmschleimhaut durch Narcotica, Hyoscyam., Belladonna, Aq. laurocer., mit öligt schleimigten Mitteln ab, lässt Ungt. narcot. in den Leib einreiben, gibt Klystiere mit Ol. hyoscyam. coct., endlich Extr. Opii aq. Man leite ab durch Kleien-, Seifen-, Kalibäder, gebe nach dem Bade Pulv. Doveri ohne Kali sulph., gebe später zu den Adstringent. über, Lichen island., Cascaril, Tormentill, Kino, Alaun, setze Antacida bei, wenn Säurebildung vorhanden, verbinde sie aber immer noch mit Narcotic. Ordne eine nicht reizende, nährende Diät an, keine Gewürze, nur rothen Wein. Emplastr. pic. burgund. auf den Leib. ℞ Terr. catech., Magnes. carb. ana ℈β; Opii puri, Rad. ipecac. ana gr. jv; Extr. chin. frigid. parat. ℈ij; Pulv. rad. colomb. q. s. f. pilul. Nr. 40. S. 3mal 5 Stück. ℞ Conserv. rosarum ℥vj; Elect. theriac. ʒvj; Pyr. cydonior. ℥jβ. Alle 2 St. 1 Theel. bei Lienterie der Alten.

Fluxus-hepaticus.

Symptome. Ausfluss einer blutähnlichen Feuchtigkeit mit dem Stuhlgange ohne Schmerzen ist das einzige charakteristische Symptom. Vorübergehende Symptome sind: bald heftiger, bald gar kein Appetit, Veränderung im Stuhlgange, Blähungen, Aufgetriebenheit, manchmal geringe Schmerzen im obern Theil des Darmkanals, und nun entsteht der Fluss, aber der Fluxus ist nicht das wichtigste Symptom, sondern die Auszehrung.

Diagnose. Die Verwechslung mit Phthisis hepat. ist nicht leicht möglich, bringt aber keinen Nachtheil.

Therapie. Man gebe Narcotica anfangs, um die Reizbarkeit abzutumpfen, mache Einreibungen, verordne Bäder, reizende Klystiere, nährende Diät, Bewegung in freier Luft.

Friesel, acuter. Miliaria.

Symptome. Es ist oft Rheumatismus vorhanden. S. Rheumatismus articul. acutus. Die Kr. schwitzen heftig, Schweisse riechen sauer, wechseln ab mit trockner Hitze. Grosse Beklemmung der Brust, Palpitationen des Herzens, Hin- und Herwerfen im Bette, Gefühl von Taubsein, Prikeln, Stechen in den Fingern oder Zehen, gereizter Puls. Unruhe, Angst, Apnoe nimmt zu, Puls frequent, schnell, Haut trocken, heiss, starke allgemeine oder topische Schweisse, mit ihnen ein Exanthem, zuerst am Halse, Rücken, um die Clavicula herum; beim Puerperalzustande zuerst am Bauche, den Genitalien, Schenkeln. Es sind Bläschen, stecknadelkopfgross bis zur Grösse einer durchschnittenen Erbse, hell, krystallinisch, mit kleinen, rothen Halonen umgeben; diese fliessen oft zusammen (rother Friesel), oder der Hof ist unbedeutend (weisser Friesel). Die Flüssigkeit in den Bläschen reagirt sauer. Das Exanthem kann sich über den ganzen Körper verbreiten, mit Ausnahme der Fusssohlen und Handteller, entwickelt sich stossweise; 3 Tage lang bleibt es hell, endlich trübt es sich, schrumpft zusammen, und es schuppt sich die Haut kleienförmig ab. Die ältesten Ansichten über den Friesel lauten dahin, dass er eine Urform, gleich den Blattern u. s. w. sei; de Haen war der erste, der sich gegen die Essentialität desselben ausgesprochen, und so verlor der Friesel seine bisherige Wichtigkeit und seinen Rang als eigenthümliche Krankheit; als letztere galt nur noch der Schweissfriesel, eine Krankheit, die von tüchtigen ältern Beobachtern beschrieben ist, und auch jetzt noch in einigen wasserreichen Gegenden beobachtet wird. Nach vorhergegangenem Oppressionsgefühle bricht ein säuerlich riechender profuser Schweiss aus, solche Ausbrüche kommen im Laufe von 7—12 Tagen mehrere vor, dabei in Begleitung eines grossen Torpors weisse oder rothe Bläschen mit Schweisstropfen, die häufige Nachschübe machen. Das Alter zwischen 10 und 40 Jahren ist dieser Krankheit am meisten ausgesetzt, der Tod erfolgt oft schon am 1sten oder 2ten Tage. Die Sectionen geben keinerlei Aufschlüsse. Es scheiden sich 2 Hauptformen des Friesels: das Eczema Sudamen und das Sudamen simplex. Die Nichtcontagiosität und ein sich schnell folgendes wiederholtes Auftreten weisen dem Friesel einen andern Platz als unter den specifischen Hautausschlägen an; es ist Product einer krankhaft veränderten Schweisssecretion und sein Verschwinden an der Haut ist der Reflex einer anderen essentiellen Krankheit. Skoda hält die Miliaria cristallina für keine besondere Species, sondern nur für ein Symptom, die Miliaria rubra hingegen nimmt er als eigene Species an.

Diagnose. Der frieselähnliche Ausschlag bei Nervenfiebern besteht blos aus mit Luft gefüllten Bläschen; die Flüssigkeiten der Bläschen, die man bei Croup oder Rothlauf findet, reagiren nicht sauer,

sondern alkalisch; es fehlen die Herzerscheinungen.
S. Rheumatismus acutus.

Therapie. Man suche den Ausbruch zu verhüten,
wenn acuter etc. Rheumatismus vorhanden ist und
die Haut Neigung zu Exanthembildung zeigt, durch
Weglassung aller Diaphoretica, der Kranke werde
nur leicht bedeckt, die Atmosphäre übersteige 15—16°
nicht. Kommen deutliche Zeichen des Friesels, so
ist kühles Verhalten und der Gebrauch der Säuren
indicirt. S. Rheumatismus acutus. Ist der Friesel
ausgebrochen, so gibt man innerlich Chlor oder Salzsäure, Limonade. Damit die Haut nicht zu schnell
mit Friesel überladen werde, leite man auf den Darm
ab durch Infus. Sennae mit sal. Seignett. Der Gebrauch der Säuren ist, sobald einmal Friesel ausgebrochen ist, kaum rathsam, besser ist es, auch innerlich die kalischen Mittel zu geben, entweder Kali
caust. oder Liquor. cali subcarb. Die Atmosphäre des
Kranken darf nicht warm und nicht zu kühl sein,
erstes nicht, weil es den Ausbruch des Exanthems
begünstigt, zweites nicht, weil es Zurücksinken des
Exanthems möglich macht. Das Exanthem hält man
fest durch Waschungen mit Kali causticum oder
Aschenbädern, alle St. werde 2—3mal gewaschen.
Zu den Kaliwaschungen nimmt man entweder gewöhnliche Lauge von Holzasche oder Kali caust.,
ʒj—ʒʒ auf ℔j Wasser, beginne mit einer lauwarmen
und gehe allmählig zu einer mehr kühlen Temperatur über. Je profuser die Schweissabsonderung, um
so häufiger ist die Waschung zu wiederholen. Je
nach der Heftigkeit der Eruption alle Stunden 2—3mal
Tag und Nacht fort. Man mässige das Fieber durch
den innerlichen Gebrauch der Kalien, Liquor. kali
subcarbon. Die Bedeckung sei leicht; Selterserwasser, gekochtes Obst. Kommen von Neuem Brustbe-
klemmungen, so legt man wieder Sinapismen auf;
kommt es zu Delirien, so scheert man die Haare
ab, legt ein Vesicans auf den Kopf. Zurückgebliebene Reizbarkeit des Herzens wird mit Extr. Digital.
bekämpft. Waschungen mit verdünntem Ammon.
causticum sind wohl noch besser, als die mit Kali.
Wenn bei acuten Krankheiten, z. B. rheumatischen
Herzentzündungen mit Frieselbildung, die Haut stets
feucht ist, warm ausdünstet, also eine sog. schöne
Haut, die Zunge zugleich feucht und breit stets erscheint, dagegen die topischen Erscheinungen, z. B.
im genannten Falle die Pulsfrequenz anhaltend dieselbe bleibt, nicht niederer wird, die Symptome nicht
nachlassen, so ist dieser anhaltende Widerspruch ein
perniciöses Symptom. Die Haut bleibt schön und
die Zunge feucht, bis die Pulsfrequenz auf einmal
sich noch mehr steigert und die Thätigkeit des Herzens, in andern Fällen die der Lungen so gross wird,
dass Erschöpfung eintritt, welche in wenigen Stunden den Tod herbeiführt. Solche Ausscheidungen
der Haut, solche Beschaffenheit der Zunge sind nicht
kritisch, führen keinen Wendepunkt der Krankheit
herbei, weil sie zu anhaltend erscheinen, und können
nur die Kräfte consumiren. Die Hauptsache ist bei
solchem Friesel nicht, dass er stehen bleibt auf der

Haut, denn das geschieht fast jederzeit, wenn mit
Kaliwaschungen nachgeholfen wird, und ein Zurücksinken desselben ist bei guter Beschaffenheit der
Haut nicht zu befürchten, auch bedingt der zurück-
gesunkene Friesel in wenigen Stunden den Tod. Das
Ominöse ist die übermässige oder vielmehr anhaltende Thätigkeit der Haut ohne gleichzeitige Besserung des Zustandes. Wenn der Friesel steht, die
Haut fortwährend schwitzt, die Pulsfrequenz nicht
nachlassen will, die Hände fortwährend pelzig bleiben, so erschöpft sich der Kranke, und die übermässige Anstrengung des Herzens bringt den Tod. In
solchen Momenten ist China mit Moschus, Wein indicirt, des Collapsus (blaue Ringe um die Augen,
fortdauernder Schlummer) wegen und der Colliquation des Schweisses. In solchen Fällen sind denn
auch die wässrigen Stühle, zudem wenn sie hell werden, d. h. wenig Gallenpigment enthalten, sehr per-
niciös und deuten auf den in wenigen Tagen erfol-
genden Tod. Haben solche Kranke viel Calomel bekommen nebst Mercureinreibungen und es kommt
durchaus keine Salivation, so ist dieses ebenfalls
schlimm. Die Salivation bringt nicht selten in solchen gefährlichen acuten Zuständen eine Crisis mit
sich.

Friesel, chronischer, erscheint grösstentheils
ohne Fieber, wird leicht habituell, wo dann seinem
Ausbruche oft ein Fieber vorausgeht, welches nicht
selten mit schmerzhaften Affectionen innerer Theile,
mit Cardialgien, Koliken etc. verbunden ist. Letztere pflegen mit dem Ausbruche des Exanthems auf-
zuhören. Oft ist er mit rheumatischen oder arthritischen Affectionen verbunden, oder gründet sich auf
Schwäche des Pfortadersystems, auf Anomalien der
Menstruation, selbst von unterdrücktem weissem
Flusse ausgehend; den allerwichtigsten Antheil hat
meist eine grosse Empfindlichkeit und Zartheit der
Haut. Dieses chronische, sehr häufig lebensläng-
liches Siechthum mit sich bringende, alljährlich wiederkehrende Frieselleiden wird selten gründlich geheilt. Die Behandlung muss sich nach den Ursachen
richten. Bei rheumatischen und arthritischen Affectionen muss man es nicht selten als ein kritisches
Bestreben ansehen und die Eruption befördern und
unterhalten. Wenn es von Unterleibsleiden ausgeht,
so dienen auflösende Extracte, im Frühjahr Molkenkur, im Sommer natürliche Schwefelbäder, Alkalische und Eisenwasser zum Badegebrauch, China mit
Rheum zur Nachkur. Bei jungen, kräftigen Individuen leistet zuweilen Elix. acid. Hall. Gutes.

Frühlingskuren. S. Blutreinigende Mittel.
Fussschweisse, unterdrückte. S. Unterdrückte Blutungen etc. etc. und Schweisse.

G.

Galle im Urin chemisch nachzuweisen, siehe die
Harnruhr, woselbst die Untersuchung des Harns auf

Zucker und Galle angegeben ist. Das Hauptergebniss
der von Widder in Dorpat angestellten Versuche
über die Galle ist, dass die Galle die Absorption
der neutralen Fette ohne chemische Veränderung derselben bewirkt, indem sie von den Darmwänden attra-
hirt das Fett mechanisch mit sich hindurchführt.

Gallenfieber. Febris biliosa. Cholaemia acuta.
Was die Febris biliosa für eine Krankheit sei, ob
eine abnorme Secretion und Ansammlung der Galle,
welche die Digestionsorgane reizt und in 2ter Linie
das starke Fieber erregt, oder ob es eine Retention
von Gallenstoffen im Blut, wodurch dieses deterio-
rirt wird und einen höchst abnormen Reiz auf die
Centralorgane des Nervensystems ausübt, sei hier
unentschieden, jedenfalls stehen die Verhältnisse
der Galle und ihre Secretion in wesentlicher Beziehung zu der Krankheit, und bilden ihre Basis.

Symptome. Gallig belegte, mit einem aus dem
Zitronengelben ins Bräunliche ziehenden Ueberzuge
bedeckte Zunge, bitterer Geschmack, der nicht im
Verhältniss zur Dicke des Zungenbeleges steht,
Brechneigung oder Erbrechen von galligten Stoffen,
die eine grasgrüne, ins Zitronengelbe ziehende Farbe
haben, oder blos Aufstossen von Gasarten. Icterische Färbung der Albuginea, der Mundwinkel, der
Nasenflügel, Anomalie des Stuhlgangs, entweder Obstructionen oder Ausleerungen mit Tenesmus. Fieber, heftiger Frost, brennende Hitze, hohe Temperatur der Haut, frequenter, voller, intermittirender
oder doppelschlägiger Puls; Harn dunkelbraun. Das
Fieber kann erethischen, synochalen, torpiden oder
fauligen Character haben. Localisirt sich der Krankheitsprocess auf die Darmschleimhaut, so verlauft
sie fernerhin unter der Form eines gastrischen oder
typhösen Fiebers. Complicationen sind: Hepatitis,
Pleuropneumonia biliosa, Encephalitis biliosa. Bei
torpidem Charakter ist das Gesicht zusammengefallen, blass, entstellt, Zunge dick belegt, bräunlich,
trocken, Stühle von Chocolade ähnlichen Massen bei
gespanntem Unterleib; grosse Mattigkeit, Abgeschlagenheit der Glieder, heftiges Ergriffensein des
Gemeingefühls, Kopfaffectionen, Delirien, Flockenlesen, Sehnenhüpfen, brennend heisse, nicht turgescirende, welke, nicht selten mit Ecchymosen bedeckte
Haut.

Diagnose. Von Febris gastrica durch den Zungenbeleg, bittern Geschmack (welcher dort nicht so intensiv ist), das Gallenpigment unter der Haut, den
icterischen Harn, die Beschaffenheit des Fiebers,
welches hier gewöhnlich heftiger ist und zum torpiden Charakter neigt. Die Krankheit zeigt häufig
Uebergänge in Febr. gastr.

Therapie. Entleerung der Galle nach Unten und
Oben durch Emetica; ist das Erbrechen aber zu
häufig, bleibt zuletzt blosses Würgen, so gibt man
Potio Riveri mit Tr. Opii, Eispillen, und lässt, wenn
die Schmerzhaftigkeit der Magengegend sehr bedeutend ist, Blutegel an diese Stelle setzen und erweichende Fomentationen machen. Emet. unter diesen Verhältnissen gegeben, würde heftige Gastritis

erzeugen. Haben die Kranken nach dem Emet. die ersten Tage über reichlich erbrochen, so sucht man die durch den Tart. emet. schon auf den Unterleib eingeleitete Wirkung durch gelinde ausleeerende Mittel zu unterhalten, Kali citrin., Sal. Seignett., Cremor. tart. in Pulverform oder in Auflösung mit Pulp. tamarind., Mannae etc., dass 4—5 Stühle täglich erfolgten. Selten kommt man mit einem Brech- oder Abführmittel zum Ziele; gewöhnlich muss nach 4—5 Tagen, wo das Fieber nicht selten sich wieder steigert, die Zunge neu belegt, Brechneigung eintritt, Emet. und Laxans wiederholt werden. Zur Diät nur säuerliches Obst, gekochte Aepfel, Pflaumen, Johannisbeeren etc. Weinsteinsäure mit Zucker, Limonade, Himbeerjulep. Kommen Andeutungen zu Crisen, so setzt man den auf den Darm wirkenden Mitteln Diaphoret. bei, Essigammoniak, Chlor. Bei der synochalen Form V.S. und darauf Emet. Bei der torpiden gleich anfangs Emet. und darauf Diaphoret., Essigammoniak, Chlor, Infus. Valerian., zum Getränk Wein mit Wasser, bei Durchfällen rothen Wein. Steigert sich das Fieber dennoch fort, nimmt die Hitze der Haut zu, so müssen kalte Begiessungen 2—3mal des Tags 8—10 Minuten lang angewendet werden. Nach der jedesmaligen Begiessung bringt man den Kranken ins Bett und reicht Pulv. Dow. Bei der putriden Form wendet man gleichfalls die kalten Waschungen und Begiessungen an, innerlich die Säuren, Phosphor-, Schwefelsäure, Aq. oxymuriat., und gegen die Durchfälle salzsaures, schwefelsaures Eisen. S. Faulfieber, Synocha, Nervenfieber. Bei sehr reiner und sehr rother Zunge kann der Magen voll scharfer Galle stecken. Wenn man bei rother feuriger Zunge im Gallenfieber neutralisirende Mittel in gehöriger Gabe reicht, so verliert die Zunge wohl ihre feurige Röthe, aber sie wird nicht schmutzig, und der Kranke wird besser, ohne dass sich die Zunge belegt. Die Gallen- und gastrischen Fieber verlangen alle die neutralisirende Heilmethode. S. dieselbe bei Febris gastrica.

Gallensteine. Lithiasis biliosa.

Symptome. Oft Druck und Beschwerden in der Leber- und Magengegend, besonders Magenkrämpfe mit Erbrechen; Gallensteinkoliken, welche sich dadurch auszeichnen, dass der Kranke von Zeit zu Zeit die heftigsten Schmerzen in der Magengegend mit heftigem Würgen und Erbrechen, und darauf folgende, einige Tage anhaltende gelbe Hautfarbe bekommt, wonach sich im Stuhlgange ein Abgang von Gallensteinen findet. Zuweilen gehen weiche klumpige Massen ab, die aus Stearin und Oleine bestehen. S. Leberkrankheiten.

Therapie. Oleosa, Narcotica, Clysmata; bei entzündlicher Kolik, V.S., Blutegel, Halbbäder, erweichende, schmerzstillende Cataplasmen, Lecksäfte von Mandelöl, Gm. arab. und Syrup. alth. Zur Auflösung und Entfernung der Steine dienen: Natrum, Karlsbad, Seifenpillen mit bittern Extracten, lange Zeit fortgesetzt, von Zeit zu Zeit ein Abführmittel, Terpentinöl; vegetabilische Diät, viel Trinken von Was-

ser, Bewegung; wie bei Obstructiones visqerum im
Allgemeinen. Täglich einige frische Eidotter im Getränk, Naphthen und Aetherarten in Verbindung mit
Terpentin. Gegen das Erbrechen, Vesicantia auf die
Magengegend, die man bis zur stärkern Röthung der
Haut liegen lässt, Potio Riveri, wenn das Erbrechen
eine deutlich galligte Beschaffenheit hat, sehr bitter
ist; hat es aber eine mehr saure Beschaffenheit,
kupfergrüne Farbe, so reiche man Absorbentia, 10
bis 15 Gran Conchae ppt. mit einigen Tropfen Laud.
℞ Sapon medicat. ℨß; Gm. ammon., Extr. absynth.
ana ℨij. F. pil. gr. jj. 3mal 10 Pillen, ℞ Natr. carb.
ℨß; Sal. essent. tart., Sacch. alb. ana ℈j. M. f. pulv.
S. tägl. 3 solche Pulver. Ueber das sog. D u r a n d-
sche Mittel s. Leberkrankheiten. Von dem D u r a n d-
schen Tranke nimmt der Kranke alle Morgen 2 Kaffeelöffel voll und ausserdem täglich 3 Seifenpillen.
Die Gallensteine erweichen sich und gehen ab. ℞
Ol. lini recent. ℨjß; Vitell. ov. q. s.; Aq. font. ℥v;
Syrup. alth. ℨjß; F. emulsio. S. Umgeschüttelt alle
2 St. 1 Essl. Das essigsaure Kali, besonders in verdünntem Weingeist aufgelöst, angewendet, wird sehr
gerühmt. Z. B. Kali acet. ℨjjj; Spirit. vin. rectif.
ℨj; davon 15—30—60 Tropfen.

Gastralgia u. Enteralgia, Magenschmerzen.
Man nimmt zweierlei Entstehungsweisen der Gastralgie an, sie entsteht 3—4 Stunden nach der
genommenen Mahlzeit, oder sie erscheint in Folge
von Hunger und Leere des Magens. Beide Arten
werden durch eine grössere Menge Magensäure hervorgerufen, und diese bewirkt die neuralg. Schmerzen. Zeichen für die überflüssige Magensäure sind
der unangenehme Geschmack im Munde, Aufstossen,
Blähungen und aufgetriebene Magengegend. Dagegen schaffen die Brausepulver, die Mineralwässer von
Vichy etc. einige Erleichterung; allein die Hauptindication wird dadurch erfüllt, dass man die Magen-
flüssigkeiten beständig in einer alkalischen Sutura-
tion erhält, wodurch jede feindliche Einwirkung auf
die Nerven aufhören muss. Hierin steht das Morphium oben an, in Pillenform oder in Mucilago gereicht, alle 10 Minuten so lange, bis kein Anfall mehr
eintritt. Wo das Morphium auf keine Weise vertragen wird, gibt man Belladonna extract. mit eben so
gutem Erfolge. Dabei empfehle man dem Kranken
eine gehörige Diät; der Kranke geniesse keine Fische,
keine Austern, sonstige scharfe Nahrung, keine blähenden Gemüse etc., hingegen erlaube man ihm gut
gebratenes Rindfleisch, wohl ausgebackenes Brod und
ein Glas Bordeaux-Wein; dabei lasse man den Kranken fleissig warm baden und sich viel in freier Luft
bewegen. Verwechslungen mit Magenkrebs mögen
nicht leicht vorkommen. Eine ähnliche Behandlung
verlangt die Enteralgia. Als ein specifisches Mittel
gegen Magenschmerz (Gastralgie) empfahl man Jodkali in kleinen Dosen 1—1½—2 Gr. auf den Tag.
Anfangs: ℞ Kali hydrojodin. gr. jjj; Aq. destill. ℥v.
M. D. S. 1—4mal täglich 1 Essl. Bemerkt man eine
Abnahme der Wirkung des Mittels, so vermehrt man
die Gabe stufenweis und langsam. Man beruhigt nicht

allein dadurch die Gastralgie und den Schmerz, der
die chronische Gastritis begleitet, welche beide gegen narcotische und alle übrigen Arzneien rebellisch
sind, sondern selbst auch das hartnäckigste Erbrechen
beim Magenkrebs wird dadurch gemässigt. — Ol. jec.
aselli thut, ebenfalls grosse Dienste hier. Eine der
sichersten Methoden diese lästige Krankheit zu be-
siegen, besteht in der modificirten Wasserkur nach
der sog. Schroth'schen Methode.

Gastricismus. Bei Gastricismen hat man die
noch fortwirkende Ingesta zu entfernen, jeden Reizzustand der Schleimhäute und die krankhaften Absonderungen des Magens auf den normalen Zustand
zurückzuführen, durch kaltes Wasser (als innere
Bähung) und Natrum bicarbonicum, welches säuretilgend, blähungstreibend, blutverbessernd und die
Secretionen der Unterleibsdrüsen befördernd wirkt.
Mit grossem Erfolge gibt man nach Rademacher gegen Gastricismen, belegte Zunge, Diarrhoe u. s. w. die
Tinct. nucis vomicae zu 2—4 Tropfen auf ʒiv Wasser.

Gastrisches Fieber. S. Febris gastrica.

Gastritis. S. Magen-Entzündung.

Gastroataxie. S. Magen, verdorbener, und
Magenverschleimung.

Gastrodynia biliosa, status biliosus. Dieser
Zustand bezeichnet den fieberlosen Beginn der Febris
biliosa, zu welcher sich der Zustand auch leicht fort-
bilden kann. Die icterische Färbung des Gesichts,
der gelbe Zungenbeleg, der icterische Harn, die Erscheinungen der gestörten Magen- und Darmthätigkeit, ohne dass die Untersuchung eine somatische
Störung dieser Theile nachweise, sichern die Diagnose. Regulirung der Diät ist Hauptsache: vegetabilische Kost, gekochtes Obst, süsssäuerliche Früchte,
kein Fleisch; zum Getränke Orange-, Zitronenwas-
ser, Molken, Buttermilch. Hebt sich das Uebel nicht,
Emeticum, Cremor. tart. mit Magnesia sulphur. Hat
sich die Zunge nach dem Erbrechen und nach den
Stuhlgängen gereinigt, Kopfweh gemindert, bleibt
aber noch Aufstossen und Brechneigung zurück, so
gibt man die Säuren mit Aromaticis.

Gastro-Enteritis, Gastro-entérite Broussais.
Hier soll nur von einer Entzündung die Rede sein,
von welcher nicht selten der Magen und die Gedärme
gleichzeitig, entweder primär, oder in Folge vorausgegangener Leiden, obwohl nicht immer auf dieselbe
Weise und in gleichem Grade befallen werden. Eine
solche Entzündung, wenn auch nicht etwas so Gewöhnliches, wie Broussais annimmt, kommt doch
sicherlich, besonders in Verbindung mit andern Krankheiten, sehr häufig vor und ist immer, selbst wenn
sie als eine consecutive Affection auftritt, von grosser Wichtigkeit. Wenn nun aber die Broussais-
sche Schule in Beziehung auf die Wichtigkeit der
Gastro-Enteritis zu weit ging, so irrten Andere nicht
minder, indem sie dieselbe beinahe ganz übersahen.
Denn ziehen wir die Verbindungen der Darmschleimhaut mit dem übrigen Organismus mittelst des jenen
versorgenden Nervensystems, so wie der wichtigen
Funktionen, welche jene Membran verrichtet, in Be-

tracht, so können wir schon daraus schliessen, dass
eine Reizung oder ein Entzündungtprocess in derselben oft auf entfernte, doch zum Darmkanale in
Beziehung stehende Theile zurückwirken muss. Besonders sind im kindlichen und jugendlichen Alter,
wo die Empfänglichkeit des Nervensystems ihr Maximum erreicht, die aus Reizung der Magen-Darmschleimhaut entspringenden Leiden sehr mannigfaltig,
häufig und oft gefährlich; und auch in den spätern
Lebensperioden, wo sie sich zwar weder so klar aus-
sprechen, noch so oft vorkommen, führen sie ebenfalls nicht selten grosse Gefahr mit sich. Krankheitsprocesse, welche mit dem Digestivkanal zunächst
zusammenhängen, kommen vor bei Störungen im
Cerebro-Spinal-Nervensystem, in den Respirationsorganen, dem Herzen, der Leber oder der Haut: und
obwohl eine Affection des Darmkanals zuweilen in
Folge jener andern Uebel oder gleichzeitig mit ihnen
entsteht, so ist doch gerade ein umgekehrtes Auf-
einanderfolgen derselben etwas bei weitem Gewöhn-
licheres. Affectionen des Gehirns und Rückenmarkes
sind oft mit Erkrankung des Digestivkanals complicirt. In vielen Fällen ist letztere freilich nur funk-
tionell und allein von der Intensität und der Ausdehnung der ersteren abhängig, weit häufiger jedoch
wird das Gehirnleiden durch Reizung der Darmschleimhaut zu Wege gebracht. Dieses ist besonders
bei Kindern sehr oft der Fall, obwohl auch bei Erwachsenen eine nur leichte Affection des Magens
häufig schon Kopfschmerz, Somnolenz und Unvermögen zu geistigen Anstrengungen nach sich zieht.
Dass Epilepsie bei Erwachsenen und Convulsionen
bei Kindern zuweilen von Krankheitsprocessen im
Digestivkanale abhängig sind, ist bekannt. Auch
treten zu Reizungen der Magen-Darmschleimhaut
mitunter Entzündungen der Gehirnhaut, der Gehirn-
substanz selbst oder acuter Hydrocephalus hinzu,
die dann in ihrem Verlaufe das primäre Leiden un-
deutlicher machen oder ganz verhüllen; denn es
lässt sich das Vorhandensein eines Darmleidens nur
schwierig erkennen, sobald die Gehirnaffection einen
so hohen Grad erreicht hat, dass die Sensibilität auch
nur theilweise dadurch beeinträchtigt wird. Und so
sind wohl die meisten der mit dem Namen Spinal-
Irritation belegten Fälle durch Reizung der Magen-
Darmschleimhaut zu Wege gebracht, indem eine chronische Reizung der letzteren sich, vermittelst der
mit den Wurzeln der Spinalnerven in Verbindung
stehenden Ganglien auf das Rückenmark fortsetzte.
Gewiss ist es von grosser Wichtigkeit, dieses pathologische Verhältniss nicht ausser Acht zu lassen und
so weit wie möglich zu bestimmen, welches das Primärleiden ist, denn wenn Affectionen der Cerebro-Spinal-
achse in Folge einer Gastro-Intestinalreizung auftreten, so wird eine gegen das erstere Leiden ohne Beachtung des andern gerichtete Behandlung, besonders
wenn sie zu erhitzend ist, den Krankheitszustand
eher verschlimmern, als verbessern. — Gastro-Intestinal-Reizung kommt in Verbindung mit den meisten Krankheiten der Respirationsorgane häufiger vor,

als man gewöhnlich annimmt. Die Complication der
Bronchitis, des Catarrhs und anderer Affectionen der
Respirationsorgane mit der Gastro-Intestinal-Reizung
ist bekannt, auch machen früher vorhandene gastrische Leiden häufig zu Bronchial- oder Lungenkrankheiten geneigt. Gastro-catarrhalische Fieber, Gastro-
Bronchial-Irritation oder Entzündung kommt als gefährliches Uebel bei Kindern oft vor, ebenso ist
Gastro-Intestinal-Irritation ein sehr häufiger Begleiter der tuberculösen Schwindsucht; man bemerkt
dabei auch, dass, wenn das Darmleiden durch unpassende Diät oder Behandlung sich verschlimmert, die
Brustaffection ebenfalls an Heftigkeit zunimmt. Selbst
das Entstehen von Pneumonien kann durch Störungen der Darmthätigkeit begünstigt werden, wo dann
die Lungenentzündung oft einen nervösen oder asthenischen Charakter annimmt; der sogenannte Magenhusten, Wurmhusten, Phthisis dyspeptica, deutet auf
das primäre Mitergriffensein des Darmkanals. Beim
Keuchhusten ist es oft schwer zu entscheiden, ob
die Schleimhaut des Darmkanals oder der Respirationsorgane mehr leidet, denn das Erbrechen, womit
die Hustenanfälle in verschiedenen Brustaffectionen
endigen, ist vielleicht ebenso sehr von gleichzeitig
vorhandener gastrischer Reizung, als von einem convulsivischen Zustande der Athmungsorgane abhängig.
In allen Fällen daher, wo wir Grund haben zu fürchten, dass Lungen- oder Gehirnübel sich gleichzeitig
mit Gastro-Intestinal-Reizung ausbilden, oder dass
letztere zu ersteren hinzutreten werden, müssen wir
die Symptome des Darmleidens genau zu erforschen
suchen, und sobald Empfindlichkeit, Schmerz oder
Spannung im Epigastrium oder Bauche zugegen sind,
und besonders wenn der Schmerz beim Drucke zunimmt oder mit Uebelkeit, Flatulenz, scharfem Aufstossen, hin und wieder erfolgendem Erbrechen, Unregelmässigkeit in den Darmausleerungen verbunden
ist, auf Gastro-Intestinal-Entzündung schliessen und
die Behandlung gegen diese richten. Auch hat man
die gegen das gleichzeitig bestehende Lungenleiden
anzuwendenden Mittel zu wählen, dass sie die Darmreizung nicht vermehren, sondern womöglich eher
vermindern, welchen Zwecken auch zugleich die Diät
entsprechen muss. Besonders passt bei auf diese
Art complicirten Lungenübeln in der Regel der Tart.
emet., vorzüglich bei Kindern, gar nicht, da er nicht
nur das Darmleiden, sondern häufig auch die mit
diesem verbundene Depression des Nervensystems
vermehrt. — In Bezug auf die Verbindung einer
Reizung der Magen-Darmschleimhaut mit Fiebern,
worauf sich Broussais' Pathologie der Fieber gründet, ist es Thatsache, dass eine mehr oder weniger
deutlich ausgesprochene Entzündung der Magen-
Darmschleimhaut eines der hervorstechendsten und
constantesten Symptome während der Invasion exanthematischer Fieber ist, dass zu dieser Zeit ein ähnlicher Zustand von Injection oder Irritation im Magen
oder obern Theile des Darmkanals sich vorfindet, wie
er später auf der äussern Haut sich ausbildet, und
dass ersterer nachlässt, sobald letzterer sich ent-

wickelt hat. Dass dies sich wirklich so verhält, ergibt sich hinreichend aus den unter solchen Umständen vorhandenen Symptomen, namentlich der Uebelkeit, dem Erbrechen, der Empfindlichkeit des Epigastriums, der Röthe der Fauces und der Zungen-
ränder u. s. w. Ein einigermassen ähnlicher Zustand
ist wahrscheinlich auch in den ersten Stadien des
Typhus und anderer Fieber zugegen; doch fängt hier
die Schleimhaut des Magens und des Darmkanals in
den spätern Perioden am stärksten afficirt zu werden
an. Dieses Leiden des Magens und Darmkanals ist
bei exanthematischen Fiebern, besonders bei schwächlichen und cachectischen Individuen, oder in Fällen,
wo das Exanthem sich nicht gehörig entwickelte,
oder wo der Ausbruch desselben zögerte, oder wo es
unterdrückt worden ist oder schnell verschwand, oftmals der gefährlichste Theil der Krankheit,, sowohl
wegen der organischen Veränderungen, als wegen
der Gehirnaffectionen, welche dadurch öfters zu Wege
gebracht werden. Die Verbindung der Gastro-Intestinal-Reizung mit Leberleiden u. s. w. ist sehr häufig
und wird sehr oft nur ausschliesslich für Leberleiden
gehalten, was Uebelstände mit sich bringt, dadurch,
dass das eigentliche Leiden vernachlässigt wird, und
ferner dieses sich verschlimmert in Folge der zur
Beseitigung der supponirten Leberkrankheit angewendeten Mittel. Die Folge davon ist, dass die Gastro-
Intestinal-Reizung durch die fehlerhafte Behandlung
gesteigert, sich längs des Darmkanals oder auf die
Gallenorgane fortsetzt, und dass so die Krankheit,
mit welcher man es anfangs fälschlich zu thun zu
haben glaubte, nun wirklich durch die unpassender
Weise angewendeten Mittel herbeigeführt wird. Irritation der Darmkanals, wenn sie lange besteht oder
in Entzündung übergeht, bringt häufig chronische
Leberentzündung zu Wege. Denn es ist ausser allem
Zweifel, dass anhaltende und häufig wiederholte Ueberreizung des Darmkanals durch zu nahrhafte, reizende oder zu reichliche Kost, oder durch spirituöse
und gegohrne Getränke oft zu Leberkrankheiten Veranlassung gibt; auch die scharfen Abführungen geben
zur Erzeugung oder Verschlimmerung von Krankheiten des Darmkanals und zu dem Hinzutreten von
chronischer Hepatitis Anlass, namentlich in heissen
Klimaten. Dass Erkrankung der Mesenterialdrüsen
sehr gewöhnlich durch das häufige Wiederkehren
oder das längere Bestehen einer Gastro-Intestinal-
Reizung oder Entzündung, die indess auch wieder
mit verschiedenen Krankheitselementen in Verbindung
stehen kann, erzeugt wird, ist sehr einleuchtend und
fast von Allen anerkannt. Nichts desto weniger sieht
man oft dieses Leiden mit Purganzen und zwar mit
sehr reizenden behandeln, obwohl die Anschwellung
und Obstruction dieser Drüsen, da sie von der Affection der Darmschleimhaut abhängig ist, doch nur
durch die vorherige Entfernung der letztern u. durch
die Verhütung des Wiedereintritts derselben geheilt
werden kann. Hat man diesen Zweck durch locale
Blutentziehungen, durch Refrigerentia in Verbindung
mit kohlensauren Alkalien, Ipecacuanha und Demul-

centia, so wie durch Regulirung der Diät erreicht, so verschwindet die consecutive Affection der Drüsen oft allmälig. Die Verbindung von Gastro-Intestinal-Entzündung mit Hautkrankheiten kommt viel häufiger vor, als die Meisten gewöhnlich annehmen. Denn es hat meistens in seiner stärkern oder geringern Irritation der Darmschleimhaut seinen Grund, dass Hautaffectionen oft den gegen sie eingeleiteten Kurmethoden so lange widerstehen. So sind oft Eczema und andere hartnäckige Hautübel mit den gelinderen und mehr chronischen Formen der Gastro-Enteritis verbunden, welche letztere sich indess manchmal doch deutlich durch Schmerz und Empfindlichkeit des Epigastriums zu erkennen gibt, in welchen Fällen Arsenik und dergleichen reizende Arzneien das Uebel verschlimmern, dagegen allgemeine und örtliche Blutentziehungen und kühlende Arzneien, warme mit Arzneistoffen bereitete Bäder, so wie leichte und passende Diät das Uebel verschwinden machen. Die Hauptursachen der Hartnäckigkeit von Hautausschlägen sind nämlich: die eben erwähnte Complication, die entzündliche Diathese und der dieselbe charakterisirende plethorische Zustand, das Uebersehen dieser Krankheitsverbindungen und die daraus folgende Anwendung unpassender Heilmittel, der Mangel ferner an Aufmerksamkeit auf Diät und Regimen, namentlich in Betreff des Genusses animalischer Kost und reizender Getränke und Nahrungsmittel, und endlich unzureichende Würdigung des Zustandes der Assimilation und Secretionsfunctionen, welche gestärkt und bethätigt werden müssen. Chronische Gastro-Enteritis ist oft mit Affectionen der Harn- und Geschlechtswerkzeuge, so wie mit Gicht verbunden, z. B. Leucorrhoe und andere Gebärmutterleiden in Verbindung mit gastrischer Reizung, und aus derselben Quelle ist mitunter auch das zu sparsame Vonstattengehen der Menstruation herzuleiten. Es erweisen sich daher in solchen Fällen diejenigen Mittel, welche das Leiden der Darmschleimhaut zu heben im Stande sind, am nützlichsten zur Beseitigung der sympathischen Affection. Die Heilindication und selbst die einzelnen zur Kur dieser verschiedenen Complicationen der Gastro-Enteritis erforderlichen Mittel, lassen sich mit Leichtigkeit aus dem oben Gesagten entnehmen.

Gastromalacie. S. Magenerweichung.

Gaumen-Entzündung. S. Bräune.

Gebärmutter-Blutfluss der Nichtschwangern, Metrorrhagie.

Symptome. Gefühl von Druck, Völle, vermehrte Wärme in der Tiefe des Beckens, ziehender Schmerz, der, gewöhnlich vom Kreuzbeine ausgehend, an den Lenden hin gegen die Schaambeine zieht; aus der Vagina fliesst manchmal ein zäher Schleim, endlich kommt es zur Blutung. Es fliesst aus dem Uterus und den äusseren Geschlechtstheilen Blut aus; der Blutfluss mindert die Congestionserscheinungen, aber manchmal dauern diese fort. Menge und Beschaffenheit des Blutes sind verschieden. Dabei ist manch-

mal Fieber und nervöse Aufreizung hysterischer Art
vorhanden.

Diagnose. Von symptomatischen Blutungen bei
organischen Fehlern des Uterus unterscheidet sich
die Krankheit durch Mangel vorausgegangener Störungen im Uterus, durch den Ausfluss eines reinen
unveränderten Blutes und durch die Untersuchung.

Therapie. Wo möglich Entfernung der ursächlichen Momente. Ist es active Metrorrhagie, hat das
Fieber den Charakter des Erethismus, ist das aus-
fliessende Blut mehr hellroth, seine Quantität nicht
excessiv, war das Congestionsstadium weniger heftig,
so ist exspectatives Verfahren angezeigt. Ruhe, horizontale Lage im Bette, Sorge für Stuhlausleerungen
durch Magnesia sulphur. und Cremor. Tartari. Hat
das Fieber den Charakter der Synocha, sind die Individuen plethorisch, ist ein heftiges Congestions-
stadium vorausgegangen, so verfahre man antiphlogistisch: Schröpfköpfe an die Schenkelfläche, Blutegel
an die Genitalien, erweichende Fomentationen auf dieselben und den U.L.; innerlich Nitrum, Cremor Tart.,
strenge antiphlogistische Diät. Ist das Fieber torpider Natur, so muss die Blutung so bald wie möglich gestillt werden. Man gibt Phosphor- oder Schwefelsäure, Alaun, schwefelsaures Eisen, Katechu, Kino,
Ratanhia, Tormentill., Secale cornut., Plumbum acet.,
Tannin, Sabina. Droht Erschöpfung, so mache man
kalte Fomentationen auf den U.L., kalte Injectionen,
setze blinde Schröpfköpfe auf die Brust. Bei heftiger Nervenanfregung mit passivem Charakter, torpidem Fieber gibt man Opium, Castoreum, Tr. Cinnam.
Bei Fieber mit synochalem oder erethischem Charakter
setzt man andere Narcotica bei, Hyoscyamus, Aq.
Lauroceras., Lactucarium. In der Reconvalescenz
müssen sich die Kranken alles Reizes, besonders des
Coitus, der Spirituosa enthalten, auflösende Mineralwasser, Kissingen (Ragozi) etc. gebrauchen. Bei
vorausgegangener passiv-nervöser Blutung lässt man
dagegen die Kranke nährende, aber nicht reizende
Kost geniessen, Chinin, Cascarill, kohlensaures und
Tannin-Eisen, Eisensäuerlinge, Boklet, Brückenau,
Pyrmont, Schwalbach etc. gebrauchen. Bei stoss-
weisen Blutungen, bei jungen Individuen, rothem
gutem Blute gibt man Valerianatinctur mit Säuren;
bei alten cachectischen Subjecten, bei geschwächten
Individuen, dissolutem, wässerigem Blute, wo blos
Kreuz-, aber keine Kopfschmerzen vorhanden sind,
gibt man Tr. Cinnamomi mit Tr. Mart. salita. ℞ Pulv.
herb. sabin. ʒiij; Extr. herb. sabin. ʒjj; Ol. sabin.
destill. ꝰj. M. f. pilul. gr. jjj; Consperg. pulv. cinnamom. S. anfangs 4, später 5, endlich allmählig
steigend 10 Stück 3mal täglich bei chron. Metrorrhagien. ℞ Rad. rhei ʒj; Bol. armen., magn. carbon.,
elaeosacch. macid., ana ʒij. M. f. pulv. D. in vitro.
S. 2mal 1 Theelöffel bei habituellen Metrorrhagien.
℞ Alumin. crud., gm. arab., ana ʒß. Div. in part. jx.
Alle 3 St. 1 Pulv. gegen atonische Blutflüsse. ℞ Opii
puri gr. jv; Cort. cinnam. ꝰj; Alumin. ʒj. Divid. in
part. jv. S. alle ¼ St. 1 Pulv. gegen aton. Metrorrh.
℞ Lign. campechiens. ʒjß; Coq. aq. font. ℥ iij ad

remanent. ℞ jj; Colat. adhuc. fervid. infund. cort.
aurant. ʒß; adde acid. phosphor. ʒjj; Syrup. cinnamom. ʒjj; 3—4mal 1 Tassenkopf voll bei asthenischen
Metrorrhagien. ℞ Alumin. ƏiJ; Aq. menth. piperit.
ʒjj; Tr. cinnamom. ʒß; Syrup. capit. papav. ʒj. S.
stündl. 1 Essl. ℞ Tr. cinnamom., mixtur. sulphur.
acid., ana ʒjj; Tr. opii simpl. ʒj. S. Alle 2 St. 20—25 gtt.
gegen asthenische Metrorrhagien. ℞ Sennae, summitat. millefol., centaur. minor., ana ʒß; Sal. mirabil.
Glaub. ʒj; Semin. foenicul. ʒjjj. D. S. Früh zu ¹⁄₂
bis 1 Tasse als Thee. ℞ Tannini gr. jj. S. alle 2
bis 3 St. 3—6 Stück in Pillen zu nehmen. ℞ Plumb.
acet. gr. jjj; Opii gr. ß. S. alle 3 St. Extr. Ratanhiae zu ʒß—j in Aq. Rosar. aufgelöst, jeder Gabe
10—20 gtt. destillirten Weinessig zugesetzt. — Secale
cornut. za gr. v; 4mal täglich oder ʒjß auf ʒv infus.
mit ʒj Acid. sulph. dilut. ℞ Ol. cassiae cinnamomi
gtt. x; Aeth. sulphur. ʒj. S. alle 15—20 Min. 15 gtt.
bei drohender Todesgefahr in Folge von Metrorrhagie.

Gebärmutter-Entzündung, Metritis.

Symptome. Schmerz im Becken; ist der Uterus-
hals Sitz der Entzündung, so ist die Portio vaginalis
angeschwollen, heiss, trocken. Trockenheit, Schmerzhaftigkeit, erhöhte Temperatur der Scheide; leidet
die hintere Wand des Uterus, so ist der Schmerz
mehr gegen die Aushöhlung des Kreuzbeines und die
Lenden gerichtet. Die Untersuchung durch den Mastdarm ergibt den Uterus angeschwollen, Druck auf
denselben macht Schmerz; Stuhlgang und Harnausleerung sind schmerzhaft; drückt man mit dem Katheter in der Blase an den Uterus, so schmerzt er.
Dabei ist Fieber. Im jungfräulichen Zustande des
Uterus sind die Erscheinungen nicht so heftig, am
heftigsten im schwangern und Abortus erregend. Bei
der chronischen Form fehlt das Fieber. Ist die innere
Schleimhaut des Uterus entzündet, so erfolgen ruhrähnliche Ausleerungen.

· *Diagnose* wird durch die Manual- und Instru-
mental-Untersuchung, Katheter, Speculum vaginae
festgestellt.

Therapie. V.S., Blutegel an die Scheide und an
die innern Schaamlefzen, Ueberschläge von Species
emollient. und narcotic. erweichende Dämpfe an die
Genitalien, Injection von Aq. Lauroceras., Hyoscyamusöl; Schwämme in Dct. Alth. und Ol. Hyosc. getränkt, in die Vagina gesteckt, erweichende Bäder,
Mercursalbe. Innerlich Ol. Ricini, Salia neutra mit
Emulsionen, Manna oder Dct. Tamarind., strenge
antiphlogistische Diät. Bei zurückbleibender Blennorrhoe Injectionen von Dct. Quercus, später von
metallischen Mitteln. Besondere Aufmerksamkeit
verdient die Zeit, wo die Menstruation eintreten
soll, man sucht dieselbe zu regeln. Bei der Entzündung der Schleimhaut Injectionen von Hyoscyam.,
Cicuten-Extract, Aq. Laurocerasi, später wird Alaun,
Lapis divinus, infern., zur Injection, und innerlich
China häufig nöthig, da die Sache einen dissoluten
Charakter gerne annimmt. Statt der Neutralsalze wird
das Calomel von Vielen vorgezogen. Bei der chronischen Form Cicutapflaster über den U.L. gelegt

und mittelst einer festanliegenden Binde gehalten, Cicuta, Belladonna, Calomel, Mercureinreibungen, erweichende Clysmata. Opium in Verbindung mit Calomel.

Gebärmutter-Mittel (nach Rademacher). Die Gebärmutter steht mit anderen Organen, besonders mit den Bauchorganen in genauem Consensus, und heftige Blutflüsse der Mutter hängen nicht selten blos von einem Urleiden der Leber, Milz oder der Nieren ab. Mit einer Abkochung von Frauendistelsamen kann man heftige, den zusammenziehenden Mitteln trotzende Blutflüsse stillen, sobald sie in einer Affection der Leber oder Milz begründet sind, ebenso kann man mit Cochenille von Nierenaffection abhängende Mutterblutflüsse stillen, gegen die umsonst Liquor styphicus L. gebraucht wird. — Das Ausbleiben der Menstruation ist ebenfalls zuweilen in einem Urleiden eines andern Bauchorgans begründet, darum ist eine Zeit, wo gastrische Krankheiten herrschen, für geehelichte Weiber eine üble Zeit. Werden diese von solchen atmosphärischen Ursachen feindlich berührt, so bleibt zuweilen das Monatliche aus. Sie fühlen widrige Bewegungen in den Präcordien, sie fühlen sich halb krank, halb gesund, der Bauch fängt an, nach und nach dicker zu werden, und halten sich für schwanger, aber das Gesicht ist dabei gelb, erdfahl, sie fiebern schleichend, haben schmerzhafte Präcordien und den Bauch voll Wasser.

Ueberhaupt herrscht bei den Weibern über das Ausbleiben des Monatlichen ein gar verkehrter Begriff, den leider nicht wenig Aerzte mit ihnen theilen. Bleibt einer Frau oder einem Mädchen das Monatliche aus und sie wird kränklich, so heisst es gleich, diese Kränklichkeit komme von dem Ausbleiben des Monatlichen, da doch gewiss unter 6 Fällen des ausbleibenden Monatlichen, in 5 Fällen gerade das Gegentheil stattfindet. Die Körper sind krank, darum bleibt die Menstruation aus. Man mache die Körper gesund, so kehrt die Menstruation wieder. Will man die Sache umkehren und das Monatliche treiben, so macht man die Weiber kränker, als sie vor den Arzneien gewesen sind, ja treibt sie nicht selten auf der vielbetretenen Heerstrasse der Schwindsucht zu Grabe. Ich begreife nicht, was man von jeher in der Medicin mit dem Treiben gewollt hat. Da sind steintreibende, urintreibende, monatszeittreibende Mittel. Ich sehe aber, sagt Rademacher, dass die natürlichen Ab- und Aussonderungen von selbst wieder regelmässig werden, sobald man entweder den erkrankten Gesammtorganismus oder einzelne erkrankte Organe gesund gemacht hat; wozu soll also das Treiben dienen?

Das Monatliche, dem entweder Schmerzen vorhergehen, oder das mit Schmerzen begleitet ist, welche Krankhaftigkeit bekanntlich den Weibern sehr lästig zu sein pflegt, kann in manchen Fällen in dem erkrankten Gesammtorganismus begründet sein, und ist es wirklich nur zu oft bei jungen erstblütigen Mädchen, wo dann durch Universalia muss geholfen werden.

In gar vielen Fällen ist aber dieses Ungemach, welches nicht blos schmerzlich ist, sondern durch welches die Blutabsonderung mehr oder minder kann gestört werden, eine eigene Krankheit der Gebärmutter, die wahrlich nicht immer gemächlich zu heben ist, weder durch Opium, noch durch andere schmerzstillende Mittel. Das beste dagegen ist eine Mischung aus ana Tinct. nuc. vomic. und Castorei, ein paar Tag vor dem Monatlichen 5 — 6mal zu 30 Tropfen täglich zu nehmen; man fährt damit fort, so lange das Monatliche fliesst, und so kann man, wenn man jeden Monat diese Vorschrift gebraucht, auf die Dauer das Uebel ganz heben.

Gebärmutter-Rheumatismus d. Schwangern.

Symptome. Erhöhte Empfindlichkeit des Uterus, ziehende Schmerzen in demselben und der Kreuzgegend, wobei sich zuweilen der Muttermund beträchtlich erweitert; lästiges Pressen vorzüglich des Nachts im Bette; Fieber, dunkler rother Harn.

Diagnose. Von wahren Wehen unterscheiden sich diese Schmerzen durch den Fieberzustand, die vorhergegangenen schädlichen Einwirkungen und die allgemeine Empfindlichkeit des Uterus.

Therapie. Leichte Antiphlogose mit Beförderung der Hautthätigkeit und Verminderung der aufgeregten Sensibilität; warmes Verhalten, Infus. flor. Tiliae etc., warme trockene Kräuterfomentationen, eröffnende Klystiere, Emulsio nitros., mit Spirit. Minderei; Liquor C. C. und Opium.

Gebärmutter-Rheumatismus der Unschwangern.

Symptome. Reissende ziehende Schmerzen im Becken, die nicht vom Kreuze ausgehen, sondern dem Laufe der runden Mutterbänder folgen; öfterer Schmerz im Oberschenkel, öftere Blutungen in Absätzen, stossweise, welche von Säuren nicht gemässigt, von Kälte vermehrt werden. Fieber fehlt, ist aber auch manchmal zugegen.

Therapie. Warme Fomentationen auf den U.L., innerlich Pulv. Dower.; warme Bäder, wenn auch Blutungen vorhanden sind. Hat die Krankheit längere Zeit gedauert, so macht man Einreibungen mit Liniment. volat., Ungt. Autenr., legt Sinapismen, aber keine Vesicantien wegen der Nähe der Harnorgane; Beinkleider von Wolle.

Gefraisel. S. Eclampsie.

Gefrässigkeit, Voracitas. Bulimia, Heisshunger heisst es, wenn der Hunger plötzlich entsteht; Polyphagie, wenn die Kranken Alles essen können, z. B. Steine; Fames canina, wenn sie soviel essen, dass sie es wieder erbrechen müssen; Wolfshunger, Pica, wenn Verlangen nach ungewöhnlichen Speisen da ist, z. B. bei Schwangern nach Mörtel etc. Man muss diese Erscheinungen auf folgende allgemeine Ursachen zurückbringen. 1) Gewohnheit, 2) fehlerhafte Secretion, 3) zu starke, sonderbare Vorstellungen, z. B. bei Nervenkranken und Schwangern, 4) örtliche Fehler, 5) Säurebildung. Hiernach ist die Behandlung verschieden; bei fehler-

hafter Secretion, Extr. sapon., Taraxac., Fel. Tauri
u. s. w. S. Gelüste.

Gehirn-Atrophie und Cretinismus. Der Cretinismus, idiotia endemica, endemische Verbreitung
des Blödsinnes findet seine Ursache weder in gewissen
Erdverhältnissen, noch in einer bestimmten Höhen-
lage, da man denselben nicht allein in der Keuper-
formation, sondern auch im Jura und Molasse und
3400 Fuss über der Meeresfläche antrifft. Dagegen
scheint eine feuchte, nebelige, wasserdünstige Atmosphäre von hohem Einflusse zu sein. Auch Kultur,
Lebensweise und Erlebnisse haben Einfluss auf die
Ausbildung des endem. Blödsinnes, durch Schrecken,
Noth, Kummer, ärmliche Nahrung, Branntwein und
Mostgenuss und Isolirung der Einwohnerschaft eines
Ortes durch aufgehobenen Verkehr mit andern Ge-
meinden entstand zuweilen diese traurige Krankheit
und verbreitete sich dann weiter. In manchen Fami-
lien ist der Idiotismus ein erbliches Uebel; zu den
Ursachen gehören ferner: nahverwandtliche Heira-
then; Zeugung; es verunglücken seltener die erst-
gebornen, als die folgenden Kinder. Schwangerschafts-
verhältnisse, acute und chronische Allgemein- und
Organleiden, z. B. Wassersucht, Gicht, Schwindel,
Apoplexie, zu reichliche Blutentziehungen, Misshand-
lungen der Mutter während der Schwangerschaft, das
Einschläfern der Kinder durch Branntwein, zu heisse
Kopfbedeckungen der Kinder, zu frühe Aufregung der
Geisteskräfte der Kinder sind häufige Ursachen der
Ausbildung des Blödsinnes; ebenso Entzündungen
des Gehirns und deren Ausgänge in Indurationen,
Verwachsungen, Exsudate, acuter und chron. Hydro-
cephalus, Hämorrhagien, Fieber und Exantheme, Kno-
chenkrankheiten des Schädels, Rhachitis, Exostosen,
Hyperostosen, Missbrauch des Calomels, wodurch zu-
weilen Collapsus der Lebenskräfte und des Sensoriums
hervorgerufen werden, begünstigt die Erzeugung des
Idiotismus und der Microcephalie.

Das Bild des Idioten ist bekannt, Stabilität der
geistigen und physischen Organisation, auffallendes
Zurückbleiben hinter der Norm menschlicher Individualität. Die Leichenbefunde liefern: Verkümmerung
und Verkürzung der grossen Hemisphären, abnorme
Gestaltung der Gyri, Differenzen in den räumlichen
Verhältnissen der Seitenventrikel, abnorme Fülle
grauer im Vergleiche zur weissen Substanz, Armuth
an Gehirn, Verdickung der Meningen, Schädelknochen, hydropische Ergüsse, Erweichungen einzelner
Gehirntheile.

Die Krankheit lässt nur in ihrem ersten Beginne
Heilung zu. Vollkommene Genesung hat man aber
weder durch spontanes Verschwinden (Naturheilung)
noch durch die Kunst bis jetzt gesehen, es bleiben
immer Spuren der dagewesenen Krankheit zurück,
entweder im Ausdrucke der Physiognomie oder durch
leichtes Stottern etc. Nach Ueberschreitung des 14.
bis 16. Lebensjahres ist eine Hoffnung auf Heilung
für immer erloschen, und nur ein gewisses Maas von
Dressur ist im Stande, solche Unglückliche für die
menschliche Gesellschaft verwendbar zu machen. Com-

plicationen mit Rhachitis und Scropheln sind nicht
immer ungünstig, wenn es bei frühzeitig eintretender
Behandlung gelang, diese Dyscrasie zu bewältigen,
dann beobachtete man mit dem Gedeihen der somatischen Entwicklung auch das Erwachen und die Fort-
bildung der Intelligenz.

Die Thatsache, dass der endemische Blödsinn
mancher Orte in auffallende Abnahme getreten, ja
fast verschwunden sei, ist unläugbar, und muntert
auf, durch bestimmte Anordnungen die Ursachen seiner Ausbildung zu entfernen, wie durch Fürsorge für
eine trockene, wasserfreie Atmosphäre, durch Verhinderung nahverwandtschaftlicher Heirathen, Verbesserung der Trinkwasser, Förderung der geistigen
Cultur, Hebung des Verkehrs u. s. w., durch Trans-
portation der schwachsinnigen Kinder auf hochlie-
gende Punkte wurden bereits Heilungen begünstigt.
Als Arzneien wurden versucht: Blutentziehungen am
Kopfe, Calomel, Digitalis, Jod, Leberthran, kalte
Waschungen, Bäder und Douchen, Electricität, elec-
tro-magnetische Strömungen. Eine schwächende Behandlung soll entschieden schädlich sein, und die
Kälte absolut nicht vertragen werden. Bessere Re-
sultate, als durch arzneiliche Behandlung, liefern die
Erziehungsinstitute für Blödsinnige.

Gehirn- und Hirnhaut-Entzündung, Encephalitis, Meningitis, Arachnitis.

Symptome. Schwindel, Sopor, Taumel, Unvermögen den Kopf aufrecht zu halten, erhöhte Temperatur des Kopfes, Klopfen der Carotiden und Tem-
poralarterien, Gefühl als wäre ein Tuch über den
Kopf gespannt, Röthe und Hitze des Kopfes, inji-
cirte Augen, Funkensehen, Pupillenverengerung,
Summen und Sausen vor den Ohren, Fieber, Delirien, meist furibunder Art. Es kommt auch eine
chronische, auf Hysterie beruhende oder mit ihr verbundene Form vor. Ist das Cerebellum ergriffen, so
entstehen bei Männern nicht selten Erectionen, selbst
Ejaculationen des Samens, manchmal Brechreiz und
Erbrechen.

Diagnose ist durch Mangel der Lähmungszustände
von Apoplexie und Hydroceph. acut. gesichert. Von
Typhus sichert dieselbe das Auftreten mit Delirien,
die bei Typhus erst später hinzukommen; auch sind
bei letzterem stets Abdominalsymptome oder katarrhalische der Respirationsorgane vorhanden. Von Delir.
tremens durch die Art der Delir., welche dort sehr
monoton sind, bei Encephalitis poetischer oder furibunder Natur, durch das dort zusammengefallene
blasse Gesicht, welches hier geröthet ist. Die Meningitis und die Entzündung der Gehirnmasse unterscheiden sich meistens dadurch, dass bei der erstern
heftiger Schmerz, daher grosse Unruhe, wodurch der
Schmerz noch gesteigert wird, ausserordentliche
Empfindlichkeit des ganzen Körpers, sehr leidende,
matte, verzerrte Gesichtszüge, bei der letztern dagegen mehr soporöses Darniederliegen mit Anfällen
von Exstase, in denen die Kranken aufspringen und
davonlaufen, bemerkt werden.

Therapie. V.S., Blutegel hinter die Ohren, an

die Schläfe, die Nasenwurzel; gestossenes Eis in
Rindsblasen auf den Kopf, Calomel, Dect. Tamarindor. mit Magnes. sulph., Cremor. Tartar.; erhöhte,
mehr sitzende Lage im Bette, Sinapismen ad suras
et antibrachia, reizende Klystiere. Bei Arachnitis
werden kalte Ueberschläge manchmal nicht vertragen, man mache alsdann warme aus Essig und Wasser.
Ist die Menstruation mit im Spiele, Schröpfköpfe,
Blutegel an die innere Seite der Schenkel und selbst
an die Genitalien. Nach vorausgeschickten Blutentleerungen werden je nach dem Alter des Individuums
alle Stunde eine grosse oder kleine Nuss gross Ungt.
Neapolitanum in den geschorenen Schädel 10 Minuten
lang eingerieben und vor jeder Einreibung der Kopf
mit Seifenwasser gereinigt. Bei der chronischen Form
Ableitung durch Rheum mit Cremor. Tart., topische
Antiphlogose, Antihysterica. Beim eigenthümlichen
Zittern, Spirit. Mindereri oder Liquor Kali; unter
den Narcoticis ist Aq. Laurocerasi ʒj — jj das beste
hier. Bleibt nach gehobener Entzündung noch Kopfschmerz, so legt man ein Vesicans auf den Nacken.
Die Anwendung des Vesicans auf die Stirne bei
acuten Hirnaffectionen empfiehlt man namentlich bei
mehr oder weniger entschieden phlogistischen Kopf-
fiebern mit Neigung zu Exsudation, im 2ten Stadium
nach vorangegangenen Blutentleerungen durch Blutegel etc., bei Torpor, trockener Nase. R. Calomel,
gr. jβ; Sacch. albi ʒβ. M. f. p. S. Alle 2 St. 1 Pulv.
Formeln s. bei Entzündung.

Gehirn-Erweichung. Encephalomalacie.

Symptome. Oppression der geistigen Thätigkeit,
Verlieren des Gedächtnisses, der Urtheilskraft, leichter Schwindel, Schwarzsehen, Summen vor den Ohren,
Schwerhörigkeit, schwerfällige Sprache, schleppender
Gang mit einem Fusse, heftiger in die Tiefe gehender Kopfschmerz, Halbseitigkeit der Symptome, plötzliche halbseitige Lähmung, plötzliches Umfallen, Tod.

Diagnose. Der langsame Verlauf der Krankheit,
das Vorhandensein des Bewusstseins, die Blässe des
Gesichts hier, sichert vor Verwechslung mit Apoplexie, bei welcher Congestionen vorausgehen, blaues
livides Gesicht, heisser Kopf und gänzliche Bewusstlosigkeit sich finden. Bei Tuberkeln des Gehirns ist
eine bestimmte umschriebene Stelle des Kopfes viel
schmerzhafter als hier, es kommen epileptische Zufälle, Convulsionen vor.

Therapie. Vollkommene Heilung ist unmöglich
bei ausgebildeter Krankheit. Trägt das Uebel keine
Charaktere der Entzündung an sich, so muss man
sich nicht nur streng aller antiphlogistischen Mittel
enthalten, sondern auch vom Anfang an Rubefacientia, reizende Klystiere und Tonica aromatica,
Zincum sulphuricum, Phosphorsäure, Eisen, Chinin
in kleinen Dosen mit Schwefelsäure oder die weniger
erhitzenden vegetabilischen Tonica anwenden und
zugleich die Se- und Excretionen der Digestions-
functionen regeln. Bei der nicht entzündlichen Form
sind die gelinden tonischen eisenhaltigen und eröffnenden Mineralwasser recht dienlich, während für
die entzündliche die blos eröffnenden und abführen-

den sich vorzugsweise empfehlen; dabei muss man für locale Absonderung namentlich durch Haarseile und Fontanelle Sorge tragen. Alle Nahrungs- und Heilmittel, die eine heftige und schnelle Wirkung aufs Gehirn üben, müssen strenge vermieden werden. Dahin: Wein, geistige Getränke, Kaffee, Gewürze und üppige Kost. Die Diät muss milde und mässig, leicht verdaulich, nicht zu nährend sein. Die Einwirkung der kalten Luft auf den Kopf kann nützlich sein; dagegen muss der Kranke sich vor dem plötzlichen Uebergange in einen erwärmten Ort hüten und wo möglich in einer kühlen Wohnung leben. Alle Congestion zum Kopfe (Schnüren) werde vermieden. Warmes und kaltes Baden nicht zulässig, kalte Waschungen des Kopfes dienlich, zugleich scharfe Fussbäder. Coitus, Studiren, Wachen etc. werde vermieden. In der vorgeschrittenen Krankheit schadet die eigentliche Antiphlogose, namentlich aber Venaesection meistens, kalte Umschläge dagegen und kalte Begiessungen sind zu empfehlen. Innerlich Mittel, welche contrahirend und erregend auf die vasomotorischen Nerven wirken, wie Plumb. acet. und Opium, oder solche, welche das Nervensystem überhaupt anregen, wie Arnicainfus. mit Ammon. caust., Asa foetid. in Rad. Zingiberis, Naphtha acet., Naphtha phosphorata etc. Aeusserl. Nervina, Ammon. caust. mit Wasser und Weingeist in den abgeschornen Kopf einzureiben, Blasenpflaster auf den Nacken. Gegen die stockenden Darmausleerungen Rheum und leichte Drastica, Klystiere von Chamilleninfus. mit Asa foetida. Bei chronischer Gehirnerweichung soll kein Mittel mehr leisten als das empyreumatische Braunkohlenöl (vielleicht durch seinen Arsenikgehalt?). v. Schöller sah in seiner Klinik zu Grätz den heftigen fixen Kopfschmerz, den Schwindel, die Gedächtnissschwäche, die Schlafsucht, das Schielen, die lallende Sprache, den schwankenden Gang, selbst vollkommene Lähmung einer Körperhälfte, alles Symptome der bezeichneten Krankheit, auf den fortgesetzten Gebrauch desselben fast gänzlich verschwinden. Mehrere Patienten verliessen die Anstalt in einem so gebesserten Zustande, dass sie noch lange Zeit ausser derselben ihr Leben auf ziemlich erträgliche Weise zu fristen vermochten. Die Anwendungsweise ist folgende: R Ol. empyreumatici ex ligno fossili, Extr. liquirit., ana ʒj; Rad. liquirit. q. s. ut. f. Pil. pond. gr. iij consperg. Liq. S. 2stündl. 2 Pillen für Erwachsene.

Gehirn-Hypertrophie. Bisweilen wird durch den etwas grösseren Umfang des Kopfes eines Kindes die Angst der Eltern erregt, ob das Kind nicht an Wasserkopf leide, oder ein solcher zu fürchten sei, wenn auch das Kind in jeder Beziehung sich vollkommen gesund befindet. Aber dies kann sehr oft ganz ohne Bedeutung sein, da ja ein Kind ebenso gut mit einem dickerem Kopfe geboren werden kann, gerade wie ein Kind von Natur aus grössere Hände oder Füsse haben kann. Es kann freilich auch der Fall sein, dass der Kopf eines Kindes nicht nur grösser als gewöhnlich ist, sondern dass auch ganz deutliche Symptome von Gehirnstörung vorhanden sind, so dass auch der Arzt zu der Ansicht geneigt wird, dass er es mit einem beginnenden chronischen Wasserkopfe zu thun habe. Die spätere Geschichte des Kranken mag auch in mancher Beziehung diese Diagnose zu bestätigen scheinen, und wenn dann das Kind stirbt, so kann selbst der Arzt im höchsten Grade überrascht sein, dass er bei Untersuchung der Leiche nicht einen Tropfen Serum in den Hirnhöhlen findet, obwohl bei Eröffnung des Schädels die Gehirnwindungen abgeflacht erschienen sind, als wenn das Gehirn von angesammelter Flüssigkeit sehr ausgedehnt wäre. Diese Hypertrophie des Gehirns kann also leicht mit Hydroceph. chronicus verwechselt werden.

Die meisten Fälle von Hypertrophie des Gehirns betreffen Kinder im 6—8ten Monate ihres Lebens. Ohne bestimmtes Unwohlsein verlieren sie den Appetit, werden allmälig still und apathisch, doch dabei unruhig und mürrisch; diese Unruhe zeigt sich aber nicht im Aufschreien und im häufigen Aufschrecken aus dem Schlafe, wie es im chronischen Wasserkopf der Fall zu sein pflegt; im Gegentheile sind die Kinder, wenn sie wach werden, mitunter heiter, aber diese Munterkeit ist nur vorübergehend. Der Kopf ist dem Kinde so zu sagen zu schwer geworden, er hängt rückwärts, oder nach einer Seite hin, selbst wenn der Umfang des Kopfes nicht grösser als gewöhnlich geworden ist. Das Kind bohrt mit dem Hinterhaupte ins Kissen, während der ganze Kopf fast immer im starken Schweisse sich befindet. Bisweilen treten auch wohl Krämpfe ein, ohne wahrnehmbare Ursache, aber Androhungen von Krämpfen sind häufiger, als die Krämpfe selber; das Kind erwacht plötzlich mit einem eigenthümlichen Kreischen, die Haut wird bläulich, Athmung momentan unterbrochen oder erschwert, dann lassen die Symptome wieder nach und die Athmung wird wieder frei. Solche Anfälle können zu allgemeinen Krämpfen sich steigern, die tödtlich endigen können; aber die so ergriffenen Kinder sterben nicht immer gerade an einer Gehirnstörung, sondern da sie schwächlich sind, so werden sie oft durch die erste Krankheit, die sie befällt, hinweggerafft.

Leben die Kinder länger, so zeigt sich nach und nach deutlich, dass der Nutritionsprocess unvollkommen vollzogen wird; das Kind wird mager, sieht kränklich aus, die Hand- und Knöchelgelenke bekommen rhachitisches Aussehen. Ueberlebt das Kind die erste Kindheit, oder wenn, was bisweilen geschieht, die Symptome der Gehirnhypertrophie nicht eher hervortreten, als bis die Dentition grösstentheils vollendet ist, so sind Convulsionen nur sehr selten. Kopfschmerzen jedoch sind alsdann häufig und heftig, und obwohl schläfrig bei Tage, hat das Kind doch bei Nacht einen sehr unruhigen Schlaf und erwacht oft schreiend und voller Angst, als wenn es durch einen bösen Traum aufgeschreckt wäre. Ausserdem dann und wann Fieber mit gesteigertem Kopfschmerz und Schwindel, und unter diesem Wechsel von Er-

.scheinungen wird das Kind allmählig immer stiller
und trübseliger und zeigt zuletzt auch eine ganz
deutliche Störung und Beeinträchtigung seiner Geisteskräfte. In manchen Fällen geschieht es, dass in
dem Maasse, wie das Kind älter wird, diese Symptome immer weniger heftig hervortreten, die Gesundheit sich bessert, die rhachitische Deformität der
Glieder allmählig verschwindet, und das Kind, welches so viel Sorge erregt hat, zuletzt ein gesundes
wird. Indessen endigt die Krankheit auch wohl in
vollständigem Blödsinn, wo also Cretinismus und
Idiotismus sich mit Hypertrophie des Gehirns verbindet. Der Tod ist nicht häufig das directe Resultat dieser Gehirnaffectionen, sondern er erfolgt gewöhnlich auf eine andere hinzugekommene Krankheit,
die meist von der Art ist, dass sie die Congestion
nach dem Gehirne begünstigt, durch Keuchhusten, oder
Ausschlagsfieber, besonders Scharlach.

Man darf nicht schliessen, dass überall da Gehirnhypertrophie besteht, wo das Gehirn gross erscheint und seine Windungen abgeflacht sind, die
Hirnhöhlen aber keine Flüssigkeit enthalten. Die
Schwere und anscheinende Grösse des Gehirns sind
mehr abhängig von der Menge des darin enthaltenen
Blutes und es kann das Gehirn für den Schädel blos
desshalb zu gross erscheinen, weil die Gefässe überfüllt sind. Bei der wahren Hypertrophie hingegen
ist das Gehirn gewöhnlich bleich und blutleer, wenn
nicht etwa die Krankheit, die den Tod herbeigeführt
hat, eine Congestion nach diesem Organe veranlasst.
Die Hypertrophie umfasst meist nur die beiden Hemisphären und implicirt weder die Gehirnbasis, noch
das kleine Gehirn.

Der chronische Hydrocephalus ist die einzige
Krankheit, womit die Gehirnhypertrophie möglicher-
weise verwechselt werden kann. Die Diagnose zwischen beiden ist durchaus nicht immer leicht, obschon
sie in Bezug auf Prognose u. Behandlung von grosser
Wichtigkeit ist, denn wir haben weit bessere Aus-
sicht bei einem Kinde, dessen Gehirn blos hypertrophisch, als bei einem, dessen Gehirn von Flüssigkeit ausgedehnt ist, und auch die anzuwendenden
Mittel sind in beiden Krankheiten sehr weit von
einander verschieden. Die Geschichte des Kranken
kann einigermaassen dazu dienen, die Diagnose begründen zu helfen, denn die Symptome des chron.
Hydroceph. treten gewöhnlich früher auf und werden bald viel ernster, als die der Gehirnhypertr.,
und die Gehirnstörung zeigt sich bei ersterem viel
markirter, als bei letzterer. Bei Gehirnhypertr. erreicht der Kopf keinen so grossen Umfang, als bei
Hydroceph. chronic., auch sind die Fontanelle und
Suturen nicht so weit offen. Auch zeigt der Kopf
nicht nur keine Neigung, die gerundete charakteristische Form des chron. Wasserkopfs anzunehmen,
sondern die Vergrösserung ist Anfangs dem Anschein
nach auf den Hinterkopf beschränkt, und diese Vergrösserung des Hinterhauptes gibt dem ganzen Kopfe
ein mehr kolbiges Ansehen. Die Stirn kann im Ver-

laufe der Zeit hervorragend und überhängend werden, aber die Augen bleiben tief eingesunken in ihren Höhlen, denn in der Richtung der Augenhöhlenplatte findet keine solche Veränderung statt, wie sie durch den Druck der innerhalb des Gehirns angesammelten Flüssigkeit beim Wasserkopf geschieht, so dass die Augäpfel unnatürlich vorgetrieben und nach unten zu gerichtet werden. Beim Hydrocephalus ist die vordere Fontanelle gespannt und hervorragend, bei der Gehirnhypertr. hingegen ist sie etwas eingedrückt.

Kommt die Gehirnhypertrophie bei Erwachsenen vor, so entspringen die meisten Symptome aus der Compression, welche das Gehirn von der zu festen knochigen Wand erleidet, die für dasselbe gewissermaassen zu eng ist. Hoffnung auf Heilung müsste hier aufgegeben werden, bei den Kindern hingegen, so lange die Verknöcherung der Schädelknochen eine unvollständige ist, sind die unmittelbaren Folgen des Uebels weit weniger bedenklich, und es ist weit mehr von den Heilmitteln zu erwarten, da hier die übermässige Entwicklung des Gehirns fast immer mit allgemeiner Störung des Wachsthums und der Nutrition verknüpft ist.

Wir kennen kein Mittel, durch welches wir die abnorme Zunahme der Gehirnmasse direct einzuhalten vermöchten; alle unsere Anstrengungen sind auf die Verbesserung des Befindens im Allgemeinen gerichtet, und nur gegen die augenblicklich drohenden Gehirnsymptome muss eingeschritten werden. Calomel und Blutentziehungen sind bei diesem blutarmen Gehirne anzuwenden schädlich, doch können dann und wann Anfälle von Gehirncongestion eintreten, die ein örtlich beziehendes Verfahren erheischen, kleine Gaben Calomel und Blutegel. Auch dann und wann thut Brechweinsteinsalbe in den Nacken eingerieben gute Dienste gegen die Kopfsymptome. Bei ganz kleinen Kindern muss man trachten, sie aus der steten Reizung herauszubringen, in der sie sich befinden, wenn sie auf dem Rücken und Hinterhaupte liegen, man legt daher ein ringförmiges Pferdehaarkissen unter das Hinterhaupt, damit es nicht gedrückt werde. Auch lasse man diese Kinder nicht mit blossem Kopfe schlafen. Der profuse Kopfschweiss wird am besten durch eine dünne leinene Kopfmütze, die 1—2mal des Nachts gewechselt wird, aufgenommen und zugleich das Kind vor Erkältung geschützt. Dabei wird das Kind täglich mit Salzwasser abgeschwemmt und in Lohbädern gebadet (3 Hand voll zerquetschter Eichenrinde, bündle sie in ein Tuch oder einen Sack und koche sie ½ Stunde in 3 Quart Wasser; dieses Wasser giesse man dann in das Bad). Innerlich China, Jodeisen, und wo die Tendenz zur Rhachitis hervortritt, Leberthran. Das Kind bekomme eine Amme, und ist es schon entwöhnt, so gebe man ihm Milch mit Eidotter. In Fällen dieser Art und überhaupt in allen, wo die Verdauungskräfte schwach sind, ist das Vorwalten mehliger Nahrung nicht anzurathen, dagegen etwas Kalbfleisch- oder Rindfleischbrühe zu gestatten, ja selbst etwas Fleisch.

Gehirn-Mittel nach R a d e m a c h e r.

T a b a k. ℨβ Spiritus Nicotian. tobac., Radem.
Natr. nitric. ℨjj und ℨvjjj aq. stündl. 1 Essl. gegen
fieberhafte Gehirnleiden. Die Affection des Gehirns
und Rückenmarks versteckt sich zuweilen unter der
Form von Rheumatismus acutus, fixus oder vagus;
da ist leicht Täuschung möglich. Statt des Tabaks-
geistes hat Radem. auch eine Aqua spirituosa Nicotian. tob. bereiten lassen. ℨβ—j in 12 Stunden. Es
verursacht kein Erbrechen u. Durchlauf, beschwichtigt vielmehr solchen Aufruhr des Darmkanals auf
eine wundervolle Weise. S t e c h a p f e l. Tinctur
ℨj in 24 Stunden, selten braucht man ℨjβ namentlich
gegen Kopfschmerzen. Z i n c u m a c e t i c u m kann
man ℨjβ — jj in 24 Stunden geben, ohne dass die
Menschen dadurch zum Brechen oder zur Uebelkeit
gebracht werden. Man trifft aber auch Menschen,
denen schon ℨj zu viel ist. Gewöhnlich gibt Radem.
℈jβ in ℨvjjj Wasser aufgelöst mit einem Zusatze von
℥j arab. Gummi, stündl. 1 Essl. davon. Die meisten
Menschen bekommen aber schon nach etlichen Tagen
einen Widerwillen gegen das Nehmen dieses Mittels,
und man muss es daher dann in Pillenform geben.
Von ℨjβ kann man mit einem Extracte, das keine
störende Nebenwirkung hat, oder mit blossem arab.
Gummi 30 Pillen machen und von diesen stündlich 1
oder 2 Pillen nehmen lassen. Der Zink ist der eigentliche Mineralmohnsaft, er hat nämlich seine beruhigende Kraft, die grösste Aehnlichkeit mit dem Mohnsafte, ohne jedoch auch nur im Geringsten seine
gefässerregende zu theilen. Er ist dienlich und nicht
selten überraschend schnell wirksam in der Affection
der Organe, in denen die Gehirnnerven verflochten
sind. So kann man damit heftige Zahnschmerzen
stillen, man kann damit bei den schmerzhaftesten
Augenentzündungen Schmerz und Entzündung in
kurzer Zeit heben, man kann damit die Kopfrose,
wenn d i e s e ein U r l e i d e n des sichtbar ergriffenen
Theils ist, bald und einzig beschwichtigen. Es hemmt
der Zink dieses heftige Uebel d e r K o p f r o s e in
24 Stunden in seinen Fortschritten sichtbar. Die
g a s t r i s c h e n Kopfrosen müssen freilich antigastrisch
behandelt werden. Der Zink ist auch in manchen
inneren Schmerzen des Kopfes heilsam, selbst in
einigen Fällen des inneren Ohrschmerzes. Der
Schmerz des Kopfes, der dem Tabak, oder dem
Stechapfel, oder dem Silber weicht, der weicht nicht
dem Zink, und der dem Zink weicht, der weicht nicht
jenen Mitteln. Die Erfahrung hat Radem. also 4
schmerzhafte Kopfaffectionen kennen gelehrt, welche
er am richtigsten Tabak-, Stechapfel-, Silber- und
Zinkgehirnaffection nennt. Diese Eintheilung nennt
Radem. eine ächt praktische. Radem. sagt, es sei ihm
wahrscheinlich, dass der Zink nicht blos auf das Gehirn, sondern auch auf das Rückenmark heilend ein-
wirke. Dieser Einwirkung schreibt er zum wenigsten
die durch Zink vollbrachten Heilungen der schmerzhaften Affectionen äusserer Gebilde zu, die unter dem
Namen von Rheumatismus, Gicht, Neuralgie etc. vorkommen. Unter diesen Uebeln ist vorzüglich zu be-

merken die schmerzhafte Affection der Hüftnerven,
die im gemeinen Leben unter dem Namen des Hüft-
wehs leider nur zu bekannt ist. Dieses schmerzhafte, sich selbst überlassene, sehr langweilige Uebel
steht in manchen Fällen unter der Heilgewalt des
Zinkes. Auch gegen den Rückenschmerz, der, mit
der Affection des Hüftnerven noch verwandt, häufig
in diesen übergeht, hat Radem. den Zink nicht selten
als wirkliches Heilmittel bewährt gefunden.

Gehirn-Schlag. S. Apoplexia sanguinea.

Gehirn-Schwindsucht. Phthisis cerebri.

Symptome. Schmerz an einer bestimmten Stelle
des Gehirns, permanent, einer Steigerung und Minderung fähig; erstere in den Abendstunden; Abnahme
und Schwinden des Gedächtnisses, Störungen der Sinnesorgane, Schwarzsehen, Amaurose, Störungen im
Geruchsinne, im Ohre. Dabei gänzliche oder halbseitige Lähmung. Das Fieber hat den intermittirenden Typus, es fallen die Exacerbationen oder Paroxysmen auf den Abend, nicht in die Morgenstunden.
Endlich Ausfluss des Eiters aus dem Ohre, der Nase,
dem Process. mastoideus. Die Krankheit entsteht
nach Operationen, Unterbindungen von Kopfarterien,
verdankt oft einer Entzündung des innern Ohres,
die in Eiterung überging, ihren Ursprung, oder entsteht von der Nase her, oder die Eiterung geht von
den hintern Theilen des Schlundes aus und verbreitet
sich nach dem Verlaufe der Carotiden zum Gehirne.

Therapie. Wiederholte Blutegel in reichlicher
Menge, kalte Ueberschläge auf den abgeschorenen
Kopf, erhöhte Lage desselben. Erweiterungen und
Offenhalten der Wege, deren sich die Natur zur Entleerung des Eiters bedient, erweichende Einspritzungen und Ableitung gegen den Darm, Infus. Sennae
mit Jalappa.

Gehirn-Tuberkeln.

Symptome. An einer umschriebenen Stelle des
Kopfes dumpfer Druck, später daselbst heftiger
Schmerz, von Zeit zu Zeit Schwindel. Nach Tagen,
Monaten oder Jahren kommen epileptische Anfälle
in nicht bestimmten Perioden; es geht keine Aura
epileptica voraus. Die Convulsionen meist halbseitig, nach den Anfällen heftiger Kopfschmerz.
Wiederum nach Tagen, Monaten, Jahren tritt Lähmung ein, halbseitig oder auf beiden Seiten. Dabei
dauern die Kopferscheinungen fort, die Geisteskräfte
sinken; Idiotism. Die Tuberkulose des Gehirns erscheint bald als actives Leiden, bald mit dem Charakter der Asthenie. Fast meistens ist noch ein
anderes Organ von Tuberkulose mit befallen. Die
Hirntuberkulose entwickelt sich meistens erst dann,
wenn bereits Lungen, Milz und Gedärme tuberkulös
erkrankt sind. 2) Der Schmerz hängt nicht sowohl
vom Volumen, als vom Sitz des Tuberkels ab. Tuberkeln im grossen Gehirn zwischen den Gyris erregen
wenig Schmerz, im kleinen Gehirn aber, in den
Markschenkeln und in den Gebilden der Hirnhöhlen
sind sie die Quelle heftiger Schmerzen; der Ort des
Schmerzes entspricht keineswegs immer dem Sitze
des Tuberkels. 3) Affectionen der intellectuellen

und motorischen Nervensphäre fehlen selten, wenn
sie anfangs auch nur schwach sind, später stellen
sich doch halbe oder ganze Lähmungen irgend einer
Extremität, klonische Krämpfe, Epilepsie, hartnäckiges mit Kopfschmerz verbundenes Erbrechen ein.
4) Nach längerer Dauer obiger Erscheinungen tritt
gewöhnlich mit der Reife des Tuberkels Reaction im
Gefässsystem ein, Hitze, unzählbarer Puls, Mattigkeit, Verfall: typisch lässt der Gefässsturm nach,
aber die Lähmung endigt endlich das Leben.

Diagnose. Bei Gehirnentzündung ist der Schmerz
über den grössten Theil des Kopfes verbreitet, nicht
an eine bestimmte Stelle fixirt; es fehlen bei Tub.
die Erscheinungen in der Pupille. Von Epilepsie
unterscheiden sich Tub. durch den Druck, Schmerz
im Kopfe, den Mangel der Aura epilept. Von apoplectischer Lähmung durch die Entwicklung der
Krankheit, den Mangel der Erscheinungen, die dem
apoplect. Anfalle vorausgehen, die allmählige Entwicklung der Lähmung. Bei Gehirnerweichung fehlen
die Krämpfe und Convulsionen, dagegen kommen Sinnesstörungen im Auge und Ohre vor, schleppender
Gang, in die Tiefe gehender Kopfschmerz, meist
Halbseitigkeit der Symptome, plötzliche halbseitige
Lähmung, keine Congestion nach dem Kopfe, blasses Gesicht.

Therapie. Die Krankheitsprocesse, denen die
tuberkulösen Formen überhaupt ihre Entstehung verdanken (s. Lungentuberkeln), müssen zuerst bekämpft
werden ; dann topische Blutentleerung, Quecksilberfrictionen auf den abgeschorenen Kopf. Am besten
ist Moxa, und nach Abfallen des Schorfes ein Fontanell ; reizende Fussbäder, Laxantia, Vermeidung
alles Sinnenreizes, aller geistigen Arbeiten.

Gehirn-Tuberkeln bei Kindern kommen
vorzüglich bei Kindern vom 3—7ten Jahre vor, sind
bohnengross, bis zur Grösse einer Faust, am häufigsten in den Hemisphären. Die Symptome sind sehr
mannigfaltig und folgen einander in unbestimmten Zeiträumen. Die Gehirnsymptome lassen sich in die der
chronischen und acuten Periode sondern. Die Erscheinungen dauern 6 Wochen bis 2 Jahre. 1) Die Krankheit beginnt mit hartnäckigen Kopfschmerzen, dem
später Erbrechen, Störungen der Sinnes- und Geistesthätigkeiten, Convulsionen sich zugesellen. 2) Sie
hebt plötzlich mit einem epileptischen Anfalle oder
mit Convulsionen an, welche in verschiedenen Intervallen wiederkehrend, in Paralyse oder Coma allmählig übergehen. 3) Sie stellt sich gleich mit Paralyse eines Muskels oder mehrerer, oder der Sinnesorgane ein. Auch bei der acuten Periode sind die
Symptome verschieden und unregelmässig, manchmal
allgemeine Convulsionen mit Coma und Tod endigend ;
in der Mehrzahl dagegen Aufeinanderfolge von Erscheinungen unregelmässigen Charakters, aber jenen
des Hydrocephalus acutus oder der Gehirnerweichung
bald mehr bald weniger sich anschliessend, indem
die acute Periode mit den Erscheinungen des dritten
Zeitraums vom acuten Hydroceph. beginnt, oder indem die Symptome verschiedener Stadien vom letzten

schnell auf einander folgen. Diese Unregelmässigkeit der Symptome bei der acuten Periode ist ein
sehr wichtiger Umstand in dieser Krankheit und gibt
wahrscheinlich die Erklärung für jene Fälle ab,
welche die Autoren als abnorme Formen von Hydroceph. acut. anführen, indem sie das erste Stadium
nicht beobachteten. Vergl. Hydroceph. acutus.

Diagnose wegen genannter Unregelmässigkeit und
der langen Zwischenzeit der Aufeinanderfolge der
Symptome sehr schwer; vorhandene scrophulöse Diathese, jene Unregelmässigkeit und Wiederkehr der
Erscheinungen in verschiedenen Zeiträumen nebst
gleichzeitigen Fieberanfällen müssen sie leiten. Verwechslung mit Meningitis chronica wäre möglich;
bei dieser fehlen aber Paralyse, Amaurose, epileptische Anfälle, krampfhafte Contracturen verschiedener
Muskeln, während der Kopfschmerz weniger heftig
und constant, die unregelmässigen Fieberanfälle häufiger sind. Störungen des Bewegungssystems kommen zwar in beiden Krankheiten, doch weniger bei
Meningitis chron. vor.

Ursachen sind die der Tuberkulose überhaupt;
bei allen Beobachtungen vor Gehirntuberkulose weist
sich die Identität mit Scrophulose aus, ebenso findet
man daneben stets Tuberkulose anderer Organe.

Die B e h a n d l u n g der Gehirntuberkeln ist blos
eine palliative und hat hauptsächlich Congestion wie
Entzündung des Gehirns, nebst seinen Häuten zum
Gegenstand, in welcher Beziehung bleibende Zugpflaster und das Haarseil als die besten Mittel sich
bewähren. Nach G o e l i s haben unter den Heilmitteln
anfangs locale Blutentziehungen, den Erscheinungen
angemessen, später Jodine und Leberthran, sowie
Einreibung der Pustelsalbe einige günstige Erfahrungen für sich.

Gehirn-Wassersucht, chronische. Hy-
drops cerebri, Hydrocephalus chronicus.

Symptome. Meistens Kinder mit grossen Schä-
deln, hervorgetriebenen Fontanellen; man sieht ein
vorgehaltenes Licht durch den Schädel schimmern,
alternde Physiognomie, trübes Auge, verstopfe Nase,
blasses Gesicht, Blödsinn; bei Greisen kommt sie
ebenfalls vor. Diese fangen an vergesslich, blödsinnig
zu werden; es entsteht Eingenommenheit, Schwere
des Kopfs, von Zeit zu Zeit Schwindel, gegen Abend
livides Gesicht, etwas heisser Kopf, contrahirte Pupille, diese aber erweitert sich bald und es tritt um-
flortes Sehen hinzu, Extremitäten mehr kalt, alle
Secretionen beschränkt.

Diagnose. Bei Cretinismus kommt eine ganz andere Schädelbildung in Bezug auf das Hinterhaupt,
welches hier wie abgeschnitten ist, vor; auch findet
sich hierbei heftiger Geschlechtstrieb mit ausgezeichnet entwickelten Genitalien; Rhachitis erscheint später, führt keine Sinnestäuschungen mit sich, das
übrige Knochensystem leidet mit. Bei Würmern ist
die Schleimsecretion der Nase vermehrt, hier vermindert, das Gedächtniss ist bei Helminth. gut, Sprache
ebenfalls, hier grosse Vergesslichkeit, Sprache nä-
selnd; der Gang bei Wasserköpfigen strauchelnd, bei

Wurmkrankheiten nicht. Bei Greisen wird die Diagnose gesichert durch das rasche Zugrundegehen der psychischen Thätigkeiten, die erhöhte Temperatur des Kopfes, während die Extremitäten kalt und alle Secretionen beschränkt sind.

Therapie. Compression mittelst fingerbreiter Heftpflasterstreifen, einige im Längendurchmesser von vorn nach hinten, andere quer im Halbkreise gelegt. Einreibungen auf den Kopf von gleichen Theilen Ungt. Neapolit., Junip. und Digitalis; halte die übrigen Secretionen offen; Calomel, Digitalis; entferne allen Reiz für den Kopf, beobachte aufrechte Stellung, mehr wässriges als reizendes Getränk, verhüte den Decubitus. Was die Stichstelle anbetrifft, an der die Punktion gemacht werden soll zum Behufe der Entleerung des Wassers, so muss man die Sinus und die arteriellen Kopfgefässe vermeiden, daher wählt man weder die Mitte der grossen und kleinen Fontanelle, noch die seitliche, oder überhaupt den Raum zwischen Scheitel und Schuppenbein, sondern verrichtet die Punktion am besten am Rande der erstern, wo die Fluctuation nicht leicht vermisst wird. Die Weichtheile werden dann an der gewählten Stelle ein wenig verzogen und das Perforationswerkzeug Anfangs vertical, ist es aber durch die Dura mater gedrungen, mehr seitlich eingesenkt, um womöglich das Gehirn zu schonen und das Herausgleiten des Instrumentes zu verhüten. Bei Hydrops senilis setze man Blutegel hinter die Ohren, bei heftigen Congestionen nach dem Kopfe mache man Fomentationen von warmem Essig mit Wasser, gebe Abführmittel mit Diureticis abwechselnd, Vesicantia an die Waden, strenge Diät, Klystiere von Chamillen, Valeriana, Asa foet., Tart. emet. in steigenden Gaben mit gr. jj beginnend in einem Infus. mit Zusatz von gr. vj Extr. Hyoscyam. Alle 2 St. 1 Essl. Alle 2 oder 3 Tage steigt man mit dem Tart. emet. um 2, später um 4 Gran. S. Wassersucht. R Fol. senn. ℈j; Infus. in q. s. aq. per hor. ¼; colat. ℥iij adde syrup. mann., oxymel. scill. ana ℥ß. S. Stündl. 1 Theel. für ein Kind von einigen Monaten. R Syrup. alth. ℥j; Tr. rhei aq., liquor. kali acet., ana ℈ij. S. Stündl. 2 Theel.

Gehirn-Wassersucht, hitzige. S. Hydrocephalus acutus.

Geilheit. S. Satyriasis.

Geisteskrankheiten.

Es scheint eine gewisse Prädisposition vorhanden zu sein, bedingt durch eine Urbildung der Theile so dass der Kenner sich ein nicht zu beschreibendes, aber ihm deutliches Bild dieser Menschen gebildet hat. Diese erbliche Anlage mag ebenso existiren wie die der Gicht, Scropheln, Phthisis u. s. w. Bei manchen Menschen können nun wie bei den genannten Krankheiten so auch hier die geringsten Ursachen dieselbe zum Ausbruche bringen, während Andere die heftigsten Erregungsmomente erfahren, ohne zu erkranken. Erziehung, Lebensart und sonstige zufällige Umstände können den Keim niederhalten, aber durch ein Zusammentreffen unglücklicher Ereignisse wird er geweckt. Der Ausbruch der Geistes-

zerrüttungen fällt gewöhnlich in die Periode vom
20—42sten Lebensjahre. Der Grund eines grossen
Theils der Verstandesirrungen ist im Bauche, eines
geringeren Theils aber im Gehirne selbst zu finden.
Bei letzterer Art ist aber das Denkorgan nicht immer
nur ergriffen, sondern zuweilen auch leidend. Vermehrte Thätigkeit des Gehirns ist bei solchen Leuten
vorhanden, daher auch Blutanhäufung, oder, auch zuerst Blutanhäufung in Folge von Plethora, Stockungen im Pfortadersystem; Hämorrhoiden, starkem Genuss von Spirituosis etc., welche dann das Gehirn
zu vermehrter Thätigkeit anreizt, daher schon die
Aengstlichkeit und lebhafte Einbildung der Hypochondristen, Hämorrhoidarier und dergleichen Candidaten. Diese Blutanhäufung kann aber activ und
passiv sein; activ durch solche Momente, welche die
Blutmasse im Körper vermehren und zu beschleunigter Circulation anregen, als luxuriöses Leben, Spirituosa, Leidenschaften etc.; passiv durch solche,
welche die Nerventhätigkeit so herabstimmen, dass
sie nicht mehr gehörig zur Fortbewegung des Blutes
antreiben kann, wodurch Stasen desselben und Erweiterungen der Gefässwände entstehen; als da vorzüglich sind die deprimirenden Affecte, Gram, Kummer, Aerger, Eifersucht, gedemüthigter Stolz, unbe-
friedigter Ehrgeiz u. s. w. Dadurch wird nach und
nach das Gleichgewicht zwischen Blut- und Nervenaction im Gehirn gestört und die Geistesthätigkeit
alienirt; es entsteht Delirium, Irrsein, wie wir diese
deutlich bei acuten Krankheiten beobachten. Was
hier auf acute Weise geschieht, ist bei unserer
Krankheit chronisch der Fall, und wenn man da
häufig nach dem Tode nicht die pathologischen Veränderungen im Gehirne und seinen Häuten findet,
wie bei ersteren Zuständen, so ist das noch nicht
die Folge, dass keine materielle Störungen stattgefunden, sondern durch den langsamen, nicht so heftig auftretenden Andrang wird gleichsam das Gehirn
relaxirt, nämlich die Marksubstanz, deren gröbste
Entartungen bis jetzt nur, wie bekannt, erkannt sind,
und eine Veränderung, Hemmung der geistigen Function muss eintreten, ohne dass Extravasate, Abscesse, Erweichungen, Verdickungen u. s. w. da sind.
Wo jedoch Wahnsinn plötzlich, ohne vorhergegan-
genes Stadium prodromorum auftrat, fand man auch
das Gehirn oder seine Häute krankhaft ergriffen.
Allerdings kommen auch Fälle vor, wo durch lange
anhaltende deprimirende Gemüthsaffecte, Nerven- und
Blutthätigkeit, die wie getrennt vorkommt, erschlafft
und endlich in einen Zustand von Erschöpfung verfällt, wo dann ein sogenannter Nervenschlag eintritt,
und man findet nichts im Gehirne. Es sind also drei
Hauptpunkte in der Pathogenie der Geisteskrankheiten zu berücksichtigen: Eigenthümliche Urbildung,
längere Zeit andauernde Congestion nach dem Kopfe,
und endlich hinzutretende erregende oder deprimirende Affecte, welche den wirklichen Ausbruch alsbald veranlassen. Im Stadium prodromorum werden
die Patienten, wenn sie vorher heiter und lustig waren, tiefsinnig, ihr Blick wird unstät, ihr Gesicht

drückt eine gewisse Aengstlichkeit aus, die Augen
bekommen etwas Stieres, Conjunctiva injicirt, sie
scheuen den Umgang mit Menschen und isoliren sich,
um ihren Träumereien nachzuhängen, der Schlaf wird
gering und der Stuhlgang träge, die meisten haben
dabei stets Durst, wollen ihn aber gewöhnlich nur
durch Spirituosa befriedigen. Unter diesen Umständen verrichten sie noch ihre gewohnten Arbeiten.
Auf einmal aber geben sie diese auf, lachen öfters
ohne Veranlassung laut auf, oder weinen und klagen;
über die Ursache befragt, geben sie diese oder jene
verrückte und räthselhafte Antwort. Sie fangen an,
über das Thema, das ihren Kopf verrückt hat, zu
phantasiren, und ihr Groll lässt sich nun unverholen
an denen aus, die gewöhnlich mit Recht oder Unrecht
Schuld sind an den psychischen Affecten, die auf sie
einwirkten; sie können jetzt nur mit Zwang zur früheren Arbeit getrieben werden. Ihr Gesicht wird
geröthet, die Augen rollen wild, und Schlaflosigkeit
ist constantes Symptom. Bald lachen, bald weinen,
bald beten, bald fluchen sie. In diesem Zeitraume
treten manchmal noch bedeutende Intervalla lucida
auf, wo sich dann die Patienten ihres vorherigen Be-
tragens, wenn man sie darauf aufmerksam macht,
lebhaft schämen, und ihre Gegner oft fussfällig be-
schwören, ihre Wünsche doch zu gewähren, sonst
müssten sie Narren werden. Durch diese lichten
Zwischenräume wird gar häufig, namentlich auf dem
Lande, die Umgebung dieser Unglücklichen, und diese
selbst verleitet zu dem Wahnglauben, von bösen
Geistern besessen zu sein. Endlich überfällt sie öfters
ein Schaudern und Zittern, wie der Frostanfall eines
Fiebers, worauf auch vermehrte Wärme und manchmal ziemliches Wohlbefinden folgt. Dabei verstecken
sich diese Patienten gewöhnlich in den entlegensten
Winkeln des Hauses und nehmen mehrere Tage lang
weder Speise noch Trank zu sich. Plötzlich kommt
ein stärkerer solcher Anfall, wie Schüttelfrost, und
die Manie bricht in allen ihren verschiedenen Symptomen aus. Ausbruch der Manie. Zuweilen werden die Kranken, wenn sie vorher munter waren,
plötzlich tiefsinnig und grämlich, öfters aber nimmt
man eine lärmende Lustigkeit und Wildheit wahr,
worauf ein wahrer Paroxysmus folgt. Da findet man
die Augen geröthet, das Gesicht roth und geschwollen, der ganze Körper, hauptsächlich aber die Glieder werden höchst unruhig hin und her bewegt, dabei
hat die Muskelkraft widernatürlich zugenommen. Zu
gleicher Zeit sind die Functionen des Magens, der
Eingeweide, Nieren, Haut u. a. Organe wesentlich
verändert. Entweder ist Hunger vorhanden oder Gefrässigkeit, Verstopfung oder Erschlaffung der Eingeweide, Harn gering, dunkel, oder geht reichlich
und blass ab, Haut trocken, heiss, oder mit profusem
Schweiss bedeckt. Diese Erscheinungen haben ihren
Grund in der Concentrirung aller Thätigkeit im Gehirne. — Die Augen fangen an zu funkeln, irren beständig in ihren Höhlen umher und können nur mit
Gewalt fixirt werden, die Augäpfel ragen stark hervor, wodurch die Kranken ein wildes, furchtbares

Ansehen bekommen. Nicht selten gesellen sich
krampfhafte Bewegungen, besonders in den Gliedern,
hinzu. Dabei besteht eine ansnehmende Unterdrückung der Reizbarkeit und Empfindlichkeit in den
übrigen Theilen des Körpers, wesshalb rasende Menschen gegen alle Arten von äussern Eindrücken
höchst unempfindlich sind; bei ihnen wirken oft die
stärksten Brech- und Abführungsmittel gar nichts,
die stärkste Hitze und Kälte rühren sie nicht, Narcotica bewirken oft nur in sehr grossen Gaben einige
Beruhigung. Sie leisten hartnäckigen Widerstand
gegen die Mittel, die ihnen helfen sollen. Manchmal
essen sie nicht und schlafen nur höchst unruhig und
wenig in 8—14 Tagen, und lassen keinen Harn. Die
Neigung zu beleidigen, zu zerstören und zu schaden,
wovon sie nicht durch Vernunft und Ueberzeugung,
sondern nur durch Gewalt abzubringen sind, entwickelt sich immer mehr und mehr, dabei beleidigen
sie ihre Verwandte und besten Freunde, die sie jetzt
als ihre verabscheuungswürdigsten Feinde ansehen,
sie schlagen jeden, der ihnen begegnet, sie zerreissen ihre eigenen Kleider, und beschädigen Alles,
was ihnen aufstösst; sie schreien erbärmlich, u. sind
sie allein, so sprechen und gesticuliren sie, als ob
sie in Gesellschaft wären. In diesem Zeitraume bemerkt man auch vorzüglich eine Aufregung in der
Geschlechtssphäre; sie setzen alle Anständigkeit und
Ehrbarkeit bei Seite, entblössen sich oft ganz, führen Zoten im Munde und beschäftigen sich mit den
Händen an den Geschlechtstheilen. Sie sind sehr
hinterlistig und suchen die Tücke, welche sie vor-
haben, sorgfältig zu verbergen; zugleich sind sie
furchtsam in Bezug auf ihr Leben, wesshalb sie durch
ein energisches Verfahren, sowie durch verletzende
Instrumente, die man ihnen vorhält, gleich gebändigt
werden. Dabei behalten sie meist das Gedächtniss,
so dass sie im heftigsten Anfall alle Personen und
Gegenstände deutlich erkennen, ungeachtet sie über
die Verhältnisse derselben unrichtig urtheilen. Die
Einbildungskraft ist zu einem ausserordentlich hohen
Grade gesteigert; das aus der Ader gelassene Blut
ist dick, hat wenig Serum; der Aderschlag meist
voll, hart und langsam, manchmal aber auch ganz
fieberhaft, vorzugsweise wenn die Gehirnhäute mit
ergriffen sind. Nachdem nun Geist und Körper auf
diese Art so ausserordentlich angestrengt worden,
und nach einer so anhaltenden Schlaflosigkeit erfolgt
früher oder später, wenigstens eine kurze Zeit hindurch eine grosse Ermattung, welche einen Stillstand
der heftigsten Zufälle herbeiführt und den Zeitraum
der Remission darstellt. Die Kranken schweigen da
entweder anhaltend, oder singen und lachen auf eine
sonderbare Art, oder sind ausserordentl. geschwätzig
und plauderhaft. Der Schlaf ist auch jetzt noch
immer gering und wird durch erschreckende Träume
gestört. Der Puls wird klein, mässig, geschwind,
ist aber nicht hart; die Augen bleiben jedoch immer
noch beweglich und wild. Das Gesicht ist bleich
und mager, der Harn blass. Wie im Stadium prodromorum Lebensüberdruss, so erscheint nun eine grosse

Liebe zum Leben und beständige Furcht dasselbe zu
verlieren. Die Zunge ist normal, die Patienten wider-
streben noch allen Arzneien. 8—10 Tage später
stellt sich gewöhnlich ein unersättlicher Hunger ein,
besonders nach ganz rohen Speisen, schwarzem Brod,
rohem Obst und nach geistigen Getränken; in diesem
Zeitraume essen sie für 3 Personen. Wenn auch
bei Tage Ruhe, Nachts treten Delirien ein. Manchmal erscheint in dieser Periode von Zeit zu Zeit
eine Art Schüttelfrost, worauf Ausdünstung folgt,
was sich oft als günstiger Vorbote der Besserung
beobachten lässt. Vgl. Praecordialangst.

Therapie. Romberg sagt sehr wahr: Behandeln
Sie nie einen Irren in seiner häuslichen Umgebung
und bestehen Sie von Anfang an auf der Isolirung
und Aufnahme desselben in eine Irrenanstalt. Von
der Behandlung im Hause habe ich, sei es nun durch
unzeitige Strenge oder das Gegentheil, immer nur
Unglückliches gesehen. Der Irre muss wissen, dass
er unter einer Zucht steht, nicht gerade unter einer
terroristischen, sondern unter einer solchen, die durch
regelmässige Zeiteintheilung und durch die Beschäftigung mit bestimmten Dingen zu wirken sucht, und
eine solche Zucht ist niemals im Hause des Kranken
durchzusetzen. Rademacher sagt: Am schwierigsten zu heilen ist das eigentliche Urleiden des Denk-
organs oder des Gehirntheils, welcher die regelmässige Aeusserung des Denkvermögens körperlich bedingt. Ist der Irrsinn aus einem Bauchleiden bedingt,
die Zunge belegt, der Harn dunkel, sind Aufstossen
und andere gastrische Erscheinungen vorhanden, so
dass man sieht, die Leber ist wohl der Hauptsitz
des Leidens, so wird eine Leberkur (eine Mischung
aus Tinct. nuc. vomicae und Asae foetid. die Heilung
bewirken; nützt diese Behandlung nichts, so muss
man versuchen, auf das erkrankte Gehirn selbst
einzuwirken durch Gehirnmittel, z. B. ℥jj Zinci acet.
in ℥viij Gummiwasser. Ueberhaupt muss man allzeit
trachten, sichtlich vorwaltende Bauchleiden erst zu
heben. Im Stadium prodromorum würden oft 1 oder
2 tüchtige Aderlässe den Krankheitsprocess abschneiden oder doch so limitiren können, dass nicht leicht
ein completer Wuthanfall ausbricht. Gehen die Leute
tiefsinnig, melancholisch, lebensüberdrüssig und menschenscheu herum, fängt an eine fixe Idee sich ihrer
zu bemächtigen, so mache man eine V.S. von ℥xjj
—xv und lasse Wochen lang Flor. sulphur., Cremor.
tart. und Elaeosacch. citri ana ℥ß tägl. 3 Theel. voll
nehmen, um die Circulation durch die Pfortader zu
bethätigen, weil sich fast in allen solchen Fällen
Stockungen in dieser Region augenfällig zeigen,
eine magere Diät und gehörige Beschäftigung werden ausreichen. Bei vollständig ausgebildeter Manie
beginne man stets die Kur mit einer V.S. von ℥xjj
—xvjjj, wenn es möglich ist, am Fusse; Haare auf
dem Scheitel werden abgeschoren und kalte Umschläge
gemacht. Dabei bekommen die Patienten nichts als
Wasser zu trinken oder Rahmsuppe zu essen, wenn
sie etwas verlangen. Dabei darf man sich durch
einen langsamen, anscheinend weichen oder schnel-

len gereizten kleinen Puls nicht abwendig machen
lassen, weil bei Thätigkeit des Herzens und arteriellen Systems auch das Medium, die Nerven, am Torpor oder an der Aufregung des Geistes Theil nehmen
wird; denn der Aderschlag ist gewöhnlich langsam;
nur wenn die Gehirnhäute gereizt sind, was man an
dem gerötheten Gesicht, den funkelnden Augen und
gleich auftretenden furibunden Delirien erkennt, ist
er fieberhaft. Wird einen Tag darnach der Puls
nicht verändert, und sind die Zufälle gleich oder
gesteigert, oder wenn der Puls ohne Abnahme der
Zufälle schneller und kleiner, aber härtlich ist,
so wird die V.S. wo möglich bis zur Anwandlung
einer Ohnmacht wiederholt. Der Kranke lässt sich
dann gewöhnlich aufs Bett bringen, aashaft riechende
Ructus entleeren sich, was ein gutes Zeichen ist,
denn es kommen dann bald Stuhlgänge, Zeichen,
dass die normwidrige Thätigkeit des Gehirns herabgestimmt und wieder auf andere Symptome und Organe des Körpers vertheilt wurde. Nach diesen Erscheinungen tritt gewöhnlich eine Remission von
2—3 Tagen ein. Wird jedoch nach der ersten grossen V.S. der Puls schneller, klein und schwach,
weich, lässt die Raserei nach und treten noch mehr
blände Delirien an ihre Stelle, wobei das Blut auch
mehr Serum hat, als in den hartnäckigen Fällen, so
ist dies ein Zeichen, dass nunmehr nur noch die
ungemein gesteigerte Reizbarkeit des Gehirns zu
bekämpfen ist, was innerlich durch den Liquor belladonnae cyanicus (℞ Extr. belladonnae gr. jv—vj;
Aq. laurocer. ʒβ. D. S. 4mal täglich 30 Tropfen),
äusserlich durch ein handgrosses Vesicans ad nucham
und Sinapismen ad suras, die so lange liegen bleiben, bis Blasen kommen, geschieht. Dabei werden
die kalten Fomentationen auf den Kopf fortgesetzt;
Klystiere aus Salz, Essig, Leinöl und Kleienabsud,
und wenn kein Stuhlgang erfolgt, innerlich noch
Calomel gr. jv und Jalappa gr. xxv p. Dosi, nach
Erforderniss 1—2mal wiederholt. Lassen im andern
Falle nach der 2—3. V.S. die Zufälle nicht oder nur
wenig nach, so werden die kräftigsten Contrastimu-
lantia äusserlich und innerlich angewendet: Vesicans
in den Nacken bis zwischen die Schulterblätter hinab, Senfteige auf Waden, Fusssohle und Oberarme,
abwechselnd und zu wiederholten Malen; Ol. crotonis gegen die Stuhlverstopfung. Wird dieser Apparat vollständig 8—10 Tage angewendet, dann folgt
Remission; die Kranken werden ruhig, sie bekommen Hunger, der Urin wird blass, Stuhlgang aashaft riechend und schwarz. Haut wird warm und
feucht. Kommen aber doch noch Wochen oder Monate lang zwischen durch Anfälle, so müssen die
kräftigsten Ableitungsmittel angewendet werden.
Ungt. Autenrieth in den Nacken und Schulterblätter;
innerlich von 4 zu 4 Tagen Abführmittel und Liquor
belladonnae cyanicus. Man kann dann bald die
Zwangsmassregeln entfernen, mässige Kost anwenden
und Flor. sulph., Cremor. tart., Resin. quajac. und
Elaeosacc. citri ana ʒβ 3mal tägl. 1 Theel. voll
fortbrauchen lassen. Gehen die Patienten von freiem

Antriebe wieder zur Arbeit, so werden sie bald genesen. Bei diesen physischen Mitteln ist noch in den meisten Fällen eine moralische Behandlung nothwendig. Sanfte, gelinde Behandlung, leidenschaftslose Standhaftigkeit. Ist die Sphäre der Genitalien bedeutend sollicitirt, Samenverluste, Onanie, Enthaltsamkeit vom geschlechtlichen Genusse, übermässiger Genuss desselben, Mania puerperarum, Suppressio mensium u. s. w., so dient Camphor zu ꝫj tägl. Bei strenger Enthaltsamkeit des Geschlechtsgenusses u. daraus resultirenden Geistesstörungen ist ein mässiger desselben anzurathen. In den Intervallis lucidis muss der Arzt bedacht sein, dass kein Selbstmord stattfindet, wie es zuweilen geschieht. Die Kur der Reconvalescenz wird erleichtert durch den Aufenthalt auf dem Lande. — Opium in grossen Gaben in frischen Fällen von Geisteskrankheiten, sowohl in der Manie als Melancholie; wenn keine der gewöhnlichen Contraindicationen des Opiums vorhanden: 2—3 Gran und steigt bis zu 8—10—12 Gran in Zwischenräumen von 8—10 Stunden, binnen welcher Zeit die Hauptwirkung verschwindet. Das Opium wirkt bei Geisteskrankheiten wie China bei Intermittens. Es erfolgt wenig Congestion, die Kranken werden nicht schläfrig, und müssen, wenn es der Zustand erlaubt, umhergehen. Gegen die folgende Verstopfung werde auch wenn sie 8—10 Tage dauert, nichts gethan. Die Heilung erfolgt in 4—8 Wochen, selbst in Fällen von 4—6monatlicher Dauer. Auch Chloroform ℥j—ij zu Einathmungen wird mit Vortheil zur Beruhigung Geisteskranker angewendet. — Die Heilmittel für psychische Kranke müssen stets einen dem Charakter der speciellen Krankheitsart entgegengesetzten Charakter, oder vielmehr entgegengesetzte Wirkung haben. So z. B. gegen Wahnsinn (Exaltation) deprimirende, gegen Melancholie (Depression) exaltirende Methode. Die indirect psychische oder ableitende, antagonistische, Schmerz erregende Methode kann fast bei allen Fällen, unter allen Umständen mit grossem Vortheil angewendet werden. Diese antagonistische Einwirkung geschieht am besten durch schmerzhafte Erregung des Gemeingefühls, durch Afficirung des Ganglien- und Hautsystems. Die Methode ist theils negativ durch Entziehung der Dinge, welche der Kranke gewohnt war, Nahrungsmittel, Luft, Licht, freie Bewegung; theils positiv durch Körperreize, innerliche und äusserliche, Ekel erregende, Niesemittel, Nesselpeitschen, künstliche Hautkrankheiten, Aetz- und Brennmittel, kalte Begiessungen, Sturzbäder, Untertauchen, Drehen im Kreise. Alle Geisteskranken vertragen grosse Dosen Arzneien. 1) Uebermässige Erregung; herabstimmende Mittel. Kälte im Zimmer, kaltes Wasser, Eisumschläge auf den Kopf, Lehmkappe, Haarabschneiden, kaltes Bad, kalte Begiessungen, Verdunsten von Aether auf dem abgeschornen Haupte, Dunkelheit und Stille. Bei übermässiger Empfänglichkeit und Reizbarkeit (d. h. Schwäche) des Nervensystems, Nervina, Narcotica, Roborantia. Bei Orgasmus im Gefässsystem, deprimirende und be-

ruhigende Mittel. Bei Nervenreizbarkeit,
Camphor, besonders in der Nymphomanie 4mal tägl.
gr. v—℈j gestiegen in Verbindung mit destillirtem
Essig; auch bei Wahnsinn, dann in Verbindung mit
Opium; mit Moschus bei Wüthenden, nach zurückgetretenen Hautausschlägen, bei Krämpfen, in grossen
Dos. zu ʒj—ʒij und mehr p. d. Chloroform, Naphthen,
Elix. acid. H., Asa foetid., Valerian.. Belladonn. ℞
Extr. bellad. ℈ʲ ; — Gratiolae ʒij; Aq. laurocer. ʒj.
3mal 30 gtt. und mehr. Strammonium extr. gr. j;
4—6mal täglich, sogar bis ʒʲ gestiegen in 24 Stund.
bei Wahnsinn. Hyoscyam. gr. j, 4mal, allmählig
bis ℈j—ij in 24 St. Opium mit Camphor, Nitrum bei
Wahnsinn, gleichzeitig Haarseile im Nacken, Fussbäder. China bei Blödsinnigen mit interm. Typus.
Gegen Orgasmus im Gefässsysteme: Digitalis, die Tr. zu 30—60 gtt., das Pulver zu gr. jv.
Aq. laurocer., 30—80 gtt. 3—4mal tägl. Calomel,
Nitrum, Helleborus, Aloe, Hunger, Durst etc. Englische Weste, Zwangriemen, Zwangstuhl etc. Ableitende Mittel. Kälte, kalte Bäder., sie besänftigen den Reiz und führen Schlaf herbei; das
plötzliche Eintauchen aufgeregter Kranken in kaltes
Wasser, das Regenschauerbad. Emetica vorzüglich
in der Melancholie, indem sie nicht allein den Magen
und Darmkanal von zähen Cruditäten, als einer so
häufigen Ursache dieser Krankheit befreien, sondern
auch durch ihre allgemeine, den Körper erschütternde
Kraft und Reizung des Magennervengeflechts wirken.
Bei den Formen von Geisteskrankheiten, die durch
schwarzgallige Infarcten und Dickblütigkeit zunächst
erzeugt werden, leistet Folgendes gute Dienste: ℞
Tart. solubilis ʒiij; Tart. emet. gr. j; Solv. aq. dest.
ʒjv; Aq. lauroceras. ʒij; Mel. despumat. ʒij. Alle 2
Stunden 1 Essl. Man darf die Gabe des Tart. emet.
noch bis zu 10 gr. und höher steigern. Wo Stockungen im Pfortadersystem und Cruditäten die Ursache
sind, oder die bereits vorhandene Seelenstörung
durch sie genährt wird, empfiehlt Muzel: ℞ Extr.
tarax., Tart. tartaris ana ʒβ; Aq. tarax. per fermen-
tat. parat. ʒx; tägl. 5—12 Essl. oder ℞ Tart. tart.
ʒj—ij; Aq. tarax. ʒx; Mell. despumat. ʒjv; alle 2
Stunden 2 Esslöffel. Bei wässerigen Stockungen
wird Digitalis empfohlen. ℞ Herb. digital. gr. j —
Zingiber. gr. vjij; Sacch. alb. ℈j. Tägl. 2—3 Stück.
Nach zurückgetretenen Hautausschlägen und unterdrückten Schweissen wird Camphor empfohlen zu
℈β—℈ij. ℞ Camphor ʒʲ; Sacch canariens, Mucilag.
gm. tragacanth. ana ʒj; Probe tritis adde aceti vini.
ʒj; Aq. flor. sambuc. ʒvj; Syrup. papav. rhoead.
ʒj. Esslöffelweise. Wo jede Indication fehlt, wird
man selten fehlen, wenn man ein Emeticum anwendet.
Bei Plethora ist eine V.S. vorauszuschicken, bei
denen, die schwer brechen, reicht man am Abend
vorher eine Gabe Opium. Die allgemeinen Gegen-
anzeichen, als Hernia, apoplectischer Habitus etc.,
finden auch hier ihre Würdigung. — Ekelkur mit
Tartarus emeticus. — Helleborus albus et niger als
Emet. oder Purgans. — Gratiola zu ʒβ p. die. Diese
Mittel vorzüglich nach vorausgeschickten grossen

Purganzen mit Jalappa. Calomel, V.S. blos bei deutlichen Zeichen von idiopathischer Ueberspannung des Blutgefässsystems. — Autenrieth'sche Salbe auf den abgeschorenen Kopf etc. Psychisch ablei- tende Mittel: Einwirkung der Furcht, des Schreckens, der Musik, des Anblicks geliebter Ge- genstände, Aufenthalt im Freien, je nach der Em- pfänglichkeit des Kranken. 2) Die gesunkene Erregung erhebende Mittel. Luft, Licht, Wärme, Sonnenwärme, warme Bäder, Galvanism., Elektricität, mineral. und animal. Magnetism., Naph- then, Phosphor, Oloea aetherea, Senf, Vanill, letz- teres besonders bei Geisteszerrüttung mit Lähmung, Muskatnuss, Pfeffer, Castor., Niesemittel, Blasen- pflaster, Fontanell, Reiben der Haut. Wein. Kaffee, Bier, Fleischbrühe, mehr Wachen als Schlaf, mehr Bewegung als Ruhe. Sinnesreize für das Auge, Ohr etc. Unterhaltung, Spiel etc. Crocus soll Lachen erregen.

Gelbes Fieber, Febris americana, Typhus icte- rodes, Vomito negro. Yellow-Jark, ist der Typhus heisser Länder, besonders in Westindien; doch auch in Spanien und Portugal vorkommend.

Symptome. Die Krankheit hat mit der Pest viel Aehnlichkeit. Das Aeussere ist lebhaft, Arterien- schlag ebenso; Puls voll, hart, mässig frequent, Mangel des Appetits, Zunge rein, Haut rauh, anfangs Verstopfung, Urinfluss gemindert, dunkel. Nach dem 3ten bis 4ten Tage fällt der Kranke im Aeusseren ein, es entsteht Erbrechen, es wird theils wirkliche Galle, theils eine schwarze Masse entleert, mit Ma- gensaft, Stuhlgang sehr stark gelb gefärbt. Das Aeussere färbt sich jetzt gelb, bald dunkel, bald hellgelb, es entstehen Blutungen, Delirien, schwa- cher, aussetzender Puls, colliquative Schweisse. Sonst die Symptome des Typhus. Das gelbe Fieber unterscheidet sich von der Pest dadurch, dass die erste Krankheit epidemisch, die letztere aber con- tagiös ist. Die erste Periode des sporadischen und epidemischen nicht contagiösen gelben Fiebers be- zeichnet Lallement in Rio de Janeiro als ent- wickeltes Insolationsfieber, Fieber, graugrünes Er- brechen. Magenschmerz, gelbe Injection der Augen, stille Delirien, trockene Zunge. Beim höchsten Grade des gelben Fiebers herrscht vollkommene Typhomanie. Patienten laufen delirirend umher, fie- bern stark (allgemeine Decomposition), haben schwar- zes Erbrechen, schwarzen Durchfall, Haemorrhagien aus Mund und Nase, Augen rothgelb injicirt, heftig stinkenden Athem, Körper rothgrau mit grossen gelben Flecken. Blasenschmerzen, Urin vollkommen unterdrückt. Collapsus. Tod.

Therapie ist im Allgemeinen die des Typhus. Nordländer werden in den Tropen dagegen am besten anfangs mit einer V.S. behandelt. Tropenbewohner selbst vertragen keine V.S. in den verschiedenen Himmelsstrichen hat die Erfahrung für eine verschie- dene Behandlungsweise gesprochen. In Nordamerika werden starke V.S. gemacht, in Westindien behan- delt man die Kranken nur milde, meistens durch Pflege und Besorgung des Darmkanals; im spanischen

Amerika wendet man Reizmittel, selbst China mit
Glück an. Fenner in New-Orleans behauptet, durch
Chinin werde das gelbe Fieber alle Zeit unterdrückt,
wenn man frühzeitig (innerhalb 36 Stunden der Krankheit) gerufen werde: Ein Fussbad mit Senf und ein
purgirendes Klystier, dann 20—30 Gr. Chinin mit
25—30 Tropfen Laudanum, oder 1—2 Gr. Opium oder
gr. ¼ Malphium sulph. Dadurch werde in der Regel
die musculöse und nervöse Aufregung in wenigen
Stunden vollständig beruhigt, ein starker Schweiss
verursacht, alle Schmerzen besänftiget und Schlaf
herbeigeführt. Der Leib wird dann durch milde Mittel offen erhalten und je nach Umständen das Chinin
in grössern oder kleinern Gaben wiederholt.

Gelbsucht der Erwachsenen. Vgl. Leberkrankheiten.

Gelbsucht der Neugebornen theilt sich ein
in die gutartige und maligne; bei der ersteren ist
die Albuginea frei von gelber Farbe, entsteht in
den 3—7 ersten Tagen des Lebens, tritt plötzlich
auf, Farbe ist pomeranzengelb, Bauch nicht aufgetrieben, weich, Harn rein, Gallenpigment enthaltend.
Man gebe ein gelindes Abführmittel, wozu schon das
Collostrum dient, oder Syrup. mannatus, halte die
Kleinen warm; lauwarme Bäder, Klystiere mit lauem
Zuckerwasser. Die maligne Form entsteht später,
gegen Ende des 10—11. Monates und noch später.
Albuginea gefärbt, Hautfarbe dunkel, messinggelb,
Harn Gallenpigment enthaltend, Bauch aufgetrieben,
gespannt, hart, Schmerz bei der Berührung, Stuhlverstopfung, Faeces sind lettig, ohne gelbe Farbe.
— S. Pfortaderentzündung. — War Verkältung Ursache, so verordnet man Bäder mit Asche, setzt
den Abführungsmitteln Vinum Huxhami zu. Bei ältern Kindern verfährt man nach den Grundsätzen
des Icterus der Erwachsenen. Vgl. Leberkrankheiten. Icterus. —

Gelüste. Pica, Malacia. Ist ein heftiger Trieb,
ungewöhnliche, ungeniessbare und selbst allgemein
verabscheute Dinge, als Kreide, Kalk, Kohle, gebrannten Kaffee, Unrath, Wagenschmiere etc. zu geniessen. Es hängt entweder von Verstimmung des
Nervensystems, oder von krankhafter Einbildung,
oder einer scharfen Entartung des Magen-, Darm- u.
pancreatischen Saftes, der Galle ab, befällt öfter
weibliche als männliche Subjecte, besonders Bleich-
süchtige, Schwangere, Hysterische. In acuten Fiebern ist es oft ein sehr schlimmes Zeichen, im Wahnsinn nicht selten unheilbar.

Therapie. Bei Schwangern verliert es sich, wenn
nicht nach dem 3ten, 4ten Monate, doch mit Ende
der Schwangerschaft, kann aber durch Absorbent.
oder Nervin. selten früher gehoben werden. Bei
Bleichsüchtigen und Hysterischen wird es mit der
Entfernung dieser Krankheit beseitigt. In chronischen Fällen suche man dem Kranken Ekel vor solchen
Dingen zu verursachen, indem man Ekel oder Erbrechen erregende Arzneisubstanzen heimlich beimischt.

Geruch-Empfindlichkeit. Hyperosmia.
Erhöhte Empfindlichkeit des Geruchorgans, bei

welcher schon gewöhnliche Einflüsse, die das Geruchorgan ·treffen, ungewöhnliche und übermässig starke Reizungen desselben herbeiführen. Der Geruch ist hiebei entweder an sich zu stark, oder er ist fehlerhaft, und der Kranke riecht Dinge anders als gesunde Personen. Angenehme Gerüche sind ihm widerlich, unangenehme behagen ihm dagegen. Sie erscheint als gefährliches Symptom bei Typhus versat.; bei Hypochondrie, Hysterie, mit deren Behandlung auch die der Hyperosmia zusammenfällt.

Geruchs- und Geschmacksmangel. Der Geruchssinn fehlt oft allein (Anosmia), oder zugleich mit dem Geschmacksinn, und beide öfters verbunden mit einer Gehörschwäche oder Taubheit, sind also Anästhesien des Nerv. olfactorii. Das gänzliche Fehlen des Geruchsinnes kommt, wenn gleich selten, als selbständige Krankheit vor und ist dann kaum heilbar. Die Geruchlosigkeit hat, wie die Amaurose, verschiedene Grade, ist zuweilen symptomatisch in Folge organischer Krankheiten der Geruchsnerven, oder der nahe gelegenen Theile bei Verletzungen, Zerstörungen und Zerfressungen dieser Nerven, oder der innern Nasenhöhle, oder Membrana Schneideriana, durch Vereiterungen, Nasenpolypen etc., theils Folge von Trunkenheit und unterdrückter Schleimsecretion beim Schnupfen. Durch syphilitische Auftreibung des Siebbeines entsteht zuweilen eine Anästhesie des Nerv. olefact., welche durch mercurielle Behandlung vollständig geheilt werden kann. Endlich ist sie Symptom der Lähmung der Geruchsnerven bei Apoplexien, Ohnmachten. Verlust des Geruchs zeigt entweder catarrhalischen Zustand oder eine bedeutende Nervenaffection an; fauligter Geruch: entweder fauligte ulceröse Localkrankheit der Nase, des Gaumens, oder fauligte Diathese des Blutes; ein ungewöhnlich fremdartiger Geruch: krampfhafte Nervenaffection. Bisweilen vernichten heftige Gehirnerschütterungen, ein heftiger Fall auf den Hinterkopf, oder schwere Kopfverletzungen überhaupt den Geruch und Geschmack, und beide Sinne kehren alsdann in der Regel nicht wieder. Chronische Unterleibskrankheiten können auch eine schwere Geruchlosigkeit hervorbringen. Periodischer Mangel dieser Sinne deutet auf Krampf. Auch grosse Verschleimung gehört zu den gemeinschaftlichen Ursachen dieser Uebel. Nach diesen Ursachen richtet sich die Behandlung. Bei reiner Lähmung gebrauche man reizende Schnupftabake. Bei Abschätzung des Grades der Anosmie warnt Romberg vor der Anwendung reizender Stoffe, z. B. des Salmiakgeistes, weil dadurch mehr auf die sensibeln als Geruchsnerven gewirkt werde. Olfactus depravatus bei Hypochondern, chlorotischen Mädchen, Schwangern verschwindet mit diesen Zuständen.

Gesichtslähmung. Prosoplegie, mimische Gesichtslähmung, ist eine Lähmung der vom Nerv. facialis versehenen Muskeln, welche eine Gesichtsseite betrifft, zu jeder Jahrszeit, bei jedem Alter und Geschlecht vorkommt, und ihr liegt eine Abnahme oder ein Verlust der Leitung des Nerv. facia-

lis durch Compression oder Dehnung, oder Trennung
der Nervenfasern zu Grunde. Die diagnostischen
Merkmale sind verschieden, je nach dem Sitze der
lähmenden Ursache in den verschiedenen Stationen
des Nerven, 1) in der Gesichtsfläche, oder 2) auf
seinem Lauf durch den Canalis Fallopii, oder 3) an
der Basis cranii (die von einem Gehirnleiden, von
Apoplexie, selbst ausgehende Lähmung, welche nie
allein auf die vom Nerv. facialis versehenen Muskeln
befällt, kommt hier nicht in Betracht). Bei 1) sind
es zufällige Verletzungen und chirurgische Operationen, oder fressende Geschwüre, wobei entweder der
Stamm des Nerven, nahe seinem Austritt aus dem
Foramen stylomastoid., oder einzelne Zweige desselben getrennt werden; ein vorübergehender oder andauernder Druck, z. B. bei Neugeborenen durch die
Geburtszange, durch harte Narben, Geschwülste lymphatischer Drüsen, Degeneration der Parotis, After-
gebilde, am häufigsten aber eine durch die Einwirkung der Kälte oder Zugluft auf das erhitzte Gesicht
bedingte entzündliche oder rheumatische Affection
des Nerven, wodurch wahrscheinlich ein Exsudat
ausserhalb (fibrinöses) oder innerhalb (seröses) des
Neurilems gesetzt wird, oder Erweichung der Nervenfasern eintritt. Oefters treten nach der Erkältung
Schmerzen und Geschwulst der afficirten Gesichtshälfte mit Fieberbewegungen ein, nach deren Verschwinden die Lähmung zurückbleibt. Bei Nr. 2
sind es Fissuren oder Fracturen des Felsenbeines,
Tuberkeln, Entzündungen, die entweder ursprünglich im Fallopschen Canal entstehen oder von aussen
sich in denselben hinein erstrecken, dyscrasische
Knochenanschwellungen, und in deren Folgen Caries,
oder Necrosis des Felsenbeins. Bei Nr. 3 Exsudate
und Geschwülste in der Nähe des Porus acusticus
und des Pons Varoli.

Je nach dem Grade des Druckes und der Dehnung entsteht bei den motorischen Nerven entweder
lähmungsartige Schwäche (Paresis) oder vollkommene
Lähmung (Paralysis), natürlich mit stufenweisen
Uebergängen, wie durch dieselbe Ursache bei den
sensitiven Nerven Neuralgie oder Anästhesie, und als
Zwischenstufen Anästhesia dolorosa (Romberg).

Zur Diagnose dieser 3 verschiedenen Sitze der
lähmenden Ursache dient Folgendes: Da der Nerv.
fac. gleich nach seinem Austritte aus dem Foramen
stylomast. die motorischen Aeste für den hinteren
Bauch des Musc. digastric., maxill. inferior., den Sty-
lohyoid. und Platysmamyoid. abgibt, so wird sich,
wenn diese Muskeln in ihrer Wirkung nicht gehindert sind, der Sitz der lähmenden Ursache ausserhalb des Craniums und des Canal. Fallopii mit Sicherheit schliessen lassen. Da dieser Nerv. innerhalb
des Canal. Fallopii ein Aestchen an den Musc. ten-
sor tympani abgibt, so werden eine durch die Lähmung dieses Muskels bedingte Steigerung der Gehirn-
empfindlichkeit, und die meistens auf Verminderung
des Gehirns verbundene Otorrhoe mit Ausstossung
necrotischer Partikelchen auf den Sitz innerhalb des
Fallopischen Canals schliessen lassen. Ist mit der

Lähmung sämmtlicher, vom Nerv. facial. versorgten
Muskeln Taubheit ohne die vorhin erwähnten Krankheitsprocesse im Felsenbein verbunden, so lässt sich
vermuthen, dass die Lähmungsursache ihren Sitz
innerhalb des Cranium oder am Foramen acusticum
habe. Die masticatorische, von Unterbrechung der
Leitungsfähigkeit der Portio minor. nervi quinti ab-
hängige Lähmung, die für sich allein bestehen oder
mit der mimischen verbunden sein kann, unterscheidet sich von letzterer dadurch, dass die vom Ramus
maxillar. inf. nervi quinti versorgten Muskeln (Ma-
seter temporal., pterigoid., circumflexus palati, buc-
cinator) auch die Muskeln der Ohrmuschel gelähmt
sind, womit eine Neuralgie oder Anästhesie der von
den sensitiven Fasern dieses Nerven versehenen Organen (Zähne, Zunge etc.) verbunden sein kann.

Für die Behandlung ist es natürlich von grosser
Wichtigkeit, dass der Sitz und die Natur der lähmenden Ursache richtig erkannt wird. Bei rheumat.
Lähmung empfiehlt Romberg Brechmittel, Tinct.
s. vinum. semin. colchici, Vesicans zwischen Kie-
ferwinkel und Zitzenforsatz, längere Zeit in Eiterung
zu erhalten. Bei vollsaftigen Individuen, Schmerzhaftigkeit im Ohre, örtliche Blutentziehungen. Bei
Knochentuberkeln, Caries im Ohre müssen Injectionen von Lapis infer., Plumb. acet. durch die Tuba
Eust. und das äussere Ohr gemacht werden. Vergl.
den Artikel Lähmung.

Gesichtsrose. S. Rothlauf.

Gesichtsschmerz. Fothergill'scher Schmerz.
Prosopalgie. Tic douleroux.

Symptome. Heftiger Schmerz, paroxysmenweise
in den Muskeln des Gesichts, vorzüglich in der Joch-
beingegend, Schmerzen gehen von den Augenbrauen
oder. den Kinnbacken aus, nach dem Jochbein zu,
entstehen schnell auf einander, dauern oft nur wenige
Sekunden oder Minuten lang; je schneller sie entstehen, desto schneller vergehen sie auch. Das Gesicht wird dabei nicht roth, aufgetrieben, sondern
blass, kalt. Manchmal entstehen Convulsionen der
Gesichtsmuskeln; Ameisenlaufen, Zittern der Augenlider, Spannen in der Nase, gehen manchmal voraus.
Die Affection ist stets halbseitig, die leidende Gesichtsseite bekommt ein eigenthümliches Ansehen;
dabei ist oft das Gefühl, als wäre Staub in der Na-
senhälfte, Verlust des Geruchs, halbseitiges Pelzigsein der Zunge, Summen und Sausen vor den Ohren.

Diagnose ist durch die angegebene Richtung des
Schmerzes, der seinen Zug nach dem Verlaufe des
Nerv. supra- et infraorbitalis, alveolar. posterior und
maxillar. inferior, also nach dem Verlaufe der Aeste
des Trigeminus nimmt, durch die Entstellung der
Gesichtshälfte von simulirter Prosopalgie gegeben.
Bei der Cerebral-Intermittens, dem Kopffieber findet
sich nur ein Anfall binnen 24 Stunden (hier mehrere),
der mehrere Stunden dauert (hier einige Minuten).
Prosopalgie kann durch kalte Luft, Druck etc. hervorgerufen werden fast so oft man will, Intermitt.
cerebral. nicht.

Therapie. Entfernung mechanischer Ursachen;

13 *

bei Stockungen des Unterleibs Resolventia, Kämpfische Klystiere etc. Nach Einigen ist die Ursache
gewöhnlich in einer Veränderung der Verdauungsthätigkeit liegend, so dass diese Krankheit nicht
durch topische, sondern allgemeine Mittel bekämpft
werden müsse. Die Reizung der Baucheingeweide,
und bei lange dauernden Fällen müsse die dadurch
herbeigeführte Hyperämie gehoben werden. Reichliche Abführungen, kleine Mengen Crotonöl mit einem
stomachischen Abführmittel in Pillenform, sorgfältige
Diät, leichte nahrhafte Kost; alles Schwerverdau-
liche werde vermieden, ebenso Spirituosa und ge-
gohrene Getränke; Bewegung im Freien, Reiten sei
zu empfehlen. Bei unterdrückten Hautausschlägen
Schwefel innerlich und äusserlich. Manche geben
gegen diese Neuralgia facialis mit souveränem Erfolge
die Nux vomica in dringenden Fällen bis zu 15 Gran
pro die, und fallen dann zu länger fortzusetzendem
Gebrauche auch nach der Cessation des Schmerzes
auf gr. vjjj—jjj pro die. Meistens sind gelinde Abführungen durch Aloë vor Anwendung anderer Arzneien von sehr guter Wirkung. Das Hauptmittel ist
Chinin mit Extr. Aconiti, bisweilen auch mit Morphium. — Ist die Krankheit durch Gesichts- oder
Schädelaffectionen bedingt, durch Exostose, Exfolia-
tion des Alveolarrandes u. s. w., mit einem Worte
durch organische Destruction, so bleiben alle Mittel
ohne heilsamen Erfolg. Gegen die Krankheit selbst
helfen Ferrum. carbon., besonders bei der rheumatischen Form; bei rein nervösem Schmerz, Kali oxymuriat. mit gr. j anfangend. — Mesmerismus heilte
einen trotz allen empfohlenen Mitteln viele Jahre
dauernden Gesichtsschmerz in Bälde. Dr. Magnus
legte den Kranken etwa 5 Minuten die Hände auf
den Kopf und führte den Strich nach dem Verlaufe
des Pes anserinus. Die vom Schmerz verzerrten
Züge wurden ruhiger und Patientin wollte wochenlang nicht in solchem Wohlbehagen sich befunden
haben. Sie fiel nicht sogleich in Schlaf, wurde aber
nach einer Stunde müde und schlief die ganze Nacht,
nach vielen Wochen die erste. Am 3ten Tage wurde
das Verfahren wiederholt, und so einen Tag um den
andern 14 Tage lang. Die Schmerzen blieben aus,
Appetit und Schlaf wurden gut und die seit längerer
Zeit unregelmässigen Katamenien traten ein. Später
magnetisirte M. die Kranke alle 4, dann alle 8 Tage
und nach 6 Wochen hörte er ganz damit auf. In der
Besorgniss, die Einwirkung nicht zum Somnambulismus zu steigern, hat M. dieselbe bei der Exaltirten
nicht so lange fortgesetzt, bis Schlaf eintrat, sondern derselbe erfolgte immer erst eine Stunde später
und war ganz natürlich. — Chloroform, in welches
Watte getaucht worden, auf den leidenden Theil gerieben, verkürzt meistens den Paroxysmus. Man
hat mit Collodium eine Neuralgie, welche beide Ge-
sichtshälften einnahm, geheilt. Arsenik. Veratrin
zu gr. jj endermatisch, besonders bei rheumatischen Neuralgien des Facialis auch als Salbe mehreremale des Tags mehrere Minuten lang einzureiben.
℞ Axungia Ʒjv; Veratrin. gr. j. — Morphium und

Kali oxymuriat. ebenfalls endermatisch, hinter die Ohren. ℞ Morphii gr. ⅲ; Axungiae porc. ℨj; S. Salbe. ℞ Tr. stramon. ℨij. Alle Stunden gtt. vⅲ und steigend bis zu gtt. xjv. Chinin gr. j mit Morphium gr. ⅙ ½stündlich, später stündlich, ist eine sehr zweckmässige Verbindung gegen Gesichtsschmerz. ℞ Natr. arsenici gr. j; Solv. in aq. destill. q. s.; Succ. liquirit. ℈jv. F. pilul. Nr. 40. 3mal 2 Stück täglich; man vermeide dabei den Genuss von Fett, Milch, schwarzen Brodes. ℞ Kali arsenici gr. j—ij; Chinini sulphur. gr. xvj; Succ. liquirit. q. s. f. pilul. Nr. 16. Früh und Abends 1 Stück. ℞ Terr. ponderos. salit. ℨβ; Tinct. opii croc. ℨj; Aq. chamomill. anisat. ℥ⅲ. Alle 2 St. 30 gtt. ℞ Chinin sulph. gr. ij; Opii puri gr. j; Sacch. alb. gr. v. S. Tägl. 1mal hinter die Ohren auf eine entblösste Vesicatorstelle. Ferᴇ. carbon. 3mal täglich zu ℈β—℈β—ℨj pro dosi. Asa foetid. mit Quajac, Aconit. Ein zwar nur palliatives, aber schnell wirkendes und fast nie im Stiche lassendes Mittel gegen Tic douloureux ist die Abwechslung der Wärme mit Kälte an den afficirten Theilen. Compressen in heisses Wasser getaucht einige Minuten aufzulegen und unmittelbar nachher aus einer grossen Spritze einen lang fortgesetzten Strahl eiskalten Wassers zu spritzen. S. Rheumatismus cephalicus.

Gicht, Arthritis, Podagra. Ein Allgemeinleiden, welches eine specifische Entzündungsform veranlasst, oft durch angeborene oder erbliche Anlage hervorgerufen wird, nach der Pubertät zum Vorschein kommt, nach längeren Zwischenräumen immer wiederkehrt, in der Regel auf Störung der Digestions- oder anderer innerer Organe folgt, oder mit ihr abwechselt und sich durch Affection des ersten Gliedes der grossen Zehe, durch nächtliche Exacerbationen und Remissionen des Morgens, sowie durch Plethora charakterisirt und wobei später verschiedene Glieder oder Theile sich entzünden, ohne jedoch in Eiterung überzugehen. Piz et glaubt, die Gicht sei nichts als eine mehr · oder weniger bedeutende Irritation des Rückenmarks und seiner Häute, hervorgehoben durch Missbrauch der Geschlechtsverrichtungen. Daher bei der Behandlung: völlige Enthaltung vom Geschlechtsgenusse, beim Beginne Antiphlogose an den Lenden etc., Blutegel, erweichende Cataplasmen etc. Andere erklärten die Gicht für eine Dyscrasie des Blutes, indem sie von der abundanten Ausscheidung der Harnsäure nicht nur in den Gelenken als Concremente, sondern namentlich auch durch die Nieren auf die abnorme Beschaffenheit des Blutes schliessen. Auch sagen wieder Andere, dass Gicht und Rheumatismus ihre Genese in einer Blutdyscrasie hätten und dass beide nur durch die weiteren Fortschritte dieser Blutdyscrasie unterschieden wären, indem bei beiden ein Vorwalten der Harnsäure und Ablagern sowohl organischer als unorganischer Stoffe stattfinde. Die Gicht bezeichne dann nur die tieferen Affectionen des vegetativen Lebens.

Wir theilen sie ein 1) in die acute, 2) in die chronische, 3) in die unregelmässige. Alle bei den

Schriftstellern unter den Benennungen: regelmässige, acute, entzündliche, chronische, unregelmässige, nervöse, atonische, primär-asthenische, primär-fixe, anomale, wandernde, innere, viscerale, zurückgetretene, metastasische, latente, maskirte, emphysematöse, flatulente u. s. w. vorkommenden Gichtformen werden sich unter diese 3 Categorien zusammenfassen lassen. Vergl. Rückenmarkskrankheiten über Rückenmarksgicht und Trippergicht.

1) Acute Gicht. Zuweilen tritt der Gichtparoxysmus, und namentlich der erste Anfall, plötzlich, während einer scheinbar vollkommenen Gesundheit ein, häufiger indess gehen ihm Symptome von Verdauungsbeschwerden vorher: Flatulenz, Magendruck nach dem Essen, unregelmässiger Appetit, Brennen in der Herzgrube mit Magensäure, Aufstossen, Stuhlverstopfung, Diarrhoe, dunkler dicker, oder zuweilen blasser Urin, Breunen oder Kältegefühl, Empfindlichkeit in der Regio epigastrica, Kitzeln oder ein Reizzustand der Haut, Schläfrigkeit, Gähnen, unruhiger Schlaf, Mattigkeit, geistige Niedergeschlagenheit, Gastro-Intestinal-Reizung: Zunge ist belegt, an Spitze und Rändern roth (s. Gastroenteritis). Zuweilen geht vorher nebst den genannten Erscheinungen zunehmende Corpulenz, sparsamer Urin, Trägheit, Völle und Beklemmung, Sodbrennen etc. Hitze, Schmerz und Trockenheit der Augen, Röthe, Brennen; Anschwellung der Nase, Heisshunger, Blutwallungen, Herzklopfen, Husten mit Auswurf, Reizbarkeit der Harnblase mit Brennen beim Uriniren, reizbare Gemüthsstimmung etc. etc. Frostschauer mit nachfolgender fliegender Hitze, Kopfschmerz; es stellen sich nun auch die besondern auf den afficirten Theil selber sich beziehenden Gefühle ein, welche in der Regel während der Nacht sich zuerst bemerklich machen. Schwäche, Empfindlichkeit, Taubheit, achiessende, zwickende Schmerzen mit einem Gefühl von Krampf oder Kitzel in dem afficirten Gliede oder Steifigkeit und Schwäche der Gelenke. Haut färbt sich dunkel, Venen strotzen, Füsse schwellen nach dem Gehen an, ein oder beide Füsse, die Sohlen, die Ballen der grossen Zehen werden brennend heiss, oder zuweilen kalt mit folgender fliegender Hitze, Unruhe, Schlaflosigkeit. Die Symptome einer gichtischen Gelenkentzündung haben nichts unterscheidend Eigenthümliches, ausgenommen wenn es zur Ablagerung der harnsauren Soda kommt. Es können nun innere Leiden mit den Charakteren einer idiopathischen Entzündung auftreten. Nun erwacht der Kranke einmal plötzlich um Mitternacht oder etwas später unter heftig klopfendem Schmerz im afficirten Theil, gewöhnlich dem Ballen der grossen Zehe, nebst Hitze, Steifigkeit und einem Gefühle von Spannung und Schwere: allmählig: brennende Hitze, Temperaturerhöhung der ergriffenen Stelle, Unruhe und Fieber bis gegen 6—7 Uhr Morgens, dann Schweiss, die Symptome lassen alsdann nach, und in milden Fällen stellt sich Schlaf ein. Die Bedeckungen des afficirten Theils sind geschwollen, mässig roth, zuweilen wie gefirnisst, mit strotzenden Venen.

In heftigen Fällen treten in nächsten 2—3 Tagen nur geringe Remissionen ein, gewöhnlich aber lassen die Symptome den Tag über nach, kehren indess und oft mit grösserer Heftigkeit des Abends oder kurz vor Mitternacht zurück und dauern dann wieder bis zum nächsten Morgen, wobei die Hautbedeckungen lebhaft roth werden. Die allgemeinen, den Paroxysmus begleitenden Symptome variiren je nach der Heftigkeit des Anfalls und dem früheren Gesundheitszustande des Kranken. Fieber ist in der Regel vorhanden, die Symptome deuten im Ganzen auf grössere oder geringere Reizung der Gastro-Intestinal-Schleimhaut mit Hemmung oder Verderbniss der Gallen- und Intestinal-Absonderungen. In veralteten Fällen und bei alten Leuten ist das begleitende Fieber weniger entzündlich, nimmt vielmehr in höherem oder geringerem Grade den nervösen Charakter an. Meist zeigt sich die Störung des Nervensystems durch reizbare Gemüthsstimmung, Unruhe, schiessende Schmerzen im Verlaufe der Nerven, nebst krampfhafter Contraction der Muskeln des afficirten Gliedes, und zuweilen mit plötzlichem Uebergange des Leidens von einer Extremität auf die andere; besonders bringt jede Veränderung der Lage leicht diesen Krampf hervor. Die Dauer des ersten Anfalls variirt zwischen 2 und 12 Tagen, und das Oedem bleibt nach der Entzündung noch einige Zeit zurück, bis es unter Abschuppung der Oberhaut und Kitzel verschwindet. Zuweilen geht dann die Krankheit auf den andern Fuss über, wo sie dieselbe Symptomengruppe wiederholt. Die Häufigkeit der wiederkehrenden Paroxysmen hängt von der allgemeinen Diathese, der Behandlung und Lebensweise ab. Gewöhnlich ist jeder spätere Anfall heftiger und länger als der vorige; ebenso werden mit der Zeit die freien Zwischenräume immer kürzer, und bei jedem neuen Anfalle immer mehr Theile afficirt; am häufigsten im Frühling oder im Spätherbste. — Bei Manchem bleibt die Gicht auf die Füsse beschränkt, bei den Meisten aber ergreift sie später in einem und demselben Paroxysmus mehrere Theile gleichzeitig oder nach einander, Füsse, Knöchel, Knie, Ellenbogen nebst ihren Bändern, Schleimbeuteln, Sehnenscheiden oder Aponeurosen, ja sogar die Schulterblätter und Hüften. Oft verlässt die Krankheit plötzlich einen Theil und erscheint in demselben Augenblick an einem andern. Heftige Gichtanfälle schwächen die Lebenskraft im Verdauungs-, Gallen- und Nerven-Systeme oder vergrössern vielmehr die schon früher vorhanden gewesene Schwäche des organischen Nerveneinflusses; daher Hypochondrie mit torpider oder anderweitig krankhafter Leberfunction; Unthätigkeit des Coecums und Colons mit trägem Stuhlgange, abnormen Ausleerungen, gesteigerte Neigung zu apoplectischen und paralytischen Anfällen, oder zu Krämpfen, wandernden Schmerzen u. s. w. Disposition zu Harnsteinen. Die häufigste Folge der acuten Gicht in Beziehung auf das Localleiden ist ihr Uebergang in die chronische Form, vor welchem jedoch mancherlei Veränderungen der Gewebe des afficirten Theils zu

Stande kommen können. Hieher: Schwäche, Steifigkeit, Unbeweglichkeit des Gelenks mit einer Empfindung von Knarren bei jeder Bewegung in Folge der
unvollkommenen Absonderung der Synovialfeuchtig-
keit; ebenso werden die Bänder und Muskelaponeu-
rosen verdickt, steif, unelastisch und empfindlich.
Die Secretion der Sehnenscheiden ist abnorm und
veranlasst eine knotige Beschaffenheit derselben, zuweilen mit gleichzeitiger Zusammenziehung und Rigidität; die Schleimbeutel erscheinen vergrössert und
dabei entweder gespannt, oder weich und dem Drucke
nachgebend; die Contenta der kleinen Schleimbeutel
sind zuweilen so verdickt, dass sie harte Geschwülste
bilden; die tiefer sitzenden Gewebe der Gelenke werden dick und hart; die Venen der gesammten Unterextremitäten erscheinen vergrössert oder varicös;
doch bilden alle diese und noch mehrere andere Veränderungen, wie z. B. Concretion u. s. w., eigentlich
das Resultat der

　2). chronischen Gicht. Diese charakterisirt
sich durch viel mildere Entzündung und viel geringere, mehr unregelmässige und wandernde Schmerzen;
durch eine nur blasse Röthe der Haut mit zurückbleibender Spannung und Oedem; geschwächte Beweglichkeit, längere Dauer und auffallendere Störung
der Digestivorgane, durch träge oder gehemmte Blutcirculation und einen allgemeinen Reizzustand des
Nervensystems. In der Regel ist sie die Folge eines
oder mehrerer acuten Anfälle, wenn entweder die
Paroxysmen nicht durch regelmässige Crisen sich
entschieden, oder durch ihre häufige Wiederholung
den Organismus so schwächten, dass er für eine
sthenische Reaction unfähig geworden; sie kann
aber auch primär-chronisch auftreten, und dann sind
von vorne herein die Paroxysmen viel milder, aber
dafür auch häufiger und länger. Diese Form ergreift
Frauen öfter als Männer, und die grosse Zehe sehr
selten, vielmehr findet man vorzugsweise den Spann,
den Knöchel, die Handwurzel oder die Hand plötzlich angeschwollen und schmerzhaft mit kaum merklichen Zeichen der eigentlich gichtischen Entzündung.
Folgt die chronische Form auf die acute, so bleiben
die verschiedenen Theile, welche in den Paroxysmen
der letztern entzündet gewesen, abwechselnd oder
gleichzeitig afficirt, nur sind die Schmerzen mehr
herumziehend und haben dann und wann einen rheumatischen oder nervösen Charakter. Sowohl die primäre als consecutive chronische Gicht bietet nun
folgende örtliche Erscheinungen dar. Ein Gefühl von
abwechselnder Hitze und Kälte im afficirten Theile,
welches des Nachts bedeutend zunimmt, ein Gefühl
von Taubheit und einem lästigen Druck oder Schwere;
Schwäche der Muskeln und Gelenke mit Krampf der
untern Extremitäten, namentlich des Abends beim
Zubettgehen; blassrothe oder purpurrothe, zuweilen
nur vorübergehende Hautfärbung; Empfindlichkeit
der afficirten Stellen; schiessende Schmerzen längs
der Nerven, erschwerte und schmerzhafte Bewegung
und Schwäche des ganzen Gliedes. Dabei sind auch
die Schleimbeutel und Sehnenscheiden häufiger als

bei der acuten Form aufgetrieben und gespannt, und
das Oedem, von Völle der Venen begleitet, verschwindet fast gar nicht, während die Knöchel selbst in
den milderen Fällen nach dem Gehen schmerzen und
brennen. Die allgemeinen Symptome variiren nach
dem Temperament des Kranken, nach der Stelle und
dem Grade des Localleidens, und nach der Natur und
dem Umfange der gleichzeitigen innern Störungen,
als Form von Arthritis pauperum mit Spinalirritation
häufig vorkommend, gegen welche der Leberthran
täglich 2, später 3 und 4 Löffel voll Monate lang
genommen sehr eclatante Dienste thut. Häufig stellen
sich zahlreiche dyspeptischen Symptome ein, Heisshunger, Ekel, Druck nach der Mahlzeit, Flatulenz,
Sodbrennen, Kältegefühl im Magen, Krampf der Un-
terleibs- und Brustmuskeln, Leibesverstopfung, unregelmässige Oeffnungen mit übelriechenden Ausleerungen, abnorme Gallensecretion, Hämorrhoiden.
Ist die Diät reichlich, so fehlt Fieber und ein
schmutziges gelbliches Ansehen des Gesichts, Druck,
Schmerz in den Hypochondrien nur selten; Urin bald
sparsam, hochgefärbt, dick, bald reichlich und wässerig; in der Regel aber bildet er ein blassrothes,
ziegelmehlfarbiges Sediment. Herzklopfen ist, namentlich bei grosser Flatulenz, sehr gewöhnlich;
Schlaf unterbrochen, durch Träume gestört, Gemüthsstimmung reizbar, hypochondrisch. Manchmal
chronischer Magenhusten, oder gesteigerte Schleimsecretion der Trachea. Schwächliche, besonders
Frauenzimmer sind dabei äusserst sensibel, so dass
die Beschwerden bei Witterungswechsel und kalter
feuchter Atmosphäre zunehmen. In sehr langwierigen oder heftigen Fällen wird der Kranke cachectisch und die schwachen, steifen Glieder schwinden;
der Appetit kann dabei normal bleiben, allein die
Nahrung bringt keine Kraft, ja verschlimmert wohl
gar das allgemeine und örtliche Leiden. Bei langwieriger chronischer Gicht verdicken und verhärten
sich die Gewebe des ergriffenen Theils, die Venen
werden varicös. Gichtische Concremente kommen
nur selten vor und entstehen aus dem Ergusse eines
weisslichen Fluidums, dessen wässerige Theile resorbirt werden. Diese Concremente verursachen Erysipel der Haut, Geschwüre. Verkrümmungen kommen
selbst an verschiedenen Höhlen, Brust, Nase etc. vor.

3) Die unregelmässige Gicht; darunter
kann man die verschiedenen Affectionen zusammenfassen, welche entweder bei der gichtischen Diathese
überhaupt, oder mit dem Erscheinen eines gichtischen
Paroxysmus verbunden, oder nach dem plötzlichen
Verschwinden eines solchen in einem äusseren Theile
vorkommen; und in dieser weiten Bedeutung umfasst
dieser Ausdruck alle jene Störungen, denen man die
Namen: anomale, unvollkommene, innere, viscerale,
zurückgetretene, metastatische, wandernde, flüchtige,
latente und larvirte Gicht gegeben hat. Specifische oder überhaupt anomale Affectionen gehen oft der äussern Manifestation eines
vollständigen oder unvollständigen Gichtanfalls vorher und gleichen entweder in jeder Beziehung den

an diesen Stellen vorkommenden Affectionen überhaupt, oder zeigen einen ganz abweichenden, eigenthümlichen Charakter. Im erstern Falle erscheint
der spätere äussere Gichtanfall als kritisch, im
letztern dagegen nur als die äussere Manifestation
der innern Störung, die früher die Functionen oder
die Sensibilität eines oder mehrerer innerer Organe
betroffen. So tritt die Gicht oft als Crise entzündlicher und heftiger innerer Leiden auf. Ophthalmien,
hartnäckiges Herzklopfen, Affectionen der Harnorgane, Erysipelas, Asthma etc. verschwinden oft
nach dem Eintritte eines regelmässigen Gichtanfalls.
Die zurückgetretene Gicht. Während des
gichtischen Paroxysmus, sowohl in der acuten als in
der chronischen Form, trifft es sich zuweilen, dass
ein inneres Organ plötzlich auf eine gefährliche
Weise afficirt wird, während zugleich die äussere
Affection bedeutend nachlässt oder ganz verschwindet. Hier hat man gestritten, ob die innere Störung
eine Folge der verschwundenen äussern, oder umgekehrt, das Verschwinden dieser die Folge vom Eintritt jener ist. Beides kann der Fall sein, wie man
aus der Reihenfolge der krankhaften Erscheinungen
in verschiedenen Fällen sehen kann, so dass bald
die Entwicklung eines innern Uebels das äussere ableitet, bald die Unterdrückung der äussern Manifestation einer allgemeinen Krankheit diese in einem
innern, dafür disponirten Organe zum Ausbruche
kommen lässt. Geschieht nun dieser Rücktritt auf
der Höhe eines acuten Paroxysmus, so ist in der
Regel auch die innere Folgekrankheit in ihren Erscheinungen heftig und in ihrem Verlaufe rapid, viel
milder und langwieriger dagegen in der chronischen
Gichtform. Meist werden solche innere Affectionen
durch Unvorsichtigkeit, Diätfehler, eigenthümliche
Constitution und früher vorhanden gewesene Affectionen des Kr., oder durch eine unpassende ärztliche
Behandlung herbeigeführt. Vorzugsweise finden wir
dann den Magen ergriffen (Schmerz, Krampf, Uebelkeit), oder den Darmkanal unter den Symptomen
einer acuten Entzündung, welche oft rasch zum
Tode führt. Aber auch heftigere Kopfschmerzen, entzündliche Zustände des Gehirns, Stupor, Coma, Apoplexie, Epilepsie oder Lähmung, treten nicht selten
hinzu, so wie anderemale Brustaffectionen, Dyspnoe,
Erstickungszufälle, Präcordialangst, mit oder ohne
Husten und Auswurf, Schmerz oder Zusammenschnürung in der Herzgegend, heftige Palpitationen,
quälendes Angstgefühl, Ohnmachten. Und ebenso
können entzündliche, spasmodische, nervöse oder
eine Mischung dieser Charaktere an sich tragende
Krankheiten auf das Verschwinden der äussern Affection folgen, Dysenterie, Hepatitis, Peritonitis, Leiden
des Harn- und Uterinsystems. Ueber die eigentlichen
Störungen, welche die Uebertragung der krankhaften
äussern Thätigkeit auf ein inneres Organ hervorbringt, ist unsere Kenntniss noch sehr lückenhaft.
Häufig sind diese Folgeübel entzündlicher Natur, oft
aber auch nervöser, krampfhafter oder adynamischer
Art. Es nimmt ein Gichtkranker vor der Entfernung

der angehäuften Galle und krankhaften Excrete eine reichliche Gabe Colchicum, worauf das Podagra augenblicklich verschwindet, es entsteht heftiger Schmerz im Magen, Gefühl von Ohnmacht, träger, kleiner Puls. Camphor nebst andern flüchtigen Reizmitteln, Senfteig auf die Füsse macht das Podagra wiederkehren und hebt das Magenleiden. **Die versteckte, latente, unvollkommene, innere, viscerale, nervöse Gicht, Podagra atonicum, larvatum.** Die arthritische Anlage entwickelt sich zuweilen in einer für das Hervorbringen der localen Affection in den Extremitäten zu schwachen Constitution; und in diesem Falle entstehen mancherlei Störungen innerer Organe, namentlich der verdauenden und excernirenden, von proteusartigen Formen, mit functionellen oder nervösen Symptomen, so wie selbst congestive oder entzündliche Zustände, gerade wie bei der zurückgetretenen Gicht, nur mit dem Unterschiede, dass bei dieser das innere Leiden rasch nach dem Verschwinden des äusseren Gichtparoxysmus, bei der vorliegenden Varietät dagegen meist ohne irgend eine äussere Affection, oder nach einer sehr geringfügigen und schnell vorübergehenden eintritt. Auch hier hat man zu allgemein angenommen, dass die innern Störungen durch die gichtische Diathese keine Veränderung ihres Wesens erleiden. Die Erfahrung weist das Gegentheil nach. Wird nämlich in Verbindung mit der Entwicklung der gichtischen Anlage die Kraft des Organismus beeinträchtigt und das Geschäft der Excretionen gehemmt, so entstehen eine Menge innerer Uebel, es mag sich ein wirklicher Gichtparoxysmus gebildet haben oder nicht. Hieher: abnormer Appetit, ein Gefühl von Spannung und Flatulenz, saures, scharfes Aufstossen, Ekel, Erbrechen, krampfhafte Zusammenschnürung, schmerzhafter Druck im Epigastrium, Verstopfung, Colik, Niedergeschlagenheit, Angst, Hypochondrie, Palpitationen des Herzens, Hemicranie, Schwindel, Lähmung, Epilepsie, Apoplexie, nervöse Aufregung und Reizbarkeit mit einem Gefühl von Schwäche — bei oder ohne Manifestationen der Gicht in irgend einem äussern Körpertheile. Der Charakter aller dieser Affectionen ist manchmal entzündlich, nervös, manchmal gemischt oder eigenthümlich specifisch. Arthritische Carditis und gichtische Enteritis, obgleich Jahre lang kein Gichtparoxysmus erschienen, werden oft durch mässige Blutentziehungen und Sinapismen auf die Extremitäten, auf diese letzteren zurückgeführt. Nicht selten hört man ältere Personen nach dem Verschwinden früherer Gichtparoxysmen über mancherlei nervöse und functionelle Störungen so eigenthümlicher Art klagen, dass sie selbst die Ursache derselben mit Sicherheit in dem Wandern der Gicht durch den Organismus angeben. So werden Arthritische zuweilen nach Erkältung oder nach dem Genusse saurer, unverdaulicher Nahrungsmittel von heftiger Colik ergriffen, die fast ohne Ausnahme krampfhafter, nicht aber entzündlicher Natur ist, so dass reizende und erhitzende Mittel Erleichterung verschaffen; doch kann Entzündung sich hinzu gesellen.

Diagnose. Die acute Gicht könnte mit dem acuten Rheumatismus, wenn dieser ein Gelenk befällt, oder mit der gewöhnlichen Entzündung dieser Theile verwechselt werden. Allein selten werden beim ersten Gichtanfalle mehr als einer der genannten Theile, zumal gleichzeitig, ergriffen, was man vom Rheumatismus nicht behaupten kann. Bei der Gicht ist die dem Paroxysmus vorangehende Störung der Digestionsorgane viel grösser und die Remission der Schmerzen und des Fiebers während des Tags viel auffallender, der seröse Erguss in das Zellgewebe tritt im Gichtparoxysmus bald und in so beträchtlicher Menge ein, dass der Druck eine kleine Grube hinterlässt; die Venen schwellen in der Nähe des afficirten Theils an, der Schmerz ist stechend, brennend, reissend, die Haut entzündet, tiefroth, wie mit Firniss überzogen, gespannt, empfindlich, Urinsecretion auffallend gestört, der Harn setzt in der Regel einen starken ziegelmehlfarbigen Bodensatz ab, der aus harnsaurem Natron besteht, was Alles beim acuten Rheumatismus gar nicht, oder in sehr geringem Grade vorkommt. Geringe Mengen Harnsäure erkennt man entweder durch das Mikroskop, unter welchem sie sich in rhombischen Tafeln, vierseitigen Prismen und in einigen andern Formen zeigt, oder durch verdünnte Salpetersäure, welche, mit dem Untersuchungsobject verdunstet, einen gelbrothen Rückstand hinterlässt, der durch Ammoniakdunst sehr schön purpurroth gefärbt wird. Weitere Unterscheidungsmerkmale sind: die Gicht befällt plethorische, sanguinische, irritable ältere Personen, tritt in kleinen Gelenken auf (der Rheumatismus befällt die grossen Gelenke). Häufig indess kommt es vor, dass ein Kr. von dem einen Uebel eben erst genesen, in das andere verfällt, und ein Rheumatischer kann in späterem Leben auch Arthriticus werden; hier unterscheidet aber der Kr. selbst in der Regel beide Krankheitsformen sehr leicht. Auch zur Unterscheidung der chron. Gicht vom chron. Rheumatismus können mehrere der eben angegebenen Umstände benutzt werden. Der erstern gehen viel häufiger acute Anfälle und Störungen der Digestions- und Excretionsfunctionen voran, während zugleich viel öfter Anschwellung, Verdickung oder Nodosität der afficirten Theile sie begleiten. Doch kommen allerdings auch Fälle vor, wo die chron. Gicht fast ganz wie der chron. Rheumatismus verlauft, und hier muss bei der Diagnose auf das Temperament, die Körperbeschaffenheit, das Alter und die Lebensweise des Kranken Rücksicht genommen werden. Ausserdem ist die Gicht, wiewohl sie in ihrer chron. Form flüchtiger als in ihrer acuten ist und dadurch dem Rheumatismus ähnlicher wird, auch dann immer noch viel geneigter als letzterer, die Hände und Füsse zu ergreifen und sich auf einzelne Theile zu beschränken. Andererseits werden die von der Gicht mehrmals befallenen Theile gegen Temperaturveränderungen sehr empfindlich, wodurch eine Aehnlichkeit mit dem rheu-.

matischen Charakter entsteht, und was allein den
Ausdruck r h e u m a t i s c h e G i c h t rechtfertigt.

Therapie der acuten Gicht. Man beuge dem bevorstehenden Anfalle vor; beschwichtige die Symptome des eingetretenen Paroxysmus, und verhindere
dessen Wiederkehr. Grosser Nachtheil und grosses
Leiden sind für den Organismus mit der irrigen Idee
entstanden, dass der Paroxysmus eine heilsame Be-
strebung der Natur, und seine Verhinderung daher
immer von gefährlichen Folgen sei. Freilich ist an
dieser Ansicht etwas Wahres, denn da die örtliche
Affection die äussere Manifestation eines Allgemein-
leidens bildet, so kann die Unterdrückung oder Verhinderung der erstern allerdings schlimmere Resultate als der Paroxysmus selbst herbeiführen; allein
dies geschieht nur dann, wenn die zur Unterdrückung
des Anfalls benützten Mittel die innern Störungen
unberührt lassen oder gar steigern, nicht aber, wenn
sie gegen die Ursachen der innern Affection selbst
gerichtet sind. So unterdrückt eine reichliche Gabe
eines scharfen Narcoticums, z. B. das Colchicum,
Aconit, Veratrum, oft die krankhafte Sensibilität
und mit dieser zugleich die Gefässreizung, wodurch
der Kr. für eine Zeit von seinem Leiden befreit wird;
allein diese Mittel lassen die innern Anomalien, von
denen die äussere Affection nur einen Theil ausmacht, in ihrem frühern Zustande, oder verschlimmern dieselben noch, indem sie die Nervenkraft
schwächen, die Darmschleimhaut reizen und die
Functionen der Aussonderung beeinträchtigen, und
hieraus entstehen dann entweder desto häufigere
Rückfälle, oder mancherlei gefährliche Visceralkrank-
heiten. Es kommt also alles darauf an, dass die
zur Abwehrung des Paroxysmus verordneten Arzneien auch die, demselben zu Grunde liegenden,
innern Affectionen heben. Diese bestehen aber in
geschwächter organischer Nervenkraft, Trägheit der
Leberfunctionen mit Gallenanhäufungen, Congestion
der Leber, Fäcalansammlungen in den Dickdärmen,
mucösen Sordes auf der Digestionsschleimhaut, Gefässerethismus oder entzündlicher Reizung dieser
Fläche und in Ueberladung der circulirenden Flüssigkeiten mit excrementiellen Stoffen; und so werden
auch diejenigen Mittel, welche diese Zustände beseitigen und ihre Rückkehr verhindern, am wirksamsten sein, einen drohenden Paroxysmus und seine
spätere Wiederkehr abzuhalten. V.S. bei kräftigen,
plethorischen Subjecten; bei Congestion nach dem
Kopfe oder der Leber, entzündlicher Reizung der
Darmschleimfläche, ersetzt man die V.S. durch örtliche Blutentziehung oder unterstützt sie mit dieser.
Hämorrhoidal - oder andere freiwillige Entleerungen
befördert man durch aloëtische und ähnliche Mittel.
Siehe über die Aloë überhaupt den Artikel Hämorrhoiden. Die Aloë ist auch bei der Gicht ein vortreffliches Mittel. Gegen Dyspepsie und Flatulenz
Gichtiger ist folgender gelinde eröffnender Aloëwein
vortrefflich, der selbst wie die Elix. ad longam vitam
oder Species amarae usitatae (R, Camphorae, Myrrhae,
ana ʒj; Aloës ʒiij; Rad. rhei ʒβ; Zedoar. ʒij; Gentian.

Ʒvj; Croci orient. gr. vjjj. M. f. p. grossiusc. Eine
solche Portion wird in Ʒxxx Branntwein einige Tage
digerirt, dann colirt und davon alle 2—3 Abende vor
dem Schlafengehen ein kleines Schnapsglas voll getrunken. Erst am andern Morgen folgen 1—2 breiige
Sedes, es macht kein Leibweh, man transpirirt in der
Nacht stark, und hatte man Kopfschmerz und Gliederreissen, so ist auch dies verschwunden. Gichtanfällen vorbeugt: ℞ Pulv. aloës compos., cort.
aurantior., ana Ʒjj; Pulv. rhei grossiusc. Ʒj; Spirit.
vini Gallic. ℥ jj. Macerentur per 7 Dies et destil-
lentur. S. Morgens und Abends 1—2 Theel. voll in
¹/₂ Tasse Wasser. Nach den Blutentziehungen, ein
Emeticum wenn die Zunge sehr belegt ist, bei Sodbrennen, Aufstossen, Eckel, das Epigastrium nicht
schmerzt. Purganzen sind fast immer nöthig, selbst
bei regelmässiger hinreichender Leibesöffnung! ℞
Infus. Gentian. compos.; Infus. sennae compos., ana
Ʒj; Magnes. sulphur. Ʒjß (vel Natri subcarbon. Əj);
Tinctur. cardamomi compos. et Tinct. sennae, ana
Ʒjß. M. f. haustus. S. In aller Früh zu nehmen.
Das Ol. Ricini und Ol. jecor. aselli scheint mir indessen dienlicher als Aloë, Calomel und Sennae.
Dauern die Vorläufersymptome dennoch fort, obschon
obiges Verfahren mehrere Tage lang fortgesetzt wurde,
so hat der Organismus von den Ursachen des Paroxysmus eben so viel zu leiden, als ob der Paroxysmus sich vollständig entwickelt hätte, und ist daher
eine dem wirklichen Anfalle entsprechende Behandlung einzuschlagen. Die Behandlung des Paroxysmus variirt nach dem Alter, Kräftezustand, der
Körperbeschaffenheit des Kr., nach der Natur der
prädisponirenden und erregenden Ursachen nach der
Dauer und Eigenthümlichkeit des Paroxysmus, sowie
nach der Häufigkeit und Heftigkeit der frühern Anfälle. Blutentziehungen sind bei pletorischen und
robusten Personen, und namentlich in den ersten
Anfällen, bei ungeschwächter Constitution und unverkennbar entzündlicher Diathese kaum zu entbehren. Man hat aber mit ihnen vorsichtig zu sein,
denn in der That hat man es hier mehr mit einem
Reizungs- als wirklichen Entzündungszustande zu
thun, und die Gefässaufregung ist grössentheils
Folge krankhafter Sensibilität, darum sind häufig
auch die örtlichen Blutentziehungen hinreichend.
Darmausleerungen erweisen sich im Ganzen in ihrer
Wirksamkeit sicherer als die Blutentziehungen. Im
Anfange des Paroxysmus sind zuweilen Brechmittel
nützlich. Viele der gegen Gicht empfohlenen Mittel
wirken wohl nur durch ihre abführende Kraft.
5—10 Gr. Calomel mit 4—5 Gr. Jacobspulver des
Abends und der angegebene Trank (aus Infus. Gentian. compos. und Infus. senn. comp., Magnesia etc.)
am andern Morgen, und wenn hierauf nach einigen
Stunden keine hinreichende Wirkung eintritt, so
suche man diese durch Magnesia sulphur. in einem
aromat. Wasser herbeizuführen. In den ersten Paroxysmen und bei grosser Gefässaufregung kann man
Colchicum mit kühlenden salinischen Purganzen
und mit Magnesia verbinden, allein die Dosis darf

wohl nie ʒß eines der flüssigen Präparate überschreiten und nicht mehr als 3mal täglich gegeben werden, bis man die Wirkung beobachtet hat; denn bei Vielen sieht man nach 20 Tropfen der mildesten Colchicumpräparate schon einen misslichen innern Reizzustand, Gefühl von Erschöpfung eintreten, namentlich bei atonischer oder chronischer Krankheitsform. Ist der Kr. schon hochbejahrt, hat er schon viele Anfälle erlitten, oder ist seine Constitution schwächlich, so verbinde man das Colchicum mit Antacidis und reizenden Stomachicis, oder setze das Infus. Sennae oder Rhei, oder Dct. Aloës in hinreichender Gabe zu, um hinreichenden Stuhlgang zu bewirken. ℞ Infus. Caryophyll., Infus. Sennae comp., ana ʒvj; Magnes. calcinat. ʒj; Tinct. rad. colchici gtt. xxv (vel. Acet. Colchic. ʒß); Spirit. Pimenti ʒß. M. f. haustus. 3mal des Tags zu nehmen. ℞ Infus. Aurant. comp.; Infus. Rhei, ana ʒvj; Magn. carbon. ʒj; Vini semin. Colch. ʒß (vel. Spirit. Colch. Ammon. gtt. xxxv); Tinct. cardom. comp. ʒj. M. f. haust. Alle 6 St. zu nehmen. ℞ Sodae subcarbon. ʒß; Vini Colch. (vel. Spirit. colch. ammon.) ʒß; Infus. sennae comp.; Infus. Aurant. comp., ana ʒvj; Spirit. Lavend. compos. ʒj. M. f. haustus. Oft, und besonders wenn das Gesicht gallig gefärbt ist, und die Hypochondrien gespannt und gegen den Druck empfindlich sind, muss man Abend um Abend, oder selbst jeden Abend eine Dosis Calomel reichen, nebst einem der genannten Purganzen. Ist grosse Fieberaufregung vorhanden, so gebe man irgend ein Antimonalipräparat, je nach den Umständen mit oder ohne Anodynum, und bei sehr heruntergekommener Nervenkraft 2 oder 3 Gr. Camphor als Zusatz, oder mit dem Pulver des Colchicums und Extr. Aloës aq. zu Pillen verbunden. Nicht in allen Fällen aber passen drastische Purganzen, sondern nur da, wo der Darmkanal sehr torpid, die Leber mit Blut überfüllt und die Zunge stark belegt ist; wo dagegen der Darmkanal reizbar und der Kr. nervös oder sehr geschwächt ist, leisten mild eröffnende Mittel, Olea und Salina mit überschüssigem Alkali bessere Dienste, und die kräftigern Abführungen dürfen dann nur in Verbindung mit Tonicis, Aromaticis oder Stimulantien gegeben werden. Diuretica: Kali und Natron citricum, Kali acetic., Natron sulph., Magn. sulphurica, überhaupt Alkalien, Sodawasser 2—3 Gläser täglich. Endlich kann man die Scilla oder den Spirit. aeth. nitr. mit den genannten Salzen und Alkalien verbinden (Hiefenkaffee), wenn die Urinsecretion sparsam ist. Diaphoretica müssen vorsichtig angewendet werden, da sie leicht (Antimonialia namentlich) den Magen schwächen. Bei mehr chronischen und unregelmässigen Gichtformen passt der Camphor mit Opium. Das Dect. Quajaci passt mehr bei den atonischen oder chronischen Zuständen, als in den acuten, ist aber in Verbindung mit Alkalien und Anodynis, nach gehöriger Darmentleerung, in veralteten Fällen und bei geschwächten Constitutionen zuweilen allerdings wohlthätig. Warme Bäder und

Dampfbäder sind als Diaphoretica ebenfalls gegen die Gicht empfohlen. — Ist der Kr. jung und robust, die Krankheit noch in ihrem Beginne und die Gefässaufregung, sowie der Schmerz sehr gross, so müssen die bereits genannten Mittel so angewendet werden, dass sie eine entschieden antiphlogistische und kühlende Wirkung hervorbringen. Ja in solchen Fällen gibt man Nitrum und Sal. ammon. Die Narcotica sind auf der Höhe des Paroxysmus innerlich und auf den afficirten Theil vielfach angewendet worden. Opium, Pulvis Doweri, Morphium acet. Uebrigens dürfen die Opiate nie verschrieben werden, bevor nicht Fäcalanhäufungen und krankhafte Secrete entfernt sind, indem sie früher oder anderweitig gegeben, dieselben Nachtheile hervorrufen, die beim Colchicum hervorgerufen wurden. Es ist unerlässlich, mit der Entleerung krankhafter Stoffe den Anfang zu machen, und die Thätigkeit der excernirenden Organe während der ganzen Kur rege zu erhalten. Bei schwachen Constitutionen, oder wo der Anfall einen Zustand von asthenischer Reaction verräth, und besonders wo die äussere Affection ihren Sitz verändert, muss das Opium mit Camphor verbunden werden. Durch diese Verbindung wird die Hautexcretion bedeutend gefördert, während der Camphor zugleich der Neigung zu einem Rücktritt oder zur Unterdrückung des Paroxysmus, die entweder vorhanden ist, oder durch das Opium erzeugt werden könnte, entgegengearbeitet. Andere empfehlen Opium mit Calomel namentlich bei vorhandener chronischer Leberaffection, doch sind in diesem Falle Purganzen dienlicher. Aconit ist sehr wirksam, vorzugsweise bei veralteten und chronischen Fällen, sowie bei schwachen Constitutionen. Es hat ausser seiner narcotischen Wirkung auch noch diaphoretische. Die örtliche Behandlung während des Paroxysmus. Blutegel an die entzündete Stelle; Blasenpflaster auf die afficirte Stelle in mehr chronischen oder asthenischen Zuständen. Fomentationen und Breiumschläge aus Brod in heissem Wasser gebrüht, ausgedrückt und dann mit einem Theile Alcohol und drei Theilen Camphormixtur zu einem Brei vermischt, als lauer Umschlag die Nacht hindurch; weichen, in warmes Wasser getauchten und ausgedrückten Flanell, um das kranke Glied gewickelt und mit Wachstaffet bedeckt. Die Diät sei sparsam, kühlend, Mehlkost, Arrow root, Sago; bei sehr nervösen oder geschwächten Individuen kann man etwas Madeira zusetzen. Als Getränk empfiehlt sich laue Molke, saure Getränke sind zu vermeiden. Weintrauben und reife Apfelsinen schaden nicht, wenn sie nicht zu Flatulenz oder Säure Veranlassung geben; zuweilen und besonders nach einer erschlaffenden örtlichen Behandlung bleibt Oedem und Schwäche der afficirten Theile zurück, wogegen sich mechanischer Druck (leinene oder flanellene Binde) empfiehlt. Behandlung der chronischen Gicht. Es ist für die Behandlung nicht gleichgültig, ob sie primär oder als Folge der acuten Gicht auftritt. Im ersten Falle ist die Kraft des Organismus nicht gross genug, um die Krankheit in ihrer sthenischen Form zu entwickeln, was in der Regel bei nervösem, lymphatischem, phlegmatischem Temperamente vorkommt. Hier richten sich die Indicationen nach der Beschaffenheit der verschiedenen Functionen und vorzugsweise der excernirenden. Gefässplethora ist in diesen Fällen selten in einem solchen Grade vorhanden, dass eine allgemeine Blutentleerung nöthig wäre, vielmehr erheischen die unvollkommenen Digestions-, Assimilations- und Excretionsfunctionen Mittel, die zu ihrer Regulirung beitragen. Ist daher die Gallensecretion sparsam, unterdrückt, so gebe man eine volle Dosis Calomel oder Camphor und Hyoscyamus des Abends, am andern Morgen einen purgirenden Trank und lasse den Tag hindurch ein salinisches Aperiens und Diuretica nehmen, wobei man noch zuweilen die nervöse Aufregung durch ein Narcoticum wird beruhigen müssen. Die Opiumpräparate, Dowerisches Pulver, Morphium mit Camphor bringen in der Regel, besonders nach Entfernung der krankhaften Secrete u. der excrementiellen Stoffe, grosse Erleichterung; ihre verstopfende Wirkung sucht man durch ein stomachisches Aperiens aufzuheben. Sind die excrementiellen Stoffe aber nicht völlig entfernt, so bewirken die Tonica und alle reizenden Mittel eher die Fixirung als die Beseitigung der Krankheit. Zu jenem Zwecke dienen eine alterirende und eröffnende Pillenmasse aus Hydrarg. cum creta, sapo med., Extr. tarax., oder die Plummerischen Pillen mit Zusatz einer dieser Substanzen des Abends und eine mässige Gabe Colchicum am Morgen und des Mittags, nebst einem stomachischen Abführungsmittel. Besonders wirksam ist der Spirit. colchic. ammoniat; doch auch die andern Präparate mit Magnesia oder Alkali carbon. verbunden, und salinische Purganzen. Gegen die Magensäure bei Gichtischen ist die Darreichung absorbirender Mittel, Magnesia, Kali oder Natron, 3—4 Stunden nach jeder Mahlzeit zu empfehlen, weil man diese Mittel gerade zu der Zeit geben muss, wo sich die Säure im Magen befindet, während die Mittel nachtheilig sind, wenn sie zu einer Zeit in den Magen gelangen, in welcher nichts Neutralisirbares darin ist. Werden dagegen die Säuren, die sich etwa 4 Stunden nach der Mahlzeit im Magen befinden, nicht entfernt, so gehen sie in den übrigen Körper über und bewirken, namentlich in den Nieren, eine Secretion von Harnsäure. Nehmen diese Kranken 3—4 Stunden nach der Mahlzeit die Alkalien, so zeigt der Urin keinen Satz, nehmen sie dagegen das Mittel erst nach 5—6 Stunden, so zeigt sich der Satz reichlich im Urin. Sind die Secretionen normal geworden, und stellt sich Schwäche des Magens mit allgemeiner Entkräftung als Hauptleiden heraus, so gehe man zu milden Tonicis über, verbiete aber dabei zu reichliche oder erhitzende und reizende Diät. Die chronische Gicht, als Folge der acuten, kommt besonders dann vor, wenn wiederholte Paroxysmen der letztern die Kräfte sehr herabgebracht haben, und ist in der Regel mit hartnäckiger Störung der Digestions- und Excretions-

functionen und grösserer oder geringerer Affection
des Nervensystems verbunden. Hier ist Gefässplethora viel häufiger als in der vorigen Varietät, wesshalb die Localaffectionen durch den innern Gebrauch
von Reizmitteln leicht gesteigert; dagegen durch
alterirende Aperientien in Verbindung mit Colchicum und Diureticis meist gebessert wird. Ist der
Darmkanal sehr träge, dann: die Purganzen aus Infus.
Gentianae, Infus. Sennae etc. etc. (S. oben). Infus.
Caryophyll., Infus. Sennae, Magnes., Infus. Aurantior etc. (S. oben), denen man Quajac zusetzen
lässt, welcher, wenn Fieber nicht zugegen ist, wohlthätig wirkt. Bei Congestionen der Leber, des Kopfes,
der Nieren: Schröpfen; bei Schmerz im Magen, Empfindlichkeit des Epigastriums: Blutegel und später
Sinapismen oder Vesicans. Ist der Urin sparsam,
hochroth und dick: Schröpfen über der Nierengegend
und kräftige Diuretica; kleine Gaben Terpentin oder
ein Zusatz von Juniperuspräparaten zu den salinischen und alkalischen Medicamenten. Nach Entfernung der urgirendsten Symptome muss die Behandlung auf die Wiederherstellung der normalen Se- und
Excretionen und Verdauung gerichtet werden; regelmässige Diät, Bewegung im Freien ist nöthig, ohne
welche die frühern Affectionen und gichtische Paroxysmen wiederkehren. Das Nervensystem muss gekräftigt werden durch Bewegung im Freien, sonst
bekommt das Uebel rheumatischen Charakter, und
der Kr. leidet bei jedem Witterungswechsel. Dienlich erweisen sich kleine Gaben Dowerischen Pulvers,
allein oder mit Camphor, eröffnende Mittel mit Tonicis
verbunden, Schwefel mit Quajac, Sassaparilldecoct
mit Liquor Kali carb. Bei veraltetem Rheuma und
atonischer Gicht sind folgende Tropfen sehr wirksam: R Liquor. ammon. caust. ʒj; Tinct. quajaci ʒij;
Tinct. opii simpl. ʒβ; M. D. S. 3mal tägl. 10—20 gtt.
in einem Weinglase voll Decoct Sassaparill. Nach
der Beseitigung der schlimmsten Symptome ist nun
auch die örtliche Behandlung bei der chronischen
Gicht von Wichtigkeit. Die örtliche Schwäche wird
durch Dampfbäder noch gesteigert, dagegen leistet
in dieser Beziehung das Waschen mit einer kräftigen
lauen Salzauflösung gute Dienste. Besonders sind
Einreibungen mit mässig reizenden Linimenten, denen
man in mehr indolenten Fällen Terpentin und Cajeputöl zusetzen kann, heilsam, wie denn überhaupt
häufiges oder anhaltendes Reiben wohlthätig ist. Ist
Oedem zurückgeblieben, der afficirte Theil nicht sehr
empfindlich, so kann man Jodtinctur aufstreichen,
zweckmässig sind Binden. Alle diese äusseren Mittel
nur nach Beendigung der innern Kur, sonst schaden
sie. Gichtische Concretionen lassen sich selten entfernen: kein Druck, Cajeput ist empfohlen äusserlich, Seifenliniment und Terpentin.

Behandlung der unregelmässigen
Gicht. Tollere nodosam nescit medicina podagram
gilt fast jetzt noch allgemein. Die Gichtparoxysmen
können auf dreifache Weise abnorm auftreten. a) Entweder nämlich ist das Vorläuferstadium von übermässig langer Dauer, oder zeigt ungewöhnliche Er-

scheinungen, bis dann zuletzt die äussere Affection eintritt, b) oder die Krankheit beginnt in ihrer gewöhnlichen Weise, verschwindet aber plötzlich und wirft sich auf ein inneres Organ; c) oder sie ergreift von Anfang an ein inneres Organ und verlauft, ohne dass eine äussere Affection zu Stande kommt, bis sie entweder von selbst aufhört, oder durch die Behandlung gehoben wird, oder auch in den Tod übergeht. Die erste u. dritte dieser Varietäten erheischen fast dieselbe Behandlung, nur nach Charakter u. Sitz der innern Affection modificirt. Daher hier gleich die Behandlung der zweiten Varietät, also diejenigen Mittel, welche bei der zurückgetretenen oder unterdrückten äussern Gicht angezeigt sind. Die Diagnose ist hier von der grössten Wichtigkeit, ob Entzündung vorhanden oder Krampf, und in welchem Grade. Bei nervöser und schwacher Constitution ist in der Regel ein nervöser oder krampfhafter Charakter vorherrschend und gibt sich durch den schwachen, unregelmässigen, langsamen Puls zu erkennen. Hier: kräftige Reizmittel und Antispasmodica mit Anodynis und Narcoticis. Bei gemischter Affection, bei gleichzeitigem Congestivzustande, dann die eben genannten Mittel mit ausleerenden und ableitenden, selbst örtlichen Blutentziehungen verbunden. Bei Vorhandensein unverdaulicher Stoffe ein Emeticum mit einem Cardiacum verbunden, z. B. mit Capsicum, Ammon., Camphor. Bildet der Magen oder der Darmkanal den Hauptsitz des Leidens, dann eine volle Dosis Calomel mit Camphor, Hyoscyamus oder Opium, und 2—3 Stunden nachher eine der oben angebenen Purganzen, was man durch ein Clysma aus Terpentin, Asa foetida oder Camphor unterstützt. Hält das Uebel an, dann Calomel wiederholt mit Camphor und Opium, Fussbäder aus Senf und Salz, Sinapismen auf die Füsse, Crotonöl auf die Magengegend. Ergibt sich ein entzündlicher Zustand des Magens, Darmkanals oder der Nieren, so darf eine Blutentziehung in verhältnissmässiger Menge zur Kraft und Constitution des Kranken nicht aufgeschoben werden, und sie ist durch Ableitungen und warme äussere Umschläge zu unterstützen. Nimmt die innere Affection entzündlichen Charakter an, so muss Blut entzogen werden, und ist der Charakter gemischt, ist es schwer zu unterscheiden, ob er nervös oder entzündlich, dann Antispasmodica und Narcotica in Verbindung mit Blutentziehungen. Wirft sich die consecutive Gicht auf das Herz oder die Lungen, so sind Blutentziehungen oft sogar gefährlich, und es wird Camphor mit Opium und Aromaticis nebst äusseren Ableitungen erforderlich, weil es nicht immer entzündliche Zustände sind. Bei diesen lebensgefährlichen Gichtmetastasen hat man mit glücklichem Erfolge zu einem Bade selbst ʒvj Kali causticum genommen, welche eine durchdringende schnelle Wirkung aufs peripherische Nervensystem haben, Hautröthe verursachen und schnell alle gefährlichen Zufälle heben. Bei epileptischen, convulsivischen, apoplectischen Zufällen nach zurückgetretener Gicht, sind Blutentziehungen nöthig, aber auch hier sei man

vorsichtig, indem, wenn der Kopf kühl und die Thätigkeit der Carotiden schwach ist, eine der Blutentziehung gerade entgegengesetzte Behandlung erforderlich wird. Bei epileptischen und convulsivischen
Zuständen sind Blutentziehungen oft unnöthig und
Purganzen, Klystiere, Ableitung nach den Unterextremitäten und Camphor wohlthätig. Ableitungen
durch Sinapismen, Senffussbäder und Crotonöl sind
dagegen in der grössten Ausdehnung angezeigt. Die
versetzte Gicht, oder diejenigen Affectionen
innerer Organe, welche das Leben bedrohen, und
entweder einem regelmässigen Paroxysmus weichen,
oder ohne alle äussere Affection verlaufen, selbst
wenn früher solche vorhanden gewesen, ist ebenfalls
nach den bisher angegebenen Grundsätzen zu behandeln, nirgends aber wird in Rücksicht auf Blutentziehung grössere Vorsicht nöthig. Am meisten kommt
diese Form vor im Magen, Darmkanal, Herzen, Gehirn und den Nieren. So leiden gichtische Personen
oft an Magenkrampf und Kolik, wenn sie sich er-
kälten oder kalte, saure, unpassende Nahrung zu
sich nehmen; in solchen Fällen ist das Trinken von
vielem lauem Wasser und der Gebrauch reizender
und magenstärkender Mittel das zweckmässigste.
Colchicum ist in solchen Gichtformen bei schwachem
Magen, darniederliegender Nervenkraft und reizbarem
Pulse in der Regel schädlich, bei entzündlichen Zufällen dagegen leistet es um so bessere Dienste, je
sthenischer die durch den Puls sich kundgebende
Gefässthätigkeit. Die heilsamen Wirkungen der
Mineralwasser bestehen darin, dass sie erstens die
Wiederkehr des Paroxysmus verhüten, und zweitens
bei atonischer Gicht den Darmkanal und die Assimi-
lationsfunctionen hinreichend kräftigen, um entweder die innere Affection zu beseitigen, oder wenigstens die Krankheit in den Extremitäten zur Entwicklung zu bringen. Hieher: Marienbad, Carlsbad,
Töplitz, Ems, Wiesbaden, Aachen, Wurmbrunn,
gegen die atonische und chronische Gicht empfohlen
und bewährt. Nach Einigen sollen indessen die warmen Quellen wenig mehr, als gewöhnliches auf dieselbe Temperatur gebrachtes Quellwasser leisten,
welches täglich des Morgens nüchtern getrunken
wird und worauf sich der Kranke mässige Bewegung
machen muss. Es beschwichtigt dasselbe den in der
anomalen Gicht vorhandenen Reizzustand des Magens
und befördert, des Abends genommen, den Schlaf.
Zur Verhütung der Gicht dienen: Vermeidung der
prädisponirenden und decidirenden Ursachen, der
Säurebildung in den ersten Wegen. Enthaltsamkeit
in der Diät, Beschränkung der animalischen Kost
sind nothwendig, ebenso Mässigkeit im Trinken, Bewegung zu Fuss und zu Pferd. Tragen von Flanell
ist zweckmässig, die Füsse müssen immer warm und
trocken gehalten werden. Beine und Knie sollen
jeden Morgen mit einer kräftigen lauen Salzauflösung
gewaschen und nachher gerieben werden; täglich
sollen diese Theile mit flanellenen Handschuhen gerieben werden. Kaltes Baden ohne nachherige kräftige Frictionen ist gewagt. Fette, saure Speisen,

Fische sind nachtheilig. Arzneien, welche die Se-
und Excretionen befördern und zugleich die Nervenkraft stärken, sind dienlich; Magnesia mit Rheum,
dazwischen gereichte Purganzen. — F o r m e l n :
℞ Tinct. colchici ʒiij; Vini stibiati ʒj; 3mal 15 gtt.
℞ Sublimat. corros. gr. vij; Solv. in Spirit. vini q.
s., extr. aconit. Ɉvij; Pulv. opii gr. vij; Pulv. alth.
p. s. f. pilul. Nr. 84. S. 2stündl. 2 St. gegen gichtische Schmerzen mit syphilitischer Grundlage. ℞
Resin. quajaci, pulv. liquirit., ana ʒβ; Magnes. alb.,
fol. sennae, ana Ɉj; F. pulv. 4mal 1 Messerspitze voll.
— ℞ Vini antimon., Huxh. ʒβ; Extr. aconit. Ɉj; alle
2 Stunden 10 gtt. — ℞ Liquor. anodyn. Hoffm., liquor.
c. c., ana ʒij; alle 2 St. 10 gtt. — ℞ Resin. quajaci,
extr. aconit., ana gr. j; Sacch. alb. Ɉj. S. 2mal 1
solches Pulver. — ℞ Stibii exydat. albi ʒβ; Syrup.
amygd. ʒj; Aq. samb. ʒv; alle 2 St. 1 Essl. ℞ Ol.
tart. per del. ʒij; Ol. aeth. calam. aromat. gtt. iij;
Ol. jecor. aselli, syrup. cort. aurant., ana ʒj; Morgens
und Abends 2 Theel. voll. — ℞ Sal. amari, spirit.
Mindereri, ana ʒiij; Aq. samb. ʒjv; Syrup. de rheo ʒβ.
Gegen Abend auf einmal. — ℞ Calomel, sulphur. aurat.
ant., ana gr. x; Extr. aconit. gr. xv; Extr. dulcam.
ʒiij; F. pilul. Nr. 120. S. Früh und Abends 6 Stück;
mit diesen steigt man bis auf 9 oder 12 und fällt
wieder bis auf 6. Statt des Calomels nimmt man
auch zuweilen die Hälfte Sublimat; dazu ferner:
℞ Rad. saponar., sassaparill., taraxac., ana ʒj; Stipit.
dulcamar., ligni juniperi, ana ʒβ; Antimon. crudi ppt.
in linteo ligati ʒj; Coque per hor. jj ad colat. ℥ jjj.
S. Auf 3 Tage zu verbrauchen gegen Abscesse rheumatisch gichtischer Natur zur gänzlichen Umstimmung des Organismus und zur Resorption. Ein sympathetisches Mittel bei Gicht soll (auch H u f e l a n d
behauptet dessen Wirksamkeit) sein: das Kochen
des Urins eines Menschen mit einem vitriolischen
Pulver, wodurch man diese Person in der Entfernung,
ja auf mehrere Meilen weit, während des Kochens in
Schweiss bringen und dadurch Gichtübel soll heilen
können. — Ein anderes sehr wirksames Mittel sei
dieses: Man hänge eine Kröte auf, lasse sie von
selbst absterben, zur Mumie vertrocknen und trage
sie dann, in Leinwand eingenäht, anf dem blossen
Leib. Ein Freund von Prof. P f a f f in Kiel (S. dessen
Schrift über thier. Magnetismus 1817) litt viel an
gichtischen Schmerzen, er hatte selbst contracte
Finger, gebrauchte die Mumienkröte, und ist, wie
P f a f f versicherte, von seinen Beschwerden frei geblieben. — Ein anderes: Man schröpfe den leidenden
Theil (Hand, Fuss, Schultern) des Gichtischen, sammle
das Blut, gebe ebensoviel Urin des Kranken dazu,
giesse beides in ein Loch, worin man einen Stechling
vom Weidenbaum pflanzt und gut mit Erde bedeckt:
Alle 8 Tage wird der Kranke wiederum geschröpft
und das Blut an das junge Bäumchen, das bald Blätter bekommt, gegossen. — Eines der wirksamsten
Mittel gegen Gichtformen ist die Schroth'sche Wasser-
Hungerkur. Vergl. Wasserkuren. Die Beeren von
Ribes niger zu einer Latwerge oder Tinctur bereitet, 1—2 Esslöffel genommen, sollen ein sehr gutes

Heilmittel gegen chronische, selbst knotige Gicht
sein. Unter den Heilquellen zeichnen sich gegen
Gicht aus: Karlsbad, Burtscheid, Baden-Baden,
Wiesbaden, das Biliner Wasser; übrigens werden die
meisten Heilquellen gegen Gicht gerühmt.

Glottidis hydrops. S. Oedema-glottidis.

Glucosurie. S. Harnruhr.

Greisenalter. Fulgence empfiehlt als wahres
Lebensverlängerungsmittel den Aderlass bei Greisen, als nothwendig wegen der in diesem Alter vorherrschenden venösen Vollblütigkeit, welche aus der
Verlangsamung des Blutlaufes in den Venen und der
Verminderung der Kraft in den Lungen, oft auch aus
der Hypertrophie des Herzens und der dadurch bedingten Schwierigkeit des kleinen Kreislaufes entspringt. Robin rathet, weil die Mineralstoffe namentlich es seien, welche die Incrustationen nach
und nach in dem Organismus erzeugen, und dadurch
das Räderwerk der Körpermaschine zum Stehen bringen, so sollten Greise Mineralstoffe meiden und das
Fleisch solcher Thiere geniessen, die nur ein kurzes
Leben haben. Acid. lact. sei das Geeignetste, die
schon bestehenden Incrustationen dieser Art zu lösen.
— Die Krankheiten der Greise sind meistentheils
complicirt; sie leiden meist schon an einer chronischen Krankheit, wenigstens einer Schwäche, deren
Symptome sich mit denen der intercurrirenden Krankheit, um derentwillen sie ärztliche Hülfe suchen,
combiniren. — Die Sympathien sind im Greisenalter
fast erloschen, und daher sieht man sehr oft die wichtigsten organischen Störungen bestehen, ohne dass
solche bedeutende allgemeine Zufälle hervorrufen.
Daher soll man so oft ein Greis selbst die leichteste
Trübung der Gesundheit zeigt, mit Sorgfalt die physischen Zeichen organischer Störungen, welche Auscultation und Percussion nachweisen, aufsuchen.

Gries. S. Harnblasenkrankheiten Nr. 4.

Grimmen der Kinder. S. Colica-flatulenta.

Grippe. S. Influenza.

Gürtel. Zoster ist jene Form von Bläschenaus-
schlag, der an irgend einem Punkte der Wirbelsäule
beginnt, und die eine Hälfte des Körpers umfassend,
nach vorn an einem tieferen Punkte endigt, dabei
aber dem Laufe des Nerven folgt, der an der entsprechenden Ursprungsstelle des Rückenmarks entspringt. Die Bläschen enden mit Vertrocknung oder
Bildung einer Crusta lamellosa. Recidive sind bei
dieser Krankheit nicht selten. Zuweilen bleibt nach
dem Abfallen der Crusten äusserst heftiges Brennen
und Jucken in der Haut oder in der Tiefe als ein
höchst quälendes Nachübel, zurück, das noch Wochen
und Monate anhält, dessen man nicht so leicht Herr
wird und das zu Recidiven Anlass gibt; ja es können
sich bei dyscrasischen Subjecten an diesen Stellen
Geschwüre habituliren. Es sind dies dann die Fälle
von chronischem Zoster. Gegen diese Recidive und
Nachkrankheiten leistet das Emserbad gute Dienste.

Man kann den Zoster nicht zum Erysipelas rechnen, denn Dauer, Verlauf, Ausgang, topische Form,
allgemeine Symptome, Alles ist total verschieden.

Dagegen stimmt die topische Form allerdings mit
Herpes überein; zuweilen etwas grössere Blasen,
Eiter in denselben, u. s. w. kann nicht in Anschlag
kommen. Man sieht ihn an allen Stellen des Rumpfes, auch am Halse, im Gesicht am Unterkiefer, nie
an den Extremitäten, man sieht ihn von allen Breiten.
Die Kranken beklagen sich über grosse Schmerzen
der doch unschuldigen Krankheit; der Schmerz ist
neuralgisch und beim kecken Aufdrücken der Hand
geringer als beim leisen Berühren. Der Schmerz
ist wie abgeschnitten an der Grenze des Exanthems;
übrigens kommt dieser grosse heftige Schmerz kaum
bei der Hälfte der Kranken vor, und hat in den
Muskeln seinen Sitz und ist Nervenschmerz. Eine
Dosis Opium Abends verschafft den Meisten grosse
Erleichterung. Man muss die Kranken trösten, dass
die Eruption, die nur selten auf einmal im ganzen
Halbkreis erfolgt, gewöhnlich schuppweise alle 2—4
Tage in länglich runden Flecken, in 8—14 Tagen
vollendet, die Krankheit in 3—6 Wochen ohne Nachtheil geheilt sein werde, und muss Geduld anrathen.
Zuweilen bleiben indessen äusserst empfindliche und
hartnäckige neuralgische Schmerzen oft mehrere Monate, selbst einige Jahre lang zurück. Man muss
gegen diese neuralgische Schmerzen Morphium aceticum gr. $\frac{1}{4}$ endermatisch anwenden, oder Veratrin
gr. jv in $\mathfrak{Z}\beta$ Fett einreiben lassen. Die Gestalt des
Gürtels ist bedingt durch den Verlauf der Empfindungsnerven; die Schmerzen gehen dem Exantheme
längere Zeit voraus; gewöhnlich verschwinden
sie mit dem Exanthem. Dieses besteht aus rothen,
sehr brennenden, mit kleinen Pusteln besetzten Stellen oder Streifen meistens in der Gegend des Gürtels,
oft einen ganzen Gürtel um den Leib bildend, genau
begränzt und von der gesunden Haut abgeschnitten;
zuweilen ist das Uebel acut mit Fieber, häufiger
chronisch.

Gutta-rosacea, Acne rosacea, Kupferausschlag.

Symptome. Grosse purpurrothe, oft auch braunrothe, kupferfarbige, das Gefühl von Hitze erregende,
zuweilen erhabene Flecken im Gesicht, besonders an
der Nase, kommt meist mit Finnen vor. Ursache ist
eine eigene Hautdisposition, oft Erblichkeit, Uebermaass im Genusse geistiger Getränke, oder Fehler in
Gallen- und Menstrualsecretion.

Therapie. Man entferne die Ursachen. Anschwellung, Hypertrophie der Leber mit krankhafter Beschaffenheit des Magensaftes. Vermeide spirituose
Getränke, Gewürze, erhitzende Speisen, Gemüthsaffecte. Bei heftigen Leberstichen: 12 Blutegel 3 bis
4mal wiederholt. Jeden Tag 6 Stunden Bewegung in
freier Luft, viel Wasser trinken, leichte Diät, Gemüse, Obst, Suppen, Geflügel, im kalten Flusse baden, über den andern Tag ein saures Fussbad aus
Acid. nitric., acid. muriat., ana $\mathfrak{Z}j$ auf einen Eimer
Wasser; das Wasser bleibt im Behälter stehen, und
an jedem Tage des Badens werden ana $\mathfrak{Z}\beta$ Säure zugegossen und 1 Maas heisses Wasser. In dem nicht
zu kalten Fussbade bis an das Knie lasse der Kranke
die Füsse 14 Minuten lang. Bei Hämorrhoiden oder

Menstruationsstörungen : Blutegel an die dabei betheiligten Theile, dabei : Sassaparille und Extracta resolventia. ln die Leber einzureiben: R Kali hydrojod. ӡj ; Axung. porci ӡj. Bei Entzündung der Leber Calomel gr. j, 3—4mal tägl. (Die rothe Nase der jungen Leute, welche hauptsächlich in der Kälte sichtbar und grösstentheils von einer leichten Erfrierung herrührt, wird durch öfteres Waschen der Nase mit Folgendem behandelt : R Aq. fontan. ӡvj ; acet. vini ӡiij ; Alumin. crudi ӡβ. — Ist das Uebel sehr hartnäckig, so nimmt man statt des Alauns Extr. Saturni). Gegen die Gutta rosacea an und für sich ohne Complication : R Aq. rosar., emuls. amygd. amar., ana ӡvj ; Alcohol ӡij ; Merc. sublimat. corr. gr. xij. S. Waschwasser. Das Collodium örtlich angewendet, soll gegen Gutta-rosacea ebenso vortheilhaft wirken, wie es gegen Gesichtsrose die herrlichsten Dienste thut. Rochard und Sellier sahen bei der Gutta-rosacea von der Anwendung einer Salbe aus Chlorjoduret. Mercurii in 10 verjährten und mannigfach complicirten Fällen nach 2—6monatlicher Behandlung das Verschwinden des Hautübels und der begleitenden Complicationen, der Migräne, des Herzklopfens, der Magenkrämpfe, Störung der Menstruen u, s. w. Anfangs wird bei Anwendung der Salbe die Absonderung einer serösen oder mehr puriformen Flüssigkeit gesteigert, die bei Zutritt der Luft zu Krusten vertrocknet. Die letzteren fallen dann ab, und bei fortgesetzten Einreibungen wird die Absonderung allmählig geringer und die Hautoberfläche normal. — Bei kräftigen Menschen, rothem Gesichte, 6—8 Blutegel wiederholt hinter die Ohren oder Nasenflügel und das Purgirpulver aus Rheum und Schwefel. Bei hartnäckigen Fällen: jeden Tag ein laues Bad, mehr kühl als warm, in welches ӡij Schwefelleber vorher in heissem Wasser aufgelöst gethan wird; ¼ Stunde im Bade; dabei Morgens und Abends haselnussgross die Salbe eingerieben : R Picis liquid., ol. terebinth., ana ӡij ; Merc. solub. Hahnem. Ɉj ; Cerat. simpl. ӡβ. M. f. ung. Bei der Wiederholung werden ӡiij picis liquid. genommen, dann ӡβ ; dabei Thee. In den hartnäckigsten Fällen wasche man die Theile mit einer Solution von Schwefelleber in verdünnter Schwefelsäure 1—2mal tägl. und lässt es auf der Haut trocknen. Hat die Kupfernase über 2 Jahre gedauert, so lege man vor der Kur auf beide Arme 2 engl. Fontanellen. Abführmittel; künstliche Geschwüre am Arme; Senffussbäder, Wachstaffetsocken an die Fusssohlen; cosmetische Waschwasser (S. Exantheme, chronische); Mercurialseife im Umfange des Ausschlags eingerieben, oder Schwefel mit Camphor. R Aq. Goulardi — rosarum, ana ӡjv; Sulphur. ӡij. S. Stark umgeschüttelt Morgens und Abends zum Waschen. R Liquor. sapon. stipiat. ӡij ; Tinct. colocynth. ӡj. S. 3mal tägl. gtt. 30—40 in Haferschleim zu nehmen (sehr wirksam). S. Hautkrankheiten. Wiederholte Application von Blutegeln hat man nützlich gefunden. — Rothe Präcipitatsalbe. 2 Schwefelbäder wöchentlich und innerlich Fowlerische Tropfen 2mal 5 gtt. tägl. mit 25 gtt. Tinct. Gentian. —

H.

Haematemesis. S. Blutbrechen.
Haemoptoe. S. Bluthusten.
Haemorrhagien. S. Blutungen.
Haemorrhoiden. Haemorrhoides.

Symptome. Man muss zwischen Haemorrhoidalknoten und Haemorrhoidalkrankheit unterscheiden, denn es gibt Haemorrhoidalknoten ohne Haemorrhoidalkrankheit und Haemorrhoidalkrankheit ohne Knoten, indem die Knoten auch durch blos örtliche Ursachen ohne allgemeine constitutionelle Krankheit entstehen können, und die Hämorrhoidalblutungen (auch Haemorrhoidalcolik, Schleimhaemorrhoiden, Haemorrhoidalausschläge gehören zur Haemorrhoidalkrankheit) nicht immer aus Haemorrhoidalknoten, sondern ebenso häufig aus der Mastdarmschleimhaut kommen. Virchow bewies anatomisch (dessen Arch. Bd. V. H. 3. 1853), dass Haemorrhoiden nichts weiter sind, als eine locale, catarrhalische Mastdarmaffection mit chronischem Charakter und periodischen Recrudescenzen, also zunächst eine Oberflächenaffection. Ein wehethuender Angriff auf Laien und laienartige Diagnostiker, denen eine Haemorrhoidaldiathese kaum entbehrlich ist.

I. Regelmässige. Molimmina haemorrhoidalia sind: verändertes Aeussere, jedoch nicht immer, Mattigkeit, Schwindel, Kopfweh, Kälte der Extremitäten, fliegende Hitze, Aufgetriebenheit des Unterleibs, Blähungen, Abdominalpulsation, Trieb zum Uriniren, zum Beischlaf. Die häufigsten Symptome sind jedoch: Schmerzen in den Lenden und im Kreuze, der Unterleib wird voller, es entsteht Brennen, Pulsation in demselben, Schwäche der Verdauung, Mangel des Appetits mit Aufstossen, schleimig belegte Zunge, saurer Geschmack, Sodbrennen, Magendrücken, Aufblähung der Herzgrube und des U.L. nach dem Genusse von Speisen, Neigung zum Erbrechen, Schweiss und Brennen am After, Durchfall, Verstopfung, Geburtstheile brennen, Priapismus, heftiger Geschlechtstrieb, Beischlaf schwächt sehr, Trieb zum Uriniren und langes Nachtröpfeln des Uterus, trüber, schleimiger Harn, öfters mit rothem Sedimente, Jucken, Schweiss am Perinaeum und After, öfters Ausschläge daselbst. Aengstlichkeit im U.L., Herzklopfen, Kopfweh, Wüstheit, Schwindel, Symptome, welche der Hypochondrie oder Gicht zugeschrieben werden. Nach solchen Symptomen sind blinde oder fliessende Haemorrhoiden zu erwarten. Die Venen am After schwellen an — blinde Haem., oder sie secerniren Blut dabei — fliessende Haem. Das Blut hat verschiedene Qualität in Bezug auf Farbe etc., und verschiedene Quantität. Geht statt des Blutes eine schleimige, eiterartige Materie ab, so werden sie schleimigte Haemorrhoiden oder weisse Haemorrh. genannt. Kommt es zum Fliessen, dann fühlen sich die Kranken sehr erleichtert, oder es entsteht zuweilen eine Zunahme aller Beschwerden, oder es entstehen schnell die allerschlimmsten Zeichen, heftiger Kopfschmerz, Hitze, fürchterliche Träume, Ohrensausen, Funken vor den Augen oder Verdunklung des Gesichts, Steifigkeit des Nackens, Angst in der Brust, beschwerliches Athmen, zumal nach dem Essen und beim Treppensteigen, Herzklopfen, unordentlicher Puls, Schwere der Glieder, ermattende Schweisse, Ohnmachten, Gemüthskrankheiten, Wahnsinn, Schlagflüsse, Lähmungen, ja selbst plötzlicher Tod. Die blinden Haemorrhoiden sind verschieden in Hinsicht der Grösse der angeschwollenen Venen, des Sitzes im After, H. coecae intern.; oder aussenliegend, oder von Zeit zu Zeit heraustretend, H. externae. In Hinsicht der Belästigung; dolentes, furientes. Nach der Beschaffenheit der Consistenz; durae, molles. Zu den concomittirenden Erscheinungen bei Haem. gehören nebst den eigenthümlich riechenden Schweissen noch die Haemorrh.-Flechten, an den Orten, wo auch die Schweisse auftreten. Degenerationen der Schleimhaut des Anus. Veraltete Haemorrh. werden besonders durch die Schmerzen und den Blutverlust, dann durch Anstrengungen zum Stuhlgange, ja durch jede andere Anstrengung hervorgerufen werden, ferner durch die Unruhe und trübe Stimmung des Kranken u. s. w. nicht allein höchst lästig, sondern auch gefährlich. II. Unregelmässige Haem. sind solche, wo nicht die Beckenvenen nach vorausgegangenen Symptomen der regelmässigen Haem., sondern wo andere Organe in den Zustand der Congestion und Secretion gerathen, und zwar kommen anomale Haem. in folgenden Organen vor. 1) Im Dünndarm; es gehen alle Erscheinungen der Haem. voraus, allein statt an den Venen des Mastdarms kommt es im Innern des Dünndarms zur blutigen Secretion, wo dann die Erscheinungen eintreten, wie bei Morbus niger Hipp. angegeben; Blutleere, Abgang von Blut etc. — 2) In der Milz; sie treibt sich auf und dadurch entsteht Schwerathmigkeit, trocknes Hüsteln, Milzstechen, besonders nach dem Genusse von Speisen, saures Aufstossen, saures Erbrechen schwarzer oder ins Bräunliche ziehender Massen. 3) In den Nieren. Druck auf beiden Seiten der Lumbalgegend, Schmerz nach dem Verlaufe der Uretheren, Verdauungsbeschwerden, Kolik, unterdrückte Harnexcretion, Erbrechen. Plötzlich wird eine Menge dunkelrothen, einen blutigen Bodensatz machenden Urins gelassen. 4) In der Blase. Periodisch heftige, zusammenschnürende Schmerzen am Blasenhalse, besonders beim Harnlassen. Retentio urinae bei heftigen Schmerzen; das Sitzen und der Druck aufs Perinaeum schmerzt, der Harn enthält zähen Schleim, Blut. S. Harnblasenkrankheiten Nr. 5. 5) Im Genitaliensysteme; bei Weibern, im Uterus. Man findet bei der Untersuchung Anschwellung am Mutterhalse; es wird ausser den Menstrualperioden Blut secernirt. Beim Manne in der Prostata; es kommen Harnbeschwerden, und die Untersuchung durch den Mastdarm, sowie das schwierige Einbringen des Katheters, wenn er an den Blasenhals gekommen, geben darüber Aufschluss. 6) Im Herzen kommt es zum Aneurysma, statt zur blutigen Secretion am After. Das Stethoskop gibt über·das vorhandene Aneurysma Aufschluss. 7) In den Lungen. Es kommen Congestionen zu denselben, Druck auf der Brust, Schwerathmigkeit, Husten, Livor des Gesichts, der Lippen, Wange, Zunge, endlich Pneumorrhagie. 8) Im Gehirn; es entsteht Schwindel, oft wahre Congestion, Sinnestäuschungen etc. Der Haemorrhoidalschwindel verursacht manchmal eine Reihe von Erscheinungen, die, durch Anschwellung der Capillargefässe der Gehirnhaut bedingt (Telangiektasie), sehr leicht für die Folgen eines sonstigen organischen Gehirnfehlers imponiren können. Fast beständiges, manchmal kaum Stunden langes Aussetzen eines Druckes auf dem Kopfe, Ziehen an den Schläfen, im Nacken, sehr häufiges Rothwerden eines oder beider Ohren, dabei durch das fortwährende Unwohlsein der Kranken herbeigeführtes blasses Aussehen, Zuckungen wie von elektrischen Schlägen in einzelnen Gliedern, Unsicherheit im Gehen, plötzliches Befallenwerden von einem Schwindel, ja endlich fast beständige Unmöglichkeit, nur über die Strasse zu gehen. Die Kranken glauben, der Boden wanke unter ihren Füssen, sie sehen Alles beflort, auf sandigem, weichem Boden gehen sie besser, als auf hartem, gepflastertem, dabei die höchste hypochondrische Stimmung des Gemüthes, Jähzorn, Glauben an ein baldiges Ende. Solchen Kranken schwellen die Knoten nicht an, sie bekommen keine regelmässigen Haemorrhoidalflüsse, manchmal haben sie gar keine Klagen oder nur sehr versteckte, die auf Haemorrhoiden schliessen lassen, denn die Kranken suchen die Hauptleiden im Kopf und in den Füssen, und übersehen das Ziehen im Nacken, an den Schläfen, den Druck im Kreuze, der nur zuweilen kommt, die kleinen Haemorrhoidalwürmchen, den blassen, dicken, Eiweiss-haltigen Urin, den Haemorrhoidalschmerz am After, das Jucken, den Ausschlag etc. und die leeren Knoten, welche blos bei der nähern Untersuchung zu erkennen sind. Was in einem solchen Falle zu thun ist, liegt auf der Hand: Alle 8 Tage wenigstens 8—10 Blutegel an den After, Sitzbäder, Abführmittel, dabei kalte Umschläge auf den Kopf, wenn ein Anfall kommt, denn Apoplexie ist zu befürchten, und die nachher anzuführende allgemeine Behandlung bei Haemorrhoiden. Die Erscheinungen der Haemorrh. im Rückenmark verbinden sich öfters damit. S. Schwindel. 9) Im Rückenmarke. Steifigkeit und Ziehen im Nacken, Beschwerden beim Schlingen; den Kranken ists, als ob sie im Schlingen ein Hinderniss von den Ohren, resp. Eustachischen Trompeten, entfernen müssten oder wollten. Gefühl von Steifigkeit in den obern Extremitäten, asthmatische Anfälle, paralytische Erscheinungen der untern Extremitäten, je nachdem irgend eine Partie des Rückenmarks ergriffen ist.

Therapie. Man treibe die verschiedenen Secretionen an, wenn die Symptome der Haemorrh. sich kund geben; besonders gebe man Flores sulphur. mit

Cremor. tartar., um auf Haut und Darm zu wirken,
und Diuretica. Dabei beobachte man eine besondere
Diät, geniesse keine salzigen und Essigspeisen, keine
Milch- und Pflanzenkost, sondern leicht verdauliches,
fettloses Fleisch. Bei Coliken dienen die bittern abführenden Mittel, besonders aber Herb. millefol. ℥jj
infundirt auf ℥vjjj, tassenweise zu trinken, oder Asa
foet. Man wechsle oft mit den Mitteln, wähle verschiedene Secretionsorgane, um das pathische Produkt
auszuführen, pausire öfters und setze dann das Se-
cretionsorgan wieder in Thätigkeit. Man kann die
Trauben- etc. Kur, bei Plethorischen die Salinen-
wasser gebrauchen lassen. Bei den regelmässigen
Haemorrh. darf man, so lange das erste Stadium, wo
es noch nicht zur blutigen Secretion gekommen, vorhanden ist, durchaus keine Pellentia geben, sondern
blos Secretionen befördernde, Sulphur., Cremor. tart.
etc. abwechselnd und in Absätzen; auch beseitige
man die symptomatischen Erscheinungen, Colik etc.
durch Asa foet., Millefol. etc. Erst dann, wenn die
Knoten entstanden sind, greift man, wenn keine Blutung eintritt, zur Aloë etc. oder gebraucht dafür Fussbäder, Blutegel an den After, trockene Schröpfköpfe,
Extr. sapon., Gramin., Tarax. sapo venet., Extr.
sapon., um durch Antreibung der Secretion der Verdauungsorgane die Secretion an den Knoten zu Tage
zu bringen; wird sie dann zu stark, so beschränke
man sie durch Säuren, salzsaures Eisen, Ferrum carb.
Wenn die Schleimhäute nicht im erethischen Zustande, sondern wegen Mangel an Vitalität ihres Ge-
fässnetzes zu stark absondern, dadurch aber die Thätigkeiten nicht zu Stande kommen, die in ihnen hervorgebracht werden sollten, wenn folglich statt der
Menstruation weisser Fluss, statt blutiger Haemorrh.
Schleimfluss aus dem Mastdarm entsteht, so ist das
kohlensaure Eisen das Hauptmittel, dem Schleimfluss
ein Ende zu machen und die Normalblutung herzustellen. Entsteht Schmerz am After in Folge des
Wundseins, so lässt man Ungt. linariae einreiben
Das Schiffspech gr. jjj zu einer Pille gemacht, früh
und vor dem Schlafengehen eine zu nehmen, einige
Tage lang fortgesetzt, soll gegen schmerzhafte Haemorrhoidalleiden gute Dienste leisten. Ryn hat in
25jähriger Praxis gegen Haemorrhoiden den Gebrauch
des Leinöls sehr heilsam gefunden. Morgens und
Abends 2 Unzen Leinöl zu nehmen, mögen die Haemorrhoiden fliessen oder nicht; bald bessern sich die
Symptome. Nur hat man sich von geistigen Getränken und zu reizender Kost zu hüten. — Devergue's
Salbe gegen Haemorrhoidalschmerzen besteht aus 30
Theilen Ungt. popul., 4 Theilen Extr. belladonnae
und etwas Extr. opii aquos. Szerlecki lobt auch
die äusserliche Anwendung der Arnica gegen Haemorrhoidalknoten; er hat die Tinct. fortis Arnicae mit
4 Theilen Wasser verdünnt auf schmerzhafte Knoten
gelegt. In Bezug auf den Gebrauch der Aloë herrschen bei vielen Praktikern grosse Vorurtheile. Die
Aloë ist ein grosses, ja unentbehrliches Medicament
bei Haemorrh., das kräftig die Verdauungsorgane erregt, auf die Gefässe des U.L. einwirkt, Stockungen

des Pfortadersystems und alle daraus entspringende
Uebel, als Melancholie, Hypochondrie, Arthritis etc.
zertheilt und bessert, die Haemorrh. und Menses
treibt, die Gallen- und Schleimsecretion befördert.
Sie ist bei obstructivo alvi ein hinterher stärkendes
Purgans, aber kein Drasticum, darf wenigstens als
solches nicht betrachtet werden; sie macht niemals
Leibkneipen. Die Aloë verursacht durchaus kein
Blutspeien, wie Manche glauben, auch nicht Erhitzung
und Bauchgrimmen u. s. w.; sie dient bei den meisten Krankheiten aus erhöhter Venosität (was auch
bei den Haemorrh. der Fall) vortrefflich, ohne dass
so viele Cautelen bei ihrem Gebrauche zu beobachten
wären, wie man glaubte. In Verbindung mit Myrrhe
und Rheum ist sie ein vortreffliches Mittel in den
sogenannten Lebenselixiren. Auch macht die Aloë
nicht zu Schlagflüssen disponirt, wie man glaubte;
im Gegentheil, sie derivirt auf den Darmkanal und
leitet venöse Congestionen vom Kopfe, wie sie solche
Stockungen im U.L. entfernt. Nur weil die Meisten,
welche tägl. Aloëpillen nehmen, auch grosse Freunde
kräftiger Nahrung und starker Getränke bei geringer
Körperbewegung sind, so müssen allerdings unter
diesen Viele schlagflüssig werden und würden es
wahrscheinlich eher noch, wenn sie nicht mittelst der
Aloë ihre Darmbewegung verstärkten. Vortrefflich
ist folgende Formel: ℞ Tinct. aloes simpl., Tinct.
rhei vinos., Tinct. aromat. ana ℥β. S. 1—3 Theel.
tägl. und dann jeden 8ten Tag ausgesetzt; auch folgende Formel: ℞ Extr. aloes aq., Extr. rhei ana ℈jβ;
Extr. trifol. ℈jjj; f. pilul. gr. jj consperge pulv. cinnamomi. S. Alle Abende 3—9 Stück zu nehmen.
Der Formel Tinct. aloes, rhei vinosae kann man auch
Tinctur. sennae ℥β zusetzen. — ℞ Extr. aloes gr. xv;
Chelidon. maj., Fell. tauri inspiss. ana ℥β; Aq. cinnamomi ℥vj. S. Alle 2—3 St. 1 Essl. Siehe noch
Einiges über Aloë bei Gicht. Ueber die Cortex
rhamni frangul. siehe Plethora abdominalis. — Die
Haemorrhoidalschweisse erfordern Reinlichkeit, Bestreuen mit Magnesia usta, Lycopod. Entzünden sich
die Knoten, so lege man Blutegel an, mache erweichende Fomentationen; klemmen sie sich ein, so verfahre man nach den Regeln der Chirurgie. ℞ Sulph.
depur. ℥jj; Tart. depurat. ℥vj; Sacch. alb. ℥jj. 3mal
1 Theel. ℞ Sulphur. praecipit. ℈jβ; Pulp. tamarind.
℥jj; Cort. aurant. cond. ℥β; Sacch. alb. ℥j; f. elect.
3—4mal 1 Theel. bei activen Haemorrhoidalleiden.
℞ Flor. sulphur. ℥jj; Semin. foenicul., Sacch. alb.
ana ℥jj. 4mal 1 Theel. ℞ Flor. chamomill. ℥jjj; F.
infus. ℥jv—vj; Extr. aloes aq. gr. jv—vj; Mell. commun. ℥β. Zum Klystier. ℞ Extr. aloes aq. ℈j;
Calomel gr. jβ; Syrup. rhei q. s. f. pilul. Nr. 20;
2—4 Stück tägl. ℞ Extr. aloes ℈j; Saponis venet.
gr. x; Calomel gr. jv; Syrup. rhei q. s. f. pil. Nr. 20.
Früh und Abends 2 Stück. ℞ Aloes succotrin. ℈j;
Sapon. venet. ℈β; Cremor. tart. gr. xv; Flor. sulph.
gr. xjj; Nuc. mosch. gr. jj; F. pilul. gr. jj. ℞ Ammoniac., Extr. tarax., Sapon. medicat. ana ℈j; Aloes,
Asae foetid. ana ℈β; F. pilul. gr. jj. 2mal 10 Stück.
℞ Asae foetid., Extr. valerian. ana ℈β; Extr. pulsa-

till. gr. jj; F. pulul. Nr. 30. 2mal 4 Stück. ℞ Fel.
tauri ʒβ: Sapon. medicat. ʒj; Aloes -ʒj. M. f. c. kali
carbonic. pilul. gr. jj. 2mal 5—15 Stück. ℞ Pulv.
gallar. turc. subtil. ʒj; Adipis suill. ℥j. F. ungt. bei
schlaffen Knoten. Pix nigra ʒβ zu 3 Pillen gemacht.
Abends zu nehmen. Wird als Specificum gegen alle
Arten von Haemorrhoidalbeschwerden gerühmt. Sympathetische Mittel gegen Haemorrhoidalbeschwerden
sollen sein: In Italien sieht man das beständige An-
sichtragen der Wurzel der Wolfsbohne (Sedum tele-
phium) für ein Specificum gegen genannte Leiden an.
Man trägt die zerschnittenen Wurzeln in der Tasche,
so nahe am Körper als möglich, und will oft auffallend schnelle Wirkungen davon gesehen haben. — In
Frankreich werden in eben der Absicht und mit demselben Vertrauen wilde Kastanien in der Tasche getragen. — Andere ziehen grosse schwarzbraune Myro-
balonen (Myrobaloni Chlebulae) vor, die sie so nahe
als möglich auf dem blossen Leibe tragen. Sie sollen
die Wirkung haben, den übermässigen Haemorrhoi-
dalfluss zu stillen. — Gegen sehr schmerzhafte Haem.
soll augenblickliche Hülfe leisten: Man räuchert sich
¼ Stunde lang mit Bernsteinschrot, d. i. mit grob
verstossenem Bernstein, indem man ihn auf Glüh-
kohlen wirft, das Räucherfass in einen Nachtstuhl
bringt und sich mit dem entblössten Hintern darauf
setzt. —

Haemophilie. S. Bluter.
Halsbräune. S. Bräune.
Hals-Entzündung, Ludwigische. S. Zell-
gewebsverhärtung des Halses.
Hals-Schwindsucht. Laryngo- et Tracheo-
phthisis.

Symptome. Ein stehendes, brennendes und zu-
sammenschnürendes Gefühl im Kehlkopfe, das Gefühl, als läge eine glühende Kohle da; Druck auf
den Larynx vermehrt diesen Schmerz; oft Schmerz
beim Schlingen, die Sprache ist heiser; Tussis
laryngea, tritt in Paroxysmen, Croup ähnlich auf;
Auswurf von eiterähnlicher mit vielem Schleim ver-
mischter Masse, nicht wie bei Pneumophthisis zu-
sammenhängend: Zungenwurzel dick, halbseitig belegt, Glottis öfters aufgetrieben, oedematös, die
Auscultation ergibt Rasseln und einen eigenthümlichen Ton, durch Ueberfüllung des Larynx und der
Morgagnischen Taschen mit Schleim erzeugt. Die
Lunge bietet bei Auscultation und Percussion nicht
die Erscheinung bei Phthisis dar; Febris hectica.

Diagnose. Der eigenthümliche Husten, das Resultat der Auscultation, der halbseitige Zungenbeleg,
Sprachveränderung sichern die Erkenntniss.

Therapie ist nach den Ursachen verschieden. Wo
Scropheln mit im Spiel, Jod innerlich und äusserlich,
topische Antiphlogose etc. S. Scropheln. Bei syphilitischer Form eine geregelte Mercurialkur. Wo ver-
triebener Tripper Veranlassung war, oculire man
denselben wieder ein; bei rheumatischer Form wende
man äussere Hautreize, Vesicantia auf den Nacken
etc. an. Die Krankheit selbst verlangt folgende
Mittel: Schwefelwasser mit Milch, Athmen von hydro-

thionsaurem Gas; von Cicutadämpfen bei rheumat. Form; bei scrophulöser hingegen Chlordämpfe und täglich eine Häringsmilch; bei syphilitischer: Mercurialdämpfe, Schwefel- und Bleidämpfe. — Wo vertriebene Krätze Veranlassung gab, gibt man Schwefel, reibt Autenrieth'ische Salbe ein. Bei Schlingbeschwerden ernähre man den Kranken mit Eigelb, Fleischbrüh, durch die Ekholdische Sonde oder in Klystieren gegeben, in Bädern mit Fleischbrüh etc. — Kreosot. — Die Febris hectica wird behandelt wie bei Pneumophthisis. ℞ Calcar. chlorin. β; Extr. hyoscyam. gr. vjjj; Aq. lauroceras. $\mathfrak{Z}$j. S. 3mal gtt. xx. Vgl. noch Heiserkeit.

Harn. Chemische Untersuchung desselben auf Galle s. bei Harnruhr; auf Zucker, ebendaselbst; auf Eiweiss s. bei Nierenentartung; es kommt das Eiweiss nicht allein in der Bright'schen Nierenentartung vor, auch in vielen Krankheiten, in welchen an ein besonderes Nierenleiden gar nicht zu denken ist, besonders bei Entzündungen der Brustorgane, rheumatischen und intermittirenden Fiebern, in Typhus, Scharlach, Blattern, acuten Herzkrankheiten, Lungenschwindsuchten, in welchen Krankheiten eben das Albumin auch das Gewebe der Nieren zu durchdringen im Stande ist, also beruht in diesen Fällen das Vorkommen des Eiweisses im Harne auf veränderter Beschaffenheit des Blutes; auf Harnblasenschleim, ebendaselbst; auf Harnsäure s. bei Gicht. Blut findet sich zuweilen im Harne bei Vereiterungen oder andern Verletzungen der uropoetischen Organe. In grösseren Mengen lässt es sich schon an dem äusseren Ansehen erkennen; das Mikroskop gibt aber über dessen Gegenwart den sichersten Aufschluss. Sperma findet sich unter mancherlei Umständen dem Urine beigemischt, es scheidet sich in demselben als schleimiges Wölkchen aus; selbst nach längerer Zeit kann man im Sedimente solchen Harns noch die abgestorbenen Spermotozoën durch das Mikroskop erkennen. Auf Jodgehalt; man setzt dem Urin einige Tropfen verdünnter Schwefelsäure, dann eine kleine Portion Amylumauflösung und zuletzt 1—2 Tropfen Chlorkalklösung zu, was eine tintenschwarze Färbung des Urins bewirkt.

Harnblasen-Entzündung. S. Harnblasenkrankheiten Nr. 2.

Harnblasen-Haemorrhoiden. S. Harnblasenkrankheiten Nr. 5.

Harnblasen-Katarrh. S. Harnblasenkrankheiten Nr. 6.

Harnblasen-Krampf. S. Harnblasenkrankheiten Nr. 3.

Harnblasen-Krankheiten. Beschwerliches oder schmerzhaftes Harnlassen, und Harnverhaltung in Folge von:

1) Anschwellung der benachbarten Theile und Druck auf die Blase oder die Harnröhre. Der Uterus, die Vagina, der Mastdarm können so angeschwollen sein, dass sie einen Druck auf den Blasenhals und die Harnröhre aus-

üben und dadurch den Abgang des Urins hemmen.
Die Untersuchung durch die Scheide, den After lässt
mit Sicherheit die genannten Ursachen der Harnverhaltung erkennen, und deren Hebung wird dann
leicht sein.

2) **Entzündung der Harnblase.** Cystitis.

Symptome. Schmerz in der Blasengegend, der
sich beim Druck auf das Perinaeum, die Schambein-
gegend, durch die Vagina etc. vermehrt. Stuhl zurückgehalten, bei Männern schmerzhaft, Drang zum
Harnen, das tropfenweise unter heftigen Schmerzen
vor sich geht; oft Blasenkrampf, so dass nichts entleert wird: alsdann treibt sich die Blase auf, Harn
ist dunkelroth, ziehende Schmerzen nach dem Verlaufe der Uretheren, gegen die Nieren, Erbrechen,
Stuhlverstopfung, Fieber, heftiger Durst; hat oft den
erysipelatösen Charakter. Es kommt eine chronische Form vor: öfterer Drang zum Uriniren, Blasenkrämpfe, Koliken, der Katheter findet kein Hinderniss, aber viel Urin vor, wenn man ihn mit Opium
beschmiert einbringt. Diese Form ist mit Verengerung der Blase verbunden.

Diagnose wird durch die genannten Erscheinungen und dadurch gesichert, dass der Druck oder die
Berührung mit dem durch den After oder die Scheide
eingebrachten Finger auf die Blase Schmerz erregt.

Therapie. V.S., Blutegel, Fomentationen, Mercursalbe, erweichende Bäder, schleimige Mittel, Klystiere von Ol. hyoscyami, Entleerung des Harnes
durch den Katheter in warmem Bade; gelingt dies
nicht, so macht man den Blasenstich. War der Gebrauch der Canthariden Veranlassung zur Entzündung,
so kann man den schleimigen Mitteln etwas Camphor,
Nitrum und Opium beisetzen. Für die Crisen Pulv.
Doweri, Essigammoniak. Bei fortdauernder Blenor-
rhoe in der Reconvalescenz, Herb. uv. ursi mit
Milch, Natr. carbon.; bei erysipelatösem Charakter
Emetica. Bei der chron. Form setze man öfters
Blutegel, lege den Katheter ein und lasse ihn so
lange liegen, als es die Kranken ertragen.

3) **Empfindlichkeit und Krampf der
Blase.** Cystalgie, Cystodynie, Harnverhaltung,
Ischurie, Dysurie, Strangurie, Anurie. Das Charakteristische besteht darin, dass die Schmerzen nicht
beständig, wie bei Entzündung sind, sondern periodische Anfälle machen, wie die Wehen bei der Geburt; ferner ist dabei kein Fieber, die Kranken sind
meist Hypochonder, Haemorrhoidarier, Hysterische,
oder es sind Kinder. (Vgl. Urodialisis.) Bei letztern
sind Ursache oft reizende Muttermilch, Erkältung
oder Krampf. — Man wendet im Allgemeinen krampfstillende Mittel an, warme Ueberschläge von Chamillen, Hyoscyamus etc. auf das Mittelfleisch und die
Beckengegend. Einreibungen flüchtiger Salben mit
Opium, Ol. hyoscyam.; Klystiere mit Asa foetid.,
Tabakklystiere, lauwarme Halbbäder, innerlich Pulv.
Doweri, Opium mit Sem. lycopodii. Die Anwendung
specifischer Mittel wird im Allgemeinen noch zu
wenig beachtet. So kann z. B. die Tinct. cantharidum, mit Vorsicht gebraucht, bei Retentio urinae

von Erkältung, wobei kein organisches Leiden, manchen Catheterismus entbehrlich machen. ℞ Herb.
belladonnae, hyoscyami, cepar. assatar. ana ʒij. M.
f. c. ol. lini q. s. Cataplasma. S. in Leinwand geschlagen, warm auf die Blasengegend zu legen gegen
Strangurie bei Tripper. Nach den verschiedenen
Ursachen wendet man an, bei Haemorrhoiden Sulphur., Cremor. tart.; bei Erkältung Diaphoretica,
vorzüglich den Camphor. Gegen den Harnblasen-
Krampf, als eine rheumatische Affection, dient Camphor in Emulsion innerlich und das Ol. camphorat.
äusserlich. Bei Würmern Anthelmintica; nach dem
Genusse ungegohrener Getränke Magnesia usta mit
etwas Aromatischem, lässt die Eichel in kaltes Wasser tauchen; man trinkt einen Löffel voll stark ge-
sättigten Salzwassers, ein Gläschen Liqueur. Man
verhütet die sog. kalte Piss' in Bierländern zur Zeit
des jungen Bieres am besten dadurch, dass man eine
Messerspitze voll Kochsalz dem Glase Bier zusetzt,
welches Mittel probater ist als das Einreiben von
Muskatnuss; die Homöopathen rühmen in solchen
Fällen Nux vomica. Das ungegohrene Bier enthält
viel Alkalien, welche bekanntlich stark harntreibend
sind. Wird nun durch den Ueberreiz des Diureticum
die Blase zu sehr in Anspruch genommen, so entsteht Strangurie, sog. kalte Piss. Die Salzsäure,
welche mit dem Kochsalze dem Biere zugesetzt wird,
neutralisirt, d. h. sättigt aber die Alkalien, daher
das Prophylactische des Kochsalzes gegen die Strangurie in Folge jungen Biers. Anders kann man sich
die Sache so vorstellen: In dem jungen Bier ist das
Lupulin mehr suspendirt und reichlich enthalten. Im
alten Biere senkt es sich zu Boden zur Hefe und ist
also in dem Trinkbier nicht mehr vorhanden, daher
junges Bier durch das Lupulin auf die Harnorgane
krampfhaft wirkt, altes dagegen nicht. Das Kochsalz müsste demnach eine zersetzende Wirkung auf
das Lupulin beurkunden!? ℞ Amyli ʒij; Solv. in
aq. fervid. ʒiv; Tinct. opii crocat. gtt. v—x. S. Zu
einem Klystiere. ℞ Gm. asae foetid. ʒβ; Pulv. rad.
ipecacuanh., opii, ol. menth. ana gr. jj; f. c. mucil.
gm. arab. q. s. pilul. gr. jj; Consperg. pulv. liquir.
seu foeniculi. D. in vitro. S. 3mal 10 Stück auf
einmal. Kinder bringe man in ein warmes Bad,
mache erweichende Umschläge auf die Blasengegend.
Geht der Urin nicht, so lege man den Katheter an.
Um Congestionen gegen den Kopf in Folge der Convulsionen zu verhüten, lege man einen Blutegel hinter
das Ohr (bei Neugebornen). Man gebe der Mutter
verdünnendes Getränk, um die Milch zu verbessern:
verhüte durch zweckmässige Kleidung jede Verkältung. ℞ Pulv. lycop. ʒij; Syrup. alth. ʒjβ; Aq.
foenicul. ʒij. S. ℞ Semin. lycopod. ʒij—ʒβ; Gm.
arab. ʒjjj; Aq. destill. ʒv; Syrup. alth. ʒj. Gut umgeschüttelt alle 2 Stunden 1 Essl. ℞ Lycopodii
ʒjjj; Syrup. alth. ʒij. Alle 2—3 Stunden 1 Theel. S.
Hysterie Nr. 11.

4) **Gries und Steine, Nierensteine.** Anhaltende oder periodisch immer wiederkehrende
Schmerzen oder das Gefühl von Druck und Schwere

in der Nieren-, Harnblasen-Gegend; von Zeit zu Zeit
eintretende Steinkolik, welcher gewöhnlich ein Abgang von Steinen und Gries folgt. Die Nierensteine
sind gewöhnlich von rother Farbe, verursachen ein
lästiges Drücken auf den Schenkel, wohl auch eine
Schwäche und Lähmung derselben Seite; häufig ist
auch Uebligkeit, Erbrechen im nüchternen Zustande,
selbst Schwindel ein begleitendes Zeichen. Gries und
Steine der Harnblase werden durch den Abgang derselben und durch Untersuchung mit dem Katheter
oder der Sonde erkannt. Damit sind alle jene unangenehmen Empfindungen, Schmerzen in den Organen
des Harnsystems und consensuelle Leiden der Verdauung und des Nervensystems verbunden, wie sie
am Schlusse dieses Artikels noch im Allgemeinen
angegeben werden sollen.

Therapie. Man schränke den Genuss der thierischen Nahrungsmittel sehr ein, oder unterlasse ihn
ganz; daher unterlasse man den Genuss des Fleisches, der Milch, Eier, Butter, des Käses, Fettes,
der Fische, Austern, Krebse, des Caviars u. s. w.
Dagegen sind alle Pflanzenspeisen erlaubt, feurige
Weine verboten; dabei ist tägliches Spazierengehen
oder Fahren, Reiten zu empfehlen. Zum Arzneigebrauch Folgendes: Selterser-, Karlsbader-, Pyrmon-
ter-, Geilnauer-, Driburger-Wasser etc. Wasser
mit Cremor tartar. und mit Nitrum, Thee von Juniper., Foenicul., Anìs, Petroselin., Meliss., Uva ursi,
Sinapis, Alles kalt getrunken; endlich der Gebrauch
der Kalien, Kali, Natron carbon., Ammon., Magnes.
etc., etwa gr. 15—ʒj Kali carb. auf ℔ j—jjj Aq. dest.
den Tag über zu gebrauchen; Kali caust. gr. x—ʒβ
ad ℔ jjj Aq. destill. auf den Tag. Natr. carbon. acidulum ist das Beste, ʒj—ʒjβ in Aquae destill. ℔ jjj;
täglich davon ℔ j—jj. Auch Brausepulver etwa 3mal
täglich 1 Stück sind zu empfehlen. Bei Gries, der
nicht aus Harnsäure besteht, sind die Terpenthinprä-
parate als Balsam. sulphur. terebinth. zu empfehlen.
Bei herabgekommenen Individuen gebe man China,
Calamus, Quassia, Uva ursi etc., überhaupt nehme
man auf die Verdauungsorgane stets Rücksicht und
erhalte sie in gutem Zustande. Verursacht der Abgang der Steinchen und des Grieses Schmerzen, so
gebe man schleimiges Getränke, Mandelmilch, Dct.
Alth., Leinsamen — Hanfsamen — Emulsionen mit
Mohnsamen u. s. w., Opiate, öligte Mittel. Man setze
Blutegel, reibe Alth. Salbe mit Opium ein. Kann
man aus den Zufällen mit einiger Gewissheit schliessen (allmähliges Herabsteigen des Schmerzes nach
dem Verlaufe der Uretheren), dass sich der Stein in
den Nieren oder den Harnleitern befindet, ist der
Patient nicht zu empfindlich und zu schwach, so kann
ein gereichtes Brechmittel gute Wirkungen thun.
Die Behandlung in den Fällen, wo der Stein in der
Harnröhre sich befindet, oder in grossem Umfange in
der Blase, lehrt die Chirurgie. Ein Stein in dem
einen Harnleiter imponirte für eingeklemmte Hernie;
allein letztere konnte zurückgebracht werden und die
Erscheinungen blieben doch. Heftige Schmerzen in
den Lenden, im Bauche, 24 Stunden lang kein Urin,

fixer Schmerz im Unterleib. Man diagnosticirt einen
Stein in dem einen Harnleiter, und der andere Harnleiter excernirt per consensum auch nicht, daher
wird auch kein Urin in der Harnblase da sein; wird
katheterisirt, richtig — kein Urin da.

5) **Haemorrhoiden der Blase.** Die fliessen-
den Haemorrhoiden der Blase geben sich durch den
Abgang eines blutigen Harnes zu erkennen, wenn
dabei kein Schmerz in der Nierengegend, auch keine
Kolik stattfindet, denn im ersten Falle würde wahrscheinlich das Blut aus den Nieren, im zweiten aus
den Uretheren kommen. Im Mittelfleische werden
unangenehme Gefühle empfunden. Die blinden Haemorrh. der Blase können, wenn sie bedeutend sind,
durch ein geübtes Gefühl entdeckt werden; der in
den After gebrachte Finger fühlt sie auf der vordern
Seite des Mastdarms, doch nicht in allen Fällen, als
Knoten und Stränge, gewöhnlich sind auch Mast-
darmhaemorrhoiden vorhanden. Der eindringende Katheter hat mit Schwierigkeit zu kämpfen und ist beim
Zurückziehen an der Spitze öfters mit Blut gefärbt.
Die Behandlung ist die bei Haemorrh. angegebene.
Besonders wirksam ist die Adelheidsquelle.

6) **Katarrh der Blase.** Catarrhus vesicae.

Symptome. Mangel des Appetits, Krämpfe in den
Bauchmuskeln, veränderlicher Stuhlgang, Schmerzen
im Kreuz, Druck im Perinaeum, Pressen und krampfhafte Zusammenziehungen in der Blase, der Urin
fliesst nicht gehörig bei heftigem Drange zum Uriniren. Penis kalt, es geht Schleim ab, entweder mit
dem Urin gemischt, so dass er diesen dick und trübe
macht, oder er fliesst als eigentlicher Schleim für
sich aus, ist dick oder mit Blut gestreift; hier entsteht häufiges Brennen und Dysurie. Ist der Schleim
ausgeleert, so hören die Symptome grösstentheils
auf, kehren aber wieder; bisweilen ist die Krankheit
intermittirend. Je länger die Krankheit dauert, desto
mehr leidet die allgemeine Gesundheit. Wird der
Schleim hingegen von der Mucosa der Harnleiter und
des Nierenbeckens secernirt, so ist er flockig.

Diagnose. Die Geruchslosigkeit des Urins und die
Untersuchung der Blase sichert vor Verwechslung
mit Carcinom oder Phthisis vesicae; auch ist bei
diesen Krankheiten disolutes Blut dem Harne beigemengt und Febris hectica vorhanden.

Therapie. Man entferne die Gelegenheitsursache,
als: feuchte Wohnung, Askariden etc., stumpfe die
Reizbarkeit der Blase ab durch Narcotica, beschränke
die Secretion durch Uva ursi, den Gebrauch der
Eisenwasser, Pyrmont, Boklet, Brückenau, zum Bade
und zum Getränk, besonders Karlsbad u. Schlangenbad; man gewöhne sich, den Katheter immer liegen
zu lassen, der Kranke führe die Diät, wie sie überhaupt bei Nr. 4 angegeben worden. ℞ Fol. uv. ursi
ʒß; Summitat. millefol. ʒj; Coq. c. aq. font. ℔ jjj
ad remanent. ℞ ʝj; Sub. fin. coct. adde rad. liquirit.
ʒj; Colat. admisce syrup. cinnamom. ʒj. S. In 2 Tagen zu verbrauchen; man kann diesem noch ʒj Sem.
lycopodii zusetzen. ℞ Herb. uv. ursi gr. x; Magn.
carbon. gr. jv; Elaeosacch. foenicul. ðj. S. Alle 3

Stunden 1 Pulv. ℞ Cantharidum siccat. ℈j; Amygd.
dulc. excort. ʒvj; Contund. exactiss. adde aq. calcis
ust. ℥x; Sacch. alb. ℥j; Cola sine expressione: 2 bis
3stündl. ½ Essl. Auch Einspritzungen mit Balsam.
copaivae ℥jj, denen jedesmal eine von Gerstenab-
kochung vorausgeschickt wird, rühmt man; ebenso
gebraucht man den Salmiak zu 3β alle 2 St., oder
etwa ʒjjj auf den Tag mit Amaris verbunden mit
Glück. — Adelheidsquelle. — Magnesia carbon. mit
etwas Zucker zu 4—6 Theel. tägl. bei chron. Katarrh.
Alaun mit Rheum. — Theerwasser zur Injection tägl.
in der Früh einmal. —

7) Krampf der Harnröhre. Durch das periodische Auftreten des Krampfes wird diese Form
erkannt. Behandlung wie bei Nr. 3 angegeben. S.
Tripper.

8) Lähmung und Schwäche der Harnblase. Heftige Schmerzen in der Blasengegend
fehlen hier; nur in dem Falle, wenn die Blase angefüllt ist, entsteht die Empfindung, die zur Austrei-
bung des Harnes nöthigt. Der Harn fliesst nur durch
starkes Pressen, oft fliesst er von selbst aus der
Harnröhre. Der Katheter erfährt bei der Einführung
kein Hinderniss. Man lege den Katheter öfters ein,
mache kalte Waschungen auf die Schamgegend und
das Mittelfleisch, kalte Ueberschläge und Einspritzungen in den Mastdarm, Einreibungen von Liniment.
volat. Innerlich Arnica, Ol. animal. Dippel.j, Cantharid. gr. j täglich mit Camphor und Gm. arab.,
Tinct. cantharid. gtt. xv—xx täglich mit Mandelmilch; Galvanism., Electricität, Vesicantia auf das
Heiligenbein.

9) Nierenkrankheiten. Bei der Harnverhaltung wegen theilweise unterdrückter Nierensecretion findet die Ausleerung des Urins mit wenigen
Schmerzen Statt, ein schmerzhaftes Drängen auf
den Urin wird gar nicht bemerkt, oder doch in einem
weit geringern Grade, indem dann Krankheiten der
Nieren die Blase und Harnröhre in Mitleidenschaft
setzen. Da eine Anfüllung der Blase hier nicht vorhanden, so kann auch eine davon entstehende Geschwulst über den Schambeinen nicht gefühlt werden, ebenso wenig ist dies durch den in den After
gebrachten Finger möglich. Der eingebrachte Katheter findet wenig oder gar keinen Harn vor. Die
Behandlung s. bei Nieren-Entzündung.

10) Prostatakrankheiten, nämlich Entzündung, Vergrösserung oder Degeneration derselben.
Die Entzündung gibt sich so zu erkennen: Hitze,
Druck und klopfender Schmerz in der Gegend des
Mittelfleisches und des Afters; Verstopfung und
Schmerz im Stuhlgange, bei demselben ein Gefühl,
als ob ein Klumpen harten Kothes im Mastdarme
sich befände, Drängen auf den Urin, der Abgang
desselben ist schmerzhaft, bildet einen dünnen Strahl,
beim Einbringen des Fingers in den After fühlt man
die Drüse angeschwollen, schmerzhaft. Diese Entzündung kann sich auch in ein Eitergeschwür verwandeln, der Eiter kann alsdann mit dem Harne abgehen. Schleimiger, dicker, eitriger Bodensatz, der

sich im Urine niederschlägt und auf dem Boden des Gefässes frei bewegt, deutet auf katarrhalische Entzündung der Blasenschleimhaut, schleimiger Niederschlag, der sich in Fäden zieht, elastisch wie Eiweiss ist und am Boden des Gefässes klebt, auf Krankheit der Prostata, auf Zerstörung'derselben durch Eiterung; fühlt man dabei die Prostata unverletzt, so kommt der Eiter wahrscheinlich aus den Nieren. Die Therapie hat bei der Entzündung nichts Charakteristisches. Bei der Hypertrophie der Prostata ist ein Gefühl von Druck im aufgetriebenen Perinaeum, man fühlt die Prostata durch und zwar am deutlichsten per anum; die Sonde'in der Harnröhre fühlt Widerstand in der Pars membranacea; Störungen in der Blase, dem Mastdarme, Excremente breit gedrückt, Venen des Mastdarms öfters angeschwollen, im Urin schleimiger Niederschlag, der sich in Fäden zieht wie Eiweiss.

Diagnose. Bei Entzündung der Prostata nach Tripper geschieht die Anschwellung rascher, es ist Fieber vorhanden, ungeheurer Schmerz beim Sitzen und Drücken. Die Exploration durch den Mastdarm schützt vor Verwechslung mit Haemorrhoiden.

Therapie. Bei scrophulöser Ursache Jod. Ist unterdrückter Tripper oder Venerie Ursache, Mercur äusserlich und innerlich. — Kommt die Verhärtung der Prostata von Flechtenschärfe her, so ist Sulphur. aurat. mit Camphor das Beste. Ruhe und Schonung; Blutegel an den After, Beseitigung der Störungen der Blase und des Mastdarms, Molken, Rheum, Cicuta, Uva ursi, Salmiak in steigender Dosis, Adelheidsquelle. — ℞ Ammon. muriat. ʒj; Succ. liquirit. ℥ij; Aq. flor. tiliae ℥jv. S. Alle 2 St. 1 Essl. Magendie empfiehlt bei Anschwellungen und Scirrhositäten der Prostata und der Mucosa urethrae: ℞ Carbon. carnis (Thierkohle) gr. jjj; Sal. ammoniaci depurat. ɟj; Extr. conii macul. gr. jj; Extr. liquirit. q. s. f. bolus, d. dos. t. Nr. 12. S. 3mal tägl. 1 Stück zu nehmen. Die Thierkohle wird auch gegen Struma scirrhosa mit gutem Erfolg gegeben gegen Hypertrophia ovarii, et uteri, Drüsenverhärtungen. Stafford empfiehlt folgendes Verfahren als mit ausserordentlichem Erfolge bei folgenden Erscheinungen: Harnverhaltung, Prostataanschwellung Hühnerei-gross, Gefühl als leere sich die Blase nie ganz, Schmerz im Perinaeum, Urin übelriechend, alkalinisch: — Suppositorium mit 3 Gr. Kali hydrojodin., 5 Gr. Extr. hyoscyami und 5 Gr. Extr. conii Abends und Morgens; 2mal des Tags catheterisiren; täglich Bougies mit Kali hydrojodin. eingebracht. Die Arzneimittel allmählig gesteigert bis zu 10 Gr. Jodkali; in 6 Monaten Heilung. — Seit 6 Monaten grosse Beschwerden beim Uriniren, endlich völlige Retention des Harns, Prostata vergrössert, Schmerz im Perinaeum, Urin alkalinisch: — Blasenpflaster in die Lendengegend, Suppositorium mit 3 Gr. Jodkali Abends und Morgens, Jodbougies eingelegt (Kali hydrojod. 5 Gr. zu Ungcerat. ʒj), Katheter Abends und Morgens zur Urinentleerung; nach 8 Tagen Suppositoria aus 4 Gr. Kali hydrojodin. mit 6 Gr. Extr. hyoscyami und

eben so viel Conium 3mal täglich. — Seit 7 Jahren
Leiden im Perinäum bis herab zu den Schenkeln,
Schmerz im Kreuzbeine und in den Sitzbeinknochen,
Reizbarkeit der Blase, häufiger Urindrang, Prostata
vergrössert: 1 Gr. Jodkali, 10 Gr. Extr. Hyoscyami
zu einem Suppositorium, jeden Abend einzulegen;
nach 6 Tagen 1 Gr. Jodkali zum Supposit. zugesetzt
und Granweise vermehrt in dem Maasse, als der
Kranke es verträgt; Jodkali fortgesetzt bis zu 10 Gr.
gesteigert. — Starker Schmerz im rechten Samenstrange bis zum Hoden, Schmerz und Gefühl von
Völle im Blasenhalse, Reiz zum Urinlassen, Strictur:
Jodbougies 2—3 Monate fortgesetzt bis zur Heilung.
Dieses Verfahren heilt also auch die Prostataver-
grösserung der alten Leute, wo man gewöhnlich annimmt, dass die Kranken vollends das ganze Leben
hindurch einen Katheter brauchen müssen, an beständigem Urindrange leiden und durch nachfolgende
Blasen - und Nierenkrankheiten einen elenden Tod
sterben.

11) **Harnröhrenverengerung.** Strictura
urethrae.

12) **Verdickung und Verhärtung der
Blasenwände** wird durch die Untersuchung, an
der Unfähigkeit der Blase, längere Zeit den Urin
zu halten, erkannt. Man gewöhne sich den Harn
immer etwas länger zurückzuhalten, mache Einspritzungen von schleimigen Mitteln, oder blossem
warmem Wasser, lege Bougies ein, stumpfe die Blase
gegen den Reiz ab.

Ausser den Symptomen, welche diese Krankheiten
in dem leidenden Theile selbst darbieten, als Auftreibung, Schmerz etc. treten noch folgende Erscheinungen hinzu, wenn die Harnentleerung nicht bald
geschieht: Uebelkeit, Erbrechen, Kolik, Stuhlverstopfung, seltener Durchfall, Auftreibung des U.L.,
schmerzhaftes Ziehen in der Lendengegend, Ruthe,
an der Eichel, dem Kitzler, Zittern der Glieder,
ein Gefühl von Frost, Ohnmacht, Schwäche und
andere Zufälle, die ein ergriffenes Nervensystem zu
erkennen geben.

Harnblasen-Lähmung. S. Harnblasenkrankheiten Nr. 8.

Harnbl.-Schwindsucht. S. Phthisishepa-
tica etc.

Harnbl.-Steine. S. Harnblasenkrankh. Nr. 4.

Harnen, beschwerliches. S. Harnblasenkrankheiten Nr. 1.

Harnen, unwillkührliches. Incontinentia
urinae, Enuresis nocturna ist eine sehr lästige quälende und als sehr schwer heilbare Krankheit angesehen, namentlich wenn sie noch bei kräftigen jungen
Männern vorkommt; macht militärfrei. — Ursachen
sind Steine, Würmer, Haemorrhoidalcongestion nach
der Blase, Infarcten, Scirrhosität der Blase, des
Mastdarms und der Prostata, Verwöhnung, Druck
des Uterus in den letzten Schwangerschaftsmonaten;
Atonie und Lähmung der Blase. Bei Kindern ist
sowohl Erschlaffung Ursache, als ein paralytischer
Zustand der Blase, Faulheit, Gewohnheit, zu tiefer

Schlaf. Kinder, deren Urinblase zu wenig Kraft besitzt, um den Urin zu halten, erscheinen traurig, unwohl, ihre Verdauung geschieht schlecht, Gesicht ist blass, Augen eingesunken, mit blauen Ringen; oft verliert es sich gegen die Pubertätszeit hin.

Man entferne die zu Grunde liegende Ursache. Behandle die Atonie durch Roborantia, Excitantia, innerlich und äusserlich, kalte Douchen, Electricität, Canthariden u. s. w.; behandle die allgemeine Schwäche des Körpers überhaupt, und des Unterleibes insbesondere, Scrofelsucht, Würmersucht (daher bei dickleibigen Kindern ein häufiges periodisches Uebel). Onanie, Steinkrankheit, zurückgebliebene Hoden im Unterleibe, nachbarliche Geschwülste sind zuweilen zu Grunde liegend. — Die Cubeben nützen hier oft gegen die Schwäche der Harnblase und des Sexualsystems; bei einem 6jährigen Kinde 3mal täglich 1 Messerspitze voll; alle 3 Tage etwa 3 Ɉ; andauernd 3—8 Wochen lang fortgegeben. Bei partieller Lähmung der Blase heilt Strychnin ¹/₁₆ — ¹/₁₂ Gr. pr. dosi (im Ganzen ¹/₂—1 Gr. verbraucht), früh und Abends 1 Pulver oft rasch das Uebel. ℞ Tinct. opii croc. ℥β; Tinct. nuc. vomic. ℥j; Tinct. secal. cornut. ℥j; Morgens und Abends 10—20 Tropfen je nach dem Alter des Kindes. ℞ Extr. nuc. vomicae gr. vjjj; Ferr. oxyd. nigr. ℥j, f. pilul. Nr. 24. S. 3 Pillen täglich; viele kalte Bäder. — Canthariden und Nux vomica. — Pulv. Cantharid. gr. ¹/₄ alle Abende mit einem bittern Getränke. Pulv. Cantharid. gr. jjj—x; Camphor. gr. x; Sapon. venet. ℥j. M. f. pilulae Nr. 40. S. 1—3 Pillen 3mal tägl. ℞ Tinct. Cantharid., tinct. balsam. peruvian., ana ℥jj. S. 24 Tropfen in Wein 4mal des Tages. Bei gesteigerter Sensibilität, welche zuweilen zu Grunde liegt, dient: Pulv. Doweri gr. jv. Alle Abend 8 Tage lang fortgesetzt. Belladonna, wenn Krampf des Blasengrundes Ursache des Uebels ist. Die Thatsache, dass das Brod bei der Einweichung auch im Magen stark aufquillt, auch dann, wenn es mit wenig Wasser genossen wird, so dass die Harnabsonderung für mehrere Stunden vermindert werden kann, gab Veranlassung, den Kindern Abends nur Brod oder Semmel mit Butter zu geben, und nach 4 Uhr kein Getränk mehr zu verbrauchen, was mit bestem Erfolge gegen das Bettpissen angewendet wird. — Adelheidswasser. — Ist die Vorhaut zu lange und Ursache des Bettpissens, und die angesammelten Präputialschmiere, so muss man eine Operation vornehmen. — Aconit in der torpiden Form. Sabina wie die Canthariden. Das Kali nitric. 10 Gran alle 3 Stunden in einem Leinsamenaufguss; bei allen Fällen hörte die Incontinenz in den ersten 24 Stunden auf. — Balsam. Copaivae ℥j; Peroxydi ferri ℥jj. F. pilulae pond. gr. jv., wie die Blaud'schen Pillen (S. 42) anzuwenden; während 2—3 Tagen 1 Pille, bei jeder Mahlzeit alsdann 2 u. s. w. bis Patient 10 Pillen täglich verbraucht. — Aromatische Bäder. — Acidum benzoicum ℥jj f. pilul. Nr. 40 Morgens und Abends 2 Pillen und gestiegen. Sie ist stickstofffrei und bei ihrem Durchgange durch den Körper verwandelt sie sich in die stickstoffreiche Hippursäure, was vielleicht hier von Einfluss sein

mag. — Eine Menge sympathetischer Mittel sind
gegen das Bettpissen empfohlen. —

Harn-Gries. S. Harnblasenkrankheiten Nr. 4.

Harn-Mangel. Anurie. Vergl. Urodialysis und
Harnblasenkrankheiten.

Harn-Ruhr. Diabetes, Glucosurie. Der Diabetes ist ein Functionsleiden der ersten Assimila-
tionswege, von cachectischem Charakter und fällt in
dieselbe Klasse wie die Gicht und der Scorbut. Er
entsteht aus dem Zusammenwirken ganz entgegengesetzter Ursachen, von denen einige eine Neigung
haben, Structurveränderungen in verschiedenen Theilen des chylopoetischen Systems theils zu veranlassen,
theils direct hervorzubringen. Diese Structurveränderungen sind jedoch nicht nothwendig verbunden
mit dem Bestehen des Diabetes. Die cachectische
Beschaffenheit des organischen Nerveneinflusses prä-
disponirt zu Structurveränderungen, welche in den
der Fortsetzung des organischen Lebens dienenden
Organen Platz greifen. Während des Bestehens irgend einer anderen ernstlichen Störung des Systems,
die entweder unter dem Verlaufe des Diabetes oder
als weitere Folge der denselben veranlassenden krank-
machenden Ursachen auftritt, wird der Diabetes als
eine blosse Functionskrankheit für eine Zeitlang suspendirt und kehrt zurück nach Aufhören der stärkeren Krankheit.

Die allgemeine Benennung Diabetes ist nicht
genau beschränkt auf die Form des Diabetes mellitus, sondern muss ausgedehnt werden auf den Diabetes insipidus und ureosus, in welche 2 Arten
er geschieden werden kann. Der Diabetes mellitus
kann bestehen ohne Vorhandensein des Heisshungers
und des übermässigen Durstes. Diabetes insipidus
besteht fast nie ohne wenigstens einige Vermehrung
des Durstes.

Symptome. Säure im Magen, Sodbrennen, Heisshunger, grosser Durst, hypochondrische Stimmung,
zu grosse Menge Urins, 40 — 50 ℔ und mehr, der
Zucker enthält; Abmagerung. Verschwinden aller
Muskelkraft, hektisches Fieber. Man hielt früher
den Diabetes für eine Krankheit der Nieren, allein
der Zucker wird nicht in den Nieren erzeugt, sondern er ist im Blute, im Schweisse, im Speichel,
kurz überall zu finden; also ist sie eine Krankheit
des Blutes und die Zuckerbildung blos ein Symptom.

Diagnose. Verwechslung mit vermehrtem Abgange
des Urins bei Hysterischen, Hypochondern, ist nicht
leicht möglich, wenn man auf die Beschaffenheit des
Urins und die übrigen Symptome Rücksicht nimmt.
Um Zucker im Urine zu entdecken, was für die
Diagnose so wichtig werden kann, bedient man sich
in den Pariser Spitälern jetzt folgenden Verfahrens:
In einer Glasröhre werden 2 Drachmen Urin und
1 Drachme Liquor Kali carbon. 1 — 2 Minuten über
einer Weingeistflamme gekocht; enthält der Urin
Zucker, so wird die Flüssigkeit orangebraun und lebhaft gefärbt, ist kein Zucker darin, so wird die Farbe
blasser. — Man nimmt etwas filtrirten Harn in eine
Reagenzröhre und tröpfle ihm so lange Liquor Kali

caust. zu, als noch Trübung durch das Ausscheiden
der phosphorsauren Salze entsteht, und filtrire von
Neuem, erwärmt dieses auf der Weingeistlampe, um
die Ammoniaksalze auszutreiben, indem das Kali sich
mit den Säuren im Urin verbindet, der Zucker wird
dadurch nicht zerstört und übt seine Reaction doch
noch aus. Man setzt dann dem Harn eine Auflösung
von Kupfervitriol zu, vermischt daher etwa 25 Tropfen
Urins mit 2 Tropfen des gelösten Kupfervitriols (2 auf
25 Flüssigkeit); das dadurch entstandene Kupfer-
oxydhydrat hat die Eigenschaft, wenn es nun gekocht
wird, dass das Kupferoxyd frei wird, und dieses ist
schw,arz; ist nun Zucker im Harn, so wird das Oxyd
in ein Oxydul verwandelt und dieses ist gelbröthlich.
Ist kein Zucker darin, so muss er so behandelt beim
Kochen schwarz oder dunkelbraun bleiben. Es entsteht durch obigen Zusatz des Kupfervitriols eine
blaue Färbung, welche bei vorhandenem Zucker viel
intensiver zu sein scheint, als wo dieser fehlt, die
auch bei einem grössern Kalizusatz mehr grün als
blau ist. Erwärmt man die Flüssigkeit in einem Pro-
birgläschen bis zum Kochen, so verschwindet die
blaue Farbe, es entstehen gelbe Flocken. Die Flüssigkeit wird ausserordentlich trübe und lehmig, wenn
sie Traubenzucker enthält, und nach verschieden
langer Zeit fällt ein brauner Niederschlag zu Boden,
der sich an die Wand des Gefässes dicht anlegt; sie
wird hingegen bei nicht zuckerhaltigem Urine auch
gelb, aber nicht lehmig, und es setzt sich entweder
ein weisser oder ein gelber, oder ein gelbrother,
aber niemals ein kupferfarbener Bodensatz ab, der
weisse wird beim längeren Liegen zuweilen, jedoch
keineswegs immer, dunkel und schwarz (oxydirtes
Kupfer). — Die Methode von Reich beruht darauf,
dass Salzsäure den Zucker beim Erwärmen in einen
schwarzen harzartigen Brei verwandelt. Werden auf
4 Tropfen Salzsäure 10 Tropfen Urins gebracht und
diese Mischung gelinde erhitzt, so entsteht ein
zuckerhaltiger Urin, ein sehr intensiv schwarzer
klebriger Fleck, im gesunden hingegen ein schmutzig
hellröthlicher. — Harnzucker bildet mit Kochsalz
ferner grosse mächtige Krystalle; man lässt den Harn
auf dem Ofen eintrocknen und krystallisirt das Residuum (auf ℥j Harn nimmt man eine Messerspitze
Kochsalz zum Versetzen). — Eine andere Probe, den
Harn auf Zucker zu untersuchen, welche Probe auch
dazu dient, die Galle im Urin nachzuweisen, ist
folgende. Harn wird mit einer Auflösung von Galle
gemischt, und diesem Gemenge ein paar Tropfen
concentrirter Schwefelsäure zugesetzt; es entsteht
dann eine braunrothe Färbung, wenn kein Harnzucker vorhanden ist, ist aber solcher vorhanden,
so entsteht eine schöne intensiv violette Farbe im
Urin. Will man auf Galle untersuchen, so bringt
man etwas Zuckerwasser zu dem mit Schwefelsäure
behandelten Urin, um die violette Farbe zu erzielen.
Ein sehr einfaches Mittel, den Diabetes mellitus zu
diagnosticiren, ist folgendes: Jeder Tropfen Syrup
nämlich, selbst sehr verdünnter, den man auf dunkles
Leinwandzeug bringt, gibt nach dem Trocknen, na-

mentlich wenn man ihn reibt oder kratz, einen sehr
dentlichen, kreideweissen Fleck. Häufig bilden sich
solche Flecke auf den Kleidern und Schuhen Diabe-
tischer von selbst. In zweifelhaften Fällen braucht
man also nur ein paar Löffel voll Urin über der Flamme
eines Kerzenlichtes abzudampfen, bis auf $1/5$ oder $1/6$
des ursprünglichen Volumens, um damit nach dem
Erkalten ein Stück dunkles Zeug zu beflecken. Es
bildet sich dann bei Gegenwart von Zucker unfehlbar
nach dem Trocknen ein Fleck von der geschilderten
Beschaffenheit.

Therapie. Die Reizbarkeit der Nieren verlangt
Opium, Tinctura thebaic. bis zu ʒjj in 24 St., Ol.
Hyoscyam. in die Renalgegend und den U.L. einzureiben. Antreibung der Hautsecretion durch Dampfbäder, der Darmsecretion durch Senna und Jalappa.
Ist die Reizbarkeit getilgt und die Secretion in den
übrigen Organen hergestellt, so gibt man Tinct.
Cantharid. mit 2—3 gtt. alle 2—3 St. anfangend und
so steigend, bis die Kranken dumpfen Schmerz in
der Renalgegend bekommen, sodann setzt man aus,
bis diese Erscheinungen verschwunden sind und
beginnt dann wieder. Die Säurebildung fordert Absorbentia. Die Nahrung bestehe aus Fleischnahrung
und Wein. Zucker- und Salzmehl-haltige Speisen
hat der Kranke ganz zu vermeiden und es sind zu
empfehlen: Fleisch, Fische, Bier, Sauerampfer, Spinat,
Lattich, Cichorie etc. Natrum phosphoricum soll mit
Milch oder Molken als Getränk mit öligten Einreibungen und mit China, Opium und Fleischnahrung
verbunden, von grossem Nutzen sein. — Creosot
wird gerühmt. — ℞ Ungt. rosmarin. Compos. ʒjjj;
Balsam. peruvian. ʒjj; Liquor. ammon. caust. ʒβ;
Tinct. cantharid. ʒjj; zur Einreibung in die Lenden.
℞ Morph. acet. gr. xv; Cupri sulph. ammoniat. ʒβ;
Fel. tauri, quass., ana ʒjv. M. f. pil. Nr. 100. Morgens
und Abends 5 Pillen. — Sobald der gänzliche Unter-
gang der Geschlechtslust, die veränderte geruchlose
Beschaffenheit des copiösen Harnes und der vermehrte Hunger und Durst über diese Krankheit keinen
Zweifel mehr lassen, verordnet N e u m a n n ausser
zweckmässiger Diät, Wärme der Genitalien, Vesicans aufs Kreuzbein, den Balsamum peruvianum in
Aether oder Alcohol gelöst, so dass der Kranke anfangs täglich ʒj Balsam nimmt; allmählig lässt man
ihn zum 4fachen dieser Dosis steigen. Nach dem
10ten Tage hat der Urin keinen Zucker mehr, aber
seinen eigenthümlichen Geruch wieder; dabei muss
der Kranke jedoch den Balsam fortgebrauchen und
sich sehr hüten, dass er nicht von der wiederkehrenden Geschlechtslust zu frühen Gebrauch mache.
Man kann den Balsam am leichtesten in Substanz
auf angefeuchteten Oblaten nehmen; sollte er etwas
Durchfall erzeugen, so bestreut man jede Dosis mit
etwas Pulvis gummi arabici, es werden selbst ʒjβ—jj
Balsam pro die in 3 Dosen auf diese Weise leicht
ertragen. In neuerer Zeit hat man von Carlsbad aus
den dortigen Mühlbrunnen als specifisch gegen Diab.
mell. gerühmt.

Harn-Schärfe. S. Urodialysis.

Harn-Verhaltung. S. Harnblasenkrankh. Nr. 3.

Harnwerkzeuge. Rademacher's Mittel auf die Harnwerkzeuge.

Die Urinwerkzeuge werden ebenso, leicht als andere Organe consensuell afficirt. So werden durch ein Urleiden der Leber, der Milz u. s. w. die Nieren consensuell afficirt, und daraus entsteht leicht eine Wassersucht, welche nicht durch urintreibende, oder purgirende, sondern durch Leber-, Milzmittel u. s. w. gehoben werden müssen. Eine Affection des Gesammt-organismus kann ebenfalls in den Nieren obwalten, die Urinabsonderung entweder vermehren oder ver-mindern, wodurch dann Wassersucht oder Harnruhr entsteht. Solche Wassersuchten oder Harnruhren werden durch die Universalmittel gehoben (Natrum nitricum, Eisen, Cuprum). Hier handelt es sich nur um solche Mittel, welche Urleiden der Urin-werkzeuge, respect. der Nieren heben. Die consen-suellen Leiden, welche durch Uraffection der Nieren entstehen, sind: halbseitiges periodisches Kopfweh, Husten mit Auswurf, asthmatische Zufälle, anhal-tende Uebelkeit, welche keinem Magenmittel weicht, wirkliches Erbrechen, Schmerzen der Därme von verschiedenen Graden, chronischer Durchfall, oder chronische Hartleibigkeit, Harnwinde, Bauch- oder allgemeine Wassersucht, Schmerzen in den Fersen oder Ballen der Füsse und bei Weibern Mutterblut-flüsse. Da nun beim Urleiden der Nieren, nicht selten, sondern in vielen Fällen die eigentlichen Urinbeschwerden ganz fehlen, der Urin zwar zu-weilen wohl dunkelbraun, zuweilen blos trübe, schlei-mig oder fettig ist, in andern Fällen aber von dem gesundheitsgemässen weder in Farbe, noch in son-stiger Beschaffenheit abweicht, so ist offenbar, dass das Urleiden der Nieren zuweilen wohl leicht, in vielen Fällen aber auch ausserordentlich schwer zu erkennen sein müsse. Es kann nicht allein die Menge des Harns sehr vermindert sein bei den Was-sersuchten, sondern auch die Qualität kann verän-dert sein, und zwar nicht allein von Farbe und Con-sistenz, sondern in Beziehung auf seine chemischen Eigenschaften. Jeder gesunde Harn ist sauer. Gleich-wie die Säure im Magen und in den Därmen überhand nehmen und die Verrichtung dieser Organe auf man-cherlei Weise stören kann, ebenso kann auch die Harnsäure in den Nieren überhand nehmen und die Verrichtung derselben also stören, dass daraus be-hinderte Urinabsonderung und Wassersucht entsteht. Wer diese Wassersucht mit solchen Mitteln behan-deln will, welche gesunde Nieren zur vermehrten Harnabsonderung reizen, der macht die Sache eher schlimmer als besser. Hier sind Magnesia, Kalk-wasser und die Laugensalze, namentlich Ammonium carbonicum die einzigen urintreibenden Mittel, sie mindern die Harnsäure und nehmen die materielle Ursache der gestörten Nierenverrichtung hinweg, wo dann die Urinabsonderung wieder zum Normalzustand zurückkehrt.

Es gibt einen Urkrankheitszustand der Nieren, bei welchem die Absonderung des Harnes vermindert

ist, und wo eigentliche Diuretica, solche Mittel,
welche die Nieren direct zur Urinabsonderung reizen,
wahrhaft hilfreich sind. — Es entsteht zuweilen eine
Wassersucht rasch in wenigen Tagen nach Erkältungen, namentlich des Rückens und der dort gelegenen Nieren. Ein Schütteltrank aus Glaubersalz
und Jalappapulver in reichlicher Menge stündlich
genommen, entleert dann das Wasser und stellt antagonistisch die unterdrückt gewesene Urinabsonderung wieder her. Eigentlich urintreibende Mittel sind:
der Tartarus boraxatus ℥j auf ℔ j Wasser.
Semen Colocynthidis, wenn die Wassersucht
allzeit ihren Urgrund in den Nieren hätte, und durch
urintreibende Einwirkung auf die Nieren zu heben
wäre, so würde man weit öfter damit heilen können,
als wirklich der Fall ist. Sie ist weit häufiger entweder consensuelle Nierenaffection, oder eine in den
Nieren vorwaltende Affection des Gesammtorganismus, wesshalb die eigentlichen urintreibenden Mittel
begreiflich in den wenigsten Fällen Heilmittel sein
können. Die Samenkörner der Coloquinthen haben
bei weitem die Bitterkeit des Fleisches nicht. Die
Tinctur hat schwache laxirende Kräfte. Die grösste
Gabe ist wohl 4mal des Tags 30 Tropfen. Das 3te
Mittel ist der gewässerte Mohnsaft, 3, 4,
höchstens 5 Tropfen Mohnsafttinctur mit einem Maasse
Wasser vermischt und in 24 Stunden verzehrt. —
Heilmittel auf die Harnblase und Harn-
röhre. Fungi oder Glomeres Cynosbati (Schlaf-
kunze) wirken heilend auf Urinbeschwerden in dem
Blasenhalse und der Harnröhre, und zwar in den
ernsthaften Fällen von Strangurie und Harnverhaltung, welche in der Blase ihren Sitz haben. Tinctura Glomer. Cynosbati alle Stund oder alle 2 Stunden 30—40 gtt. oder auch ℥j mit ℥vij Wasser und
etwas Schleim alle Stunden 1 Essl. voll von Liquor
ammonii sulphurati zu 5—6 Tropfen mit ½ Tasse
Milch alle 2 Stunden gereicht gegen Harnröhrenstran-
gurie. — *Nierenmittel.* Ein Organheilmittel auf
die Niere ist: Cochenille gegen entzündliche
Schmerzen in der Niere, allein nur selten offenbart
sich die Krankheitsstätte ganz deutlich in der Niere,
so dass der Schmerz schon beim Fingerdrucke zunimmt, selbst bei Steinsüchtigen geschieht dieses
nicht immer, und die Cochenille ist doch angezeigt,
wenn auch andere consensuelle, stark vorwaltende
Leiden den Arzt in die Irre führen können. Sind
vorherrschende gastrische Schärfen dabei, dann muss
man freilich erst andere Mittel geben, bevor man zur
Cochenille greift. — Nierensteine machen gerne bei
Weibern Mutterblutflüsse und heftige Leiden der
Blase und Harnröhre, auch Rücken- und Bauchschmerzen sind gemeine Zufälle des in einer Niere
tobenden Steines. (℥j Magnesia usta, ℥jj Coccionillae
und ℥xvj Aqua zum Schütteltrank gemacht, stündl.
davon 1 Essl. voll zu nehmen.) Die Magnesia usta
wegen der reichlichen Harnsäure, die bei solchen
Leiden vorkommt. Gibt man die Cochenille in Pulverform, so lässt man ℥jj Sacch. lactis mit ℥jj Cochenille zu Pulver machen und 5mal des Tags 1 Theel.

voll davon nehmen. Als Nephriticum hebt die Cochenille consensuelle von einem Urleiden der Nieren abhängende Kopf- und Gesichtsschmerzen. Die Harnruhr ist zuweilen ein in den Nieren vorwaltendes Leiden des Gesammtorganismus : aber auch blosses Urleiden der Nieren und ist in diesem letzten Falle oft sehr hartnäckig, und es möchte die Cochenille dagegen hilfreich sein. Ein sehr altes und gutes Nierenmittel ist die Goldruthe, Solidago virga aurea. Vorzüglich ist sie bei acuten gastrischen Fiebern da heilsam und nützlich, wo bei deutlicher Besserung der Urin dunkel und trübe wurde, und wo entweder die Besserung steht oder weit langsamer fortschreitet, als sie thun sollte. Radem. glaubt nicht daran, dass solcher dunkle, einen dicken Bodensatz annehmende Harn kritisch sei, er glaubt nicht an solche fabelhaft kritische Entleerungen, bei denen er die Besserung nicht schnell voranschreiten, sondern weit eher stillstehen oder zögern sieht. Die Goldruthe gibt Radem. immer als Infusum, man lässt täglich β mit 5 Tassen kochenden Wassers 1/2 Stunde lang ziehen, dann abziehen und den Aufguss kalt oder warm, wie es die Leute gerne haben, durch den Tag verzehren. — Ueber Nierensteine und Nierensand spricht Radem. sich folgendermassen aus: dass man aus gewissen eigenthümlichen Zufällen das Vorhandensein der Nierensteine sollte erkennen können, ist unwahr. Zuweilen machen sie Lendenschmerzen und Harnstrenge, in welchem Falle sie leicht zu muthmassen sind, zuweilen aber wirken sie gar nicht feindlich consensuell auf die Harnblase und auf die Röhre, sie machen Zufälle gerade wie jede andere Nierenaffection, welcher nicht der mechanische Reiz der Steine zu Grunde liegt. Husten, Brustkrämpfe, Seitenstechen, anhaltende Uebelkeit, chronischer Durchfall oder Verstopfung, aashaft riechender Harn, Schmerzen in den Fersen und Ballen der Füsse, und bei Weibern Mutterblutflüsse und Hysterie sind so die gewöhnlichen Begleiter der Nierensteine, wenn sie ein wenig in Unruhe sind. Seltener sieht man anhaltenden Stuhlzwang, Hüftweh, Lähmung der untern Extremitäten. Sind sie ganz in Aufruhr, so sind heftige Colik mit Erbrechen, und bei Körpern, welche Neigung zu Krämpfen haben, allerlei Krämpfe, denen man allerlei Namen geben könnte, die Folge davon. Wenn sie ganz ruhig sind, hat der Kranke gar kein Leid von ihnen. Mancher Kranke, der offenbar steinsüchtig ist, hat allerlei Plage von den Nierensteinen, nur keine Urinbeschwerden, es gehen ihnen Steine ab, z. B. von den braunen, welche krystallisirte Harnsäure sind, wo also kein Irrthum stattfinden kann. Man hat die Bittersalzerde als ein specifisches Mittel gegen Nierensteine empfohlen, und es ist die Magnesia mit Recht als schätzbares Nierenheilmittel zu erklären, aber dem Kalkwasser ist sie doch nicht unbedingt vorzuziehen. Manchen Steinsüchtigen thut die Magnesia, Manchen das Kalkwasser bessere Dienste. Jedenfalls müssen Solche, die an Nierensteinen leiden, Jahre lang sich vor Erschütterungen, vor übermässigem Essen u. dergl. Dinge, welche die Nierensteine in Aufruhr bringen, hüten, wahrscheinlich löst weder die Magnesia, noch das Kalkwasser die Nierensteine auf, wenn sie auch Jahre lang genommen werden, sondern sie beschwichtigen eben nur die Aufregung dieser Gäste. Die Nierensteine haben gewöhnlich eine längliche Gestalt und wenn sie mit ihrem Längendurchmesser in die Quere der Harnleiter kommen, so können sie Entzündung des Harnleiters oder Nierenbeckens und den Tod bewirken. Warme Bähungen der Nierengegend thut zur Beschwichtigung des Aufruhres durch Nierensteine sehr gut. Weizenkleie mit warmem Wasser angemengt, thut man in einen Sack und lässt den Kranken sich darauf legen. Strangurie von Nierensteinen hat in einzelnen Fällen das Eigene an sich, dass sie plötzlich verschwindet, oder ein paar Stunden schweigt, und dann plötzlich wieder erscheint; ja zuweilen kann das plötzliche Wiedererscheinen nur augenblicklich sein, wie ein Blitzstrahl. Den Weibern sind Nierensteine, wegen der Mutterblutflüsse, welche sie verursachen können, gefährlich. Ueber die Erkenntniss der Nierensteinkrankheiten bemerkt R a d e - m a c h e r, dass man sich d e n Gedanken ganz aus dem Kopfe schlagen müsse, als verriethen Nierensand und Steine sich vorzüglich durch gestörte Verrichtung, oder gar durch schmerzhaft gestörte Verrichtung der Harnorgane. Dieser Gedanke ist desswegen grundfalsch, weil man solche Störungen nur in den wenigeren Fällen beobachtet. Alle chronischen Krankheiten, mit wenigen Ausnahmen, können dunkle Offenbarungen des besprochenen Uebels sein, namentlich: chronischer Stuhlzwang, chronischer Durchfall oder Verstopfung, schmerzhaftes Leiden der Milz, ja greifliche Auftreibung derselben, schmerzhaftes Leberleiden, selbst Gelbsucht, Bauchschmerz, Husten, mit oder ohne Auswurf, vorübergehende asthmatische Zufälle, halbseitiges Kopfweh, Lähmung der untern Extremitäten, Hüftweh, Wassersucht, Auszehrung, Störung der Verdauung, grosse Geneigtheit zur Säureerzeugung im Magen und Darmkanal, chron. Erbrechen, Hysterie und Mutterblutflüsse. Die genaue Diagnose kann nur geschehen durch Untersuchung des Harnes.

Haut-Ausschläge. S. Exantheme.

Haut-Empfindlichkeit. Hyperophia.

Abnorme Empfindungen im Hautorgane sind nicht immer gleich, bald stechend, brennend, prikelnd, juckend, bald fix, bald vag. Es sind Individuen mit reizbarer Constitution und stets Krankheiten vorhanden, mit welchen eine erhöhte Empfindlichkeit der Haut verbunden zu sein pflegt, als Wasserscheu, Gicht, Hysterie, Hypochondrie, acute und chronische Exantheme; auch Erkältung einer sensibeln Haut ist häufig Ursache.

Therapie. Hebung der erregenden Ursachen und Beseitigung der hier in deu Nerven des Hautorgans vorwaltenden erhöhten Reizbarkeit durch Liquor Mindereri, Pulv. Doweri, Opium, Hyoscyam., Camphor., Liquor C. C. succ.; äusserlich laue Bäder aus

Milch, Seife, Dct. Sambuc., Capit. Papav., Lein- und
Hanfsamen, Schwefelbäder; man gebe zu stets kühlern
Bädern über und schliesse mit Eisenbädern.

Haut-Krankheiten. S. Exantheme, chron.

Haut-Wassersucht. Anasarca.

Symptome. Das Zellgewebe der Haut wird mit
seröser Flüssigkeit gefüllt, das Fett verschwindet,
die Haut schwillt an, wird teigig, verliert ihre Elasticität und behält den Eindruck des Fingers fest, wird
ausgedehnt, entfärbt sich, wird mehr blass, durchsichtig, fühlt sich kalt, trocken an, so weit die Infiltration reicht. Die Kranken werden träger, scheuen
jede Bewegung. Dazu Beschränkung der Secretion
der Haut, wenig und mehr dunkel gefärbter Harn.
Bei schnell sich bildender Form ist Fieber vorhanden, sie verbindet sich gerne mit Erysipelas.

Diagnose. Bei Phlegmatia alba dolens sind es
erst kürzlich Entbundene, die befallen werden; die
Geschwulst ist äusserst schmerzhaft, prall und fest,
die Temperatur des Theils ist erhöht, es sind con-
comittirende Erscheinungen im Genitaliensysteme
vorhanden. Watson unterscheidet eine chronische
Wassersucht von Krankheit des Herzens und der
Lungen, und eine Hautwassersucht von Krankheit
der Nieren. Die erste erklärt W. durch Obstruction
und Ueberfüllung der Venen. Beide Arten unterscheiden sich ausser den Symptomen, welche die
kranken Organe darbieten, ziemlich sicher durch das
Aussehen des Kranken, indem bei Herzleiden die
Wangen und Lippen immer livid, oder mehr oder
weniger dunkel purpurroth gefärbt sind, während da,
wo die Nieren leiden, das Gesicht immer ganz blut-
los und von einer bräunlichen Blässe ist, welche dem
Erfahrenen die tiefsitzende Organisationsveränderung
anzeigt. Uebrigens verbinden sich zuweilen beide
Arten von Wassersucht.

Therapie. Man gibt Diaphoretica; bei entzündlicher Form aber mit Fieber schicke man eine V.S.
voraus und darauf ein Emet., lasse warme Getränke
trinken, Ammon. acet. oder muriat. mit Diuret.,
Pulv. Doweri. Bei der Form nach unterdrückten
Hautausschlägen, Antimon., Schwefelpräparate, Sulphur, aurat., Schwefelwasser. Bei den chronischen
Formen macht man topisch trockene Fomentationen
mit Kleiensäckchen, mit Aromaticis gemischt, selbst
mit Campher; Sand-, Aschen-, Dampfbäder. Bei
sehr bedeutenden Anschwellungen, Hinfälligkeit und
Schwäche mache man Scarificationen und wickle dann
den Theil nach der Entleerung des Wassers ein; auch
Waschungen mit Spirit. Formicarum etc. thun gute
Dienste, um den Tonus der Haut zu erhöhen. —
Vinum antimon. Huxh. in Verbindung mit Tinct.
Cantharid. gegen die nach Scharlach entstandene
Hautwassersucht. Jodtinctur innerlich zu 10 Tropfen
in 24 Stunden und äusserlich eingerieben gegen passive Anasarca. Kali carbonic. bei Anasarc. nach
Scharlach etc. Tart. emet. in refracta dosi gegen
die Form nach Scharlach. Umhüllung der Extremi-
täten mit frischen Birkenblättern. S. Wassersucht.

Heimweh. Nostalgia nennt man die Krankheit,

in die bei reizbaren Menschen das natürliche Schmerzgefühl, welches die Trennung vom Vaterhause und
vom vaterländischen Boden erzeugt, nach und nach
übergeht. Insbesondere werden von ihr diejenigen
befallen, die unter sehr veränderten Umgebungen und
ohne ununterbrochen beschäftigt zu sein in ein anderes Klima, namentlich die Bewohner hoher Gebirgs-
gegenden, z. B. die Schweizer, wenn sie in das flache
Land kommen. Das Heimweh äussert sich durch
einen hohen Grad von Traurigkeit, unter welchem
bald das ganze Nervensystem leidet. Das Gemüth
hat nur für die Idee des Vaterlandes und was an
dasselbe erinnert, Empfänglichkeit; der Wunsch und
die Verzweiflung dasselbe wiederzusehen, sind die
einzigen Empfindungen und Vorstellungen, welche
alle andere unterdrücken. Dieser Zustand steigert
sich bis zur Melancholie, welcher dann krampfhafte
Zufälle folgen. Die Respiration wird schwer, unterbrochen und besteht fast nur aus Seufzern, der Appetit verliert sich, eine Todtenblässe verbreitet sich
über das Gesicht, der Blick wird stier und matt; das
Herz schlägt unregelmässig und pocht bei der geringsten Bewegung; die Secretionen werden unregelmässig; nach den edelsten Organen entstehen Congestionen; der Schlaf flüchtig oder besteht höchstens
aus Träumen, welche die heimathlichen Gegenden
hervorzaubern. Dieser Zustand endet bisweilen in
plötzlichen Tod; gewöhnlich geht er aber in ein
schleichendes hektisch nervöses Fieber über, wo
dann die Rückkehr in die Heimath, oder die gewisse
Hoffnung, dass dies geschehen werde, das sicherste
Heilmittel ist. Noch gefährlicher ist das Heimweh,
wenn es sich zu andern Krankheiten gesellt. S. Melancholie, und Herz, gebrochenes. — Kleine Gaben
von Tart. emet. mit Camphor fand man beim Heimweh oft wirksam.

Heiserkeit. Raucitas. S. Aphonie.

Heisshunger. S. Gefrässigkeit.

Helminthiasis S. Wurmkrankheit.

Hemicranie ist eine Hyperästhesie der Kopfnerven. S. Kopfschmerz.

Hepatalgie, Hepatitis nervosa, nervöse Leber-
reizung.

Symptome. Plötzlich äusserst bitterer, pappiger
Geschmack im Munde, wobei jedoch die Zunge rein
und unbelegt bleibt, drückendes Gefühl in der Magengegend, die aber weich und schmerzlos beim
Drucke ist, Brechneigung, bitteres Aufstossen, nicht
selten stechender Schmerz im rechten Hypochondrio,
Leber nicht aufgetrieben, weich, Cephaloea gastrica,
Stuhlverstopfung, entweder kein Fieber, oder stoss-
weisse Fieberregungen, plötzlich Hitze, geröthetes
Gesicht, vermehrte Wärme, grosser Durst; nach
einiger Zeit verschwinden die Fiebersympt. wieder.

Diagnose. Von Hepatitis, Febris gastrica und
biliosa etc. unterscheidet sie sich durch den ausserordentlich bittern Geschmack, das bittere Aufstossen
bei reiner, wenig belegter Zunge, durch den Mangel
der objectiven Symptome in Leber- und Magengegend,

durch den Mangel des Fiebers und durch stossweise auftretende Fieberreize.

Therapie. Gleich ein Emeticum; bei starker Kopfcongestion in Folge unterdrückter Menses etc. muss man jedoch erst Blutegel an den Kopf setzen, sogar eine V.S. veranstalten, bei drohender Apoplexie die Haare abscheeren und kalte Fomentationen machen. Nach dem Emeticum reicht man die Säuren, Acid. Halleri, sulphuricum, und trägt Sorge für Stuhlausleerungen durch Klystiere u. Magnes. sulph., bei grosser Hitze mit einem Zusatze von Essig, bei Hysterischen Zusatz von Asa foetid. Dazu einfache vegetabilische Speisen, Limonade.

Hepatisation, eine *Pseudocrise* der Pneumonie. *Symptome.* Die Percussion ergibt einen dumpfen Ton, die Auscultation kein Respirationsgeräusch mehr. Die Lunge wird schwer, drückt abwärts gegen das Diaphragma und seitwärts auf das Herz, daher Unruhe und oft Erbrechen.

Therapie. Dauern die topischen Symptome der Pneumonie dabei noch fort, so sind, wenn sonst keine Crisen durch die Haut, den Schlaf, Urin etc. eintreten, starke Vesicantia, Waschungen, Camphor., gr. jj in etwa 24 St., Opium, gr. j—jβ in 24 Stund., Calomel, gr. β pro dosi zu geben. Sollten sich die Exacerbationen gegen Abend wieder heben, so mache man eine V.S. am Fusse zur Derivation.

Hepatitis. S. Leber-Entzündung.

Herzbeutel-Wassersucht. Hydropericarditis. *Symptome.* Gefühl von Druck u. lastender Schwere in der Herzgegend mehr gegen das Diaphragma zu, Unruhe und Angst, manchmal sogar heftiges Erbrechen, Eingenommenheit des Kopfes, Betäubung, selbst Delirien, Hervortreibung in Scrobiculo cordis. Ist die Wasseransammlung bedeutend, so findet man in der Herzgrube die Haut in Form eines Sackes hervorgetrieben, der bei der Percussion den Wasserton gibt. Die Kranken können auf dem Rücken nicht liegen, sie befinden sich besser in aufrecht sitzender Stellung oder in einer Seitenlage, sie klagen über Palpitationen des Herzens, obgleich man bei der Untersuchung den Herzschlag nicht fühlt, oder nur dumpf und matt. Zugleich hört man einen dumpfen, matten Ton in grossem Umfange und an diesen Stellen kein Respirationsgeräusch. Ist das Herz gesund, so hört man den Herzschlag gar nicht, oder nur undeutlich und mehr in der Tiefe; ist es mehr im Zustande der Hypertrophie oder anderweitiger Degeneration, so hört man den Herzschlag sehr heftig; der Puls ist klein, schwach, frequent; dazu Oedem der Knöchel und untern Extremitäten, Gefühl von Taubheit im linken Arme, Beschränkung aller Secretionen; ist oft mit Hydrothorax verbunden.

Diagnose. Die verbundenen Erscheinungen eines Herzleidens, mit denen der Hydropsie im Allgemeinen, und die der Percussion und Auscultation, der Mangel aller Erscheinungen einer Lungenkrankheit, sichern sie.

Therapie. Wo organische Herzfehler mit im Spiele sind, ist es gewagt, Digitalis zu geben. Diuretica,

Vesicantia auf die Herzgrube, Fontanell daselbst, Antihydropica. Paracentese des Herzbeutels durch das Brustbein. S. Wassersucht.

Herz-Entzündung und Herzbeutel-Entzündung. Carditis et Pericarditis.

Symptome. Gefühl von Druck und Brennen unter dem Sternum, mehr nach links sich verbreitend, Herzgespann; Athmungsbeschwerden, dumpfer Herzschlag, Ohnmachten, manchmal Erbrechen. Bei Carditis malt sich die Unruhe und Angst auf dem Gesichte ab. Fieber, paroxysmenweiser Husten, Palpitation des Herzens, Einschlafen des linken Armes. Die Auscultation und Percussion ergibt die Respirationsorgane gesund; Disharmonie zwischen Herz- und Pulsschlag, wie bei allen Herzkrankheiten. Ueber die Resultate der Auscultation und Percussion bei Herzkrankheiten und besonders der Pericarditis, vergl. „Herzkrankheiten." Gewöhnlich ist heftiges Fieber zugegen, einzelne Extremitäten, z. B. der linke Arm, das linke Bein sind schmerzhaft; Delirium und Beängstigung nimmt gegen Abend zu. Oft klagen die Kranken nur vorzüglich über den Kopf, während sie über Schmerzen im Brustkasten nicht klagen, und alsdann werden auch keine Unregelmässigkeiten im Herz- oder Pulsschlage wahrgenommen werden, und doch findet man bei der Section in Folge der acuten Entzündung in dem Herzbeutel 5 und mehrere Unzen trüber Serosität, mit pseudomembranösen Flocken vermischt, auf den beiden Blättern der serösen Membran hin und wieder falsche Membranen von netzartigem Ansehen, das Herz dunkelroth, mürbe, in der Herzsubstanz kleine Abscesse, mit Eiter infiltrirt, das Endocardium stark injicirt u. s. w. In anderen Fällen verspüren die Kranken blos ein bei körperlichen Anstrengungen zunehmendes unbehagliches Gefühl unter dem Sternum in der Magengegend, wobei das Gesicht blass und der Puls normal ist; diese Symptome halten oft 5 — 6 Wochen an und kehren paroxysmenweise wieder; die Schmerzen verbreiten sich über den linken Oberarm und dann erst tritt die Brustbeklemmung ein, wobei sich Gesichtszüge entstellen. Da wo die Symptome stürmischer auftreten mit Herzklopfen, stechenden Schmerzen in der Präcordialgegend, Athmungsbeschwerden und Ohnmachten etc., wo die Auscultation des Herzens krankhafte Zustände nachweist, da ist die Diagnose natürlich leichter. Die Herzentzündung hängt oft mit einer frübern oder gleichzeitig stattfindenden rheumatischen Krankheit zusammen. Man achte sehr auf den Umstand, dass bei Carditis oft die Symptome nur auf kein Gehirnleiden hindeuten, dass das eigentliche Herzleiden übersehen werden kann. S. Rheumatismus acutus.

Therapie. V.S., Blutegel 20 — 30, Einreibungen von Ungt. Merc., reizende Fussbäder, Abführmittel, Mittelsalze, Nitrum Digitalis, Calomel, strenge Diät. Ist die Form rheumatischen Ursprungs, nach der V.S. Tart. emet. zum Erbrechen, Vesicans in scrobiculo cordis, Diaphoret., Pulv. Doweri, Ammon. acet. Colchicum mit Opium. Bei der chron. Form unterhalte

man das Vesicans; ist ein unterdrücktes Exanthem
Schuld, so ersetze man es; ist Gicht zugleich vorhanden, so halte man sie fest durch Pradierische Ueberschläge; ist sie unterdrückt, so versuche man deren
Wiederherstellung. S. Gicht. Zur Unterstützung der
Crisen ℞ Stibii oxydat. alb., kali carbon., ana ℈j;
Flor. chamomill. ℈ij. Divid. in Part. ij. S. Alle St.
1 P. ℞ Stibii oxyd. alb. ℈ß; Syrup. amygd. ℥j; Aq.
sambuc. ℥v. S. Umgeschüttelt alle 2 St. ¼ Tasse
voll. Nach Bekämpfung der gefährlichsten Zufälle
der Herzentzündung bewährte sich Digitalis. ℞ Fol.
digit. gr. vj—℈j; Infund. aq. ferv. ℥vjj; Colat. adde nitri
depurat. ℈ij; Aq. lauroceras. ℈iij; Syrup. alth. ℥j;
Alle 2 Stund. 1 Essl. ℞ Calomel gr. xvj; Kermes.
mineral. gr. jv; Nitrat. potassae ℈jv; Magn. Edingb.,
sacch. alb., ana ℈ij. Divid. in part. 8. Alle 2 Stund.
1 Pulver.

Herz, gebrochenes, nach tiefem Kummer,
stillem Jammer; bietet im Gesichte schon einen
eigenthümlichen Ausdruck; dabei findet volles Bewusstsein statt. Fieberlosigkeit, ungestörte Functionen; der Ausdruck des Gesichtes ist traurig, leidend, theilnahmlos, im Uebrigen nicht zu beschreiben,
jedoch so, dass man es, wenn man es einmal, gesehen, nie mehr vergisst. Alle schwächenden Arzneien, namentlich V.S. bringen solche Leidende noch
mehr und noch schneller herab; alle Lebenskräfte
sinken dann plötzlich. Das Sensorium commune ist
leidend, es wird gleichsam gelähmt. die Lebenskraft
ist tief verletzt, man könnte solche Fälle als Melancholia attonita acuta oder chronica bezeichnen. Der Ausdruck des tiefsten Leidens und der
unendlichen Angst mit einem Mitleid flehenden Blick,
zugleich mit grosser Sanftmuth und Ergebung, begleitet oft auf charakteristische Weise Krankheiten
des Herzens. Die Kranken mit gebrochenem Herzen
sind von diesen Unglücklichen, welche die Welt eingebildete Kranke nennt. Dies ist eine unglückliche
Krankheit, doch ebenso gewiss eine Krankheit als
jede andere. Woher kommen denn die düsteren Gedanken von Krankheit und Tod, dieser Auflösungs-
zustand in dem Gemüthe des Menschen, der jede
Hoffnung in ihrem ersten Keime zerstört und Furcht
vor der Zukunft erzeugt? Woher entsteht er, wenn
nicht aus einer wirklichen, tief verborgenen Krankheit, aus einem noch unentwickelten, aber dennoch
wirklichen Leiden, das der Arzt mit Tausenden von
Namen bezeichnet, und doch nicht sagen kann, worin
es besteht? Ueberspannung der Nerven, Einbildun-
gen und eine Menge anderer Namen gibt man dieser
Krankheit, von welcher man behauptet, dass sie nur
durch einen festen Willen geheilt werden könnte,
wenn nicht die Natur der Krankheit einen Willen
verböte. Wenn man die Leute über solche eingebildete Kranke Wehe rufen und über ihr Leiden
lachen hört, so sollte man ihnen sagen: richtet nicht,
dass ihr nicht gerichtet werdet! Gewöhnlich greift
diese Krankheit die feine Organisation des Weibes
an; sie ist ebenso oft ein Symptom von einem Missverhältnisse im Leben, etwas, das so lange an der

Seele genagt hat, bis ihr Zwillingsbruder, der Körper, kränklich geworden ist; sie schreibt sich her von Missverhältnissen in der Familie, von Unglücksfällen, die früher eingetroffen, die plötzlich das Liebste entrissen haben, das man besass, mit einem Worte die Krankheit äussert sich bei allen denen, die mit der Gegenwart unzufrieden sind, oder die sich vor der Zukunft fürchten. Eine unglückliche Gattin, die ihr Unglück tief empfindet, eine Mutter, deren liebstes Kind ein Opfer der Plagen und des Todes geworden, wird eingebildet krank, denn das Herz ist ihr gebrochen und seine Kraft erschlafft. Die Seele überträgt ihre Leiden auf den Körper und nachher verzinst dieser das Kapital und verstimmt jetzt wiederum die Seele, wenn die Zeit oder Gewohnheit ihre Wunden sollte heilen wollen. — Auch mit N e r v e n a b z e h r u n g bezeichnet man oft dasjenige, was der Lieblingsausdruck der Engländer gibt, „am gebrochenen Herzen" sterben. Hektische Erschöpfung, Schwindsucht, besonders der Lungen, sind dann gemeiniglich der Ausgang des inneren Grames, oder Blässe, Abmagerung, ein mumienartiges Vertrocknen, ein dumpfes Hinschwinden machen sich bemerklich. Getäuschte Liebe u. dgl. sind gewöhnlich die Grundursachen, und es wird durch den unerwarteten, unverschuldeten Treubruch der Liebe der schöne Glaube an sich und die Menschheit mitgebrochen; es ist alsdann gewöhnlich schwer zu sagen, wie und wann ein primitives organisches Leiden begann, ob es schon voranging, ob es bloss folgte. So weit es gelingt, einen Einblick in die Psychopathogenie zu thun, wird man wohl annehmen dürfen, dass in den meisten Fällen, dem Schrecken des Gemüthes, dem tödtlichen Stiche, womit getäuschte Liebe, gebrochene Treue, verletztes Ehr- und Selbstgefühl den Mittelpunkt des geistigen Daseins verwundet, der auch unser organisches Centrum ist, gewöhnlich schon ein krankes Etwas voranging, ganz besonders ein schwaches Lungengewebe, und so durch Repercussion vom Gehirne aus der verderbliche Stoss bis hieher und weiter fortsetzte. Direct wird vor allen Nerven, wie in den meisten, vielleicht allen Gemüthsbewegungen, der Nerv. pneumo-gastricus ergriffen und entkräftet; so entartet das Gewebe geheim und still, in der Regel verhärtet es und wirkt nun von unten nach oben zurück, wird eine vermehrte krankmachende Ursache, indem sie in dem schon erkrankten Markleiden den belebenden Kreislauf stört, und dessen Nahrungsstoff vermindert und verdirbt; der Wurm des Todes wühlt alsdann in den verstockten Zellen und Maschen, die auch der Seele das Pabulum vitae zuwehen müssen, wenn sie leben, lieben und wirken soll. Die unglückliche Liebe untergräbt die Phase der Intelligenz und des Gemüthes, entweder nach einander oder zugleich; es geschieht entweder still und langsam, oder tumultuarisch und rasch; sie gehen unter wie das Schiff im Sturme nach kräftiger Gegenwehr, oder verschwinden vor den Augen wie ein anderes, dass aus der Höhe vom Blitz getroffen wurde, oder dessen Boden von unten leck geworden.

Der Grundcharakter der aus verschmähter und ver-
lorener Liebe entstandenen Seelenstörung ist immer
die Depression, und der selten ganz ausbleibende
Wechsel mit Exaltation ist nur die nothwendige Folge
des Gesetzes, nach welchem die dem Leben dienst-
baren Factoren sogleich einen Kampf mit einander
beginnen, wenn sie entzweit wurden, um sich wieder
zu versöhnen und ins Gleichgewicht zu setzen. Der
Stoss, der zuerst das Gefühl traf, wiederholt sich
bald im Denken und wollen, eine Paralyse im Leibes-
leben, sei sie noch so leise, ist in allen seinen
Sphären die Folge, sei es oben oder unten. Am meisten leidet das Luftorgan, zumal wenn eine schwache
Constitution oder krankhafte Anlage desselben sich
annehmen lässt, und durch dieses das Herz sympathisch mit, wenn Kränkung statt hatte. Es wirkt
oft der unerwartete Bruch der Liebe wie der Blitz
und Donner aus blauem Himmel, wie der Schreck,
er macht erstarren, er lähmt; der moralische Affect
richtet im Organismus dann grosse Verwüstungen an.
Der Ausgang ist dann zuweilen noch glücklich, wenn
Befriedigung erfolgt, indessen ist der Ausgang nicht
immer so glücklich, auch wenn letzteres geschieht.
Esquirol erzählt von einem Mädchen, dass sie
bereits mit ihrem Geliebten verlobt war, als Hindernisse eintraten und der Vater auf Entfernung des
Verlobten bestand. Gleich nach seiner Abreise verfällt sie in Trübsinn, spricht kein Wort mehr, verlässt das Bett nicht, verweigert jede Nahrung, und
alles stockt, wie jede Secretion. Nach 5 Tagen ruft
man den Geliebten zurück, es ist zu spät, am 6ten Tage
schon stirbt sie in seinen Armen. Vrgl. Geisteskrankh.
und Melancholie, zu welchen diese Formen gehören.

Herz-Hypertrophie u. Erweiterung. Hypertrophia cordis, Aneurysma cordis; kann mit und ohne
Erweiterung der Herzhöhlen vorkommen.

Symptome. 1) Einfache Hypertrophie. Ist das
rechte Herz ergriffen: heftiges Klopfen unter dem
Sternum gegen den Processus ensiformis, Pulsationen
der äussern Vena jugularis, Beklemmung der Brust,
Puls nicht sehr heftig. Ist das linke Herz ergriffen:
heftiger, voller, harter, gespannter Puls. Sind beide
Herzhälften ergriffen, so sind die Symptome vereint; dazu Ohnmachten, Gefühl von Taubsein im
linken Arme etc. 2) Hypertrophie mit Erweiterung
der Cavitäten. Man fühlt das Herz im ganzen Umfange schlagen; Percussion ergibt den Herzton an
Stellen, wo er nicht sein soll, ebenso ergibt die Auscultation den Herzschlag ausgedehnter als sie sollte
an. Linke Brusthöhle hervorgetrieben, Brustbeklemmung, trockener Husten, zuweilen mit Blut, asthmatische Erscheinungen. Dazu die allgemeinen Erscheinungen der Herzkrankheiten. Hat sich Wasser
im Herzbeutel ergossen, so sind die Pulsationen des
Herzens nicht mehr so heftig, wie früher.

Therapie. Grösste Ruhe, Abhalten aller Reize,
sowohl der körperlichen, als psychischen, des Coitus.
Zum Getränke leichte Säuren, Milch, Molken, Zuckerwasser, Offenhalten der Nieren- und Darmsecretion,
Digitalis mit Nitrum, Kali sulphur., Blausäure, Aq.

laurocerasi, man wechsle häufig mit den Mitteln. Aeusserlich Hautreize, kleine Sinapismen. Romberg empfiehlt als Rückbildungsmittel bei organischen Herzkrankheiten jugendlicher Subjekte sehr dringend ein Jahre lang unterhaltenes Haarseil in der Herzgegend. Bei der zweiten Form Moxa, Fontanell, Haarseil, Klystiere von Asa foetid., Hand- und Fussbäder mit Senf; bei heftiger Dyspnoe, Livor, eine kleine V.S. Die Behandlung der Vergrösserung und Erweiterung des Herzens ist bis heute noch eine unzulängliche. Die Valsalvische Methode lassen sich die Kranken selten gefallen, und überhaupt ist sie nicht immer nur bei rasch verlaufenden Hyperämien anwendbar. Die Hypertrophien verlangen örtliche Blutentziehungen, aber keine allgemeinen, wodurch nur der Körper im Allgemeinen herunter kommt. Wir besitzen ein anderes und zwar direct aufs Herz wirkendes Mittel im Merc. jodatus flavus (Protojod. merc.), so lange angewendet, bis tüchtiger Speichelfluss kommt; die Kranken bleiben im Bette; die Collatorien werden durch Harn- und Schweiss-treibende Getränke eröffnet, theils durch Abführungen; milde Diät. ℞ Pulv. jodat. flav. gr. xv succ. liquir. q. s. f. pilul. Nr. 30. S. mit einer Pille anzufangen und allmählig bis zu 8 Pill. im Tage zu steigen; kommt Salivation, so wird sie milde behandelt, durch diaphoret. Verhalten, Salbeithee zum Gurgeln.

Herzklopfen. Palpitatio cordis.

Symptome. Irreguläre, gewaltsame Bewegung des Herzens oder einzelner Blutgefässe. Es ist meist symptomatisch bei Hysterie, Hypochondrie, Abdominalreiz, Flatulenz, Verstopfung, Auftreibung der Unterleibsorgane, Würmern, Hämorrhoidalcongestion, oder auch allgemeiner Plethora, oder metastatisch von gichtischen, psorischen Krankheitsstoffen, organischen Herzkrankheiten; selten ist es eine idiopathische dynamische Herzkrankheit. S. Rheumatismus acutus. Auch in Folge chronischer Myelitis (Rückenmarksentzündung) kommt das Herzklopfen vor, das bis zu einem so hohen Grade steigen kann, dass man auf ein Aneurysma schliessen könnte. Serres erzählt einen Fall von Entzündung und Erweichung des Rückenmarkstranges, wo die Thätigkeit und die Pulsation des Herzens der Art war, dass man es mit einer Dilatation und Hypertrophie der linken Seite des Herzens zu thun zu haben glaubte. Die Section wies aber diesen Theil als ganz gesund nachher. Bei Personen, die öfters an Gliederreissen mit Anschwellungen der Gelenke, Rheumatismen überhaupt leiden, kommt es zuweilen zu Beklemmungen der Brust, reissenden Schmerzen im Arme, Herzklopfen, Unregelmässigkeit des Herzschlags, Bangigkeit, Athemnoth, der Ohnmacht sich nähernden Schwäche, zu wahren Herzkrämpfen, gegen welche Blutentziehungen verderblich einwirken, oder Hautreize, Aqua laurocerasi, Colchicum am Platze sind.

Therapie. Man suche die Krankheit auf, wovon es Symptom oder Folge ist; bei Haemorrhoidalcongestion gebe man Schwefel, lege Blutegel an den

After. Es ist oft Symptom der Arteritis chronica, gegen welches nur nach vorausgegangener strenger Antiphlogose in weitester Ausdehnung Moxa hilft, auf die Herzgegend gesetzt und nach Abfall des Schorfes ein Fontanell. Ist es idiopathische Krankheit, so gibt man Digitalis, wendet äusserliche Kälte 4mal täglich an. ℞ Extr. digit. — hyoscyam., Pulv. herb. digital. ana ℈j; F. pilul. gr. j. S. Früh und Abends 1 Pille und bei hartnäckigen Fällen 3—4mal täglich. Nervöses Herzklopfen wird durch Asa foet. öfters geheilt. ℞ Argenti nitr. fusi gr. j; Aq. aromat. ℥jj. D. S. Wohl umgeschüttelt tägl. 2—4mal 1 Theelöffel voll nebst strenger Diät gegen Krampfsucht des Herzens, Herzzittern und Herzklopfen. Tinct. ferri pomata gegen das Herzklopfen der Chlorotischen und solcher Personen, die langwierige Krankheiten bestanden haben. ℞ Ammon. muriat. mart., Galban ana ℈j; Asae foet. ℈jj; Castor. ℈j; F. pilul. gr. jjj; 2—3 Pillen Morgens und Abends bei chlorotischem Herzklopfen. Tinct. valerian. ammoniat. gegen das nervöse Herzklopfen, das den Magenkrampf zum Begleiter hat. Blausäure ℞ Acid. hydroc. Magendie ℈j; Aq. destill. ℥vj; Sacch. alb. ℥β. Morgens und Abends 1 Essl. ℞ Tinct. digital. ℈jβ; Succinat. ammonii ℈β; Laudani Syd. ℈j. 3mal täglich einige Tropfen bei Kindern. Zincum oxydat. alb. mit Krebsaugen gegen die Neurosen des Herzens. S. Herzhypertrophie. Es gibt Fälle, namentlich in den Entwicklungsperioden oder schon früher bei 9—11 und mehreren Jahren, bei denen allerdings das Herz vergrössert ist, und die zugleich nebst den Palpitationen alle sonstigen Erscheinungen eines Herzleidens und der Bleichsucht haben, selbst noch mit der Complication eines Fluor albus heimgesucht sind. Es gleicht die Natur, wenn sie unterstützt wird, die sonst verderblichen organischen Veränderungen des Herzens öfters wieder aus, wenn die Entwicklung vor sich geht und das chlorotische Blut weniger Herzirritation mehr verursacht. Bäder, Lohbäder, Eisenpräparate, Blaud'sche Pillen sind hier angezeigt; Fontanelle würden schaden. ℞ Limat. ferri ℈jj; Pulv. rhei, colombo — cinnamomi ana ℈jj; Extr. absynth., q. s. f. pilul. gr. jjj. S. Früh und Abends 4 Stück zu nehmen; je nachdem man mehr auf den Stuhl zu wirken hat oder denselben zu retardiren, vermehrt oder vermindert man die Dosis des Rheum und der Colombo. Unregelmässigkeiten im Puls- und Herzschlage, unzählbaren Puls und Herzklopfen beobachtet man manchmal auch alsbald nach Operationen. Man kann diese Symptome dann nur von einer grossen Störung in der Action der Herznerven herleiten, von einer fast gänzlichen Stockung der Thätigkeit beider Nervi vagi, die nicht mehr als Regulatoren der Herzbewegung fortrücken, während die einseitige Thätigkeit der andern Nervengarnitur des Herzens, der sympathischen Nerven, noch fortdauert. Eine Erregung des gesammten Nervensystems und speciell der Herznerven ist gegen eine solche Störung in der Action des Herzens das rationelle Mittel. Die Reizung des Nervensystems von der Haut aus durch Senfteige ist vor Allem zu empfehlen; innerlich Wein, Castoreum, Moschus.

Herzkrampf. S. Herzklopfen.

Herz-Krankheiten. Bei Untersuchung des Herzens durch das Stethoskop legt man dasselbe zuerst unter der Brustwarze an zur Erforschung von Geräuschen im linken Ventrikel; sodann applicirt man es, im gleichen Niveau bleibend, am rechten Sternalrand, wo die Geräusche des rechten Ventrikels zu vernehmen sind; hierauf geht man am benannten Sternalrand zum 3. und 4. Zwischenrippenraum, und von hier auf die gleichnamige Stelle der linken Seite, um hier die Geräusche der Pulmonalarterie, an ersterer Stelle jene der Aorta hören zu können. — Die Pericarditis ist wohl dasjenige Brustleiden, welches von allen am schwierigsten zu diagnosticiren ist. Zwar ist man schnell genug bereit, einen Ausspruch dieser Art zu thun, sobald man bei einem Kranken etwas rheumatischen Schmerz in der Herzgegend, Beengung, Fieber u. s. w., namentlich aber einen sog. leeren Percussionston in vergrössertem Umfange wahrnimmt. Aber ein derartiges Uebel wird in der Regel ohne klares Bewusstsein der bestehenden Verhältnisse, und somit ohne Sicherheit gethan. Ein geringes Exsudat im Herzbeutel ist mittelst der Percussion nicht zu erkennen. So lange die Pericarditis kein grösseres Exsudat gebildet hat, gibt die mittelst des Plessimeters vorgenommene Percussion keine von dem normalen Tone verschiedenen Resultate. Erst mit der zunehmenden Quantität der ergossenen Flüssigkeit steigt der leere Ton aufwärts bis zur Insertion der 3ten, selbst 2ten Rippe, erstreckt sich unter das Sternum, wo sonst der Ton sehr voll zu sein pflegt, bisweilen bis zur Insertion der oberen Rippen rechterseits.

Die Auffassung der Herzkrankheiten blos nach dem anatomischen Thatbestande, als locale Krankheit ist für den Arzt unfruchtbar, weil durch den Umstand, dass eine Krankheit eine organische ist, zugleich die Indicationen soviel als abgeschnitten sind. Aber schon dadurch, dass doch wenigstens ein Palliativverfahren zugestanden wird, muss man auf die praktische Seite dieser Krankheiten sich hingewiesen finden und sie nicht blos als örtliche, als idiopathische, feststehende Bildungsfehler betrachten, sondern wo möglich als den relativ örtlichen Ausdruck eines krankhaften Vorgangs in Angriff nehmen. Auch sind die Herzkrankheiten der Mädchen meistens symptomatische, vorzüglich Menstruallarven. Selbst diejenigen, welche die Mädchen vor der Geschlechtsreife befallen und bei denen die Symptome cyanotischer Natur sich mit den stethoscopischen Zeichen des passiven Aneurysmas, der concentrischen Hypertrophie, der Klappeninsufficienz, der Aortenerweiterung verbinden, sind sehr oft nur der locale Wiederschein heilbarer allgemeiner Störungen. Die Verbesserung der Verdauung, die Einwirkung auf die Ausscheidung der Menstruen, die Berücksichtigung des wichtigen Heilobjectes der Metastase durch Auflegen von Seidelbast, die Ruhe der

oberen Körperhälfte, mässige Bewegung zu Fusse;
in Krankheiten der Innervation Belladonna, Aq. laurocer.; Kali carbon., bei Complication mit Hydro-
pericardien Coloquintenzusatz: stets offener Leib,
das salzsaure Eisen, der Fingerhut, die jedoch beide
eine ganz besondere Detailkenntniss zu wohlthätiger
Wirkung voraussetzen, die Tonica, Bäder und die
Milchkur — jedes dem passenden Orte und mit Sach-
kenntniss verbunden, oder getrennt, vermögen in
jüngeren Jahren die meisten Herzkrankheiten zu
heilen. Doch dauert die Kur ¹⁄₂—1 Jahr (siehe die
Bemerkung p. 247: Es gibt Fälle etc.). Bei dem
männlichen Geschlechte in den mittleren Jahren sind
consecutive Herzkrankheiten schon seltener und nicht
wohl zu heben. Sie sind wohl nie ohne gleichzeitige
Leberkrankheiten, namentlich Hypertrophie der Leber. Vergl. Leberkrankheiten. Sie sind ohne Functionsstörungen oder Störungen des Gemeingefühls
blosse Fehler und keine Krankheiten. Sie entstehen
gewiss selten primär im Herzen, wie ohnehin ein
Muskel nicht sehr zu Krankheiten reizt. Man denke
nur an den Einfluss der Anämie, der Chlorose, der
Tuberculose, des Rheumatismus, der Haemorrhoidal-
und Gichtkrankheiten, der Hysterie, des Keuchhustens und der Affecte. Ohne Seidelbastableitung,
ohne Milch und Digitalis ist keine Herzkrankheit zu
kuriren. Unter den Männern findet man am meisten
die Bäcker, Schmiede, Gerber und Schuster herz-
krank, sodann die Gelehrten, Haemorrhoidarier und
sodann die Phthisiker.; ferner die scrophulösen Kinder, die Schwangern, Chlorotischen und die Baum-
wollenspinnerinnen in Fabriken. Auch scheint in
einigen Familien das Herz erblichen Krankheiten
unterworfen zu sein. An manchen Orten trifft man
ziemlich viele Herzkranke, an andern, wo andere
Krankheiten sind, fast keine. In manchen Fällen
sind gewisse allgemeine Symptome (verschiedene
Schmerzen) die einzigen, welche die Aufmerksamkeit
der Patienten erregen, die keine Ahnung davon haben, dass sie mit einer Herzkrankheit behaftet sind.
Andere Patienten bemerken allerdings, dass ihr Herz
nicht seine normale Thätigkeit ansübe, allein andere
Symptome bestimmen sie weit mehr und sind ihnen
viel lästiger. Diese fraglichen Symptome aber (verschiedenartige, gleich zu bezeichnende Schmerzen)
rühren zuweilen von einer functionellen oder organischen Verletzung des Herzens oder der grossen Gefässe her, und es sind daher diese Symptome öfters
wahrscheinliche Zeichen des Vorhandenseins einer
functionellen oder organischen Verletzung des Herzens oder der grossen Gefässe. Indessen sind diese
Symptome nicht allzeit vorhanden; sie fehlen manchmal dei den Herzkrankheiten und sind auch manchmal vorhanden, wenn diese Krankheiten fehlen; allein in sehr vielen Fällen, zumal wenn diese Symptome in hohem Grade stattfinden, wenn sie häufig
wiederkehren, und mehrere derselben zugleich vorhanden sind, ist ihre Verbindung mit einer Herzkrankheit nicht zu verkennen. Diese Symptome sind
folgende: **Krämpfe** in den untern Gliedmassen, Wa-

den, Zehen, Fusssohle, Unterschenkel, Knien und
in den Weichen, bei Manchen auch an mehreren
Stellen der Beine zugleich. Nächstdem zeigen sie
sich am häufigsten in der Gegend des Os maxillare
inferior, hinter den Aesten dieses Knochens, oder
an den Kieferwinkeln, oder an den Wangen; zuweilen haben sie ihren Sitz hinter den Ohren, auch am
Halse. Dann sind auch die Arme oft der Sitz der
Krämpfe, entweder nach ihrer ganzen Länge oder
blos an dieser oder jener Stelle, z. B. an den Schultern, Oberarmen, Vorarmen, Händen. Am Rumpfe,
z. B. am Rücken der Venen, sind sie ebenfalls nicht
selten; auch in der Harnröhre manchmal. Manchmal
kommen diese Krämpfe nur auf der einen Seite des
Körpers vor, manchmal aber wird bald die eine, bald
die andere Region davon befallen. Schmerzen,
unangenehme Empfindungen, welche nicht den Charakter der Krämpfe haben. Es ist hier nicht etwa
von rheumatischen Schmerzen die Rede, deren Zusammenhang mit den Herzkrankheiten sich von selbst
versteht, sondern von jenen plötzlich eintretenden
und vorübergehenden Schmerzen verschiedener Art;
Schiessen, Brennen, ein Gefühl als ob man mit einer
Spicknadel durchstochen würde, Prickeln, Reissen,
Knallen oder Bersten, oder auch nur eine allgemeine
oder örtliche Mattigkeit; Steigerung der Empfindlichkeit der Haut. Diese verschiedenen Empfindungen können in jedem Körpertheile verspürt werden.
Die schiessenden Schmerzen finden gewöhnlich in
den Knien, an dem hintern und äusseren Theile der
Schenkel, am hinteren oder vorderen Theile der
Unterschenkel, in der Lendengegend, an den Schultern, am vorderen Theile des Thorax, an den Seiten
des Halses, am Bauche, an den verschiedenen Gelenken der Extremitäten statt. Das Brennen wird
insbesondere an den Gelenken der Extremitäten, oder
an den mitten zwischen den Gelenken liegenden
Theilen der Extremitäten gefühlt. Ueber ein Stechen
oder Gefühl, als ob ein spitziges oder schneidendes
Instrument eingestossen werde, klagen Kranke in
der Gegend der Weiche, da wo der Samenstrang
durchstreicht, und im Verlauf der Harnröhre; man
habe die Empfindung, als ob Schenkel und Arme ab-
gerissen würden. Der gewöhnliche Sitz des Prickelns
ist die Fusssohle oder in den Fingerpolstern, oder
der oberen Seite der Zehen. Platzen und Knacken
kommt in den Gelenken der Extremitäten, an den
Hüften, dem Knie vor. Gleich den Krämpfen nehmen diese verschiedenen Arten von Schmerz bald
nur eine Stelle, bald mehrere Körpertheile zugleich
ein. Bei Manchen treten sie an der vorderen, bei
anderen an der hinteren Seite der Glieder und des
Rumpfes auf, oder sind auf eine Seite des Körpers
beschränkt. Sie sind festsitzend oder fliegend, zuweilen treten sie unter der Form von Anfällen auf.
Zittern an verschiedenen Körpertheilen, den unteren Extremitäten, in der Brustbein- und Praecordialgegend. Eine sehr gewöhnliche Empfindung ist die,
als ob eine kalte Flüssigkeit in den Armen oder
Beinen circulire. Ameisenlaufen, Gefühl von

Taubheit in den Extremitäten, auch am Halse. Vermehrung der Muskelcontractionen, so dass schmerzlose Contracturen, Steifheit der Extremitäten entstehen. Unruhe, d. h. unwiderstehliches Bedürfniss, gewisse Körpertheile, besonders die Gliedmassen, zumal die unteren, zu bewegen. Pulsiren und Klopfen in verschiedenen Körpertheilen, z. B. den Knien, Waden Schultern, an den Seiten des Halses, den Schläfen, um die Ohren her, am Rücken etc.

Von den so eben beschriebenen Empfindungen ist zuweilen nur eine einzige vorhanden, und in diesem Falle befinden sich besonders die Krämpfe; weit häufiger zeigen sich jedoch an demselben Subjecte mehrere dieser Symptome zugleich, z. B. Krämpfe und Unruhe, oder Krämpfe und Schmerzen und Pulsationen, oder Taubheit, Schmerzen, Zittern u. s. w. Bei Manchen hat die abnorme Empfindung ihren Sitz bald an der einen, bald an der anderen Stelle; bei anderen entsteht sie gleichzeitig an mehreren Orten. Oft tritt sie in Form eines Anfalls auf, dessen Dauer mehrere Minuten oder Stunden betragen kann. Der Anfall tritt nicht plötzlich ein und beim Eintritt selbst ist erst der Schmerz am empfindlichsten. Bei Manchen erscheint der Schmerz nur ein- oder 2mal im Monat, bei anderen verlässt er den Kranken fast keinen Augenblick, und in diesem Falle hat die Krankheit oft den Typus der Unruhe. Die Symptome halten gewöhnlich mehrere Jahre über an und haben in manchen Fällen von vorne herein dieselbe Heftigkeit und Häufigkeit wie später. In anderen Fällen hingegen nehmen sie stufenweise zu und halten bis zum Tode an. Ziemlich oft nehmen sie an Heftigkeit und Häufigkeit ab, wenn die ächten Symptome der Herzkrankheiten deutlich und stärker hervortreten. Sie hören dann gar nicht selten auf, so dass man sie manchmal für Vorläufer dieser Symptome halten könnte. Indess gehen sie den gewöhnlichen Symptomen nicht immer vorher, sondern treten gleichzeitig mit diesen oder später auf. Wenn beide Arten von Symptomen bei denselben Kranken vorhanden sind, so wechseln sie mit einander ab oder sie können auch gleichzeitig auftreten. Die schmerzhaften Empfindungen, von denen hier die Rede ist, entwickeln sich oft des Nachts, oft auch bei Tage, auch des Morgens. Körperbewegung veranlasst zuweilen die Wiederkehr derselben, dagegen wird das Einschlafen u. dgl. zuweilen durch anhaltende Ruhe bewirkt. In manchen Fällen treten die krankhaften Empfindungen stets während der Verdauung ein. Besonders häufig zeigen sich die beschriebenen Symptome bei jungen Leuten und solchen im mittleren Lebensalter. Sie sind zuweilen mit starker nervöser Reizbarkeit verbunden, kommen auch bei Säufern, Solchen, die vielfach ergreifenden Kummer erlitten, bei Onanisten vor.

Die fraglichen Symptome scheinen an keine besondere Krankheit der Circulationscentren gebunden zu sein, denn sie sind in Verbindung mit mehreren derselben. Bei vielen indessen findet eine Hypertrophie des Herzens, entweder allein oder in Verbindung mit anderen organischen Leiden dieses Organs statt; bei anderen ist aber auch kein organisches Leiden des Herzens vorhanden, sondern sie leiden nur an nervösem oder durch Congestion veranlasstem Herzklopfen oder an vorübergehender oder chron. Plethora.

In Herzkrankheiten so wenig als in den meisten andern scheint es erlaubt, blos das Locale, den anatomischen Thatbestand zu erwägen, und das grosse Ganze nur als den Appendix zu betrachten. Die Erkenntniss des krankhaften Cardinalvorganges ist das erste, frühere, wichtigere. Bei Syphilis, Gicht und Scropheln ist uns mehr an dem specifischen Virus gelegen, als an der Form des Exanthems und der Desorganisationen, die aus ihnen entstehen. Warum sollte man dies nicht auch für Herzleiden geltend machen? Andererseits ist aber freilich ohne genaue Localdiagnose kein Thatbestand zu begründen, das Corpus delicti fehlt, und damit zugleich das Hauptmittel, um das Wesen des Krankheitsprocesses zu ermitteln, aus dem positiven Vorhandenen der mehr hypothetischen Wesenheit der Krankheit beizukommen, die Rückwirkung des Oertlichen auf das Allgemeine in Anschlag zu bringen und demnach die ärztlichen Eingriffe zu reguliren. Eine kurzsichtige Therapie neutralisirt die scharfsichtigste Localdiagnose. Bei der Therapie der Herzkrankheiten finden die dabei gebräuchlichen Mittel folgende Indicationen statt. 1) Blutentleerungen, allgemeine sowohl als örtliche, bei Entzündung des Peri- und Endocardiums; bei Bildungsfehlern, welche eine mechanische Ursache verschiedener Nachkrankheiten sein können, um die Blutmasse zu verringern; und bei Herznenrosen, verbunden mit Plethora, Congestionen, Entzündungszuständen etc. Contraindicationen sind: allgemeine Schwäche, schwacher Herzschlag, kleiner schwacher Puls; Cachexien, erkennbar durch eine gelbliche bleiche Färbung, allgemeine Schwäche, Schwerathmigkeit mit oder ohne kleinen Puls; gewisse organische Bedingungen, z. B. das Fehlen der Hypertrophie des linken Herzens. 2) Sedativa, unter denen die Digitalis oben ansteht. Sie fordert jedoch das Fehlen oder nur geringeres Vorhandensein des entzündlichen Elementes und Integrität des Verdauungsapparates. Ihre Hauptwirkung entwickelt sie gegen Ende der acuten Pericarditis und Endocarditis, in Störungen, die gewöhnlich Bildungsfehler und einfache Neurosen begleiten. Die Contraindicationen hat sie ziemlich gemein mit den Blutentleerungen, nur kann sie auch noch angewendet werden bei Neurosen oder Anämien und Cachexien mit übermässiger Herzthätigkeit. 3) Purgantia haben zweierlei Indicationen: a) eine Ableitung auf den Darm und b) die Entleerung einer mehr oder weniger bedeutenden Quantität Serums. Die erste Aufgabe hat statt bei Resten von Entzündungen und die 2te Wirkungsweise ersetzt gewissermassen die Aderlässe, indem sie Serum entfernt, während diese Serum und Fibrin entfernt. Bei Neurosen des Herzens sind sie weniger im Gebrauch, da sie im Allgemeinen das Nervensystem erschüttern; am häufigsten sind sie indicirt bei Complication von hydropischen Erscheinungen mit einem Bildungsfehler des Herzens. 4) D i u r e t i c a sind mehr gegen die Folgekrankheiten, die Hydropsie, gerichtet, als gegen das Herzleiden selbst; sie wirken meist nur, wenn sie zugleich purgiren; vorzuziehen ist hier die Digitalis, dann Nitrum und Kali aceticum, Colchicum und Scilla. 5) D i a p h o r e t i c a, sie stimuliren zu viel und verschlimmern daher öfters, auch contraindicirt sie die Dyspnoe, welche sie veranlassen, und so Gehirncongestionen bewirken, die Circulation beschleunigen. Spontaner Schweiss ist jedoch zu unterhalten; am besten ist noch das Pulvis Doweri und Bettwärme. 6) T o n i c a bei Cachexien und Dyscrasien: Eisen, Amara, China. A e u s s e r l i c h e R e v u l s i v a sind nur Adjuvantia. 7) H y g i e i n e : grosses Gewicht ist auf die moralischen Verhältnisse des Kranken zu legen.

Herzmittel. Mittel auf das Herz nach R a d e m a c h e r.

Der unregelmässige, aussetzende Herzschlag ist zuweilen eine im Herzen vorwaltende Affection des Gesammtorganismus, und steht unter der Heilgewalt eines der Universalien, Natrum nitricum, Eisen oder Kupfer. Oder er ist consensueller Art, hängt von der Affection eines anderen Eingeweides ab, und kann nur durch Hebung des Grundübels beseitigt werden. Die Affection der Baucheingeweide, der Leber, Milz, des Pancreas, des Pfortadersystems oder der Bauchganglien können ganz unregelmässigen Herzschlag machen, so dass sich auch wohl ein verständiger Mann täuschen und das Ganze für eine Uraffection des Herzens ansehen könnte. — In den Urleiden des Herzens, die nicht von angeborenen oder erworbenen Bildungsfehlern dieses Organs abhängen, und in denen davon entstehenden consensuellen Affectionen anderer Gebilde, ist die D i g i t a l i s wohl das beste directe Heilmittel. — Wenn junge Leute periodisches Herzklopfen haben, so wird dieses bisweilen mit den Jahren minder, und verschwindet wohl mit der Zeit gänzlich. — Die Digitalis hat eine direct heilende Einwirkung auf das erkrankte Herz; nur in unpassenden Gaben und zu anhaltend gebraucht, wirkt sie feindlich auf selbiges. Will man das kranke Herz heilen, so muss man alle feindliche Einwirkung vermeiden. R a d e m a c h e r lässt 10—15 Gr. des Krautes mit 8—12 ℥ Wasser bis zur Hälfte verkochen, und den Kranken von diesem Decoct 4mal des Tags 1 Essl. voll nehmen, so dass die Portion in 2—3 Tagen verzehrt wird. Sobald die consensuellen Zufälle, z. B. Athemnoth, Spannung in den Präcordien u. s. w. nachlassen, lässt man mit dem Arzneigebrauche aufhören, wenn gleich der verordnete Trank noch nicht ganz verzehrt wäre.

Bildungsfehler des Herzens sind bekanntlich nicht zu heilen, aber man kann doch viel zur Erleichterung des Kranken thun. Es scheint, dass heftige körperliche Anstrengung, durch Laufen, oder durch Heben einer Last, oder dass ein Sturz Bildungsfehler des Herzens veranlassen kann; bei alten Leuten macht zuweilen Verknöcherung der Herzklappen das Herzleiden.

Die consensuellen Leiden, die durch Herzfehler veranlasst werden, sind folgende: Brustwassersucht und folgende Bauchwassersucht; blutiger Auswurf; krampfhafte Affection des Luftröhrenkopfes, die sich als Erstickungszufälle äussert. Affection der Leber, häufiger jedoch mit krankhaft vermehrter, als mit verminderter Gallenabsonderung gepaart. Affection des Magens, die sich als Spannung in den Präcordien, oder als beständiges Uebelsein und mitunter als Würgen äussert. Affection der Nieren, die sich als öfteres, aber sparsames Harnen, oder als mehr oder minder behinderte Harnabsonderung und normwidrige Farbe des Harns offenbart; Zusammenziehung des Mastdarms, wodurch der Koth in ganz dünnen Kränzen zu Tage gefördert wird, mit öfterer Neigung zur Entlastung, als bei vollkommener Gesundheit. Endlich ein eigenes, nach Aussage der Kranken aus dem Oberbauche hervorgehendes, selbst bei mässiger Bewegung entstehendes Gefühl von Hinfälligkeit und Unmächtigkeit, welches nicht selten mit Würgen begleitet ist. Plötzlicher, unvorhergesehener, blitzschneller Tod. Vorübergehende Lähmung, auch Störung der Gehirnverrichtungen gesellt sich zuweilen zu Herzfehlern.

Die erleichternde Behandlung der Herzfehler (auf wirklich heilende muss man verzichten) fordert: man muss sorgen, das Wasser aus der Brust zu halten durch Digitalis. Diese hebt zwar auch zuweilen die consensuellen Leiden der Herzfehler, allein manchmal wird ein solches consensuelles Leiden zum wirklichen Urleiden, und man muss dann die Eigenmittel eines solchen unerkrankten Organs geben, z. B. Quassiawasser gegen die consensuelle Spannung im rechten Hypochondrio; oder Magnesia bis zum 3—4maligen täglichen Abführen gegen die gastrische Schärfe in Folge falscher Gallenabsonderung mit sehr bitterem Geschmacke. Nach Beseitigung solcher Zustände wirkt dann die Digitalis wieder besser. Ist der Gesammtorganismus erkrankt, so muss dieser erst zur Norm zurückgebracht werden durch das entsprechende Mittel, Natrum nitricum oder Eisen u. s. w. und dann erst wirkt die Digitalis wunderähnlich.

Nicht blos Herzleiden, sondern auch Bauchleiden können aussetzenden und seltsam schlagenden Puls machen, man kann von ihm aus nicht immer auf Herzfehler schliessen.

Auch der Salmiak (5mal des Tags 1 Theelöffel gehäuft voll) anhaltend gebraucht ist ein gutes Herzmittel gegen das Herzklopfen, wenn das Herz nicht bildungsfehlerhaft, sondern dynamisch erkrankt ist.

Von den in Folge von Herzkrankheiten häufig eintretenden Lähmungen, welche für die Folgen von Gehirnapoplexien imponiren können, führt Rademacher mehrere Fälle an.

Herz-Rheumatismus.

Symptome. Schwere auf der linken Brust, Beklemmung, Apnoe; die Kranken können die Brust weit ausdehnen, Palpitatio cordis, Percussion ergibt nichts Anomales; mit der Vermehrung des Herzschlages steht der Pulsschlag im Widerspruch; letzterer ist etwas klein, schwach, zusammengezogen; reissende Schmerzen in den äussern Brustmuskeln und beim Dehnen des linken Oberarms. S. Rheumatismus acutus.

Therapie. Vesicans ad pectus, man halte es in Secretion, verwandle es in Fontanell, lege, ehe man dieses zuheilen lässt, ein anderes auf den Oberarm und lasse dieses lange Zeit fortbestehen. Innerlich Digitalis mit Ammon. acet., oder Pulv. Doweri; bei trockener rigider Haut Schwefelbäder. Strenge Diät, blos vegetabilische Kost, einfach wässeriges Getränke. Zeigt die Krankheit Neigung, sich auf die Gelenke zu werfen, so erhalte man sie da durch Diaphoretica, äussere Hautreize, Wachstaffet, Sinapism., Vesicantien daselbst, und gebe innerlich Pulv. Doweri.

Herz-Verengerung. Cardiosthenie.

Symptome. Beengte Respiration, drückendes Gefühl in der Herzgegend, Herzgespann, Lividität, besonders der Lippen und Zunge, Husten trocken, öfters mit Blutauswurf, Differenz zwischen Herz- und Pulsschlag, ersterer heftig, stürmisch, Puls leer, klein, schwach. Auscultation ergibt ein Schwirren, Feilengeräusch, als ob das Blut beim Durchgange ein Hinderniss erführe, ungleiche Contraction des Herzens, Puls aussetzend, ungleich. Paroxysmen von Athmungsbeschwerden, gewöhnlich des Nachts, beim Stiegensteigen, bei Anstrengungen im Sprechen etc. Die Kranken verlieren plötzlich die Luft, können nur aufrecht im Bette sitzen, springen aus demselben, Gesicht wird blau, Augen hervorgetrieben, Herzschlag heftig, Puls klein, intermittirend, Extremitäten kalt. Je nachdem die Stenose im rechten oder linken Herzen, sind die venösen Erscheinungen an der Vena jugularis, cava, oder die arteriellen Erscheinungen am Pulse stärker oder schwächer.

Diagnose. Vor Verwechslung mit Angina pectoris sichert die Auscultation. S. Angina pectoris.

Therapie. War Syphilis Schuld, eine Mercurialbehandlung; ist Arthritis die Veranlassung, so setze man Haarseile, Moxa, Fontanellen. Verhütung allen Reizes im Gefässsysteme etc. Bei den Paroxysmen kleine V.S. von ʒiij—jv, Sinapismen auf den Oberarm, Hand- und Fussbäder. Innerlich während der Paroxysmen Tinct. Valerian., Liquor anod. H.

Herz-Zerreissung mit plötzlich erfolgendem Tode findet oft statt in Fällen, die für apoplectische gehalten werden. Oft gehen schleichende Herzentzündungen voraus und nehmen den nicht so seltenen Ausgang in Erweichung oder Mürbigkeit, der die Ruptur alsdann bedingt, ein Zustand, den wir auch, und zwar häufiger als Viele glauben, in andern Organen, namentlich dem Gehirn, Magen- und Darmkanal, in der Leber und dem Uterus finden. Die Substanz hat dabei äusserlich ihr natürliches Ansehen und oft in dem Grade, dass der Zergliederer beim ersten Anblicke getäuscht werden kann; allein bei der geringsten Berührung geht die so entartete Stelle aus einander, zerfliesst, oder der Finger fährt hindurch, oder hinein, wie in einen faulen Apfel.

Sphacelus und status putridus der Organe bei den alten Autoren. Oft gehen Erscheinungen voraus, die für Hypochondrie angesehen werden, oder für Hysterie, oder stehen mit dem Verschwinden von Hautausschlägen in Verbindung. Findet die Ruptur statt, so bleiben die Unglücklichen plötzlich einen Augenblick stehen, scheinen vom Schwindel befallen, fallen zu Boden und sind todt.

Hoden - Atrophie. Atrophia genitalium acquisita.

Symptome. Im vollkommenen Mannesalter verlieren allmählig die Hoden ihre Empfindung, werden hart und verschwinden bis zur Grösse einer Bohne oder Erbse; auch der Samenstrang wird atrophisch; Hodensack und Penis sind schlaff; keine Neigung zum Coitus, keine Samenergiessung, untere Extremitäten werden kraftlos, magern ab, der Bart wird dünne, fällt aus, Sprache heiser, fistulirend; endlich Störungen in den Geistesthätigkeiten, die Kranken werden kindisch.

Therapie. Etwa Reizung durch Tinct. Cantharid., Einreibungen mit Liniment. phosphoric., Ungt. nervinum, Spirit. Serpill., Eau de Cologne, Eisenbäder, Vanille, Balsam. peruvianus, welcher das Geschlechtssystem kräftig erhöht und erkräftigt, in Aether aufgelöst, kann man ihn bis zu ℈jv und mehr täglich nehmen lassen. Passende Diät, Trüffeln, Austern, Fische, Fischrogen. Opium öfters und in kleinen, doch steigenden Gaben reizt die Geschlechtslust. Datura stramonium ist am wirksamsten zur Erregung der Geschlechtslust, wozu es auch von jeher am häufigsten als Arcanum gebraucht worden ist; es erregt kein Harnbrennen, wie die Canthariden, keine Hitze, wie Ginseng. Doch nicht die Aerzte, sondern die Beförderer heimlicher Sünden haben sich dieses Mittels bemächtigt; den Aerzten hat es weniger geleistet, als es bei seiner gewaltigen Wirksamkeit fähig scheint. Bei entstehender Atrophie der Hoden, daraus folgendem männlichem Unvermögen, bei Unempfindlichkeit der weiblichen Geschlechtstheile, wie sie sich nach dem Missbrauche derselben einzustellen pflegt und absolute Unfruchtbarkeit zur Folge hat, ist das mit Alcohol bereitete Extract oder eine aus den Samen bereitete Tinctur unter allen Mitteln das kräftigste; doch mit Vorsicht. Die Wirksamkeit des Mittels dauert 24 Stunden, zu oft gereichte Gaben verursachen Kratzen im Halse und Schwindel. Tinct. semin. datur. stramonii 2—3mal tägl. 5—15 Tropfen. Extr. semin. datur. stramonii gr. ½ p. dosi.

Hoden-Entzündung. Orchitis.

Symptome. Der Hode schwillt an, vergrössert sich, ist äusserst empfindlich bei der leichtesten Berührung, oft ist auch der Samenstrang angeschwollen; meistens Fieber dabei. Es kann die Entzündung durch Rheumatismus, Erysipelas oder misshandelten Tripper entstanden sein.

Therapie. V.S. wird nur bei synochalem Fieber angestellt; Blutegel längs des Samenstrangs; Cataplasmata aus Cicuta, Hyoscyamus und Leinsamen, der Kranke bleibe im Bette und trage ein Suspensorium; später setzt man den Cataplasmen Aqua Goulardi bei. Grosse Linderung verschaffen Klystiere aus Leinsamenabkochung mit Zusatz von Ol. hyoscyam. coct. — Am einfachsten verfährt man, den entzündeten Hoden mit Heftpflasterstreifen comprimirend zu verbinden. Kommt es aber zu Eiterbildung, so macht man warme Fomentationen und öffnet bald den Abscess. Bei rheumatischer und erysipelatöser Form reicht man gleich anfangs ein Emeticum aus Tart. emet. und statt kalter, warme, trockene Fomentationen, Pulv. Doweri, Ammon. acet.; bleibt Induration zurück, so wendet man Schwefel-, Salz-, Seifenbäder, Douche, Jod an. Ist ein Tripper unterdrückt, so halte man den Hoden sehr warm, gebrauche feuchte Fomentationen aus Spec. emollient., damit der Tripper zurückkehre, gebe Resolventia, Calomel, Cicuta, Salmiak. Pillen aus Extr. cicut. und Belladonn. nebst Einreibungen von Liniment. opodeldok, ℥j; Petrol. ℥β gegen Hodenverhärtungen. Baryta muriatica ℈j; Aq. destill. ℥ij. S. 4mal tägl. 40 Tropfen zu nehmen. Man kann mit dieser Dosis steigen, wenn sie eine Zeit lang fortgegeben worden, gegen Verhärtung des Hodens. — Ol. animale Dippelii äusserlich bei chronischen Hodenanschwellungen. — Einreibungen von Opium in die Schamgegend besiegt ebenfalls die chron. Hodenanschwellung — ℞ Rad. ononid. spinos. ℥ij; Coq. cum aq. font. ℔ jβ; Colat. ℔ j; Adde sacch. alb. ℥j. Alle 3 St. 2 Essl. gegen die nach Hodenentzündung zurückgebliebene Verhärtung. — ℞ Unguent. alth. ℥β; Opii puri ℥β; Ol. hyoscyami ℈iij. S. Zum Einreiben. — Bähungen aus einer starken Solution des Natrum carbonicum, ℈ij auf ℥j Wasser, wenn die Entzündung vorüber und die Anschwellung noch geblieben. Mit Ausnahme der Orchitis traumatica passen bei Orchitis keine kalten Umschläge. — Die übrige Behandlung ist nach den verschiedenen Aerzten verschieden. Viele Blutegel wiederholt und 3—4 Scrotalvenen geöffnet — Ung. cinererum und innerliche Antiphlogose — Umschlagen eines mit camphorirtem Chamillenöle getränkten Flanellappens — warme Cataplasmen — Einwicklung mit Heftpflasterstreifen. — Uebrigens tritt die Heilung vor 14 Tagen bis 3 Wochen nicht ein, die Behandlung mag sein welche sie wolle. — Der Nutzen des Höllensteins bei Phlegmone und Hautentzündung erprobte sich auch gegen Orchitis. Wie gross auch die Anschwellung, Härte, Hitze und bald erysipelatöse, bald phlegmonöse Röthe des Hodensacks, in welchem Umfange oder in welcher Intensität auch der Nebenhode und Samenstrang, auch wohl der Hode ergriffen sein mögen, ob Fieber zugegen ist oder nicht, stets mache man die ganze afficirte Seite, vom Bauchring bis unten, hinten und vorn mit Wasser nass und überstreiche sie mit Höllenstein, so dass kein Theil ungetroffen bleibt. Meistens tritt schon nach einigen Minuten Schmerz ein, der anfangs oft bedeutend, zwar bald nachlässt, aber bisweilen vor 10—16 Stunden nicht ganz verschwindet. S. Syphilis.

Hodensack-Rothlauf.

Symptome. Geschwulst und Röthe des Hoden-

sacks erstreckt sich über die Eichel, Vorhaut ist oft
ödematös, blassroth, wird bald durchsichtig, rosig
gefärbt. Stechende brennende Schmerzen; aus der
Harnröhre fliesst öfters grünlicher Schleim; gastrisch
belegte Zunge, Cephaloea gastrica, gereizter schneller
Puls, dunkelrother Harn; geht gerne in Brand über.

Therapie. Emeticum, darauf Dct. Graminis mit
kleinen Gaben Salmiak, oder Tart. emet. oder Ammon.
acet.; topisch trockene Wärme durch Kleiensäckchen,
Hollunderblüthen, selbst mit etwas Campher; Suspensorium.

Hoden-Verhaltung. Cryptorchidismus, Testi-
condus.

Symptome. Geringe körperliche Entwicklung bei
vorgerücktem Alter, kindlicher Habitus, schwache
Muskeln, kleine äussere Genitalien, leeres Scrotum,
kein Bart, Stimme wechselt nicht zur Zeit der
Pubertät, bleibt Discant mit Bass vermischt; kin-
disches Wesen. Hoden sind entweder in der Unter-
leibshöhle oder im Leistenkanal, eine verschiebbare
Geschwulst bildend. Die Zeugungsfähigkeit leidet
keineswegs, sondern der Geschlechtstrieb ist vielmehr, sowie die Samenabsonderung, meist sehr stark.
Zuweilen ist die Geschwulst nicht bedeutend, an sich
nicht empfindlich, und nur beim Drucke schmerzhaft;
in andern Fällen ist sie bedeutend und mit Entzündung verbunden.

Diagnose. Von einer Hernia durch den Mangel
des Hodens im Scrotum, Mangel der die Brüche
charakterisirenden Zufälle.

Therapie. Liegen die Hoden im Leistenkanal,
so wende man lauwarme Ueberschläge mit Narcoticis
an, Emulsionen und gelinde antiphlogistische Diät;
Canthariden und Terpentin mit Vorsicht, ebenso Phosphor, Vanille sind Pellentia und treiben ihn vielleicht
abwärts; schütze die Theile gegen Druck: lauwarme
Bäder mit Aromaticis, Reinigung des Darmkanals.
Sind die Theile sehr schmerzhaft, ist Entzündung
vorhanden, mache man Fomentationen von gewärm-
tem Bleiwasser, warme Umschläge mit Narcoticis etc.

Hüftweh. Lumbago, Malum ischiadicum.

Symptome. Haben Gicht und Rheumatismus lange
fortgedauert, so tritt oft diese Krankheit ein; ein
Theil wird besonders afficirt; der Schmerz läuft oft
nach den Lenden hinunter bis zu den Füssen. Sie
ist Gicht oder Rheumatismus selbst.

Therapie. Blutegel, bei Plethora V.S. Tropfbad,
V.S., Moxa, Liniment. volat., Schwefel, Quajac.,
Morphium acet. gr. j auf die mit Schwefelsäure ent-
blösste Haut. S. Rheumatismus cephalic. etc. S.
Ischias postica.

Husten, S. Catarrhus. So lange der Husten
einen stechenden Schmerz verursacht, liegt noch
etwas Entzündliches zum Grunde und verlangt noch
antiphlogistisches Verfahren, Nitr. mit Dct. Alth. etc.;
ist aber ein blosser Reiz noch vorhanden, ohne eigentliches Stechen, ist der Husten mehr krampfhaft, so
gibt man Oleosa und Narcot. auch in Verbindung mit
Salmiak. Der nervöse Husten wird erkannt
am nervösen Habitus, wird durch Erhitzung, Lau-

fen etc. nicht vermehrt, aber Gemüthsbewegung etc.
ruft ihn hervor. Man gebraucht gegen ihn Eselsmilch, Viscum quern., Flores Zinci, Zincum hydro-
cyanic., Hyoscyam., Opium, Ipecacuanh., Valerian.,
Ems; bei atonischem Zustande China, Liquor C. C.
succ., Quassia. ℞ Extr. belladonnae ʒβ; Sacch. alb.
in aq. flor. aurant. solut. et ad consistentiam tabulandi cocti ℥ijβ; F. morsuli pond. ʒj. S. 4—6 St.
auf den Tag. ℞ Gm. mimosae ʒiij; Syrup. opiat
℥jβ; Terendo adde ol. amygd. recent. ʒj. F. Linctus;
bei heftigem Hustenreiz stündl. 1 Theelöffel bis zur
Linderung. ℞ Extr. hyoscyam. gr. vj; Sacch. alb.
ʒj. Divid. in part. vj, Morgens und Abends, oder auch
bei heftigem Hustenreiz 1 Pulv. ℞ Pulv. rad. salep
ʒβ; Solv. in aq. calid. ℥ij; Extr. hyoscyam. ℈β; Aq.
flor. naphthae ʒj — iij; Syrup. alth. ℥j; F. Linctus.
Camphor gegen trockenen krampfhaften Husten
alle 2—3 Stunden 1 Streukügelchen aus Camphor
empfiehlt Alquie. Das von Levrat-Perroton constant gegen Keuchhusten fast als specifisch wirkend
empfohlene Mittel besteht in ℞ Aquae dest. Lactur. ℥jv;
Aq. flor. aurant. ʒij; Syrup. paeoniae ℥j; Syrup. belladonnae ʒij; Ammoniaci liquid. gtt. vj. S. Esslöffel-
oder Theelöffel-weise stündlich zu geben. Gegen den
oft zurückbleibenden katarrhalischen Husten fand
Verf. folgendes am wirksamsten: ℞ Extr. opii, Extr.
belladonnae, ana gr. j; Sacch. lactis ʒj. Divid. in part.
vj. S. 1—2 Stück in 24 Stunden zu nehmen. Diese
Gabe ist ein mächtiges Beruhigungsmittel für alle
Arten von Husten. Daneben lässt man mit grossem
Nutzen wie bei allen katarrhalischen Affectionen der
Bronchien mit Fieber Thee von Carrageen-Moos trinken, insbesondere aber bei hektischem Zustande der
kleinen Kranken. Nebst diesen Mitteln kann man
auch Liniment. volat. aus Ol. Hyoscyam. mit Ammon.
caust. einreiben lassen und zur Beförderung der Crise
Pulv. Doweri oder Ammon. acet. geben. Tanin gegen
nervösen Husten und Lungenschwindsucht. S. Rückgratsfrictionen. — Semen foeniculi ʒjβ — jj täglich
gegen chronischen Husten und beginnende Lungenschwindsucht. — Theerräucherungen. ℞ Extr. hyoscyami ℈β; Elixir. pector. reg. Daniae ʒij; Aq. foenic.,
Syrup. alth., ana ℥j; alle 1—2 Stund. 1 Theel. voll
bei Reizhusten. — ℞ Syrup. alth. — opiat., ol. amygdal. rec., ana ℥j. S. alle 3 Stunden 1 Theelöffel voll
bei heftigem trockenem Husten der Kinder. Ist der
Husten Folge von Erkältung oder unterdrückter Hautthätigkeit, so erhöhe man dieselbe
und leite von den Lungen ab. ℞ Extr. dulcamar. ʒj;
Flor. sulphur. ʒβ; F. pilul. gr. j. 4mal 4—8 Stück.
℞ Flor. sulphur., cremor. tart., ana ʒβ; Rad. liquirit.
ʒij; Elaeosacch. anisi ʒj; Fol. senn. ℈ij; Sulphur.
aurat. gr. vj; 3mal 1 Theel. ℞ Extr. card. bened.
ʒj; — dulcamar. ℈j; Aq. foenicul. ℥j; — lauroceras.
ʒj; 4mal 30—60 gtt. ℞ Stipit. dulcamar. ℥β; F. dct.
℥vij; Tart. tartar. ʒij; Vini antimon. H. gtt. 60; Syrup.
liquirit. ℥j; 4mal 2 Essl. ℞ Flor. verbasc., herb.
tussilag., flor. sambuc., rad. liquirit., rad. alth., ana
℥j; herb. florent., semin. foenicul., ana ʒj. S. Brustthee. Ipecacuanha mit Opium, ana gr. β 2—3mal

täglich gegen Krampfhusten Erwachsener durch Erkältung. Muskatnuss bei trockenem Husten, der
sich besonders einstellt bei Erhitzung durch Arbeiten
und beim Warmwerden im Bette; besonders hilfreich
bei kühler, trockener Haut, und bei Weibern und
Kindern. — Bei tuberkulösem Husten dient
Phellandrium aquat., besonders gut zu ʒß ad ℥vj
infund., oder gr. x—xx in Substanz allmälig steigend.
Syrup. Capillor. Veneris kann man als Husten milderndes, auflösendes Mittel den Mixturen beisetzen.
Das Elixir. pector. reg. Daniae, Früh und Abends oder
3mal 1 Theel. voll, vortrefflich bei chronischem Husten.
Ebenso das Pulvis glyzyrrhicae compositus s. liqui-
ritiae composit. Pharmacop. borrus. und auch das Pulv.
pectoralis viridis, und Pulvis pectoralis Wedelii zu Ʒj
3mal tägl. — Sulphur. aurat. zu gr. jv in 24 Stunden.
Jod wird gegen acuten und chronischen Husten mit
Glück gebraucht, ebenso die Aqua chlorata. Gegen
den heftigen Husten und die Brustbeschwerden i n
Folge der Masern, wo kaum ein anderes Mittel
Erleichterung verschafft, sagt Laenec, haben die
Flores Sulphur. mit Febrifugis specifisch geheilt. Bei
alten, hartnäckigen Husten ist Dulcamara u. Flanell-
jacke Hauptmittel, ebenso Vesicantia perpetua. Ist
Dulcamara nicht hinreichend, so verbinde man damit
Lichen und Selterserwasser. ℞ Lichen island., stipit.
dulcamar., ana ℥ß; Coq. aq. font. ℥xjv—vjjj; Liquor.
ammon. anisat. gtt. 60; Syrup. liquirit. ℥j. 4mal
2 Essl. — Der Magenhusten, Tussis gastrica,
ist ein solcher, der durch krankhafte Secretion im
Magen erregt wird und nach Entfernung derselben
aufhört; er wird durch jede Speise erregt, man spürt
auch wirklichen Druck im Magen. S. Gastro-Enteritis.
Der Magenhusten entsteht von einem zähen, zuweilen
auch sauern, im Magen festsitzenden Schleime, ist
oft ungemein schwer zu erkennen, und gibt sich kund
durch Verunreinigung des Mundes (belegte Zunge,
Bläschen, übeln Geruch), durch Ekel vor Speisen,
Uebelkeit und Erbrechen, Gefühl von Druck in der
Herzgrube oder im Magen und Aufblähung des U.L.
Kinder, hypochondrische und bejahrte Personen sind
besonders dazu geneigt. Die Respiration ist frei, der
Kranke kann gehen, laufen, sprechen, tief athmen,
ohne zu husten oder zu keuchen. Des Morgens früh
nüchtern wird fast gar nichts ausgeworfen, nach
Tische wird aber der Husten stärker, die Kranken
werfen dann mehr aus und er ist zuweilen so heftig,
dass er ein Fieber erregt, wobei die Kinder oft ab-
zehren. Verstopfung vermehrt den Husten. Wenn
der Magenhusten nicht alt ist, so lässt er sich leicht
heben, ein schon lange dauernder aber ist besonders
bei alten Leuten hartnäckiger, ja unheilbar bei Greisen.
Zur Kur dienen Brech- und Abführmittel, wozu vorzüglich der mineralische Kermes passt; bei vorhandener Säure, Absorbentia und incitirende Magenmittel,
als Anis, Coriander etc. Amara, leite ab durch Aloë,
besonders Rheum mit Gummi ammoniac.; gebe Fel.
tauri, kleine Gaben Narcotica mit Metallmitteln, Belladonna mit Magisterium Bismuthi, Flor. Zinci, endlich Eisen. — Husten der Kinder; bei einfachem

Husten: Decoct. rad. liquirit. mit Eibisch nebst einigen Tropfen Laudanum und Oxymel simpl. Wird der Husten feucht, setzt man statt des Sauerhonigs den Meerzwiebel hinzu. ℞ Infus. liquirit., decoct. semin. lini (v. rad. alth.), ana ℥j; Laud. Sydenh. gtt. jj; Oxymel. simpl. v. scill. ℥jj. S. Kaffeelöffelweise. Wird der Husten hartnäckig, oder wenn ein vernachlässigter Catarrh zugegen: ℞ Infus. rad. liquirit. et decoct emoll. ℥jjj; Extr. dulcamar. gtt. x; Laud. Sydenh. gtt. jj; Oxymel. simpl. ℥jjj; für ein 2jähriges Kind.

Hydrämie. Vrgl. Anämie.

Hydrocephalus acutus. Die frühere Collectivbezeichnung Hydroceph. acut. ist nach den neueren Forschungen unhaltbar; man unterscheidet nunmehr 1) Hydroceph. chronicus und congenitus, eine Hemmungsbildung (s. Gehirn-Wassersucht p. 182), 2) Hydroceph. inflammatorius, Ausgang der Hirnhautentzündung (vergl. Gehirnentzündung), und 3) Hydroc. acut., eine Meningitis tuberculosa, von Vielen der neuesten Autoren auch speciell so genannt. Letzterer ist die Blüthe eines Krankheitsprocesses, dessen Ursprung in den Digestions- und Assimalationsorganen zu suchen ist, der weiterhin die Brustorgane ergreift, und sein mörderisches Ende in den serösen Häuten des Gehirns beschliesst, nämlich der allgemeinen scrophulösen Tuberculose, welche mit Infiltration und Exosmose einer eiweissstoffigen Materie aus dem Blute in die Gehirnhäute endet. — Whytt setzte zuerst 1768 den Connex zwischen den Symptomen der gestörten Gehirnfunction bei Kindern und der bei Sectionen vorgefundenen Ansammlung von Flüssigkeit in den Hirnkammern aus einander. Der erste Schritt zu einer besseren Erkenntniss war die Ueberzeugung, dass die Wasseransammlung in den Hirnkammern nicht eine blosse hydropische Ergiessung sei, sondern das Resultat einer vorgängigen Entzündungsthätigkeit. Die fast immer vorhandene deutlich erkennbare Tendenz zu Scropheln in den ausgeprägten Fällen von Whytt'scher Krankheit) Hydrocephalus acutus) und die häufige Abwesenheit dieser Tendenz in anderen Fällen von Gehirnentzündung trug viel zur Lösung des Räthsels dieser Krankheit bei. Späterhin entdeckte man auch wirklich, dass fast in jedem Falle von Whytt'scher Krankheit, die mit dem Tode endigte, Tuberkeln in grösserer oder geringerer Zahl in verschiedenen Organen des Körpers vorhanden waren, und endlich gewannen wir durch die Bemühungen französischer Anatomen die Ueberzeugung, dass in den meisten Fällen der Art die Gehirnhäute selbst der Sitz von Tuberkelablagerungen sind. — In den meisten Fällen ist das langsam tückische Auftreten des Hydroceph. acut. oder die Mening. tuberculosa bei weitem häufiger als das plötzliche Erscheinen derselben. Die regelmässige tuberculöse Meningitis, diejenige, deren Gang und Symptome dem Gemälde entsprechen, das die Autoren über den acuten Hydroceph. entworfen haben, kann sich unter sehr verschiedenen Umständen entwickeln, von denen folgende 3 Hauptklassen aufgestellt werden können.

1) Es zeigt sich bei Kindern, die schon seit mehreren Monaten oder Jahren an einer entschiedenen chronischen Cerebral-, Brust- oder Abdominal-Tuberculose litten, welche entweder primitiv oder aber secundär nach einer acuten Krankheit auftrat. Es ist dies jedoch ein gar nicht häufiger Fall, denn wenn unter diesen Umständen eine Meningitis dazu kömmt, so ist sie meist latent oder gibt sich nur durch dunkle und unbeständige Symptome zu erkennen. Diese Form ist unter dem Namen von latenter Tuberculisation der Meningea bezeichnet worden. 2) Die Meningitis kann plötzlich, ohne Vorläufer auftreten; ein Fall, der ziemlich selten ist. 3) Der häufigste Fall endlich ist der, wo den Symptomen, die den Beginn der Meningitis ankündigen, eine Periode von Vorläufern vorangeht, während welcher die Kinder krank sind, ohne es zu scheinen, oder doch wenigstens nicht so ausgesprochene Zeichen von Krankheit zeigen, dass die Eltern immer die Hülfe der Kunst nöthig zu haben glauben. — Die nächste Ursache, die überall und immer den Wasserkopf an sich bedingt, ist Stasis des Blutes in den Gefässen des Gehirns, und diese Stase wird bedingt entweder von activer oder passiver Congestion. Die activen Gehirncongestionen können durch Entzündung oder andere fieberhafte Krankheiten bedingt werden; eine Entzündung des Gehirns kann hier mit Wasserguss enden. Aber auch blosse fieberhafte Zustände können bei Kindern Gehirncongestionen erzeugen, die Wasserausschwitzungen bewirken, und zwar um so leichter, je jünger das Kind ist, bei welchem unbedeutende Anlässe schon öfters dazu hinreichend sind, als Zahnreiz, gastrische Reize, Unterdrückung der Hauttransspiration, lange dauernder Husten, ein Schlag oder Fall auf den Kopf. Auch die durch Schwächung der Innervation verminderte Resistenz der Gefässwände des Gehirns können, wenn schwächende Einflüsse, z. B. Fieber, acute Exantheme, erschöpfende Diarrhoen oder andere Säfteverluste vorhergegangen, einen Wasserguss im Gehirne bewirken, und wir werden unter dem Artikel Hydroencephaloid diese Gattung noch näher betrachten.

Stadium Prodromorum der Meningitis tuberculosa: 14 Tage bis 3 Monate vor dem Auftreten der acuten Symptome der tuberculösen Meningitis bemerkt man, dass die Kinder an den Gliedmaassen und dem Rumpfe abmagern, erschlaffen, die Farbe verlieren, ihre Haut durchsichtig wird, matten Blick bekommen. Zuweilen werden die Kinder traurig, apathisch, am Tage oft schlummernd, die Einsamkeit suchend, trauriger, zerstreut beim Lernen, des Nachts im Bette etwas unruhiger, stossen tiefe Seufzer aus, sie jammern, knirschen mit den Zähnen, werden zuweilen reizbarer, schreien, klagen und erzürnen sich wegen Kleinigkeiten, bekommen schwankenden Gang, fallen oft. Kopfschmerz ist nur sehr selten jetzt schon vorhanden; der Appetit nimmt ab, wird capriclös und unregelmässig; Durst nicht vermehrt, zuweilen Klagen über Bauchschmerzen;

Diarrhoe und Verstopfung wechseln ab, die Urinsecretion vermindert sich; zuweilen findet sich ein
feiner trockener Ausschlag an den Lippen, Wangen,
der Nase, dem Oberarme. Auf diese Symptomenreihe
wird meistens nicht viel geachtet, weil die Kinder
noch ausgehen, und man Würmern, der Dentition,
dem Wachsthum, der fehlerhaften Diät an diesen
Störungen Schuld gibt; allein die Erscheinungen
dauern fort, dann erscheinen einige Zeichen, welche
bestimmt das Auftreten von Hirnzufällen ankündigen. — Diese Erscheinungen wurden von den verschiedenen Schriftstellern verschieden gedeutet, einer
Blutcongestion zugeschrieben, oder einer chron. Entzündung der Hirnhäute, oder als eine tuberculöse
Affection in verschiedenen Organen angesehen.

Ein sorgfältiges Studium der Antecedentien und
der eben sich vorfindenden Symptome wird den Arzt
oft zu der richtigen Diagnose führen, ob er es mit
Masturbation, Dentition, Würmern, mit der physiologischen Evolution, der Entwicklung des Körpers,
bei welcher vage Schmerzen, Abmagerung, Traurigkeit und Mattigkeit sich ebenfalls vorfinden, zu thun
habe, oder mit einem typhösen Fiebervorläufersta-
dium. In andern Fällen wird der Arzt im Zweifel
bleiben müssen, bis neue Symptome Aufklärung
bringen. In solchen Fällen und überhaupt, wenn es
sich um eine Störung der Gesundheit handelt, deren
Ursache schwer zu ergründen ist, kann der Arzt bei
der Prognose nicht vorsichtig genug sein. Eine
scharfe Prognose ist in einer so tückischen Affection, wie die Meningitis, keine unbedeutende Sache.
Die Prognose ist um so misslicher, als unzweifelhaft
den Vorläufern nicht immer die Entwicklung der
acuten Symptome der Meningitis folgt. Es kann
geschehen, dass eine gehörige Behandlung die Vorläufer verschwinden macht, oder dass die Tuberculisation, nachdem sie das Gehirn bedroht hatte, sich
auf ein anderes Organ wirft, und dass das Kind einer
Meningitis entgeht, um an einem Lungenleiden zu
sterben, oder dass es durch eine jener allgemeinen,
acuten oder subacuten, in der Kindheit so häufigen
Tuberkelablagerungen weggerafft wird.

Die Autoren, welche die Vorläufer beschrieben
haben, konnten, da ihnen die eigentliche Ursache
derselben unbekannt war, im Allgemeinen keinen
Plan einer rationellen Behandlung in dieser Periode
der Meningitis angeben. Die Medication, welche
z. B. Goelis vorschlägt, ist ganz gegen die Hirncongestion gerichtet (Calomel, kalte Aufschläge, reizende Fussbäder, Sinapismen, Mercurial- oder Brech-
weinstein-Einreibungen, Blutentleerungen u. s. w.).
Allein auf die anatomischen Nachforschungen gestützt
weisen neuere Autoren nach, dass die Vorläufer von
einer beginnenden Tuberculisation herrühren, dass
die Vorläufersymptome anatomisch durch eine Ablagerung von Granulationen oder Miliartuberkeln in
einem oder mehreren Organen charakterisirt sind,
und die wahre Behandlung diejenige gegen die Tuberkelablagerung wie gegen Lungentuberculose
sei. Die Nahrung sei daher eine tonische, bestehe

aus Fleischbrühe, gebratenem Fleisch, Bordeauxwein mit Wasser, Bier. Landaufenthalt, wo die Luft scharf ist und sich häufig erneuert. Morgens nüchtern 1 Thee- und später 1 Esslöffel voll Leberthran. Unmittelbar vor jeder Mahlzeit gebe man ein Täfelchen von milchsaurem Eisen; geistige Anstrengungen müssen hauptsächlich vermieden werden. Alle 2 Tage ein halbstündiges Bad von 27° R. von Nussbaumblätterabkochung und 2—4 ℔ Meersalz oder Soole, wenigstens 3 Wochen lang fortgesetzt. Man darf keinen Tag lang das Kind verstopft lassen und muss offenen Leib immer zu erhalten suchen. Ohne dringende Nothwendigkeit setze man keine Blutegel an den Kopf und niemals applicire man sie in grosser Zahl, denn scrophulöse Kinder ertragen den Blutverlust nicht gut. Ist ein Kopfleiden jedoch im Anzuge, haben sich mehrmals darauf hinweisende Erscheinungen gezeigt, so ist es sehr rathsam, eine Ableitung auf den Nacken zu bewirken. Bei Kindern, deren Geschwister an Hydroc. gestorben, legt man 1 oder 2 Exutorien auf den Arm, Jahre lang zu erhalten. In jedem Falle, wo mehrere Kinder derselben Familie an Hydroceph. gestorben, oder eine deutliche Neigung zu der Krankheit gezeigt haben, muss man der Mutter nicht gestatten, ihr Kind selber zu säugen, sondern man muss demselben eine gesunde Amme verschaffen, darf das Kind nicht in Wiegen schaukeln.

Auf die Vorläufer folgt immer die acute Periode der Meningitis, gegen welche dreist Blutentleerungen, Kälte auf den abgeschorenen Kopf, Calomel, Aqua oxymuriatica, Abhaltung des Lichtes im Krankenzimmer u. s. w. in Anwendung gezogen werden müssen, und diese Meningitis endet dann mit Wassererguss, wo dann die Symptome der Depression, Schläfrigkeit ohne wirklichen Schlaf, Betäubung, verminderte Reizempfänglichkeit, intermittirenden Kopfschmerz, Blässe des Gesichts, Mangel an Stuhlgang und Urinsecretion, manchmal schmerzhafter Urinabgang, langsames Athmen, Erbrechen, anfangs Lichtscheu, mit verengter Pupille, dann Erweiterung derselben, bleiche, trockene, rissige Lippen, t r o c k e n e N a s e (ein Hauptsymptom; wenn die Nase feucht ist, ist das Kind fast schon für gerettet zu halten; ein Kind mit fliessender Nase ist nicht hydrocephalisch); allgemeine oder partielle Convulsionen, Sopor, mit rückwärts gezogenem Kopfe, tiefes inneres Leiden ausdrückendes Gesicht, langsamer Puls, beschwertes, schnarchendes Athmen, partielle oder allgemeine Lähmungen, Nachlass und gänzliches Aufhören des Erbrechens, verminderte Temperatur, unfreiwillige Ausleerungen und der Tod auf einander folgen.

Verlangt man eine Beantwortung auf die Frage im Allgemeinen, wie behandelt man den Hydroceph. acutus, so erklären wir, dass es eine specifische Behandlung hier nicht gebe; das Verfahren ist ein zusammengesetztes aus denjenigen Mitteln, die bald dieser, bald jener Indication entsprechen, und die Behandlung muss von der Besonderheit des Einzelfalls abhängig gemacht werden. Man kann also nicht sagen, dass man im Allgemeinen Blutentziehungen,

namentlich Blutegel anordnen müsse, sie sind nur
in Fällen, wo der Hydroc. ein rein idiopathischer,
d. h. mit keiner Affection des Darmkanals und mit
keiner Tuberculose verknüpft ist, anwendbar, und
häufig sind nach diesen die Hautreize, Vesicatore an
Waden und Nacken applicirt, von grossem Nutzen.
Bisweilen sind Abführmittel nothwendig, bisweilen
kalte Umschläge auf den Kopf, bisweilen Hautreizung
u. bisweilen diuretische Mittel, namentlich Jod u. drgl.
Es kommt auf den Takt des Arztes an, zu entscheiden, welcher Indication er genügen zu müssen glaubt.
Die Ableitung auf den Darm bleibt ein sehr wichtiges
Mittel, und namentlich ist ein sehr häufiger Gebrauch
von Klystieren zu empfehlen, ebenso Jalappa, Scamonium u. in Verbindung mit denselben auch Calomel.

Sind einmal die Pupillen erweitert, der Erguss
ohne Zweifel, ist das Stadium der Depression vorhanden, so hat man verschiedene Rettungsmittel,
jedoch meistens leider ohne Erfolg, noch in Anwendung gezogen:

Aeusserliche Anwendung der Jodtinctur; man
lässt den Kopf abscheeren und dann ganz mit un-
verdünnter Jodtinctur einpinseln; jede 4—5te Stunde
dieses wiederholt. — Sublimat im Stadium der Exsudation als Gefäss- und Nerven-erregendes Mittel z. B.
zu $\frac{1}{12}$ Gr. bei einem 12jährigen Kinde. — Bei Nervenzufällen: Flores Zinci gr. β; Calomel gr. j; Lapid.
Cancror. gr. v; Sacch. albi β. S. alle 2—3 Stunden
1 Pulver. — Moschus, wenn die nervösen Symptome
ungeachtet der antiphlogistischen Behandlungsweise
dennoch vorherrschen, oder wenn die tief gesunkene,
fast erlöschende Nerventhätigkeit schleunigst wieder
gehoben werden muss, in den nervös-entzündlichen
Formen des Hydroc. Nach vorausgeschickten Blutentziehungen wird er von Manchen schon in den
ersten Perioden der Krankheit gegen die nervösen
Symptome, Convulsionen verordnet, namentlich in
Verbindung mit Flor. Zinci und Calomel. — Brechweinsteinsalbe auf den Scheitel eingerieben. Von
diesen Einreibungen erzählt man grossen Nutzen
beim acuten inneren Hydroceph. Ein Kind, 14 Monate
alt, Zahnen, scrophulöse Anlage, nach Erkältung die
Krankheit entstanden. Sopor, stierer, schiefer Blick,
erweiterte Pupille, Leibesverstopfung, klägliches
Wimmern, grosse Unruhe beim Aufnehmen des Kindes, Einbohren des Kopfes, langsamer Puls: Calomel
und dabei Einreibungen der Brechweinsteinsalbe alle
2 Stunden in die Schläfe, den Scheitel und das Genick.
Der Zustand blieb 3 Tage lang unverändert, obgleich
reichliche Stuhlentleerungen folgten; als aber am 4ten
Tage eine ziemlich starke Entzündung und der bekannte Ausschlag sich gebildet hatte, erwachte das
Kind aus seinem Sopor etc. Die Einreibungen wurden noch 8 Tage fortgesetzt, das Kind gerettet. —
Kalte Begiessungen auf den Kopf alle 1—2 Stunden
Tag und Nacht fortgesetzt $\frac{1}{4}$ Stunde lang andauernd
werden sowohl vor erfolgtem Exsudate, als nach demselben vielfach angewendet, nach demselben nützen
sie aber nur selten, besser ist es auf das Kali hydrojodinicum βj auf β aq. dest. 30 gtt. stündlich oder

Jod mit Calomel (1 Gr. Jod und 8 Gr. Calomel zu
16 Pulvern, alle 3 Stunden 1 Pulver) seine Hoffnung
zu setzen. ℞ Kali hydrojodin. gr. xjj; Jodi gr. jjj;
Aq. destill. ℥j. M. Alle 4 Stunden 1 Kinderlöffel voll;
nebst Jodquecksilbereinreibungen. Protojoduret. Hydrarg. gr. xjj auf ℥j Salbe, bohnengross einzureiben.
Infus. Digit. ℈jj (aus 5 Gran) und ℈j Jodkali alle
1½ Stunden 1 Theel. — Kälte auf den Kopf ist, mit
Umsicht angewendet, fast in allen Fällen des Hydroc.
acut. anzurathen, zumal bei gleichzeitigem Gebrauche
heisser Fussbäder; in den letzten Stadien jedoch, bei
feuchter Haut, Schlafsucht etc. muss die Kälte mit
belebenden Mitteln, Ueberschlägen von warmem Wein
und Chamilleninfus. auf den abgeschorenen Kopf, oder
mit Arnicaumschlägen vertauscht werden. Ein 9 Jahre
alter Knabe ward im Abschuppungszeitraume des
Scharlachs ohne nachweisbare Veranlassung von
Hydrops univers. mit gleichzeitiger Unterdrückung
sämmtlicher Se- und Excretionen, beschleunigtem
Pulse, kurzem Athem und fortwährender Neigung zum
Erbrechen befallen. Antihydropica innerlich, Exu-
toria äusserlich hatten keinen Erfolg, ja bald machten
die beständigen Brechneigungen, sowie wirklich ein-
tretendes Erbrechen und ein plötzlich sich entwickeln-
der mit gänzlicher Bewusstlosigkeit auftretender Hydrocephalus internus jede fernere Verabreichung von
innerlichen Arzneimitteln unthunlich. Schon schien
das Kind dem Tode nahe, es lag mit beträchtlich
erweiterter, für allen Lichtreiz unempfindlichen Pupillen, halbgeschlossenen Augenlidern und nach oben
gerichteten Augäpfeln, mit offenem Munde und kalten
Gliedmassen da, knirschte mit den Zähnen, hatte
einen kaum fühlbaren Puls und begann bereits zu
röcheln, da ward Arnica äusserlich angewendet. ℥j
Flor. Arnicae wurde mit ℔ j siedenden Wassers auf-
gegossen, ½ Stunde lang ziehen gelassen, hierauf
durchgeseiht und das Durchgeseihte mit ℔ j kalten
Wassers vermischt, mittelst leinenen Lappen halbstündlich auf den geschorenen Kopf umgeschlagen.
Schon nach 2stündiger Anwendung dieser Umschläge
begann Patient zunächst einigemale tief Athem zu
holen, schlug die Augen auf und röchelte weniger.
Hierauf kehrte auch das Bewusstsein zurück, die
Pupillen zeigten wieder Empfindlichkeit gegen das
Licht, der Puls hob sich, die Gliedmaassen wurden
wieder warm, es stellte sich Schweiss, Bodensatz im
Urin und Darmentleerungen ein, sämmtliche Erscheinungen von Wassersucht verschwanden, und Patient
war von dem unabwendbar scheinenden Tode gerettet.
— Calomel bei 1—6 Monate alten Kindern zu gr. ⅙—¼
mit gr. 1—2 Jalappa; bei 1—2 Jahre alten Kindern
gr. ⅓—½, älteren zu ½—1 gr. alle 2—3 Stunden
im ersten Stadium. Wo das Calomel das Erbrechen
zu vermehren scheint, setzt man etwas Magnesia
carbon. oder Magister. bismuthi bei. Wird Calomel
in voller Dosis, um Stühle zu erzwingen, wieder
ausgebrochen, so reicht man Potio Riveri mit Aqua
Petroselini oder Aqua Tiliae und ½—1 Tropfen Crotonöl. — Als Gegenreize sind Vesicantien anzuwenden, aber erst wenn die eigentliche Entzündung

gebrochen ist, auf die Waden und in den Nacken, nur bei Coma und Sopor auf den Kopf selber, rings um den abgeschorenen Kopf gesetzt. (Vergl. darüber pag. 173 Gehirnentzündung.) — Opium, namentlich Morphium aceticum oder Tinct. theb. soll dann von ausgezeichnetem Nutzeh sein, wenn nach der Anwendung von Blutentziehungen, Kälte, Purganzen und Vesicantien eine grosse Reizung des Nervensystems mit häufigem Erbrechen, Schluchzen, Zuckungen, oder nach dem Nachlassen der heftigsten Symptome Schlaflosigkeit und allgemeine Unruhe zurückgeblieben; Contraindicans sei eine zusammengezogene Pupille zu betrachten. Man gibt es mit Calomel. Auch in den unter dem Namen von Cerebralerethismus beschriebenen Zuständen sei nach Bonnet ein behutsamer Gebrauch der Opiate zu empfehlen. — Diuretica sind in den letzten Stadien eines subacuten Wasserkopfes oft sehr nützlich in Scilla mit Spirit. nitri aeth. in Camphorjulep, oder Pulv. Scillae mit Calomel und Opium. Digitalis u. Unguent. Neapolitan. alle 3—4 Stunden zu 3ß gleichzeitig auf mehrere Stellen, den Nacken, die Schenkel, Waden, Leistengegend, den U.L. 1—2 Tage fortgesetzt und sogleich ausgesetzt wenn Speichelfluss droht.

Hydroencephaloid. Marshall Hall hat auf eine im frühesten Kindesalter vorkommende acut verlaufende Anämie aufmerksam gemacht, welche eine Verwechslung mit Hydroceph. acutus leicht zulässt, und die er deswegen auch eine hydrocephalusartige Krankheit, Hydroeneephaloid genannt hat. In ihren äusseren Erscheinungen bietet diese Krankheit eine unverkennbare Aehnlichkeit mit dem Hydroceph. dar, in Bezug auf ihr inneres Wesen und ihre Ursachen jedoch unterscheidet sie sich dadurch von demselben, dass, während man dem Hydroceph. gewöhnlich eine Entzündung zum Grunde legt (was nach neueren Forschungen aber nicht mehr der Fall ist; vergl. Hydrocephalus acutus), bei dieser Krankheit gerade das Gegentheil, ein Mangel an Kraft, eine Erschöpfung z. B. durch Blutverluste, Diarrhoen, überhaupt Blutmangel als bedingend betrachtet werden müsse. Derartige Fälle charakterisiren sich vorzugsweise durch eine rasch zunehmende Schlummersucht, mit aufwärts gerollten Augäpfeln, durch auffallende Blässe des Gesichtes und kühle Temperatur aller prominirenden Theile der Hände, Füsse, Wangen und Nasenspitze.

Eine einfache excitirende Behandlung durch Kamillenbäder, kleine Dosen der Ammoniumpräparate, z. B. Liquor C. C. succin. (3—4 Tropfen pro dosi in Aqua foeniculi), Fleischbrühe mit Eigelb, frische reine Luft etc. genügten, jene Zufälle verschwinden zu machen. Blutentziehungen sind tödtend, ebenso ergibt sich aus der Ursache der Krankheit die Schädlichkeit der Purganzen, besonders des Calomels. Vorhandene Diarrhoen müssen gestillt werden durch Opiumtinctur, Rheum mit Magnesia. Der Erschöpfung selbst entspricht Anfangs die erregend stärkende und später die rein stärkende Kurmethode (Chinin und Ferrum carbonicum) neben einer passenden Diät, aromatische Bäder, Oeleinreibungen, warme Einhüllungen der Extremitäten.

Hydrophobie. S. Wasserscheu.

Hydrops. S. Wassersucht.

Hydrosis. S. Schweiss.

Hydrothorax. S. Brustwassersucht.

Hyperämie, ein von Andral eingeführter Ausdruck, bedeutet die übermässige Blutanhäufung eines Theils innerhalb seiner Gefässe. Zufluss und Rückfluss des Blutes sind dysharmonisch geworden. Stärkere Zuströmung durch die Arterien, als die zurückführenden Gefässe rasch genug wegzuleiten vermögen, bildet die Congestion (s. diese); gehemmter oder geminderter Rückfluss des Blutes (auch ohne vermehrte active Zufuhr) erzeugt Hyperämie. Diese schliesst mithin immer eine verminderte Kreislaufthätigkeit, eine Stockung, einen passiven Zustand in sich, und unterscheidet sich dadurch von der activen Congestion, welche aber in jene übergehen oder sich zu ihr secundär gesellen kann. Wie die active Congestion, so kann auch die Hyperämie Einleitung zu einer Entzündung, kann pathogenetisches Element derselben werden. Die Erscheinungen der Hyperämie sind: Ueberfüllung der grösseren Haargefässe eines Theiles mit Blut, erhöhte Röthe, Einspritzung, Anschwellung und Auflockerung seines Gewebes, Schmerzgefühle, Functionsstörung des Organs, die nahegelegenen Arterien gerathen in lebhafte Pulsation, weil sie der örtlichen Stockung des Kreislaufes entgegen wirken. Die Hyper. kann durch Hämorrhagie verschwinden, durch vermehrte Secretion sich ausgleichen, in Entzündung übergehen, oder als Hyperämie lange stationär bleiben. Klinisch sind oft die Erscheinungen der Hyper. von denen der Entzündung nicht zu unterscheiden. Die active Hyper. ist gleich der activen Congestion. Die Ursachen der Hyper. sind: mechanische Hindernisse im Rückflusse des Blutes und theilweise oder vollkommene Lähmung der Gefässkanäle. Hyper. mechanica und asthenica s. paralytica. In Folge der mechanischen Hyper. trennen sich oft von dem stockenden Blute die serösen Theile und es entsteht ödematöse Infiltration. Wirkt das mechanisch angehäufte Blut als Reiz, so entsteht Reaction, active Congestion. Tritt nicht allein der seröse Theil des Blutes, sondern auch das crnorhaltige Blut in Folge der mechanischen Hyper. aus, so entsteht Blutung. Erzeugt man künstlich mechanische Hyper. durch festes Binden der Extremitäten, so bringt man oft Blutungen aus inneren Organen (Lungenblutung, Blutbrechen) durch eine Art von Antagonismus zum Schweigen. Der Hauptzweck bei diesem Verfahren ist nicht sowohl den Zufluss des Blutes zu den Extremitäten, als vielmehr den Rückfluss von ihnen hinweg zum Herzen zu unterbrechen. Compression der Arterien durch ein Tourniket hat die entgegengesetzte Wirkung. In Folge von Hyper. entsteht leicht Erweichung des betroffenen Organs. Beispiele mechanischer Hyper. sind: die mechanische Hyper. durch Erdrosseln, Erhängen, Erstickung, asthmatische

Zufälle: Lividwerden des Gesichts, der Zunge, Hervortreten der Augen, Apoplexie, marmorirtes Aussehen der Haut, Ueberfüllung der Lungen, der rechten Herzhälfte, während das linke Herz und das Arteriensystem leer sind. Mechanische Hyper. durch Obliteration oder Compression der Pfortader, Vena cava ascendens: Ueberfüllung des Darmkanals, des Gekröses mit Blut, Hämorrhoiden. Mechanische Hyper. durch Schwangerschaft: Hämorrhoiden, Varices, Oedem. Mechanische Hyper. durch organische Herzkrankheiten, Lungenkrankheiten, Phthisis: Hämorrh. etc. — Die asthenische oder paralytische Hyper. gibt das Bild der sogen. venösen, hypostatischen, asthenischen Entzündungen. Der Mangel lebendiger Wechselwirkung zwischen Blut- und Gefässwand bei der asthenischen Hyper. geht bald ursprünglich von den Gefässen, bald vom Blute, bald von beiden zugleich aus. Lähmung der Gefässnerven entzieht den zur Blutbewegung nothwendigen Tonus. Durch lang dauernde, oft wiederkehrende Hyper. oder Congestion können die Gefässe in einen dauernden Zustand von Erweiterung und Ausdehnung versetzt werden, welcher zuletzt lähmend auf ihre Contractilität wirkt, und so entsteht das sogenannte chronische Stadium der Entzündung älterer Autoren. Dyscrasisch verändertes, scorbutisches, putrides, chlorotisches Blut vermag nicht erregend genug auf die Gefässwände zu wirken, und kann ebenfalls asth. Hyperämie veranlassen. Im hohen Alter entstehen wegen abnehmender Energie des Herzens theils mechanische, theils asthen. Blutanhäufungen in den vom Centrum des Kreislaufes entfernten Theilen, den Füssen, Händen, der Nasenspitze, im Gehirne u. s. w., oft entstehen durch diese Gerinnung bösartige Verschwärungen, Gangraena senilis, Erweichungen. Wird Blut aus einem Gebilde durch irgend eine Ursache hinweggedrängt, so findet diese Flüssigkeit nur Raum, indem sie den übrigen Theilen zuströmt, sich in ihnen anhäuft, und so entsteht die antagonistische Congestion oder Hyperämie. Auch kann die Hyperämie eines Organs die Ursache der Hyperämie eines andern mit dem erstern in Beziehung des Consenses stehenden Organs werden. So ziehen Hyper. des Rückenmarks und Hyper. des Magens gerne Hyper. des Gehirns nach sich. Die cadaveröse oder Leichenhyperämie, die sich erst nach dem Tode bildet, sogenannte hypostatische Hyper., gehört nicht hieher. Je flüssiger das Blut bleibt, wie in scorbutischen, putriden Leichen, in den Leichen Erstickter durch Kohlendampf, durch plötzliche Todesarten Umgekommenen, desto bedeutender sind die cadaverösen Infiltrationen.

Behandlung. Die Causalindication ergibt sich aus der Kenntniss der Ursachen; man suche die Bedingungen des Bestehens dieser Ursachen zu entfernen. Die direkte Kur ist angezeigt, wenn die Ursache der Hyperämie nicht ermittelt oder entfernt werden kann, aber die Dringlichkeit schnelle Hülfe verlangt; sie geschieht durch Oeffnung einer dem leidenden Theile nahen Vene, durch möglichst unmittelbare Blutentleerung des überfüllten Organs mittelst Scarificationen, Blutegel, durch Steigerung des Impulses des Herzens und der Arterien, durch Mittel, welche active Congestion bewirken, Spirituosa, Acria, Reibungen.

Hyperaesthesie. S. Intermittens.

Hyperophia. S. Haut-Empfindlichkeit.

Hyperosmia. S. Geruch-Empfindlichkeit.

Hypochondrie.

Symptome. Hypochondrie ist keine eingebildete Krankheit, sondern dasjenige Leiden, dessen Hauptkennzeichen in einer Verminderung oder krankhaften Störung des Appetits und der Verdauungsfunction, der Entbindung von Gasen im Verdauungskanale, Herzklopfen, Dyspnoe, Schwindel, vorausgehende Gesichtsverdunkelung, Geräusch in den Arterien, Neuralgien etc., sowie in eigenthümlichen Empfindungen in verschiedenen Organen bestehen. Hiezu gesellen sich oft noch trübe Gedanken und übergrosse Befürchtnisse in Betreff der Gefahr des Leidens. Diese sehr häufig vorkommende Krankheit hat, je nach ihrer Form, die Namen: Hirncongestion, Hydrämie, Herzklopfen, Intercostalneuralgie (Seitenstechen), Gastralgie, Dyspepsie etc. erhalten. Die Krankheit ist chronisch, kommt bei Erwachsenen männlichen Geschlechts vor, ist der verstimmten Reizbarkeit des Nervensystems und der grossen Abwechslung in den Erscheinungen nach der Hysterie ähnlich, charakterisirt sich aber dadurch, dass das Sensorium durch bestimmte Ideen, die gewöhnlich auf den Krankheitszustand der Patienten selbst Bezug haben, anhaltend sich beschäftigt und in einem gespannten Zustande erhalten wird, dagegen antagonistisch die Reizbarkeit und Thätigkeit des Abdominalnervensystems in demselben Verhältnisse gesunken und zurücktretend erscheinen, und sich hiedurch eine Menge mannigfaltiger Krankheitserscheinungen in den Unterleibsorganen ausbilden; sie nähert sich der Melancholie; es waltet eine krankhafte Verstimmung des Gemeingefühls vor. Die Kranken klagen über grosse Abspannung und Mattigkeit ohne die Gegenwart wahrer Schwäche, über die sonderbarsten Arten schmerzhafter Empfindungen, die schnell wechseln und fast alle Theile des Körpers nach einander befallen sollen; über Schwere und Wüstheit des Kopfes, ziehende Kopfschmerzen, Clavus hystericus, Schmerzen, Angst, Stiche auf der Brust, in dem U.L., den Nieren, der Blase, den Extremitäten u. s. w. Alle diese Empfindungen wechseln schnell. Die Sinnesorgane leiden insbesondere an allerhand Täuschungen und abnormen Empfindungen. Funken, Nebel, Flecken, Flammen vor den Augen, Klingen, Brausen vor den Ohren, der Kranke schmeckt gar nichts, oder alles fade, bitter, süss, salzig, sauer, ohne dass sich gastrische Zustände darböten, es kriebelt, juckt, brennt oder friert in der Haut, die Reizbarkeit der Genitalien ist verstimmt, Gleichgültigkeit gegen das zweite Geschlecht, oder Aufgeregtheit des Geschlechtstriebes, Pollutionen, wollüstige Träume. Geisteskräfte entweder überspannt und der

Kranke ist keiner Geistesanstrengung fähig, oder er
zeigt oft grossen Scharfsinn und Ausdauer in seinen
geistigen Beschäftigungen. Gemüthsstimmung wechselnd, oft aber unruhig, ängstlich, leicht reizbar; er
ist missmuthig, verstimmt, stets übler Laune, miss-
trauisch, sehr ärgerlich. Er ist in steter Aufmerksamkeit auf seinen Zustand, leidet an eingebildeten
Krankheiten, duldet keinen Widerspruch, liebt den
Wechsel seiner Aerzte; kleiner unregelmässiger, ungleicher, bisweilen frequenter, oft aber auch träger,
langsamer, leerer Puls; Beschwerden im Darmkanal,
Flatulenz, Auftreibung des Unterleibs, träger Stuhlgang oder Durchfall, Verschleimung, Unverdaulichkeit, Appetitlosigkeit, unregelmässige Esslust, zuweilen vermehrte Speichelabsonderung, beständiges
Ausspucken, Sodbrennen, fader, schleimiger, widernatürlich veränderter Geschmack, Aufstossen von
Luft, oder einer säuerlichen, ranzigen Flüssigkeit,
gastrisch oder schleimig belegte Zunge, träger, harter, knolliger oder schleimiger, flüssiger Stuhlgang,
Kollern, Oppression, Spannen im Unterleib, Unverdaulichkeit, Lienterie. Haut trocken, kalt, zusammengezogen, oder duftet nur partiell, Schweiss ist
scharf, brennend, juckend, nicht selten Frieselexan-
them, Gallensecretion vermindert, oder icterische
Erscheinungen, Urina spastica, jumentosa, öfters
Catarrh, Schnupfen. Das Aussehen der Kranken ist
meist bleich, erdfahl, gelblich, der Blick schüchtern,
furchtsam, ängstlich, in sich gekehrt, Haut und Muskeln erschlafft, welk, ohne Energie. Die Krankheit
dauert manchmal das ganze Leben hindurch, zuweilen
macht sie Exacerbationen zu gewissen Jahreszeiten
oder alle Jahre. Man theilt die Hypochondrie ein in
eine materielle und immaterielle; der erstern liegt
ein materieller Krankheitszustand zu Grunde, namentlich in den Abdominalorganen, Stockungen, Anschwellungen etc. Die letztere erscheint als rein dynamisch
abnormer Zustand des Nervensystems. Beim Hypochonder in nervis ist das Krankscheinen ein Multi-
plum, beim Hypochonder in materia ist das Kranksein ein Compost.

Therapie. Entfernung der erregenden Ursachen,
als: feuchte, ungesunde Atmosphäre, dumpfe einge-
schlossene Stubenluft, Genuss von Hülsenfrüchten
oder Mehlspeisen, der Fette, des übermässigen Genusses von Bier, Mangel an Bewegung, unthätige,
sitzende Lebensweise, besonders mit zusammenge-
drücktem Unterleib, Ausschweifungen in Venere,
anhaltende Ausleerungen des Darmkanals, Missbrauch
der Purgirmittel, chronische Diarrhoen, Schleimhä-
morrhoiden, deprimirende Gemüthsbewegungen; Sorgen, Traurigkeit, Anschwellungen und Verhärtungen
des Magens, der Leber, Milz, des Pankreas, Netzes,
der Abdominaldrüsen, Anhäufungen im Pfortadersystem, anhaltende Geistesanstrengungen mit einem
und demselben Gegenstande, übermässiges Studium,
Meditiren, Nachtwachen. Man empfehle Seelenruhe
und eine entsprechende Diät; bei Status pituitos. der
Digestionsorgane gibt man Neutral- und Mittelsalze
in refract. dosi, Tart. tartar., Salmiak, Pulv. digest.,

kleine Gaben Tart. emet., Rheum; damit verbindet
man die bittern Extracte, Gramin., Saponar., Tarax.,
Millefol., Marub. alb., Card. bened., Centaur. min.
etc. ℞ Flaved. cort. aurant., Pulv. rhei ana ℨij;
Magnes. sulphur. ℨiij; Magnes. carbon. ℨj; Elaeosacch. foenicul. ℨβ. S. Solamen bypochondricum
Kleinii. Kräuterkuren im Frühjahre, im Sommer,
Kissingen, Karlsbad, Eger; äusserliche Waschungen
des Unterleibs mit Spirituosen und Aromat., Einreibungen von Liniment, das Tragen von Emplastr.
aromat.; Kämpfische Visceralklystiere aus Rad. tarax.,
Herb. et flor. Anagallid., Arnic., Millefol., Rubia
Tinctor., Con. maculat., Rosmarin u. s. w. in Absud
lauwarm mehrmal des Tages ℨjv—vj auf einmal; man
gibt sie nach vorangegangener Leibesöffnung, oder
nach vorausgeschickten Klystieren, der Kranke legt
sich dabei auf die rechte Seite und zieht die Beine
an, man setzt den Klystieren nichts Salziges, kein
Oel bei. Bei Stockungen, Verhärtungen der Leber
und icterischen Erscheinungen gibt man Calomel,
Sulphur., Antimon., Extr. Chelidon., Cicut., Digital.;
Einreibungen von Ungt. neapolit., Liniment. volat.
camphorat.; das Ungt. succ. recent. expr. Digitalis
et Cicutae, Auflegen von Emplastr. cicut., Mercur.,
Gummi ammoniac., Sapon. camphor. etc. Alkali-
bäder, Digestivmittel mit bittern Extracten, resolvi-
rende Mineralwasser; Wasserkuren. ℞ Tinct. aloes
simpl. — rhei vinos. — aromat. ana ℨβ. S. 1—3mal
tägl. 1 Theel. voll und dann je den 3ten Tag damit
ausgesetzt. Ueberhaupt ist die Aloë und das Rheum
bei Hypochondern mit Obstructiones alvi sehr zweckmässig. ℞ Extr. aloes, rhei ana ℨjβ; Trifolii ℨiij.
M. f. pilul. gr. jj; Consperg. p. cinnamom. S. Alle
Abende 3—9 Stück zu nehmen. Bei Leberverhär-
tung etc., die bei diesen Krankheiten angegebenen
Mittel. Man hat endlich einige oft ausgezeichnet
hervortretende und besonders lästige Erscheinungen
zu beseitigen, als 1) Krämpfe in den äussern Theilen, Schaudern und Frösteln durch warmes Verhalten, dabei aromatische Theeaufgüsse mit Arak versetzt; Liquor. Mindereri, Liquor. C. C. succin., Liq.
anod. H., Tinct. valerian., ätherische Oele, Fuss-
und Handbäder. 2) Gegen das Erbrechen dienen
Absorbentia, Magnesia, Kali, Potio riveri, Brausepulver, Wein, Rum, Aq. cinnamom., Anis, Naphthen,
Emplastr. stomach. 3) Kolikschmerzen verlangen
warme aromatische Theeaufgüsse, Liq. C. C. succin.,
Opiumtinct., Einreibungen, Klystiere mit Asa foetid.,
Valerian. etc. 4) Congestionen nach den oberen Theilen, s. Congestionen. 5) Dyspepsie, s. Verdauungsschwäche. 6) Magensäure, s. Sodbrennen. 7) Flatulenz, s. Colica-flatulenta. 8) Hartleibigkeit, s.
Verstopfung. 9) Urinverhaltung, s. Harnblasenkrankheiten. S. Obstructiones viscerum — Verstopfung.

Hysterie. Mutterkrampf, Mutterweh, Krämpfe.
Symptome. Sie ist mit den meisten Krankheiten
der Weiber mehr oder weniger im Spiele und kann
fast für alle möglichen Krankheiten imponiren. Allgemeine Symptome sind: 1) ein eigenthümliches Aussehen, ein gebrochenes, thränendes, schmachtendes

Auge. 2) Unstätigkeit der Symptome; bald klagen
sie z. B. am Kopfe, gleich darauf im Magen, nachher
in der Lunge u. s. w.; nicht blos dass Wechsel in
den Symptomen stattfindet, es treten oft sogar die
entgegengesetzten Symptome nach einander auf; oft
liegen z. B. nur wenige Minuten zwischen der grössten psychischen Verstimmung, zwischen Thränen u.
Heulen und der ausgelassensten Lustigkeit. 3) Widerspruch in den gleichzeitig vorhandenen Symptomen, z. B. harter Puls, aber keine Hitze, keine Tem-
peraturveränderung, kein Durst; heftiger Schmerz
im Leibe und die Kranken schreien, wenn man sich
ihnen nur mit der Hand nähert, drückt man aber
fest auf, so verschwindet der Schmerz oder mässigt
sich. 4) Abweichung in der Reaction des krampfhaft
afficirten Organs gegen äussere Einflüsse. Z. B. die
heftigsten Palpitationen des Herzens, selbst mit
Ohnmachten, so dass man eine heftige Herzentzündung zu sehen glaubt, verschwinden, wenn die Kr.
vielleicht Wein trinken, während man glauben sollte,
dass sich darauf die Erscheinungen vermehren würden. Es kommen übrigens auch bei sensibeln schwächlichen männlichen Individuen hysterieartige, ähnliche
Erscheinungen vor, namentlich Globulus hyst. Alle
Hysterische haben eine besondere Anlage des Charakters mehr oder weniger mit einander gemein; auch
kommen meist mehrere der unten angeführten Formen
mit einander verbunden vor.

Therapie. Bei der Behandlung der Totalität der
Krankheit muss man darauf Rücksicht nehmen, ob
die Krankheit durch Erschöpfung, eine Folge von
Blutungen, Verlust der Säfte, Geburten, fortgesetztes
Stillen entstanden ist, in welchen Fällen man mit
den gelinden vegetabilischen Stärkungsmitteln, den
Amaris und gelinden Eisenpräparaten zu beginnen
und zum reinen Eisen fortzuschreiten hat, als: Calamus, China, Gentiana, Quassia, Absynth., Tinct.
Bestusch., Tinct. Martis pomat., cydoniat., Aethiops
martiat., Ferrum purum, Eisenbäder, Boklet, Pyrmont, das Trinken von Eisensäuerlingen. Vorher
aber muss das Bauchnervensystem beschwichtigt sein
durch den Gebrauch der auflösenden Mineralbäder,
Ems, Kissingen, und die Narcotica, Pulsatilla, Nux.
vomica gr. $\frac{1}{4}$—$\frac{1}{2}$ p. die. Zinc. sulphuricum gr. vjjj
in ʒvjjj Aq. destill. gelöst, alle 8 Stund. 1 Esslöffel,
Opium haltige Einspritzungen in die Scheide. — ℞
Rad. valerian., Rad. caryophill., Herb. menth., Fol.
aurant. ana ʒvj. S. Auf 1—2 Essl. 2—3 Tassen kochendes Wasser gegossen, die Nacht hindurch zugedeckt stehen lassen, abgeseiht. Früh und Abends
die Hälfte kalt getrunken, Monate lang zu gebrauchen. Romberg machte auf das häufige Vorkommen
von palpabeln Veränderungen der Sexualorgane bei
Hysterie und auf die anämische Basis derselben aufmerksam, daher der Gebrauch von Eisenmitteln,
Eisenwässern so nützlich. Jedoch komme auch die
Hysterie mit Plethora vor (Menses reichlich, Gesicht
geröthet, Schwindel, Wallungen und Schmerzen in
der Herzgegend) und in diesen Fällen sind Säuren,
besonders Acid. phosphor. sehr zweckdienlich. Durch

die gänzliche Umstimmung des Dünndarms, noch
mehr des Dickdarms und der Abdominalnerven durch
Purganzen erklären sich die glänzenden Erfolge bei
inveterirten Uebeln, zumal Neurosen, bei den meisten Hysterischen. Diesen bekommt ein Thee aus
Valeriana, Fol. aurant. und Fol. sennae vortrefflich
gut und entfernt allmählig die Obstructio alvi und
Hartleibigkeit und bewirkt eine grosse und herrliche
Umstimmung ihrer Abdominalnerven. Man gibt diesen Thee, überhaupt solche Abführmittel in chronischen Krankheiten nicht anhaltend, sondern in Pausen, alle 4—5 Tage einmal und in der Zwischenzeit
die andern zweckmässigen Mittel. R Fol. sennae
Ʒij; Fol. aurant., Rad. angelicae, Herb. melissae ana
Ʒij; Rad. artemis. vulg., Semin. anis ana Ʒβ. M. C.
C. D. t. doses Nr. 12. S. Täglich eine Portion mit
4 Tassen kochenden Wassers zu infundiren und kalt
zu trinken gegen habituelle Obstructio alvi Hysterischer. In der Migraine, hysterischem Kopfweh und
anderen Neuralgien hat Schneider in Fulda mit
guter Wirkung sich des Ol. chamomill. aether. mit
Liquor. anodyn. Hoffm., des Ol. valerian. aeth. mit
Aeth. acet., der Zinknaphtha auf Zucker tropfenweis
bedient, aber am wirksamsten noch fand er in benannten Leiden das Zink, Valeriana etc. Ol. valerian. aeth. Ʒj in Ʒβ Aether. acet. stündl. 10—15 gtt.
zu nehmen; auch kann man es in die schmerzhaften
Theile einreiben lassen. — R Tinct. valerian. aeth.,
Tinct. castor. ana Ʒj; Tinct. ferri acet. aeth. Ʒij;
Extr. aloes aq. Ʒj. S. Alle 2 Stunden 30 Tropfen.
R Spirit. sulphur. aeth. mart. Ʒiij; Tinct. valerian.
aeth. — Castorei angl., Aloes ana Ʒj. S. Alle 3 St.
30 Tropfen. Ein sehr gutes Carminativ bei Hysterischen sind folgende Species: R Semin. carvi —
foenicul. ana Ʒiij; Herb. meliss. — menth. pip., Flor.
chamomill. ana Ʒj. M. C. C. S. Thee zu 4 Portionen. — Kein Mittel vermag so schnell und so sicher
die Krämpfe Hysterischer zu mindern und zu ver-
scheuchen, als 10—15 Tropfen des caustischen Salmiakgeistes in einer Tasse Wassers, keines absorbirt
rascher die im Magen und Darme befindlichen Blähungen. — Man sehe auf die Regulirung der Menses,
ordne eine nährende, nicht zu reizende Diät an,
Fleischocolade, Fleischbrüh, frisches Fleisch, Wurzel-,
kein Blattgemüs, gutes Bier; Entfernung aller moralischen Incitamente, Wiederherstellung der unterdrückten Fussschweisse, der Schweisse unter den
Achseln, an den Genitalien, der Ausschläge etc.
Formen gibt es folgende. Bei hyster. Anfällen thun
2—6 trockne Schröpfköpfe auf die Magengend sehr gut.

1) Hyst. cardiaca. Heftiges Herzklopfen,
Oppression auf der Brust, grosse Unruhe. — Diagnose. Das plötzliche Auftreten ohne Frost und Ohnmacht, wie wahre Carditis, das momentane Auftreten
und Verschwinden der Symptome, der Umstand, dass
die Erscheinungen auf Reizmittel verschwinden, der
Mangel der Erscheinungen bei der Percussion und
Auscultation sichert dieselbe. — Therapie. Am besten
Scilla extr. zu gr. 1/16 — 1/3 1—2mal; äussere Hautreize, wie bei Nr. 7.

2) **Hyst. cephalica**, Migraine, Hemicranie. Vgl. Kopfschmerz.

3) **Hyst. gastrica**, Pyrosis hysterica, Wasserspeien. Bald ein brennendes, krampfhaftes Gefühl im Magen mit den nämlichen Erscheinungen, wie bei Nr. 4, d. h. Schmerzlosigkeit beim Drucke. Der Krampf endet mit Erbrechen einer hellen, klaren, oft speichelähnlichen Flüssigkeit, die oft geschmacklos, oft sauer, bitter ist. Die Untersuchung der Magengegend und des Erbrochenen und der übrigen concomittirenden Erscheinungen sichern die Diagnose. — Therapie. Auflösungen der Asa foetid., Castor., Valerian., mit Naphthen, Liquor kali carbon., Krebsaugen, Magnesia, Sinapismen auf die Magengrube. Pulv. aërophorus und dabei Ungt. alth., Ol. hyoscyam., Tinct. opii und Campher in den U.L. einzureiben.

4) **Hyst. intestinalis**. Die Kranken klagen über heftig brennende, reissende Schmerzen im U.L., wie von Scheermessern zerrissen, der U.L. dabei nicht aufgetrieben, sondern weich, ja oft nach hinten gezogen; schon bei der leisesten Berührung schreien sie auf, drückt man aber fest auf den Leib, so fühlen sie keinen Schmerz; dazu kommt noch Erbrechen, Veränderungen in den Darmausleerungen; von Fieber keine Spur, im Gegentheile spastische Haut und Urin. — Therapie. Gummata ferulacea, Asa foetid., Gm. galban., sowohl in Klystieren, als durch den Mund, man lässt Ungt. volat. oder Hirschhorngeist einreiben, geistige Fomentationen auf den U.L. machen. Hysterie wie Peritonitis simulirend, nebst Mixtur aus Tinct. Hyoscyami mit Camphor. Nur der Symptomencomplex lässt die wahre hysterische Natur solcher Formen erkennen.

5) **Hyst. laryngea**. Keuchende, ängstliche Respiration; die Kranken sagen: es schnüre ihnen den Hals zu; auffallende Veränderung in der Stimme, bellender, oft ganz thierischer Husten und ähnliche Veränderungen in der Sprache, dazwischen von Zeit zu Zeit oft ganz normale Sprache; objective Erscheinungen bei der Untersuchung der Glottis sind keine vorhanden, Druck verursacht keinen Schmerz; kein Fieber. — Therapie. Anwendung äusserer Hautreize, Sinapismen tilgen oft auf der Stelle die Erscheinungen.

6) **Hyst. muscularis**. Oft sind blos Zittern in den einzelnen Muskelpartien vorhanden, oft sind sie blos subjectiv, später werden sie objectiv, es entstehen dann Convulsionen daraus, Chorea St. Viti ähnliche. — Therapie wie Nr. 9.

7) **Hyst. pulmonalis**, Asthma hystericum. Die Kranken klagen über grosse Athmungsbeschwerden, glauben ersticken zu müssen; dabei sprechen sie aber in einem Strome fort. Sie klagen über stechenden Schmerz, der es ihnen unmöglich mache, einzuathmen, aber sie athmen auf Geheiss gut und tief ein, der Husten ist trocken, oft bellend. Percussion und Auscultation ergibt keine Veränderung in der Lunge; kein Fieber. — Diagnose wird gesichert durch den Widerspruch zwischen Aussage der Kranken und objectiven Erscheinungen, durch den

Mangel der objectiven Erscheinungen, der Unter-
suchung bei der Pneumonie, den Mangel des Fiebers.
— Therapie. Am besten ist Scilla in Verbindung mit
Gm. ammon. und ähnlichen Dingen; dabei äussere
Hautreize, Sinapismen auf die Ausstrahlungen des
Nerv. pneumogastr.

8) Hyst. spinalis, Tetanus, Trismus hystericus, eine sehr fürchterliche Form. Ziehende Schmerzen nach dem Verlaufe der Columna vertebr., plötzlich entsteht Steifheit und Unbeweglichkeit der Glieder, wahrer Tetanus, Ophisthotonus. — Diagnose.
Von wahrem Tetanus traumat. durch die allgemeinen
charakteristischen Erscheinungen der H., dadurch,
dass dieselbe plötzlich entstehen und plötzlich verschwinden. — Therapie. Clysmata von Asa foetida,
Begiessungen mit kaltem Wasser; innerlich Blausäure.
℞ Acid. hydrocyan. Vauquelin. ℈β; Emulsion. amygd.
℥vjjj. S. Stündl. 1 Essl.: Chloroform.

9) Hyst. uterina. Ziehender Schmerz am
Kreuze nach dem Laufe der runden und breiten Mutterbänder gegen den Uterus hin, als würde der Uterus
gewaltsam aus der Tiefe des kleinen Beckens herauf
in das grosse Becken gezogen. Es ist ein Gefühl,
als steige etwas aus der Tiefe des Beckens gegen
den Magen und selbst gegen die Brust herauf bis in
den Hals, was die Sensation erregt, als würde derselbe zusammengeschnürt, — Globus hystericus; es
sind gewöhnlich Menstrualstörungen vorhanden. —
Diagnose. Von Metritis durch die Periodicität der
Erscheinungen und durch den Mangel der objectiven
Erscheinungen bei der Untersuchung des Uterus,
über der Schambeinfuge, durch die Scheide, den
Mastdarm. — Bei Ovaritis gehen die Erscheinungen
der Aufreizung von der Seite aus, nicht vom Uterus
her, die angeschwollenen Ovarien sind bei angezogenen Schenkeln fühlbar und sind gegen den Druck
schmerzhaft; auch sind bei Ovaritis oft Metrorrhagien
zugegen. — Therapie. Asa foetida, Castor., Pulsatill., besonders letzteres Mittel bei mit heftigen nervösen Symptomen begleiteter Menstruation zu gr. $^1/_{16}$
bis $^1/_8$ höchstens $^1/_3$. ℞ Rad. valerian. ℥jjj; F. infus.
℥vj; Tinct. castor., Acid. Hall. ana ℈jj; Syrup. aurant.
℥β. ℞ Asae foetid., Extr. valerian. ana ʒʃ; Merc.
gummos. Plenkii, Camphor. ana gr. vj; F. pilul. Nr.
40. 2mal 4 Stück. ℞ Asae foet. gr. jjj; Extr. pul-
sat. gr. j; Succ. liqurit. q. s. f. pilul. Nr. 14. ℞
Essent. castor. ℥jj; Liquor. anod. H. ℥j; Ol. foenicul.
gtt. xx. S. Umgeschüttelt alle $^1/_4$ St. 20 gtt. ℞ Asae
foetid., Extr. gent. rubr. ana ʒʃ; Pulv. gentian. ℥j;
f. c. cort. cinnamom. q. s. pilul. gr. jj. Consperg.
pulv. foenicul.; 4mal 10 Stück. ℞ Essent. castor.
liq. c. c. succ., Tinct. crocat. — thebaic. ana ℥j. S.
Stündl. 5—10 gtt. in Thee. ℞ Asae foetid. ℥j; Galban., Myrrh. ana ʒʃ; Castor. genuin. gr. xv; f. c.
tinct. valerian. q. s. pilul. gr. jj. S. 3mal 3—8 St.
℞ Essent. castor. ℥jj; Aq. cinnamom. c. vino ℥jj.
S. $^1/_2$stündl. 1 Theel. ℞ Asae foetid. ℥jβ; Aloes,
Ferri muriat., Extr. marub. ana ʒʃ. F. pilul. gr. jj;
S. 3mal 4—5 Stück.

10) Hyst. vasculosa. Selten ist die Affec-

tion über das ganze Gefässsystem verbreitet, häufiger beschränkt sie sich auf eine kleinere oder grössere Partie des Arteriensystems, namentlich auf die Abdominal-Aorta, Abdominalpulsation; wird aber das ganze Gefässsystem ergriffen, so ist der Puls sehr frequent, oft saitenartig gespannt und hart, so dass man an ein heftig entzündliches Fieber glaubt. Ist blos ein Gefässstamm ergriffen, so zeigt der Puls diese Eigenthümlichkeit blos in der befallenen Arterie; meist ist dies die Aorta abdominalis. — Diagnose. Die allgemeinen charakteristischen Symptome der H., der Widerspruch der Gefässerscheinungen mit den übrigen febrilischen, namentlich der Hauttemperatur und Hautsecretion, die Urina spast., der Mangel des Durstes, der schnelle Wechsel der Symptome sichern dieselbe. — Therapie. Man gibt die Acida, Acid. Halleri, Elixir. Mynsicht.

11) Hyst. vesicalis. Die Kranken bekommen einen zusammenziehenden, oft sogar brennenden heftigen Schmerz in der Blasengegend mit heftigem Drange zum Uriniren, alle 3—4 Minuten, wobei aber der Harn entweder gar nicht abgeht, oder nur guttatim unter heftigen Schmerzen fliesst: der Harn ist klar, hell, Urina spastica. — Diagnose. Durch den Mangel der Schmerzhaftigkeit der Blasengegend beim Druck, durch den Mangel des Fiebers, durch die Urina spastica und den leicht eingehenden Katheter ist der Unterschied von Cystitis gegeben. — Therapie. Specific. sind Canthariden, die Tinct. gtt. j in schleimigen Vehikeln; dabei lauwarme Bäder, Application des Katheters, auch kleine Gaben von Rheum und China, Gentian., Opium etc. thun gute Dienste.

I.

Icterus. S. Gelbsucht.

Ileus. S. Volvulus.

Impotenz. Männliches Unvermögen. Das Unvermögen des Mannes kann doppelter Art sein; entweder Unvermögen zum Beischlaf, oder Unvermögen zur Zeugung. Ist ersteres vorhanden, so ist damit nothwendig auch das zweite verbunden, dagegen gilt dieses nicht umgekehrt. Die Ursachen des männlichen Unvermögens sind sehr mannigfaltig und verschieden, die wichtigsten derselben folgende: A) Allgemeine, d. h. solche, welche den ganzen Körper betreffen; sie sind entweder körperlicher oder moralischer Natur und es gehören zu ihnen folgende: 1) Hass und Abneigung gegen das Weib, mit welchem der Mann verbunden ist. 2) Allzu starke Zuneigung der Gatten zu einander, überspannte Empfindsamkeit und Zärtlichkeit gegen das Weib, allzu grosse Sucht ihm zu gefallen und allzu feurige Vorstellung der Wollust des Genusses erzeugen dieses Uebel. 3) Die Einbildung; so z. B. bei Männern, welche glaubten, durch Bezauberung ihres männlichen Vermögens beraubt worden zu sein, bei Männern, welche erschrocken sind über Schleimabsonderung aus der Harnröhre

beim Stuhlgange etc. 4) Phlegmatisches Temperament und davon abhängende Trägheit zum Beischlaf.
5) Hohes Alter. 6) Allgemeine Körperschwäche und
Entnervung, vorzüglich in Folge von Ausschweifungen im Genusse sinnlicher Liebe und Onanie u. s. w.,
durch langwierige Krankheiten, besonders anhaltende Durchfälle, Blutflüsse, Auszehrung, Wassersucht und Lähmung. 7) Uebermässige Anstrengung
des Geistes, besonders wenn sie mit Fasten, religiö-
sen Uebungen, Nachtwachen u. s. w. verbunden ist.
8) Eine schlechte, wenig nährende Diät und der Genuss gewisser Pflanzen und Gewächse, welche Unvermögen zum Beischlafe hervorbringen sollen, z. B.
Camphor. 9) Mangel eines zur Befruchtung taug-
lichen Samens; dieser ist oft an sich zu wässerig, zu
geistlos, unkräftig, daher zur Zeugung ganz untauglich. Die Ursachen einer solchen Beschaffenheit des
Samens liegen in dem zu jugendlichen oder zu hohen
Alter, allgemeiner Schwäche und Entnervung des
Körpers durch jugendliche Ausschweifungen, besonders durch Onanie; ferner im Mangel der Hoden und
den Krankheiten derselben (s, Hodenkrankheiten).
10) Unfähigkeit, den Samen bei der Begattung gehörig auszuspritzen, an welchem Uebel Zusammenschnürung der Samengänge, Verhärtung und Vergrösserung der Prostata und Lähmung der Muskeln,
welche die Ausspritzung des Samens befördern, Antheil haben. 11) Kraftloser Wille des Vaters zur
Zeugung. 12) Vernachlässigte Uebung der Geisteskräfte oder Uebermaass dieser Kräfte; Ueberdruss
seiner selbst und Anderer, moralische Vernichtung,
traurige Kälte, welche alles Feuer eines Menschen
ertödtet. B) Oertliche, d. h. solche, welche nur auf
die Zeugungstheile sich beziehen. Zu ihnen gehören: 1) Gänzlicher Mangel des männlichen Gliedes.
2) Zu bedeutende Kürze. 3) Verkehrte Richtung des
männlichen Gliedes, wenn dasselbe steif wird, als
Krümmung nach oben, nach der Seite, wodurch die
Begattung schmerzhaft und die Befruchtung verhindert wird. Auch gehören hieher warzige Erhöhungen
auf der Eichel, welche den Beischlaf unmöglich machen. 4) Undurchbohrtes männliches Glied, wobei
Harn und Samen durch eine regelwidrige Oeffnung
davon fliessen; bei missgestalteten Genitalien, wo
die Bestimmung des Geschlechtes zweifelhaft ist;
bei Hypospadiaeen. 5) Brüche. 6) Zu enge Vorhaut und der spanische Kragen. 7) Oertliche Schwäche und Erschlaffung der Zeugungstheile, welche
gewöhnlich die Folge wollüstiger Jugendausschwei-
fungen ist und wobei kein Steifwerden des Gliedes erfolgt, weil die Muskeln desselben gelähmt
sind. Diesem Zustande der Schwäche steht gegenüber: 8) Die allzu grosse, mit Schmerzen verbundene Steifheit der Ruthe, bei welcher die Ergiessung des Samens entweder mit vielem Schmerz
erfolgt oder ganz gehindert wird. 9) Alle Fehler,
welche der Ausspritzung des Samens ein näheres
windliches Hinderniss entgegenstellen. Dahin gehört
z. B. zäher Schleim, welcher die Harnröhre verstopft, Geschwüre in derselben, Verengerung

Narben in ihr, eine durch venerisches Gift angefressene Harnröhre, Steine in der Harnblase, welche den Beischlaf ungemein schmerzhaft machen, Hämorrhoiden. De la Peyronnie beschreibt einen sehr merkwürdigen Fall eines Mannes, der nach einem unreinen Beischlaf den Samen nur immer mit Gewalt ausleeren konnte, so dass dieser blos als Geifer abfloss, der Harn ging dem ungeachtet leicht und ohne Hinderniss ab, mithin konnte die Harnröhre weder zusammengeschnürt sein, noch Auswüchse haben. Der Mann starb an einer schnell verlaufenden Krankheit, und man fand bei der Leichenöffnung eine Narbe auf dem Veru montanum in der Harnröhre gegen die Blase hin. Die Ränder dieser Narbe hatten die Richtung der Oeffnungen der Samenbläschen verändert, so dass sie hinterwärts gegen den Hals der Blase gerichtet waren; mithin musste der Samen statt vorwärts, rückwärts fliessen. Ebenso wird eine durch Venerie angefressene und durch Bougies erweiterte Harnröhre nicht nur die Kraft, sich zusammen zu ziehen, verlieren, sondern auch wegen der erlittenen Erweiterung den Samen nicht so weit von sich werfen können, als wenn sie einen engen Durchschnitt hat. Sauvages erzählt folgenden hieher gehörigen Fall. Ein Edelmann von 22 Jahren, mit einem der schönsten Weiber verheirathet, konnte während des Beischlafes niemals des Samens sich entleeren, obschon er oft im Traume an Pollutionen litt. Nachdem er die berühmtesten Aerzte zu Rathe gezogen hatte gegen das Uebel, das sonderbarer Weise ihn nur im Wachen, nicht aber im Traume befiel, erklärte sich der berühmte Cockburn dahin, dass der Grund des Leidens in der Harnröhre liege, weil diese bei der heftigen Erection während des Beischlafes fast bis zur Verschliessung auf krampfhafte Weise sich zusammenziehe und dem Austritte des Samens ein so grosses Hinderniss entgegensetze, dass die austreibenden Kräfte nicht hinreichten; im Schlafe aber, während der geringern Steifheit des Gliedes, könne die Harnröhre nicht so gewaltig krampfhaft sich verengern, und dies sei der Grund, warum der Same leichter sich entleere. Das Uebel wurde glücklich durch eine kühlend erschlaffende Diät, örtliche lauwarme Milchbäder etc., sowie durch ähnliche Arzneien und gelinde Entleerungsmittel beseitigt. 10) Entmannung. 11) Alle Krankheiten der Hoden, z. B. Verhärtungen, Krebs, Schwinden derselben, Zusammenschnürung der Samenleiter, blinde Endigung der Nebenhoden, verwachsene Oeffnung der Samenbläschen, Verhärtung und Vergrösserung der Prostata, Fleischbrüche, Varices, Hydrocele u. s. w., durch welche die Absonderung des Samens verhindert oder doch der Beischlaf sehr schmerzhaft und schwierig gemacht wird. Die Heilung des männlichen Unvermögens hängt von der Möglichkeit der Hebung dieser Ursachen ab. Zur Stärkung und Belebung dienen: ℞ Pulv. rad. colomb. ℥β; Coq. c. aq. font. ℥x—℥vj; Colat. adde spirit. sulphur. aeth. mart. ℨij; Tinct. cinnamom. ℨj; Syrup. cort. aurant. ℥j. Alle 3 Stunden 1 Essl. ℞ Extr. quajac. ℨβ; Elix.

visc. Hoffm., Tinct. chin. Whytt. ana ℥ß; Spirit.
sulphur. aeth. martiat. ℨjj; 3mal 80 Tropfen. Aus der
physiologischen Function des Rückenmarks und des
verlängerten Markes, welches den Samenergiessungen vorsteht, die Erection bewirkt u. s. w., was man
fälschlich seither dem kleinen Gehirn zuschrieb, erklärt sich wie die Nux vomica Greise, wenn auch nur
momentan, zu verjüngen und bei jungen Leuten die
Impotenz zu' heben vermag. — Balsamum peruvianum; siehe hierüber Harnruhr und Rückenmarksdarre.
— Datura stramonium siehe bei Hodenatrophie. —
Phosphor, Vanille, Pyrmont, Boklet, Brückenau,
Waschen der Genitalien mit Spirituosis. Unter allen
Bädern ist Gastein hier das gerühmteste, doch muss
der Geschwächte sich gewöhnen, die Eichel blosszu-
tragen, und um die Hoden ein warmes Suspensorium anlegen. Das Horn der Hausthiere in Pulverform soll ein Mittel zur Begründung eines geistigen Samens sein. Milch, Eier und Feigen sollen
viel Samen erzeugen. Gasbäder von Eger reizen
die Geschlechtstheile eigenthümlich, daher sie bei
geschwächter Energie derselben besonders heilsam
sind. Tinct. cantharid. gtt. jjj—jv. Ist Onanie Schuld,
so entwöhne sich der Kranke, stehe früh auf, geniesse
frische Luft, mache sich Bewegung, und gebrauche
innerlich u. äusserlich Pyrmont etc. an der Quelle. Gastein ist hier sehr gerühmt. S. Aphrodisiaca. ℞ Spirit.
formicar. ℥jj; Liquor. anod. Hoffm., Balsam. vit. Hoffm.
ana ℥ß; Aq. menth. pip., Aq. serpill. ana ℥jjj. S. Zum
Waschen des Kreuzes und der Genitalien. ℞ Tinct.
chin. simpl. ℥jj; Elixir. acid. Hall. ℨj. M. Täglich
einigemal 40—60 gtt. mit etwas Wein zu nehmen,
bei Schwäche des Körpers und Missbrauch der Genitalien, dabei strenge Enthaltsamkeit und vieles
Wassertrinken. Täglich 2mal Sitzbäder aus warmem
Wasser mit Spirit. lavendul., Junip., Serpill., Rosmarin. ana ℥j; Aq. mensur. jj; dabei Thee aus: ℞
Folior. aurant. virid., Folior. arnic., Herb. salviae
ana ℥ß; Spec. pector. ℥jjj; dabei eine Salbe aus:
Strychnin. nitr. gr. v; Ungt. rosat. ℨj; 2mal täglich
Linsen-gross in die Glans penis einzureiben. Die
Wurzer'schen Pillen aus Ferri pulver. gr. XLV;
Conchae pulv. gr. xv; Acidi phosphor. sicci, Cort.
chinae u. Extr. cascarill. ana ℨj mit Mucil. gummi arab.
3mal täglich zu 10 Stück, brachten einen impotenten
jungen Mann so weit, dass er nicht nur seine Frau
beschlafen konnte, sondern auch ein Paar Kinder
zeugte. Mit denselben Pillen wurde auch einem
Manne in den 40, der in Folge von Samenvergeudung
schon an Tabes dorsalis mit täglicher Abnahme der
Sehkraft litt, geholfen. — S. Onanie. S. Samenverluste u. Pollutionen.

Inanition. S. Blutleere.

Incontinenz des Urins. S. Harnen, unwillkürliches.

Indigestion. S. Magen, verdorbener.

Infarctus. S. Verstopfung.

Influenza. Catarrh. contagios., Grippe.

Symptome. Epidemisches Auftreten, plötzliches
Befallenwerden sehr vieler Individuen; nicht sehr

grosse Gefährlichkeit; miasmatische Verbreitung nach einer bestimmten Richtung, katarrhalische Affectionen, meist der Respirations-, doch auch der Darmschleimhaut, Störungen des Gemein- und Kraftgefühls; nervöse Erscheinungen, Missstimmung, Gleichgültigkeit, Trägheit, Schläfrigkeit etc.; Schwäche, Kopfweh im Vorderkopfe; lästiges Drücken und Schmerz in der Augenhöhle, dabei aber keine Congestionen; namentlich klagen Frauen über einen lästigen Schmerz im Oberschenkel bis in die Kniekehle. Dabei katarrhalische Affectionen der Respirationsschleimhäute, Schnupfen, Husten, Raucedo catarrh., Affectionen der Schleimhaut der Nahrungsorgane, sich zu erkennen gebend durch Appetitlosigkeit, verdorbenen Geschmack, belegte Zunge, Brechneigung, Erbrechen, schleimige, ja selbst blutige Diarrhoe; Fieber mit verschiedenem Charakter; nicht selten pneumonische Erscheinungen.

Diagnose. Die Influenza ist sehr charakterisirt durch ihr epidemisches Auftreten, durch die Veränderung des Gemeingefühls, durch die katarrh. Erscheinungen und das begleitende Fieber. Verwechslung kann geschehen mit dem einfachen Katarrh und dem Katarrh-Fieber; aber das epidemische Auftreten, unabhängig von jeder Witterung, die bedeutende Affection des ganzen Organismus, die grosse Mattigkeit sichern die Erkenntniss. Entzündliche Affection der Hirnhäute und der Brust kann gemuthmasst werden; aber die wenigen dafür sprechenden Symptome erscheinen so lange nur als consensuell, als die bestimmten objectiven Erscheinungen einer Entzündung dieser Theile fehlen; leicht aber kann sich die Krankheit zu einer Entzündung steigern. Von Cerebral-Typhus unterscheidet sich Influenza durch den Mangel der Sinnesstörungen im Ohre, Auge und die Dauer der Krankheit.

Therapie. Die Behandlung richtet sich nach dem Charakter und der Form der Epidemie: bei den einfachen katarrhalischen Formen blos expectatives Verfahren, Aufenthalt in gleichmässiger Temperatur, im Bett; vegetabilische Kost, gekochtes Obst, schleimiges, lauwarmes Getränke, mit kleinen Gaben Ammon. acet. und Pulv. Doweri gegen Abend; bei der entzündlichen Form Antiphlogose, bei kräftigen Individuen und ausgezeichnet synochalem Fieber V.S.; bei entzündlicher Affection des Larynx und der Trachea Blutegel, innerlich schleimige Mittel mit Nitrum und Mittelsalzen; erweichende Fomentationen, Einreibungen mit Mercursalbe; bei rheumatischer Complication, nebst dem bezeichneten Verfahren, Vesicantia; bei gastrischer Complication wird die Behandlung mit einem Brechmittel eröffnet, darauf Salmiak mit Tart. emet., gelinden Mittelsalzen. Bei torpider Form gleich anfangs Valeriana, Ammon. acet., Senega, Kermes mineral., Sulphur. aurat., Benzoe, warme Waschungen mit Chlor, warme Begiessungen, Campher in Emulsion. Bei Congestion zum Kopfe topische Blutentleerungen. Zurückgebliebener nervöser Husten in der Reconvalescenz verlangt Narcotica, Blausäure, Zincum hydrocyanicum, Lactuca. Gegen Blennorrhoe Lichen Islandic., Gm. kino, Opium, Ferrum sulphuricum.

Innervation ist der ununterbrochene, von den Centralorganen ausgehende Einfluss des Nervensystems auf die Gebilde und umgekehrt; sie ist aber nicht die Action der Nerven selbst, sondern nur die Bedingung, durch welche die Action des Nerven möglich wird. In diesem Zustande der Ruhe ist das Nervensystem, wenn wir seine Thätigkeit mit einer galvanisch-electrischen vergleichen, geladen, gespannt; bei der Action geschieht die Entladung, und so gibt es centrische und peripherische Spannung, centrische und peripherische Entladung, je nach der Action eines peripherisch-centrischen (sensitiven) oder centrisch-peripherischen (motorischen) Nerven. So anschaulich aber die Nerventhätigkeit durch diese Bezeichnung auch wird, so soll letztere doch weiter nichts sein als eine Formel für einen Vorgang, dessen Wesen uns bis jetzt noch unbekannt ist. Durch Innervation wird in den übrigen Systemen des Organismus ein mittlerer Zustand der Thätigkeit im Gleichgewicht erhalten.

Innervation des Herzens. S. Rheumatismus acutus.

Insolatio besonders bei Kindern leicht vorkommend: nach vorausgegangenem Schauder, Müdigkeit, Schwere des Kopfes, Dunkelheit vor den Augen, ziehenden Schmerzen im Nacken u. Rücken, stellen sich in der Regel ein anhaltender, klopfender, zusammenziehender, drückender Kopfschmerz mit entzündlichem Fieber, starker Hitze, grosser Unruhe, gerötheten, gegen das Licht empfindlichen Augen, trockene Nase, ein aufgetriebenes Gesicht, starkes Klopfen der Carotiden, Klingeln vor den Ohren, eine langsame Respiration mit unregelmässigem, bisweilen vollem und hartem Pulse, trockner Haut, bedeutendem Durst, Erbrechen und nicht selten periodisch oft heftige Delirien ein. Sogleich im Anfange sind bei den ersten Erscheinungen von Hirnaffection mit vermehrter Hitze des Kopfes und leichten Delirien: auflösende und abführende Mittel neben kalten Umschlägen, vielem Trinken von kaltem Wasser und späterem Kühlhalten des Kopfes oft hinreichend zur Beseitigung der Hirnaffection. Ist dagegen der Sturm heftiger, Delirium im hohen Grade, so müssen Blutausleerungen vorgenommen und nach Umständen selbst wiederholt werden, nebenbei: Senffussbäder, Sinapismen an die Waden, Vesicantia zwischen den Schultern, Calomel, Nitrum, Natrum sulphur., kalte Fomente auf den Kopf. Auch Bäder mit Aqua regia, Blutegel an den After, und innerlich Chlorsäure werden empfohlen.

Intermittens. S. Wechselfieber.

Intermittentes. Das Typhische, das alle Neurosen und Neuralgien mehr oder weniger zeigen, darf nicht mit der eigentlichen Febris intermittens (Wechselfieber, s. dieses) verwechselt werden; indessen bezeichnet man als Intermittentes, besonders larvatae, eine Menge von Schmerzanfällen, Neuralgien, welche als Neurosen mit den larvirten Wechsel-

fiebern eine Familie bilden. Das Charakteristische
der Intermittentes ist der Typus intermittens, wenn
er auch zuweilen sehr verkappt auftritt, eine gewisse
mehr oder weniger geregelte Perjodicität. Zu gewissen Zeiten, die oft wieder an gewisse Stunden
gebunden sind, tritt die Krankheit mit ihren Zeichen
bald stürmisch, bald gelinder (Paroxysmus) auf,
dauert eine gewisse Zeit und wird dann durch völliges Aufhören aller Krankheitszeichen und durch eine
vollkommene, von allen Krankheitssymptomen unge-
trübte Periode (Intermission) verscheucht, die ebenso
nach Umständen bald länger, bald kürzer dauern
kann. Jede Nervenparthie kann von Intermittens
befallen werden, indessen Vorliebe hat die Krankheit
für den Trigeminus und Facialis. Unter den Spinalnerven sind der Nerv. occipit. und cervicalis, dann
der Nerv. intercostalis vorzüglich beim weiblichen
Geschlechte am meisten ergriffen. Der Krankheit
geht hie und da ein Stad. prodromorum voraus. Die
Kranken fühlen sich matt, gähnen öfters, klagen über
Abgeschlagenheit der Glieder und ein eigenthümliches Gefühl von Strecken derselben. Auflaufen der
Gänsehaut, Schauder längs der Wirbelsäule (bei
Spinalintermittens), werden auch häufig von Schlucken
befallen, haben einen feinern und schärfern Geruch-,
Gehör- und Sehsinn, wenn Nervenparthien dieser
Bereiche krankhaft afficirt, und eine grössere Esslust geht der Krankheit manchmal voraus, wenn Re-
productionsnerven befallen werden. Die Krankheit
beginnt gewöhnlich mit einem Frostanfall, einem
Nervenfrost durch Mark und Bein, der Blässe erzeugt, er entstellt die Gesichtszüge, kann Aengstlichkeit, erschwerte Respiration, Ueberfüllung der
Lungen, ja selbst Apoplexie auf der Stelle hervorrufen (Intermittens maligna, apoplectica, lethargica).
Puls während des Anfalls krampfhaft, hart, zusammengezogen, ungleich, klein. Dem Froste folgt Hitze.
Der Schmerz, wenn die Intermittens neuralgischer
Natur ist, ist schneidend, tief bohrend, zur Verzweiflung bringend. Durch Druck auf die leidenden Ner-
venzweige wird der Schmerz manchmal gemindert,
und die Leitungsfähigkeit desselben hie und da gehemmt. Er folgt genau dem Laufe und der Verzwei-
gung der Nerven. Die Krankheit befällt meistens
halbseitig, wenn die kranken Nervenparthien doppelt
vorhanden sind; der Mondlauf und der Temperaturwechsel haben auf diese Krankheitsfamilie grossen
Einfluss und es mag daher nicht gleichgültig sein,
die Mittel dagegen während des zu- oder abnehmenden Mondes zu geben. Befällt die Krankheit das
Gesicht, so nimmt das Auge der leidenden Seite
grossen Antheil; es wird etwas kleiner als das andere, matter, glanzloser, staubig und dunkler; besonders scheint die Iris ein dunkleres Colorit, dem
der Irit. chron., rheumat., nervosa ähnlich. Werden
Nervenäste, die einer Secretion vorstehen, befallen,
so wird das Secretionsproduct qualitativ, dass es
saurer, salziger, oder mehr kalischer Natur zu sein
scheint, und auch quantitativ, dass es in grösserer
Menge erzeugt wird, alienirt (bei Cardialgie, z. B.

häufiges Zusammenlaufen sauern Speichels etc.), bei
Cerebralintermittens fallen gerne die Kopfhaare aus.
Diese Krankheiten verbinden sich gerne mit katarrhalischen, rheumatischen und entzündlichen Krankheitsprocessen; am häufigsten kommt die Verbindung
mit dem rheumatischen, dann die mit dem katarrhalischen, und zwar mit katarrh. Affection der Bauchschleimhaut (Intermitt. gastrica) vor. Recidive sind
sehr leicht. Die Paroxysmen kommen meist zu den
Vor- und Nachmittagsstunden, und bei rheumatischer
oder arthritischer Complication auch gerne zur Abend-
oder Nachtzeit. Es bleiben gerne Molimina morbi,
sogen. Kalender zurück, die bei Temperaturwechsel,
starken, heftigen Nordostwinden auftauchen, endlich
können Wassersuchten, Lähmungen, Anschwellungen drüsiger Gebilde, Fieberkuchen; Tabes nervosa
etc. erfolgen. Die Therapie hat vor Allem die nächste Ursache aufzusuchen und zu entfernen (z. B. mechanische ursächliche Dinge mit dem Messer) und die
Behandlung ist im Allgemeinen nach den Regeln und
Grundsätzen zu richten, wie sie bei Wechselfiebern
im Allgemeinen gelten. Das Specificum ist aber
Chinin. sulphur. gr. jj—iij mit ⅛ Gr. Morph. acet.
und Rheum gr. vjjj, alle 3 Stunden etwa. Veratrinsalbe (gr. jv auf ʒij). Wo Dyscrasien durch Metastasen Ursache sind, rufe man diese wieder hervor, oder
bewirke ein Aequivalent. Nebst dem Chinin sind
als Specifica empfohlen: die Narcotica; Datura, Belladonna; die Metalle: Arsenik, Lapis. infern., Blei,
Kupfer; Vesicantia, Rubefacienta, Moxa, glühende
Dämpfe; Einreibungen von Ungt. Autenr. sind oft
nicht zu entbehren. Bei Neuralgien der Zähne leisten Vesicantia, bei denen der Nasenschleimhaut
Sternutatoria, bei solchen des Plexus coeliac. mesa-
raic., Diuretic, Terpenthin namentlich, bei denen der
Genitalien Einspritzungen von Mezer. oder Ammon.
caust. — auf antagonistischem Wege gute Dienste.
Die Neuralgien des 5ten Paares oder die Aeste des
Cervicalplexus weichen der Einwirkung des Bella-
donnaextractes in kürzester Zeit; weniger Erfolg erzielt man in diesen Neuralgien vom Morphium in
steigender Gabe gegeben; es bewirkt wohl Erleichterung, aber nicht Heilung. Ebenso haben sich in
einzelnen Fällen das blausaure Kali, das Strychnin
und die Acupunctur günstig für diese Heilung gezeigt. Gegen die Neuralgia temporalis die Belladonna besonders innerlich und dabei comprimirt man
mit bestem Erfolge die Art. temporalis; ebenso verfährt man gegen Neuralgia supra — et infra — orbi-
talis, indem man innerlich Belladonna reicht, dabei
Morphium muriaticum endermatisch, und comprimirt
die Art. temporalis, maxillaris et cervicalis. Am
meisten nützt der innerliche Gebrauch der Belladonna bei den infra et supra maxillar Neuralgien. —
Das Chloroform zum Einathmen wirkt meistens viel
bei sog. idiopathischen Neuralgien, dagegen leistet
es in den symptomatischen Neuralgien nur palliativen
Nutzen. Halbseitige Kopfschmerzen, welche allen
anderen Mitteln widerstanden, weichen den Chloro-
formdämpfen so lange fortgesetzt, bis ein leichter

Schlaf erfolgt. Auch in Klystieren ist das Chloroform angewandt ein. vortrefflich schmerzstillendes Mittel namentlich bei Hysterischen. 20—30 Tropfen in 4 bis 5 ℥ Wasser werden stets die gewünschte Wirkung haben. Auch äusserlich zu Einreibungen gewährt das Chloroform seine Dienste. Andere Mittel sind: Durchschneidung der Nerven, Acupunctur, thierischer Magnetismus. Moxa ist eines der besten Mittel, ist Plethora vorhanden, so lässt man in der Nähe des leidenden Organs schröpfen und dann Moxen in verschiedener Anzahl nach einander abbrennen, von 2 bis 20 nach und nach. — Einreibungen mit Tinct. Stramonii oder Morphium acet. (gr. j) endermatisch. Man wendet die Mittel am besten kurz vor dem Anfalle an. Bei vielen Sensibilitätsneurosen, Hyperästhesien, besonders rheumat. Ursprungs, wo die meisten angewandten Mittel ohne Erfolg bleiben, verschafft das von Bell empfohlene Ol. Crotonis zu 1/12 Tropfen Morgens und Abends bedeutende Linderung. — Gegen reine Neuralgien occipitis werden Einreibungen mit Veratrinsalbe (℈β auf ℨj Fett 4mal tägl. Haselnuss-gross) bis ein Gefühl des Prikelns eintritt, mit bestem Erfolge verordnet. Gegen hyst. Affectionen dieser Art sind Pillen aus Ferr. carbon. c. rheo sehr dienlich. — Ol. terebinth. aether. 3mal tägl. zu 15—20 gtt. innerlich gegeben und auch äusserlich dazu ist nach vorläufiger Ableitung auf den Darmkanal vortrefflich gegen Ischias, gegen Neuralgien an den verschiedensten Körperstellen, zuweilen am Kniegelenke und vorzüglich in den Fusssohlen und Fersen auftretenden mit allgemeiner Schwäche und zeitweise (wie elektrischen) Zuckungen der Extremitäten verbundenen reissenden Schmerzen, welche bei Weibern in den klimakterischen Jahren, oder auch bei jungen Frauenzimmern, welche an Menstrualstörungen leiden, vorzukommen pflegen. Natürlich muss dabei der congestive Antheil bei solchen Patienten vorerst beseitigt und der günstige Erfolg des äusserlich und innerlich angewendeten Mittels durch lauwarme Bäder unterstützt werden. Der Gebrauch des Ol. terebinth. gegen Neuralgien besonders der Extremitäten ist von den Engländern zuerst eingeführt worden, und nur der unangenehme Geschmack des Mittels, so wie die gastrischen Zufälle, welche es in grossen Gaben, in denen es angerathen wurde, veranlasste, haben die Praktiker bei uns davon abgehalten, es allgemein gegen Neuralgien anzuwenden; aber auch in kleineren Dosen sind seine Wirkungen auffallend günstig. ℞ Aq. Flor. tiliae ℥iij; Aq. Menthae ℥β; Ol. terebinth. ℈j—jj; Pulv. gm. arabici ℈j; Syrup. capill. vin. ℥j. Tägl. davon 3—4 Essl. voll zu nehmen. Manche Hyperästhesien verlangen zu ihrer Heilung zeitweise Emetica und Abführmittel allein. — Neuralgien im Gebiete des N. sympathicus haben meistens ihren Sitz im Plexus mesentericus; rheumatische Anlasse und Suppressio mensium sind nebst Bleiintoxication (Bleikolik, s. d.) die häufigste Ursache. Ol. Crotonis (1 Tropf. 2stündl. bis zur Wirkung) und Abends ein Opiat reicht gewöhnlich aus. Die Berührung des Tympanums mit

einer Sonde, und der Catheterismus der Tuba Eust.
soll die meisten Neuralgien plötzlich heben, z. B.
Zahnschmerzen, nervöse Kopfschmerzen, Migraine
u. dergl. Vergl. Ischias, Bleikolik, Angina pectoris, Hemicranie etc.

Intussusceptio. S. Volvulus.

Ischias postica Cotunni. Entzündung des
Nervus ischiadicus.

Symptome. Vehementer Schmerz von der Incisura
ischiad. major linienförmig nach dem Laufe des Nerven
bis in die Kniekehle und häufig von da nach dem Laufe
des Nerv. peronaeus u. tibialis. Bewegung und Druck
vermehren den Schmerz, Haut mässig geröthet; bei
der acuten Form Fieber.

Diagnose. Bei Phlegmatia alba dolens folgt der
Schmerz dem Laufe der Cruralvenen, und die Krankheit kommt nur bei Wöchnerinnen vor.

Therapie. V.S. nur bei heftigem Fieber und
plethorischen Individuen, Blutegel, Schröpfköpfe
nach dem Verlaufe der Nerven, Einreibungen von
Mercursalbe mit Ol. Hyoscyam., erweichende Fomentationen. Innerlich Pulv. Doweri, Ammon. acet. Ist
das Fieber getilgt, so setze man Vesicantien, 2 Finger breite Streifen nach der ganzen Länge des afficirten Theils, Moxa, Glüheisen, Sublimat-, Schwefel-,
Kochsalzbäder, Tinct. Antimon. acris, Tinct. Quajac.
volat. zu gtt. 30—40 3mal des Tags mit einigen
Tropfen Laudanum. Gegen Ischias zeigt sich nach
vorläufiger Ableitung auf den Darmkanal der innere
(15—25 Tropfen 3mal täglich) und äussere Gebrauch
des Ol. terebinth. aether. sehr wirksam. R. Vitell.
ovi Nr. 1; Ol. terebinth. ℈iij; Syrup. menth. ℥ij;
Syrup. cort. aurant. ℥j; Laud. liquid. S. ℈β; 3 Essl.
voll bei Neuralgien des Ischiadischen und Crural-
Nerven. R. Emulsion. amygd. dulc. ℥vj—viij; Creosot. gtt. v—x. S. Alle 2 St. 1 Essl. gegen Ischias.
Im Stadium der beginnenden Lähmung, der Atrophie,
einen Groschenstück grossen angezündeten Feuer-
schwamm zwischen der grossen und kleinen Zehe,
und die Eiterung mit Digestivsalbe unterhalten, in
das leidende Glied eine Salbe aus ℥j Baumöl und
gr. vj Phosphor, 3mal tägl. 1 Essl. eingerieben. Die
harte Haut der Ferse werde durch Bäder und Cataplasmen erweicht und mit dem Bistouri entfernt, sodann Cantharidenpaste, die man 24 Stunden liegen
lässt, aufgelegt. Malgaigne hat das von Mehreren
bestätigte erfolgreiche Verfahren gegen Neuralgia
ischiadica eingeführt, den Helix der Ohrmuschel zu
cauterisiren. Selbst der arg leidende und sich mühsam hinkend fortbewegende Kranke werde gleich nach
dem Brennen des Helix von allen Schmerzen frei, und
könne bald ungestört fortgehen. — Um energisch einzuwirken hat man gegen Ischias wie gegen andere
Neuralgien Morphium sulphur. auf dem Wege der Inoculation angewendet. Gr. j in einer kleinen Quantität Wasser in einem Uhrglase aufgelöst: in diese
Solution taucht man eine Impfnadel, womit ungefähr
gegen 40 Impfstiche der ganzen Länge des schmerzen-
den Theils gemacht werden. Nach einigen Tagen wird
dieselbe Operation wiederholt; wird durch diese Im-

pfung die Irritation zu gross, so schlägt man Cataplasmen über. — Die beste Behandlung scheint zu
bestehen in der Application einer bedeutenden Anzahl blutiger Schröpfköpfe in der Gegend des Hüft-
gelenkes und auf der äusseren Fläche des Schenkels längs dem Laufe des Nerv. ischiadicus, dabei
Nitrum und Abends 1 Pulver aus Calomel gr. jv;
Camphor., Opii, Ipecacuanh., ana gr. j; am dritten
Tage ein schmales Vesicans von der Grube hinter
dem Trochanter major bis an die äussere Seite des
Schenkels herab, nach dem Laufe des Nerven, und
neben dem Gebrauche obiger Mittel wird Unguent.
Neapolit. mit Ungt. ammoniat. und Tinct. opii eingerieben. Bei arthritischer und rheumatischer Natur
des Uebels, die Anwendung des Leberthrans nach
vorausgeschickter localer Antiphlogose. — ℞ Vini
sem. colchic. ℨβ; Elix. aurant. compos. ℨjj; täglich
3mal 20—30 Tropfen, und äusserlich Vesic. abwechselnd in die Nähe des Hüft-, Knie- und Fussgelenks,
wenn keine Entzündung zugegen. Hallerisches Sauer
äusserlich bei fieberlosem Ischias. Sublimat ℨj auf
℥vj Fett zur Salbe, und innerlich Pillen aus Quajac,
Rhus toxycod. und Calomel. Veratrin gr. v—x auf
℥j Fett zur Salbe. ℞ Kali hydrochlorin. ℨjβ; Solv.
in aq. dest. ℥jv. Alle 2 St. 1 Essl. bei rheumat.
Neuralgien, Ischias, Lumbago. Rother Präcipitat.
℞ Merc. praecip. rubr. gr. j; Sacch. ℨβ; Gm. arab.
Əjv; Divid. in part. xvj; Abends u. Morgens 1 Pulver
mit Haferschleim. Pechpflaster über Kreuz und Hüfte
gelegt. Morphium acet. endermatisch. Ferrum carbon. gr. v—x 3mal täglich und steigend. Ol. jecoris
aselli Morgens und Abends 1 Tasse voll zu ℨjv—vj
auf einmal, man trinkt Kaffee nach. Belladonna
Extract. ℨj—jj auf ℨj Fett zur Salbe. S. Hüftweh.
S. Rheumatismus cephalicus und Intermittentes.

Ischurie. S. Harnblasen-Krankheiten Nr. 3.

Jucken der Haut, Prurigo. Die Ursachen
können die gewöhnlichen Nervenkrankheiten sein,
vorzüglich aber chronisch unterdrückte Hautausdünstung, atrabiliäre, psorische Schärfe, Gicht; kommt
besonders an den Genitalien alter Wittwen und Jung-
frauen vor, bei Störungen der Menstrual- und Hämor-
rhoidal-Congestion; bei Ascariden. Man entferne diese
Ursachen durch Blutegel an die Genitalien, Anthelmint., Waschungen mit Seifenwasser, einer schwachen
Sublimatsolution in Rosenwasser, Sublimat gr. jj auf
ℨj aq. calcis; eine starke Auflösung von Borax in
Wasser zum Waschen und Einspritzen 4—5mal des
Tags; Borax ℨjj; Aq. ℥vj; Aq. laurocer. ℨj; ebenso
das Natr. chlorinic. Argent. nitric. gr. vj; Aq. dest.
℥j. S. 3mal des Tags damit zu Fomentiren beim
Jucken der Genitalien junger Mädchen. Bei Kindern
hat das unausstehliche Jucken der Genitalien öfters
seinen Grund in dem Vorhandensein ganz kleiner
Würmchen, welche nur durch das Mikroscop sichtbar
sind, und in der Fossa navicularis ihren Aufenthalt
haben. Man muss daher die äusseren Geschlechtstheile auseinander halten und mit Wasser baden lassen,
worin ¼ ℥ Salpeter aufgelöst worden. — Dr. Michea
empfiehlt gegen den Pruritus partium genitalium femin.

eine Salbe mit Chloroform (4 Theile Chlorof. auf 32
Theile Fett). Ist Gicht Schuld, so thut Kalkwasser
mit Weingeist gemischt, eingerieben, gute Dienste.
Aqua chlorata gegen Hautjucken verschiedener Art.
Bei dem Jucken mancher Hautkrankheiten leisten
Compressen mit Aq. Laurocerasi befeuchtet Gutes,
besonders gegen das Jucken der Geschlechtstheile,
sowie bei Pruritus scroti, den man bei Hämorrhoida-
riern findet. Kali bicarbon. ℥ij täglich in einer Pinte
Gerstenwasser. ℞ Kali sulphur. ℥ij; Kali bicarbon.
℥iij; Aq. destill. libr. j. S. Zum Waschen. Balsam.
Copaiv. 3mal tägl. zu 20 gtt. gegen das Jucken der
Zeugungstheile der Frauen. ℞ Axung. porc. ℥jv;
pic. liquid. ℥j; Tr. opii ℥j; gegen Prurigo senilis.
Auch Vinum Colchic. zu ℥β 3mal tägl. einige Wochen
fortgesetzt hat Hülfe gegen das Hautjucken der Alten
gebracht. Eintauchen des leidenden Theils in Wasser.
Waschungen mit aromat. Essig, anfangs mit Wasser
verdünnt. Nach Trippern bleibt oft ein Jucken der
Eichel zurück, in Folge einer erhöhten Empfindlichkeit, theils von Störungen der Harnröhre, oder
eines kleinen kaum sichtbaren Ausschlags. Man
legt ein Cantharidenpflaster auf den Damm, oder
bringt Bougies in die Harnröhre; macht Waschungen mit Sublimatwasser, Bleizucker, Schwefelleber,
Eisenvitriol.

K.

Kämpfische Visceralklystiere. Die Kämpfische Methode, Krankheiten, namentlich des U.L.,
durch eine lange, Monate, ja Jahre lange Anwendung
von Klystieren zu heilen, fand ebenso und noch mehr
Eingang und Anklang, als späterhin andere Heilmethoden, als da sind Brownianismus, Homöopathie,
thierischer Magnetismus, Hydropathie etc. Ausserdem aber sind jene Klystiere auch in der That sehr
kräftige Heilmittel und leisten in geeigneten Fällen
wirklich Grosses. Vorzüglich mögen bei dieser
Kurmethode mit in Anschlag zu bringen sein der
wiederkehrende Muth, die aufs Neue erwachende und
sich belebende Hoffnung, das endlich noch einmal
auftauchende Vertrauen des Kranken zu einem des
bisherigen direct und gänzlich entgegengesetzten Verfahren; es wird auch dadurch dynamisch von psychi-
scher Seite auf die gehemmte Innervation in den
verschiedenen Sphären des U.L. und dadurch ebenfalls auf das somatische Sein hebend und erstarkend
eingewirkt. Zuvörderst ist aber nicht zu versäumen,
dem Kranken von vorneherein mit Ernst und Nach-
druck zu erklären, dass diese Klystiere, sollen sie
Erfolg haben, lange fortgesetzt werden müssen, unter
8—10 Wochen darf diese Kurmethode nie in Anwendung kommen, denn Besserung und Erleichterung
zeigt sich nie sogleich, meistentheils erst nach mehreren Wochen und noch später. Eine solche Erklärung ist um so nothwendiger, als man es hier
meistens mit Hypochondristen zu thun hat und Un-

beständigkeit und Pusillanimität zum Charakter solcher Kranken gehört. Auch negativ bringen sie den
Vortheil, dass sie, wenn sie auch nicht Heilung und
Hülfe bringen, was sie leider mit so vielen andern
Arzneien theilen, doch nie den Krankheitszustand
verschlimmern oder überhaupt schaden, und die
Kranken werden eine Zeit lang medicinisch beschäftigt, was namentlich bei so manchen Hypochondristen
erforderlich ist; dabei erholen sie sich, ruhen aus
von den medicinischen Eingriffen und Ordinationen.
Durch letztere ist vielleicht Jahre hindurch der
ganze Körper, der gesammte thierische Haushalt
ununterbrochen in Anspruch genommen, vorzüglich
sind der Magen und der obere Darmkanal mehr oder
weniger functionell gestört, heruntergebracht, so
dass es uns nicht befremden darf, wenn zuletzt jede
günstige Reaction gegen jede Medicamente cessirt,
oder doch abnorm sich herausstellt. Aller Arznei
entsagen ist ja öfters die beste Arznei. — Besonders
angezeigt sind diese Visceralklystiere bei folgenden
Zuständen: Es rechtfertigen ihren Gebrauch alle
Zustände von Kranksein sämmtlicher Sphären des
U.L.; sie sind indirect durch Alles, was unter den
Begriff der hypochondrischen Leiden fällt, besonders
wenn solche habituell geworden sind und schon seit
langer Zeit vielfacher Medication nicht wichen, und
wo mehr Atonie und Torpor, als Erethysmus und
Energie vorherrschen. Ganz besonders sind sie in
diesen Fällen dann indicirt, wenn zugleich träge
Verdauung, schlechte Assimilation und Nutrition,
Mangel an Leibesöffnung und vorzüglich schwieriger
Abgang von harten, trockenen, oft kugelrunden
Fäces, oder von steinharten grösseren Kothmassen
damit verknüpft sind, Zustände, die man mit Plethora abdominalis heut zu Tage bezeichnet, früherhin hiessen sie in ihren so vielfachen verschieden-
artigen Nuancen Molimina haemorrhoidalia, Infarcten,
Versessenheiten, Obstructionen, Anschoppungen etc.
etc. Dass bei Unterleibs-Krankheiten mitunter Anhäufung, Stasen, zu starker Andrang des Blutes nach
irgend einem Theile desselben thatsächlich vorkommt,
ist nicht zu läugnen, aber ein solches Verhältniss
wird von nicht wenigen Aerzten viel zu oft angenommen. Die Ansichten über die gedachten kranken
Zustände, jetzt Plethora abdominalis genannt, haben
sich geändert, aber schwerlich vervollkommnet. Ein
grosses Dunkel büllt fortdauernd das Wesen, die
Nosologie der chronischen Unterleibs - Krankheiten
ein. Es gibt hypochondrische Zustände, wo vorzüglich nicht nur eine verzagende und düstere, oder auch
gereizte, sogen. krittliche Gemüthsstimmung vor
allen andern Beschwerden und Klagen sich hervor-
drängt, sondern wo auch Eingenommenheit des
Kopfes und mehr oder weniger Schmerzen desselben,
lästiger Schwindel, Sausen und Klingen vor den
Ohren den Kranken belästigen. Auch hier zieht
man oft nach vergeblichen Mühen und manchen Mitteln endlich die Visceralklystiere mit Erfolg in Gebrauch. Bagliv sagt: Caput cum ventre, et venter
cum capite peculiariter consentiunt, ventre pleno

caput repletur; soluto, solvitur; pleno capite venter
in officio turbatur, soluto capite restituitur, et quod
replebat caput, ut bene solvatur per alvum solvi
debet; was mit Recht auf die Wirkung der Visceralklystiere bezogen werden kann. Endlich sind die
Visceralklystiere zu empfehlen bei solchen Kranken,
welche durch Stockungen oder sonstige Missverhältnisse im Pfortadersysteme, durch Bereitung fehlerhafter Galle (Atra bilis) und dadurch wieder durch
kranke Mischung Dyscrasien des Blutes veranlasst,
an Beklemmungen, Präcordialängsten, Herzklopfen
im höhern Grade leiden. Damit verbinden sich denn
oft auch entweder Pusillanimität, weiche Gemüthsstimmung, grosse Geneigtheit zum Weinen, oder jene
schon erwähnten widrigen Nuancen und Abstufungen
übler Launen und Gereiztheit. Stieglitz sagt, wir
drängen mit den Visceralklystieren wahrscheinlich
vermittelst der durch jene Klystiere erhöhten Thätigkeiten den Nerven der krankhaft ergriffenen Organe
eine andere Art des Seins auf, geben ihnen Empfänglichkeit für Reize und den Reactionen derselben eine
andere bessere Richtung, erhöhen oder vermindern
sie, oder reissen sie aus einem sonstigen verkehrten
Einwirken heraus. Man pflegt diese Visceralklystiere
meistens aus Vegetabilien zu componiren. ℞ Rad.
Tarax., Rub. tinct., Valer., Cichor., Flor. Verbasc.,
Arnic., Chamomill., Millef., Herb. Fumariae, Chenop.
Trifol. fibr., Card. bened., ana ʒj. C. M. Man gibt
von diesen Species 2 kleine Hände voll, sowie eine
grosse Hand voll Roggen- oder Weizenkleie in einem
irdenen, mit einem fest anschliessenden Deckel versehenen Topf, giesst ein Quart Fluss- oder Regenwasser darauf und setzt diese Mischung, nachdem
der Deckel des Topfes allenfalls mit Sauerteig verklebt worden, Abends auf den warmen Herd, wo man
die vorräthige noch heisse Asche um denselben anhäuft. Am andern Morgen wird dann die Masse über
Kohlen gelinde bis zur Hälfte eingekocht und durchgeseiht. Diese Portion in 2 gleiche Theile getheilt,
dient zu 2 Lavements, von welchen das eine am
Morgen, das andere Abends applicirt wird. Es ist
zu wünschen, dass dieselben, besonders das am
Abend genommene, nicht bald wieder abgehe, sondern längere Zeit, das abendliche womöglich die
Nacht über zurückgehalten werde. Am Morgen ist
aber das Klystier zu setzen, wenn erst vorher Leibesöffnung erfolgt ist. Sogleich nach der Application
muss der Kranke auf die rechte Seite sich legen und
in dieser Lage ⅛—½ Stunde verharren. — Johannes
Kämpf, Abhandlung von einer neuen Methode, die
hartnäckigsten Krankheiten, die ihren Sitz im U.L.
haben, besonders die Hypochondrie gründlich und
sicher zu heilen. 2te Aufl. Leipzig 1786.

Katarrh. S. Catarrhus.

Katzenjammer, das üble Befinden am andern
Morgen nach vorausgegangener Berauschung oder
überhaupt nach zu vielem Genusse von Spirituosen. Er
äussert sich als heftiger Husten, der bis zum Erbrechen abquält, oder als Kopfweh, allgemeines unbehagliches Gefühl. Gegen den Husten räth man

die Enthaltung vom Uebermaasse geistiger Getränke,
den Gebrauch der Quassia und anderer Magen stärkender Mittel, der Belladonna mit Aq. Laurocerasi,
Magnes. mit Rheum, ein Glas kalten Wassers, Pillen
aus Asa foetid., Fel. tauri und aromat. Kräuterkissen
auf die Magengegend an. Gegen das Kopfweh gibt
man Liquor Ammon. caust., Spirit. Mindereri. Die
Uebligkeit der Trinker am Morgen nach überstandenem Rausche wird gehoben durch das Essen von
Sardellen, Häringen, gesalzenem und gepöckeltem
Fleische, noch schneller hilft ein Esslöffel voll Kochsalz in einem Glase Wasser aufgelöst zu trinken.
S. Säuferkrankheiten.

Kehl-Entzündung. Laryngitis, Tracheitis,
Bronchitis. Der Unterschied dieser drei Krankheiten
richtet sich dem höhern oder tiefern Sitze der Entzündung, die Behandlung bleibt dieselbe.

Symptome. Schmerz im Larynx, der Trachea
oder den Bronchien unter dem Manubr. sterni, äusserer Druck vermehrt ihn; Husten verschieden nach
dem Sitze der Krankheit, Fieber. Es kommt eine
chron. Form vor. Bei Bronchitis ist Druck, Oppression der Brust vorhanden, die Kranken können aber
den Thorax vollkommen ausdehnen. Auscultation
ergibt keine Erscheinungen der Pneumonie; Stimme
wenig verändert, Schleimauswurf mit dem Husten.

Diagnose. Der Sitz der Krankheit, die grosse
Beklemmung und das Vermögen, die Brust auszu-
dehnen, die Resultate der Auscultation, der metallisch tönende Husten schützen vor Verwechslung.

Therapie. Nach Umständen V.S., Blutegel 12—20,
Einreibungen mit Mercursalbe und Ol. Hyoscyam.,
innerlich Emulsionen Gm. arab., Ol. amygd. alle
¼ Stund 1 Theel. mit etwas Aq. Laurocerasi; bei
Bronchitis auch etwas Nitrum. Die Luft sei feucht
und warm. Stellen sich Crisen ein, leichte Expectorantia, Lac sulphuris mit Succ. Liquirit., Kerm.
mineral. Droht bei Laryngitis Erstickungsgefahr,
Tracheotomie. Steigert sich die Crisis zur Blennorrhoe: Schwefelsäure mit Narcoticis. Zurückbleibende Rauhigkeit wird mit Aq. chlor. behandelt.
Vesicantien, Schwefelwasser mit Milch, Reisen ins
südliche Europa. S. Heiserkeit. Es ist oft Tripper,
Hysterie oder Kropf Schuld, was eine Modification der
Behandlung durch Versuch, den Tripper wieder herzustellen, Antihysterica, Jodeinreibungen, nötbig macht.

Kehlkopf-Schwindsucht. S. Halsschwindsucht.

Kehlkopf-Verengerung. Laryngosthenosis.
Symptome. Auffallende Veränderung der Stimme,
mehr fistulirend, heiserer und schnarchender Ton
beim Sprechen, pfeifendes Athmen, Gefühl auf der
Brust, als ob nicht genug Luft in die Lungen käme,
Inspiration lang, Exspiration kurz, Schwäche, Mat-
tigkeit, Abmagerung, Hauttemperatur vermindert,
Puls schwach; endlich Schlingbeschwerden, Husten
mit Blauwerden des Gesichts, Paroxysmen wie bei
Croup.

Diagnose. Bei Laryngophthisis ist brennender
Schmerz, hier nur ein zusammenziehendes Gefühl,

dort zeigt sich oft Röthe und Geschwulst am Larynx, was hier fehlt; der stinkende Geruch aus dem Munde und der Beleg an der Wurzel der Zunge, das hectische Fieber, die rauhe, nie ganz helle Stimme, der purulente Auswurf sind dort, aber nie bei der Sthenose vorhanden. Bei Asthma leidet die Brust, die Respiration geschieht mehr mit den Bauchmuskeln, die Erscheinungen hören nach dem Paroxysmus auf, Herzleiden wird durch die Untersuchung mit dem Stethoskop erkannt. Angina membranacea erscheint gewöhnlich in den Jugendjahren (Sthenose im höhern Alter), verlauft schnell, die ganze Trachea ist afficirt und schmerzt.

Therapie ist nur palliativ. — Tracheotomie? — Es bleibt nur die Behandlung der Paroxysmen und die Anordnung der Diät übrig, Ruhe, weder körperliche noch geistige Anstrengungen, kein anhaltendes Sprechen, Getränke und Alimente einfach und warm. Bei Paroxysmen, Vesicantien auf die Brust, den Larynx, Oberarm; Sinapismen, reizende Hand- und Fussbäder, Bürsten der Extremitäten.

Keuchhusten, blauer Husten, Pertussis. In der grossen Literatur über den Keuchhusten trifft man auf zwei Reihen von Ansichten, deren eine die Krankheit bald als eine einfache, bald durch die Natur des Kindesalters modificirte catarrhalische Affection des Larynx oder der Trachea, der Bronchien oder der ganzen respiratorischen Trachea mit oder eine Betheiligung des Nervensystems, durch Miasma entstanden, und weiter verbreitet, für contagiös oder nicht contagiös etc. hält, während zur zweiten Reihe vorzüglich die Autoren gehören, welche das Leiden für eine Neurose halten. Ueberschaut man diese beiden Reihen, so findet man bei näherer Vergleichung der Hauptrepräsentanten der einzelnen nosogenetischen Meinungen jene überwiegend, welche die Krankheit als eine bisher unerklärliche Neurose, oder als eine zwar eigenthümliche, aber doch die Schleimhaut der Respirationsorgane vorzüglich treffende Neurophlogose, oder als complicirte oder combinirte Krankheit, so zu sagen, für eine nervöse Schleimhaut-Entzündung ansehen. Nach den neueren pathologisch-anatomischen Untersuchungen scheint aber hervorzugehen, dass als Substrat dieser Krankheit allerdings constante entzündliche Veränderungen der Respirationsorgane im Allgemeinen nachgewiesen werden könnten.

Symptome. 1) Stad. catarrhale. Reiz und Kitzel nach dem Laufe der Trachea, besonders unter dem Sternum, trockener, metallisch klingender Husten in Paroxysmen; das Auge ist etwas empfindlich gegen das Licht, aus demselben fliesst wässeriger Schleim; etwas Fieber, nur bei plethorischen Subjecten synochales. Die Kr. haben die Gewohnheit, ausser den Paroxysmen in den Nasenlöchern zu bohren, welche dadurch gereizt, wund erscheinen. 2) Stad. nervos. Paroxysmen des Hustens, welche regelmässige Typen zeigen können. Die Kr., meistens Kinder, haben ein eigenes Vorgefühl der Au-

fälle , sie laufen ihren Eltern, Ammen etc. zu, um
sich festzuhalten. Eigenthümlich klingender Husten,
Gesicht blau, Augen hervorgetrieben, bei heftigen
Anstrengungen sogar Blutungen aus der Nase und
den Respirationsorganen; endlich Würgen und Erbrechen, womit der Paroxysmus endet. In der Zwischenzeit der Anfälle befinden sich die Kr. wohl.
3) Stadium secretionis; die Anfälle werden weniger
heftig, Husten nicht mehr trocken, metallisch klingend, sondern feucht; Secretion auf der Respirationsschleimhaut, am Ende der Afälle kein Erbrechen,
sondern Husten mit dem Auswurf zäher Sputa. Ist
contagiös. Die Krankheit deutlich miasmatischen
Ursprungs zeigt sich doch unbestritten als contagiös. Die Ansteckung scheint hauptsächlich zu Anfang des krampfhaften Stadiums zu geschehen. Die
Immunität derjenigen, welche den Keuchhusten früher
schon, wenn auch nur in ganz geringem Grade überstanden haben, ist durchgängig als völlig sicher zu
betrachten. Der Keuchhusten tödtet oft: 1) während
eines Hustenanfalles; 2) durch die unmittelbar durch
den Krankheitsprocess selbst gesetzte Lungenverän-
derungen, und zwar a) durch folgende Störungen
der Circulation und Veränderung der Blutmischung;
b) durch Oedem der Lungen; c) durch folgenden
Wassererguss in die Schädelhöhle; 3) durch Complicationen und zwar a) durch Pleuropneumonia vera,
b) Pneumonia morbillosa, c) durch Empyem und Eiter-
infiltration in die Pia mater, d) durch anhaltende Convulsionen; 4) durch Nachkrankheiten. Als Nachkrankheiten werden am häufigsten genannt: Bronchitis,
Bronchectasie, Pneumonie, Emphysem, Oedem der
Lunge, Krampf der Glottis, Convulsionen, Blutungen
aus verschiedenen Organen, Apoplexie, Tuberculose,
Blennorrhoe der Lungen, Hydrocephalus, Anasarca,
Pleuritis, Croup, Meningitis tuberculosa, Exantheme
(Masern), Erweiterung des Herzens und der Aorta,
asthmatische Anfälle, Cyanose, Kropf, Vorfälle, Brüche, Scrophulosis und Rhachitis mit ihren Folgen,
chronische Durchfälle, Wassersuchten, Marasmus,
Gehirnerweichung, Lähmungen, Gedächtnissschwä-
che, Blödsinn, Epilepsie, Taubheit und Blindheit.

Diagnose. Bei Croup sind die drei Stadien anders,
ein Stad. der intermittirenden, eines der remittirenden Erscheinungen und eines der Exsudation, das
Fieber ist bei Croup stark, hier bloss katarrhalisch;
dort kommen die Paroxysmen des Nachts, hier zu
verschiedenen Zeiten, dort kein katarrhalisches Thränen der Augen, auch fühlen die Kr. die Anfälle nicht
vorher, wie hier, die Anfälle haben bei Croup nichts
Periodisches, wie hier oft, das Gesicht wird bei Croup
nie so eigenthümlich blau, wie hier, nach den Paroxysmen tritt bei Croup kein Würgen und Erbrechen
ein, wie hier; das dritte Stadium bei Croup ist ganz
anders; doch kann sich Croup aus Pertussis heraus-
bilden. Von Katarrh unterscheidet sich Pertussis
durch die lange Dauer, bei ersterem ist nichts Periodisches, wie hier, zu bemerken. Bei Bronchitis
maligna sind heftige Athmungsbeschwerden, das Gefühl von Brennen vorhanden. Von Phthisis durch

die Erscheinungen der Auscultation und Percussion, die Beschaffenheit des Fiebers und des Auswurfs.

Therapie. Ist im ersten Stadium Fieber vorhanden, so beseitige man dieses durch den Aufenthalt im Bette, vegetabilische Diät, schleimiges Getränke, Oleosa mit Narcot., wenn die Aufreizung heftig ist, leichte Diaphoret., Ammon. acetic., Pulv. Doweri; bei synochalem Fieber, blutreichen Kindern V.S., Blutegel an die entzündete Bruststelle, Einreibungen von Ungt. Mercur. mit Ol. Hyoscyam., Selterserwasser zum Trinken. Nach manchen sei es durchaus nothwendig, besonders zur Herbst- und Winterzeit die Kranken streng im Zimmer zu halten, und die Ansicht völlig verwerflich, sie in freier Luft zu lassen; der Husten rekrutescire sehr häufig, sobald die Kinder nur einmal der Luft sich aussetzen, er nehme sogar bei eintretender Kälte im Zimmer zu, und selbst nach beendigtem krampfhaftem Stadium entstehe durch den ersten Ausgang der Kinder häufig ein leichter Rückfall. Ist das Fieber verschwunden, oder war gar keines da, so entferne man alles, was Lungenreize erregt. Ein Empastr. Gummi ammoniaci cum aceto scillit. par. mit 1—1½ ℈ Extract. Belladonnae versetzt, auf den Kehlkopf bis zum Manubrio sterni reichend gesetzt, bewährte sich sehr oft im convulsivischen Stadium des Keuchhustens. Am meisten hat man vor Hepatisation der Lungen sich in Acht zu nehmen, man kommt daher auch mit expectorirenden Mitteln, Brechmitteln und Berücksichtigung der dazwischen laufenden entzündlichen Erscheinungen durch Blutegel etc. am zweckmässigsten aus. Bei entzündlichem Anstrich der Epidemie gibt man den Tart. emet. zum Vomiren, dann in refracta dosi fort. Innerlich gibt man Narcotica, Belladonna, Datura, Zink, Arsenik, Schwefel, Asa foetida. ℞ Alumin. crudi ℈j; Syrup. papav. ℥jjj; Extr. cicut. gr. vjjj; Aq. destill. ℥ij. M. Morgens und Abends 1 Theelöffel voll. Die Keuchhustenanfälle werden im s. g. erblichen Stadium durch dieses Mittel um vieles seltener und verlieren an Intensität, wie auch der ganze Krankheitsverlauf dadurch bedeutend gekürzt wird. Die Belladonna nach Verschiedenheit des Alters der Kranken von gr. ¹/₁₀ bis gr. j 1- oder 2mal täglich in Substanz. ℞ Asae foetid. ℈β; Ext. dulcam. ℈jj; Extr. belladonnae, pulv. Doweri, ana gr. v. M. f. pilul. gr. jj. S. 3mal 3 Stück tägl. im Stadio nervoso. Kindern von 6—10 Jahren 3mal 3—4—5 Stück, dabei ein schwaches Infus. valerianae. Stipit. Dulcamar. zum Thee. Einreibungen in die Gegend der Hals- und oberen Rückenwirbel mit Veratrine. Wird in der Reconvalescenz der Auswurf profus, so leite man gegen den Darmkanal und gebe Acid. sulphur., Herb. Uva Ursi; stockt aber der Auswurf, so gibt man Kermes, Goldschwefel. Brechmittel öfters wiederholt und reichliche Gaben Moschus leisten im Keuchhusten vortreffliche Dienste. ℞ Rad. belladonn. gr. jj; Rad. ipecacuanb. gr. jβ—jj; Sulph. depur., sacch. lact., ana ℈β; Divid. in part. vjjj. S. 4mal 1 Pulv. ℞ Zinc. oxydat. alb. gr. jjj—vj; Rad. valerian., sacch. alb., ana ℈β; Divid. in part. vj. S.

Alle 3 St. 1 Pulv. ℞ Theriac., pulv, rad. belladonn.,
tinct. opii crocat., ana ʒj; Pulv. gm. arab. ʒjjj. S.
Auf Leder gestrichen auf die Magengegend zu legen.
℞ Moschi genuin. gr.' jx; Sulphur. stib. aurant.,
zinci oxyd. alb., ana gr. jjj; Sacch. alb. ʒβ; Divid.
in part. vj. S. Alle 2 St. 1 Pulv. ℞ Mosch. genuin.
gr. jjj; Opii crud. gr. ¼—¼—½; Gm. mimos. ϶j;
Sacch. alb. ʒj. Divid. in part. vj. S. 3stündl. 1 Pulv.
℞ Acid. hydrocyan. gr. jv; Syrup. commun. ʒjv. S.
Morgens und Abends 1 Theel. voll. ℞ Extr. lact.
viros. gr. jjj—vj; Sacch. lact. ʒjj. Divid. in part. xjj.
S. Alle 2 Stunden 1 Pulver. ℞ Aquae destill. Lac-
tucae ʒjv; Aq. flor. aurant. ʒjjj; Syrup. Paeoniae ʒj;
Syrup. belladonnae ʒjj; Ammon. liquidi gtt. vj; stünd-
lich. Das Ammonium soll das Wirksame hier sein.
— Flores Zinci zu gr. ¼ — ½ alle 3 — 4 St. zarten
Kindern; gr. j—jj in Pulver Erwachsenen. Der Nutzen
der Cochenille als ein specifisches Mittel gegen den
Keuchhusten ist nicht bestätigt worden. Man sollte
ein Emeticum vorausschicken aus Tart. emet. ℞ Co-
chenill. gr. jv; Sol. tart. gr. vjjj; Aq. fervid. ʒβ;
Syrup. simpl. ʒj. S. 3mal tägl. 1 Kaffeel. voll. —
Man will den Keuchhusten im convulsivischen Stad.
mittelst des Extr. der rohen Kaffeebohnen binnen 8
Tagen geheilt haben. ℞ Extr. semin. coffeae crud.
ʒjj; Kali carbon. ϶jv; Sacch. alb. ʒβ; Aq. menthae
— cinnamomi s., ana ʒjjj; Tinct. opii s. gtt. xjj. S.
3mal tägl. 1 Essl. voll mit Citronensaft während des
Aufbrausens zu nehmen. — Das Athmen einer mit
Terpentin und Ammon. geschwängerten Luft sei zu
empfehlen. — Decoct. tamarind.; Acid. citri cryst.;
Limonade zum Getränk; Calomel bei nicht gehörigem
Stuhlgange; und endlich Tanin mit Acid. benzoic.,
ana gr. ⅓—½ alle 2 Stunden namentlich bei schwächlichen, scrophulösen, leucophlegmatischen, cacochymischen Kindern von ½ Jahre; solche von 1— 2 Jahren
bekommen gr. j; ältere jβ, höchstens gr. jj. Die
Impfung mit Schutzblattern (Vaccine) soll den Keuchhusten abschneiden in wenigen, etwa höchstens 8
Tagen; er werde dann zum blossen Catarrhalhusten.
Man impft in Scrobicula cordis (auch schon früher geimpfte Kinder) oder legt noch frische Vaccinakrusten
auf eine Vesicatorstelle dieser Gegend. — Als rationelle Behandlung wird auch folgende anempfohlen.
Man lege 1—6 Blutegel an die Gegend des Foramen
magnum occipitis, denn die Medulla oblongata sei
beim Keuchhusten in einem congestiven Zustande, ein
Vesicans zwischen die Schulterblätter, und wiederhole die Blutegel nöthigenfalls alle 3 — 4 Tage. —
Bei catarrhalischen Complicationen: Vinum Colchici
mit Kali; bei Bronchitis, Pneumonie: Tart. emet.,
bei biliösen Complicationen Calomel mit Rheum und
salinische Abführmittel. Sind keine Complicationen
da, oder sind sie beseitigt, ist das Kind schwach,
so ist Luftwechsel oft das beste Mittel der Kur. —
Auch Aetzungen des Larynx sind hier empfohlen
worden wie beim Croup und alle Leiden der Respirationsschleimhaut überhaupt. Gr. xv Lapis inf. auf
ʒj Wasser, ja ϶jj auf ʒj alle 2 Tage bis in den Larynx
hinein zu appliciren mit einem Fischbeinstäbchen.

(Vergl. Croup darüber.) — Gegen die zurückbleibenden Lähmungen des Auges, Gehirns, das Ol. Arnicae aeth. als Elaeosacch., dabei Vesicantia auf den Kopf.

Kindbett-Fieber. Febris puerperalis, Peritonitis miasmatica. Siehe den Artikel Puerperalkrankheiten.

Symptome. Kindbetterinnen bekommen bald, in den ersten 24 Stunden, selten bis nach der dritten Woche, heftigen Schmerz im U.L., manchmal Intermissionen machend, bald aber remittirend; der U.L. treibt sich auf, spannt, Secretionen in den Brust- und Bauchgenitalien dauern anfangs fort, Fieber hat erethischen Charakter. Diese Form kann zur entzündlichen sich steigern, oder es kann gleich die entzündliche auftreten, wo dann die Schmerzen heftiger, die Secretionen beschränkt sind, oder gar cessiren, das Fieber synochal. Es kann die Krankheit den biliösen Charakter haben, wo die biliösen Erscheinungen, Kopfschmerz, belegte Zunge, sich mit ihr verbinden, oder der Charakter kann nervös, typhös sein, oder putrid, und die Krankheit ansteckend. Genitalien fallen zusammen, werden schlaff, die Secretion fast Null, heftig ergriffenes Gemeingefühl, der U.L. wird tympanitisch, mussitirende Delirien, Petechialexanthem, moderige Schweisse, aashaft riechende Durchfälle etc. etc. Die Krankheit kann sich mit Venenentzündung mit Putrescenz des Uterus compliciren; oft endemisch — contagiös. Eisenmann und jetzt auch Simpson halten das Kindbettfieber für ein traumatisches.

Diagnose. Die Krankheit kann wegen der Individualität der Kranken nicht verwechselt werden.

Therapie. Man verhüte den Uebergang zum Contagium durch Chlor und sonstige Reinigung der Luft. Ist die Krankheit contagiös und es zeigen sich bei einem Individuum die Spuren von Infection, so gebe man ein Emet. aus Ipecacuanha. Ist die Krankheit ausgebrochen, so richtet sich die Behandlung nach dem Charakter derselben, ob er erethisch, synochal, biliös torpid etc. ist; daher V.S. nur bei synochalem Charakter, sonst Blutegel, Fomentationen, Mercursalbe auf den U.L. Man halte die Se- und Excretionen offen durch laue Bäder, Essigammon., Digitalis, Calomel, Ol. Ricini; die Kranken sollen die Kinder selbst stillen, oder die Milch durch ein Glas aussaugen. Ist diese sparsam: trockene Schröpfköpfe, Sinapismen auf die Brust; drohen die Locchien zu stocken, warme Dämpfe, Injectionen in die Genitalien, strenge Diät, lauwarmes Getränke. Die biliöse Form fordert emet., dann Dect. Tamarind., Magnes., sulph.; bei der torpiden Form Blutegel, Hydrarg. Frictionen, Fomentationen, beschränkte Antiphlogose, also bei trockener Haut Bäder; bei schwitzender, eigenthümlich riechender Haut, Pelzigsein in den Fingern, Kriebeln etc. droht Miliaria, daher Chlor, Kaliwaschungen, Digitalis; droht Erguss in den UL., in den Kopf etc., so suche man eine Crise durch ein Organ zu erzwingen, dessen Secretion bis jetzt noch nicht colliquativ ist; durch Terpentin, auf die Nieren; Calomel auf den Darm;

Waschungen mit Kali, Ungt. volat. auf den Bauch; die Secretion des Uterus und der Genitalien treibe man mit Ol. Terebinth. an. Ist die Haut brennend heiss, aller Turgor verloren, ohne alle Secretion, Petechialexanthem auf derselben, so mache man kalte Begiessungen; ist das Sensorium ergriffen, Moschus; bei congestivem Zustande des Kopfes Blutegel, Eisumschläge; zeigt sich die Brust befallen, so lässt man topisch Blut entziehen, Hydrarg. Frictionen auf die Brust machen, Vesicantia, Digitalis, Calomel. R Tartar. emet. gr. j; Chinin. sulphur. gr. jj; Subcarbon. ammon. gr. vj; Pulv. cort. cinnamom. gr. v. S. 2stündlich 1 solches Pulv. bei torpider Form zur Erzwingung der Hautcrisen.

Kindbett-Wahnsinn. Mania-puerperalis. Davon zu unterscheiden ist das Delirium der Wöchnerinnen, welches einige Stunden nach der Entbindung ausbricht und sich mit andern gefährlichen Zuständen, namentlich Convulsionen, Blutungen, Putrescenz des Uterus verbindet, welche gewöhnlich den Tod herbeiführen. Gewöhnlich sind es Gedanken des Todes, mit welchen die Kranken in diesen Delirien sich beschäftigen. Die Mania puerperalis ist keine Blut-, sondern Nervenkrankheit, eine Ueberreizung des Gehirns aus psychischen und somatischen Ursachen. Trauer über den Tod des Kindes, Kummer, Blutverlust, zu früher Coitus, unterdrückte Kindbettabsonderungen; doch sind letztere oft vorhanden, oder sind, wenn sie auch nicht vorhanden, doch nicht Ursache der Krankheit, denn sie kehren zurück und die Krankheit währt fort. Die Manie von Unterdrückung der Kindbettabsonderungen ist mit Wallung des Blutes, mit Fieber, Congestionen und inflammatorischer Reizung des Gehirns verbunden. Selten bricht die Krankheit vor oder nach dem 10ten bis 14ten Tage nach der Entbindung aus. Oefters erfolgt der Ausbruch plötzlich, in andern Fällen geht Schlaflosigkeit, Unruhe, Schwatzhaftigkeit oder Aengstlichkeit, Todesfurcht voraus; dann verändern die Kranken den Blick, sie schelten, sind gewaltthätig, suchen sich zu verletzen, namentlich an den Genitalien, reissen Zoten. Die Zunge ist rein, Appetit gut, oder gar gesteigert, Stuhl träge, gewöhnlich kein Fieber, selten Congestionen. Die Krankeit dauert 3—6 oder mehrere Wochen, und geht über in Genesung, unter kritischem Schweisse und Schlafe, oder in den Tod, unter Febris hectica, Wassersucht oder chronischer Verrücktheit und Blödsinn. Strenge Antiphlogose ist stets schädlich, nur selten bei Congestionen legt man Blutegel an, macht kalte Fomentationen, V.S. In der Regel ist die V.S. schädlich. Die wichtigsten Beruhigungsmittel sind: kalte Begiessungen im warmen Unterbade, die Anwendung des Camphors, der Gebrauch der Narcotica, namentlich des Opiums; der Tart. Emet., Camphor in Verbindung mit Narcoticis. Nur Plethora und Entzündung des Gehirns contraindiciren die Narcotica und das Opium; man gibt letzteres zuerst zu gr. ½ p. dosi, allmählig steigend bis zu 2, ja zu 5 Gr.; nebenbei etwas Wein, gute Diät. Gegen Verstopfung

von Zeit zu Zeit etwas Rheum, etwa mit Schwefel.
Tinctura semin. Stramonii wird gerühmt.

Kinder-Krankheiten. Man habe die physiologischen Eigenthümlichkeiten der Neugebornen und
älterer Kinder stets im Auge und hüte sich, Erscheinungen dieser Periode für pathologische Zustände zu
nehmen, so z. B. den schnellen Herzschlag, sehr
schnelles Athemholen, öftere Ausleerungen, das
leichte Erbrechen etc. Berücksichtige genau die
äussern Umgebungen, Nahrungsmittel, Beschaffenheit der Eltern, der stillenden Mutter, Amme und
man wird oft über ungewöhnliche Erscheinungen sogleich Licht erhalten, so z. B. über das blutige Erbrechen und solche Ausleerungen bei Kindern, die
an wunden Warzen gesäugt, Schreien und anhaltende
Unruhe durch zu festes Binden, stechende Nadeln etc.
veranlasst. Ferner die etwaigen Zeichen der Syphilis
an den Eltern oder Ammen etc. Zu frühzeitig ge-
borne Kinder soll man in den ersten Lebensmonaten
der freien Luft nicht aussetzen, wenigstens nicht bei
unter $+ 8°$ R. Anlage zu Krämpfen soll durch tägliche, allmählig lauer werdende Chamillenbäder während der ersten 15 Lebensmonate, die später wenigstens einmal wöchentlich wiederholt werden müssen,
gehoben werden. — Man berücksichtige genau den
ganzen Habitus des Kindes, untersuche genau den
ganzen Körper desselben, um aufzufinden, ob irgendwo
die natürliche Beschaffenheit verändert sei, das Kind
Schmerz bei stärkerer Berührung zeige etc.; über-
gehe nicht die Temperatur der Haut, das Verhalten
der Näthe und Fontanellen (deren Einsinken vorzüglich als Zeichen von Atrophie oder schnellem Sinken
der Lebensthätigkeit in acuten Krankheiten bedeutend ist), die Beschaffenheit des Nabels, der Mundhöhle etc. Man beachte genau die Quantität und
Qualität der natürlichen Ausleerungen und vergleiche
sie mit der Quantität und Qualität der aufgenommenen
Nahrungsmittel. Die Capacität des Magens ist bei
den Neugebornen absolut und relativ kleiner, so dass
im Ganzen nicht viel Nahrung auf einmal genommen
werden kann. Der Blindsack ist fast gar nicht vorhanden, so dass also ein längeres Verweilen der
Stoffe, die einer gründlichen Umarbeitung bedürfen,
unstatthaft ist. Dabei ist die Schleimhaut des Magens
ohne Falten, sammthänlich, die ganze Lage und
Richtung des Magens nähert sich mehr der perpen-
diculären als horizontalen. Aus diesen Verhältnissen
erklärt sich, warum Milch und ähnliche, einer be-
deutenderen Stoffmetamorphose nicht bedürftigen Nahrungsmittel sich besser für sie eignen, als Amylacea
und thierische Nahrung, und die Gefahr der Ueberfütterung zu fürchten ist. Man habe stets im Auge,
dass die Natur in dieser Periode vorzüglich thätig
sei in der selbstthätigen Beseitigung der krankhaften
Zustände. Man wähle stets die mildern Arzneimittel
und gebe die stärkern nur in sehr kleinen Dosen.
Heftige Gifte, als Opium, gebe man gar nicht, oder
nur mit der grössten Vorsicht. Vorzüglich ist bei
Neugebornen viel durch äussere Mittel wegen der
grössern Thätigkeit der Haut auszurichten, und be-

sonders Bäder, Umschläge, Einreibungen, Lavements
sind häufig mit ausgezeichnetem Nutzen anzuwenden.
Ueber die Oeleinreibungen in der Kinderpraxis siehe
bei Scrophulosis. Blutentziehungen können nur selten
bei ganz kleinen Kindern und dann vorzüglich nur
durch einen oder einige Blutegel bewerkstelligt werden. Bäder gegen Koliken, Krämpfe, zur Diaphorese, gegen Auftreibung des Unterleibs in Folge von
Blähungen, gegen Reizbarkeit. Zur Diaphorese dienen einige Tropfen Vinum Huxh. oft. An warmen
Flaschen gewärmte Tücher sind aufgelegt in· den
meisten Fällen anwendbar und gut, wo es warme
Bäder auch sind. Grünliche Färbung der Excremente
deutet auf Säure in den ersten Wegen; fast mit allen
Krankheiten des kindlichen Alters verbindet sich
Säurebildung entweder als Ursache oder Folge. Daher sind die Lapides cancrorum (Magnesia usta, Liquor kali carbonici) in der Kinderpraxis, namentlich
bei der Dentition, wozu so leicht Krämpfe (Eclampsie) kommen, ein unentbehrliches Mittel, besonders
in Verbindung mit Extr. Hyoscyami, Flor. Zinci, Bismuth., Ipecacuanha, Moschus. ℞ Pulv. lapid. cancror.,
tinct. rhei aq., ana ℨß; Aq. foenicul. ℥j; Syrup. cichor. c. rheo ℥ß. S. Umgeschüttelt alle ½ Stunde
1 Theel. voll. Man gebe manchmal der Amme verdünnendes Getränke, Gerstenwasser, Cichoriende-
cocte, um die Milch zu verbessern. Convulsionen,
Diarrhoen, Erbrechen entstehen bei Kindern oft in
Folge zurückgetretener Exantheme, oft nur weniger
Pusteln, welche in Folge von Unreinigkeiten entstehen; man hat also stets zu erforschen bei Diarrhoen, Convulsionen und Erbrechen, ob solche Exantheme vorausgegangen seien, und im bejahenden Falle
dieselben durch Vesicantien zwischen den Schultern,
Bäder etc. zurückzurufen. Ammoniumwaschungen
sind bei verschiedenen Kinderkrankheiten sehr dienlich. Liquor Ammonii anisat. gtt jj — jjj p. dosi ist
sehr schätzbares Mittel bei Diarrhoen aus Säure entstanden. Ammon. subcarb. mit Chinin und Moschus
ist das Dienlichste bei Krämpfen, Convulsionen etc.,
man lässt diese Mittel jedesmal mit Syrup. Aurant.
anmachen und am Finger ablecken, besonders dienlich bei herabgekommenen, schwachen Kindern. —
Den Waschungen mit Ammon. caust. kann man bei
sehr torpiden Formen auch etwas Aq. Coloniens. oder
Spirit. Serpilli zusetzen. Bei Krankheiten mit Säure
lasse man stets die Milch weg und füttere die Kinder
mit Salepdecoct und Zuckerwasser auf. Die meisten mutterlos auferzogenen Kinder erkranken durch
Ueberfütterung und besonders mit Mehlspeisen.
So erkrankte Kinder müssen auf einfahe Nahrungs-
weise gesetzt, mit Reiswasser (2 Theelöffelchen von
Reiskörnern auf ½ Maas Wasser gekocht, so dass
das Wasser nur getrübt dünn schleimigt erscheint)
und Wasser mit Milch ernährt werden. Die Kinder
gedeihen dann ganz vortrefflich, wenn sie auf 24 Stunden eine solche halb Maas Reiswasser und abwechselnd damit Milch, und später nach und nach etwas
ganz dünnes Semmelmuss bekommen. Je jünger das
Kind, desto käseärmer muss die Milch sein. Die

intensive rothe Färbung des Gesichts bei einem an
Dyspnoe leidenden Kinde verdient alle Beachtung
und gibt der Ansicht grössere Wahrscheinlichkeit,
dass die Krankheit ihren Sitz in der Brust habe.
Ist eine Gesichtshälfte stärker geröthet als die andere, oder zeigt die eine Röthung allein, so ist das
Zeichen noch bestimmter; die Affection ist stärker
und doppelt ausgebildet auf der Seite, wo die Röthe
eine Wange eingenommen hat. Bei Croup indessen
sind sie sehr blass. Bei Lobularpneumonie haben
die kleinen Kinder ein violettes Gesicht. Hat die
Respirationsbeschwerde ihren Sitz im Halse, so
öffnet das Kind den Mund weit, legt seinen Kopf
zurück, die Augen treten hervor, das Gesicht ist
blass oder livid, aber nicht roth, z. B. bei Croup,
Oedema Glottidis, Keuchhusen. Die rothe Färbung
wird gewöhnlich bei den acuten Brustaffectionen
gleich von ihrem Beginn an beobachtet, werden sie
intensiver, so ist die Gesichtsfarbe livid, violet.
Von dieser Regel macht der Croup eine Ausnahme,
bei dem sie sehr blass ist. Der Mund steht bei Pneumonien der Kinder entweder weit offen, oder ist
geschlossen, halb offen selten. Extremitäten werden bei Pneumonien kalt, Puls 160—180, zuweilen
80 Inspirationen, also sehr häufig. Störungen in der
Verdauungssphäre sind bei Kindern die häufigsten
Krankheiten; sie erzeugen leicht Congestionen zum
Gehirn und zur Brust, in beiden mancherlei Störung
bringend. Um sie zu verhindern und zu beseitigen
genügt oft ein angemessenes diätetisches Verfahren;
reicht dieses nicht hin, so bezweckt man wohl durch
ein einfaches Klystier, was Andere durch Brech- und
Purgirmittel erzwingen wollen, deren Anwendungen
bei Kindern immer sehr an- und eingreifend sind.
Da die Congestion der Säfte eine so bedeutende
Rolle in den Krankheiten der Kinder spielt, so liegt
es nahe, dass reizende und erhitzende Mittel im Allgemeinen nicht für die Kinderpraxis passen, sondern
die Gegentheile, örtliche Blutentziehungen, Calomel,
einfache Klystiere, warme Bäder. Essigklystiere sind
bei vollsaftigen, gutgenährten und in einer sehr
raschen Entwicklung begriffenen Kindern vorzugsweise indicirt, namentlich bei Dentition und Congestion zum Kopfe, bei acuten Exanthemen, gegen
die Heftigkeit des Fiebers. Gegen alle acute Kinderkrankheiten, ganz besonders bei Croup, wird der
Brechweinstein gerühmt in folgender Weise: ℞ Tart.
emet. gr. jj—jv; Aq. destill., syrup. violar., ana ℥β;
¼stündl. 1—2 grosse Theel. Sobald Erbrechen folgt,
wird die Mixtur bei Seite gesetzt, etwas Chamillenthee, und eine Stunde nach dem Brechweinstein
gr. 1—1½ Calomel, 2stündlich gegeben und hernach
beide Mittel fortgesetzt, bis Calomelstühle erfolgen,
wornach nur noch der Tart. emet. 1—1½ Stunde
fortgesetzt wird. Man soll bei Kindern öfters auf
die Diurese wirken, statt auf den Darm, zur Derivation, durch Veilcheninfus. einige Tassen mit einigen Gr. Nitrum, mit Spargelspitzensyrup versüsst.
Nehmen sie nichts, so lasse man 2mal Tr. Digitalis
in den U.L. einreiben, Syrup, Digitalis innerlich

nehmen. — Bei Meteorismus der Säuglinge wechsle man die Amme, gebe Infus. menth., Anisi, mit einigen Tropfen Aether, reibe den U.L. mit der flachen Hand. Gegen Verhaltung des Meconiums bei Neugeborenen dient die erste Muttermilch, oder man gebe: ℞ Gm. arabici gr. xv; tere c. aq. font. ℥ij; Syrup. d. rheo c. cichor. ℥β—j. Alle ½ St. 1 Theel. bis zur Wirkung. ℞ Aq. hordei ℥vj; Syrup. d. cichor. ℥ij; theelöffelweise. Stärker wirkt der Syrup. domest., darf aber nur in kleinen Gaben gegeben werden zu ℥ij. Schwachen Kindern gibt man Aq. cinnamom., Aether. sulphur. Ist die Milch Schuld, so ändere man damit, mache die Milch der Amme seröser, indem man sie viel trinken lässt, und gebe dem Säuglinge die abführenden Syrupe; bei Krämpfen, überhaupt bei Zeichen des gereizten Zustandes unterlasse man die Laxantia, bringe aber das Kind in ein warmes Bad.

Kinesitherapie. Ling, Fechtmeister an der Universität Lund in Schweden, gest. 1839, ist der Erfinder der neuen Wissenschaft der ration. Gymnastik, Kinesitherapie genannt. Wir gehen hier natürlich nicht in die Einzelheiten u. Theorien dieser Wissenschaft ein, u. bemerken nur, dass nicht blos sehr a c t i v e Bewegungen in Anwendung zur Heilung verschiedener Krankh. gezogen werden sollen, sondern auch p a s s i v e Bewegungen, als Frottiren, Kneten, Klopfen etc.

Kinnbackenkrampf. S. Tetanus.

Kinnbackenkrampf der Neugeborenen. Trismus neonatorum.

Symptome. Die Kranken sind Kinder von etwa 14 Tagen; es gehen Anfälle von Convulsionen voraus, Schlaf wird unruhig, öfteres Auffahren, Gähnen; Zuckungen im Gesichte, das Schlingen geht nicht recht, Athmen kurz, ängstlich, Stuhlausleerungen unregelmässig, bald Verstopfung, bald Durchfall, Urina spastica. Die Kranken strecken sich öfters, die klonischen Krämpfe werden fix und tonisch. Der Unterkiefer schliesst sich krampfhaft an den Oberkiefer oder bleibt einige Linien von ihm entfernt, so dass der Mund etwas offen steht, die Stimme wird heiser, nur noch blasses Wimmern, das Athmen mühsam, das Auge starr, Pupille erweitert, Erbrechen, kalter Schweiss, Opisthotonus etc., endlich tritt Lähmung und der Tod ein.

Diagnose. Von Hydroceph. acutus unterscheidet er sich durch die gleich anfangs auftretenden, krampfhaften Muskelbewegungen, durch den spätern Opisthotonus, auf welchen erst die Symptome der Gehirnaffection folgen. Von einer vom U.L. ausgehenden Krankheitsform, durch den bei diesen Leiden vorkommenden aufgetriebenen U.L., die gehackten Eiern ähnlichen Durchfälle, das saure Erbrechen und den Mangel der Kopferscheinungen.

Therapie. Gleich im Anfange 3—6 Blutegel an den Halstheil der Wirbelsäule gegen das Foramen magnum, Einreibungen von Unguent. merc. in den Nacken; innerlich Calomel mit Magnesia usta, Syrup. mannae; Bäder mit Aetzkali. Kommt es zur Diaphorese, Ammon. acet. in Aq. flor. Tiliae. Dabei

Moschus, Syrup. diacodii, Ammon. gegen den **Krampf.**
℞ Tr. ambr. moschat. ℈ij; Aq. flor. naphae ℨjβ;
Syrup. diacod. ℨβ; alle ½ St. 1 Essl. ℞ Ol. terebinth. ℈j; Vitell. ovi, Nr. 1; Aq. cinnamom. ℨiij;
Moschi gr. jv; Spirit. ammon. anis. gtt. x; f. Clysma,
für ein neugebornes Kind; kann es schlucken, so
gibt man dieses kaffeelöffelweise durch den Mund.
Kali caust. ℨβ—j auf ein Bad, oder Liquor kali caust.,
ℨiij; Aq. destill. ℨvjij; mit noch einmal so viel Wasser verdünnt den Körper zu waschen. Der Trismus
neonatorum soll auch oft durch fortgesetzte Rücken-
lagen und daher Druck aufs Hinterhaupt und den
Spinalkanal entstehen, durch Lageveränderung öfters
gemässigt, ja selbst zuweilen geheilt worden sein. —
Das Chloroform ist gegen Trismus wie gegen Tetanus empfohlen.

Klimacterische Krankheit. Diese kommt
nicht nur im vorgerückten Lebensalter vor, sondern
ist auch gar nicht selten bei Individuen, welche zwischen 20—30 Jahren alt sind. Ueber die Ursachen
derselben ist wenig bekannt, doch gehören zu derselben vornehmlich Erkältung, die Influenza, plötzliche Erschütterungen des Körpers, Gemüthsunruhe,
Ausschweifungen u. s. w. Das Uebel beginnt gewöhnlich sehr allmählig; 3—6 Wochen können vergehen, während welcher sich das Individuum nicht
ganz wohl fühlt, ohne aber über etwas Bestimmtes
zu klagen. In seltenen Fällen sieht der Kranke
schon sehr früh schlimm aus, was aber gewöhnlich
erst später einzutreten pflegt. Nach einiger Zeit
treten nun bald flüchtige, ziehende, durch den ganzen Körper sich verbreitende, oder mehr auf eine
Stelle fixirte Schmerzen ein, und der Kranke fühlt
sich schwach, und zwar mehr beim Legen als beim
Gehen. Nicht immer kommt aber das Uebel so allmählig hervor, sondern zuweilen beginnt es gleich
mit acuten Symptomen, die nach einem biliösen Anfall auftreten, und zuweilen als sehr acute Kopfsymptome erscheinen. Nachdem jene erst erwähnten
Schmerzen einige Zeit hindurch bestanden haben,
nimmt der Appetit ab, und geht bald ganz verloren,
der Kranke magert ab, und Schläfrigkeit tritt ein;
der Puls ist dabei zuweilen beschleunigt, zuweilen
gar nicht verändert. Besonders auffallend ist aber
die Veränderung des Aussehens, der Kranke sieht
nicht nur übel aus, sondern scheint auch um mehrere
Jahre gealtert zu sein. Die oben erwähnten Symptome, welche selten ganz allein dastehen, sondern
gewöhnlich noch von anderen begleitet sind, befallen
nun bald vornehmlich den Kopf, die Brust, oder den
Bauch. Wenn der Kopf ergriffen ist, so klagt der
Kranke gewöhnlich über Schmerz in demselben, der
den ganzen Kopf befällt, oder sich auf die Stirne
oder den Hinterkopf beschränkt, oder über Schwere,
Klopfen und Hämmern im Kopfe; alle diese Erscheinungen sind nur periodisch. Gefühl von Taubheit
einer Seite des Körpers; Schmerzen in den Schultergelenken, Schlüsselbeinen, Rückenwirbeln, Dyspnoe
mit Husten oder Herzklopfen. Das Verdauungssystem
leidet constant, schlechter Geschmack im Munde,

Appetitlosigkeit, Dyspepsie, Durst, Schmerz nach
dem Essen, Gastrodynie, Gasanhäufung, Neigung zur
Verstopfung; im Harne zuweilen Lithate und Abnahme seiner Menge; zuweilen Ischias und andere
Neuralgien dabei, und Nervenaffectionen anderer Art,
zu welchen auch ein Brennen in der Hand und Fusssohle gehört. Ziemlich häufig ist dabei Anasarca der
Unterextremitäten; dabei werden die Kranken mür-
risch, trübe gestimmt, muthlos und für ihre Beschäf-
tigung untauglich, reizbar und empfindlich. — Das
Uebel dauert wenigstens 4—5 Monate, die mittlere
Dauer ist 9 Monate. In Betreff der Diagnose gewähren am meisten Anhaltspunkte die Schlaflosigkeit, Abnahme des Appetits, des Fleisches, und vor
Allem der veränderte Gesichtsausdruck, und zwar
Alles o h n e b e s t i m m t e U r s a c h e. In der
Mehrzahl der Fälle nimmt das Uebel einen günstigen
Ausgang, doch kann es auch im höheren Alter sowohl wie in früheren Jahren tödtlich verlaufen. —
Die Behandlung muss dem vorwaltenden Schwächezustand der verschiedenen Functionen des Organismus, besonders aber des Nervensystems angepasst
werden, und im Allgemeinen zeigen sich demzufolge
erregende Mittel am wirksamsten. Da das Uebel
sich nicht coupiren lässt, sondern durch Mittel, welche dieses bezwecken, eher verschlimmert werden
kann, so ist es gut, eine Zeit lang exspectativ zu
verfahren. Von grossem Einfluss ist auch die psychische Behandlung. Hauptmittel sind hier: Chinin
und andere Tonica, Schleimharze, Plumb. acet., Ano-
dyna und Purgantia, Wechsel der Luft und der Umgebung, doch erst, nachdem wenigstens die Hälfte
der mittleren Zeitdauer des Uebels verstrichen ist.
Diät sei einfach und mässig; in vielen Fällen wird
animalische Kost nicht vertragen, und es ist daher
eine andere und mildere Nahrung zu reichen.

Kolik. S. Colica.

Kopffieber wird die Cerebralintermittens oft
genannt. Siehe Gesichtsschmerz p. 195, wo die
Diagnose angegeben; doch versteht man, und zwar
meistens darunter die Gehirncongestion, Gehirn-
reizungen und Hydrocephalus acutus.

Kopfgicht. S. Kopfschmerz.

Kopfgrind. S. Tinea.

Kopfschmerz, Cephaloea, Migraine, ist häufig
Symptom anderer Krankheiten, anhaltend oder periodisch, bald halbseitig, Migrain, Hemigrain; oft blos
an einer Stelle, Clavus. Man unterscheidet die Cephaloea nervosa, sanguinea, gastrica, metastatica,
organica. Am häufigsten ist die hysterica und hypo-
chondriaca. Reissende, bohrende, drückende, nach-
lassende und wiederkehrende Schmerzen, ohne objective Erscheinungen. Als ob eine glühende Stange
durch den Kopf geschlagen oder ein glühender Draht
durchgestossen würde. Der Schmerz ist einseitig,
dicht neben der Satura sagitalis. Gegen die hypochondrische Migraine verwendet man Hyoscyamus,
Aq. lauroc., Liquor. anodyn. H. mit Pulv. aerophor.,
Potio Riveri, Sinapismen, Senffussbäder, später zur
Radicalcur Quassia, Eisen. Gegen nervöse Kopf-

leiden empfiehlt man den täglichen Gebrauch von
2—3 Gr. Chin. sulphur. ohne Unterbrechung 5—6
Monate hindurch. ℞ Pulv. cort. chin. reg. ℨβ; Ferr.
sulphur. gr. j; Cinnamom. gr. jj. Früh und Abends
1 Pulver. ℞ Tinct. cort. aurantior ℨjj; Tr. castor.,
Tr. aloes ana ℨj; 2mal 60 gtt. Unter den metastatischen Kopfschmerzen ist der häufigste und hartnäckigste der arthritische (Kopfgicht), gegen welche
anhaltende Ableitungen durch Fontanellen, Cort.
mezerei, wiederholtes Schröpfen im Nacken und Gicht-
mittel, Quajac., Aconit. ℞ Resin. quajac. ℨβ; Ol.
valerian. aeth. gtt. jj; Sacch. alb. ℈j; Früh und Abends
1 Messerspitze voll. Bei der rheumatischen Cephaloe Calomel, Drastica, Bitterwasser, Senffussbäder,
Tabakrauchen. B e i s o g. n e r v ö s e m K o p f -
s c h m e r z gelingt es zuweilen durch Einreiben der
schmerzhaften Kopfgegend mit Chloroform einen derartigen Fall augenblicklich und zuweilen auf die
Dauer zu beseitigen. — Vgl. Intermitt. über die Berührung des Tympanums bei nervösen Kopfleiden.
Gegen Migraine und Hemigrain, sowie gegen Neuralgien des Gesichts empfahl Cazenave folgende
Pomade. ℞ Chloroformi ℨβ; Kali hydrocyan. ℨjjj;
Axungiae recent. ℨjjβ; Cerae q. s. f. Ung. Abends
vor dem Schlafengehen 2 Taubenei-grosse Portionen
der Salbe auf die Handfläche zu nehmen und die
Haare nach allen Richtungen damit einzureiben.
Hierauf rasch den Kopf mit einer Taffetmütze zu bedecken, damit das Chloroform nicht verdunste. —
Gegen Kopfweh nach Trunkenheit ist das Ammon.
caust. souveraines Mittel. S. Trunksucht. Das öftere Bestreichen der Stirne mit gestossenem Calamus
oder Zingiber soll fast jederzeit den Kopfschmerz
heben. Eine Phosphorauflösung von gr. jv und Ol.
caryophyll. ℈β; in ℨβ Naphth. vitriol., alle 2 Stund.
gtt. xx—xxx auf Zucker gegen Kopfweh. Arsenik
gegen periodische Kopfschmerzen. Bei rheumatischem Schmerz innerlich Spinnengewebe. Das blausaure Eisen bei nervösem Kopfweh. Zinc. hydrocyan.
gegen periodische Kopfschmerzen. Das Ol. valer.
℈j in ℨβ Essigäther alle St. gtt. x—xv bei nervöser
halbseitiger Cephaloe, gegen dasselbe auch Ammon.
acet. gtt. 30—40 in 1 Tasse Lindenblüthenthee. Sublimat. zu $1/_{20}$ gr., oder Morphium gr. ¼ in kaltem
Zuckerwasser. Chinin bei intermittirendem Kopfweh.
Die Migraine soll durch Casseinextract, welches am
Tage vor dem Eintreten des Anfalls in Dosen von
2—4 Gramm den Tag über gegeben wird, mit Erfolg
gebraucht werden. T a v i g n o t vermuthet, dass die
Migraine von einem Stocken des Blutes in den Ge-
hirnsinus herrühre, und rathet tiefes Einathmen dagegen an. — Wasserkur. — ℞ Rad. valerian., Stipit.
dulcamar., Summitat. millefol. ana ℨβ; Flor. aurant.
ℨjj; 1 Essl. voll mit 1 Seidel siedenden Wassers zu
übergiessen, einigemal aufwallen zu lassen und durchgeseiht, davon 3mal im Tage 1 Tasse voll zu trinken
bei nerv. Migrain der Frauenzimmer vor oder während der Menstruationsperiode, diesem Thee kann
man bei unregelmässigem Stuhlgange noch ℨβ Fol.
sennae zusetzen. Einreibungen von Extr. bellad.

mit gleichen Theilen Cerat in die Schläfengegend.
Periodisch wiederkehrender Kopfschmerz, meistens
des Vormittags auftretend, ist zuweilen ein katarrhalischer Stirnhöhlenschmerz und weicht dem heftigen Bürsten der Stirne, oder einem Vesicator auf
den mittleren Theil der Stirn. Gegen die Hemicranie einer Hyperästhesie der Kopfnerven, einer
Plage so vieler, besonders weiblicher Kranken, zeigt
sich das Argent. nitricum sehr hilfreich, zumal in
Verbindung mit dem Tissot'schen Thee (Herb. trifol.
fibri ʒj; Herb. menth. pip. ʒβ) in hartnäckigen Fällen
¼ gr. Argent. nitr. mit Extr. aloes gr. j 2mal tägl.
S. Schwindel.

Kothbrechen. S. Ileus.

Krämpfe. Motilitätsneurosen. Die Bewegungen in den Muskeln entsprechen nicht dem Willen
der Seele und ihren Vorstellungen, sie sind dabei
zu schnell, hastig und stark, äussern sich als Ver-
zerrungen des Gesichts, Verdrehungen der Augen,
Zuckungen des Mundes und der Extremitäten, krampfhaftes Lachen, Weinen, Singen, Schreien, Verdrehungen des Körpers nach vorn, rückwärts etc. Die
Muskeln verkürzen sich, werden hart, Puls härtlich,
zusammengezogen. Se- und Excretionen unterdrückt,
Haut blass, trocken, Urina spastica. Man theilt sie
in tonische und klonische, partielle und allgemeine,
einfache und zusammengesetzte (mit Fieber, Geistes-
zerrüttungen, organ. Krankh.), anhaltende, remittirende oder intermittirende. Prädisposition und Ursachen sind: reizbare und sensible Constitution;
Kindesalter, weibliches Geschlecht, nervenreiche Organe, epidemisches Auftreten von Krankheiten (z. B.
des Keuchhustens), Kälte, Gifte, Darmunreinigkei-
ten, Würmer, Steine in den Nieren, Harnleitern, der
Blase, Verletzungen der Nerven, fehlerhafter Bau
des Schädels, Desorganisation in der Nähe von wichtigen Nervenplexus, Scirrhen, Exostosen. Druck
auf die Nerven durch Wasser, Blut etc.; übermässige
Ausleerungen aller Art, Unterdrückung gewohnter
Ausleerung und Absonderung von Blutungen, Geschwüren, Exanthemen, heftige Geistesanstrengungen,
Gemüthsbewegungen, Schmerzen, Nachahmung und
Anblick der Krämpfe. Frauenzimmer bekommen
leichter Krämpfe als Männer, weil ihr Nervensystem
reizbarer ist und leichter in Verwirrung geräth.

Therapie. Man beseitige die Ursachen. Wenn
irgend ein wichtiger Centraltheil des Nervensystems
(Gehirn, Rückenmark, Magengeflechte) auf irgend
eine Weise (örtliche Entzündung, Verletzung, Druck,
Saburra, Würmer, organische Abnormitäten, Metastasen) gereizt wird, so entsprechen Antiphlogistica,
besänftigendes, ableitendes Verfahren. S. Rückgratsfrictionen. Wenn wichtige Crisen unterbrochen werden, so befördere man diese Crisen, besonders der
Haut, die Nierensecretion. Wenn die Blut- u. Säftemasse sehr vermindert wird durch Blutflüsse und
andere Ausleerungen, oder die lebendige Expansion
des Blutes plötzlich abnimmt (spasmi ex inanitione),
dann expandirende Mittel, Camphor. Wenn die Vitalität des sensiblen Systems sehr herabgesetzt ist,

Analeptica, Moschus, Aether, Wein, kleine Gaben
Opium. Als direkt krampfwidrige Mittel dienen:
Sambuc., Chamill., Meliss., Menth., Anis, Foenicul.,
Liquor. ammon. acet. ʒj—ʒß pro dosi, Valerian.,
Serpentar., Angelic., Contrajerv., Calam. aromat.,
Flor. aurant., Cinnamom., Asa foetid., Camphor.,
Naphth., Aether, Olea aether., Ammon. carbon., Moschus, Castor., Chloroform, Opium. Stützische Methode alle 2 St. 2 Essl. einer Solution ex ʒj s. ℈jv
Kali carbon. in ʒjv Aq. destill., und Früh u. Abends
gr. j Opium; lassen die Zufälle in den ersten 24 bis
36 Stunden nicht nach, so erhöht man die Gabe des
Kali carbon. um die Hälfte, oder gibt es öfters, und
steigt auch mit dem Opium auf gr. jß—ij; dazu tägl.
1—2mal 1 warmes Kalibad. S. Bäder. Die dabei
erfolgende Stuhlverstopfung hebt man mit Klystieren
aus Seifenwasser. — Ferner Extr. hyoscyam., Crocus, Digitalis, Aq. lauroceras., Blausäure, Aq. amygdal. amar., Belladonn., Nicotian., lauwarme Bäder,
örtliche Bäder, warme Umschläge, Einreibungen von
Liniment. volat. camphor., Opium, Aether, Oelen,
Ol. hyoscyam., Bals. vit. H.; Klystiere aus Chamill.,
Valerian. mit Ol. hyoscyam., Tinct. opii, Castor.,
Asa foetid., Nicotian. Endlich Magnetism., kleine
Ekel erregende Gaben von Ipecacuanh.; die Flor.
arnic., Nux vomic., Bismuth. nitr., Zinc. sulphur.
zu gr. ¼—½; ebenso den Tart. emet. in Ekel erregenden Dosen, Cupr. sulph. ammon. zu gr. ß—jv;
Lapis infern., Vesicant., Sinapism., Einreibungen von
Ungt. Autenrieth., endermatische Anwendung des
Morph. acet. zu gr. ⅛—¼ in die Nähe des Sensoriums, in entferntere Theile 1—2mal tägl. in grössern Gaben auf eine Vesicatorstelle gelegt. ℞ Acid.
hydrocyan. gtt. jj; Spirit. muriat. aeth. s. tr. valerian. aeth. ʒß. S. gtt. 20—30 pro dosi. Eines der
direktesten krampfwidrigen Heilmittel ist die Tenotomie, gerade wie bei Ankylosen, Contracturen etc.
sie das sicherste Mittel ist. So wird der sogenannte
Schreibekrampf, Spasmus habitualis musculi flec-
toris pollicis longi, durch die subcutane Tenotomie
des genannten Muskels geheilt. Der Schreibekrampf,
früher eine sehr seltene Krankheit, ist, seitdem für
den Gebrauch der Federposen die Stahlfedern in
Mode gekommen, viel häufiger geworden. Die Stahlfedern sind viel härter und geben weniger nach als
die Federposen, es gehört daher zum Schreiben mehr
Druck auf die Feder. Die Muskeln der betreffenden
Finger müssen darnach auch mehr angestrengt werden. Wer daher viel schreiben muss und zufällig
an Muskelschwäche und Reizbarkeit der freiwillig
motorischen Nerven der Finger leidet, bei dem müssen dadurch nothwendig leicht Ueberreizung dieser
Organe und unfreiwillige Contraction der betreffenden Muskeln zu Stande kommen, Schreibekrampf genannt. Im Anfalle ziehen sich die Flexoren des
Daumens und des Zeigefingers, welche die Feder
anhaltend festhalten und führen müssen, weniger die
3 übrigen Finger, unwillkürlich und so heftig zusammen, dass diese Muskeln schmerzhaft werden.
Der Schmerz ergreift meist erst die Finger, dann

den Vorderarm gleich über dem Handwurzelgelenke
an der inneren Seite, und ist meistens stechend und
sehr empfindlich. Oft erstreckt er sich etwas höher
am Vorderarme herauf; anfänglich pflegt der Krampf
bald vorüber zu gehen, wenn man die Feder sogleich
niederlegt, kehrt aber nach und nach leichter wieder,
und dauert länger an. Die erste Regel ist, sobald
die ersten Anfänge dieses Uebels kommen, statt der
Stahlfedern sich der Federposen zu bedienen. S. Colica, Hysterie, Menstrualkolik, Neuralgien, Veitstanz u. s. w.

Krätze. Scabies.

Symptome. Chronische, sporadische Krankheit,
kann wiederholt befallen. Entsteht mit harten, erhabenen, runden, rothen, trockenen, anfangs kaum
sichtbaren Knötchen, die allmählig grösser werden,
in kleine hirseförmige, hie und da grössere, einzelne,
selten gruppirte oder confluente Bläschen übergehen,
mit wässeriger Feuchtigkeit sich füllen. Sie breiten
sich in keiner bestimmten Ordnung von der zuerst
befallenen Stelle aus, meist zuerst am Handgelenke
und zwischen den Fingern, werden an der Spitze
durchsichtig, weisslich, Grundfläche nicht entzündet,
nur wenn man kratzt, mit einem härtlichen, rothen
Rande umgeben. In der Wärme kommen sie häufiger
heraus; ihr Zurücktreten kann mancherlei Uebel erzeugen, Lungen-, Herz- und Milzkrankheiten, Schwindel etc. Sie jucken heftig, in der Wärme, im Bette
und beim Reiben zunehmend. Die Krankheit kann
sich über alle Theile, das Gesicht ausgenommen,
verbreiten, doch besonders in die Hautfalten und
Biegungen der Gelenke. Das Kratzen hinterlässt ein
Brennen und Fressen, oft Wundsein. Die anfangs
helle, nicht sehr scharfe Feuchtigkeit wird späterhin trübe, gefärbt, endlich dicker, gelblich, eiter-
artig. Die aufgeriebenen oder sonst entleerten Bläschen füllen sich immer wieder, oder verdorren sogleich in kleine, weissliche, schuppige Schorfe, mit
Hinterlassung rother oder bläulicher, runder, narben-
loser Flecke, und dafür entstehen andere und zahl-
reichere. Bisweilen bilden sich üble Geschwüre. Die
Krankheit ist ansteckend, das Contagium fix, in den
Pusteln finden sich Milben. Es gibt keine Scabies
ohne Milben, sei sie pustulosa, vesiculosa oder papuliformis; doch muss man, um sie zu finden, bei
reinlichen Personen sehr geübt sein, und hier trifft
man auch bei sehr entwickeltem Ausschlag oft nur
eine oder zwei Milben. Die Ausdünstung hat einen
besondern ekelhaften, schimmeligen Geruch. Schuppen sich die einzelnen Bläschen trocken ab, indem
sie sich mit ganz kleinen, oft blutigen Schorfen bedecken, so nennt man diese Form die trockene
Krätze, Sc. sicca; ergiessen sie eine Feuchtigkeit und machen sie alsdann auch Erosionen u. grössere Schorfe, feuchte Krätze, Sc. humida. Die
trockene Krätze macht härtliche, nicht nässende
Bläschen, entweder ganz klein, als Knötchen erscheinend, Sc. papuliformis, wenig entzündet, spitz,
oder etwas grösser, durchsichtig, Sc. lymphatica,
ganz unentzündet, und kleine, trockene Grinde. Die

feuchte, fette Krätze, oft mit der trockenen vermischt. macht grosse, vorragende, kugliche, häufige, zuweilen confluente, mässig umröthete Blasen, die in wenig Tagen reifen, gelben, etwas grünlich scheinenden Eiter fassen, Sc. purulenta, auf ihrer Höhe einen dunkeln, bräunlichen Punkt haben, und zuletzt harte, dünne, vorragende Grinder bilden. Syphilitische Krätze ist nichts als Krätze in einem syphilitischen Subjecte, aber nicht an acuter, primärer Syphilis Leidender, sondern sie ist eine tertiäre Form, constitutionelle Syphilis, ein sogen. Syphiloid. Aus den Versuchen von Mende (Hannöver. Corresp.-Bl. Nr. 3, Jahrg. 1851) geht hervor: 1) dass übergeimpfter Schweiss, Serum aus den Bläschen, Eiter aus den Pusteln Krätziger, die Krätze nicht hervorbringt; 2) dass übergeimpfte todte und männlich lebende Milben nur eine örtliche vorübergehende Reaction erzeugen, dagegen 3) weibliche befruchtete Milben den Ausschlag stets im vollen Masse produciren. Dagegen ist Nevergie der Ansicht, dass die Eruption des Krätzeausschlags der Bläschen etc. unter dem Einflusse der Unreinlichkeit, des Elendes, der Armuth, der Excesse u. s. w. spontan sich entwickeln können, und dass der Acarus anstatt die Ursache in diesem Falle zu sein, vielmehr nur das Product der Krankheit waren.

Therapie. Bei der Therapie der Krätze handelt es sich, seit die Milbentheorie als richtig erkannt ist, lediglich um die Zerstörung der Krätzmilben. Damit ist die Heilung beendet, indem nach deren Entfernung die secundären Hanteruptionen von selbst verschwinden. Durch die fast allwärts gebräuchliche alkalische Schmierseife wird der erste Zweck sicher erreicht; sie verursacht aber während ihrer Anwendung selbst über den ganzen Körper Entzündung der Haut und auch Austritt von Flüssigkeit unter die stellenweise gehobene Oberhaut Pusteln und Bläschen, so dass die Beurtheilung über den Stand der Krankheit dadurch gestört wird, und die Heilung dieser Kunstkrankheit und also auch mit ihr die der ursprünglichen leicht 8 Tage in Anspruch nimmt. Hardig in Paris hat daher ein Verfahren für Krätzkuren eingeführt, welches nur 2 Stunden dauert. Ein Bad wird in einem warmen Zimmer genommen; der Kranke ½ Stunde lang über den ganzen Körper mit der gewöhnlichen grünen Kaliseife eingerieben. Unmittelbar darauf wird er wieder in ein warmes Bad gesetzt und darin das Reinigen und Reiben, zumal an den ergriffenen Stellen eine Stunde lang fortgesetzt. Nach dem Bade reibt er sich sofort wieder ½ Stunde lang, in eine wollene Decke eingehüllt, mit einer Schwefelkalisalbe ein, bestehend aus 3 Theilen Fett, 2 Schwefelblumen und 1 Theil basisch kohlensaurem Kali; endlich noch ein Bad. Damit ist die Cur beendigt. Die Pusteln und Geschwüre, welche durchs Kratzen etc. hervorgerufen waren, heilen später von selbst. Interna zu geben gegen Scabies erklärt Pauli für Schlendrian! Vgl. Exantheme', chronische. — Es kommt besonders darauf an, die Haut zweckmässig vorzubereiten, sie aufzuquellen und zu erweichen, von Schmiere und Schmutz zu befreien, damit dann das Schmarozerthier, die Milbe, der Schutzwehr beraubt werde. Statt der käuflichen Schmierseife kann man auch eine Mischung von Kalilauge und Leberthran benützen,, und der Mischung bei der papulösen Krätze noch etwas Schwefel zusetzen. — Bei der englischen Methode dauert die Kur 24 Stunden; die Salbe besteht dabei lediglich aus: ℞ Rad. hellebor. albi ʒj; Flor. sulph., Sapon. moll., Adip. suill. ana ℥j. D. in olla. Nimmt man 1½ statt ℥j Seife, so wird sie etwas geschmeidiger; alle 3 Stunden lässt man ¼ dieser Salbe einreiben. Nach der 3ten Einreibung (16 Stunden nach der begonnenen Kur) bleibt der Kranke noch 8 Stunden im Bette, worauf er, nach 24stündiger Kur sich den ganzen Körper mit warmem Wasser und schwarzer Seife reinigt, und Bettgeräthe, Leibwäsche u. Kleidungsstücke mit rein gewaschenen vertauscht. Die Kleidungsstücke werden immer zur Verhütung einer neuen Ansteckung entweder gewaschen, oder auf der inwendigen Seite durch Bürsten mit warmem Wasser und schwarzer Seife gereinigt. Die Kranken sind während der Kur vollkommen nackt, bis an das Kinn dicht in eine wollene Decke gehüllt, auf welche, wenn nicht bald Schweiss ausbricht, ein Federbett oder dergleichen gelegt wird. Temperatur des Zimmers ein höherer als 25—28º R. Kinder unter 12 Jahren brauchen die Kur 12 Stunden, wobei 4stündlich eingerieben wird. Um die Haut vor einem zu raschen Temperaturwechsel zu bewahren, soll die Kur Abends um 10 Uhr beginnen, damit der Geheilte unmittelbar nach derselben die Nacht im Bette zubringt. Den Tag nach der Kur scheint gewöhnlich die Krätze nicht gebessert, bis nach 8—12 Tagen die Abkleiung der Haut erfolgt ist. ℞ Sapon domest. ℥ij; Aq. font. q. s. ut fiat sensim affundendo massa pultacea, cui admisce flor. sulphur. ℥j; Aq. font. q. s. ut f. Liniment. Bei Kindern ist Ungt. Helenii trefflich und unschädlich. Ist die Krätze schon alt, so lasse man erst einige Tage den Schwefel innerlich gebrauchen, ehe man zu den äusserlichen Mitteln übergeht. Dabei Trinken eines blutreinigenden Trankes u. Seifenbäder. Ptisanen und blutreinigende Thee's siehe bei „blutreinigende Mittel, Dyscrasie." Ist die Krätze durch Ansteckung, aber in einem ungesunden Individuum entstanden, so muss die Kur der Krankheit mit der complicirten, z. B. den Scropheln etc. verbunden werden; ist die Krankheit schon alt, tief gewurzelt, so gibt man ausser dem Schwefel noch die Mercurialia, Aethiops mineral., Plummerische Pulver. Bei herabgekommenen Individuen gibt man zu gleicher Zeit kräftige Nahrung und stärkende Mittel. Bei Hartnäckigkeit der Krätze ist oft Syphilis, Scrophulos. Schuld, in welchem Falle die eigenthümliche Behandlung dieser Krankheiten eintritt. Contraindicationen dafür sind, wie gegen alle Schmierkuren, Phthisis, zarte Haut, die pustulöse Form. — ℞ Flor. sulphur. loti, Sacch. alb. ana ℥ij. D. ad scatul.; 3mal ½ Theel. Ist die Krätze plötzlich vertrieben worden, so wird gegen die dadurch entstandene Krankheit, als Lungensucht, Nervenkrankheiten, Wassersuchten, am besten mit Schwefel verfahren und Ungt. Autenr. eingerieben.

Kriebelkrankheit. Raphanie, Ergotismus.

Symptome. Gefühl von Kriebeln in den Spitzen der Finger, verbreitet sich oft über die Hand, geht den Arm herauf, oder verbreitet sich nicht selten über den ganzen Körper. Die Finger werden in der Hand, diese nach innen hin zusammengezogen und umgekrümmt, ebenso die Füsse. — Convulsivische Bewegungen, z. B. Umkrümmung der Zunge, besonders des Nachts. Diese Zufälle sind blos in Paroxysmen zuweilen epidemisch, entstanden durch den Genuss des Mutterkorns, der Früchte mit Giftthau, der Belladonna, von Raphan. raphanistr., der Trespe, schlechte Kost überhaupt, durch Furcht, Schrecken. Es gibt eine acute Form mit den Symptomen der pituitosa nervosa epidemica und eine chronische. Meist ist gastrische Complication vorhanden. Solche Anfälle dauern 2 oder mehrere, sogar 24 Stunden an, kommen tägl. wenigstens 1-, bisweilen 2- oder 3mal; die Remissionen sind nicht völlig frei, endlich Brand in den Extremitäten. Kinder, welche am stärksten ergriffen werden, sterben zuweilen plötzlich daran unter Convulsionen, oder sie verfallen in tonische Krämpfe und sterben, oder es bekommen die Kranken Kollern im U.L., Betäubung, Mattigkeit, enorme gesteigerte Esslust, Kriebeln in den Gliedern, Diarrhoe, werden stupide wie Geisteskranke, bekommen wilden Blick, geröthetes Gesicht, werfen den Kopf unstet hin und her, stossen unartikulirte Laute aus, ihre Pupillen sind dilatirt, Hände etc. starr und so erfolgt der Tod.

Therapie. Man muss das Brod untersuchen, und bei Constatirung des Beigemengtseins von Secale cornutum, oder von Agens stemma githago, Lolium temulentum unter dem Roggen, den Genuss des Brodes verbieten, und die Ausscheidung des Roggens anordnen. Anzuordnen sind: Bäder, kalte Begiessungen, Frictionen mit Terpenthinöl, Application des Electro-Rotations-Apparates, Zinc. acet. Brech- und Abführmittel und nachher Nervina, Valeriana, Asa foetid., Liquor. C. C. succin., Ammon., Castor, Camphor, Moschus, Cupr. sulphur. ammoniat., Ol. anim. Dipp., später Calamus, China. Aeusserliche Einreibungen von Liniment. volat. in den Rückgrat, den U.L., die Extremitäten. Diät bestehe aus leicht verdaulichen Speisen, Weissbrod, Fleischbrühe, Wein. Nach Andern soll folgende Behandlung angewendet werden. Ist kein Fieber da, einen krampfstillenden Trank aus Aq. flor. naph. ℥iv; Liquor. min. Hoffm. gtt. 30; Laud. S. gtt. 20 in Wasser mit Essig zum Getränk. Bei Erstarrung, Kälte in den Gliedern, aromatische Fussbäder, innerlich Ammon. caust. mit Orangenblüthen. Kommt es zu Brand, dann Arnica, Serpentaria, China etc. und verfahre nach den Regeln der Chirurgie.

Kuhpocken. S. Blattern.

Kupferausschlag. S. Gutta-rosacea.

L.

Lähmung. Paralysis, wo Minderung oder Mangel der Empfindung (Anästhesie) und Bewegung, oder nur eines von beiden, bald in allen Theilen, oder nur in einigen beobachtet wird. Der Verlust des Empfindungsvermögens, Anästhesie, zerfällt in 2 deutlich verschiedene Arten, welche öfters mit einander verwechselt werden, nämlich Anästhesie des Gefühles, welches den Schmerz, und Anästhesie des Gefühles, welches die Tastperception vermittelt. Die erstere könnte man Analgesie nennen, die letztere Anästhesie im eigentlichen Sinne. Die Anästhesie kommt oft vor bei Bleivergiftungen, Hysterie, Hypochondrie. Die Lähmung ist entweder eine perfecta, oder imperfecta. Ist nur eine Seite gelähmt — Hemiplegie; ist es der untere Theil — Paraplegie; ist die Lähmung unvollkommen — Paresis. Das Vermögen der Empfindung ist gemindert oder fehlt ganz, der kranke Theil gemeiniglich kalt, bleich, wird dünner, Pulsation schwächer, doch nicht immer, Function des Theils leidet. Vorausgehende Symptome sind: Mattigkeit, Stupor, Ameisenlaufen, Unbeholfenheit, Schlaffheit, geminderte Wärme. Ursachen sind: hohes Alter, organische Gehirnfehler, Ausschweifungen, Kummer, Schrecken, Aerger, starke Ausleerungen durch V.S., Blut- und Schleimflüsse etc., Einfluss einer zu starken Electricität, Blitz, Kälte, gastrische Unreinigkeit, heftige Schmerzen, Nervenkrankheiten, Convulsionen, Epilepsie etc., plötzlich unterdrückte Exantheme, Geschwüre, Brüche, Geschwülste, Caries, Wunden, Hydrops des Gehirns, Rückenmarkskrankheiten überhaupt, z. B. widernatürliche Hervorragung der Intervertebralsubstanz, welche Ursache einer Paraplegie sein kann, Rheumatismus. Bei letzterem, Rheumatismus paralyticus, befällt die Lähmung plötzlich im Nu, besonders das Gesicht. Die Gesichtsmuskeln werden verzogen, Hängen des Mundes, des Augenlides, Unempfindlichkeit und Kälte in den Theilen. Speichel fliesst aus dem halbgeöffneten Munde. Werden die Extremitäten befallen, so verlieren sie die Beweglichkeit und Empfindung. Bei den Anästhesien der Nerv. trigemin. finden sich öfters scheinbar Schmerzen in den kranken Parthien (Anaesthesia dolorosa), was durch das Gesetz der excentrischen Erscheinung ihre Erklärung findet. — S. Paralysis agitans u. Gesichtslähmung.

Diagnose. Von Apoplexie durch den Mangel der Störungen in der Nerven- und Gehirnfunction, durch die Beschränkung der Lähmungserscheinungen auf die Gesichtsmuskeln und sonstiges Wohlbefinden.

Therapie. Zur Nervenbelebung, wenn die andern Ursachen, als Blutcongestionen etc., gehoben, dienen: Liq. anodyn., Liq. C. C., Naphth., äther. Oele, Camphor, Ammon. caust., Mercur, namentlich Sublimat, Valerian., Arnic., Cantharid. äusserlich, laue

Bäder, Schwefel-, Kräuter-, Tropfbäder, Reiben mit
Flanell, Bürsten etc. nach dem Laufe der Nerven,
Einwickeln in Wachstaffet, Anstrengung des Willens
auf das Glied, flüchtige Salben, Sinapism., Vesicant.,
Urticat., Electricität, Galvanism., Magnetism.; Per-
kinism., Acupunctur, Moxa. Bei rheumatischen Lähmungen, überhaupt rheumatischen Neurosen wendet
man oft mit Erfolg den Electromagnetismus an. Wo
Lähmung der Gicht nachfolgt, dient Töplitz, Wiesbaden, Warmbrunn, Aachen, besonders Wildbad in
Württemberg. S. Gicht. Ist Metastase Schuld, Vesicantia, künstliche Geschwüre. In Folge des Blitz-
strahls, s. Scheintod Nr. 8. In Folge von Bleivergiftung, Sauerstoffgas. Gegen Rheumatismus paralyticus, Vesicantia an den Process. mastoid., innerl.
Camphor mit Opium, Pulv. Doweri. Besteht die
Krankheit schon lange, ist Moxa das Beste. Ol.
cajeput. gtt. x auf ein Stückchen Zucker auf die
Zunge gelegt, und alle 3 Stunden gtt. vjjj innerlich
in Melissenthee gegen hartnäckige Zungenlähmung
und die dadurch verloren gegangene Sprache. Aconit
bei Paralys. rheumat. und besonders jener Art Lähmung, in welcher die Zusammenziehung der Muskeln
nicht durch Mangel an Nervenkraft, sondern durch
Schmerz gehindert wird. Folia rhois toxicodendr.
3mal tägl. von gr. 1/4—jj oder das Extr. anfänglich
gr. β täglich bei Lähmung nach zurückgetretener
Transpiration. Tinct. rhois toxicodendr. Früh und
Abends von gtt. j nach und nach zu gtt. x steigend.
Gegen Paraplegie aus schwächenden Ursachen (Anämie, häufige Samenverluste) empfiehlt Trousseau:
Extr. rhois radic. ℥jβ; Succ. liquir. q. s. f. pilul.
Nr. XXV. D. Davon zuerst 1 Pille, und jeden Tag
um 1 gestiegen, bis der Kranke 16 Pillen pro die
nimmt. Bei Kindern nimmt man als erste Dosis etwa
5/6 Gran (5 Centigr.) und steigt bis auf gr. vjjj. Alkalien äusserlich gegen Lähmung nach Apoplexie.
Aether mercurialis. Extr. nuc. vomic. zu gr. jj, 2-
bis 6mal im Tage. Salzseebad. Moxa an beide Seiten des Rückgrats und in der Nähe des zweiten und
dritten Rückenwirbels gegen Lähmungen der untern
und obern Extremitäten. Starkes und oft wiederholtes Reiben und Bürsten. Sublimat; — Trester, —
thierische Bäder. Sublimatbäder gegen Lähmung der
Extremitäten, besonders in Folge von Rheumatismen
und Coxalgien. Die Kranken bleiben eine halbe St.
lang in einem Bade von 26—28° R., dem eine Auflösung von einer halben Unze Sublimat in ℔ j Wasser
zugemischt worden, und warten die hierauf erfolgende
vermehrte Hautausdünstung, welche nöthigenfalls
durch passende Getränke befördert wird, sorgfältig
im Bette ab, und wiederholen diese Bäder tägl. —
Glüheisen, Phosphor in Aether. sulphur. aufgelöst.
Strychnin endermatisch. Ekelkur, Drastica, Tinct.
colocynth. gtt. x—xv 3mal, und bis auf 60—70 gestiegen. Einreibungen von Liniment. volat., Ammon.
caust., Spirit. serpill., — Formicar. Nach vorheriger
Reinigung der ersten Wege durch Resolventia und
nachherige Purganzen beim Gastricismus der Kranken
gibt man Strychnin. ℞ Strychnini acet. gr. j; Solv.

exactissime in Aq. destill. q. s. adde succi liquirit.
ℨβ; Pulv. rad. liquir. q. s. f. pilul. Nr. 32. consperg.
p. cinnamom. S. 1—4 Pillen; zugleich lässt man
Ungt. tart. emet. einreiben, die Pusteln durch Ungt.
sabinae in ein Geschwür verwandeln und dasselbe
durch 6—10 Erbsen offen erhalten. Man kann das
Strychnin bis zu gr. jj steigend fortgebrauchen lassen,
dann setzt man, wenn die Verdauungsorgane ergriffen
werden, aus, und gibt 14 Tage lang Amara und Aromatica; dann beginnt man wieder mit dem Strychnin
und zwar mit den 2 Granen, womit man aufgehört
hat, und steigt bis zu gr. jjj, welche man mit Amaris
und Aq. cinnamomi, das man esslöffelweise nehmen
lässt, verbindet. — Arnica, Valerian., Essig mit
Bernsteinammon., warme Bäder mit Senf, Dampfbäder.
℞ Ol. olivar. ℨj; Phosphor. gr. vj; alle Morgen 1
Kaffeel. voll einzureiben. ℞ Ol. cajeput. ϶j; Liquor.
anod. H., Liq. c. c. succ. ana ℨj. S. 8stündl. gtt. 30.
℞ Merc. sublim. corros. gr. jj; Aether. sulphur. ℨjj;
3mal gtt. 10—30. ℞ Spirit. matricar., — serpill.,
formicar. ana ℨjj; Spirit. camphor. ℨj; Balsam. vit.
H., Liniment. volat. ana ℨβ; Ol. cajep. ℨj; S. Spiritus zum Waschen. ℞ Flor. arnic. ϶j; Ol. valerian.
aeth. gtt. j; Sacch. alb. ϶β; F. Pulv. 3stündlich ein
solches. ℞ Phosphor. gr. v; Ol. animal. Dipp. ℨjj;
Ol. papav. ℨβ. Zum Einreiben. ℞ Extr. nuc. vom.
spirit. ℨj. F. pilul. gr. j. S. 3mal 1 Pille, steigend
bis zu 2—3. Anästhesie der Hautnerven der Hände
und Vorderarme kommt bei Wäscherinnen durch
den Einfluss der Lauge öfters vor. Vermeidung der
Schädlichkeit und Einreibungen mit Unguent. nervin.
reichen zur Heilung hin. Hysterische Lähmungen treten entweder plötzlich auf oder entwickeln
sich langsam nach mehreren Paroxysmen. Ihre Dauer
und Intensität steht nicht im Verhältnisse mit der
Zeitdauer des allgemeinen Leidens. In den Extremitäten entwickelt sich diese Lähmung nie jählings;
die unwillkürlichen Muskeln gehen hingegen gemeinhin mit einem Male ihrer Function verlustig, so dass
wir Blindheit, Aphonie, Dysphagie, Ischürie plötzlich
auftreten sehen; letztere sind die häufigsten. Die
Lähmung hält entweder nur eine Stunde an, kann
aber auch in selteneren Fällen Monate und länger
als ein Jahr dauern. Wie allen hysterischen Affectionen ist auch diesen ein plötzliches Umschlagen in
den Contrast eigen. Es wechselt bei ihnen Anästhesie mit Hyperästhesie. Hysterische Lähmung der
Blase kann, wenn sie nicht schnell beseitigt wird,
wohl einen wirklichen paralytischen Zustand des
Detrusor urinae und lebensgefährliche Zufälle zur
Folge haben, durch enorme Ansammlung von Urin.
Entziehende Behandlung und äussere ableitende Mittel sind höchst nachtheilig und steigern das Uebel.
Hauptsächlich ist die Beschaffenheit des Sexualappa-
rates und der Blutmischung in Betracht zu ziehen; der Gebrauch des Mutterspiegels und die Anwendung der Eisenpräparate sind hier an der Stelle,
ebenso die Wasserkuren. Psychische Eindrücke sind
oft von grösserem Belange über das Arzneimittel,
insbesondere Einwirkung auf die Willenskraft.

Lähmung der Nervencentren bei Lebemännern. In der Praxis bilden eine Reihe krankhafter Zustände des Mannesalters diagnost. Schwierigkeiten, deren erstes Auftreten durch die Geringfügigkeit der Zufälle übersehen, wenigstens in ihrer
Dignität verkannt wird, endlich mit einem lähmungsartigen Zustande oder apoplectischen Anfalle endigen,
dann als etwas Unerhörtes bezeichnet, mehr den
ärztlichen Missgriff zur Schau tragen, als dem Leben
des Kranken unmittelbar Gefahr bringen. Es gibt
Constitutionen, die mit einer unverwüstlichen Energie
begabt, eine lange Zeit Alles ertragen und gewissermassen im Versuchen ihrer Kräfte eine Elasticität
erlangen, die ans Unglaubliche grenzt. Die Debauche
ist ihr Element, körperliche Anstrengungen ertragen
sie leicht und in ihren geistigen Arbeiten zeichnen
sie sich immer aus, sobald sie nur an die Arbeit
kommen und die Mühe sich nehmen, Aufmerksamkeit
darauf zu verwenden. Dem aufgeregten Geschlechts-
triebe wird volle Genüge geleistet; dies wirkt aber
vielleicht durch Missbrauch und häufigen Genuss
weniger nachtheilig auf das Nervensystem, als der
Besuch der lockeren Gesellschaft, des Theaters, des
hohen Spiels, der Orgien, wodurch die Sinneswerkzeuge in einem steten Taumel und die Nerven in
einer Aufregung erhalten werden, welche der Beschreibung nach im Anfange ungekannte Genüsse
bietet, mit der Zeit aber in einen Zustand versetzt,
der, an und für sich unbeschreibbar, ein Rausch des
Wahnsinns genannt werden kann. Im Essen und
Trinken wird eben so wenig Maass und Ziel zu halten,
für nothwendig erachtet, um der Verschwendung der
Säfte einen möglichen Ersatz zu bieten. Wie auf
der einen Seite die ausgesucht luxuriöse Lebensweise
die Verdauungskräfte in Anspruch nimmt und untergräbt, so ist es die stäte Aufregung der Nerven des
Gehirns und Rückenmarks, welche unausbleibliche
zerstörende Folgen herbeiführt. Dabei ist jedoch
nur eines auffallend, dass nämlich die nachtheilige
Rückwirkung auf die Gesundheit nicht nach und nach
erfolgt, sondern sich auf eine lange Zeit, Jahre hindurch, ein ganz leidlicher Zustand erhält. Die einzigen Beschwerden dieser trügerischen Gesundheit
treffen die Verdauungswerkzeuge. Die Ausleerungen
fangen an sehr unregelmässig zu werden, bleiben
manchen Tag ganz aus oder treten im Verlaufe des
Tages zu einer Zeit ein, wo sie höchst ungelegen
kommen. Diesem Umstand wird durch Lavements zu
begegnen gesucht, und besonders haben kalte Wasserklystiere Ruf erlangt, da sie dem lästigen Drängen
nach dem Stuhlgange begegnen. Dabei ist der Appetit
vortrefflich, man sucht aber durch noch ausgesuch-
tere Speisen, noch sorgfältigere Wahl des Weines
der sogen. schwachen Verdauung zu helfen. — Als
etwas Abnormes bei gutem Appetit muss dies Bedürfniss nach kräftigen Nahrungsmitteln schon auf-
fallen, noch mehr aber die hervortretende Neigung
oder das Bedürfniss, zum Frühstück scharf gesalzenen Speisen den Vorzug zu geben. Im höhern Grade
und im Fortschreiten des Zustandes verbindet sich

mit den erwähnten Beschwerden ein Druck in der Herzgrube, der bei leerem Magen heftiger, drückender ist und nach reichlicher Mahlzeit und einigen Gläsern Wein ganz verschwindet. — Diese Verdauungsbeschwerden verdienen von Seiten des Arztes die grösste Aufmerksamkeit bei bekannten Lebemännern, sie sind in verschiedenen Abstufungen die fast einzigen Vorläufer entscheidender Anfälle. Sie unterscheiden sich von gastrischen Störungen durch Mangel an Säure, Zungenbelegen, Aufstossen und Erbrechen. Die Kranken fühlen keine Magenschmerzen und Spannung oder Druck in den Seiten, als wenn ein Reif um den Leib läge, wie bei Spinal-Irritation, noch sind nach dem Essen Congestionen zum Kopf und andere Symptome vorhanden, wie man wohl bei Hämorrhoidalzuständen sieht und womit am häufigsten diese Erscheinungen bezeichnet werden, ohne dass andere Zeichen vorhanden wären, welche eine Plethora abdominalis oder gesteigerte Venosität beurkundeten. Die Hautfarbe ist dabei in der Regel sehr bleich, durchsichtig, die Augen haben einen eigenthümlichen Glanz, in Gang, Gebärden und Sprache ist eine grosse Unruhe bemerkbar, welche übrigens die Lebensweise natürlich mit sich führt, Ein geringfügiger Zufall führt endlich eine Art Schlaganfall herbei, der nicht tödtet, aber auf Geist und Körper den Stempel des Verlebtseins drückt. Der geistreiche Weltmann und liebenswürdige Gesellschafter wird zum albernen Schwätzer, der kaum noch fähig ist, seinen Angelegenheiten vorzustehen. Lähmungsartige Zustände bleiben zurück und unter Umständen treten Spuren früherer syphilitischer Leiden wieder ein, tertiäre Formen und Syphiliden. — Gicht mit heftigen Gliederschmerzen, vor Allem aber Verdauungsschwäche im höchsten Grade. —

Rückenmarkszehrung ist in der Folge allerdings fast immer das hervortretende Leiden, da selbst die apoplectischen Anfälle mehr von jenem Nervencentrum auszugehen scheinen, als von dem Gehirne, und noch mehr dürfte anzunehmen sein, die Lähmung gehe von den Ganglien aus, da durchaus jene Symptome der Spinal-Irritation abgehen und mehr das Ergriffensein der Unterleibsnerven in den Verdauungsstörungen sich kund gibt und mit der Zeit erst auf das Rückenmark Einfluss gewinnt.

Diese Unterscheidung ist bei der Behandlung allerdings von Wichtigkeit, wenn auch selten im Beginne des Leidens zur Zeit, wo nur Störungen der Verdauungswege vorwalten, Hülfe gesucht wird, sondern erst mit dem Auftreten der lähmungsartigen Zustände, zu der Zeit, wo bereits das Rückenmark in Mitleidenschaft gezogen wird, der Arzt helfen soll; so ist in den Fällen, welche der Beobachtung vorliegen, niemals Rücksicht darauf genommen worden, und noch weniger auf den Stand der Ernährung oder der Säftemasse überhaupt. — Bei der angeführten Lebensweise u. den fortgesetzten Beeinträchtigungen des Verdauungsaktes ist es wohl nicht gedenkbar anders möglich, als dass die Blutmasse eine krankhafte Umänderung erfahre, eine Beschaffenheit, welche

bei der bedeutenden Consumtion des Nervenprincips
den Ernährungsprocess bedeutend beeinträchtigt, Abmagerung zur Folge hat und ein äusseres Ansehen
gibt, wie oben angegeben wurde. Die geminderte
Arteriellität aber hat bei dem fortwährenden Reize
auf die Nervenausstrahlungen des Rückenmarkes eine
weitere Folge, die, je länger je bedeutender wird,
Blutanhäufungen in den Häuten des Rückenmarkes
bedingt, als passive Congestionen, Stasen auftreten
und als Spinal-Plethora bekannt sind. Diese Stasen
können am längsten ohne Ausgleichung bestehen
und bringen keine absoluten Nachtheile, so lange
keine örtlichen Destructionen des Markes oder der
Häute bestehen und so lange eine ausgesucht gute,
reizende Diät die Stelle der natürlichen Innervation·
gleichsam übernimmt, bis endlich ein drittes Moment
eine Réaction herbeiführt, welche bei dem zerfallen-
den· Ernährungsprocesse fast ohne Uebergang in Erweichung der Marksubstanz endigt.

Gewöhnlich waren es geringfügige rheumatische
Störungen, welche ganz andere, als die gewöhnlichen Erscheinungen herbeigeführt, aber als Causa
proxima hervorgehoben, eine in diesem Falle sehr
unglückliche Behandlung erfahren. Der Uebergang
von scheinbarem Wohlbefinden zur Lähmung ist so
schnell, dass ärztliches Einschreiten unmöglich wird
und er mit Nervenschlag bezeichnet werden muss. —
Erst die Folgen dieser Zufälle werden Gegenstand
des ärztlichen Behandelns und diese Periode ist die,
welche wir hier untersuchen wollen. Der Hergang
ist dann etwa folgender.

Der Kranke war am Abend besonders munter
und aufgelegt, reichlich war dem Bacchus geopfert
und Frau Venus nicht vergessen worden; auf dem
Heimwege waren die Füsse im Schnee nass und kalt
geworden, der Portier hatte am Thore warten lassen,
oder ein eisiger Wind hatte den von Wein und Liebe
aufgeregten Mann im Wagen getroffen; — er erwacht
am Morgen mit schweren, unklaren Gedanken, die
Beine sind wie gelähmt, zittern; — nun wird der
Arzt gerufen, der findet nichts, positives Fieber ist
nicht da, es wird aber noch kommen; — starke Erkältung, Diätfehler, Bettarrest und eine Mixtur zum
Schwitzen; aber 24 Stunden später heisst es: den
hat gestern Abend ein Nervenschlag ereilt! und das
ist dann sehr sonderbar, da er einer ganz leichten
Erkältung wegen das Bett gehütet. Erst später
erinnert man sich, dass der Kranke schon längere
Zeit schlecht ausgesehen und sehr abgenommen habe,
immer über schlechten Magen geklagt und oft sehr
aufgeregt gewesen; der Arzt erfährt dies am aller-
letzten; inzwischen hat die Lähmung Riesenschritte
gemacht und die Zeit ist mit nutzlosen Versuchen
verloren gegangen. Es fragt sich aber, ob solche
Anfälle eine andere Wendung nehmen würden mit
bekannter und gewürdigter Causa remota; das lange,
drohende Gewitter hat sich durch einen Schlag entladen, der nicht aufzuhalten oder abzulenken war.

Es geht indess nicht immer so; ein anderer Verlauf dieses Ganglien-Leidens ist, wo Verdauungsbe-

schwerden so entschieden stark auftreten, dass die-
serhalb die Lebensweise sich von selbst aufgibt. Die
Kranken leiden immer an Magenschwäche, Migräne,
ziehenden flüchtigen Schmerzen iu den Gliedern.
sehen alt, schwächlich und elend aus, und sind
Hypochonder der schlimmsten Art. — Die Zunge ist
weiss belegt, weich und breit, die Magengegend eingezogen, bei vollem und leerem Magen ein Weh in
dem Magen, das die ganze Aufmerksamkeit des
Kranken fesselt; oft ist es ein Gefühl von Kälte,
was ihn in der Herzgrube plagt, und die Speisen,
welche er heute essen konnte, muss er morgen wegbrechen; der Stuhlgang ist hartnäckig verstopft, die
stärksten Mittel werden vergeblich zu Rathe gezogen,
endlich erfolgt der Abgang ganz natürlich gesund aus-
sehender Materien. Lavements werden sogleich ausgestossen, da überhaupt die Schleimhaut des ganzen
Darmkanals gegen Reize sehr empfindlich ist. Die
einzuschlagende Behandlung würde aber nach dem
Stande der Verdauungskräfte jedenfalls eine instau-
rirende sein müssen, gänzlich die flüchtigen erhitzenden Mittel ausschliessend, da diese bei der mangelnden Nervenkraft (gesunkener Innervation) einen Reizzustand der Central-Nervengebilde zur Folge haben,
welche den Zustand verschlimmern müssen. Es handelt sich nämlich nicht um eine flüchtige Erregung
und Belebung der Nerventhätigkeit, deren man sich
bei acuten Zuständen, typhösem Fieber und ähnlichem
mit Vortheil bedienen kann, um kritische Entschei-
dungen herbeizuführen, diese fallen in diesen Zuständen ganz weg, jeder heftige Reiz, jede stärkere
Aufregung endet mit einer Verschlimmerung der Zufälle. Am ungünstigsten aber haben sich in allen
uns bekannten Fällen jene Methoden erwiesen, welche
auf eine unbegreifliche Weise zu Ruf und Ansehen
gekommen sind, nämlich Srychnin, der Phosphor,
die Electricität, der Magnet-Galvanismus. Ebenso
wenig die Lähmungs-Erscheinungen Folgen eines
entzündlichen Zustandes sind, welcher die Rücken-
markshäute oder Substanz ergriffen hat, ebenso
wenig sind es metastatische Reize oder Ablagerungen, und die entstandene angeführte Plethora spinalis ist nur Folge des Aufhörens der organischen
Thätigkeit. — Der Zustand überhaupt lässt nur so
lange Hoffnung einer Besserung, als die Erscheinungen, welche das Mitleiden des Rückenmarkes folgen
lassen, nicht das Uebergewicht erlangt haben. Dieser
Zeitpunkt ist aber nur dann noch vorhanden, wenn
die scheinbar geringfügigen Verdauungsbeschwerden
und Störungen das Ganglienleiden errathen lassen,
und es der ganzen Aufmerksamkeit bedarf, die Wichtigkeit dieser Beschwerden hervorzuheben und geltend
zu machen.

Wir glauben ein genügendes und gründliches
Heilverfahren zur Beseitigung dieser drohenden Zustände in der Anwendung der salinischen eisenhaltigen Säuerlinge zu finden, oder dem ausschliessen-
den Gebrauche der Stahlquellen im engeren Sinne
das Wort reden zu müssen.

Die alterirende Restauration der lebendigen Säftemasse diéser Mineralquellen ist bekannt, ebenso der wichtige Einfluss auf die Blutcrase, beides unserer Ansicht nach das wichtigste Moment. Viel trägt die Einwirkung der Kohlensäure auf das Ganglienleben bei, — ohne Reiz, — Erhebung, ohne Congestion Bethätigung des Gefässlebens erweckend, mit sich das Princip der höhern Pontenziruug des neugebildeten Blutes führend, das Eisen, ohne welches die Sauerstoff-Aufnahme in die Blutmasse nicht vollkommen erfolgen kann. Die Wirkung auf die Darmentleerungen rechnen wir nicht höher an, obschon bei der Kur sie Vieles zur schnelleren Erhebung des Genesungsprocesses beitragen. — Um desswillen mögen die Chlorsalzverbindungen vor den Stahlbrunnen den Vorzug verdienen, als die Verdauungswerkzeuge die ursprünglich ergriffene Parthie jedenfalls die Hauptbeachtung in Anspruch nimmt.

Je richtiger ein Heilmittel gewählt ist, je besser wird es vertragen, je weniger Nebenerscheinungen hat es zur Folge und um so schneller stellt es den Gesundheitszustand wieder her.

Solche Erfolge sieht man nur an Brunnenerten und erklärt leicht die Ueberschätzung solcher Methoden, auf der andern Seite das Bemühen, andere als die gemeinhin wirkenden Kräfte ins Bereich der Erklärung zu ziehen.

Laryngitis. S. Kehlentzündung.

Laryngo- et Tracheo-phthisis. S. Halsschwindsucht.

Laryngo-Spasmus, Laryngismus stridulus, Pseudocroup, Spasmus Glottidis, Laryngitis stridulosa, Angina stridulosa, Stimmritzenkrampf, denn die Kinder schlagen dabei oft die Daumen ein und haben noch andere Krampferscheinungen. Der reine genuine Krampf der Stimmritzenbänder ist eine der seltensten Erscheinungen. Als consecutiv deuteropathische Erscheinung kommt er sehr oft bei dem Croup, dem Oedema glottidis vor; die häufigste Veranlassung aber ist Darmreizung durch unvernünftige Ernährung der Kinder und unreine Luft. Die Stuhlgänge sind gewöhnlich blass oder entfärbt. Die Disposition zu dieser Affection gibt eine besondere Erregbarkeit des Cerebro-spinal-Systems, und die Zahnperiode ist jener Moment, welcher diese Bedingungen am gewöhnlichsten hervorruft. Die periodischen Steckanfälle, wodurch sich dies Uebel charakterisirt, sind ohne Zweifel unter die weite Categorie des Asthma subsumirt worden. Dennoch findet auch in der äusseren Erscheinung ein wesentlicher Unterschied zwischen Laryngo-Spasmus u. Lungen-Asthma statt, wie auch von den älteren Autoren angedeutet worden ist, wenn sie bei den Symptomen des Hysterismus zwischen Strangulatio hysterica und Dyspnoea hysterica distinguiren. Die Symptome, die aus der Functionsstörung der Stimmritze hervorgehen, die so scharf hervortreten und so viel Aehnlichkeit mit den Steckanfällen des Croup haben, der ganz veränderte Ton der Stimme, oder die völlige Stimmlosigkeit, die metallisch-pfeifende Inspiration, die gestreckte Lage auf dem Rücken mit zurückgeboge-

nem Kopfe, die der Asthmatische nie erträgt, und
der eigenthümliche Ton des Hustens charakterisiren
den Laryngo-Spasmus hinlänglich und lassen ihn auf
den ersten Blick von Lungen-Asthma unterscheiden.
In solchen Steckanfällen, bei welchen man das Spastische an allen Muskelbewegungen erkennt, nützen
keine Venaesectionen, sondern heisse Cataplasmata
über den Hals gelegt, warme eingehauchte Dämpfe.
Blutentziehungen sind in der einfachen Form durchaus zu vermeiden, auf leichte Purganzen (Rheum
mit Calomel nebst Ricinusöl) und antispasmodische
Mittel ist Vertrauen zu setzen. Veränderung der
Luft ersetzt oft alle Arzneimittel; man bringe die
Kinder wenigstens immer ins Freie, oder schicke sie
aufs Land. Die Krankheit befällt meistens Kinder
von 5 — 12, höchstens 15 Monaten. Ist das Zahnfleisch sehr entzündet, so soll es scarificirt werden
alle 2—3 Tage. Abends werde das Kind mit einem
in kaltes Wasser getauchten Schwamme über den
ganzen Körper abgewaschen. Wenn die Kinder durch
Schmerzen zum Brechen gereizt werden, so wiederholen sich öfters die Krampfanfälle der Stimmritze,
ja sie können dabei plötzlich sterben. Dieser falsche
Croup, wie der Laryngismus stridulus auch genannt
wird, befällt gerne scrophulöse Kinder während der
Dentitionsperiode und wiederholt sich gerne. Diese
Anfälle des keuchenden Athmens treten oft unmittelbar ein, wenn die Kinder aus dem Schlafe erwachen; Wetter und Winde haben ebenfalls Einfluss
auf die Wiederholung der Anfälle. Ein warmes Bad
thut hier im Allgemeinen immer gut; ebenso von
Zeit zu Zeit ein Emeticum. Man darf bei dieser
Krankheit nicht zu eingreifend verfahren, sondern
der Natur etwas überlassen, und nicht immer glauben, eine heftige Entzündung oder Pseudomembranen
vor sich zu haben. Bei wahrem Croup ertragen die
Kinder grosse Gaben Calomel sehr gut, in dieser
falschen Varietät aber sind solche wiederholte kleine
Gaben Calomel von Nutzen.

Läusesucht, Phthiriasis. — Man beobachtete
durch den inneren Gebrauch des Dct. Chinae mit
Acid. sulphur. dilut., und Spirit. sulphur. aeth.,
nebst Wein und einer stärkenden Diät, Waschungen
Morgens und Abends mit Semen Sabadill. $\tilde{3}\beta$ auf
$\tilde{3}$xij dect. Heilung; ferner hat man angerathen den
ausgepressten Saft der Pinguicul. vulgar., Camphor
in grossen Dosen; am Meisten wirkt Sublimat innerlich, nebst Infus. Sambuc. R Merc. sublimat. cor-
ros. gr. jjj; Aq. destill. $\tilde{3}$xij; Syrup. simpl. $\tilde{3}$ij; alle
2 Stund 1 Essl. R Merc. sublim. corros. gr. xvj;
Aq. destill. $\tilde{3}$vjjj. S. Den ganzen Körper damit zu
waschen öfters, mehrere Wochen lang fortgesetzt.

Leber-Cyrrhose (Muscatnuss-Leber). Man beobachtet zuweilen Ueberfülle der Pfortadergefässchen
mit Blutleere der Venen der Leber, wodurch eine
mehr verbreitete Röthe des Organs entsteht, und
durch Zusammendrücken des inneren weissen Theils
der Läppchen auf dem Durchschnitte das Aussehen
einer durchschnittenen Muskatnuss entsteht. Diese
Umstimmung der Pfortaderhaargefässe rührt her ent-

weder von einer Verstopfung und Ueberfüllung in der
Pfortader, oder von einer Verstopfung in den Läppchen selbst. Diese Hyperämie wird oft so bedeutend,
dass die Central- oder Lebervene gar nicht mehr mit
blossem Auge oder nur als ein Punkt wahrgenommen
wird. Wird dieser Zustand der Pfortaderhaargefässe
chronisch, so gibt er Veranlassung zu organischer
Veränderung, indem in den Zwischenräumen Lymphe
ausschwitzt und die früher elastischen Läppchen
verdichtet werden, und so entsteht die Muskatnuss-
Leber. Die Cirrhose kommt also durch theilweise
Unwegsamkeit der feinsten Pfortaderverzweigungen
zu Stande, mag nun diese durch Entzündung und
Obliteration oder Erweiterung der Gallengefässver-
zweigungen und Stockungen der Galle herbeigeführt
werden. Die Cirrhose stellt immer ein Folgeleiden
dar und kommt am häufigsten vor bei Säufern und
bei Herzkrankheiten. Die Erscheinungen im Leben
sprechen sich um so deutlicher aus, je weiter das
Schrumpfen der Leber gediehen ist. Zuweilen lässt
aber auch keine einzige Erscheinung im Leben die
Veränderung vermuthen, welche in der Leiche gefunden wird.

Die Fettleber wird meistens unter derselben
Rubrik wie Muskatleber betrachtet u. als eine Krankheit zusammengeworfen; letztere sei nur ein geringerer Grad der Fettleber. Andere stellen die Fettleber, d. h. Fettentartung der Leber, als eigene Form
auf unter dem Namen Margarosis; meistens bei
Trunkenbolden vorkommend. Die Absonderung der
Galle vermindert sich nach und nach und wird durch
das abgelagerte Fett ersetzt. Im Leben ist diese
krankhafte Veränderung der Leber nicht leicht zu
erkennen. In der Regel hat die Fettleber eine hel-
lere, gelbliche Farbe und ist vergrössert. Bei solchen Kranken ist Regulirung des diätetischen Ver-
haltens Hauptsache. Die Kost muss beschränkt und
ihnen solche Stoffe geboten werden, die wenig Fett
enthalten und nicht leicht in Fett umgesetzt werden
können: also Gemüse, Obst, mageres Fleisch, geistige Getränke, zu langes Schlafen, alle Fette, auch
alle stärkemehl- und zuckerhaltigen Substanzen, die
nach Liebig im Organismus in Fett umgewandelt
werden, müssen verboten, körperliche Bewegung, Beschäftigung des Geistes angerathen werden. Thera-
peutisch passen Alkalien, alkalische Mineralwasser,
Mittel- und Neutralsalze, Seife, Extr. Tarax., Fumariae, Graviani etc. Karlsbad, Kissingen, Marienbader
Kreuzbrunnen, Kräuter- und Obstkuren.

Leber-Eiterung. Die Leber-Eiterung ist entweder ursprünglich und Ausgang einer umschriebenen Leber-Entzündung, oder Folgeleiden als Erscheinung von Eiter-Aufsaugung. Ursprüngliche
Leber-Eiterung entsteht entweder in Folge einer
Quetschung der Lebergegend durch Fall, Stoss
u. dergl. und hat dann einen ziemlich raschen Verlauf, oder sie bildet sich aus einer nicht deutlich
nachweisbaren Ursache und nimmt dann einen langsamen, mehrere Monate sich hinziehenden Verlauf.
Zu diesen Ursachen gehört theilweise Unwegsamkeit

der Gallengefässe durch Steine. — Leber - Abscesse
nach Kopfverletzungen sind eine bekannte Erscheinung. — Allgemeine Blutentziehungen sind bei Leber-
Eiterungen nur selten anzuwenden, häufiger örtliche.
Der Brechweinstein wirkt vielleicht durch Zusam-
mendrückung der Leber bei der Brechanstrengung;
bei geschwächten Menschen ist er aber nur mit Vorsicht anzuwenden. Abführmittel, namentlich Calomel
sind dagegen im Gebrauche, ebenso Mercurialeinreibungen; Moxa. Eröffnung des Abscesses mit dem Messer.

Leber-Entzündung. Hepatitis.

Symptome. Schmerz und Auftreibung im rechten
Hypochondr., beim Drucke sich vermehrend; ist der
linke Lappen entzündet, dann Auftreiben im Scrobiculo cordis, vorzüglich nach dem Genusse von
Speisen; manchmal Stechen bis zur Clavicula, Scapula, den Oberarmen. Es gehen nämlich directe
Zweige des Phrenicus in den serösen Ueberzug der
Leber und deren Substanz selber ein. Der Phrenicus
aber empfängt stets seine Hauptwurzel aus dem 4ten
Cervicalnerven und dieser Halsnerve ist es, aus welchem zugleich die Hauptzweige zur Schulter und zur
äusseren Schlüsselbeingegend abgehen, auf welche
also die Reizzustände in der peripherischen Ausbreitung der sensitiven Phrenicusfasern übertragen
werden. Oefters icterische Erscheinungen, Mangel
an Esslust, bitterer Geschmack, Brechneigung und
Erbrechen, Stuhlverstopfung; kommen Fäces, so sind
sie verbrannt, graulich. Harn dunkelroth, bräunlich,
Stirnschmerz, Fieber mit manchmal intermitt. Typus.
Bei der chron. Form Gefühl von Druck in der Magengegend nach dem Genuss von Speisen, Leberfärbung
im Gesichte, Icterus. Die Leber-Entzündung wenigstens in niederen Graden kommt wahrscheinlich häufiger vor, als man glaubt; oft, so lange der Ueberzug
nicht leidet, ist gar kein Schmerz vorhanden, und
die Zufälle erscheinen dann nur als gastrischer galligter Zustand, bei genauer Untersuchung der Leber
aber findet sich Anschwellung derselben und Schmerz
beim Druck. Leber - Entzündungen kommen nicht
selten auch epidemisch vor. In der Regel ist die
Entzündung des Lebergewebes eine umschriebene.
Calomel soll nicht sogleich, sondern erst mit dem Nachlassen der Entzündung angewendet werden. Häufiger
als die Entzündung des ganzen Gewebes der Leber
ist in unserem Klima die Entzündung des serösen Ueberzugs der Leber (Peritonitis hepatica).
In der Regel gesellen sich auch zu dieser Entzündung der Leberhülse galligte Erscheinungen mit Anschwellung der Leber von gleichzeitiger Theilnahme
der Leber an der Entzündung. Oefters ist auch entzündliche Reizung des Lungen- u. Rippenfells zugegen.

Die Neuralgia plexus hepatici unterscheidet sich von entzündlichen Leberleiden dadurch,
dass sie durch antiphlogistische Behandlung nicht erleichtert, dagegen durch Narcotica bisweilen schnell
gehoben wird. Uebrigens muss man sich in Acht
nehmen, Fälle von chronischer Leber - Entzündung
und Leber-Anschoppung, die ebenfalls oft mit periodisch auftretenden heftigen Schmerzen in der Leber-

gegend verbunden sind, mit Neuralgie zu verwechseln, und mit Tinct. Opii u. s. w. zu behandeln. Die Colica gastrica et physconia hepatis wird oft durch Marienbader Kreuzbrunnen u. dergl. gehoben, nachdem Narcotica vergeblich und mit Verschlimmerung des Leidens gegeben worden.

Diagnose. Von Intermitt., die sich mit Hepatit. complicirt, dadurch, dass das Fieber hier mit dem Leberleiden zugleich auftritt und verschwindet, während dort Intermitt. schon früher bestand, oder erst später hinzutritt, und noch fortdauern kann, wenn Hepat. schon längst erloschen. Von Icterus durch die geringen icterischen Erscheinungen, dagegen das Hervortreten des Schmerzes und Abwesenheit der grossen Abgeschlagenheit und Mattigkeit.

Therapie. V.S. nur bei heftigem Grads, dagegen 30 — 40 Blutegel, Ungt. Merc. ℥jj — jjj tägl. mit Ol. Hyosc. u. Ungt. Alth., Fomentat. von Spec. emollient. und narcot., erweichende Bäder. Innerlich bei heftigem Erbrechen und copiösen Ausleerungen, Emulsionen mit Aqua Laurocer. oder Potio Riveri mit Syrup. oplat., oder Extr. Opii aq. Ist saures Erbrechen vorhanden, gehackten Eiern ähnliche Durchfälle, Absorbentia, Liquor Kali carb. Bei Stuhlverstopfung Calomel gr. jjj—jv, alle 1—2 St., bis grasgrüne ätzende Stühle kommen, dann Dect. Tamarind., Ol. Ricin., Sal. Seign. Verlieren die Stühle ihren Geruch und ihre Farbe, müssen sie durch schleimige Mittel beschränkt werden. — Antiphlogistische Diät, vegetabilische Kost, gekochte Apfel, Pflaumen, Weinsteinwasser, Limonade. Zur Hautkrise Pulv. Doweri mit Essigammon. In der Reconvalescenz Extr. Sapon., Gramin., Tarax., Cichor., Tart. tartar. Bei der chron. Form blos Blutegel, Einreibungen, Fomentationen mit Spec. emollient. und Cicuta, Hyosc.; Tarax., Tart. tart. Weinsteinmolken und Wasser, Fussbäder mit Aq. regia, Kissingen, Karlsbad, Marienbad; bei sauren Durchfällen Magnes. ust., Lapid. cancror., Tinct. Mart. salit. Fussbäder, S. bei Bäder. — Autenrieth. Salbe eingerieben. — Herb. Cicut. ℥β —j mit ℔ j aq. fervid. infund. zu Fomentationen.

Leber-Erweichung.

Symptome. Eigenthümliches Colorit des Gesichtes, scharlachrothe Wangen mit gelben Grenzen; Haut glänzend, rechtes Hypochondr. aufgetrieben, flüchtige, nicht constante Schmerzen daselbst, Leber vergrössert, weich sich anfühlend und schmerzhaft; Durchfälle 3—4 in 24 Stunden, gehackten Eiern ähnlich. Oft ist Herzerweiterung zugegen, manchmal Congestionen nach dem Gesichte, der Brust. Therapie im Allgemeinen wie bei chron. Hepatitis.

Leber-Flecken. S. Sommersprossen.

Leber-Hyperämie.
Die Hyperämie der Leber, Blutüberfüllung derselben ist entweder eine active, in Folge von Verwundung, heftiger Gemüthsbewegung, Verkühlung, unvollkommener Sauerung und Entkohlung des Blutes in der heissen Jahreszeit u. s. w., oder eine passive von träger Bewegung des Pfortaderblutes bei Mangel an Bewegung,

Stuhlverstopfung, Hemmung des Blutlaufes im Herzen oder in den Lungen, wodurch rückwärts der Blutlauf in der unteren Hohlader und den Lebervenen aufgehalten wird. Die Erscheinungen im Leben sind: 1) Anliegen der Leber an der Bauch- und Rippenwand in einem grösseren Umfange und daher dumpfer Ton beim Anklopfen, der sich oft weit aufwärts an der Brustwand und 2—4 Querfinger breit nach abwärts vom Rippenrande, ja selbst bis zum Nabel erstreckt. Es ist merkwürdig, wie die Leber durch Blutfülle, selbst wenn sie nur durch vorübergehende Einflüsse bedingt ist, oft in 48 Stunden um die Hälfte ihres Umfangs anschwillt und ebenso schnell wieder abfällt. 2) Gesteigerte Empfindlichkeit der Leber gegen Druck bei activer Blutfülle und ein Gefühl von Völle und Schwere in derselben. Bei passiver Hyperämie fehlt meistens der Schmerz beim Druck. 3) Vermehrung der Gallenabsonderung, auch weniger auffallend bei passiver Congestion, daher bei Herzkrankheiten und grossen pleuritischen Exsudaten auch ganz fehlend. 4) Bei activer Blutüberfüllung entwickelt sich Gelbsucht in verschiedenen Graden.

Leber-Krankheiten. Von Wichtigkeit ist es, sich zu erinnern, dass sehr häufig Herzleiden in Folge von Leberkrankheiten auftreten. Man findet wenig Leberkranke, bei denen nicht zeitweise mehr oder weniger stürmische Herzzufälle hervortreten, viele, bei denen die Herzthätigkeit mehr oder weniger bleibend verändert erscheint. Die Erscheinungen lassen sich grösstentheils auf Störungen der Blutströmung zum und vom rechten Herzen zurückführen, und werden theils unmittelbar durch Ueberfüllung der Lebervenen und der unteren Hohlader bedingt, theils durch Rückwirkung von den Lebergeflechten durch das Rückenmark und die Ganglien des sympathischen Nerven auf die Herzgeflechte und wohl auch durch Schwäche und Krampfsucht des Nervensystems überhaupt, welche aus der der Leberkrankheit zu Grunde liegenden Blutentmischung hervorgeht.

Eine der häufigsten Rückwirkungs-Erscheinungen auf das Herz bei Leberkranken sind Störungen der Regelmässigkeit der Herzthätigkeit, Herzklopfen, Stocken und Aussetzen des Herzschlages und damit zusammenhängende Abweichungen des Pulses. Mit der erhöhten Stärke und Häufigkeit des Herzschlages ist aber auch nicht selten eine grössere Verbreitung desselben verbunden, ohne dass noch eine organische Veränderung vorhanden ist. Der Puls ist in der Regel, wie bei Unterleibsleiden überhaupt, voll, dabei zugleich träge und öfters ungleich.

Mit den Mitleidenschafts-Erscheinungen des Herzens sind ferner sehr häufig auch Störungen des Athemholens verbunden: Beklemmung, Gefühl von Erstickung, womit immer eine gewisse Angst oder eine hypochondrische Aengstlichkeit vorhanden ist. Aus der einfachen Störung der Herzthätigkeit durch Mitleidenschaft entstehen endlich auch wirkliche Verbildungen, namentlich Erweiterung und Entartung der Herzwandungen. Die Grundlage der Behandlung in solchen Fällen ist strenge Diät, Enthaltung von allen

hitzigen Getränken, dann sogen. auflösende und abführende, namentlich die Gallenabsonderung befördernde Mittel, besonders ist Coliquinthe gerühmt.

Leberleiden machen, wie auch solche der Milz,
consensuellen. Husten, blutigen Auswurf und Asthma.

Der Harn hat bei Leberkrankheiten oft einen
dicken, gelbröthlichen Bodensatz. Bitterer Mund
Aufstossen, Vollheit in den Präcordien sind gewöhnliche Zeichen, dass die Leber krank sei, dass krankhaft veränderte Galle zu reichlich und selbige abgesondert, und in den Zwölffingerdarm und weiter in
den Magen entleert werde. In gewöhnlichen Fällen
hilft die ausleerende oder neutralisirende Heilart. —
Mit den Schmerzen in den Fersen, das kein gutes
Zeichen ist, sind Menschen behaftet, die Verstopfungen in Leber, Milz u. im Pfortadersystem haben, oder
solche, die heimlich Gallen- oder Nierensteine bergen.

Leberleiden unterscheiden sich von
Lungenkrankheiten, insbesondere Entzündungen der Leber von Lungenentzündungen dadurch,
dass bei Leberentzündung sich der Schmerz immer
bis in den Rücken erstreckt, und sich bei jeder Bewegung steigert, namentlich bei dem Aufrichten,
indem dabei die Bauchmuskeln angespannt werden,
wodurch die Leber gedrückt wird. Die Schmerzen
bei der Leberentzündung sind heftiger als bei der
Lungenentzündung, indem die Leber durch die Entzündung immer ausgedehnt und der seröse Ueberzug
gespannt wird. Endlich wird der Leberschmerz durch
das Gehen und durch jedes Auftreten vermehrt.

Bei chronischen Leberleiden hat man auch zuweilen eine mehr oder minder vollkommene Lähmung
des rechten Oberarms oder auch beider beobachtet.
Diese Lähmungen entstehen entweder durch den
Druck der kranken Leber auf die Verbindungsnerven,
welche das Rückenmark zu den Bauchganglien sen-
det, oder durch Blutanhäufung im Rückenmark in
Folge der gestörten Circulation im Unterleibe. —
Auch Pruritus über den ganzen Körper hat man bei
mehreren chronischen Leberkrankheiten ohne Icterus
beobachtet. In solchen Fällen wird der Rad. Belladonnae zu gr. $^1/_3$ allmählig bis zu $^1/_2$–1 Gr. steigend
mit Pulv. rhei verbunden 3mal täglich gerühmt; am
wirksamsten aber sind Brunnenkuren.

Unter den primitiven Krankeiten der Leber und
von den Degenerationen verschiedener Art, welche
in dem Leberorgane entstehen, sind die hauptsäch-
lichsten folgende: die Hyperämie, Entzündungen,
Neuralgien, Pfortaderentzündungen, Eiterungen der
Leber, Cirrhose, Fett-, Speckleber, Hypertrophie der
Leber, Erweichung derselben, die gelbe Atrophie,
Markschwamm und Krebs, Hydatiden und andere
Geschwülste der Leber, Krankheiten der Gallenblase
u. Gallenausführungsgänge und Gallensteinbildungen.

Der Icterus, die Gelbsucht, ist eines der
häufigsten Symptome von Leberkrankheiten im Allgemeinen, und namentlich acut auftretender, von
Hyperämie der Leber, oder Leberentzündung, Hepatitis, während der chronisch verlaufende Icterus
die verschiedensten Desorganisationen der Leber-

region, der Leber selber oder der Gallenblase, als
des Gallenausführungskanals manifestirt. Man hat
meist den Icterus acutus einer ganz speciellen Beschreibung gewürdigt: Es zeigt sich im ganzen
Gesichte etwas Gelbliches; dies erstreckt sich bis auf
das Weisse im Auge, was charakteristisch ist. Urin
ist gelb, färbt ein eingetauchtes weisses Papierchen,
fliesst sparsam, Stuhlgang fehlt oder ist wenigstens
nicht gelb, sondern weiss; bitterer Geschmack im
Munde, Zunge gelb belegt, Mangel an Appetit, Druck
im Leibe nach dem Essen, Jucken auf der Haut,
Müdigkeit, viel Schlaf, oft aber auch Schlaflosigkeit,
Aufgetriebenheit im Hypochondrio dextro. Dauert
sie lange, so schwellen die Füsse an, es kommt zu
Colliquationen, Auszehrungen. Das Wesen der
Krankheit charakterisirt sich durch Ansammlung der
galligten Stoffe im Blute und deren Ausscheidung
auf jedem andern, nur nicht auf dem normalen Wege,
durch daher bedingte allgemeine Verfärbung, durch
mannigfaltige Störungen des Digestions- und Assimilationsprocesses, durch Schmerzhaftigkeit und Vo-
lumsabnahme der Leber, durch acuten, häufig von
febrilen Bewegungen begleiteten Verlauf, nebst Mangel an bestimmten Crisen, und durch den endlich
tödtenden Ausgang unter Erscheinungen von Exsu-
dations- und Schmelzungsprocessen, Irritation und
Erweichung des Gehirns in Folge des topischen, narcotisch vergiftenden Einflusses der im Blute angehäuften und zurückgehaltenen Elemente der Galle
unter Delirien, Convulsionen, Insensibilität, Coma,
Lähmungssymptomen. Die Gelbsucht entsteht a) von
verschiedenen Krankheiten der Leber, namentlich
von vorübergehender Hyper- oder Anämie derselben,
Entzündung, organischen Krankheiten, Afterorganisationen derselben; b) von Krankheiten der Gallenblase und der Gallengänge, als Entzündung der
Gallenwege, Gallensteine, Würmer, Afterproductionen oder fremde Körper, welche die Gallenwege verschliessen, oder Verengerung und Verwachsung derselben; endlich c) durch Krankheiten der benachbarten Organe, namentlich des Zwölffingerdarms, des
Pancreas, des Magens, oder durch bedeutende Geschwülste im Unterleibe, welche auf die Gallenwege
drücken, unter gewissen Umständen durch die Schwangerschaft. Der Icterus aus minder bedeutungsvollen
Ursachen ist der aus vorübergehender Hyper- oder
Anämie der Leber, die gefahrvolleren icterischen
Färbungen finden sich bei Typhus, Phlebitis, Pyämie,
Hepatitis, Leberabscessen, Leberkuchen, Pneumonie,
mit Entfärbung des Hämatins u. s. w. Es gibt auch
eine Form, die oft plötzlich in wenigen Stunden entsteht und mit Fieber einher geht.

Diagnose. Von Hepatitis unterscheidet sich die
plötzlich entstandene Form des Icterus durch die
rasche Entwicklung, denn der Icterus bei Hepatitis
             mehr langsam. Die Untersuchung
          bei Harnruhr.
           Man giht Diaphoretica und Resolven-
           ., Chelidon., Ammon. acet. u. muriat.,
           Taraxac. mit Aq. flor. Sambuc., Rheum,

Tart. natronat., Weinsteinmolken. ℞ Extr. Chelidonii —, Rhei, ana Ʒj; Calomel gr. jv; Pulv. resinae
Jalappae gr. xjj; Pulv. rad. rhei q. s. f. pilulae Nr. 20.
Consperg. p. rad. Irid. florent. D. S. Alle 2 Stunden
5 Stück bis zur abführenden Wirkung. Auch: Extr.
Chelidonii Ʒjj; Calomel gr. jv; Pulv. res. Jalappae
gr. xjj; Pulv. rad. Liquiritiae q. s. f. pilulae Nr. 20.
D. — In Krankheiten, in welchen die Gallenabson-
derung vermehrt oder auch wie nach Gemüthsbewegungen beseitigt werden soll. Auch bei Hämorrhoiden,
Leiden der Pfortader, bei Hypochondrie, Hysterie,
Melancholie. Bei Hepatitis-Erscheinungen setzt man
Blutegel, reibt Mercur mit Ol. Hyoscyam. ein. Calomel besonders beim Icterus ex hepatitite. Fruit
Tamarind., Manna electae, ana Ʒjjj; f. dect. Ʒijjß; Sal.
Glauberi Ʒijj; Syrup. domest. Ʒß. Ein gelinde kühlendes Resolvens. Ferrum muriaticum, natronatrum
als treffliches Diureticum bei Hydrophobie in Folge
von Leberleiden. Es wird steigend genommen von
1—3 Kaffeelöffeln tägl. und in Solution von 1—4 Gr.
in Ʒij aq. dest. Bei Icterus calculos. gibt man Extr.
Belladonn. theils in Salben, theils in Pillenform alle
2 Stunden gr. $\frac{1}{3}$—$\frac{1}{2}$. Auch das Oleum Terebinth.,
Mandelöl zu Ʒijj—jv als Abführmittel. S. Gallen-
steine. ℞ Dct. Gramin. Ʒvj; Extr. tarax., — gramin.,
cichor., ana Ʒjj; Syrup. cichor. Ʒj. Alle St. 1 Essl.
℞ Aq. flor. sambuc. Ʒvj; Extr. gramin. — tarax.,
ana Ʒjjj; Liquor. ammon. acet., syrup. de cichor., ana
Ʒj; alle Stund. ℞ Pulv. rhei gr. jjj; Arcan. dupl.
Ʒß; Sacch. alb. gr. xjj; d. t. d. Nr. 8; alle 2 Stund.
1 Pulv. ℞ Acid. muriat. oxygenat., aq. destill., ana
Ʒijj; Syrup. sacch. Ʒj. D. in vitro nigr. obtecto;
alle 2 Stund. 1 Essl. und, um gehörige Oeffnung zu
erhalten, Abends 2—3 Gran Aloë. Bei Icterus spas-
modicus ℞ Ipecacuanh. Ʒjß; Cort. aurantior. Ʒjj; cremor. tart. Ʒj; Coq. c. aq. q. s. colat. Ʒijj; adde syrup.
chamomill. Ʒj. Alle 3 Stund. 1 Essl. Bei Alten Einreibungen von Mercursalbe, innerliche Darreichung
des Calomel und der Aloë, und endlich Extracte und
diaphoretische Mittel. Die Galle ersetzt man durch
Ochsengalle, gibt Amara in spirituösen Wassern mit
etwas Naphtha. ℞ Extr. chelidon. Ʒß; Liquor. anod.
m. H. Ʒj; Aq. menth. Ʒjv. 6mal 1 Essl. ℞ Fel. tauri
inspis. Ʒj; Solv. in Aq. menth. Ʒj; Spirit. nitr. dulc.
gtt. x. Alle 2 St. 20 gtt. ℞ Extr. chelidon.; fel.
tauri inspis., ana Ʒß; Asae foetid. Ʒjj; F. c. pulv.
rad. serpent. pilul. gr. jj; consperg. sem. lycopod.
4mal 10 Stück. ℞ Pulv. rhei Ʒj; Fel. tauri inspissat.
Ʒjj; F. pilul. gr. jj. 3mal 4—6 Stück. ℞ Ext. aloes
Ʒj; Calomel gr. jß—jv; Sapon. venet. q. s. f. pilul.
Nr. 20. Früh und Abends 2 Stück. Wolfsmilch, Euphorbium gegen Gelbsucht; die Blätter des Krautes
von den Stielen abgestreift, fein geschnitten und den
Saft ausgepresst, täglich nüchtern 24 gtt. bis zu einem
kleinen Kaffeelöffel voll gestiegen; oder Extr. tägl.
8—10 Gr. ℞ Pulv. gummi Quajaci, pulv. fol. sennae,
ana Ʒjjj. M. D. S. Alle 3 St. 1 Theel. voll als sehr
specifisch empfohlen gegen Icterus.

　　Fettleber. Die Fettsucht der Leber, Pime-
losis hepatis, Hepar adiposum, welche in unserem Clima

wenigstens die häufigste krankhafte Veränderung dieses Organs ist, besteht in einer Ablagerung von Fett
in den Leberzellen, welche in den meisten Fällen von
Aussen zu geschehen scheint. Die Fettleber ist bei
Frauen häufiger als bei Männern vorkommend. Ursachen sind: Uebermässige Ernährung durch fette
Nahrungsmittel, geistige Getränke bei sitzender Lebensweise; auch Tuberculose lässt zur Fettleber dis-
poniren; besonders allgemeine Fettsucht.

Im niederen Grade gibt diese Krankheit zu keinen
physikalischen Zeichen oder subcutanen und functionellen Erscheinungen Veranlassung, und ist daher auch
nicht zu diagnosticiren. Beim höheren Grad ragt die
Leber unter den Rippenbogen hervor. So lange die
Leber bei der fettigen Infiltration nicht über dem
Rippenrande vorragt, ist eine Diagnose nicht möglich,
denn diese beruht auf Nachweisung des vergrösserten
geraden und Querdurchmessers bei Verkleinerung des
Dickedurchmessers, auf dem stumpfen Leberrand und
den ursächlichen Momenten, endlich auf Ausschliessung anderer Krankheiten, die ebenfalls Volumenver-
grösserung zeigen. Hieher gehört: 1) die einfache
Hypertrophie der Leber, wo die Leberform aber
nicht verändert ist und andere Ursachen zu Grunde
liegen. 2) Hyperämie der Leber, welche sich
gewöhnlich schon durch die Form von der Fettleber
unterscheidet, indem sie normal ist oder einen grösseren Dickedurchmesser zeigt, ferner dadurch, dass
bei Hyperämie das Volumen der Leber schnell wechselt und dass derselben meist Ursachen zu Grunde
liegen, welche auf Circulationsstörungen, meist Klap-
penfehlern beruhen. 3) Speckleber. Hiebei ist
die Milz speckig entartet und vergrössert, doch kann
auch ausnahmsweise der Milztumor fehlen und aus
anderen Ursachen sich mit der Fettleber compliciren.
Da in der Regel auch die Nieren entartet sind, so
findet sich Albumin im Urin, eine Erscheinung, die
indessen auch nicht constant ist. 4) Leberkrebs.
Hier ist die Diagnose leicht, wenn die Krebsknoten
an der Oberfläche der Leber zu fühlen sind und die
Krebscachexie deutlich ausgesprochen ist; im entgegengesetzten Falle aber ist sie sehr schwierig und
nur wenn in irgend welchem Organe Tuberculose
nachzuweisen ist, kann man Krebs ausschliessen,
eine Fettleber diagnosticiren, sobald deren positivere
Zeichen vorhanden sind. 5) Ausdehnung der
Gallenwege durch stagnirende Galle. Diese
Veränderung setzt ein Hinderniss der Gallenexcretion
entweder im Ductus choledochus oder hepat. oder im
Duodenum voraus, ist daher constant mit Icterus verbunden, welcher der Fettleber nicht zukommt.

Beruht die Fettleber auf Ueberfütterung, sitzende
Lebensweise, Missbrauch geistiger Getränke, so wird
zur Heilung fleissige Bewegung im Freien und zweckmässige Diät nöthig sein. Blätter- und Wurzelge-
wächse, Obstspeisen, weisse Fleischsorten, Wasser,
säuerliche Getränke. Zu verbieten sind: fette Speisen, Mehlspeisen, Zuckerbäckereien, Kartoffeln, Thee,
Kaffee, Bier, Wein, besonders Branntwein. Ausserdem einfache mit Seife und Kali carbonicum

versetzte Bäder zu gebrauchen, indem bei vermehrter Hautthätigkeit das Fett durch die Fettdrüsen dieses Organs ausgeschieden wird. Innerlich gebe man bei kräftigen Subjecten Weinsteinsalze, bei herabgekommenen Rheum und dessen Präparate und lasse Karlsbad, Marienbad, Kissingen oder Franzensbad gebrauchen.

Fettleber bei Anämischen in Folge von profusen Entleerungen ist nach Hebung des Gemeinleidens mit Tonicis, Eisen, Eisenwassern, Aufenthalt auf dem Lande, nahrhafte Kost, gebratenem Fleisch zu behandeln.

Bei einer harten mit habituellem Icterus verbundenen Lebergeschwulst sah Naumann in Bonn von der Anwendung des Kali aceticum (täglich ʒij in Auflösung ohne allen Zusatz) sehr guten Erfolg; zur Nachkur erhielt der Kranke 10 Tage lang Ol. Terebinth. ʒj und Dect. alth. ʒvj 3stündlich 1 Esslöffel. Als Resolvens: ℞ Natri acet. bene siccati ʒij; Pulv. rad. rhei ʒj; Extr. conii macul. ʒβ. M. f. pilul. Nr. 60. 3mal 4 Stück. Bei pseudoplastischen Bildungen, wo man die obigen Mittel verabreicht, lässt man zugleich auch Einreibungen machen. Ung. Neapolit. ʒij; — altheae ʒβ; Extr. conii mac. ϶β—j. 2stündl. 1 Bohnegross in die Lebergegend einzureiben. Melanotische Stuhlgänge sind natürlich das Zeichen grosser Stasen im ganzen Pfortadersystem, namentlich wenn noch nauseose Zufälle dazukommen und die Materien nach oben regurgitiren, sich Luft zu machen suchen, sehr fatal, obgleich auch solche Fälle vorkommen, in denen nach Abgang solcher melanotischer Massen grosse Erleichterung folgt. Cataplasmen, Eispillen, Mühlbrunnen früh und Abends gewärmt 1 Schoppen.

Leber-Krankheiten nach Rademacher.

Rademacher unterscheidet in seiner bekannten Weise eine Chelidonium-, Nux vomica-, Carduus Mariae-, Terpenthin- und Quassia-Leberkrankheit, und spricht sich über diese einzelnen Mittel, sowie über die Krankheiten der Leber insbesondere folgendermaassen aus:

Carduus Mariae. Semen Cardui Mariae, Frauendistelsamen; Rademacher nennt es ein Bauchmittel im Allgemeinen; namentlich wirke es gegen Leber- und Milzleiden, auch wenn consensuelles chronisches Brustleiden damit verbunden ist; gegen chronisches Erbrechen, Bauchschmerzen, Krämpfe in der Leber, Gelbsucht. Sehr wichtig sei es in dem consensuellen Blutspeien, welches sich nicht selten zu chronischen Leber- und Milzleiden gesellt. Gegen acute Leberfieber, die mit Seitenstechen, Husten und blutigem Auswurfe verbunden sind; Mutterblutflüsse, die consensuell von einem Leberleiden herkommen, ebenso gegen bedenkliches, von einem Leber- oder Milzleiden abhängendes Nasenbluten. Gegen Hüftweh, das als consensuelles Leiden der Hüftnerven von einem Urleiden der Leber und Milz abhängt; gegen chronische Husten, die von Urleiden der Leber oder Milz abhängen. Da wo der Card. Mariae nicht als eigenthümliches Heilmittel kann angesehen werden, wie z. B. beim Stein und bei

Verhärtung der Leber, bewirkt es auch, dass das örtliche Abnorme nicht mehr feindlich in das Leben eingreift; es wandelt in dem Kranken das Gefühl des Krankseins in das des Gesundseins um, dass z. B. die Gallensteine sich ruhig verhalten, und macht die Anwendung des eigentlichen Heilmittels möglich, wie z. B. des Durand'schen Mittels gegen Gallensteine. Man darf den Card. Mariae nicht in Emulsion geben, weil seine Heilkraft nicht im Mehle, sondern in den Häuten steckt. Man gibt entweder das Pulver 4—5mal täglich zu einem kleinen Theelöffel voll, oder das Decoct ʒβ —j gestossener Samen wird mit ℥xvj auf ℥vjjj eingekocht, stündl. 1 Essl. voll; besser noch ist die Tinctur 5mal täglich zu 15 — 30 Tropfen mit einer halben oder ganzen Tasse Wasser oder Milch vermischt. Ist Durchlauf consensueller Art mit dem Leber- oder Milzleiden gepaart, so muss man die Gabe viel kleiner nehmen; 4, 3, 2, ja 1 Tropfen 4—5mal des Tags helfen dann.

Der Terpenthin wirkt besonders gegen alle Verhärtungen (nicht allein der Leber) und Gallensteine. Es sind aber Gallensteine sowohl als Verhärtung eines Theils der Leber sehr oft sehr schwer zu erkennen, und letztere nicht immer mit den Händen zu greifen. Bei allen Bauchschmerzen überhaupt ist es klug, mögen sie als sogen. Magenkrampf, Colik, Gallensteine u. s. w. auftreten, auf den Ort zu achten, wo beim Nachlassen des Schmerzes sich das letzte leise Weh noch verhält, hier ist mehrentheils auch das urergriffene Organ zu suchen; man entdeckt so auch zuweilen, ob der Sitz des Uebels die Leber etc. sei. Erschütterungen aller Art, z. B. das Fahren auf holperigem Wege, Brechmittel u. s. w. rufen namentlich bei Gallensteinen oder Verhärtungen der Leber die Schmerzanfälle wieder hervor, aber meist erst nach 2 — 3 Tagen nach der Erschütterung oder dem Erbrechen. Bei Gallensteinen gelingt es zuweilen durch mechanischen Druck, plötzlich und stark ausgeübt auf die schmerzhafte Stelle, die scharfkantige Seite eines Gallensteines, welcher die Wand der Gallenblase stark und schmerzhaft reizt, nach innen hinzuwenden, und auf diese Weise unschädlich für den Moment zu machen. Ist dieses geschehen, so muss man hintennach natürlich mehrmonatlich das entsprechende Mittel (das Durand'sche, von welchem nachher) anwenden. Die Gallensteine machen colikartige Bauchschmerzen, mit Husten, blutigem Auswurfe, lebhaftem Fieber verbundenes Seitenstechen. Gallensteine mit glatten Oberflächen sind ziemlich unschuldige Dinger, sie bringen keine Zufälle hervor, nur die scharfkantigen schmerzen. Das Ungemach, das Gallensteine bewirken, besteht zuweilen in einem chronischen Durchfall, Husten mit blutigem Auswurfe, schmutzig-gelblicher Hautfarbe, Wassergeschwulst der Füsse, Abmagerung des Körpers. Ist der Gallenstein am Toben, dann hat der Kranke im Epigastrio heftigen Schmerz bis zur Ohnmacht, ein krampfhaftes Zusammenziehen der Bauchmuskeln im Hypogastrio der rechten Seite, welches sich anfühlt, als ob dort Verhärtungen im Bauche

wären, Erbrechen, Verminderung der Urinabsonde-
rung, trüben, dunkelgefärbten Urin und gelbsüchtige
Hautfarbe. Bei tobenden Gallensteinen kommt in
Beschwichtigung der übeln Zufälle kein Mittel dem
Carduus Mariae gleich; allein das Uebel an sich verlangt das Durand'sche Mittel, eine Mischung des
Terpenthinöls mit Schwefeläther, besser aber mit
Spirit. sulphurico-aether., und zwar ℥ij auf ℥j Ol.
terebinth. Man fängt leise mit dessen Gaben an,
mit 10, ja bei reizbaren Körpern mit 5 Tropfen und
½ Tasse Wasser Tags 3mal, und je nachdem der
Körper es verträgt, muss man langsam oder geschwind
die Gaben vermehren. Oft erscheint unmittelbar nach
dem Einnehmen ein leichter Schmerz in der Leber,
der ein paar Minuten anhält; man muss dann das
Durand'sche Mittel nicht mehr stärker geben, als
bis der Kranke mehrere Tage diesen Schmerz nicht
mehr bemerkt hat. Sobald der Urin anfängt sich
dunkler zu färben, wo dann der Kranke zugleich
Unbehaglichkeit im Epigastrio zu bekommen pflegt,
muss man zur Stunde den Gebrauch des Mittels einstellen und Carduus Mariae so lange reichen, bis die
Unbehaglichkeit im Epigastrio verschwunden und der
Urin wieder klar und hell strohgelb von Farbe ist.
Nun darf man wieder mit den Tropfen anfangen,
jedoch in minderer Gabe, als man aufgehört. Die
höchste Gabe ist 60 Tropfen 3mal täglich, bis wohin
man steigen kann. Das Mittel muss wenigstens
½ Jahr lang anhaltend fortgebraucht werden.

Auf die erkrankte Leber wirkt auch wohlthätig
ein das Quassiaholz, z. B. Extr. Quassiae ℈β
in ℥viij aq.; stündl. 1 Essl. voll. Es wirkt nicht auf
die Gallengänge, die Lebergallengänge, aber auf das
innere Leberorgan und auf dessen convexe Seite
heilend ein. Das beste Präparat ist die nach eigener
Vorschrift bereitete Aqua Quassiae ℥j täglich in getheilten Gaben; auch bei Fiebern mit remittirendem,
fast intermittirendem Charakter, Frösteln, wobei die
Kranken etwas in der Lebergegend klagen, wobei
Durchfall sich einstellt, der aber den Zustand nur
noch verschlimmert. Der Urin ist dabei verschieden
trübe, aber auch stroh- oder goldgelb; Zunge nicht
belegt, in der Mitte mit weisslichem Anflug. Der
Sitz der Krankheit ist im convexen Theile der Leber
und verursacht leicht Bauchwassersucht, gegen
welche die Diuretica nichts leisten. Man gibt 4mal
täglich ½ Esslöffel voll Aq. Quassiae mit Brunnenwasser verdünnt.

Ein anderes Hepaticum ist das Chelidonium und zwar gegen Affectionen der inneren
Leber, d. h. also nicht der convexen und concaven
Seiten derselben. Diese innere Leberaffection äussert sich durch weisse, ganz ungefärbte Excremente,
wie bei Gelbsüchtigen, und durch gänzliche Abwesenheit aller gelbsüchtigen Zufälle. Die Haut ist
und bleibt weiss, hat nicht einmal ein schmutziges
Aussehen, der Urin ist blass strohgelb, wie bei Gesunden. Diese innere Leberaffection ist in solch
vollkommener Form ziemlich selten. Die Krankheit
der Leber, die sich in ihrer vollkommenen Form als

Gelbsucht äussert, hat unendliche Abstufungen, wo sie im gemeinen Leben und nach ärztlichem Sprachgebrauch nicht mehr Gelbsucht heisst. Der geringste Grad aber dieses krankhaften Zustandes äussert sich auch im Urine durch blasse Goldfarbe, und auf der Haut, besonders auf der des Gesichtes, durch ein mehr oder weniger schmutziges Aussehen. Da nun die weissen Excremente beweisen, dass das Ergiessen der Galle in den Darmkanal nicht mehr stattfindet, so beweist die gänzliche Abwesenheit der leisesten Spur gelbsüchtiger Zufälle eben, dass hier nicht blos eine Behinderung der Ergiessung abgesonderter Galle in das Duodenum vorhanden, sondern dass jenes uns unbekannte Organ, wodurch die Galle aus dem Blute bereitet wird, selbst erkrankt sei; dass gar keine Galle vorhanden, mithin auch keine eingesogen, in die Haut abgesetzt und durch den Urin ausgeleert werden könne. Das ist der Zustand, den R a d e m. Affection der inneren Leber nennt. Das Chelidonium wirkt in diesen Zuständen besonders, daher auch in den ähnlichen gallenfieberartigen, gehirnfieberartigen, bösartigen Fiebern, in welchen die Kranken seufzen, was überhaupt nicht selten geheime Bauchaffectionen verräth, wo man es nicht mit offenbaren Gallenfiebern zu thun hat. R a d e m. gibt nicht das Extr. Chelidonii, sondern die Tinct. Chelid. etwa ʒj in 24 Stunden mit ℥viij Aq. und etwas Gummi vermischt stündl. 1 Esslöffel voll. Ist aber Durchfall vorhanden, so muss die Gabe gemindert werden bis ϶j. Ueberhaupt darf das Chelid. nicht in grossen Gaben gereicht werden, wenn es heilsam wirken soll. So z. B. darf man die Tinct. in manchen Gelbsuchten und anderen Leberkrankheiten nur 2—3 Tropfen 4- oder 5mal des Tags reichen. Auch eine Verbindung des Chelidon. mit salzsaurem Kalk gebraucht R a d e m. gegen manche Leberkrankheiten und zwar: ℞ Liquor. calcariae muriat. ℥ij; Tinct. chelidonii ʒj. M. 15 Tropfen mit ½ Tasse Wasser verdünnt 5mal des Tags zu nehmen. Diese Verbindung nützt in Fällen, wo auch etwas Magenempfindlichkeit bei der Krankheit mit im Spiele ist.

Endlich ist dem berühmten Vertheidiger der Erfahrungsheillehre noch die N u x v o m i c a ein vortreffliches Hepaticum, diese habe, wie das Chelidonium, galletreibende Kräfte, besonders gegen erkrankte Gallengänge. Man kann sich zwei Formen von Gallenkrankheiten denken, behindertes Ergiessen abgesonderter Galle in den Zwölffingerdarm, und den entgegengesetzten Zustand, übermässige Absonderung und Ergiessung der Galle in den Darmkanal. Der erste Krankheitszustand stellt sich als Gelbsucht dar, der andere (weil die vermehrte Absonderung auch gewöhnlich eine chemisch eigenschaftliche Veränderung der Galle verursacht) als Gallenfieber, Gallenkolik, Erbrechen, Durchfall u. s. w. Diese beiden Zustände sind sehr gut, in ihren zugewandten Enden, wo sie sich durch unmerkliche Schattungen einander nähern, sind sie nicht so ganz leicht von einander unterscheiden. Die Nux vomica passt nun auf beide Zustände. Namentlich wenn bei epidemischen Fiebern nicht blos die Gallengänge afficirt sind, sondern auch die Leber selbst erkrankt ist, und die Affection als eine an Intermittens grenzende Remittens sich äussert, da leistet die Nux vomica das Beste. Tinctura nucis vomicae 5mal täglich 15 Tropfen.

Consensueller, von einer Lebererkrankung abhängender Husten wird von dem Krähenaugenwasser geheilt, d. h. er bessert sich allmählig und wird bei lange fortgesetztem Gebrauche des Wassers ganz gut. Ebenso heilt das Brechnusswasser den von der Leber ausgehenden consensuellen Durchfall, aber das Wasser muss nur in ganz kleinen Gaben gegeben werden, z. B. ℈j auf ℥vjjj gewöhnlichen Wassers. — Endlich preist Radem. auch den Safran in kleinen Gaben, z. B. ℨj Tinct. auf ℥jv—v Wasser, als gutes Lebermittel, das aber, wie alle Organheilmittel, seine Wirksamkeit nur unter dem Einflusse einer ihm günstigen epidemischen Constitution zu erkennen gibt.

Bei dem inneren Gebrauche der Chelidoniumtinctur lässt Radem. auf die verhärtete Lebergegend Galmeisalbe legen.

Leberabscesse öffnen sich entweder in den Grimmdarm (nach der Verwachsung der Leber mit dem Darme) und dann ist stuhlzwangiger Durchlauf mit öldrüsenartiger Entleerung vorhanden, und man kann dann einen Trank aus Oel, Wasser u. Gummi, um den starken Motum peristalticum zu mässigen, verordnen; es kann aber auch der Leberabscess in die Bauchhöhle bersten, oder er kann nach aussen durchbrechen.

Selbst die alte Schule lehrt schon, dass bei Leberkrankheiten Aderlässe nicht vertragen werden. Zur Zeit, wenn Leberkrankheiten herrschen, erscheinen sie oft unter der sehr täuschenden Form von Pleuresie und werden von manchen Aerzten mit wiederholten Aderlässen angegriffen. Dadurch werden diese acuten Zustände nur in chronische umgewandelt, und die Kranken werden immer elender, blutleer und müssen dann Eisen bekommen. Essigsaure Eisentinctur ℥β mit ℨβ arabischem Gummi und ℥jv Aq. stündlich 1 Essl. voll.

Der Glaube, dass die ins Gelbe oder Braungelbe spielende Gesichtsfarbe manchen Menschen von Natur eigen sei, wie die Farbe der Haare, ist nach Rademacher ganz falsch, diese Leute leiden alle an der Leber, es ist die Gallenabsonderung bei ihnen beeinträchtigt, allein es muss allerdings nicht immer ein Urleiden der Leber sein, es kann auch ebenso gut Bauchvollblütigkeit sein, die sich als beeinträchtigte Gallenabsonderung offenbart. Es ist daher gerathen, allen mit brauner oder gelber Gesichtsfarbe Erkrankten auf die Leber besonders Rücksicht zu nehmen, wenn auch der Kranke oder seine Umgebung behauptet, die Gesichtsfarbe sei die natürliche, angeborne. Bekommen dergl. Kranke Lebermittel, z. B. Nuxvomicatinctur und Asanttinctur ana, so werden dergl. Kranke nach und nach ganz gebleicht.

Verhärtungen in der Höhle des Bauches können durchs Gefühl oft nur schwer unterschieden werden,

es können Verhärtungen des Magens sein, der Leber,
aber auch Leberabscesse, Bauchmuskelabscesse,
Balggeschwülste, Verhärtungen des Zellgewebes in
den Bauchmuskeln, auch können Frauen mit solchen
Zuständen für schwanger gehalten werden, oder für
uteruskrank.

Leberkrebs. Vgl. Lebercirrhose.

Leber-Schmerzen. S. Leberentzündung.

Leber-Schwindsucht. S. Phthisis hepat.

Leber-Tuberkeln.

Symptome. Anfangs blos Symptome von Dyspepsie, Esslust ist zwar nicht vermindert, aber wenn
die Kranken etwas geniessen, bekommen sie nach
¹/₄—¹/₂ Stunde Gefühl von Druck im Magen, seine
Gegend treibt sich auf, Gasentwicklung nach oben,
selten Erbrechen, Verstopfung, harte verkohlte Fäces,
von Zeit zu Zeit Druck in der Lebergegend, stechende, nach oben schiessende Schmerzen, Haut ins
Gelbliche ziehend, schmutzig, Gesicht aufgedunsen,
später ragt die Leber über den Rand der falschen
Rippen hervor, ist ungleich aufgetrieben, knotig,
rings um die Knoten schmerzhaft. Sitzen die Tuberkeln auf der untern Fläche, icterische Erscheinungen.

Therapie. Mineralbäder von Kissingen, Karlsbad,
Jod- und Hydrarg. Einreibungen sind von keinem
Nutzen, schaden sogar. Besser die Einreibungen
von Acid. nitr. (Ungt. oxygenat. ℞ Axung. porci
ℨj; Liquesc. agitando adde acid. nitrici ℨj M.) und
der Gebrauch von Fussbädern aus Aqua regina. Bei
Spuren topischer Entzündungen legt man Blutegel
an. Kost sei einfach, nährend, nie viel auf einmal,
aber öfters; Malztrank u. kohlensaures Wasser. Fel
tauri mit Rheum für die Digestionsorgane. S. Leber-
verhärtung. ℞ Fel tauri inspissat. ℨjj; Pulv. rad.
rhei ℨj. F. pilul. gr. jj. 3mal 4—6 Stück.

Leber-Verhärtung.

Symptome. Wachsähnliches Colorit des Gesichtes,
Mangel an Appetit, Druck in der Magengegend, mit
saures Aufstossen, Auftreibung, Spannung der hart
sich anfühlenden Leber, wenig Schmerz beim Drucke,
Harn dunkel, Brustbeschwerden, Oppression. Lassen
sich theiligte Verhärtungen der Leber bestimmt fühlen,
so erscheinen sie dem zufühlenden Finger gewöhnlich
in der Grösse eines Hühnereies oder einer Obertasse
ohne bestimmt umschriebene Grenzen. Der Zustand,
worin sich solche Verstopfungen oder Verhärtungen
der Leber befinden können, ist zweifach, der der
Ruhe und ein anderer des Aufgeregtseins. Ebenso
wie es Menschen gibt, die Gallensteine sich haben, ohne dass ihre Gesundheit dadurch getrübt
wäre, so gibt es auch Menschen, die eine theiligte
Verstopfung der Leber haben, ohne dass bedeutende
Beschwerden davon entständen; andere haben mancherlei consensuelle Leiden, z. B. Kopfschmerz,
Wahnsinn, Amblyopie, Augenentzündung, Doppel-
sichtigkeit, chronischen Husten mit oder ohne Auswurf, chronischen Durchfall, Verstopfung, Blutbrechen, Wassersucht, Nasenbluten, Verdauungsfehler, Aufstossen, Wiederkauen, unregelmässigen
Herzschlag u. s. w. Wenn sich aber solche Ver-

stopfungen im aufgeregten Zustande befinden, so
äussern sie sich durch mehr oder minder heisse
Fieber, Seitenstechen, Husten mit blutigem Auswurfe, heftige Schmerzen im Epigastrio und im
Rücken, heftige Koliken, unaufhaltsames Erbrechen,
grosse Beängstigung, Unmöglichkeit, im Bette auszudauern, und zuweilen durch gelbsüchtige Zufälle.
Die Aufregungen in der Leber wiederholen sich gerne
nach Erschütterungen beim Fahren u. dergl. oder
nach Brechmitteln, und zwar immer erst 2—3 Tage
nach diesen Einwirkungen.

Therapie. Frisch ausgepresster Saft des Chelidon.
zu 1 Theel., nach und nach bis zu 1 Essl. steigend,
2—3mal tägl.; täglicher Genuss von 3—4 Eidottern,
früh mit Wasser oder Fleischbrüh; Extr. chelidon.
major ʒj in einem Infus. Valerian. nebst Liq. kali
acet. ℥β, alle 24 St. um ꝛj des Extr. bis auf ℥j—jβ
gestiegen. — Rad. rumic. acet. minut. concis., part. j;
Coq. vas. claus. in Aq. font., part. jjj ad remanent.
part. jj, per linteum inf. in lagen. S. Alle Morgen
einen grossen Schoppen, oder so viel davon zu trinken, dass 3—4 Leibesöffnungen tägl. erfolgen. Einreibungen von Ungt. Auten. Fussbäder mit Aq. regia.
Sehr oft wirkt das Daurand'sche Mittel (s. Gallensteine) auch vortrefflich bei Leberverhärtungen. S.
Leberentzündung und Leberkrankheiten.

Lepra. Sycosis. Mentagra.

Symptome. Höckrige, aufgetriebene, knotige,
völlig desorganisirte Haut mit dicken, schuppig
über einander liegenden Krusten, nebst untermisch-
ten eiternden Stellen und heftigem Brennen und
Jucken an mehreren Orten des Leibes, selbst im
Gesichte, zuletzt gänzliche Destruction der Haut.
Lepra oriental. Augen, Nase, Hände, Füsse werden destruirt, gangränös, tieffressende Geschwüre,
heftige Schmerzen, besonders des Nachts, der ganze
Körper mit Krusten bedeckt und seine Form am meisten im Gesichte entstellt. Es gesellen sich Geschwulst, Angst, Taubheit, Heiserkeit, Febr. hect.
hinzu; ist ansteckend, kommt in Europa nicht mehr
vor. Bei der L. occidental. sind alle Zufälle gelinder, ist nicht ansteckend. Bei der Elephantiasis ist die Haut besonders an den Füssen verdickt, verhärtet, mit einer dicken, höckrigen Rinde
überzogen (Elephantenhaut). Vgl. Südliche Krankheiten. Vitiligo zeichnet sich durch grosse weisse
Hautflecken, mit beständiger kleienartiger Abschuppung der Haut und Verhärtung des unterliegenden
Zellgewebes aus. Pellagra bildet auf dem Rücken
und den Extremitäten grosse rosenartige, äusserst
brennende, oft in Blasen übergehende Hautstellen,
mit wiederholter Abschuppung der Oberhaut, im
Frühlinge erscheinend und im Winter verschwindend.
Gehirn ist dabei sehr angegriffen, daher leicht Gemüthskrankheiten, kommt blos in Oberitalien vor.

Therapie nach den nämlichen Grundsätzen wie
bei Herpes. Mercurialia, Antimonial., Sublimat mit
Opium, Cicut, Dct. rad. caric. aren., Lapath. acut.;
äusserlich Mercur, Salz-, Schwefel-, Sublimatbäder;
Acid. muriat., Arsenik, Acid. nitr. 2mal tägl. von

gtt. 10—60., manchmal sehr nützlich gegen Eleph.;
Jodeinreibung gegen Sycos. ment. — ℞ Sulph.
aurat., Calomel ana gr. β; Extr. cicut. gr. j; Quajac.
gr. v; Elaeosacch. foenicul. ℈β. F. pulv. Morgens
und Abends 1 Stück bei leprösen Formen, um auf
die Haut zu wirken. — Dct. Zittm. bei Sycosis
menth. das Beste. S. Hautkrankheiten, Dyscrasien.
Gegen Lepra, charakteristisch durch Tuberkelbildung, durch die, mittelst feiner Eiterkanäle mit dem
Unterhautzellgewebe in Verbindung stehenden grösseren Schuppengrinde, durch die ringförmige Ausdehnung, die tiefen Rhagades und die viel hart-
näckigere Heilbarkeit. Jodkali mit Jodeinreibungen,
Jodbäder, innerlich Jodtinctur mit Fischthran, Arsenik, Salzbäder. — Bei Elephantiasis besteht die
Kur in Bildung einer natürlichen Epidermis durch
abziehende Mittel, sodann in fortwährendem Kneten,
Manipuliren und festem Umbinden der exsudirten
Albuminmasse, unterstützt durch Dampf-, Douch-,
Salzbäder und Jod.

Leukaemie, Leukocythaemie, nennt man
eine pathologische Vermehrung der farblosen Blutkörperchen. Das aus der Ader fliessende Blut bei
solchen·Krankheiten ist nicht weiss, sondern zeigt
seine gewöhnliche rothe Farbe, allein das geschla-
gene Blut solcher Kranken wird beim ruhigen Stehen
zum grossen Theil weiss wie Milch. Kommt bei
Männern und Weibern vor. Unter den Symptomen
ist Anschwellung des Unterleibes in Folge von Anschwellung der Milz und Leber die häufigste Erscheinung; Respiration meist beeinträchtiget, Dyspnoe,
zuweilen Erbrechen, Diarrhoe, Blutungen, Wassersucht, Pulsbeschleunigung, Appetitmangel; anämische Gesichtsfarbe, Abmagerung.

Leukophlegmatie ist Anasarca mit sehr gesunkener Hautthätigkeit; die Flüssigkeit unter der
Haut hat mehr die Natur der Lymphe. Fehler der
Lymphe, Verdauungsfehler, lymphatische Krankheiten überhaupt, Haut kalt, unempfindlich, missfarbig, gedunsenes Ansehen. S. Hautwassersucht. .

Leukorrhoe. S. Fluor albus.

Lienitis. S. Milzentzündung.

Lienterie. S. Magenruhr. Milchkuren.

Luftröhrenmittel nach Rademacher. Sulphur. aurat. antimonii und Quecksilber, z. B. Hahne-
manns's schwarzes Quecksilber tägl. 1 Gran auf einmal. — Die Urleiden der Luftröhre äussern sich
unter der Form von Heiserkeit, Kitzelhusten, Asthma
und Sprachlosigkeit. — Wenn bei der Heiserkeit der
Kranke einen empfindlichen Schmerz im Luftröhren-
kopf spürt, wenn dieser Schmerz beim Husten und
beim äussern Drucke sich vermehrt, so kann man
mit Spiessglanzgoldschwefel dieses Uebel, ist es nicht
gar zu sehr eingewurzelt, meistens heben. Ebenso
heilt dieses Mittel den Husten, bei welchem die
Kranken über Schmerzen unter dem oberen Theile
des Brustbeins klagen. Gegen eingewurzelte
Heiserkeit hilft das Quecksilber bis zu dem Grade
fortgegeben, dass nicht Speichelfluss kommt, sondern
die Heiserkeit verschwindet schon, sobald der Athem,

durch die Nase ausgestossen, dem Ausathmenden riechbar ist.

Die Luftröhrenkopfschwindsucht ist im Verhältniss zu anderen Schwindsuchten selten. Bei eingewurzelter Heiserkeit sollte man allzeit auf den Bauch, sonderlich auf das Pfortadersystem achten, in diesem liegt zuweilen der Grund der Heiserkeit und der chron. Halsentzündung. Die eigentliche Phthisis laryngea ist eher abzuwenden, als zu heilen. Die Heiserkeit scheint in den meisten Fällen wohl zunächst von einer chronischen Entzündung der innern Haut des Larynx abzuhängen. Friedrich Hoffmann räth, bei Heiserkeit einen weinigen Aufguss aromatischer Kräuter zum Gurgeln. Der Rath ist gut, denn manche chronische Entzündungen äusserer Theile weichen ja den aromatischen Kräutern besser als den Blutegeln, dem Aderlassen und dem Salpeter; Radem. hat gefunden, dass lauwarme Milch mit ein klein wenig Hoffmann'schem Lebensbalsam gemischt, noch bessere Dienste leistet, als ein weiniger Kräuteraufguss.

Jede Heiserkeit ist aber gewiss nicht zunächst in einer chronischen Entzündung der innern Haut des Larynx begründet, das sehen wir bei hysterischen Weibern, die zuweilen in einem Augenblicke heiserer, und hernach wieder eben so schnell hellstimmig werden.

Das periodische Asthma ist oft ein Leiden des Kehlkopfes. Brausepulver auf die Zunge gelegt bis sie zergehen, und so die Kohlensäure in den Kehlkopf lassen, beschwichtigen das Asthma, meistens ist aber das Asthma consensueller Art.

Lumbago. S. Hüftweh. Ischias. Rheumatismus cephalicus.

Lungen-Blutschlag. Pneumorrhagie. Apoplexia-pulmonalis.

Symptome. 1) Gefühl von Druck auf der Brust, oder nur auf einer Hälfte, oder blos einer umschriebenen Stelle; dieses steigert sich beim Reden und bei Bewegung, ist wahre Dyspnoe, denn die Kranken können nicht tief inspiriren, und versuchen sie es, stellt sich ein kurzes Hüsteln ein. 2) Es ist dem Kranken, als würde plötzlich warmes Wasser in die Brust ausgegossen, Husten folgt, der Blut entleert. Ist die Blutung heftig, so stellt sich Erbrechen ein; das Blut ist schaumig, mit vielen Blutblasen vermengt, süss schmeckend; Percussion ergibt an verschiedenen Stellen dumpfen Ton und knisterndes Respirationsgeräusch; in der Trachea leichtes Schleimrasseln; manchmal Fieber. Ist der Erguss des Blutes heftig, so haben wir den eigentlichen Lungenblutschlag; das Bewusstsein geht plötzlich verloren, Gesicht wird blau, wie bei Erdrosselten, Auge hervorgetrieben, Schaum mit Blut gemengt vor dem Munde, Extremitäten kalt, Puls klein, schwach, nach und nach ganz verschwindend.

Diagnose. Von Cerebralapopl. durch den Mangel der vorausgegangenen Kopfcongestionen, der hemiplegischen Erscheinungen, dagegen das Vorhandensein von Congestionen gegen die Brust. Von Häma-

temesis (Blutbrechen) dadurch, dass das Congestions-
stadium nicht gegen den Magen, sondern die Brust
ging, durch den süsslichen Geschmack, die Farbe u.
schäumige Beschaffenheit des Blutes, durch die Resultate der Auscultation und Percussion. S. Apoplexia-sanguinea.

Therapie. Alles Veranlassende werde entfernt;
bei Unterleibsstockungen Extr. saponacea, Mittelsalze, Ragozi, Pandur. — Ist's zum Ausbruche gekommen, V.S am Arme der leidenden Seite, ℥xjj—
xvjjj; ist unterdrückte Blutung des U.L. Schuld, an
den Füssen; setzt bei Hämorrhoiden Blutegel an den
After; das Getränke sei lauwarm. Innerlich Magnes.
sulphur. mit Cremor tart. und etwas Jalapp. Pulv.
aus anâ Nitr., Kali sulphur. et Conch. ppt.; Vesicantia zwischen den Schultern, reizende Fussbäder mit
Aq. regia, Senf oder Asche. — Digitalis, Kali acet.
(um auf die Nieren zu wirken) mit etwas Nitrum und
Roob junip., strenge Diät, grösste Ruhe, die Luft
sei mehr feuchtwarm, zur Kost Vegetabilien, gekochtes Obst, Schleim. Bei heftiger Gefässreizung Dct.
Alth., oder Emuls. Gm. arab. mit Extr. lactuc. oder
Hyoscyam., bei vehement. Fieber, mit etwas Nitrum.
Droht Erschöpfung, Phosphor-, Schwefelsäure mit
vielem Schleim, Secale cornut. etc.; äusserlich kalte
Ueberschläge. — Man gebe im Nothfalle schnell einen
Essl. voll Kochsalz. — Klystiere mit Tart. stibiat.
— Gegen die zurückgetriebene Schwäche der Respi-
rationsorgane gibt man Arnica, Benzoe, heftige Haut-
reize, China, Alaun.

Lungen-Brand. Pneumonia typhodes, gangraenosa, Typhus pleuriticus.

Symptome. Stechender, drückender Schmerz auf
einer bestimmten Stelle der Brust, heftiger Husten,
mit welchem dissolutes schwarzbräunliches Blut, später ein bräunlicher, grünlicher Schleim ausgeworfen
wird, der meist mit Blutstreifen durchzogen; das Blut
wird schwärzlicher und dünner, der Auswurf stinkend.
Athem übelriechend, grosse Mattigkeit, Abgeschlagenheit, Esslust dauert dabei manchmal fort; Frost,
Hitze, trockene, heisse Haut, auf dem blassen, erd-
fahlen Gesichte klebriger Schweiss, Extremitäten
kalt, Zunge rissig, Durst heftig, Respiration rasselnd,
Febr. hect., Delirien. Es gibt auch eine chronische
Form, die Auscultation ergibt dann blos Mangel des
Respirationsgeräusches.

Diagnose. Von Phthisis durch die Beschaffenheit
des Auswurfes und den Verlauf. Von Pleuritis, Pneumonie, ebenfalls durch den stinkenden Auswurf, die
Ergebnisse der Auscultation.

Therapie. China, Calamus, Cascarill, Naphtha,
Wein, Chlor. Bei entzündlicher Complication Blutegel; gegen die Durchfälle Opium, Nux vomica. ℞
Flor. arnic. ℨβ; Fiat. infus. ℥vjjj; Liq. ammon. caust.
ɔj—ℨβ; Syrup. cinnamom. ℥j. ℞ Rad. valerian. ℥j;
Flor. arnic. ℨβ; Dig. in vas. claus. per ½ hor. c. aq.
fervid. col. ℥vjjj adde aeth. sulphur. ℨjj; Syrup. cinnamom. ℥j; alle 2 St. ½ Tasse. ℞ Cort. chin. reg.
℥β; Inf. vin. generos. ℥vjjj; Stet. in digest. per j diem,
adde tr. Bestuscheff. ɔjj; Syrup. aurant. ℥j. ℞ Aeth.

sulphur. ʒj; Aq. cinnamom: v. ʒiij; alle St. 1 Essl.
Skoda empfiehlt bei Lungenbrand die Einathmung
von Terpenthinöldämpfen und dabei innerlich Chinin.
Alle 2 Stunden 5—10 Minuten die Dämpfe und 1 Gr.
Chinin sulph., später nach Wochen langem Gebrauche
werden die Dämpfe selten instituirt.

Lungen-Emphysem. S. Emphysem.

Lungen-Empyem. S. Empyem.

Lungen-Entzündung. Pneumonia.
Man stellt namentlich 2 Formen von Pneumonien
auf, eine Lobulärpneumonie und Lobarpneumonie.
Der Ausdruck Lobulärpneumonie, Pneum. lobularis,
soll nämlich eine Pneumonie bezeichnen, welche nicht
eine bedeutende Portion der Lungen oder den ganzen
Lobus auf einmal ergriffen hat, sondern solche, die
nur isolirte Läppchen der Lunge, die Lobuli betrifft,
und als Charakter dieser Lobularpneumonie, als Gegensatz zu der Lobarpneumonie (derjenigen nämlich,
welche einen ganzen Lungenlappen auf einmal betrifft) hat man aufgestellt, dass die isolirten Lobuli
dunkelfarbig, fest unter die umgebenden Parthien
hinabgedrückt und von der gesunden Textur, in deren
Mitte sie sich befinden, losgelöst, im Wasser unter-
sinkend sich zeigen.

Symptome. Gefühl von Druck und Schwere auf
der Brust, entweder auf einer Seite oder quer über
beiden. Husten trocken oder mit Auswurf, bald von
Schleim mit Blutstreifen, bald reines Blut, oder mit
Blut rothbraun gefärbte Massen, Respiration beschleunigt; Brustkasten hebt sich nicht, intercoupirte
Sprache, Liegen auf der kranken Seite oder dem
Rücken, wenn beide Lungen entzündet sind; Auscultation ergibt Knistern. So lange keine Ausschwitzung in das Lungenparenchym geschehen ist,
kann auch der Percussionston nicht verändert
werden, desshalb tritt erst gegen das Ende des ersten Stadiums Leerheit des Tones ein, und es sind
oft die Entzündungserscheinungen nebst Husten und
Beengung ganz eklatant ausgesprochen, und noch
immer gibt die Percussion kein sicheres Resultat.
Ja es ist dies noch der Fall, wenn auch bereits die
Exsudation begonnen hat, aber noch nicht so weit
vorgerückt ist, dass von ihr eine beträchtliche Menge
Luft weggedrängt worden. Die Percussion eignet
sich nicht dazu, durch ihre Zeichen die Stadien der
Pneumonie zu bestimmen, denn sie gibt erst bei bedeutend entwickelter Krankheit sichere Zeichen, und
lässt geringere Grade von Exsudation unangemeldet.
Im eigentlichen Hepatisationsstadium ist natürlich
der Percussionston leer; dagegen immer voll, bisweilen sogar tympanitisch in der Umgebung der hepatisirten Stelle, viel voller als in der entsprechenden Stelle der gesunden anderen Seite. Dieses hat
seinen Grund darin, dass sich in dem nicht hepatisirten Theile der entzündeten Lunge ungewöhnlich
viel Luft anhäuft, und die Bläschen stark ausdehnt.
— Fieber. Morgens Remission, Abends Exacerbation;
auf der Höhe der Krankheit Delirien des Abends.
Es kommt auch eine chron. Form vor. Der Sitz der
Krankheit ist gewöhnlich der untere Lappen, meistens

aber am Rücken unter der Scapula. Bei rheumatischer Ursache ist die Bewegung des Armes schmerzhaft, ebenso vermehrt Druck mit der Hand den Schmerz.
Ein starker Fingerdruck zwischen den Rippen ist
ein vortreffliches diagnostisches Mittel, um sich mittelst der dadurch erzeugten Schmerzempfindung über
den Sitz der Pneumonie und die Theilnahme der
Pleura zu überzeugen. S. Seitenstich.

Diagnose. Von Tuberkeln unterscheidet sich namentlich die chronische Form durch den Habitus, der
nicht der phthisische, den Sitz der Krankheit im
untern Lappen (Tuberk. im obern), die Beschaffenheit des Auswurfs, der bei Tuberk. bröcklich ist.
Bei diesem Stande der Diagnostik entgeht wohl höchst
selten der Aufmerksamkeit des Arztes die Existenz
einer Lungenstase. Die Permeabilität und. Impermeabilität des Lungenparenchyms zu erkennen, sind
der Auscultation leichte Dinge, ebenso die Ausdehnung, welche die Stase erreicht hat, dessgleichen ob
es bei einfacher Obstruction (Ausdehnung der Capillaren der Bläschen auf Kosten des Raumes für die
Luft) geblieben, oder ob ein flüssiges und mobiles
Entzündungsprodukt gebildet worden ist. Inzwischen
von welcher Art das Produkt, welchen Metamorphosen es unterworfen sei und wie sich das Parenchym
dabei verhalte, um dieses richtig zu beurtheilen,
dazu dient ein fleissiges Studium der vesiculären
Rasselgeräusche, und zwar: 1) ihre Anwesenheit oder
Abwesenheit mit den übrigen Krankheitssymptomen
zusammengehalten; 2) ihre Qualität und 3) die Berücksichtigung der Umstände, unter welchen und
wenn sie aufgetreten sind, was vorausgegangen und
was nachfolgt. Auf diese Weise werden die vesiculären Rasselgeräusche für. die Lungenentzündung
treffliche Zeichen und von bedeutendem Einflusse für
eine genaue Diagnose, Prognose und selbst für die
Therapie. 1) Das. vesiculäre Rasselgeräusch, fein,
gleichförmig, nicht nach Husten verschwindend, zeigt
in der Pneumonie stets an, dass ein flüssiges Produkt
gebildet wurde, dass also wirkliche Stase vorhanden
ist. Dieses Produkt ist Serum; sodann mit Blut
vermischte gallertreiche Coagulationen. 2) Verdichtet die Lunge, ohne dass der Anfang der Verdichtung
oder die Resolution durch vesiculäre Rasselgeräusche
bezeichnet wurden, ohne dass sich im Auswurfe pneu-
monisches Secret zeigte, auch ohne dass. sich Husten
einstellte, so war es nur Hyperämie des Lungenparenchyms, es ist kein Produkt gebildet worden
und die ausgedehnten Capillaren werden nach und
nach auf ihr normales Kaliber reducirt, die Luftbläs-
chen werden wieder permeabel, ohne dass ein pathi-
sches Secret hätte durch Expectoration oder Resorption entfernt werden müssen. 3) Wenn der Hepatisation vesiculäres Rasselgeräusch vorausgegangen
war, so besteht die Verdichtung aus festgewordenen
Exsudationen. 4) Dieselben können wieder flüssig
und zum Theile resorbirt, zum Theile ausgehustet
werden. Alsdann entsteht an den hepatisirten Stellen, wo man früher gar kein oder nur bronchiales
Athmungsgeräusch hörte, wieder vesiculäres Rassel-

geräusch; es ist ein gröberes Rasselgeräusch durch das Platzen zäher Blasen veranlasst, ist mobiler, von feuchtem Bronchial-Rhonchus begleitet, wird durch Husten verändert oder verschwindet auf einige Zeit, kehrt dann wieder, um endlich reinem Exspirationsgeräusch anhaltend Platz zu machen. 5) Aus den coagulirten Exsudationen wird nach und nach resorbirt, was resorbirt werden kann, das Zurückbleibende verwandelt sich in Fasergewebe, welches die befallene Lungenparthie auf ein sehr kleines Volumen zusammenzieht. In diesem Falle wird bei der Rückbildung der Pneumonie kein vesiculäres Rasselgeräusch gehört und der matte Percussionston verschwindet nur nach langer Zeit, indem sich die matte Stelle sehr langsam auf einen immer kleiner werdenden Raum beschränkt. 6) Wenn nach dem Engouement sogleich vesiculäre Rasselgeräusche hörbar werden, alsdann matter Ton und „schweigendes" Vesicular-Athmen mit starkem Tubar-Athmen eintritt, so zeigt ein grobes Rasselgeräusch, welches in einzelnen Punkten dieser Hepatisation erscheint und täglich grossblasiger wird, das suppurative Zerfallen des in die Lungenbläschen infiltrirten fibrinösen Entzündungsproduktes an; die übrigen Suppurationserscheinungen; eitriger Auswurf von unangenehmem specifischem Geruche, Frostschauer, Oedem der Gesichtshälfte u. s. w. werden auch alsdann nicht ausbleiben. 7) Sobald man in dem Focus der Hepatisation plötzlich ohne die obengenannten Uebergänge grossblasiges Rasseln und alsbald amphorische Geräusche vernimmt, so ist hier eine Parthie des Lungengewebes durch Detritus zu Grunde gegangen. In dem Auswurfe erscheint alsdann die flüssige und fetzige violette Masse, wofür der Ausdruck „Jus de pruneaux" so bezeichnend ist. 8) In der Pleuropneumonie kann man die Rasselgeräusche durch den Pleuraerguss, wenn er nicht allzu bedeutend ist, mithin die Lunge nicht zu sehr comprimirt, hindurch hören. Wie aber die Stimme in diesem Falle eigenthümlich resonirt, so erhalten auch die Rasselgeräusche einen der „silbernen Stimmresonanz" ähnlichen feinen Metallklang.

Therapie. V.S., deren Wiederholung sich nach der Beschaffenheit der topischen Symptome richtet. Skoda hält bei Pneumonien die V.S. nur in jenem Falle für indicirt, wo die Krankheit erst entstanden, die Halsnerven angeschwollen, die Oppression der Brust sehr heftig und die Sputa blutig sind. Die V.S. sei weder im Stande, die in die Lunge gesetzte Infiltration rückgängig zu machen, noch eine neue Exacerbation zu verhindern. Nur Opium, um den Schmerz zu mässigen, und wenn die Infiltration nicht von grossem Umfange ist, wendet er örtlich warme Umschläge an, und wenn die Infiltration von grosser Ausbreitung ist, kalte Umschläge. Marshall Hall wendet die feuchtwarme Luft methodisch mit günstigem Erfolge bei Pleuropneumonie an. — (Auswurf, Schmerz, Auscultation.) Nitrum, streng antiphlogistische Diät, warmes Zuckerwasser, Gersten-, Reis-, Haferschleim. Liquor kali carbon., aber nicht

anfangs, sondern später ins Getränke. Zur Unterstützung der Crisen schleimiges, warmes Getränke.
In den verzweifelten Fällen der Ungewissheit über
die Wiederholung der V.S. entscheidet weder Puls,
Stethoscop, noch Speckhaut, sondern die Dyspnoe.
Je relativ gleichmässiger und tiefer der Athemzug in
der Pneumonie, desto günstiger die Prognosis, desto
weniger drängend die V.S.; je gejagter, schnauben-
der, oder aber im höchsten Grade gefesselter Function, je unbeweglicher der Brustkorb, desto entscheidender ist die Lanzette, mag auch der Puls zu schlagen sich weigern, oder Facies Hippocratica da sein.
Eine Krankheit im Allgemeinen ist um so gefährlicher, je weniger sie sich im concreten Fall durch
die ihr sonst eigenthümlichen Symptome zu erkennen
gibt. Eine **Lungen-Entzündung,** bei welcher der
Kranke keinen Seitenschmerz hat, tief athmet, nur
selten und erst nach der Exspiration von kurzem
Husten unterbrochen wird, der Athem kühl ist statt
heiss, der Urin blass, gehört unter die gefährlichsten
von allen. Oft zur Unterstützung der Expectoration
eine kleine V.S.; stockt der Auswurf, Emulsio mit
Vin. antim.; werden die Crisen colliquativ, Schwefelsäure. Oertliche Blutentziehungen mittelst Blutegel
werden dann angewendet, wenn das Seitenstechen
heftig ist; der stechende Schmerz wird darauf gelinder. — In neuerer Zeit hat Dietl die sog. unblutige
Behandlung der Pneumonie gelehrt, durch die er die
entschiedensten Heilresultate erzielt habe. Diese
Behandlung schliesst den Aderlass aus, er sei niemals hier angezeigt; dieses Verfahren besteht ausser
dem diätetischen in einem symptomatischen: Zum
Getränk wird frisches Wasser gestattet, wenn es
nicht zum Husten reizt, bei empfindlichen Kranken
muss laues, schleimiges Getränke gereicht werden.
Im febrilen Stadium der Pneumonie: kühles Getränke,
kühles Verhalten, so weit Gewohnheit und Empfindlichkeit des Patienten es zulassen. Dabei Mixtura
oleosa, Emulsio amygdal., Dct. emolliens, Mixtura
gummosa. Im 2ten afebrilen Stadium: angemessene
Wärme, entsprechende Nahrung, mässige Bewegung.
— Wenn V.S. keinen Nachlass des Fiebers und der
Respirationsbeschwerden bewirkten, oder auch wenn
die Blutentziehung wegen der Constitution und des
Alters nicht zulässig ist, und der Patient nicht an
Erbrechen oder Durchfall leidet, so wird nach Peschier Tart. emet. 4—6 Gr. mit 6—10 gtt. Tinct.
anod. in Dct. alth. gereicht. Gewöhnlich bricht alsbald Schweiss mit Erleichterung aus, der Husten und
die Dyspnoe mindern sich und der Auswurf wird
leichter. Selbst wenn der Patient nach den ersten
Löffeln brechen muss, setzt man damit nicht aus, in
den meisten Fällen verträgt er die folgende Gabe.
Bleiben die Blutentziehungen erfolglos und wurde
der Brechweinstein schon länger ohne Nutzen genossen, nicht vertragen, oder kann derselbe bei vorhandener Diarrhoe nicht gegeben werden, sowie endlich, wenn die Patienten betagt und cachectisch sind
und dann stark fiebern, so nimmt man seine Zuflucht
zu Ritschers Methode: 6—10 Gr. Acet. plumbi mit

6—10 gtt. Tinct. anodyn. in einem Infus. Digital. aus
gr. vj — ꝝβ. — Ist das Fieber mässig, sind die Local-
beschwerden nicht besonders dringend, so verfährt
man exspectativ. In neuester Zeit hat man die Digitalis purpurea als vortreffliches, und ganz allein
ausreichendes, viel rascher als sonstige Mittel zur
Reconvalescenz führendes Medicament empfohlen.
Durch sie wird der Impuls des Blutes, die Zufuhr
desselben in die entzündete Stelle beschränkt und
sehr herabgesetzt, so dass die Entzündung durch
Entziehung des Materiales gleichsam in ihrer Grund-
bedingung, in ihren Keimen hintertrieben werden
muss, ungefähr auf dieselbe Weise, wie man es
durch Blutentziehungen herbeizuführen sucht. Gleichzeitig wird auch durch Verminderung des Seiten-
druckes auf die Gefässwände das Zustandekommen
oder Fortschreiten des Extravasates in das Lungengewebe verhindert. Man verordnet in andern Fällen
von Pneumonie die Digitalis sogleich von vorne herein; nur bei gleichzeitig bedeutenden pleuritischen
Schmerzen lässt man zugleich blutige Schröpfköpfe
ad locum affectum setzen, damit nicht früher als die
Wirkung der Digitalis eintritt, pleuritisches Exsudat
zu Stande kommt. Treten gallige Erscheinungen mit
auf, so gibt man vorerst ½—1 Gr. Tart. emet. alle
Stunde. In der Regel erscheinen frühestens nach
24 Stunden, häufiger nach 36—48 Stunden, die eigenthümlichen Zeichen der Digitaliswirkung, welche
zugleich die Besserung und Genesung des Kranken
verkünden; nämlich: grosse Uebelkeit, Brechneigung,
Erbrechen, Collapsus, Verstimmung des Gemüthes,
kühle Haut, Verlangsamung des Pulses, so dass er
von 100 auf 50 oder 40 herabfällt. Aber nun beginnt
die Lösung der Entzündung; das Bronchialathmen,
das Knistern ist nicht mehr vorhanden; es erscheinen kleinblasige Rasselgeräusche und nirgends mehr
fehlendes Respirationsgeräusch, die Percussion wird
hell, die Inspirationen tiefer und freier. Thorax hebt
sich, kein blutiges Sputum mehr, gelöste Auswürfe,
Harnen sedimentirt, warme Schweisse, ruhiger Schlaf.
Hierauf wird die Digitalis ausgesetzt, und es wird
bei lästiger Uebelkeit ein Pulvis aerophor. etc. gegeben. Bleibt, wenn Pleuritis mitverbunden war,
noch Schmerz an der afficirten Stelle zurück, so
weicht er einem Vesicator. Die Digitalis wird als
Infuso decoct. von ꝝj—ʒβ auf ℥v—vj alle St. 1 Essl.
gegeben. Wenn in Pneumonien, zumal bei Schwächlichen, Säufern, der Auswurf plötzlich stockt, grosse
Angst, schweres Athmen und kleiner Puls bemerkt
werden, und alle solche Zeichen Paralysis pulmonum
und den nahen Tod drohen, so kann man oft noch
das Leben retten durch: ℞ Camphor. trit. gr. ij;
Acid. benzoic. gr. vj; Sulphur. aurat. gr. j; Sacch.
alb. ꝝ. M. f. pulv. d. t. dos. Nr. 6.. S. Alle ½—1½
St. 1 Pulv. Ist gastrische Complication zugegen,
Tart. emet. mit Nitrum. Der Tart. emet. kann bei
Pneumonien und Pleuresien die V.S. nicht entbehrlich machen. Er ist aber ein ausgezeichnetes Mittel
in der Behandlung der Pneumonien. Man macht von
ihm Gebrauch: 1) bei einfachen Pneumonien mit wenig

sten Individuen, wo die Krankheit schon mehrere
Tage gedauert und Pseudocrisen zu befürchten sind;
hier kann der Tart. stibiat. nicht genug gerühmt
werden, aber immer nach der V.S. 2) In der Pneumonia biliosa, wo neben dem Lungenleiden noch Le-
berreiz vorhanden. Der Brechweinstein kann und
darf nur nach den V.S. gegeben werden. Das Blut
muss aus einer grossen Oeffnung entleert werden,
und es können in den ersten 24 Stunden bei kräftigen Individuen an 32 Unzen entzogen werden, ja bis
zu 60 ʒ. Die Crusta phlogistica ist sehr zu beachten, ob sie sehr dick, sehr breit, den ganzen Tel-
ler einnimmt. Ist durch die Venaesection die Entzündung gebrochen, so geht es unter diätetischen
Regimen der Genesung entgegen, oder es tritt jener
Zustand ein, der das Leben in die grösste Gefahr
bringt, wo man sich nur auf den Tart. emet. mit
Sicherheit verlassen kann. Der Kranke liegt da in
einem höchsten Grade der Oppression der Brust,
das Athmen kurz, der Thorax wird kaum etwas er-
hoben, Respiratio abdominalis, Puls klein, sehr
schnell, Hitze und Trockenheit der Haut bedeutend,
Zunge trocken, rissig, unauslöschbarer Durst, Delirium, besonders Nachts, grosse Angst. — Hier kann
möglicher Weise noch eine V.S. gemacht werden, am
häufigsten ist aber hier der Tart. emet. am Platze. —
℞ Tart. emet. gr. vj; Aq. ceras. nigr. ʒvj; Syrup.
rub. Idael ʒj; stündl. 1 Essl. voll. Hat der Kranke
3—4 Essl. voll genommen, so erbricht er mehreremale, besonders bei Pneumonia biliosa (die Leber
darf aber dabei durchaus nichts Entzündliches zeigen); darauf fühlt sich der Kranke schon etwas erleichtert, bald wirkt dann das Mittel auch auf den
Stuhlgang, bedeutende Diarrhoe folgt, mit Collapsus,
dann ein allgemeiner Schweiss und der Kranke fällt
in einen erquickenden Schlummer. Eine reichliche
Expectoration dann befördert stets die baldige Genesung. Kommt kein Erbrechen, sondern gleich Durchfall, so bleibt die Wirkung des Tart. stib. sich doch
gleich. Folgt aber auf obige Dosis kein Erbrechen etc.,
sondern blos eine Aufgetriebenheit des Unterleibs
ohne Besserung, so verstärkt man die Dosis des
Tart. emet. auf ℈β, ja ℈j zu ʒvj; stündl. 1 Essl. Ohnmachten beim Aderlassen auf der Höhe der Krankheit
soll man sehr zu vermeiden suchen, weil unterdessen
durch den Stillstand des Blutes im kleinen Kreislauf
leicht Lungenlähmung eintreten kann. Ist, wenn eine
2te verstärkte Dosis des Tart. emet. angewendet
worden, der Puls noch härtlich und der Durst gross,
so setzt man ℈j Nitrum bei, und bei quälendem trockenem Husten Aq. laurocer. ℈jj. Ist Entzündung der
Leber dabei, so darf kein Tart. emet. gegeben werden. Bei Phthisischen im 2ten Grade darf man ebenfalls den Tart. emet. nicht geben, sondern Digitalis,
Nitrum, Aq. laurocerasi. Auch bei Pleuritis ist nach
der V.S. der Tart. emet. das beste Mittel. — Andere
Contraindicationen für den Gebrauch des Tart. emet.
sind: 1) Symptome von Entzündung der Magenschleimhaut, besonders des obern Magenmundes, die sich oft
mit Lungen-Entzündung verbindet; 2) wo colliqua-

tive Durchfälle vorhanden. Auch bei älteren Leuten
ist er mit grosser Vorsicht zu gebrauchen, indem er
sehr leicht Marasmus der Verdauungsorgane hervorbringt. Die enorm grossen Dosen von Peschier
sind nicht anzurathen, indem die dadurch bezweckte
Wirkung auf den Darm und noch mehr auf die Haut
viel besser und ohne üble Nachwirkung auf den Darmkanal durch kleine Gaben, welche starkes Erbrechen
bewirken, erreicht werden kann. Gewöhnlich 3—6
Gran in eben so viel Unzen Wasser, wovon die eine
Hälfte auf einmal und von der andern halbstündlich
1 Essl. voll zu nehmen. — Blutige Schröpfköpfe bei
Pneumonien sowohl als Pleuresien an die schmerzhafte Stelle gehören zu den unentbehrlichen Mitteln.
— Digitalis infus. in grossen Dosen, z. B. ʒβ auf ℥jv
nebst Mucilago salep ℥j; Nitrum ʒjj; Syrup. simpl.
oder mit Aq. lauroceras. ℥jj, und wenn es auf Darmentleerung abgesehen ist, mit Syrup. domest. ist ein
vortreffliches Mittel gegen das Fieber, die Pulsfrequenz, die erhöhte Herzthätigkeit und als Diureticum. Das Präparat, der Digitalisessig, ist trefflich
weil es nicht so leicht Narcose aufkommen lässt.
Bei der chronischen Form Blutegel, Einreibungen
von Mercursalbe und Ol. hyoscyam., Moxa und nachher eine Fontanelle. Auch in der acuten Form, im
Stadium der rothen und grauen Hepatisation verdient
besonders die Anwendung der grauen Salbe abwechselnd auf Brust, Oberarm und Rücken Erwähnung.
Sind Dyscrasien im Spiele, so müssen diese ebenfalls berücksichtigt werden. Bei rheumat. Complicat.
Vesicans auf die Brust, warme Fomentationen, warme
Begiessungen für die Crisen. Da die meisten gegenwärtig vorkommenden Pneumonien rheumat. Natur
sind, so erklärt sich die vortreffliche Wirkung einer
Mischung aus 2 Theilen Tinct. seminis colchici mit
einem Theile Opiumtinctur zu 15—20 gtt. mehrmals
im Tage, selbst wenn kein Nitrum, kein Tart. emet. u.
keine V.S. angewendet werden. — Bei sehr heftigen
Entzündungen gibt man Plumb. acet. mit vielem Erfolge. ℞ Rad. alth. ℥jβ; F. dct. ℔jjj adde nitr. depurat. ʒβ; Oxym. simpl. ℥jj. S. pro potu. ℞ Tart.
depurat. ℥β; Aq. font. ℔jjjβ; Coq. ad solut., adde
mel. despumat. ℥jj. S. pro potu. ℞ Tart. emet. gr.
jj; Nitri depurat. ʒjj; Aq. font. ℥jv; Syrup. alth. ℥jβ;
alle 2 St. 1 Essl. Tart. emet. 4—6 Gran in ℥jv Aq.
2stündl. 1 Essl. bei Bronchitis und Pneumonia acuta.
℞ Calomel. gr. vj; Opii puri gr. jj; Sacch. alb. ʒjj.
Divid. in part. 6; alle 2 St. 1 Pulv. ℞ Sacch. saturn. gr. jjj; Laudan. S. ƺj—jβ; Aq. ceras. nigr. ℥jv;
Succ. liquir. ℥jβ—jj; alle 5—4—3 St. 1 Essl. nach
den V.S. ℞ Plumb. acet. gr. jjj; Extr. digital. ƺβ;
Laudan. S. ƺj; Aq. ceras. ℥vj; Succ. liquirit. ʒjj; alle
2 Stunden 1 Esslöffel, dabei Ol. Ricini gegen Verstopfung. ℞ Rad. seneg. ʒjj; F. dct. vjjj; Colat.
adde, Sal. ammon., Aq. lauroceras., Vin. antimon.
ana ʒj; Syrup. alth., Mel. pur. ana ℥j; alle 2 Stunden 1 Esslöffel für die Crisen. Das sogenannte
Nervöswerden der Lungenentzündung. Damit muss man nicht die Peripneumonia notha und
den epidemischen Typhus pleuriticus verwechseln,

denn das eine ist nichts als eine katarrhalische Colliquation der Lunge, und letzteres offenbar ein faullicht typhöser Prozess, die weithin mit Lungenentzündung nichts zu thun haben. Die Lungenentzündung wird n e r v ö s unter folgenden Umständen: 1) Die Lungenentzündung entsteht bei einem gesunden, jungen und kräftigen Individuum durch die gewöhnlichen Ursachen und würde eine kräftige Antiphlogose erheischen, es wurde diese aber unterlassen, oder sie wurde mangelhaft angestellt, und dazu noch unpassende reizende Dinge, sowohl in diätetischer als medicinischer Hinsicht angewendet, so dass die Entzündung den höchsten Grad erreicht und der rothen Hepatisation zufällt. Hier wird die Pneumonie aus mangelhafter Antiphlogose und Ueberreizung (des Nervensystems) nervös, wenn nicht die Natur einen Ausweg durch Eiterung findet. Hier treten die nervösen Erscheinungen als Delirium, heftige Dyspnoe, Bangigkeiten, kleiner, unordentlicher Puls, grosse Unruhe, partielle Schweisse auf der Höhe der Entzündung ein; dasselbe kann auch eintreten, wenn die Lungenentzündung sehr intensiv ist, beide Lungen ergriffen hat, sogar auch Hirnreizung, wie es gerade die veranlassenden Ursachen und die Constitution des Befallenen mit sich bringen. 2) Die Lungenentzündung entsteht bei einem schwächlichen und abgeschafften ältern Individuum; oder es ersetzt sich der individuelle Antheil durch die veranlassende Ursache, d. h. das Individuum war jung und kräftig, aber die veranlassenden Ursachen sind so positiv schwächender Natur, sowohl physisch als psychisch, dass zwar alle Symptome einer Pneumonie sich einstellen, aber auch die eines tief ergriffenen Nervensystems: grosse Pulsfrequenz ohne gehörige Spannung, übermässige Schweisse, denen bald Friesel folgt, grosse Hinfälligkeit, nächtliche Delirien, rothbrauner Auswurf, lautlose Stimme, wenig Husten u. meist ruhige Lage mit Abdominalrespiration. Hier tritt also ein grosser Theil der nervösen Symptome gleich Anfangs der Krankheit ein, und es ist sehr wünschenswerth, mehr Tonus in der Gefässthätigkeit zu haben, als Nervensymptome. Hier wird aber dennoch durch die Versäumniss der Antiphlogose und eine unzweckmässige reizende Behandlung ebenfalls bald Hepatisation herbeigeführt und der Tod erfolgt unter den Erscheinungen der Lungenlähmung. Gerade diese letztere Modification ist es, die den Unerfahrenen so gerne irre führt und wegen der nervösen Erscheinungen ihn zu einer Behandlung verleitet, die um so gewisser zum Verderben führt, nämlich durch Senega, Arnica, Camphor, Ammoniumpräparate, Benzoe und andere reizende Nervina, während eine vorsichtige Antiphlogose das einzige Hülfsmittel ist, kleine V.S., topische Blutentleerung, Nitrum, Salmiak, Digitalis, Calomel, Mercureinreibungen und Hautreize, welche man so oft und mit Unrecht aus Furcht vor Schwächung des Kranken unterlässt. Zwar tritt nicht selten die Reaction des entzündlichen Prozesses beim Beginn der Krankheit fast gar nicht ein, die Symptome der Entzündung sind sehr vermischt und an den

physischen Zeichen nicht erkennbar, und man glaubt
es daher nur mit der Schwäche des Kranken zu thun
zu haben; aber ehe man sich es versieht, ist diese
Reaction vorhanden und mit ihr auch alsbald die Erscheinungen der Hepatisation, und die Hülfe ist zu
spät, es frägt sich aber, ob es nicht in dieser Zeit
erlaubt wäre, analeptische Mittel vorsichtig als Reagentien anzuwenden, wegen des so oft niedergedrück-
ten Kräftezustandes? Autenrieth that es, und
Opium ist das rechte Mittel in ganz kleinen Gaben,
bis man sich von der entzündlichen Reaction überzeugt hat. Nach Rademacher und andern Anhän-
gern der sog. Erfahrungsheilkunst gibt es eine Pneumonie, die nur durch Kupfer heilbar sei, besonders
seien es jene Pneumonien, wenn die Bronchialschleimhaut vorzugsweise am Krankheitsprozesse Theil
nimmt; dann bei mehr schleichendem als rapidem
Verlaufe der Erkrankung, und endlich fast alle jene
Fälle, wo man verminderten vitalen Turgor der Haut
beobachte. Die Form ist z. B.: Tinctur. cupri acet.
ʒiij Tag über zu verbrauchen. — Die Homöopathen
geben gegen Pneumonien das Aconit. Vgl. darüber
Entzündung. Das technische Wasserheilverfahren
gegen Lungenentzündung ist folgendes: Gleich bei
den ersten Erscheinungen einer Lungenentzündung
werde der Kranke auf eine wollene Decke gelegt, in
ein nasses, gut ausgerungenes Leintuch von 12—15°
R. gewickelt, und dessen Brust mit eben so kalten
Umschlägen belegt, und mit einer zweiten wollenen
Decke leicht zugedeckt. In leichteren Fällen genügt
dieses immer zu rechter Zeit wiederholte Verfahren.
Während dem Fieberfrosfe wendet man kein kaltes
Wasser an. Steigert sich die Krankheit zu höherem
Grade, ist nämlich bedeutender Druck, Dyspnoe,
Husten, zähe Sputa mit oder ohne Blut, voller Puls,
sparsamer rother Urin, verhinderte Seitenlage etc.
vorhanden, so wendet man je nach der individuellen
Beschaffenheit des Kranken Halbbäder von 12—16° R.
an. Das Wasser bedeckt hier nur die untere Rumpf-
parthie bis zur Nabelgegend, und die unteren Extremitäten, wobei letztere stets frottirt, nebenher Brust
und Kopf abgewaschen oder wiederholt begossen werden, bis sich der Körper kühl anfühlt, der Kranke
Erleichterung empfindet, und die Krankheitssymptome
sich bedeutend gehoben haben. Nach dem Halbbade
wird der Kranke in ein trockenes Tuch gehüllt, ins
Bett gebracht, leicht zugedeckt und bei Wiederkehr
der synochalen Reaction wie früher nass eingewickelt, die kalten Compressen aufgelegt, welche,
weil sie sich früher als die allgemeine Einwicklung
erwärmen, öfters gewechselt werden müssen; die
Antiphlogose muss strenge fortgesetzt werden, bis
die Entzündungssymptome gänzlich gehoben sind,
was durch die öftere Anwendung der Halbbäder abwechselnd mit der kalten Einwicklung am sichersten
bezweckt wird. Die jedesmalige Indication hiezu
spricht sich nicht nur durch die Wiederkehr der
ersten Spuren synochaler Reaction, sondern auch
durch das instinktmässige Selbstverlangen des Kr.
zur Wiederholung dieser Bäder hinreichend aus. —

Sehr oft stellen sich zu gleicher Zeit Congestionen nach dem Kopfe, Delirien, Sopor etc. wegen Hemmung des kleinen Kreislaufes ein. Hier müssen kalte Umschläge über den Kopf während der ganzen Dauer dieser Erscheinungen gemacht werden. — Man lässt den Kranken stets nach Durst in kleineren Portionen Wasser von 8—12° R. trinken. Es mindert die innere Hitze, verdünnt das Blut, befördert die Secretionen. Uebrigens richtet sich die Temperatur des Getränkes nach dem Reizvertrag des Kranken. Da bei dieser Behandlungsweise der Entzündungsprozess oft in kurzer Zeit gebrochen wird, sonach die Krankheit keinen nach Tagen bestimmten Verlauf einhält, und bald eine Crise eintreten kann, so ist grosse Aufmerksamkeit nöthig, um den Moment, wo die Transpiration befördert werden muss, nicht zu übersehen. Wenn daher Schweiss mit Erleichterung eintritt, so muss der Kranke mehrere Stunden in Transpiration erhalten, und so oft ein Wechsel der Tücher aus was für einer Ursache nöthig wird, stets nach diesem mit Wasser von etwa 18° R. leicht abgewaschen werden, die Ausdünstung kehrt dann bald wieder zurück. Hält die Crisis an, so hat man weiter nichts zu thun, als die Transpiration gelinde zu unterhalten, und noch einige Morgen, besonders wenn der Kranke ohne vermehrte Ausdünstung wäre, eine nasse Einwicklung von 1—2 Stunden zu machen, nach dem Schweiss eine kühle Abwaschung zu veranstalten, und den Kr. der nöthigen Ruhe zu überlassen. Die nassen Tücher müssen aber jedesmal stark ausgerungen sein und gut anschliessen. Bei einem allenfalsigen Rücktritt der Entzündung müsste die obige Behandlung wiederhölt werden. Sollten noch einige Zeit leichte Brustbeschwerden, trockener Husten etc. zurückbleiben, so sind Brustwaschungen von 18° R. und erregende Umschläge (solche, die nasskalt aufgelegt 3—4 Stunden liegen bleiben, ehe man sie wechselt, und bei deren Wegnahme man die betreffende Hautstelle heiss, häufig auch im Schweisse fühlt) von Nutzen. Stellen sich im Verlaufe der Krankheit Diarrhoen oder Verstopfungen ein, so wird die zweckmässige Anwendung von Wasserklystieren Hilfe leisten. Crisen und Sputa sind von geringerem Belang und gewiss wurde durch die zu häufige Anwendung der Expectorantien schon viel geschadet; man lässt daher, soll ja die Expectoration befördert werden, schleimige Getränke von Eibisch, Salep etc. reichen. Bei vielen so behandelten Patienten mit Pneumonien oder Pleuropneumonien findet man schon nach 24 Stunden bedeutende Erleichterung, am 2ten, öfter aber am 3ten Tage bei der Mehrzahl kritische Schweisse.

Lungen-Entzündung der Kinder. Die entzündlichen Krankheiten der Respirationsorgane bei Kindern haben für den Arzt grössere Schwierigkeiten als bei Erwachsenen. Auch verursacht die Tendenz der Lungen kleiner Kinder zum theilweisen Collapsus (Atelectasie, welche irrthümlich öfters mit Lobularpneumonie verwechselt wird) grössere Gefahren.

Die Bronchitis entwickelt sich meist aus dem gewöhnlichen Katarrh, und sie beginnt mit den

gewöhnlichen Erscheinungen des Katarrhs, aber statt
dass der Husten und das damit verbundene geringe
Fieber allmählig damit abnehmen sollte, wird die
Haut immer heisser, der Husten stärker, häufiger und
schmerzhafter; das Kind schreit bisweilen nach jedem
Husten laut auf, der Puls wird schneller, die Athmung
pfeifend, schleimig und dann und wann etwas unregelmässig. Diese ernsteren Symptome schleichen
sich oft allmählig herbei und bei den ärmeren Klassen hat die Krankheit nicht selten schon einen sehr
hohen Grad erreicht und ist sehr gefährlich geworden, ehe die Eltern nur daran dachten, einen Arzt
zu rufen, weil sie die Krankheit für einen blossen
Katarrh hielten. Mit zunehmender Krankheit steigert sich das Fieber, das Gesicht wird geröthet,
Haut heiss, Athmung schwierig, der Husten besonders gegen Abend sehr beschwerlich, die ersten
Stunden der Nacht sind gewöhnlich sehr unruhig,
aber dann verfällt das Kind in einen Schlaf und
schläft abgemattet mehrere Stunden lang. Hierauf
erwacht es gewöhnlich mit bedeutender Oppression
weil in den kleinen Bronchialästen sich Schleim angehäuft hat und den Eintritt der Luft verhindert.
Es folgt heftiger Husten, der bisweilen mit Erbrechen
und Auswurf von Schleim endigt, und nun erst wird
die Athmung wieder freier und das Kind zeigt sich
jetzt ziemlich munter. Das Ohr entdeckt in der
Brust nichts als eine Mischung von Rhonchus sibi-
lans und einer etwas weit verbreiteten Crepitation,
deren trockene Töne mehr nach oben und deren
feuchte mehr nach unten vorherrschen, und nach
hinten zu deutlicher und kräftiger ist als nach vorn.
Beim Kinde ist so etwas gefährlicher als beim Erwachsenen, weil eine reichliche Secretion in den
Bronchien und eine gewisse Schwäche der Lebenskräfte schon hinreichen, das Eindringen der Luft in
die Lungenbläschen zu verhindern und so einen Collapsus einer grösseren oder geringeren Portion des
Lungenparenchyms zu Wege zu bringen. Je jünger
das Kind, desto grösser die Gefahr bei Bronchitis,
doch endigen die meisten Fälle von idiopath. Bronch.,
die allmählig aus einem Katarrh heraus sich entwickelt haben, ganz glücklich, doch erneuert sie sich
gerne wieder.

Es gibt jedoch eine Form von acuter Bronchitis,
welche meistens, wenn auch nicht immer idiopathisch
ist, ihren Verlauf mit grosser Schnelligkeit durch-
macht und gewöhnlich zu tödtlichem Ausgange führt.
Es ist dieses diejenige Form, welche von Einigen
Catarrhus suffocaticus oder auch Bronchitis capillaris
genannt wurde, und in der die kleineren Bronchial-
äste innerhalb einer ganzen Lunge oder in einer sehr
beträchtlichen Portion derselben, entweder zugleich
mit den grösseren Bronchien oder allein für sich von
einer Entzündung ergriffen sind, die gewöhnlich in
einer reichlichen purulenten Absonderung, oder mit
Bildung von falschen Membranen, die die Höhlung
fast gänzlich obliteriren, sich endigt. Bisweilen auch
ergriff die Entzündung die Lungenbläschen selbst,
und ruft dann diejenigen Erscheinungen hervor, wel-

che von einigen Autoren unter dem Ausdrucke Pneumonia vesicularis oder Bronchitis vesicularis begriffen
worden sind. Diese Krankheit tritt zuweilen plötzlich auf, in den meisten Fällen gehen ihr katarrhal.
Erscheinungen voraus, oder es zeigt sich vorher die
Art von Rauhigkeit im Halse und Bronchialreizung,
die bei den Ausschlagsfiebern vorzukommen pflegt.
Es kommen nun die heftigeren bronchitischen Symptome, Fieber, Dyspnoe, der Husten wird häufig, kurz,
trocken, stechend. Bald erreicht die Krankheit einen
sehr hohen Grad, das Antlitz wird angstvoll, Augen
schwer, Athmung beschleunigt, unregelmässig, Husten
schmerzhaft, grosse Unruhe des Kindes. Bisweilen
ist dabei Verstopfung, Druck oder ein Schmerzgefühl
in der Gegend des Brustbeins oder der Magengrube;
ein Druck auf den Bauch, wodurch das freie Hinab-
steigen des Zwergfells gehemmt wird, erzeugt immer
grosse Unbehaglichkeit, Appetit fehlt, und obwohl
der Durst anfänglich sehr gross ist, so hört doch das
Kind bald auf, zu trinken, denn es fehlt ihm der
Athem; Zunge feucht, höchstens etwas dünn weisslich belegt. Erbrechen oder Ueblichkeit stellt sich
selten ein, und werden Brechmittel gereicht, so haben
sie selten die gehörige Wirkung. In dem Maasse
wie die Krankheit vorschreitet, wird der Husten tiefer, bleibt aber häufig wie früher, zuweilen kommt
er in Anfällen vor, der aber von keinem Auswurf
begleitet ist, oder es kommt nur ein wenig mit Blut
gefärbter Schleim, oder auch reines Blut, oder mit
geringen Hautfetzen gemischt. Die Athmung wird von
Zeit zu Zeit immer schneller, Dyspnoe wird häufiger
und länger, und in diesen Paroxysmen ist die Angst
und Unruhe des Kindes ausserordentlich, es wirft sich
wild im Bette umher. Die Athmung wird jedoch auch
bisweilen wieder langsamer, unregelmässiger, das
Antlitz verliert seine scharfe Röthe, wird bläulich,
der Husten wird unterdrückt, zeigt sich seltener,
Puls wird häufiger, kleiner. Sowie der Tod sich
nähert, wird zwar die Athmung schwieriger und mehr
abdominal, jedoch leidet das Kind weniger, eine gewisse Somnolenz befällt dasselbe, aus der es nur
einzelne Hustenanfälle aufwecken, aber allmählig
wird der Kampf nach Luft immer schwächer und
schwächer, die Schlafsüchtigkeit nimmt zu, und das
Kind stirbt. — Diese Bronchitis tödtet öfters nach
48 Stunden als 4—8 Tagen.

Was die Behandlung betrifft, so sind im Allgemeinen hier die Regeln zu befolgen, wie sie gegen
den Katarrh aufgestellt werden; nur muss noch mit
grösserer Energie gegen das Hinzutreten von Pneumonie oder Collapsus der Lunge gekämpft werden,
welche bei Kindern eine so häufige Complication der
katarrhalischen und bronchitischen Affectionen ist.
In den gewöhnlichen Formen von Bronchitis wird
eine V.S. weder erfordert, noch gut ertragen, und
selbst Blutegel müssen mit Vorsicht nur gesetzt werden. Ist das Kind kräftig und das Fieber bedeutend,
so können Blutegel angesetzt und selbst wiederholt
werden, besonders wenn die Kräfte nicht abgenommen, der Husten kürzer und stossender und die Cre-

pitation entweder sehr allgemein verbreitet, oder in den unteren Lungenlappen kleiner als in den oberen geworden ist. Einem kräftigen 2 Jahre alten Kinde setzt man etwa 4 Blutegel unter die Schulterblätter, weil die hinteren Parthien der Lunge am meisten von Congestion ergriffen sind, und weil das Kind weniger aufgeregt und beunruhigt wird, da es die Blutegel nicht zu sehen bekommt und die Kinder die Blutwunden mit den Fingern nicht aufreissen können, was sie sehr häufig zu thun pflegen, wenn sie diese Wunden vorne auf der Brust haben. Die Blutentziehung wird aber um so unnöthiger, als wir im Tart. emet. ein äusserst kräftiges Mittel besitzen, die Krankheit zu heilen. Man kann dem Tart. emet. in kleinen Gaben auch kleine Gaben Calomel und Ipecacuanha zusetzen, um auf den Darmkanal und die Haut mitzuwirken. Wird das Kind besser, so gibt man blos Vinum stibiatum für sich. Ist die Bronchitis heftiger, so gibt man den Tart. emet. in grösseren Dosen, so dass zuerst Brechen entsteht und dann durch Wiederholung des Mittels stündlich oder 3stündlich 1—2 Tage lang unter dem Einflusse des Mittels verbleibt. Selbst in den Fällen, wo die Bronchitis nicht so heftig ist, tritt gewöhnlich gegen Abend eine Steigerung des Fiebers und der Dyspnoe ein, gegen welche am besten ein Emeticum aus Tart. emet. und Ipecacuanha wirkt, und dieses Brechmittel kann mit Vortheil gegen den Morgen wiederholt werden, wenn das Kind beim Erwachen mit Schwierigkeit athmet, da durch das Emet. die Bronchien entleert werden. Der anhaltende Gebrauch grosser Gaben des Tart. emet. wirken bekanntlich ungemein erschlaffend und herabsetzend auf die Muskelkraft, und da dies hier zu befürchten ist, weil durch die Schwäche Collapsus der Lungen entstehen könnte, so ist es gut, wenn man so bald als möglich vom Tart. emet. in fortgesetzten Dosen abstehen kann, wofür man blos in Intervallen Emetica und in der Zwischenzeit sonstige Expectorantia darreichen kann. Es sei daher Regel, dass wenn der Brechweinstein aufhört Erbrechen zu bewirken, oder nur eine Art Würgen erzeugt, man das Mittel ganz aussetze, oder in seinen Gaben bedeutend vermindere, oder es in grösseren Intervallen reiche, so dass endlich doch ein Erbrechen erfolgt, aber dem Kinde die lange Zwischenzeit bleibt, sich zu erholen. — Zu berücksichtigen sind noch die Nervenerscheinungen, welche die Bronchitis zu begleiten pflegen. Es ist namentlich der hohe Grad von Dyspnoe nicht immer Folge des mechanischen Hindernisses für die Athmung, sondern zum Theil Nervenaffection. Die Dyspnoe ist zuweilen noch vorhanden nach der Blutentziehung, oder hat gar zugenommen, während die entzündlichen Erscheinungen doch minder geworden sind. Man muss in dieser Beziehung auf seiner Hut sein, auscultiren, und die Hauttemperatur berücksichtigen, welche nicht gesteigert ist bei nervöser Dyspnoe. Die convulsivischen Erscheinungen, die halbgeschlossenen Augen, das Einschlagen der Daumen in die Handflächen, die Abnahme der Entzündung, welche die Auscultation nachweist, machen die nervöse Dyspnoe kund. Es kommt aber diese nervöse Dyspnoe auch zuweilen schon sehr früh in der Bronchitis zum Vorschein, wo ein actives Eingreifen noch nothwendig, und Antiphlogose angewendet werden muss, zugleich aber wendet man einen Senfteig auf die Brust, man setzt das Kind bis zum Becken in ein heisses Bad, wodurch besonders die abendlichen Exacerbationen am besten beseitigt oder gemildert werden. Treten aber diese Erscheinungen in einem mehr vorgerückten Stadium der Krankheit auf, oder bei einem früher schon geschwächten Kinde, so ist daraus zu schliessen, dass ein sehr actives Eingreifen nicht mehr passend ist. Es muss alsdann der Brechweinstein ausgesetzt oder bedeutend vermindert werden, man gibt dann Vinum Ipecacuanhae mit kleinen Dosen Salpeteräther und zusammengesetzter Camphertinctur, oder auch kleine Dosen Dower'sches Pulver. Ist das Kind sehr unruhig, so legt man es in ein nicht zu warmes Bad, ausserdem reicht man kräftige Brühen, Arrow-Root u. dgl.

Ist die Bronchitis grösstentheils beseitigt, sind wenigstens die acuten Symptome geschwunden, so wird die darauf folgende Genesung oft durch die Andauer des Hustens und das etwas pfeifende Athmen in die Länge gezogen; sie müssen beseitigt werden, denn sie drohen mit Recidiven der Bronchitis. Daher Tonica und reizende Einreibung auf die Brust, Extr. Chinae und öfters abendlich ein Emeticum aus Ipecacuanha. Ist die Absonderung in den Bronchien sehr reichlich, so ist ein Dct. Senegae mit Zusatz von Ammonium und Extr. Scyllae allem Uebrigen vorzuziehen. Ist die Bronchitis während der Dentition eingetreten, so kommt sie öfters beim Durchbruche jedes Zahnes wieder. In manchen Fällen verharren die bronchitischen Symptome eine längere Zeit, das Kind scheint an Phthisis zu leiden, es wird mager und der Auswurf reichlich und eiterförmig. Allerdings ist die Furcht vor Phthisis nicht ganz ohne Grund, am besten ist dagegen der Winteraufenthalt in einem besseren Klima zu empfehlen, und der Sommeraufenthalt an der Seeküste.

Was die Anwendung des Tart. emet. im Allgemeinen bei Bronchitis anbelangt, so gelte als allgemeine Regel, dass, so lange dieses Mittel Brechen erregt, viel von seiner Wirksamkeit zu hoffen ist, man aber davon abzustehen suchen muss, wenn die livide Färbung des Antlitzes und der nachgiebige schwache Puls darthut, dass die Oxygenation des Blutes nur sehr unvollständig vor sich geht. Ein Vesicans ad pectus, reizende Expectorantien, als Senega, Ammoniacum sind alsdann anzuwenden, dazwichen können von 4 zu 5 Stunden, Versuche gemacht werden, mit Scilla und Ipecacuanha Brechen zu erregen, um die Bronchien von ihrer Schleimanhäufung zu entleeren.

Was die Pneumonie der Kinder betrifft, so ist sie keineswegs immer ein zur Bronchitis secundär hinzugekommenes Leiden, sondern öfters für sich bestehend. Die idiopathische Pneumonie ist

mit Berücksichtigung der Erscheinungen, wie sie
auch bei Erwachsenen vorkommen, kaum zu verkennen, jedoch ist dieses zuweilen der Fall bei denjenigen Pneumonſen, welche im Verlaufe anderer Krankheiten auftreten. Unter solchen Umständen gehört
oft viel Scharfsinn und genaue Untersuchung dazu,
um die Pneumonie zu entdecken. Die Krankheit
kann im Anfange für beginnenden Hydrocephalus
gehalten werden; auch Gastro-Enteritis kann dafür
imponiren, und genaue Auscultation und Umsicht allein
kann die Diagnose sichern. Zu bemerken ist übrigens, dass bei der Pneumonie der Kinder der Husten
zuweilen ganz fehlt, und ist meistens trocken und
rauh, und wird erst bei günstiger Entscheidung der
Krankheit feucht, nur zuweilen ist er während der
ganzen Krankheit mit Schleimrasseln vorhanden. Expectoration ist nie damit verbunden. Dieser Mangel
an den für die Pneumonie des späteren Alters be-
zeichnendsten Symptomen macht die Auscultation hier
zum unübertrefflichsten Hülfsmittel der Diagnose, da
auch die Percussion wegen der grossen Sonorität des
kindlichen Thorax und wegen der hier gewöhnlich
vorkommenden eigenthümlichen Art der Hepatisation,
der lobären nämlich, in vielen Fällen kein genügendes Resultat gibt. Dagegen muss jede lobäre und
jede lobuläre Hepatisation, die nur einige Ausdehnung erreicht hat, nothwendig bronchiales Athmen
zur Folge haben, da sich auch bei der lobulären Hepatisation, die nur einige Ausdehnung erreicht hat,
nothwendig bronchiales Athmen zur Folge haben, da
sich auch bei der lobulären Hepatisation immer einzelne Stellen finden, wo innerhalb des hepatischen
Gewebes grössere Bronchien durchgehen. Knisterndes Geräusch hört man nicht immer. Vor Verwechslung des bronchialen mit dem verstärkten puerilem
Athmen schützt eine genaue Untersuchung verschiedener Stellen der Brust und Vergleichung der in
denselben wahrnehmbarem Respirationsgeräusche. Bezüglich der Behandlung gelten dieselben Regeln, wie
bei der Pneumonie Erwachsener: Blutentziehungen,
Calomel und Tart. emet.

Lungen-Lähmung. S. Catarrhus-suffocativus.

Lungen-Mittel nach Rademacher.

Salmiak. Dieser, der im Allgemeinen ähnliche,
jedoch schwächere Kräfte als der Salpeter auf den
Gesammtorganismus äussert, hat auf verschiedene
Organe eine eigene wohlthätige Einwirkung. Bei
einer krankhaften Schleimabsonderung auf der innern
Fläche der Lunge gibt es nichts Heilsameres. Er
hemmt diese Schleimabsonderung nach und nach, und
beschwichtigt den davon abhängenden Husten. Auch
der Eiterabsonderung in geborstenen Eiterbeulen der
Lunge setzt er Schranken, und es ist wohl schwerlich ein Mittel in der Apotheke, welches ihm in dieser Hinsicht gleich zu achten wäre. In 24 Stunden
gibt Radem. zu ℥ij in ℥jv Wasser aufgelöst und 10 Gr.
Traganthgummi zur Deckung des salzigen Geschmacks
beigesetzt, auch wohl 10 Gr. Bilsenkrautextract.

Befindet sich der Gesammtorganismus in einem
unter der Heilgewalt des Salpeters stehenden Zu-

stande, so passt der Salmiak als Organheilmittel und als Universale ganz vortrefflich. Befindet sich aber der Gesammtorganismus in einem Zustande, der unter der Heilgewalt des Eisens steht, so thut der Salmiak kein Gut. Die Menschen fühlen sich matt und elend bei dessen Gebrauche, und Husten und Eiterausleerung werden beide nicht minder dadurch.

Sulphur. auratum antimonii. ℞ Radic. Enulae, Radic. Irid. florent. ana ℈β; Sulphur. aurat. antimon. gr. j. M. D. S. 4mal des Tags 1 Pulver. Allein der Goldschwefel thut ohne solche Zusammensetzung u. mit blossem Milchzucker gegeben dieselben Dienste, wo nicht noch bessere. Er wirkt ganz ausserordentlich vortrefflich sowohl in fieberhaften als fieberlosen, schmerzhaften und schmerzlosen, unter der Form von Husten, mit oder ohne beengten Husten sich offenbarenden Brustaffectionen. Die Gabe ist zwischen 4 u. 10 Gran in 24 Stunden. Ein Gran 4mal des Tags ist die gewöhnliche Gabe, und 10 Gr. in 24 Stunden die aussergewöhnliche in ℥viij Wasser und ℥j Gummi arab. in einem Schütteltrank.

Tabakskraut-Extract, Extr. Nicotianae tabaci. Im ächten Lungenhusten ist es eines der besten Mittel zu 2, 4—8 Gr. in 24 Stunden und zu gr. β—j pro dosi. Man gibt es in Pillen. Extr. Nic. tab. mit Althaeawurzel-Pulver zu Pillen gemacht, deren jede 1 Gr. Extr. enthält. 4 Gr. in 24 Stunden.

Das Tabaks-Extract besiegt den Urlungenhusten und dient auch als Erkennungsmittel für diesen, ob er wirklich ein Urlungenhusten sei oder blos ein consensueller. Es gibt aber auch Urlungenhusten, die dem Tabak widerstehen, z. B. solche, welche von Knoten, oder von verschlossenen oder offenen Eitersäcken herrühren. Der Tabak hat also auf idiopathische, aber auf keine consensuelle Husten heilende Einwirkung. Mit dem Mohnsafte kann man zuweilen consensuelle Husten, wo nicht heilen, doch mässigen, ja für kurze Zeit beschwichtigen, mit dem Tabaks-Extracte aber kann man dieses nicht. Das Tabaks-Extract ist auch das mächtigste Mittel, idiopathische Lungenblutungen zu heben.

Freilich gegen Lungenblutstürze, die den Tod plötzlich herbeizuführen drohen, vermag man wohl damit nicht viel zu thun, hier muss man Alaun innerlich geben, den Brustkasten mit Eis oder Tüchern in künstlich gekaltetes Wasser getaucht belegen.

Lungenblutungen gehören wie Colik, Schlag und etliche andere Krankheiten, zu den tumulterregenden. Allein man darf sich nicht vertollen lassen. Diese Sachen sehen meistens gefährlicher aus, als sie sind, und bei Lungenblutungen z. B. hat mancher zaghafte Arzt schon Schwefelsäure, Alaun und andere zusammenziehende Dinge in Fällen angewendet, wo sie passten wie die Faust aufs Auge.

Das gewöhnliche Blutspeien hat einen ziemlich ██████ unter den Leuten. Zweifelsohne können ████████ der Lungen, besonders Knoten, und ████████ verursachen, ebenso kann ein ████████ Kreislauf in dem Pfortadersysteme ████████ als Lungenblutung und zuweilen be-

deutende Blutung verursachen, und auf solche Fehler
erfolgt denn natürlich manchmal Schwindsucht oder
Wassersucht und der Tod. Aber warum sollte bei
vollblütigen, gut genährten, übrigens gesunden Menschen Blutung aus der Lunge gefährlicher sein, als
Blutung aus der Nase? R a d e m. sieht keinen Grund
zu einer solchen Annahme. Die Natur entledige sich
des Ueberflüssigen, des ihr Hinderlichen. Diese Entleerung ist nicht selten heilsam, und es ist ziemlich
gleichgültig, ob sie aus der Nase oder aus der Lunge
geschieht. Wir sehen, dass bei jungen, vollblütigen
Menschen Nasen- und Lungenblutungen nicht ungewöhnlich mit einander abwechseln; dass bei manchen
Weibern vor dem Eintritte der Menstruation Blutspeien entsteht, ohne dass sie dadurch an ihrer Gesundheit Schaden leiden. Bei acuten mit Seitenstechen verbundenen Fiebern, nicht blos bei Lun-
gen-, sondern ebenso häufig bei Leber- u. Milzaffection,
sehen wir blutigen Auswurf, ohne dass die Menschen
schwindsüchtig werden oder sterben. Solche Kranke
werden dann oft unweise mit Aderlassen u. dergl.
Dingen von den Aerzten bestürmt, und in Folge der
Behandlung gehen sie schwindsüchtig zu Grunde.
Wahrlich manche Körper, sonderlich junge im
Wachsthume begriffene vertragen solche unweise
Blutentziehungen und Ausmergelungen nicht, und
der Stoss, den ihre Natur bekommt, ist kaum mehr
wieder gut zu machen.

Das, was bei consensuellen, im Bauche begründeten Lungenblutungen der Samen der Frauendistel
leistet, das leistet bei Urlungenblutungen das Tabaks-
extract. Es scheint direct die krankhaft vermehrte
Action der Lungenblutgefässe zu vermindern und sie
zum Normalstande zurück zu führen. Es versteht
sich aber von selbst, dass man bei allen Urlungenblutungen wohl auf den Zustand des Gesammtorganismus achten müsse. Dieser ist zuweilen, sonderlich bei jungen Leuten, in gewissem Grade erkrankt,
und steht, zwar nicht nothwendig, aber doch gemein-
lich unter der Heilgewalt des kubischen Salpeters.
Hier ist es dann zweckmässig, den Salpeter mit dem
Tabaksextract zu verbinden.

Es gibt aber auch Lungenblutungen, die, gleich
manchen Blutungen aus der Nase, aus der Gebärmutter, aus den Nieren, weiter nichts sind, als eine
in den Lungenblutgefässen vorwaltende, unter der
Heilgewalt des Eisens stehende Affection des Gesammtorganismus. Hier ist das Tabaksextract ganz
überflüssig, wo nicht schädlich. Es sind dieses Blutungen, bei welchen die Aerzte Mineralsäuren, Alaun
und ähnliche Mittel nützlich befunden.

Die Lunge kann auch durch Uraffection der
Bauchorgane mitleidig ergriffen werden und daraus
kann Husten, Blutspeien und Schwindsucht entstehen,
Leber- und Milz- etc. Krankheiten werden oft für
Lungenkrankheiten genommen, und die Kranken
sterben dann wirklich an der Lungenschwindsucht.
Aber alle consensuelle Affectionen der Organe werden auf die Dauer zu Uraffectionen, mithin wird die
gar zu lange consensuell ergriffene Lunge auch zur

urergriffenen; es bildet sich chronische Entzündung
in diesem Eingeweide, aus welcher dann Geschwüre
entstehen, oder es entsteht, durch den behinderten
Bauchkreislauf, Blutanhäufung in den Lungen, und
diese verursacht, zuweilen auf geringe Veranlassung,
Zerreissung eines mehr, oder minder bedeutenden
Blutgefässes. In diesem Risse, welcher doch eine
Wunde ist wie jede andere Wunde, bildet sich wahr-
scheinlich Eiterung, und so ist der Anfang zum
Lungengeschwüre oder zur Schwindsucht gemacht.

Das Urwerden des consensuellen Lungenleidens
hat keine auch nur ungefähr zu bestimmende Zeit,
es geschieht aber nicht schnell. Man muss also bei
Behandlung solcher Schwindsuchten, in zweifelhaften, durch Zeichen unerkennbaren Fällen, ein blos
consensuelles Lungenleiden annehmen, und das Ur-
bauchleiden auszumitteln und zu heben suchen. Man
heilt durch diese Annahme in zweifelhaften Fällen
manche Schwindsüchtige, die schon für verloren ge-
golten; täuscht man sich aber und ist das Leiden
schon Urleiden der Lunge geworden, so schadet die
obige Annahme nichts, denn solche Kranke sind
doch nicht zu retten.

Erkrankte Lungen üben aber auch umgekehrt
consensuelle Einflüsse auf andere, namentlich Bauchorgane. So findet man Schwindsüchtige, die Alles
ausbrechen, was sie in den Magen bekommen, bei
anderen findet man dumpfen Schmerz im rechten
Hypochondrio, ja weissen Koth wie bei Gelbsüchtigen abgehen; ebenso findet man consensuelle Durchfälle, sogen. colliquative, consensuellen Stuhlzwang,
Nierenleiden u. daraus entspringende Wassersucht sind
ebenfalls nicht seltene consensuelle Erscheinungen.

Vom B l e i z u c k e r sagt R a d e m., dass er die
Catarrhalschwindsucht, wenn sie noch im Zeitraume
der Heilbarkeit sich befindet und unter der Heilbarkeit des Eisens steht, heile. Auch die Phthisis
tuberculosa, so lange noch Hülfe möglich ist, d. h.
so lange nur chronische Entzündung in den Knoten
ist, kann, wenn diese Entzündung mit einer unter
der Heilgewalt des Eisens stehenden Affection des
Gesammtorganismus verbunden ist, ebenfalls durch
das Blei zeitlich geheilt werden. Unter der nämlichen Bedingung kann ein rein abscedirender Knoten
durch das Blei ausgeheilt, die chronische Entzündung anderer benachbarter Knoten gekehrt, mithin
die Schwindsucht für die Zeit geheilt werden. Bildet
aber ein solcher Knoten ein Geschwür, d. h. fängt
die Eiterung, nicht wie beim Abscess, im Mittelpunkte, sondern auf der Oberfläche an, so ist das
Blei bestimmt kein Heilmittel der Phthisis tuberculosa, obwohl es den Arzt und den Kranken sehr
täuschen, beiden mit grosser Hoffnung einer baldigen
Heilung schmeicheln kann.

Das Blei ist in seiner Heilwirkung nahe mit dem
Eisen verwandt, es ist so gut wie dieses ein Universalmittel, welches den auf eine eigenthümliche Weise
erkrankten Gesammtorganismus zur Norm zurück-
führt, es unterscheidet sich aber dadurch vom Eisen,
dass es, je nachdem der Körper für seine Einwirkung

empfänglich ist, feindlich auf die Därme oder auf die Mundhöhle einwirkt.

Das Blei macht Speichelfluss und Entzündung der Mundhöhle so gut als Mercur.

Bei namentlich alten Leuten erfolgt manchmal plötzlich eine theilweise Lähmung der Lungen (gänzliche Lähmung derselben ist Tod), bei welcher die Kranken grosse Athemnoth haben, bei der leisesten leidenden Bewegung zu ersticken fürchten, blasses Gesicht haben und der Tod ihnen auf der Zunge zu sitzen scheint. Eine solche unvollkommene Lähmung kann dann in eine vollkommene Lähmung übergehen, worin dann die Kranken sterben. Nur flüchtige schnell wirkende, belebende Mittel können solche Kranken retten, namentlich Schwefeläther in grösseren Massen bis zu ℥ij in 24 Stunden. Ist die Athemnoth beseitigt, dann muss die Gabe des Schwefeläthers nach und nach vermindert werden.

Lungen-Lähmung. S. Catarrhus suffocativus.

Lungen-Oedem. Oedema-, Hydrops pulmonum.

Symptome. Heftige Respirationsbeschwerden, Dyspnoe, Blauwerden der Lippen, Zunge, Wangen, heftiger als bei Hydrothorax, die Lage des Kranken erleichtert nicht, wie bei diesem. Das Lungenödem kann durch die Percussion oft nicht erkannt werden; es gibt dieselbe nämlich den normalen vollen Lungenton, welcher in merkwürdiger Weise in der vorhandenen Beengung und mit dem Schnurren, Pfeifen, Sausen, Zischen und Rasseln, was die Auscultation nachweist, contrastirt. Ja in der Mehrzahl der Fälle ist der Ton nicht blos voll, sondern gar tympanitisch. Man muss sich nämlich nicht vorstellen, dass bei dem Lungenödem das Lumen der Bläschen mit·Wasser angefüllt ist. Das interstitielle Zellgewebe ist mit seröser Flüssigkeit getränkt. — Auscultation gibt undeutliches Respirationsgeräusch, etwas Knistern, Bronchialrasseln; viel Husten mit Auswurf einer grossen Menge schaumigen Schleims; Kälte der Extremitäten, Beschränkung aller Secretionen, Oedem der Knöchel.

Diagnose wird vorzüglich festgestellt durch die Erscheinung der Percussion und Auscultation, dadurch, dass die Lageveränderung des Kranken keinen Einfluss auf die Erscheinungen hat, durch die Heftigkeit der Erscheinungen.

Therapie. Bei kräftigen, blutreichen Individuen muss man öfters, um Erstickungsgefahr abzuwenden, eine V.S. anstellen und öfters wiederholen; dazu reizende Fuss- und Handbäder, Drastica, Diuretica. Wenn die Kranken nicht mehr athmen können, die Respiration kurz, keuchend, die Extremitäten kalt sind, so hilft nichts als Emeticum und eine kleine V.S. — Potio antihydr. Frankii und andere Formeln S. bei Wassersucht.

Lungen-Schwäche. S. bei Lungen-Schwindsucht.

Lungen-Schwindsucht. Vergl. Lungentuberkeln.

Lungen-Tuberkeln.

Symptome. Von Zeit·zu Zeit stumpfer, nicht

immer stetiger Schmerz am obern Theile der Brust
unter der Clavicula. Manchmal ein Gefühl von Taubheit u. Schwere im Oberarme, des Abends u. Morgens
Husten; bei trockener, warmer Jahreszeit vermindert
sich derselbe, Abends ist er trocken, krampfhaft, des
Morgens wird ein grauer, einfacher Trachealschleim
ausgeworfen, Blutstreifen bei heftigem Husten, starker, übermässig sonorer Wiederhall; Verschiedenheit
des Percussionsschalles an verschiedenen Stellen der
Brust und besonders in Vergleichung beider Brusthälften; pueriles, helles Respirationsgeräusch ohne
Murmeln; ungleiches Athmen an verschiedenen Stellen; prolongirte Exspiration, prolongirte oder getheilte Inspiration. Dumpfer Percussionston unter der
Clavicula, auf eine kleine Stelle anfangs beschränkt;
daselbst undeutliches Respirationsgeräusch. Bei bedeutender Esslust kein Zunehmen, sondern Abmagern,
das Fett an Waden und Wangen schwindet. Der Auswurf wird bröcklig, körnigt. Endet durch Zerfliessen
in Pneumo-Phthisis. Die Tuberkeln sind oft angeboren und bieten dann folgendes Bild: Eigenthümlicher Habitus, schmale, flache Brust, flügelförmiges
Vorstehen der Schulterblätter, lange Extremitäten,
angeschwollene vordere Fingerphalangen, klauenför-
mig gelegene Nägel, lange weisse Zähne, eigenthümlicher Humor, vorwärts gebeugter Gang, trockene
brennende Handteller, begränzte Wangenröthe, rothe
Lippen. Die Kranken können durch tiefes Einathmen die Brust ausdehnen, nicht immer sind Schwerathmigkeit und Beklemmungen vorhanden. Dazu die
Erscheinungen der Auscultation und Percussion. Sind
die Excavationen klein, noch mit Wasser gefüllt, ist
rings das Parenchym fest, mit Blut oder Wasser infiltrirt, so ist der Ton dumpf; ist die Excavation
gross, nicht ausgefüllt, so ist der Ton hell, Luftton
heller als im normalen Zustande. Mangel des normalen Respirationsgeräusches, Rasseln, wenn die Excavation mit einer Flüssigkeit angefüllt ist (Blasen-
knacken) und endlich Pectoriloquie, wenn der excavirte
Lungentheil mit der Costalpleura verwachsen. Dabei
Husten und Auswurf. Dieser ist bröcklich von Tuberkelmasse, in anderen Fällen mit Blut gemengt,
grünlich, schmutzig, braun, süsslich. Abzehrung,
Febris hectica mit synochalem oder nervösem Charakter, colliquative Schweisse und Durchfälle, Harn
mit Fettaugen. Tod durch Erstickung. — P h t h i s i s
f l o r i d a, galloppirende Schwindsucht, kommt meist
bei Weibern vor nach Störung der Menses, die entweder nie eingetreten, oder durch entzündlichen Zustand des Uterus wieder aufhörten, wo sie anfangs
noch mit Schmerz, aber am Ende gar nicht mehr
kamen. Dieses kann geschehen ohne allen phthisischen Stoff — schon durch eine Verkältung während
der Menstruation, Tanzen, leichte Kleidung, Durchnässung mit nachfolgender Unterdrückung der Menses,
oder Locchiensecretion. Auch nach kaltem Trunke
entstehen Tuberkeln mit folgender Phthisis. Es entstehen Magen-Erscheinungen, welche gewöhnlich als
die Hauptkrankheit angesehen werden, mit bitterem
was die Krankheit noch mehr

befördert, dann kommen die Lungenerscheinungen,
Husten, Auswurf, Abzehrung u. s. w. Auch nach
acuten oder unterdrückten chronischen Exanthemen,
Herpes, Krätze, anomaler Gicht, kommen Tuberkeln
vor, die rasch in Zerfliessung und Phthise übergehen können. Während der Schwangerschaft schweigen meist die Tuberkelphthisen, nach der Entbindung
aber gehen die Frauen desto rascher an Phthisis florida
zu Grunde. Die Ansteckung der Phthisis tubercula
pulmon. ist noch Controverse. Sie wird im Süden
(Italien, Südfrankreich) ebenso bestimmt behauptet,
als bei uns widersprochen. Je nach der Gunst oder
Ungunst der Prädisposition zu Tuberkeln ist aber
gewiss die Ansteckung möglich und häufig. Inter-
essant ist die Analogie der tuberculösen Lungenphthise beim Menschen mit der Rotzkrankheit beim
Pferde, insofern die eigenthümliche Skelettbildung
dieser Einhufer, welche das ausschliessliche Privile-
gium der Tuberkeln haben, sich bei Phthisischen des
Menschengeschlechts wiederfindet. Starkes Skelett,
Mangel an Fett, grössere Extremitäten, langer Hals,
starke glänzende Zähne, Muskelagilität und Mangel
au Muskelkraft, relativ venöses und helleres Blut,
kleine Lungen. Zu erwähnen ist ferner hier das Verhältniss der Schilddrüsen-Anschwellung zur Lungenthätigkeit. Die Schilddrüsen-Anschwellung, der Kropf,
ist grösstentheils scrophulösen Ursprungs. Wie nun
äussere Scropheln, wenn sie zurückweichen, z. B.
Kopfausschläge, Hautausschläge, Tuberkeln der Hirnhäute, so vermag ein Vermindern und Verkleinern
der scrophulösen Halsdrüsen und der Schilddrüsen-
Anschwellung Kurzathmigkeit, Hüsteln und Tuberkelbildung in den Lungen, oder Anschwellung der Gekrösdrüsen hervorzubringen. Häufig findet man bei
Knaben und Mädchen, ohne dass der Scrophelhabitus
sonderlich ausgeprägt ist, in ihrer Pubertäts-Ent-
wicklung die Schilddrüse angeschwollen; beseitigt
man nun durch Jod etc. den dicken Hals und erwägt
man die Beziehung der Schilddrüsen-Anschwellung
zur Lunge hier nicht, so wird die Brust gefährdet,
indem Beängstigungen, Husten und bei vorhandener
Disposition selbst Blutspucken sich ausbilden. Bei
Mädchen treten nicht selten in diesem Zusammenhange Störungen in der Menstruations-Entwicklung
mit heftigen Menstrualkoliken, Fluor albus und Anschwellungen der Brustdrüsen auf. — Eine in der
Pubertät erst hervortretende Anschwellung der Schilddrüse ist häufig nur der Ausdruck der Scrophulosis
und die Lungen sind in Gefahr, wenn diese scrophulöse Anschwellung vertrieben würde. Die Lungen-
gefahr könnte nur abgewendet werden, wenn man
alsdann die Wiederherstellung der Schilddrüsen-
Anschwellung bewirken könnte, z. B. durch Aufenthalt an Orten, wo das die Kröpfe erzeugende Wasser
getrunken werden müsste, um die Schilddrüse zur
vicarirenden Thätigkeit zu bringen. Die Schilddrüsen-Anschwellung, die eigentlich als eine Schild-
drüsen-Tuberculosis eine Schutzwehr für das durch
Scropheln bedrohte Lungenorgan zu betrachten ist,
gehoben, wird dadurch, dass nun nicht mehr so viel

rothe und weisse Säfte in diese Organe einströmen,
bewirken, dass desto mehr dergleichen zu den Lungen fliesst, da früher die Anschwellung der Drüse
eine Ableitung für die bedrohte Lunge war. Man
sollte daher nur vorsichtig und selten zur Beseitigung der Schilddrüsen‐Anschwellung, besonders
bei scrophulösen und jugendlichen Subjecten mit
Anlage zu Lungenleiden, schreiten, und es ist nöthig,
bei Brustkranken seine Aufmerksamkeit auf die vicarirende Thätigkeit der Schilddrüse zu wenden. Struma
und Lungentuberculose schliessen sich zwar nicht
gegenseitig aus, wie man oft angenommen, denn beide
treffen nicht selten in einer Person zusammen, indessen hört beim Hinzutreten des Struma zu Phthisis
der Reizzustand der Lunge auf und die Tuberkeln
der Lunge verkreiden. Es ist daher rathsam, Phthisiker an Orte zu schicken, durch deren Trinkwasser
Kröpfe gebildet werden. — Unter acuter Tuberculosis versteht man im Gegensatze zu den langsam
verlaufenden tuberculösen Erkrankungen, die in kürzester Zeit zu Stande kommende Ablagerung frischer,
grauer Miliartuberkeln in einem oder mehreren Organen, eines bis dahin tuberkelfreien Körpers, namentlich der Lungen. Die Krankheit kommt bei Erwachsenen sowohl als bei Kindern vor, namentlich rhachitischen, und ihr liegt eine eigenthümliche Blutkrasis
zu Grunde, das Blut ist hier faserstoffarm. Die acute
Tuberculose ist kein seltenes Vorkommniss, namentlich an einzelnen Orten, z. B. in Wien, wo die Hälfte
der Population ohnehin an Tuberculose stirbt. Bei
der Schwierigkeit und häufigen Unmöglichkeit ihrer
Unterscheidung vom Typhus wird sie oft als solcher
behandelt und erst auf dem Leichentische erkannt.
Ist ihre Diagnose möglich, so ist die exspectative
Behandlung und der alleinige Gebrauch von Säuren
gewiss besser, als die Anwendung der sog. Nervina,
durch welche die Congestivzufälle nur gesteigert und
die Defibrination des Blutes begünstigt wird.

Diagnose. Es ist bekannt, wie schwer die Untersuchung der Brust solche positive Resultate gewinnt,
welche die Anwesenheit von zerstreuter Tuberkel-
Infiltration ausser Zweifel stellen. Die folgenden
Zeichen, wenn sie alle, oder grösstentheils, oder
auch nur einige vorhanden sind, täuschen selten in
diesem Betreffe. Indessen können sie alle fehlen,
und man kann es dennoch mit einem Candidaten zur
Phthisis zu thun haben. 1) Der starke, übermässig sonore Wiederhall. Er findet seine
hinreichende Erklärung in der Ausdehnung der nicht
von Tuberkel angefüllten Bläschen, welche den Percussionsschall über die Norm verstärken, ohne dass
das geringe Volumen der zerstreuten Verdichtungen
durch Tuberkel den Ton zu dämpfen vermöchte.
2) Der Percussionsschall ist an verschiedenen Stellen der Brust und besonders in
der Vergleichung beider Brusthälften verschieden. Bei kleinen Agglomeraten gehört eine
sehr aufmerksame Percussion dazu, die leichten Dämpfungen zu unterscheiden. Sehr häufig glaubt man,
keine Dämpfung zu vernehmen, während sie wirklich

nicht vorhanden ist; bei vergleichender Percussion
beider Seiten schlägt man bisweilen auf einer Seite
stärker, in einem weniger rechten Winkel als auf den
anderen an, und glaubt nun verschiedenen Percussionsschall ermittelt zu haben. Auch hat man sich
an einigen Stellen vor falscher Beurtheilung zu hüten,
diese klingen schon im gesunden Zustande etwas
matter, z. B. die vordere obere Brustgegend links
vom Manubrium sterni wird durch die grossen Gefässe, die linke mittlere Brustgegend durch die Nach-
barschaft des Herzens gedämpft. Leider leistet die
Percussion für die Diagnose der Tuberculose in der
Beziehung höchst wenig oder nichts, als sie erst
dann ein zuverlässiges Resultat gibt, wenn jede Therapie in der Regel nichts mehr zu fruchten pflegt.
Zur Lösung der bedeutungsvollen Frage, an welchem
sicheren Kennzeichen man die Tuberculosis in ihrem
ersten Auftreten erkennen könne, hat die Percussion
beinahe nichts beigetragen, und wir haben uns in
dieser Hinsicht noch mit ungleich grösserer Hoffnung
auf einen einigermaassen befriedigenden Bescheid an
jene bekannte Reihe mehr allgemeiner Symptome zu
wenden, aus welchen die alte und die neue Nosologie
ihr Bild der Lungentuberculose zusammensetzt. Aber
von einem gewissen Zeitpunkte an vermögen wir mit
Hülfe der Auscultation und Percussion die Tuberculose in Schritt und Tritt zu belauschen und von ihrem
Umsichgreifen, ihrem Unterminiren und Aushöhlen,
ihrem Verdichten und Verflüssigen eine Karte zu ent-
werfen. Was die Percussionsresultate der Tuberculose betrifft, so kann man auf diejenigen der Pneumonie verweisen, denn ob die Lungenbläschen sich
mit faserstoffigem Entzündungsexsudate oder mit Tu-
berkelmaterie anfüllen, macht für die Art des Per-
cussionstones keinen Unterschied, er wird leer sein.
Die Lunge kann in der That von oben bis unten mit
Tuberkeln gespickt sein, so lange dieselben isolirt
und nicht in die Cavitäten hinausgetreten sind, gibt
das Plessimeter den normalen vollen Ton. Man hat
oft Gelegenheit, Personen zu untersuchen, bei deren
Anamnese, bleiches, von flüchtigem Erröthen beglei-
tetes Aussehen, Abmagerung, Hüsteln, Beengung,
frequenter Puls, flüchtige Schmerzen, kurz die bekannte Symptomengruppe der Tuberculose keinen
andern Gedanken aufkommen lassen, als die Annahme
dieses Uebels, und doch gibt unter bereits so gra-
virenden Umständen die Percussion immer noch nichts
aus. Bei Sectionen finden wir oft zahlreiche Tuberkeln, während doch die sorgfältigste Untersuchung
weder im lebenden noch im todten Körper eine Leerheit des Tones aufzufinden vermocht hätte. 3) Das
puerile helle Respirationsgeräusch ohne
jenes Murmeln, welches die Respiration gesunder
Erwachsener begleitet, hat bei Tuberkelkranken seinen Grund in vollständigerem Wechsel der Luft mit
jeder In- und Exspiration. Durch die vorhandenen
Tuberkel ist der nothwendigen Respirationsfläche
ein Theil entzogen, desshalb muss der Luftwechsel
in dem gesunden Theile ein vollkommener sein. Das
Murmeln der Gesunden aber, welches die Exspira-

tion überdauert und in die nächste Inspiration hin-
überzieht, rührt von der in den Lungen zurückbleibenden, nicht mit der Exspiration entweichenden
Luft her. 4) Man findet bei Tuberkelkranken ungleiches Athmen; an einer Stelle rauhes, pueriles, an der anderen weiches, murmelndes, an der
dritten undeutliches, bedecktes Respirationsgeräusch.
5) Die prolongirte Exspiration ist nicht
ein Zeichen, welches stets den Verdacht auf Tuberkel
rechtfertigt. Sie kommt bei allen Hindernissen in
den Bronchien vorletzter und letzter Ordnung vor,
welche so gering sind, dass die Luft einströmen
kann, aber doch so bedeutend, dass sie dem geringeren Druck der Exspiration sich hemmend entgegenstellen können. Compression durch Tuberkeln kann
ein solches Hinderniss bilden und die prolongirte
Exspiration kömmt in der That manchmal bei Tuberculösen vor, aber sie ist kein Zeichen von beson-
derem Werthe und findet sich auch bei andern Krankheiten, z. B. bei den Residuen der Bronchitis. 6) Prolongirte eder getheilte Inspiration ohne
Rhonchus und nur an einzelnen, der Tuberkel verdächtigen Stellen, ist ein häufiges und nicht leicht
zu missdeutendes Zeichen. Sie beruht auf demselben
Grunde wie die prolongirte Exspiration, die aber
hier im höheren Grade vorhanden ist. Ein anderes
Phänomen bei tuberculösen Lungen ahmt die in 2
oder 3 Abschnitte getheilte Inspiration täuschend
nach. Es ist die Unterbrechung des Inspirations-
geräusches durch die Contractionen des Herzens.
Man trifft es in jenen Lungenparthien an, die sich
in der Nähe des Herzens befinden. Während einer
Inspiration comprimiren 1 oder 2 Herzschläge die
Lungen, vermehren auf diese Weise die schon bestehende Compression der Bronchien durch die Tuberkel und theilen somit das Inspirationsgeräusch in
2 oder 3 starke accentuirte Perioden. 7) Der Anfang
der Inspiration ist über Tuberkelstellen manchmal von
einem leichten Knittern (Froissement) begleitet, und
hat wohl auch seinen Grund in nichts Anderem, als
in leichter Compression der feinsten Luftwege. Dass
es kein Rasselgeräusch sei und von Compression
herrührt, davon kann man sich überzeugen durch
das Verschwinden des Geräusches, wenn man den
Kranken eine kräftige Inspiration machen lässt. Nach
Husten verändert es sich nicht u. verschwindet nicht.
Vergl. Sputa und Schleimschwindsucht.

Therapie. Von grösster Wichtigkeit ist die Prophylaxis bei Phthisischen, da die ausgebildete Krankheit wenig Trost auf Heilung, respective gar keinen
gewährt, und nur Verzögerung des tödtlichen Aus-
ganges sich zuweilen bewirken lässt. Kinder mit
der Anlage zur Schwindsucht (Kinder schwindsüchtiger Familien) sollen, wenn die Mutter schwindsüchtige Anlage hat, einer gesunden Amme übergeben
werden, 12—18 Monate soll es gesäugt werden, ohne
andere Nahrung, später mit etwas mehligen Stoffen
vermengte Milch. Die Amme nähre sich nicht reizend. Die Kinder müssen warm an den Extremitäten
und an den Schultern und der Brust gekleidet wer-

den, die Function der Haut muss durch Bäder im
gesunden Zustande erhalten werden. Die Bäder
seien warm, in dem Maasse, als die Kinder älter
werden, allmählig kühler gemacht. Die Kinder
sollen nicht in Betten schlafen mit Vorhängen, das
Zimmer muss oft gelüftet werden. Das Kind sollte
im Sommer vor dem Frühstück ausgetragen werden.
Fleisch gibt man nicht eher, als bis das Kind Zähne
hat. Körperübungen sind höchst nöthig, unbe-
schränkte Freiheit zu spielen im Freien bei Knaben
sowohl als Mädchen; der vorzeitig ausgebildete Geist
schwindsüchtiger Kinder werde zurückgehalten. Das
Sitzen taugt namentlich für die Mädchen nichts, die
Füsse werden dadurch kalt, es erfolgen Congestionen
zur Brust, und es werden die Keime zur Phthisis
gelegt, wenn diese auch nicht vorhanden. Festes
Schnüren ist von eben solchen Nachtheilen. Bewegung der Lungen verhütet den Ausbruch der
Phthisis. Der häufige Gebrauch eines Emeticums
aus Zinc. sulphur. am Morgen ist für Personen mit
Anlage zur Phthisis immer da sehr vortheilhaft, wo
die Krankheit sich bereits meldet, so schwach auch
die Symptome noch sein mögen; bei scrophulösem
Habitus lässt man Thee von Wallnussblättern trinken. Zur Verhütung und Heilung der Phthisis hat
man empfohlen den Aufenthalt in Gerbereien, wo
bekanntlich Phthisis unter den Arbeitern nicht vorkommt, nebst dem äusseren und inneren Gebrauch
von Ol. jec. aselli, Baden in der Lohbrüh und Trinken
derselben. Die ernährenden Eigenschaften des Blutes hängen von der gehörigen Assimilirung des Nahrungsstoffes ab, und bei einem krankhaften Zustande
des Nahrungsschlauches kann die Assimilation nicht
gut von Statten gehen, und es folgt daher auf einen
längeren Zustand dieser Art nothwendig eine grosse
Magerkeit des Blutes und eine unvollkommene Ernährung der Gewebe. Wenn unter solchen Umständen Ausschwitzungen Statt finden, so zeigen diese
keine Neigung zur vollkommenen Zellenbildung, sondern es werden Körperchen erzeugt, die langsam an-
wachsen und sich langsam wieder auflösen, indem
sie Erweichung und Ulceration veranlassen, welche
mit dem Zunehmen der Ausschwitzung immer mehr
an Ausdehnung gewinnen. Der eigentliche Grund
der Phthisis liegt in unvollkommener Verdauung und
Assimilirung. Die Phthisis ist wesentlich eine Krankheit der Kindheit und Jugend, wo die Ernährung
auf das Wachsthum der Körpergewebe gerichtet ist.
Bricht man in der Jugend die gehörige Quantität
Nahrung ab, so kann Tuberkelablagerung erfolgen.
Eine gesunde Ernährung des Körpers kann ohne Beimischung von eiweissstoffigen und fettigen Substanzen nicht Statt finden, es sind kohlenstoffige und
stickstoffige Substanzen (der Respiration und Bluterzeugung dienende Nahrungsstoffe) zur Bewirkung
der Ernährung nothwendig, indem Fett der Typus
des einen, sowie Eiweiss der Typus des anderen
Stoffes ist. — Das Eigenthümliche der Phthisis besteht darin, dass der Nahrungsschlauch überschüs-
sige Säure enthält, wodurch die eiweissstoffigen

Theile der Nahrung leicht auflöslich gemacht werden, während die alkalinischen Secretionen des Speichels und Pancreassaftes mehr als neutralisirt und
dadurch unfähig werden, die kohlenstoffigen Bestandtheile der vegetabilischen Nahrung in Oel zu verwandeln, oder fettige Stoffe so zuzubereiten, dass
sie leicht assimilirt werden können. Demnach treten
mehr eiweissstoffige als fettige Substanzen ins Blut
und der nothwendig erfolgende Substanzverlust wird
durch Resorption der adipösen Gewebe des Körpers
ersetzt. Daher die Abmagerung der Phthisiker. Um
aber die fehlerhafte Ernährung, welche die Krankheit erzeugt und unterhält, zu verbessern, ist vor
Allem nöthig, für die Assimilirung eines nährenden
Verhältnisstheiles fettiger Stoffe zu sorgen. Eine
blosse Vermehrung der Quantität oder Verbesserung
der Qualität der Nahrungsstoffe wird oft dazu hin-
hinreichen (Büffelmark zur Heilung der Schwindsucht in Amerika). Alle Arten von an Fett reichen
Nahrungsstoffen bringen nicht selten dieselbe gute
Wirkung wie das Büffelmark hervor, daher Milch,
Rahm, Butter, Speck, Caviar u. s. w. hier empfohlen werden. Wenn aber diese Substanzen verdaut
und assimilirt werden sollen, dürfen die Kräfte des
Magens oder Nahrungsschlauches keine zu bedeutende Verminderung erlitten haben. Die Patienten
vertragen solche Speisen nicht, bleiben also im Magen unverdaut liegen, oder werden ausgebrochen.
Unter diesen Umständen sind die thierischen Oele
selbst direct angezeigt, und indem wir diese einnehmen lassen, ersparen wir dem Nahrungsschlauche
gleichsam die Mühe sie zu verdauen, oder sie aus
den Nahrungsmitteln auszuscheiden. Von grossen
Dosen animalischer Oele wird ein bedeutender Theil
ohne Weiteres assimilirt und fähig gemacht, sich mit
dem Eiweiss zu verbinden und auf diese Weise jene
zur Darstellung von gesundem Chylus so nothwendigen Elementarkügelchen zu bilden. Dies ist die
richtige Theorie der Wirksamkeit des Leberthranes.
3mal 1 Essl. täglich ist bis zu 4, 5 und 6 zu steigen.
Wenn der Magen reizbar ist, beginnt man mit Thee-
löffeln voll. — Die Prophylaxis gründet sich ferner
auf folgende Thatsachen. Bei phthisischer Anlage
bemerkt man ausser den gewöhnlichen Merkmalen des
Habitus phthisicus noch die Herztöne sonorer, heller
und bestimmter ohne entsprechend vermehrten Herzschlag, und bei stärkerer Gefässaufregung, Laufen
etc. sogar die Töne metallisch klingend. Dabei Zeichen, welche die Kleinheit und relative hohe Lage
des Herzens beurkunden. Das Herz Phthisischer
findet man bei Sectionen klein, halb atrophisch, bleich,
welk, erweicht, fettlos. Thatsache ist die Immunität
von Tuberculose durch Hypertrophia cordis; Anlage
zu Tuberculosis und schwache Muskelbildung des
Herzens kommen fast immer vereint vor. Wir haben
keine Mittel, die angeborene Tuberkeldiathese zu
dämpfen, aber doch ziemlich zuverlässige, die
des Herzens zu heben, so zu sagen eine
Hypertrophie des Herzens zu erzeugen.
dazu sind die prophylactischen gegen

Phthisis, respective Tuberkelbildung. Es muss durch
eine methodische Kur, diätetisches Eingreifen die
schwache Muskelbildung des Herzens gekräftigt werden durch Kräftigung des ganzen Körpers, gute
Ernährung, reichliche kräftige Nahrung, Fleischkost,
tonisirende Nahrungsmittel, dem herrschenden schädlichen Vorurtheil ganz entgegen, dass den Kindern
Fleisch schädlich sei. Fleischsuppe, Fleisch, gute
Gemüse sind den Kindern dienlich, nur an Backwerk, Kartoffeln, Obst überessen sie sich zu ihrem
Schaden. Namentlich in den Perioden des Wachsthums ist den Kindern solche Fleischnahrung nothwendig, und Eichelkaffee, rother Wein, Alaun, China
und Eisen können erforderlich werden. Die erfolg-
reichsten Mittel gegen Pneumophthisis sind Jodkali
in Kuhmilch getrunken; jede animalische Kost, in
welcher Jodkali oder Jodnatron aufgelöst enthalten
ist, und überhaupt eine an plastischen Stoffen reiche
Kost. Man meide nur Reizmittel aller Art, man ver-
gönne den Kindern muntere Spiele. Nichts ist schädlicher, als die gepriesene antiphlogistische Diät bei
Phthisisdiathese. Im Gegentheil Fleischkost, tägliches Biertrinken, von Zeit zu Zeit Wein, Aufenthalt in freier Luft, abwechselnde Beschäftigung, me-
thodisches Bergsteigen, Singen, lautes Lesen entfernt
die Phthisissymptome immer mehr. Ein unbestimm-
tes, lästiges, drückendes Gefühl auf der Mitte der
Brust ohne Schmerz ist als frühzeitiges Symptom
drohender Phthisis bekannt; es entsteht gerne und
regelmässig nach jedem physisch und psychisch schwächenden Einflusse. Es ist dieses nichts anders als
schwache Innervation, Lungenschwäche
der Respirationsnerven und Vorbedingung
zur Tuberkelbildung. Was kann aber diese
schwache Innervation besser heben, als erhebende
kräftige Eindrücke, ein Glas Wein, heitere Gesellschaft, Reisen etc.? Daher sind ausser der kräftigen Nutrition noch zu beachten sorgloses Gemüth,
erhebende geistige Eindrücke, passende Kleidung,
abwechselnde Beschäftigung. Was aber besonders
für die Stärkung des ganzen Körpers als hier nothwendig gilt, nämlich Gymnastik, das ist vorzüglich
für die Respirations- und Circulationsorgane erforderlich: Gymnastik namentlich zur Pubertätszeit,
wo gute Nahrung nothwendig, ebenso nothwendig
als Gymnastik, namentlich bei schnellem Wachsthume, ist Uebung und Stärkung der Lungen, der
Brust und Armmuskeln nothwendig durch nicht über-
triebenes, langsames Bergsteigen, täglich metho-
disches Singen, lautes Vorlesen, öfteres, den Eng-
brüstigen instinktmässiges tiefes Einathmen, Uebung
der Arm- und Brustmuskeln durch Rudern. Unter
den Arzneien sind Alaun, lange fortgebraucht, Asa
foetida und Eisen herzstärkend. Wahre Hülfe und
Rettung in der Lungenphthise ist nur da noch möglich, wo die verderbliche Krankheit herannaht, sich
auszubilden droht, die Lungen noch frei von Tuberkeln sind. Hier ist das strengste und genaueste Verhalten nach folgender Richtschnur nöthig. Ueberall,
wo aus was immer für Indicien Verdacht besteht:

Vermeidung jeder Erhitzung und Erkältung, Mässigkeit in allen Sinnesgenüssen, zu früher Genuss der
Jugend ist höchst verderblich. Nebst der so wichtigen prophylactischen Lebensordnung bei den mindesten Brustbeschwerden kleine Aderlässe, oder
Blutentziehungen, Fontanelle, oder besser noch ein
Haarseil auf der Brust, nicht am Arme, dazu Wohnen
und Schlafen in reiner Luft, nie zu ebener Erde, nie
an der Nordseite etc. Wo die Ernährung schon leidet,
eine Febricula sich einstellt: Molken aus Ziegenmilch in geeigneter, nie zu hoher Gegend: Ems,
Obersalzbrunn; der Gebrauch der Schnecken, 6—12
mit ihren Häusern gestossen mit ½ ℔ Kalbfleisch zu
Bouillon gekocht. Bei wirklich eitriger Lungensucht
kann der Arzt nur hinhalten, die für den Augenblick dringendsten Zufälle erleichtern, so colliquative Secretionen durch Bleizucker mit Opium oder
Kalkwasser mit Milch mindern. Gegen die lästigen
Brustschmerzen, das Fieber, die Angstschauer ist
der rothe Fingerhuth höchst lobenswerth als Decoct
mit einem bitteren Extracte, und, um Vomituritionen
zu vermeiden (wenn keine Gegenanzeige besteht),
mit etwas versüsstem Salpeter- oder Salzgeist. ℞
Folior. digital. ʒβ; Coq. cum aq. commun. ℥viij—℥β,
adde Spirit. nitri dulcis ʒj; Extr. card. bened. ℥β.
Alle 3 St. 1 Essl. voll. Der günstige Erfolg zeigt
sich bald und dann gibt man 4stündl. 1 Löffel voll,
später nur 3—2mal in 24 Stunden. Durch Schwefelleber 5—6 Gr. mit Gm. arab. und Sacch. lact. ana
℥β tägl. 3mal 1 Kaffeelöffel voll heilt man die vorausgehende und begleitende Bronchitis chronica. Opium
bleibt jedoch die Anchora sacra in sämmtlichen peinlichen Misslichkeiten am Lager Schwindsüchtiger.
Bei an Erstickung grenzender Orthopnoe leistet Chloroform gute Dienste. Der gestossene Samen des Phel-
landr. aquat. zu gr. xvj—xxxij in Honig oder Honig-
syrup Morgens und Abends für Phthisiker mit tuberculösen Eiterhöhlen im 3ten Stadium, dient zu grosser
Erleichterung der Phthisiker, ebenso bei chronischen
Lungencatarrhen verdient er den Vorzug vor Schwefelwasser und Balsamen. Namentlich wirkt er günstig
bei der Bronchitis der Greise, welche mit dem nass-
kalten Witterung einhergeht. Der sog. Respirator ist ein von den Engländern erfundenes Instrumentchen für Lungenkranke, um sie durch dasselbe
vor den nachtheiligen Einflüssen eines rauhen Klimas
und auch sonstiger Schädlichkeiten, welche durch
die ungeschützten Respirationswege unmittelbar das
erkrankte Organ berühren, zu bewahren. Das grosse
Problem für Lungenschwindsüchtige besteht darin,
die Lebensthätigkeit des erkrankten Organs auf ein
solches Minimum zu beschränken, dass sie den wün-
schenswerthen Heilungsprocess desselben wenigst
möglich störe, ohne auf der anderen Seite durch Beschränkung wichtiger Lebensvorgänge nachtheilig
auf den gesammten Lebensprocess, und dadurch auch
vermittelnd auf das örtliche Leiden einzuwirken.
Der beiläufliche Gebrauch des Respirators gibt ein
Mittel auch für das Ueberwintern im Süden. Das
Instrumentchen ist ein Mundkorb nach Art einer

Halbmaske vor dem unteren Theile des Gesichtes
befestigt und besteht aus mehrereren hintereinander
stehenden Reihen feiner Drähte. Das Ganze ist mit
schwarzem Seidenzeuge überzogen und gewährt so
den Anblick eines dicken, vor den Mund gebundenen
schwarzen Tuches. Durch den engen Raum zwischen
den Drähten wird nun ein- und ausgeathmet, und so
mit jedem Athemzuge nur warme und feuchte Luft
eingezogen, indem die Drähte durch den Hauch
selbst warm und feucht werden; zugleich bleiben
auch schädliche Stoffe, wie Staub, feiner Sand u. s. w,
in dem engen Drahtnetze hängen, die von chronischer
Reizung leidenden Respirationsorgane werden vor
fast allen Insultationen geschützt. Marshall Hall
wendet den Alcohol in Fomentation gegen beginnende
Phthisis in folgender Weise an. 1 Theil Alcohol
und 3 Theile Wasser, das anfangs lauwarm sein
muss, mit einander gemischt und die Brust
damit gewaschen oder fomentirt. Man bedient sich
dazu eines grossen, 6fach zusammengelegten Lein-
wandstückes, welches die ganze vordere Fläche der
Brust vom Schlüsselbein an einnimmt, und legt es
auf die Brust unter das Hemde; alsdann wird die
Leinwand mit obiger Mischung mittelst eines Schwammes befeuchtet, dasselbe von 5 zu 5 Minuten wiederholt und nur während des Schlafes ausgesetzt. Die
Bekleidung darf dabei nur leicht und die Compresse
unbedeckt sein, damit die Verdunstung ungehindert
und schnell vor sich gehen kann. Man kann mit
dieser auch von Andern als sehr heilsam gefundenen
Kur noch den innern Gebrauch des Thranes (im ersten Stadium der Phthisis) oder des Chinin sulphur.,
wenn bereits Erweichung der Knoten in Eiterung
stattgefunden hat, verbinden. Es sollen wirklich
viele Personen mit beginnender Lungenphthisis (durch
dumpfen Ton bei der Percussion, Pectoriloquie unter
der Clavicula, Blutspucken, Magenschwäche u. s. w.
erkennbar) durch diese Alcoholwaschungen ihre Gesundheit wieder erlangt haben. Es gilt bei Phthisi-
kern, eine venöse, albuminöse Blutkrasis zu erzeugen, als Gegensatz der fibrinösen Krasis der Tuberculosis. Olivenöl, Leberthran, Speckeinreibungen,
Hundefett, Pflanzenbutter sind daher passende Heilmittel. Diese Mittel wirken alle der verdächtigen
Blutkrasis entgegen, mindern die Einwirkung des
Sauerstoffs in den Lungen und auf der Haut, befördern die Ernährung und eine andere Blutkrasis. —
Leberthran 2 Essl. voll des Tags, 1 Morgens und
1 Abends pur gegeben, nebst Haarseil auf der entsprechenden Stelle der Brust, wo die Excavation wahr-
nehmbar, ist die Methode von Pereira, der die Lungenschwindsucht damit für heilbar erklärt. — John
Hastings in London hat eine kleine Brochüre ge-
schrieben: die Lungenschwindsucht mit Erfolg geheilt durch Naphtha. Unter Naphtha versteht aber Hastings hier (ebenso falsch Spiritus pyro-aceticus von
ihm genannt) nicht das, was man gewöhnlich Naphtha
nennt, sondern das sog. Aceton; es wird nämlich
durch trockene Destillation eines essigsauren Salzes erhalten: bei dieser Operation entsteht aber ein

flüssiger Körper, Aceton genannt. Er gibt davon
15—50 gtt. 3—4mal tägl. in einem Löffel Wasser, wobei die Dosis sich nach dem Alter des Patienten, dem
höhern oder geringern Grade der Krankheit, oder nach
dem Erscheinen lästiger Arzneisymptome richtet, als
welche Uebelkeit, Erbrechen, Kopfweh, Herzklopfen
u. dergl. bezeichnet werden. Fast immer ruft im
Anfange das Mittel Aufstossen und Uebelkeit, zuweilen auch Laxiren hervor, was sich aber bald verliert und das Gefühl von Wärme im Magen und Behaglichkeit in den Athembewegungen zurück lässt.
Der Appetit hebt sich bald, die Schweisse sistiren
und der Durchfall wird entweder ganz verhütet oder
schnell gehoben. Er wendet auch die Naphtha in
Form von Inhalationen an, wobei sich der copiöse
Auswurf vermindern und seinen fötiden Geruch verlieren soll. — Dr. v. Herf in Darmstadt und nach
ihm der Engländer G. Robinson haben die Lungenschwindsucht mit dem chirurgischen Messer zu behandeln und zu heben gesucht, indem unmittelbar
eine durch die Wand des Thorax in das Geschwür
oder die eiternde Höhle gemachte Oeffnung einen
Ausweg für den Eiter verschaffen sollte. — Ist die
Krankheit ausgebrochen, im Gange, so beschränke
man die Secretionen durch Adstring., und wenn sich
bei deren Gebrauch etwas Entzündliches hinzuge-
sellt, muss ausgesetzt werden. Ferrum sulphur.,
Plumb. acet., mit Opium. Bei scrophulöser Phthisis
wirkt im Anfange das Athmen von Chlordämpfen
gut. Das Athmen von Loh in Gerbereien ist sehr
gut. Innerlich empfehlen sich noch Lichen, China,
letztere jedoch nur dann, wenn keine entzündliche
Reizung vorhanden, $\mathfrak{z}$j—jj tägl. Man muss ferner
den Reiz der Lungen mildern, den entzündlichen
durch V.S., Blutegel, strenge Diät; den nervösen
Reiz (wo der Husten nicht selten in Paroxysm. auftritt) durch Narcot., namentlich Aq. laurocer., Lactucar. Bei colliquativer Darmreizung gibt man Opium,
aber wenn Schweisse vorhanden, nicht. Der Kranke
unterdrücke durch festen Willen den Husten. Ist
das Fieber synochal, Antiphlogose; bei blosser Congestion Derivation; bei intermitt. Typus Chinin.
Diät sei nährend, wenn das synochale Fieber keine
Antiphlogose verlangt. Man schickt die Kranken
nach dem Süden, Corsika, Rom, wo epidemische Intermittens wohlthätig wirkt. Bei eintretender Pneumorrhagie leitet man ab durch Fussbäder, Säuren,
Kochsalz. Colliquative Schweisse werden am besten
mit Agaricus albus gr. jj—jjj, höchstens v in Pulver
und $\ominus\beta$ Zucker des Abends vor dem Schlafengehen,
höchstens noch Morgens 1 Dosis zu nehmen, und
mit gleichzeitigem Einreiben des Körpers mit Oel
$\mathfrak{z}$iij—v oder Speck behandelt; Speckeinreibungen sind
auch palliativ. Auch die Kohlensäure in Form von
kohlensauren Mineralwassern ist gegen die colliquative Schweisse der Phthisiker gerühmt. Colliquative
Durchfälle werden mit Opium, innerlich und in den
U.L. eingerieben, behandelt. Kommt es zu Aphthen,
Borax mit Rosenhonig, Chlor. Decubitus s. bei Nervenfieber. Hydrops verlangt Scilla, Terpentin in die

Renalgegend eingerieben. Stockt der Auswurf durch
hinzugetretene Entzündung, eine V.S. und Narcotic.
in Schleim; beim Stocken im letzten Stadium, Benzoe, Myrrhe, Kermes, Sulphur. aurat., Vin. stib.;
Bangigkeit und Beklemmung, wenn nicht Folge von
entzündlicher Reizung, verlangen kalte Umschläge
auf die Brust, reizende Fussbäder, Abführmittel,
Infus. Sennae, Digit. Das Pulv. folior. lobeliae in-
flat. zu gr. j—jj bei krampfigen Brustleiden; bei Lun-
genschwindsüchtigen wirkt sie höchst wohlthätig,
wenn der marternde trockene Husten, der unerträg-
liche Kitzel im Halse dem Kranken alle Ruhe raubt.
— Selterserwasser mit ¹/₃ warmer Eselsmilch gemischt,
tägl. wenigstens 1 Krug voll, Kreosot, das Rauchen
der Herb. bellad. Die gegen Phthisis pulmonum fa-
mösen Lieberischen Brustkräuter bestehen nur aus
Herba et flor. Galeopsidis grandiflorae; sie dienen gegen Phthisis pituitosa, gegen colliquative Schweisse
im letzten Stadium der scrophulösen Lungensucht.
Innerlich in Infus. oder leichter Abkochung zu $\frac{1}{3}\beta$—$\frac{1}{3}j$
auf den Tag, zuweilen mit Zusatz von etwas Milch.
℞ Herb. et flor. galeopsid. grandiflor. $\frac{1}{3}jjj$; Rad. alth.
— Liquirit., Dulcamar. ana $\frac{1}{3}\beta$; M. C. C. Thee auf
6 Tage, täglich ¹/₆ mit 1½ ℔ kochenden Wassers zu
übergiessen, 10 Minuten lang zu kochen, den Tag
über lauwarm zu trinken. ℞ Ol. amygd. $\frac{1}{3}jj$; Vitell.
ov., Nr. 1; Mucil. gm. arab. $\frac{1}{3}\beta$; F. emulsio c. aq.
ceras. nigr. $\frac{1}{3}v$; Plumb. acet. gr. jj—x; Syrup. amygd.
$\frac{1}{3}\beta$; Tinct. opii crocat. $\frac{1}{3}\beta$. Alle 3 St. 1 Essl. Dct.
Salep. $\frac{1}{3}vj$ mit Sacch. saturn. gr. jjj—vjjj, ja x; Opium
gr. jj; alle St. 1 Essl. ℞ Lichen island. aq. frigid.
lot. $\frac{1}{3}jj$; Rasur. c. c. $\frac{1}{3}j$; Coq. c. aq. font. Ms. jβ adde
elaeosacch. citr. $\frac{1}{3}jv$. ℞ Lichen. Carragh. $\frac{1}{3}jj$; Sacch.
lact. $\frac{1}{3}\beta$ f. dct. $\frac{1}{3}vj$; Syrup. papav. alb. $\frac{1}{3}\beta$. Alle St.
1 Essl. ℞ Rasur. c. c. $\frac{1}{3}\beta$; Gm. arab. $\frac{1}{3}jj$; Fiat. dct.
℔ jj; Syrup. alth. $\frac{1}{3}jj$. S. Zum Getränke. ℞ Lichen
island., Stipit. dulcam. $\frac{1}{3}jjj$; F. dct. $\frac{1}{3}vjjj$; Syrup. balsam. $\frac{1}{3}j$; 4mal 2 Essl. — Cort. chin. $\frac{1}{3}j$—jj; Coq. c.
aq. pluv. $\frac{1}{3}xjj$ und vj; Colat. refrigerat. adde aq. cinnamom. $\frac{1}{3}jj$; alle St. 1 Essl. und damit Ms. jj Milch
zu kochen, in 24 St. zu gebrauchen. Semin. phel-
landrii gr. v; Sacch. lact. $\frac{1}{3}\beta$; Nitr. dep. gr. vj;
q. arabic. gr. vjjj. 3mal 1 Pulver; nach einigen Tagen steigt man mit dem Phelland. bis zu gr. xv pro
dosi. — Bei der floriden Phthise ist Ableiten
Hauptsache. Oefters kleine V.S., Blutegel an die
Brust, Digitalis mit Aq. laurocer., Flanell. ℞ Digital. gr. j; Nitr. pulv., Gummi arab. ana $\frac{1}{3}j$. Morgens und Abends 1 Pulv. Blutegel an die Genita-
lien. Der Anschein einer Bleichsucht darf davon
nicht abhalten. Zugleich laue Halbbäder mit etwas
Senfmehl, Klystier bei Verstopfung. Sind die Congestionen von oben abgeleitet, dann gibt man Lichen
island., Polygolea.

Lupus. Noch vor 10 Jahren verzweifelte man
an dieser grässlichen Krankheit, und jetzt weiss
Jedermann, dass das Aetzmittel ein souveränes Mittel
gegen sie ist, und dass es die schlimmste Form von
Lupus zu heilen vermag. Man ätst mit Chlorzink,
legt Cataplasmen und Blasenpflaster vorher an. In-

nerlich dabei Leberthran mit Jod und bittere Tisanen, Mineralbäder, Salzdouchen, animalische Kost, Bier, Milch. —

M.

Magen-Entzündung. Gastritis.

Symptome. Dumpfer Druck in der etwas aufgetriebenen Magengegend, Brennen daselbst, Druck mit der Hand vermehrt den Schmerz, Esslust verloren, nach dem Genusse von Speisen vermehrt sich die Intensität der Symptome; bei heftiger Entzündung Erbrechen, mit Blutstreifen nicht selten im Erbrochenen, Verstopfung, Fieber. Manchmal Kolikschmerzen.

Diagnose. Bei Cardialgie ist die Magengegend während der Paroxysmen, nach innen gezogen, hier ist sie aufgetrieben, gespannt; bei Cardialgie unterscheidet man Paroxysmen u. Apyrex., hier sind die Erscheinungen permanent; bei Cardialgie strahlt die Affection auch über die Brust aus, Orthopnoe, hier bleibt sie auf den U.L. beschränkt. — Bei Cholera ist zugleich Durchfall vorhanden. — Bei Pancreatitis ist der Schmerz viel tiefer, das Erbrechen sauer, speichelähnlich. — Bei Nephritis ist der Sitz der Schmerzen in der Nierengegend. S. Perforatio ventriculi spontanea.

Therapie. Bei der acuten Form V.S., Blutegel 20—50, Ueberschläge von Species emollient. mit Narcotic.; warme Bäder mit Seife, Malven, Species emollient.; Einreibungen von Ol. hyoscyam. mit Ungt. alth.; innerlich Belladonna gr. vj—vjjj ad ℥v. Colat; Aq. laurocer., Blausäure mit Schleim, Alles in kleinen Dosen, aber öfters; in der Nahrung keine Salze, blos Schleim, erweichende Klystiere und solche mit Magnesia sulphur. Bei der chron. Form Einreibungen mit Ungt. neapolit., Auflegen eines Pechpflasters mit Cicuta. Ol. jecor. aselli erst täglich 1, dann 2—3 Essl. voll; ist Rheumatismus im Spiele, Autenriethische Salbe; macht die Krankheit Uebergänge in Intermittens oder Febris gastr., so setzt man etwas die Behandlung aus und exspectire, darauf die eigenthümliche Behandlung der Interm. Ist saures Erbrechen vorhanden, Liquor kali carbon. In der Reconvalescenz gradatim bittere Mittel, Infus. Cardui benedict., Absynth. Ist die Einwirkung von Giften Schuld, so neutralisire man das Gift, gebe Oleosa, ist beginnende Lähmung vorhanden, so gebe man Emetic., lege Sinapismen, Vesicantia auf die Magengegend. S. Vergiftung. — Eisbutter bei sehr acuter Form.

Magen-Erweichung. Gastromalacie.

Eine sehr häufige Erscheinung an Kinderleichen, über deren Wesen und Ursachen höchst extreme Ansichten einander gegenüber stehen. Während die Einen, welche an dem vitalen und pathologischen Ursprunge des Leichenbefundes festhalten, die Erweichung des Magens schon im Leben entstehen las-

sen, durch besondere Symptome charakterisiren und
zum Gegenstande eines besondern Kurplans machen,
sehen Andere dieselbe geradezu als einen Leichen-
process an, der mit der Pathologie und Therapie
nichts zu schaffen habe. Dieser letztern Ansicht ist
besonders Elsässer, welcher diesen Nachweis gegen die vitalistische Ansicht positiv zu geben suchte.
dass nicht nur derselbe Effect der Erweichung künstlich hervorgerufen, sondern auch die wesentliche
Identität der künstlich hergestellten wirksamen Momente mit den natürlichen in den fraglichen Kindern
wirksamer nachgewiesen werden könne, dass also die
Erweichung nicht nur erst in der Leiche beginne u.
zu Stande komme, sondern dass nicht einmal ein bestimmter, ja dass überhaupt gar kein krankhafter
Lebenszustand der fraglichen Theile nothwendig vorausgehen müsse, um sie möglich zu machen. Es sei
die Gastromal. ein stets erst in dem Leichnam zu
Stande gekommener Prozess und entstehe durch die
Einwirkung saurer Magencontenta auf die Schleimhaut, wesentlich nur im leeren Magen, und zwar
stets an dem am tiefsten gelegenen Theil des Magens,
wo sich die Magencontenta ansammeln (am Blindsack);
eine Erweichung an dem vorderen oder rechten Theil
des Magens komme nur dann vor, wenn entweder die
Leiche vom Tode an auf der rechten Seite oder dem
Bauche liege, oder wenn der Magen so angefüllt sei,
dass auch jene Theile von dem Inhalte berührt werden; keine vitale Erweichung habe sich den Blindsack zum Sitz erkoren. Damit Magenerweichung nach
dem Tode zu Stande komme, müsse der Mageninhalt
eine gewisse Menge von freier Säure und einen gehörigen Grad von Verdünnung haben. Zur Entstehung der Magenerweichung sei in der Regel erforderlich, dass entweder saure Nahrungsmittel von
aussen in den Magen gelangt seien, oder dass die
genossene Nahrung in einer gewissen Ausdehnung
einer sauren Gährung fähig sei und derselben im
Magen unterliege. Nahrungsmittel der letztern Art
seien der Rohr- oder Milchzucker; das Amylum und
die Milch, welche in Berührung mit Pepsin der Magenschleimhaut die Sauergährung hervorrufen und die
Magenwandungen auflösen; begünstigend für die Auflösung sei die Mitwirkung von Fett (fette Milch wirke
stärker auflösend als magere), hemmend dagegen zu-
gesetztes Kochsalz und andere Neutralsalze. Es
müsse daher ein Kind, das kurz vor dem Tode Mehlbrei, etwas concentrirtes Zuckerwasser, namentlich
aber Milch in einer gewissen Menge genossen und
nicht wieder erbrochen habe, bei der 24 Stunden nach
dem Tode oder später angestellten Section Magenerweichung zeigen, was die Erfahrung bestätige. Die
Magenerweichung sei demnach kein unmittelbares
Object der Krankheits-, noch weniger aber eines der
Heilungslehre, sei vielmehr der Physiologie zuzu-
weisen.

Andere, die Vitalisten, nehmen an, dass sehr
grosser Durst, Brechdurchfall und sehr schneller
Collapsus als wesentliche Erscheinungen der Magen-
Erweichung zu betrachten seien; die Krankheit be-

ginne bei den 4 Monate bis 1½ Jahre alten Kindern
mit dyspeptischen Erscheinungen. Ungeduld, mür-
risches Wesen, Appetitlosigkeit; Abmagern, Hüsteln,
(Pertussis zuweilen), Durchfälle von schleimiger mit
grünen Stoffen gemischter Beschaffenheit, heftiger
Durst, leidende Physiognomie, Erbrechen, übelriechende Stühle, Bauch aufgetrieben, schmerzt, Anziehen der Füsse, Betäubung, Convulsionen, Tod.
Die Concentrirung der Erscheinungen auf den U.L.
sichere die Diagnose vor Verwechslung mit Dentition, Hydrocephalus. Man müsse Blutegel an den
U.L. ansetzen, Ung. neapolit. einreiben, laue Kleienbäder verordnen; innerlich kleine Gaben Opium mit
Schleim; Klystiere mit Opium bei copiösen Durchfällen; höre das Erbrechen nach dem Opium auf,
dauerten aber die Durchfälle fort, dann sei das salzsaure Eisen mit etwas Opium zu geben; auch Plumb.
acetic. stelle die kleinen Kranken wieder her, ebenso
Argentum nitricum.

In der Reconvalescenz lasse man die Bäder fortbrauchen, gebe Eichel- oder Chinakaffee. Auch Liquor ammoni anisat. und Acid. pyrolignos. sollen
gute Dienste thun. Gereinigte Thonerde ʒβ—j in
24 Stunden auf ʒjβ Flüssigkeit. ℞ Rad. alth. ʒij f.
dct. ℥ij; Gm. mimos. ʒj; Ferri muriat. ϶β — gr. xv;
Syrup. alth. ʒvj; alle 2 St. 1 Theel. ℞ Ferri muriat.
gr. jj; Opii puri gr. ¼; Sacch. alb. ϶β; 4stündl. 1
solches. ℞ Acid. pyrolignos. ʒj; Aq. flor. aurant.
ʒij; Syrup. amygd. ʒj; stündl. 1 Theel. ℞ Tr. mart.
salit. ℥ij; Opii puri gr. jjj; 2stündl. 10 gtt. ℞ Co-
lambo ʒjjj f. dct. ℥v; Tr. mart. sal. ʒj; mucilag. gm.
arab., Syrup. aurant. ana ℥j; 2stündl. 1 Theel. —
Lachmund verordnet im Beginne der Krankheit
Mucilago salep., Magnesia usta (wegen der meistens
vorhandenen Säure) mit Tinct. opii crocata gtt. j
auf 2 Tage; lässt täglich 2mal 1 warmes Bad von
Waizenkleie geben; Arrow Root mit Milch und Fenchelthee als Nährmittel; Melrosatum u. dgl. zum
Bepinseln der öfters vorhandenen Aphthen. Nimmt
das Uebel zu, so verordnet man Extr. chinae frigid.
parat. gr. vjjj; Extr. columbo gr. xv — Extr. belladonna gr. j; Lapid. concror. ʒβ; Aq. foeniculi ℥β;
Syrup. flor. raptae ℥β. Umgeschüttelt alle 2 Stunden 1 Theelöffel. Ein Blutegel an die Magengegend
gegen die passive Congestion; Unguent. nervinum
zum Einreiben in den U.L., um die Nierenthätigkeit
anzutreiben; um die Alteration des Nervensystems
zu beseitigen, gibt man Belladonna.

Magen-Husten. S. Husten.

Magen-Krampf. Cardialgie, Gastrodynie.

Symptome. Schmerzen paroxysmenweise auftretend in der Magengegend, die sich mit Vomiturition
und förmlichem Erbrechen endigen, dabei manchmal,
besonders bei Hysterischen, Erscheinungen allgemeinen Krampfes, kleiner Puls, kalte Extremitäten;
Gänsehaut, Urina spastica. Es sind Hysterie, Hypochondrie, Rheumatismus, erschwerte, unterdrückte,
cessirte Menstruation, Gicht, Trunksucht veranlassende Ursachen. Zu den erregenden Ursachen der
Cardialgie gehören bald verhärtete Fäces im quer-

laufenden Colon, bald zurückgetretene Fussschweisse bald unterdrückte chronische Exantheme, bald retrograde Gicht, bald Rheumatismus, bald im Magen angehäufte Säure oder Galle, bald vorherrschende Flatulenz, bald Hämorrhoidalumstände, bald organische Fehler im Magen selbst oder seiner nächsten Umgebung, bald Anhäufung von fremden Körpern im Magen, als da sind Körner von genossenen Früchten, Würmern u. s. w., sehr oft von Obstkernen, von Steinen des Steinobstes u. s. w.

Diagnose. Bei Gastritis ist der Schmerz nicht so heftig als hier; dort sind die Schmerzen stetig, hier paroxysmenweise; bei Entzündung und Degeneration ist Auftreibung und Ungleichheit zugegen, hier nicht, der U.L. sogar während der Paroxysmen nach innen gezogen; hier keine Störungen im Appetite u. der Verdauung. Das Erbrechen bei Cardialgie ist höchstens sauer, hat aber kein geronnenes Blut, keine bröcklichen Massen, sondern ist schleimig. Das Gebundensein an die Menstrualperioden, die Andeutungen der Gicht, Trunksucht sichern ferner die Erkenntniss.

Therapie. Narcot., Belladonna, Aq. laurocer., Nux vomica, die Metalle, Wismuth, Absorbentia, Amara, Hautreize, Pechpflaster auf den Magen, Ungt. Autenr.; später geht man zu den Aromatic. über, Calamus, Aurant., Menth., Naphthen, leicht verdauliche Speisen; bei Hysterischen thun Sinapismen auf die Magengegend schnelle Dienste. Bei der rheumatischen Form Sinapismen mit Diaphoret. Man stelle die Menses, Gicht etc. wieder her, entziehe allmählig die Spirituosa. Ferrum carbon. stillt zuweilen Magenkrampf auf der Stelle. Opium ist die Sacraonchora gegen Magenkrampf, z. B. gr. jj auf ℥viij Emulsio oleosa. Zuweilen reicht ein Sinapismus auf die Magengegend. ℞ Morphium gr. j; Syrup. flor. aurant. ℥j; Aq. flor. tiliae ℥iij. S. 1 Kaffeelöffel voll nach jeder Mahlzeit und Morphii acet. gr. viij; Axung. ℥j zur Salbe; nach jeder Mahlzeit in den Magen eingerieben. ℞ Nux vom. gr. xviij; Rad. ipecacuanh. gr. xxjv; Rhei ℈j; Conch. pp. ℈jj; Elaeosacch. menth. ℈jj. Divid. in part. xij. 3—4stündl. 1 Pulver mit warmem Melissenthee zu nehmen. Die Nux vomica soll gegen die den Säufern eigenthümliche Beschwerden specifisch sein. ℞ Kali carbon. depur. ℈j—jβ; Aq. menth. ℥v; Syrup. aurant. ℥jβ. 2—3stündl. 1 Essl. ℞ Bismuth. nitr. ℈β; Extr. valerian. ℈jβ; Ol. valerian. gtt. x; P. rad. valerian. q. s. f. pilul. Nr. 60. 3mal 6 Stück. ℞ Bismuth. nitr. oxyd. gr. xxjv; Extr. lact. vir. gr. xviij; Rad. ipecac. gr. vj; Magnes. carbon. ℈β; Elaeosacch. menth. ℈jj. Divid. in part. xij. 3—4mal 1 Pulv. in Thee. ℞ Bismuth. nitr. praecipt. gr. xxxvj; Pulv. rad. rhei ℈jj et gr. xviij; Pulv. rad. belladonn. gr. vj; Extr. liquirit., — tarax. ana q. s. f. pilul. gr. jj; Consperg. p. irid. flor. S. Tägl. 3mal 3—4 Stück; als Nachkur Folgendes: ℞ Ferr. sulphur., Sod. carbon., Sacch. non purificat. ana ℈β; Gm. g. myrrh. ℈j. M. f. pilul. Nr. 30. 3mal tägl. 2 St. — ℞ Emplastr. de galban. crocat. ℥β; Camphor. ℈j; Ammon. carb. pyro-oleos., Opii puri ana ℈j; Ol.

cajeput. gtt. 40. F. emplast. S. Auf Leder gestrichen
auf den Magen zu legen. ℞ Liniment. volat. camphor. ℨj; Ol. cajeput., Ol. menth. crisp. anā ℈β; Tr.
thebaic. ℨj. S. Krampfstillende Salbe. Besonders
rühmt man Morphium acet. endermatisch. Extr. pulsatill. gr. j; Aq. chamomill. ℨj. Alle 2 St. 20 gtt.

Magen-Krankheiten. An Magenbeschwerden
Leidende sind meist selbst an ihrem Uebel Schuld,
und können dessen Eintritt vorbeugen durch bessere
Beobachtung dessen, was sie für gut und was sie
für nachtheilig finden in Hinsicht auf Menge und Beschaffenheit der genossenen Genuss- und Nahrungsmittel. Der Zustand von Reizung und der von Erschlaffung des Magens werden oft verwechselt, gehen
auch oft in einander über. So werden aufregende
Gemüthsbewegungen für anhaltende Reizungen des
Magens gehalten, während sie doch bald Erschlaffung
nach sich ziehen. Fasten dagegen kann Entzündung
des Magens herbeiführen. Nach dem Genusse erhitzender Speisen und Getränke ist kaltes Wasser
das beste Mittel. Sehr tadelnswerth ist es, gegen
in den Magen gekommene Schädlichkeiten gleich ein
bitteres, gewürziges Getränke zu sich zu nehmen,
ohne erst zu untersuchen, ob die Schädlichkeiten
reizender oder erschlaffender Art seien. Quälender
Schmerz im Magen, den das Essen vermehrt, oder
der auch von selbst eintreten kann, rührt oft nicht
von Entzündung, nicht von reizenden Stoffen oder
Ueberfüllung her, sondern von erhöhter Empfindlichkeit der Empfindungsnerven des Magens. Es kann
idiopathisch sein, aber sich auch zu einer Magen-
krankheit gesellen, oder durch Leiden der Leber,
des Herzens, Rückenmarkes, und öfters des Uterus
erregt werden. Blausäure ist hier indicirt; ausserdem Natrum bicarbonicum. Ist fehlerhafte Lage des
Uterus die Grundursache, so lindern diese Mittel
natürlich nur vorübergehend. Wo nach dem Essen
Magendrücken gefühlt wird, da passt Magisterium
Bismuthi am besten. Gegen Magenkrampf, bei welchem natürlich nichts durch die Cardia durchpassiren
kann, auch nicht Luft u. s. w., passt Opium, Sinapismus auf die Magengend. Wo bei Soßbrennen
nach vorausgegangenen Magenschmerzen Flüssigkeit
(die blos ein wässeriger Magenschleim ist) ausgestossen wird, ist Opium zu ½ Gr. mit Kino zu ℈β
alle 4 Stunden genommen vortrefflich. Vgl. die Diagnose bei Pancreasleiden. — Magenmittel.

Magen-Krebs. Scirrhus ventriculi.

Symptome. Wir fassen die Tuberkulose, den
Scirrhus, das Sarcom, die Callosität der Magenwandungen hier zusammen, alle haben folgende Erscheinungen mit einander gemein: in der Magengegend
dumpfer, drückender, brennender, nagender Schmerz,
der sich beim äussern Drucke steigert, besonders
nach dem Genusse von Speisen, aber auch nüchtern.
Dieser Schmerz breitet sich bald aus, es entsteht
Gefühl von Schwere im Magen, Appetitlosigkeit, oder
beim Sitze an der Cardia Schlingbeschwerden, Aufgetriebenheit in der Magengegend, Aufstossen, Ekel,
Schluchzen, Gasentwicklungen im Abdomen, Wasser-

speien, Brechneigung, Erbrechung, Stuhlverstopfung.
Endlich Cachexie, grünlich gelbes Abdominalcolorit,
erdfahles Ansehen, Schmerzen werden heftiger, Erbrechen frequenter, mit letzterem werden auch bröck-
lige Massen entleert, bei der Percussion kein heller
Magenton, sondern ein dumpfer, die zu fühlende Hand
entdeckt etwas Hartes; dazu tritt Febris hectica ein,
Hydrops, Tod.

Diagnose. Bei einfacher Geschwürbildung der
Magenschleimhaut, aus chron. Gastritis entstanden,
ist nirgends Auftreibung, Geschwulst, das Erbrechen
enthält die Magencontenta mit eiterigen, Darmgeschabsel ähnlichen Massen. Von chron. Entzündung
des Pancreas und seiner Entartung in Scirrhus ist
die Diagnose sehr schwierig, doch ist hier der Sitz
der Schmerzen viel tiefer, das Erbrochene sauer,
Speichel ähnlich, das Abdominalcolorit schon früher
vorhanden.

Therapie. Man entziehe Alles, was für den Magen Reiz ist, alle Spirituosa, alle sauern, unverdaulichen Speisen, suche jede vorhandene chron. Entzündung durch Blutegel, Einreibungen zu entfernen.
— Ableitungsmittel, Bäder, Narcotica, Blausäure,
Aq. lauroc., Belladonn., Cicuta, Saponaria, Tarax.,
Gramen, G. ammoniac., Calendula, Mercur und Antimonialia, Sapo, Alkalien; lege zertheilende Pflaster
auf. Zittmannisches Dct. — Jod. Kohlensäure, Narcotica, Potio Riveri, Champagner, gegen die Schmerzen, das Wasserspeien; Chlorkalk mit Opium; gegen
Stuhlverstopfung Klystiere; Eigelb, Milch, Malztrank, Schleim, Brodwasser zur Diät. Malz-, Fleisch-
brühbäder, solche Substanzen in Klystieren. Alle
8 Tage etwa 8 Blutegel an die schmerzhaften Stellen
4mal wiederholt, 5 Wochen lang Einreibungen von
2mal tägl.: ℞ Extr. belladonn. ʒj; Ungt. neapolit.,
Linim. volat. ana ℥β; dazu innerlich: ℞ Extr. belladonn. ℈β; Aq. laurocer. ℥j. 3mal 30—40 gtt.; später
Pillen aus: ℞ Calomel gr. x; Extr. cicut. ʒʒ; —
Aloes, Gm. ammoniac. ana ʒj; Tinct. rhei ʒjjj; Extr.
tarax. q. s. fiant pilul. Nr. 180. 2mal 5 Stück. Dabei tägl. 1—2 Klystiere aus Dct. Gramin. et Tarax.;
alle 3 Tage 1 Bad, täglich ein reizendes Fussbad;
flanellene Kleidung auf dem ganzen Körper. Bei
Molimin. haemorrh. Blutegel an den After. ℞ Kali
hydrojodin. ℈jv; Aq. rubi idaei ℥v; Syrup. rubi idaei
℥j. S. stündl. 1 Essl. voll anhaltend zu gebrauchen
bei Verhärtung des Magens bei Säufern.

Magen-Mittel nach Rademacher.

Viele krankhafte Zustände, die man für Magen-
übel hält, Schmerzen, Sodbrennen, Aufstossen u. s.
w., sind nicht Urleiden des Magens, sondern häufiger
Fehler der Leber, Milz oder des Pfortadersystems,
und werden in diesen Fällen weit gründlicher und
sicherer durch Einwirken auf das urerkrankte Organ,
als durch Einwirken auf den Magen gehoben. Das
Erbrechen, es mag nun ein Urleiden des Magens,
oder ein Mitleiden sein, ist fast immer ein übeles,
hinderliches Ding. Wir müssen mit Mitteln es beschwichtigen können, mag es ein Urleiden oder ein
consensuelles sein. Das Bismuthum nitricum

ist ein sehr gutes Magenmittel, ebenso das Kali aceticum und Natron aceticum. Einer der wichtigsten Punkte, auf welchen es beim Stillen des Erbrechens ankommt, ist, dass man wohl zusehe, ob der Magensaft sauer sei; ist er sauer, so wird Alles sauer, was in den Magen kommt, und das Erbrechen erfolgt blos durch Einwirkung dieser scharfen Säure. In diesem Falle hat Radem. nichts Besseres und schneller Wirkendes gefunden als das Ammonium carbonicum ℈ij u. ℈j Tragantgummi mit ℥viij Wasser aufgelöst stündl. 1 Esslöffel voll. Ist dabei die Speiseröhre rosenartig entzündet, welches man an einem brennenden Gefühl, dass dem Kranken das Hinunterschlingen warmer oder geistiger Getränke macht, erkennen kann, so darf man nicht Ammonium, sondern Magnesia geben.

Die Kohlensäure ist ebenfalls ein sehr gutes Mittel hier, und Manchen ist Champagnerwein sehr dienlich. Das Jod ist eines der besten und sichersten Mittel zur Stillung des Erbrechens, Tinctur zu 30 gtt. in ℥viij Wasser und ℈j Tragantgummi stündl. 1 Essl. voll. Das Jod hat nicht blos Kraft, das Erbrechen zu hemmen., sondern es stillt auch die Schmerzen des Magens ebenso schnell, als Opium es vermag, namentlich sogar auch bei unheilbaren Magenübeln, z. B. Verhärtungen des Magens, wie viel mehr bei den heilbaren! Ein anderes Magenmittel zur Stillung des Erbrechens ist der salzsaure Kalk in 2 Theilen Wasser aufgelöst, und stündl. von dieser Auflösung 15 Tropfen mit ½ Tasse Wasser verdünnt zu nehmen. 5mal Tags. Der salzsaure Kalk hebt einen eigenen krankhaften Zustand des Magens, der sich nicht immer durch Erbrechen, sondern auch durch andere krankhafte Gefühle, durch Schmerz, Aufgetriebenheit nach dem Essen, Aufstossen von Winden u. s. w. offenbart, und der sich weder durch Kali acetic., noch durch Natron acetic., Wismuth, Kohlensäure, Jod oder andere Magenmittel heben lässt. Gegen Blutbrechen gibt Radem. Decoct. Semin. cardui mariae. Hauptsache ist mit, dass man das Gemüth der Kranken, die an Blutbrechen leiden, beruhige. Furcht und Schrecken bringen bei manchen Kranken Zufälle hervor, die denen ähnlich sind, welche das Blutbrechen begleiten, also werden jene Gemüthsbewegungen wohl vorzüglich schädlich sein und den wohlthätigen Heilmitteln, welche wir reichen, entgegen wirken.

Wenn Magen- und Darmsäure ihren Grund in einem krankhaften Zustande der Leber, Milz, des Pancreas, Pfortadersystems oder eines andern Organs hat, so muss man suchen, das Grundübel zu heben, sonst kann man wohl die vorhandene Säure neutralisiren, aber die Geneigtheit zur Erzeugung derselben nicht heben. Dieses ist aber öfters schwer, und es muss daher eine Hauptrücksicht auf die Diät genommen werden bei solchem Säureerzeugen. Mässigkeit im Essen und Trinken ist Hauptsache. Die Eigenschaften der Speisen sind es nicht blos, die eine saure Gährung im Magen bewirken, sondern auch das Missverhältniss ihrer Menge zu den Ver-

dauungskräften des Magens. Aber solchen Säureerzeugern ist es oft schwer, solche Mässigkeit zu
beobachten, indem sie selbst unstillbaren Hunger
haben. Alle Suppen, sie mögen Namen haben, wie
sie wollen, sind den Säureerzeugern höchst schädlich; aber eine Suppe ist schädlicher als die andere.
So bewirkt Kalbfleischsuppe, Gerstensuppe mit Wein,
Biersuppe und anderes solch schlabberiges Zeug eher
die Säure als gute Rindfleischsuppe; indessen auch
Rind-, Schaf-, Hühnersuppe verursachen denen zur
Säureerzeugung Geneigten Säure. Der Säureerzeu-
ger darf vor Mittag weder Brod, Butterbrod, Fleisch,
noch irgend festes Nahrungsmittel zu sich nehmen,
sondern muss sich mit ein paar Schälchen Kaffee
oder Thee begnügen. Sahne darf er aber nicht zum
Kaffee thun, sondern blos einfache Milch. Bier und
Wein zur Mahlzeit getrunken ist ebenfalls nicht
räthlich. Wollen Dergleichen Wein trinken, so thun
sie es am besten nach ganz vollendeter Verdauung
Abends um 7 Uhr oder noch später, auch muss die
mässige Quantität Wein langsam getrunken werden,
damit der Organismus Zeit bekommt, ihn zu ver-
arbeiten. Teneriffawein ist Solchen unschädlich,
ebenso reiner Bordeauxwein, ebenso Portwein. As-
mannshauser Rother ist ebenfalls nicht abzurathen,
aber er treibt die Hämorrhoiden.

　　Rüben, Möhren, Pastinaken, Kohlrüben, die Wurzeln der Petersilie, und Sellerie, Spinat u. Blumen-
kohl machen leicht Magensäure.

　　Ein zu Säuerung geneigter Magen, der sich blos
mit Kartoffeln sättigen will, wird sich auch nicht
sonderlich gut dabei befinden; als Zuspeise bei andern Gemüsen werden die Kartoffeln besser vertragen.
Trockene Erbsen und weisse und braune Bohnen
taugen auch nicht viel, minder übel sind Linsen.
Geschmolzene Butter als Brühe bei Kartoffeln, Fi-
schen u. s. w. muss ganz gemieden werden. Besser
werden folgende Speisen vertragen: Brauner u. grüner Kohl, Weisskraut, grüner und weisser Wirsing;
grüne Zucker- u. Pollerbsen, grosse Bohnen, Sauerkraut, Vitesbohnen, frisch und eingemacht, Salat-
bohnen, Spargeln, Salat (Lattig, Endivien), Melonen,
gelbe und weisse, saftige Kirschen, Erdbeeren, Hei-
delbeeren, die verschiedenen Sorten feiner Pflaumen,
Pfirsige, Aprikosen. Uebel werden vertragen Aepfel
und die gemeinen Sorten zusammenziehender oder
mehligter Sommer-, Herbst- und Winterbirnen. Alle
Arten von Fleisch werden gut vertragen, aber nicht
fettes, oder in Butter gebratenes, oder mit Speck
umwickelte gebratene Hühner etc. Dessgleichen so
gebraten. Bauchfieberkranken ist Milch und Weissbrod ein gutes Essen; und Milch mit $^3/_4$ Wasser verdünnt ihr bestes Getränk.

　　Als säuretilgendes Mittel gibt Radem. die Mag-
nesia usta $\mathfrak{Z}\beta$ in $\mathfrak{Z}viij$ Wasser als Schüttelmixtur.
Ueber Nacht wird die Masse wie gallertartig im Glase,
man muss sie alsdann mit einer Stricknadel umrühren, das blose Schütteln nützt nichts. — Liquor
calcaria muriatica ist ein gutes Magenmittel.

　　Magen-Ruhr. Lienterie.

Symptome. Schnelle Ausleerung der Speisen und Getränke durch den Anum, wobei fast gar keine Verdauung dieser Substanzen vorhanden, der Appetit ist vor dem Ausbruche der Krankheit oft sehr erhöht, die Kranken können aber das Genossene nicht verdauen, Aufgetriebenheit in der Herzgrube, Geschmack verändert, Gefühl von Leere im Magen, Ekel, Erbrechen, Schmerz im U.L., Ausleerungen sind längere Zeit vorher dünn, wenig gefärbt, und in der Folge besitzen sie immer mehr Aehnlichkeit mit dem Genossenen, sie riechen wenig, nachher aber stinken sie, und sind mit Galle und Schleim vermischt. Dabei entsteht Unruhe, Mattigkeit, Urin mindert sich, oft fliesst er gar nicht, wird farbig, U.L. aufgetrieben, der Kranke wird roth im Gesichte nach dem Genusse von Speisen, Febris hectica; Wassersucht, Tod. Diese Krankheit kommt auch bei Kindern vor, ihre Stühle sind weisslich, Marasmus und Febris hectica folgen bald.

Diagnose und *Therapie* wie bei Fluxus coeliacus. Das fast unverdaute viele Abgehen der genossenen Milch der Säuglinge ist eine wahre Lienterie, eine besondere Form von Dyspepsie, gegen welche Trousseau 2—5 Gr. Sal. Seignette verschreibt. Dieses ruft zwar zuweilen unmittelbar darnach eine ziemlich starke Diarrhoe hervor, meistens aber bringt es die Lienterie zum Stillstand, ohne dass es Purgiren erregt. Widersteht die Lienterie diesem Mittel, so verschreibt Trousseau Magnesia calcinata 5—15 Centigrammes in etwas Milch. Hilft auch dieses nicht, so verschreibt er Wismuth subnitric. zu 5—10 Centigrammes. Ebenso kann man zum Küchensalz seine Zuflucht nehmen, 2—4 Gr.

Magen- und Darm-Steine. Der Darmkanal, in selteneren Fällen der Magen, umschliesst zuweilen steinartige Concremente, durch welche, je nach dem Orte, wo sie sich befinden, verschiedenartige Symptome angeregt werden. Magensteine rufen Cardialgie, öftere Brechneigung, Druck, Beängstigung und Schmerz nach dem Essen, zuweilen hartnäckige Verstopfung und, wenn sie grössern Umfangs sind, oft eine sichtbare Geschwulst der Magengegend hervor. In manchen Fällen werden kleinere oder grössere Concremente durch das Erbrechen entfernt. Die Darmsteine (Enterolithen) bedingen entweder hartnäckige Stuhlverstopfung, oder wenn sie kleineren Umfangs sind, häufiger Diarrhoe, durch welche blutige Massen entleert werden, in denen man auch zuweilen steinige Concremente findet. Wo Verstopfung stattfindet, kann diese so weit gehen, dass Kothbrechen erfolgt. Häufige Kolikanfälle u. fixer Schmerz an einer bestimmten Stelle des Darmkanals gehören zu den fast constanten Symptomen der Enterolithen. Sind sie bis in den Mastdarm gelangt, so rufen sie Tenesmus, ruhrartige Schmerzen, Harnbeschwerden hervor und können durch Exploration, per Anum gefühlt werden. Zur Gewissheit wird die Diagnose nur dann, wenn einzelne Concremente von Steinen mit dem Stuhlgange entleert werden. Sie kommen von 2—6 Unzen Gewicht vor, und haben meistens im

Innern einen Kern von Fruchtsteinen u. s. w. Sie liegen zwar meist im Darme, aber zuweilen sind sie mittelst einer pseudomembranösen Bildung an dessen inneren Wand verwachsen. Es verursachen die Darmsteine häufigen Reiz, Entzündungen, und in Folge dieser Verwachsungen und Verdickungen. Die Entfernung derselben bewirkt meistens die Natur, deren Anstrengung man noch durch Ricinusöl unterstützen kann. Verstopfung darf in solchen Fällen nicht geduldet werden.

Magen, verdorbener. Indigestion. Gastro-ataxie.

Symptome. Nach Einwirkung alimentarischer Schädlichkeiten entsteht ein Gefühl von Druck in der Magengegend, die sich auftreibt und spannt. Brechneigung, Aufstossen von übelriechenden Gasarten, Zungenbeleg, Widerwillen gegen Speisen, bitterer, pappiger Geschmack im Munde, drückender Stirnschmerz.

Therapie. Emeticum aus Ipecac. mit Tart. emet., strenge Diät, einfache Schleimkost, wässeriges Getränke. Hat sich die Zunge gereinigt und bleibt leichte Magenbeschwerde zurück, so gibt man die gelindern bittern Mittel, Infus. Calami, Cort. Aurant., Tr. aromat. acida. ℞ Infus. calami aromat. ℥v (ex ℨij—jjj); Tr. aromat. acid. ℨj,ȝ; Syrup. cort aurant. ℥j. S. Verdauungsschwäche.

Magen-Verschleimung. Gastroataxia, chronische Blennorrhoe der Magenschleimhaut.

Symptome. Zunge schleimig, dick, bald glasartig, bald undurchsichtig belegt, äusserst übler, pappiger Geschmack, es läuft beständig Schleim im Munde zusammen, der mit Mühe oft in langen Fäden und mit Brechanstrengungen herausgebracht wird; Ess- und Trinklust sehr vermindert, geniesst man etwas, so treibt sich gleich der Magen auf, es entsteht das Gefühl lastenden Druckes, Brechneigung, selbst Brechanfälle, Stuhlverstopfung auf 2—3 Tage, Excremente. fest mit zähem Schleim überzogen. Bei längerer Dauer der Krankheit blasses, cachectisches, leucophlegmatisches Aussehen, Gefühl von Schwäche, kalte Extremitäten, kleiner, schwacher, blutleerer Puls.

Therapie. Ipecac. mit Tart. emetic. anfangs in refracter, später in voller Dosis. Ist der Schleim entleert, gelinde tonische, aromatische Mittel, Infus. Calami, Caryophyll., wässerigen Aufguss der China mit Tr. aromat. acid. Kommen Symptome der Neuansammlung des Schleimes, so muss das Brechmittel wiederholt werden. Hauptsache bleibt Regulirung der Diät; die Kranken dürfen nie viel auf einmal geniessen, und zwar einfache, nicht gewürzte, nicht fette und saure Kost, Fleischbrüh, junges Fleisch, keine Blätter-, höchstens Wurzelgemüse; zum Getränk Wein mit Wasser; viel Bewegung, active sowohl als passive, Vermeidung aller Verkältung, Anwendung von Bädern, anfangs einfache Seifen-, später tonische Eisenbäder, Schwelger, die sich oft den Magen überladen, gebrauchen Digestivpulver. ℞ Magnes. carbon., tart. vitriol., rad. rhei, elaeosacch.

menth., ana ℥jij. F. Pulv. S. 1 Theel. auf einmal.
℞ Natr. acet. ℥ij—℥β; Magnes. carb. ℨj; Sacch. alb.
℥vj. F. Pulv. 3—4mal 1 Theel. ℞ Natr. sulph. sicc.
℥jj; Macidis ℈j; Rad. colomb. ℥β. F. Pulv. 2stündl.
1 Messerspitze voll. S. Verdauungsschwäche.

Malacie. S. Gelüste.

Mania-puerperalis. S. Kindbettwahnsinn.

Marasmus - infantum. Paedatrophie. Abzehrung.

Symptome. Das Kind wird ruhig, schläft viel,
verliert die Lust zur Nahrung, weigert sich, die
Brust zu nehmen, bricht das Genossene bald wieder
von sich, magert sehr ab, greisenhaftes Ansehen,
schleimige Durchfälle, Febr. hect., Tod.

Diagnose. Bei Tabes meseraica (Scrophelform,
vergl. Bauchscropheln) zeigt sich Anschwellung der
Drüsen, Aufgetriebenheit des Bauches, der hier eingefallen. Bei Gastromalacie ist der Verlauf acuter,
Bauch aufgetrieben, schmerzhaft. Das Erbrochene
und durch den Stuhl Entleerte hat eigenthümlichen
Geruch und Beschaffenheit.

Therapie. Nahrhafte Speisen, Sago, Salep mit
etwas Fleischbrühe, frische Milch. Kleine Gaben
Narcotica, Cicut., Opium gegen die Reizbarkeit und
die Durchfälle, dann Tonica, Colombo, Eichelkaffee,
Trifol. febr., Absynth., Bäder mit Malz, Kleien,
Loh, Eisen. Trockene reine Luft. ℞ Ext. cort.
aurant. s. cascarill. ℨj; Aq. foenicul. ℥jj. 3stündl.
1 Theel. S. Milchkuren. Den Säuglingen gebe man
eine gesunde Amme, am besten vom Lande, bei der
die Zeit der Lactation mit dem Alter des Kindes so
ziemlich übereinstimmt. Muss das Kind aufgefüttert
werden, so reiche man Kindern von einigen Monaten
eine Mischung aus einem Theile guter Kuhmilch,
Ziegenmilch, oder wo man sie haben kann, auch
Eselsmilch, und anfänglich 2 Theile abgekochten
Wassers, mit Zucker versüsst, oft, in kleinen Parthien und lauwarm. Nach und nach verstärke man
das Verhältniss der Milch und gebe sie Kindern, die
älter als ein Jahr sind, unvermischt (s. Milchkuren).
Vom 4ten Lebensmonate an kann man auch einen
Brei aus feingestossenem und durchgesiebtem Zwieback mit Wasser gekocht darreichen. Schwächlichen
Kindern lässt man von Zeit zu Zeit denselben Brei
mit Fleischbrüh bereiten. Nach der Entwöhnung,
und Kindern von einigen Jahren dienen ebenfalls
Fleischbrühe, leichte Gemüse, Möhren, bei etwas
älteren Kindern auch wohl etwas gebratenes Fleisch,
mit Vermeidung des Schweinefleisches und Wassergeflügels; ferner weisses Brod, Zwieback, ein leichtes, bitteres, ausgegohrenes Bier. Sehr schwächlichen Individuen kann man auch kleine Quantitäten
eines süssen edlen Weins reichen.

Marasmus juvenilis. Tabes sicca, nervosa.

Symptome. Verlorner Appetit, Druck, Unbehaglichkeit während der Digestion, Brechreiz und Erbrechen; Verstopfung mit Diarrhoe halb verdauter
Stoffe wechseln ab; Reizbarkeit, Mattigkeit, Febr.
hect. gegen Abend. S. Samenverluste.

Diagnose. Von Phthisis durch die Auscultation

und Percussion; von organischen Fehlern des Magens
und der Gedärme durch Mangel der Erscheinungen,
die den organ. Fehlern des Magens und Veränderungen des Gallensystems zukommen.

Therapie. Entfernung aller Einflüsse, welche die
Krankheit erzeugen, z. B. Coitus, Onanie; Frauen
sollen die Kinder abgewöhnen; Regulirung der Diät,
öfteres, aber wenig Essen, nahrhaftes, nicht reizendes Aliment, kräftige Fleischbrühe. Schneckensuppen, gutes Bier, kohlensaures Eisenwasser (Boklet,
Brückenau, Schwalbach), trockene warme Luft, Eisenbäder. Bei grosser Reizbarkeit des Magens, Narcotica, Einreibungen narcotischer Salben auf die Magengegend. Endlich verfahre man mehr reizend. Ingwer,
Pfeffer, Schwefelnaphtha mit Calamus, Absynth etc.,
süsse Weine. Sind Samenverluste Ursache, verfahre
man nach den bei diesen angegebenen Regeln.

Marasmus-senilis. Altersschwäche.

Symptome. Verlieren des Appetits bei reiner
Zunge, Druck in der Magengegend nach dem Genusse von Speisen und öfters Wegbrechen derselben; Magengegend weich, nicht aufgetrieben; Stuhlverstopfung, rasche Abmagerung, Sinken der Kräfte,
endliche Auflösung.

Diagnose. Bei Carcinom oder Markschwamm des
Magens zeigt sich gleich im Anfange mehr oder
weniger Schmerz spontan und beim Drucke, das Erbrechen ist häufiger und constanter, das Erbrochene
übelriechend, dabei Diarrhoe, hier Verstopfung.

Therapie ist palliativ, Fleischbrüh, Schnecken-,
Austernsuppen mit frischen Kräutern, Sulze aus
Hühnern oder Kalbfleisch mit wenig Gewürz; guter
alter Wein mit Wasser, Eisenwasser, nach dem Essen
süsse Weine, Malaga, Madera, Bäder mit Loh, Aromat., Wein, Alcohol, nach dem Bade Einreibung
Ungt. nervin.; Aq. colon. in die Magengegend und
den Rücken. Passive Bewegung.

Masern, Morbili.

Symptome. 1) Reiz zum Niessen, Schnupfen, Brennen und Drücken in den Augen, diese schwellen an,
Husten, Kopfschmerz, Esslust verloren, dyspeptische Erscheinungen, trockene Haut, Fieber. manchmal Delirien. Dauer verschieden, gewöhnlich 3 Tage.
2) Länglichte, bald zirkelrunde Fleckchen, deren
Röthe vom Centrum gegen die Peripherie wiederkehrt nach aufgehobenem Drucke, im Mittelpunkte
ein Bläschen mit einem Härchen, seine Flüssigkeit
reagirt sauer, Exanthem riecht nach frisch gerupften
Gänsefedern; entsteht zuerst im Gesichte, geht von
da auf die obern Extremitäten, Brust, den Bauch,
die untern Extremitäten, dauert 24 Stunden. 3) Ausschlag wird lebhafter, röther, bleibt so 2—3 Tage
stehen, blasst ab. 4) Am 7ten oder 8ten Tage beginnt die mehlähnliche Abschuppung; die abschup-
penden Stellen jucken heftig, es entsteht kritische
Hautausdünstung, reichlicher Urin. Das die Masern
begleitende Fieber hat manchmal den entzündlichen
nervösen, putriden, gastrischen Charakter, wornach
sich die Behandlung richtet. Ist ansteckend. Die
Masern sind wie acute Exantheme überhaupt die

Wendepunkte für die fernere Gesundheit. Der Körper bildet sich von da öfters kräftiger, entwickelt sich mehr, der Brustbau wird stark und breit, und eine Anlage zur schwachen Brust scheint sich von da an verloren zu haben.

Diagnose wird durch das eigenthümliche catarrhalische Stadium, den Husten, Thränen der Augen etc. von Scharlach gesichert.

Therapie. Man verfahre expectativ, so lange keine Abnormität im Verlaufe eintritt und das Fieber den erethischen Charakter hat. Der Kranke bleibe im Bette, halte den Leib offen durch Klystiere; gelinde Diaphoretica, warmen Thee etc., gekochtes Obst, Weinsteinwasser. ℞ Aq. flor. tiliae ℥iij; Spirit. Mindereri ℥j; Syrup. alth. ℥β. ℞ Vin. antimon. gtt. xxx; Tart. tartar. ℈jβ; Aq. flor. sambuc. ℥ij; Syrup. alth. ℥j; alle 2 St. 1 Theel. voll. Man behandle den Husten mit gelindem Antiphlog. und Narcot. S. Husten. Bei der entzündlichen Form können V.S. nöthig werden (doch lasse man sich, wie überhaupt bei acuten Exanthemen, nie durch das Stürmen im Ausbruchstadium zu V.S. verleiten, man hebt die Stürme, wenn man die Eruption befördert durch laue Waschungen mit Chlor etc.), oder topische Blutentleerung, innerlich Nitrum; laue Waschungen, reizmildernde Klystiere. Bei der nervösen Form, Hautreize, Sinapismen, Vesicantien, Chlor-, Campherwaschungen, innerlich Arnica, Valeriana, Serpentar., Ammon., Senega, Campher, Moschus, Begiessungen (S. hierüber Scharlach). Bei der gastrischen Form, Emetica, Tamarinden, Sal. Seign., Manna; bei putridem Charakter, Mineralsäuren, China etc. Folgekrankheiten, als: Blennorrhoe, entzündlicher Zustand der Lungenschleimhaut, fordern Kalkwasser, Pechpflaster, Schwefelsäure, Chlor. — Croup, Keuchhusten, fordern ihre eigenthümliche Behandlung. Herzhypertrophie, Antiphlogose, Senega mit Krebsaugen, Sublimatbäder, Digitalis. Otitis, Ophthalmia etc. S. diese Artikel. Jeder Maserkranke soll wenigstens 14 Tage das Bett nicht verlassen, unter keinen Umständen vor beendigter Abschuppung. Die In- und Extensität der Brustaffectionen begründet allein die Prognose eines jeden Falles von Masern. Die Gefahr eintretender oder vorhandener Entzündungen der Respirationsorgane scheint um so grösser, je bedeutender die Eruption auf der Haut. Die Behandlung beschränkt sich bei blosser Bronchitis auf milde Getränke, schleimige oder ölige Abführmittel oder ableitende Klystiere, besonders auch Senfteige auf die Füsse. Blutentziehungen sind nur bei wirklicher Entzündung angezeigt, dann aber Aderlässe oder Blutegel.

Mastdarm-Blutung. Proctorrhoe.

Symptome. Reines, hellrothes, flüssiges Blut verliert sich durch den Mastdarm, entweder selbständig oder beim Stuhlgange. Bei der Untersuchung des Mastdarms keine Veränderung in demselben, keine Anschwellung der Venen, keine Auflockerung, nichts als etwas Empfindlichkeit und Schmerz beim Einbringen des Fingers. Vergl. Darmblutungen und Melaena.

Diagnose. Von Hämorrh. durch den Mangel des

Congestionsstadiums, durch das Lebensalter (junge Leute), durch die Untersuchung.

Therapie. Bei Neugebornen stille man sogleich die Blutung durch Injection von Essig und Wasser lauwarm. Bei Säurebildung, Antacida; Sprungwürmer entferne man durch Anthelmint. Um die Pubertät darf die Blutung nicht plötzlich unterdrückt, vielmehr muss exspectativ verfahren werden, Aufenthalt im Bette, horizontale Lage, antiphlogistische Diät, es dürfen keine harten Stühle stattfinden. Wird die Blutung bedeutend, kleine Gaben Phosphorsäure oder schwefelsaures Eisen, ja keine Kälte. Wo die Blutung unterdrückt worden und der Kranke Congestionen gegen die Brust bekommt, stelle man die Blutung wieder her durch Aloeklystiere, Blutegel an den After, um den Kranken vor Phthisis zu retten.

Mastdarm-Entzündung, Proctitis.

Symptome. Heftig brennender Schmerz am After, beständige Stuhlausleerungen, 20—30 in 24 St., aber wenig auf einmal, endlich blos Tenesmus. Sphincter Ani bei der Untersuchung sehr resistent, Schleimhaut schmerzhaft, heiss.

Diagnose. Es ist hier seltener Fieber, als bei Ruhr. Von Hämorrhoiden durch die Manualuntersuchung.

Therapie. Blutegel an den After, erweichende Bäder. Einreibungen von Ungt. Alth. mit Ol. Hyoscyam., selbst mit Tr. Opii; vegetabilische Diät.

Mastdarm-Krebs, Mastdarm-Verdickung und **Mastdarm-Vorfall** gehören ins Bereich der Chirurgie. Die Hypertrophie des Mastdarmsphincters gibt sich kund durch hartnäckige Stuhlverstopfung mit Tenesmus, Faeces sehr dünn: nach der Entleerung: heftige krampfhafte Zusammenziehung; der untersuchende Finger stösst auf Hindernisse, wird vom After krampfhaft umfasst. Der Kranke kann nicht sitzen, bekommt Congestionen zum Kopf und Harnblasenbeschwerden. — Natürlich darf die Ocularinspection, Exploration mit dem Finger, der Untersuchungsversuch mit dem Mastdarmspiegel nicht vernachlässigt werden. Die Krankheit verlangt: Blutegel, laue Bäder, Eibischsalbe, Ol. Hyoscyam. äusserlich, Cataplasmen, Charpieröcken mit Belladonnacerat versehen etc. Endlich Ein- aber nicht Durchschneidung des Sphincters hinter dem Kreuzbein.

Melaena. Morbus niger Hippocratis.

Symptome. 1) Unbehagliches Gefühl, lastende Schwere in der Nabelgegend, diese etwas aufgetrieben, Druck auf dieselbe schmerzlos, von Zeit zu Zeit Kolik ähnliche Anfälle, Verstopfung, Abdominalcolorit. 2) Gefühl, als würde plötzlich eine warme Flüssigkeit in den Bauch um den Nabel ergossen, gleichzeitig Kolik ähnlicher Schmerz gegen die Aushöhlung des Kreuzbeines zu ziehend, Drang zum Stuhle, mit dem Fäcalmaterie und Blut entleert werden; letzteres meist dunkel, geronnen in Klumpen, manchmal sogar dunkelschwarz, pechähnlich gefärbt, abgehend, untersucht man sie aber mit Schwefelsäure, zeigt sich sogleich die rothe Blutfarbe. Ist die Blutung heftig, so kommen die Erscheinungen der Blutleere.

Diagnose. Von Dysenterie durch den Mangel des Tenesmus. Von Degeneration des Mastdarms durch die Qualität der Stühle und die Beschaffenheit des dabei statthabenden Fiebers. Von Hämorrh. durch die fehlende Veränderung an den Venen und die Menge des hier abgehenden Blutes.

Therapie. Phosphor-, Schwefelsäure, Kino, Alaun, Katechu, Ratanhia, schwefelsaures, salzsaures Eisen. Droht der Blutverlust augenblickliche Erschöpfung, kalte Umschläge auf den Bauch, Injection von kaltem Wasser in den Mastdarm. Stumpfe die Reizbarkeit ab durch Belladonna, Hyoscyam., Aq. Laurocer. und leite durch reizende Fuss- und Handbäder ab. Hat unterdrückte Blutung Veranlassung gegeben, so suche man diese wiederherzustellen. Zur Nachkur China. ℞ Extr. torment., extr. mart. pom., ana ℨj; Terr. catechu Əj; Pulv. chin. q. s. f. pilul. Nr. 100; 4mal 8—10 Stück. ℞ Rad. tormentill. ℨβ; F. dect. ℨxij—vj; Tr. terr. catechu. ℨjj; Alumin. dep. Əj; Aq. cinnamom. syrup. d. cichor., ana ℨβ; alle St. 1 Essl. ℞ Extr. ratanh. — chinae, ana ℨj; Aq. rosar., — cinnamom., ana ℨjjj; Tr. cinnamom. ℨjj; Syrup. capill. Vener. ℨj; alle 2 St. 1 Essl. ℞ Extr. cort. chin. frigid. parat. ℨjj; Pulv. tamarind. ℨjj; Elaeosacch. flav. citr. ℨvj; Aether. acet. Əj. F. electuar.; 2stündl. 1 Theel. zur Nachkur. Vergl. Darmblutungen, Blutungen, Mastdarmblutungen.

Melancholie ist eine Unfreiheit des Gemüthes mit Niedergeschlagenheit, Insichversunkensein, Brüten über irgend einen Gegenstand des Verlustes, der Trauer, des Schmerzes etc. Der Kranke ist mürrisch, argwöhnisch, verschlossen, menschenscheu, sucht die Einsamkeit, bildet sich irrige Ideen, aus denen er falsche Schlüsse zieht, die er mit Hartnäckigkeit vertheidigt. Allerlei partielle Krämpfe, jedoch meist nur periodisch, selten constant, namentlich des U.L., der Deglutitionsorgane, ähnlich dem Globul. hyster., Blasenkrämpfe, reizloser Zustand des Abdominalnervensystems, daher Trägheit und Störung der U.L.-Organe, belegte Zunge, harter aufgetriebener U.L., geschwächte Verdauung, unterdrückter Stuhlgang, sparsame, harte, pechartige oder thonigweisse Fäces, Säurebildung, Dyspepsie, dicker, schleimiger, wässeriger, spastischer Urin, bleiches Aussehen, Haut trocken oder erschlafft, mit kalten Schweissen bedeckt, Puls langsam, klein, aussetzend. Der Kranke verträgt grosse Gaben A.M. zu Brechmittel etc. Arten sind: Die religiöse Melancholie, Dämonensucht, Heimweh, Melancholie mit Verkehrtheit des Gemeingefühls, sie halten sich für Vögel, Würmer etc., Melanchol. anglican. Ueberdruss und Verachtung des Lebens, Hang zum Selbstmord; die verliebte Melancholie. Ursachen sind: organische Fehler des Gehirns und seiner Umgebungen, Affecte, Leidenschaften, anhaltende Geistesanstrengungen, anhaltender Gebrauch der Narcot., Onanie, Abdominalkrankheiten, Metastasen, plötzlich unterdrückte Hämorrh., Menses, Lochien. Vergl. Heimweh und Herz, gebrochenes p. 243.

Therapie. Man suche die Ursachen zu entfernen und verfahre nach den allgemeinen Grundsätzen, wie angegeben bei Geisteskrankheiten. Gegen Heimweh fand man kleine Gaben Tart. emet. mit Campher sehr wirksam. S. Verdauungsschwäche. Obstructionen.

Meningitis. S. Gehirnentzündung.

Meningitis spinalis. Vgl. die Rückenmarks-krankheiten (8). —

Wenn schon entzündliche Processe in den serösen Hüllen der Nervencentra überhaupt seltener, als in den übrigen serösen Membranen des Körpers sich entwickeln, so gilt dieses namentlich von demjenigen Theile der Arachnoiden und Pia mater, welcher dem Rückenmarke angehört. Die Verschiedenheit der Arachnoidea zur weichen Hirnhaut macht sich auch in gichtischen Zuständen geltend, indem z. B. die Entzündungsprodukte nicht, wie es bei andern serö-sen Häuten in der Regel der Fall zu sein pflegt, auf der freien Fläche der Membran und im serösen Sack, sondern fast immer auf der befestigten Fläche und in den Massen des subserösen Zellstoffes, d. h. der Pia mater infiltrirt gefunden werden. Diese Bemer-kung gilt jedoch nur von der Arachnoidea cerebralis; die spinale bildet zwei geschlossene Säcke, einem inneren und äusseren, welche mit dem einen ihrer Blätter die Pia mater des Rückenmarks und die innere Fläche der harten Haut überkleiden, mit ihren beiden anderen Platten aber an einander liegen und eben jenen lockeren Sack darstellen, den man in der Regel als Arachnoidea spinal. zu bezeichnen pflegt. Der innere Arachnoidealsack wird im Allgemeinen weit häufiger als der äussere von Entzündung ergriffen, und in diesem Falle findet sich das Exsudat nicht allein zwischen Arachnoidea und Pia mater, wie bei Meningitis cerebralis, sondern auch ebenso häufig im serösen Sack selbst angesammelt. Im Vergleich zur cerebralen Meningitis kommt die spinale seltener vor, doch im Allgemeinen ist sie häufiger als man anzu-nehmen pflegt. Tritt sie sehr acut auf, so wird sie leicht mit Tetanus, in mehr chronischem Zustande, bei nicht ganz gründlicher Untersuchung, leicht mit rheumatischen Beschwerden verwechselt; um so leich-ter, als die krankhaften Erscheinungen oft sehr bald nach der Einwirkung des Causalmoments eintreten, und plötzliche Unterdrückung reichlicher Hautsecre-tion öfters die Veranlassung gibt, wie Erkältung überhaupt. Ferner finden in den Extremitäten und zwar auf beiden Seiten, besonders den untern, öfters heftige Schmerzen statt, was in der Diagnose irre leiten könnte; dabei aber Schmerz in der Wirbel-säule, Schmerz bei den Bewegungen, Druck ver-mehrt den Schmerz, welcher sich meistens mit spasti-scher Contractur der Rücken- und Nackenmuskeln verbindet und zwar in verschiedenem Grade, von der blossen Muskelsteife bis zur starren Contraction, wodurch Rumpf und Kopf rückwärts gebogen werden. Der Krampf ist selten anhaltend, gewöhnlich remit-tirend, stellt sich nach kurzem Nachlass von selbst ein, oder sobald man den Kranken eine Bewegung mit dem Rumpfe machen lässt. Die Immobilität der untern Extremitäten hier, darf man aber nicht mit Paralyse verwechseln. Nebst der Spannung und Rigidität des Körpers kommen dann auch electrischen Erschütterungen gleichende Zuckungen vor, was mit Tetanus leicht Verwechslung zuliesse. Je nach dem Sitze der Meningitis, am obern, mittlern oder untern Theile der Säule werden auch nur diejenigen Theile afficirt, welche unter der Herrschaft der innerhalb des Bereichs der Entzündung abtretenden Nerven stehen. Dysurie oder Retentio urinae kommen so wie Stuhlverstopfung nur zuweilen vor, und erschwerte Respiration, wenn die Meningitis höher oben ihren Sitz hat, d. h. die Nerven der Respirationsmuskel mit in das Gebiet der Krankheit hineingezogen werden. Gewöhnlich ist das Fieber sehr mässig. Die Krankheit kommt bei Kindern so gut vor als bei Erwachsenen. Die chronische Meningitis hat nicht, wie die acute, die Neigung, sich schnell über einen grossen Theil des Rückenmarks zu verbreiten; sie beschränkt sich vielmehr, wie wir dies auch bei der chronischen Hirnhautentzündung, insbesondere der tuberculösen sehen, sehr oft auf einen geringeren Umfang. Nicht selten nimmt sie den obersten Theil des Rückenmarks in der Nähe der Medulla oblongata ein und wird dann die Ursache eigenthümlicher, aber leicht verkennbarer Erscheinungen. Das plötzliche Eintröcknen chronischer, insbesondere scrophulöser Exantheme ist eine der häufigsten Ursachen der chronischen Meningitis, sowohl des Gehirns als des obersten Theils des Rückenmarks; doch können Stösse, Schläge etc. und Krankheiten der Wirbelknochen selbst veranlassende Momente der Entzündung werden, was vorzugsweise von der Tuberculose der Wirbelkörper (Spondylarthrocace) gilt. Die Behandlung besteht in der Anwendung von Schröpfköpfen längs der Wirbelsäule, Einreibungen von Unguent. Neapolit. auf dieselbe, innerlich starken Dosen Calomel mit Jalappa, warmen Bädern, was öfters wiederholt werden muss. Bei der chronischen Form neben den fortgesetzten Ableitungen auf den Darmkanal, Einreibungen von Unguent. Tart. emet., unterhaltene Vesicatorien.

Menses. Menstruation, Catamenien. Vergl. Gebärmuttermittel p. 170.

1) Zu früher Eintritt der Menses. Es gibt Fälle, wo die Kinder schon im 2ten Lebensjahre menstruirt und schon, laut Erfahrung, im 8ten geschwängert wurden, in welchen Fällen wahrer Menstruation die Geschlechtsorgane, Brüste, Schamlefzen, Mons Ven. etc. ausgebildet waren. Es fragt sich in solchen Fällen jedesmal, ob eine ursprüngliche Bildungsrichtung oder krankhafte Zustände anderer Systeme und Organe, oder die Lebensweise den Grund abgeben. Wo ersteres der Fall, kann man blos eine passende, leicht verdauliche Diät anordnen, Landluft anrühmen. Die Natur wird sich übrigens nicht wohl aufhalten lassen. Sind krankhafte Zustände Schuld, Scropheln, Obstructionen,

Wurmreiz, so richte man gegen diese die Behandlung, Extr. saponar., Antimonialia etc., Hautkultur, Seifenbäder, Anthelminthica etc. — Bei Metritis: Antiphlogose. Beim Flusse selbst hüte man sich, Tr. Cinnamom. etc., reizende oder stärkende Mittel zu geben, sondern ordne blos kühlende, einfache Diät an. Wird die Blutung zu copiös, so kann man Naphth. auf die Regio hypogastr. auftröpfeln, innerlich Syrup mineral. und gtt. j Laudan. p. dosi geben. Ist eine das Nervensystem zu früh und gewaltsam aufregende Lectüre etc. Schuld, wird die Behandlung sich auf Abhaltung solcher Reize, Anordnung kühlender Diät, Pulv. Doweri, Liquor. C. C. beschränken. Um ohne Nachtheil die monatliche Reinigung einige Tage später, wie gewöhnlich eintreten zu lassen, was zuweilen den Damen auf Reisen, bei Besuchen etc. recht angenehm sein kann, soll es nach sympathetischer Weise hinreichend sein, des Morgens nüchtern 9 Pfefferkörner zu verschlucken.

2) **Fehlende Menses, Amenorrhoe.** Wenn zur Zeit der Pubertät folgende Symptome sich zeigen und die Menses folgen dennoch nicht, so ist krankhafter Zustand vorhanden. Besondere Geistesstimmung, es ist ein Verlangen nach Etwas, ohne zu wissen, was; Brüste dehnen sich aus, schwellen an; Ziehen, Spannen im Kreuze und der Beckengegend gegen die Geburtstheile, oft nach den Schultern zu sich erstreckend. Krampfhafte Beschwerden, Kopfweh u. s. w., Müdigkeit aller Glieder, bald anhaltend, bald nicht, bald alle 4 Wochen zurückkehrend. Folgt jetzt die Reinigung nicht, so zeigen sich krampfhafte Beschwerden: Blässe, Eingenommenheit des Gesichts, tiefliegende, in Wasser schwimmende, mit blauen Ringen umgebene Augen, Mangel an Wärme, Körper aufgedunsen, Mangel an Esslust, Brechneigung, U.L. aufgetrieben, Blähungen, Stuhlgang verändert, Schwindel, trockener Husten, unangenehmes Hautgefühl, Mattigkeit, Schlaf erquickt nicht, Trägheit, üble Geistesstimmung, Melancholie, Chlorosis; auch kann es zur Lähmung der untern Extremitäten kommen in Folge von Ueberfüllung der Cauda equina. — **Therapie.** Ist sogenannte Sthenie vorhanden, wie bei Bauernmädchen oft, am Fusse V.S., Blutegel an die Genitalien, Abführmittel, kühlende Klystiere, Mittelsalze, antiphlogistische Diät. Bei Anlage zur Asthenie nahrhafte Diät, warme Bekleidung, innerlich Aromat., Aloë. S. Bleichsucht. Empfohlen sind ferner: Strychnin zu gr. $\frac{1}{6}$—$\frac{1}{4}$ 3mal täglich. Borax und Millefolium bei Ammenorrh. aus geminderter Thätigkeit des Uterus. ℞ Borac. gr. vjj; Sacch. gr. x; d. t. d. Nr. 12; Morgens und Abends 1 Pulver. ℞ Summitat. millefol., herb. menth., ana ℥jβ; S, zum Thee, sog. Meth zum Getränk. Bei Nervenempfindlichkeit und chlorotischem Anstrich Ferr. carbon. gr. jjj; Lapid. cancr. gr. v; Sacch. alb. gr. x; Früh und Abends 1 Pulver und dabei Millefol. zum Thee. Salmiak bei der Amenorrh. junger, vollblütiger Mädchen, bei Frauen mit phlegmat. Habitus und monströsem Körperbau, die öfters an Verdauungsfehlern, unordentlichem Stuhlgang, Leberaffection etc.

leiden, ein dickes, schwarzes Blut zeitweis verlieren.
Jod u. Jodwasser innerlich u. Jodpomade in die Nierengegend eingerieben bei Atonie des Uterus. Warmhalten der Füsse, die man mit warmen Cataplasmen bedeckt, warme Bäder, um die Circulation an der äussern
Oberfläche zu befördern. — Radix Rubiae tinctorum
in Verbindung mit China aaa 3ʲ täglich in Pulverform. — Vesicatore an die innere Seite der Schenkel
2 Tage vor der Zeit des gewöhnlichen Eintritts. —
Crocus orientalis ꝫj—jj mit Ferrum, Sabina. Injectionen von Ammon. caustic. 10—12 gtt. in 2 Esslöffel
voll warmer Milch, 2—4mal tägl. Die Menstruation
soll contagiöser Natur sein, daher rathe man, die
Kr. solle sich zu einer gesunden, gerade Menstrui-
renden ins Bett legen, oder ein mit ihrem Blute getränktes Schwämmchen in die Vagina nehmen. Secale
cornut. bei Atonie des Uterus. Pulsatilla zu gr. ¹/₆
bei phlegmat. u. nervösem Temperamente, bei Suppr.
mensium durch Verkältung.

3) **Dysmenorrhoe.** Spärliche Reinigung,
mit Schmerzen verbunden. Die Schmerzen gehen
nach den Geburtstheilen, es entstehen Ohnmachten,
Erbrechen etc. vor dem Ausbruche der Menses, oft
mehrere Tage, oft nur kurz vorher; oder die Schmerzen begleiten die Menses, oder kommen nach derselben, oder entstehen vor ihr schon und dauern bis
nach derselben fort. Beim Eintritte der Menses sind
die Erscheinungen ein Gemisch von entzündlichen
und krampfhaften Schmerzen im Bauche, sogar Ohnmachten, Convulsionen und Delirien treten zuweilen
auf; Stuhlgang verstopft, Urin spärlich, Puls frequent. Mit dem Eintritte der Blutung lassen diese
Zufälle allmählig nach. Fussbäder verschlimmern
meist die Zufälle. Arten sind: **Dysmenorrh.-
amenorrh.** Die Menses sind äusserst spärlich,
dagegen Blutüberfüllung in den Venen, besonders
der Haut. Blühend rothes, oft livides Aussehen,
starker, kräftiger Körperbau, dabei grosse Mattigkeit. **Menstrualkolik.** Oppletion im Bauche,
der sich auftreibt, weich, nicht schmerzhaft sich
anfühlt, von Zeit zu Zeit kolikähnliche Schmerzen,
dazu Störungen in der Darmfunction, öfters Erbrechen, Stuhlverstopfung. **Dysmenorrh. pulmonalis.** Oppression der Brust, stechender Schmerz,
aber Möglichkeit tief zu athmen, Palpitatio cordis,
Husten. **Dysmenorrh. cephalica.** Steifigkeit,
dumpfer Druck im Nacken und Hinterhaupte, Summen,
Sausen vor den Ohren, Schwerhörigkeit, Schwindel.
momentanes Schwinden des Bewusstseins, besonders
bei rascher Bewegung. **Dysmenorrh. derma-
tica.** Congestionen gegen die Brüste, gegen irgend
eine Hautstelle, welche endlich Blut secernirt. **Dysmenorrh. renalis.** Druck in der Nierengegend,
bei Bewegung sich vermehrend, ziehender Schmerz
in den Uretheren. — **Therapie.** Ein antiphlogistisches und zugleich krampfstillendes Verfahren im
Augenblicke der Affection, sowie einige Tage vor
dem Eintritte der Menses, gelindes antiphlogistisches
Laxans und in der Zwischenzeit von einer Menstruationsperiode zur andern kleine Gaben Calomel mit

Nitrum, etwas Extr. Cicutae, nebst milden Dämpfen durch die Vagina leisten gute Dienste. — Adelheits-wasser besonders gerühmt. — Ueberhaupt richtet sich die Behandlung nach den Ursachen, ob Ausschwei-fungen, schlechte Kost, sitzende Lebensweise, un-gezügelte Phantasie, starker Blut- oder anderer Säfteverlust, traurige Leidenschaft, Erkältung, Er-hitzung Veranlassung gaben. Die palliative Kur hat die Aufgabe, die Schmerzen durch Mittel zu stillen, welche dem Zustande gemäss sind, und die Men-struation zum gehörigen Fluss zu bringen, von dem befallenen Organe abzuleiten. Antispasmod., Thee, Caryoph., Naphth.; Opium, Castor. etc., laue Bäder, Reiben des ganzen Körpers, Fomentationen, Klystiere von Asa foet. Die Radicalkur verlangt wieder Anti-spasmod., Aromat., Spirituosa, Amara, Asa foed., Galban. Eisenpräparate, China, mit Narcoticis ver-bunden, besonders Aq. Lauroceras., Blausäure; dabei Bäder mit Schwefel, Senf. Zeigen sich die ersten Molimina, halte sich die Kr. im Bette, man mache aromatische Fomentationen auf den U.L., Frictionen auf die innere Schenkelfläche, setze auch wohl Schröpf-köpfe, reiche kleine Gaben Crocus, Aloë, Sabina etc., um die Congestion zur Secretion zu steigern. Wäh-rend der Menses halte die Kranke sich im Bette; so verfährt man bei der nächsten Periode wieder. So mannigfaltige Ursachen die Menses zu hemmen ver-mögen, so mannigfaltig sind auch die Mittel, welche diesem Uebelstande abhelfen, sowohl die erschlaffte Gefässe stärkenden Tonica, als ihre krampfhafte Ver-schliessung hebende Antispasmod., bald die Stockung lösende Resolventia und Laxantia. Das Secale cor-nutum ist für den Uterus ein so specifisches Mittel, dass man es häufiger anwenden sollte. Bei schwerer und unter Krämpfen eintretenden Menstruation wirkt es zuweilen wie durch Zauberschlag, ebenso bei Eclampsia parturientium. — ℞ Boracis, aq. amygd. amar. concentr., ana ʒj; Aq. meliss. ℥jv. S. stündl. 1 Essl. voll bei Colica menstrualis vor oder während des Eintrittes der Menses. — ℞ Rad. valerian., fol. sennae, aurantior., flor. arnicae, rad. artemis. vulg., ana ʒj; Semin. foenicul., herb. chenopod. ambros., ana ℥β. M. C. C. Divid. in 12 part. aq. S. tägl. eine Portion zum Thee kalt zu trinken, bei torpiden blassen Frauenzimmern als Emenagogum. ℞ Acid. hydrocyan. gtt. jj; Spirit. muriat. aeth., s. tinct. valerian. aeth. ℥β. S. 20 — 30 gtt. p. dosi gegen Krämpfe. — ℞ Asae foetid. ʒj; Ammon. pyrolign., opii puri, ana gr. xv; Tinct. castor. ℥jβ; alle 2 St. 40 gtt. ℞ Herb. sabin. ʒj; Fiat. infus. ℥vjjj; Borac. Ɉjv; Sacch. alb. ʒj; 3mal 1 Essl. ℞ Frondum sabinae recentum ʒjjj; Contund. mortario marm. adde sacch. albi ℥jβ. M. f. p. S. 3 Tage vor dem Eintritt der Menses jedesmal 1 — 2 Theelöffel voll zu nehmen. ℞ Natr. borac. gr. vj; Kali sulphur., sacch. alb., ana Ɉj; alle 2 St. 1 solches Pulver. ℞ Aloes ʒjj; Myrrh., croc., ana ʒj; Syrup. croc. q. s. f. pilul. gr. jj; 3 — 4mal 5 Stück. ℞ Rad. seneg., ammon. muriat. dep., ana ʒjj; Gm. mimos. ʒjjj; Elaeosacch. foenicul. ʒβ. F. pulv. D. in vitro. 3mal 1 Theel. als Emena-

gogum. ℞ Aq. meliss. ʒjv; Boracis, aq. amygd.
amar., ana ʒj. Stündl. 1 Essl. bei Plethor., Menstrualkolik. ℞ Tr. castor., liquor. ammon. succ.,
ana ʒjj; Tr. valerian. aeth. ʒj. Alle 2 St. 20 gtt.
℞ Extr. pulsatill. gr. jjʒ; Extr. aloes gr. jv; Extr.
tarax. ʒj; Pulv. rad. calam. aromat. q. s. pilul. Nr. 60,
consperg pulv. sem. anis.; 4mal 3 Stück. ℞ Acid.
hydrocyan. Tromsdorfii gtt. ʒj; Aq. menth. ʒjx; alle
2 St. 1 Essl. ℞ Flor. chamomill., flor. sambuc., ana
ʒjʒ; mit Wasser angebrüht zum Hineinsetzen; bei
nervösen Personen. ℞ Calomel gr. ½; Castorei
gr. jjj; gegen Colica menstr. junger Mädchen. — Tr.
Stramonii 5—10 gtt. 8 Tage vor Eintritt der Menses
2mal tägl. — Spirit. Mindereri 40—60 gtt. in Zuckerwasser bei Schmerzen.

4) Die Menses hören auf zu fliessen
vor der richtigen Zeit. Meist ist eine allgemeine Schwäche Schuld, namentlich wenn sie nach
u. nach allmählig aufgehört hatten. In solchen Fällen:
reizende Mittel, Kohlensäure, Stahlwasser, Arnica,
Valeriana, Gummata, Schwefelmittel, Amara, Aloë,
Hellebor., Bäder, Electricität, Magnetismus, Ferra.
℞ Sal. tart. ʒjj; Succ. citr. q. s. ad saturat., liquor.,
anodyn. H. ʒj; Syrup. citr. ʒvj; alle Stund 1 Essl.
℞ Assae foetid., lact. sulphur., ana ʒjj; Extr. valerian., extr. chamomill., ana ʒjʒ; F. c. pulv. valerian.
q. s. pilul. gr. ʒj; 4mal 8 — 10 Stück und steigend.
℞ Cremor. tart. ʒj; Magnes. calcinat., rad. ari, ana
ʒβ; Sem. foenicul. ʒjj. F. pulv.; alle Stund 1 Theel.

5) Zu starke Menses, Menstrua nimia, wo
die Menses zum Nachtheile des allgemeinen Befindens das gewöhnliche Maas überschreiten und daher
Schwäche entsteht, Mattigkeit, ziehender Schmerz
in den Lenden, üble Stimmung, Leiden der Respiration, Herzklopfen, Aengstlichkeit, Kälte der Füsse,
Anschwellung derselben. — Therapie richtet sich
nach den Ursachen, ob Laxität der Genitalien, enormer, übermässiger Beischlaf, Fluor albus, Abortus,
schwere Geburt, sitzende Lebensweise, traurige Leidenschaften, Diätfehler, schlechte Kost, üppige
Phantasie, sonstige Schwächungsursachen Schuld
sind, und ob es erlaubt ist, dieselbe wie eine profuse Blutung zu behandeln. S. Blutungen. Um durch
den Fluss der Menses in ihrem Gewerbe momentan
nicht behindert zu werden, suchen die Freudenmäd-
chen die eingetretene Menses dadurch alsbald zur
Sistirung zu bringen, dass sie Kreide mit Essig
innerlich nehmen. Man gibt gerne Elixir. acid. H.;
China in Pulv. alle 2 St. 1 Theel. mit etwas Zimmt,
Alaun zu gr. vj—x—xx in einer Mischung von ½ Quart
Wasser und rothem Weine, Alaunmolken. Der Ausgepresste Saft der Brennessel mit Opium, das Tragen
von Gürteln mit Pulver aus Amar. oder Aromat. gefüllt. Thlaspi bursa pastoris gegen Metrorrhagie bei
passiven Gebärmutterblutungen, Mensibus nimiis et
frequentibus, bei Personen von schlaffer, schwam-
miger Constitution insbesondere ausgezeichnet, mehr
als Eisen, Alaun, China, Zimmt und Mineralsäuren.
1½ Handvoll der ganzen Pflanze mit 3 Tassen Wasser
auf 2 eingekocht und davon 1 Tasse auf einmal zu

trinken. Bei profuser Menstruation wird das Mittel durch 2—3 Menstrualepochen angewendet. — Auch Sabina in activen Mutterflüssen in kleinen Dosen ist von Kopp als specifisch angegeben. — Kopp sagt: um eine zu lange monatliche Reinigung gehörig zu beschränken, ihre zu lange Dauer abzukürzen, ihr zu frühes Eintreten zu reguliren und das Schmerzhafte dabei und während ihres Verlaufs zu mildern, behaupte der Lapis infern. eine bewährte Stelle, ebenso bei Menstrualstörungen zur Zeit der climacterischen Periode, sowie zur Zeit ihres ersten Auftretens sei er ein ausgezeichnetes Mittel.

Menstrualkolik. S. Menses Nr. 3.

Mentagra. S. Lepra.

Mercurialkrankheit.

Symptome. Gewöhnlich auf plötzliche Verkältung beim Mercurgebrauch stellt sich nach vorausgegangener grosser Mattigkeit, Angst in der Herzgrube, Horripilationen mit darauf folgender Hitze, schnellem Pulse, Kopfweh, Ekel, Durst, ein Ausschlag ein, als hell- oder dunkelrothe Bläschen, selten als purpurrother Ausschlag ohne Bläschen, oder dem Nesselausschlage ähnlich, am häufigsten zuerst am Hodensacke, der innern Schenkelfläche, den Vorderarmen, und verbreitet sich allmählig über den ganzen Körper. Es erfolgt eine Abschuppung; bleibt aber das Uebel sich selbst überlassen, so entleeren endlich die Bläschen eine stinkende Flüssigkeit, jucken sehr und bilden dicke Krusten. Auch unter der Form von Geschwüren im Rachen tritt sie auf; die Geschwüre charakterisiren sich durch ihr graulich weisses, schlaffes, besonderes Aussehen. Das Mercurialzittern entsteht selten während der Kur mit Hydrarg., meist einige Monate später und befällt vorzugsweise die obern Gliedmassen, ist oft leicht, oft sehr schwer zu beseitigen durch grosse Gaben von Diaphoret. mit Laxant., Schwefel-, Dampfbäder.

Therapie. Man setzt den Gebrauch des Merc. aus, ordnet warmes, streng diätetisches Verhalten an, gibt innerlich Schwefelwasser, Sassaparill, Dulcamara, Bardana, Quajac, Mineralsäuren mit Holztrank, Tinct. aròm. acid., Malztrank, gelinde Adstringentia, China, Cascarill, Fol. aurant., später Eisenmittel, Schwefelbäder. Entstehen Leberstörungen: Extr. Chelidon. mit Kali. Zur örtlichen Behandlung dienen Pinselsaft mit Salzsäure, Mundwasser mit Cicuta und Honig. Gegen die Hautausschläge in Folge des Mercurs dienen Antimonialia mit Quajac, Tr. quajac. ammon., Hungerkur, Dect. Zittmanni. ℞ Sulphur. depur. ℨij; Aq. dest. ℥iv; Tr. opii simpl. gtt. xx. S. Gut umgeschüttelt 3mal 1 Essl.

Metasyncrisis nennt man die Umwandlungskur hartnäckiger chronischer Uebel.

Metritis. S. Gebärmutter-Entzündung.

Meteorismus. S. Tympanitis.

Metrorrhagia. S. Gebärmutterblutfluss.

Migraine. S. Kopfschmerz.

Milchabsonderung der Wöchnerinnen. Oefteres Anlegen des Kindes ist Hauptsache zur Beförderung und Vermehrung der Milchabsonderung.

Nach dem Wochenbette dient dazu vieles Trinken von Infus. herb. rad. et semen. Foeniculi, Bier, Suppen. ℞ Magnes. carb. ʒjjj; Cort. aurantior. ʒꝑ; Semin. foenicul., sacch. alb., ana ʒj; 4—5mal eine gute Messerspitze voll (Milchpulver). ℞ Pulv. rad. foenicul. ʒj; Herb. foenicul., herb. chaerophyll., sem. anisi, — foenicul., — anethi, ana ʒß. S. 2 Essl. voll mit 1½ Quart Wasser halb einzukochen und täglich zu trinken (Milchthee). Mandelmilch soll die Secretion der Milch noch vermehren. — ℞ Fabar. tost. cacao, semin. anisi, — foenicul., ana ʒꝑ. S. 4—6mal 1 Theelöffel zur Vermehrung der Milch. — S. Brustentzündung der Wöchnerinnen. S. Kindbett. — Will oder kann die Mutter nicht selbst stillen, so vermindere man die Milchabsonderung, zertheile die abgesonderte Milch und entferne sie durch Ausleerung, Ableitung, Auflegen von Baumwolle mit Zucker oder Bernstein durchräuchert, gelindes Binden der Brüste; bei Anhäufung der Milch entferne man sie durch Aussaugen, magere, wässerige Diät, Abführmittel, namentlich Tart. vitriol. ʒj — jj täglich, durch gute Abwartung der Schweisse. ℞ Tart. vitriol. ʒß; Aq. destill. ʒvj; Syrup. rub. idaei ʒjß; 4mal 2 Esslöffel voll. — Entstehen Anschwellungen, Schmerzen, Verhärtungen der Brüste, dann warme, erweichende Umschläge, um die Milch zum Fliessen zu bringen, Einreibungen und Auflegungen von Wallrath, Mandelöl, öfteres Aussaugen und Auspumpen, warme Bähungen, magere Diät.

Milch-Fieber.

Symptome. Am 2ten, 4ten oder 6ten Tage nach der Entbindung, wenn die Brüste gewöhnlich mit Milch angefüllt werden, kann diese gewöhnliche, nicht Krankheit zu nennende Fieberbewegung, gewöhnlich ein blosser Fieberschauer, sich so verstärken, dass allerdings dieser Zustand ein Fieber zu nennen ist. Frost, Hitze, Durst, Schweiss, Kopfschmerz, Mangel an Appetit, fader Geschmack.

Therapie verlangt blos angemessenes Regime, leichte Diät, mässige Unterhaltung des Stillungsgeschäftes. Bei Nichtstillenden Sorge für Beförderung des Milchausflusses; bei stärkern Fieberbewegungen Emulsion mit Nitrum, Klystiere; bei belegter Zunge etc. ein kühlendes Abführmittel aus Tamarinden.

Milch-Fluss. Galactorrhoe.

Bei so starker Milchabsonderung, dass der Körper darunter leidet, beendige man das Stillungsgeschäft, aber nicht plötzlich. Man entferne die Ursachen, die zu warme Brustbekleidung, das zu lange Saugen der Kinder, Polypen in den Genitalien, Würmer, gastrische Unreinigkeiten. Die Brüste werden mit Ol. camphor. eingerieben, heraufgebunden, Haut- und Darmthätigkeit angeregt. Man unterstütze die Reproduction mit China, Millefol. etc. in Theeform, etwas Wein, eisenhaltigen Mitteln. Die Behandlung des nach dem Stillen andauernden Milchflusses ist dieselbe, nur lässt man noch die Brust mit Emplastr. de cicuta, mercuriale, diachylon bedecken, legt Sinapismen auf den Oberarm, und gibt Kali sulphuric. Ferner: innerlich Sal. Seign. und äusserlich Kräutersäckchen mit Berberis, Melissa,

Mentha, Sambuc. und Camph. gefüllt. ℞ Myrrh. ℥j ;
solv. terende c. infus. flor. chamomill. ℥vj ; Aq. cinnamom. ℥j ; Ferri sulphur. gr. xv ; Syrup. cort.
aurant. ℥j ; alle 3 St. 1—2 Essl. Extr. cicutae gr. ½
alle 2 St. ; specifisch. An jeden Arm (Deltamuskel)
einen Schröpfkopf, um den Zufluss zur Brust zu
mindern. Ist Erschlaffung der Gefässe Schuld, so
darf man keine Abführmittel geben, sondern stärkende Diät, gebratenes Fleisch, Wild, Eier, Bier,
Wein, Chinaextract, Eisensalmiak ; Eichenrinden-
dect. mit Wein lauwarm zum Ueberschlagen, oder Compressen mit Argent. nitr. fus. über die Brustwarzen.

Milch-Grind der Kinder, Freisam, Crusta lactea.

Symptome. Es entstehen Pusteln an Wangen, Kinn,
Schläfen, Stirne, welche bald bersten und eine zähe,
klebrige, gelbe Feuchtigkeit absondern, die dicke,
gelbbräunliche Grindborken bildet ; zuweilen auch am
Halse, auf der Brust, dem Rücken, den Schenkeln ;
lässt keine Narben zurück. Die Crusta serpiginosa
veranlasst ein heftiges Jucken, welches die Kinder
stets unruhig und elend macht ; sie nimmt grössere
Flächen ein, als die Milchborke, und macht eine
dunklere Kruste, breitet sich im Gesichte und auf
die Augenlider aus, zuweilen selbst auf den behaarten Kopf, Rücken, die Lenden, Gliedmassen ; dabei
schwellen die Drüsen unter der Achsel- und Leistengegend an. Die Krankheit währt lange, oft einige
Jahre, verursacht grosse Abmagerung, Fieber, und
bringt die Kinder dem Tode nahe.

Therapie. Regulirung der Diät, Antacida, Laxant.,
Waschen mit erweichenden Kräutern ; oder wenn die
Krusten spannen u. schmerzen, Einreiben mit frischer
Butter, Mandelöl. Sind die Krusten abgestossen und
kommen neue Eruptionen, so setzt man den erweichenden Waschungen Hepar. sulphur. zu, 6 — 8mal
des Tages damit zu waschen. Hilft die ausleerende
und Säure tilgende Methode nicht, so gibt man Herb.
Jaceae ℥β des frischen Krautes mit Milch oder Brei ;
Herba Tussilaginis. Bei hartnäckiger Serpiginosa
wendet man Antimonialia oder 4 — 6mal tägliches
Waschen mit Sublimatwasser an. Sublimat gr. jj
auf ℥jj — ℥β aq. destill. tödtet, wenn damit die Borken ein- oder höchstens zweimal des Tags betupft
werden, die Pilze ab, und der Ausschlag heilt in
kurzer Zeit. Bei Störungen des Abdominalsystems
Calamus, Extr. amara überhaupt bei scrophulöser
Diathesis. — Frühlingskur. Treten nebenbei Anfälle
von Erstickung, Kopfschmerz, Augenübel ein, so
ist eine Metastase auf edlere Organe vorhanden,
daher Vesicantia auf den Nacken, hinter die Ohren.
℞ Herb. jaceae ℥jjj ; Sem. foenicul. ℥j ; Sacch. lact.
℥jj ; tägl. 3mal 1 Messerspitze voll. ℞ Pulv. jaceae,
sacch. lact., ana ℥jjj ; Sulph. praecip., magnes. carbon., ana ℈jj. 4mal 1 Messersp. ℞ Herb. jaceae ℥jj ;
stipit. dulcamar. ℥j ; F. infus. ℥jjj ; Vin. stibiat. ℈j ;
Syrup. alth. ℥β. 3stündl. 1 Theel. Herb. jaceae ℥β
auf ℥vj Decoct ; Tassenweise. ℞ Ungt. rosat. ℥j ;
Zinc. oxyd. alb. ℥j ; Merc. praecip. alb. ℈j. Auf die
exulcerirte Stellen zu legen. Kali sulphurat. ℥β—℥jj
auf ℔ j. Infus. Conii macul. (ex ℥jj) zum Umschlag.

Milch-Knoten in den Brüsten.

Symptome. Die Anschwellung in der Brust entwickelt sich bei oder nach einem Wochenbette, oder durch anderweitige, z. B. bei Unterdrückung der Menses veranlasste unterdrückte Milchsecretion; sie sind beweglich, nicht schmerzhaft.

Therapie. Nehme auf die Ursachen Rücksicht; ordne die Menses; bei plötzlich unterbrochenem Stillungsgeschäft unterstütze man den Ausfluss der Milch durch warme, trockene Fomentationen, gewärmte Kissen, Species resolv. äusserlich; aufgelegte Baumwolle mit Pulv. Chamomill., Flanell, zartes Thierfell, Emplastr. cicut., melilot., ammoniacl, mit Empl. mercuriale, Ungt. Digital., Ol. camphorat. Von Zeit zu Zeit Laxans, Liquor. Minder., Extr. saponacea, Fel. tauri.

Milch - und Molkenkuren. Die Bereitung der Molken in kleinen Mengen hat bekanntlich ihre Schwierigkeit, und misslingt öfters. Mit Cremor tartari bereitete Molken haben einen scharf säuerlichen Geschmack und sagen dem Magen nicht zu. Wird Essig etc. zugesetzt, so wird die Molke ebenfalls leicht sauer; sie durch Zusatz von Conchae praeparatae wieder von der Säure abzustumpfen ist in Privatküchen zu complicirt. Die beste Verfahrungsart ist aber die: Die am frühen Morgen gemolkene Milch wird in einem reinen irdenen Topfe ans Feuer gebracht, und allmählig bis zum Kochpunkte erhitzt, und sobald dieses geschehen ist, setzt man nach und nach von einer sogen. steckigen, schon geronnenen sauren Milch so oft einen Esslöffel voll zu, bis die süsse Milch geronnen, und ein dicker Käsekuchen gebildet ist. Es geschieht dies binnen wenigen Minuten, und nach dem Zusetzen von 3—4 Esslöffeln zu einem ¹⁄₂ Quart süsser Milch. Der Topf wird nach beendigter Gerinnung der Milch von dem Feuer mehr und mehr abgerückt, und die allmählig abgekühlte Molke durch Filtrirpapier oder feine Leinwand durchgeseiht. In keiner acuten Krankheit kann, wie es sich von selbst versteht, von einer Milch- oder Molkenkur im strengen Sinne die Rede sein. Indessen bringt der reichliche Genuss von Milch und Wasser zu gleichen Theilen, und von frischen süssen Molken in denjenigen Fiebern, die mit einer örtlichen phlegmonösen Entzündung nicht verbunden sind, und wo wahre Saburra und Sordes abdominales fehlen, oder nach deren Beseitigung, die Zunge mag immerhin belegt sein, durchaus keinen Schaden: vielmehr erquickt und labt er die meisten Kranken, besonders die jüngern Alters und weiblichen Geschlechts und die an geistige Getränke nicht gewohnt sind, überaus, ohne so bald, wie andere erfrischende Getränke, Ueberdruss zu erregen. Idiosyncrasie ist freilich zu berücksichtigen. Wo die Milch aber in acuten Krankheiten nicht schadet, da nützt sie offenbar mindestens durch ihre nährende Eigenschaft, was nicht gering angeschlagen werden darf, in denjenigen Fiebern, wo die **Kräfte**, sei es durch erschöpfende Ausleerungen und übermässige Schweisse oder durch einen dynamischen Einfluss schnell zu sinken pflegen, und die

Kranken in wenigen Tagen völlig abmagern, wie dies
vorzüglich im Abdominaltyphus der Fall ist, während
Fleischbrüh, Chocolade u. dergl. offenbar nachtheilig
sind. Bei allzu heftigem Durste lässt man aus Besorgniss, durch die Menge der Milch zu schaden,
diese mit 3—4 Theilen Wasser verdünnt, oder Molken
reichen. In Ruhren wird die Milch und die Molke,
nach der Angabe Sydenhams, mit sichtbarem Vortheile benützt. In chronischen Krankh. leisten
Milch- und Molkenkuren ausserordentlich viel, sie
retten oft den Kranken vom Tode. Die Kranken,
denen sie heilsam, sind Kinder und jugendliche Personen bis wenig über das dreissigste Jahr
hinaus. Der gemeinschaftliche Grundzug der Krankheit ist Abzehrung. Kinder im zweiten Lebensjahre, nicht viele Monate nach ihrer Entwöhnung von
der Mutterbrust und vor Beendigung des Zahnens,
verfallen bekanntlich zuweilen in einen gefährlichen
Durchfall, gefährlich nur, weil er anfangs so oft vernachlässigt wird und dadurch, wie nachmals auch
durch die verkehrte Behandlung, eine Hartnäckigkeit
gewinnt, in der er zur Lienterie sich umgestaltet und
nach Monaten erst die bis auf die Knochen abge-
zehrten, seltener die wassersüchtig gewordenen Kinder tödtet. Mit Gesichtern wie Todtenköpfe und
überaus dünnem Halse, nicht mehr im Stande, den
Körper aufrecht zu halten, wörtlich knochendürre,
wobei die trockene Haut an den Hinterbacken und
Oberschenkeln wie Lappen in Falten herabhängt,
werden diese altklug aussehenden kleinen Skelete
von den Müttern aus der ärmeren Klasse von einem
Arzte zum andern getragen. Sie verschlingen mit
einer jammervollen Gier was ihnen Essbares gereicht
wird, und geben es alsbald mit einem eigenthümlich
übelriechenden Schleime vermischt per anum wieder
von sich. Dabei lassen sie die mehrste Zeit ein hei-
seres Gewinsel hören, da sie nicht mehr schreien
können. Der ganz weiche, eingefallene Bauch unterscheidet hauptsächlich diesen Zustand von der eigentlich sogenannten Atrophie der Kinder. Indessen auch
in den mittleren Ständen kommt das Uebel vor. Dieser Zustand ist es vorzüglich, bei welchem sich
die Milchkur als ein bis jetzt unfehlbar erschie-
nenes Mittel erprobt, vorausgesetzt, dass noch kein
Febris hydrocephalica, auch sonst kein tiefes örtliches, organisches Leiden und kein Hydrops vorhanden. Kur. Ist eine zuverlässige gute Amme zu
haben, und widerstrebt das Kind nicht, was jedoch
selten ist, wenn man es schon vor Monaten entwöhnt
hat, so legt man es wieder an die Brust. Diese wird
aber dem fast unersättlichen Kinde schwerlich genügen. Man reiche ihm dann nebenbei mit Wasser
wenig verdünnte, aber nicht mit Zucker versetzte
Kuh- oder Ziegenmilch lauwarm, wo möglich frisch
gemolken, wo nicht, abgekocht, ohne Mass, so viel
es nur trinken will. Es wird mit unsäglicher
Gier das Gefäss mit beiden Händen festhalten und
nicht vom Munde absetzen, bis der Inhalt hastig verschluckt ist, und dies wiederholen bis zur Sättigung,
wobei der Bauch ungemein sich auftreibt, und die

Angehörigen zu sagen pflegen, das Kind müsse
platzen. In der Regel tritt jetzt Schlaf ein, und bald
geht ungewöhnlich viel Harn ab, die frequenten Stuhlgänge bringen nun nichts als geronnene Milch zum
Vorschein. Ausser der Milch darf aber dem Kinde
n i c h t s, d u r c h a u s n i c h t s gereicht werden.
Wo keine zuverlässige Amme erlangt werden kann,
da erhält das Kind Morgens, Mittags und Abends
unverdünnte, frisch gemolkene Milch, desgleichen
wenn es die Brust verschmäht. In der Zwischenzeit
aber verdünnte Milch ad libitum. Hatte man es
früher an allerhand Speisen gewöhnt und ihm, wie
dies des Durchfalls wegen aus Vorurtheil oft geschieht, seit Wochen und Monaten den Milchgenuss
entzogen, so muss bei den Angehörigen, besonders
den zärtlichen Müttern und Wärterinnen, die grösste
Festigkeit und Gewissenhaftigkeit in Anspruch genommen werden, weil das Kind die Milch nicht mag
und nach seiner gewöhnlichen Kost heftig verlangt.
In 2—3 Tagen aber ist der ganze Kampf vorüber und
es sieht ruhig die Andern essen, ganz zufrieden mit
seiner Milch. Im Verlaufe von 8—14 Tagen ist die
beginnende Besserung bemerkbar, die Frequenz der
Stuhlausleerungen nimmt ab, die Verdriesslichkeit
des Kindes vermindert sich um etwas und die Heiserkeit verliert sich. In 6—8 Wochen hat die Lienterie längst aufgehört, das Gesicht und die Gliedmassen des Kindes, zwar noch mager, haben sich
abgerundet, die Gier beim Trinken ist verschwunden,
das Kind sitzt in seinem Bette aufrecht, obgleich es
noch nicht zu stehen vermag, selbst wenn es vor der
Krankheit schon hatte laufen können, und in der
Regel sind mehrere Zähne hervorgekommen. Wenn
man nun auch vorsichtig zu einer andern Diät übergehen kann, so muss doch die Hauptnahrung des
Kindes noch Monate lang in Milch bestehen, am
besten so lange, bis die erste Dentition vollendet
ist. Diätfehler und Erkältung bringen sehr leicht
wieder Durchfälle hervor, die den Fortschritt der
körperlichen Entwicklung des Kindes nicht wenig
beeinträchtigen. Die Heilung kann durch gleichzeitige Bäder sehr befördert werden. Von einfachen
lauen Wasserbädern geht man zu verdünnten Milch-
bädern, dann zu solchen von Hammelsfüssen, zuletzt
zu Malzbädern über. Reinlichkeit in Wäsche, Betten und Kleidern, öfters Waschen und Reinigen des
Kindes und oftmalige Erneuerung der Luft des Zimmers sind nicht zu vernachlässigen, und in den meisten Fällen ist es gut, feinen Flanell auf dem blossen
Leibe tragen zu lassen. Säuglinge werden zwar,
selbst wenn sie lediglich auf die Muttermilch beschränkt sind, aus verschiedenen Ursachen von Erbrechen und Durchfällen ergriffen, selten aber sind
diese Zustände hartnäckig, gefährlich nur, wenn sie
Symptome gefährlicher örtlicher Leiden sind, und
höchst selten dauern sie so lange, dass sie Atrophie
zur Folge haben. Wo diese letztere stattfindet, da
liegt in der Regel davon in der Muttermilch selbst
die Ursache; sie schmeckt oft salzig, riecht widerlich etc. An einer andern Brust genesen dann durch

solche Milch erkrankte Kinder. Man sollte daher
immer die Milch kosten, und man findet sie oft bitter, von unangenehmem und schweissigem Geruche.
— Wir kommen nun zu den Krankheitszuständen,
deren Heilung durch eine ausschliessliche Milch- oder
Molkenkur bei Erwachsenen gelingt. Alle Fälle
der Art sind veraltet und bei allen ist die Indicatio
vitalis schleunige Beschränkung der Macies, die Causalindication aber entweder sehr dunkel oder gar
nicht festzustellen. Ganz erschöpfte Körper ernährt
man am besten durch Milchtrinken. Die meisten
lassen ihren Ursprung bis zu einer vor Monaten oder
selbst vor Jahren bestandenen, unvollständig und
unklar geschilderten acuten Krankheit verfolgen.
Bei den Meisten ist die Abzehrung mit deutlichem
Fieber, das nach dem Mittagessen oder gegen Abend
durch kurzen Schauer und darauf erhöhte Hauttemperatur, erhöhtes Wärmegefühl und beschleunigten
Puls sich kund that, verbunden mit mehr oder weniger starken Morgenschweissen; Eiterung eines Eingeweides darf nicht zugegen sein. Eigentliche Hektik war also nicht vorhanden. Das Gemüth war verstimmt, überaus reizbar, Schlaflosigkeit, kein Appetit,
sie konnten die Speisen nicht vertragen, indem sie
heftigen Druck in der Magengegend und grosse Beschwerden im U.L. darnach empfanden, oder aber
das Genossene durch Erbrechen wieder von sich gaben, Stuhl verstopft, von Physconien keine Spur.
Bei Einigen zeigte sich gegen Abend ein beschwerliches trockenes Hüsteln. Wochenbett, Gebärmut-
terfluss, Wechselfieber oder eine andere mangelhaft
beschriebene Fieberkrankheit, Hypochondrie, Hysterie u. s. w. waren die der Zeit nach entfernten Anfänge des gegenwärtigen Leidens. Der ausschliessliche Gebrauch der Milch- oder Molkenkur stellte
alle diese wieder her. Beharrlichkeit durch 6—8 und
11 Wochen ist unumgänglich nothwendig. In der
Wahl zwischen Milch und Molken bestimmt vor Allem
der Grad der Schnelligkeit, mit welcher die Kranke
abzehrt, dann die Grösse des Appetits, die Heftigkeit des Durstes und vorhandenes oder nicht vorhandenes Erbrechen. Bei rapidem Consumtionsprozesse
und auch da, wo bei selbst langsam vor sich gehender Abzehrung wenig Appetit und geringer oder gar
kein Durst stattfindet, oder wo die Kranken das Genossene durch Erbrechen wieder von sich geben, wird
die Milch gewählt wegen ihres grösseren Reichthums
an Nahrungsstoff. Findet aber bei mässig vorschrei-
tender Abmagerung sehr lebhafte Esslust oder starker
Durst statt, dann erhalten die Molken den Vorzug,
von denen die Kranken in 24 Stunden 3 Quart zu
sich nehmen, eine Menge, in der die Milch nicht
leicht verdaut werden würde. Wo solche Bestim-
mungsgründe nicht dringend entscheiden, wird dem
Kranken die Wahl überlassen. Contraindicationen
zur Kur oder Fortsetzung derselben kommen nicht
vor. Die Vorstellung von der Schädlichkeit des Ge-
rinnens der Milch ist unrichtig. Das Gerinnen der
Milch ist der erste nothwendige Erfolg der beginnenden Verdauung; wo es langsam oder zu spät ein-

tritt, da wird die Milch dem Magen lästig. Daher
verträgt sie Mancher weit schlechter als die schon
coagulirte Milch selber, in welchen Fällen die Franzosen ihr sogar ⅓ Limonade zusetzen. Bei Säuglingen ist es ein Zeichen des Unwohlseins, wenn sie
die Milch ungekäst wieder von sich geben. Die Milch
der Mutter findet man in dem Magen aller Thiere
geronnen. Sie muss in dem Magen gerinnen, ehe
sie verdaut werden kann. Da nun dieses Gerinnen
selbst einen Theil der im Magen vorhandenen Säure
vernichtet, so hat man keine Ursache, die Milch-
nahrung selbst solchen Kindern zu verbieten, die an
Säure leiden, gesetzt auch, dass die geronnene Milch
zuweilen wieder von ihnen weggebrochen wird. Die
Scheidung der Milch im Magen ist kein Verderben
derselben zu nennen. Wir geniessen ja alle Theile,
die aus der Milch geschieden werden können, sowohl
besonders, als auf einmal ohne allen Schaden. Die
Verdauung ist ohnehin in Abzehrungen gewöhnlich
gut, was die sogenannten ersten Wege betrifft, ja
die Assimilation geht oft ganz gut von Statten, wenn
die Macies von erschöpfenden Ausleerungen, von
krankhaft veränderten Absonderungen, oder von wesentlich alienirter Blutthätigkeit, von anhaltenden
abnormen Nervenreizen, Gemüthsbewegungen ausgeht. Oft genug bringt eine unbekannte und nicht
zu erforschende Ursache nur Beschleunigung des sogenannten Lebensprozesses hervor, wodurch die Consumtion so überwiegend wird, dass die plastische
Thätigkeit weit hinter ihr zurückbleibt, und den
Körper dem Verfall überlassen muss, obgleich der
ganze Verdauungsprozess für sich ungestört ist.
Diese sogenannten essentiellen hektischen Fieber
lassen in der That für die etwa vorhandenen Anforderungen einer Causalindication keinen Raum, jeder
irgend differente arzneiliche Eingriff giesst Oel ins
Feuer. In denjenigen Zuständen, wo der Mensch
abzehrt, ohne dass eine krankhafte Veränderung im
Gewebe der Organe als Ursache davon zu erkennen
wäre, kann man nicht reizen, ohne die Macies zu
steigern, darf man nicht Reiz entziehen, ohne dabei
reichlich zu ernähren, und das letztere muss geschehen, ohne die Verdauungsorgane zu belästigen.
Da wird man nur auf eine einzige Indication hingewiesen und beschränkt: bei möglichst geringer Blut-
und Nervenreizung reichlich zu ernähren. Die Milch
aber verdient unter den nicht reizenden und reichlich nahrhaften Lebensmitteln den Vorzug, weil sie
den animalischen Säften am homogensten ist. Man
darf sich nicht fürchten, selbst wenn die Milch Anfangs Verdauungsbeschwerden macht; diese verschwinden bald. Freilich vermehrt sie bei solchen Kranken,
welche bis zum Beginne der Milchkur entweder durch
ihren Krankheitszustand selbst oder durch die Medication in einer mehr oder weniger anhaltenden Aufregung sich befunden hatten, in den ersten 8—14
Tagen das Schwächegefühl und selbst die Abmagerung. Diese verschwindet indessen bald und man
muss die Kranken darauf aufmerksam machen.

Milchmetastasen, Milchversetzungen. S.
Puerperalkrankheiten. Die Milchversetzung, Meta-
stasis lactea, tritt in der Regel bei Wöchnerinnen
8—10 Tage nach der Entbindung, seltener viel später, oft als Begleiterin anderer acuter Uebel, des
Puerperalfiebers, unter folgenden Symptomen auf:
Plötzlich stockt die Milch, die Brüste werden welk
und schlaff, Lochien cessiren, vermindern sich, die
Kranke wird unruhig, hat schwere Träume, Zunge
belegt, Appetitlosigkeit, Brechneigung, heftiger Durst,
gelindes Frösteln, Schüttelfrost, Fieber mit den Symptomen einer örtlichen Entzündung. Gänzlicher Mangel an Milch bringt ebenfalls die Folgen der Milchmetastasen mit sich, Congestionen nach anderen
Theilen, Kopfschmerz, Fieber, Lähmungen, Hervortreten milchähnlicher Secretion in anderen Theilen,
Abscesse. Je nachdem dieses oder jenes Organ ergriffen ist, zeigt sich nun entweder heftiger Kopfschmerz mit gelinden Delirien oder heftige Raserei
und die übrigen Zufälle der Hirnentzündung, oder
die Brust leidet und Seitenstiche, Husten, Kurzathmigkeit sind vorhanden; oder was am öftersten geschieht, es bildet sich im U.L. ein entzündliches
Uebel unter der Form von Bauchfellentzündung,
Darm- oder Gebärmutter-Entzündung aus. Sind die
Extremitäten, meist die unteren, der Sitz des Leidens, so finden sich heftige Schmerzen, Geschwulst,
Unbeweglichkeit, auch wohl Lähmung derselben ein,
und im Allgemeinen ist die Affection dem acuten
Rheumatismus ähnlich. Voller, harter Puls, rother,
feuriger Urin und die Begleiter der Entzündung.
Diese Zufälle dauern nicht leicht über 3—4 Tage,
jedoch können sie sich bei vollsaftigen Körpern und
entzündlicher Krankheitsconstitution, während sie
in einem Organe gelinder werden, in dem andern
wiederholen. Tritt nach 3—4 Tagen Zertheilung
nicht ein, oder unterliegt die Kranke dem sich ausbildenden nervösen Fieber oder Brande etc., so erfolgt das Stadium der Ausschwitzung, Ergiessung
seröser Flüssigkeiten im Kopfe (die Milch ist, wie
man sagt, in den Kopf gestiegen), der Brust, dem
U.L., zwischen den Muskeln der Extremitäten. Ist
die Ergiessung eingesackt, oder wenn die Extremitäten das Extravasat aufnehmen, erscheint es später
in Form eines Abscesses, Milchabscesses. Die aus-
geschwitzte Flüssigkeit hat Aehnlichkeit mit Milch,
ist aber keineswegs wirkliche Milch, sondern eine
seröse mit Eitertheilchen vermischte Flüssigkeit.
Nach erfolgter Exsudation treten entweder die Zufälle des Hydrothorax und Hydrops purulentus, dif-
fusus und saccatus ein, oder es erfolgt der Verlauf
des Brust- oder Bauch- oder Muskel-Abscesses. Die
entfernteren Ursachen sind: hohe Reizbarkeit, Fehler
einzelner Eingeweide des U.L., unzweckmässiges
Verhalten im Wochenbette, in der Stillungsperiode,
zu reichliche Diät, plötzliche Unterdrückung der
Milchsecretion, der Lochien, des Schweisses, Gemüthsaffecte, Erkältungen etc. Die Prognose ist im
Ganzen immer ungünstig; es erfolgen der Tod oder
Nachkrankheiten, Abzehrung, Wassersucht, Strictu-

ren, Unfruchtbarkeit, Verstandesverwirrungen, Verkrümmungen einzelner Extremitäten, Fisteln.

Therapie. Wo möglich Hebung der Ursachen,
Leitung des Fiebers und der localen Affection, Beförderung der normalen, kritischen Ausscheidungen
und Vermeidung krankhafter Absonderungen, man
entferne Sordes, suche die Milchsecretion in den
Brüsten wieder herzustellen. Im Beginne des Uebels
wende man an ableitende, beruhigende, gelinde antiphlogistische und ausleerende Mittel, sparsame Diät,
Emulsionen, warmes Verhalten, Einreibungen auf den
U.L. Tritt die Localaffection stark hervor und zeigt
sie sich als wahre Entzündung, dann: Blutentziehungen, besonders örtliche (Venaesectionen schaden
leicht wegen des leichten Uebergangs ins Nervöse),
Nitrum, Calomel, kräftige, oft wiederholte Mercurialeinreibungen, Fomentationen, narcotische Injectionen
in die Vagina, ableitende Mittel, Fussbäder, Senfteige an die Waden etc. Entwickelt sich Hydrops
pectoris oder abdominalis purulentus, so müssen
diese Krankheiten nach den vortretenden Indicationen behandelt werden; ebenso verdienen die speciellen Symptome, z. B. Delirium, Mania puerperalis
etc. ihre besondere Rücksicht. S. Puerperalkrankheiten.

Millarisches Asthma. S. Asthma-Millari.

Milz-Entzündung. Lienitis, Splenitis.

Symptome. Stechende, klopfende, dumpfe etc.
Schmerzen im linken Hypochondrio, sich beim Drucke
und Bewegen vermehrend, Mangel an Appetit, bitterer, saurer Geschmack, Brechneigung, Erbrechen,
Blutbrechen, Stuhlverstopfung, harte, verkohlte Fäces,
Stirnschmerzen, Schwarzsehen, Schwindel, nicht selten bis zu Ohnmachten sich steigernd; Nasenbluten
aus dem linken Nasenloche, manchmal Husten, Fieber. — Bei der chronischen Form: eigenthümliches
Milzcolorit, erdfahles Aussehen, milzsüchtige Stimmung; die topischen Erscheinungen wie bei der
acuten, doch etwas gemässigt, Milzstechen, kein
Fieber.

Diagnose. Von Herz- und Lungenkrankheiten
durch die deutlich fühlbare Geschwulst, den Mangel
der Resultate durch das Stethoscop. Bei Nierenentzündung ist oft Schmerz nach dem Laufe der Uretheren, Blasenleiden, Anziehen des Hodens gegen
den Bauchring.

Therapie. V.S., Blutegel, Fomentationen, Einreibungen von Mercursalbe, Tamarinden, Manna, Sal.
Seign., Magn. sulphur., gekochtes Obst, Weinsteinmolken, Limonade. Unterdrückte Blutungen stelle
man durch Blutegel an den After, den Genitalien,
Schröpfköpfe, reizende Dämpfe wieder her. Blutbrechen setzt, wenn es selbst erschöpfen sollte, der
topischen Blutentleerung, namentlich am After, keine
Schranken. Bei der chron. Form suche man unterdrückte Blutungen wieder herzustellen; sonst Blutegel, Jodinsaures Eisen gr. jv—vjjj mit Zuckerwasser, Elect. lenitiv., Drastica, Kissingen, Soolbäder,
Eisenmittel, Eisenwasser, Fontanelle oder Haarseil
im Hypochondr., Bromkali gr. j tägl. 3mal und damit

bis zu 4 und 5 gr. 3mal des Tags zu steigen. S.
Fieberkuchen.

Milzhypertrophie, in Folge lange bestehen-
dem Quartanfieber, wo es zu cachectischem Aussehen, erdfahlem, schwarz-grünem Colorit und Gesichte, Appetitlosigkeit, Stuhlverhaltung, Empfindung von Druck und Völle im leidenden Organe,
melancholischer Gemüthsstimmung u. s. w. gekommen ist; der Gebrauch vom Karlsbader Sprudel,
in Trink- und Badekur, in Verbindung mit Moorcata-
plasmen auf das leidende Organ leistet hier Vortreffliches. Ist Ascites damit vergesellschaftet, so muss
diesem durch den Nebengebrauch von Diureticis Rechnung getragen werden. Milzkranke mit Anschwellung des Organs nach unterdrückten Hämorrhoiden
oder Catamenen, oder wenn Scropheln und Rhachitis zugleich vorhanden sind, ebenso wie Milzleidende,
die nach lange bestandenen Wechselfiebern mit einer
weichen, schmerzlosen, vergrösserten Milz und Disposition zu Blutungen nach Karlsbad kommen, oder
solche, die mit Symptomen von Melaena anlangen,
und wo man immer auf einen höheren Grad der krankhaften Blutkrase schliessen kann, werden nach dem
Gebrauche der Karlsbader Thermen gewöhnlich zur
Nachkur nach Franzensbad geschickt zum Gebrauch
der salinisch eisenhaltigen Quellen zur Verbesserung
der Blutkrase und Schmelzung der Milzhypertrophie.

Milz-Mittel, Rademacher's. Die Milz wird
im Verhältniss zu der Leber, selten in ihrer Substanz schmerzhaft ergriffen. Wenn sie schmerzt,
so schmerzt sie weit häufiger auf der Gränze der
Regio epigastric. und hypochondriacae sinistrae als
im Hypochondrio selbst. Aber leider! gerade auf
diesem Flecke äussert sich auch nicht selten, sondern
sehr häufig die Affection der Leber, wodurch dann
dieses Zeichen unsicher wird. Das gemächliche Liegen auf der linken Seite, und die Unmöglichkeit,
ohne Beschwerden auf der rechten zu liegen, spricht
allerdings für ein Milzleiden, vorausgesetzt, dass die
linke Lunge nicht erkrankt sei, aber ob es gleich
gut ist, auf solch ein Zeichen zu achten, so gibt es
doch keine Sicherheit. Die, denen die Milz stark
ergriffen ist, müssen ebenso gut als die, denen der
hintere Leberlappen sehr krank ist, auf dem Rücken
liegen, und können nicht ohne widrige Gefühle auf
der Seite ruhen. Wenn wir nun dazu bedenken, dass
die Milz kein aus- oder absonderndes Organ ist, wir
also keine sich auf die Störung solcher Verrichtungen beziehende Zeichen haben können, dass ferner
bei Milzaffectionen die Gallengänge consensuell ergriffen, der Harn dadurch wie bei Gallenkrankheiten
gefärbt, und die Menstrua digestionis überhaupt qualitativ verändert werden, und dass, um das Maass
aller Schwierigkeiten voll zu machen, Vollblütigkeit
des Bauchadersystems zuweilen die Gestalt schmerzhafter Milzaffection annimmt, so ist leicht zu ermes-
sen, dass das Auffinden guter Milzmittel eine schwere
Sache sei. Die consensuellen, von Milzaffection verursachten Zufälle, welche Rademacher verzeich-

nete, sind folgende: Magenschmerz häufig, Husten oft und zwar heftiger, erstickender, Bauchschmerz zuweilen, chron. Durchfall oder Verstopfung etwas öfter, Asthma selten, gestörte Verrichtung der Nieren und davon abhängende Wassersucht oft. Unter solchen Wassersuchten, welche nicht in einem krankhaften Zustande des Gesammtorganismus begründet sind, schreibt Radem., nach einem ungefähren Ueberschlage, ¼ auf Rechnung der Milz. Bei Weibern wirkt die Milzaffection auf die Gebärmutter und die Scheide, macht bald Verhaltung des Monatlichen, bald Blutflüsse, bald weissen Fluss. Manche acute Fieber consensueller Art, manche Wechselfieber sind blos Zufälle einer Milzaffection. Wenn Bauchkrankheiten herrschen, sieht man zuweilen Milzfieber. Gehirnleiden unter der Form von Manie und Melancholie, Augenaffectionen, als Diplopië, Amblyopie, chron. Entzündung, hat Radem. wohl der Leber, aber nicht der Milz entsprossen beobachtet. Als Milzmittel bezeichnet Radem. die Holzkohle. Positive Zeichen sind bei Milzleiden oft so unbedeutend, dass sie, für sich genommen, nichts sagen. Was bedeutet z. B. ein flüchtiger, von Zeit zu Zeit sich einstellender Stich im linken Hypochondrio, den der an chron. Husten leidende Kranke zuweilen vor Erstehung des Hustens, welchen man heilen soll, empfunden hat, und den er dann nach Anwendung des Mittels nicht mehr empfindet? An sich nichts, denn es kann ja ein Wind gewesen sein, der sich in der Biegung des Colons verholte. Aber bei der Abwesenheit aller Zeichen von Leberaffection, bei dem Nichtvorhandensein aller muthmasslichen Gründe für ein Urleiden der Lunge, ist solch ein unbedeutendes Zeichen von grosser Wichtigkeit. In solchen Fällen nun, wo das Kranksein der Milz zwar mehr oder minder deutlich, aber nicht aller Zweifelei enthoben ist, hat Radem. die Kohle in consensuellen Brustaffectionen gegeben, und damit nicht blos unbedeutende Husten geheilt, sondern auch solche ernsthafte, welche von erfahrnen Aerzten mit kräftigen Mitteln vergebens bekämpft waren. Das anhaltende, des Nachts sich verschlimmernde Asthma ist ein nicht häufig vorkommendes Uebel, und kann ebenso gut als der Husten consensueller Natur sein und von einer Milzaffection abhängen. Ein anderes Milzmittel ist die Meerzwiebel, Tinctura 15—30 gtt. 5mal Tags. — Eichelwasser, Aqua glandium Radem. ist ebenfalls ein Splenicum, besonders gegen Milzwassersuchten. Aqua glandium spirituosa 4mal Tags ½ Essl. voll mit gemeinem Wasser vermischt. Weitere Milzmittel sind: Wachholderbeeren, gestossen, man muss eine Handvoll mit 4 Tassen kochenden Wassers lang ziehen lassen. — Bernsteinöl ℈ß—j auf ℥vj Aq. glandium besonders bei schmerzhaften Milzaffectionen Hysterischer und der Hypochondristen. — Conium maculatum gegen consensuellen Milzhusten, der von einer Urerkrankung der Milz abhängt. Dieser ist schwer zu heilen, alle Lungenmittel leisten nichts darin, ausser Schirling mit Milchzucker oder Süssholz. — Magnesia tartarica 4—5mal Tags

♃. — Cicutaextract mit Ammoniakpflaster gemischt bei schmerzhaften chronischen Milzleiden äusserlich zu gebrauchen. Ebenso Acidum pyrolignosum
bei schmerzhaften chronischen Milzleiden 2—3mal
tägl. sanft ½ Stunde lang in das ganze linke Hypochondrium einzureiben.

Milz-Zerreissung.

Spontane Zerreissungen der Milz, z. B. in Folge
von Ueberfahrenwerden, Fällen, Stürzen, Stössen
u. dergl. mechanischen Einwirkungen, sind sehr selten; meistens kommen sie bei den intermittirenden
Fiebern vor, aber auch bei typhösen Fiebern. Meistens
tritt dieser Fall nur ein, wenn die Milz schon irgend
eine pathische Veränderung erlitten hat. Die häufigsten Symptome bei der Zerreissung der Milz sind:
Schmerz im Hypochondrio sinistro, der daselbst um-
schrieben verbleibt, oder sich bis zum Epigastrium,
bis zum Nabel, selten bis zur Fossa iliaca derselben
Seite, oder bis zu anderen Theilen des U.L. verbreitet; Aufgetriebensein des U.L., zuweilen Brechneigung, selbst Erbrechen, Constipation, frequenter
und immer kleiner werdender Puls, Lipothymien,
selbst Syncope, Ungetrübtsein der Geistesfunctionen
bis zum letzten Augenblick, trotz den heftigsten und
angstvollsten Leiden. Das Unglück endet stets mit
dem Tode; er kann nach einigen Stunden und selbst
erst nach 6 Tagen eintreten, wie Beobachtungen gelehrt haben. Man findet die Milz meistens vergrössert und die Ruptur meist auf der Oberfläche der
Milz. Die Blutergiessung ist meistens sehr beträchtlich. Das Peritonäum bleibt gewöhnlich von den
Zeichen der Entzündung frei. Die

Diagnose ist schwierig. Die Symptome können
verwechselt werden mit denen der Perforation des
Digestivkanals, mit der Zerreissung eines grossen
Abdominalgefässes, und endlich zeigten sich auch
Analogien mit der Peritonitis circumscripta, selbst
mit der Pleuresie, der Pericarditis, der Pleuropneumonie. Indessen gehen der Pleuresie, der Pericarditis, der Pneumonie Frostschauder voran und treten
nicht so rasch auf, enden nicht so plötzlich wie Zerreissung der Milz. Die Ungewissheit kann ferner
nur am 1ten, höchstens am 2ten Tage herrschen. Die
Peritonitis circumscripta im linken Hypochondrio
bietet keine Reihe solcher gefährlichen Zufälle dar
wie die Zerreissung der Milz. Da die Peritonitis
generalis in den bisher beobachteten Fällen von Milz-
zerreissung fehlte, so sind wir berechtigt, wenn sich
Zeichen der Peritonitis kund geben, an einer Milz-
zerreissung zu zweifeln. Endlich können 3 Umstände
vor Verwechslung mit der Zerreissung irgend eines
Theiles des Digestivkanals schützen. 1) Die Berücksichtigung der vorhergegangenen Zufälle, welche
auf die Möglichkeit einer Verletzung in diesem Ka-
nale schliessen lassen; 2) der Sitz und der Ausgangspunkt des Schmerzes; 3) die beständige und
nothwendige Begleitung der Peritonitis und die allgemeine Verbreitung derselben im Falle einer Perforation des Magens oder eines Theils des Darmkanals;

im Gegentheile die Abwesenheit einer Peritonitis bei
der Zerreissung der Milz.

Die **Behandlung** war bis jetzt nur palliativ.
Die Indication, die man zu erfüllen hat, wenn das
Uebel constatirt ist, sind die Blutungen zu stillen
und die Coagulation des Blutes zu befördern, zweitens den Schmerz zu mässigen. Daher blutstillende
Mittel für die eine und Opium in grossen Dosen für
die andere Indication.

Miserere. S. Volvulus.

Morbilli. S. Masern.

Morbus-atrabiliarius. S. Venosität, erhöhte.

Morbus maculosus Werlhofii. S. Blutfleckenkrankheit.

Morbus niger Hippocratis, S. Melaena.

Mundfäule. Noma, Stomacace gangraenosa.

Unter dem Namen **Noma** ist eine gangränöse
gefährliche Mundaffection der Kinder, bekannt, für
welche noch verschiedene andere Bezeichnungen gebraucht werden. Einige halten das Uebel für einen
Cancer, Andere für einen Scorbut, wieder Andere für
Diphtheritis, oder eine einfache Phlegmasie u. s. w.,
daher die verschiedenen Ansichten über das Wesen
und die Behandlung dieser Krankheit. Diese Krankheit ist aber eine gangränöse Affection des Mundes,
welche besonders Kinder befällt, deren allgemeine
Constitution durch schlechte Pflege (Hygieine im Allgemeinen) und schwere Krankheiten, namentlich
Eruptionsfieber herabgekommen, und beginnend mit
einer Ulceration der Mundschleimhaut nebst Oedema
des Gesichts, von innen nach aussen fortschreitend,
rapid die weichen und Knochentheile zerstörend, sehr
häufig noch mit Pulmonalhepatisation begleitet, und
die endlich meist tödtlich ist. Ungünstige, schwächende, äussere Verhältnisse, ungünstige hygieinische
Verhältnisse, Eruptionsfieber, namentlich Rötheln,
auch Masern, welche öfters auch auf der Mucosa des
Mundes eine Eruption und auch leicht Oedem bewirken, sind die hauptätiologischen Momente. Eben
so tragen intermittirende Fieber bei zur Entwicklung
des Noma, ebenso Missbrauch von antiphlogistischen
Mitteln, besonders von Mercurialien, vorzüglich wenn
Mercurialgeschwüre gebildet worden, oder nur Mer-
curialgeschwulst der Mundschleimhaut vorhanden war.
Endlich gehört noch zu den ätiologischen Momenten
die Dentition, Aphthenbildung und mechanische Reizung des Zahnfleisches u. s. f. durch fremde Körper.
Fast allzeit beginnt die Krankheit mit einer Ulceration der Mundschleimhaut, die äussere Haut präsen-
tirt frühzeitig eine gangränöse Stelle, und in der
Backensubstanz wird bald ein mehr oder weniger
harter Kern bemerkbar, zuweilen mit ödematöser
Ummarkung. Es tritt also bei Noma erst Ulceration
auf, dann folgt Gangrän. Erstere verbreitet einen
fötiden Geruch, und die benachbarten Theile werden
ödematös, hierauf bemerkt man an der Wange äusserlich, der innern Ulceration entsprechend, einen
harten Kern von 1—2 Centimeter Durchmesser; die
Stelle entfärbt sich und wird brandig, die Gangrän
frisst dann durch bis zur inneren Ulceration und

dehnt sich aus, und zwar mehr nach der Tiefe als
Breite; Zahnfleisch, Muskeln, Knochen werden ergriffen und machen sich in Fetzen und Sequestern
los. Die allgemeinen Erscheinungen stehen mit den
örtlichen anfangs nicht im Verhältnisse, denn während die Backe schon in Fetzen ulcerirt ist, ist die
Fieberreaction immer noch geringe, das Kind spielt
noch, isst und trinkt oft noch bis zu seinem Tode.
Wenn aber Sphacelus da ist, so kann im Allgemeinen
Infection entstehen, wie bei andern gangränösen Zuständen. Die Krankheit verläuft äusserst schnell,
tödtet in 8—15 Tagen, ja schon im 6ten. Der Tod
erfolgt weniger durch den localen Brand, als durch
miasmatische Infection, durch die Absorption der
zersetzten Gase und Einathmung dieser verpesteten
Luft, und durch die Fortschritte der allgemeinen
Affection, unter deren Einflusse sich das Noma gebildet hatte. Unter den Complicationen des Noma
ist die Pulmonalhepatisation die wichtigste. Die
Differenzialdiagnostik muss eine Menge Uebel berücksichtigen: Gangränöse Aphthen, scorbutische
Gangrän, Asthma, Pustula maligna, Hospitalbrand,
Brandflecke der äusseren Haut, Stomatitis ulcerosa
et lardosa, Lupus. Das Noma lässt eine dicke, fibröse, weisse, gestreifte, vertiefte, zusammenhängende Narbe zurück, wie nach einer Verbrennung.
Die Prognose ist schlimm. Unter 239 Fällen zählte
man nur 63 Heilungen und 176 Sterbfälle.

Behandlung. Die Hygieine macht einen Haupt-
theil des Heilverfahrens gegen Noma aus, die örtliche Behandlung ist bekannt. Anfangs bepinsle man
mit Dct. Malv. und Chlorwasser; innerlich Aq. chlorat. Entfernung aus dumpfer, feuchter Atmosphäre;
Malztrank, Sprossenbier zum Trank. Hat sich Brand
ausgebildet, bepinsle man mit reiner Salzsäure, selbst
mit rauchender Salpetersäure; pro potu Solution von
Chlorkalk; innerlich Salzsäure. Ist der Knochen
schon ergriffen, Glüheisen, China, Calamus, Fleischbrüh mit Eigelb. ℞ Acid. pyrolign. rect. ʒj—ʒij; Aq.
flor. naphth. ℥iij; Syrup. emuls. ℥j; stündl. 1 Theel.
℞ Acid. pyrolign. ʒjβ; Mel. rosar. ℥j. Pinselsaft.
Zum Gurgeln ʒj Acid. pyrolign. ad ℥vj Infus. Salv.
℞ Rad. alth. ℥vj; F. dct. ℥xiij; Aq. oxymuriat. ℥ij;
Mel. rosar. ℥jβ; stündl. 1 Essl. ℞ Dct. malv. ℥vj
(ex ʒij); Acid. muriat. ʒj; Mel. rosar. ℥β. S. Gurgelwasser. — Dr. Deutsch empfiehlt bei Noma in
Fällen wo Holzsäure und Mineralsäuren nichts leisten, den Camphor in folgender Anwendungsweise:
Der Camphor wird geschabt, mit einigen Tropfen
Weingeist angefeuchtet und als dicklichte und fast
salbenartige Masse in der Dicke eines Messerrückens
auf die ganze Nomafläche aufgetragen, wenigstens
¹/₃ Zoll deren Ränder überragend und je nach der
Absönderung ¹/₂—3 Stunden frischt ersetzt. Das Uebel
schreitet nicht weiter, der aashafte Geruch und die
Schärfe der Absonderung mindert sich. Nach 24 St.
bildet sich an der Gränze der zerstörten Theile eine
lebhafte Demarcationslinie mit folgender Granulation;
nun darf der Camphor blos mehr die nach innen gelegenen entarteten Theile bedecken, während der

Rand mit einer Salbe aus Terpenthinöl und Opium verbunden wird; sind die Granulationen daran, das Geschwür auszufüllen, so bleibt der Camphor weg. Ausserdem: fleissiges Reinigen der Mundhöhle mit Salzsäure und Camphor, und Entfernung des Kranken aus seinen ungünstigen häuslichen Verhältnissen.

Mundschleimhaut-Entzündungen besonders bei Kindern. Man unterscheidet: die Stomatitis simplex, Stomatitis aphthosa, den Soor (Muguet der Franzosen) in der leichteren Form und als Diphtheritis, die Stomacace und die Noma. Bei der Behandlung ist besonders die Constitution der kleinen Kr. zu berücksichtigen. Dem Borax in der Form des Pinselsaftes wird jetzt von Manchen wenig Lob mehr gespendet; wirksamer zeigt sich als örtliches Mittel das Cuprum sulphur 5 Gr. auf ℥β Mel. rosar. oder das Acid. muriat. mit Honig. Zum Ausspülen des Mundes wird empfohlen: Aq. oxymuriat., Mel. comman. ana ℥ij. M. D. S. einen kleinen Esslöffel in einer Tasse lauwarmen Wassers. Bei veralteten Fällen, vorzugsweise bei schwächlichen, cachectischen Kindern, keine Emetica oder Purgantia. Heilbringend nur die Method. robor. Nahrhafte Diät, Bäder, China, kleine Gaben Wein (Dct. Chinae ex ℨij p. ℥iij; Mucilag. salep ℨiij). Bei sehr hartnäckigen Fällen von exsudativer oder ulceröser Stomatitis Bepinselung mit Lapis infern. 5 Gr. auf ℥β Wasser. — Die chronische Entzündung der Mundhöhle ist zuweilen nur durch Sublimat zu heilen. Lässt man mit einer schwachen Auflösung von ½ Gr. auf ℥j Wasser alle Abende vor dem Schlafengehen einmal den Mund spülen, so sieht man die Entzündung schnell vergehen, zuweilen ist nur eine, zuweilen sind 2—3 Spülungen nöthig. Lässt man aber 3-4mal Tags spülen, so macht man den Mund weit eher schlimmer als besser. Bei Angina tonsillaris: Blutegel, Cataplasmen und Emetica. Gegen secundäre Angina syphilitica: Kali hydrojodin. in steigender Dosis; Aufpinselungen der verdünnten Jodtinctur auf die entarteten Theile. Vgl. Angina.

Der Mundhöhlen-Katarrh. P f e i f e r in München bestreitet mit triftigen Gründen den bisher allenthalben gültigen Satz, als sei die Zunge gemäss ihres anatomischen und physiologischen Zusammenhanges mit dem Magen der Barometer der Zustände des letzteren. Die Zunge, wie überhaupt die Mundhöhle, participirt an den krankhaften Veränderungen im Magen weder nothwendig, nosh auch ungewöhnlich, und sie ist bei Krankheiten des Magens nicht häufiger belegt, es sind bei diesen nicht häufiger Geschmacksalienationen zugegen, als bei Krankheiten anderer Organe und Systeme. Wohl aber findet man Zungenbeleg und Appetitmangel in Verbindung mit Magenerscheinungen, welche man sich als eine katarrhalische Affection der Schleimhaut vorstellt und Gastricismus nennt. Sie kommt aber ebenfalls und nicht gerade selten nur als Magenleiden ohne Mitbetheiligung der Mundhöhle vor, wie man andererseits auch, gleichsam entgegengesetzt diesem Zustande, Veränderungen in der Mundhöhle beobachtet, ohne

alle bestimmten Anzeigen von Magenleiden, gewöhnlich aber auch Gastricismus nennt. Gegen letzteren
und den dadurch entstandenen, noch herrschenden
Irrthum ist Pfeifers Abhandlung (dessen Zeitschr.
1848. 2) gerichtet. Die Kranken haben hiebei eine
dickbelegte Zunge, keinen Appetit, nicht sowohl
Ekel als Gleichgültigkeit gegen das Essen, der Geschmack ist fade, gleichgültig, pappig; zwingen sie
sich, etwas zu geniessen, so haben sie dann im Magen keine Beschwerden. Es kann hiebei Kopfschmerz
in der Stirngegend vorhanden sein oder fehlen, und
dieses ist nach Pf. ein Katarrh der Mundhöhle, fälschlich Gastricismus genannt, da der Magen gar nichts
damit zu thun hat. Er entsteht manchmal ganz
plötzlich durch Gemüthsbewegungen, er begleitet die
verschiedenen Krankheiten der Mundhöhle, das Zahn-
geschwür, die Angina, er kann auch durch scharfe
und saure, als örtliche Reize wirkende Nahrungs- und
Arzneimittel, z. B. durch starken Rauchtabak, hervorgebracht sein. Er kann in wenigen Stunden vorübergehen, oder er dauert wie gewöhnlich mehrere
Tage. Er bedarf zu seiner Heilung keiner Arzneimittel, gewiss keiner Brech- und Abführmittel; fleissiges Ausspülen des Mundes mit kaltem Wasser,
dem Pf. bei hartnäckigen Fällen mit Erfolg etwas
Sublimat (1—2 Gr. auf ℥ j destill. Aq.) beisetzt, befördert den raschen Verlauf, und es sind damit schon
manchmal in 2 Tagen solche sog. Gastricismen geheilt worden, welche vorher mit dem ganzen Arznei-
schatze Monate lang vergeblich behandelt wurden.
Wohl versteht sich dabei von selbst, dass man zuvor die Mundhöhle genau untersucht und etwa vorhandene örtliche Reize (z. B. scharfe Zahnfragmente)
entfernt. Eine sehr hartnäckige Abart dieses Mund-
höhlen-Katarrhs ist die in ihre einzelnen
Läppchen aus einander fallende Zunge;
auch diese ziemlich seltene Affection tritt gleich dem
Mundhöhlen-Katarrh acut auf, währt aber dann gewöhnlich mehrere Wochen und kehrt häufig wieder;
das Uebel ist sehr lästig, der Appetit dabei verschwunden, die dagegen angewendeten, theils erweichenden, theils umstimmenden Mittel, wie Sublimat,
Alaun, salpetersaures Silber waren erfolglos. Die
Krankheit heilte langsam von selbst.

Mundsperre. S. Trismus et Tetanus.

Mutterkrampf. S. Hysterie.

Mutterwuth. Nymphomanie.

Symptome. Ein Verstand und Gewissen fast oder
vollkommen überwältigender Trieb zur Geschlechtslust. Im ersten Grade Geilheit, Salacitas, ist noch
nicht alles Schamgefühl verloren, aber theils offenbaren das erhitzte Gesicht, die schimmernden Augen,
stark aufgeworfenen Lippen etc. die angeregte Sinn-
lichkeit, theils wird kein Mittel verschmäht, die Befriedigung der Lust zu erwecken, wohin der Putz,
unzüchtige Kleidung und Reden gehören; gewöhnlich
ist Masturbation vorhanden. Der zweite Grad ist
die eigentliche Melancholia uterina. Trübheit des
Gemüths, Körper magert ab, alle Gedanken auf Befriedigung des Geschlechtstriebes gerichtet. Der 3te

Grad bekommt den Namen **Mania**; die Freiheit des
Willens ist hier gänzlich aufgehoben, die Kranke
wüthet, reisst alle Kleidung ab, fällt Mannspersonen
mit Raserei an, schreit, Ausleerungen erfolgen oft
bewusstlos, endlich nach erschöpfter Kraft erfolgt
Hinbrüten; es tritt bald Auszehrung, Wassersucht,
Apoplexie ein, oder Tod durch Selbstmord.

Therapie. Man erforsche und hebe die Ursache,
als: chronische Ovaritis, durch Masturbation eingebrachte fremde Körper, Hydatiden der Brust, lebhafte Phantasie, unschickliche Lectüre, erhitzende
Getränke und Speisen, Würmer, Unglück in der
Liebe, plötzliche Entziehung des gewohnten Geschlechtsgenusses, schlechte Pessarien, zu grosse
Clitoris. Die Kranke halte sich in kühler Luft auf,
vermeide warme Schlafstellen, liege auf Matrazen;
kühlende Diät, Obst, säuerliche Getränke, körperliche Beschäftigung, Reisen, Entfernung von Männern. Von Zeit zu Zeit Blutegel an die Ovarienge-
gend, Mittelsalze, Tamarinden, kühle Bäder, kalte
Waschungen, Ekelkur, Mercurialeinreibungen in die
Leistengegend oder Autenrieth. Salbe; Campher mit
Nitrum. Exstirpation der Ovarien, äusserlicher Gebrauch des Bleies. Wenn die Krankheit auf Reizung
der Genitalien mit Hitze und Brennen in diesen Theilen beruht, kalte Bäder von + 14—18° R., stunden-
lange genommen, und Einspritzungen von kaltem
Wasser in Vagina und Mastdarm. Manchmal sind
hier, so wie bei Priapismus, Ascariden Schuld, welche in die Geschlechtstheile vom After aus kriechen;
man pudert daher diese Theile mit Camphorpulver.
Terra ponderosa salita in grossen Dosen (gr. j tägl.
ist eine grosse Dosis) mindert den Geschlechtstrieb.
Neumann kennt nichts, was so bestimmt die Zeugungskraft schwächt und den Reiz, den sie oder die
aufgeregte Phantasie veranlasst, tilgt, als dieses
Mittel. Bei Onanisten ist der Baryt das sicherste
Unterstützungsmittel anderer Vorkehrungen zum Abgewöhnen des Lasters, ebenso bei solchen Arten
der Manie, in welchen die Geschlechtslust sehr gesteigert ist, bei Nymphomanie der Frauen besonders.
Bei jeder frischen Manie mindert er die Heftigkeit
der Tobsucht, allein man hüte sich, ihn dann noch
fortzusetzen, wenn die Manie in Blödsinn überzugehen droht.

N.

Nabel - Entzündung und Nässe desselben
bei Neugebornen. Man sorge für Reinlichkeit, lege
Compressen mit rothem Wein, Spirit. serpilli auf,
Excrescenzen, welche dieses Nässen verursacht;
cauterisire man mit Lapis infernal. oder mit einem
Pulver aus 3 Theilen Amylon und 1 Theil Merc.
praecip. ruber.

Nasen-Mittel nach Rademacher.
Mangel des Geruchs ist zuweilen consensueller
Art und kann z. B. von einem chronischen Milzübel
abhängen. — Stinkende Schleimabsonderung aus der

Nase ward einmal geheilt durch vegetabilische Kohle
innerlich gegeben. — Die Neigung zum Schnupfen
und die Hartnäckigkeit des Schnupfens ist häufig
zunächst in einem Blutandrange nach der Schleimhaut der Nase begründet, und dieser hängt wieder
häufig von Bauchvollblütigkeit oder von chronischen
Leber- oder Milzleiden ab. Darum lässt sich eine
solche Neigung zum Schnupfen auch nur durch Heilung des Grundübels beseitigen Kopfräucherungen
oder Schnupfpulver von Campher sind in Verbindung
mit dem inneren Gebrauche des Natrum nitricum
hinreichend, einen gewöhnlichen Schnupfen bald,
oft schnell zu beseitigen; man würde sich aber sehr
täuschen, wenn man diesen Mitteln und jenen hartnäckigen consensuellen Schnupfen vertrauen wollte.
Auch eine krankhafte Reizbarkeit des Hautorgans,
vornehmlich des Kopfes und Halses, kann eine Neigung zum Schnupfen und die Hartnäckigkeit desselben begründen. Das Waschen des Kopfes und
Halses mit Branntwein im Winter, und im Sommer
das Begiessen dieser Theile mit kaltem Wasser
leistet in solchen Fällen gute Dienste, wenn es
lange genug fortgesetzt wird. — Das Nasenbluten
ist in gar vielen Fällen consensueller Art und rührt
von einem unregelmässigen Kreislaufe im Pfortadersysteme, von Verstopfung der Leber oder Milz her.
In diesem Falle ist der innere Gebrauch des Pulvers
des Frauendistelsamens das beste Mittel, es zu beschwichtigen. Ist das Nasenbluten eine in der Nase
sich offenbarende Affection des Gesammtorganismus,
welche unter der Heilgewalt des Eisens steht, so
muss man das Eisen anwenden, und zwar die stärkeren zusammenziehenden Präparate, die salzsaure
Tinctur, den Liquor stipticus. In diesem Falle ist
auch Eis oder Schnee auf Kopf und Nacken gelegt
oder das Setzen des Kranken unter eine Pumpe, so
dass der Strom des kalten Wassers unausgesetzt auf
Kopf und Nacken fällt, sehr heilsam. — Ist das
Nasenbluten ein Urleiden der Schleimhaut der Nase,
so kann man durch Gehirnmittel, namentlich Zink,
am besten helfen. — Ein sehr lästiges Uebel, von
welchem manche Leute sehr geplagt werden, sind
die Pflückchen, die an der inneren Fläche der Nasenflügel oder der Nasenscheidewand auffahren. Sie
schmerzen bald mehr, bald minder, sie gehen in
Eiterung über, und schwären aufs Neue wieder, und
so geht es ohne Aufhören fort, wenn dem Uebel
kein Ziel gesetzt wird. Zinksalbe, und wo diese
nicht hinreicht, Quecksilbersalbe alle Abende in die
Nase geschmiert, machen der Sache bald ein Ende.
Alle andern Salbereien fand Rademacher nutzlos.
Leute, welche an chronischer, erworbener oder er-
erbter Leberaffection leiden, sind diesen Nasen-
schwärchen am häufigsten ausgesetzt.

Nephritis. S. Nieren-Entzündung.

Nerven-Abzehrung. S. Herz, gebrochenes,
p. 243.

Nerven-Entzündung. Es können die Inter-
costalnerven, der Nerv. medianus, ulnaris, vagus etc.
entzündet sein. Alle zeichnen sich durch den eigen-

thümlichen Schmerz, der linienförmig dem Laufe des Nerven folgt, stätig ist und bei der Bewegung sich vermehrt, aus.

Diagnose. Bei Neuralgien treten die Schmerzen parxysmenweise auf, hier sind sie stätig und vermehren sich beim Drucke.

Therapie. Im Allgemeinen gleich der bei Ischias angegebenen.

Nerven-Fieber, Febris nervosa, Typhus. Wir sprechen hier von dem idiopathischen Nervenfieber, nicht von dem Nervöswerden der Krankheiten, was sich blos auf den Charakter des diese Krankheiten begleitenden Fiebers bezieht. Dieses Nervös-, Torpidwerden kann fast bei allen fieberhaften Krankheiten, z. B. Entzündungen etc. auftreten und fordert eine antitorpide, excitirende Behandlung; Nervina. Moschus, Camphor, Serpent., Arnica, Valerian., Ammon., Chlor-, Schwefel-, Salz-, Salpetersäure. China, rothen Wein, Aetherea, Capsicum etc. Der Verlauf des Fiebers ist dann an ein schon früher bestandenes örtliches Leiden gebunden, oder es hat sich vielmehr jenes diesem später zugesellt. Nicht so hier, bei selbständigen Nervenfiebern, wo das Fieber gleich im Anfange sich vorfindet. Wir haben uns schon in dem Artikel „F e b r i s" über die Ansichten in Betreff des Begriffes Fieber im Allgemeinen und den der sog. Nerven- oder Typhus- oder exanthematischen Fieber im Besonderen ausgesprochen. Im Mittelalter wurden die Typhen maligne, pestilentielle Fieber (Febr. maligna, pestilentialis) genannt, ohne eine bestimmte Ansicht über die Natur oder den Sitz der Krankheit zu haben. D u b o i s (S y l v i u s) nannte die Krankheit zuerst putrides, fauliges Fieber, womit zugleich die Ansicht über die Natur und den Sitz der Krankheit (im Blute) gegeben war; H u x h a m verbreitete diese Ansicht. Durch C ú l l e n ' s Solidar-Pathologie entwickelte sich die entgegengesetzte Meinung, der eine Gruppe von Symptomen untergeordneten Werths zu Grunde liegen, nämlich die Veränderungen der Nerven in ihren sensitiven Functionen (Nervenfieber, febr. nervosa); also nicht der Sitz der Krankheit im Blute, sondern im Nervensystem, deprimirte Nerventhätigkeit sei das primäre Wesen der Krankeit. Die Anhänger der ersten humoral-pathologischen Ansicht geben daher Antiseptica, die Anhänger der solidarpathologischen Ansicht dagegen Excitantia, Roborantia; nach Letztern hinterlasse die Krankheit durchaus keine materiellen Störungen, man finde in den Leichen keine stätigen anatomischen Merkmale, sondern Nervenfieber sei eine allgemeine Krankheit, die überall und nirgends ihren Sitz habe, ein rein dynamisches Leiden, bei dem keine Veränderung der Structur oder der vorhandenen Mischung nach dem Tode durch die Section nachweisbar wäre. S c h u l z v. S c h u l z e n s t e i n hält den Typhus für eine Blutkrankheit, und zwar sei es Mangel an vitaler Kraft der Blutkörperchen, die endlich in Lähmung derselben endet, welche das Wesen des Typhus ausmache. Demgemäss müsse nach 2 Seiten hingewirkt werden, oder es sind

2 Indicationen zu erfüllen: 1) Der Körper soll von
den bereits gelähmten Blutkörperchen befreit werden, wozu Säuren, welche die bereits leblosen Blutkörperchen aufzulösen im Stande sind, dienen; 2) es
soll die Lebensenergie des Körpers zur neuen Bildung angeregt werden. Eine Drachme der concentrirten Essigsäure wird mit ℥ij Himbeersyrup vermengt
und davon ein paar Löffel voll in einem Glase Zuckerwasser beigemengt, wovon der Kranke alle ¼—½ St.
einen Schluck nimmt. Dabei werden täglich 3 kalte
Waschungen des ganzen Körpers mit Essig und Wasser vorgenommen. Einige Tage nach dieser Behandlung kann man meist den Kranken einige Löffel voll
eines guten Weines und Chinadecoct geben. Auch
Rokitansky hält den typhösen Process für bedingt
durch eine primäre Blutvergiftung. Andere Pathologen stellen die entgegengesetzte Behauptung auf,
dass bei der Typhuskrankheit primär das Nervensystem afficirt sei, und dass erst in Folge dieser
Affection das Blut eine Veränderung erleide. Die
Krankheitsgattung Typhus hat vielleicht wie keine
andere in neuer Zeit die aufmerksamsten Forschungen der Pathologen erfahren, ohne dass jedoch dieselben ein genügendes und vollständiges Resultat
zur Folge gehabt hätten. Während manche Aerzte
überhaupt von einer Unterscheidung zwischen Nervenfieber und Typhus nichts wissen wollen, gehen Andere, welche beide, wenn auch nicht als Gegensätze,
so doch als wesentlich verschieden von einander auf-
fassen, wiederum in zwei Richtungen aus einander,
die einen nehmen überhaupt nur e i n e n Typhus an,
und erklären die sowohl in den Erscheinungen, als
auch im Leichenbefunde hervortretende Verschiedenheit durch die Annahme einer durch irgend welche
Umstände herbeigeführten wechselnden Localisation
eines an sich gleichen Princips; die anderen dagegen setzen dem Typhus exanthematicus, der dann
vorzugsweise von ihnen Typhus genannt wird, das
Typhoidalfieber oder den Typhus abdominalis
entgegen, und rechnen bei dieser Entgegensetzung den
Typhus exanthematicus zu den acuten Ausschlags-
krankheiten, während der Typhus abdominalis bald
unter die Blutkrasen, bald unter die Nervenkrankheiten im eigentlichen Sinne, d. h. die, deren primärer Sitz wirklich im Centralnervensystem wurzelt,
eingereiht wird. — So glaubt Davidson, indem er
den T. exanthem. und das Typhoidfieber identificirt,
in ihnen nur Varietäten derselben Species zu erkennen; die Symptome seien, mögen die Darmdrüsen
ergriffen werden oder nicht, in beiden gleich, und
Darmgeschwüre fänden sich unter 10 Typhusleichen
gemäss einmal, wiewohl die Peyer'schen Drüsen
häufiger nur erhabene und opake Flecke bildeten. Im
Widerspruche hiermit stehen die Erfahrungen, welche
man wiederholentlich in Epidemien des exanthemat.
Typhus, z. B. in den Gefängnissen Posens, gemacht
hat; hier fehlten die Darmgeschwüre beständig, nicht
einmal die erhabenen und opaken Flecke, von denen
Davidson spricht, wurden gefunden, der Darm
fand sich nur blutreich, die Schleimhaut aufgelockert,

hin und wieder aufgezehrt und abgeführt. Valleix dagegen, der englischen Aerzten und somit auch Davidson den Vorwurf macht, dass sie bei Auffassung der Krankheitserscheinungen nicht genug ins Einzelne dringen, unterscheidet den Typhus von ähnlichen Krankheiten, namentlich von Typhoïd 1) durch die charakteristische Eruption, 2) durch die fast völlige Abwesenheit der Affection der höheren Sinne, 3) durch die verhältnissmässige Geringfügigkeit der Hirnsymptome und 4) durch die Abwesenheit der Unterleibssymptome im Beginne der Krankheit, ihre geringe Zahl und Intensität. Beschränkt man sich lediglich darauf, die Identität oder Verschiedenheit beider Krankheitsformen entweder aus einem quantitativen Unterschieden in den Krankheitserscheinungen, sowie aus der Verschiedenheit der Reihenfolge, in welcher diese auftreten, oder auch aus einem nur quantitativen Unterschiede in dem Ergebnisse der Sectionen abzuleiten, so möchte der Beweis für die Richtigkeit der einen oder anderen Ansicht wohl schwerlich mit genügender Sicherheit geliefert werden können. Bringt man dagegen bei der in Rede stehenden Frage andere und zwar allgemeinere Verhältnisse in Anschlag, so möchte sich die Waage mehr auf die Seite derjenigen neigen, welche zwischen beiden Krankheiten einen Unterschied gemacht wissen wollen. Um alle Verwirrung zu vermeiden, ist der Ausdruck Typhus beizubehalten statt febris nervosa, putrida etc. Hippocrates bezeichnete mit Typhus einen Zustand, in dem Sopor und Bewusstlosigkeit vorkommen. Die materiellen Veränderungen, welche die neuern Aerzte im typhösen Processe als constant angeben, sind folgende: 1) Veränderungen in der Blutmischung, worauf hauptsächlich der typhoische Process beruht. Das Blut ist dunkler, mehr schwarz, schillernd; leichtflüssig, schwer gerinnbar, geht leicht in Fäulniss über, es ist specifisch leichter als normales; der Faserstoff sei vermindert, die Blutzellen walten vor. Das Blut ist chemisch verändert. 2) Consumtio sanguinis, schnell eintretende Rarification des Blutes, man trifft nämlich nur eine geringe Menge Blut in den Leichen an, im Herzen und den grossen Gefässen findet man oft kaum einen Kaffeelöffel voll schaumigen, dissoluten Blutes; daher das schnelle Schwinden der organischen Masse, die ungeheure Abmagerung und Anämie. 3) Bildung eines eigenthümlichen Pigments, russiger Anflug an der Nase, den Zähnen, der Zunge, Auftreten dieses Pigments im dunkelbraunen, schwärzlichen Harne. Jene Typhusformen, welche mit gewissen Ablagerungen in einem oder dem anderen Organe einhergehen (im Gegensatze zum Typhus exanthematicus) liefern eine röthlich - graue, röthlich - weisse, weisse, lockere, manchmal zerfliessende, markige Substanz (Encephaloidkrebsmasse ähnlich) aus Eiweiss, Körnchen und wenigen Zellen bestehend. Diese Ablagerungen kommen vor auf verschiedenen Schleimhäuten, in den Drüsen, daher Magen-, Ileo-, Colon-, Gekrösdrüsen-, Magengallenblasen- und Bronchialdrüsentyphus.

4) Dunkle Röthe in der innern Haut des Herzens und
der grossen Gefässe, selbst der Venen. 5) Wärme-
und Electricitätsveränderungen, Calor mordax. Die
neueren Kliniker indessen gestehen, dass weder die
Mikroscopie noch Chemie beim Typhus allzeit constante primäre Veränderungen irgend eines Organs
oder Systems im menschlichen Organismus nachzuweisen vermöge. So seien die organischen Laesionen
z. B. im Ileotyphus gefunden secundärer Natur, wie
die Blatterpustel secundäre Erscheinung der Blatterkrankheit sei, und die Blatter an sich nicht die Krankheit selbst. Graves sagt mit Recht wie auch Stokes: „Unsere Kenntniss von der Pathologie des
Typhus ist eine negative; die pathologische Anatomie
lehrt uns eher, was Typhus nicht ist, als was er
ist; sie zeigt uns, dass es weder Meningitis, Ce-
britis, Pneumonie, Pleuritis, Gastritis noch Enteritis
ist, denn er kann ohne eine dieser Krankheiten verlaufen, und diese Krankheiten können ohne Typhus
verlaufen; aber sie zeigt, dass eine oder die andere
dieser Krankheiten sich sehr oft zum Typhus gesellt etc. In Dublin, wo die Typhusfieber jahraus,
jahrein herrschen, hört man eine grosse Meinungs-
verschiedenheit über das Fieber überhaupt. Einige
nehmen nur ein Fieber an, und sehen alle Arten,
wie Morbilli, Scarlatina, Typhusfieber, Typhoid u. s.
w. nur als Modificationen eines und desselben Krank-
heitsprozesses an, während Andere jede einzelne
Form des Typhus als eine selbständige, specifisch
verschiedene Krankheit mit selbständigem Contagium
unterscheiden. Typhusfieber nennen Einige den exanthemischen Typhus, und Typhoid ist ihnen unser
Ileotyphus oder Dothinenteritis der Franzosen.

Symptomatologie. 1) Schleimhaut - Symptome:
schnelle Abstossung des Epitheliums der Schleimhaut, zunächst der chylopoëtischen, später der
Respirations- und uropoëtischen Organe; dieser Ab-
stossungsprocess manifestirt sich durch zahlreiche
Diarrhoen, vermehrte Secretion auf der Respirations-
Schleimhaut, Veränderungen auf der Zunge, Ausflüsse aus den weiblichen Genitalien. Exantheme in
Folge dieses Abstossungsprocesses auf der Darmschleimhaut. 2) Symptome der äusseren Haut; Des-
quamatio gegen das Ende der Krankheit; Ausfallen
der Haare und Nägel; Furunkelbildung; Pseudoerysipelas. 3) Symptome des Nervensystems. Die
Solidarpathologen behaupteten, der Sitz des Typhus-
processes sei besonders im Centraltheil des sensoriellen Lebens, im Gehirn, Rückenmark und Gangliensysteme. Allein man sieht häufig, dass die primäre
Veränderung im Blute zuerst und dann die secundäre, im sensoriellen Leben, im Nervensysteme auftritt. Diese Erscheinungen werden bedingt durch
eine im Blute vorkommende Veränderung, in welchem
wohl ein narcotischer Stoff (Cyanschwefel-Wasser-
stoffgas) entwickelt wird, das nun secundär auf die
Nerven wirkt. Es kommen dann die Symptome der
Intoxication, Mattigkeit, Abgeschlagenheit, Eingenommenheit des Kopfes, Schwindel, Taumel. Schläfrigkeit, Sopor (daher Typhus genannt), Trägheit in

der Contraction des Muskelsystems, Delirien, Willen-
losigkeit, paralytische Erscheinungen, daher der Name
Febris atonica, und daher auch das Streben, ein Anti-
dotum zu finden. Im sensitiven Leben lassen sich keine
anatomischen Veränderungen nachweisen, daher man
die Typhen früher für dynamische Krankheiten hielt,
sondern man findet nur solche in den Gefässen, welche
zu den Nerven gehen und diesen angehören, namentlich zeigen sich Anhäufung und Ueberfüllung der
Gehirnhäute mit Blut, Luftentwicklung im Blute,
Herausdringen von dissolutem Blute auf die Schnitt-
fläche des Gehirnmarks, Blutüberfüllung des Gefässsystems, das die Ganglienplexus umgibt, aber keine
Veränderungen in der Structur, dem Baue der Faser,
des Cerebral- und Gangliennervensystems. Daher die
frühere Eintheilung im Cerebral- und Ganglientyphus
falsch ist, weil die Erscheinungen nur Congestions-
symptome sind. 4) Der typhöse Process dauert eine
bestimmte Zeit, läuft gewisse Stadien durch, hält
die 7tägige Periode ein. Das erste Stadium nennt
man wegen der vorherrschenden Schleimhautsymptome auch das katarrhalische; das zweite, wo die
Erscheinungen des gestörten Nervenlebens und solche
der Blutveränderungen eintreten, das nervöse; das
dritte, das der Krise: In der Regel beginnt mit dem
14ten Tage (Acme) die Rückbildung, Krise, und geht
mit dem 21ten Tage zu Ende. Die kritischen Tage
spielen eine sehr bedeutungsvolle Rolle. 5) Fiebersymptome. Der Charakter ist durchaus nicht immer
der asthenische; die Reaction kann erethisch sein,
synochös und torpid, so dass beim synochalen Charakter streng antiphlogistisch verfahren werden muss.
— Die Typhen combiniren sich: 1) mit Encephalitis;
2) Entzündungen der Lungen; 3) einfachem Katarrh;
4) Hepatitis (Typhus icterodes). — Hautexantheme
verschwinden oft beim Auftreten des Typhus, so
z. B. Scharlach, Impetigines, Geschwüre, doch kehren
diese zuweilen mit dem Eintritte der Reconvalescenz
wieder zurück. Scropheln gehen nach Typhus zu
Grunde, eben so häufig chronische Nervenkrankheiten, als Hysterie, Hypochondrie, Geistesstörung etc.
— Die Typhen entstehen spontan im Individuum,
oder durch Contagium. — Die Typhen entwickeln
sich am häufigsten aus Intermittens, Katarrhen der
chylopoëtischen und Respirationsschleimhaut, sowie
aus Rheumatismen. — Die Engländer behaupten in
den Tropenländern gehe Intermittens gerne in gemeinen Typhus über, und Einzelne halten dafür,
Typhus und Intermittens seien dem Wesen nach dieselbe Krankheit; daher auch dort eine Vorliebe für
Chiningebrauch. — Das Typhuseontagium ist sehr
verschieden; bei Bubonenpest ist zur Ansteckung
unmittelbare Berührung nöthig: das Contagium des
Abdominal- und Petechialtyphus ist mehr Dampfform,
es theilt sich durch die Atmosphäre mit, daher ein
▓▓▓▓▓▓ Contagium. — Typhen kommen epidemisch,
▓▓▓▓ und sporadisch vor. — Ausgänge: 1) Ge-
▓▓▓ Theilweise Genesung, es bleiben gewisse
▓▓▓ zurück. 3) Uebergang in eine andere
▓▓▓ 4) In den Tod. Die Krisis tritt nicht

mit einem Schlage ein, sie ist mehr Lysis, indem
sie sich volle 7 Tage hindurch erstreckt. Jeder
Uebergang von einer 7tägigen Periode zur andern
ist von activen Symptomen begleitet, und diese
geben dem Arzte ein Zeichen, dass ein neues Stadium beginnt. Die Dies indices, der 9te und 11te
Tag, sind bedeutungsvoll. Wenn an diesen Tagen
Erscheinungen auch nur auf wenige Stunden kommen, wie einige Tropfen Blut aus der Nase, ein
Feuchtwerden der Zunge, der Haut, so ist dies ein
Zeichen (Vorläufer) und man kann daraus mit der
grössten Sicherheit den Schluss ziehen, dass wenn
diese Anzeichen am 9ten Tage erfolgen, die Krisis
am 11ten Tage beginnt, und kommen jene am 11ten
vor, diese am 14ten, und zeigen sie sich am 14ten,
die wahren Krisen am 17ten, und zeigen sich die
Vorläufer am 17ten, jene am 21sten Tage eintreten
werden. Man hat also hier immer die Dies indices
von den eigentlich kritischen Tagen zu unterscheiden. Die kritischen Symptome sind die des Fiebers
und die der topischen Erscheinungen. Zu den Fieber-
krisen gehören: 1) reichlicher Schweiss nebst Supple-
mentarkrisen. a) Friesel am Bauche. b) Pustulöser
Ausschlag, kritische Krätze genannt, am Gesässe,
am Rücken, an der innern Schenkelfläche. c) Furunkel (von weniger guter Bedeutung). d) Erysipel,
was gerne zurücksinkt (ebenfalls ungünstig). e) Decubitus: ungünstig, wenn er am Ohre oder an der
Nase vorkommt. 2) Harnkrise. Neben diesen Haupt-
krisen kommen noch vor: kritische Blutungen aus
der Nase (fallen sie nicht mit einer kritischen Zeit
zusammen, und erfolgen sie aus dem Darm, dem
Uterus, so sind sie problematisch, symptomatisch,
unangenehm); copiöse Secretion auf der Respirationsschleimhaut, sputa cocta, gut, wenn sie mit andern
kritischen Erscheinungen an kritischen Tagen auftreten. Sensorielle Krise: ein erquickender, ruhiger,
12—24 Stunden andauernder Schlaf mit Erleichterung
der früheren Kopfschmerzen verbunden. Wenn auch
die Krisen eingetreten sind, so können während ihres
7tägigen Verlaufes allerdings Perturbationen eintreten, wodurch dann der bestehende Krankheitsprozess
in die Länge gezogen wird. In der Reconvalescenz
bleiben noch Vorgänge zurück, die selbst den Tod
herbeiführen können, hieher gehören: beim Abdominaltyphus, wo die Abschuppung der Darmschleimhaut Statt hat (wie beim Petechialtyphus Abschuppung der Haut), bleiben Geschwürstellen zurück, die
vernarben müssen. Es bleibt auf der Darmschleimhaut grosse Reizbarkeit zurück. Es sind namentlich
zwei Dinge sehr zu beachten, ein ungewöhnlicher
Heisshunger, wodurch gerne Excesse in der Diät
herbeigeführt werden, und zweitens ungeheure Erhöhung des Geschlechtstriebes und damit zusammenhängende Excesse im Coitus, ehe die Kräfte vollkommen wiederhergestellt sind. 2) Die Nachkrankheiten bei der theilweisen Genesung sind: Störungen
in der Thätigkeit der sensoriellen Organe, Vernichtung des Gedächtnisses, Blödsinn; oder körperliche
Störungen, Decubitus, Parotidenbildung (acute Ty-

phusscropheln, die, wenn sie schnell verschwinden,
schnell Delirien und den Tod herbeiführen), Lungenkrankheiten, polypöse Excrescenzen oder Geschwürbildung auf der Bauchschleimhaut (Phthisis intestinalis), Hautwassersucht, Störungen endlich in den
Sinnesnerven, Schwerhörigkeit, Taubheit, Amaurose.
3) Als Ausgang in eine andere Krankheit ist als einzig mögliche Intermittens zu nennen. 4) Ausgang
in den Tod. In der ersten 7tägigen Periode erfolgt
der Tod apoplectisch durch Blutzudrang, in der
zweiten und dritten 7tägigen Periode durch wahre
Gefässlähmung, und der 17te Tag ist ein dies tyran-
nicus. Die tödlichen Nachkrankheiten sind Febris
hectica in Folge des Decubitus, Phthisis, Apoplexie,
indem sich der im Innern des Ohres gebildete Eiter
in die Schädelhöhle entleert.

Diagnose. Der Unterschied zwischen Typhus und
typhusähnlichem Nervenfieber wird in Folgendem angegeben. Der Typhus sei von dem typhusähnlichen
Nervenfieber wesentlich verschieden, nicht nur in
Beziehung auf Aetiologie und Verlauf, sondern vorzugsweise auch in der Therapie, während beide
Krankheiten doch gewöhnlich mit einander confundirt
würden. Auf eine gewisse Höhe der Entwicklung
freilich gleichen sich die Symptome beider vollkommen; aber diese typhusähnliche Höhe werde von der
sogen. Febris typhoides nicht immer und nicht nothwendig erreicht, was im eigentlichen Typhus contagios. immer der Fall sei. Zur leichteren Uebersicht der
diagnostischen Momente stehen die hervorstechendsten Erscheinungen der beiden Krankheiten einander
gegenüber.

Typhus.	*Febris typhoides.*
Er entsteht primär durch Anhäufungen Kranker od. Gesünd. im engen schlecht gelüfteten Locale, secundär durch Erzeugung eines luftförmigen Contagiums, das, ohne dem Wechsel der Jahreszeiten unterworfen zu sein, Jahre lange Epidemien hervorrufen, durch medic. polizeil. Massregeln aber verhütet und unterdrückt werden kann.	Entsteht blos durch epidemische oder endemische Einflüsse, welche zu der Krankheit disponiren, bis eine Gelegenheitsursache, meist Erkältung sie hervorruft; sie ist nicht contagiös, ist an den Wechsel der Jahreszeit gebunden, ist nur an Orten, wo jene disponir. deletären Einflüsse fortwährend erzeugt werden, endemisch; ihre Epidemien lassen sich durch polizeiliche Vorkehrungen nicht unterdrücken; sie werden nur durch Witterungswechsel unterbrochen.
Der Verlauf des Fiebers ist r e g e l m ä s s i g a n h a l t e n d, und dauert ausser dem Stad. prodromor. und reconvalesc. 14 Tage.	Der Verlauf ist in den einzelnen Fällen und Epidemien verschieden, nicht anhaltend, wechselnd, nicht an bestimmte Tage gebunden, mehr

Das Stad. prodromor. ist kurz, gegen 3 Tage dauernd, Eingenommenheit und Schwindel des Kopfes, Uebelkeit bei reiner Zunge sind die vorzüglichsten Symptome.

Im ersten Stad. bedeutender Taumel, Schwindel, wie bei Trunkenheit, geröthete, oft schmierige Augen, schläfriger Blick.

Das Fieber fängt mit Frostschauern an, die mit Hitze wechseln; dann anhaltende starke Hitze, wenig od. gar keine Zungenbelege, Fiebercharakter ist der rheumatisch entzündliche, Schmerz beim Druck auf die Lebergegend; zuweilen Zeichen von entzündl. Reizung in Bronchien u. Lungen.

Vom 4.—7. Tage Eruption eines Exanthems, der aus purpur- oder braunröthlichen Flecken besteht, die unter dem Fingerdrucke nicht verschwinden, auch nach dem Tode stehen bleiben, und sich kleienförmig abschilfern.

Nach dem 7. Tage rasche Zunahme der Unbesinnlichkeit, Hallucinationen, Typhomanie, Calor mordax, trockene, braun belegte, schwer bewegliche Zunge, Schmerzhaftigkeit u. Meteorismus des Abdomens, oft Durchfall, nicht selten Parotiden.

Der Typhus erreicht am 13. Tage seine Höhe, er entscheidet sich dann entweder zum Tode oder zur Genesung, die unter

schleichend, nie kürzer als 28 Tage.

Vorboten länger, bis zu 8 Tagen, gastrische Störungen mit Diarrhoe, gastrischer Kopfschmerz.

Im ersten Stad. keine nervös. Sympt., höchstens etwas Schwindel, dagegen Appetitlosigkeit, alienirter Geschmack, dicker Zungenbeleg, Eckel; Erbrechen, Durchfall; Gesicht ist geröthet.

Das Fieber beginnt mit starkem Fieberfrost, der sich in den ersten 8 Tagen noch mehrmals wiederholt. Die Hitze ist nicht anhaltend, Remissionen am Morgen, und abendliche Exacerbationen, zuweilen selbst Intermissionen. Der Fiebercharakter ist der gastrisch-catarrhalische. Druck auf Milz u. Coecalgegend schmerzhaft.

Findet sich Ausschlag, so sind es kleine, rosenrothe, flohstichähnliche, sparsam u. nie im Gesicht vorkommende Flecken, die unter dem Fingerdrucke erblassen.

Allmählige Zunahme d. nervösen Symptome; erst später nächtliche Delirien, Steigerung der gastrischen Erscheinungen, braune, trockene und schmutzige Zunge, Zähne u. Nasenlöcher. Wässrige stinkende Durchfälle; die Fäces wie der Urin enthalten eigentliche Krystalle; fast constant Miliaria alba; selten Parotiden.

Das typhöse Fieber nimmt langsam zu, tödtet selten vor dem 17.—21. Tage, entscheidet sich nicht rasch u. mehr durch allgemeinen Schweissen, kritisch. Stuhlentleerung und Expectorationen auftritt; der Kranke erwacht wie aus einer Trunkenheit, Gedächtnissschwäche u. Ohrensausen bleiben noch lange zurück.

Die Reconvalescenz ist rasch u. vollständig, wenn nicht Decubitus od. Parotiden die Genesung verzögern. Recidive kommen nicht vor.

Einmaliges Befallenwerden schützt in der Regel vor fernerer Ansteckung.

Die Section ergibt keine Veränderung der Darmdrüsen, eben so wenig Darmgeschwüre, dagegen Hyperämie in Leber und Milz, besonders auch im Gehirn, wo sich fast immer wässriges oder blutiges Exsudat findet.

Der Tod erfolgt fast immer in den ersten 14 Tagen, selten durch Nachkrankheiten.

Das Wesen des ächten Typhus besteht in der Aufnahme eines Contagiums, welches zersetzend auf das Blut u. alterirend auf das Nervensystem zumal des Gehirns wirkt.

Da der Typhus ein Ausstossungsprocess des eingebrachten Contagiums ist, so ist die Behandlung im Allgemeinen eine exspectative, symptomatische. Im Anfange sind Brechmittel, später Purgantia und der reichliche Gebrauch des Aqua oxymuriatica von Nutzen.

Lysis, unter wiederholten Schweissen. Das Fieber nimmt in dieser Zeit nicht selten den Charakter der Intermittens an.

Reconvalesc. stets langsam, schleppend, Nachkrankheiten als Diarrhoe, Enterophthisis; Wechselfieber und Hydrops sind häufig, ebenso Recidive.

Die Febris typhoides kann dasselbe Individuum öfters befallen.

Die Leichenöffnungen weisen die allgemein bekannten Infiltrationen der Gekrösdrüsen und Darmgeschwüre nach. Residuen von Entzündung des Gehirns finden sich niemals.

Die Krankheit tödtet selten vor dem 17. Tage, meistens zwischen dem 17. und 21. Tage.

Das Wesen der Febris typhoides scheint ursprünglich auf einer Verstimmung der Intestinalschleimhaut zu beruhen und erst später durch die gestörte Hämatose das Nervensystem, besonders den Sympaticus und das Rückenmark in den pathischen Process mit hineinzuziehen.

Da sich das typhöse Fieber aus einem gastrischen oder billösen Fieber herausbildet, so ist es Indication, dasselbe in den ersten 14 Tagen zu coupiren, und zwar durch Chinin in säuerlicher Lösung, bei Durchfall in Verbindung mit Opium. Im Anfange vermögen oft Brechmittel und grosse Dosen Calomel die Krankheit zu unterdrücken. Die oben empfohlenen Mittel wirken aber schneller u. sicherer.

Abgeschlagenheit der Glieder und Appetitlosigkeit bei belegter Zunge sind die eigentlichen Symptome des Gastricismus, allein auffallende Abgeschlagenheit bei ganz reiner Zunge deutet auf etwas
anderes, und ist immer Vorläufer des Typhus. Beim
weiblichen Geschlechte ist das zu frühe Eintreten
der Mensen im Anfange des Typhus eine sehr gewöhnliche Erscheinung. Man wird selten getäuscht,
wenn man bei Kranken, welche die allgemeinen, noch
unbestimmten Fiebervorboten zeigen, sobald zur Un-
zeit die Menses eintreten, sofort die Diagnose eines
Typhus ausspricht.

Prognose. Eine grosse Zahl günstiger Symptome
hat weniger Werth, als eine einzige neu hinzugetretene ungünstige Erscheinung. Je regelmässiger
der Verlauf, je deutlicher die Stadien hervortreten,
desto besser. Günstiger ist der rasche Verlauf, wo
am 9ten Tage schon die Lysen beginnen. Ungünstiger, wo die Krankheit höher als bis zum 14ten steigt,
und noch schlimmer, wo der 17--21te Tag die Krisis
bezeichnet, weil sie gewöhnlich eine tödtliche ist
(dies fatales). Ununterbrochene Delirien, Sehnenhüpfen schon in der ersten 7tägigen Periode sind
sehr ungünstig. Die Abnahme der Chloride (Verbindung verschiedener Basen, z. B. Kali, Natron oder
Ammon mit Salzsäure) im Harne soll beim Typhus
eine schlimmere Prognose andeuten, während die
Besserung der Krankheit mit der Zunahme dieser
Chloride vorschreitet. Doch ist daraus kein unbedingt giltiges Zeichen für die Prognose festzustellen,
so wenig als aus der Zunahme der Milzausdeh-
nung, deren Vergrösserung im Typhus constant ist.

Therapie. Man soll die Typhen, die ihren vorgeschriebenen Cyclus durchmachen müssen, nur leiten und reguliren, die Kranken durch die Stadien
durchführen; denn den Verlauf abzukürzen suchen,
ist nur verderblich. Es ist daher für die Therapie
von der grössten Wichtigkeit, zu wissen, in welchem
Stadium sich der Kranke befinde. Als Ausbruchstag
nimmt man den Zeitpunkt an, wo nach dem letzten
Schüttelfroste permanent dauernde Hitze erfolgt. Bei
Petechialtyphus können die Kranken vielleicht auch
den Tag angeben, wo sie das Contagium aufgenommen haben. Auch muss man zum Behufe der Sta-
diumsbestimmung berücksichtigen, dass im Verlaufe
der Typhen an gewissen Tagen acute Symptome sich
zeigen, die auf kritische Bemühungen hindeuten.
Diese Symptome zeigen sich in den wahrhaft kriti-
schen Tagen (vom 4—5ten, 11—12ten, 17—18ten und
vom 24—25sten Tag) durch kritische Blutungen aus
der Nase, Hautkrisen, Perturbation im Harn, durch
Ausbrechen von Decubitus, Ecchymosenbildung etc.
— Im ersten Stadium (irritationis) ist das topische
Leiden und das Fieber zu berücksichtigen. Beim
Abdominaltyphus (Zungenbeleg, pappiger, bitterer
Geschmack, Uebelkeit) reicht man ein Emet. aus
Ipec. mit etwas Tart. emet., auf dass es aber nicht
durchschlage. Beim Petechialtyphus, wo mehr das
Leiden der Respirationsschleimhäute vorherrscht,
reicht man Dect. Althaeae, Nitrum mit Salmiak,

Ammon acet., Vin. stibiat., Senega, Elixir. pectorale, Mercursalbe in die Brust eingerieben mit Ol. Hyoscyam., topische Antiphlogose. — Ist das Fieber sthenisch, so verfahre man antiphlogistisch, ist es erethisch, sedativ, ist es hingegen torpid, so verfahre man excitirend, roborirend. Es müssen stets solche Mittel gewählt werden: die zugleich den folgenden Veränderungen im Blute begegnen können. (Vergl. oben Schulz v. Schulzenstein pag. 409.) Gelind antiphlogistische Diät, mildernde, kühlende, schleimige Dinge, Limonade, Pomeranzensaft zum Getränke. Die am Ende der ersten 7tägigen Periode eintretenden leichten Krisen müssen unterstützt werden. Im zweiten Stadium verfahre man ebenfalls nur leitend. Die Diarrhoen, welche zur Entleerung des durch eine Abstossung der Darmschleimhaut entstandenen pathischen Products nothwendig sind, dürfen nicht unterdrückt werden, aber gemässigt durch Clysmata aus Amylum und Chlor. Beim Petechialtyphus verlangt die äussere Haut diese Rücksichten; man muss die eingeleitete Hautkrise festzuhalten suchen. Zur Einleitung der Hautkrisen dienen warme Begiessungen und Bäder gegen das Ende des zweiten Stadiums, bei rigider, trockener Haut. Blasenpflaster bringen Secretion der Haut hervor und wirken derivirend. Man lege sie auf die Waden und unterhält nach Abnahme des Vesicans die Secretion durch Mutterpflaster. Sind bei Kopfcongestionen Ausschwitzungen zu befürchten, so legt man Vesicant. in den Nacken, den Hinterkopf, reibt Unguent. acre ein. Zeigt sich Zersetzung des Blutes, so gebe man die Säuren, Chlor. Im dritten Stadium (Krisen) hat man durch äussere und zuweilen auch innere Mittel (Valeriana, Ammon. succin., Camphor) die Krisen, welche volle 7 Tage dauern, nachdem sie sich eingeleitet, zu unterhalten. Sind sie zu schwach, so unterstütze man sie (warme Bäder, Valeriana, Campher), sind sie zu stark, so beschränke man sie, sind sie erspriesslich, so halte man sie fest durch passives Verfahren. Kommen zu heftige Blutungen vor aus der Nase oder dem Darm, so bekämpfe man diese Symptome; kommt es zu Parotidenbildung, so setzt man sogleich 6—8 Blutegel bei ihrem Beginne an die leidende Stelle, darauf erweichende Ueberschläge; gehen sie doch in Eiterung über, so öffne man sie so bald wie möglich. — Decubitus suche man zu verhüten durch grosse Reinlichkeit, faltenloses Bett, Einreibungen mit Talg und Spirit. Serpilli etc. In der Reconvalescenz sind keine Arzneien nöthig, sondern nur diätetische Mittel, Fleischbrühe mit Eigelb, allmählig feste Speisen, namentlich, Fleisch, anfangs Ragout; zum Getränk dann Milch, Zucker, Eigelb, Malzabkochung, und wenn die Brusterscheinungen vorüber sind, Wein, aber nur süssen, Malaga etc. Esslöffel-weise. Wir führen hier nur die zwei europäischen Formen auf: 1) Abdominaltyphus, sporadischer Typhus genannt, und 2) den Petechialtyphus, Typhus contagiosus.

    I. Abdominaltyphus. Febris gastrica nervosa, Enteritis nervosa, Exanthème intestinal, Fièvre

typhoide, Schleimfieber. (Das Schleimfieber, welches
man früher als eine eigene Species des Nerven- oder
typhösen Fiebers ansah, wird nach besseren Anschauungen der neueren Pathologen als identisch mit dem
Typhus betrachtet.)

Symptome. Auf der Darmschleimhaut entwickelt
sich ein exanthematischer Process. An dem untern
Theile des Dünndarms, vor der Darmklappe 2 — 3
Schuh aufwärts, bildet sich am 3—4ten Tage nach
dem Ausbruche der Krankheit eine organische Eruption, wenn auch oft von nur wenigen Pusteln. Gegen
das Ende der ersten 7tägigen Periode bildet sich auf
der Schleimhaut ein Schorf; diese Eschara lösen sich
gewöhnlich gegen den 10—13ten Tag, und es bleiben
geschwürige Stellen zurück. Wenn die Krankheit
weiter fortschreitet und geheilt werden soll, so
müssen diese Geschwüre vernarben, im entgegengesetzten Falle führen sie zur Darmphthisis. Diese
Excrescenzen stehen oft isolirt, oft aber confluiren
sie, beschränken sich in der Regel auf das untere
Dritttheil des Dünndarms, selten sind sie im Dickdarme selbst. Bei diesem Processe findet also ein
Stadium der Eruption, der Schorfenbildung, der Lostrennung und der Narbenbildung statt. — Der Krankheit geht oft ein Stadium prodromorum voraus, allgemeine Erscheinungen gastrischer Erkrankung (die
s. g. Febris gastrica ist offenbar nur ein
gelinder Grad des Febris mucosa oder typhosa). Mattigkeit, Schwere in den Gliedern, unruhiger Schlaf, Mangel an Appetit, Durst, Diarrhoen,
die meist des Nachts erfolgen; reizende Mittel unter
solchen Umständen gegeben, beschleunigen den Ausbruch der Krankheit. Oft ist dieses Stadium mit
Zeichen der Intermittens angefüllt. Erstes Stadium (irritationis) datirt sich von der Zeit an, wo
das letzte Frostgefühl statt hatte, dem permanente
Hitze folgte. a) Erscheinungen des Nervensystems:
grosse Mattigkeit, Abgeschlagenheit, bleierne Schwere
in den Gliedern, heftiges Ergriffensein des Gemeingefühls, Eingenommenheit, Taumel, Schwindel, Summen und Sausen vor den Ohren, Schlaflosigkeit, selten
jetzt schon Delirien. b) Schleimhautsymptome: Zunge
belegt, oft rein, weisslich, schleimig, oft biliös, gelblich, schmutzig, pappiger, bitterer Geschmack, Brechneigung, zuweilen Erbrechen. Im Verlaufe bilden
sich zuweilen Aphthen und aphthöse Geschwüre auf
der Zunge, oder nach unbestimmter Dauer stösset
der dicke Beleg sammt dem Epithelium der Zunge
sich ab, sie ist dann roth, roh, gehäutet, glatt, Papillen verschwunden. Ueber die glatte Zunge legt
sich nun bald wieder eine Schichte Schleim, die sich
oft wieder verdichtet, so dass der Abstossungs- und
Häutungsprocess zum zweiten- und wohl zum dritten-
male in derselben Krankheit sich wiederholt, bis endlich die Zunge ausgeheilt, rein mit wiedergebildeten
Papillen erscheint. Diesen Process, wie er auf der
Zunge vor sich geht, macht auch die Schleimhaut
des Schlundes, des Rachens und machen wahrscheinlich alle Schleimhäute durch (daher Schleimfieber).
Daher Angina, Schleimräuspern, Schleimwürgen,

Uebelkeit, Erbrechen. Esslust liegt ganz darnieder, kaltes Getränke ist Labsal. Mehr oder weniger heftiger Schmerz am Uebergange des Dünndarms in den Dickdarm; gegen den 4ten Tag Durchfälle, die wässerig, flüssig sind, sich in 2 Theile ausscheiden, in die Eiweiss haltige, flockige, schleimige Masse und eine darüber stehende, hell oder grünlich gefärbte Flüssigkeit. Man findet im Darmtyphus stets in den flüssigen Stühlen prismatische Kristalle, welche aus phosphorsaurer Ammoniakkalkerde bestehen. c) Allgemeine Reaction: sie kann sthenischen, erethischen oder torpiden Charakter haben. Im ersten Falle Frost von verschiedener Dauer und folgende Hitze, Calor mordax, 80—90 Pulsschläge, voller, harter, gespannter Pulsschlag, Durst sehr vermehrt, Appetit schlecht. Schmerzen am Coecum sehr heftig. Beim erethischen Charakter: Schüttelfrost mit folgender permanenter Hitze, Haut feucht, Puls kräftig, 90—100 Schläge, Harn dunkelroth, bräunlich; gegen Morgen Remissionen, gegen Abend Exacerbationen. — Beim torpiden Charakter des Fiebers: Puls klein, schnell, 110—120, zitternd, leicht wegdrückbar, Haut trocken, Sehnenhüpfen, Flockenlesen etc. — Complicationen dieses Stadiums: Heftige Congestionen zum Kopfe, furibunde Delirien, Gesicht geröthet, Auge injicirt, hervorgetrieben, Puls voll, hart, gespannt, 110—120; die Diarrhoen und Schmerzen am Coecum sichern vor Verwechslung mit Encephalitis idiopath. — Pneumonische Erscheinungen. — Am 7ten oder 8ten Tage zeigen sich kritische Erscheinungen, die in 12—24 Stunden wieder verschwinden, sie sind: in der Nacht vom 7—8ten Tage feuchte Haut, Trübung im Urin, kritisches Nasenbluten. Doch am Abend des achten Tages zeigen sich schon wieder heftige Erscheinungen und es tritt das zweite Stadium, nervosum ein. Auch hier wieder 3 Symptomenreihen. a) Nervöse Erscheinungen: Gegen Abend mussitirende Delirien, anfangs remittirend, später permanent, die Receptivität gegen äussere Einflüsse wird immer schwächer, Schwerhörigkeit, oft Taubheit stellt sich ein, Sinapismen ziehen oft gar nicht oder sehr schwer; bewegungsloses Liegen auf dem Rücken, die Kranken rutschen zu den Füssen herunter, Gesicht decomponirt, Stupor, Betäubung, mattes Auge. In heftigen Fällen zeigen sich noch paralytische Erscheinungen, Halblähmung des Darms und der Blase, Fäces und Urin gehen unwillkührlich ab oder mangeln, daher die Blase anschwillt. In noch heftigern Graden, Sehnenhüpfen und Flockenlesen. b) Erscheinungen auf den Schleimhäuten: Zunge trocken; die Trockenheit geht von der Wurzel über den Rücken bis zur Spitze der Zunge hin, Spitze und Ränder sind noch längere Zeit feucht. Zunge schrumpft zusammen, wird rissig, rauh, schwarzkrustig; schwarzer Russ an der Nasenschleimhaut und an den Zähnen; U.L. treibt sich mehr auf, Schmerzen am Coecum werden intensiv, Durchfälle copiös, 10—12 und mehr in 24 Stunden. Gegen den 11—12ten Tag bildet sich besonders bei Lungencomplicationen Husten aus. c) Symptome des Fiebers: Haut trocken (calor mor-

dax), zusammengeschrumpft, schlaff, ohne alle Turgescenz, welk, selten zerfliesst sie in reichlichen, colliquativen, klebrigen, widerlich riechenden Schweissen; häufig erscheinen Ecchymosen (falsche Petechien)
am Gesäss u. Rücken; Vibices, auf denen sich später
die Haut abstösst und woraus sich Geschwüre bilden.
Puls leer, schwach, klein, beschleunigt, 110—130;
Durst vermehrt, Harn getrübt, reagirt sauer, Fäces
sind kalisch. Exacerbation und Remission im Fieber.
Die Exacerbation ist stets am heftigsten an den un-
gleichen Tagen, und wenn die kritischen Tage mit
der heftigern Exacerbation zusammenfallen, so ist
der Kranke in der grössten Gefahr. In dieser zweiten
Periode zeigen sich in der zweiten Hälfte schon (besonders am 14ten Tag, selten am 11ten, 12ten) kritische Erscheinungen, Perturbation im Harn, Haut,
wird gegen Abend an der innern Fläche der Schenkel
oder Arme feucht — eine erwünschte Erscheinung.
Complication dieses zweiten Stadiums.
Mit Leberentzündung, Typhus icterodes. Drittes
Stadium. Krisenstadium. Allgemeine Krisen
sind: de Schweiss, Calor mordax vermindert sich,
die Haut anfangs in Remissionen feucht, bleibt endlich permanent ausdünstend, dabei muss aber die
Zunge feucht werden und der Puls ruhiger. Der
Harn wird heller, reichlicher. Topische Krisen:
ruhiger Schlaf statt der Delirien; Zunge feucht, der
russige Ueberzug löst sich allenthalben; ging Husten
voraus, dann erfolgen jetzt Sputa cocta. Bauch
schmerzlos am Coecum, weich; die erschöpfenden
Durchfälle verschwinden oft 2—3 Tage. Stuhlverhaltung. Diese kritische Periode dauert bei etwas
heftigen Anfällen volle 7 Tage, wobei das Fieber
gegen das Ende den intermittirenden Typus erhält
und zuletzt ganz verschwindet. Nach diesem Stadium
können doch noch zurückbleiben: 1) Schmerz am
Coecum, Diarrhoe mit flockigem, oft blutigem Wasser (in Folge der noch nicht geheilten Darmgeschwüre). 2) Febris hectica. Ueberhaupt können
die nicht geheilten Darmgeschwüre Erscheinungen
herbeiführen, dass man den Typhus recidiv werden
glaubt, allein dies ist nicht der Fall, es sind nur
die Erscheinungen der Darmgeschwüre mit torpidem
oder synochalem Charakter derselben. Varietäten.
1) Es gibt Abortivformen, alle Erscheinungen des
sich entwickelnden Typhus sind vorhanden, am 4ten
oder 7ten Tage kommen aber schon ausgezeichnete
heftige Krisen. Schweisse. kritischer Harn mit puru-
lentem Sedimente, und hiemit werden die topischen
Symptome wie weggewischt. 2) Febr. putrida, oder
Typhus abdominalis putridus. bedingt durch grosse
Blutdissolution (s. Faulfieber). 3) Febr. maligna
sine febre, welche den praktischen Arzt leicht irre
führt. Die Kranken zeigen blos in den Abendstunden, erst gegen 9—10 Uhr, vermehrte Turgescenz
der Haut und Aufregung im Pulse, nach Mitternacht
nehmen diese Erscheinung wieder ab, und in den
Morgenstunden ist die Haut kühl und der Puls wenig
alienirt. ja oft sind die Extremitäten völlig kalt, der
Puls kaum fühlbar, blos gegen Mitternacht zeigt sich

etwas Gefässaufreizung. Dagegen sind die topischen
Symptome vorhanden. Dieser Zustand dauert aber
nur eine gewisse Zeit, und meist folgt ihm der Tod,
vor dessen Eintritt (etwa 36—48 Stunden) sich noch
Fieber, Sopor, Delirien etc. zeigen. Oder die Fälle
endigen günstig, wo genau mit dem 2ten und 3ten
Tage heftiger Fiebersturm eintritt, der Puls sich
hebt, die Haut turgescirt und sich Krisen durch
Schweiss und Sediment im Harn zeigen.

Peter Frank gründete eine Eintheilung auf die
Symptomatologie, die von vielen Aerzten angenommen wurde, und unterschied Febris nervosa versatilis und stupida (siehe diese). Doch ist der Unterschied blos relativ, gar nicht wesentlich, sondern
nur auf die Differenz der Nervensymptomengruppe
gegründet. Febr. nerv. vers. bei mussitirenden Delir.,
Sehnenhüpfen etc.; Febr. nerv. stup. dagegen, wenn
mehr Symptome der Depression sich zeigen, Sopor,
Betäubung, paralytische Erscheinungen etc.

Dauer, 14 Tage bei regelmässigem Verlaufe.
Die Entscheidung fällt zwischen den 14ten und 15ten
Tag, selten auf den 9ten oder 11ten, und wenn
dieses geschieht, häufig mit tödtlichem Ausgange.
Ebenso ist der Ausgang gewöhnlich ein lethaler,
wenn die Krise bis zum 17ten, 19ten und 21sten Tage
zögert. Ausgänge. 1) In vollkommene Genesung
unter allgemeinen Krisen (Haut und Harn); topischen
Krisen (Schlaf, Verschwinden der Diarrhoen, Sputa
cocta). In der Genesung leiden die Kranken in der
Regel an leichter Störung des Gehörs, Schwerhörigkeit, Summen und Sausen vor den Ohren; so lange
diese Zufälle bestehen, muss man auf der Hut sein,
dass nicht schleichende Entzündung des innern Ohres
Gehirnerweichung herbeiführe. 2) Theilweise Genesung; es bleiben zurück: Decubitus der Kreuzgegend, der Nase, des Ohres, der grossen Zehe;
brandige Furunkel auf der innern Schenkelfläche: Pseudoerysipelas am Vorderarme vom
Hand- bis Ellenbogengelenke, das schnell wieder
zurücksinken kann, und Delirien, Sopor etc. folgen:
Parotiden, ihre Sympt. sind Summen und Sausen
vor den Ohren, stechender Schmerz am Halse nach
dem Laufe des Vagus, Empfindlichkeit gegen Druck,
Schmerz beim Oeffnen des Kiefers; es erscheint ein
kleines, erbsengrosses, schmerzhaftes Knötchen, das
zuerst verschiebbar ist, bald aber grösser, oft apfel-
gross wird über Nacht, Schlingbeschwerden dabei,
mechanischer Trismus. Bei unpassender Behandlung
verschwinden die Parotiden wieder, und dann erfolgt
gewöhnlich der Tod, denn selten kommt die ver-
schwundene Parotidenbildung wieder zum zweitenmale. Nie zertheilen sich Parotiden ohne Kunsthülfe, und es beginnt Suppuration, die durch Colliquation die Phthisis hectica herbeiführen kann, denn
der Abscess geht schnell in die Tiefe und oft schon
in 4 Tagen liegt im Grunde desselben die entblösste
Carotis: Eiterung im innern Ohre: Darm-
phthise: Perforation des Darms; sie findet
immer nur in den spätern Zeiträumen, meist erst
vom 28sten bis 65sten Tag am untern freien Theile

des Dünndarms oder freien Dickdarme statt; es entwickelt sich plötzlicher, spontan oder durch Berührung veranlasster, äusserst vehementer Schmerz im U.L., der sich auftreibt, hart und gespannt wird: häufiges Erbrechen der Massa herbacea, Facies hippocratica. Tuberkelbildung auf der Lunge oder umschriebene inflammation in den obern Lappen, Blennorrhoe: Hydropsie: 3) In eine andere Krankheit, nämlich in Intermittens. 4) In den Tod. Im ersten Stadium bei blutreichen Individuen durch Lähmung des Gehirns; im zweiten Stadium gewöhnlich an den Indextagen. vom 9—11ten, 14—15ten, auch 17—19ten; der Tod erfolgt dann durch Lähmung des Bauchnervensystems, Trismus, Wasserscheu, permanente Delirien, heftige colliquative Schweisse, Blutungen. Häufig erfolgt der Tod durch die Nachkrankheiten. Die sporadischen Fälle dauern gewöhnlich länger als die in Epidemien. Neigung zu Recidiven ist gross; manchmal befällt die Krankheit mehrere Jahre nach einander, oft geben Haare und Oberhaut ab und ebenso die Nägel an Händen und Füssen.

Therapie. Prophylaxis verlangt die Zerstörung des Contagiums, welches an die Ausdünstungen, Sedes etc. der Kranken gebunden ist, durch Chlorwasser, Kohle, Räucherungen mit Salzsäure, Chlor. Die Wärter sollen den Speichel öfters ausspucken, den Mund ausspülen mit Essig; in einem andern Zimmer schlafen, grösste Reinlichkeit beobachten und sich nicht deprimiren lassen. Zeigen sich die ersten Erscheinungen der Krankheit, Ekel, Kopfschmerz etc., so versuche man durch ein Emet. aus Ipecacuanha, Cuprum sulphur. die Krankheit zu coupiren. Ist dieses nicht möglich, bricht doch die Krankheit aus, so bedenke man, dass der Arzt nur die Stadien zu leiten habe; daher das erste ist die Fixirung der Stadien, die Chronologie, denn die Behandlung muss nach den Stadien verschieden sein. In den ersten 24 Stunden der Krankheit, besonders bei gastrischem Anstriche derselben, kann man das Emet. anwenden. Ist diese Zeit schon vorüber, so hat man nur die Stadien zu leiten. Es ist nämlich in allen Fällen auf den Zustand der Darmschleimhaut, welche einer Pustelbildung zum Boden dient, bei der Wahl der Mittel Rücksicht zu nehmen, und es werden die grössten Fehler begangen, wenn man diese ausser Acht lässt. Darum kann auch der unvorsichtige Gebrauch der Brechmittel, besonders bei etwas vorgerückter Krankheit so gefährlich werden, darum sind die drastischen Abführmittel so sehr zu verwerfen, darum enthält man sich so ängstlich der reizenden Adstringentia, der erhitzenden und excitirenden Mittel, welche die Schleimhautentzündung erhöhen, oder neu hervorrufen können. Ist ein Brechmittel im Anfange indicirt, so setze man einer Salmiakmixtur, mit welcher man den Anfang macht, 1/2—1 Gr. Tart. emet. zu, worauf schon hinlänglich Erbrechen erfolgt. Zu starke Brechmittel erschöpfen zu sehr den Körper und bahnen der Krankheit gleichsam den Weg. Die heftige Gefässreizung im ersten Stadium ist zu mässigen. Bei sthenischem Charakter V.S. in mässiger

Quantität; dabei Mittelsalze, Kali citric., Potio Riv., Orangensaft zum Getränke. Beim Charakter des Erethismus reiche man Aqua chlorata ʒj auf ʒv Dct. Alth.; bei anhaltender Stuhlverstopfung erweichende Klystiere von Essig, Seife, Ol. Ricini. Sind die Schmerzen am 4ten Tage am Coecum mässig, so reicht man mit Einreibungen von Ol. Hyoscyam., mit Ungt. merc. aus; sind aber die Schmerzen heftig, spastisch, U.L. aufgetrieben, gespannt, dann Blutegel und erweichende narcotische Fomentationen aus Leinsamen mit Cicuta, Hyoscyamus auf den U.L. Diät der antiphlogistischen sich nähernd. Wasserschleim, Wassersuppe, Mehlsuppe, schleimiges Getränke, nichts Irritirendes. Nur bei schwächlichen Individuen und torpider Entwicklung des Leidens Kalbfleischbrühe in schleimigen vegetabilischen Vehikeln. Bei heftigen Kopfcongestionen in Begleit mit furibunden Delirien setzt man 16—20 Blutegel an den Proc. mastoid., macht kalte Fomentationen auf den abgeschorenen Kopf; nur in seltenen Fällen ist eine V.S. nützlich. Bei heftigen katarrhalischen Affectionen, bei pneumonischen Erscheinungen macht man die Ueberschläge lauwarm aus Essig und Wasser. Vertragen die Kranken nach einiger Zeit die kalten Umschläge nicht, werfen sie sie weg, so muss man damit pausiren. Nebst dieser Ableitung Sinapismen auf die Waden, den Deltamuskel, die Fusssohlen, leichte Klystiere aus ¹/₃ Essig auf ²/₃ Kleienabsud zusammen 5—6 ʒ; 15—16⁰ R.; sollten sie bald wieder abgehen, dann Wiederholung in 2—3 Stunden; dabei innerlich Säuren, ʒj Salzsäure auf ʒvj Dect. Alth.; saures Getränke. — Zeigen sich pneumonische Erscheinungen, so muss vor dem Eintritte des zweiten Stadiums gegen sie geschritten werden: Blutegel an die Stelle, welche das Stethoskop bezeichnet, lauwarme Einreibungen von Ungt. Merc. mit Ol. Hyoscyam. und Ungt. Digitalis. Ist aber die Entzündung über einen grossen Theil der Lunge verbreitet, ist das Fieber sthenisch, dann nebst den topischen Blutentleerungen auch noch allgemeine. Innerlich dabei keine Säuren, sondern schleimige Mittel, Solutio gummosa, Emulsio mit Ol. Hyoscyam., Obst. — Kommt nun bei dieser Behandlung das Ende der ersten 7tägigen Periode und mit ihm Versuche zu Krisen, die aber meistens nur momentan und selten hinreichend sind, den Prozess abzuschneiden, so müssen sie durchaus nicht nur nicht gestört, sondern gehörig unterstützt werden. Daher Unterhaltung der kritischen Epistaxis durch Einathmen warmer Dämpfe, zur Unterstützung der Hautkrisen Pulv. Doweri, Flor. verbasci etc. Hören aber diese momentanen Krisen auf und tritt damit das nervöse Stadium ein, so ist die Behandlung zu modificiren. Um dann die Durchfälle zu mässigen, sind Klystiere aus dünnen Auflösungen von Amylon mit Zusatz von Chlor am besten, und wo Abends Delirien und Unruhe eintreten, ein Zusatz von Tinct. Opii zu 8—12 Tropfen. Die Klystiere werden mit einem elastischen Rohre gesetzt und wiederholt, wenn sie zu früh ausgestossen werden. Bei grossem Schmerze auf den Bauch

Blutegel und erweichende narcotische Fomentationen.
Wo sich aber mit dem Eintritt der Durchfälle Neigung zu Auftreibung, zu tympanitischem Tone zeigt,
da sind reizende Einreibungen von Liniment. volat.
mit Opium, Ammon. caust., Liniment. saponat. camphor. zu machen. Gegen die allgemeine Reaction in
den leichteren Fällen mässige Säuren, ℥jß Chlor auf
24 Stunden. Bei ausgezeichneter Blutdissolutio reine
Salzsäure ʒß—j, oder Acid. phosphor. und sulphur.
im Getränke mit Schleim gemischt. Stellen sich
blutige Diarrhoen ein, dann Alaun, 6—7 Gr. bis ꝫß
mit Gm. arab., daneben Serum lactis, Alaunmolken.
In diesem Stadium hat man auf die kritischen Bemühungen genau Acht zu geben. Selten ist schon
der 11te Tag von Wichtigkeit, eher noch der 14te,
bei manchen Epidemen ist erst der 17te der Indextag
und dann der 21ste der kritische. Daher wird es
nöthig, den Kranken an diesem Tag Abends spät zu
sehen. Durch Bemerken der kritischen Vorläufer
wird der Arzt bestimmt, Vorkehrungen auf die Dies
criseos zu treffen. Daher sobald sich Vorläufer zu
Krisen zeigen, die ganze Thätigkeit auf Hervorbrin-
gung einer wahren, completen Krise gerichtet werden
muss. Zu diesem Zwecke wendet man bei Individuen mit rigider, spröder Haut jeden Abend Bäder
mit aromatischen Kräutern an. Der freie Theil des
Körpers muss während des Badens mit warmem Wasser 5—10 Minuten lang übergossen werden, nachher
wird der Körper abgerieben und in ein warmes Bett
zurückgebracht. Die kalten Begiessungen haben in
den schwersten typhösen Fiebern, wo die n e r v ö s e n
a t a k t i s c h e n Symptome vorherrschen, oft
unerwartet günstige Resultate erzielt, aber nur
dann, wenn es gelingt, durch sie eine Reaction zu
erreichen. T e i s s i e r lässt aber, um diese desto
sicherer zu erreichen, auf jede kalte Begiessung eine
Einreibung mit Crotonöl folgen. Nachdem bis 10
Kübel Wasser von 20° über den Kranken gegossen,
wird in Rumpf, Glieder ʒj Ol. crot. eingerieben. Es
bilden sich schon im Verlauf von 24 Stunden auf der
Haut Knötchen, ähnlich den variolen. In einem Falle
wiederholte T e i s s i e r die Einreibung und Begiessung 3 Tage hinter einander. Jeden Tag minderten
sich die schweren Erscheinungen; in dem Grade als
die blatterähnliche Eruption sich ausbildete, wurde
der Puls und der ganze Zustand des Kranken ruhiger.
Ein zweiter Weg ist die Application von Hautreizen
durch Blasenpflaster, die nebst der Bethätigung der
Secretion der Haut noch zugleich Derivation durch
Reiz auf die Papillarkörper bewirken. Der eigentliche Zeitpunkt der Application derselben ist der
Eintritt von Stupor und Sopor. Bei schon vorhandenen Ecchymosen und Decubitus etc. dürfen sie
nicht angewendet werden. Diese äusseren Mittel
unterstützt man innerlich, besonders bei torpiden
Individuen, durch Valeriana infus. (℥ß auf ℥vj) nebst
Zusatz von Ammon. succin. acet. (℥ß—j), kleine Gaben Campher, 4—5 Gr. in 24 Stunden in Pulver oder
Mixtur. Sind an den Indextagen die Krisen schon
ziemlich reichlich, so genügen wärmere Bedeckung

und ein leichter aromatischer Aufguss statt dieser
Mittel. Die Diät darf in diesem Stadium schon nährender sein; einfache Fleischbrühe mit Eigelb, Malztrank, leichter Punsch besonders zur Crisenzeit, bei
grosser Schwäche, wenn es nicht besondere Erscheinungen contraindiciren, etwas rother Wein mit
Schleim, 2—4 Löffel Wein auf 1 Schoppen Gersten-
oder Malztrank. Kommen nun die Crisen, die gewöhnlich 7 Tage dauern, so sind sie durch warme
Bedeckung, Fortgebrauch der Diaphoretica, lauwarmes, leichtes aromatisches Getränke zu unterhalten;
wo sie ohnedies reichlich sind, muss man mässig
temperirend verfahren. Wo es aber trotz diaphore-
tischer Mittel nicht zur Hautcrise kommt, muss wieder zu der sedativen Methode geschritten werden,
und nur warme Begiessungen und Bäder müssen zur
Diaphorese wirken. Dauern die Durchfälle noch
fort, so setze man Klystiere von Amylum, ohne
Opium, dagegen mit Zusatz von Plumb. acet. (8—12
gtt. Aq. Goulardi). Ist so die Periode der Crise
vorüber, so müssen die Darmgeschwüre zur Heilung
kommen, daher setze man im Nothfalle Klystiere mit
Aqua Goulardi, und kommen Schmerzen am Coecum,
mucöse, rahmähnliche Ausleerungen, starker Puls,
so macht man narcotische Einreibungen und Fomentationen, setzt im Nothfalle Blutegel, gibt innerlich Solutio gummosa etc. mit etwas Opium. Oder
zeigen sich die Geschwüre wie Wunden bei Nosoco-
mialgangrän, durch blutige Stühle, kleinen, schnellen,
leicht wegdrückbaren Puls, raschen Collapsus sich
kund gebend, so sind ein Zusatz von Aqua chlor. zu
den Klystieren, und innerlich wieder die Säuren angezeigt. Kommt es zu Febris hectica in Folge der
Darmgeschwüre, so ist China das Hauptmittel, die
bei noch vorhandener Darmreizung mit Oel und
Schleim in Verbindung, wo aber keine Reizung mehr
ist, mit Säuren (Acid. Halleri, phosphoric.) gereicht
wird. Diät bestehe in guten, leicht verdaulichen,
nährenden, nicht reizenden Speisen, Fleischbrühe,
Schneckensuppe, Sulzen, öfters und in kleiner Menge.
Bei mangelndem Appetite, nährende Klystiere aus
Milch und Eidotter, Fleischbrühe, bei vorhandener
Reizbarkeit des Darms mit einigen Tropfen Tinct.
thebaica. Erwacht der Appetit, so sei man vorsichtig, er darf nie ganz gestillt werden; etwas Wein
mit Wasser zum Getränke. Der Darm behält noch
längere Zeit nach der Krankheit eine grosse Empfindlichkeit (wie die Lungen nach Pneumonien), und die
geringste Indigestion während der Reconvalescenz
ist hinreichend, eine Typhus-Recidive hervorzurufen.
Die Bestimmung des Zeitpunktes, wo im Typhusfieber mit dem Verordnen von Wein und anderen
Reizmitteln begonnen werden muss, ist von höch-
stem praktischem Interesse. Die Periode, binnen
welcher es schwer hält zu bestimmen, ob Reizmittel
zu verordnen sind, ist diejenige der 2ten sieben
Tage. Die erste Woche ist in der Regel die Periode
der arteriellen Reaction, wo von Reizmitteln nie die
Rede sein kann; allein wenn diese Reaction sich legt,
d. h. während der 2ten Woche, herrscht Congestion

in den Venen vor. Bei der Krisis des 14ten Tages
ist, sofern deren Eintreten nicht durch irgend eine
Complication verhindert wird, das Sinken der physischen Kräfte so deutlich, dass der Unerfahrenste es
bemerken und dagegen einschreiten wird, allein während der vorhergehenden Woche findet eine Mischung
entgegengesetzter Zustände, nämlich fieberische Reaction und tiefgreifender Ermattung Statt, diese ist so
verwirrend, dass, wenn der Arzt die pathologische
Bedeutung der Symptome in deren Entstehen nicht
kennt und deren Gesammtbedeutung nicht abzuwägen
versteht, er sehr unzweckmässig verfahren kann.
Ritchie in Glasgow pflegt seinen Ansichten von der
Pathologie des Typhus zu folgen, wenn er bemerkt,
dass der Patient im Laufe der 2ten Woche, d. h.
vom 7—11ten Tage, ein blasses livides Ansehen und
ein injicirtes Auge (Stase im Gehirne) bekommt, die
Anwesenheit der ihn Pflegenden wenig bemerkt, sich
stille verhält, auf dem Rücken liegt und viel schlum-
mert, dass der Puls etwas häufiger und weicher, der
Ausschlag auf dem Rücken kupferfarbig wird, dass
das Klopfen des Herzens unfühlbar und der erste
(systolische) Ton desselben kürzer wird, eine geringe Quantität Wein (wenigstens ℥ß) alle 3 Stunden
zu verordnen, um dem drohenden Collapsus vorzubeugen. Kann der Patient die Zunge vorstrecken
und findet man dieselbe feucht und kühl, so kann
man in der Angemessenheit dieser Behandlung um so
sicherer sein, obgleich die Zunge durch das Schlafen
mit offenem Munde oft so trocken und verschrumpft
wird, dass der Patient sie nicht vorwärts bringen
kann. Je nachdem die nervöse Congestion des Organismus sich deutlicher herausstellt, müsse natürlich
die Dosis des Reizmittels verstärkt und öfter wiederholt werden, so dass man manchmal bis ℥j und
in selteneren Fällen bis ℥ij Wein allstündlich verordnen muss. Man hat sich nur dabei gegen das
Wiederauftreten der arteriellen Reaction vorzusehen.
Sichtbares Pulsiren der Carotiden ist wohl das früheste
und sicherste Kennzeichen des Wiederbeginnes dieser Reaction. Auch hat man neuerer Zeit hier in
München z. B. die Erfahrung gemacht, dass eine
baldige, roborirende Nahrung (Fleisch, Wein) gegen
die früheren Vorurtheile strenge enthaltsamer Diät, die
Reconvalescenz bedeutend abgekürzt. Der Verlust von
⁴/₁₀ seines Gewichtes soll die Gränze sein, jenseits
welcher jedes Thier unvermeidlich stirbt. Weder
die Wirkung des Wärmestoffes, noch die Nahrungsmittel, zusammengesetzt oder für sich, können den
Tod bessern. Gaubert, welcher diese Schlüsse
aus Chossat's Erfahrungen (Jahresber. von Canst.
und Eisemann. 1845. VII. pag. 12.) zieht, empfiehlt
diese genannten Wirkungen der Enthaltsamkeit allen
Praktikern zur Berücksichtigung; sie beweisen, wie
wichtig es ist, gegen das Ende acuter Krankheiten,
die durch ihre Dauer oder durch die Beschleunigung
der vitalen Processe bedeutende Verluste an Säften
und Kräften veranlasst haben, den ▓▓▓▓ zum ▓▓
satz ja nicht zu versäumen. Eine ▓▓▓▓▓▓▓▓
zu lange fortgesetzte Diät hat oft ▓▓▓▓

in einen Zustand gebracht, wo jede Restauration unmöglich wurde, der Tod erfasste den wirklich geheilten Patienten. Nach acuten Krankheiten beobachtet man manchmal eine eigene Art von Wärme und von Frequenz des Pulses, die nur eine Folge von Schwäche ist, oder durch eine nährende, stärkende Kost verschwindet. Als Restaurationsmittel betrachtete man von jeher die Schwämme. Sie enthalten mehr Proteinkörper als alle unsere vegetabilischen Nahrungsmittel, und diejenigen Schwämme, welche am wenigsten Stickstoffgehalt geben, schliessen sich den stickstoffreichsten Pflanzenalimenten, Erbsen und Bohnen an. Die Schwämme besitzen daher ein bedeutendes Nährvermögen und tragen namentlich zur directen Blutbildung, also zur sog. restaurirenden Kur mächtig bei.

Behandlung einiger Varietäten und Complicationen: Wie bei den Erscheinungen excessiver Blutersetzung zu verfahren sei, siehe bei Faulfieber; bei Blutungen aus der Nase, kalte Ueberschläge auf die Nasenwurzel, Tamponiren mit Charpie in Aqua Goulardi getaucht; bei Ecchymosen macht man Waschungen von Essig lauwarm alle 2 bis 3 Stunden, oder mit verdünnter Schwefelsäure und Kornbranntwein. Man lässt den Mund mehreremale des Tags mit aromatischem Essig und Rosenhonig vermischt ausspülen. Zu den schlimmsten Complicationen gehören die typhösen Darmblutungen gegen die 3te Woche hin, zu einer Zeit, wo die Kranken ohnehin schon sehr entkräftet sind. Ob sie aus den Darmgeschwüren kommen, ist eine Frage. Albers nimmt an, dass diese in der 3—5ten Woche der Krankheit eintretenden, oft tödtenden Blutungen aus dem Dünndarme und nicht aus dem Dickdarme kommen, weil sie nicht bei ausschliessender Erkrankung und Entartung des Dickdarms (Colotyphus) beobachtet wurden, und alle in den Dickdarm eingespritzten blutstillenden Mittel die Blutung nicht zu hemmen vermochten, und sie überhaupt bei dem wie schleichende gastrische Fieber verlaufenden Typhus abdominalis vorkommen. Das Blut ist meist theerartig, aashaft stinkend. Man muss diese Blutungen so bald als möglich zu stillen suchen durch angesäuertes Reisswasser mit Extr. Ratanhiae, in diese Getränke thut man Eisstückchen, Chlorwasser; früh und Abends 1 Lavement mit einem Dct. rad. Ratanhiae aus 20 Gr. Auf die Coecalgegend eine Blase mit Eis. Bei Complication mit Leberentzündung, Typhus icterodes: Blutegel, Ungt. einer mit Ol. hyoscyami auf die Lebergegend. Bei Harnverhaltung lege man den Katheter an, dass nicht Lähmung der Blase eintrete; Einreibungen von Camphorsalbe in die Blasengegend, Cataplasmata aus Seife etc. können mithelfen. — Während des Verlaufes der Krankheit muss man alle 36—48 Stunden durch ein Klystier von Eibischabsud mit Seife und etwas Oel Ausleerungen bewirken, in der Reconvalescenz ist 2—3tägige Verstopfung naturgemäss. Decubitus. Man sehe vom 7—8ten Tage an fleissig nach, ob sich nicht die ersten Spuren zeigen; (Goulard'sches Wasser mit

Compressen applicirt, Bestreichen mit Collodium). —
Brandige Furunkel werden im Anfange mit aromatischen Fomentationen behandelt, und wenn sich
an der Spitze Eiter zeigt, künstlich entleert. —
Pseudoerysipelas wird mit trockenen Fomentationen, Collodiumbepinselungen, behandelt. Parotiden müssen fixirt werden, damit sie nicht zurücksinken. Anfangs 6—8 Blutegel; wird die Geschwulst grösser, dann Fomentationen mit Ol. hyoscyam., hat sie sich sehr vergrössert, Wiederholung
der Blutegel und dann erweichende narcotische Umschläge; geht die Parotitis in Eiterung über, so muss
sie bald geöffnet werden. Bei Entzündung des
innern Ohres, Blutegel an den Process. mast.,
der Kranke liege auf dem kranken Ohre, damit, wenn
sich Eiter gebildet, er leicht nach aussen gelangen
könne; erweichende Einspritzungen, Dämpfe. Wie
gegen Tympanitis zu verfahren, siehe bei Tympanitis. Gegen die febrile Hydropsie wendet
man Digitalis infus. mit Diaphoreticis, Essigammonium, Essigkali, Einreibungen in die Nierengegend
an, antiphlogistisches, diaphoretisches Getränk, Selterserwasser mit vielem Schleim etc., kein Calomel
und was auf den Darm wirkt. Bei der torpiden Hydropsie China, Amara, spirituöse Einreibungen, trockene,
warme Fomentationen.

Die Aerzte sind zur Zeit über die Behandlung
der jetzt herrschenden typhösen und typhoidischen
Fieber nicht in Uebereinstimmung. Die erregenden
Mittel und Nervina sind nicht mehr an der Tagesordnung; obgleich z. B. in England Wein angewendet wird. Nur äusserst seltene Fälle gibt es, in
welchen diese typhösen Fieber mit einem solchen
Torpor des Blutsystems wie des Nervenlebens verlaufen, dass Mittel, welche die Gefäss- und die Nerventhätigkeit steigern, nicht nur ertragen, sondern
wirklich zur Heilung erforderlich werden; z. B. bei
Kranken mit blassem Aussehen, phlegmat. Temperamente, todtenbleichem Ansehen, halboffenen Augen, nach oben gekehrten Augäpfeln, weiten, kaum
empfindlichen Pupillen, offenem Mund, Zähnen, Zunge,
Nasenlöchern etc. schwarzbraun, bei unbeweglichem
Darniederliegen, unterdrücktem Gehörvermögen, trockener, kühler Haut auch am Kopfe, Puls langsam,
klein, weich, ebenso das Athmen langsam und kaum
zu bemerken, U.L. nicht aufgetrieben, nicht schmerzhaft, in solchen Fällen kann man Camphor gr. xjj
binnen 24 Stunden mit Gummi arab. gebrauchen lassen. — Das Chlorwasser nur mit Salepabkochung gereicht, schon vom ersten Tage der Krankheit an, ℥j
Aq. chlor. mit ℥jv Salepabkochung bis die Absonderung der Haut thätiger wird und die Durchfälle aufhören: d. h. bis nach 4—6 Tagen, dann statt des
Chlors die Salzsäure. Auch Chlorwasser ℥ij in Aq.
dest. ℥jv 1—2stündl. ℥β zu reichen. — Guteeit
stellt in seiner Behandlung des Typhus das kalte
Wasser voran; ebenso wirksam seien auch die Säuren und die innere Anwendung des Oels und öliger
Emulsionen. — Gelinde abführende Mittel, namentlich Rheum, abwechselnd mit einfachen Emulsionen

und nicht abführenden Mittelsalzen, wie essigsaures,
citronensaures Kali gegeben, sind diejenigen Mittel,
welche am günstigsten wirken, wo die Schleimhaut
des Magens und Zwölffingerdarms, häufig mit An-
theilnahme der Leber, in einem gereizten Zustande
sich befindet, also in derjenigen Krankheitsform, die
man Schleimfieber im engeren Sinne ge-
nannt hat; weniger günstig wirkt diese Methode im
Ileotyphus. Hier hielt man für ein Hauptmittel Calomel in grossen und seltenen Gaben, aber nicht im
Schleimfieber, wo die Schleimhaut des Magens und
Zwölffingerdarms im Zustande der Irritation sich befindet, und eine Neigung zur Aphthenbildung oder
ein wirklicher aphthöser Zustand vorhanden ist. Die
Behandlung des Typhus mit Calomel zur rechten Zeit
und mit gehöriger Umsicht wurde als eine unserer
besten Waffen und Methoden betrachtet. Es bringe
der Mercur eine Schleimhautentzündung an der Stelle,
welche nicht von Typhusentzündung ergriffen sind,
hervor, nämlich schon im Magen, dann im Duodenum und höchstens noch im oberen Theile des Dünndarms; aber diese Quecksilberentzündung der Darmschleimhaut sei eine ganz andere als diejenige, in
der sich der Typhus ausspricht. Die Veränderungen,
selbst Ulcera, welche das Calomel auf der Darmschleimhaut hervorbringe, heilten sehr leicht. Denn
wenn z. B. nach Calomelausleerungen Verdauungsstörungen, unregelmässiger Stuhl, schmerzhafte Sensationen zurückbleiben, wenn man gelatinöse, puri-
forme, blutige Klümpchen neben der fäcalen Masse
findet, so sehe man auch in der kürzesten Zeit die
normale Function des Darmes und Wohlbefinden des
Kranken zurückkehren. Anders ist es freilich, wenn
das Präparat zum Theile resorbirt wurde, und nun
in anderen Organen, z. B. Drüsen, Functionsstörungen verursacht. Während dieser doch immer in gewissem Grade verletzenden Wirkung des Calomels
auf den Darmkanal nimmt nicht nur die Typhusentzündung nicht zu, sondern im Gegentheile, sie nimmt
stets ab, sei es auch nur auf kurze Zeit, auf 1—3
Tage. In günstigen Fällen ist die Rückbildung der
typhösen Entzündung von Dauer, in ungünstigen gewinnt sie nach Ablauf der Calomelwirkung wieder
neue Stärke; es liegt aber im Gange und in der Intensität der Krankheit, keineswegs in der Verletzung
durch Calomel. Je intensiver der Typhus ist, desto
weniger werden excrementielle Stoffe ausgeleert.
Dieses bringt die nachtheiligsten Wirkungen auf die
Functionen anderer Organe und auf den Chemismus
des Blutes hervor. Tritt die complete Wirkung des
Calomels ein, so ist das Wiedererscheinen dieser
excrementiellen Stoffe in den Stühlen nicht zu leugnen, womit die Entlastung anderer Organe, insbesondere der Lungen, und die vortheilhafteste Blut-
reinigung verbunden ist. Wenn der Typhuskranke
bereits durch längere Dauer der Krankheit erschöpft
ist, wenn sich Infiltrationen der Lunge oder Exsudate der Brust gebildet haben, wenn Ulcerationen
im Darm eingetreten sind, mit einem Worte, wenn
der Kranke an den Residuen der Krankheit leidet,

dann wäre es ein grosser Fehler, noch Calomel zu
reichen. Alle zu kleinen Dosen sind nutzlos, indem
dadurch die oben erwähnten Wirkungen nicht erzielt
werden, da man gerade die Assimilation des Mittels
und die darauf folgende Drüsenaffection vermieden
haben will, was mit kleinen Dosen viel leichter geschehen würde. Enorme Dosen (Ʒj auf einmal) sind
nutzlos, wenn, wie das gewöhnlich zu geschehen
pflegt, der überflüssige Theil des Metalls wieder
durch den Stuhl entfernt wird, ohne sich bei der
Wirkung betheiligt zu haben; sie sind aber sehr
gefährlich, wenn die abführende Wirkung ganz und
gar ausgeblieben ist, und nun die Darmschleimhaut
die Einwirkung einer grossen Quantität Gift (Ʒj Dosen) zu ertragen hat. Am besten ist es, 16—24 Gr.
auf 24 Stunden in 2—3stündlichen Gaben ausgetheilt
und dies nöthigenfalls noch einmal wiederholt.
Versagt dies seine Wirkung, so würde wohl auch
eine grössere Quantität nichts fruchten, und die 24
Gr. in aus einander gesetzten Gaben verletzen den
Darmkanal nicht allzu sehr. Während das Eintreten
der gewünschten Calomelwirkung in den günstigen
Fällen stets von anhaltender Besserung und Heilung
begleitet ist, so bemerkt man auch in den schlimmen Fällen doch wenigstens eine vorübergehende
Besserung von 1—3 Tagen, nach welcher nun freilich bisweilen die Krankheit wieder neue Stärke gewinnt, ohne dass alsdann die Wiederholung des Mittels zulässig wäre. Stets ist es gerathen, je nach
den Umständen Ricinöl, Tamarindendecoct oder
Rheum hinterher zu reichen, um nachträglich doch
noch die grünen Ausleerungen, in welchen dann das
veränderte Präparat sehr leicht, mikroskopisch, als
schwarze, vollkommen opake, vieleckige, zackige
Metallkörper nachgewiesen werden kann, zu bewirken. In neuerer Zeit ist von mehreren Aerzten auf
das Chinin aufmerksam gemacht worden; möge Gastricismus vorhanden sein oder nicht; nach Anderen
sollten gastrische Sordes vor der Anwendung des
Chinin in grossen Dosen erst entfernt werden. Chinin. sulphur. gr. jj—jv alle 2 Stunden oder stündlich,
nachdem man vorher Emetica und ausleerende Mittel
gereicht hatte. Nebenbei die Tinct. Rhei vinosa in
kleinen Gaben gegen die Diarrhoe. — Oertliche Blutentziehungen müssen zwar in Typhus vorgenommen
werden, aber doch nur selten.

Die exspectative Methode hat viele Ver-
fechter: eine sehr sorgfältige, einfache, milde, antiphlogistische Diät, und überwacht dies genau. Ist
die Schleimhaut der Bronchien ergriffen und droht
von hier aus Gefahr, so beobachtet man von der Senega günstige Wirkung. Im Wiener Krankenhause
werden die Mittel zur Behandlung der Typhuskranken bestimmten Indicationen unterstellt und der Ap-
paratus medicaminum ist doch nicht so complicirt
wie bei denen, die ganze Reihen medicinischer Mittel
verbinden. Die Typhuskranken werden dort meist
ohne starke Eingriffe behandelt, ohne Emetica, Purganzen oder Aderlässe. Man gibt Infuse von einigen
Granen Ipecacuanha im congestiven und nervösen

Stadium, Aq. oxymuriat. und Elixir. acid. Halleri;
bei abendlichen starken Exacerbationen und mehr
intermittirendem Verlaufe Chinin gr. vj pro die, bei
starken Diarrhoen mit Alaun. Bei stets trockener
und heisser Haut, grösserer Erschöpfung, besonders
durch profuse Diarrhoen, werden Camphor u. Alaun
innerlich und Alaunklystiere (ʒij) angewendet. Bei
steter, besonders nächtlicher Unruhe Opium; bei
starkem Collapsus und fortwährend trockener Haut
Moschus mit Camphor; bei blutiger Diarrhoe Eis-
klystiere. Dabei nach Umständen kalte Umschläge
auf den Kopf und kalte Waschungen des ganzen Körpers mit gleichen Theilen Essig u. Wasser, so lange
bis Schweiss eingetreten; zur Abkürzung der Recon-
valescenzen hält man dort (Seburger) viel auf allgemeine laue Bäder. — Linim. sapon. camphor. gegen
die Gliederschmerzen und Tympanitis. — Eine mässige örtliche Antiphlogose, schleimige Getränke,
Emulsionen kann man beim Typhus nicht entbehren.
Die örtliche Verbindung der Chlorverbindungen auf
die Schleimhäute macht deren Gebrauch beim Typhus
unschädlich, häufig nützlich und empfehlenswerth.
Das salpetersaure Silber wurde von mehreren
Praktikern zu gleichem Zwecke hervorgeholt, dessgleichen der Alaun und das essigsaure Blei. — Die
Behandlung der Typhen sei so einfach als möglich:
kaltes Wasser, Aqua oxymuriat., später Chinin und
Wein seien die Hauptmittel, Brechmittel, Blutentziehungen, Ableitungen auf die Haut sind zu pro-
scribiren. Die sauren Waschungen aber sind ein
beliebtes Unterstützungsmittel und man bedient sich
dazu des Essigs und der Aqua oxymuriat. Namentlich ist beim Typhus die Anwendung des
kalten Wassers an seinem Platze. Es entspricht diese Methode auch am meisten der so viel
gerühmten und als vortrefflich bewährten Methodus
exspectativa mit Berücksichtigung der gefährlichen
Complication und Symptome. Wie wohlthätig und
beruhigend in typhösen Fiebern die richtige Anwendung der Wasserheilmethode auf die Kranken
wirkt, haben vielseitige Erfahrungen bewiesen, und
man kann sich von der herrlichen Wirkung dieser
nach rationellen Indicationen vollführten Behandlung
(vergl. Wasserkuren, die Behandlung der Lungenentzündung nach dem Wasserheilverfahren) beim Typhus überzeugen, und die augenscheinliche Erfahrung machen, wie einfach, natürlich und eben desshalb zweckmässig das Bestreben der Naturheilkraft
geleitet und unterstützt werden kann, während unsere Methodus exspectans, obwohl in dieser Krankheit noch die beste, uns zu traurigen Zuschauern
des Kampfes macht, den die Natur mit der Krank-
heitsschädlichkeit zu bestehen hat.

Lebensordnung und Arzneiformeln.
Luft sei mässig warm; ist der Kranke sehr kalt,
sei sie beträchtlicher, bei Calor mordax, gelinder.
Man besprenge den Boden mit Essig, Salzsäure,
mache nitröse Räucherungen. Leicht verdauliche,
nahrhafte Speisen, wenig, aber öfters, z. B. Fleischbrüh alle Stunden oder 2 St. ½ Tasse voll, Biersuppe

mit Zucker, Eigelb mit Zucker, mit Wein, weisses
Brod. So lange der Typhus zunimmt taugen die
Fleischspeisen durchaus nicht, aber bei Wiederkehr
der Kräfte sind sie vortrefflich, man darf dann etwas
Reizendes hinzusetzen. Der Kranke trinke häufig,
aber wenig, Wasser, mit Wein und Zucker. Zitronensaft. Bei Armen 1 Theil Branntwein mit 3 Theilen
Wasser und etwas Honig; Brod mit Zitronensaft,
Wein und Wasser gekocht. Syrup. miner. bis zur
angenehmen Säure unter Wasser zu mischen. ℞ Aq.
fontan. ℥ ij; Spirit. vin. rectif., Mel. despumat. ana
℥ij; zum Getränk. Der anhaltende Schlaf kann in
sehr hohem Grade des Typhus schädlich werden, die
Arzneien sind wichtiger als er, wenn er kein kritischer ist; wenn Schlaf leicht entsteht, so setze man
seinetwegen die Arzneien nicht aus bei Tag u. Nacht.
Zu warme und tiefe Betten sind schädlich, man lasse
die Kranken häufig auf Kanapeen sich legen. Bei
vielem Schwitzen ist Wechsel der Wäsche nöthig.
Das Zimmer sei Tag und Nacht mit Licht versehen;
beständige Dunkelheit schwächt das Sehvermögen.
Willkürliche Bewegungen sind immer schädlich. Der
Kranke denke nicht viel, vermeide alle Leidenschaften. Die Wartung der Kranken sei eine männliche,
weibliche macht das Sexualsystem leicht rege. Die
Reconvalescenz ist wegen möglicher Versehen sehr
gefährlich. Frische Luft ist Hauptsache. Der Schweiss,
besonders des Morgens, im Verlaufe des Typhus entweder über den ganzen Körper, oder an einzelnen
Theilen, Stirn, Brust etc., ist oft durch Schwäche
verursacht; man lässt den Kranken kühler kleiden,
nicht so lange schlafen. Wenn Verstopfung nicht
belästigt, thut man nichts dagegen, belästigt sie, so
gibt man Rheum. Geschwulst der Füsse kommt meist
von Schwäche; man lässt warmen Flanell umlegen,
erwärmte Kleienumschläge machen. ℞ Acet. concentr. ʒij—iij; Aq. rub. idaei ℥v; Syrup. rub. idaei
℥ij; Aeth. acet. ʒβ. Stündl. oder 2stündl. 1 Essl.
℞ Ferri salit. ℈j; Syrup. diacod., Pulv. gm. arab.
ana ʒij; croc. Mart. aperitiv. gr. vij; Aq. menth.
℥vij. Alle ½ St. ½ Essl. gegen Durchfälle. ℞ Ter-
rae alumin. gr. jv; Strychnin gr. ¼; Subcarb. ammon. gr. jv; Pulv. carbon. recent. ust. gr. x. Alle
2 St. 1 solches Pulver gegen Durchfälle. Alaun ʒβ
auf ℥ j Wasser alle Stunden 2 Essl. Der Alaun ʒj
in Arrowrootdecoct. ℥vj alle 2 St. 1 Essl. anhaltend gegeben stillt die Diarrhoen in Typh. abdomin.,
die Zunge wird feucht, der Durst geringer, die Hitze
und Trockenheit der Haut machen einem milden
Schweisse Platz, und mit dem 14ten Tage beginnt
die Besserung, ohne dass es zu schwereren nervösen
Zufällen kommt. Sollten aber letztere kommen, so
werden der Alaunauflösung auch Campher und Dct.
Valerian zugesetzt, wodurch am 21sten Tage die
Krisen glücklich herbeigeführt werden. Ferrum muriat. zu gr. x—xv pro dosi gegen Durchfälle. Cort.
Augusturae ver. ʒβ auf ℥vij Dct. mit Gm. arab. und
Ferr. salit. ℈j gegen die Durchfälle. — ℞ Calcar.
chlorin. ʒβ; Aq. destill. valerian. ℥v; Syrup. cort.
aurant. ℥j. Stündlich 1 Essl. — Aq. chlorat. ʒij in

℥iij Aq. destill. ohne Syrup, esslöffelweise den Tag
über. — Chlorklystiere 3—4 in 24 St. ℥ij Aq. chlor.
und ana Aq. calcis gegen die Durchfälle, besonders
wenn Meteorismus bedeutend ist. — Holzkohle gr. v
bis viij alle 2 St. mit Milchzucker abgerieben gegen
die Durchfälle. — Kalkwasser ℥ij—jv tägl. mit Milch
zum Getränk. — Arnica mit Gm. arab. gegen die
Diarrhoen, aber der entzündliche Zustand muss verschwunden sein.

II. Petechialtyphus, ansteckendes Nervenfieber, Febr. contagiosa, Typhus contagios., Typhus bellicus, Lagerfieber, Typhus axanthematicus,
Fleckfieber, von Manchen auch Faulfieber genannt.

Die Krankheit durchläuft in einer bestimmten
Reihe ihre Stadien und parallelisirt so mit anderen
acuten Exanthemen. Man unterscheidet: 1) das Stadium der Schleimhautsymptome, katarrhalisches Stadium genannt, weil die Respirationsorgane meistens
ergriffen sind. 2) Stadium der Exanthembildung.
Diese beiden Stadien bilden die erste 7tägige Periode
der Krankheit. In der zweiten 7tägigen Periode beginnt das 3te, nervöse Stadium, es dauert volle 7
Tage, und mit dem 14ten erfolgt das 4te Stadium der
Krise, was ebenfalls volle 7 Tage einnimmt, und so
folgt am 21sten Tage das 5te Stadium der Abschuppung, und endlich 6) das Stadium der Reconvalescenz.

1) Stadium. a) Schleimhautsymptome. Auge injicirt, geröthet, thränend, lichtscheu. Nase ergiesst
einen zähen Schleim, der oft schon am Ausgange
derselben sich zu Krusten anhäuft. Schleimiger Geschmack, schleimige Zunge. Manchmal anginöse Beschwerden, manchmal Heiserkeit, Husten mit albuminösem Auswurfe. b) Nervöse Symptome. Heftiges
Ergriffensein des Gemeingefühls, Abgeschlagenheit,
häufig ein Ziehen in den untern Extremitäten, oft
gleichsam wie elektrische Schläge, Abgeschlagenheit
im Kreuze, Eingenommenheit des Kopfes, Schwanken,
Niederdrückung des Geistes, Schwindel, die Kranken
gehen wie Betrunkene. Schlaflosigkeit. c) Febrile
Symptome. Frost und darauf folgende dauernde stechende Hitze, Calor mordax, beschleunigter voller
Puls, 90—105 Schläge, weiss belegte Zunge, heftiger
Durst, harter, angehaltener Stuhl; verminderter,
hochgestellter Harn, Remissionen am Morgen, Exacerbationen am Abend. Gegen den 4ten Tag ist die
Exacerbation heftig, das Gesicht erscheint geschwollen, turgescirend, Auge geröthet, heftige Kopfcongestionen, vorübergehende Delirien. Die Haut zuerst
am Kopfe, später aber in ihrem ganzen Umfange turgescirend, sieht aus, als wolle sich Rothlauf bilden.
Der Ausbruch des Exanthems ist dann nicht mehr
fern, besonders wenn sich die Röthe an der Brust
und innern Schenkelfläche stark zeigt.

2) Stadium. Es erscheint das Exanthem in der
Regel vom 4ten bis 5ten Tage zuerst auf dem Gesichte und verbreitet sich rasch in 10—12 Stunden
über die ganze Haut, so dass in 24 Stunden gewöhnlich die Eruption zu Ende ist. Das Exanthem ist
bei uns nicht erhaben, besteht aus kleinen, Linsen-
grossen, meist rundlichen Flecken, die eine purpur-

rothe, ins Blaue, Violette ziehende Farbe haben, wie
Flohstiche (Febris pedicularis). Die Flecken stehen
gewöhnlich isolirt und fliessen zusammen, wenn sie
nahe bei einander stehen. Unter dem Drucke des
Fingers verschwinden die Flecken, füllen sich aber
wieder, vom Centrum gegen die Peripherie hin, wenn
der Druck nachlässt, und unterscheiden sich so in
Bildungsweise, wie im Verlauf von den Ecchymosen.
Mit dem Ausbruche des Exanthems lassen die Fiebererscheinungen nach. Bei der Exacerbation ist das
Exanthem röther, bei der Remission blasser. In Süd-
europa zeigt sich auf der Mitte jedes Fleckens eine
Erhabenheit als Bläschen. Vom Morbillenexanthem
unterscheiden sich die Exantheme des Petechialtyphus
durch die Zeit der Eruption, die dunklere Farbe, die
nervösen Symptome, und dass bei den Morbillen in
der Mitte jedes Stippchens ein Haar steht.

3) Stadium. Vom 7—8ten Tage tritt eine Frustran-
krise ein, dabei haben die Kranken eine kleine Epistaxis mit grosser Erleichterung des Kopfes, die
Haut wird etwas feucht und der Harn etwas trübe.
Es beginnt der 8te Tag oft mit einer Remission des
Fiebers und mit ihm das nervöse Stadium. Die katarrhalischen Schleimhautsymptome gehen grösstentheils zu Grunde, die trockene Nase wird an den
Flügeln mit einem russigen Schmutz bedeckt, ebenso die Zähne, Zunge trocken, Puls beschleunigt,
grosse Hitze der Haut, Nachts Delirien. Das Fieber
wird heftiger, Zunge wird trockener, Haut rigid
trocken, pergamentartig, Urin dunkel, Puls beschleunigt, verliert an Energie und Kraft, Gesicht entstellt
sich, statt der frühen Stuhlverstopfung treten jetzt
Durchfälle ein, 4—10—15. Morgens Remission, Abends
Exacerbation; nur in heftigen Fällen dauern Sopor
und Delirien die ganze Zeit über.

4) Stadium. Mit dem 14ten Tage beginnt die
Krise. Die Haut wird weich, turgescirt, schwitzt,
Calor mordax verliert sich, Zunge wird feucht, der
Ueberzug trocknet sich auf, Pulsfrequenz nimmt ab,
er wird ruhiger, Harn wird klarer, ruhiger Schlaf
tritt ein, bei kräftigen Individuen zeigt sich noch
ein kritisches Nasenbluten. Dieses Stadium dauert
volle 7 Tage, in welcher Periode die Krisen bis gegen den 17ten Tag hin stark sind, von da mindern
sie sich bis zum 21sten Tag.

5) Stadium. Mit dem 21sten Tage kommt das
Stadium des Desquamation, die sich zuerst auf dem
Gesichte, dann am Halse und später auf der übrigen
Haut des ganzen Körpers einstellt. Die Epidermis
stösst sich in kleinen Stücken ab, die Haare fallen
mit aus, ja selbst die Nägel.

Varietäten. 1) Eine Abortivform; die Krankheit geht um das Ende des ersten Stadiums zu Grunde
und wird daher Typhus exanthematicus sine exan-
themate genannt. Es zeigen sich statt des Exanthems ausserordentliche Secretionen durch Haut und
Nieren. In manchen Fällen kommt es dennoch am
21sten Tage zu einer Abschuppung. Da die Kranken
sich während des ganzen Verlaufes der Krankheit
auf den Beinen erhalten, so nannten die Alten diese

Form Typhus ambulatorius. 2) Ungewöhnliche
Entwicklung der Blutzersetzung, Typhus putridus.
Complication. 1) Am häufigsten ist die mit
Meningitis, es kommen zwischen dem 7ten bis 14ten
Tage furibunde Delirien, die Augen sind geröthet,
Pupillen zusammengezogen, später erweitert, Caro-
tiden pulsiren, Kopf fühlt sich heiss an. 2) Entzünd-
liche Affection der Respirationsschleimhaut: stechen-
der Schmerz auf der Brust, blutige Sputa. 3) Hepa-
titis (Typhus icterodes).

Das Fieber hat bald erethischen, synochalen,
bald torpiden Charakter. Bei der erethischen Form
ist der Gang normal, katarrhalische Erscheinungen,
Eruption etc. sind regelmässig. Kommen vom 4ten
bis 7ten gastrische Erscheinungen, so nennt man
dies Typhus gastricus. Bei der asthenischen oder
synochalen Form kommen leicht Entzündungen in
der Tracheal- und Larynxschleimhaut des Lungenparenchyms; furibunde Delirien, Gehirnentzündungen
vor. Bei der torpiden Form finden sich gleich im
ersten Stadium ungewöhnliches Sinken der Kräfte,
grosses Darniederliegen des Gemeingefühls, kleiner
schwacher, schneller, leerer, weicher Puls, mussitirende Delirien; neben dem blassen, dunkeln Exanthem kommen später Ecchymosen, Petechien, Friesel,
colliquative stinkende Diarrhoen, Meteorismus, Pu-
trescenzsymptome vor. Diese verschiedenen Charaktere hängen meistens vom Genius epidemicus,
von endemischen und epidemischen Verhältnissen ab.

Dauer. 21 Tage, wo die Desquamation und
dann die Reconvalescenz eintrifft; in seltenen Fällen
tritt eine zweite Desquamation ein. Bei gelinderen
Formen tritt die Desquamation schon in 9 bis 11 Tagen auf.

Ausgänge. In Genesung unter allgemeinen
Krisen durch Haut, topische Krisen und Schlaf. —
Theilweise Genesung: es zeigen sich die nämlichen
Nachkrankheiten wie bei Abdominaltyphus. — Der
Tod selten in den ersten 4 Tagen, und dann entwe-
der vom Gehirn aus unter apoplectischen Erschei-
nungen oder durch heftige Lungenerscheinungen.
Häufiger ist der Tod zwischen dem 4—7ten Tage,
indem das Exanthem entweder unter Convulsionen
zur Entwicklung kommt, oder durch schnellen Zu-
rücktritt desselben; oder im nervösen Stadium durch
Phrenitis; durch Lähmung des Bauchnervensystems.

Der Petechialtyphus ist in Süd-Europa (Italien)
so häufig, wie dort der Abdominaltyphus selten ist.
Das Petechialtyphuscontagium kann sich unter be-
stimmten Verhältnissen spontan entwickeln. Das
Contagium ist sehr flüchtig, gasartig, es bedarf zur
Ansteckung nicht unmittelbare Berührung. Das Con-
tagium ist am stärksten zur Zeit der Desquamation.
Die einmalige Anwesenheit des Contagiums in einem
Individuum tilgt keineswegs die Receptivität für das
Contagium, nur bemerkt man eine Veränderung der
Krankheitsenergie. Stumpfsinn, Epilepsie, Nerven-
krankheiten überhaupt, chronische Hautausschläge,
offene Geschwüre bewirken geringere Receptivität.
Kommt meist epidemisch vor.

Therapie. Die Bildung des Contagiums wird verhütet durch häufigen Luftwechsel und Räucherungen mit Essig, Chlor. Ist das Contagium gebildet, so muss der Ort seiner Entstehung verlassen werden; die Wände werden neu geweisst, der Boden wird aufgerissen, die Wäsche mit Chlor gewaschen etc. Man meide den Contact mit solchen Kranken, Heiterkeit, fester Muth, die Ueberzeugung, nicht angesteckt zu werden, mässige Diät, Aufenthalt in kühler Luft, Vermeidung aller die Kräfte schwächenden Einflüsse, des Coitus etc. sind Praeservativmittel. Der Arzt lasse in den Spitälern vor seinem Eintritte ½ St. die Fenster öffnen, durch einen Wärter die Bettdecken lüften, spucke den Speichel stets aus, spüle von Zeit zu Zeit den Mund mit gleichen Theilen concentrirten Essigs und Wasser aus, wasche damit Hände und Gesicht, trage keine Pelzkleider, lange Haare, wollene Kleidungsstücke. Nach jedem Besuche mache er obige Waschungen. Ist das Contagium in den Körper gebracht, zeigen sich die bekannten Erscheinungen, Schauder über den Rücken, Mattigkeit, Abgeschlagenheit, Ueberzeugung, angesteckt zu sein etc., so gibt man ein Emeticum aus Ipecacuanha, 20 Gran mit 3 Gran Tart. emet., und lasse den folgenden Schweiss im Bette abwarten und ihn durch einen aromatischen Thee unterstützen. Dabei einige Tage lange strenge Diät. Oft wird so die Krankheit abgeschnitten. Es gibt keine normale Behandlungsweise aller Petechialtyphen. Die Verschiedenheit des Charakters der Epidemie bestimmt die Behandlungsweise. Erethischer Petechialtyphus: Kann nicht abgekürzt werden, wenn die Krankheit einmal begonnen hat; man muss die Stadien leiten. Im ersten Stadium verdienen besondere Rücksicht die Erscheinungen der Schleimhaut und des Orgasmus im Gefässsysteme. Decoct. Alth., Solutio gummosa mit kleinen Gaben Mittelsalzen. Ist die Respirationsschleimhaut afficirt, dann Nitrum mit Salmiak, Essigammonium, Sauerhonig. Bei blossem Zungenbeleg und Uebelkeit, Kali citric. , Potio Riv. wo starker Zungenbeleg und Brechneigung vorhanden sind, Emeticum; sollten gleichzeitig starke Kopfcongestionen vorhanden sein, so müssen diese erst durch Blutegel getilgt werden. Das Emeticum muss vorzugsweise aus Ipecacuanha bestehen, bei etwaiger Stuhlverstopfung mit etwas Tart. emetic., oder auch wohl besser zuerst ein eröffnendes Klystier mit etwas Opium und dann innerlich Ipecacuanha mit Cuprum sulphuricum etc. Nach dem Emeticum gelinde Diaphoretica, Ammon acet., kehren die gastrischen Erscheinungen zurück, so wird das Emetic. wiederholt. Diät sei reizmildernd, schleimige Nahrung, Wassersuppe, gekochtes Obst, Limonade, Himbeersaft, Phosphorsäure mit Wasser zum Getränk, Syrup. mineralis. Im zweiten Stadium, das gewöhnlich vom 3—4ten, selten vom 4—5ten Tag der Krankheit eintritt, liegt Alles daran, das Exa███ entwickeln. Bei gastrischer Complic████ Emet. wiederholt werden. Ist d██ ████ ihre Temperatur nicht besonders ███████

das Exanthem blass und bald wieder verschwindend,
so müssen w a r m e Begiessungen und innerlich kleine
Gaben Campher angewendet werden. Bei heisser,
trockener Haut und heftigen Congestionen nach dem
Kopfe sind k a l t e Begiessungen indicirt 8—10 Minuten lang, nach diesen werden die Kranken abgetrocknet und in das wohl gewärmte Bett gebracht. Die
Haut wird dann turgescirend und bald steht das Exanthem in voller Blüthe da. Droht das Exanthem
zu verschwinden, wird es blasser, treten Delirien,
Hauthitze wieder hervor, so werden die Begiessungen wiederholt, oft 4—5mal in 24 Stunden. In diesem Stadium wird mit Vortheil Chlor angewendet,
bis auf ʒij in schleimigem Syrup und Eibischabsud
gestiegen, dabei kühlende Diät. Die Frustrankrisen
gegen den 7ten Tag hin sind sorgfältig zu unterstützen. Gewöhnlich tritt mit dem 7—8ten Tage das
nervöse Stadium ein, in welchem man sich nicht
gleich durch die Erscheinungen von Schwäche zur
reizenden Behandlung hinreissen lassen darf, sondern
mehr exspectativ verfahren muss um es zum Tage
der Krise hinzuleiten. Man hat also die Erscheinungen der Blutdissolution zu mässigen, den Kräftezustand zu berücksichtigen und die Krise einzuleiten.
Bei Typhus ambulatorius ist ein diätetisches Verfahren nöthig. Zeigen sich die Symptome der Blutzersetzung, so wendet man Chlor, kühle säuerliche
Getränke an. Bei mässiger Hitze der Haut einfache
Waschung derselben mit Essig und Wasser 15 Minut.
lang, besonders am Rücken und der innern Fläche
der Schenkel und Arme; bei Calor mordax kalte Begiessungen; bei Diarrhoen Klystiere mit Amylon und
Chlor, oder Alaun und Opiumtinctur. Gegen den
10—11ten Tag hin darf ein Versuch gemacht werden,
die Hautkrisen zu leiten. Bei Delirien und Stupor
lege man Vesicantia an die Waden und unterhalte
ihre Secretion durch Unguent. epispast., innerlich
gelinde Diaphoretica, Valeriana etc. Camphor zu
¼—½ Gr. in Pulver oder schleimigen Abkochungen,
lauwarmes Getränk. Sollten diese Mittel grössere
Unruhe, schnelleren Puls, Delirien bewirken, so müssen sie als Reizmittel beseitigt und Chlor angewendet werden. Kommt die Krise herbei, so muss sie
bis zur Desquamation unterhalten werden, Infus. Verbasci, Valerianae etc. Die Blasenpflaster werden nun
allmählig zur Heilung gebracht. In diesem Stadium
nährende, flüssige Kost, Kalbfleischbrühe mit Eigelb,
rother, süsser Wein Löffel-weise, leichter Punsch
ohne Citronensäure zum Getränke. S y n o c h a l e r
P e t e c h i a l t y p h u s : die topischen Entzündungs-
complicationen bestimmen den Grad der Antiphlogose.
Immer aber muss man bedenken, dass dem Stadium
irritationis ein Stadium nervosum folgt, und dass die
Natur noch Kräfte bedarf, um die Krisen durchzu-
führen. Lieber sei im Anfange die Antiphlogose
ziemlich reichlich, um im ersten Stadium der Complication Herr zu werden. Bei hartem, vollem Pulse,
trockener Haut und Zunge, Husten mit Blutauswurf,
Entzündungen der Lunge, V.S. und topisch Blutegel,
innerlich nitrum, Mittelsalze mit schleimigen Vehi-

keln. Bei Gehirnentzündungen V.S., Blutegel, kalte
Umschläge aus Eis, Wasser und Essig auf den abgeschorenen Kopf, innerlich Calomel in grossen Dosen. Bei Leberentzündung Blutegel, Mercurfrictionen, Nitrum, Calomel. Bei diesen Formen dabei
strenge antiphlogist. Diät, Wasserschleim, kühles
Getränk, kühle Atmosphäre, dunkles Zimmer, grosse
Ruhe, sitzende Stellung. Geht es gegen das Stadium
der Eruption, so muss man mit diesen Mitteln vorsichtig verfahren. Das antiphlogistische Verfahren
darf nicht länger fortgesetzt werden, als es das topische Leiden oder die Reaction verlangt. Im nervösen Stadium darf nicht sogleich eine entgegengesetzte,
reizende, sondern mehr eine exspectative Behandlung
eingeführt werden. ℥ß Chlor bis später ℥ij, gelinde
vegetabilische Säuren. Später ist die Behandlung
wie die des normalen Verlaufs. Bei Individuen, bei
welchen sich im ersten Stadium pneumonische Erscheinungen zeigten, dürfen die kalten Begiessungen
nur behutsam gemacht werden oder gar nicht, es
müssen erst die topischen Brusterscheinungen durch
Blutegel, Mercureinreibungen bekämpft werden. —
Torpider Petechialtyphus: Häufig tritt diese
Form im Anfange mit gewaltiger Aufregung des Ge-
fäss- und Nervensystems auf. Der heftige Orgasmus
könnte hier leicht zu verderblicher Antiphlogose
verführen. Hier sind rein sedative Mittel anzuwenden, nicht einmal die Mittelsalze, sondern Digitalis
mit den gelinden Säuren, Essigsäure, Phosphorsäure
mit schleimigen Vehikeln und nur bei starker Aufregung des Bauchnervensystems Potio Riveri, Aqua
Lauroc., Brausepulver. Ebenso verlangt die Aufreizung im Nervensystem die sedative Methode, Hautreize, Sinapismen, wenn keine Durchfälle es verbieten, Klystiere von Asa foetida mit Acet. aromat.,
Essigüberschläge auf den Kopf. Bei heftigen Affectionen der Respirationsschleimhaut, Apnoe, Husten
(nervöser Natur, ohne die objectiven Erscheinungen
bei der Auscultation und Percussion) gibt man Aq.
Laurocer., Aq. amygd. amar. Extr. hyosc. in schleimigen Vehikeln, Sinapismen auf die Brust. Gegen
das Eruptionsstadium will sich das Exanthem meistens
nicht entwickeln, kalte Begiessungen sind dann das
Hauptmittel; ist hingegen die Haut im Schweiss zer-
fliessend, klebrig, übelriechend, fast urinös, zeigt
sich Frieseleruption, so müssen einfach warme Waschungen aus destillirtem Essig mit Branntwein zu
gleichen Theilen, Spiritus formicarum mit Aqua chlorata alle 2—3 Stunden angewendet werden. Bei den
Erscheinungen der Dissolution: China mit Säuren,
kalte Begiessungen, wenn die Haut trocken ist; innerlich Camphor. Im nervösen Stad. müssen China,
Angustura etc. fortgesetzt werden. Bei colliquativen
Diarrhoen: Liniment. volat. auf den Bauch, innerlich
Cascarill. Bei heftigen Delirien: Sinapismen bis zur
Röthung der Haut, bei Tendenz zu solchen Petechien
dürfen sie nicht gebraucht werden. Im Krisenstadium
Valeriana. Die Diät in dieser Form ist dieselbe wie
bei Abdominaltyphus dieses Charakters.

Nervenschlag. S. Apoplexia nervosa.

Nervöswerden der Entzündungen. S. bei Lungenentzündung p. 338.

Nesselsucht. Urticaria.

Symptome. Heftiges Jucken, Brennen, Erhabenheiten auf der Haut, die rund sind, von weisser, gelblicher Farbe, wie vom Nesselbrennen. Kopfweh, bitterer Geschmack, belegte Zunge, Brechneigung, Urin mit Gallenpigment, Fieber. Kommt oft bei Idiosyncrasien nach dem Genusse von Erdbeeren, Krebsen, Terpentin etc. vor, bei Frauen, wenn die Menses aufhören.

Therapie. Heilt oft von selbst. Bei Turgescenz nach Oben Emet. und darauf Dct. Gramin. mit Magn. sulph., Cremor Tart. Gekochtes Obst, leichte Suppe zur Nahrung. Gegen das Jucken dient Bürsten und Einölen. Sinkt das Exanthem zurück, so legt man Sinapismen auf den U.L., gibt Ammon. acet., Camphor. Zur Verhütung der öftern Wiederkehr Calamus, Naphth., China, Elix. Mynsicht., Eisensäuerlinge, frische Fleischkost, süsser Wein, Schwefelbäder, Sublimatwasser äusserlich thut gute Dienste. Gegen Urtic. evanida gebrauchtes Extr. Asoniti Nap. gr. j pro dosi in Pillen, anfangs in 2 Pillen und steigend bis 12, heilte dieses Uebel, das schon 20 und mehrere Jahre gedauert hatte. Nach St. Martin reicht ein Löffel voll Melissen Alcoholat hin, um die Auftreibung des Leibes, den Eckel, das Beissen der Haut, mit einem Wort die Urticaria, welche nach dem Genusse von Muscheln oder andern reizenden Speisen entstanden ist, beinahe augenblicklich zu beseitigen. Gegen Urticaria chronica wird auch die alkalische Therme von Ems in Verbindung mit Molken empfohlen.

Netz-Entzündung.

Symptome. Schmerz im Unterleib mit dem Gefühle eines Zerrens im Magen, als würde er nach dem Nabel gezogen. Unterleib angeschwollen, hart, sehr schmerzhaft bei der Berührung, heftiger Durst, Stuhlverstopfung, grosse innere Angst, Zunge rein.

Diagnose wird fast nur negativ festgestellt, durch die Abwesenheit solcher Zeichen, die für die Entzündung eines andern Organs im U.L. sprechen. Als positives Zeichen gelten: der zerrende Schmerz in Scrobiculo cordis, dann die gleichzeitige Stuhlverstopfung, die Spannung im Unterleib, Angst, indem das Netz auf den Nervenplexus drückt und die Eingeweide zu einer Lageveränderung nöthigt.

Therapie. Strenge antiphlogistische Diät; V.S., Blutegel, man suche Stuhl zu erzwingen; Klystiere, Bäder, erweichende Fomentat., in Ol. Hyosc. getauchte Leinwand zum Ueberlegen.

Neuralgien u. **Neurosen.** S. Intermittentes.

Nieren-Blutung. Mictus cruentus.

Symptome. In der Lumbalgegend Gefühl von Druck, Steifigkeit im Rücken, von Zeit zu Zeit Krampf nach dem Laufe der Uretheren, Hoden gegen den Bauchring ziehend, vergeblicher Harndrang. Dieses dauert ½ oder mehrere Stunden; Harndrang wird dann heftiger, Harn mit heftigem Stoss entleert, durch coagulirtes Blut öfters unterbrochen, bleibt dunkelroth entweder, oder scheidet ein Sediment ab,

das aus Blut besteht. Salpetersäure zeigt im Harne
das Blut sogleich nach, Leinwand wird roth gefärbt
von ihm. Kommen von Neuem Congestionen, so wiederholt sich die Blutung.

Diagnose. Bei Nephritis sind die Schmerzen permanent, die Erscheinungen hören nach dem Harnen
nicht auf, Brechneigung etc. S. Nierenentzündung.
Bei Nierensteinen geht nur gering Blut ab etc. S.
Harnblasenkrankheiten Nr. 4. Bei Blutungen aus der
Harnröhre gehen keine Congestionen in den Nieren
voraus. Beim Harn, der durch Cochenille, Färber-
röthe etc. gefärbt ist, fehlen ebenfalls die Nieren-
congestionen. Bei Blutungen aus der Blase selbst
sind ebenfalls die Congestionen der Nieren nicht vorhanden, die Blase zeigt sich bei der Untersuchung
mit dem Katheter und per anum schmerzhaft, das
Blut ist dunkler geronnen. Die Salpetersäure macht
auch im blutigen Harne das Eiweiss gerinnen, vergl.
über Untersuchung des Urins auf Galle.

Therapie. Entferne die Canthariden, wenn sie Ursache, stumpfe die Reizbarkeit der Nieren und Harnwerkzeuge ab, entferne das gestockte Blut. Ist die
Blutung gering, so begnüge man sich mit der Derivation; ableitende Fussbäder, topische Blutentleerung,
Klystiere, warme Bäder. Ist die Blutung heftig, treten
die Erscheinungen der Blutleere auf, so muss man
äusserlich kalte Umschläge auf die Nierengegend
machen, gebe innerlich Adstringentia, aber keine
Säuren; Gm. Kino, Ratanhia, Alaun, Eisenpräparate, ölig schleimige Mittel. Emulsio amygdal.,
Cannabis mit Extr. Bellad., Hyoscyam., oder Aq.
Lauroc. mit Sem. Lycopod.; horizontale Lage auf
dem Bauche, Beförderung der Hautausdünstung durch
warme Zimmerluft; treibt sich die Blase auf, so legt
man den Katheter an. ℞ Semin. cannabis ℥j; tere
c. aq. font., libr. j; Colat. adde syrup. sacch. ℥β;
Tassenweise zu trinken. ℞ Lycopodii ℨij—ℨvj; Gm.
arab. ℨiij; Sacch. alb. ℨiij; Sensim., adde aq. destill.
℥v. Umgeschüttelt 2stündlich 1 Esslöffel. ℞ Semin.
lycopod., gm. mimos., ana ℥j; Syrup. amygd. q. s. f.
electuar. Stündl. oder 2stündl. 1 Theel.

Nieren-Entartung, Bright'sche, in der
Wassersucht mit gleichzeitig eiweisshaltigem Urin.
Bright wies eine bestimmte Degeneration der Nieren als Ursache vieler Wassersuchten nach; in sehr
vielen Fällen findet man eine auffallende Veränderung
der Nierensubstanz. Es zeigt besonders die Rindensubstanz, die auf Kosten der Medullarsubstanz zunimmt, statt einer glatten Fläche, eine granulirte,
meist entfärbte. Diese Granulationen finden sich
auch auf der Oberfläche der Nieren in höhern Graden, und ist die Krankheit sehr vorgeschritten, so
erscheint die Niere als lappig; selten zeigt sich
auch in sehr hohem Grade eine Zwischenlagerung
weisser Körper. Injectionen drangen, wie Bright
zeigte, in vorgeschrittenen Fällen nicht mehr in die
Blutgefässe; sehr oft ist der Urin durch Hitze coagulirbar. Mit diesen Veränderungen coincidiren oft
Schmerzen der Nierengegend u. blutiger Harn. Ueber
die eigentliche Natur der Veränderung der Nieren

konnte B r i g h t nichts Bestimmtes nachweisen. Er
vermuthet, dass eine neue Materie in den Nieren
erzeugt sei, und äussert nur die durch den Erfolg
des Aderlasses und das zuweilen stattfindende Blutharnen unterstützte Meinung, dass Entzündung Veranlassung sein könnte. Im Urin findet man bei der
Untersuchung vermindertes specifisches Gewicht und
Eiweiss. Wenn der Urin durch Ebullition, Weingeist, Mineralsäuren coagulirbar, d. h. eiweisshaltig
ist, so ist Degeneration der Nieren vorhanden. Träu-
felt man zu dem in einem Reagentienröhrchen enthaltenen Urin etwas Salpetersäure, so entsteht ein
weisser, lockerer, flockiger, fadenartig-käsiger Niederschlag, welcher Niederschlag sich in Essigsäure
wieder auflöst und so demnach sich als Eiweiss kund
gibt. Auch gerinnt der eiweisshaltige Urin, im Was-
serbade erhitzt, in kurzer Zeit völlig zu einer Sulze,
und auch noch weiter abgedampft, löst sich der feste
Rückstand dennoch in Essigsäure wieder auf u. wird
aus dieser Auflösung durch zugesetzte Salpetersäure
abermals niedergeschlagen, was abermals den Eiweissgehalt nachweist. Der Harnblasenschleim ist, wie jeder
andere Schleim, farblos, schlüpfrig, fadenziehend;
auf Papier getrocknet, bildet er einen glänzenden,
grauweissen Ueberzug, der beim Befeuchten wieder
aufweicht; in Wasser, Alcohol und Aether ist er unlöslich; er ist im Harn nur suspendirt enthalten,
geht aber, wenn er sich nicht conglomerirt hat, sehr
leicht mit durch das Filter; in Essigsäure löst er
sich unvollständig auf, noch weniger in Salpetersäure, am besten in Kalilauge; durch Gerbesäure und
Alcohol wird er aus der wässrigen Suspension präcipitirt. Unter dem Mikroscop zeigt dieser Schleim
immer Schuppen von Plattenepithelium, nur höchst
sparsam im normalen Zustande auch die bekannten,
rundlichen Schleimkörperchen. Der Harnstoff ist in
dieser Krankheit vermindert im Harne, und in vorgeschrittenen Fällen sogar im Blute vorhanden. Andere
behaupten, dass, um den coagulablen Urin zu erzeugen, nicht das Dasein der Granulationen, sondern nur
nothwendig sei, dass die Niere weicher als gewöhnlich,
und deren Rindensubstanz auf Kosten der Medullarsubstanz zugenommen habe. Die Krankheit kommt
auch bei Kindern vor. Das Blut hat Crusta phlogistica.
Bei der anatomischen Darstellung der durch
den Morbus Brightii veränderten Nieren kann man
3 Stadien unterscheiden, das Stad. der Hyperämie
und der beginnenden Exsudation, das Stad. der
Exsudation und der beginnenden Metamorphose des
Exsudates, das Stad. der Rückbildung oder Atrophie.
Diese Stadien sind nicht strenge von einander unterschieden, sondern gehen allmählig in einander über.
Die Quantität des Exsudates, seine mehr oder weniger
raschen Metamorphosen, die Art dieser Metamorphosen, endlich die Art der Veränderungen, welche das
normale Nierengewebe durch diese Prozesse erleidet,
müssen natürlich den erkrankten Nieren ein sehr ver-
schiedenartiges Aussehen geben, welches R o k i -
t a n s k y , R a y e r u. Andern Veranlassung zur Auf-
stellung ihrer vielen verschiedenen Formen gab. Herz-

fehler haben grossen Einfluss auf die Entwicklung
des M. B. Die Hauptfrage bleibt nun, ist jene Entartung der Nieren und der Eiweissgehalt des Urins
Ursache oder Folge derselben, und welcher Natur
ist diese krankhafte organische Veränderung. Aus
anatomischen Thatsachen, woraus die Ablagerung
eines wahren Entzündungssecretes in den Nieren
erhellt, folgt nothwendig, dass die Bright'sche Degeneration der Nieren in einer Entzündung der Corticalsubstanz, d. h. in dem eigentlichen harnberei-
tenden Theile derselben bestehe, dass diese Enzün-
dung sich in bei weitem geringerem Grade auch auf
die Medullarsubstanz ausdehnen könne. Es stimmen
die Erscheinungen der Krankheit völlig mit diesen
anatomischen Resultaten überein; unter ihnen heben
die Aerzte Hämaturie, Schmerzen in der Nierengegend, Crusta inflammatoria des gelassenen Blutes
und günstigen Erfolg der V.S. hervor. Leider aber
befindet sich die Wassersucht in vielen Fällen schon
ausgebildet, und die Entzündung in ihrem letzten,
die Functionen der Nieren hemmenden Stadium. Es
leuchtet ein, wie gefährlich dem Kranken die bekannten harntreibenden Mittel sein müssen, welche,
anstatt die Ursache der Krankheit zu heben, diese
verschlimmern. Wenn daher das durch die Coagulation des Urins jedem Arzte so leicht gewordene
Erkennen der Krankheit diese Untersuchung bei
jeder Wassersucht zur Pflicht macht, um nicht
einer zerstörenden Krankheit noch eine zerstörende
Kur hinzuzufügen, so ist es noch wichtiger, das
Nierenleiden beim ersten Auftreten desselben zu
erkennen. Der Abgang der Tubuli belliniani unter
dem Mikroscope kann als charakteristisches Merkmal der Bright'schen Krankheit angesehen werden.
Die Entstehung der Wassersucht scheint in der
Bright'schen Krankheit, die auf einer entzündlichen
Exsudation in der Corticalsubstanz beruht, wenig
Schwierigkeiten zu haben. Die zwischen den Harn-
kanälen abgelagerte Substanz muss mechanisch deren
Function hindern, ebenso wird das den Nieren zur
Harnabsonderung zugeführte Blut nun zu einem ganz
anderen Prozesse benützt. Daher Verminderung des
Harns, im hohen Grade, Zurückbleiben eines Theils
des Harnstoffes im Blute und Ergiessen der Flüssigkeit, die, wie man weiss, im gesunden Zustande
zugleich mit dem Harne durch die Nieren ausgeschieden werden, in die verschiedenen Organe. Vergl.
über die Uraemie. Die Salpetersäure innerlich gereicht ist als Heilmittel in dieser Krankheit empfohlen worden. Namentlich hat man sich von vornherein
durch die Einwirkung dieser Säure auf das Eiweiss
und den eiweisshaltigen Harn überhaupt leiten lassen.
℞ Acid. nitrici dilut., Spirit. nitrici aeth., ana ℈j;
Decoct. aeth. ℥jvß; Mucilag. gummi arab. ℥ß; Syrup.
ceras. ℥j. M. D. S. Alle 3 Stunden 1 Essl. voll. Von
Zeit zu Zeit muss der Urin auf Eiweissgehalt untersucht werden, um zu sehen, ob er auf den Gebrauch
der Säure an Eiweiss abnehme, nimmt er ab an Eiweiss und den Kranken belästigt die Säure, so kann
man auch mit der Dosis an Säure sinken; oft nimmt

aber der Eiweissgehalt wieder zu, wenn man die Säure
nachlässt. Auch in Tropfen kann man die Säure reichen. ℞ Acid. nitrici dul., Spirit. nitr. aeth. ana tägl.
3mal 20—30 Tropfen. Wenn der mit Salpetersäure
erzielte Niederschlag im Urin röthlich wird, so soll
dies ein Zeichen der Besserung sein. Aus diesem Einflusse der Säure auf das Eiweiss erklärt sich denn auch
die bei Wassersuchten nach Scharlach und andern
Wassersuchten günstige Wirkung des Zitronensaftes,
da nach Scharlach öfters Bright'sche Krankheit eintritt oder wenigstens der Harn Eiweiss hält, denn
die Zitronensäure macht das Eiweiss ebenso gerinnen, wie die Salpetersäure. Auch empfiehlt man das
Jodeisen gegen die Bright'sche Krankheit, ebenfalls
wegen seines Einflusses auf das Eiweiss. Wichtig
ist der Nutzen, welchen die Anwendung des Syrup.
ferri jodot. in steigender Dosis von ⅓—1 Gran 3mal
tägl. wochenlange fortgesetzt in denjenigen Fällen
dieser gefährlichen Krankheit leistete, bei welchen
die Symptome einer Nierenentzündung schon beseitigt oder nicht vorhanden waren. In acuten Formen
gleich im Anfange thut Tart. emet. gr. jv—vj, Laudani ℈j; Aq. flor. Sambuci ℥jv; Roob. Sambuc. ℥ij gut;
tritt Schweiss ein, geht es rasch gut. Bei Behandlung des Morbus Brightii mit Citronensäure, Benzoe-
säure, Weinstein, Essigwaschungen und Digitalis
erlangte Frèrichs sehr glänzende Erfolge. Die
Pflanzensäuren sollten als milde aber sichere Diuretica die spärliche Harnsecretion antreiben. Die
Vermehrung der in den Malpigh'schen Kapseln ab-
gesonderten Flüssigkeit sollte den Druck verstärken,
welcher von oben her auf die die Harnkanälchen ver-
stopfenden Fasergerinnsel durch eben diese Flüssigkeit verübt wird, und dadurch das Austreiben dieser
Gerinnsel bewirken. Auf diese Weise sollte dem im
Blute zurückgehaltenen Harnstoff, der Quelle der
Gefahr, der freie Austritt aus der Blutmasse auf dem
natürlichen Wege ermöglicht werden. Dann sollten
die Säuren bei einmal eingetretenen Erscheinungen
von uraemischer Intoxication dazu dienen, durch ihren
Uebertritt in das Blut den giftigen Stoff, das kohlensaure Ammoniak, in welches der Harnstoff unter
diesen Umständen sich verwandelt hat, zu zersetzen,
die Base zu sättigen, und dieselbe in der Form der
so gebildeten unschädlichen Salze aus dem Organismus zu entfernen. Vergl. Albuminurie.

Nieren-Entzündung, Nephritis.

Symptome. Auf der Columna vertebr. der Nieren-
lage entsprechend, heftiger Schmerz, bei der Berührung wenig sich vermehrend, Schmerz nach dem
Laufe der Uretheren, Harnsecretion beschränkt, Abgang desselben schmerzhaft, er ist dunkelroth, oft
Blasenkrampf; Brechneigung, Erbrechen, Verstopfung,
heftiges Fieber; kommt auch chronisch vor.

Diagnose. Der Schmerz nach dem Laufe der Uretheren ist charakteristisch, ebenso Veränderung im
Harne, und sichert die Verwechslung mit Enteritis,
Cystitis, bei welcher Druck auf die Blase noch mehr
den Schmerz mehrt, als bei Nephritis. Von Peritonitis und Enteritis durch den dumpfen Druck der

Nierengegend, die Symptome der Blase, consensuelle Erscheinung in den Hoden.

Therapie. Stelle ursächliche unterdrückte Blutungen wieder her. V.S., Blutegel, erweichende und narcotische Fomentationen, erweichende Bäder, ölgte Mittel (keine Salze), Emulsio Cannabis mit Hyosc. oder Cicut. Beim Erbrechen Fomentationen auf den Magen und Opium zur Emulsion; Ol. Ricin., Dct. Alth., Hanfsamen zum Trank. Für die Krisen Pulv. Doweri. Waren Canthariden Schuld, ist Blasenkrampf vorhanden, Camphor gr. ¼—β; 3—4mal den Tag über. Bleibt vermehrte Schleimsecretion der Niere zurück, Uva Ursi. Sind Steine Schuld, kohlensaure Mineralwasser, Kissingen, Selters. Beim sauern Aufstossen und Erbrechen Liquor Kali; bei Arthritis Quajac.

Nieren-Mittel. Vergl. Harnwerkzeuge.

Nieren-Schwindsucht. S. Phthisis hepatica etc.

Nieren-Steine. S. Harnblasenkrankh. Nr. 4. Harnblasen-Mittel.

Nieren-Wassersucht. Hydrops renum.

Symptome. Drückender od. sehr heftiger Schmerz in der Nierengegend, oder der permanent drückende Schmerz steigert sich periodisch zu einem heftig reissenden; Bücken, Vorwärtsbeugen beschwerlich, oft unmöglich. Schmerz den Uretheren entlang gegen die Blase. Consensuelles Erbrechen nach dem Genusse von Speisen, symptomatische Stuhlverstopfung. Hat die Krankheit lange gedauert, so bildet sich eine Geschwulst in der Nierengegend, bei welcher das Zellgewebe ödematös ist; sie zeigt Fluctuation. Dabei die allgemeinen Erscheinungen des Hydrops: trockene Haut, Oedem der Knöchel. Sind die Uretheren offen, so lassen die Kranken eine ungeheure Harnmenge.

Diagnose. Von Diabetes durch den Mangel des Zuckerstoffs im Harne. Von Nierensteinen durch die Gegenwart hydropischer Erscheinungen, durch den mangelnden Griesabgang.

Therapie. Bei Aufreizung in den Nieren wende man Bäder an, gebe ölig schleimige Mittel mit Narcoticis und applicire den Katheter. Man kann vielleicht durch Moxa in der Nierengegend eine heilsame Umstimmung der Harnsecretion bewirken.

Niesen, lästiges, anhaltendes, kann durch Compression der Nasenwurzel und der obern Schneidezähne mit den Fingern, oder durch Reiben der Nasenspitze (in Folge des Reflexes) oder durch Druck auf den Nervus Nasociliaris, den innern Augenwinkel nämlich, abgehalten werden; ebenso durch das Drücken des Daumens an den harten Gaumen, sobald man den Kitzel zum Niesen verspürt.

Noma oris. S. Mundfäule.

Nördliche Krankheiten, oder die in den kalten Zonen herrschenden Krankheiten. Die Bewegung der organischen, das Wachsthum und die Zusammensetzung der Körper bedingenden Materie ist in den kältesten Gegenden nur sehr schwach, und noch langsamer tritt die Zersetzung und die Fäulniss ein; die allgemeinste Wirkung der Kälte besteht in Verminderung des Volumens der Körper. Wenn Kälte auf die thierischen Körper einwirkt, so wird die Haut zusammengezogen und die Säfte werden von der Peripherie nach dem Centrum zurückgedrängt. Zugleich wird die Hautausdünstung schwächer, die Lungenaushauchung aber stärker, und ersetzt somit die Trägheit der Hautfunctionen. Die Kälte ist für Greise und magere Menschen nachtheilig, und ebenso äussert sie auf die Präcordien, die Eingeweide, die Blase, die Ohren, die Hüften u. Schultern, die Geschlechtsorgane, die Knochen, die Zähne, die Nerven und das Hirn einen schädlichen Einfluss, sie macht die Haut blass, trocken, rauh und braun und bringt Schaudern und Zittern hervor. Wenn die Kälte im Norden ihren höchsten Grad erreicht hat, so treten ihre Wirkungen sehr häufig unmittelbar ein· und können öfters einen plötzlichen Tod bewirken. Eine der gewöhnlichsten Wirkungen der Kälte ist ferner der Eintritt jenes treulosen Schlafs, der als Vorbote des Todes betrachtet werden muss, da die Unglücklichen um so leichter in Asphyxie verfallen, weil der Körper während des Schlafs für die atmosphärischen Eindrücke ungleich empfänglicher ist. Die bei den Völkern des Nordens in die Beobachtung fallende grosse Neigung, lange zu schlafen, die Anlage· zu soporösen Zufällen, zur Coma und Lethargie beruht auf dem verstärkten Andrange des Blutes nach dem Kopfe, ebenso der so häufige Kopfschmerz der Lappländer. Man schützt sich durch Pelze und Masken vor dem Gesichte, durch Einreiben des Körpers mit Thran, Fett oder Talg, durch mässigen Genuss von Wein oder Branntwein. Brennen, Entzündung der Bronchien, Peripneumonien und Pleuropneumonien werden in den Nordländern häufig beobachtet. Ungleich seltener sind Entzündungen der Darmschleimhaut, doch sind Verstopfungen dort hartnäckiger. Acutes Blutspeien und Hypertrophien des Herzens kommen im Norden sehr häufig vor. Die Augen leiden nicht minder als die Lungen durch die Kälte, daher ganze Völkerschaften durch den Schnee, die stürmischen Winde, den Rauch in den Hütten, den Flugsand in den Steppen an Augenentzündungen leiden. Die Lappländer haben rothe, verschwollene, vereiterte Augenlider, sie können das Tageslicht nicht vertragen. Der schwarze und graue Staar sind in Russland, Polen und den nördlichen Ländern sehr häufig, ebenso sind die Rheumatismen vorherrschende Krankheitsformen. Weniger häufig sind die Hautkrankheiten trotz des Schmutzes. Doch findet man die Radesiege oder skandinavische Krankheit, welche die Schweden mit der Syphilis verwechseln und mehr eine Varietät des Aussatzes sein dürfte; sie hat wegen der runden Gestalt der Geschwüre und den rundlichen Tuberkeln mit dem Sherlievo in Illyrien und den Sibbens in Schottland die grösste Aehnlichkeit. Krankheiten, die aus heissen Ländern in kalte sich verbreiten, pflegen häufig nicht nur die grössten Verwüstungen anzurichten, sondern ihre Heilung

mit ungleich grössern Schwierigkeiten als in den
heissen Ländern verknüpft zu sein. Die Pocken-
seuchen sind im Norden mörderisch. Kommen acute
Ausschläge dort vor, so sind sie um so gefährlicher.
Epilepsie und Hypochondrie sind in den Polarländern
häufig, ebenso findet man dort viele Irrsinnige. Die
Frauen der Kamtschadalen, Lappländer und Irländer
sind nur schwach menstruirt und leiden besonders
während der Regeln an hysterischen Zufällen. Der
Selbstmord ist ebenso häufig im Norden. Scropheln
sind häufig, noch häufiger aber Syphilis; nirgends
haben mehr Menschen die Nasen in Folge von Syphilis
eingebüsst als in Polen, die stärksten Mercurialien
und schweisstreibenden Mittel sind dort sehr oft wirkungslos. Der Weichselzopf ist in Polen, Lithauen
und einigen Gegenden Russlands endemisch. (Siehe
diesen Artikel.) Die Scorbut - Epidemien in Kam-
tschatka, Grönland und an den schwedischen und
russischen Küsten sind vorzüglich Folge der schlechten Nahrungsmittel, des gesalzenen und geräucherten
Fleisches, des Mangels grüner Gemüse, und durch
den Schmutz und die eingeathmete verdorbene, nicht
gehörig erwärmte Luft erzeugt. Die acuten Krankheiten sind vielleicht in den nördlichen Ländern
nicht so häufig, allein wenn sie auftreten, so pflegt
ihr Verlauf wegen des schwächenden Einflusses, den
die Kälte auf die vitalen Kräfte äussert, langsam
u. schwieriger zu sein. Die Krisen pflegen nicht so zu
erfolgen, wie sie Hippocrates beschrieben, der
in Griechenland seine Beobachtungen machte; es
treten im Norden sehr selten kritische Schweisse
ein, weit häufiger erfolgen sie hier durch den Urin.
Die Arzneimittel, welche in Stockholm, Petersburg,
Archangel und Tobolsk passend erscheinen, werden
in Rom, auf Martinique und am Senegal nicht in Anwendung gebracht werden können. Starke Aderlässe
leisten bei Lungenentzündungen treffliche Dienste.
Die lymphatischen und muskulösen Constitutionen
der im Norden wohnenden Menschen sind an sich
für äussere und innere Reize unempfindlich, wesshalb man dort zu kräftigen Mitteln und zu grossen
Dosen seine Zuflucht nehmen muss. Die untere
Volksklasse der Russen betrachtet den spanischen
Pfeffer im Branntwein als eine allgemeine Panacee.
Nieswurz und Aconit stehen in grossem Ansehen.
Opium, Cicuta, Belladonna, Brechweinstein und China
wirken ungleich langsamer und schwächer als in den
gemässigten Ländern. Vergl. Südliche Krankheiten.

Nostalgie. S. Heimweh.

Nymphomanie. S. Mutterwuth.

O.

Obstructiones viscerum, Physkonien, Infarcten.

Symptome. Im Unterleib fühlt man bei der Untersuchung mittelst der Hand bei angezogenen Füssen
im nüchternen Zustande Auftreibung, Geschwulst,

Härte mit oder ohne Schmerz beim Drucke. Eigenthümliche cachectische, bleiche, bleichgelbliche Gesichtsfarbe, bei Leberübeln gelb, besonders in den
Augen. Anhaltende Störung oder Hemmung der
Function des Organs, in welcher sich das Uebel befindet, dessgleichen fehlerhafte Beschaffenheit ihrer
Absonderungen, Hämorrhoidalbeschwerden. Ursachen
können sein: Congestion, mechanischer Druck durch
Hemmung des Zuflusses u. Rückflusses durch Schnüren, festes Binden, anhaltendes Sitzen, Nervenaffection, Schrecken, Gram, Kummer, Metastasen, fehlerhafte Beschaffenheit der Säfte. Im geringern Grade
verursacht die Obstruction Anhäufung, Stockung,
Verdickung der in den Gefässen (besonders den
venösen) enthaltenen Säfte, dadurch Hemmung, Un-
gangbarkeit, Auftreibung (Hypertrophie, Physkonien,
Infarcten), gestörte Function eines Eingeweides, am
häufigsten im Unterleib und auch da am meisten in
der Leber vorkommend.

Therapie. Man befördere die innere, besonders
die venöse Thätigkeit in den Organen durch Resolventia, Bewegung, Friction, vermehre die Resorptions-
thätigkeit durch Mercur, Natrum, errege die Nerventhätigkeit des Theiles durch specifisch dahin wirkende Mittel, Ableitung, Verminderung d. Ernährung,
Entziehung des Nahrungsstoffes, unmittelbare Auflösung, Schmelzung der stockenden Materie durch
Wasser, Natron, Jod. Bei Unterleibs - Stockungen,
die nicht ihren Sitz in Leber, Milz, Pancreas, Mesenterium oder den Ovarien haben, dienen auflösende
Salze, besonders Terra ponderos. salita, Gummata
ferulac., Natrum, Mineralwasser, Antimonialia, Mercur, Visceralklystiere, Bäder; in den hartnäckigen
Fällen, bei grosser Unempfindlichkeit und Atonie,
Aloë, Scamon., frisch ausgepresste Säfte von Tarax.,
Gramen, Fumaria, Millefol., Centaur. minor., Marub.
alb., Chelidon., Serum lactis, Terr. salita, Tart.
tartar., Alcohol, Sapo, Aq. calc., Sulphur., Quajac.,
Asa foetid., Selterser, Fachinger, Kissinger Wasser,
Plummer'sche Pulver, Cicuta, Belladonna, Seifen-,
Soolen - und Salzbäder, Einreibungen, Jod. Cicuta
zum Einreiben, Ungt. mercuriale, digitalis, ammoniaci. Das Tragen von Emplastr. resolv. sapon.
Hydrarg. oxydat. sulphur. zum Einreiben. ℞ Asae
foetid. ℨß; Extr. tarax., extr. chelidon., sulphur.
praecipit,, ana ℨij; Aloes lucid. gr. xv; Castor. Ϡj;
Sapon. medicat. q. s. f. pilul. gr. jj; Consperg. pulv.
irid. flor.; Monate lang in solcher Gabe, dass täglich
2—3 breiige Stühle erfolgen, bei Infarcten mit Hämorrhoidalanlage und erhöhter Nervenempfindlichkeit,
bei spastischen Unterleibsbeschwerden; dabei lasse
man Thee trinken aus ℞ Rad. valerian., herb. millefol., chenopod. ambros., ana ℨj; Folior. aurant. ℨß;
3 gehäufte Essl. voll mit 6 Tassen heissen Wassers
zu infundiren und 1 Stunde ziehen lassen, jedesmal
nach dem Pillen 1 Tasse voll. Turpethum minerale
gr. j mit gr. jj Süssholzsaft alle 2—3 Tage verschluckt,
soll Infarcten viel früher als die Kämpfische Klystiere
heben. ℞ Kali carbon. sicci ℨj; Elaeosacch. foenicul.
Ϡij; Sacch. alb. ℨij; alle 2—3 St. 1 Theel. voll mit

Wasser und darauf 1 Theel. voll Tr. Rhei aq. bei
Plethora abdomin. S. Verstopfung.

Oedem, erzeugt durch allmählig entstandene
mechanische Hindernisse des Kreislaufes im Herzen
und den grossen Gefässen, durch gehinderte Ausscheidung der wässerigen Bestandtheile des Blutes,
wie bei chronischen Nierenkrankheiten; durch die
Unmöglichkeit, die verbrauchten festen Elemente
des Blutes zu ersetzen, wie durch Krankheiten des
Gekröses, der Gekrösdrüsen, der Leber, der Milz,
Lunge, durch bedeutende Exsudate, Ausscheidungen
jeder Art, chronischen Wasserkopf oder Phlebitis
bedingt, muss nach diesen ihm zu Grunde liegenden
Ursachen behandelt werden, sehr oft mit Beihülfe
mechanischer Entleerung des Infiltrirten und mecha-
nichen Druckes auf die angeschwollenen Theile, die
man wo möglich in erhöhter Lage sich längere Zeit
verhalten lässt, um dem mechanischen Senken der
Flüssigkeit entgegen zu treten. Man untersuche das
Herz genau, da eine Endocarditis leicht die Veranlassung gegeben haben kann, oder eine Aortitis, in
welchen Fällen strenge Antiphlogose angewendet werden muss, Aderlässe, Schröpfköpfe, Blutegel an die
Herzgegend, kalte Eisumschläge auf die Brust, Calomel, Digitalis mit Nitrum.

Oedema glottidis, hydrops glottidis, Wassergeschwulst der Stimmritze, auch Angina laryngea
oedematosa, besteht in seröser oder serös-purulenter
Infiltration in und unter die Schleimhaut, die den
obern Theil des Kehlkopfes und die Stimmritzenbänder auskleidet. Dieser Krankheitszustand ist
meist nur Begleiter anderer Krankheiten. Diese
wegen ihrer Raschheit des Verlaufs Schrecken erregende Affection, die, im Anfange erkannt, glücklich
bekämpft werden kann, einmal gebildet aber den
gewissen Tod herbeiführt, wurde von den französischen Aerzten meistens bei Reconvalescenten acuter
Krankheiten, namentlich typhösen Fiebern beobachtet; auch bei acuten Exanthemen kommt sie vor,
bei Scarlatina, Morbillen, Variolae. Die Krankheit
wurde oft mit jenen Fällen verwechselt, wo man bei
Kehlkopfsschwindsucht einen von dem gewöhnlichen
Gange der allmähligen Colliquation sehr abweichenden beobachtete, wo heftige Erstickungszufälle eintraten, so dass die geängstigten Kranken sich unruhig umherwarfen, bald aufrichteten, bald nieder-
warfen, um sich schlugen und den Kehlkopf stark
hervorstreckten; wo solche Anfälle, bei denen das
Gesicht blau und mit kalten Schweissen bedeckt war,
in verschiedenen Zwischenräumen wiederkehrten und
mit dem Erstickungstode endeten, fand man dann bei
den Leichen, neben andern ulcerösen Zerstörungen
im Kehlkopfe, die innere Haut desselben sehr aufgelockert und mit einer serösen, zähen, gelben Flüssigkeit angefüllt. Eben so wie man die Tonsille ödematös geschwollen sehen kann, so kann sich auch
unter der Schleimhaut der Glottis und Stimmspalte
Wasser ergiessen und dadurch schon in 24 Stunden
durch Suffocation der Tod erfolgen. Die Krankheit
schleicht zuweilen ganz allmählig heran, verräth

sich im Beginne durch kein charakteristisches Merkmal; zuweilen ist keine einwirkende Schädlichkeit
aufzufinden, der Kranke spürt zuerst ein leises Hinderniss beim Durchtritte der Luft durch den Kehlkopf und hat das Gefühl, als ob hier sich etwas
Schleim angesammelt hätte, wovon er sich durch
absichtliches Husten zu befreien denkt. Dabei verliert die Stimme Klang und Reinheit, die Sprache
wird heiser, auch diese Beschwerden steigern sich
allmählig, der Husten, der nur etwas zähen Schleim
ohne Erleichterung entleert, wird unwillkührlich, das
Einathmen ist von einem eigenthümlichen trockenen
Geräusche begleitet, dabei ist der Kranke im Stande,
alle Geschäfte zu verrichten, fieberlos und bei gutem
Appetite. Uebrigens ist das Hinderniss im Athmen
fortwährend, wenn auch nicht in immer gleichem
Grade, zugegen. Allmählig treten die eigenthümlichen Erscheinungen kenntlicher hervor, namentlich
die Erstickungszufälle. Sie treten ohne besondere
Veranlassung ein, dauern 5 Minuten bis ¼ Stunde,
verschwinden dann auf unbestimmte Zeit und lassen
nur das Respirationshinderniss zurück. Die Krankheit fängt oft von der Schleimhaut des Rachens dem
Auge sichtbar an, die ödematöse Anschwellung steigt
dann tiefer, es erfolgen Athmungsbeschwerden wie
beim Croup, die heftigsten Erstickungszufälle und
der Tod. Ganz ausgezeichnet und keinem ähnlichen
Krankheitszustande eigen soll ein auffallender Unterschied zwischen In- und Exspiration sein, nämlich
ein kurzes, schrecklich abgesetztes Einathmen, ein
eigentliches Luftschnappen, bei einem fast freien
Ausathmen, und dies Missverhältniss soll sich bei
allen Anfällen gleich bleiben. Oefters verriethen die
Kranken das Verlangen, den Kehlkopf aufzuschnei-
den, indem sie deutlich genug in ihm die Ursache
ihrer Qualen wahrnahmen. Nach Beendigung eines
solchen Anfalls, wenn der Kranke sich zu erholen
scheint, und die Umstehenden Hoffnung schöpfen,
stirbt jener unvermuthet, seltener während des Stur-
mes selbst. Bei der Section findet man neben andern
Wirkungen der gestörten Circulation im Hirn, Herz
und Lungen, am Larynx in verschiedener Ausdehnung
entweder nur an dem über den Stimmritzenbändern
gelegenen Theile, oder auch am Kehldeckel und in
der Höhle des Kehlkopfes selbst, die Schleimhaut
beträchtlich geschwollen, so dass beim Einschneiden
seröse Flüssigkeit, jedoch nur theilweise hervortritt,
oder es sind auch wahre Abscesse vorhanden. Als
Hülfsmittel für die Diagnose ist zu erwähnen, dass
man aus der Beschaffenheit der Schleimhaut des
Rachens einigermassen auf die des Kehlkopfes
schliessen kann. In seltenen Fällen besteht die
Krankheit selbständig, weit häufiger ist sie Symptom anderer Uebel, oder mit diesen aus einer gemeinschaftlichen Quelle entstanden, namentlich aus
Entzündung; desshalb entsteht Oedem mit oder nach
Erkältung, Angina, Phthisis laryngea, Catarrh. und
Verwundung dieses Theils. Scrophulöse, an Lungen-
blennorrhoen, Mercurialcachexie Leidende, in der
Convalescenz von schweren Krankheiten befindliche

Individuen im Alter von 20—30 Jahren sind, zumal
im Winter, am empfänglichsten für die Krankheit,
die auch in Verbindung mit Leberleiden beobachtet
worden ist. Vorzüglich kommt die Krankheit vor,
wo zuvor Veränderungen im Blute stattgefunden,
welche dasselbe zu seröser Ausschwitzung geneigt
machen; wie bei chlorotischen Mädchen Erguss von
seröser Flüssigkeit an den Knöcheln und im Unterhautzellgewebe sich zeigt, so findet sich hier eine
solche Infiltration im Unterhautzellgewebe an der
Kehlkopfspalte, nur mit dem Unterschiede, dass
jene, nicht gefährlich, nach tonischen Mitteln schwindet, während hier schon eine unbedeutende Infiltration den Tod herbeiführt. Bei solchen Individuen
kann eine unbedeutende Reizung der respiratorischen
Schleimhaut, die in einem gesunden Individuum nur
ein unbedeutender Catarrh wird, schon Oedema glottidis bilden. Die meisten Kranken mit Oedem der
Stimmritze mussten bis jetzt unterliegen. Man berücksichtige zunächst die Ursache. Ist die Infiltration noch gering und sind die eigenthümlichen Zufälle
noch nicht eingetreten, so kann durch eine allgemeine und örtliche antiphlogistische und ableitende
Heilmethode die fernere Entwicklung und grössere
Gefahr verhütet werden; daher örtliche Blutentziehungen und bei entsprechender Constitution auch
allgemeine Hautreize, Mercurfrictionen, Fussbäder
u. s. w. Die örtliche Anwendung der Säuren und
des Alauns hält man nicht für die zweckmässigsten
Mittel dagegen. Gargarisma mit Essig in einem
Malvendecoct. Ist das Uebel aber in seiner Eigenthümlichkeit schon vollkommen entwickelt und treten
die Erstickungszufälle ein, so ist zwar während
eines solchen — wenn er nicht durch grosse Gefahr
zu operativen Eingriffen berechtigt, ausser der Sorge
für angemessene Temperatur, entsprechende Lage
des Patienten, Entfernung alles dessen, was die Respiration erschweren könnte, Untersagung des Spre-
chens und möglichster Beruhigung seines Gemüthes
u. s. f. — wenig zu thun übrig, und nur selten wird
eine V.S. beim Bestehen eines mechanischen Hindernisses viel leisten. Eine desto thätigere Kur wird
aber in den freien Zwischenzeiten nöthig werden.
Grosse wiederholte Sinapismen, Vesicatorien, die
fortwährend in Secretion erhalten, werden in die
Nähe des Larynx und in den Nacken gelegt, Ungt.
Tart. emet.; wo aber Eile noth thut, heisse Wasser-
dämpfe. Innerlich Antispasmodica, Bäder, Inhalationen, Einreibungen, Gargarismata etc. Emetica sind
empfohlen, aber wenig erprobt. Indessen bleibt der
Tart. emet. neben dem Aderlass u. Blutegeln in grosser
Zahl ein sehr wirksames Mittel. Bleibt die Behandlung
erfolglos, erneut sich die Erstickungsnoth, so ist Behufs der Lebensrettung u. um für eine fernere Behandlung Zeit zu gewinnen, die Bronchotomie gerechtfertigt. Empfohlen ist ferner die Scarification des Oedems.

Ohnmacht. Lipothymie, Animi deliquium,
Syncope.

Symptome. Plötzliches Aufhören der thierischen
und Lebensverrichtungen, und zwar bald ganz, bald

nicht völlig. Es gehen vorher: Ueblichkeit, Mattigkeit, beschwerliches Athmen, Schwarzwerden, Flimmern vor den Augen, Zittern im Kopfe, Gefühl von Wärme, Kälte, Blässe. 1) Die schwache Ohnmacht, Lipothymia. Man fühlt den Puls noch, der Kranke behält sein Bewusstsein, kommt bald mit Seufzen zu sich, Puls klein, frequent, Gesicht blass. 2) Syncope. Puls kaum fühlbar, Athmen kaum bemerkbar. Sind die Kranken wieder bei sich, so sind sie matt, bleich, übel gestimmt. 3) Asphyxie. Aeusserungen des Lebens fast ganz aufgehoben. Respiration und Pulsschlag nicht zu bemerken; dieser Zustand kann mehrere Tage andauern, — Scheintod. Nur die anfangende Fäulniss gibt den Unterschied von wahrem Tod. Ursachen sind: Gifte, Opium, Belladonna, Leidenscheiden, ausserordentliche Freude, Schrecken, Hitze, schlechte Dünste, Entziehung der Luft, starke Gerüche, Berauschung, Electricität, Galvanismus, Ertrinken, heftiger Schmerz, körperliche Anstrengung, Geburt, enge Kleider.

Therapie. Man entfernt die Ursachen. Besprengen mit Wasser, reibt den ganzen Körper mit Flanell, Stroh. Einwickeln in gewärmte Tücher; Aschenbäder, laue Bäder; Einblasen von Luft, von Sauerstoffgas; Klystiere von Chamillen, Asa foet., Essig, Tabak; Vorhalten von Salmiakgeist, Eau de Cologne, Zwiebeln, Knoblauch vor die Nase; Kitzeln der Luftröhre mit einer Feder. Herabwerfen von kaltem Wasser oder Naphthen etc. auf die Herzgrube. Electricität; V.S. bei Congestionen und Ueberfüllungen. Viele Ohnmachten sind heilsame Bestrebungen der Natur, z. B. bei Blutenden, Hysterischen, Geisteskranken, nach Gemüthsbewegungen; hier darf man nicht sogleich Reizmittel anwenden, sie passen erst nach einiger Zeit, wenn der Kr. sich nicht von selbst erholt, nach etwa 25 Minuten, man kann dann Liquor anod., Naphth. etc. geben, an Salmiak riechen, mit Essig Hände und Gesicht waschen lassen. S. Blutleere. Bei Ohnmachten nach heftigem Schmerz passen Tr. opii mit Liq. C. C. succ., Liq. anod. H. 25 bis 30 gtt., Naphth., Moschus, Wein. Ohnmacht durch V.S. wird verhütet durch plattes Liegen beim Aderlassen, man hält Essig, Salmiak vor. Gegen Ohnmacht durch starke Gerüche passen: reine kühle Luft, Besprengen mit Wasser, Essig, Essigumschläge um die Stirne. Ohnmachten durch organische Fehler des Gehirns und Herzens entsprechen kleine, wiederholte V.S., kühlende Mittel, antiphlogistische Diät, Derivantia, kleine Gaben Digitalis. Bei Ohnmachten Aushungernder gebe man Haferschleim, Mandelemulsionen, schwache Kalbfleischbrühe mit Eidotter, anfangs in kleinen Gaben und kurzen Zwischenräumen, später etwas Wein, weichgekochte Eier, Weissbrod. Ohnmachten durch unterdrückte Blutung wird behandelt wie Ohnmacht aus organischen Fehlern. — Nach einem gehabten Schrecken soll man Pfeffermünzoder Melissenthee mit Liquor Hoffmanni oder etwas Wein, nach einem heftigen Aerger Citronenthee oder Limonade mit etwas Tinct. rhei aquos. nehmen, in den ersten Stunden nachher ausserdem nichts trinken oder essen, und sich eine kleine Bewegung im Freien machen. S. Scheintod.

Onanie. Masturbatio. Petrequin gibt ein Zeichen an, welches man für äussert schätzbar halten muss, das dazu dient, die Onanie bei Kindern zu entdecken. Abgesehen von der Erweiterung der Pupille, fand er sie verzogen und nach oben gerichtet, so zwar, dass der Irisrand an dieser Stelle kaum mehr sichtbar war. — Froriep erkennt die lange getriebene, auch nicht eingestandene Onanie an einer knorpelähnlichen Härte der Corpora cavernosa des Penis. Ueber die Folgen derselben s. Samenverluste. Onanie sehr früh, z. B. im 8ten Jahre, verursacht Incontinentia urinae, so dass oft 15mal in der Stunde urinirt werden muss. Onanisten bekommt zuweilen nach Abgewöhnung des Lasters der Coitus recht gut, weil aus einer anomalen Brutalität ein normaler Akt hergestellt wird. Onanisten, welche ihre Laster ablegen, verfallen dennoch, weil sie Samenergiessungen haben, ja diese können in die Harnblase zurücktreten, ohne dass also Samen nach aussen entleert wird. Ein oder zwei Cauterien, am Penis applicirt und in Eiterung mehrere Monate erhalten, würde die Kranken abhalten vom Onaniren, denn sie würden von jeder Manipulation durch Schmerzen abgehalten werden. Kalte Umschläge über das Hinterhaupt und den Rücken, ja dann selbst, wenn sich schon bedenkliche Hirnzufälle eingestellt haben. Reibungen mit Eis und Schnee bei hoher Reizbarkeit der Genitalien. Der Camphor ist ein Hauptmittel zur Abstumpfung der grossen Reizbarkeit und Nervenempfindlichkeit. Bei gleichzeitig bestehender Plethora thut Camphor mit Nitrum und Cremor tart. gute Dienste. Elixir. acid. Hall. häufig anwendbar. Opium bei grosser Schwäche und Neigung zu Krämpfen, besonders Laudanum ʒj mit ℥jß Tr. cinnamom. 3mal 2—20 gtt. Die Matrosen sollen ein Stückchen Camphor unter dem Hodensack mitten am Mittelfleische tragen, um auf langen Seereisen sich die Enthaltsamkeit zu erleichtern. Naphtha aceti zu gtt. xjj in einem Theelöffel voll Zimmtpulver, Morgens und Abends, wird gerühmt. Zur Heilung der Atonie und Schwäche, China, örtliche Waschungen mit Spirit. formicarum und Bals. copaivae, Phosphorliniment in die Gegend des Kreuzbeines u. das Mittelfleisch eingerieben. Ausrottung der Clitoris. S. Impotenz, Pollutionen, Samenverluste.

Orchitis. S. Hodenentzündung.

Orgasmus. S. Congestion.

Osteomalacie ist eine vorzugsweise (nicht ausschliesslich) dem weiblichen Geschlechte zukommende Krankheit und zwar erscheint sie nie früher als erst einige Jahre nach eingetretener Pubertät, wodurch sie sich auf das Bestimmteste von der Rhachitis unterscheidet; sie ist die Rhachitis der Blüthenjahre. Selten befällt sie Frauen in den 20er Jahren, meistentheils erst in den 30ern und 40ern, aber ebenso wenig ist auch nur ein einziger Fall bekannt, wo sich das Uebel erst in den 50ern gezeigt hätte. Befällt immer Frauen, die sich früher einer auffallend blü-

henden Gesundheit erfrout hatten, welche einen besonders wohlgebauten, meistens grossen und kräftigen Körperbau besitzen, nie Frauen von wahrhaft
kleinem Wuchse und sehr zarter Gliederform, nur
Frauen, die ein sehr gut gebautes Becken hatten,
die schon Mutter gewesen, sich durch Fruchtbarkeit
auszeichneten, rasch hinter einander mehrere Kinder hatten. Dies sind die Hauptunterschiede der
Osteomalacie von Rhachitis. Diese befällt das früheste
Kindesalter, wird mit in die Jahre der sich entwickelnden Pubertät hinübergeschleppt u. erlischt dann, wie
die Osteomalacie hingegen nur das Pubertätsalter u.
die Decrepiditätsstufe trifft. Der zweite Hauptunter-
schied liegt aber noch im Sitze der beiden Krankheiten. Die Osteomalacie schlägt ihren Sitz im
Becken auf und verbreitet sich von diesem Heerde
aus über das übrige Knochengerüste, umgekehrt ist
es bei der Rhachitis der Fall; hier ist es das Knochensystem, welches primär erkrankt ist, und das
Becken nimmt nur als Theil des Skelets an der allgemeinen Krankheit der Knochen Antheil. In den
meisten Fällen tritt das Uebel urplötzlich ohne vorhergegangene anderweitige Krankheitserscheinungen
ein, welche dessen Herannahen vermuthen liessen.
Unter den erregenden Ursachen stehen oben an:
heftige Erkältungen durch Durchnässung erzeugt,
besonders während der Menstruations- und Lochial-
periode; dazu kommen: Sorgen, Gram, Elend. Die
Krankheit verlauft chronisch, nie acut. Der erste
Eintritt derselben ist immer dunkel, Melancholie,
Digestionsfehler, erschwerte u. schmerzhafte Stuhlausleerungen, Regelwidrigkeit der Menstruation, Gemüthsverstimmung gehen meistens mehrere Tage
voraus und werden in der Regel für Hämorrhoidal-
leiden und Hysterie ausgegeben. Die ersten örtlichen Erscheinungen bestehen immer in sehr heftigen Schmerzen in der Lenden- u. Kreuzbeingegend
und an der hintern Fläche des Beckens, Schmerzen,
die sich häufig schon in den ersten Zeiten bis herauf
zu den Schulterblättern erstrecken, sich besonders
in dem Rücken des Fusses zeigen und für untrüg-
liche Symptome eines acuten Rheumatismus oder der
Gicht gehalten werden. Diese Schmerzen treten
periodisch besonders Nachts ein, werden durch jede
Bewegung des Körpers vermehrt. In dem reichlichen
Harne, welcher sehr sauer reagirt, ist sehr viel phosphorsaurer Kalk enthalten, die Knochen fangen alsdann an zu erweichen, biegen sich und sind oft so
brüchig, dass sie bei der geringsten Bewegung entzwei brechen. In Folge dieses Erweichens schwindet
endlich die Körpergrösse, alle Knochen sind ver-
krümmt, die des Thorax nach vorne geschoben, es
treten Athmungsbeschwerden, asthmatische Anfälle,
Stuhlverstopfungen etc. ein. Nur die Schädelknochen
bleiben unverändert, daher auch die Kopfform und
die geistigen Thätigkeiten, was die Krankheit um
so fürchterlicher macht. Mit den Schmerzen tritt
auf: erschwerte Beweglichkeit der untern Extremitäten, das Nachziehen des beim Ausschreiten zurückgebliebenen Fusses verursacht die unsäglichsten

Schmerzen. Grosse Erleichterung verschafft alsdann
ein auf das Kreuz oder von beiden Seiten auf das
Becken angebrachter Druck. Beim weitern Fortschreiten der Krankheit wird das Becken von einer
Seite auf die andere geneigt. Der Rumpf wird nach
vorne geneigt getragen, oder so dass die Beugung
des Rückgrats in den Lendenwirbeln stattfindet und
der Rumpf daher in der Regel ganz gerade getragen
wird. Erfolgt nach eingetretener Osteomalacie keine
neue Schwangerschaft, lebt die Kranke unter günstigen Verhältnissen und geniesst sie eine zweckmässige Behandlung, so ist es mehr als wahrscheinlich, dass wenigstens ein Stillstand der Krankheit
erzielt werden kann. Wird aber die Frau von Neuem
schwanger, so tritt das schlummernde Uebel mit er-
neuerter Wuth hervor, steigt mit zunehmender Höhe
der Schwangerschaft, bis endlich im Wochenbette
der Tod die Scene endet. Die Beckenknochen der
Osteomalacischen haben eine viel lockerere Textur als
im Normalzustand, und sind daher oft unglaublich
specifisch leicht. Die Knochen haben im Allgemeinen, besonders aber die Beckenknochen, eine dunkle,
schmutzig-braune, graue, oft aber eine sehr schöne
weisse Farbe. Das Periost ist verdickt und fester
geworden, nur locker mit dem Knochen verbunden.
Die Knochen besitzen eine dem Wachse ähnliche
Biegsamkeit, oft sind sie sehr zerbrechlich. Die
Sitzknorren findet man ganz einander genähert, der
Schoossbogen hat sich oft ganz zugespitzt, an den
Aesten der Schambeine bemerkt man die widernatür-
lichsten Verdrehungen. Die Schambeinsymphyse bildet einen schnabelförmigen Fortsatz nach aussen,
eine der sonderbarsten Bildungen, für diese Becken-
form pathognomisch. Durch die Einknickung der
vordern Beckenwandung und durch das Vorspringen
des Promontoriums in die obere Beckenappertur herein bekommt diese die der osteomalacischen Miss-
bildung eigenthümliche Form des Kartenherzes. —
Behandlung. Die Heilung ist seither durchaus
misslungen. Laffecteur'scher Syrup; Schwefelmittel;
eine Behandlung, wie sie bei Rhachitis wirksam ist,
Alles ist erfolglos geblieben. Zu versuchen ist der
Gebrauch der Säuren, namentlich der Salzsäure (der
Urin enthält viel Salzsäure) zu 2—3 Drachmen in
vielem Schleim; Ol. jecoris aselli; später der Gebrauch der Eisenmittel. — Das Mehl der Linsen
hält man für ein specifisches Mittel, die Knochen
zu ernähren. Wenn nach Beinbrüchen Callus aus-
zuschwitzen beginnt, bei Knochenwunden das Verdorbene abgestossen ist, bei cariösen Geschwüren
der specifische Charakter, die Ursache der Caries,
getilgt ist, befördert das Linsenmehl die Genesung.
Als wesentliches Heilmittel gilt es bei der Osteomalacie und bei der Scrophelkrankheit, wenn sie
Anschwellung und Erweichung der Knochen veranlasst. — Auch der Balsam. Peruvianus wird hier
gerühmt.

Ovaritis. S. Eierstockentzündung.

Oxalaemie. Oxalsaure Diathese. Die an
oxalsauren Diathesen leidenden Kranken bieten fol-

gende Erscheinungen dar. Die meisten Kranken dieser Klasse gehören hauptsächlich dem Blüthenalter an; mehr Männer als Frauen, von sanguinischem oder melancholischem Temperamente. Männer, nicht gewohnt an energische Anstrengungen, gewöhnlich aus der höhern Klasse der Gesellschaft, und gewohnt bei sitzender Lebensweise sich den Genüssen des Lebens, den Süssigkeiten der Tafel hinzugeben. Verdauungsbeschwerden, Unbehaglichkeit unvollkommener Verdauung und mangelnder Assimilation, Gefühl von Schwere und Druck in der Magengegend, Flatulenz und Herzklopfen einige Stunden nach der Mahlzeit. Dabei öfters Symptome, die sich aufs Nervensystem beziehen, und das geistige Leben der Kranken bedrohen. Sie sind eigensinnig, empfindlich, reizbar, oder stumpf, verzweifelnd und melancholisch; zu Zeiten von dunkler Furcht und Ahnungen erfüllt, verzweifeln an ihren eigenen Kräften, sind gequält von der Furcht einer im Hinterhalte lauernden schweren Krankheit, von Schwindsucht oder organischen Herzleidens. In leichteren Fällen blos: ängstliche Haltung, belegte Zunge, trockene Haut, gereizter Puls; in den eingewurzelten Fällen eine schmutzige, dunkle Gesichtsfarbe, vielleicht eine rothe, empfindliche Zunge, zunehmende Abmagerung, Ausfallen der Haare, Furunkeln, Carbunkeln, Psoriasis und andere Hautkrankheiten, dumpfe Schmerzen im Rücken und in den Lenden, Blutungen aus dem Darm und der Blase, Incontinentia urinae und Darniederliegen des Geschlechtstriebes. Das Uebel schreitet langsam vor, unter passender Diät und durch Landaufenthalt kann das Uebel aufgehalten, und durch zweckmässigen Arzneigebrauch kann es ganz gehoben werden; vernachlässigt jedoch und schlecht behandelt wird die Krankheit sicherlich ihr Opfer allen den Gefahren und Leiden eines Nieren- oder Blasensteines oder den noch schlimmeren einer bösartigen organischen Krankheit entgegenführen. Die Quelle dieser Leiden liegt in einer Anhäufung von Oxalsäure im Blute. Durch die Nieren wird dieses Gift aus dem Blute ausgeschieden (Oxalurie), und diese Ausscheidung, unter der Form von oxalsaurem Kalk, gibt ein Mittel an die Hand, die Krankheit zu erkennen und zu heilen. Es ist, da die Krankheit oft lange verkannt wird, daher wichtig, den Urin zu untersuchen. Man muss zum Behuf des mikroskopischen Nachweises der Krystalle von oxalsaurem Kalke, die gewöhnlich nur klein im ganzen Urin zerstreut, und daher schwer zu finden sind, den Urin filtriren, wobei die Krystalle auf dem engen Filter zurückbleiben. Alle zuckerhaltigen Substanzen und sauren Früchte müssen bei der Diät ausgeschlossen werden; warme Kleidung, lauwarme Waschungen sind nöthig, das Hauptmittel bildet aber die Salpetersäure in Dosen von 20 Tropfen 2—3mal täglich in einem bittern Infusum oder ℞ Acid. muriat. dilut.; Acid. nitric. dilut.; Syrup. cort. aurant. ana ʒβ; Aq. ʒjβ; einigemal tägl. 1 Theelöffel voll in einem Weinglase Wasser kurz vor dem Essen; dazwischen zuweilen ein leichtes Abführmittel und die nöthige symptoma-

tische Behandlung. Rheum muss vermieden werden,
welches Krystalle von oxalsaurem Kalk fertig gebildet enthält.

P.

Paedatrophia. S. Marasmus infantum.

Pancreas-Leiden. Die Krankheiten der Bauch-
speicheldrüse sind selten, schwierig zu erkennen.
Sie besitzt wenig Nerven und Gefässe, kann ohne
alsogleich auffallende Störungen ausgerottet werden,
was auch bei der Milz stattfindet. Erbliche Anlage
zu Pancreaskrankheiten scheint zu influiren; es werden mehr Männer befallen als Frauen, jedes Alter
wird von Pancreaskrankheiten heimgesucht. Zu den
Gelegenheitsursachen gehören: Krankheiten der Leber, des Magens etc., Missbrauch von Speisen und
Getränken, Entozoen, specifische Wirkung des Mercurs, Missbrauch des Tabaks, mechanische Schädlichkeiten, Contusionen auf die Magengegend, heftige
Brechanstrengungen, Onanie, plötzl. Unterdrückung
der Menses, Scropheldyscrasie, Metastasen von den
Speicheldrüsen, Parotiden und Hoden; Metaschema-
tismen von Gichtanfällen, rheumatischen Gliederschmerzen; Krankheiten der benachbarten Organe
können sich auf das Pancreas ausbreiten. — Man
fand das Pancreas oft schon in seiner Structur entartet, ohne dass solche Abweichungen im Leben durch
irgend ein Zeichen sich kund gegeben hätten. Der
Succus pancreaticus ist nach Bernard das zur Verdauung der Fette allein thätige Agens. Durch den
Pancreassaft wird allein die Aufnahme der Fette in
die Chylusgefässe ermöglicht. Bei krankhafter Affection des Pancreas wird die Verdauung der Fette unmöglich, und diese Erscheinung ist vom Arzte als
eine werthvolle für die Diagnose aufzufassen, das
Fett geht in solchen Fällen unverdaut wieder ab.
Eine eigenthümliche, fast charakteristische Erscheinung bei Krankheiten des Pancreas ist daher das
Abgehen von Fett- oder Talkmassen durch den Stuhl.
Es gehen Stücke von der Form und Grösse eines
Mandelkerns bis zu der eines Bosdorfer Apfels ab,
und sind von dem Ansehen und der Consistenz des
gewöhnlichen Rindtalgs. Wahrscheinlich verdanken
sie ihr Entstehen dem krankhaften Zustande, in dessen Folge fettige Substanzen, welche die Kranken
durch Suppen und andere Nahrungsmittel geniessen,
nicht emulsirt werden, was im naturgemässen Zustande durch die Einwirkung der alkalireichen Galle
und des, wie es scheint, eigens dazu bestimmten
Pancreassaftes zu geschehen pflegt. Die Fette, welche als nicht verseift ins Blut kommen, sammeln sich
nach und nach im Darme und formiren diese Fett-
klumpen. — Bernard hat gezeigt, dass der reine
pancreatische Saft mit der grössten Leichtigkeit mit
den Fetten und Oelen eine Emulsion bildet und die
Säuren aus denselben ausscheidet. Zweitens dass
der Chylus erst sich bildet und in den Chylus-füh-
renden Gefässen vereinigt, nachdem der pancreati-

sche Saft im Darmkanale mit dem Nahrungsstoffe sich
vermischt hat; drittens dass nach Zerstörung des Pancreas bei Thieren und in den Krankheiten desselben
bei Menschen das Fett der genommenen Nahrungsmittel mit den Excrementen entleert wird. Eine Thatsache, die am Krankenbette unwiderleglich wahr sich
kund gibt.

Symptome im Allgemeinen sind: Hinter dem Magen, in der Tiefe, an der Wirbelsäule, zwischen
Nabel und Herzgrube sitzender Schmerz, oder blosses
Unbehagen, Druck, Dehnen, Spannen oder lebhafter,
schneidender Schmerz in der Herzgrube, Empfindung
von Wärme und Angst in den Praecordien, Gefühl,
als ob ein Gewicht am Magen hinge. Die Schmerzen
sind meistens anhaltend, selten periodisch; es ist
der Schmerz meist verbunden mit Erbrechen, Verstopfung, häufig mit wässerigen Entleerungen durch
den Mund, nicht selten mit Durst, zuweilen mit
Durchfall, und ebenfalls nicht sehr selten ist er
allein vorhanden. Der Schmerz, den das leidende
Pancreas erregt, wird in der Tiefe des Oberbauches,
etwas unterhalb des Magens, zwischen Nabel und
Leberrand empfunden, er wird durch Druck hier
vermehrt. Er strahlt aber auch aus, und zwar in
sehr unbestimmte Richtungen: nach der rechten
Brust zu, nach der linken Brust gerade aufwärts,
nach dem Rücken. Nicht häufig gelingt es, Grösse-
veränderungen des Pancreas, wenn sie seine Krankheiten begleiten, durch die Untersuchung des U.L.
zu constatiren, obgleich Abmagerung, welche ziemlich häufig eine Folge dieser Krankheiten ist, die
Entdeckung von Geschwülsten erleichterte. Wässerige Entleerungen durch den Mund, Sodbrennen erscheinen meist periodisch: Meistens verliert es sich
in eine mehr oder weniger reichliche Entleerung von
dünnflüssiger, wasserheller, oder zäher, fadenziehen-
der, speichelartiger, schleimiger, geschmackloser oder
säuerlicher, sauer-bitterlicher, selbst ätzend-saurer,
farbloser, oder brauner, von Blut gefärbter, gelblicher, grüner, schwärzlich-grüner Flüssigkeit (Sialor-
rhoe des Pancreas). Diese Erscheinung trifft auffallend häufig mit Schmerz und Verstopfung zusammen.
Zu den wesentlichen Erscheinungen der Pancreaskrankheiten gehören auch Störungen in den Functionen des Magens, des Hungers und Durstgefühls;
Appetit verliert sich meistens entweder völlig oder
ist merklich geschwächt, indessen erhält er sich auch
zuweilen ganz und gar, ist sogar gesteigert. Die
Beschaffenheit der Zunge bietet kein constantes Zeichen, bald ist sie feucht, bald belegt, bald rein, bald
trocken belegt. Vermehrter Durst ist nur vorhanden
in Folge von Aufregung des Gefässsystems. Das
Erbrechen bei Pancreaskrankheiten beschränkt sich
manchmal blos auf Versuche und Vomituritionen,
manchmal steigert es sich zum wahren Erbrechen, es
ist dieses nicht bei allen diesen Krankheiten gleich
im Anfange vorhanden, dagegen zeigen die acut verlaufenden Krankheiten dieser Gattung von Anfang an
plötzlich und heftig auftretendes Erbrechen; meistens
tritt das Erbrechen später auf. Eigenthümlich ist

es, dass das pancreatische Wassererbrechen nicht wie
jenes von Secretionsanomalien des Magens (Cardialgie, Gastritis chronica, Scirrhus) des Morgens bei
nüchternem Magen einzutreten pflegt, sondern allemal wenn das Pancreas in voller Thätigkeit ist, einige
Stunden nach dem Essen. Auch ist die Sensation
im Oesophagus eigenthümlich und in der Mundhöhle
das Gefühl von brennendem Aufsteigen, und die verhältnissmässige geringe Anstrengung, mit der das
Wasser entleert wird. Eintretender Durchfall lindert
stets dieses Symptom des Erbrechens. Das Erbrechen
einmal entstanden, verschwindet fast nie mehr in
diesen Krankheiten; meistens kommt es des Morgens
bei nüchternem Magen, auch sehr häufig 2—3 Stunden nach der Mahlzeit, oft 20mal des Tags. Das Erbrechen erleichtert jederzeit den Kranken. Mit den
Speisen und Getränken werden meist noch andere
Flüssigkeiten entleert. Häufig sind es die oben genannten wässerigen, schaumigen, fadenziehenden, oder
bittern, grünen, schwarz-grünen Stoffe. Blut wird
sehr oft und viel erbrochen, wenn der Magen im
Fortschreiten der Pancreaskrankheit eine schwere
Verletzung seiner Structur erfährt, oder wenn die
Anstrengung übermässig ist. — Die Stuhlausleerung
verhält sich nicht in allen Fällen von Pandreasleiden
auf dieselbe Art. Die Verstopfung ist hartnäckig,
allen Mitteln widerstehend, den Schmerz vermehrend,
während durch Entleerung grosse Erleichterung verschafft wird. Meistens deutet die Verstopfung auf
chronische Entzündung. Zuweilen wird jedoch auch
Durchfall beobachtet; er gehört mehr den Formen
von Pancreasleiden an, die eine geringere Anzahl
von Krankheitserscheinungen darbieten, namentlich
den verschiedenen Afterbildungen, welche entweder
noch in einem indolenten Zustande verharren, oder
in dem Stadium sich befinden, wo ein entzündlicher
Process in ihnen erwacht; es tritt dann später an
seine Stelle Verstopfung. Zuweilen wechselt Durchfall mit Verstopfung etc. Der Durchfall entleert
flüssige Massen verschiedener Natur: selten sauer
riechend, oder schleimigt, farblos, dem Speichel und
den Flüssigkeiten ähnlich, welche so häufig durch
den Mund entleert werden, oder blutig eiterig, ziemlich häufig schwärzlich. Der Durchfall kann gegen
das Ende der Krankheit einen colliquativen Charakter annnehmen. — Die Harnabsonderung und Hautausdünstung erfahren durch die Pancreaskrankheiten
sehr geringe Modificationen. Der Harn zeigt zuweilen einen fadenziehenden Bodensatz; die Haut ist
öfters trocken warm. Oedema pedum, Ascites, Hydrothorax gesellen sich — ersteres häufiger als das
zweite und dieses mehr als drittgenannte Uebel —
zu diesen Krankheiten, aber meist erst gegen das
Ende. Zum Gefässsystem steht das Pancreas in
keiner wesentlichen Beziehung, und spricht sich daher meistens auffallend gering solches Leiden im Gefässsysteme aus. Nicht einmal in allen acut verlaufenden Fällen zeigt sich im Pulse eine merkliche
Reaction. Gegen das Ende erhebt sich zuweilen jedoch Febris hectica. — Der Reflex im Nervensysteme

spricht sich aus durch eine fast bei allen acut verlaufenden Fällen stattfindende eigenthümliche Unruhe
und Beängstigung nebst andern Nervenzufällen, als
Eingenommenheit des Kopfes mit leichtem Irrereden,
Ohnmachten, Schlaflosigkeit, Geistesabwesenheit,
ängstliche, verzagte Stimmung. — Die im Verlaufe
dieser Leiden eintretende bedeutende Abmagerung ist
bezeichnend, Pulsation in der Oberbauchgegend fehlt
fast nie bei Pancreasleiden, ebenso selten die Sensation im Oesophagus, die pancreatische Syalorrhoe.
Das Brennen der Mundschleimhaut und die Secre-
tionsanomalie der Mundspeicheldrüsen, die Anomalie
des Appetits, die Art des Erbrechens, die gestörte
Function des unteren Theils des Darmkanals, der
Mangel an Gefässreaction, die verzagte melancholische Stimmung, Abmagerung und Anämie und selbst
Pollutionen bei jungen männlichen Individuen. Complicirt sind Pancreasleiden meistens mit Leiden des
Magens, die Leiden dieses Organs sind daher Symp-
tomata symptomatum; mit Leberleiden ebenso häufig
Icterus. Die Symptome der Complication verdunkeln
gewöhnlich die des Pancreasleidens. Complication
mit Milzleiden ist selten, ebenso mit Nierenleiden;
zahlreicher sind die Complicationen mit Leiden der
Gekrösdrüsen; seltener wieder die mit Krankheiten
des Darmkanals. Beeinträchtigt die grosse Massen-
zunahme des Pancreas oder krebsartige Degeneration,
die fortschreitet, die benachbarten grossen Gefässe,
Vena cava, Aorta u. s. w., so entstehen Athembe-
schwerden, blutig-schleimiger Auswurf etc. Das
Pancreas steht in Beziehung zu den Wechselfiebern.

Diagnose der Pancreasleiden gehört zu den Schwierigkeiten. Verwechslung findet meistens statt mit
Krankheiten der benachbarten Digestionsorgane, des
Magens, der Leber, selbst mit Nieren- und Lungenleiden, namentlich Lungenschwindsucht und Leiden
des Plexus coeliacus. Die Gründe dieser schwierigen Erkenntniss sind: 1) Schwierigkeit, resp. Unmöglichkeit, über die Functionsstörungen dieses Organs auf indirectem oder directem Wege etwas Gewisses zu erfahren; 2) die tiefe Lage dieses Organs;
3) die geringe Empfindlichkeit; 4) die Umgebung von
Organen, denen eine grössere Sensibilität und eine
höhere Bedeutung für den Organismus zukömmt;
5) geringe Lebhaftigkeit seiner Beziehungen zu den
allgemeinen Systemen des Organismus; 6) die geringe Anzahl gut beobachter Fälle. — Zu den patho-
gnomischen Zeichen, welche die Diagnose erleichtern
sollen, hat man gerechnet: das Erbrechen; den
Speichelfluss, allein sie sind durchaus nicht pathognomisch. Diagnostischen Werth haben die zusam-
mengestellten Symptome: Ein zwischen der Herzgrube u. dem Nabel sitzender Schmerz; eine daselbst
fühlbare harte, bewegliche, in aufrechter Stellung die
Empfindung eines schweren Körpers verursachende
Geschwulst; ein nicht vorübergehendes, sondern anhaltendes, saures, brennendes, über die ganze Speiseröhre sich ausdehnendes, mit reichlicher Absonderung
eines wässerigen, bald geschmacklosen, bald sauern
Speichels verbundenes Sodbrennen; ein harter und

trockener Stuhlgang; verminderter Appetit und Ekel
vor den Speisen; bei fortschreitender Krankheit ein
in Zwischenräumen auftretendes, alles Genossene
mit Schleim entleerendes Erbrechen; endlich Abmagerung und hektisches Fieber mit allen seinen Erscheinungen. Dazu: Ausschliessung aller benachbarten Organe zur Aufnahme des Krankheitsbildes,
um zu einem positiven Resultate zu gelangen, d. h.
negative Methode zur Constatirung des Leidens. Die
Hauptaufgabe bleibt, die Krankheiten des Pancreas
von denen des Magens zu unterscheiden, da fast
sämmtliche ihm zukommende Erscheinungen Symp-
tomata symptomatum des Magens sind; meist wird
desshalb die Methodus exclusiva zuerst in Anwendung zu ziehen sein:

Krankh. d. Magens.

Der Schmerz wird leich-
ter durch Druck ver-
mehrt; diese Möglichkeit
steht in einem genauen
Verhältniss zu der übri-
gen Intensität d. Schmer-
zes.

Im Verlaufe derselben
erscheint bisweilen eine
wirkl. Mundsalivation mit
Geschwulst und Schmerz
der Speicheldrüsen.

Der Heisshunger in den
Fällen, wo er vorhanden
ist, wird oft von Ohn-
machten, Kopfschmerz,
Athembeschwerd., trock-
nem Husten begleitet,
welche anhalten, bis er
befriedigt ist.

Neben den verschieden-
artigen Belegen zeigt die
Zunge nicht selten eine
trockene und rothe Be-
schaffenheit; die Mund-
schleimhaut bedeckt sich
auch wohl mit Aphthen.

Blutige, Chocolade- u.
Kaffeesatz-ähnliche Mas-
sen werden auch bei sehr
chron. Verlaufe und mit

Krankh. d. Pancreas.

Der Schmerz wird sel-
tener und schwerer durch
Druck vermehrt; bei ei-
nem sehr intensiven
Schmerze gelingt es oft
durchaus nicht; nicht
selten dagegen wird er
durch Druck vermindert.
Eine besondere Lage des
Körpers auf der einen
oder andern Seite, auf
dem Rücken od. Bauche,
Vorneigen des Leibes u.
s. w. hat Einfluss auf den
Schmerz.

Wird d. wässerige Ent-
leerung durch den Mund
auch bisweilen so reich-
lich, dass sie den An-
schein einer Salivation
hat, so ist sie doch nie
mit Anschwellen d. Spei-
cheldrüsen verbunden.

Verstärkter Appet. wird
bisweilen beobachtet, nie
aber in Begleitung von
solchen sympathisch. Er-
scheinungen.

Die Zunge ist meistens
rein od. hat höchst selten
einen leichten weissen od.
gelblichen Beleg.

Das Erbrechen dieser
Flüssigkeiten ist äusserst
selten, und nur entweder
in acut verlaufenden Fäl-

Krankh. d. Magens.

geringen Anstrengungen erbrochen.

Leidet die Cardia, so werden die Speisen erbrochen unmittelbar nach dem Hinabschlucken derselben. Ist der Pförtner verengt, so hat das Erbrechen häufig einen mechanisch.Charakter, ohne von andern Magensymptomen begleitet zu sein. Im Allgemeinen wird häufiger Erbrechen als e i n z i g e s Symptom beobachtet.

Die durch Abführmittel künstlich herbeigeführte Stuhlentleerg. vermehrt häufiger das Leiden.

Die Absonderung der Haut ist oft verändert, meist vermindert od. unterdrückt, oder es zeigen sich auf ihr Ausschläge. DieHarnabsonderung modificirt sich in der verschiedensten Weise.

Der Verdauungsakt ist bisweilen von fieberhafter Aufregung, von Husten und Dyspnoe begleitet, oder es ist sympathisches Herzklopfen vorhanden, welches alles mit der Intensität der Magenaffection steigt und fällt.

Häufig ist jede Digestion von Müdigkeit, Zerschlagenheit, Gliederreissen u. s. w. begleitet, oder es knüpfen sich an den Krankheitsverlauf andere Nervenzufälle, wie Kopfschmerz, Hypochondrie u. s. w.

Die Abmagerung erreicht einen geringen Grad, sie steht in einem richtigern Verhältniss zur Dauer der Krankheit.

Sie zeigen in ihrem Verlaufe grössere Schwankungen der Intensität, sei es ohne nachweisbare Ur-

Krankh. d. Pancreas.

len oder bei grosser Gewaltsamkeit der Brechbewegungen beobachtet worden.

Das Erbrechen ist fast ohne Ausnahme stets von Störungen der übrigen Magenfunctionen begleitet, nie hat es den Charakter einer blos mechanischen Entleerung.

Sie ist stets von Erleichterung begleitet.

Haut- und Harnabsonderung sind in den seltensten Fällen verändert, und dieses hängt dann von Mitleidenschaft des Gefässsystems ab.

Beide Arten von sympathischen Sympt. fehlen gänzlich; dagegen fühlt und sieht man in der Magengegend in seltenen Fällen eine Pulsation, od. man hört dort ein abnormes mit den Herzschlägen isochronisches Geräusch.

Nie werden dergleichen Erschein. während der Digestion gesehen; man hat nur Gemüths-Verstimmung bisweilen im Verlauf der Krankheit beobachtet.

Der höchste Grad von Abmagerung wird nicht selten beobachtet; bisweilen tritt sie auffallend rasch ein.

Wenn sie einen gewissen Grad erreicht haben, so bieten sie ein mehr stätigesFortschreiten mit

Krankh. d. Magens.

Krankh. d. Pancreas.

sache, sei es unter Einwirkungverschiedener inneren oder äusseren Einflüsse. Ihr Verlauf ist rascher; häufiger werden Krisen beobachtet.

Sie sind der arzneilichen Einwirkungen zugänglicher und werden von Agentien jeder Art erreicht.

geringerer Reaction auf äussere oder innere Einflüsse dar. Ihr Verlauf ist äusserst langsam; von Krisen zeigt sich kaum eine Spur.

Nach den bisher bekannten Thatsachen zu schliessen, ist es schwerer, durch therapeutische Mittel in ihren Verlauf einzugreifen.

Bei Leberleiden ist die Untersuchung leichter; nach unten und nach den Seiten durch das Gefühl, bisweilen durch das Gesicht und die Percussion, nach oben durch letztere und die Auscultation. Stockt ihre Secretion, so gibt die Färbung der Haut, die Beschaffenheit der Stuhlausleerungen und der Secretionen, am häufigsten der Harn-, aber auch aller andern Absonderungen darüber Auskunft. Der Sitz und auch die Natur des Schmerzes hat etwas Eigenthümliches, vom Pancreasleiden sich Unterscheidendes. Leidet der seröse Ueberzug, so ist der Schmerz lebhaft stechend, über einen grössern Raum sich ausdehnend, durch Druck leicht vernehmbar, wie es bei Pancreasleiden nicht vorkommt, da dieses Organ zu dem Bauchfelle nur in einer loseren Beziehung steht; leidet das Parenchym der Leber, so ist der Schmerz mehr stumpf, drückend, schwer; häufig wird consensueller Schmerz in der rechten Schulter oder in der obern und innern Gliedmasse dieser Seite beobachtet. Die sympathische Verbindung mit dem Magen ist zwar innig, aber in einer von Pancreasleiden sehr verschiedenen Weise sich aussprechend. Der Appetit ist geschwächt, aber es gibt sehr bestimmte Alienationen desselben, die sich auf Leberkrankheiten beziehen, wie das Verlangen nach sauren Dingen. Zunge belegt sich gelblich, Geschmack wird bitter, Erbrechen ist mehr galligt; nur sehr selten wird die Secretion des Magens in der eigenthümlichen Weise angeregt, wie bei Pancreaskrankheiten, so dass wässerigte Entleerungen durch den Mund eintreten, und geschieht dieses, so sind dieselben doch immer sehr mässig; nie erreichen sie den Grad, wo sie das Ansehen einer Salivation gewinnen. Galligte Durchfälle kommen nur den Leberleiden zu. Bei der hohen Bedeutung dieses Organs für die Blutcirculation sprechen sich seine Krankheiten im Blutgefässsystem durch Veränderungen im Pulse, durch Herzsymptome und im Bauch eintretende Wassersucht sehr lebhaft aus. Kopfschmerz, Gemüthsverstimmungen und andere psychische Affectionen sind ziemlich constante Erscheinungen.

Nierenleiden sind oft schwierig von Krankheiten des Pancreas zu unterscheiden, der Ort der krankhaften Empfindung kann leicht zur Verwechslung führen, denn der Schmerz wird oft als Nierenschmerz

bezeichnet. Die Verwechslung ist noch leichter,
wenn bei Nierenleiden ein Schmerz in der Magengegend sich zeigt; schwerlich dürfte sich jedoch dabei in dieser Gegend eine Geschwulst zeigen. Sympathische Magensymptome sind den Nierenkrankheiten auch eigenthümlich, jedoch wohl nur vorzugsweise
gewissen Formen, wie denen mit acutem Verlaufe,
Steinen u. s. w. Solche Affectionen bieten wieder
andere Erscheinungen als Anhaltspunkte zur Erkenntniss. Die Magenaffectionen bei Nierenleiden sind nur
Uebelkeiten, sind nie so anhaltend und gleichmässig
fortbestehend, wie in chronischen Pancreasleiden.
Zunehmen der schlimmen Magenzufälle durch den
Genuss von Speisen wird bei Nierenleiden nicht beobachtet, dagegen finden Empfindlichkeit und Herauf-
gezogensein der Hoden, Taubheit in dem Schenkel,
Störungen der Se- und Excretionen des Urins, hartnäckiger Geschmack im Munde, abnorme Empfindungen der Blasengegend statt. Vgl. Plexus-coeliacus-
Leiden.

Prognose. Es ist in der eigenthümlichen gefäss-
und nervenarmen Natur dieses Organs begründet,
dass die in ihm auftretenden Krankheitsprocesse
in sehr seltenen Fällen einen acuten, sondern vielmehr fast ausschliesslich sehr chron. Verlauf nehmen.
Dagegen führen die seltenen acuten Fälle sehr rasch
in wenigen Tagen, selbst in 30 Stunden zum Tode.
Im Allgemeinen ist die Prognose ungünstig; denn
meistens kommt es zu Afterbildungen, die den therapeutischen Agentien unzugänglich sind.

Therapie. Man muss zur Prophylaxis alles verhüten, was auf die Verdauungsorgane im Allgemeinen
krankmachend wirkt: Gefrässigkeit, unregelmässige
Lebensweise, schwer verdauliche Speisen, scharfe
Gewürze, übermässigen Genuss geistiger Getränke,
Ausschweifungen in Venere, zu langer Gebrauch der
China, Unterdrückung von Gichtanfällen und Rheumatismen. Als Gelegenheitsursache sind besonders
die klimakterischen Jahre zu berücksichtigen. Man
befolge Heim's Rath und lasse mehrmals im Jahre
zur Ader, gebe leichte Abführmittel, setze Fontanellen an die Waden. Die Behandlung der Krankheit
an sich verlangt vor Allem Berücksichtigung der
Entstehung, man wirke gegen scrophulöse Diathese,
befördere die Hautausdünstung, wenn ein rheumat.
Zustand vorhanden. Sind rheumatische Schmerzen
aus den Gliedern verschwunden und haben sie sich
in der Magengegend fixirt, so lege man mehrere Vesicantia hinter einander abwechselnd auf die eine oder
andere Gliedmasse. Man suche einen Gichtanfall
wieder hervorzurufen. Das Tabakrauchen, noch mehr
aber die Beschäftigung mit Tabakblättern werde unterbrochen. Die wichtigste Rücksicht verdient die
plötzliche Unterdrückung der Menses, man instituire
Aderlässe am Fusse, setze Blutegel an die Geschlechtstheile, Schröpfköpfe an die innere Schenkelfläche, lasse Dampf- und Sitzbäder gebrauchen, gebe
leichte Laxantia und geeignete Emenagoga. Zur
directen Einwirkung auf das kranke Organ haben
nach der drüsigen Natur desselben fast alle Aerzte

der auflösenden Mittel sich bedient: Calomel, Sulph. aurat., Narcotica resolventia, Decoct. bardan. Rheum und Calomel, Calomel mit Ammon. muriat.; Gummi ammoniac.; anhaltender Gebrauch des Kali carbon. mit Mercureinreibungen; salpetersaure Fussbäder; Wismuthoxyd mit Rheum, Belladonna und Tarax.; Jodine, Extracta resolventia, Fel tauri, Sapo, Liquor Antimonii Köchlini, Kämpfische Klystiere, Magnesia, thierische Kohle, Karlsbad, Marienbad, Eger, Spaa, Pyrmont, Ems, Kissingen. Calomel und Sublimat gehören hier zu den wirksamsten Mitteln. Locale Blutentziehungen, Hautreize, besonders solche, welche Säfte entleeren und Eiterung nach sich ziehen, die sämmtlich bis zu den Moxen hinauf empfohlen worden sind. Acute Formen verlangen Aderlässe, örtliche Blutentziehungen, erträgt der Magen Arzneimittel, was bei der Heftigkeit des Erbrechens selten der Fall, so gebe man Nitrum in Emulsionen, gelinde Abführmittel, Cremor. tart., Tamarinden, Elixir. acid. Hall. Erträgt der Magen nichts anderes, so muss man sich auf schleimiges Getränke beschränken. Allgemeine Bäder, schleimigte Klystiere, warme Cataplasmen mit Narcoticis auf die Magengend sind mit Recht empfohlen. Ist die Heftigkeit der Entzündung gebrochen, so entspricht Calomel durchaus allen Indicationen. Die Palliativkur verlangt gegen den anhaltenden heftigen Schmerz Opium, Morphium, innerlich oder endermatisch, mineralischen Magnetismus; man dulde keine Verstopfung, setze daher Klystiere, gebe gelinde Abführmittel, keine Drastica. Gegen das Erbrechen dienen Abführmittel, Extr. belladonnae in Kirsch-Lorbeerwasser mit Zusatz von Opium, Morphium mit vegetabilischen Säuren. Gegen die anhaltenden, lästigen, wässerigen Entleerungen durch den Mund dienen: künstliches Erbrechen, daher Emetica. Urleiden des Pancreas werden nach Radem. mit Jod geheilt. Der Eisensalmiak zu 10 Gr. täglich stellte einen Patienten mit Pancreasleiden wieder her in 4 Wochen; sein Aussehen ward besser, der Appetit stärker etc.

Zu den einzelnen Krankheitsformen dieses Organs gehören:

1) Steinbildung im Pancreas und dessen Ausführungsgängen.
2) Acute Entzündung des Pancreas mit ihren verschiedenen Ausgängen.
3) Chronische Entzündung mit Verhärtung und sonstigen Ausgängen.
4) Organische Strukturveränderungen.
5) Afterbildungen, als Scirrhus, Steatom, Tuberkeln, Melanose.

Pancreas-Mittel, Bauchspeichel-Drüsenmittel nach Rademacher.

Die Zeichen, durch welche wir eine Affection des Pancreas erkennen, sind höchst unsicher, indem sie auch auf krankhafte Zustände der Leber, der Milz und des Plexus coeliacus mehr oder minder passen. Die Erkenntniss wird aber dadurch vorzüglich erschwert, dass die Affection des Pancreas zuweilen wirklich schmerzhafte consensuelle Leiden des Ma-

gens, der Leber, der Milz oder der Brust (Husten)
macht und so irre leitet. Da die Gallengänge zuweilen consensuell ergriffen werden, so kann der
Harn in solchen Fällen so dunkel gefärbt sein, wie
bei Urlebererkrankungen, und da bekanntlich Urlebererkrankungen sich häufig durch Schmerz und Druck
in der Magengegend äussern, so kann man in die
Täuschung fallen, die eine Erkrankung für die andere zu nehmen. In diesem dunkeln Handel bleibt
nichts anderes übrig, als das Jod als Erkennungsmittel der Pancreaserkrankung zu gebrauchen. Das
beste Pancreasmittel ist aber Jodtinctur etwa 30
Tropfen in ℥vjjj Wasser; es hemmt im Allgemeinen
auch das Erbrechen, stillt die heftigen Kolikschmerzen besser als Opium.

Pancreatitis. Pancreas-Entzündung.

Symptome. Zwischen Nabelgegend und Process.
ensiform. grimmende Schmerzen, copiöse Durchfälle
speichelähnlicher Beschaffenheit, wenig Gallenpigment
enthaltend; Unterleib weich, tiefer Druck vermehrt
den Schmerz, nicht entsprechend; saures Aufstossen,
saurer Speichel; bei chronischer Form erdfahles Aussehen.

Acute Pancreatitis.

Der Schmerz sitzt in
der Tiefe hinter dem Ma-
gen, in den Weichen; er
kann zwar heftig sein,
aber er ist dumpf, schwer;
von ihm geht eine eigen-
thümliche Beängstigung
und Unruhe aus, oder es
treten häufige Ohnmach-
ten ein. Er steht in kei-
nem Verhältniss zu der
Heftigkeit der übrigen
Erscheinungen, namentl.
des Erbrechens. Aeusse-
rer Druck vermehrt ihn
nicht in entsprechendem
Grade.

Eine Geschwulst wird,
selbst wenn der Anfang
des Pancreas eine be-
trächtliche Vermehrung
erfahren hat, nicht ent-
deckt, wie es scheint,
wegen der begleitenden,
wenn auch unbedeuten-
den Spannung des Unter-
leibs.

Das Erbrechen ist äus-
serst gewaltsam; nach d.
Grade der Heftigkeit wer-
den mehr oder weniger
reichliche Massen grüner
Flüssigkeit entleert.

Acute Gastritis.

Der Sitz des Schmer-
zes ist mehr an der Ober-
fläche; er ist reissend,
schneidend; er ist das
hervorstechendste Symp-
tom; Druck vermehrt ihn
leicht.

Die Spannung und Auf-
treibung des Unterleibs
ist beträchtlicher.

Vielleicht nur in der
Magenentzündung durch
corrodirende Gifte, er-
reicht das Erbrechen eine
gleiche Heftigkeit; es
entleert nur wenig Galle.

Durst und Verstopfung sind beiden Krankheiten
in derselben Stärke gemeinschaftlich.

Die Zunge ist immer feucht, entweder rein od. leicht weisslich belegt.

Die Zunge ist trocken und roth, oder mit trockenen dicken Krusten belegt, oder Aphthen bedecken die ganze innere Mundfläche.

Der Appetit ist weniger gestört, er kann sogar in gleicher, selbst vermehrter Stärke fortbestehen.

Der Appetit ist gänzlich verschwunden und Ekel vor allen Speisen eingetreten.

Das Gefässsyst. nimmt wenig oder gar keinen Antheil, das begleitende Fieber ist sehr gering.

Im Gefässsystem zeigt sich eine der Heftigkeit der Entzündung entsprechende Reaction, auch andere fieberhafte Erscheinungen fehlen nicht.

Stärkere Abführmittel, selbst Brechmittel verschlimmern den Zustand nicht; letztere pflegen sogar eine vorübergehende Erleichterung zu bewirken.

Brechmittel vermehren den Schmerz; unter den Purganzen werden nur solche ertragen, welche auf die entzündete Fläche nicht reizend einwirken.

Therapie. Schleimige Mittel mit Absorbent., etwas Opium; Bäder, Blutegel, Fomentationen mit Spec. emollient. et narcot.; Infus. Bellad. innerlich mit Extr. Tarax., Gramin.; Ableitung bei Männern mit Digitalis, Terebinth. gegen die Nieren, Schwefel, bei Frauen durch Fussbäder.

Paralysis. S. Lähmung.

Paralysis agitans. Schüttellähmung ist eine eigenthümliche Form motorischer Neurose, eine Varietät des Zitterns. Selten erinnert sich der Kranke genau der Zeit, da die Krankheit begonnen hat, eine leichte Empfindung von Schwäche mit einer Neigung zum Zittern, bisweilen am Kopfe, meist in den Händen oder Armen sind die ersten bemerkbaren Symptome. Beschwerden nehmen allmählig zu, nach einem Jahr ungefähr werden andere Theile, als die zuerst ergriffenen afficirt und der Kranke verliert die Fähigkeit, sich im Gehen im Gleichgewichte zu erhalten. Zuletzt wird der ganze Körper hin- und hergeschüttelt, alle Theile desselben sind in fortwährender Bewegung, die Kranken sind nicht mehr im Stande, irgend etwas fest zu halten, irgend eine Bewegung mit Sicherheit zu machen, sie können nicht mehr schreiben, essen etc. Auf Augenblicke sind sie wohl durch Willensanstrengung im Stande, dieses unwillkürliche Zittern zu unterdrücken, aber nach wenigen Minuten beginnt das Hin- und Herschütteln wieder. Die Kranken sind nicht fähig, ruhig zu gehen, sondern ihr Tritt verwandelt sich in ein unwillkürliches Vorwärtslaufen oder Trippeln. Dabei ist der Rumpf vorwärts gebeugt. Auch Unterstützung des Gliedes macht die Agitation und das Zittern nicht aufhören; man hat oft Mühe, den Puls solcher Kranken zu fühlen. Oft lässt das Zittern in einem Gliede nach, während es in einem andern an Heftigkeit zunimmt. Während des Schlafes hört das Zittern auf oder wird schwächer; im höchsten Grade der Krankheit dauert es aber auch dann noch fort. Auch die der Sprache, dem Kauen dienenden Muskeln werden ergriffen; die Kranken stottern, Kaubewegungen sind unwillkürlich, die Bewegungen geschehen sehr schnell, ruckweise, die Kranken greifen in der Regel fehl, wenn sie etwas anfassen wollen. Die Lähmung beschränkt sich auf die motorische Energie. Heftige Stuhlverstopfung; die Excremente müssen oft durch mechanische Hülfe aus den Därmen entfernt werden. Fortschreitende Abmagerung. Endlich leiden auch die intellectuellen Fähigkeiten. Erschöpfung der Kräfte, unwillkürlicher Koth- u. Harnabgang; Lähmung der Schlingmuskeln, Delirien vor dem Tode. Man unterscheidet eine t o t a l e und eine h e m i p l e g i s c h e, eine t o t a l e und p a r t i e l l e Form der Paralysis agitans. Apoplectischer Anfall ist oft Entstehungsweise.

Diagnose. Bei Delirium tremens ist eine Reihe encephalitischer und gastrischer Symptome vorhanden, welche hier fehlen. Das Zittern, welches aus Metallvergiftung, aus Missbrauch von Kaffee, Thee oder Narcoticis entsteht, wird man aus anamnestischen Anhaltspunkten mit Paral. agitans nicht verwechseln können. In den meisten Fällen unterscheidet sich Paralysis agitans von andern Arten des Zitterns auch formell dadurch, dass in allen anderen Arten des Zitterns die Beweglichkeit aufhört, sobald das Glied unterstützt wird, während hier das Gegentheil stattfindet. Das Mercurialzittern ist in symptomatischer Hinsicht der Paralysis agitans sehr ähnlich. — Bei einer Section fand man die Lingual- und Brachialnerven tendinös und sehr verhärtet, Medulla oblongata und Varolsbrücke sehr compact und vergrössert, Halstheil des Rückenmarkes ebenfalls verhärtet. Geringere Grade von Paralysis agitans werden häufig bei Personen im vorgerückten Alter beobachtet, Greisenzittern. Kommt oft im gelindern Grade und vorübergehend bei jungen Leuten vor, bei Hysterischen, Männern, die an Kopfcongestionen leiden: Chronische Rheumatismen, Aufenthalt an feuchten Orten, Gemüthsbewegungen gehören zu den Ursachen. — Dauer viele Jahre.

Therapie. Gegen die aus Altersschwäche oder aus organischem Leiden der Centraltheile des Nervensystems entspringende Paralysis agitans lässt sich wenig oder nichts thun. Bei jüngern Individuen, wo die Krankheit mit Kopfcongestionen im Zusammenhange zu stehen scheint, können V. S., Ableitungen durch Blasenpflaster auf die Rückenwirbel, Haarseil, Glüheisen auf verschiedene Theile des Rückgrats applicirt Hülfe schaffen. In einem Falle nützte der innerliche Gebrauch des Zinkoxyds und das Ferrum carbonicum. Bäder aus Kalischwefelleber leisteten auch viel Gutes hier, wie auch sonst bei nervösem Zittern, besonders bei rheumatischer Complication. Arnica, Phosphor, Strychnin, Sublimatbäder wurden alle ohne Erfolg angewendet. S. Lähmung.

Paraplegie. Lähmung in Folge der Apoplexie
etc. unterhalb des Kopfes. S. Lähmung.

Parotitis bei Kindern entsteht in Folge von
Scropheln, Dentition, Vertrocknen des Ohrennässens.
Man richte darnach die Behandlung. Antiscrophu-
losa, Linderung der Dentition, Zurückrufen des
Ohrennässens durch Vesicantia. Bei schmerzhafter
oder eiternder Geschwulst lege man besänftigende
Ueberschläge auf, befördere die Eiterung, öffne die
Geschwulst.

Parotitis bei Erwachsenen.

Symptome. Angeschwollensein der Drüsen, Ge-
spanntsein der Haut, dumpfer, drückender Schmerz,
steifer Hals, Fieber, erysipelatöser Charakter mit
Cephaloea gastrica, Brechneigung, Erbrechen. Siehe
Zellgewebsverhärtung des Halses.

Diagnose. Von bösartiger Parotitis durch die
Abwesenheit des Typhus.

Therapie. Mixtura diaphoret., diaphoretische Getränke, äusserlich trockene Fomentationen, Ungt.
volat. et mercuriale, Cataplasma von Leinsamen,
Milch und Brodkrummen. Calomel mit Jalappa.
Kommt es zu Suppuration, so maturire man den
Abscess und öffne ihn. Ist Mercur Schuld: Diaphorese, warme Bäder, Ammon. acet., aq. flor. Sambuci;
ist kein Fieber vorhanden: Camphor mit Sulphur.
aurat., trockene Fomentationen; droht die Geschwulst
einzusinken: Sinapismen, Vesicant.; bei biliöser Form
Tamarinden mit Sal Seignetti, Manna; nicht gern
Emetica; bei heftigen Schmerzen und grosser Röthe
V.S., Blutegel etc., worüber das Fieber entscheidet.
Zur Krisis Ammon. acet., pulv. Plummeri. S. Nervenfieber.

Peliosis. S. Blutfleckenkrankheit p. 44.

Pellagra. S. Lepra.

Pemphigus.

Symptome. Unerträgliches Jucken und Brennen
der Haut, es entstehen Blasen, wie die von Canthariden gezogenen, meist erst im Gesichte, dann an
den Oberextremitäten, dem Rumpfe, untern Extremitäten. Ihre Form ist rund oder oval mit lymphatisch
seröser Flüssigkeit angefüllt, bald Erbsen-, bald
Entenei-gross. Fieber. Nach dem Ausbruche lässt
Brennen und Jucken nach. Nach 3—4 Tagen platzen
sie oder-schrumpfen ein. Beim chron. Pemphigus
kommen wiederholte Ausbrüche des acuten. Nach
Einigen sollen Abdominalstockungen, Hämorrhoidal-
zufälle, hartnäckige Verstopfung, krankhafte Thätigkeit im uropoetischen Systeme, insbesondere qualitativ fehlerhafte Absonderung des Urins, also von den
Nieren ausgehend, nach Andern der Chylopoese,
scrophulöser oder arthritischer Process zu Grunde
liegen; es kommen daher in Folge der aufwärts steigenden Congestionen öfters wiederholte Anfälle von
Blutbrechen u. ebenso Blutungen durch den After vor.

Diagnose. Beim Blasenrothlauf gehen gastrische
Erscheinungen, Leberleiden u. s. w. voran.

Therapie. Liegt Affection der Harnorgane oder
der Darmsecretion zu Grunde, so gebe man Kali
carbon., Kali sulphur., Calomel, Antimon., Tart.

emet. Ist Gicht, Syphilis, Hypochondrie, Hysterie
Ursache, so richtet sich die Behandlung gegen diese.
Tritt das Entzündliche lebhaft hervor, Nitrum,
Schröpfköpfe; ist das Entzündliche vorüber, so gebe
man Kalkwasser mit Milch. Besänftigende Bäder,
örtliche Bäder aus Capit. Papaver., Sem. Lini, Herb.
Hyoscyam. Werden die aufgeplatzten Blasen bran-
dig, so gebe man China, Myrrhe. Gegen das heftige
Jucken Pulv. Doweri. Hebe Unterleibsstockungen.
Kissingen, Karlsbad, Canstadt zur Trink-, und Badekur. Diät bestehe aus schleimigen Mitteln, Reis,
Sago, Eiern, Milch etc. Graphit bewirkt manchmal
Stillstand der Eruption beim chronischen Pemphigus.
Chlorwaschungen sind oft fruchtlos. Extr. rhois toxicodendr. gr. j in ʒjj aq. destill. tägl. 8 gtt.; bei vorhandener Atonie des Darmkanals, durch trägen Stuhlgang und das schwammige gedunsene Ansehen sich
kund gebend, kann man, um erregend einzuwirken,
obiger Dosis gr. jv Baryta muriat. zusetzen.

**Perforatio ventriculi spontanea circum-
scripta.** Die spontane Durchlöcherung des Magens
und von Darmparthien lässt kaum Vorläufer bemerken, indem die Kranken noch kurz vor ihrem Tod
meistens ungestört ihrem Geschäfte nachgingen. Die
Kranken werden mit einem Male fast wie vom Blitze
getroffen von den heftigsten Schmerzen im Unterleib
befallen und es stellen sich dann alsobald alle Erscheinungen der Darmentzündung ein, von denen nur
die des häufigen Erbrechens fehlen. Alle gegen diese
gebrauchten Mittel bleiben fruchtlos, und es folgt
nach 12 oder höchstens 36 Stunden bei vollem Bewusstsein und den namenlosesten Schmerzen der Tod;
in manchen Fällen folgt der Tod sogar plötzlich. In
den meisten Fällen findet man bei der Section am
Magen an der unteren Curvatur in der Nähe des
Pylorus, in den wenigsten Fällen im Dünndarme
Löcher, im Magen nie mehr als eines, im Darme
mehrere. Diese Löcher sind kreisrund, offenbar von
Innen nach Aussen entstanden, die Schleimhaut des
Magens ist nicht verändert, weder der Farbe nach,
noch findet sich um die Ränder des Loches eine
Aufwulstung oder Gefässinjection, das Loch hat
scharfe Ränder und sieht wie zerfressen nach Geschwüren aus. Dass es ein specifischer Krankheitsprocess sei, der mit dem Blute und Nervenleben in
nächster Beziehung stehe, scheinen die Beobachter
nachzuweisen, da nicht einmal eine vollkommene
Durchlöcherung des Magens absolut nothwendig ist,
um den plötzlichen Tod herbeizuführen, und man in
manchen Leichen die sog. Impressiones digitatae als
alleinige Ursache des Todes anerkennen müsse. Sie-
bert will diese Krankheit einem Rückenmarksleiden
zuschreiben, Schild dagegen will die Ursache der
Durchlöcherung in Verschwärung einer hypertrophisch
gewordenen Drüse finden. Andere wollen die Per-
forationen des Magens nicht mit anderen Magenkrank-
heiten verwechselt oder in das Bereich derselben
hineingezogen sehen. Die Krankheitsform stehe nach
dieser Ansicht einzig in ihrer Art da, sie habe so
wenig mit der Magenentzündung und Geschwürbil-

dung, als wie mit dem Magenscirrhus und der Magenerweichung zu thun, obwohl sie der letzteren noch
am nächsten stehen möchte. Die Krankheit war ein
localer Reflex eines cacochymischen Processes mit
auf eine sehr kleine Stelle beschränkter, mangelnder
oder gänzlich fehlender Innervation. Nach dieser
Ansicht müsse auch der der Krankheit vorhergehende
fast chlorotische Zustand, der nur durch die genaueste
Beobachtung zu eruiren, mit Tonicis, an der Spitze
Eisen, behandelt werden. Das schnelle Auftreten der
Krankheit mit Schmerzen, die dem Kranken in keiner
Lage, in keiner Stellung Ruhe gönnen, die verzerrten und das grösste Entsetzen ausdrückenden Gesichtszüge sichern die Diagnose vor Verwechslung
mit Gastritis tonica, wo das Erbrechen pathognomi-
sches Symptom ist und jede noch so geringe Bewegung die Entzündungsschmerzen im Magen auf das
Aeusserste steigert. Diese schrecklichste Form von
Gastrobrosis, welche ohne Vorläufer, plötzlich wie
ein Blitz aus heiterem Himmel vordem Gesunde befällt und manchmal in einigen Stunden, manchmal in
einigen Tagen sicher tödtet, äussert sich besonders
durch die Mienen und Geberden. Es gibt keine
Krankheit, in welcher eine solche enorme Rapidität
der Infasion des Verlaufs und eine solche Intensität
des Leidens die ausserordentlichen Unruhe - und
Schmerzensäusserungen hervorbrächten. Die Gesichtszüge werden verzerrt und drücken das höchste
Entsetzen, die Bewegungen die fürchterlichste Qual
aus; die Kranken können in keiner Lage lang verharren, der Schmerz in der Magengrube u. der dieser
Stelle an der Wirbelseite entsprechende Rückenstich
nöthigt sie bald aus dem Bette auf den blanken Boden, bald wieder ins Bett etc. Jede Bewegung geschieht hastig, die Worte werden jäh und abgebro-
chen ausgestossen und so werden die Unglücklichen
gefoltert bis zum Tode. Diese ausserordentl. Angst
verbunden mit den unablässigen Schmerzensäusserungen bei vollem Bewusstsein sind gewöhnlich allein
hinreichend, den Arzt auf die wahre Natur dieser
Krankheit aufmerksam zu machen, besonders da alle
übrigen activen Symptome mit keiner andern Krankheit des Magens und der Gedärme in Einklang zu
bringen sind. Das Erbrechen fehlt manchmal ganz.

Peritonitis. S. Bauchfell-Entzündung.

Pertussis. S. Keuchhusten.

Pest, orientalische.

Symptome sind die des Typhus im Allgemeinen,
nur brechen am 2ten bis 3ten Tage Bubonen in der
Gegend der Weichen, unter der Achsel und überhaupt auf allen Drüsen aus. Die Weichen werden
zuerst afficirt, es entsteht bisweilen eine sehr harte
Geschwulst in den musculösen Theilen, die brennend
roth ist und sich entzündet, Carbunculus, oder es
entstehen kleine Bläschen, Anthraces, die bald in
Brand übergehen, bald entstehen Vibices. Pest verlauft viel schneller, als gewöhnlicher Typhus. Ihr
Verlauf dauert oft nur wenige Stunden, mitunter aber
14 Tage und die Prognose pflegt nach dem 7ten Tage
sich günstiger zu stellen. Man sucht die Bubonen

dnrch starke Cataplasmata aus Meerzwiebel, Emplastr.
galb. crocat., Quecksilberfrictionen etc. in Eiterung
zu bringen, und öffnet sie bald, selbst das Glüheisen
kann man anwenden, um ein Zurücksinken derselben
zu verhüten. Vorzüglich beachte man die Wirkungen des Chlors, der Mineral- und vegetabilischen Säuren, des Oels innerlich und äusserlich angewendet.
Im Uebrigen die Behandlung des Typhus.

Pfortader-Entzündung. Pylephlebitis.

Symptome. Sie tritt acut und chronisch auf. In
der acuten unterscheidet man deutlich (in der chronischen weniger bestimmt) ein Stadium inflammato-
rium und typhosum. Das 1ste Stadium zeichnet sich
aus durch anhaltende Schmerzen in der Regio epi-
gastr. und hypochondr. dextra, die wie Kolikschmerzen paroxysmenweise zunehmen. Sie werden durch
Druck vermehrt und breiten sich allmählig über den
Unterleib aus. Vermehrte Wärme im rechten Hypochondr., Unterleib gespannt, anfangs zuweilen eingezogen, hart. Die äusseren Venen der Bauchwände,
welche bei Verschliessung der Pfortader einen Colla-
teralkreislauf einleiten und das Venenblut in die V.
mammariae intern. und axill. ergiessen, sind strang-
förmig angeschwollen, zur Stärke eines Rabenkiels
und mehr. Dabei Fieber, Schauder, Frost, dann
Hitze, beschleunigter, weicher, schwacher, kleiner
Puls, trockene, turgescirende Haut, heiss, besonders
am Unterleib, trockene, weissbelegte Zunge, Eingenommenheit des Kopfes, Ekel, Würgen, Erbrechen
grüner, schwarzer Massen. Bald treten Störungen
des Athmens ein von Degeneration der Lunge, die
nie fehlt. Allgemeine Gelbsucht. Im Stadium typhosum verliert sich der örtliche Schmerz und die Hitze.
Die Kranken fühlen Pulsation im Unterleib, als ob
Alles darin lebe, sich bewege. Unterleib schwillt
mehr. Das Erbrechen schwarzer, theerartiger Massen dauert fort. Russiger Beleg der Zunge, Nasen-
und Mundschleimhaut. Zunehmende Schwäche mit
Zeichen des nervösen und putriden Zustandes. Kurz
vor dem Tode Entleerung von schwarzem Blut durch
den After. Bei der chronischen Form fehlt der
Schmerz in der Lebergegend nicht. Icterus, Ausdehnung der Unterleibsvenen, wie in der acuten, Dyspepsie, galligtes Erbrechen. Man findet Tuberkeln
in der Lunge, seröse Flüssigkeit im Unterleib, untere
Hohlvene ausgedehnter und leichter zerreissbar als
im Normalzustande, Magen erweicht, Duodenum,
Dickdarm normal, Ileum, Jejunum injicirt, dunkelroth, ihre kleinen Venen varicös angeschwollen. Mesenterialdrüsen geschwollen injicirt. Milz 3—4mal
vergrössert, strotzend, Leber gesund, in der Pfortader eiterige Materie, alle in sie mündenden Venen
übermässig ausgedehnt, von Blut strotzend. Icterus
neonator. malignus ist zuweilen Symptom dieser
Krankheit.

Wir geben als Schema einen Krankheitsfall unter folgenden kurz aufgeführten Erscheinungen:
Kranke 25 Jahre alt, kräftig, sanguinisch, Leibschmerz, Druck vermehrt ihn, Leib etwas aufgetrieben, weich, Zunge weiss belegt, grosser Durst, bit-

terer Geschmack, Uebelkeiten, Durchfall, Erbrechen
grüner Massen. Fieber; Puls voll, gespannt, 100
Schläge, Haut heiss, trocken, Urin roth, brennend
und sparsam. (Blutegel, V.S., Cataplasmata, laues
Bad; innerlich Mucilago gummi mimosae mit Aq.
Laurocerasi.) Darauf Nachlass der Symptome, etwas
Schlaf. Nachts aber Frostanfall, der in Hitze überging, unruhige Nacht, des Morgens Remission. Der
Aphorismus: Febres continuae, in quibus sexto die
horrores intrant, exitum habent sinistrum, liess trotz
der Remission einen schlimmen Ausgang befürchten,
denn plötzliche Frostanfälle, welche sich bei Enteritis und Peritonitis, namentlich während des Wochenbettes, Abends und zur Nachtzeit einstellen, lassen
sich als ein sicheres Zeichen ansehen, dass die Entzündung sich auf die Venen des Unterleibs verbreitet. (Blutentziehungen, Ungt. cinereum mit Oleum
Hyoscyami coct.; innerlich Nitrum mit Cremor. tart.,
da der Durchfall sistirt hatte.) Nachts neuer Frostanfall; die folgenden Tage leidliches Befinden, dann
3ter Frostanfall, wodurch das Uebel sich immer bestimmter charakterisirt. Die von der Entzündung
des Peritonaeal-Ueberzugs der dünnen Därme herrührenden Schmerzen, weichen allmählig, dagegen
klagt der Kranke über einen fixen Schmerz in der
Linea alba, welcher sich in gerader Richtung vom
Nabel nach oben bis zum Process. ensiformis des
Brustbeins erstreckt, durch äussern Druck und jede
Körperbewegung vermehrt und sich tief nach hinten
bis zur Wirbelsäule verbreitet. Anfangs mehr dumpf
und drückend wird er später brennend und stechend.
Unterleib nicht gespannt, Haut trocken, brennend,
Gesicht schmutzig-gelb, Durst heftig, Urin galligt,
Darmausleerungen sparsam und schwärzlich; der Kr.
verstimmt, heftige Kopfschmerzen. Calomel gr. j,
Cremor. tart., sacch. alb., ana ℈j; alle 2 St. 1 Pulv.
Einreibungen fortgesetzt, Serum lactis tamarind. zum
Getränk: später das Calomel zu gr. jj p. d.) Beinahe
täglich Frostanfälle, die übrigen Symptome aber
lassen etwas nach, die Schmerzen geschwunden,
Zunge fing an sich zu reinigen, Stuhlausleerungen
normal, Fieber mässiger, Nasenbluten, Sedimentum
lateritium; allein der Frost kam wieder, darauf Calor
mordax, höchst frequenter kleiner Puls, Abgeschlagenheit der Glieder, Eingenommenheit des Kopfes,
Schmerzen erneuen sich, Urin trübe, gelbroth, Vorboten der Salivation. (Calomel ausgesetzt, Gargarisma aus Jod ℈j Mell. rosar. ℥jj; Aq. rosar. ℥vj; innerlich ein leichtes Laxans so oft es die Umstände
erfordern.) Wiederum einige Besserung, aber der
Kranke nimmt jeden Tag an Kräften und Fleisch ab.
Ausleerungen schwärzlich (warme Bäder mit ℔2 Kochsalz und Calcar. muriat. ℔1). Die Bäder beseitigen
die Venosität. Allein die Zufälle verschlimmern sich
wieder nach einiger Zeit, Frostanfälle, Speichelfluss
von Neuem (Jodkalium innerlich); Frostanfälle nehmen an Heftigkeit zu (innerlich Chinin. mur. gr. jβ,
kali muriat. gr. vjjj; sacch. alb. ℈j; 2stündl. 1 Pulv.)
Hektisches Fieber steigert sich, Frostanfälle täglich
1—2mal, Erbrechen grünspanähnlicher Massen, Milz

schwillt an und zwischen dem Process. ensiform. des
Brustbeins und dem Nabel fühlt man eine umschriebene harte Geschwulst und hinter derselben die Pulsation der Aorta descendens. Kadaverischer Geruch
des Erbrochenen, aufgetriebener Unterleib fortwährend sehr schmerzhaft, colliquative Erscheinungen,
Delirien, Tod nach 28 Tagen. Section: Vena portarum entzündet, verdickt, von Eiter ausgedehnt, Milz
doppelt gross erweicht.

Diagnose. Es gibt eine acute und eine chronische
Form, und 2 Stadien, ein entzündliches und ein sup-
puratives oder exsudatives, die suppurative Form hat
typhösen Charakter wie der gegebene Krankheitsfall.
Die Pulsationen., welche in Folge der Obstructio
venae portarum und beinahe aller Venen des Körpers
stattfinden, haben diagnostischen Werth für die exsudative benigne Form. Die chronische Form macht
langsamen Verlauf, geringere Heftigkeit der Symptome, im 2ten Stadio aber kommt es statt zu typhösem Fieber zum hectischen Fieber, Hydrops, Icterus,
Melaena, chron. Diarrhoe tritt ein und dadurch der
Tod. Der Schmerz in der Linea alba und rückwärts
bis zur Wirbelsäule ist pathognomisch und unterscheidet sich von Gastritis durch seine Richtung,
ebenso von Pancreatitis, wo der Schmerz quer lauft
und Salivation stattfindet. Bei Hepatitis ist der
Schmerz im rechten Hypochondrio, hier in der Mitte.
Die Frostschauer unterscheiden sich. In eintretender Complication mit Intermittens durch den Mangel
des regelmässigen Typhus und den bei Intermittens
folgenden einzelnen Stadien. Typhus hat seinen bestimmten, anderen Verlauf, Schmerz in der Regio
ileo-coecalis, Frostschauer fehlen.

Therapie. Blutegel ad partem dolentem, ad anum,
V.S., Mercurialfrictionen, Cataplasmen, warme Bäder,
Calomel innerlich gegen die Plasticität des Blutes
und zur Vermehrung der Gallensecretion, es wird
zweckmässig mit Digitalis verbunden. Gegen den
venösen Zustand des Blutes, muriatische Mittel. Im
2ten Stadio Excitantia: China, Mineralsäuren, Aqua
oxymur., Valeriana, Arnica etc. um die Kräfte zu erhalten.

Pfortader-Mittel nach Rademacher.
Die Uebel, welche von der Vollblütigkeit des
Bauchadersystems entstehen, sind sehr mannigfach.
Die Hypochondrie steht oben an, dann folgt Schwindel, Fehler des Gesichts, chronische Entzündung der
Mandeln und des Gaumens, Husten, Asthma, Blutspeien, Harnbeschwerden mancherlei Art, die sogen.
kalte Gicht oder jene chronischen Schmerzen, welche
sich bei manchen Menschen in den Schultergelenken
äussern, den Gebrauch der Arme zwar nicht ganz
hindern, aber doch gewisse Bewegungen derselben
peinlich machen, und jener Schmerz in den Fersen,
welcher auch das Gehen erlaubt, aber doch den Gang
peinlich und steif macht (Gallenstein und Leberver-
stopfung können das nämliche Fersenübel verursachen). Ferner in seltenen Fällen erscheint, diesem
Grunde entsprossen, Kolik, Magenkrampf, sonderlich
zur Zeit der Verdauung, Hüftweh, männliches Un-

vermögen, oder übermässige Geilheit (mitunter beides
zugleich). Die Erkrankung des Pfortadersystems gibt
sich durch Knoten am After oder Kreuzschmerzen
(Hämorrhoiden) nicht ausschliesslich kund, sondern
es gibt, wie bemerkt, verschiedene Aeusserungen
dieses Uebels. Die gemeinen Zeichen der Haemorrh.
sind nur eine einzige Aeusserung des erkrankten
Bauchadersystems. Es gibt in der Natur noch gar
manche Aeusserungen dieses Uebels, die zwar nicht
so handgreiflich sind, aber um so mehr die Aufmerksamkeit des Arztes verdienen. Wie Manchen befreit
man, einfältig auf das Pfortadersystem wirkend, von
Bauchleiden und von anderem proteusartigem Unge-
mache, der nie an wirklichen Hämorrhoiden gelitten,
und schon den ganzen Wust bitterer, auflösender,
stärkender, krampfstillender Mittel vergebens, nicht
selten mit Verschlimmerung seiner Leiden verschluckt
hatte. Es fragt sich, wie kann man Urerkrankung
der Leber, des Pancreas, der Milz, der Därme, des
Gekröses von der Vollblütigkeit des Pfortadersystems
unterscheiden? Diese Unterscheidung ist nicht blos
schwierig, sondern in vielen Fällen bar unmöglich.
Bekanntlich wird die Anlage zur Bauchvollblütigkeit
vererbt, mithin kann uns die Anamnese zuweilen auf
die Spur mancher dunkeln Erkrankung bringen.

Das Hauptmittel, das heilend auf das erkrankte
Bauchadersystem wirkt, ist der S c h w e f e l täglich
2 Theelöffel voll Pulver. E g e l s e t z e n thut den
Bauchvollblütigen recht gut, wenn man die Egel gut
nachbluten lässt. Wenn auch die Kranken die ersten
paar Male das Egelsetzen nicht vertragen und ohn-
mächtig werden, später vertragen sie sie schon gut
und werden darnach lustig und munter. Am meisten
nützen die Egel, wenn Knoten am After sind. Den
heftigen Schmerz, der sich zuweilen bei inneren
blinden Hämorrhoiden einstellt, beschwichtigt man
am besten durch reichliche Gaben kubischen Salpeter
und Schwefel, und wenn diese Mischung nicht hinreicht, flüssigen Abgang zu machen, setzt man noch
Glaubersalz hinzu. Bei den sogen. Blasenhämorrhoiden, wobei man nicht sogleich an Gefässausdehnung
der Harnblase denken muss, sondern wo eben die
Blase ebenso consensuell leiden kann, wie es consensuelle Kopf-, Brust-, Rücken- und Fussleiden bei
Bauchvollblütigen gibt, wobei die Kranken an Strangurie leiden u. s. w., setzt man Blutegel an den After
und gibt Schwefel innerlich.

Phlebitis. S. Venenentzündung.

Phlegmasia alba dolens.

Symptome. Man findet bei Neuentbundenen eine
Krankheit, die sich kund gibt durch eine weissliche,
ödematöse, acute, fast plötzlich entstandene Aufschwellung und heftigen Schmerz des angeschwollenen Schenkels. Man hat diese Aufschwellung
schon für eine Milchmetastase, für eine lymphatische Krankheit gehalten, und die betreffende Vene
und das Zellgewebe für den eigentlichen Sitz des
Uebels angesehen. Die Meisten vereinigen sich jetzt,
sie für eine Folge der durch eine Entzündung der
Vene erfolgte Obliteration derselben zu halten. Die

Krankheit dauert selten weniger als 6 Wochen; meist
nach Blutverlusten und Erkältungen auftretend; ergreift nie beide Schenkel auf einmal, geht nie über
die Mittellinie des Körpers und kann sich bis auf
die Darmbeingegend hinaufstrecken. Sie ist die
weisse Rose, hat den Hautglanz, die Schmerzhaftigkeit, Unbeständigkeit des Sitzes, das nachfolgende
Oedem, die Tendenz zur Verjauchung statt zur Eiterung ganz mit der Rose gemein, ebenso die Behandlung. Schamlippen oder Vena cruralis, obturatoria
schwellen an, Geschwulst ist prall, schmerzhaft, von
weisser Farbe, Extremität wird steif, unbeweglich.
Fieber; biliöse Erscheinungen.

Diagnose. Die Krankheit findet sich meist bei
Wöchnerinnen, meist einige Tage nach der Geburt
oder wenigstens vor der 4—5ten Woche. Bei Ischias
postica folgt der Schmerz dem Laufe des Nerv. ischiad.

Therapie. Strenge Antiphlogose. V.S., Blutegel,
Schröpfköpfe, Scarificationen, Digitalis, Calomel, Mittelsalze, Nitrum mit Opium, Potio Riveri mit Nitrum,
Opium. Aq. Cerasor., Syrup. Alth. Später Einreibungen von Ol. Hyosc., Ol. Juniperi, noch später
Vesicantia ad partem dolentem. Bei Turgescenz nach
Oben, Emetic. Kommt Suppurationsfieber, so gebe
man China, Mineralsäuren, Chlor. Andere behaupten,
dass Einreibungen, Mercurialsalbe, Vesicantia, Blutegel durchaus zu verwerfen seien; dagegen seien
Einwicklungen in geröstetes Mehl, später in Wachstaffet, leichte Abführungen, Brausepulver fast unfehlbar. Zeige sich die Geschwulst ödematös, so sei
die Krankheit im Abnehmen.

Phlegmone. S. Rothlauf, unächtes.

Phlogosis. S. Entzündung.

Phrenitis. S. Gehirnentzündung.

Phthiriasis. S. Läusesucht.

Phthisis florida. S. Lungenschwindsucht.

Phthisis hepatica, renalis, vesicalis.

Symptome. Dasein und Verlauf des hectischen
Fiebers, verbunden mit den jeder Art eigenthümlichen Symptomen der verschiedenen örtlichen Eiterung. Bei der hepatischen: Schmerz und Druck
in der Lebergegend mit Verbreitung nach dem rechten Arme oder Schenkel, Nichtliegenkönnen auf der
linken Seite, gelb gefärbter Auswurf, gelbliche Gesichtsfarbe, Erbrechen, Magenbeschwerden, Verstopfung mit Diarrhoe wechselnd. Der Mangel an
Speichel charakterisirt gewissermassen die hepatica
von der mesenterica; bei der hepatica reibt den Kr.
unstillbarer Durst auf. Bei der renalis Schmerz
und Druck in der Nierengegend, durch Rückenlage
vermehrt, Eiter im Urin. Bei der intestinalis
Schmerz und Spannung im U.L., Abgang von Eiter
und Blut mit dem Stuhlgange. Bei der vesicalis
Eiterabgang aus der Blase. S. Harnblasenkrankheiten
Nr. 6. Bei der uterina Eiterabgang aus dem Uterus.

Diagnose. Bei den katarrhalischen Formen ist
der Schleim geruchlos, kein Febr. hectica vorhanden; hier findet Abgang eines stinkenden Eiters statt.

Therapie. Restauration des Säfte- und Kräfte-
verlustes und gehörige Behandlung des Fiebers, wie

bei Phthisis pulmonalis. Nebstdém die Behandlung des Geschwürs. Bei vesicalis, uterina Injec-tionen. Bei Tendenz des Eiters, nach Aussen zu brechen, z. B. bei der renalis, hepatica, unterstütze man dieselbe und öffne bald den Abscess.

Phthisis meseraica. S. Bauchscropheln, Darmschwindsucht.

Phthisis pituitosa. S. Bronchitis.

Phthisis pulmonum. S. Lungenschwindsucht.

Physkonien. S. Verstopfung. Obstructiones.

Pians. S. Südliche Krankheiten.

Pica. S. Gelüste.

Plethora. Erythrosis, Vollsucht.

Symptome. Knochige, musculöse Individuen, sehr entwickeltes Capillargefässsystem, blühendes, volles Aussehen, irritables Gefässsystem, Brust ist gewölbt und dennoch Klagen über beengte Respiration; Ess-lust stark, öfteres Magendrücken, Abscheu gegen Fleisch, unruhiger Schlaf, geistige Trägheit, Stumpf-heit, Temperatur erhöht; Kopf, Brust heiss, Hände und Füsse kalt; alle Secretionen beschränkt, Koth schwarz, Harn roth.

Diagnose. Das eigenthümlich blühende Aussehen, der Mangel an U.L.-Leiden, die Permanenz der Er-scheinungen unterscheiden sie von Congestionen, Hämorrhagien und Dauungsbeschwerden.

Therapie. Entziehungs-, Hungerkur; viel Pflan-zenkost, zum Getränk Wasser, active und passive Bewegung, Antreibung der Nieren-, Darm-, Haut-secretion, der Menses. Kissingen, Bäder, Warm-halten der Haut, Calomel, ableitende Fussbäder. Nur mit grösster Vorsicht und im äussersten Falle V.S. Aufenthalt in hochgelegenen Gegenden.

Plethora abdominalis. Abdominalplethora ist jederzeit vorhanden, wenn der Unterleib der Sitz einer Krankheit ist, welche einen grössern Zufluss von Säften bedingt, als naturgemäss ist. Bei allen Leiden des U.L. mit grossen Geschwülsten in dem-selben, bei Degenerationen einzelner Gebilde im U.L., z. B. bei Anschoppungen der Leber, der Milz, bei Anschoppungen und Anschwellungen der Drüsen im Mesenterium, des Pancreas u. s. w., bei Hämo-rrhoidalleiden, namentlich bei stockendem Flusse der-selben, oder wenn dieselben nicht zum Ausbruche kommen und der U.L. leidend sich zeigt, ebenso bei arthritischen Zuständen, in welchen der U.L. offen-bar Sitz eines Leidens ist, findet jederzeit Plethora, d. h. vermehrter Säftetrieb im U.L. statt. In solchen Fällen dürfen natürlich dann auch keine solche Mittel gegeben werden, welche den Säftetrieb gegen den U.L. specifisch schon befördern, z. B. die Aloë, welche so sehr specifisch auf die Blutgefässe des U.L. wirkt; zu Abführmitteln müssen daher in sol-chen Fällen ganz andere Mittel als die Aloë gewählt werden, wenn es nicht im Plane liegt, den Säftezu-fluss gegen den U.L. noch mehr zu verstärken, um eine kritische Blutung daselbst durch die Hämorrho-dalgefässe zu bewirken. Auch muss man mit den Emenagogis vorsichtig sein, wenn auch die ausge-bliebenen Menses auf Antreibung derselben hinzu-

wirken geböten, oder anderweitige Leiden des U.L.,
z. B. Dégenerationen, Geschwülste etc. daselbst
jeder vermehrte Antrieb der Säfte und des Blutes
namentlich, befürchten liessen, dadurch diese pathischen Processe zu vermehren. — Bestätigter Nutzen
der getrockneten alten Rinde der Rhamnus frangula
gegen Abdominalplethora; die Rhamnus frangula L.
Glatter Wegedorn, Faulbaum u. s. w. genannt. Cortex
frangulae vel Alni nigrae schon bei den Alten offici-
nell und als Purgiren erregendes Mittel gebraucht,
jetzt obsolet. Es ist ein auflösendes, tonisch stärkendes, nicht drastisch wirkendes Mittel und eignet
sich vorzüglich als ein billiges Abführmittel bei
Unterleibskrankheiten und Hämorrhoidalbeschwerden
als Surrogat des theuern Rheums. Das Decoct
der Cortex Rhamni frangulae besonders in Verbindung mit Millefolium bei unterdrückten Hämorrhoiden als sehr nützlich erwiesen. Bei krankhafter
Reizbarkeit des Darmkanals und bei Neigung zu
Durchfällen passt es nicht. Indicirt ist es bei Unterleibskrankheiten und zwar bei denjenigen Zuständen, wo Rheum, oft Senna indicirt sind, vorzüglich
bei nervöser Abdominalplethora und habitueller Stuhlverstopfung. 2) Bei nicht zu Stande gekommenen
Hämorrhoiden, Hämorrhoidal-Congestionen (blinden
Hämorrh.), nachdem Blutegel ad anum und kühlend
eröffnende Mittel nebst entsprechender Diät angewendet worden, da hypersthenische Congestionen und
activ fliessende Hämorrh. Gegenanzeigen sind. Wenn
hingegen die Hämorrhoidal-Congestionen passiver Art
sind, besonders bei torpiden, schlaffen, pituitösen
Subjecten, welche an Abdominalplethora, Stockungen
im Bauchvenensystem und nervöser Dyscrasie leiden,
kann man ohne Bedenken sogleich von dem Decocte
Gebrauch machen. 3) Wenn der Hämorrh.-Blutfluss
erschienen, aber wieder ausgeblieben ist. $\mathfrak{z}j\beta$ Cortex
Rhamni frangulae, Cort. fruct. aurantiorum $\mathfrak{z}ij$; coque
cum aqua font. lagenul. jj per horas duas ad colat.
lagenul. j; sub finem coctionis adde cort. fruct. auran-
tior. $\mathfrak{z}iij$—$\mathfrak{z}\beta$; seminis foeniculi $\mathfrak{z}iij$—$\mathfrak{z}\beta$; digere in loco
frigido per horas jj; Cola, stet per dies jj loco fri-
gido. Dieses letztere Stehenbleiben ist nöthig. Nach
Befinden der Umstände kann man noch $\mathfrak{z}j$—$\mathfrak{z}j\beta$ Sal.
anglicum hinzusetzen. Es macht 2—3 breiige Sedes.
Bei Hämorrhoidalbeschwerden nimmt man statt der
Pomeranzenschalen $\mathfrak{z}ij$ folia et summitates Millefolii,
auch zuweilen noch $\mathfrak{z}ij$ Kümmelsamen sub finem coctionis hinzu. Abends vor dem Schlafengehen eine
Tasse oder 4—5 Essl. voll zu nehmen. Vormittags
11 Uhr wiederholt man diese Dosis, 3—4, ja 6 Wochen
lang fortzugebrauchen. Bei krankhaft erhöhter Venosität und Blutanhäufungen im U.L., von gehinderten
und verhaltenen Hämorrh. herrührend, lässt man 30,
dann 40, 50, 60 bis 70 steigend Guttulae aquae laurocerasi beimischen. Dabei Bewegung im Freien,
kalte Wasserfrictionen des U.L. und Rückgrats, und
nicht zu langer Schlaf. Aqua Magnesiae sulphuricae
carbonica und bicarbonica (1 Loth Bittersalz und
1 Schoppen Selterserwasser) bei Abdominal-Ueber-
füllungen, venösen Congestionen, Stuhlverstopfung,

materieller Hypochondrie, Melancholie, Icterus, Melaena, Hämorrhoiden etc. Die Quantität von Salzen, von alkalischen Erden und Alkalien, welche manche Küchengewächse enthalten, erregt Erstaunen; der Cellerie enthält 16 — 20 Proc., der gewöhnliche Schnittsalat 23—24 Proc., der Rosenkohl (Kohlknospen) bis 10 Proc. der trockenen Pflanze in Aschenbestandtheilen. Da die heilsame Wirkung der alkalisch-salinischen Thermen (Marienbad, Karlsbad, Kissingen u. s. w.), deren wir uns bei der Plethora abdomin. und der damit verbundenen venösen Dyscrasie und bei den davon herrührenden Krankheitsformen bedienen, bekanntlich den in diesen Thermen enthaltenen Salzen, Alkalien und alkalischen Erden, so wie der Kohlensäure (in den kalten Wässern) beizumessen ist, so geht daraus hervor, dass die obengenannten Küchengewächse, welche Salze, alkalische Erden und Alkalien in so reicher Menge enthalten, vorzugsweise vor allen andern Vegetabilien in diätetischer Hinsicht zur Unterstützung der Thermen, so wie der auflösenden abführenden Arzneimittel, welche gegen die genannten Krankheiten sich heilsam erweisen, angewendet zu werden verdienen, namentlich auch als Brunnendiät.

Bei activen Entzündungen mit Crusta phlogistica ist das venöse Blut arterieller geworden, d. h. es ist sauerstoffreicher, und umgekehrt verhält es sich bei der Plethora abdominalis venosa, dem Ausgangspunkte so vieler Leiden, es ist hier sauerstoffärmer. Darauf stützt Klenke sehr sinnreich eine Kurerklärung der Plethora abdominalis. Er ist nämlich der Ansicht, dass die Darmzotten eine kiemenartige Wirkung hätten und der günstige Erfolg der Wasserklystiere und des vielen Wassertrinkens bei Plethora abdominalis und den daraus entspringenden Krankheiten durch eine stattfindende Wasserrespiration im Darme, wodurch das Pfortaderblut sauerstoffreicher werde, bewirkt werde. Er habe auch stets vorherrschende Venosität bei Individuen beobachtet, die wenig Wasser trinken, während starke Wassertrinker niemals daran litten. Er empfiehlt daher, auf Erfahrungen und Theorie gestützt, die Wasserkuren angelegentlichst bei Venosität, namentlich Hämorrhoidalstockungen, torpiden Lebercongestionen, Melanose, aufgetriebenen Venen und anderen venösen Abdominalleiden.

Pleuritis, Pleuresie, Seitenstich, Brustfell-Entzündung.

Symptome. Heftig stechende Schmerzen an einer fixen Stelle der Brust, der sich beim Versuche tief einzuathmen vermehrt. Ist die Pleura costalis oder sind die Intercostalmuskeln der Sitz der Krankheit, so vermehrt der Druck mit der Hand den Schmerz. Der Athem ist kurz und schnell, und geschieht mehr mit dem Diaphragma. Sind Costal- und Pulmonalpleura zugleich afficirt, so ist der Schmerz heftig stechend auf einem Punkte, von welchem er sich weiter über die Brust verbreitet, und sich bei der Respiration vermehrt. Husten mehr trocken; wo das ganze Parenchym entzündet ist, blutig gestreifter

Auswurf. Bei der Pleuritis gibt die Percussion anfangs kein diagnostisches Zeichen für dieselbe. Nur
später gibt das Exsudat einen vollkommen leeren,
wahren Schenkelton, und zwar anfangs unten, später
immer weiter nach oben zu emporsteigend. Bei der
Auscultation ist bei Pleuritis kein knisterndes Geräusch wie bei Pneumonie, dafür aber häufig Aego-
phonie. Wenn die Kranken sprechen oder athmen
und dabei husten, hört man durch das Stethoscop
einen Ton wie Mökern. Leidet der untere Theil der
Pleura, so ist der Husten, besonders wenn die Ausstrahlungen des Nerv. Pneumogastricus ergriffen sind,
sehr heftig, nicht selten von Erbrechen begleitet.
Ist der Sitz der Krankheit im hinteren Mediastino,
so ist stechender, schiessender Schmerz gegen die
Scapula vorhanden, und wird durch die Bewegung
des Dorsaltheiles der Wirbelsäule vermehrt; dabei
ist mehr oder weniger Fieber; bei der chronischen
Form ist kein Fieber, der Schmerz ist weniger intensiv, der Ton der schmerzhaften Stellen dumpf.
Bei sehr sensibeln Frauen gibt es oft nervöse Brustschmerzen, die den pleuritischen ähnlich sind, doch
fehlen die Zeichen des Fiebers, der Auscultation etc.
nach Blutverlusten, bei Chlorose. Sind diese Zufälle
mit irregulärer Menstruation verbunden, so kann Blutentziehung nützen. Das Seitenstechen ist oft auch
eine Intercostalneuralgie, z. B. bei Hypochondern.

Wenn der Sitz der Krankheit mehr in der Mus-
kelhaut selbst ist, dann hängt es von dem Fieber
meist ab, und von der Heftigkeit des Schmerzes, ob
eine V.S. zu veranstalten sei oder nicht. Man entziehe topisch Blut durch Blutegel, mache Fomentationen aus Milch, Dct. Malvae etc., gebiete Ruhe,
antiphlogist. Diät. Bei der Entzündung der Pleura
ist stets V.S. und Wiederholung derselben bei der
Steigerung der Symptome nöthig. Ist Verkältung
Ursache gewesen, so lege man ein Vesic. ad pectus,
mache V.S.; hilft dies nicht, so wiederhole man die
V.S. und gebe ein Emet. darauf. Bei chron. Pleuritis lege man öfters Blutegel an, reibe Mercursalbe
ein, gebe innerlich kleine Gaben Calomel. Hilft dies
nicht, so brenne man eine Moxa ab (was schnell hilft)
und unterhalte darauf eine Fontanelle. S. Lungenentzündung.

Bei der Behandlung der Pleuresien muss man
sein Augenmerk wohl darauf richten, ob dieselbe in
der rechten oder linken Seite ihren Sitz hat. — Bei
den Affectionen der Leber wird bekanntlich die rechte
Pleura in Mitleidenschaft gezogen, aber auch umgekehrt. vermag die rechtseitige Pleuritis sehr häufig
die Leber und ihre Verrichtungen mit in den
Krankheitskreis zu ziehen, namentlich bei der sog.
biliösen Brustentzündung. Die biliöse Pleuresie ergreift primär nie die linke Brusthälfte, nur kann sie
bei längerem Dauern durch Erschütterung des Thorax zuweilen secundär auch das linke Lungenfell in
Reizung versetzen. Die linkseitige Pleuritis deutet,
wenn sie primär auftritt, jedesmal auf ein Mitergriffensein der Milz hin, und wenn, wegen der wenig in die
Augen tretenden Symptome, bei Störungen der Milz

sich diese Mitergriffenschaft auch nicht so handgreiflich nachweisen lässt, wie bei der Miterkrankung der Leber, so wird sie doch durch die Wirkung der Arzneimittel und die Anamnese zweifelbar nachgewiesen. Die praecordiale Pleuritis kommt unter bestimmten Umständen auch primär vor u. ist prognostisch wohl die ernsthafteste. Sie bildet sich aber auch zuweilen bei versäumter oder unzweckmässiger Behandlung aus einer recht- oder linkseitigen heraus. Ihr ernsthafter Charakter gründet sich auf die leichte Mitleidenschaft des Herzbeutels. Die dorsale Pleuritis wird mit Recht als die günstigste angesehen; sie ist gewöhnlich der heilsame Ausgang der übrigen Arten, und schon die Alten wussten, dass je mehr sich der Seitenstich nach der Wirbelsäule zuzieht, desto günstiger der Verlauf der Krankheit zu erwarten sei. Mag auch der jedesmalige Charakter und der Genius morbi wesentlich influenziren, verdient gewiss die rheumatische, biliöse, nervöse Diathese die geeignete Berücksichtigung, woraus die verschiedenen oft ganz entgegengesetzten Kurmethoden zu erklären sind, welche man gegen diese eine Krankheit nach einander empfohlen und mit Erfolg angewendet hat, so ist auch der specifische Unterschied zwischen recht- und linkseitiger Pleuritis bei der Behandlung dieser Krankheit in Haupterwägung zu ziehen. — Die rechtseitige Pleuritis ist gewöhnlich mit Verstopfung, Brechneigung, Uebelkeit, drückendem Kopfschmerz in der Stirne, öfters wohl auch mit wirklichem rheumatischem Kopfschmerze verbunden, Erscheinungen, die durch Ausleerungen nach oben oder unten nach dem Abgange von Flatus remittiren. Die linkseitige ist ohne die genannten Allgemeinstörungen, natürlich aber in der Regel mit Hitze, Fieber etc. verbunden, sie ist am häufigsten Folge von Diarrhoen, daher entsteht sie auch wohl bei unzweckmässiger ausleerender Methode aus andern Krankheitszuständen, namentlich bei rheumatischer Diathese, und dies insbesondere bei zarten Kindern, stark schwitzenden Wöchnerinnen. Die rechtseitige Pleuritis entsteht zuweilen, wenn bei derjenigen Form von Cardialgie, die nur dem Emeticum weicht (der saburalen), stopfende, carminative Mittel gereicht werden. Bei gewissen Idiosyncrasien entstehen durch den Genuss gewisser Nahrungsmittel diätetische Intoxicationen mit Cardialgie, welche durch ätherische und narcotische Mittel nicht gebessert werden. Sind die schadhaften Stoffe in geringer Menge vorhanden, so reichen einhüllende Mittel aus; sind sie in grösserer Menge vorhanden, so ist das Emeticum unerlässlich. Braucht man hier reizende Mittel, so entsteht leicht Pleuritis dextra; sucht man die nach oben dringenden Stoffe nach unten zu entfernen, so entsteht nicht selten die Pleuritis sinistra. Bei unzweckmässiger Behandlung oder Nichtbeachtung eines längere Zeit anhaltenden trockenen, katarrhalischen Hustens bildet sich durch fortwährende Erschütterung der Pleura und des Zwerchfells eine entweder recht- oder linkseitige Pleuritis aus. Diese Art von Pleuritis erfordert

jedesmal die Expectoration begünstigende Mittel,
Pilulae bechicae Heimii, das Plummer'sche Pulver
mit narcotischen Mitteln. Ist der Husten die Folge
einer gewöhnlich plötzlich auftretenden rheumatischen
Pleuritis, so weicht derselbe, sobald die letztere mit
den geeigneten Mitteln bekämpft wird. Prognostisch
am ungünstigsten sind Pleuritiden der Kinder, die
sehr schwierig oder vorsichtig zu behandeln sind,
namentlich bei Kindern unter 1 Jahre; die der Greise,
welche fast gar keine Blutentleerung vertragen; die
Pleuritis, welche im Gefolge der Phlegmasia alba
dolens auftritt und die Pleur. praecordialis, die Pleur.
dextra ist in der Regel schmerzhafter und sthenischer
als die sinistra; die Pleur. ver. rheumat. leichter zu
behandeln als die biliosa. Die rechtseitige Pleura
indicirt die Nauseosa, entweder als Emetica oder in
refracta dosi, und in solcher Verbindung, dass sie
nach unten wirken: Tart. emet. in refracta dosi, Verbindungen des Salmiaks mit Brechweinstein als Vinum
stibiat., Goldschwefel. Eine Saturation von kohlensaurem Natron oder Kali mit Essig, verbunden mit
1 — 2 Gr. Brechweinstein, ohne weitern Zusatz ist
sehr wirksam. Erst später passt ein Zusatz von Extr.
Hyoscyami. Die linkseitige Pleuritis erfordert vorneherein neben sehr kleinen Gaben von Sulphur. aurat.
gleichzeitig das Opium, das Bilsenkraut etc., unter
Umständen das Chinin. ℞ Sulphur. aur. antim. gr. $^1/_3$;
Extr. hyoscyami gr. $^1/_3$; Opii gr. $^1/_4$; Elaeosacch.
citri ℈j. M. f. p. d. t. d. Nr. VIII; stündl. bis 2stündl.
$^1/_2$ Pulver. Sind die dringendsten Symptome vorüber,
so gibt man Heims pilulae bechicae. ℞ Extr. inulae
ℨij; Pulv. rad. Ipecacuanhae, herb. digitalis, ana ℈β;
Opii gr. v. M. f. pilulae gr. jj; 3stündl. 1 Stück.
Blut wird nebenbei so viel entzogen, als die Natur
kritisch selbst gethan haben würde. Starke wiederholte Ausleerungen sind unrecht. Kaltes Trinken ist
im Verlaufe aller Pleuritides sehr schädlich. Die
besten Getränke sind lauwarmer Haferschleim, dann
schwacher lauwarmer Kaffee. Die Anwendung von
Blasenpflastern und Senfteigen findet immer Statt.

Plexus-coeliacus-Leiden, Mittel, welche auf
denselben wirken, nach Rademacher.

Aqua amygdal. amarum ℨj in 24 Stunden in einem
schleimigen Tranke von ℨviij stündlich davon 1 Esslöffel voll. Es wechseln bei den Krankheiten des
Plexus coeliacus nervöse Erscheinungen mit einander
ab, ist Fieber vorhanden, so wechseln Kälte und
Wärme, und ist mässiger Kopfschmerz vorhanden;
es ist zuweilen mässiger Durchfall vorhanden, es
erscheinen Schmerzen bald in der rechten, bei Andern
in der linken Seite, oder aber wechselnd bald rechts,
bald links, oder in der Mitte der Regio epigastrica,
oder starker Schmerz im Unterbauche, der Harn ist
klar, dem gesunden ähnlich, das Fieber gränzt zuweilen ans Intermittirende, klagen die Kranken über
Schmerzen in den Füssen, so erkennt man bald,
dass sie in den Nerven, weniger in den Muskeln
ihren Sitz haben, denn die Bewegung der Füsse ist
nicht behindert; Klagen über Rückenschmerz ist
ebenfalls ziemlich häufig dabei. Die Krankheit hat

etwas Aehnlichkeit mit Pancreasleiden, und da man
an den Mitteln bald erkennen kann, dass man es in
solchen Fällen weder mit Leber- oder Milzleiden zu
thun hat, so kommt man bald darauf, dass der Plex.
coeliacus erkrankt sein müsse. Es können aber natürlich bei diesem Urleiden des Plexus coeliacus auch
Leber oder Milz consensuell erkrankt sein, und dann
müssen die Mittel dagegen combinirt werden. — In
manchen Gegenden tritt ein Nervenleiden im Bereiche
des Plexus coeliacus als endemische Krankheit auf,
wovon die gutgenährten, wohlhabenden Leute in Folge
besserer Nahrung verschont bleiben, wo also die
schlechte Nahrung das ursächliche Mement ist. Das
Uebel besteht in einer drückenden, brennenden Sensation zwischen Nabel u. Processus ensiform. Dieses
Gefühl steigert sich zu regellos wiederkehrenden neuralgischen Paroxysmen, bei manchem Individuum täglich einigemal wiederkehrend. Mattigkeit und träger
Stuhl sind anfangs vorhanden. Während des Paroxysmus, der von heftigem Drücken, Brennen und
athemhemmenden Schrauben in der Magengrube begleitet ist, strahlen die schmerzhaften Sensationen
auf folgende Weise aus: seitlich über beide Hypochondrien nach dem Rücken, wo sich der Schmerz
in einem Spinaltheile gleicher Höhe fixirt, nach aufwärts in Linien beiderseits des Sternums, in der
Herzgrube sich abschnürend, oder mit Verbreitung
auf die Stirngegend, daselbst dumpfen Kopfschmerz,
Schwindel u. Ohnmachtgefühl erregend. Narcotische
Mittel (Belladonna, Hyoscyamus, Laureceras.) bringen
auf kurze Zeit Linderung. Opium scheint bisweilen
das Uebel sogar zu verschlimmern. Wismuth, Zink
verschafft etwas anhaltendere Besserung. Grösseren
Nachlass aller Erscheinungen, in einigen Fällen
dauerhafte Genesung bringt das Königswasser zu
30—60 Tropfen in 24 Stunden, 5—6 Tage lang gereicht.
Haben noch besondere Schädlichkeiten Veranlassung
gegeben, so verbindet sich das Coeliacal-Nervenleiden
mit Gastroataxie und pituitosa, acida, biliosa, mit
Wasserkolik oder Gastritis mucosa chron. Nach langem Bestehen ist die Tendenz zu Degenerationen
des Magens, der Leber, des Pancreas unverkennbar.
S. Pancreasleiden. — Was die beginnende Lähmung
der Bauchganglien betrifft, so sind grosse Beängstigung, deren Sitz unter dem Zwerchfelle im
Epigastrio ist, kalte Gesichtsschweisse, Anschwellen
des Bauches, Meteorismus desselben, Lähmung des
Schlundes und der Tod der Gang der Lähmung des
Plexus coeliacus. Nur im Anfange ist das Uebel
besiegbar durch öfter gereichten Schwefeläther und
dergl. Geister, jedesmal einen tüchtigen Guss voll in
eine Tasse Wasser. Kommt die Beängstigung, welche
auf diese Gaben beseitigt worden, wieder, so wiederholt man die Aethergabe. So kann man dem Tode
oft ein Opfer entreissen.

Pneumonie. S. Lungenentzündung.

Pneumonia notha, s. senum, eine in Folge
des Status pituitosus eintretende und durch denselben eigenthümliche Lungenentzündung, die anfangs
blos die allgemeinen Zeichen der Verschleimung,

Schleimansammlung in den ersten Wegen, Mangel an Esslust, Kräftemangel u. s. w. zeigt und dann immer mehr die Gestalt einer schleichenden Pneumonie annimmt, ist eine Bronchitis (s. diese) capillaris, eine sogenannte adynamische Pneumonie, kommt bei alten Leuten vor und macht sich zuerst bemerkbar durch Druck, Beklemmung auf der Brust, Kurzathmigkeit, kleinen, unvollständigen, häufigen Athemzug: rasselndes, pfeifendes Athmen, nach und nach häufiger werdenden Husten mit zähem, dickem, bräunlichem oder röthlichem Auswurf von schleimiger Beschaffenheit, welchem bisweilen wirklich Blut beigemischt ist. Dabei nur geringes Fieber, kleiner, schwacher, unterdrückter Puls, Druck in der Stirngegend, schnelle Zunahme der Krankheit und oft unerwarteter Tod durch plötzlich eintretende Erstickung.

Diagnose. Die Beschaffenheit der Sputa bei der weit stärkern Oppression der Brust zeichnen die Krankheit von dem Catarrh. chronic., der Phthisis pituitosa aus, sowie das geringere Fieber, der Mangel an acutem Schmerz sie von einer gewöhnlichen Pneumonie unterscheiden. S. Bronchitis.

Therapie ist schwierig, weil oft sehr widersprechende Indicationen vorhanden sind; lässt man viel zur Ader, so entsteht Collapsus, unterlässt man die V.S., so tritt Suffocation ein. Alle erhitzende Nahrungsmittel, Wein etc. müssen vermieden werden. Oft kommt man statt der V.S. mit Blutegeln, Schröpfköpfen am Arme und Rücken, an den Füssen aus. V.S. nur mit grosser Vorsicht. Hauptmittel sind: Ableitungsmittel, reizende Klystiere aus Essig, Oxymel, Salz, Seife etc.; Epispastica, Vesicantia auf Brust und Füsse, welche man unterhält. V.S. wenn sich Pneumonie damit complicirt; topische Blutentleerungen und darauf Emeticum. Derivantien auf die Haut, warme Begiessungen, Vin. stibiat. Dämpfe mit Terpentin in gleichen Theilen heissen Wassers. Fuss- und Handbäder, erweichende, mässig reizende Dämpfe zum Athmen aus Sambuc., Chamomill., Malva mit Essig. Innerlich passen Arnica, Senega, Sulphur. aurat., Kermes, Liquor C. C. succin., Oxymel Scill.; Anis, Foenicul. und bei sehr starkem Auswurfe mit asthmatischen Beschwerden Benzoe und Camphor.

Pneumorrhagie. S. Lungenblutschlag.

Pneumophthisis. S. Lungenschwindsucht.

Pneumothorax. Wenn die Lunge nicht mit der Costalpleura verwachsen ist, kann es geschehen, dass durch die Heftigkeit der Hustenanstrengungen ein Riss in der Pulmonalpleura entsteht und durch denselben die Luft aus den Bronchien ins Cavum pleurae austritt. Die eine Hälfte der Brust dehnt sich gewaltsam aus, das Diaphragma dieser Seite wird nach unten gedrückt, der Bauch treibt sich daher auf. Die Kranken können nicht liegen, wenigstens nicht auf der kranken Seite wie bei Hydrothorax; dieses ist daher ein diagnostisches Moment, sie sitzen aufrecht im Bette; immer eine volle Percussion; diese kann sogar tympanitisch sein. Wenn die Thoraxwände sehr gespannt sind, ist der Per-

cussionston gerade nicht tympanitisch, warum? weil
dann zumal die Wände ebenfalls mitschwingen und
ihren Ton mit denjenigen der von ihnen umschlosse-
nen Luft vereinigen; also wie bei der Percussion des
normalen Lungenparenchyms metallisches Klingen:
Schallwellen, die in einem weiten gewölbten Tone
schwingen. Dabei wird der Puls ausserordentlich
frequent, klein, schwach, zitternd; indem die aus-
tretende Luft die Lungen endlich comprimirt, gehen
die Kranken zu Grunde.

Therapie. Operation des Einstichs muss versucht
werden.

Pocken. S. Blattern.

Pollutionen, nächtliche. S. Samenverluste.

Präcordialangst. Es gestaltet sich die Präcordialangst als ein Gefühl von Angst, das in der
Brust und den Präcordien seinen Sitz hat und mit
der Empfindung innerer Hitze und mit einer solchen
verbunden ist, als ob dort ein Stein laste, oder ein
eisernes Band den Leib zusammenschnüre. Die Präcordialangst kommt in sehr verschiedenen Graden
vor: das leise und flüchtige Unbehagen, das zuweilen
den gesundesten Menschen überkommt, wenn er einer
Anstrengung, eines bis zur Ermüdung fortdauernden
Eindruckes überdrüssig wird, und das sich schon
durch einen starken Athemzug Luft macht, ist schon
ein geringer Grad dieses Empfindungszustandes.
Weiter begegnet man Kranken, die bei keiner Arbeit,
wie lieb sie sonst, wie geläufig sie ihnen sei, aus-
dauern können, von einer unbestimmten Angst getrieben, welche in der Herzgrube ihren Sitz hat.
Nicht selten begleitet diese Unruhe ein unangenehmer und peinlicher Gedanke, welchen der Kranke
als die Ursache derselben betrachtet und angibt.
Als eine fernere Steigerung reiht sich jene Rast-
losigkeit an, die den Kranken von einem Flecke
zum anderen treibt, durch Feld und Wald, wo er
ohne Nahrung und Schlaf die Nächte im Freien zubringt, bis er mit verwildertem Aeusseren zurückkehrt oder gefunden wird. Gewöhnlich ist hier schon
eine Wahnidee der scheinbare Grund: die Furcht vor
eingebildeten Gefahren oder vor einem Verbrechen,
das der Kranke begangen zu haben wähnt oder be-
gehen zu müssen glaubt, Unmittelbar gränzen hier
die höchsten Grade der Präcordialangst: die, welche
zu wirklichen Unthaten, zu Angriffen auf die eigene
Existenz oder das Leben und Eigenthum Anderer
hinreissen und nicht selten von entsprechenden Sinnestäuschungen begleitet sind.

Wie die Präcordialangst ein krankhafter
Gemüthszustand ist, scheint sie auch wesentlich den Gemüthskrankheiten und zwar der eigentlichen Melancholie anzugehören, nicht der Melancholia attonita (Stupidité der Franzosen). Sie fällt
oft mit dem zusammen, was die Alten Raptus melan-
cholicus nannten.

Die Präcordialangst hat gewisse Alterationen der
leiblichen Verrichtungen in ihrem Gefolge, deren
einige fester, andere weniger fest an sie gebunden
sind. Am constantesten ist die Veränderung, welche

das Athmen erleidet. Sie zeigt sich schon bei den niedrigsten Graden in einer Verstärkung und Beschleunigung der Inspiration, die dadurch tief und heftig wird, und welcher eine entsprechend starke, jedoch weniger heftige Exspiration folgt. In der krankhaften Unruhe, welche oft die Hypochondrie begleitet, wird diese Verstärkung einzelner Inspirationen zu einem häufigen unwillkürlichen Seufzen, das gewöhnlich dem Kranken selbst zum Bewusstsein kommt, so dass er sich darüber wundert, wenn man ihn um die Ursache fragt, und nun erst veranlasst wird, eine solche aufzusuchen. Bei den höheren Graden macht sich das Bedürfniss tiefer Inspirationen so häufig bemerkbar, dass es sich als ein wirklicher Lufthunger darstellt; bei den höchsten endlich sind die übrigen Symptome von solcher Heftigkeit, dass die Störungen der Respiration entweder übersehen werden, oder doch so untergeordnet erscheinen, dass man sie leicht für blosse Wirkungen der Hemmung in den übrigen Lebensverrichtungen halten kann.

Nicht minder hervortretend, obgleich weniger gleichmässig und constant sind die Störungen des Gefässsystems. Am häufigsten ist eine krampfartige Unterdrückung der Herz- und Arterienpulsationen, oft bei gleichzeitiger Beschleunigung Celerität mit Frequenz verbunden, nicht selten ist der Puls unregelmässig, indem einzelne Schläge voller, andere kleiner und frequenter sind. Auch öfteres Aussetzen des Pulses wird bemerkt. Alle diese Anomalien des Kreislaufes sind aber wandelbar, erscheinen u. verschwinden wieder, oder lassen wenigstens nach, so dass man zuweilen durch die beträchtlichen Störungen der Circulation auf den Gedanken an ein organisches Herzleiden geführt, aber schon einen Tag später durch das Verschwinden jener Anomalien völlig enttäuscht wird. Stets ausgeschlossen scheint aber von der Präcordialangst ein häufiger und voller Carotidenpuls, wie man ihn meist bei der Manie findet. Auch die Functionen des Verdauungskanals erleiden gewöhnlich Störungen während der Dauer der Präcordialangst; aber es herrscht hiebei noch weniger Gleichartigkeit. Der Appetit ist hier vermindert, dort gesteigert, dort wieder wechseln beide Abnormitäten mit einander ab; in wenigen Fällen bleibt die Esslust stets natürlich.

Zuweilen klagen die Kranken über Durst, zuweilen über innere Hitze, und fast immer verlangen sie häufig kaltes Getränk; dieses Bedürfniss regt sich schon bei den niedrigsten Graden; man findet schon hier den Mund trocken, die Zunge schleimig belegt, und den Speichel, der sich leicht in den Mundwinkeln anhängt, dick und zähe. Der Kranke hält sich sonst gewöhnlich für gesund, und verneint alle Fragen nach lästigen Empfindungen in anderen Theilen des Körpers, die sich nicht auf sein Angstgefühl und dessen Ursachen beziehen.

Da die Präcordialangst ein Gefühl ist, so wird Niemand in Abrede stellen, dass sie ein Nervensymptom sei. Aber dasselbe kommt auch bei einer Menge anderer Krankheitszustände vor, und zwar

bei so vielen, dass es angemessen scheint, diese
sogleich in verschiedene Gruppen zu ordnen.

Bei einigen dieser Krankheiten nämlich hat die
sie begleitende Angst ihren Grund offenbar in beträchtlichen mechanischen Hindernissen des kleinen
Kreislaufes, in Hemmungen des Blutumtriebes in
dem Herzen, den grossen Gefässen oder den Lungen.
Dieses Causalverhältniss darf man annehmen bei den
organischen Krankheiten des Herzens und der grossen Gefässe, bei der Lungenentzündung, Pericarditis, Herzbeutel- und Brustwassersucht; ferner wodurch ein abnorm vermehrtes Volum eines Abdomi-
nalorgans oder auch durch Ansammlung von Wasser
oder Luft in der Bauchhöhle das Zwerchfell in die
Brusthöhle gedrückt, Lungen und Herz zusammen-
gepresst und ihre Functionen gehemmt werden.
Gleiche Hemmungen des kleinen Kreislaufes müssen
eintreten, wenn die Ausdehnung der Lungen und der
Eintritt respirabler Luft in dieselben gehindert ist,
sei es durch Krampf oder durch mechanische Hindernisse (Asphyxie, Asthma, Pneumothorax). In allen
diesen Fällen werden unzweifelhaft die Nerven dieser
Theile durch solche Hemmungen in einen abnormen
Erregungszustand versetzt, welcher sich im Bewusstsein als Angstgefühl darstellt.

Oft ist die Präcordialangst auch blos Neurose, bei
welcher der Nervus vagus beschuldigt werden muss.

Priapismus. S. Satyriasis.

Prosopalgie. S. Gesichtsschmerz.

Prostatakrankheiten. S. Harnblasenkrankheiten Nr. 10.

Prostatasaftverluste. S. Samenverluste.

Prurigo. S. Jucken.

Pseudoerysipelas subtendinos. colli. S. Zellgewebsverhärtung des Halses.

Psora. S. Krätze.

Puerperalkrankheiten. Krankheiten des
Wochenbettes, Kindbettes, sind diejenigen, welche
nur bei Wöchnerinnen vorkommen. Die dabei betheiligten Organe sind die Genitalien (Uterus mit
seinen Anhängen, Ovarien, Vagina), das Peritonäum,
die Brustdrüsen und die Haut, welche zu Wochenkrankheiten Veranlassung geben, und von diesen
Organen gehen die Wochenkrankheiten aus. Jede
Wochenkrankheit kann ebensowohl allein, als gleichzeitig mit einer andern Wochenkrankheit vorkommen.
Von jedem der obengenannten Organe kann eine wahre
Wochenkrankheit ihren Ursprung nehmen. Es können aber auch mehrere Puerperalkrankheiten zugleich
entstehen; es kann durch das Umsichgreifen einer
Wochenkrankheit eine andere hervorgerufen werden.
Sie schliessen gegenseitig einander nicht aus. Puerperalkrankheiten bringen in ihrem Gefolge oft noch
manche andere Krankheiten mit sich. Diese können
nie als Puerperalkrankheiten angesehen werden, denn
sie sind weder primitiv, noch bietet ihr Erscheinen
oder Verlauf etwas Eigenthümliches dar. So z. B.
erscheint oft in Folge von Metrophlebitis puerper.
metastatische, lobuläre Pneumonie; so unterscheidet
sich Pleuritis im Verlaufe von Scarlatina puerp. her-

vorgerufen von einer auf irgend eine andere Weise
entstandenen, nicht in der Entstehung, nicht im
Verlaufe. Diese secundären Krankheiten können
daher nicht für wahre Puerperalkrankheiten angesehen werden. Bei jeder Puerperalkrankheit (vulgo
(Puerperalfieber) finden sich nachweisbare Veränderungen in einem der obengenannten Organe; es gibt
daher kein Puerperalfieber, nur Puerperalkrankheiten, die von einander verschieden sind. Die Puerperalkrankheiten sind Entzündungen obengenannter
Organe. Sie zeichnen sich von vielen andern durch
die Heftigkeit ihres Auftretens sowohl, wie durch
ihren bestimmten Verlauf aus. Dass oft bei Puerperalkrankheiten im Beginne oder im Verlaufe Zeichen von Putrescenz sich einstellen und man Jauche
und jauchiges Exsudat findet, widerspricht der so
eben aufgestellten Behauptung über das entzündliche
Wesen dieser Krankheiten keineswegs. Die Entzündungen, in deren Verlauf solches geschieht, sind
septische Entzündungen. Von den Puerperalkrankheiten verlaufen einige gewöhnlich sehr schnell und
erreichen oft einen bedeutenden Grad von Heftigkeit,
andere nehmen bei längerer Dauer einen sehr bestimmten Verlauf an. Einige von ihnen heben, wie
Peritonitis puerperal., die Individualität durch ihre
Heftigkeit und ihren schnellen Verlauf beinahe auf
und bringen die eigenthümliche Puerperalphysiognomie hervor, andere thun dasselbe durch
ihren bestimmten Verlauf, wie z. B. Metrophlebitis
puerperalis. Die Puerperalkrankheiten fangen mit
Fieber an, oder es gesellt sich in ihrem Verlaufe
dazu. Eine Wochenkranke kann nicht für wirklich
reconvalescent erklärt werden, ehe die letzte Spur
des Fiebers verschwunden ist. Während sonst nach
heftigen Krankheiten, wie nach Pneumonie, nach
Typhus, Meningitis u. s. w., in der Reconvalescenz
der Puls immer beschleunigt erscheint, so haben die
Puerperalkrankheiten das Eigenthümliche, dass der
Puls in dieser Periode viel langsamer wird, als er
selbst vor der Krankheit war, und es ist dieser Umstand gleich wichtig für Therapie u. Prognose. Die
Puerperalkrankheiten sind ebensowohl sporadischen
als epidemischen und endemischen Ursprungs. Der
endemische Ursprung der Puerperalkrankheiten lässt
sich durch Anhäufung und Verdichtung des Puerpe-
ralmiasma und der Puerperalmephitis, d. i. verdich-
tetes, angehäuftes Miasma, erklären; letztere kann
sich auch bis zum Contagium steigern. Das Puer-
peralmiasma ist das Produkt der beständigen vermehrten Haut- und Lungenausdünstung der Wöchnerinnen, des Lochienflusses, der mehr oder weniger
immer in thierischer Verwesung begriffene Deciduar-
reste mit sich führt, der erhöhten Thätigkeit der
Brüste, was der Geruch des in ein Wochenzimmer Eintretenden sogleich bemerkt. Nach den an der Wiener Gebäranstalt von Dr. Semmelweis gemachten
Erfahrungen ist an der Häufigkeit des in den Gebär-
anstalten vorkommenden Puerperalfiebers die Uebertragung von Leichengift das bei Sectionen u. s. w. von
den Studirenden und Assistenten und Hausärzten an

den Händen trotz häufigen Abwaschens der Hände
hängen bleibt, und auf die Wöchnerinnen bei dem
Touchiren übergetragen wird, Schuld. Vor der Untersuchung müssen jedesmal die Hände in einer Chlor-
solution gewaschen werden. Epidemische Verhältnisse können bei der gesteigerten Empfindlichkeit
der Wöchnerinnen gegen äussere Einflüsse epidem.
Wochenkrankheiten hervorrufen. Die Wochenkrankheiten schliessen andere theils aus, theils werden
sie von ihnen ausgeschlossen: manchmal jedoch tritt
eine Combination mit einer andern Krankheit ein,
wobei die einzelnen Symptome beider sich vermischen.
Wöchnerinnen werden von der Mehrzahl der Entzündungen, Wechselfieber, der Exantheme sehr selten befallen, ebenso von vielen Epidemien, von
Grippe, Typhus-Epidemien werden sie selten befallen, desto häufiger geschah dieses bei der Cholera.
Tuberculöse und fungöse Diathesen können der Entstehung von Puerperalkrankheiten vorbeugen. In
der Phthisis tuberculosa sehr weit avancirte Individuen gehen im Wochenbette gewöhnlich bald zu
Grunde, werden aber nicht puerperalkrank. Auch
solche, die mit einer schweren Krankheit ins Wochenbett hinübergehen, verharren in ihrer ersten Disposition. So beschleunigt z. B. oft bei Pneumonie, Pleuritis, Hepatitis, Hydrops u. s. w, die Geburt den übeln
Ausgang, aber es zeigt sich kein Symptom einer
Puerperalkrankheit. Jedwede äussere oder innere
Ursache, die überhaupt im Stande ist, eine Krankheit hervorzurufen, vermag bei Wöchnerinnen eine
Puerperalkrankheit zu bedingen. Obenan stehen:
ungewöhnlicher Verlauf der Schwangerschaft u. Geburt, schlechte, auch schwere Kunsthülfe, moralische,
endemische, epidemische Einflüsse, vielleicht auch
Contagium. Die rein antiphlogistische Methode ist
die einzige, welche in der Mehrzahl der Puerperal-
fälle guten Erfolg erwarten lässt. Der Verlauf der
Krankheit oder der ursprüngliche Charakter derselben erfordert oft die antiseptische Methode; die wirkliche Reconvalescenz verlangt die negative Behandlung in hohem Grade. Gewöhnlich sind die Puerperalkrankheiten örtliche Entzündungen, daher ist auch
die antiphlogistische Methode die beste. Der hohe
Grad des Fiebers oder der Entzündung erfordert wohl
Venaesection zu wiederholten Malen, und es gibt für-
wahr kein ableitendes Mittel, welches schneller und
sicherer wirkt; oft muss diese Methode der antisep-
tischen Platz machen. Hier ist von der localen, wo
sie anwendbar, mehr als von der allgemeinen zu erwarten. Nach schwerem Puerperalkrankenlager dauert
die Reconvalescenz gewöhnlich sehr lange; in ihr ist
die Fernhaltung aller Roborantia u. Stimulantia, überhaupt aller arzneilichen oder diätetischer Reizmittel
Hauptsache. Sporadische Puerperalkrankheiten erlauben eine bessere Prognose, als pandemische Fälle,
die aus schweren Geburten, aus Fraisen, aus Gemüthsbewegungen hervorgehen, verlaufen gewöhnlich
schlecht. Bei septischem Charakter der Endemien
oder Epidemien kommen nur Wenige davon; bei sporadischen Fällen ist der putride Charakter weniger

ungünstig. Mit der Heftigkeit und der Abnahme des
Fiebers hält das Steigen und Fallen der Gefahr
gleichen Schritt; so lange noch Fieber, ist auch
noch Gefahr zugegen. Im Verlaufe der Wochenkrankheiten treten oft einzelne Symptome hervor, die für
die Prognose von grosser Bedeutung sind, wodurch
eine noch üble oder doch noch zweifelhafte Prognose
plötzlich in eine gute umgewandelt wird, und umgekehrt. So sind Salivation oder Hydrops anasarca im
weitern Verlaufe von Peritonitis puerper. exsudativa
sehr gute Zeichen, Verschwinden des Fiebers in derselben Krankheit, wenn auch Schmerz zugegen bleibt,
nicht minder ein günstiges Symptom; während das
Gegentheil Uebeles bedeutet. So sind die wiederholten Fröste bei Phlebitis uteri ein sehr schlimmes,
dazu tretender Icterus das schlimmste aller Zeichen.
Die bisher bekannten Arten der Kindbettkrankheiten
sind: 1) Entzündung der Venen des Uterus, Metrophlebitis puerp., 2) Entzündung der Schleimhaut desselben Metrophlegmhymenitis puerp., 3) Entzündung
der Eierstöcke, Oophoritis puerp., 4) Entzündung des
Bauchfells, Peritonitis puerp., 5) Entzündung der
Scheide und des Mittelfleisches, Perinaeitis puerp.,
6) Entzündung der Brustdrüsen, Mastitis puerp.,
7) scharlachähnliche Hautentzündung, Purpura puerp.
— Mania puerp., Miliaria puerp., Phlegmasia alba
dolens puerperarum sind keine für sich bestehenden
Krankheiten, können aber durch mehrere der oben
genannten hervorgerufen werden, gehören also nicht
zu den selbständigen Puerperalkrankheiten;
ebensowenig daher Puerperaltyphus, Meningitis puerperalis u. s. w.

    1) Entzündung der Venen des Uterus,
seiner Anhänge und seiner Zellstoff-
schichte. Metrophlebitis puerperalis. Die
Section zeigt einzelne Venen der Placentastelle oder
der Seitenwände des Uterus in ihrem Lumen bedeutend vergrössert, in ihren Häuten verdickt und mit
plastischer Lymphe und Eiter gefüllt. In den andern Venen des Uterus sind mehr oder weniger feste
Blutpfröpfe enthalten. Bei längerer Dauer findet
sich Eiter auch in den nicht entzündeten Venen,
um sie herum in der Substanz des Uterus lymphatisches Exsudat, dessgleichen sulzige oder zu Eiter
zerflossene Lymphe in dem subperitonealen Zellgewebe des Uterus. In diesem, wie in den Venen kann
mit dem Eiter zugleich, oder statt seiner stinkende,
missfarbige Jauche sein (Metrophlebitis septica). Die
durch Phlebitis hervorgerufenen Veränderungen beschränken sich nicht blos auf den Uterus. Die Eiterung und Entzündung setzt sich in nähere und
fernere Venen, als die Spermatica, Cruralis, Vena
cava, in die Lymphgefässe und ihre Drüsen fort, ja
selbst ins Blut wird Eiter übergetragen; zugleich
entstehen oft Eiter- oder Jauchemetastasen nach innern oder äussern Organen, manchmal gesellen sich
nach langem Verlaufe den übrigen anatomischen
Zeichen die von Oesophagitis, Laryngitis, Magenentzündung und Magenerweichung zu. Die meisten Organe der innern Höhlen des Organismus sind bei

Phlebitis uterina Eiterablagerungen ausgesetzt. Am häufigsten jedoch erscheinen die Metastasen in der Lunge, nicht so oft in der Milz und Leber, selten im Gehirne und in der Niere, am seltensten im Herzen und im Auge. Wie die innern unterliegen auch die äussern Organe solchen Ablagerungen. Daher findet man sie manchmal in der Schilddrüse, öfters in der grossen Speicheldrüse. Sehr häufig ist Eiter in den verschiedenen Gelenken des Körpers, manchmal in den Lymphdrüsen des Beckens enthalten. Die Metastasen auf der Haut erscheinen vertheilt als Eiterblasen unter der Epidermis, oder concentrirt als Infiltrationen des subcutanen oder intermuskulären Zellgewebes. Sämmtliche Metastasen nach aussen haben eine besondere Neigung, in Brand überzugehen, sich nach allen Richtungen zu verbreiten und die nahe liegenden Knochen anzugreifen. Die Metrophlebitis gibt sich oft schon in den ersten Tagen nach der Geburt durch Fieber und Schmerz zu erkennen, oft fehlen auch diese Symptome. Unter den übrigen kommt Kopfschmerz noch am häufigsten vor. Gewöhnlich am 2ten, 3ten Tage nach der Geburt, oft auch später bis in die 3te, 4te Woche fängt die Wöchnerin an zu fiebern: Bald geht Frost voraus, bald nicht. Bald stellt sich gleichzeitig mit dem Fieber Schmerz im Unterleibe ein, und die Untersuchung mittelt den Uterus als das schmerzende Organ aus; bald macht erst die Untersuchung die Wöchnerin auf den Schmerz aufmerksam, oft ergibt die Untersuchung gar keinen Schmerz. Dieser, wie das Fieber, können sowohl gering sein, als bis zu einem hohen Grade gesteigert vorkommen. Kopfschmerz, Hitze, Durst. Jedoch ist nicht selten beim Beginne der Krankheit ausser dem fieberhaften Pulse gar nichts auszumitteln, und durch eine zu frühe gestellte Diagnose wäre leicht Verwechslung mit Oophoritis, Peritonitis, welche auch ohne jeden Schmerz auftreten können, sowie mit Scarlatina puerperalis möglich, doch gewöhnlich nicht lange, wenn auch nicht geläugnet werden kann, dass sehr oft Phlebitis gar kein Zeichen eines örtlichen Leidens gibt, und erst der fernere Verlauf (so die Erscheinung der charakteristischen Fröste) die Diagnose feststellt. Dabei kann der Uterus gross oder klein, hart oder weich sein, der Muttermund geschlossen und unschmerzhaft. Lochien und Milch fliessen gewöhnlich gut fort, die Haut dunstet reichlich, es stellt sich Appetit ein, der Urin zeigt nichts Besonderes; die Gesichtszüge sind noch ungeändert, die Kranken gewöhnlich sorglos u. glauben nicht an die Gegenwart einer Krankheit. Man war oft der Meinung und ist ihrer zum Theil noch, dass mit dem Eintritte des sogenannten Puerperalfiebers Milch und Lochien zu fliessen aufhören müssten. Diese Functionen wie die der Haut können ungestört fortbestehen, ungeachtet unsere Krankheit schon weit fortgeschritten ist, ja sie können es bis in die letzte Periode derselben bleiben, so dass man gewöhnlich aus den Brustdrüsen der Cadaver noch wahre Milch herausdrücken kann, und sie beim Einschneiden derselben aus den Kanälen

hervorquillt. Die Kranken können 8—10 Tage fort-
fiebern ohne die Gegenwart einer andern krankhaften
Erscheinung. Mit einem Male tritt ein heftiger Frostanfall ein, dem ein zweiter, dritter folgt. Sie stellen
die Diagnose fest. Diese Fröste künden nicht etwa
die beginnende Eiterung an, sondern zeigen die
geschehene Aufnahme des Eiters ins Blut. Je stärker
der Frostanfall war, je länger er dauerte, desto vehementer sind die darauf folgende Hitze und die Aufregung im Gefässsysteme. Diese Frostanfälle simuliren manchmal einen regelmässigen Typus, obwohl
sie eine solche Periodicität nie anerkennen. Bald
treten zwischen ihnen völlige Apyrexien ein, bald
setzen sich die Fieberbewegungen von einem Anfalle
zum andern fort. Während der Anfälle geschehen
die verschiedenen Metastasen, die gewöhnlich in
ihrer Ausdehnung mit der Zahl und Heftigkeit der
Fieberanfälle in geradem Verhältnisse stehen. Je
mehr, je heftiger die Fröste, desto ausgebreiteter
sind die Metastasen, desto schneller gehen die Kranken zu Grunde, und bevor die Fröste nicht längere
Zeit ausgeblieben sind, kann von möglicher Genesung keine Rede sein; da hingegen die eiterigen Sedimente im Urine bei mässigem Fieber ohne Frostanfälle, wenn auch früher solche da waren, selbst
wenn schon Metastasen entstanden, noch immer einige
Hoffnung zur Genesung zurücklassen. Die Entzündungen der Vena spermatica, cava, Lymphgefässe
u. s. w., wie die nach innen geschehenen Metastasen
entziehen sich meistens noch der Diagnose. Husten
von Seitenstechen und blutig-eiterigem Auswurfe begleitet, deutet auf Lobularpneumonie. Wo Icterus
eintritt, ist man ihrer Gegenwart ganz gewiss. Die
metastatische Parotitis unterscheidet sich von der
idiopathischen durch die Schnelligkeit ihres Erscheinens und ihren raschen Verlauf. Schmerz in den
Gelenken, besonders bei Bewegung, deutet mit Bestimmtheit auf metastatische Entzündung. Dazu tritt
oft Röthe und Geschwulst des Gelenkes. Eine mehr
oder weniger ausgedehnte, pralle, sehr schmerzhafte,
begränzte, bedeutend geröthete Geschwulst zeigt Infiltration im subcutanen oder intermuskulären Zellgewebe an. Sie wird im Verlaufe weiss und schmerzlos. Diese Geschwulst wird oft in kurzer Zeit
schwappend und lässt geöffnet eine reichliche Menge
Eiters ausfliessen. Die metastatischen Eiterblasen
hüte man sich mit Variola oder Pemphigus zu verwechseln. Die Vereiterung der Symphysen haben
noch kein charakteristisches Symptom. — Nach einigen Frostanfällen verändert sich die Physiognomie
der Wöchnerinnen bedeutend u. schnell, es entsteht
die charakteristische Puerperalphysiognomie. die ein
tiefes Leiden des Organismus ausdrückt. Oft bildet
sich bei Phlebitis eine eigenthümliche icterische Co-
loration der Haut und Albuginea aus. Die Section
wies im sämmtlichen Gallensysteme nie etwas Abnormes nach. Der Grund dieses Icterus scheint daher nicht in dem durch den aufgezogenen Eiter ver-
?te zu liegen. Merkwürdig ist, dass man
Bestimmtheit voraussagen kann, dass

die Section Lobularpneumonie zeigen wird, sobald
bei Metrophlebitis sich dieser Icterus eingestellt hat.
Diese Wochenkrankheit bringt oft eine eigenthümliche Form von Manie hervor. Diese scheint durch
Einwirkung des mit Eiter geschwängerten Blutes auf
das Gehirn hervorgerufen zu werden. Die Anfälle
erfolgen oft plötzlich, dauern gewöhnlich 5--6 Stunden und wiederholen sich selten. Die Section zeigt
nur eine grössere Menge Blutes in den grössern Gefässen des Gehirns. Diese Manie hat Aehnlichkeit
mit dem Delirium potatorum. Die Kranken sind
manchmal furibund, manchmal sehr heitern Wahn-
sinnes; dabei ist das Gesicht roth, aufgetrieben,
Blick irre, Puls beschleunigt. Nach 5—6 Stunden
kommen die Kranken entweder zum vollen Bewusstsein, oder sie liegen aus Erschöpfung wie betäubt
dahin und sind schwer aufzurütteln. Selten wiederholen sich die Anfälle, die Kranken leben selten
nur noch 2—3 Tage. Diese Manie hängt mit der
Mania puerperalis in Folge des plötzlichen Ausblei-
bens der Milch nicht zusammen. — Die Phlebitischen
sterben grösstentheils an einer acuten Hectik. In
der Reconvalescenz verschwinden die äussern Metastasen sehr langsam. Die Venen des Uterus obliteriren durch einen weisslichen, fibrösen, solidesciren-
den Pfropf. Im Allgemeinen ist die Prognose schlecht
zu stellen. Gleichzeitiges Ausbleiben der Frostanfälle
und des Fiebers, wie neuer Metastasen, stellen allein
eine günstige Vorhersage, sonst ist sie immer höchst
zweifelhaft. — Behandlung. Eine rationelle Therapie der Metrophlebitis gibt es bis jetzt noch nicht.
Intensive allgemeine und örtliche antiphlogistische
Behandlung scheint in manchen Fällen genützt zu
haben. Aeusserlicher Gebrauch von Eis ist vielleicht
manchmal im Stande, der Entzündung und Eiterung
Einhalt zu thun. Unter den Derivantien stehen Calomel und Jalappa obenan, Mercur unter den Alteran-
tien, Mercurialinunctionen. Sind einmal die Fröste
eingetreten, hat man von den Mitteln nichts mehr
zu erwarten. Metastatische Manie, wie durch die
äussern Ablagerungen entstandene heftige Schmerzen
beschwichtigen Opium und Eis am sichersten. Die
sehr schnell sich ausbildenden Abscesse unter der
Haut, in den Muskeln oder in den Gelenken sind
bald zu eröffnen, um Senkungen oder bedeutende
Zerstörungen der Nebenparthien zu verhüten. Die
heftigen Schmerzen in den Ablagerungen nach der
Haut oder den Gelenken lindern am meisten Einreibungen von Opiumsalbe, Umschläge von eiskaltem Wasser. Auch bei Manie beruhigt Opium am
schnellsten.

2) Entzündung der Schleimhaut des
Uterus, Metrophlegmhymenitis puerperalis. Die Section zeigt entweder 1) plastisches Exsudat auf der Schleimhaut und eine andere lethal
gewordene Puerperalkrankheit, denn mit dem rein
entzündlichen Charakter kommt diese Krankheit nicht
zur Section, oder etwas bräunlich schwarzes, stin-
kendes Exsudat auf der Schleimhaut des bis zum
Zerreissen mürbe gewordenen Uterus. Tritt diese

Puerperalkrankheit allein auf, so erscheint sie mit Fieber, mehr oder weniger Schmerz und serösem oder unterdrücktem Lochialflusse, welche in der Reconvalescenz wieder erscheint und puriform wird; oft gesellt sich eine andere Puerperalkrankheit dazu; selten werden von der Schleimhaut grosse Massen von plastischer Lymphe erzeugt und ausgestossen. Wenn diese Krankheit mit Peritonitis oder Phlebitis zugleich erscheint, ist es oft nicht möglich, sie mit Gewissheit zu diagnosticiren, wenn sie nicht als septische Entzündung auftritt, welche der Ausfluss verräth. Erscheint sie allein, so charakterisirt sie sich durch folgende Erscheinungen: Gewöhnlich schon am 2ten Tage nach der Geburt stellt sich ein leichtes Fieber ein, entweder ohne allen Schmerz oder nur mit dumpfem Schmerze der Uterinalgegend; die Lochien sind serös geworden und fliessen sparsam oder bleiben ganz aus, Muttermund und Hals sind selten empfindlich, die Kranken fühlen sich kaum unwohl. Diese Erscheinungen halten durch mehrere Tage an, ohne sich bedeutend zu steigern, das Fieber mindert sich, der Lochienfluss erscheint wieder, gewöhnlich eiterigen Schleim führend, und die Convalescenz tritt schon am 4ten oder 5ten Tage ein. In andern Fällen nehmen Fieber und Schmerz zu. Die Lochien verschwinden ganz in Folge der Ausbreitung der Entzündung, und es gesellt sich bald Peritonitis oder Phlebitis hinzu, wodurch nun der fernere Verlauf bestimmt wird. In seltenen Fällen werden auf der entzündeten Schleimhaut unter heftigen Schmerzen und Fieberbewegungen grosse Massen von plastischer Lymphe erzeugt, welche unter wehenartigen Zusammenziehungen des Uterus als rundliche, täuschend fettähnliche Klumpen ausgestossen werden; gewöhnlich folgen Besserung und Genesung dann bald nach. Die septische Schleimhautentzündung beginnt mit heftigem Fieber, Hitze, Durst und Mattigkeit; oder diese Erscheinungen treten zur frühern Entzündung hinzu. Der Uterus gross, weich, schmerzlos, nur bei starkem Drucke schmerzhaft. Die Haut wird trocken, der Lochienfluss schmutzig, missfarbig, übelriechend, das Gesicht verfällt im Verlaufe bald cadaverös. Bauch aufgetrieben, schmerzlos, Uterus so schlaff und nachgiebig, dass es oft kaum möglich ist, seine Grösse zu bestimmen, er verträgt jeden Druck. Sopor, Delirien, Tod. Manchmal erfolgt Abstossung der gangränösen Parthie und Genesung. — Die Schleimhautentzündung des Uterus ist die häufigste von allen Puerperalkrankheiten, kommt aber selten allein vor, ausser mit septischem Charakter. Letzterer erscheint oft als der einer Endemie oder Epidemie. In sporadischen Fällen tragen schwere Geburt, scorbutische Dyskrasie, Wassersucht, die unter Putrescenz erfolgte Lostrennung der Placental- und Deciduaüberreste oft die Schuld. Im Allgemeinen ist die Prognose günstig, nur darf der Krankheitscharakter nicht der septische sein. Der Puls von 140 Schlägen und mehr, die Puerperalphysiognomie, wie bedeutende Grösse und Weichheit des Uterus, sind sehr schlimme Zeichen. In den entzündlichen Fällen Antiphlogose

in den septischen Mineralsäuren innerlich und äusserlich angewandt. Wo bei septischem Charakter der
innere wie der äussere Gebrauch der Mineralsäuren
als Waschung und Einspritzung nicht hinreicht, da
nützen China, Camphor, Vinosa auch nichts.

3) Entzündung der Eierstöcke, Oophoritis puerperalis. Bei der Section findet man
das eine oder beide Ovarien mit plastischer Lymphe
überzogen, ihr Peritonäum mit feinen Injectionen
bezeichnet. Das entzündete Ovarium ist vergrössert,
seine Substanz brüchig, lymphatisch oder serös infiltrirt, oft mehrere Abscesse in sich enthaltend.
Bald sind die Venen, bald die Lymphgefässe der
Ovarien mit Eiter gefüllt, in letzterem Falle meistens auch die Lumballymphdrüsen und ihre Gefässe.
Ein anhaltendes Fieber mit oder ohne Schmerz tritt
einige Tage nach der Geburt ein. Manchmal tritt
Manie und bald darauf Tod ein, oder es erfolgt Abscessbildung, Anschwellung des Ovariums, in seltenen Fällen alle Erscheinungen von Phlebitis; gewiss tritt auch zuweilen Genesung durch Zertheilung
ein. Die Entzündung der Ovarien ist oft eine der
verstecktesten und gefährlichsten Puerperalkrankheiten, denn selten stösst man auf Schmerz in der
Tiefe des Beckens an einer Seite des Uterus, nur
zu oft ist heftiges Fieber ohne alle auszumittelnde
Localaffection das einzige auffallende Symptom. Der
Verlauf ist verschieden. 1) Entweder hält das Fieber
durch mehrere Tage in gleichem Grade an, Milch und
Lochien fliessen wie gewöhnlich, die Kranke fühlt
sich kaum unwohl; dann entsteht oft plötzlich Sin-
nesverwirrung oder Sopor, und nach einigen Stunden
tritt wider alles Erwarten der Tod ein. 2) Bei einem
andern Verlaufe kann man das bedeutend vergrös-
serte Ovarium an der Seite des Uterus unterscheiden, was bei der äussern Berührung schmerzt, anfangs als härtliche, später als weiche, schwappende
Geschwulst. Selten, wenn nicht der Tod eintritt,
eröffnet sich der Abscess nach aussen oder innen,
meistens wird der Eiter resorbirt und setzt sich im
Urine als eiterförmiges Sediment ab, das oft den
dritten Theil, ja die Hälfte des gelassenen Harnes
beträgt. Dies dauert gewöhnlich 5—6 Tage und entsprechend der Menge des abgesetzten Eiters nimmt
auch die Geschwulst an Grösse ab. 3) Die härtliche,
schmerzhafte Anschwellung des Ovariums bleibt oft
Monate zurück, und kann zu Wassersucht des Ovarium, Degenerationen etc. Veranlassung geben.
4) Wenn die Venen und Lymphgefässe der Ovarien
mit Eiter gefüllt sind, so können die bei Metrophlebitis angegebenen Erscheinungen, Fröste, Metastasen
u. s. w. zum Vorscheine kommen. 5) Zertheilung.
Die Krankheit kommt selten allein, häufiger mit andern Wochenkrankheiten gleichzeitig vor. Die heftigen Anfälle mit gewisser oder zweifelhafter Diagnose
erfordern energische, antiphlogistische Behandlung,
Mercur innerlich und örtlich. Eiter wie Verhärtungs-
geschwulst der Ovarien machen die strengste Diät,
schwache Mercurialeinreibungen und beharrlich fort-

gesetzten Gebrauch von warmen Cataplasmen unumgänglich nothwendig.

4) **Entzündung der Scheide und des Dammes, Coleitis et Perinaeitis puerperalis.**
Diese Entzündung beginnt in der Scheide oder im
Mittelfleische. Im ersten Falle tritt eiterförmige Absonderung und Reconvalescenz ein oder es entstehen Geschwüre. Diese greifen in die Tiefe, verursachen heftigen Schmerz, unerträglichen Gestank,
haben bläulich-grauen-, speckigen Grund und grosse
Neigung zur unbegränzten Verbreitung nach jeder
Seite, wie zum Brande. Im zweiten Falle entstehen
eiterabsondernde excorirte Hautstellen auf dem Mittelfleische. Sie verhärten oder gehen in Geschwüre
mit denselben Erscheinungen und Folgen, wie die in
der Scheide, über. Die Kranken gehen an acuter
Hektik zu Grunde. Diese Entzündungen entstehen
nach schweren Geburten, bei scharfem Wochenflusse,
auch ohne bekannte Veranlassung, zu manchen Zeiten wohl schneller und öfter oder auch seltener und
langsamer. Mit dem Brande tritt auch schlechte
Prognose ein. Chlorkalk, Holzsäure, China leisten
als Waschung und Einspritzung noch das Meiste.
Mineralsäuren mit Wein und gute Brühen sind innerlich das Beste.

5) **Puerperalscharlach, Purpura puerperalis,** ist eine eigenthümliche Wochenkrankheit
und nicht die gewöhnliche Scarlatina. Constante,
primäre Veränderungen hat die Section ausser der
Hautentzündung nicht ausgemittelt. Dass diese Scarlatina nicht die gewöhnliche Scarlatina sei, dafür
sprechen folgende Gründe: 1) Purpura puerperalis
kommt von keinem Contagium und bringt auch nicht
welches hervor. 2) Sie entsteht immer nur in den
ersten Tagen nach der Geburt, um die Zeit als auch
die andern Wochenkrankheiten entstehen. 3) Sie
erscheint oft ohne alle Schleimhautsymptome. 4) Sie
erkennt gar keine Ordnung im Ausbruche, weder in
Bezug des Erscheinens des Exanthems zum Fieber,
denn es erscheint gleichzeitig mit dem Fieber, oft
sogar voraus, noch in Bezug auf den Ausbruch des
Exanthems, denn dieses stürzt gewöhnlich ohne
Ordnung über den ganzen Körper zu gleicher Zeit
hervor. 5) Purpura puerperalis erscheint öfter nur
an einzelnen Körperstellen, z. B. blos an den Armen,
an den Schenkeln. 6) Sie kommt und verschwindet
während des Verlaufes oft mehrmals. 7) Ihr häufiges und seltenes Erscheinen hängt mit dem Erscheinen der gewöhnlichen Scarlatina nicht zusammen. — Am 2ten bis 3ten Tage nach der Geburt tritt
gewöhnlich heftiger Frost und Fieber mit schnellem,
vollem Pulse ein. Gleichzeitige geringe Schmerzen
im Uterus verschwinden meistens bald. Ohne bestimmte Ordnung wird gewöhnlich den andern Tag
die Haut mit purpurrothen Flecken verschiedener
Grösse besäet. Manchmal schwellen und schmerzen
die Halsdrüsen, manchmal erscheint die Purpura ohne
alles Fieber, oder es folgt nach. Am 2—3ten Tage
nach dem Ausbruche ist die höchste Blüthe des Exanthems. Die Farbe ist dunkelroth, oft bläulich, oft

sehr blass. Am 4—6ten Tage tritt bei Reconvalescenz die Abkleiung oder Abschuppung der Epidermis ein, doch folgt gerne Splenitis, Peritonitis, Pleuritis, Hydrops anasarca nach; oft tritt gar keine Abschuppung ein und erfolgt Manie mit oder ohne Meningitis. Die Purpura puerperalis ist immer bedenklich. Heftiges Fieber, intensiv rothe oder bläuliche
Farbe des Exanthems sind keineswegs schlimme Zeichen, wohl aber Kopfschmerzen. Hinzugetretene Peritonitis, Meningitis, Pleuritis richten meistens zu
Grunde. Manie führt hier gewiss den Tod nach sich.
Zeitlich angewendete Antiphlogose (Venaesectionen)
ist bei Puerperalscharlach unerlässliche Bedingung.
Calomel und Jalappa leisten als Ableitungsmittel sehr
gute Dienste. Während des Verlaufes sind die Mineralsäuren innerlich und äusserlich zu Waschungen
alle Stunden, bis mässiger Durst erfolgt, angewandt,
die einzigen Mittel. Bei Manie ist gewöhnlich alle
Therapie fruchtlos.

6) Entzündung des Bauchfells, Peritonitis puerperalis. Die Entzündung des Bauchfells erzeugt lymphatisches, selbst eitriges Exsudat,
das mit Serum verbunden ist, von dessen Menge der
Grad der Flüssigkeit oder Festigkeit des Exsudats
abhängt. Von dem mit wenigen Lymphflocken versehenen Serum bis zur bandartigen Festigkeit der
Lymphschichten lässt sich eine ununterbrochene
Reihe darstellen. Manchmal verbreitet das schmutzig
missfarbige, jauchige, sehr dünnflüssige Exsudat
einen brandartigen Geruch (Peritonitis puerperalis
septica). Es sind oft viele Pfunde einer trüben, serösen Flüssigkeit in der Bauch- und Beckenhöhle
enthalten, welche von Gelb durch Röthlichgelb und
Grünlich ins Braune alle Farben-Nuancen eingeht.
Die Lymphe hüllt einzelne Organe, den Uterus, die
Ovarien, Leber, Milz, Gedärme ein und verklebt
sie unter einander. Das Bauchfell ist vorzüglich
um die Genitalien herum mit deutlichen Gefässin-
jectionen bezeichnet, ebenso das Peritonäum der
Gedärme. Bei bedeutender Menge von Exsudat werden die Gedärme theils zusammengedrückt, theils
unverhältnissmässig ausgedehnt, so dass oft Leber
und Zwerchfell hoch in der Brust liegen; ebenso
werden oft Milz und Leber klein, und erhalten durch
in ihrer Nähe länger verweilendes abgeschlossenes
Exsudat oft Eindrücke von beträchtlicher Tiefe, welche Stellen fälschlich für Abscesse gehalten wurden.
Das begränzte Exsudat befindet sich in einer Höhle,
welche theils von den Gedärmen, theils von andern
Baucheingeweiden gebildet wird. Die Beschaffenheit
desselben wie der Wände der Höhle hängt von der
Dauer der Krankheit ab. Je länger diese, desto geringer wird die Menge der Flüssigkeit, desto kleiner
die Höhle, um so mehr sucht die Lymphe sich zu
solidesciren und sich in Zellstoff, fibröse Häute, nach
Jahren selbst in Knorpel- und Knochensubstanz zu
verwandeln. Bei Sectionen von recidiver Peritonitis
puerperalis lassen sich deutlich Exsudationsschichten
verschiedenen Alters nachweisen. Nach langer Dauer
trifft man oft die Lymphe in Eiter umgewandelt (eitrig

zerflossen). Das Peritonäum wie die von ihm über-
zogenen Gebilde zeigen dann gewöhnlich die Merk.
male von wiederholten Entzündungen und sind ver-
eitert, verschwärt oder durchbrochen. Nur selten
werden die Wände, die ein eiterförmiges Exsudat
umgeben, fester und dicker, um es gänzlich abzu-
schliessen. Ebenso selten findet man die (gänzliche
oder theilweise) Umwandlung des lymphatischen Exsudats .in Tuberkelmasse. Die Section mittelt ausser den Zeichen des Peritonitis puerperalis oft gleichzeitige Pleuritis, Pericarditis, Meningitis, Lungen-
brand, Magenerweichung, Caries der Schoossknorpel,
Abscesse unter der Haut und unter den Muskeln,
endlich seröse oder eitrige Infiltration des subcutanen oder intermusculären Zellgewebes aus. — Verlauf. In den ersten Tagen nach der Geburt stellt
sich Fieber, gewöhnlich auch im Unterleibe Schmerz
ein, welcher, vom Uterus ausgehend, sich weiter in
die Bauchhöhle verbreitet. Oft geht das Fieber dem
Schmerze um einen oder um mehrere Tage voraus,
oft erscheint gar kein Schmerz. Letzterer ist oft
ausserordentlich heftig, dann hält auch das Fieber
gleichen Schritt. Der fernere Verlauf ist immer
rasch. In seltenen Fällen tritt nach einigen Tagen
Convalescenz und bald Genesung ein. Sonst nehmen
Fieber und Schmerz zu, der Unterleib wird aufgetrieben und alsbald erfolgt Exsudation, die nach der
Heftigkeit und dem Charakter der Bauchfellentzündung auch an Quantität und Qualität sehr verschieden ist. Die exsudirte Flüssigkeit nimmt, wenn sie
nicht durch Verklebung zwischen einzelnen Baucheingeweiden abgeschlossen ist, jedesmal die tiefsten
Stellen der Bauchhöhle und Beckenhöhle ein, verändert daher ihren Ort nach der Lage des Kranken.
Die Percussion ist die beste Methode, die Gegenwart
und Menge des Exsudats zu bestimmen. Man kann
wohl auch durch Befühlen des Unterleibs und dadurch, dass man das Fluidum zum hörbaren Plät-
schern oder zur fühlbaren Fluctuation bringt, das
Exsudat manchmal entdecken; jedoch machen diese
Untersuchungsweisen die Percussion nicht überflüssig. Bei ungünstigem Verlaufe dauert nach erfolgter
Exsudation das Fieber fort, der Schmerz hört bald
auf, bald nimmt er wieder zu, der Unterleib wird
noch mehr aufgetrieben, die Physiognomie entstellt,
die Respiration kurz, schwer, und es stellt sich beinahe immer grünspanartiges Erbrechen ein. Oft
sterben die Kranken mehrere Stunden nach dessen
Erscheinen, manchmal schleppen sie sich mit der
kürzesten, völlig keuchenden Respiration und kalten
Extremitäten in mehrtägigem Todeskampfe dahin.
Das grünspanartige Erbrechen geht oft in das einer
schwärzlich missfärbigen Flüssigkeit, selten in Erbrechen aufgelöster Fäces über. Je nach dem Sitze
der Entzündung und der Qualität des Exsudats tritt
nach Erscheinen desselben bald Stuhlverstopfung,
bald Diarrhoe ein. Sobald der Bauchfellüberzug der
Gedärme, besonders des Dickdarms in einiger Ausdehnung von Entzündung ergriffen ist, wird der
Stuhlgang hartnäckig verstopft. Sonst ist bei serö-

sem u. lymphatischem Exsudate die Stuhlverstopfung
nicht so hartnäckig, bei eiterförmigem Exsudate hingegen tritt gleich profuse Diarrhoe ein. Die Peritonitis septica tritt mit sehr heftigem Fieber und bedeutendem Schmerze auf. Oft schon nach 5—6 Stunden haben sich Puerperalphysiognomie und livide
Gesichtsfarbe eingestellt, die Schmerzen sind verschwunden, der Puls wurde klein und ausserordentlich schnell, im Unterleibe ist schon eine grosse
Quantität Exsudat auszumitteln. Oft gesellt sich
colliquative Diarrhoe oder das früher beschriebene
Erbrechen dazu. Der Verlauf ist sehr rapid und dauert
höchstens 30—40 Stunden. Für die bei der Section
dieser Variante oft gefundene Entzündung der Lum-
ballymphgefässe und die brandige Erweichung der
Lunge gibt es keine Diagnose. Wenn bei Peritonitis puerperalis nach geschehenem Ergusse nicht bald
der Tod erfolgt, so tritt entweder rasche Genesung
durch Resorption ein, oder die Krankheit nimmt einen
chronischen Verlauf. Bei letzterem tritt entweder
Resorption mit continuirlichem Fieber ohne Metastasen, oder Resorption mit Metastasenbildung ein, oder
es entsteht Durchbruch des Exsudats aus der Bauchhöhle, Uebergang des lymphatischen Exsudats in
Eiter oder in Tuberkelmasse, endlich Hydrops durch
gehemmte Ernährung oder Tod durch Erschöpfung.
Rasche Resorption und bald daraus hervorgehende
Genesung hat dann Statt, wenn das Exsudat in nicht
zu grosser Menge abgesondert war, wenn es grösstentheils aus Serum bestand, wenn das Individuum nicht
etwa durch Fieber, Schmerz, Diarrhoe u. s. w. zu
sehr geschwächt war. Wenn bei chronischem Verlaufe Resorption eintritt, so dauert das Fieber fort,
es nimmt jedesmal gegen Abend etwas zu, ist jedoch
nie stark. Ist das Exsudat grösstentheils serös, so
kommt gewöhnlich Haut-, Darm- oder Nieren-Secre-
tion in starken Gang, bis es hinreichend abgenommen hat. Ist Lymphe der vorherrschende Bestandtheil, so entstehen Verklebungen und Verwachsungen
der verschiedenen Unterleibsorgane unter einander
und ihre Folgen. Verwachsungen des Uterus mit den
Nebenparthien kann die Unmöglichkeit einer vollkommenen Ausdehnung veranlassen und dadurch Abortus und Frühgeburt bedingen. Durch völlige Verschliessung der Bauchenden der fallopischen Tuben
kann Sterilität für immer entstehen. Bei dem chronischen Verlaufe mit Resorption und Metastasen entstehen oft metastasische Entzündungen der Pleura,
des Pericardiums und der Meningea. Die Pleuritis
charakterisirt sich durch den Schmerz, sie und die
Pericarditis durch die Percussion und Auscultation,
wenn im Herzbeutel die Quantität des Exsudats nicht
zu geringe, sonst hat sie so wenig als die Meningitis
ein bestimmtes Symptom. Die Metastasen nach aussen sind verschieden, je nachdem sie serös oder eitrig
sind, je nachdem die Haut oder ihre Zellgewebs-
schichten davon ergriffen werden. So erscheint bei
serösem Exsudate und geringer, langsamer Resorption auf der Lederhaut Metastase als Erythema cuta-
neum in Form von kleinen und grössern Flecken,

die sehr empfindlich sind und an verschiedenen Theilen des Körpers vorkommen. Dieses Erythem hat mit Erysipelas den Sitz und die Flüchtigkeit gemein. Bei kräftiger Resorption und grösstentheils serösem Exsudate erfolgt sehr oft seröse Metastase auf das Zellgewebe der Haut sowohl, als auf die zwischen den Muskeln vorzüglich der untern Extremität befindliche Zellgewebslage. Wird nun auf eine grosse Parthie desselben und nicht zu schnell Serum abgelagert, so erscheint die Metastase unter der Form von Hydrops anasarca, die Haut schwillt ohne Schmerzen an, wird weiss gefärbt, teigicht und glänzend. Erfolgt jedoch die seröse Metastase schnell auf das subcutane und intermusculäre Zellgewebstratum, so ruft sie dort zugleich Entzündung des Zellgewebes hervor, es entsteht grosse Geschwulst, die roth, sehr schmerzhaft und fester anzufühlen ist, als die hydropische Anschwellung. Es entsteht die sogenannte Phlegmasia alba dolens puerperarum. Bei langsam erfolgender seröser Metastase schwellen gewöhnlich beide Unterschenkel von den Knöcheln nach aufwärts an. Nach 5—6 Tagen hat sich die wässerige Anschwellung schon über den ganzen Schenkel verbreitet; sie vergrössert seinen Umfang manchmal um die Hälfte seines gewöhnlichen. Diese Anschwellung verbreitet sich manchmal über den ganzen Körper, das Gesicht nicht ausgenommen. Wenn die Metastase sich auf diese Art ausspricht, so kann man mit Bestimmtheit die bald erfolgende Reconvalescenz voraussagen. Die längere Zeit in der Bauchhöhle freie oder abgeschlossene Lymphe kann sich in eiterförmige Materie umwandeln, welche in grösserer oder geringerer Menge resorbirt wird. Da sie jedoch wieder aus dem Blute entfernt werden muss, so entstehen dadurch Fiebererscheinungen, Sedimente im Urine, selten eiterige Metastasen nach inneren Organen, häufig jedoch metastatische Abscesse unter der Haut oder zwischen den Muskeln. Die Resorption des eiterförmigen Exsudats hat nur selten Statt. Die plastische Lymphe, welche das Peritonäum seit dem Anfange der Entzündung überzieht, kann durch die Berührung mit der eiterförmigen Flüssigkeit auch in solche verwandelt und dadurch nicht blos wiederholte Entzündung des Peritonäums, sondern selbst Zerstörungen und Durchbruch desselben veranlasst werden, wodurch entweder das Exsudat durch die Bauchwand, durch die Vagina oder den Stuhl nach aussen zum Vorschein kommt, oder wodurch Ulceration der Bauchorgane entsteht. Wenn eine grosse Menge Exsudat zu lange in der Bauchhöhle zurückbleibt, ohne resorbirt werden zu können, so tritt früher oder später nothwendig der Tod ein. Manchmal geht dem Tode noch hydropische Anschwellung voraus. Eine constante Varietät unserer hier beschriebenen Krankheit ist Peritonitis puerperalis mit Kopfaffection. Dabei sind seit dem Anfange der Krankheit heftige Kopfschmerzen zugegen, oft tritt Mania puerperalis ein, deren Anfälle sich manchmal wiederholen, oft selbst den Tod herbeiführen. Der Friesel ist eine eigenthümliche Wochenkrankheit. Er kann zu jeder Puerperalkrankheit hinzutreten, in jeder Periode derselben vorkommen. Die Disposition dazu scheint im Wochenbette begründet zu sein, denn man kann ihn auch bei gesunden Wöchnerinnen hervorrufen. Er erscheint in der Form rother, stecknadelknopfgrosser Knötchen, die bald in Eiterbläschen übergehen. Zuweilen sind die Bläschen so gedrängt, dass ihre Individualität gänzlich verschwindet und man eine lichenöse Eruption vor sich zu sehen glaubt. Das Erscheinen des Friesels ist in den Wochenkrankheiten ein ganz gleichgültiges Symptom. Sein Auftreten wird weder von Besserung noch von Verschlimmerung constant begleitet. Bei starken Schweissen, unter Fomenten entsteht der Friesel am häufigsten. Die blos mit Serum gefüllten Bläschen, die sich auch bei Wochenkrankheiten öfter zeigen, sind nicht für Friesel, sondern für Sudamina zu halten. Die Puerperalperitonitis entsteht unter allen Puerperalkrankheiten am leichtesten und kommt am öftesten vor, auch epidemisch und endemisch tritt sie auf. Im Allgemeinen ist die Prognose ungünstig, doch besser als bei Phlebitis zu stellen. Heftiges Fieber mit vielem Exsudate bringt meistens, septische Peritonitis immer schlechten Verlauf mit sich. Schmerz ohne Fieber ist viel besser als das Gegentheil. Salivation ist immer, die äusseren Metastasen sind gewöhnlich günstig; die inneren Metastasen sind gewöhnlich ungünstig. Langsam gewordener Puls ist immer ein gutes Zeichen, continuirliches Fieber immer verdächtig. Peritonitis puerperalis erfordert eine dem Grade der Entzündung entsprechende, schnell angewandte Antiphlogose. Wenn die Entzündung nicht etwa septisch, so ist bei heftigem Ausbruche und Fieber die V.S. unerlässlich, ihre Wiederholung oft nothwendiges Bedingniss der Besserung. Oertliche Blutentziehungen (20—30 Blutegel), wie ihre Wiederholung, bestimmen die Heftigkeit und die Ausdehnung der Schmerzen. Eisfomente mässigen oft am schnellsten Fieber und Schmerz. Ein Hauptmittel, die vorwaltende Plasticität zu vermindern, ist Mercur in grossen Dosen innerlich und äusserlich angewandt, in wenigen Stunden ℥j Ungt. einzureiben. Die Peritonitis septica spottet jeder Behandlung (Säuren, Chlor). Peritonitis puerperalis mit Kopfaffection erfordert Eisfomente, drastische Ableitung auf den Darm, oft auch allgemeine und örtliche Blutentleerung. Erschien Atonie, so fordert sie Fortsetzung oder grössere Ausdehnung der oben angegebenen Behandlung. — Wenn bei vielem Exsudate Fieber u. Schmerz verschwanden, so ist Cremor tartar. das beste Eccoproticum und Diureticum. Tritt bei vielem serösen Exsudate excessive Diarrhoe ein, so sind Alaun und Ratanhia allein verlässlich. ℞ Aquae cinnam., Aq. commun. ana ℥ij; Aluminis, Extr. Ratanh. ana ℈j; Syrup. menth. ℥jjj. Alle St. 2 Essl. voll zu nehmen. Bei spangrünem Erbrechen, bei den Erscheinungen von Magenerweichung ist vom Opium und Brausepulvern wenig, von allen übrigen Mitteln nichts zu erwarten. Das metastatische Erysipelas bedarf keiner besondern Behandlung, die wässerigen Anschwellun-

gen verschwinden unter dem Gebrauche von Cremor,
die entzündliche Schenkelgeschwulst bedarf erweichender Fomente und geringer Dosen von Mercursalbe. Der innere Gebrauch der Flor. Arnicae in
typhösen Fiebern, chronischen Entzündungen, Hy-
dropen, Meteorismus des Bauches und Peritonitis
puerperalis ist auffallend nützlich, doch bedarf es bei
Peritonitis puerperalis noch der Einreibungen mit
Terpentinöl.

7) **Entzündung der Brustdrüse, Mastitis puerperalis.** Dieser Zustand ist sehr
hartnäckig, dauert oft 5—6 Wochen, und die Folgen
dieser Entzündung können oft nur nach wiederholter
chirurgischer Hilfe beseitigt werden. Man hüte sich,
die durch Milchüberfüllung entstehende, ebenfalls
schmerzhafte, glänzende Anschwellung der Brustdrüse
mit der Entzündung derselben zu verwechseln. Bei
ersterer fehlen Röthe und bedeutend erhöhte Temperatur, die bei der Entzündung immer zugegen sind.
Erstere lässt sich durch Entfernung der Milch heben,
was bei letzterer nicht möglich ist. Frühzeitiges und
oft wiederholtes Anlegen des Kindes an die Brust,
schmale Kost, Verwahrung vor Erkältung sind die
besten Vorbauungsmittel gegen diese Krankheit. Ist
sie dessen ungeachtet eingetreten, so ist das sicherste
Mittel, die gewöhnlich schnell eintretende Eiterung
zu verhüten oder doch zu beschränken, in wenigstens
durch 24 Stunden über die entzündete Brust gelegten Eisfomenten zu finden. Man fürchte ihre Anwendung nicht, man wird staunen, wie schnell und wie
wohlthätig sie wirken.

8) **Kindbettwahnsinn, Mania puerperalis.** S. Kindbettwahnsinn.

Pustula maligna, bösartige Pustel, meistens
durch an Milzbrand erkrankte Thiere.

Symptome. An der in Folge einer örtlichen Ansteckung afficirten Stelle, häufigst an unbedeckten,
oder doch an leicht zugänglichen Körpertheilen, zeigt
sich ein Prikeln und ein rother Punkt. Die Oberhaut erhebt sich zu einem schwärigen Bläschen, das
sich bald zu einem Brandschorfe umwandelt und sich
vergrössert. Trotz der bedeutenden Geschwulst klagt
der Kranke wenig über Schmerz, mehr über Spannung. Es gesellen sich Fieber, Schmerz in der Magengegend, Ekel, Erbrechen, Delirien, Ohnmachten,
Convulsionen hinzu. Puls wird klein, unregelmässig,
oft erfolgt schnell der Tod. In ihrer ersten Entwicklung hat die schwarze Blatter mit der Vaccine-
pustel die grösste Aehnlichkeit. Wie diese entsteht
die Pustula maligna anfänglich als ein kleines Knötchen, welches, indem es sich vergrössert und mehr
erhebt, in seiner Mitte eine kleine Vertiefung bekommt, die als die eigentliche Infectionsstelle zu betrachten ist. Diese Vertiefung wird zuerst schwarz
und bildet einen unempfindlichen Brandfleck.
Das Contagium, welches stets an In- und Extensität
zunimmt, schreitet in dem Blasenkranze weiter fort,
macht diesen gangränesciren, bis auch er sphacelös
ist, wo dann die nächste Umgebung sich wieder zu
Blasen erhebt.

Diagnose. Von Anthrax, Carbunkel unterscheidet sie sich dadurch, dass sie stets Folge eines mitgetheilten eigenthümlichen Ansteckungsstoffs ist.

Therapie. Schneide die Pocke ein, wende alsdann Lapis infern. an, Schwefelsäure, glühendes Eisen, Chlor, Salzsäure. Innerlich bei Gastricismus Emetica; sonst: China, Serpentaria, Arnica, Valeriana, Elixir. vitriol., Acid. muriat.

Pyrosis. S. Sodbrennen.

R.

Rademachers Heilmittel. S. Rademacher im Medicamenten-Register.

Raphanie. S. Kriebelkrankheit.

Raucitas. S. Aphonie.

Rausch. S. Säuferkrankheiten.

Rectum. S. Mastdarm.

Rhachitis, englische Krankheit, Gliederzahnen, Wechselbalg.

Symptome. Die Kranken sind Kinder, die ihre Lebhaftigkeit verlieren, werden mürrisch, schlafen viel; Gesicht bekommt ein eigenthümliches Aussehen; sie ermüden sehr schnell, können nicht recht oder gar nicht laufen; Zahnen geht schwer, Zähne werden bald cariös, auf der Haut des Rückens entstehen viele Mitesser. Die Fontanellen erweitern sich, das Stirnbein bildet ein hervorragendes Dreieck. Geistesthätigkeit und Sinnesorgane unverändert, eher geschärft. Die Knochen schwellen an ihren Epiphysen an, der Körper magert ab, U.I. treibt sich auf, namentlich die Leber-, oft auch Milzgegend. Appetit artet manchmal in Heisshunger aus; der Körper verliert seine Haltung, die Knochen erweichen, werden gebogen, verschieden gedreht. die Haut verliert Tonus und Farbe, die Augen werden matt, mit schwarzen Ringen umgeben. Oefters Erbrechen; es tritt Husten hinzu, Respiration wird beschwerlich, es entsteht Fieber, welches endlich hectisch wird; Decubitus, Caries, Geschwüre. Die Sinne werden stumpf, Appetit geht verloren, Sprache heiser, matt, Hydrocephalus internus tritt hinzu; das hectische Fieber macht dem Leben ein Ende. Späte Dentition soll Rhachitismus befürchten lassen. Bei rhachitischen Kindern schmerzen die Knochen, wenn man die Kinder aufhebt.

Diagnose. Osteosarcosis entsteht meist bei Erwachsenen, und die Knochenanschwellungen schmerzen sehr, auch sind nur einzelne Knochen ergriffen. Exostosis und Hyperostosis kommen nur in einzelnen Theilen vor; die Anschwellungen sind mit bedeutenden Schmerzen verbunden. Bei Steatom, Osteosteatom, Necrose, Spina ventosa, Paedarthrocace und Caries ist der Sitz der Krankheit auf einzelne Theile beschränkt, und es fehlen die übrigen der Rhachitis eigenthümlichen Symptome. Hydrocephalus wird, wenn er selbständig ist, andern Verlauf u. Symptome zeigen, doch tritt er oft hinzu. Scropheln haben einen andern Habitus; die Knochenerscheinungen kommen bei ihnen nicht so vor. Cretinismus hat eigenthümliche Symptome. S. Gehirnatrophie. S. Osteomalacie.

Therapie. Guerin betrachtete die Rhachitis früher als eine von fehlerhafter Ernährung ausgehende und nicht erst mit der Verbildung der Knochen beginnende Krankheit und behandelte sie folgendermassen. Salz- (oder See-) Bäder, Reibungen des ganzen Körpers mit einem mit rothem Wein getränkten Flanell, Gentiansyrup alle Morgen und den Tag über. Tisanen von Hopfen und Cichorien mit ¼ des Mineralwassers von Vichy, nährender Kost von Fleischbrühsuppen, Gemüsen, Früchten, gut gekocht, frischen Eiern, keinen Wein, keine Milch, keinen Salat, keine rohen Früchte, endlich Vorsicht beim Tragen der Kinder und Verhinderung des Gehens, ehe die Knochen einige Festigkeit erlangt haben. Maschinen dürfen keinesfalls vor dem 5—6ten Jahre angewendet werden. Sehr wichtig seien noch gelatinös aromatische Bäder aus Abkochungen von Knochen, Fleisch und thierischem Fett mit Aufgüssen von Calmus und anderen Aromaticis 2mal täglich mehrere Wochen lang fortgesetzt. Speisen seien leicht verdaulich, nicht fett, nicht gewürzt; man gebe zartes gebratenes Fleisch, gute Fleischbrüh, gutes Bier, rothen Wein; bei kleinen Kindern gute Ziegenmilch. Aufenthalt in grossen, hellen, trockenen Zimmern, offener trockener Gartenluft; passive Bewegungen; warme Kleidung; Schlafen auf Matratzen mit aromatischen und roborrirenden Kräutern gefüllt. Neuerer Zeit machte Guerin durch ungewohnte starke thierische Nahrung Kinder rhachitisch, und Trousseau's Beobachtungen in Bezug auf die Ernährung der rhachitischen Kinder stimmt vollkommen mit diesen Experimenten überein. Die Rhachitis entwickelt sich fast stets bei Kindern, welche nie gesäugt haben und welche vorzeitig an die Nahrung der Familie, d. h. an eine für ihr Alter und Verhältnisse mit dem Zustand ihrer Verdauungswerkzeuge zu thierische Nahrung gewöhnt wurden. Hier ist gerade das Gegentheil der gewöhnlichen Praxis nothwendig: Meidung zu substantieller Nahrung. Zu glauben, dass der lange fortgesetzte Genuss der Milch lymphatisch mache, ist eine chimärische Furcht, denn es kann für die ersten Lebensjahre keine bessere und gesündere Nahrung geben als gute Milch. Was die Therapie bei Rhachitis anbelangt, so ist die Regulirung der Diät und die Entfernung der veranlassenden Ursachen, Säure, Würmer, die Hauptaufgabe. Gemischte Kost, Milchdiät von guter süsser Milch und leichte Mehlspeisen sagen diesen Kindern besser zu als Fleischnahrung. Zum Getränk empfiehlt sich für Kinder von 3 Jahren und darüber gutes Bier, und Wasser mit altem kräftigen Weine gemischt, jedoch so wie Medizin gegeben, dass also die Kinder täglich 2—3 Unzen von diesem Getränke erhalten. Alle blähenden, sauren Speisen, alle vegetabilischen Nahrungsmittel sind zu vermeiden. Hinsichtlich der Reinlichkeit, Wäsche und Kleidung, Lagerstätte,

Wohnungsverhältnisse, Bewegung in freier Luft,
müssen dieselben Grundsätze wie bei Scrophulösen
beobachtet werden. Aromatische Bäder aus Chamillen, Calam. arom., Lohbäder, Malz- und Eisenbäder
sind von besonderer Wirkung. Auch kalte Bäder in
Verbindung mit Einwaschungen der ganzen Wirbelsäule von Spirit. Foenic. oder Kornbranntwein leisten
sehr Gutes. Als Arzneimittel passen die Tonica, Tinct.
rhei aq. und vinosa tägl. Kindern von $\frac{1}{2}$—1—2 Jahren
in 3 Kaffeelöffeln voll, das Extr. Chinae frig. parat.
pro die $\ni\beta$—j in ζij aq. foeniculi oder Cinnamomi;
Ferrum pomatum Kindern von einigen Monaten täglich
3mal 10—15 Tropfen, Tinct. ferri pomat. oder Extr. ferri
pomat. $\ni\beta$—j mit ζij aq. Cinnamomi pro die; Jodeisen.
Hauptmittel bleibt aber das Oleum jecor. aselli zu
ζj bis ζjjj tägl. Kindern von 1—2 Jahren (1—3 Theelöffel; bei grösseren Kindern 1—3 Esslöffel) in Verbindung mit Milchdiät und Enthaltung von Fleisch.
— Eichelkaffee. R. Carbon. animalis, pulv. liquirit.,
ana ζvj. M. f. pulv. S. $\frac{1}{2}$—1 Theel. voll 3mal des
Tags. — Radic. rub. Tinctor. $\ni\beta$—$\zeta\beta$ in Pulver. Dect.
ζjj—$\zeta\beta$ auf ζjv—vj Colatur mit etwas Gewürzhaftem
verbunden. Rhachitischen Kindern, die erst spät
gehen lernen, auf den Füssen sehr schwach sind,
bekommen die durch die Sonne erwärmten Sandbäder
sehr gut. Man steckt die Kinder täglich, natürlich
nur im Sommer, in einen durch die Sonne erwärmten
Sandhaufen im Freien 1—2 St. lang. Eine neue Theorie der Rhachitis und der Scrophulosis, und Beweis,
dass phosphorsaurer Kalk (Knochenerde) mit weissem
die eigentlichen Mittel dagegen sind, ist von Fr. W.
Böcker aufgestellt worden. Die weissgebrannte gepulverte Knochenerde, Calcaria phosphorica, verschreibt Verf. gegen Rhachitis so: R. Calcariae phos-
phör. gr. β—j—jj—jjj—jv; Sacch. alb. p. j. M. f. pulv.
4mal täglich 1 Theel. voll. Dabei nach Umständen
Ziegenmilch, Fleisch- und Knochensuppen mit Eiern
u. s. w. Die Rhachitis entwickelt sich meistens während der Periode des ersten Zahnens; werden nun
dem Kinde nicht Stoffe zugeführt, welche Stoffe zur
Zahnbildung darbieten, so werden diese Stoffe auf
Kosten der Knochenmasse vom Organismus aus sich
selbst ausgesogen, daher die Erweichung der Knochen; solche Stoffe seien aber die Kalien, Kalksalze,
daher diese bei der Rhachitis von Nutzen seien.

Rheumatismus acutus. Nach den Ansichten
der älteren ärztlichen Schulen standen Rheumatismen und Catarrh in der engsten Verwandtschaft, und
beiden lag eine gemeinschaftliche Materie zu Grunde
(Acrimonia rheumatica). Diese hätte ihren Sitz im
Gehirne und zog von da in die unteren Körperregio-
nen herab, wo sie mannigfaltige Krankheitsformen
erzeugt. So sagt das Regimen Salernitanum: Si
fluat ad pectus, dicatur rheuma catarrhus; si ad
fauces Bronchas, si ad nares, esto Coryza. In neuerer Zeit kam diese Ansicht wieder, nur etwas modificirt, in Aufnahme. Man fand nämlich bei dem rheumatischen Krankheitsprocesse eine eigenthümliche
Säurebildung im Schweisse und Harne, und glaubte
in dieser die Ursache des Rheuma gefunden zu haben.

Andere beschuldigten die thierische Elektricität und
vermutheten als Ursache eine Zurückhaltung des
elektrischen Fluidums unter der nicht mehr perspi-
rirenden Haut, woher der reissende eigenthümliche
Schmerz und die hohe Empfindlichkeit des leidenden
Theils sich herschreibe. Der Heerd des rheumatischen Krankheitsprocesses ist der Bewegungsapparat,
das Muskelsystem und dessen Verknüpfungen mit
dem Knochensystem, Sehnen und Ligamente, ferner
die fibrösen Häute.

Symptome. Es treibt sich plötzlich ein Gelenk
auf, Hand- oder Fussgelenk, oder zugleich auch
viele, ja alle Gelenke des Rückgrats; heftiger Schmerz.
Geschwulst oft unbedeutend, Bewegung stets gehindert; die Gelenkaffection springt oft von einem zum
andern; dazu reissende Schmerzen in den Muskeln,
Zungenbeleg, pappig bitterer Geschmack, Brechneigung oder Erbrechen, heftiges Fieber. Es tritt leicht
Meningitis, Pleuritis oder Pericarditis dazu. Ausser
der Carditis, Pericarditis und Endocarditis kommen
bei dieser Krankheit zuweilen Herzerscheinungen vor,
die ganz und gar nicht entzündlicher Natur sind,
und gegen welche die Blutentleerungen angewendet,
so gefährliche Folgen haben, ein Zustand, der in der
Innervation des Herzens beruht, und der als Vorläufer der Frieseleruption zu betrachten ist. Die
Kranken klagen nämlich über Brustbeklemmung, Luftmangel, heftiges Herzklopfen. Doch sind dieses rein
nur subjektive Erscheinungen, da die objektive Untersuchung des Herzens keine Anomalie in demselben
nachweist. Diese auf der Innervation beruhenden
Zustände verlangen durchaus keine V.S., sondern
Sinapismen, Vesicantia, auf Darm und Niere ableitende Mittel. Die Momente, auf welche die Diagnose
sich gründet, sind nicht schwierig. 1) Die Periodicität des Herzklopfens bei Innervation, während bei
der Inflammation dasselbe permanent ist, wenn gleich
verschieden in seiner Intensität. 2) Der objektive
Thatbestand; bei der Innervation zeigt das Stethoskop nichts als Schnelligkeit der Pulsbewegung, aber
nicht den vermehrten Impuls, wie bei Herzmuskel-
entzündung, noch die Geräusche, wie man sie in der
Pericarditis oder Endocarditis wahrnimmt. 3) Die
übrigen Erscheinungen, welche die Frieseleruption
verkünden, als colliquative Schweisse von sehr saurer
Beschaffenheit, die schnell kommen und schnell wieder verschwinden, und namentlich schon auf einzelnen Körperstellen am Halse etc. kleine Frieselbläschen. Endlich gesellen sich dazu zuweilen auch anginöse Erscheinungen von mehr oder minder heftigem
Grade, wie bei andern acuten Exanthemen.

Diagnose. Von Tetanus und Trismus dadurch,
dass die Kranken zwar die Kinnlade und übrigen
Gelenke bewegen können, aber nur mit heftigem
Schmerz, was bei Trismus und Tetanus gar nicht
möglich ist. Von idiopathischer Gelenkentzündung
dadurch, dass hier der Schmerz immer blos auf ein
Gelenk fixirt und stätig ist, das Fieber und die
gastrischen Symptome fehlen. Von Arthritis dadurch, dass die Affectionen des Pfortadersystems

fehlen. Der Rheumatismus acut. articulor. macht
gewöhnlich 2mal Recidive.

Therapie. Vor Allem V.S. ʒx — xx auf einmal,
dann ein Emeticum, gr. jjj — jv, Tart. emet. Die
Schmerzen hören dann auf; kommen sie wieder,
dann wird die V.S. und das Emeticum wiederholt.
Die Völle und Härte des Pulses, nicht aber die Frequenz desselben indicirt die V.S. Hat er seine Härte
und Spannung verloren (er darf aber frequent sein), so
gibt man Vinum semin. Colchici anfangs zu gtt. xjj—xv,
später zu gtt. xx — xxjv, 2 — 3stündlich. Man umwickle das Glied mit Flanell, der mit Mastix. Benzoe,
Theer etc. durchräuchert ist; einfacher ist Werg;
dabei Hungerdiät, höchstens etwas gekochtes Obst,
Weinsteinwasser; bei saurem Urin Liquor Kali carbon. ins Getränk; trockene, warme Atmosphäre.
Kommt es zur Hautkrise, blos lauwarmes Getränke,
etwas Essigammon., bei schwächlichen Subjecten
leichten Punsch. Mässige Antiphlogose auf den
Darm, Ableitung (Magnes. sulphur. ʒj; aq. comun.
ʒv; Tinct. semin. colch. ʒβ—jj; Syrup. simpl. ʒj;
2stündlich 1 Löffel). Einwicklung in Watte, Werg.
Das einzige Mittel aber, welches den Verlauf des
acuten Rheumatismus, wie vorzüglich des chronischen, abzukürzen vermag, ist der Sublimat. '/₁₀ Gr.
mit Opium 8mal täglich, auch örtlich Sublimatsolution aufgeschlagen. Dabei wird der Mangel gastrischer
Störungen als Hauptbedingung zur Anwendung dieses
Mittels berücksichtigt. Kindern zu ¹/₁₂—¹/₈ Gr., Erwachsenen zu ⁴/₆ — ¹/₃ Gr. 2 — 3mal tägl. ℞ Sublim.
corros. gr. j; Aq. destill. ʒv; Vini colchic. ʒjj—ʒβ.
S. Nach der V.S. Beim Sublimatgebrauch zu ¹/₄—¹/₂ Gr.,
3mal tägl. sollten die gastrischen Symptome entfernt
sein. Der interessanteste unter den neueren therapeutischen Versuchen über den acuten Gelenkrheumatismus ist dessen Behandlung mit grossen Gaben
Chinin, wenn auch der Kranke belegte, braune,
trockene Zunge habe, Durst und Appetitlosigkeit.
Die Behandlung wird 5 — 8 Tage lang fortgesetzt,
auch wenn die Schmerzen früher weichen. Jeden
Tag erhält der Kranke 1—1¹/₂ Drachm. Chinin. sulphuric. auf 12 Stunden vertheilt, in geringeren Dosen
sobald Besserung eintritt, im Ganzen verbrauchen die
Kranken durchschnittlich ʒj Chinin. Die Behandlung
des acuten Gelenkrheumatismus mit grossen Gaben
Salpeter, Natrum nitricum (vergl. dieses im Register),
wird besonders von den Franzosen fortwährend gerühmt. ʒβ—ʒjj in 24 Stunden, aufgelöst in Limonade
oder in einer versüssten Tisane, und zwar in so viel
Portionen vertheilt, dass der Kranke für die Einzel-
gabe immerhin 80 — 160 Gr. bekommt. Die Lösung
wird kalt oder warm, in längeren oder kürzeren
Zwischenräumen genommen, je nach dem Zustande
des Kranken und der Heftigkeit seiner Affection.
Mit dem Verlauf der Krankheit steigt oder fällt die
Quantität des Mittels, man hört aber nicht eher damit
auf, bis die Gelenkschmerzen gänzlich beseitigt sind
und die Heilung evident ist. Forget räth, nicht
über ʒj in 24 Stunden zu geben. Gegen acuten Gelenkrheumatismus weiss Perkins nicht genug den

Citronensaft zu rühmen, von welchem man dem Kranken täglich 3mal ℥j geben soll, und den man nach
Belieben versüssen kann; ihn zu verdünnen als Limonade sei nicht gut. Die Besserung erklärt sich
aus der Oxydation der in dem Blute enthaltenen urin-
sauren Salze, deren übermässiges Vorhandensein
Veranlassung zu den krankhaften Phänomenen gebe.
Es versteht sich übrigens von selbst, dass die ernsteren Erscheinungen, mit welchen sich der Gelenks-
rheumatismus nur zu häufig complicirt, die Anwendung
viel energischerer Mittel erheischt. Es bleibt dem
Quecksilber, bisweilen bis zur Salivation getrieben,
vorbehalten, über die rheumat. Pericarditis und Endocarditis zu triumphiren. Ein sympathetisches Mittel gegen hitzigen Rheumatismus ist: Man nimmt
2 Loth Kochsalz und vom Urine des Kranken nach
Belieben, sagt dem Kr. eine bestimmte Stunde, wo
er sich zu Bette begeben und zum Schwitzen bereit
sein solle. Alsdann giesst man den Urin mit dem
Salze in einen neuen Topf und kocht ihn ¼ Stunde
lang, und der Kranke wird bedeutend schwitzen.
Man wiederhole dieses Kochen 9 Tage lang, nehme
aber jeden Tag frischen, nüchtern des Morgens früh
gelassenen Harn und frisches Salz.

**Rheumatismus cephalicus, Colli, Extre-
mitatum etc.**

Symptome. Der Sitz der Krankheit ist im Mucul.
temporal., occipital., den Gesichtsmuskeln meist auf
einer Seite. Schmerzen sind reissend, oft dabei
Katarrh der Nase, des Ohres, Odontalgia rheumat. etc. Die Bewegung des Halses ist gehindert,
Schiefhalten desselben; stechender Schmerz auf einer
Seite der Brust, der Schmerz ist wandelbar, vermehrt sich beim Tiefathmen, Aufheben und Drehen
des Armes, beim Druck auf den Pectoralis. Reissende Schmerzen nach dem Laufe der Abdominal-
muskeln, die sich bei der Bewegung, beim Vorwärtsbeugen, bei Stuhlausleerungen vermehren. Reissende,
nicht permanente Schmerzen in den Lumbalmuskeln,
Steifigkeit im Rücken. Die Schmerzen sind nie stätig,
in Paroxysmen auftretend, vermehren sich beim Drucke
nicht sowohl, als bei Bewegung; die Affection meist
springend, nicht fix. Bei allen diesen Formen kein
Fieber, und der Verlauf chronisch, oder Fieber mit
verschiedenem Charakter.

Diagnose. Von Pleuritis oder Pneumonie dadurch,
dass beim Rheumatismus der Schmerz reissend, stechend, mehr äusserlich ist, sich bei der Berührung
vermehrt; Husten und blutiger Auswurf fehlen, das
Stethoskop ergibt nichts Anomales. Von Peritonitis,
Enteritis dadurch, dass hier der Bauch nicht aufgetrieben, gespannt, sondern weich ist, die Schmerzen
nicht brennend, sondern reissend; nicht innerlich,
sondern äusserlich, die Brechneigung, das heftige
Fieber, der unterdrückte kleine Puls, die kalten
Extremitäten fehlen hier. Bei Affection der Lumbal-
nerven sind die Schmerzen periodisch, schleichend,
wie electrische Schläge, gehen nach dem Verlaufe
der Nerven, Bewegung und Berührung vermehren
den Schmerz nicht. Bei Nierenentzündung ist der

Schmerz mehr dumpf, drückend, folgt dem Laufe
der Uretheren gegen die Blase, es sind Veränderungen in den Harn- und Digestionsorganen vorhanden. Bei Psoasabscessen ist der Schmerz an der
Insertion des Psoas, geht durch das Poupartische
Band gegen die Oberschenkel; Knieschmerz.

Therapie. Bei fieberhaften Formen richtet sich
die Behandlung nach der Form des Fiebers. Bei
erethischem blos Aufenthalt im Bette, lauwarmes
Getränke, Inf. flor. Verbasci, Sambuc., bei spröder,
schwer secernirender Haut Abends 1 Pulv. Doweri,
oder etwas Ammon. acet. dem Thee beigemischt.
Bei gastrischer Complication erst ein Emet., und
unterhält die Diaphorese durch kleine Gaben Tart.
emet. oder Ammon. acet.; bei synoch. Form V.S.,
dann Nitr.; bei torpider Form Chlor, Salzsäure.
Topisch wendet man, wenn die Affection rein und
die Schmerzen heftig sind, Ueberschläge von Spec.
emollient. et narcot. an. Bei Erscheinungen beginnender Entzündung topische Blutentziehungen, so
bei drohender Pleuresie, Peritonitis; auf den leidenden Theil warme Fomentat. und narcotische Salben
von Ol. Hyosc. Erst wenn das Fieber abgenommen
hat und noch ein Rest von Schmerz zurück ist, darf
man reizende Einreibungen von Tinct. Canthar., Liniment. volat. machen. Ist kein Fieber vorhanden, so
reicht man, wenn die Affection rein ist, mit gelinden
Hautreizen, Liniment. volat. aus, wickelt den Theil
mit Flanell ein, gibt innerlich leichte Diaphoret. In
entgegengesetzten Fällen legt man Vesicantia oder
Emplastr. stib. auf die mit Essig geriebene Haut.
Bei eingewurzelten chron. Rheumatismen müssen,
wenn die Digestionsorgane mitleiden, erst die Störungen in demselben beseitigt werden durch Emet.,
Extr. sapon., Calamus, Liquor Kali subcarb., Eisensäuerlinge. Bei rheumatischer Contraction oder Paralyse Dampf-, Schwefelbäder; bei scrophulösen Individuen Seebäder, Jod etc. Bei fixen chronischen
Rheumatismen reicht man mit topischen Mitteln aus;
Pechpflaster, Vesicantia, Emplastr. stibiat., Electricität, Acupunct. ℞ Resin. quajac. ʒβ; Extr. aconit.
gr. ij; Elaeos. citri ϑj; Cremor. tart. ϑij. F. pulv.
3mal täglich ⅓ eines solchen Pulvers. ℞ Resin.
quajac. ʒiij; Lact. sulphur., sapon. medic., anā ʒj;
Extr. dulcam. q. s. f. pilul. gr. ij. 2mal 10 Pillen.
℞ Lign. quajac. rasur. ʒij; Stipit. dulcam. ʒβ; fiat
dct. ℥ jβ; Merc. sublim. corros. gr. β; Syrup. alth.
ʒij. Die Hälfte auf einmal, dann alle 2 St. 1 Tasse
voll. ℞ Stipit. dulcam. ʒβ; F. dct. ʒvij; Tart. tartar.
ʒij; Vin. antim. H. gtt. 60. Syrup. liquir. ʒj; 4mal
2 Essl. voll. ℞ Calc. antimon. sulphur. ʒij; Coq. aq.
font. libr. v ad ℥ jv. Ol. jecoris Aselli täglich 2mal
1 Theel. voll. Das Vinum seminis Colchici ʒiij in
Verbindung mit Tinct. thebaica ʒj; zu 20—25 gtt. alle
2—3 Stunden, dann 4mal täglich wird als souveränes
Mittel gegen alle Rheumatismen empfohlen; nicht
allein die äussern Muskelrheumatismen, rheumatische
Gesichts- oder Zahnschmerzen, sondern auch gegen
rheumatische Pneumonien, den sogen. Hexenschuss
(Rheumatismus des Sacrolumbalis, vielleicht auch der

Cauda eqnina), **Pleuritis rheumatica**; die sogen. rheumatischen Entzündungen seien keine Entzündungen,
z. B. rheumatische Unterleibsentzündungen, sie ver-
langten das Vinum colchici opiat; bei rheumatischer
Hepatitis, Peritonitis, beginnendem Abdominaltyphus
sollen 6—8 Klystierspritzen voll warmen Wassers in
den Mastdarm eingespritzt, sehr heilsam sein. Auch
gegen den Rheumatismus der Galea aponeuratica ist
das Opium mit Colcbicum vortrefflich. Bei Rheumatismus des Gesichts mit heftigem Kopfschmerz,
Schlaflosigkeit und sonst fieberhafter Aufregung hat
man von folgendem Heilmittel grossen Erfolg gesehen. Es wird aus Stärke mit Spiritus ein Liniment gemacht, auf Leinwand ziemlich stark aufgetragen und auf die leidende Stelle aufgelegt. Es
brennt anfangs, dann kühlt es, und nach einigen
Minuten, je nachdem die Hitze in dem leidenden
Theile heftiger oder gelinder war, ist der Umschlag
trocken und hart. Dieses Manoeuver wird so lange
wiederholt, als das Liniment beim Aufliegen trocken
wird, und der Schmerz verliert sich alsdann entweder durch allmähliges Aufhören oder die leidende
Stelle wird geschwollen und auch dann ist die Krankheit gehoben. Der Muskelrheumatismus ist
in Bezug auf Symptome, Verlauf, Exacerbationen,
Abwesenheit merklicher anatomischer Veränderungen
identisch mit Neuralgie, nur durch den Sitz verschieden. Neuralgie ist bezeichnet durch charakteristische
isolirte schmerzhafte Punkte im Verlaufe eines Nerven; beim Muskelrheumatismus dehnt sich der Schmerz
in den Muskeln aus und wird durch Muskelcontractionen vorzüglich erhöht; verbreitet sich der Schmerz
in der Haut, so haben wir die Dermalgie, ein drittes
Glied dieser Familie. Diese 3 Formen können alle
mit einander oder zu 2 bestehen u. in einander übergehen. Sehr häufig geht der Muskelrheumatismus in
eine wahre Neuralgie über. Mit dem Rheum. art. acut.
hat dieser Rheumatismus dem Wesen nach nichts gemein. Geschwulst, Schmerz in der Ruhe, Fieber u. s. w.
unterscheiden die Muskelentzündung hinreichend von
dem Muskelrheumatismus. Von der eigens so genannten Neuralgie unterscheidet sich derselbe hauptsächlich dadurch, dass die auf Druck schmerzhaften Punkte
weniger beschränkt sind; dass diese sich an den An-
heftungspunkten der Muskel und nicht im Verlaufe
eines Nerven befinden, dass die Muskelcontraction
einen im Verhältniss zu dem spontanen Schmerz übermässigen Schmerz hervorruft.

In Bezug auf Prognose ist der chronische Muskelrheumatismus hartnäckiger als die chronische Neuralgie; im acuten Zustande ist es umgekehrt; der
erste ist jedoch minder gefährlich als die letzte;
selten bedingt jener eine spätere Lähmung, während
diese oft mehrere Jahre den Gebrauch eines Gliedes
aufhebt, den Kranken ans Bett fesselt und eine be-
klagenswerthe Existenz nicht selten veranlassen kann.
Der acute Muskelrheumatismus weicht im Allgemeinen auffallend schnell einer allgemeinen oder örtlichen
Behandlung, Ruhe u. schweisstreibenden Mitteln,
während diese Mittel gegen die Neuralgie nichts aus-

richten; und anderseits die gegen letztere sehr wirksamen fliegenden, vervielfachten Blasenpflaster, die
transcurrente Cauterisation, das Strichfeuer bei ersterem weniger leisten. In chronischen Fällen unterscheiden sich beide weniger in der Therapie, doch
passen bei dem ersteren die Hydrotherapie, Thermen, das Kneten der Muskeln, die russischen Bäder
mehr als bei letzterer. Bei beiden von gleichem Erfolge zeigen sich: erregende Mittel auf die Haut, die
Acupunctur, Electropunctur, Narcotica innerlich wie
äusserlich.

Der Rheumatismus der Kopfmuskeln, Cephalody-
nie, wird häufig verwechselt mit Neuralgien, Migrän,
Hirncongestion; eine Eigenthümlichkeit von ihm besteht darin, dass er sich besonders Morgens im Momente des Aufstehens vom Bette zeigt. Eine nach
den oben angegebenen Grundsätzen genau befolgte
Untersuchung führt, wenn auch nicht immer leicht,
zur Erkenntniss dieses Rheumatismus. Der Kälte
muss die meiste Schuld bei diesem Uebel zur Last
gelegt werden, daher eine Schlafmütze von Flanell
oder Seide, welche bis über die Nase herabgeht, oft
von grossem Nutzen bei diesem Uebel ist.

Die Epicranie oder der Rheumatismus des Musc.
occipit. front. weicht keinem Mittel besser als Waschungen u. Einreibungen mit Cyanuret. Potassae. ℞ Cyan.
Potassae gr. viij; Aq. ℥j, 3—4mal Stirne u. Schläfe zu
waschen, oder: ℞ Cyan. Potassae gr. jv; Axungiae ℥j.

Bei der Cervicodynie besteht ein dumpfer Schmerz
im hinteren Theile des Halses, der durch jede Bewegung des Kopfes sehr gesteigert wird und gegen
das Hinterhaupt und die Schulter ausstrahlt. Diag-
nostische Unterschiede: Bei chron. Hirncongestion
kein Schmerz während der Contraction der Nackenmuskeln; bei der Neuralgia occip. front. auf Druck
sehr empfindliche, isolirte, schmerzhafte Punkte,
Schmerz bei der Contraction der Muskeln fast Null;
dehnt sich die Neuralgie auf die Cervicalnerven aus,
neue schmerzhafte Punkte an der Seite der Wirbelsäule, Fortpflanzung des Schmerzes bis in den Arm.
Die besten Mittel in dieser Form sind Seebäder,
kalte Begiessungen, Schröpfköpfe u. die Acupunctur.

Die Dorsodynie ist wohl zu unterscheiden von
der Neuralgia dors. intercost. Sie beschränkt sich
auf die Rückenmuskeln. Weiter gilt in Bezug auf
die Diagnose und Therapie das oben Erwähnte. Die
Lombodynie ist oft schwer von der Neuralg. lombo-
abdom. zu unterscheiden. Die sogen. Verrenkung
des Kreuzes, Tour de Reins, Hexenschuss, ein äusserst lebhafter Schmerz, welcher meist nach einer
raschen Bewegung oder Anstrengung oder auch von
selbst auftritt, ist eine Varietät der Lombodynie und
nicht in der Ruptur einer Sehnenfaser begründet, wie
man hin und wieder annahm. Wie könnte sie sonst
so auffallend schnell örtlichen Blutentziehungen und
der Ruhe weichen, während sie ohne Blutentziehungen bei vollkommener Ruhe einige Tage oder paar
Wochen u. länger dauert? Die Scapulodynie muss in
Bezug auf Therapie von der Entzündung des Schul-
tergelenkes und Rheumat. acut. mona-articular. und

einer im obern Lungenlappen beginnenden Lungenentzündung unterschieden werden. Sie erfordert insbesondere in ihrem chronischen Auftreten die einfache
Acupunctur, nichts vermag sie sicherer zu beseitigen; sie widersteht oft allen andern Mitteln und kann
zur Lähmung des Armes führen.

Rheumatismus chronicus.

Symptome. Reizbarkeit des afficirten Muskels ist
erhöht, wenigstens Anfangs, empfindlich gegen Veränderungen der Electricität, der Schmerz reissend,
stechend; die Krankheit ist unstäter flüchtiger Natur,
fieberlos, oder verbindet sich mit Entzündungen, Katarrhen, Erysipelas und ist dann fieberhaft.

Diagnose. Rheumatismus befällt mehr die musculösen u. membranösen Theile; Arthritis die Gelenke;
ersterer ist nicht wesentlich mit Verdauungsbeschwerden verbunden, ja gewöhnlich mit dem besten Appetite, letzterer mit Anomalien der U.L.-Functionen.
Rheumatismus entsteht nach Verkältung, einer äussern Einwirkung, von Aussen nach innen; Arthrit.,
von innern Fehlern der Verdauung und Chylification,
von Innen nach Aussen. Neigung zu säuerlich riechenden Schweissen, häufige Ablagerungen harnsaurer Sedimente im Urin, sprechen für das Vorhandensein der
rheumatischen Diathese.

Therapie. Zur Prophylaxis dient, die Haut abzustumpfen durch Abhärtung mit kaltem und immer
kälterem Wasser; oder man trägt beständig Westen
und Beinkleider von Flanell. Indicatio morbi richtet
sich zuerst nach dem Charakter; ist erethisches
Fieber vorhanden, Methodus exspectat. Bei synochalem und entzündlichem Fieber Antiphlogose. Bei torpidem Charakter wendet man, wenn die Haut trocken,
spröde ist und rigid, Arnica, Serpent., Campher etc.
an. Ist die Hautsecretion colliquativ, Chlor, Salpetersäure, Waschungen mit Essig, mit Salz- und Salpetersäure. Die sogen. Antirheumatica gibt man blos
bei fieberlosen Zuständen. Aeusserlich wendet man
in solchen Fällen auch Dampfbäder an. Topische
Mittel sind: Reiben mit Flanell, Einreibungen von
Ammon., Linim. volat., Opodeldok, Sinapism., Vesicant., Ungt. stib., Acupunctur, Electricität. Froriep
machte die Beobachtung, dass die Phänomene rheumatischer Krankheiten von einer constanten anatomischen Veränderung der betroffenen Theile begleitet
werden. Diese Gewebsveränderung nennt er die
r h e u m a t i s c h e S c h w i e l e , eine durch Exsudation entstandene Schwellung. Diese ist entweder
Lederhaut-, Hautzellgeweb-, Muskelknochenhaut-
Schwiele. Peripherische Mittel leisten das meiste
dagegen. Diese sind: Electricität, Kneten, Klopfen,
warme Douchen, Jodeinreibungen, Laugenmischungen
und Förderung der localen Temperatur. Dampfbäder
von Salzwasser, Bedeckungen der Theile mit Watt,
mit Wachstaffet etc. Froriep wendet bei fast allen
Rheumatismen, acuten sowohl als chronischen, mögen
sie in den Gelenken, Gesichtsschmerz, in den Zähnen, in der Kopfhaut ihren Sitz haben, auch bei
Ischias den von K e i l zu München angefertigten
S a x t o n'schen Magneto-electrischen Apparat, wie er

angibt, mit grossem Erfolge an. Gegen rheumatische
Leiden und acute Gicht wird im Wiener Krankenhause
ein Infusum Stipitum dulcamarae ʒij auf ℥vj mit Tart.
emet. gr. j gegeben. Gegen paretische, paralytische etc. Zustände meistens durch Rheuma und Arthritis bedingt, dasselbe, auch öfters den Tart. emet.
gr. j in einem Infus. flor. Arnicae, öfters auch Rhus
toxicodendron. In chronischen Rheumatismen zeigt
sich von vortrefflicher Wirkung, namentlich bei Periostitis (am Oberschenkelbein, Stirnbein, in der Crista
des Darmbeins) das Kali hydrojodinic. 6 Gr. pro dosi
in aq. destill. 3mal täglich, und Unterstützung des
Mittels durch russische Schwitzbäder. — Eschenblätter, Folia Fraxini, gegen Gichtschmerzen, resp.
Muskelschmerzen von Gicht herrührend, als Antirheumaticum vortrefflich. ℥j Eschenblätter lässt man
¹/₂ Stunde lang mit kochendem Wasser ausziehen,
und den Aufguss nach und nach den Tag über verzehren. Formeln über Ol. jecor. aselli, Quajac, Aconit, Pillen mit Sublimat, Sulph. aur. etc. Ptisanen,
S. Gicht. ℞ Picis albi ℥β; Camph. ʒj; Op. puri ʒβ;
Petrol. q. s. f. Ungt. auf Leder gestrichen aufzulegen.
℞ Extr. aconit. ɔj—ʒβ; Vin. sem. colchici ℥β. 3mal
15—40 gtt. ℞ Resin. quajac. ʒij; Gm. mimos. ʒiij;
Aq. destill. ℥viij; Melagin. dulcam. ʒiij; Syrup. alth.
℥j; stündl. 1 Essl. voll. Ol. Lithanthrac. zu einigen
Tropfen mit Schwefeläthergeist, und äusserlich Früh
und Abends 1 Haselnuss-gross in den leidenden Theil
einzureiben, wenn es mit Schwefelsäure zur Seife
gemacht ist. Acid. Halleri bei sehr schmerzhaften
partiellen fieber- und entzündungslosen rheumatischen
und gichtischen Affectionen 3- bis 4mal tägl. in den
schmerzhaften Theil eingerieben; die Schmerzen sind
dann oft wie weggezaubert. ℞ Opii puri, pulv. cantharid., cerae flavae, colophon., ana, M. f. emplastrum
antirheumaticum. ℞ Tinct. colch., tinct. quajac.
simpl., ana ʒiij. S. 3mal täglich 30—40 Tropfen in
Zuckerwasser gegen chronischen Rheumatismus. —
℞ Resin. quajac. nativ., sulph. aurat., ana ʒβ; Calomel ɔβ; Extr. tarax. q. s. f. pilul. gr. iij. Consperg.
p. cinnamomi. S. 2mal täglich 3—4 Stück; zugleich
werden die leidenden Theile mit Tinct. Quajaci cum
Taffia parata ℥j und Camphor ɔj eingerieben; gegen
schmerzhaften Gelenkrheumatismus.

Rheumatismus paralyticus. S. Lähmung
p. 311.

Rötheln. Rubeolae.

Symptome. Epidemisch; ansteckend, eine Zwitter-
form in Gestalt des Ausschlags u. der Erscheinungen
zwischen Scharlach und Masern. 1) 2—3 Tage lang
ist die Nasenschleimhaut katarrhalisch afficirt, Husten,
Kratzen im Halse, Tonsillen geröthet, Schlingbeschwerden, Brechneigung. 2) Eruption. Das Exanthem hat verschiedene Gestalt; sind nämlich im
ersten Stadium viele Scharlachsymptome vorhanden
gewesen, so hat das Exanthem mehr die Gestalt der
Masern, waren hingegen im ersten Stadium mehr
Masernsymptome vorhanden, so wird es mehr die
Gestalt des Scharlachs annehmen. Mit der Eruption
hört das Fieber nicht auf. 3) Florescenz. Die

Schleimhautsymptome nehmen ab, Fieber währt fort, Remission gegen Morgen, das Exanthem sieht alsdann schmutzig-roth aus, Exacerbationen des Abends, wo es blühend aussieht; dauert oft 6, 7 — 8 Tage. 4) Die Haut schuppt sich ab.

Therapie richtet sich nach dem Charakter; entwickelt sich das Exanthem nicht, ist die Haut heiss, trocken, Kopf afficirt, dann kalte Begiessungen, Camphor; oft sind warme Waschungen nöthig, wenn die Exantheme sich nicht entwickeln wollen, mit verdünnten Säuren, Chlor etc. Hauptsache ist exspectatives Verfahren. S. Exantheme, acute.

Rothlauf, ächtes. Erysipelas.

Symptome. Oberflächlich glänzende Röthe, welche beim Drucke des Fingers verschwindet und wiederkehrt, leicht wandert. Zuweilen entstehen Blasen, Erys. bullosum. Fieber mit gastrischen, besonders galligen Symptomen. Es gesellt sich gerne Meningitis, Hépatitis, Phlebitis hinzu.

Diagnose. Bei Pseudoerysipelas fehlen die gastrisch biliösen Erscheinungen.

Therapie. Emetica, Purgantia, Tamarinden, Cremor. tart.; mässige, nicht zu heisse Bedeckung, Bestreuen mit Farin. fabar., Sem. Lini, Pulv. flor. Sambuc. Nur bei synochalem Charakter V.S. Die Blasen werden nicht aufgeschnitten, sondern nur angestochen. Entsteht nervöser oder putrider Charakter, so gibt man China, Salmiak, Wein, Säuren. Ist das Erys. zurückgetreten, so legt man Sinapismen auf die Stelle des Rothlaufs, gibt innerlich Spirit. Minder., Camphor mit Nitrum. Bei heftig entzündlichen Erscheinungen innerer Theile eine V.S., Vesicator auf die vorher erysipelatöse Stelle. Watte zur Bedeckung der erysipelatösen Flächen wird empfohlen zur Milderung der Schmerzen und der Fieberaufregung, sowie zur Verhinderung des Ueberganges in Eiterung und Brand; im Gesichte, an den Extremitäten. ℞ Specier. emollient. ℥j; Herb. malv., flor. verbasc., ana ℨiij; Farin. sem. lini ℥vj. S. Zu Ueberschlägen. ℞ Farin. secalin. ℥ij; Flor. sambuc., chamomill., ana ℨj; zu Kräuterkissen. ℞ Flor. sambuc., chamomill., ana ℥β; Herb. menth. ℨij; Camphor. gr. x; zu Kräutersäckchen. Fomentationen von erwärmter Aqua chlorata sind gerühmt. Erysipelas repens wird öfters durch Höllenstein begränzt. Die Kopfrose, wenn sie einen hohen Grad erreicht, mit heftigem Fieber und Irrereden verbunden, dem ganzen Kopfe ein scheussliches Ansehen gibt, wenn sie nicht blos die Haut des Gesichtes, sondern auch des behaarten Kopfes in grosse Wasserblasen erhebt, so dass der Kranke bei der Besserung ganz enthaart ist, diese Kopfrose ist ein solches Uebel, auf welches die Kunst wenig vermag. Es durchläuft, trotz der streng antiphlogistischen Behandlung, trotz den ableitenden Laxirmitteln, alle Stadien; ja bei seinem endlichen Abzuge kann es wirklichen Wahnsinn zurücklassen. Der Zink ist das einzige Mittel, welches R a d e - m a c h e r ' s Erfahrung gemäss, diesem Uebel schnell Gränzen setzt, welches in 24 Stunden seine Fortschritte sichtbar hemmt. Es versteht sich aber von

selbst, dass hier die Kopfrose als Urleiden des sichtbar afficirten Theils gemeint ist. Es ist auch bekanntlich eine Kopfrose gastrischen Ursprungs, welche man
antigastrisch behandeln muss. Diese erreicht aber
nie diesen hohen Grad wie die erst gemeinte Form,
sondern die gastrisch-consensuelle Rose besteht in
der Anschwellung der einen oder der anderen Seite
des Gesichtes oder Halses, und weicht der neutrali-
sirenden antigastrischen Behandlung. Empfohlen ist
ferner: Ein Stück feiner Leinwand mit frischem küh-
lem Schweinefett bestrichen aufzulegen. Mercurfrictionen 3β—jj, alle 2 St. Ein Vesicans in die Mitte
des Erysipelas. Calomel zu 10—30 Gr. täglich. Die
Rose soll sympathetisch gestillt werden, wenn man
aus Stahl und Stein Funken auf den kranken Theil
schlägt; dabei werde alle Nässe vermieden u. Papier
aufgelegt, worin Bleiweiss gewickelt gewesen war.

Bei Gesichtsrothlauf thut es sehr gute Dienste, das
ganze Rothlauf mit Collodium zu überziehen. Das Erysipelas geht abortiv so zu Grunde. Das Erysipelas
habituale hat verschiedene Ursachen. Entweder bedingt durch übermässige Reizbarkeit der Haut, indem
z. B. nach entzündl. oder ödematös. Erysipelas die Geschwulst noch längere Zeit fortbesteht und am Ende
zu wahrer Induration und Hypertrophie des Unterhaut-
zellgewebes entartet; oder sie hängt mit inneren Störungen, besonders Leberleiden, Verdauungsbeschwerden namhafter Art, causal zusammen, oder endlich
liegt bei Greisen ein Zustand allgemeiner Schwäche
zu Grunde. Der Ausschlag verläuft in diesen Fällen
langsamer, schuppt sich in kleinen Lamellen ab und
geht nur nach und nach in Gesundheit über. Doch
treten bald wieder Verdauungsbeschwerden ein, und
über kurz oder lang kommt es zum zweiten Anfalle,
dem alsbald noch mehrere andere nachfolgen. In der
ersten Form, wo Anschwellung nach der Rose bleibt,
durch welche die Krankheit habituell zu werden droht,
verspricht eine Badecur zu Ems Erfolg, wenn damit
zugleich eine Trinkcur und der Gebrauch von Molken
verbunden wird. Im zweiten Falle ist die Bekämpfung
des ursprünglichen Leidens nothwendig, und namentlich muss die Zwischenzeit zwischen den Paroxysmen
benutzt werden, um die Wiederkehr zu verhüten.
Wenn die Krankheit noch nicht zu Desorganisationen
geführt hat, dann Ems und Molkencur.

Rothlauf der Neugebornen beginnt von der
Nabelgegend aus, ist Plattrose, Haut schmerzhaft
gegen die Berührung, Zunge belegt, Temperatur
erhöht, Harn färbt die Windeln. Emetica zu geben
ist gewagt bei Kindern, dafür Laxantia aus Syrupen,
ist die Leber mit afficirt, aus Calomel mit Vin. Huxb.
Əj auf ʒj Aq. mit Syrup. mannat.; trockene Fomentationen bei Entzündung der Nabelgegend, Aq. Goulardi, besser aber Lapis divin. Die Alcoholtinctur
der Belladonna, wie sie die Homöopathen geben, auch
allopathisch gegen Erysipelas neonatorum.

Rothlauf-Fieber, Febris Erysipelatosa.

Symptome. Belegte Zunge, bitterer Geschmack,
Brechneigung, Uebelkeit, kein Druck, keine Auftreibung in der Magengegend, wohl aber ist die

Lebergegend aufgetrieben, öftere flüchtige Schmerzen daselbst, U.L. weich, nicht aufgetrieben, Stuhl angehalten, keine Esslust, Durst vermehrt, Cephaloea frontalis. Charakteristisch ist der sehr schnelle, frequente Puls, etwa 120 Schläge. Haut verschlossen, Temperatur erhöht, brennend heiss, Harn rothbraun; des Morgens Remission, Abends Exacerbation. Fieber hat den angegebenen erethischen Charakter, oder ist synochal.

Diagnose. Bei Febr. gastr. ist der Zungenbeleg mehr grau, schmutzig, hier braun, es ist Auftreibung, Spannung, Druck in der Magengegend vorhanden, was hier fehlt; Urin ist jumentös, Puls intermitt., nicht so frequent, wie hier. Bei Febr. biliosa sind das Weisse im Auge und die Mundwinkel gelblich gefärbt, Zungenbeleg zitronengelb. Von Gehirnentzündung durch den Mangel der Sinnesstörungen.

Therapie. Bei gelinder Form exspectatives Verfahren, Aufenthalt im Bette, Dect. Graminis mit etwas Nitrum und Magnes. sulph., gekochtes Obst, Weinsteinwasser, Limonade lauwarm. Bei Turgescenz nach Oben ein Emet.; bei synochalem Charakter V.S. (aber blos bei hartem Pulse), darauf Dect. Gramin. mit Nitrum und Magnes. sulphur. Zur Krise gibt man Ammon. acet.; bei heftiger Kopfaffection eine kleine V.S. und Abführmittel mit Senna, Ueberschläge von Essig und Wasser, Pulv. Doweri.

Rothlauf, unächtes. Pseudoerysipelas, Phlegmone, ist eine jede stätige Entzündung der Haut mit geringer Röthe, Erythema, welche mit der ächten Rose nichts als die äussere Form gemein hat und durch eine jede gehörig starke Reizung der Haut hervorgebracht werden kann; es fehlen bei ihr die wahren, das Rothlauf charakterisirenden Zeichen der Leber, die galligen Erscheinungen. Nach den verschiedenen Ursachen des Pseudoerys. unterscheidet man ein idiopathisches, in Folge äussern Hautreizes durch Kälte, Hitze, Aetzung etc., und symptomat., consensuales, welches der blosse Reflex eines anderweitigen Leidens der unter der Haut gelegenen Gebilde ist.

Therapie. Bei diesem Rothlauf sind die auf Gallen- und Hautsystem wirkenden, dem wahren Rothlauf so nothwendigen Mittel nicht anzuwenden, sondern die Behandlung richtet sich geradezu als antiphlogistische nach dem Grade der Entzündung. V.S., Blutegel, kalte Ueberschläge, Bleiwasser, Eireibungen von Mercursalbe, Fomentationen, Cataplasmen, Weingeist zu Ueberschlägen. Am besten ist das Bepinseln mit Collodium. Aus diesen specifischen günstigen Wirkungen des Collodiums geht hervor, dass das Erysipelas nur eine Dermatitis sei, und die gastrischen und biliösen Erscheinungen kein wesentliches ätiologisches Moment bilden, sondern zufällige Complicationen seien.

Rotzkrankheit beim Menschen. Bekannt ist die Aehnlichkeit der Erscheinungen bei am Rotz Erkrankten und den bei an typhösen Fiebern Leidenden; vorzüglich ist es der Zustand der Lungen, die nervösen Erscheinungen, die Abgeschlagenheit und

der Schmerz der Glieder u. s. w., welche so häufig
zur Verwechslung beider Krankheitsformen beitragen,
die dann erst bei der Section richtig erkannt werden. — Am häufigsten findet sich in den Lungen und
in den Muskeln eine Menge eigenthümlicher Abscesse;
diese sind meist klein, übersteigen nicht die Grösse
von Haselnüssen; die grösseren Abscesse entstehen
wahrscheinlich durch fortschreitende Erweichung des
Centraltheils von Gruppen kleiner Knötchen von
$1/10$—$1/20$ Linien Grösse. In der Umgebung der Knötchen oder der grösseren Eiterhöhlen ist das Gewebe
gänzlich zerstört, an den Gränzen das Gesunde und
Kranke scharf abgeschnitten, was namentlich in
den Muskeln auffallend hervortritt. Die speckigen
Eitermassen bestehen aus granulirten, wasserhel-
len, bei Berührung leicht platzenden Zellen, meist
grösser als normale Eiterkörperchen, mit einem
einfachen oder zwei neben einander liegenden Ker-
nen. Diese Zellen unterscheiden sich also von den
Eiterkörperchen, obwohl sie grosse Aehnlichkeit mit
ihnen haben. Während des Lebens sind die meisten
Erscheinungen des Darmtyphus vorhanden (Sopor,
trockne Zunge, Schmerzen in der Coecalgegend),
und erst nach dem Tode weist der Leichenbefund
die der Rotzkrankheit eigenthümlichen Veränderungen nach. In den Muskeln finden sich bei der Section speckige Eiterablagerungen von verschiedener
Form und Grösse; Abscesse in den verschiedensten
Muskeln der obern und untern Extremitäten. Die
Anamnese ermittelt immer Umgang mit rotzigen Pfer-
den; bei der Berührung der verschiedensten Körperstellen haben die Kranken Schmerzen in den Muskeln, wie bei Rheumatismus. Das Kali hydrojodin.
ℨj täglich wird dagegen gegeben.

Rubeolae. S. Rötheln.

Ructus. S. Aufstossen.

Ruhr. Dysenterie.

Symptome. Entzündung im Darme, blutige Diarrhoe, Tenesmus, Schmerz nach dem Verlaufe des
Colon und Rectum, Stuhlausleerungen 10—70mal in
24 Stunden von verschiedener Qualität. Nach dem
Charakter des Fiebers ist die Form verschieden;
entzündlich, katarrhalisch, typhös, putrid oder galligt. Meist nur bei der entzündlichen Form ist der
U.L. hart, bei den übrigen meist weich; das Ausgeleerte bei der entzündlichen Form mit Blut gemischt,
bei der katarrhalischen weiss, bei der bilösen galligt etc. Beim höchsten Grade der Entzündung der
Darmschleimhaut stehen die Ausleerungen, und nur
der heftigste Tenesmus ist vorhanden; bei der typhösen, putriden Form sind die Ausleerungen schwarz,
zersetzt, der Tenesmus geringer, oft unbewusste Ausleerungen. Kommt oft epidemisch vor.

Diagnose. Durchfälle und Tenesmus, das epidemische Auftreten, die Jahreszeit (Sommer u. Herbst)
sichern sie.

Therapie richtet sich nach dem Charakter der
Form und des Fiebers. Zur Herabstimmung der Reizbarkeit im Darme, schleimige Mittel, Gm. arab., Ol.
amygdal., Extr. Bellad., Aq. Laurocer., Ammon. car-

/bon. mit Extr. Lactuc., Fomentationen auf den U.L.
von Spec. emoll. et narcot. Alles zu Reichende sei
schleimig, lauwarm, ohne Salz, Fleischbrüh etc. Zur
Erzwingung der Krisen Pulv. Doweri ohne Kali sulph.
℞ Opii puri, rad. ipecac., ana gr. β, sacch. lact. ℥β ;
F. Pulv. Bei synochalem Charakter, entzündlicher
Form V.S., Blutegel auf den U.L., den After, Ein-
reibungen von Mercursalbe. Gegen den Tenesmus
Ungt. Linariae eingerieben mit Ol. Hyoscyam., ja
keine Adstringentia, für die Krisen Pulv. Doweri,
Ammon. acet. Bei biliöser Form Emet. aus Ipeca-
cuanh. bei Turgescenz nach Oben; im entgegenge-
setzten Falle, bei Turgescenz nach Unten, Calomel,
Rheum, Ol. Ricini ; bei der putriden Form Eisen-
salze, Extr. nuc. vom., rother Wein, Sprossenbier,
Ammon. subcarbon. mit Ol. terebinth., mit Mosch.,
Chinin; zur Zeit der Krisen Infus. Valerian. mit
Ammon. succin., kalte Begiessungen. Infus. Arnicae
mit Acid. sulphuric., frische Kohle, Cuprum sulphur.,
gr. ¼ alle 2 Stunden oder eine Mischung aus Kohle,
Ammon. carbon., Alauperde, Strychnin. Gegen den
Tenesmus warmes Oel auf Charpie übergelegt, Ungt.
volat. auf den Bauch. Bei contagiöser Form Chlor-
umschläge. Hauf behandelt die meisten Kranken,
Kinder wie Erwachsene, wenn er rechtzeitig gerufen
wurde, zuerst mit Calomelgaben, wie sie im Typhus
gereicht werden, d. h. sie bekommen zwei halbe oder
ganze Scrupel (Kinder 4—6 Gr.) p. d. in Zwischenräumen von mehreren Stunden. Sie sollen ausneh-
mend schnell und günstig wirken. Schon nach einigen
Stunden oft reichliche, breiige, zwar noch mit Blut
gemischte, aber doch vorzugsweise grün gefärbte
faeculente Stühle, fast ohne allen Tenesmus, oder
doch mit bedeutender Verminderung desselben. Gewöhnlich reichte die einmalige Anwendung des Calomels hin, um den Tenesmus für die ganze Krank-
heitsdauer jedenfalls so zu vermindern, dass seine
Beseitigung andern Mitteln alsbald gelang. War dies
nicht der Fall, so wurden die Calomelgaben mit dem
besten Erfolge wiederholt. Nach dem Calomel reichte
H. gewöhnlich Sacch. Saturni zu gr. ij — iij täglich
3mal mit Opium, oder wo, wie in der biliösen Ruhr,
kühlende oder abführende Mittel nöthig waren, gibt
er Abends vor dem Schlafengehen eine Gabe Morphium. Dr. Eimer in Lahr hat das Jod in Klystieren als abortives Antiphlogisticum „gegen die locale
Entzündung" der Ruhr angewendet und regelmässig
günstige Erfolge davon gesehen. In frischen Fällen
wurde einigemale die Krankheit dadurch plötzlich
abgeschnitten, in älteren Fällen der Verlauf constant
günstiger gemacht, immer wurde der Stuhlzwang aufgehoben oder gebessert, immer die Stuhlausleerungen
vermindert und mehr und mehr normalisirt. Jod in
Substanz und Jodkali ana 5—10 Gran in ℥ij—iij Wasser gelöst, auf einmal zum Klystier, und dieses nach
Bedarf 2, 3—4mal, gewöhnlich 2mal des Tags wiederholt. War die Empfindlichkeit des Mastdarms sehr
gross, so dass das Klystier nicht zurückgehalten
werden konnte, so wurden 10 — 11 Tropfen Opiumtinctur zugesetzt, und etwa statt Wasser ein schlei-

miges Vehikel genommen. Dabei innerlich: Oelemulsionen, Opium oder Plumb. acet. — Eiweisswasser
gegen Ruhr (das Weisse von einem Ei in ein halbes
Quart Wasser gerührt, dem ein wenig Zucker zugesetzt ist), von welchem die Patienten so viel erhalten, als sie nur wünschen. Der Höllenstein, welcher
bei allen Krankheiten der Schleimhäute so vortreffliche Dienste leistet, ist auch bei Dysenterie und
Verschwärung mucöser Oberflächen als topisches
Mittel in Einspritzungen sehr heilsam, namentlich
in den ersten Stadien, ehe noch Ulceration oder gar
Gangrän eingetreten sind; je nach dem Alter der
Kinder zu 2—4 Gran Arg. nitric. in 1½—3 Unzen
schleimigen Decocts mit einigen Tropfen Laudanum.
Die schon früher empfohlene Behandlungsweise der
Ruhr mit Abführmitteln wurde neuerdings wieder
empfohlen, um die das Uebel verschlimmernden Kothanhäufungen oberhalb der Sigmoidalkrümmung des
Colon und im Coecum zu entleeren, und zwar durch
Ricinusöl, grosse Gaben Calomel, oder Coloquinthen.
Wenn die Anhäufung von Koth bei Ruhrkranken nicht
beseitigt wird, steigert sie die entzündliche Reizung,
bewirkt Geschwüre, vermehrten Krampf und selbst
Mastdarmvorfall. Aber zu obigem Zwecke wendet
man auch mit gutem Erfolge blose warme Wasserklystiere an, wobei man das elastische Rohr sehr
hoch hinauf zu bringen sucht; auch etwas Opium
oder Plumb. kann man zusetzen. Tavernier sagt:
Wir haben oft Kranke ins Spital kommen gesehen,
welche des Tags 60—80 Ausleerungen, Tenesmus und
heftige Kolikschmerzen hatten, und die durch das
Sedlitzer Wasser (am Morgen 3—4 Gläser bis reichliche Ausleerungen erfolgen, dann aber Abends 2—3
Esslöffel voll Tinct. rhei aq.) und die Tinct. rhei aq.
so gebessert wurden, dass am andern Tage die Zufälle beinahe verschwunden waren und die Kranken
in 24 Stunden nur 5—6 schleimige Ausleerungen ohne
alle Beimischung von Blut hatten. Gegen den Tenesmus bei der Ruhr haben sich die Chloroformdünste
(Arzneiflasche von 3—4 Unzen Gehalt, mit ʒj Chloroform versehen; in die Oeffnung der Flasche eine genau
schliessende Röhre von Kautschuk gesteckt, und eine
Klystierspritzkanüle angesetzt in den After applicirt)
hülfreich bewiesen. Die Flasche zum schnelleren Verdunsten des Chloroforms in warmes Wasser gestellt.
— Folgeübel der Ruhr. 1) Blennorrhoe; Pechpflaster, Warmhalten der Füsse, Lichen island. mit
Extr. Opii aq., Colombo, Ferr. muriat., Strychnin,
Aq. Calc., Lactuca in Emulsion. 2) Bei Exulcera-
tion, Charpiebäuschchen mit Bleisalbe und Ol. Hyoscyam., China. 3) Tenesmus chronicus. Einreibungen
von Ol. Hyoscyam. mit Tr. Opii in den After, Ungt.
phosphoric. in das untere Rückgrat, Vesicantien an
den After, Essig- und Holzessigdämpfe an den After.
4) Lähmungen: Gastein, Wildbad. ℞ Ol. terebinth.,
semin. lactuc. sativ., ana ʒij; infus. ipecacuanh. (gr. jv)
℥v; F. emulsio, adde; lactucar. gr. vj; Ammon. subcarb. ʒβ; Syrup. alth. ℥j; alle 2 St. 1 Essl. ℞ Opii
puri gr. ½; Rad. ipecac. gr. j; Subcarb. ammon.
gr. jv; Sacch. alb. gr. v; alle 3 St. 1 Pulv. (Siehe

den Artikel Schwindel über die Anwendung des Lapis
infernalis bei der Ruhr). ℞ Extr. nuc. vom. aq. ℈ß;
Mucilag. gm. arab. ℥ß; Aq. destill. ℥vj; Syrup. alth.
℥j; 2stündlich 1 Essl. ℞ Opii puri gr. jv; Liquor.
ammon. succin. ℈jjj; Extr. hyoscyam. gr. vjjj; 3mal
30 Tropfen. Weiter ward gegen Ruhr empfohlen:
Ipecacuanha; in der entzündlichen Form statt Opium
das Cicutenextr.; Mercurialfrictionen auf den U.L. —
Kalkwasser, ℥jj—jv tägl. mit warmer und mit Zucker
versüsster Milch gemischt. — Umschläge mit kaltem
Wasser auf den U.L., Klystiere mit kaltem Wasser,
kaltes Wasser zum Getränk. — Waschungen mit
kaltem Essig. — Calomel zu ℈j täglich auf einmal.
Arnica zu ℈j alle 2 St. in Pulv. oder ℥ß decoct. auf
℥vjjj. — Sublimat zu gr. ¹/₈ auf ℥jv Wasser mit ℈jjj
mucilag. gm. arab.

Rückenmarks-Darre. Tabes dorsalis, Phthisis sicca.

Symptome. 1) Mattigkeit, Abgeschlagenheit bei
der geringsten Bewegung, grosser Reiz zum Coitus,
öftere Ejaculation des Samens, später ohne Turgescenz des Penis, Ameisenkriechen im Rücken, Abmagern der untern Extremitäten, Abnehmen der
Geisteskräfte. 2) Gang wird schleppend, Lähmung
complet, Impotenz, Paralyse des Mastdarms, der
Blase, Abmagerung nimmt zu, Geistes-. und Sinnes-
thätigkeiten schwinden. 3) Abendfieber (hectica),
Decubitus, Tod.

Diagnose. Verwechslung mit Encephalomalacie
wird die Aetiologie, namentlich anhaltende Excesse
in Venere verhindern.

Therapie. (Siehe vor Allem den Artikel Samenverluste.) Enthaltung vom Coitus, Abstumpfung der
Genitalien durch Waschungen des Dammes mit kaltem Wasser mit Zusatz von Essig u. Salmiak; innerlich Camphor mit Nitrum, Opium. Schlafen auf Matratzen in kühler, reiner Luft; man entferne die
Würmer, scrophulöse, syphilitische Schleimabsonderung der Genitalien. Bäder und Einspritzungen von
kaltem Eibischdecoct, kalte Ueberschläge auf den
Nacken. Ist die Reizbarkeit herabgestimmt, so be-
lebe man die Lebensthätigkeit wieder durch Waschungen mit Spirit. serpilli, Lavendul., Einreibungen in
den Rücken von Ungt. nervin., Linim. phosphor.,
auch innerlich Phosphor in Naphthen gelöst, ätherische Oele, Eisentinctur, Eisenbäder, Douchebäder
mit Eisenwasser, Eisensäuerlinge innerlich; Infus.
arnicae (ex ℈jj) ℥v mit Extr. Aloes aq. ℈jjß u. Syrup
stündlich 1 Essl.; dabei 3mal tägl. ß Extr. spirit.
nuc. vom. nebst äusserlichen Gebrauch von Liniment
volat. camph., und Tr. cantharid. aeth. alle 2 St. zum
Einreiben; ambulirende Vesicatorien nach dem Verlaufe der Unterschenkelnerven, Einreibungen in die
Kreuzgegend; nährende, nicht reizende Diät,
Schnecken, Austernsuppe, leichte Fleischarten, kein
Gewürz, kein Bier, sondern etwas Wein. Im 3ten
Stadium palliative Behandlung. Der auffallende
Nutzen des Balsamum peruvianum beim Diabetes
brachte Neumann darauf, ihn auch beim männ-
lichen Unvermögen ohne Diabetes zu versuchen, und

hier zeigte er sich wirksamer als alles Andere. Wénn bei Tabes dorsalis keine Dyscrasie eigener Art zu Grunde liegt, wenn das Fieber noch am Morgen deutliche Remissionen macht u. die Lähmung der untern Extremitäten noch nicht mit starkem Oedem derselben verbunden ist, kann man fast sichere Genesung durch den Balsam. peruvian. versprechen (dessen Anwendung siehe bei Harnruhr). Zugleich hat Neumann denselben mit ätherischen Oelen gemischt in den Rücken einreiben lassen. Es sei nur so wichtiger, hieran zu erinnern, als die unselige Meinung, Entzündung des Rückenmarks bekämpfen zu wollen, diese Klasse von Kranken jetzt häufig in die Unterwelt fördere. Paralysen, chronische Eiterungen, Rhachitis, Knochenerweichung, besonders bei Schwangern, Neigung dieser letztern zu Abortus, überhaupt alle Schwächekrankheiten der weiblichen Geschlechtsorgane werden sehr zweckmässig durch diesen Balsam behandelt, oft mit dem glücklichsten Erfolge. S. Pollutionen, Onanie, Samenverluste und Rückenmarkskrankheiten.

Rückenmarks-Entzündung. Myelitis, Spinitis; und Entzündung des knöchernen Wirbelkanals.

Symptome. Schmerz in der Wirbelsäule bei der Bewegung vermehrt; paralytische Erscheinungen der Organe, die von der afficirten Stelle ihre Nerven bekommen, also der Blase, des Mastdarmes, der Extremitäten und Muskeln des Halses, in den Schlingorganen, Schwerathmigkeit etc., oft Zuckungen der Glieder, Krampf, Opisthotonus; Fieber. S. Spinalirritation und Rückenmarkskrankheiten 8. Ist die Entzündung chronischer Art, so bemerkt man keine Spur von Schmerz. Es stellen sich aber nach und nach Lähmungen der Gliedmassen und Störungen in den Verrichtungen der Blase und des Mastdarms ein, welche auf sie schliessen lassen, besonders wenn man es mit schwächlichen, scrophulösen, rhachitischen, chlorotischen Individuen zu thun hat.

Diagnose. Von Tetanus traumat. durch das ätiologische Moment u. die febrilen Erscheinungen unterscheidbar. Man hüte sich vor Verwechslung mit Rheumatismus; vergl. Rückenmarkskrankheiten 8.

Therapie. Bei heftigem Fieber V.S.; topische Blutentleerungen, warme Fomentationen von Solutio sal. ammon., Species emollient., Klystiere, Katheter. Liegen Scropheln zu Grunde: Kissingen, Adelheidswasser, Jodquecksilber zum Einreiben; bei psorischer Ursache Schwefelquellen, Fontanellen, Bäder, keine Narcotica. Die Therapie der Rückenmarks-Entzündungen ist überhaupt übereinstimmend mit der p. 174 angegebenen Normaltherapie der Hirn-Entzündungen; bei erfolgter Exsudation versagt das Cauterium actuale selten seine Dienste.

Rückenmarks-Krankheiten haben fast alle folgendes Gemeinschaftliche: 1) Oft einen typischen intermittirenden Charakter, daher bei intermittirenden Leiden das Rückgrat genau zu untersuchen ist. 2) Eine Veränderung im Gefühle der Kraft und der Energie, und eine entsprechende Beschaffenheit der Muskulatur. 3) Die willkürliche Bewegung liegt mehr oder weniger in Schranken: das Gefühl in den Organen der willkürlichen Bewegung ist mehr oder weniger erloschen, es entstehen Lahmheiten u. Verkrüppelungen. 4) Die sensorielle Thätigkeit ist entweder gesteigert oder mehr oder weniger unterdrückt. 5) Das polare Verhältniss zwischen dem äussern Sinnesvermögen und der Einbildungskraft tritt in einem erhöhten Maasse hervor. 6) Eigenthümliche Symptome, welche der Electricität angehören, z. B. electrische Schläge, electrisches Blitzen, atmosphärisches Ziehen u. s. w., dabei werden die reproductiven Processe mehr oder weniger alienirt, und es wird dadurch das Gemüth mehr oder weniger verstimmt. 7) Die Secrete verändern ihre qualitative Beschaffenheit, werden wässeriger, der Urin wird blasser, der Samen verliert seinen specifischen Geruch u. s. w., weil der spinale Einfluss auf die reproductiven Processe geschwächt ist. 8) Die Grundstütze, an welche sich das ganze Gerüste der Rückenmarkskrankheiten reiht, ist die Entzündung, welche entweder in der Marksubstanz selbst oder in den Umhüllungen derselben ihren Sitz hat. Die Entzündung des Marks selbst gibt sich bestimmt durch einen andauernden, über die ganze Rückenmarkssäule hinab spannenden Schmerz, welcher an irgend einer Stelle der Spina besonders sitzt, zu erkennen. Dabei sind die Muskeln der Columna ganz starr und es treten tetanische Zufälle auf, welche dem Leben Gefahr drohen. Die willkürlichen Bewegungen der obern oder untern Extremitäten, je nach dem Sitze der Entzündung, sind gehemmt u. es ist ein reines synochales Fieber vorhanden. Die Cerebralthätigkeit nimmt wenig Antheil und die Secretionen gehen ziemlich regelmässig von Statten. Die Entzündung der häutigen Umhüllungen des Rückenmarks, Meningitis spinalis (s. diese) äussert sich durch einen heftig stechenden Schmerz an irgend einer Stelle des Rückenmarks, verbunden mit einem einschnürenden Gefühle über den Hals, oder die Brust, oder den Unterleib, einem Congestivzustande zu einem dieser Theile und einer Störung derjenigen Function, die dem ergriffenen Markfragment entspricht. Das synochale Fieber ist auch bei dieser Form vorhanden. — Sowohl bei der reinen Markentzündung, als auch bei der Entzündung der Umhüllungen desselben findet in den Extremitäten ein electrisches Ziehen statt, das periodisch auftritt und mit einer Reizung dieser Theile verknüpft ist.

Die rheumatischen Krankheiten des Rückenmarks, welche mehr in der Muskulatur sitzen, unterscheiden sich von den genannten Entzündungen durch mehr ziehende mit gleichartigen in den Extremitäten alternirende Schmerzen, die von den äusseren Witterungs- und Electricitätsverhältnissen abhängig sind, des Abends sich steigern, nach Mitternacht geringer werden und am Tage beinahe verschwinden. Die Schmerzen sind hier meistens wandernd, vermindern sich durch die Bewegung, beschränken jedoch die aufrechte Stellung weniger und ziehen die Darm- u. Urinsecretion beinahe gar nicht in Mitleidenschaft. — An die Rückenmarksentzündung schliessen sich zwei andere Krankheitsformen, die Rückenmarksverhärtung und die Rückenmarkserweichung an, die häufig, wenn auch nicht immer, zu den Uebergangsformen der erstern gehören. Die Diagnose vermochte es bis jetzt noch nicht, beide bestimmt durch constante Symptome zu unterscheiden. Nach Cruveilhier erkennt man die Verhärtung an einer allmählig zunehmenden Steifigkeit des ganzen Körpers, insbesondere der untern Extremitäten, wobei die Sensibilität gar keinen oder nur einen geringen Antheil nimmt, während bei der Myelomalacie die Steifigkeit nicht vorhanden ist, und die Sensibilität zuerst und vorherrschend leidet. Ferner gesellen sich zu der Verhärtung später Contracturen, während Krämpfe und andere electrische Erscheinungen zu der Erweichung hinzutreten. Auch ist bei der letztern der incitirende Einfluss des Gehirns auf die Extremitäten weit mehr gehemmt. Mit diesen Erfahrungen stimmen auch die von Prus überein. Bei Rückenmarkserweichung ist immer Febris lenta vorhanden, und Eisenmittel werden bei beiden Formen nicht vertragen. Ebenso nahe an die Rückenmarksentzündung gränzt die Spinalplethora, die entweder allgemein oder örtlich ist u. ihre Krisen in den Hämorrhoidalergüssen hat. In dem Rückenmarkskanale bildet sowohl das electrische Fluidum, als auch das Blut eine Säule, die, wie in der Torricellischen Röhre, bald höher steigt, bald wieder fällt, was auf der einen Seite durch die tellurischen Processe in den reproductiven Organen, auf der andern durch das solare Princip, die cerebrale Thätigkeit bedingt wird. Ebenso wird durch das Rückenmark fortwährend die Flächenelectricität unterhalten, es findet ein unausgesetztes, regelmässiges Zu- und Abströmen der electrischen Materie und des Blutes statt, und auf der Regelmässigkeit dieser Zuströmungen zu dem Rückenmarke und der Abströmungen zu den vegetativen Organen und namentlich zur Hautoberfläche beruht das Hochgefühl der Kraft, dessen Sitz ganz allein in dem Rückenmarke zu suchen ist. Findet durch eine Störung dieses Kreislaufes ein Orgasmus in den Spinalgefässen statt, wird das Rückenmark durch venöse Stockungen, oder durch ein zu substanziöses, mit fremdartigen Bestandtheilen geschwängertes Blut in seiner Thätigkeit beeinträchtigt, dann entsteht Kraftlosigkeit, Schwere der Extremitäten und Verdrossenheit; sowohl nach dem Verlaufe des Rückenmarkes, als auch in dem Gehirne findet eine vermehrte Wärme statt; das Emporsteigen der Blutsäule in der Rückenmarkshöhle, das im gesunden Zustande nicht zum Bewusstsein kommt, gibt sich durch ein warmes Emporsteigen zu erkennen; es erzeugen sich Hallucinationen in den einzelnen Zweigen des Sensoriums und am After kommen periodisch entweder Pulsationen, oder Anschwellungen der Hämorrhoidalgefässe, oder wirkliche Blutergüsse zum Vorschein. In den Extremitäten, namentlich den Füssen, an welchen die Venen stärker angeschwollen sind, findet ein Hitzegefühl und eine Unruhe statt, die besonders in der Nacht

auftritt, wenn das Blut lebendiger durch die Adern
strömt. Ist die Spinalplethora allgemein, dann gehen
alle reproductiven Processe träger vor sich; ist sie
mehr örtlich, dann entstehen in den Organen, welche
dem besondern Spinalabschnitte entsprechen, die
Symptome von Blutüberfüllung, und es tritt ein
Hemmniss in den Functionen dieser Organe ein.
Eisenmittel vertragen diese Spinalcongestionen nicht,
und es bringen erstere nur dann Nutzen, wenn die
passiven Congestionen durch eine Infirmität des
Markes bedingt werden. Diese Spinalcongestionen
sind verschieden von den schleichenden Entzündungen des Rückenmarks, und beide Krankheitszustände
haben folgende Criterien in der äussern Anschauung.
1) Bei den Entzündungen findet, auch wenn sie noch
so leise auftreten, immer ein fixer, mehr activer
Schmerz statt, während bei den Congestionen die
unangenehmen Empfindungen von einer Erpressung
in einem relativ zu engen Raum stattfindet, welche
grossentheils die Stelle wechselt. 2) Der Krankheits-
reflex in den Digestionsorganen tritt nicht so bestimmt und lebhaft hervor; die Organe der freiwilligen Bewegung leiden nicht so intensiv. 3) Die gesteigerte Wärmeentwicklung im Rückenmarke besteht
nicht in einem Steigen und Fallen, und tritt nicht
so periodisch auf; endlich bestehen die Congestionen
länger, ohne bedeutende Folgen zu hinterlassen, wozu
besonders die Fiebererscheinungen gehören.

Diesen Gefäss- und Blutkrankheiten des Rückenmarks gegenüber stehen die Spinalkrämpfe, die durch
eine vermehrte Reizbarkeit u. Schwäche des Rückenmarks und durch einen dadurch bedingten periodischen Entladungsprocess irgend eines mit Electricität überladenen Theils des Rückenmarks oder des
ganzen Rückenmarks mittelst der mit ihm in Verbindung stehenden spino-motorischen Nerven unterhalten
werden und zu welchen Marshall Hall die Epilepsie, die Convulsionen, die Hydrophobie, die Hysterie, die Chorea, die Paralysis agitans, den Tetanus,
das Laryngeal- und Bronchialasthma, sowie das
krampfhafte Erbrechen zählt. Diese krankhafte Reizbarkeit in dem excitomotorischen Apparate, der in
dem Rückenmarke seinen Centralpunkt hat und durch
ein fortwährendes Laden und Entladen dieser Voltai-
schen Säule sich kund gibt, wird am besten durch
Eisenmittel, eisenhaltige Mineralbäder beseitigt, wie
denn auch bekanntlich die eisenhaltigen Mineralbäder
von jeher in den Spinalkrämpfen, wenn sie reine
Krankheiten der Marksubstanz waren, und wenn anders nicht diejenigen Momente zu Grunde lagen,
welche den Gebrauch der alkalischen Stahlwasser im
Allgemeinen verbieten, wohin namentlich jeder hypersthenische, entzündliche Zustand des Rückenmarks,
der active Congestivzustand, die dyscrasischen Ablagerungen, krankhafte Veränderungen in der Structur u. s. w. gehören, Ausgezeichnetes geleistet haben. Den Spinalkrämpfen muss eine wahre Schwäche
inwohnen, es darf die Markthätigkeit nicht durch fremdartige Einflüsse gehemmt, sondern durch Consum-
tionsprocesse infirm geworden sein, wodurch dann

der Stamm das Vermögen verliert, die lebhaften Zuströmungen aufzunehmen und festzuhalten und zu abwendenden Reactionen gezwungen wird. Zu den Einflüssen, welche das Rückenmark direkt schwächen, gehören: der übermässige u. unnatürliche Geschlechtsgenuss; profuse und lang dauernde Secretionen, anstrengende Märsche, psychische Anstrengungen u. s. w.; insbesondere gehören hieher diejenigen Evolutionsprocesse, bei welchen es dem Rückenmarke an motorischer Kraft gebricht, sie zum Durchbruche zu bringen, z. B. die Spinalkrämpfe, welche den Eintritt der weiblichen Reinigung bei schwächlichen Individuen begleiten u. s. w. Eisenhaltige Mineralwasser befördern die Centricität des Rückenmarks, und dadurch werden die excentrischen Bewegungen aufgehoben. Da von dem Rückenmarke, als dem organischen Truncus, die ganze Architektur des Körpers ausgeht, so gibt es auch eine eigene Constitution, die zu diesen Spinalkrämpfen geneigt macht, und es sind besonders die gracilen, hagern Personen, die mit weisser Haut, welker Muskulatur, langem Halse, schmaler Brust u. s. w. dafür empfänglich sind.

An die Spinalkrämpfe reihen sich die sogenannten Spinalirritationen, die sich in 2 Arme theilen (s. Spinalirritat.), von welchen der eine zu den Gefässkrankheiten des Rückenmarks, der andere zu den reinen Markkrankheiten hinanrankt. Die erste Art kann zu den Subinflammationen gerechnet werden u. erzeugt nicht selten Verwachsungen zwischen dem Rückenmarke und seinen Umhüllungen: Ursache der Contracturen, welche entweder in den obern oder untern Extremitäten stattfinden; anderweitig kann durch Spinalirritation ein Theil des Rückenmarks bereits in einem Destructionsprocess begriffen, erweicht, verhärtet u. s. w. sein, oder es können sich durch Reflexactionen an dem andern Pole in dem sympathisch ergriffenen Organe der reproductiven Sphäre dergleichen krankhafte Metamorphosen gebildet haben. Die eigentlichen, reinen Rückenmarksirritationen äussern sich durch eine eigene schmerzhafte Empfindung an irgend einem Theile des Rückenmarks, die anfänglich intermittirend auftritt, später jedoch anhaltend vorhanden ist, immer dieselbe Stelle einnimmt und durch Ursachen, welche das Rückenmark afficiren, durch Strapazen, Geschlechtsgenuss etc., oder secundär durch Einflüsse auf das Gangliennervensystem, Gemüthsbewegungen u. s. w. gesteigert wird. Diesem Spinalschmerze correspondirt ein ähnlicher Schmerz an irgend einem Theile des Sympathicus, und beide schmerzhafte Punkte werden durch eine krampfhaft zusammenschnürende Empfindung verbunden, welche reifartig den Körper umgibt. Bei längerer Dauer der Krankheit tritt ein Congestivzustand an den polaren Krankheitsherden ein und es werden die Functionen gestört, allmählig paralysirt. Von Seite des Rückenmarks gibt sich solches durch eine fortschreitende Muskelschwäche und durch perverse Gefühle in den obern und untern Extremitäten, von Seite des Gangliennervensystems durch krankhafte Blutbereitung, Strömung, fehlerhafte Verdauung, Assimilation, Secretion u. s. w. zu erkennen; der Körper magert theils durch die Consumtion des Nervenprincips, theils durch den reprimirten reproductiven Process, der wenig Wiedererfolg gibt, immer mehr ab, die Temperatur vermindert sich und die Hautelectricität wird gänzlich aufgehoben. Die Anamnese, die bestimmten Intermissionen, welche anfänglich stattfinden, der krampfhafte Ausdruck des Leidens, die polaren Krankheitsheerde, der schleichende Entwicklungsgang der Krankheit u. s. w. werden diese, die Rückenmarksirritationen, von andern ihnen verwandten Spinalleiden leicht unterscheiden lassen.

Die reinen Markirritationen finden in den Eisenwässern ihre Heilmittel, wenn ihnen dieselben ursächlichen Momente zu Grunde liegen, welche bei den Spinalkrämpfen angeführt wurden, und wenn nicht andere Umstände obwalten, welche eben Eisenmittel überhaupt contraindiciren. Zu diesen Spinalirritationen gehört noch die Ischias nervosa, welche in der Canda equina ihren eigentlichen Focus hat, und sich von da über die untern Extremitäten, wie die Cervicalirritationen über die obern, erstreckt. Wenn ein rein nervöser Charakter in dieser Krankheitsform vorwaltet, dann leisten die Eisenmineralbäder Ausserordentliches.

Im Rückenmarke wurzelt eine Art Gicht, die, wie die dyscrasische Gicht in dem Gangliensysteme, später kritisch auf die Gelenke der Extremitäten sich absetzt. Die Rückenmarksgicht unterscheidet sich von den Spinalirritationen dadurch, dass die Polaritäten bei der ersten nicht so festgehalten werden, sondern der ganze Krankheitsprocess von dem positiven Pol zu dem negativen sich überspielt und seine Entwicklung vollendet. Sie gehört ihrem Ursprunge nach zu den Rückenmarkskrankheiten; ihrem Wesen nach zu den Neurosen; in Beziehung auf den Sitz der kritischen Ablagerung zu den Podagraformen, und es vermischen sich die ihr eigenthümlichen Symptome mit denen der Ganglien- oder dyscrasischen Gicht, weil jede Rückenmarkskrankheit mehr oder weniger in dem reproductiven Symptome sich reflectirt. Die Gichtkrankheit, welche immer diese elementären Pole in sich fasst, zerfällt mithin in zwei Grundformen, je nachdem der spinale Factor oder der gangliöse vorherrschend ist, und die erstere erhält, da die Qualität der krankhaften Spinalthätigkeit sich vollkommen den Extremitäten mittheilt, hier sich entwickelt, abstirbt und das Rückenmark frei macht, 3 Unterabtheilungen. 1) Die hypersthenische, 2) erethische und 3) torpide Rückenmarksgicht; Arthritis spinalis hypersthenica, erethica et torpida. —

Sowie die dyscratische Gicht in den Digestionsorganen ihren Anfang nimmt, so wurzelt die erstere in dem Rückenmarke; die Kranken klagen über Müdigkeitsgefühl, Abgeschlagenheit der Glieder u. Verdrossenheit zur Arbeit; es fehlt ihnen an Energie u. s. w. Die Füsse werden leicht kalt und die Fussschweisse vermindern sich. Gleichzeitig entstehen

Congestionen zum Gehirn, der Kopf wird eingenommen, das Sensorium getrübt, die Sinnesthätigkeit verliert an Schärfe der Empfindung, es entsteht Tagesschläfrigkeit, wobei jedoch der Nachtschlaf sehr unruhig ist und durch Träumereien unterbrochen wird. Insbesondere leidet das Gedächtniss, die Kr. wiederholen in ihren Unterhaltungen häufig das wieder, worüber sie sich erst kürzlich mehrmals ausgesprochen haben. Sie sind reizbar und zu Gemüthsbewegungen jeglicher Art geneigt. Die in dem Verdauungsapparate wurzelnden Symptome dagegen treten später auf und verlieren sich bald wieder. Diese Krankheit befällt nur kräftige, wohlgenährte Personen mit derber Muskulatur, und es tritt der Anfall in der Regel mit aller Gewalt auf; es schwellen die Hände und Füsse gleichmässig, ohne Knotenbildung, an, denn die Geschwulst dieser Theile wird gebildet durch einen vermehrten Lebensturgor mit der Tendenz zu geruchlosen, serösen Ausschwitzungen durch die Haut, welche als die eigentliche Krisis zu betrachten sind. Schwellen die Hände und Füsse zugleich an, dann ist der Kranke vollkommen gelähmt, er kann kein Glied rühren, nicht einmal den Kopf von einer Seite zur andern legen, und muss gehoben und getragen werden. Derselbe Orgasmus erzeugt sich auch im Gehirne, es tritt Betäubung und entweder Schlaflosigkeit, oder häufiger ein soporöser Schlaf ein. Dabei klopfen die Carotiden stärker, das Gesicht schwillt an, die Gesichtsfarbe wird lebhafter und die Bindehaut des Augapfels röthet sich. Im Wachen finden gewöhnlich Sinnestäuschungen, im Schlafe Delirien statt. Die Temperatur der Haut ist sehr erhöht, dabei jedoch der Durst nicht ungewöhnlich stark. Die Gemüthsstimmung ist niedergedrückt. Das mit Electricität überladene Rückenmark entladet sich durch Schweisse, die ihre electrische Natur dadurch zu erkennen geben, dass sie reine Wasserdünste, mithin frei von allen sogen. Thierschlacken sind, wesswegen sie auch weder die Wäsche färben, noch einen besondern Geruch verbreiten. Hat sich das Rückenmark durch diese kritischen Schweisse entladen, dann tritt Ruhe und normaler Schlaf ein; der Kranke, der früherhin nicht sowohl über eine besondere Art von Schmerzen, als vielmehr über seinen hülflosen Zustand klagte, äussert sich jetzt bestimmter hierüber, indem seine Gehirnthätigkeit freier wird und die Dünste, die sein Bewusstsein umhüllt hatten, verschwinden. Der Verdauungsprocess, der darniederlag, fängt wieder an, sich zu heben und die deprimirte Gemüthsstimmung wird leichter. Die Schweisse, die sehr lange anhalten, sehr profus sind und den Kranken am meisten mit belästigen, endigen sich nicht selten mit einem Krystallfriesel, der Serum enthält, oder Gas, wie er bei Typhuskranken zu erscheinen pflegt. Beide zeugen wiederum von der electrischen Natur der Krankheit. Durch diese Hautkrisen verschwinden auch allmählig die krankhaften Affectionen in den Gelenken der Extremitäten, die Haut wird bleicher, schlaffer, die Beweglichkeit der Gelenke nimmt zu, der Schmerz

weicht; allein es tritt an die Stelle dieser Symptome
eine Schwäche, so dass der Kranke anfangs nicht
stehen kann. Wirkliche Lähmungen der Glieder bleiben jedoch selten zurück, weil die Heilkraft der Natur
so mächtig auftritt. Ist ein solcher Anfall überstanden, dann sind die eisenhaltigen Mineralbäder ein
ausgezeichnetes Heilmittel, um Krankheitsrecidiven
vorzubeugen und radicale Heilung zu erzielen.

Von der hypersthenischen Rückenmarksgicht unterscheidet sich die erethische, die meistens bei mehr
hageren, reizbaren Körperconstitutionen vorkommt.
Sie hat dieselben Vorläufer und ausserdem noch häufig
dumpfe Rückenmarksschmerzen, mit welchen die Kr.
oft in der Nacht, wenn die Volta'sche Säule sich
entladet, erwachen. Diese Krankheit tritt gleichfalls
mit Macht hervor, und es sind die Anschwellungen
der extremen Theile weniger stark; dagegen ist der
Schmerz äusserst heftig, so dass die Patienten laut
weinen und sich gar nicht zu fassen wissen. So lange
derselbe im Gelenke sitzt, ist er am peinlichsten; er
vermindert sich jedoch, sobald die Anschwellungen
der äusseren Theile erfolgen. Er ist anfänglich wahrer Markschmerz und springt später auf die äussern
Gebilde über, wesswegen sich mithin in den Extremitäten der genetische Process der Krankheit wiederholt. Letztere hat einen remittirenden Charakter,
die Schmerzen und die Schweisse nehmen gleichmässig zu und ab, und die Zeit der Exacerbation ist
die Nacht, besonders nach Mitternacht, wenn das
Rückenmark nach den äussern Theilen sich zu entladen beginnt. Ihren Ursprung im Rückenmarke be-
urkundet die erethische Gicht durch die automati-
schen Bewegungen der krankhaft ergriffenen extremen
Theile, welche äusserst schmerzhaft sind und dem
Einflusse des Willens durchaus nicht mehr gehor-
chen. Hände und Füsse, oft nur einzelne Phalangen,
werden krampfhaft verzogen und nicht selten so anhaltend, dass eine stereotype Missgestaltung zurückbleibt. Das Einhüllen der leidenden Theile in Wolle,
Pelz, kurz in electrische Stoffe, erleichtert die
Schmerzen, und das Frottiren mit dergleichen Sachen,
besonders wenn sie mit Bernstein, Mastix u. anderen
Stoffen electrischer Natur imprägnirt sind, bringen
vorübergehende Erleichterung. Selbst starkes und
anhaltendes Frottiren vertragen die Kranken zuweilen gern, weil der Schmerz, der tief im Gelenke
seinen Ursprung hat, durch die electrische Neigung
der äussern Haut abgeleitet und dadurch gemindert
wird.

Die erethische Rückenmarksgicht entsteht nicht
durch atmosphärische Einflüsse, wie die vorige, es
leidet bei ihr die Marksubstanz selbst; sie erzeugt
sich durch Alles, was eine Infirmität der Rücken-
marksubstanz hervorbringt, daher besonders durch
Excesse in der Befriedigung des Geschlechtstriebes,
vorzüglich wenn er durch gute Verdauungskraft bei
guter Kost, durch eine leckere Tafel u. s. w. fortwährend angeregt wird. Aus diesem Grunde erleichtern auch die 'fortwährenden profusen Schweisse
durchaus nicht; sie bezeichnen nur eine grosse Reiz-

barkeit des Hautnervensystems, es werden die Schmerzen sogar heftiger, und nicht selten tritt unter diesen Schweissen Lähmung in den ergriffenen Extremitäten ein. Das Nervensystem dieser Gichtkranken ist sehr aufgeregt, sie sind sehr geneigt zu excitirenden Gemüthsbewegungen, ihre Sinnesthätigkeit ist gleichfalls umnebelt, ihre Phantasie erhöht, dagegen lässt der heftige Schmerz den Kranken beinahe nie zum Schlafe kommen. Die prädominirende Säureerregung im Darmkanale, sowie die krankhaften Veränderungen im Harne, die bei der Gichtkrankheit gewöhnlich obwalten, erscheinen hier seltener und sie treten nur secundär als Folgen der Krankheit auf, wenn das Wechselverhältniss zwischen dem Verdauungsapparate und dem Rückenmarke bereits gestört ist. Nicht immer ist diese Gicht mit fieberhaften Erscheinungen verbunden, und dann äussert sie sich durch eine fortwährende Schmerzhaftigkeit der Gelenke ohne besondere Geschwulst, die durch die anfangende Bewegung sich steigert, durch die fortgesetzte Bewegung sich wieder verliert und durch die Ruhe wieder vorbereitet wird.

Die erethische Rückenmarksgicht entscheidet sich selten vollkommen, es bleibt immer eine grosse Reizbarkeit des Nervensystems, eine bedeutende Empfindlichkeit der Haut, eine fortwährende Schmerzhaftigkeit derjenigen Theile, die ergriffen waren, und eine Schwäche des Rückenmarkes zurück. Zur Beseitigung dieser Folgekrankheiten und zur Ausrottung der Krankheitsanlage gibt es wohl kein besseres Mittel, als die eisenhaltigen Mineralbäder; sie kräftigen und tonisiren das Rückenmark, regeln dadurch dessen Wechselbeziehung zu dem reproduktiven System und weisen die excessive Hautthätigkeit wieder in ihre Gränzen zurück. Wesentlich tragen aber sowohl die allgemeinen, als auch die örtlichen Bäder dazu bei, die Schmerzhaftigkeit der Gelenke zu heben und die Beweglichkeit der krankhaft ergriffenen Theile zu restituiren.

Von einem noch höheren Grade der Rückenmarksschwäche zeugt die torpide Rückenmarksgicht. Sie tritt in der Regel im spätern Mannesalter auf; die Individuen, welche damit behaftet sind, haben ein schwammiges Aussehen, ihre Haut ist bleich, ihre Muskulatur erschlafft, besonders haben die Wangenmuskeln etwas Hängendes und es erhält der Ausdruck des Angesichts, indem das Auge zugleich matt und der Blick leblos ist, etwas Greisenhaftes. Die Zunge ist bleich, zuweilen mit schleimigem Ueberzug, der Verdauungsprocess liegt darnieder, Durst ist nicht vorhanden und die Secretionen gehen träge von statten. Der Gang solcher Personen ist gebückt, mehr schleppend, die Geschwulst der Glieder ist mehr lymphatische und neigt sich zum Oedeme hin. Die Schmerzen in den Extremitäten sind sehr unbedeutend, dessen ungeachtet ist die Beweglichkeit derselben sehr beschränkt, indem das Moment der Lähmung vorherrscht. Der Temperaturgrad des ganzen Körpers, namentlich aber der Extremitäten, ist vermindert.

Bei solchen Kranken äussert sich der Schmerz oft nur als electrisches Gelenkblitzen, das oft nur minutenlang anhält, und in denselben kurzen Zwischenräumen wiederkehrt. Diese Gelenkblitze sind die letzten schwachen Andeutungen der erlöschenden, organischen Electricität und es tritt durch sie die eigentliche Gicht zu den Neuralgien über. Ausser diesen eigenthümlichen Schmerzen finden sich bei der torpiden Rückenmarksgicht auch die reifartigen, einschnürenden Empfindungen wieder, welche von der Wirbelsäule über die Brust und den Unterleib sich erstrecken und die wir schon bei den Spinalirritationen und anderen Krankheiten des Rückenmarks angeführt haben. Die Krankheit, wenn sie nicht constitutionell ist, bildet sich aus der erethischen und diese Ueberbildung dient zum Zeichen, dass die krankhaft gesteigerte Nerventhätigkeit erlöschen will. Desswegen treten die Gichtparoxysmen nicht mehr so entschieden und geschieden auf, und es erfolgen keine Aussonderungen, weil der reproductive Process keinen Antheil an der stets mit Paralyse oder wenigstens sich steigernder Schwäche endigenden Krankheit nimmt. Eisenhaltige Mineralbäder zeigen hier die grösste Wirksamkeit; in wenig Wochen verjüngt sich der Körper, ein frisches Roth kehrt auf die welken Wangen und bleichen Lippen zurück; das matte Auge erhält mehr Glanz u. Leben und neue Regsamkeit strömt in die geschwächten oder gelähmten Glieder.

Von den Blut- und Markkrankheiten des Rückenmarkes gelangen wir zu seinen Ernährungskrankheiten, und wir stossen hier auf die Hypertrophia Medullae spinalis, auf welche seither noch so wenig Rücksicht genommen wurde. Sie kömmt nur vor bei äusserst kräftigen Körperconstitutionen mit stark entwickelter Muskulatur und straffer Faser. Das Gesicht der Krankheitscandidaten ist voll und geröthet, und es steigert sich diese Röthe, wenn sie leidenschaftlich entbrennen, wozu sie sehr geneigt sind. Ihr Hals ist meistens etwas geschwollen, die Lumina der Gefässe sind erweitert, die Bindehaut des Augapfels röthet sich, kurz es findet ein habitueller Blutandrang gegen den Kopf Statt, welcher Antheil an der Erzeugung des Schwindels hat, mit welchem solche Kranke immer behaftet sind. Die in dem Gehirne angehäufte Electricität erzeugt Hallucinationen eigener Art, wozu besonders das Funkensehen, das Blitzen vor den Augen, das Knallen vor den Ohren u. s. w. gehört. In dem spätern Zeitraume nimmt der Umfang der Augäpfel zu, sie treten mehr aus der Augenhöhle hervor, die Pupillarbewegung wird träger und es tritt nicht selten ein Schielen ein, das früher nicht stattfand. Bei dieser Hypertrophie fehlt der acute locale Schmerz, dagegen klagen die Kranken über die Empfindung der Einschnürung, Einpflöckung u. s. w. Am häufigsten kommt diese krankhafte Empfindung in der Sacralgegend vor und wird dann fälschlich für einen Hämorrhoidalcongestivzustand gehalten. Sie erstreckt sich, oder setzt sich vom Rückenmarke aus über die Brust und den Unterleib

fort, und die Patienten schreiben sie nicht selten der
Anhäufung von Blähungen zu und verlangen nach
häufigeren Stuhlausleerungen, wodurch sie dann nicht
erleichtert werden. Diese Empfindung der Einschnürung haben sie auch rings um die Schenkel und sie
kommt insbesondere sehr häufig um die Kniee vor.
Durch diese bandartige Einschnürung, welche wirklich obwaltet, entstehen auch Stockungen in den
Secretionsorganen, wenn das Leiden fortschreitet,
wesswegen auch die Kranken später ein icterisches
Aussehen erhalten. Wenn der Kranke sich von seinem Sitze erhebt, so findet ein gespannter Zustand
sämmtlicher Rückenmuskeln Statt, der sich auch auf
die Muskeln der unteren Extremitäten fortsetzt, und
es entsteht beim Gehen ein Strammen in den letztern, das den Patienten nöthigt, die Füsse zu schleu-
dern, was er auch mit voller Kraft vermag. Dieses
Strammen bleibt bei fortgeschrittener Krankheit auch
in der Ruhe, und es sind oft die kräftigsten Menschen nicht im Stande, die Schenkel solcher unglücklichen Personen auseinander zu halten, wesswegen
Kissen zwischen die Kniee gelegt werden müssen.
Der Kranke kann zwar mit Mühe ziemlich weite
Touren zu Fuss machen, aber seinem Körper nicht
das zum freien Gehen nöthige Gleichgewicht geben,
wesswegen er immer dienende Personen haben muss,
die ihm, namentlich beim Aufstehen vom Sitz durch
Unterstützung unter den Armen dieses Gleichgewicht
fortwährend verschaffen. Zuweilen werden diese Kr.
während des Gehens von electrischen Schlägen befallen, welche sie ohne diese Unterstützung zu Boden
werfen. Sie haben durchaus nicht die Empfindung
des Abgestorbenseins in den Füssen und Fusssohlen,
allein so wie auf der einen Seite die freie, allseitige
Bewegung mangelt, so fehlt ihnen auf der andern die
schnelle und reine Leitung der Empfindungen und
die kräftige Reflection in dem Gehirne, wesswegen
beim Auftreten das Gefühl in den Fusssohlen den
Charakter der Fremdartigkeit hat. Sämmtliche thierische Triebe sind im Anfange der Krankheit gesteigert und namentlich haben Patienten der Art in geschlechtlicher Hinsicht eine starke Potenz, indem
die Geschlechtsverrichtungen von der Beschaffenheit
des Rückenmarkes gänzlich abhängig sind ; in dem
Stadium zunehmender Paralyse verlieren mit den körperlichen Functionen auch die Thätigkeiten der Seele.

In dieser Krankheit schaden eisenhaltige Mineralbäder, indem sie die Marksubstanz vermehren. Man
muss die reproduktive Thätigkeit beschränken, wozu
ausser dem Quecksilber und dem Antimon die alkalischen und die jodhaltigen Mineralwässer gehören.

Der Hypertrophie des Rückenmarks gegenüber
steht die Atrophie desselben, Tabes dorsalis, die das
reine Gegenbild der eben beschriebenen Krankheitsform ist, mithin auch die entgegengesetzten Symptome darbietet. Die Individuen, welche damit behaftet sind, sehen schwächlich aus ; sie haben eine
schlaffe Muskulatur, sind abgemagert, besonders am
Rücken, an welchem die Dornfortsätze ungewöhnlich
stark hervorragen, indem das Fett verschwunden ist.

Ihr Angesicht ist bleich, ihr Blick matt, sie sind menschenscheu, lieben die Einsamkeit und ihre Thatkraft ist geschwächt. Nach und nach prägt sich bei ihnen der Habitus phthisicus immer mehr aus. Diese Kranken ermüden leicht, besonders durch das Stehen, und es gibt sich diese Ermüdung besonders im Rückenmarke zu erkennen. Ihre Phantasie ist sehr gereizt, besonders in Beziehung auf das andere Geschlecht, sie sind sehr geneigt zum Coitus, der jedoch rasch und mit schneller Ejaculation des Samens befriedigt wird. Letzterer charakterisirt sich dadurch, dass er wässeriger ist und nicht den ihm eigenthümlichen Geruch hat. Selbst die innern, auf das Geschlecht sich beziehenden Anschauungen haben Samenerguss mit Wollustgefühl zur Folge. Der Körper und die Seele verlieren allmählig die Spannkraft immer mehr, das Gefühl der Ermüdung steigert sich zum Gefühle der Lähmigkeit und es äussert sich das spinale Absterben zuerst in den äussersten Theilen, in den Fusssohlen, in welchen das Gefühl erlischt. Gleichzeitig nimmt die Temperatur ab und es tritt, da auch die Beweglichkeit sich vermindert, allmählig vollkommene Paralyse ein. Bei Atrophischen der Art sind die Extremitäten kalt und die Gelenke erschlafft. Nicht selten finden auch automatische Bewegungen in den untern Extremitäten Statt, sie bewegen sich unwillkürlich auf mannigfaltige Art, ohne dass der Kranke sie durch die Kraft seines Willens beschränken kann. Auch in den übrigen Secretionen, ausser der sexualen, findet eine kraftlose Reizbarkeit Statt, der Stuhlgang erfolgt häufig in Form einer Lienterie und der Urin sieht ganz wasserhell aus. Während die Thätigkeit der Phantasie sich immer mehr steigert, nimmt die Schärfe der äussern Sinne immer mehr ab, das Gedächtniss geht immer mehr verloren, die höheren Seelenthätigkeiten sinken u. s. w. In diesem Zustande erweisen sich die eisenhaltigen Mineralbäder besonders wirksam.

Rückenmarks - Wassersucht. Hydrorhachitis.

Symptome. Gefühl von Schwere, Pelzigsein, Einschlafen der Extremitäten, schleppender Gang, Kälte im Rückgrate, später eine leichte ödematöse, gegen Berührung schmerzliche Geschwulst an der Wirbelsäule, totale Lähmung der untern Extremitäten, noch später paralytische Erscheinungen der Blase, des Darmkanals. In dem Maasse, als die Wasseransammlung zunimmt und höher steigt, steigt auch die Lähmung höher, es tritt Lähmung des Bauches und Absterben der Sensibilität der Bauchbedeckungen ein; Athmungsbeschwerden, Beklemmung; Percussion und Auscultation der Brust ergibt keine Veränderung. Die obern Extremitäten werden taub, gefühllos, es treten paralytische Erscheinungen im Halse ein, es kommen die Erscheinungen des Wasserdrucks im Gehirn. Liegen die Kranken, so steigern sich die Symptome der Lähmung, sie gehen in die Höhe; wenn sie eine aufrechte Stellung annehmen, so fühlen sie sich in den obern Theilen erleichtert. Dabei Verminderung aller übrigen Secretionen.

Diagnose. Das allmählige Aufwärtssteigen der paralyt. Symptome mit der Zunahme des Wassers, das Gefühl von Kälte im Rückgrate, das ödematöse Schwellen der Hautbedeckungen über der Wirbelsäule bei gleichzeitigem Mangel aller Veränderungen derselben sichern die Erkenntniss.

Therapie. Bei jenen Formen, die durch Ueberreizung des Genitaliensystems entstanden, sind äussere Hautreize, flüchtige Salben mit Ungt. Juniperi, Ungt. Neapolit., später Vesicant., und selbst Moxa indicirt. Man berücksichtige den scrophulösen und tuberkulösen Boden. Bei organ. Fehlern Druck auf das Rückenmark ist wenig zu thun. Formeln s. bei Wassersucht.

Rückgrats - Frictionen empfiehlt man bei Krankheiten des Rückgrats, nicht allein bei Rheumatismen und Muskelschwäche, sondern auch bei krampfhaften Affectionen, bei Krampfhusten etc. Einem Knaben, welcher an Reizung der Bronchialschleimhaut, Reizhusten, grosser Schwäche u. leichter Rückgratskrümmung litt, wurde der Rücken jeden Abend eine halbe Stunde mit einer Quecksilbersalbe, jeden Morgen mit Chininsalbe eingerieben. Schon nach einer Woche war der Husten verschwunden, und nach 6 Wochen war jede Spur von Krankheit beseitigt. Frictionen des Rückgrats scheinen uns überhaupt besser und häufiger anwendbar als die auf die Brust. Wie oft ist das Rückenmark Ursache eines Hustens durch Spinalirritation; durch den Reiz eines Rückenmarksnerven kann Husten, Beengung auf der Brust, Magenleiden etc. bedingt sein.

S.

Salivation. S. Speichelfluss.

Salzflüsse. S. Urodialysis.

Samenverluste, unwillkürliche. Spermatorrhoe, und Pollutionen, nächtliche.

Symptome. Masturbation, allzuhäufiger Coitus, vorausgegangene Blennorrhoen, welche zu häufigen täglichen Pollutionen veranlassen, Abgang des Samens beim Uriniren und Stuhlgange, verursachen eine Unzahl von Symptomen, und simuliren Krankheiten des Bauches, des Kopfes, als chron. Gastritis, Brustentzündungen, Congestionen gegen den Kopf, nervöse Erscheinungen aller Art, nervöse Schlagflüsse, namehtlich Hypochondrie. Wie viele Hypochondristen ahnen nichts von diesen Samenverlusten! Der Urin der Samenverlierenden hat gewöhnlich ein weisses Sediment, man glaubt es mit einem Blasenkatarrh zu thun zu haben, er ist trüb, stinkend. Bei trübem Urin examinire man stets auf tägliche Pollutionen. Alle, welche sich groben Ausschweifungen im Coitus oder der Masturbation ergeben, haben das Bedürfniss sehr häufigen Urinirens (Raro mingitur castus). Kinder, welche an Incontinentia urinae leiden, sind zur Zeit der Pubertät, besonders nächtlichen und später

täglichen Pollutionen ausgesetzt. Kranke in Folge
von Samenverlusten, die kaum mehr von ihren Füssen
getragen werden zu können meinen, die vor Schwäche aufs Aeusserste herunter gekommen sind, haben
doch noch immer das Bedürfniss nach Bewegungen
und können nicht lange an einem Platze bleiben.
Sie haben Alle in ihren Augen, in ihrer Stimme,
Stellung, im ganzen Aeussern etwas Schüchternes,
Verschämtes, so dass bei einiger Erfahrung man sie
leicht entdeckt. Die Samenergiessungen können in
die Harnblase zurücktreten, ohne dass also Samen
nach Aussen entleert wird. Man sollte bei jungen
Ehemännern etc. sich immer erkundigen, wie oft sie
den Geschlechtstrieb befriedigen; sie treiben es täglich oft 4—5mal, und kein Wunder, wenn sie Erscheinungen haben von Gastritis, Carditis, Encephalitis, Congestionen gegen die Brust, Erstickungsanfälle, Herzklopfen u. s. w. Post coitum animal triste
gilt nur, wenn der Akt zu oft wiederholt wird; es
muss der Coitus im Verhältniss stehen zum Bedürfniss. Natürlich stehen mit dem allzuhäufigen Samenverluste leicht in Verbindung: Krankh. der Samenbläschen, der Vasa deferentia und der Ductus ejacu-
latorii. Diese Krankheiten wirken sowohl auf die
genannten und benachbarten Organe selbständig, oder
auf das Gehirn. Folgende Erscheinungen sind bei
ihnen vorzüglich hervorstechend: Ziehen und Spannen im Samenstrange, vom Hoden nach dem Bauch-
ringe zu, knotige Anschwellung des Samenstranges,
Entartung des Hodens, des Vas deferens, der Duct.
ejacul.; daher Entleerung von krankhaft entartetem
Samen oder von Schleim, Eiter, Schmerz in Bulbus
urethr. (besonders beim Einführen einer Bougie),
Spannen und Ziehen im Mittelfleische, bei der Untersuchung durch den After fühlbare Entartung der
Samenbläschen, Störungen der Hirnfunctionen, hypochondrische Stimmung. Die einzelnen Krankheiten
der Samenbläschen etc. sind: Hypertrophie, Atrophie,
Entzündung, Verhärtung, Eiterung, Scropheln, Tuberkeln, Markschwamm, Scirrh., Veränderung in Fett-
masse, Verknöcherung, Concremente und Knochen in
ihrem Innern, Steine, wässeriger Schleim oder Blut;
ursprüngliche Bildungsfehler. Die krankhaften Veränderungen der Vasa deferentia und Duct. ejaculat.
sind: Verschliessung des Kanals an einer Stelle,
gleichmässige Erweiterung, ungleiche Ausdehnung;
sehr oft entzündlicher Zustand. Vernachlässigte,
wiederholt producirte Blennorrhoe ist die häufigste
Ursache zu Samenverlusten.

Diagnose. Charakteristisch ist 1) Ausleerung
glasartigen Schleimes und Samens oder Eiters, Bluts,
beim Stuhlgange und nach dem Harnen. 2) Schmerzhaftes Gefühl beim Einbringen einer Bougie in die
Pars prostat. 3) Ziehender Schmerz im Verlaufe des
Samenstanges. 4) Schmerzhaftes Spannen und Empfindlichkeit im Mittelfleische. 5) Vergrösserung und
Empfindlichkeit der Samenbläschen bei der Untersuchung per anum. 6) Hypochondrische Zufälle, entstanden aus Onanie und Tripper. 7) Schwindel, Gedächtnissschwäche, Sopor, Apoplexie. 8) Gleichzei-

tiges Vorkommen von **Krankheiten der Prostata und**
Harnblase.

Therapie. Sind die unwillkürlichen **Samenent-**
leerungen durch Kothanhäufungen im Mastdarm, Auswüchse am Afterrande, Afterfissuren, Stricturen der
Harnröhre, zu lange oder zu enge Vorhaut, zurückgetretene Hautausschläge, Hämorrhoiden, Spulwürmer, Diarrhoen veranlasst, so hat man diese Zustände
zu heben. Reine Erschlaffung der Ejaculationskanäle
(die häufigste Ursache) und Samenbläschen, u. hierauf
begründete Samenverluste, hebt sich durch Hervorrufen der gesunkenen Contraction der afficirten Theile.
Neben der innerlichen Behandlung, die hier besonders in dem Gebrauche des Eisens besteht, ist das
dazu geeignete Verfahren, von Zeit zu Zeit Liegenlassen eines elastischen Katheters, in der Harnröhre,
wodurch die normale Contraction der erschlafften Organe hergestellt wird. Diuretica schaden allen solchen Kranken. Kalte Bäder, ohne Unterschied gegen
alle Fälle von Samenverlusten angewendet, stiften
mehr Schaden als Nutzen, sie irritiren die Urin- und
Zeugungsorgane zu sehr; die Irritation muss verschwunden sein, dann nützen sie, besonders in Verbindung mit Eisgetränk, nebst strenger Diät, halben
Seebädern. In einzelnen Fällen nützen: Milch 3mal
des Tags, so kalt als möglich mit Kalkwasser, Pflan-
zendiät, 2 kalte Sitzbäder täglich, ¼ St. lang, kalte
Waschungen der Genitalien 3mal täglich, Morgens
und Abends ein kaltes Klystier, um den Stuhlgang
zu reguliren. Hauptmittel bleibt die Cauterisation,
mit Höllenstein auf dem Porte caustique zwischen
dem Blasenhalse und dem Bulbus urethrae ange-
bracht. Nämlich die Spermatorrhoe ist meist Folge
einer chronischen Entzündung der Schleimhaut der
Prostata, die sich bis auf die ejaculirenden Kanäle
des Samenbläschens u. s. w. ausdehnt. Durch eine
Cauterisation jenes Theils der Schleimhaut wird diese
in der Art modificirt, um die Irritation der sperma-
tischen Organe und besonders die spasmodischen
Contractionen der Samenbläschen (beim Katheteris-
mus fühlt man Spasmus) verschwinden zu machen.
Die Cauterisation geschieht auf der Oberfläche des
Prostatatheils der Urethra an der Stelle, wo der Katheter den lebhaftesten Schmerz verursacht hatte.
Der Schmerz bei Katheterisiren gegen das Ende der
Harnröhre indicirt vorzüglich die Cauterisation. Man
suche die Länge des Kanals der Urethra, da diese
oft bei ganz ähnlichen Menschen sehr differirt. Man
ziehe einen in die Blase eingeführten Katheter langsam zurück, und wenn der Urin stockt, richte man
die Röhre mit der einen Hand aufwärts und fasse
mit dem Daumen und Zeigefinger der andern Hand
die Sonde dicht am Niveau der Eichel. Indem man
hierauf den Katheter, ohne jedoch die Lage der Finger zu verändern, etwas zurückschiebt, sieht man
aufs Neue den Urin abfliessen; alsdann misst man
den Raum zwischen dem letzten Auge des Katheters
und der Stelle, wo man den Daumen und Zeigefinger
angelegt, und erhält so genau die Länge des Kanals.
Hierauf bringe man den Porte caustique ein, nachdem

man zuvor den Schieber um ¹/₂ Zoll weniger, als die
Harnröhre beträgt, befestigt hat, denn um ¹/₂ Zoll
ist die Prostata von der Blasenmündung entfernt,
und ätze den stehenden Kranken.   Schwefelbäder
sind nebst der Cauterisation bei Vielen nothwendig
und dann von Nutzen, wenn eine Hautaffection, Flechten, Grind, Krätze u. s. w., und eine grosse Empfindlichkeit der Schleimhäute besteht. Ist die Irritation
zu bedeutend, so werden dieselben nicht ertragen. —
Bei Diarrhoen theilen die Samenbläschen zuweilen
die Irritation des Mastdarms, ziehen sich zusammen,
und daher auch Samenverluste.   Samenverluste in
Folge eines mechanischen Hindernisses beim Stuhlgange werden durch Einschnitte der Scheidewand
rasch geheilt.   Zu den Ursachen der Samenverluste
gehören noch Verstopfungen, Missbrauch der Purganzen, Narcotismus durch zu vieles Tabakrauchen.
Anhaltendes Reiten (Scythen) soll anhaltende Verstopfung und Impotenz in Folge von Samenverlusten
herbeiführen.   Kleine Madenwürmer verursachen oft
Samenverluste.   Die Schmerzen nach der Cauterisation verlangen oft langes Verweilen im Bade, kühle
Getränke, wiederholte Klystiere, Blutegel.   Secale
cornutum mit Camphor, oder Sabina mit Camphor
sind gegen Samenverluste sehr empfohlen.   Auch
Cantharides oder Belladonna in fast homöopathischer
Dosis sind sehr wirksam. S. Onanie, Impotenz. Beim
Ausflusse von Saft aus der Vorsteherdrüse (Gonorrhoea prostatica) will man von der Belladonna in
äusserst geringer, fast homöopathischer Dosis, Erfolge gesehen haben. In 12 Fällen von Spermatorrhoe
in Folge von Ueberreizung der Sexualorgane wandte
Janowitz das Secale cornutum an, 4—6 Gran 3mal
des Tags; dabei kalte Sitzbäder und Klystiere. Zuweilen wird 2—3 Tage in der Behandlung pausirt,
Vorsichts halber. Die Behandlung der an Spermatorrhoe
Leidenden ist äusserst schwierig, wegen Hartnäckigkeit des Uebels an sich und wegen der Wandelbar-
keit der Patienten in der Ausdauer. Milton behandelt
sie mit Folgendem: 1) Chinin in Solution vj Gr. in
Acid. sulphuric. dilut. ʒj; Tinct. cardomomi comp. ʒiij;
Aq. cinnamomi ℥vß, 2mal tägl. 2 grosse Essl. voll.
2) Localbäder mit kaltem Salzwasser, des Morgens
5 Minuten lang in einem Waschbecken Hodensack,
Perinaeum zu baden. 3) Täglich einige gymnastische
Uebung, Körperbewegung.   Früh Aufstehen. 4) Beseitigung der Erectionen 1 Theelöffel voll Spiritus
camphorat. in Wasser vor dem Schlafengehen, und
in der Nacht beim Erwachen zu nehmen. 5) Zuweilen muss man in hartnäckigen Fällen zu Vesicatoren auf das Perinaeum, oder die innere Schenkelfläche zunächst der Regio genitalis, oder den Penis
selbst seine Zuflucht nehmen. 6) Ist Onanie Schuld,
so lasse man um den Kranken von seinem Laster
abzuhalten Dentojodureti Merc. ꝫj auf ℥j Fett einigemal in der Woche auf den Penis einreiben, wodurch
er excorirt wird und dem Kranken Schmerzen beim
Onaniren verursacht würden. 7) Leicht nährende,
keine reizende Kost, kein Käse, kein Geräuchertes,
kein Bier u. s. w.

Wenn nächtliche Pollutionen zu stark werden, so treten die Erscheinungen ein, wie oben bei den Samenverlusten angegeben worden. Man zügle die Phantasie, enthalte sich der hitzigen Abendspeisen, der Chocolade, reizenden Getränke, des Weines etc., entferne Würmer, Steine, Stockungen im U.L., Hämorrhoidalcongestionen, Tripper, Onanie, zu lange fortgesetzten Schlaf, liege nicht auf dem Rücken und nicht in Federbetten. Eine gefüllte Urinblase verursacht häufig Poll., daher werde Patient öfters des Nachts durch einen Wecker geweckt und zum Uriniren angehalten. Zuweilen sind Geschwülste in dem Leistenkanale Reizursache der Pollut., und müssen daher durch eine Operation etc. entfernt werden. Ueber Pollutionen in Folge von Tripper, vgl. bei Tripper. —

Innerlich empfiehlt man die Säuren: Elix. acid. Hall. 2—20 gtt. 4mal des Tags. Kalte Umschläge auf die Genitalien, örtliche Bäder, blutige Schröpfköpfe in den Nacken. Ist Enthaltsamkeit des Beischlafs anzuklagen, so ist der Coitus das entsprechende Mittel. Ist übermässige Schwäche Ursache, dann: China, Mineralsäuren, Tinct. Chin. composit., Elixir. acid. Mynsicht., ana ℥β; 3mal 20—60 gtt. Die Herba uva ursi ist als ein bewährtes Mittel bekannt, das auf die Schleimhaut der Harnblase wirkt, und auch dafür, dass sie Pollutionen seltener macht, ebenso wirkt der salzsaure Baryt. Bei ungewöhnlich starken nächtlichen Erectionen wendet Page in Philadelphia mit glücklichem Erfolge das Lupulin an. Pulver vor dem Schlafengehen 25—50 Centigram. und der Kr. wird von diesen lästigen und zuletzt schwächenden Erectionen befreit bleiben. Mit gleich gutem Resultate hat Verf. das Lupulin in Pulver oder Pillen gegen Spermatorrhoe angewendet. Nützen alle Mittel nichts, so binde man Nachts einen etwa 8 Linien breiten, 2 Zoll langen Leinwandstreifen, an dessen beiden Enden Bändchen genäht sind, an das Praeputium. Sobald des Morgens Erectionen eintreten, wird das Praeputium empfindlich, gezerrt und weckt aus dem Schlaf. — ℞ Phosphor. gr. j; Ol. amygd. ℨj; Gm. arab. ℨjj; Aq. dest. ℥jv. Esslöffelweise. ℞ Phosphor. gr. xij — xvjjj; Ol. lini ℥j; ins Kreuz eingerieben. ℞ Camphor. ℥jβ; Spirit. vini rectific. ℥jjj. Aeusserlich ins Perinaeum. S. Rückenmarksdarre, Impotenz und Hodenatrophie.

Sarcina. Goodsir entdeckte die Sarcine, sie steht nach diesem Entdecker am nächsten der Müller'- schen Gattung Gonium, sie wird von ihm als „lederartige" Pflanze, durchscheinend, aus 16—64 Feldern bestehend, die quadratisch in einer durchsichtigen 4eckigen Matrix angeordnet sind, charakterisirt. Die Sarcinen vervielfältigen sich durch Spaltung; die Dicke der Sarcine beträgt etwa nur ⅛ ihrer Breite oder Länge. — Schlossberger fand, dass kaltes und heisses Wasser, Alcohol, Aether, ätherische und fette Oele, organische und verdünnte mineralische Säuren (selbst im Sieden) auf die Sarcine nicht influiren. Jod färbt sie gelb. Concentrirte Schwefelsäure entfärbte sie alsbald, sie wurden ganz blass

und vollkommen durchscheinend. Salpetersäure veränderte viele gar nicht, andere wurden gelblich.
Caustisches Kali färbt die Sarcine schnell blass.

Für den, der auch nur einmal ächte, wohlausge-
bildete Sarcinen (paketförmige Zellen) gesehen hat,
ist die Diagnose sehr leicht; wenn sie aber zum
erstenmale vorkommen, muss man das Mikroskop und
die chemischen Reagentien zu Hülfe nehmen, da
einige andere Gebilde auch oberflächliche Aehnlichkeit mit ihnen haben. Hieher gehören: die zerfallen-
den animalen Muskelfasern, aber Kali, Essigsäure
u. s. w. lösen schnell solche Muskelstückchen auf,
und concentrirte Salzsäure färbt sie deutlich violet.
Epithelialgebilde; aber auch von ihnen unterscheidet
sich die Sarcine durch ihr charakteristisches Zerfallen in Schwefelsäure und die chemischen Reactionen
sonst. Vegetabilische Membranen; aber hier entscheidet die der Sarcine eigenthümliche Anordnung,
sowie die Reactionen auf Jod und Schwefelsäure.
Agglomerationen von Fettkörnchen zu Täfelchen:
diese löst Kali und Aether sehr schnell auf. Hefenzellen zu Klümpchen geballt: mit diesen haben die
Sarcinen auffallenderweise fast alle chemischen Reactionen gemein. Beiden sehr ähnlich sind auch vielleicht die Pilze der ächten Tinea, die übrigens viel
Protein enthalten. — Die Sarcine kommt weder durch
Wasser noch Speisen in den Magen.

Die Flüssigkeit, in welcher man die Sarcine an-
traf, enthielt stets viel freie Säure (Essigsäure, Milz-
säure etc.). Ob das gleichzeitige Vorkommen der
Sarcine mit weingeistiger Gährung und Hefenzellen
zufällig ist, oder ob beide in ursächlichem Conex
stehen, muss vor der Hand dahin gestellt bleiben.
Unmöglich ist es keines Falles, dass irgend ein anomaler Verdauungsprocess (eine Umsetzung eigenthümlicher Art) zur Entstehung der Sarcinen Anlass
gibt, so gut wie die Entwicklung von Hefenpilzen
und Infusorien unter solchen Verhältnissen geschieht.

Man hat die Sarcinen bis jetzt (in brandigen
Lungenabscessen abgerechnet) nur im Erbrochenen,
im Magen selbst und in den Faeces gefunden, und
das bis jetzt nur von Erwachsenen und Greisen.

Die wichtigste Frage für die Praxis ist nun jedenfalls die: Erregt die Sarcine bestimmte od. überhaupt
einige Krankheitssymptome? Goodsir bejaht diese
Frage, mit mehr Entschiedenheit noch bejaht sie
Haase. Letzterer sagt: die Gegenwart der Sarcine
im Magen und Darmkanal erzeugt Symptome, welche
eine eigenthümliche Erkrankung darstellen, die sich
von anderen Arten der Dyspepsie wesentlich unterscheiden; mit der Verminderung und dem Verschwinden der Sarcine vermindern sich und verschwinden
auch die Krankheitssymptome. Schlossberger
theilt jene Frage sehr richtig in die 2 Theile: 1) ist
es richtig, dass die Sarcine eine Krankheit sui gene-
ris von ganz specifischer Art erzeugt? 2) Erzeugt
sie überhaupt Krankheitserscheinungen? Die erste
Frage a●ngend, so ist es Schlossberger nicht
gelungen, in den Krankheitsgeschichten etwas eine
Sarcina-Dyspepsie genau Charakterisirendes heraus-

zufinden, weder in der Art des Erbrechens, noch in
der Zeit des Auftretens, weder in den Vorboten, noch
in den Folgen. Es bleiben eben Cardialgien u. s. w.,
deren einziges Eigenthümliche die ausgebrochene Sarcine ausmacht. Auch den zweiten Theil der Frage
mochte Schlossberger nicht unbedingt bejahen,
da Haase selbst die Sarcine ohne Erbrechen an-
traf, und Virchow sie mehrmals bei Sectionen im
Magen fand, ohne dass im Leben irgend eine Erscheinung eines Magenleidens dagewesen wäre.

Aus dem Bisherigen ergibt sich von selbst, dass
an eine bestimmte Heilmethode vor der Hand nicht
zu denken sei. Goodsir bedient sich ohne Erfolg
der Blausäure, dann des Kreosot. Haase preist das
salpetersaure Silber.

Sardonisches Lächeln der Kinder ist oft
Folge von Würmern, Vorläufer beschwerlichen Zah-
nens und der Convulsionen. Man leitet den Reiz vom
Zahnfleische ab durch Blutegel, Bäder, Fussbäder,
Vesicant. hinter die Ohren; bei Blähungen 3—4 gtt.
Aether in etwas Aq. flor. Naphae.

Satyriasis und Priapismus.

Symptome. Tonische Krämpfe der Muskeln des
Penis, namentlich der Erectoren, wodurch eine anhaltende Steifheit erzeugt wird. Prädispositionen und
Ursache im Allgemeinen sind die des Krampfes im
Allgemeinen; besonders aber entstehen sie bei Onanisten, Wollüstlingen und nach vorausgegangenen
Trippern, ferner bei Entzündung der Harnröhre,
Tripper, durch scharfen Urin, Canthariden, Balsamica, Diuretica, Spargeln etc. Blasensteine, Wurmreiz, wollüstige Phantasie. Man unterscheidet zwischen Priapismus und Satyriasis. Beim Priapismus fehlt das Verlangen nach geschlechtlicher
Befriedigung, während es bei Satyriasis unge-
stümm ist. Priapismus scheint eine Neurose
der Geschlechtspartien zu sein, während Satyriasis eine Cerebralneurose zu sein scheint.

Uebermässige Geilheit bei Männern ist zuweilen consensuell und hängt von Bauchleiden ab,
und wenn der Bauch gesund gemacht, kehrt auch der
Begattungstrieb in die gehörigen Schranken
zurück. Merkwürdig ist es und nicht leicht zu erklären, dass bei ältlichen Männern nach den 60 Jahren
der zahm gewordene Geschlechtstrieb aufs neue erwacht und sie mit Geilheit und Aufrichtung der Ruthe
heimsucht. Die wahre Satyriasis ist bei Männern eine
nicht häufig vorkommende Krankheit, und ebendess-
wegen weniger gekannt, und namentlich bei gericht-
lichen Fragen nicht so in ein helles Licht gesetzt,
als das analoge Leiden bei Frauen und Mädchen, die
Geilheit und der Furor uterinus, die Mutterwuth.
Die Geilheit der Mädchen und Frauen, welche nicht
die Folge schlechter Erziehung, schlechter Lecture
u. s. w. ist, ist ein grosses fürchterliches Uebel. Bei
der geringsten Berührung einer männlichen Hand z. B.
kommen verzerrende Gesichtsmuskeln, Krämpfe, während welcher eine Ejaculation erfolgt, wie z. B. Bar-
tholinus einen Fall erzählt und auch Rademacher. —

Therapie. Beseitige die erregenden Ursachen; der nach Tripper zurückgebliebenen Reizbarkeit der Genitalien wird mit Opiatinjection, lauen Insessus, Bädern, innerlichem Gebrauch des Camphers, Hyoscyam. abgeholfen. Bei Gonorrhoe setzt man einige Blutegel, und sind Canthariden Schuld, gibt man Oleosa mit Campher. Die Heilung an sich verlangt Extr. Hyoscyam., Campher, halbblaue Sitzbäder mit Herb. Hyoscyam.; Crocus. Linim. volat camphor., Ol. Hyoscyam. in die Schamgegend. Der äussere Gebrauch des Bleies, des Morphiums. Heftige Neigung zum Beischlaf wird, wenn sie Symptom von Krankheit ist, zugleich mit dieser, wenn sie symptomatische Behandlung erfordert, durch nichts so sicher, als durch Baryta muriatica geheilt. Camphor. äusserlich ans Perinäum gebracht. **Lupulin** als Antiaphrodisiacum, gegen die so schmerzhafte Chorda syphilitica, so wie gegen andere krankhafte Erectionen, ist besser als Camphor, Opium, Dulcamara, Stramonium u. s. w., die nicht ohne nachtheilige Wirkungen sind. Auch gegen Pollutio nocturna ist es gut. 2 Gran in wiederholten Gaben hob bei Onanismus den krankhaften Geschlechtstrieb ganz auf.

Säure in den ersten Wegen der Neugebornen und Säuglinge. Man erkennt sie an dem sauern Geruch und an den grünen Entleerungen. Sie verbindet sich mit fast allen Krankheiten der Kinder (S. Kinderkrankheiten) und ist entweder Ursache oder Wirkung derselben. Man mische Magnesia usta mit dem Getränke oder Brei; um die neue Ansammlung zu verhüten, stelle man die Ammen unter Aufsicht, gebe den Kindern Tonica, den ausgepressten Saft des gebratenen Fleisches, Wein, Zimmtwasser. Hufelands Kinderpulver. In Paris wird der Kalksyrup Syrupus Calcariae zu ℈j—℥β tägl. mit 20—30 Theilen Wasser verdünnt den Kindern als Antacidum, besonders bei Diarrhoen nach dem Abgewöhnen von der Mutterbrust oder auch bei künstlicher Auffütterung gegeben. Im Hospital Necker versetzt man jedes Litre Kuhmilch, welche zur Nahrung der kleinen Kinder bestimmt ist, mit ℈j Kalksyrup, wodurch man das Sauerwerden der Milch und zugleich die übermässige Säure des Magensaftes und davon herrührende Säure verhindert. Der Syrup wird bereitet durch Sättigung des einfachen Zuckersyrups mit Kalkhydrat, dieser Syrup heiss filtrirt ist ganz hell und lässt sich mit Wasser verdünnen, ohne sich zu trüben. Die Tresterfütterung der Kühe (in München) macht, dass die Milch der Kühe den Kindern Säure verursacht, daher Ammen nothwendig sind, oder das Auffüttern mit Racahout, mit Kalbfleischbrühe u. dergl.

Säufer-Krankheiten. Die Trinksucht, Polydipsia ebriosa, der Missbrauch geistiger Getränke macht zu einer Reihe von Krankheiten disponirt, die alle ihre Wurzel in erhöhter Venosität haben, acut oder chronisch verlaufen, gegen welche als mächtige Heilmittel sich erweisen: frisches Wasser und frische Luft. Der eigenthümliche Habitus, welchen man den der Säufer nennt, spricht sich aus: durch schmutziggelbe, rauhe, mit Prurigo besetzte Haut, das Gesicht

aufgedunsen. Solchen Kranken auch Wein erlauben
ist höchst unrecht. Es ist vorzüglich der Missbrauch
des Weins, des Branntweins, der Liqueure, wovon
hier die Rede. Gut bereitetes weisses Bier kann in
Fieberzuständen auch als antiphlogistisches Getränk
gereicht werden; es enthält eine geringe Menge von
Alcohol und Hopfen, und viel vegetabilischen Schleim,
Kohlensäure mit Wasser. Das Bier ist der venösen
Constitution zuwider und sagt dagegen der arteriellen
mehr zu. Mit dem Weine verhält es sich gerade
umgekehrt. Geistesstörung ist öfters die Wirkung
eines lange fortgesetzten wiederholten Genusses kleiner Mengen von Wein oder Branntwein. Der fortwährend unterhaltene mässige Erregungszustand des
Gehirns, Folge solcher gefährlicher Nascherei, von
welchem dieses Organ selten oder nur auf kurze
Zeiten zu seiner normalen Lebensenergie zurückkehren kann, scheint eine viel ergiebigere Quelle der
Geistesstörung zu sein, als ein von Zeit zu Zeit wiederkehrender starker Rausch, nach welchem die Kopfgefässe ihr natürliches Volumen und ihre natürliche
Spannkraft wiedergewinnen können, und dessen all-
zuhäufige Wiederholung in der That eher die acute
Form des Delirium tremens als chronische Geistesstörung nach sich zu ziehen pflegt. Dieser Nachtheil
des anhaltend wiederholten Alcoholgenusses in kleinen Quantitäten macht sich noch rascher geltend,
wenn er mit exaltirenden Gemüthsbewegungen zu-
sammentrifft. Die Unsitte, nach einem Aerger Wein
etc. zu trinken, führt oft zu Geistesstörungen. Das
schon durch den Aerger vergiftete und zur Ernährung des Nervensystems ungeeignete Blut wird durch
die Aufregung mittelst des Alcoholgenusses noch
rascher dem Gehirn zugeführt, und indem die Erregung der Nerven zur Wiederholung des schädlichen
Genusses einladet, erneuert sich die verderbliche
Wirkung. Die Krankheiten, zu denen die Säufer
disponirt sind, sind folgende: Entzündung, Rheumatismus, Schlagfluss, sie sind als Geschwächte den
epidemischen, endemischen, atmosphärischen Einflüssen leichter unterworfen, sie sind geneigt zu
Entzündungen namentlich der Lungen, Leber, des
Gehirns, zu Rothlauffiebern, gastrischen Fiebern entzündlicher Art, später mehr zu chronischen u. asthenischen Krankheiten, Nervenfiebern, chronischen Entzündungen, Phthisis, chronischen Nervenkrankheiten,
organischen Krankheiten, Wassersucht u. s. w. Besonders Krankheiten der erhöhten Venosität; sie er-
werben sich die atrabiliäre Constitution; ihre acuten
fieberhaften Krankheiten nehmen leicht einen asthenischen nervösen Charakter an, tödten schnell, oder
ziehen sich ohne Krisen in die Länge; die chronischen gehen in Siechthum; Cachexie und Dissolution
des Blutes, Nervenkrankheiten, als Wahnsinn, Epilepsie, Lähmung über. Leichte Verletzungen, z. B.
des Kopfes, werden gefährlich. Wird ein Säufer von
einer acuten oder chronischen Krankheit befallen,
die nicht unmittelbar dem Säuferleben zuzuschreiben
ist, so erwachen bei diesem Anlasse gerne die eigenthümlichen Säuferkrankheiten; z. B. Delirium tre-

mens wird oft erst durch ein Leiden anderer Art,
z. B. Brustentzündung etc., hervorgerufen. Die Complication mit der Weingeistvergiftung macht eben die
Behandlung der Säuferkrankheiten so schwierig, denn
man hat es immer mit einer entmischten Blutmasse
und einem überreizten, d. h. geschwächten Nervensystem zu thun. Irritation des Magens und Darmkanals, Dysphagie, Pyrosis, Erbrechen, Scirrhus des
Magens, Diarrhoe, Morbus niger Hipp., Leberentzündung, Gallenfieber, Hypochondria cum materia, Melancholie im Sinne der Alten, Milzsucht, Pneumonie
(sehr gefährlich, endet gerne in Lähmung), Bronchitis, Phthisis pulm., Asthma (Lebersystem und Magen
erfordern Beachtung bei der Behandlung der Lungenentzündung, denn jene sind meist etwas sollicitirt
dabei), Herzentzündung und organische Fehler des
Herzens und der Gefässe; Augenentzündung, Entzündung der Urinwerkzeuge, Kupfergesicht, Hautausschläge; die Haare haben ein langsames Wachsthum, fallen gerne aus, verlieren ihren Glanz, bekommen struppiges Ansehen; die Hautausdünstung,
die sehr gemindert ist, hat oft spirituösen Geruch;
Congestionen gegen den Kopf, Schlagfluss, Gicht,
Knochenerweichungen, Fettsucht; Branntweinsäufer
magern ab, Wein- u. Biertrinker werden fett; Wassersucht, Diabetes, Geschwüre, Brand, Scorbut, Selbstverbrennung, Zittern, Krämpfe, Convulsionen, Epilepsie, Lähmungen, Stumpfheit der Sinne, Sinnestäuschungen, Impotenz, Unfruchtbarkeit, psychische
Alienation, Delirium tremens, Manie.

Therapie. Bei mässiger Berauschung thun ein
paar Gläser frischen Wassers und Spaziergang im
Freien, wenn es nicht sehr kalt ist (denn die Kälte
befördert die Congestionen gegen innere Organe,
namentlich das Gehirn, und vermehrt dadurch die
Betäubung), vortreffliche Dienste. Geht die Berauschung weiter, so ist das Nächste ein Emeticum; bei
drohender Apoplexie vor dem Emet. V.S. Kalte Umschläge um den Kopf mit Essig und Wasser. In
einzelnen Fällen starker Berauschung: Uebergiessen
des Kopfes mit kaltem Wasser. Nach dem Emet. ist
verdünnter Essig das Zweckmässigste nebst Fomentationen mit Essig und Wasser um den Kopf. Wenn
nach dem Emet. die Zufälle der Oppression des Nervensystems durch das aufgeregte und im Gehirn sich
anhäufende Blut noch Besorgnisse erregen, Klystiere
mit Essig und Salz als Beihülfe. — Kaffee; Ammon.
acet. 20—30 gtt. in einem Glase Wasser oder Theelöffel-weise ist gerühmt. Gegen heftige Zufälle Be-
trunkener empfiehlt L a l o u x, wenn Ammoniak nicht
zu haben ist, Klysmata aus 2 starken Esslöffeln voll
Küchensalz in lauwarmem Wasser gelöst. Stuhlentleerungen, hie und da Erbrechen, sowie Wiederkehr
der Bewegungsfähigkeit sind die augenblicklichen
Folgen. Findet man einen Betrunkenen auf der Strasse
liegend, so ist die erste Sorge, ihn in einen Lehn-
sessel oder ein Bette zu setzen mit erhöhtem Kopfe,
alle Kleidungsstücke abzuziehen und obige Mittel
gegeben. — Man beachte stets die erhöhte Venosität
der Kranken. Gegen die chronischen Durchfälle der

Säufer Succus citri mit Ol. amygdal. und Syrup. Alth.
—Mercurialmittel sind bei allen Krankheiten der Säu-
fer schädlich. Opium passt in vielen Krankheiten der
Säufer, es hält ihre colliquativen Secretionen auf,
heilt ihre Nervenkrankheit, und dient in grossen
Gaben gegen ihre Lungenschwindsucht. — Säuren,
namentlich Phosphorsäure, sind Hauptmittel. Gegen
das Sodbrennen Kali carb. und Tr. rhei aq. Opium
gegen die Cardialgie. Gegen das Wasserbrechen
Pulvis aerophor. und dabei Ungt. Alth., Ol. Hyosc.,
Tr. Opii croc. und Campher in den U.L. einzureiben.
Chronischer Gastricismus, Verstopfungen der Eingeweide des U.L.: keine Salze, sondern Pot. Riv. nüchtern Extr. Tarax., Manna oder Holzkohle täglich mit
warmer Milch gegen die meisten Verdauungsbeschwerden der Trunksiechen. Molkenkuren. Der Zucker
wird gegen die Folgen des Weinrausches empfohlen.
S. Katzenjammer.

Die nach **Berzelius** und **Schreiber** so
benannte Branntweinkur, vermöge welcher es laut
sehr vielen Erfahrungen wieder gelingt, dass die dem
Laster des Trinkens ergebenen Menschen geheilt
wieder als brauchbare Individuen ihrer Familie und
dem Staate zurückgegeben werden können, besteht
in Folgendem: Der Trunkenbold wird in ein Zimmer
eingeschlossen, wo er alle seine Bequemlichkeiten
hat. Man lässt ihn so viel trinken, als er nur will,
von einem Gemische aus 2 Theilen Wasser mit 1
Theile Branntwein. Dabei bekommt er, wenn er
daran gewohnt ist, Kaffee und Thee, aber stets mit
¹/₃ Branntwein versetzt. Alles was man ihm zu essen
gibt, Brod, Fleisch und Vegetabilien im Allgemeinen,
wird vorher in der genannten Mischung von Branntwein eingemengt. Er wird dadurch in einen fortwährenden Rausch versetzt und bringt die Zeit meist
mit Schlafen zu.. Nach 5 Tagen will er nichts mehr
von dem so zubereiteten Essen oder Getränke geniessen und fleht um reines Wasser und branntwein-
freies Essen. Wenn man dann seinem Wunsche
nachgibt, so bleibt die Kur ohne Nutzen; sie muss
so lange fortgesetzt werden, bis dass der Trinker
nichts mehr von dem mit Branntwein versetzten Getränke oder Essen geniessen **kann**. Er ist dann
kurirt. Die Erfahrung hat gelehrt, dass diese Kur
mit der strengsten Genauigkeit befolgt werden muss.
Es ist genug, um sie vergeblich zu machen, Waschwasser bei dem Trinker zu lassen, weil er dieses
dann heimlich trinkt. Die Länge der Kur wechselt
nach verschiedener Constitution und eingewurzelter
Gewohnheit an den Branntwein. Das Gewöhnlichste
ist 8, 10, 12 Tage, aber man hat schon auch einigemale
20—28 Tage anhalten müssen. Rückfälle sind selten
und hängen meist von der Ungenauigkeit der Ausführung, welche pedantisch strenge sein muss, ab.

Säufer-Wahnsinn. S. Delir. tremens.

Scabies. S. Krätze.

Schanker. S. Syphilis.

Scharbock. S. Scorbut.

Scharlach. Scarlatina.

Symptome. 1) Drückender Stirnschmerz, Schling-

beschwerden, dunkelrothe Schlingorgane, Zungenwärzchen erhaben, verlängert, bitterer Geschmack,
Brechneigung, Erbrechen, Fieber; dauert 24 Stunden
oder 2—3 Tage. 2) Rothe Flecken, die mehr zackig
als rund, nicht erhaben über der Haut, deren Röthe
beim Drucke mit dem Finger verschwindet, und sich
von der Peripherie gegen das Centrum wieder einstellt, erscheinen zuerst am Gesichte, der Brust; die
Flecken fliessen ineinander; dauert gewöhnlich 12 St.
3) Drei Tage lang bleibt die glänzende Röthe des
Exanthems, das Fieber dauert immer fort, exacerbirt
und remittirt während des 2ten und 3ten Stadiums.
4) Am Ende des 4ten Tages nach dem Ausbruche
des Exanthems wird die Röthe blass, es tritt Desquamation in grossen Fetzen ein, das Fieber verschwindet oder wird remittirend. Oft fallen Haare
und Nägel mit aus; dauert oft 7—12—14 Tage und
selbst 3 Wochen. Ausnahmsweise tritt auch eine
zweite von einem Fiebersturme verkündete Abschuppung ein. Der Charakter des Fiebers kann entzündlich, nervös, septisch, gastrisch sein; es kann sich
Angina inflammatoria, Gehirnentzündung, Angina
gangraen., hinzugesellen. Nach der Form des Exanthems hat man angenommen: eine glatte Form, laevigata, variegata, miliaris, pemphigodes. Es kommt
eine Form vor, wo das Exanthem fast unsichtbar ist,
aber der Verlauf der Krankheit der angegebene. Die
Krankheit ist contagiös, tritt meist epidemisch auf.
Nachkrankheiten sind: Hydrops, Parotidenbildung,
Scharlachschnupfen, Coryza, entzündliche Affection
des Ohres, Neuralgien des Bauches. Die Wassersucht, welche sich als Begleiterin oder Folgekrankheit des Scharlachfiebers entwickelt, kündigt sich
durch eine Reihe von Erscheinungen an, die auf einen
fieberhaften Zustand hindeuten; zu diesen gehören:
erhöhte Temperatur der Haut, vermehrter Durst,
frequenter Puls, sparsamer Urin, Appetitlosigkeit
u. s. w. In dieser Beziehung gleicht sie dem acuten
Hydrops, der mit entzündlichen Affectionen der Nieren in Verbindung steht, und unterscheidet sich
wesentlich von denjenigen hydropischen Anschwellungen, welche in Folge einer venösen Stase auftreten.
Der Erguss von Flüssigkeit kommt zuerst im Unterhautzellgewebe zu Stande und erst später treten die
Symptome eines solchen in den serösen Stühlen auf,
die das Exsudat in Folge der Gereiztheit der serösen
Haut zur Entzündung, mit coagulabler Lymphe oder
purulenten Stoffen gemischt erscheint. Die Bedingungen dieser Wassersucht sind: ein besonderer Zustand der Haut, ein eigenthümlicher Zustand der
Nieren, und endlich auch ein eigenthümlicher Zustand
des Blutes. Fehlt eine dieser Bedingungen, so mag
diese Form der Wassersucht bevorstehen, oder einzutreten drohen, aber eine vollständige Entwicklung
folgt nicht, es kommt zu andern Symptomen, z. B.
zu Kopfaffectionen. Die Haut ist gewöhnlich trocken,
rauh und befindet sich in einem gereizten Zustande,
sie stosst aber das Krankheitsgift nicht gehörig aus,
denn gerade die mildesten Formen des Scharlachfiebers, wo wenig oder gar kein Ausschlag war, lassen

diese Wassersuchten zurück, während da, wo der Ausschlag und die Abschuppung stark war, keine Spur davon zu finden ist. Die Nieren sind, wenn man solche anatomisch untersucht, mit Epithelium angefüllt und das ganze Organ ist vergrössert, hyperämisch. Die Ansammlung von Epithelium veranlasst eine unnatürliche Ausdehnung der Tubuli, und die feinen Gefässchen, welche auf ihrer Wand sich verästeln, werden dadurch zusammengedrückt, u. so werden die Malpigh'schen Körperchen mit Blut überfüllt. Es wird daher wenig Urin secernirt. Das Blut bei Wassersuchten nach Scharlach ist zu wässerig, die rothen Bestandtheile desselben fehlen, es findet auch Mangel an Eiweiss desselben statt, es vermindert sich seine specifische Schwere und durch diesen Zustand wird das Durchdringen des Liquor sanguineus durch die Wände der Capillargefässe unter übrigens passenden Umständen sehr begünstigt. Wird nun durch Erkältung z. B. die erforderliche Ausscheidung des Scharlachgiftes durch die Haut unterdrückt, so sucht das zurückgehaltene Gift sich einen andern Ausweg durch die Nieren, diese werden dadurch gereizt und die Ausscheidung des Wassers durch sie verhindert; es wird also das Blut wässeriger. Die Delirien beim Scharlachfieber unterscheiden sich von denen, welche der hinzugetretenen Meningitis etc. angehören, dadurch, dass die Sinnestäuschungen, Summen, Sausen, Funkensehen, Erweiterung u. Verengerung der Pupille fehlen, ebenso die Erscheinung starker Gefässüberfüllung. Der Tod beim Scharlach erfolgt entweder suffocativ durch acutes Oedem der Glottis, der Lungen, oder raschen acuten serösen Erguss in die Pleurasäcke, oder erfolgt durch einen hohen Grad von Blutzersetzung unter Gehirnzufällen.

Diagnose. Masern sind nie ganz rund, wie Scarl. laevigata, sondern mehr elliptisch, Masernexanth. ist am dunkelsten in der Mitte, gegen die Ränder zu nimmt es an Intensität der Röthe ab, Scarl. ist scharf begränzt; Masernexanthem hat in der Mitte eine Papula mit einem Härchen, was alles bei Scarl. fehlt; bei Masern kommt die Röthe nach aufgehobenem Drucke vom Centrum gegen die Peripherie, hier umgekehrt; die Morb. geht die Entzündung durch die Nase den Augen zu, hier den Ohren. Rother Friesel hat rheumatische Erscheinungen, eigenthümliche Erscheinungen auf der Brust; hier sind anginöse Erscheinungen; Scharlachfriesel entsteht meist an den Extremitäten und geht von da auf andere Theile über, Miliaria rubra aber tritt zuerst am Halse, der Brust oder dem Bauche auf; der Inhalt des Scharlachfriesels reagirt kalisch, bei Mil. rubr. sauer.

Therapie. Specifica prophylactica sollen sein: Extr. Belladonn. oder Aconit, ebenso Stramonium gr. jj von einem dieser Extracte in ℥ij Aq. Cinnamom. aufgelöst, davon täglich so viel Tropfen zu nehmen, als das Kind Jahre zählt, ℞ Pulv. fol. belladonnae gr. $\frac{1}{12}$—$\frac{1}{24}$; Sacch. alb. ℈β. D. t. dos. Nr. 6. Früh und Abends 1 Pulv. für ein 10jähriges Kind als Prophylax. Man sollte, wenn in einer Familie Jemand vom Scharlach befallen worden, nie es unterlassen, den übrigen Gliedern der Familie, welche den Scharlach noch nicht gehabt haben, Belladonna zum Schutze zu reichen. ℞ Extr. belladon. gr. ↓↓↓; Aq. dest. ʒx. S. Kindern von 1 Jahre oder darunter Früh u. Abends 2—4 gtt. Kindern von 2 Jahren 3—4 gtt., und so vermehrt man mit dem Alter progressiv die Anzahl der Tropfen, ohne über 15 gtt. bei Erwachsenen zu steigen. Oder man, gibt: ℞ Pulv. rad. bellad. gr. ↓↓↓; Sacch. albi ℈viij; M. divide in part. 60 aquales. S. 2—3 Dosen für ein 1jähriges Kind, und so nach dem höheren Alter mehrere Dosen. Wenn man Scharlachkranke, namentlich in den ersten Perioden der Krankheit, mit einem in verdünnten lauwarmen Essig getauchten Schwamme wiederholt waschen lässt, so soll dadurch die weitere Ansteckung auf die Umgebung verhütet werden. Die Aufgabe bleibt stets, die Integrität des Individuums während des Verlaufs zu schützen und eingetretene Störungen zu beseitigen. Die besondere Behandlung richtet sich nach der Form, ob sie entzündlich oder nervös etc. ist. Einfacher Scharlach: exspectative Methode, Aufenthalt im Bette, in gleichmässiger, etwas kühler Temperatur, 10—16° R., halte den Stuhl mit Mittelsalzen, Klystieren offen, Limonade, Zuckerwasser, Syrup. mineral. zum Getränk; gegen die Schlingbeschwerden Gargarisma aus Nitrum, Salmiak. Entzündliche Form: bei vollem gespanntem Pulse, bei starken Kopfcongestionen V.S., topische Blutentziehungen; bei Angina Blutegel an den Hals, bei Meningitis an den Kopf. Local werde auf die entzündeten Rachentheile Solutio Lapid. infern. aufgepinselt. Gastrische Form; bei Turgor nach oben Emet., bei Turgor nach Unten Calomel, Tamarinden, Sal. Seignetti, Molken. Nervöser Scharlach; Chlor-, Salzsäure, Essigklystiere. Will das Exanthem sich nicht entwickeln: Chlorwaschungen, Camphorwaschungen; warme Begiessungen, wenn das gering erschienene Exanth. livid, die Haut trocken ist, wenig Turgescenz hat, die Extremitäten kalt sind, der Rumpf heiss ist. Ist die Haut aber trocken, brennend heiss, sind keine Congestionen nach dem Kopfe u. der Brust zugegen, so kann man kalte Begiessungen machen, besser jedoch sind Waschungen alle 2—3 St. Bei eintretendem Sopor kalte Begiessungen. In der Desquamationsperiode verfährt man blos exspectativ. (S. Exantheme, acute.) ℞ Aq. oxymuriat., syrup. idaei, ana ʒjv. S. auf ein Glas Gerstenschleim einen starken Essl. voll zu nehmen, als durstlöschendes Getränk. Bei der Wassersucht nach Scharlach fragt es sich, ob noch ehtzündliche Erscheinungen in den Nieren etc. oder Neigung zur Entmischung des Blutes vorhanden ist. So lange der Urin neben seinem Eiweissgehalte noch Spuren von Blutextravasate, von abgestossenem Epithelium darbietet und sauer reagirt, ist die Gefahr minder gross, als wenn der Urin hellfarbig, phosphatisch und dabei sehr eiweisshaltig ist, weil dieses eine sehr bedeutende fortgehende Entmischung des Blutes anzeigt. Die Behandlung muss bei blutig gefärbtem, eiweisshaltigem und sauer reagirendem Urine darauf ausgehen, die Congestion nach den Nieren zu vermindern und dem Harnstoffe vollen Abgang zu verschaffen. Eine antiphlogistisch shlinische Behandlung, die zugleich diuretisch sein kann, ist hier indicirt. Sobald der Urin bei seinem Eiweissgehalte blassgelb wird und aufhört sauer zu reagiren, ist die antiphlogistisch salinische Behandlung verwerflich. Es ist alsdann nothwendig, der Entmischung des Blutes entgegen zu treten und die Plasticität desselben zu vermehren durch Eisen und Tonica. Dieselbe Behandlung ist nöthig, wenn bei einem sehr abgemagerten anämischen Kinde, das von Scharlach befallen wird, mit sehr geringer Eruption sehr schnell Oedem sich einstellt. Bei Exsudaten in irgend eine Cavitas thoracis als Nachkrankheit zeigt sich Einreibung von Sublimatsalbe (Sublimat ℈j; Axungiae porci ℥j) bis zur Blasenbildung sehr nützlich. Die erste Indication bei dieser Wassersucht ist Linderung der Reizung der Haut und Nieren, und zwar am besten durch das warme Bad. Es muss dasselbe oft angewendet werden, doch darf man dabei nicht vergessen, dass beide, Krankheit und Mittel, eine schwächende Wirkung haben. Man muss daher Sorge tragen, dass es nicht öfter angewendet werde, als es die Kräfte des Kranken zulassen. Die meisten Patienten ertragen es einmal täglich mehrere Tage hinter einander, bisweilen kann es 2mal täglich angewendet werden; oft kann man es aber nicht täglich wagen. In Fällen, wo der Ausbruch der Wassersucht droht, kann man sie durch den täglichen Gebrauch des warmen Bades, während die Desquamation vor sich geht oder vorhanden sein sollte, verhindern. Das nächste wichtigste Mittel sind Purganzen: Jalappa, Calomel, Scammonium und Pulvis Jalappa composit., ebenso wie salzige Abführmittel hier passen. Mit diesen kann man auch ein mildes Diureticum verbinden, namentlich das hier werthvolle Tartarus depuratus in kleinen Dosen. Dabei nährende Speisen, zuweilen sogar etwas Wein. Kommt es zu Kopfsymptomen, so setze man Vesicatore an den Nacken. ℞ Rad. ipecacuanh. ℈j—℈β fiat infus. ℥vj; Spirit. nitr. aeth. ℈j—℈j; Succi juniper. ℥j. Stündlich 1 Essl. bei asthmatischer Wassersucht nach Scharlach. ℞ Rad. helenii ℈j fiat infus. ℥jv; Kali carbon., acet. scill. saturat. ℈β; Syrup. flor. aurant. ℥β; 2stündl. 1 Essl. gegen asthmatische Wassersucht nach Scharlach. ℞ Liquor. ammon. acet., Liquor. kali acet., oxymel. scill., ana ℥jβ. M. Alle 2—3 Stunden 1—2 Essl. voll gegen Wassersucht nach Scharlach. S. Exantheme, acute, Wassersucht. — Obiger symptomatischen Behandlung des Scharlachs hat man eine specifische mit Ammonium carbonicum entgegengesetzt, ja ihr eine ähnliche Bedeutung vindiciren wollen, wie der Vaccine gegen Variola. Namentlich gegen ächten Scharlach mit aller seiner Bösartigkeit im Gefolge bewährte sich Ammon. carbon. Zuerst werde bei jedem Scharlachkranken für frische Luft im Zimmer Sorge getragen und eine mehr kühle Temperatur unterhalten, die Kr. dürfen nur leicht bedeckt, wo möglich auf guten Matratzen liegen, sodann erhalten

sie sogleich von ℞ Ammon. carb. ʒβ—j; Aq. destill.
ʒjjj; Syrup. alth. ʒj; stündlich oder auch alle ½ St.
einen Kinder - oder halben Esslöffel voll ununterbrochen Tag und Nacht. Die Dosis des Ammoniums
nach dem Alter des Kindes in oben angegebener Verschiedenheit. Bei excessiver Gefässthätigkeit und
jedesmal bei eintretenden Delirien wird concentrirtes
Kleiendecoct mit 1, 2, 3 Essl. voll guten Weinessigs
als Klystier applicirt. Diese Klystiere müssen bleiben, dann ist ihre Wirkung ausserordentlich wohlthätig, · beruhigend, kühlend. Oft werden 2 — 3 in
24 Stunden, oft nur gegen Abend eines gesetzt, je
nach der Dringlichkeit der Zufälle. Mit der Arznei
wird ununterbrochen fortgefahren, bis unter Fieber-
nachlass der Ausschlag in seiner Blüthe steht, dann
wird nur alle 3—4 Stunden ½ Essl. voll gereicht und
die Klystiere ganz weggelassen. Das Getränk ist
laulicht - kaltes Wasser oder Zuckerwasser. Tritt
Desquamation ein, so wird der Kranke allmählig
etwas wärmer gehalten, erhält von Zeit zu Zeit eine
kleine Tasse Lindenblüthenthee und die Arznei noch
alle 4 Stunden. Am 3ten Tage nach eingetretener
Desquamation, gewöhnlich auf dem 9ten Tage der
Krankheit, wird nun ein Bad, bestehend aus mit
etwas Seife versetztem warmem Wasser, verordnet.
In dem Bade wird die ganze Hautoberfläche gelinde
gerieben, und so wie dieses geschehen, das Kind
mit erwärmten Tüchern abgetrocknet, in das bereit
stehende erwärmte Bett gebracht, wohl zugedeckt,
etwa eine Stunde lang erhalten und durch eine Tasse
lauwarmen Lindenblüthenthee eine gelinde Transpiration befördert. Je über den andern Tag ein solches
Bad, jedesmal aber etwas kühler, bis nach 4, höchstens 6 Bädern die Haut völlig wieder in integrum
restituirt ist. Die Arznei wird nach dem ersten oder
zweiten Baden weggelassen und leicht nährende Diät
angeordnet. Auch gegen den mit Keuchhusten complicirten Scharlach sollte sich diese Behandlung bewähren, und bliebe noch Husten zurück, so beseitige ihn Spiritus Mindereri mit Syrup. opiatus et
Aqua flor. Sambuci. S c h n e e m a n n in Hannover
hat eine „schnelle, sichere und gefahrlose Heilung des
Scharlachs durch methodische Einreibung der Haut
mit Speck" angegeben. Der Scharlachkranke wird
vom ersten Tage seiner Erkrankung an jeden Morgen
und Abend über den ganzen Körper mit einem Stück
Speck in der Art eingerieben, dass mit alleiniger
Ausnahme des Gesichts und behaarten Kopfes, überall der fettige Ueberzug in Anwendung kommt. Man
lässt dazu ein handgrosses Stück Speck verwenden,
in welches, um das Herausquellen des Fettes zu befördern, mit einem Messer nach verschiedenen Richtungen hin Schnittfurchen gezogen sind, oder an
welchen auch wohl die Entwicklung der fettigen Substanz dadurch unterstützt ist, dass man den Speck
zuvor einige Zeit in der Nähe des Ofens oder eines
Kohlenbeckens gelegt hat. Die Einreibung selbst
wird nicht erwärmt gemacht, sondern die fettige
Substanz vor dem Gebrauche erst wieder abgekühlt.
Dabei lässt man den Kranken in einer kühlen Tem-

peratur von 13° R. verweilen, das Fenster öfters
öffnen, um die Luft rein zu erhalten und den Patienten nicht zu warm im Bette bedecken. So lange der
Kranke Fieber hat, lässt man denselben im Bette verharren, eine strenge Diät (Wassersuppe, gekochtes
Obst, Weissbrod) beobachten. Ist die kurze Fieberzeit vorüber, so lässt man den Kranken aufstehen,
in seiner gewohnten Kleidung umhergehen und seine
gewöhnliche in gesunder Zeit beobachtete Nahrungs-
weise wieder beginnen. Nach dem 10ten Tage hin
wird auch dem Patienten gestattet wieder auszugehen.
— Ob diese schützende Decke der Speckeinreibung
vielleicht nicht sicherer durch Collodium heilsamer
wäre? — Betreffend die ernsten Complicationen, so
muss man bei den bekannten bedenklichen Gehirnaffectionen ohne Weiteres selbst bei zarten Kindern
eine Ader öffnen, ja sogar die V.S. wiederholen; dabei Auflegen von Eis auf den Kopf und Senfteige auf
die Schenkel 30 — 40 Minuten lang. Mit Ausnahme
dieser Mittel sei allenfalls noch das Ammon. carbon.
innerlich zu empfehlen. Kommt Delirium und Coma,
ist dabei der Harn spärlich, so verordnet man
Spirit. nitri dulcis ʒij; Kali aceticum ʒij; Tinct. colchici ʒβ; Aq. dest. ℥iij; alle 4 Stunden 1 Theelöffel
voll zu nehmen. Die Hirnsymptome schwinden dann,
denn sie sind nicht durch Entzündung, sondern durch
Verhaltung des Harnstoffs im Blute bedingt. Die im
Anfange des Scharlachs auftretenden Halsentzündungen erfordern zuweilen Blutegel; die späteren Halsentzündungen verlangen Emetica und Bepinselungen
mittelst Höllenstein (Ǝj auf ℥j Wasser) auf die hoch-
rothen Tonsillen des weichen Gaumens und des Pharynx. — Die Gefährlichkeit des Scharlachs spottet
indessen so oft aller oben angegebener Methoden und
Mittel, dass viele Praktiker nicht lobend auf diese
Hülfsmittel zu hören sind, und in unseren Tagen sich
unverhältnissmässig viele Praktiker beim Scharlach
der sogen. hydropathischen Methode ergeben haben.
In allen Formen des Scharlachs kann die methodische
Anwendung des Wassers das Mittel sein, wodurch die
Krankheit zur Genesung übergeführt wird. In einzelnen Fällen des bösartigen Scharlachs ist sie das einzige Mittel, das den Kranken vom Tode retten kann.
Auch in den Nachkrankheiten des vernachlässigten
Scharlachs soll sie sich hülfreich zeigen. Beim einfachen Scharlachfieber oder dem erethischen Scharlach
reiche man zum Getränke in kleinen Portionen so viel
Wasser, als die Befriedigung des Durstes erfordert.
Den Leib halte man durch Wasserklystiere offen,
schreite aber sonst direct nicht ein, weil die Krankheit ihren normalen Verlauf nimmt, selbst die dabei
vorkommende leichte Angina bedarf der ärztlichen
Thätigkeit nicht, da sie nur gelinde auftritt und in
wenigen Tagen ohne weitere Beihülfe vorübergeht.
Bei Kindern, welche an die Abwaschungen gewöhnt
sind, setzt man dieselben fort, ohne auf das Exanthem
Rücksicht zu nehmen. — Bei dem entzündlichen
Scharlach ist in der Periode kurz vor dem Ausbruche des Exanthems ein sogen. antiphlogistisches
Verfahren indicirt. Bei mässiger Fieberhitze reichen

wiederholte Abwaschungen hin, entweder mit, in sogen. abgeschrecktes Wasser (von + 12 — 14⁰ R.) getauchten Schwämmen oder Tüchern. In höheren Graden der Synocha sind nasse Einwicklungen unentbehrlich. Der Kranke wird nämlich, je nachdem das Athemholen mehr oder weniger beengt ist, vom Halse oder von der Achselhöhle ab bis zu den Füssen in mässig ausgerungene Leintücher eingewickelt, so dass dieselben überall dicht an dem Körper anliegen, und hierüber wird eine wollene Decke geschlagen u. endlich das gewöhnliche Bett aufgelegt. So bleibt Patient ¼ — ½ Stunde liegen, je nachdem sich Zunahme von Hitze zeigt; beim Eintritt derselben wird er aus dieser Einwicklung herausgenommen und aufs Neue, aber ganz auf gleiche Weise, wie vorher, eingewickelt, was so oft wiederholt wird, als sich die Hitze steigert, und erst dann damit nachgelassen, wenn der Kranke, ohne aufgeregt zu sein, zu dünsten anfängt. Nach halbstündigem Dünsten wird er mit abgeschrecktem Wasser von 12 — 16⁰ R. abgewaschen, je nach Verschiedenheit des Alters. Da mit dem Eintritte des Exanthems das Fieber sich mässigt, so entferne man auch gleichzeitig die Einwicklungen, wiederhole aber dieselben, sobald das Fieber exacerbirt, aber auch nur ebenso lange. — Am meisten Beachtung verdienen die Complicationen. 1) Die Angina ist so heftig, dass sie den ununterbrochenen Wechsel der örtlichen antiphlogistischen Tücher erfordert. Bei höherem Grade werden dabei noch ableitende Einwicklungen der Füsse in nasse, aber stark ausgewundene Tücher, welche mit Wolle bedeckt werden, nöthig. Ist das Uebel noch weiter vorgeschritten, dann müssen, statt der kühlenden, mässig ausgewundene Tücher um den Hals gelegt werden, welche 3stündlich zu wechseln und sorgfältig mit trockenen Tüchern zu bedecken sind. Die höchsten Grade fordern Einwicklungen des ganzen Körpers in ausgewundene Tücher mit nachfolgendem Baden oder Begiessungen. 2) Delirien aber, die nur mit der Fieberexacerbation eintreten und mit ihr verschwinden, bedingen die antiphlogistische Compresse, kalte, nasse, nicht ausgewundene Tücher, aber nur so lange, als jene dauern. 3) Die schlimmsten Erscheinungen, welche daher auch ein energisches Verfahren erfordern, sind die Erscheinungen der Meningitis oder Gehirnmarkentzündung. Diese sind wohl zu unterscheiden von den das Fieber gewöhnlich begleitenden Delirien, welche meist in der Nacht als Folge heftiger Fieberagitationen erscheinen. Es sind Sinnesstörungen, Sausen vor den Ohren, Erweiterung oder Verengerung der Pupille ohne Exacerbation oder Intermission, höchstens Remission. Hier sind nasse Einwicklungen mit ausgewundenen Tüchern, welche 3—6mal wiederholt werden müssen, dabei von 5 zu 5 Minuten zu wiederholende, kalte, nasse Umschläge von nicht ausgewundenen Tüchern auf den Kopf, Abwaschungen des Körpers mit abgeschrecktem Wasser von + 12 — 14⁰ R. und Ueberschüttungen (milderer Grad von Begiessungen) des Kopfes mit vielem kaltem Wasser (+ 6—8⁰ R.) öfters

wiederholt nöthig, und es muss so lange damit fortgefahren werden, bis das Sensorium frei wird. Erfolgt dies nicht, dann müssen Halbbäder mit Wasser
von + 10° R. angewendet werden, wozu allmählig
kühleres Wasser gegossen wird und worin der Körper
so lange verweilen muss, bis Schüttelfrost eintritt.
Auf den Kopf müssen die kalten Umschläge oft erneuert oder ab und zu Begiessungen gemacht werden.
Ist nach ¾—1 Stunde kein Schüttelfrost zu erzielen,
dann ist der Kranke verloren, weil die durch Ausschwitzung bedingten Zerstörungen schon zu bedeutend sind. Nach dem Bade wird Patient ins Bett
gelegt, und wenn sich dessen Körper etwas erwärmt
hat, wieder in nasse, aber ausgewundene Tücher und
wollene Decken gewickelt und bis zum Dünsten liegen
gelassen, worauf dann abermals eine Waschung oder
ein Bad oder eine Begiessung erfolgt, je nach der
Dringlichkeit der Umstände. — Nervöse oder
torpides Scharlachfieber, Scarlatina nervosa sive torpida mit 2 Unterabtheilungen. a) Einfach nervöses Scharlach. Die torpide Form kann
hervorgegangen sein aus Uebermaass oder Mangel
von Reaction. Dort ist die Haut am Körper brennend heiss bei kühlen oder kalten Extremitäten. Ist
das Exanthem zum Vorschein gekommen, so hat es
eine violette Farbe. Hier sind Sturzbäder nöthig
mit nachfolgenden antiphlogistischen Einwicklungen,
aber erst 10—15 Minuten nach jenen, wenn sich der
Kranke wieder erholt hat und eine gleichmässige
Wärme der Haut zurückgekehrt ist. Bei fehlender
Reaction erscheint das Exanthem gar nicht oder nur
an einzelnen Stellen, ist bleich, livid, oder es erscheint allgemein, verschwindet aber wieder. Hier
sind nach den Sturzbädern erwärmende Einwicklungen erforderlich. Bei gutem Erfolge verlangsamt
und hebt sich der Puls, die ganze Haut bekommt
eine gleichmässige Temperatur, das Exanthem tritt
mit lebhafter Röthe hervor. Der Wechsel der Tücher
nach den Sturzbädern hängt von den allgemeinen
Krankheitserscheinungen ab. Die Sturzbäder sind
zu wiederholen, so oft als die Bedingungen wiederkehren, welche die erste Anwendung indicirten. Beide
Formen des torpiden Scharlachs haben in ihren höchsten Potenzen noch einen andern Verlauf. Das Exanthem verschwindet plötzlich, es erfolgen schnell
Zuckungen, Sopor, Entzündung der Hirnhäute, oder
selbst, ohne diesen langsamen Verlauf, Wassererguss
und Paralyse. Die älteren Aerzte nannten es Hirn-
schlag. Hier können entschieden nur Sturzbäder
noch Hülfe schaffen, wenn irgend solche möglich,
was selbst die entschiedensten Gegner des Wassers
einräumen. b) Die zweite Unterabtheilung des nervösen Scharlachs tritt mit den Erscheinungen der
Dissolution auf. Septischer Scharlach, Scarlatina
putrida sive septica. Hier werden wiederholte Abwaschungen mit kaltem Wasser, Aussetzen des nur
leicht abgetrockneten Körpers der frischen Luft
(Luftbad), kalte Klystiere oftmals noch Hülfe schaffen
können. Die hier vorkommende Angina gangraenosa
erfordert Umschläge und Begiessungen. —Gastrischer

Scharlach, Scarlatina gastrica: die gastrischen Erscheinungen erfordern bisweilen ein besonderes Verfahren. Ist bei geringer Brechneigung u. mässigem
Drucke in der Stirne die Zunge mit einem dicken,
zähen und festen Schleime belegt, so lasse man häufig
frisches Wasser trinken, was Ausleerungen nach oben
und unten bewirken wird. Wo der untere Theil des
Darmkanals afficirt ist, was sich durch Meteorismus,
Verstopfung oder Durchfälle zu erkennen gibt, da
müssen erregende Umschläge, stark ausgewundene
Tücher auf den Unterleib fest aufgelegt und mit
trockenen bedeckt werden; auch kalte Klystiere sind
hier oft in Anwendung zu bringen. Wenn die Krankheit in ihrer normalen Entwicklung bis zu dem Eintritte der Crisen verlaufen ist, oder wenn man sie
durch Kunsthülfe dahin geführt hat, so entscheiden
die allgemeinen Symptome, namentlich die Beschaffenheit der Haut, ob man den Eintritt der Hautcrisen
ganz der Natur überlassen kann, oder ob dazu eine
erregende Einwicklung nöthig ist. — Während der
Abschuppung verfährt man ganz exspectativ, nur
wenn sie nicht gehörig von Statten gehen will, befördert man sie durch eine Abwaschung mit abgeschrecktem Wasser, nach welcher man den Kranken,
leicht bedeckt, ins Bett legen lässt. Kinder, welche
an tägliche Waschungen gewohnt sind, lässt man
auch jetzt des Morgens und Abends abwaschen und
dabei herumgehen.

Scheintod. Asphyxia kann erfolgen: durch
Berauschung, nach dem Genusse von Giften, durch
Schwefelwasserstoffgas-, Kohlendampf- u. dgl. Ein-
athmungen, durch Erhängen, Erwürgen u. s. w.,
Ertrinken, Erfrieren, Verblutung, heftige Affecte,
Leidenschaften, durch mechanische Hindernisse im
Schlunde und den Athmungsorganen. Alle diese Ar-
ten, sowie der Scheintod bei Neugeborenen gehört
aber ins Bereich der Chirurgie oder Geburtshülfe.
Wir verweisen daher auf unsere chirurgische Ency-
clopädie.

Schlaflosigkeit. Agrypnia. Die Unmöglichkeit, ohne andere Krankheit und ohne eine äussere
oder innere, die Ruhe störende Ursache in Schlaf
zu kommen. Sie kann ein sehr peinliches, Monate,
ja Jahre lang dauerndes Uebel werden, was zuletzt
grosse Schwäche, Abmagerung und Störung aller
Functionen, selbst der geistigen veranlasst. Auch
kann sie periodisch sein, z. B. eine Nacht um die
andere. Ursachen sind entweder eine krankhaft erhöhte Nervenerregbarkeit, Mobilität, in Folge von
Nervenfiebern und andern Nervenkrankheiten, oder
von einem oft tief verborgenen Nervenreiz, Kummer,
Sorge, unterdrückter Leidenschaft, oder im Unterleibe, Gangliensysteme sitzend.

Therapie. Man muss die verschiedenen Ursachen
berücksichtigen, besonders die Abdominalreize, und
hier ist Entfernung der Stockungen, Abdominalplethora, Infarcten oft die beste Hülfe. Zu den direct
schlafmachenden Einwirkungen auf das Nervensystem
gehören: Fussbäder vor dem Schlafengehen, allgemeine laue Bäder, der Gebrauch von Extr. hyoscyam.

gr. j—ij vor dem Schlafengehen; das Auflegen von
Emplastr. oder Extr. hyoscyam. auf beide Schläfe.
Bei nicht vollblütigen, besonders bei alten geschwächten Personen, ist der Genuss von einem Gläschen
alten Malaga das Beste. Sonst gesunden Individuen
ist nichts besser anzurathen, wenn Verkältung nicht
zu befürchten wäre, als aufzustehen, das Bette etwas
zu lüften, und nackt oder im Hemde im Zimmer
etwas auf und ab zu gehen. Bei sensibeln, reizbaren,
schwächlichen Personen, die oft daran leiden, passt
active Bewegung in freier Luft, Waschen des Kopfes
mit kaltem Wasser, Reiben der Füsse. Bei Wöchnerinnen befördert das Aufhängen einiger Sträusse
von Schafgarbe (Achillea Millefol.) im Schlafzimmer,
bei denen, die an atonischer Gicht leiden, Thee oder
starker Kaffee des Abends spät getrunken, bei Hysterischen ein Klystier von Chamillen, bei Hämorrhoidariern in russisches Gericht, rohes Sauerkraut mit
Oel, bei Anderen das Liegen mit dem Kopfe nach
Norden zu, den Schlaf. Man gebe nicht blindlings
Narcotica. Vgl. den Anhang über Chloroform.

Schlaflosigkeit der Kinder. Ursachen sind:
nervöse Stürme, bald ist die Ammenmilch zu scharf,
reizend etc., Zahnen, Helminthen, Blasensteine, Urinverhaltung, Unreinlichkeit, fratte, wunde Hautstellen,
Augenentzündung, Ohrenentzündung. Nur nach diesen Ursachen darf die Behandlung sich richten.

Schläfrigkeit der Kinder, besonders bei
plethorischen Kindern. Verstopfung und daher Congestion, Schwere des Kopfes. Infus. Sennae. Blutegel hinter die Ohren, Vesicantien an die Waden.

Schlafsucht. Sopor. Der Kranke schnarcht
gleich dem Einschlummern, seufzt tief, ist schwer
zu erwecken. Dieser Zustand war im gesunden Zustande dem Kr. schon eigen. Coma ist der tiefe
Schlaf, aus dem der Kr. durch Rütteln, starkes Ansprechen erweckt werden kann. Lethargus, eine
grosse Abspannung der Kräfte mit anhaltender Schläfrigkeit, Vergesslichkeit und Gleichgültigkeit gegen
alle äussern Eindrücke, wobei der Kr. anfangs schlum-
mert und späterhin in einen tiefen Schlaf verfällt.
Carus, der höchste Grad des Sopors, anhaltend
tiefer Schlaf, aus dem der Kr. nicht erweckt werden
kann. Alle diese Grade kommen immer der idiopathischen Krankheit zu, begleiten den Typhus (Febr.
nerv. stupida), die Intermittens (nervosa, soporosa,
comatosa, lethargica), kommen nach dem Genusse
von Narcoticis vor, bei Gehirndruck, Wurmreiz,
Cruditäten. Nach diesen Ursachen richtet sich die
Behandlung. Findet sich Ueberfüllung des Gehirnes
vor, so macht man V.S. etc., wie bei Congestion
angegeben, sind Narcot. Schuld, siehe Vergiftung.

Schlafwandel. Somnambulismus.
Symptome. Im Schlafen Hören, Sprechen, Gehen
und andere Handlungen verrichten wie im Wachen,
ohne sich dessen im Wachen erinnern zu können.
Therapie. Wie bei Veitstanz und Epilepsie. Zur
Verhütung des Nachtwandelns dient ausser dem Fest-
binden eine Wanne kalten Wassers vor das Bette des
Kranken zu stellen, in welche er beim Aufstehen

treten muss und wodurch er sogleich erwacht. Vgl.
Magnetismus.

Schlag. S. Apoplexie.

Schleimfieber. Febris mucosa.

Das Schleimfieber, welches man früher für eine
eigene Species des Nerven- oder typhösen Fiebers
ansah, wird nach besseren Anschauungen der neueren Pathologen als identisch mit dem Typhus betrachtet. S. Nervenfieber.

Schleim-Schwindsucht. Phthisis pituitosa
ist eigentlich ein Bronchialcatarrh. S. Bronchitis.

Symptome. Beschwerden auf der Brust, jedoch
ohne Stechen, ohne Oppression, beständiger Husten,
des Nachts und des Morgens mehr, oder auch nach
Tische, wobei eine grosse Menge eines anfangs mehr
eiweissähnlichen, fadenziehenden, später ein mehr
dicklicher, eiterähnlicher Schleim ausgehustet wird,
die Menge desselben beträgt oft 3—4 ℔ und mehr in
24 Stunden, anfangs ist er geschmacklos, später wird
er süssschmeckend. Die Percussion und Auscultation
ergibt nicht die Erscheinungen wie bei Lungenphthisis,
sondern immer einen sonoren hellen Ton, nichts als
Schleimrasseln in den Bronchien und das normale Respirationsgeräusch, kein Höhlenrasseln, keine Pectoriloquie. Haut wird trocknen, Harn spärlich, Stuhl
angehalten, Durst vermehrt, Abmagerung, später
Febris hectica.

Diagnose. Von Pneumophthisis durch den Mangel
der Erscheinungen mittelst des Stethoskops, u. durch
das eigenthümliche Secretionsproduct.

Therapie. Um die Reizbarkeit abzustumpfen, gibt
man Narcotica, Hyoscyam., Stramon., Blausäure,
Opium innerlich u. äusserlich als Salbe; Derivation
gegen die Haut durch Schwitz- und Dampfbäder,
Vesicantia, nebenbei Diuret., von Zeit zu Zeit ein
Laxans. Ist die Reizbarkeit getilgt, so gibt man Adstringentia, Plumb. acet., Ferrum acet. Extr. Myrrh.,
Herb. Uvae Ursi, pro potu Bier, rothen Wein. Vermeidung der dumpfen, feuchten Wohnungen, Luft sei
trocken, wasserfrei; man macht sie trocken durch
das Aussetzen von Schalen mit Schwefelsäure. Formeln und weitere Behandlung wie bei Lungenschwindsucht. — Asphaltöl, Oleum asphalti 2—3mal täglich
von 3—12 Tropfen auf Zucker, wornach eine Mischung
von aromat. Wasser mit Syrup und ein wenig Spirit.
muriat. aether. gereicht wird, gegen Schleimschwindsucht, selbst ein Anschein von entzündlichem Zustand soll von dessen Gebrauch nicht abhalten.

Schlingbeschwerden bezeichnen nicht selten
Entzündungen des Rückenmarks. Der Kr. ist dann
kaum im Stande, flüssige oder feste Nahrungsmittel
mit der gewohnten Leichtigkeit hinunter zu schlingen, und nur erst nach wiederholten und lang anhaltenden Anstrengungen kommt er damit zu Stande,
die Nahrung in den hintern Theil des Mundes und
in den Pharynx zu bringen. Dieses Phänomen entsteht durch Lähmung eines oder mehrerer Muskeln,
welche den Pharynx und den obern Theil des Schlundes bilden. Zuweilen kann ein Kranker an den verschiedenen Symptomen der Angina leiden, welche

lange anhalten und allen gewöhnlichen Mitteln widerstehen, weil sie nicht in einer Entzündung der Schleimhaut des Mundes, sondern in einer wirklich chronischen Entzündung des Rückenmarks ihren Grund haben. Bei Schlingbeschwerden wegen Lähmung der Muskeln des Schlundes und der Zunge muss man daher sehr auf seiner Hut sein. In gewissen Jahren, wo gastrische Fieber herrschen, sieht man auch die gastrische Entzündung der Speiseröhre bald häufiger, bald seltener. Diese ist ein gar täuschendes Uebel, ehe sich es die Menschen versehen, können sie gar nichts mehr schlucken, dann werden sie bange und schicken zum Arzte. In der Höhle des Mundes ist nichts zu sehen; zuweilen ist der Theil des Schlundes, den man schauen kann, entzündet, zuweilen sitzt das Uebel aber tiefer u. man sieht dann gar nichts. Boraxauflösung, die der Kr. Theelöffelweise in den Schlund bringt, mindert, indem sie vermöge ihrer Schwere langsam in die Speiseröhre hinuntergleitet, die rosenartige Entzündung derselben. Auch bringt man einen säurewidrigen Trank in den Magen und zwar einen Schütteltrank aus Magnesia. Personen werden zuweilen Monate lang schon von einem Leiden im Schlunde heimgesucht, wobei das sorgfältigste Examen nichts Positives entdecken kann, man findet keine Spur von Entzündung im Schlunde, während er sich sehr trocken zeigt, und gewöhnlich ist dieses Leiden die Folge früher kleiner Flechtenausschläge am vorderen Theile des Halses, und das Schlundleiden war seit dem Verschwinden der Hautaffection entstanden. Man muss auf die früher behafteten Stellen Vesicantia perpetua legen lassen.

Schluchzen, Singultus und Schlucken der Kinder. Ist Säure Schuld oder zurückgetretener Ausschlag: Antacida, Diaphoret.; ist dies nicht der Fall, so gebe man einige Tropfen Essig, Potio Riveri; ist es nervös, so verordnet man Hyoscyamus, Moschus, Opiateinreibungen, krampfstillendes Cataplasma, trockene Schröpfköpfe auf die Magengegend, warmes Bad. Ist es entzündlich, so macht man V.S., setzt Blutegel, erweichende Fomentationen. Gegen das krampfhafte Aufstossen bei Erwachsenen, Ructus, gibt man Acid. sulphur. dilutum. Als souveränes Mittel empfiehlt hier Schneider: ℞ Elixir. acid. Halleri oder Elixir. vit. Mynsichti ℨß; Syrup. rubi Idaei ℥jß; alle ½ St. 60 gtt. in 3 Löffeln voll Wasser zu nehmen. Ist bei dem anhaltenden, oft durch Wochen hindurch sich erstreckenden, ununterbrochen andauerndem Schluchzen ein Bandwurm die Grundursache, so muss dieser entfernt werden. Nützt dieser Versuch nichts, so muss man oft zu Opiaten, Chloroforminhalationen schreiten und endlich oft zu Vesicatoren seine Zuflucht nehmen, die man auf die Kehlkopfstelle applicirt. Kaltes Wasser zum Getränke gegen das Schluchzen beim Essen entstanden; Reizen der Nase zum Niesen. — Extr. Belladonnae oder Valerianae beim Singultus einer Kindbetterin entstanden. — Der tödtliche Singultus bei den Frauen, die zum ersten Male Kindbetterinnen

werden, soll von der schnellen Depletion des U.L.
herrühren; das beste prophylactische Mittel sei die
Compression des Abdomens. — Gegen heftigen Singultus Moxa oder Glüheisen, Brechweinsteinsalbe in
die epigastrische Gegend. — Zinkoxyd gegen chronisches Schluchzen. — Schröpfköpfe an die Halswirbel bei entzündlichem Singultus. — Acid. sulphur.
ʒj auf ℔ ij Wasser täglich 3mal 1 Esslöffel voll bei
chron. Singultus. — Magisterium Bismuthi gegen
Schluchzen nach der Cholera zurückgeblieben. —
Infus. valerianae mit Ferrum sulph. und Acid. sulph.
dilut. — Grosse Gaben Castoreum bei hysterischem
Singultus; ebenso die Assa foetida. — Blasenpflaster
zwischen die Schultern. — Gegen den Singultus der
Kinder wasche man Brust u. Unterleib mit: ℞ Spirit.
lavendul. ʒβ; Liquor. ammon. anis. ʒj. — Gestossenen Kandiszucker in den Mund der Neugeborenen
gegeben. — Bei ganz kleinen Kindern ist oft Verkältung, Durchnässung Schuld; hier leisten warme
Tücher auf den U.L. das Beste. — Gegen den Singultus, welcher adynamische etc. Fieber begleitet:
℞ Ol. terebinth. ʒj; Aeth. sulphur. ʒβ. 20—30 gtt.
alle ½ St. Schon Erisimachus im Gastmahle Platons
gibt den Rath, um den Schlucken (hoquet) zu vertreiben, den Aethem recht tief anzuhalten und den
Hals mit Wasser auszugurgeln. Auch verginge er,
wenn man sich ein Niesen bewirken könne, indem
man sich die Nase mehreremale reibe. — Singultus
durch Eis beseitigt. Die Krankheit hatte 6 Tage
und Nächte gedauert und drohte tödtlich zu werden.
— Ein ähnlicher Fall wurde endlich durch Extract.
nucis vomicae gr. ⅓ und Extr. belladonna gr. ¼ tägl.
3mal gegeben rasch geheilt. Die Heilung eines mehr-
jährigen Singultus wird durch Acupunctur bewirkt.
Der Singultus hatte nur selten und kurze Intermissionen und war seit 7 Jahren fruchtlos behandelt
worden. Endlich wurden am obern u. mittlern Theil
der Regio epigastrica 3—8 Stahlnadeln eingesenkt,
welche 1½—3 Stunden liegen blieben, binnen einem
Monate 8mal acupunctirt und die Kranke geheilt.
Magnet-Electricität gegen den Singultus: eine Platte
auf das Genick, die andere vorn auf den Hals gelegt.
S. Ructus.

Schlund-Entzündung. Oesophagitis.

Symptome. Fixer Schmerz an einer Stelle des
Oesophagus, beim Schlingen sich vermehrend; manchmal dabei Regurgitiren, Resorptionsbeschwerden,
wenn ein im Oesophagus stecken gebliebener Körper
die Entzündung verursacht, manchmal gesellt sich
Vagusentzündung hinzu, und es entstehen Hydropho-
bie-ähnliche Erscheinungen, Krampfanfälle.

Diagnose. Von Hydrophobie traumat. unterscheidet sie sich durch das ätiologische Moment, die Biss-
wunde, durch die Fortdauer der Krampferscheinungen
auch zwischen den einzelnen Erscheinungen.

Therapie. Schleimiges Getränke, Mandelmilch,
Emulsio oleosa; bei heftigem Fieber V.S., Blutegel
längs des Halses. Kommen die hydrophob. Erscheinungen, Vesicantia nach dem Verlaufe des Oesophagus und grosse Antiphlog.

Schlund-Verengerung. Dysphagie.

Symptome. Die Verengerung hat entweder oben oder weiter unten ihren Sitz; anfangs heftiges krampfhaftes Zusammenziehen beim Versuche zu schlingen, Speisen werden zurückgestossen. Die Krämpfe machen lange Pausen, bis ein Anfall wieder kommt, endlich rücken sie näher und werden permanent; die Kranken magern dabei ab. Ist der Sitz weiter unten, so ist die Magengegend schmerzhaft, gespannt aufgetrieben.

Diagnose. Die Untersuchung mit der Sonde, die Art und Weise der Bildung der Krankheit, Abmagerung, Regurgitationen unterscheiden sie von einfacher Schlingbeschwerde, Entzündung des Oesophagus, Rheumatismus, Lungentuberkeln, Affection der Bronchialdrüsen.

Therapie. Tolle causam. Blutegel an die schmerzhafte Stelle, Ueberschläge von Cicuta und Hyoscyam., innerlich Belladonn. mit Extr. cicut. Bei Säurebildung Liquor. kali carbon. Ist die Hautausdünstung unterdrückt, reizende Bäder, Schwitzbäder. Ist die Degeneration schon mit der Sonde zu fühlen, so flösse man mittelst einer Schlundsonde concentrirte Suppen, Schneckensuppen mit Eigelb ein, gebe solche Klystiere, Brausepulver mit Tr. thebaica; Fontanellen am Arme, Malzbäder. Ist Krätze Schuld, so suche man diese zu ersetzen. ℞ Sapon. medicat. Ʒj; Extr. cicut. gr. vjjj; Aq. ceras. nigr. ℥jv; Syrup. papav. alb. ℥β. ℞ Carbonei sulphurat. Ʒj; Lact. vaccin. ℥vj; Sacch. alb. Ʒjj; 4—6mal tägl. 1 Essl. — Salmiak in grossen Dosen. — Flores sulph., Aethiops antimon. und Belladonna in Pulvern. — Bougies. — Cicuta in steigenden Gaben. — Gegen Dysph. globosa (Globus hysteric.) muss man kaltes Wasser schlucken und über den Hals kalte Umschläge machen lassen. — Blausäure gegen krampfhafte Dysphagie. Camphor gegen Krampf des Kehlkopfs u. der Speiseröhre. Essigsaures Blei gegen krampfhafte Dysph. Galvanismus gegen paralytische Dysph. Morphium sulphur. endermat. gegen krampfhafte Dysph. Vgl. Schlingbeschwerden.

Schmerzen sind als Wächter der Gesundheit zu betrachten. In acuten Krankheiten deuten Schmerzen meistens auf einen entzündlichen Zustand hin, und topische Blutentleerungen, Einreibungen von Ol. hyoscyami (zuweilen mit Ungt. Neapolitan, wenn der Zustand kein septischer ist) sind meistens indicirt. Schmerzen, die beim Drucke mit der Hand zunehmen, gehören zu den genannten. Krampfhafte Schmerzen nehmen beim Drucke nicht zu, im Gegentheile ein Druck mit der Hand beschwichtigt sie, daher drücken die Kranken während eines Kolikanfalls mit beiden Händen auf die Magengegend. Schmerzen in Folge eines Krampfes haben die Symptome des Krampfes selbst. S. Krämpfe. S. Hyperästhesie.

Schnupfen. S. Catarrhus.

Schreibe-Krampf. S. das Ende des Artikels Krämpfe. pag. 306.

Schwäche. 1) Torpide Schwäche. Ein Zustand der Trägheit, Stumpfheit, verminderte Em-

pfindlichkeit und Erregbarkeit. Geht sie nicht von
materiellen Ursachen (Gefässüberfüllung, Druck aufs
Gehirn) aus, so entsprechen ihr die reizenden
Mittel, Arnica, Senega, Phosph., Cantharid., Ammon.,
Camphor, Senf, Capsicum. 2) Erschöpfungs-
schwäche nach Anstrengungen, körperlichen und
geistigen, besonders aber nach kritischen Naturbe-
strebungen oder während derselben, wenn die Naturkraft nicht ausreicht, entstehend. Sie wird unter
solchen Umständen die Ursache übler Ausgänge,
böser Störungen und Metastasen, und ist desshalb
besonders in activen, kritischen, exanthematischen,
typhösen Fiebern zu fürchten, vorzüglich zur Zeit
der Crisen. Es entsprechen ihr die belebenden
analeptischen Mittel, Moschus, Ambra, Castor.,
Aether, Wärme, Wein, Waschungen. 3) Irritabi-
litätsschwäche, Schwäche des arteriellen Systems, erkennbar an dem kleinen, schwachen, leicht
unterdrückbaren Pulse, an der allgemeinen Verminderung des Lebensturgors in der lebendigen Expansion des Blutes, an der Blässe, Verminderung der
Temperatur u. dergl. mehr. Hat die Schwäche einen
hohen Grad erreicht, ist der allgemeine Collapsus
beträchtlich, so tritt ein Missverhältniss zwischen
dem Gefäss- und Nervensystem ein, so dass gewissermaassen letzteres hervorragt, wo dann sich Hyperästhesie, Convulsibilität und mancherlei Nervenzufälle hinzu gesellen. In anderen Fällen tritt mehr
Schwäche in den peripherischen Endigungen des arteriellen Systems hervor, wo dann wichtige, naturgemässe oder pathologisch-kritische Ab- und Ausscheidungen, Hautausdünstung, Urinsecretion, Verlauf der acuten Exantheme unterbrochen werden, oder
gar nicht zu Stande kommen, daher entsprechen erregende Mittel, Wein, Weingeist, ätherisch
öligte Mittel, Valeriana, Angelica, Serpentar.,
Ammon., Camphor. Wo das sensible System prädominirt, da dienen die erregenden Mittel, das Ammon.
succin., Opium in kleinen excitirenden Gaben, Ferulacea, Empyreumat. 4) Sensibilitätsschwä-
che. Der höchste Grad als Anästhesie und Paralyse
äussert sich durch Verminderung des sinnlichen
Wahrnehmungsvermögens und der Empfindlichkeit,
durch Gleichgültigkeit, Unkenntniss des eigenen Zustandes, Schlafsucht, Lethargus. Sie erheischt erregende und reizende Mittel, Ammon., Phosphor. 5) Schwäche der Crasis als Neigung zur
Zersetzung und Entmischung (Sepsis) fordert bald
erregende Mittel, besonders Camphor, Arnica,
bald Antiseptica, Kälte, Säuren, Mineralsäuren,
Senf- und Rettigarten, Tonica, China, Chinin.
6) Falsche Schwäche oder Unterdrückung und
Hemmung des lebenden Wirkungsvermögens, geht
hervor aus einem Drucke auf das Gehirn oder die
Nervensubstanz überhaupt durch Congestionen, oder
aus einem Mangel an Blutzufluss zu den wichtigeren
Centralparthien des Nervensystems, besonders dem
Gehirn. Auch aus erhöhter Venosität geht sie hervor, daher vermehrte Leber- und Darmsecretion,
heftig dunkelgefärbte Stuhlgänge die Kräfte in

solchen Fällen wieder heben. Auch aus irgend einer
sympathischen Reizung, z. B. von Unreinigkeiten,
Würmern, Cruditäten in den ersten Wegen, kann
falsche Schwäche entstehen. Nach diesen Ursachen
richtet sich die Behandlung. 7) Altersschwäche.
Man rühmt gegen dieselbe warme Einreibungen von
Olivenöl, lauwarme Bäder 1- oder 2mal wöchentlich,
das Einathmen von oxydirtem Salpetergas.

Schwämmchen. S. Aphthae.

Schwangerschafts-Zustände. Die Schwangerschaft kann Veranlassung zu vielen krankhaften
Zufällen werden, welche herrühren, namentlich in
den ersten 3—4 Monaten, von nervösen, krankhaften
Affectionen, von mechanischem Drucke; solche Zufälle sind: Uebelkeit, Erbrechen, Kopf- und Zahnschmerzen, Hautflecken und Ausschläge, Nervenzufälle aller Art, Hysterismus, Veränderung der Ge-
müthsart und des Temperamentes, Geistesstörung,
Melancholie, Manie. Den bei Schwangeren vorkommenden, und einem krankhaften Gelüste zugeschrie-
benen Genuss von Kreide, abgekratztem Mörtel u.
dergl. kalkhaltigen Substanzen, muss man weit richtiger als Instinct würdigen, dem Organismus für den
eigenen und fötalen Bedarf (zur Knochen- und Milch-
bereitung) die erforderliche, ungemein grosse Menge
Kalkes zuzuführen. Abortus. Bei allen Zufällen
der Schwangeren ist ein grosses Erleichterungsmittel
die horizontale Lage; Vermeiden alles festen Bin-
dens, aller Gemüthsaffecte, anstrengender gewalt-
samer Bewegungen, der drastischen, aloëtischen
Mittel, kohlensauren, eisenhaltigen Mineralwasser,
der kalten und heissen Bäder. Dafür mässige Bewegung und Genuss der freien Luft, Gemüthsruhe,
Sorge für gehörige Leibesöffnung. Ist Vollblütigkeit
Ursache der Zufälle, was man erkennt am vollen
Pulse, der Constitution, sehr reichlicher Menstruation, so ist Venaesection, antiphlogistische Diät,
kühlendes Abführen indicirt. Cremor tartari mit
Nitrum. Ist aber Nervosität die Ursache, welches
man an der Abwesenheit der Zeichen der Plethora,
der sensiblen Constitution, dem blassen Urine etc.
erkennt, so gibt man Antispastica (ausser Opium);
ist Gastricismus Schuld, Tamarinden; ist's mechanischer Druck, horizontale Lage. Kopf- und Zahnschmerz, die gewöhnlichste Ursache zu Congestionen, erfordern Venaesection und Nitrum nebst
Cremor tartari, Sinapismen auf den Arm, kühlende
Abführmittel. Bei heftigem Schmerze oder nervösem
Zustande setze man jeder Dosis eines Pulvers Cremor tartari und Nitrum, alle 2 St. ½—1 Gr. Extr.
hyoscyam. zu. Blutegel an das Zahnfleisch, kaltes
Wasser in den Mund genommen. Ṛ Aq. font. ℥viij;
Spirit. cochlear. ℥jβ; Aq. laurocer., Nitr. depurat.
ana ʒj; Extr. hyoscyam. ℈β; öfters in den Mund zu
nehmen. Stets reagiren hier, sagt Osiander, Störungen der Digestionsorgane auf die Zähne. Was
daher die Verdauung in Ordnung bringt und zugleich
vom Kopfe ableitet, hebt diese Odontalgie; salinische
Abführmittel, oder Calomel in wirksamer Dosis, ein
Glas lauwarmes Wasser, in welchem ℥β—j Glaubersalz

aufgelöst worden, oder Calomel gr. jj—jjj mit Ͽβ—j
Jalappe. Erbrechen der Schwangern. Bei
jungen, vollblütigen Personen eine Venaesection; bei
Anzeigen von Uebelkeit, trägem Stuhlgange, gelinde
Antiphlogistica, Potio Riveri mit Hyoscyam., öfters
einen Löffel Gefrornes. Einreibungen der Magengegend mit Spirit. matrical., Bals. Hoffm., Tinct.
thebaica; Magenpflaster von Emplastr. aromat. mit
Cajeput und Opium. Umschläge von Herb. menth.
mit Wein gekocht, erweichende Klystiere; kleine
Gaben Ipecacuanha, äusserlich Theriac., Elixir. acid.
Hall. in sehr kleinen Gaben innerlich mit einem aromatischen Wasser. ℞ Kali carbon. ʒij; Succ. citri
ad saturat.; Aq. Melissae ʒiij; Extr. hyosc. gr. jv;
alle 2—3 Stunden 2 Essl. ℞ Elixir. v. Myns.; Tinct.
ambr. ana ʒij; 3mal 40 gtt. Tinctur. Capsici soll
das einzige Mittel sein, welches das Erbrechen der
Schwangern, derer, welche die See nicht ertragen,
derer, die an Migraine leiden, zu stillen im Stande
ist. Tinct. Nucis vomicae gtt. vjjj Aq. ʒj nach jedes-
maligem Erbrechen 4 gtt. zu nehmen, gegen das Erbrechen der Schwangeren, wenn das Erbrechen von
der Leber ausgeht. Die Nux vomica ist nach Rademacher's Erfahrungen ein Lebermittel. Bei der
Behandlung des so oft hartnäckigen und selbst gefährlichen Brechens der Schwangeren muss man oft
von der Grundidee ausgehen, dass es kein reines
Nervenleiden sei, und dass es oft verborgene Leber-
affectionen sind und nicht consensuelle, von der
Schwangerschaft herrührende. Schwangere können
ebenso gut wie Nichtschwangere von allen den Einflüssen berührt werden, welche Erbrechen bewirken;
das Erbrechen kann bei ihnen ebenso gut wie bei
diesen von irgend einem Organleiden (Magen, Leber
u. a.) abhängen; den Schwangeren eigenthümlich ist
aber diejenige Mitleidenschaft des Magens, welche
durch die im schwangeren Uterus ablaufenden Vorgänge selbst bedingt wird. Diese Art ist z. B. das
Frühbrechen besonders bei Erstgebärenden bald nach
der Empfängniss. Principiell würde die Therapie in
solchen Fällen, wo das Erbrechen lediglich durch die
Schwangerschaft bedingt ist, direct auf den Uterus
zu richten sein, z. B. Einreibungen des Extr. belladonnae in wässeriger Lösung auf die Unterbauchge-
gend, wodurch das Erbrechen öfters hier gehoben
wird. Die Erkenntniss der für diese Behandlung geeigneten Fälle muss sich vorzugsweise auf die Abwesenheit solcher Zufälle stützen, welche für die
Erkrankung eines andern Organs sprechen. Schmerzen in der Regio hypogastr. oder andere positive
Erscheinungen, welche den Uterus als die Quelle des
Uebels bezeichneten, sind nur in den seltensten Fällen vorhanden. In letzter Instanz kann nur der therapeutische Versuch selbst entscheiden.

Magenbeschwerden der schwangeren
Frauen: specifisch gegen die Uebelkeiten, den
Brechreiz und das Erbrechen, ist Nux vomica in sehr
kleinen Gaben. Je ärger die Zufälle sind, desto
kleiner muss die Gabe der Nux vomica sein, und so
umgekehrt. Auf ʒj eines aromat. Wassers werden 2,

höchstens 6 Tropfen Tinct. nuc. vom. genommen; nämlich bei neuem Uebel u. kräftigen Frauen 6, bei den schwächlichsten und schon länger leidenden 2 Tropfen. Bei sehr reizbaren Frauen, besonders in Fällen, wo schon viele Arzneien ohne Erfolg angewendet wurden und der Magen Alles wieder von sich stösst: ℞ Aq. laurocer. ʒij; Tinct. nuc. vomic. gtt. jv. S. Morgens im Bette und Abends 6 Uhr 10 Tropfen zu nehmen; das Maximum der Gabe ist: ℞ Aq. naphae ʒij; Tinct. nuc. vom. gtt. xij. S. wie oben. Nach 8 Tagen wird, wenn die Zufälle noch bestehen, auf 15 und wieder nach 8 Tagen auf 20 gtt. gestiegen, weiter nie. Ueberhaupt bedürfen Schwangere, welche an Ekel, Erbrechen, Gelüsten leiden, recht reizende, pikante Sachen, wie eine Lösung von Kochsalz in gleichen Theilen Essig und Zitronensaft gegen Speichelfluss; es hilft am besten roher Schinken, Häring, Salat nüchtern genossen.

Asthma der Schwangeren. Ursachen sind: 1) herabgestimmte Thätigkeit der Lungen während der Schwangerschaft, indem der Uterus sich mehr zum Centralpunkt der organischen Thätigkeit entwickelt; 2) verkleinertes räumliches Verhältniss der Brusthöhle durch das Heraufsteigen des Uterus, welche beide Ursachen constant einwirken und mehr Dyspnoe verursachen. 8) Eine dritte Ursache des Asthma's ist begründet durch den Antheil des Nervensystems an der Schwangerschaft, in Folge dessen eine Neigung zu Krämpfen und Convulsionen sich entwickelt. Asthma aus der ersten Ursache kommt vorzüglich in den ersten Monaten vor, während welcher Zeit sich die Veränderungen in dem Säfteumlauf entwickeln. Die zweite Ursache bildet sich erst in der letzten Hälfte der Schwangerschaft aus, daher bei übermässiger Menge Fruchtwassers, zu bedeutender Grösse des Kindes, Afterorganisationen, Wasseransammlungen im Unterleibe, bei Missbildungen des Thorax, Verwachsungen, Tuberkeln der Lungen, Gefässerweiterungen, Herzfehlern, Brust- oder Herzbeutelwassersucht, bei krankhaft gesteigerter Empfindlichkeit der Lungen, Congestionen nach dem Thorax u. s. w. Die dritte Ursache zeigt sich vornehmlich in der ersten Hälfte der Schwangerschaft nachtheilig, bei sehr nervösen, reizbaren Frauen; es zeichnet sich dieses Asthma durch seine Periodicität mit ganz freien Zwischenzeiten aus. Das Asthma der Schwangeren ist nicht allein beschwerlich, sondern auch oft von übeln Folgen begleitet, namentlich bei der Geburt, wo es oft den höchsten Grad erreicht. Bei der Behandlung muss man die verschiedenen Arten unterscheiden, erfordern jedoch alle genaue Sorgfalt in der Diät und Lebensweise der Schwangeren. Jede Ueberfüllung des Magens, alle reizende, schwer verdauliche, blähende Speisen müssen vermieden werden, ebenso jede körperliche Anstrengung. Die Kranke mache sich mässige Bewegung, athme reine sauerstoffreiche Luft, sie achte darauf, dass die Hautthätigkeit nicht gestört werde, daher sind zu empfehlen mässig warme Bäder, öfteres Waschen des Körpers, Vermeidung jeder Erkältung, warme Beklei-

dung. Jede Ausdehnung des Unterleibs durch Stuhl-
oder Urinverhaltung entferne man sobald als möglich.
Ist die Thätigkeit der Lungen in Folge von Schwäche herabgestimmt, so gebe man Phellandrium, Digitalis, Senega, Lichen island. etc. Dinge, die gelind stärkend auf die Lungen einwirken, ohne die
Reizbarkeit zu erhöhen. Bei Blutanhäufungen, allgemeiner Plethora: wiederholte kleine Aderlässe am
Arme, ableitende Mittel nach dem Unterleibe, sorg-
same Diät, und solche Mittel, welche die Thätigkeit
des Herzens und des Blutsystems herabstimmen, Aq.
laurocerasi, amygdalarum, Narcotica frigida in kleinen Gaben. Bei erhöhter Reizbarkeit des Nervensystems: Entfernung alles Reizenden, milde Diät,
lauwarme Bäder, narcotische, krampfstillende Mittel,
Valeriana, Opium, Lactucarium, Ipecacuanha in kleinen Gaben, Spirit. sulphur. aeth. Während der Anfälle müssen die Mittel in grössern Dosen und kürzern
Zwischenzeiten gereicht werden, ausserdem: ableitende Mittel, Senfteige auf die Brust oder die Waden,
Einathmen des Rauches von Datura Stram. oder Belladonna, reizende Klystiere. Steigern sich die asthmatischen Erscheinungen so, dass das Leben in Gefahr ist, so ist nach der 28sten Schwangerschafts-
woche die künstliche Frühgeburt durch den Eihaut-
stich vorzunehmen. Während der Geburt muss das
Asthma nach dem Charakter behandelt werden. Bei
Vollblütigkeit und Congestionen: ein hinlänglicher
Aderlass am Arme; ist's nervöser Natur: Extract.
Hyoscyami, Lactucarium, Aqua amygdalar. amar. mit
Ammon. succin., Einathmungen milder Dämpfe, Einreibungen mit erwärmten Ol. hyoscyam., Chamomill.,
warme Ueberschläge auf die Brust, reizende Umschläge auf die Füsse. Zeigen sich die Mittel fruchtlos, so beendige man die Geburt mit der Zange oder
durch die Extraction.

Schweisse, übermässige, chronische, übelriechende. Gewöhnlich sind Krankheiten vorausgegangen, welche übermässig mit Diaphoreticis behandelt
worden sind und eine Schwäche zurückliessen, in
deren Folgen die Haut in Schweissen zerfliesst (Ephy-
drosis), welche den Kranken sehr schwächen. Der
Schweiss riecht manchmal wie Urin, oder säuerlich,
oder süsslich, wo er Zucker enthält, ja er kann in
solchen Fällen Krystalle auf der Haut zurücklassen,
und reagirt zuweilen sogar alkalisch. Siehe Sudor
anglicus. Achsel- und Fussschweisse geben zu manchen Unpässlichkeiten, besonders rheumatischen
Kopf- Hals- und Armaffectionen Veranlassung. Vgl.
Unterdrückte Fussschweisse.

Therapie. Ist noch Complication mit einer Krankheit vorhanden oder ist vielleicht der Schweiss ein
Symptom einer solchen Krankheit, so hebe man
diese. Man vermeide die Gelegenheitsursache, als
zu reizende, warme Bekleidung, gebe innerlich Säuren, Elix. acid. Hall., Salbei zum Thee kalt; Alaun
gr. 3—4—5; Terra japon., bittere Kräuter, Gentiana,
Millefol., Spirituosa, China, Eisen. Aeusserl. kalte
Bäder; anfangs darf die Kälte nicht stark sein, Oeleinreibungen; kalte Nahrung, kaltes Getränke, aber

nahrhafte Diät. R a d e m a c h e r verordnete gegen
das übermässige Schwitzen den Liquor calcariae muriat. ℥ij (Calcar. muriat. 1 Theil in Aq. destill. 2 Theilen aufgelöst und filtrirt) und lässt dann 5mal des
Tages 15 Tropfen in einer halben Tasse Wasser nehmen. Der übelriechende Schweiss unter den Achseln
darf nicht unterdrückt werden; was man thun kann,
besteht darin, die Theile allmählig zu stärken durch
Waschungen und Baden mit Chamillenaufguss und
Salbeidecoct. Zur Dämpfung des übeln Geruchs,
Waschen mit Chlorwasser, Sublimatwasser, Kohlen-
wasser in die Stiefeln und Schuhe bei Fussschweissen. Bei localen profusen S c h w e i s s e n in der
A c h s e l g e g e n d hat man durch Speckeinreibungen
eine vollständige Beseitigung dieses quälenden Uebels
erzielt; ebenso bewährte sich dieses Mittel gegen
F u s s s c h w e i s s e. S. Unterdrückte Blutungen etc.,
über die colliquativen Schweisse der Schwindsüchti-
gen s. Lungenschwindsucht p. 356.

Schwindel. Vertigo. Es kommt den Kranken
vor, als drehe sich Alles umher, und sie selbst fallen
nieder, sie mögen die Augen verschliessen oder nicht.
Sie verlieren manchmal das Vermögen zu sehen, es
wird Alles dunkel, sie halten sich an, um nicht zu
fallen. Vorhergehende Symptome sind: Schläfrigkeit,
Wüstheit des Kopfes, Veränderung der Temperatur.
Nach dem Anfalle bleiben manchmal Mattigkeit, üble
Stimmung, Blähungen etc. zurück. Narcotische Gifte,
schnelle kreiselförmige Bewegung, Vorstellungen,
Seekrankheit etc. verursachen ihn. — Eine eigenthümliche Missstimmung des kleinen Gehirns u. des
sympathischen Nervens liegt öfters zu Grunde. —
Entziehung der Säfte, Anstrengung des Geistes,
starke Gerüche, Anblick grosser Gefahr, unterdrückte
Exantheme (Krätze), Würmer, Stockungen (Milz-
schwindel nach Wechselfiebern), Congestionen, Gicht,
Hämorrhoiden etc. gehören zu den Ursachen. — Man
untersuche bei Schwindel den Schädel, ob man nicht
eine Stelle findet, die sich mehr heiss anfühlt als die
andern, und mache dann kalte Umschläge. — In
Fällen, wo über schmerzhafte Gefühle im Kopfe
gleichzeitig geklagt wird, über Schwindel besonders
bei Bewegungen, Verwirrung des Gesichts, Ohrensausen, während zugleich das Gesicht blass und der
Puls schwach ist, in solchen Fällen wirkt der Lapis
infernalis wie bei der Epilepsie theils als Tonicum,
theils durch seine erregende Einwirkung auf die Ge-
hirncirculation, jedenfalls kann man durch die Aehnlichkeit dieses Zustandes des Gehirns mit einigen
Formen der Epilepsie darauf geleitet werden, auch
hier den Lapis infernalis zu geben, gewöhnlich in
Pillen, z. B. Argent. nitric. gr. ¼; Opii gr. ¼; Pulv.
rhei, Extr. humuli ana gr. j; 3mal tägl. eine solche
Pille. Oder: Argent. nitr., Capsici und Extr. gentian. 3mal täglich. — Angiektasien der Gehirngefässe
verursachen Schwindel, Kopfschmerz, Geisteskrankheiten und Apoplexie, ebenso wie Angiektasie der
Vasa thyreoidea Stimmlosigkeit verursacht, und Angiektasien der Netzhaut den schwarzen Staar verursachen (S. Hämorrhoidalschwindel). Die Kr. gehen

alsdann auf sandigem Boden besser als auf unebnem,
es ist ihnen, als treten sie in die Erde hinein. Gegen diesen Zustand kann nur antiphlogistisch und
ableitend verfahren werden durch Blutegel, Schröpfköpfe in Nacken, Haarseil, Blutegel an den After,
kalte Umschläge. Innerlich Bleipräparate, Lapis infernalis. — Wenn bei Schwindel ziehende Schmerzen
am Hinterhaupte bis zum Scheitel und namentlich an
den Schläfen sich vorfinden, so sind wahrscheinlich
die Gehirnhäute afficirt, in einem Congestivzustande,
und es sind Schröpfköpfe, Blutegel, Haarseil indicirt. — Ueber Hämorrhoidalschwindel s. Hämorrhoiden Nr. 8. p. 219. Die Ursachen des Schwindels
sind die wie bei allen Nervenkrankheiten am häufigsten consensuelle gastrische, z. B. Ueberladung des
Magens, Würmer, Infarcten, Blutcongestionen zum
Gehirn, Vollblütigkeit, Schwäche, organische Fehler
des Gehirns. Nach diesen Ursachen richtet sich die
Behandlung: gastrische Ausleerungsmittel, Blutentziehungen, Nerven-stärkende Mittel. Die directe
Kur: kaltes Waschen des Kopfes, kalte Begiessungen, Senffussbäder, Schröpfen im Nacken öfters wiederholt, Waschen der Schläfe, der Stirn, der Gegend
hinter den Ohren und des Nackens mit Spirituosis,
Balsamicis. Innerlich Bitterwässer mehrere Tage
lang fortgesetzt, Valeriana, Senf, Elixir. acid. Hall.,
künstliche Geschwüre im Nacken, Fontanellen am
Arm, das Tragen von wollenen Strümpfen, Wachs-
leinwandsocken. Als Specificum (ex causa arthritica
et syphilitica) Quajac mit Cremor tartari. ℞ Resin.
quajac. 3β; Cremor. tart. 3j; Sacch. alb., M. f. pulv.
S. Früh und Abends die Hälfte, einige Tage lang
fortzusetzen. — Es bedarf kaum bemerkt zu werden,
dass Samenverluste (s. diese) sehr häufige Ursache
von Schwindel sind. — Wenn der Schwindel als
chronisches Leiden auftritt, so zeichnen sich Mittel
aus, welche specifisch auf das kleine Gehirn, Rückenmark, den Nervus vagus und das Sonnengeflechte
wirken, wie kleine Gaben Strychnin, Nicotiana, Cubeben (Schwindelkörner genannt). Phosphor u. Pulsatilla sind gerühmt. Nux vomica zu gr. ¹/₄—¹/₂ 3mal
täglich. Extr. pulsatill. gr. ¹/₃; Sacch. alb. Ɣj; d. t.
d. Nr. XII. Früh und Abends 1 Pulver. — Unterdrückte Exantheme müssen ersetzt werden durch
pustelerregende Salben etc., oder man suche das
Exanthem selbst wieder hervorzurufen; man berücksichtige die unterdrückte Intermittens, gebe Salmiak
dagegen; gegen Schwindel ex inanitione gibt man
Tonica, China, Eisen. — Phosphor. gr. j; Ol. amygd.
Ɣij; Pulv. gummi arab. 3jβ; Syrup. rub. idaei ℥vj;
Aq. rub. idaei ℥iij; Liquor. anodyn. Hoffm. Ɣj. M. D.
S. wohl umgeschüttelt alle 2 Stunden 1 Essl. voll in
einem hartnäckigen Falle von Schwindel mit Schwäche
des Kopfes, wo schon mehrere Mittel vergeblich angewendet worden. Bei einem sehr eingezogen lebenden und viel sitzenden Frauenzimmer heilte die Limatura Martis, tägl. 8 Gran in einem Glase Schwal-
bacher Wasser, einen seit 8 Monaten anhaltenden
Schwindel. Zuweilen trifft man bei sehr sensibeln
Subjecten einen fast permanenten Schwindel oder

vielmehr eine stäte Unruhe, man kommt in Versuchung, an ein organisches Leiden des Gehirns zu denken und Haarseil und Jod, namentlich Jodeisen, ein sehr kräftiges, die Reproduction umstimmendes und die Resorption beförderndes Mittel, zu geben, während solche Fälle doch zu schwach sind, um für organisches Leiden zu sprechen, und mehr die Natur von Neurosen haben (S. Hämorrhoiden Nr. 8), in welchen Fällen Staubbäder gute Dienste leisten; anfangs von etwas erhöhter Temperatur, später aus kaltem Wasser, dem man endlich Eisen zusetzen kann. — Das Ol. aether. arnicae namentlich gegen solchen Schwindel, der Epilepsie-ähnliche Anfälle verursacht. ℞ Ol. flor. arnicae aether. gtt. jv; in Spirit. nitri dulcis ℥β. S. Alle 2—3 St. 26—40 gtt. in Wein. — S. Kopfschmerz, Hämorrhoiden Nr. 8 und 9. — Wenn es zu chronischen Krankheiten überhaupt, namentlich aber zu solchen, welche mit vielen neurotischen Erscheinungen einhergehen, mit vielem Schwindel, Krämpfen etc., acute fieberhafte Krankheiten treten, wenn namentlich bei chron. Schwindel z. B. eine Encephalitis acuta tritt, so entsteht grosse Gefahr, allein kommt der Kranke davon, so geht auch oft damit sein chronisches Leiden zu Grunde und er ist purificirt.

Schwindsucht. S. Phthisis.

Schwitzen. S. Schweisse.

Sclerosis. S. Zellgewebsverhärtung.

Scorbut. Scharbock.

Symptome. Zahnfleisch schwillt an, wird blau, livid, lockert sich auf, wird schwammig, blutet bei der geringsten Berührung; Haut zeigt an den Extremitäten Ecchymosen, Sugillationen; die Flecken haben die Beschaffenheit wie bei der Blutfleckenkrankheit; oft kommt ein herpetischer Ausschlag, die Kranken sehen blass aus, haben livide Wangen, starken Livor, namentlich an den untern Augenlidern. Mit der Heftigkeit der Krankheit nimmt auch der bleifarbene Anstrich zu. Dazu grosse Mattigkeit, häufige Ohnmachten, Verstopfung, Verstimmung der Psyche, melancholische Stimmung oder Annäherung zur Hypochondrie. Bei längerer Dauer der Krankheit entzünden sich die Gelenke, die Ecchymosen werden zu Geschwüren mit schlechtem blutgemischtem Eiter; Blutungen aus Nase, Mund, Harnröhre, in einer Ohnmacht erfolgt der Tod.

Diagnose. Von Werlhoff's Blutfleckenkrankheit durch das Zurücktreten der Flecken, welche dort fast gleichzeitig mit den übrigen Symptomen auftreten, hier erst später hinzukommen; die Verwechslung bringt übrigens keine Gefahr, da die Behandlung dieselbe ist.

Therapie. Entfernung aus der dumpfen, unreinen, sauerstoffarmen Luft in eine trockene, sauerstoffreiche, reine; Warmhalten des Körpers, Genuss frischen Fleisches, antiscorbutischer Kräuter, Meerrettig, Kresse, Löffelkraut, (frisch als Salat mit Essig, und deren ausgepressten Saft), Sauerkraut. Zum Getränk Zitronensäure, säuerliche Mittel, Malztrank u. Essig, Sprossenbier, Aufguss von Meerrettig und Bier, den

man mehrere Tage stehen lässt, dann auspresst, dazu
der Gebrauch von China mit vegetabilischen, bei
stärkerer Form, mit Mineralsäuren, Eisensäuerlinge,
Brückenau, Boklet, Pyrmont zur Nachkur. Die blosse
scorbutische Affection des Zahnfleisches erfordert
Zahnpulver aus China, Lindenkohle mit Alaun; man
bekämpfe die Blutungen aus den Zähnen mit Aq.
Thedenii; bei inneren Blutungen Styptica, Alaun,
Kino. Die Ecchymosen werden mit warmen Waschungen aus Aq. Thedenii, warmem Essig behandelt.
Die Geschwüre werden mit Chinadect. und Salpeter-
oder Holzsäure verbunden, Ungt. oxygen.; bei heftigen Knochenschmerzen Cataplasmen aus Leinsamen
und Sabinakraut. Die Bierhefe äusserlich zu Ueberschlägen und zugleich innerlich alle Stunden 2 Essl.
voll genommen, soll specifisch äusserst schnell den
Scharbock heilen. Der Scorbut soll da weniger sich
zeigen, wo das Wasser kalihaltig ist, man soll daher
den Kranken Kali carbonicum (5 Gr. 3mal täglich als
mittlere Gaben) reichen. Bordeauxwein lobt man als
Schutzmittel gegen Scorbut. Das gute Bier leistet
dasselbe. Bier mit Meerrettig gemischt ist ein vortreffliches Antiscorbuticum. ℞ Malti hordei ℥iij; F.
dect. ℔ jj; Succi citri recent. ℥β; Vini rhenani ℥jv;
Sacch. alb. q. s. ad grat. Tassenweise zu verbrauchen.
℞ Tr. myrrhae ʒj; Spirit. rosmarin. ℥j; Aq. salviae, —
lavendul., ana ℥jv. S. Mundwasser. ℞ Herb. cochlear.
℥ij; Semin. sinap. contus. ℥β; Vini gallici ℥xxjv;
Macer. per triduum, colat. adde, spirit. muriat. aeth.
ʒij; 3mal ½ Weinglas voll. ℞ Succi pomor. matur.
aurant. ℥iij; Succ. citr. recent. ℥β; Aq. font. ℔ jβ;
Vini rubr. opt. ℥vj; Sacch. alb. q. s. ad grat.; zum
Getränk. ℞ Herb. cochlear. recent. ℥j; Sacch. alb.
℥ij; F. conserva; Esslöffel-weise. ℞ Rad. calam.
arom. ℥iij; F. infus. ℥vj; Tr. aromat. acid. ʒj; Syrup.
aurant. ℥j. ℞ Seri lact. calid. ℔ jij; Infund. herb.
cochlear., herb. nasturtii, herb. tarax., ana ℥jβ; Colat.
refriger. adde cort. chinae ℥j digere per xij hor. col.,
sacch. alb. ℥β; den Tag über zu verbrauchen. Turiones pini zu ℥β—j auf ℥xij Wasser oder Bier in
einem verschlossenen Gefässe gekocht, tägl. zu verbrauchen.

Scropheln.

Symptome. Die Lymphdrüsen schwellen an, die
Schleimhäute der übrigen Systeme je nach dem Sitze
der Scropheln werden afficirt, Knorpelgewebe werden
gerne ergriffen, Nutritionsprocess leidet. Die Krankheit ist chronisch, hat blos wenn es zu bedeutenden
Zerstörungen kommt und selbst dann selten Fieber.
Eigenthümliches Aussehen, zarter, schwächlicher
Körperbau, schlaffe, weiche, hängende Muskeln, meist
blondes Haar, blaue Augen. Nach Neumann rühren Scropheln nur von schlechter Ernährung her;
nur diese will er verbessert wissen, und meint kein
Kind würde an Scropheln sterben, wenn es nicht mit
schwächenden und verdauungsstörenden Mitteln (An-
timonialien, Mercurialien) behandelt würde. Er lobt
den Leberthran. Der torpide Scrophelhabitus spricht
sich aus durch unverhältnissmässig grossen Kopf,
Stirn ist platt, Kiefer breit, vorgetrieben, Oberlippe

aufgeworfen und dick, Pupille erweitert, Wangen aufgedunsen. Die Kinder leiden gern an langwierigen
Stockschnupfen, Husten, Augenentzünd., Schwämmchen, kleinen Hautausschlägen, werden leicht wund
am Halse, unter den Armen, zwischen den Beinen.
Verdauung und Ausleerung ist unordentlich, Reproduction leidet. Grosse Gefrässigkeit bei zunehmender Abmagerung, schleimig zäher, oft graulich gefärbter Stuhlgang, trüber Urin. Bildet sich die
Krankheit in der Folge aus, so nehmen die Symptome
und Folgen der ungleichmässigen Assimilation und
Ernährung zu; Neigung zu Blähungen, Verstopfungen, oder Abgang von zähen, schleimigen, thonarti-
gen Excrementen, Wurmbeschwerden kommen häufig
vor. Das Zahnen kommt langsam, spät, unregelmässig zu Stande, die Knochen erlangen später als gewöhnlich die gehörige Festigkeit und die Muskeln
ihre Stärke. Dagegen werden ihre Geisteskräfte
früher entwickelt und krankhaftes Jucken der Geschlechtstheile veranlasst häufige Reibungen bei zarten Kindern, frühes Erwachen des Geschlechtstriebes,
Onanie und Schleimfluss der Zeugungstheile. Die
ausgebildete Krankheit bietet folgende Erscheinungen
dar: das Aussehen verräth auf der Stelle die Krankheit; der grosse Kopf mit besonders aufgetriebenem
Hinterkopfe, dicker Bauch, in dem man die aufgetriebenen Drüsen fühlt, die abgemagerten dünnen
Arme und Beine etc. sind bezeichnend; es sind Drüsen am Halse, Nacken, unter den Achseln, in den
Weichen etc. angeschwollen; die Drüsen können sich
entzünden und in Eiterung übergehen, sie verursachen schlimme Geschwüre mit schwieligen Rändern;
Augenlider, Nasenflügel, Oberlippe sind entzündet;
es ist gewöhnlich ein Kopfgrind oder irgend ein Hautausschlag damit verbunden.

Therapie. Animalische Diät, Wurzelgemüse (vermeide zum Getränke Wasser mit Kalk- und Baryt-
bestandtheilchen); gutes, wenig Hopfen, viel Malz
haltiges Bier, kohlensaure Eisenwasser, warme Kleider, Bäder. Bei Säure Antacida, Liquor kali carb.;
man treibe die Secretionen an, von Zeit zu Zeit ein
Laxans. Terra ponderos. salita, Antimonialia, Jodeisen,
Chlor innerlich und äusserlich, Eichelkaffee, Frühlingskur, Eisenpräparate, besonders Ferrum muriat.,
Emplastr. de Galban.; der Eisensalmiak ist zwar
zweckmässig wegen seiner Leichtverdaulichkeit bei
Scropheln, Rhachitis und angeschwollenen Gekrösdrüsen mit gleichzeitiger Obstructio alvi, Atonie und
Laxität, wo der Gebrauch des Calomels nichts thun
will, und wo andere Eisenpräparate das Blut noch zu
sehr aufregen. ℞ Flor. sal. ammon. martial. gr. xxjv;
Pulv. rad. rub. tinct. ℨjij; Elaeosacch. foenicul. ℨj;
M. f. pulv. divid. in part. xij aeq. S. 3mal täglich
1 Pulver. — ℞ Ammon. muriat. ferruginos. ℨj; Extr.
chelidon., tarax., ana ℨij; Aq. menth. piper. ℥jv;
Tinct. rhei vinos. ℨvj; Syrup. cort. aurant. ℥jϐ. S.
Kleinen Kindern 3mal tägl. 1 Theel. voll, Kindern
von 2—5 Jahren 3mal 1 Kinderlöffel voll und älteren
4mal täglich ½ Essl. voll. Gelingt die Zertheilung
nicht, so befördere man die Maturation durch feucht-

warme Ueberschläge und öffne sie bald. Die Diät beim Gebrauch der Jodtinctur sei Milchdiät. ℞ Ungt. alth. ℥β; Fel. taur. recent., sapon. medic., ana ℨjβ; Petrol., ammon. carb. pyr. ol., ana ℨj; Camphor. ℨβ; 3stündl. 1 Theelöffel und den Unterleib einzureiben. ℞ Kali hydrojod. gr. v; Extr. nuc. jugland., extr. rhei, ana ℨj; Aq. ferv. ℥jβ; Syrup. cort. aurant. ℥β; 2-, höchstens 3mal 1 Theel. bei torpiden Scropheln. ℞ Jodinae gr. jjj; Spirit. vin. rectif. ℨij; alle 3 St. gtt. x, und später damit von 3 zu 3 Tagen um gtt. j zu steigen. Die Carbo animalis ist ein hier sehr mächtiges Mittel. S. Rhachitis. ℞ Hydrarg. stibiat. sulphur. ℨβ—jβ; Lapid. cancror. ℨj; Elaeosacch. foenicul. ℨij; 3mal 1 Messerspitze voll gegen Scropheln und scrophulöse Exantheme. ℞ Calcar. muriat. ℨβ; Extr. dulcam., Extr. nuc. jugland., ana ℨj; Aq. cinnamom. ℥j; 2mal gtt. 10—60 bei torpiden Scropheln. ℞ Jodi gr. jjj; Kali hydrojod. gr. vj; Aq. dest. ℥j; 6—12 gtt., 2—3mal mit Zuckerwasser. Diese Gabe wird wöchentlich um gtt. jj pro dosi vermehrt, etwa 4—5 Wochen lang fortgesetzt. ℞ Kali hydrojod. ℨj; Ungt. rosat. ℥β; eine Haselnuss-gross täglich 1mal einzureiben. ℞ Borac. ℨβ; Extr. dulc. ℈j—jj; Extr. nuc. jugl. ℨjβ; Aq. menth. ℥jjj; Syrup. flor. aurant. ℥j; 3mal 1 Theel. oder Essl. bei scrophulöser Atrophie. ℞ Calcar. muriat. ℨij; Liquor. ferr. muriat. ℈jjj; Aq. destill. ℥jv; zu 2 Bädern. ℞ Jod. gr. β; Kali hydrojod. gr. j; Aq. destill. ℥vjjj. Früh und Abends die Hälfte davon. ℞ Subcarbon. sodae ℨij; Extr. Gentian. ℨjjj; Solve in aq. aurant. ℥jv; Syrup. aurant. ℥j; 3—4mal 1 Essl. ℞ Jod. ℨij—ℨijβ—ℨiij; Kali hydrojod. ℨjv—ℨv—vj; Aq. dest. ℥vj. Jodbäder für Erwachsene. ℞ Jodin. ℈jjj—℈jjjβ—℈jjjj; Kali hydrojod. ℈jv—℈v—℈vj; Aq. destill. ℥vj. S. Jodbäder für Kinder. Nur in hölzernen Wannen dürfen diese Bäder genommen werden, 20—30° R. Jodkali zu Bädern und dabei Jodeisen innerlich besonders bei Knochenscropheln. ℞ Ferri oxydul. nigri gr. xjj; Elaeosacch. macid. ℨij; Divid. in Part. XII; 3mal 1 Pulv. Die scrophulöse Entzündung der Oberlippe, Nase und Wangen,. welche durch Ulceration oft bedeutende Störungen anrichtet, wird bei gleichzeitiger allgemeiner Behandlung durch nichts so schnell begränzt und gemindert als durch Waschungen mit Dct. Solani nigri für sich, mit etwas Zusatz von Sublimat, oder durch wiederholtes Tupfen mit Höllenstein. — Die Behandlung der Scropheln in allen ihren Formen mit Wallnussblättern, Folia juglandis, ist neuester Zeit sehr gerühmt. Kinder bekommen täglich 2 oder 3 Tassen eines Aufgusses der frischen Wallnussblätter, mit einfachem Syrup oder Honig versüsst. Dazu Morgens und Abends eine Pille aus Wallnussblätter - Extract von 3½ Gran, oder einen Esslöffel voll aus demselben Extracte bereiteten Syrup. Alle Geschwüre werden mit einer starken Abkockung derselben Blätter gewaschen und auf sie entweder Compressen oder Bäuschchen von Charpie, welche mit dieser Abkochung befeuchtet worden, oder Umschläge aus Leinsamenmehl und Wallnussblätterwasser gelegt; dabei tägl. Fleischspeise; einige Bäder in der Woche; der Syrup enthält 6½ Gran Extract auf ʒj. Die Pillen bestehen aus Extr. mit dem trockenen Pulver der Blätter steif gemacht. Bei scrophulösen Augenentzündungen wird ein Augenwasser angewendet aus Dct. der Wallnussblätter mit Laudanum. Innerlich wird auch von Zeit zu Zeit ein Abführmittel gegeben. Bei den grossen Drüsengeschwülsten am Halse dienen die örtlichen Mittel zur Zertheilung derselben nicht, man lässt sie nur mit einem seidenen Tuche oder Pelze bedecken, damit sie nicht erweichen und eitern. Diese Behandlung dauert übrigens gewöhnlich lange Zeit und ist am günstigsten im Sommer. Auch bei Bleichsucht mit allen ihren lästigen Zufällen dient die Behandlung mit Wallnussblättern sehr gut. Die Hedera terrestris, Gloechoma hederacea, Gundelrebe, wird gegen Scropheln und scrophulöse Geschwülste als Specificum gerühmt, und in einem uns bekannten orthopädischen Institute allen scrophulösen Kindern mit grossem Erfolge verabreicht, sowohl in Bädern, als in Salben, als auch zum Thee. Man hat das Oel als ein Specificum in der Scrophulosis dargestellt. Besonders in der Kinderpraxis ist dieses Mittel in Einreibungen von höchster Wichtigkeit, da es auf die leichteste Weise und unter allen Verhältnissen angewendet zu werden vermag. Die Erfahrung lehrt, dass in der Scrophulosis, in der Darrsucht der Kinder und in manchen krampfhaften, theils aus erstern, theils aus anderweitigen Störungen entstandenen Krankheitsformen, Einreibungen des ganzen kindlichen Körpers mit einem fetten Oele, z. B. Leinöl, längere Zeit und zwar bis zur Verminderung und zum Aufhören der Resorption des Mittels auf der Haut (meistens 15 bis 24mal), fortgesetzt, scrophulöse Processe zur Norm zurückführen, die — selbst sehr weit vorgeschrittene Atrophie inf. beschränken, Krämpfe, aus primär materiellen Reizen entstanden, schnell und gewöhnlich andauernd beschwichtigen und überhaupt auch bei sehr magern, nicht sehr zur organischen Weiterbildung neigenden Kindern, — bei übrigens normalen Verhältnissen — die Zunahme und Erkräftung aller Systeme und Organe befördern. Die entkleideten und auf leinenes Tuch gelegten Kinder lässt man mit der einem Esslöffel voll etwas erwärmtes Leinöl mit der Hand über den ganzen Körper, Kopf ausgenommen, sanft und gelinde einreiben, sodann mit Flanell umwickeln, zu Bett legen und einige Stunden darin verweilen. In den meisten Fällen war die erste Wirkung ein heftiger Schweiss über den ganzen Körper, oft, besonders bei kleinen Kindern, mit einem röthel-ähnlichen Ausschlage verbunden. Dabei wird die vorher welke Haut frisch, farbig, weich, turgescirend. Die 2te höchst wohlthätige Erscheinung war Beruhigung des Nervensystems, Schlaf. Dritte Wirkung ist Förderung aller Secretionen, Lösung des Schleimes, vermehrter Urinabgang und Verbesserung der Gallenabsonderung, die grünsauren Stuhlgänge verwandeln sich in gelbe Faeces. Täglich eine Einreibung jedesmal nach einem warmen Bade. Gewöhnlich sind schon 15 Einreibungen zur ungestört fort-

dauernden Genesung hinreichend. Das Oel dringt
sodann nicht mehr ein, sondern kann nach 2 Stunden
oft noch von der Haut weggewischt werden. Ist
letzteres der Fall, und eine längere Fortsetzung dieser Behandlung nothwendig und wünschenswerth, so
müssen 8—14 Tage mit den Einreibungen ausgesetzt
werden, um die mit der Menge Oels imbibirten Capillargefässe zu weiterer Aufsaugung sich bethätigen
zu lassen. Ausser den oben erwähnten Krankheiten,
Scrophulosis, Darrsucht und Krämpfen, mögen sich
die Oeleinreibungen auch in Hautkrankheiten, Hydrocephalus acutus, Tuberculosis etc. heilsam erweisen. — Man wendet auch gegen Scropheln und deren
verschiedene Modificationen, sowie gegen Rhachitis
das aus schwarzem Mohne bereitete Mohnöl Morgens
und Abends ¹/₂ — 1 Essl. und nach und nach mehr
davon mit bestem Erfolge an.

Seekrankheit. Sie wird zu den Neurosen des
Hirns gerechnet. Wenn die Seekrankheit lange anhält, so kann sie böse Folgen haben, sie kann zur
Entwicklung organischer Krankheiten führen, so sah
man die Anschwellungen der Milz, der Leber, des
Pylorus und Affectionen des Uterus zunehmen, die
Gastritis kann unter ihrem Einfluss eine beunruhigende Gestalt annehmen; dagegen sah man Anorexie
und Hypochondrie durch die Seekrankheit gebessert
und selbst geheilt werden. Als Prophylacticum empfiehlt Andrieux denen, die zum ersten Male zur
See gehen, dass sie ihren Aufenthalt in der freien
Luft und auf der Mitte des Schiffes nehmen, u. wenn
sie gegen das Uebel kämpfen wollen, so sollen sie
sich nicht legen, sie sollen sich nur allmählig den
beiden Extremitäten des Schiffes nähern. Ferner
empfiehlt er vor der Einschiffung zu essen; schon
desswegen, weil das noch unverdaute Essen das Erbrechen sehr erleichtere. Solchen, die nur vorübergehend auf dem Meere zu sein haben, räth er, die
horizontale Lage so wenig als thunlich zu verlassen.
Zur Behandlung der ausgebrochenen Krankh.: Aether,
Opium, Aqua Menthae, Thee, Kaffee, Zitronensäure.
Ein anderer empfiehlt zur Verhütung der Seekrankheit beim Abfahren von einem starken Wein so viel
zu trinken, als hinreicht, eine heitere Stimmung zu
erzeugen, und diese Stimmung durch den fortgesetzten Genuss des Weins zu unterhalten, aber nicht
zu überschreiten, und dabei sehr wenig zu essen.
So treibe man es fort, bis man Schlaf bekomme und
bis man aus dem Schlafe wieder erwache, seien die
Nerven an die Bewegung des Schiffes gewöhnt. —
Reine, kühle Luft, gutes Wasser mit Cremor tartar.
zum Getränk, Reis, Mais, Gerstenschleim als Speise
und der Gebrauch des Acid. sulphur. dilut. (gtt. vjjj
bis xvj der concentrirten Säuren auf 1 Schoppen Wasser), von Schwefeläther, schützen vor einem heftigen
Grade dieser Krankheit. Nichts erleichtert aber das
Erbrechen mehr als Oliven- u. Mandelöl etwa 1 Essl.
auf die Gabe. In der freien Luft befindet man sich
besser als in der Cajüte. Gedörrtes Obst, Pflaumen
etc. ist sehr zu empfehlen, und besser als der gewöhnliche Rath sagt, bei der gewohnten Diät zu

bleiben. Zuweilen dauert die Verstopfung zur See 10—14 Tage ohne eine andere Gefahr, als dass der Koth eine Schärfe annimmt, wogegen die Mündung des Afters durch Oel geschützt wird. Man kann auch bei Solchen, die heftig an der Seekrankheit leiden, durch eine V.S. dem Hirndrucke begegnen. Ehe man zu Schiffe geht, nehme man Brech- und Abführmittel. ℞ Emplastr. de Galban. croc. ℥β; Camphor. ℨj; ammon. carb. pyr. oleos., opii crudi ℨj; Ol. cajep. gtt. 40; F. emplastr.; auf Leder gestrichen auf die Magengegend zu legen. Die Tinctura nuc. vomicae wurde ebenfalls empfohlen gegen die Seekrankheit, allein sie hindert ebenfalls nicht den Tribut auf einer Seereise zu geben; wahrscheinlich bleibt nichts übrig, als sich eben in sein Schicksal zu ergeben, und dem alten Hange zu folgen, sich nichts daraus zu machen.

Singultus. S. Schluchzen.

Sodbrennen. Gastroataxia acida, Pyrosis.

Symptome. Die Kranken haben besonders des Morgens, oft aber auch nach dem Genusse bestimmter Speisen ein brennendes Gefühl in der Magengegend, das den Oesophag. hinaufsteigend mit saurem Zusammenlaufen des Speichels im Munde endet. Dies ist noch die gelinde Form. Wird die Affection heftiger, so bekommen die Kranken einen eigenthümlichen sauern Geschmack im Munde, sie brechen von Zeit zu Zeit äusserst sauer schmeckende Dinge, so dass ihnen die Zähne stumpf werden. Das Zahnfleisch in der ganzen innern Mundhöhle zeigt eine blasse Farbe, nicht selten kommt es sogar zu Aphthenbildungen. Manchmal stellen sich statt der Stuhlverstopfung Grimmen im U.L. und Ausleerungen gehackten Eiern ähnlicher, nicht selten mit Blutstreifen gemengter Massen ein. In diesem Falle sind leichte Fieberreizungen gegen Abend zugegen.

Therapie. Palliative Hülfe für den Augenblick verschaffen 1 Theel. voll Magnesia, einige bittere Mandeln, einige Tropfen Spirit. sal. ammon. caust. in einem Glase Wasser, das Kauen eines Stückchens Ingwer und anderer Gewürze, ein Gläschen Pfeffermünzliqueur. Zur Radicalkur beginnt man am besten mit einem Emet., anfangs in refracter, später in voller Dosis. Nach der Entleerung des Schleimes gibt man Calamus, Infus. Chinae, rad. Carophyll. etc.; Mixt. aromat. acid. (S. Magen, verdorbener). Nebstdem Antacida, Krebsaugen, Magnesia usta, Liquor Kali; Regulirung der Diät bleibt Hauptsache. Ueber die Anwendung der Magnesia gegen Magensäure siehe Gicht Seite 197. ℞ Tr. kalinae ℨij; Tr. quassiae ℨiij; Tr. cinnamom. ℨjβ; 4mal tägl. gtt. 20—60 gegen Atonie des Magens mit Säurebildung. Die Trochissi absorbentes Chevallieri (Chocolade ℥iiij; Magnesia usta ℨj; daraus l. a. Trochisci von 4 Gr.) bei eintretenden Beschwerden der Magensäure 1—2 Stück zu nehmen. Auch ist der Kermes mineral. mit China versetzt dienlich. Pillen aus Ochsengalle und Asa foetid. S. Hysterie Nr. 3. Fast specifisch wirkt: ℞ Extr. rutae, gentian., card. benedict., ana ℨij; Liquor. kali carbon. ℨj; Aq. chamomill., menth., ana ℥iij; Tr. rhei aq. ℥β; Tr. cinnamom. ℨij

Aq. laurocer. ʒj; 4mal tägl. 1 Essl. Ferrum carbonicum mit aromatischer Verbindung.

Sommer-Krankheiten. S. Südliche Krankheiten.

Sommersprossen, Leberflecken, Lentigo,
Ephelis. Das Chloasma vulgare kommt meist bei
Männern in den Blüthejahren vor, es sind bei ihnen
landkartenähnliche Flecken über dem ganzen Ober-
körper vorhanden, und Schwefelwasser, Schwefelbäder und abführende Mittel, so wie auflösende Mineralwasser sind dagegen ohne Wirkung. Organische
Fehler der Leber liegen ihnen nicht zu Grunde, wenn
auch ein Blutreichthum derselben zugegen ist, namentlich bei Kranken von sitzender Lebensweise.
Bei solchen Kranken kommen mehrere Schädlichkeiten zusammen: 1) Druck auf die Leber durch anhaltendes Sitzen; 2) mangelnde Oxygenirung des Blutes,
wie sie bei dem ruhigen unvollkommenen Athmen,
bei welchem sich die Lunge kaum bis zur Hälfte ausdehnt, stattfindet, und 3) mechanischer Druck, welcher
täglich auf die Circulation des Blutes an den Hämorrhoidalgefässen hemmend einwirkt. Wenn nun diese
Schädlichkeiten noch zusammentreffen mit dem Genusse sehr kohlenstoffhaltiger Substanzen, z. B.
Fleischkost mit schweren Bieren, so benützt die
Natur die ganze äussere Hautfläche zur Ablagerung
des im Blute überflüssigen oder angehäuften Gallen-
pigmentes und erzeugt so das Chloasma.

Ganz ähnlich ist der Vorgang bei Frauen während
der Schwangerschaft, bei welchen das Chloasma ute-
rinum vorkommt, bei denen Mangel an Bewegung
noch als mitwirkende Ursache ins Spiel kommt. Die
besten Wirkungen gegen solches Chloasma sind innerlich die vegetabilischen Säuren in Verbindung mit einer
alkalischen Waschung; 2mal des Tages ein grosses
Glas kaltes Zuckerwasser mit dem Safte einer Citrone, Vormittags und Nachmittags zu geniessen.
Die Pigmente lasse man mit einem Schwamme und
warmem Regenwasser, darauf dann mit einer filtrirten gewärmten Auflösung von Kali subcarbonici depurat. ʒβ in 8 ʒ Aq. rosar. gelöst, waschen. Der
Schwamm werde anfangs mit der Auflösung nur befeuchtet, damit man im Stande ist, eine Friction desselben auf den Pigmentflecken vorzunehmen; hinterher aber finde eine gehörige Waschung der Flecke
statt, welche man nach 3—4maligem Wiederholen
verschwinden und dafür eine reine weisse Haut zu
Tage kommen sieht. Dabei viel Bewegung, Trinken
frischen Wassers um Recidiven zu begegnen. Bei
sehr hartnäckigen Fällen dient Folgendes: ℞ Calcis
oxymur. ʒβ; Borac. venet. ʒiij; Aq. rosar. ℥ j; Aq.
picis liquid. ℥vj. S. Waschessenz, Morgens u. Abends.
— Man soll namentlich vor allem die Schweisstropfen,
die ausbrechen, nicht eintrocknen lassen, sondern
gleich abputzen, und muss sich vor der Sonne hüten.
Gegen Leberflecken eine Salbe aus 3 Theilen Schweinefett und einem Theile Theer. — Hydrarg. bijodat.
gegen chronische Hautausschläge, Leberflecken und
Sommersprossen. Die rauchende Salzsäure soll sehr
hilfreich hier sein. Man benetze eine Feder damit

und bestreiche die Flecken 2 Tage hinter einander
jeden Tag 6mal über, sie bilden sich dann in Schörf-
chen und fallen nach einigen Tagen von selbst ab.

Bei den Leberflecken liegt oft eine biliöse Dyscrasie zu Grunde, entweder Polycholie oder gestörte
Leberfunction oder Fehler der Menstruation, Schwangerschaft, Syphilis. Man vermeide die Sonnenstrahlen,
vermeide das Waschen unmittelbar vor dem Uebergange in die freie Luft und gebrauche Aqua cosmetica. Die Leberflecken werden mit Borax vertrieben.
R Boracis 3β; Aq. rosar. $\bar{3}j$; die Flecken öfters damit betupft. R Kali carbon. depur. $3jjj$; Natri muriat.
$3jj$; Aq. rosar. $\bar{3}vjjj$; Waschwasser. Formeln siehe bei
Hautkrankheiten. Semen Petroselini äusserlich gegen
Leber- und Sommerflecken als Salbe; ebenso der Senf.
Zitronensäure, Sublimatwasser äusserl., Centaureum
in Dct. äusserlich als Waschwasser. Waschungen mit
Aq. oxymur. und innerlich Acid. Halleri gegen Leber-
flecken. Die in früherer Zeit als Waschmittel gegen
verschiedene Hautkrankheiten üblich gewesene weisse
Nieswurz (Hellebor. albus) liefert eine Tinctur (Tinc-
tura veratri albi), welche überraschend günstig gegen
Leberflecken wirkt. Man reicht vorher ein Abführ-
mittel Aq. laxat. Vienn. mit Sal. Seign. oder Elect.
lenit. mit Cremor tart. und Mellag. gram. u. s. w. und
lässt, um die Haut zu erweichen, 3—4 Tage lauwarme
Seifenbäder nehmen, hierauf jeden Abend vor dem
Schlafengehen die entfärbten Hautstellen mit der
Tinctur waschen, und des Morgens diese Stellen
wieder mit einem in warmes Seifenwasser getauchten
Stück Flanell frottiren u. Abwaschen. Nach 3maligem
Waschen fangen die dunkelbraunen Flecken an, allmählig sowohl an Farbe als an Umfang abzunehmen,
und verschwinden in kurzer Zeit unter dem Fortgebrauche der Tinctur vollständig ohne nachtheilige
Folgen. Je nach dem Umfange der Leberflecken
reichen 1—2 $\bar{3}$ der Tinctur hin, um selbe zum Verschwinden zu bringen; Rückfälle kommen nicht leicht
vor. Zur Bereitung der Tinctur muss aber die frische
Wurzel und ein höchst rectificirter Weingeist von
0,830 sp. Gewicht genommen werden. R R. Hellebori
albi $\bar{3}j$; Digere per dies VI. in Spirit. vini $\bar{3}vjjj$ in
loco tepido. Mit der überstehenden klaren Flüssig-
keit tägl. 3mal die Haut zu bestreichen. Die Tinctur
bleibt kräftiger, wenn sie nicht abfiltrirt wird. Dasselbe Mittel nebst darauf folgenden Einreibungen von
Opodeldok gegen Leberflecken. — Gegen Sommersprossen dient das Bestreichen mit Tinct. Hellebor.
albi u. nachheriges Abreiben mit Opodeldok, Waschen
mit Meerrettig-Essig, mit verdünnter Salzsäure, Chlorwasser. — Gegen Leberflecken: Camphor u. Alkalien.
R Sevi ovilli s. spermaceti, Mellis, ana $\bar{3}j$; Camphor.
$3j$. M. — Camphor in Wein mit Citronensaft. Liniment. volat. camphor.; sehr verdünnte Schwefelsäure.

Sonnenstich. S. Gehirnentzündung und Insolatio.

Soor. S. Aphthae.

Sopor. S. Schlafsucht.

Speichelfluss. Ptyalismus, Salivatio. Vermehrter Speichelfluss zeigt entweder eine örtliche

Reizung der Speicheldrüsen, z. B. bei Angina, an,
oder eine consensuelle aus dem U.L., besonders bei
Unreinigkeiten im Magen, Würmern, Verstopfungen
der Unterleibs-Eingeweide, vorzüglich des Pancreas
(daher ist das öftere Spucken ein Symptom der Hypochondrie), siehe Pancreasleiden, auch Congestion
nach den Speicheldrüsen und dem Kopfe, z. B. bei
apoplectischer Anlage, wohin auch die kritische Salivation gehört, welche bei Krankheiten von unterdrückter Hautausdünstung, bei langwierigen Nervenfiebern und den Pocken eintreten kann. Stockungen
des U.L. können Speichelflüsse erzeugen, die zu den
verzweifeltsten Aufgaben gehören. Es machen zuweilen solche Stockungen im U.L. fast gar keine in
die Erscheinung tretende Symptome, als einen harten
brettähnlichen U.L., der bei dem festesten Zudrücken
mit der Hand keine örtliche Leiden, keinen Schmerz
nachweist. Die stärksten Purgirmittel sind in solchen
Fällen zuweilen nicht im Stande, die hartnäckige
Leibesöffnung zu bewirken. Der Speichelfluss dauert
so lange fort, als diese verlegenen Sedes zurückbleiben. — Endlich werden, oft erst nachdem der Speichelfluss 2—3 Monate beim besten Appetite fortgedauert hat und fast hectische Symptome aufgetreten
sind, die Sedes beweglich und gehen in 2—3maligen
Leibesöffnungen täglich als kastanienartig geformte
einzelne Schollen ab, und in dem Maasse, als der
U.L. freier und weicher wird, nimmt der Speichelfluss
ab und nun erst hört auch das nicht selten dabei
vorkommende Erbrechen von Zeit zu Zeit auf, welches aber um so weniger zu Verwirrungen Veranlassung geben könnte, als gar keine örtlichen Erscheinungen im Magen sich kund geben. Resolventia
müssen lange Zeit fortgegeben werden. Extracta
Saponacea, Taraxac., Gramen, Chelidonium. Mangelnder Speichel zeigt Krampf oder grosse Trockenheit des Blutes. Zeichen des Speichelflusses sind:
Es wird zu viel Speichel abgesondert, woran entweder Arzneien schuld waren, als Zimmt, Pfeffer,
Opium, Kermes mineralis, Cicuta, Mercur, oder
Krankheiten der Mundhöhle, Fehler der Zähne, oder
in Folge einer Entwicklungsperiode beim Zahnen,
Eintritt der Menses, der Schwangerschaft, Pubertät
der Knaben; oder Erkältung, oder wenn die Urinsecretion gemindert wurde. Es entsteigt dem Munde
ein eigenthümlicher Geruch, die Zähne stehen auf,
fallen aus, Tonsillen schwellen an, die übrigen Secretionen werden beschränkt. Von der Gegenwart
des Mercurs im Speichel überzeugt man sich, wenn
man den Speichel mit etwas Salpetersäure kocht,
filtrirt, Schwefelwasserstoffwasser hinzusetzt und auf-
kocht. Nach kurzer Zeit bildet sich der erst gelbliche, dann schwarz werdende Niederschlag von
Schwefelquecksilber. Im Speichel ist stets Schwefelcyankalium enthalten, auf welches Eisenchlorid stark
reagirt; bei Mercurialsalivation fehlt dieses Schwefelcyankalium. Bei der Salivation in Folge von Pancreasleiden ist dieses Schwefelcyankalium ebenfalls
zugegen. Entdeckt wird es durch den Zusatz von
Eisenchloridsolution (Ferrum muriat.- oxyd. in aq.

dest. gelöst), wodurch sogleich eine blutrothe Färbung entsteht; erfolgt diese Färbung nicht, so ist auch kein Schwefelcyankalium im Speichel und dieser daher durch Mercurialia erregt.

Therapie. Gurgelwasser von Alth., Malva mit Extr. Cicut., Opium, später Adstringent., Tormentil., Terra japon., Bistorta; Cataplasmen aus antispasmodischen Kräutern mit warmer Milch bereitet um den Hals gelegt, Senfpflaster, Vesicantia auf die Brust, den Nacken, den Hals. Laue Bäder. Abführende Mittel u. Narcotica. Alaunhaltige Mundwasser sind, beim Speichelflusse zu empfehlen, auch kann man dabei gepulverten Alaun in die Mundschleimhaut einreiben. Bei Mercurspeichelfluss dieselbe Behandlung; ausserdem noch folgende Mittel. Jodine tinct. ℥jj in ℥jv Aq. mit Schleim alle 2 St. 1 Essl. abwechselnd mit Chinadct. und Dct. Ulmi zum Mundwasser. Jodine gr. v in ℥jj Spirit. vini gelöst und ℥jjß aq. cinnamom. und ℥ß Saft 4mal täglich ½ Essl., später einen ganzen. Ricord hält die rauchende Salzsäure für das kräftigste Mittel gegen den Mercurialspeichelfluss; sie wird täglich oder einen Tag um den andern angewendet. Man bringt sie auf das Zahnfleisch, die Zunge, wenn auf dieser Geschwüre sind, und nimmt sich in Acht, die Zähne mit der Säure zu berühren. Eine Lösung von Kochsalz in gleichen Theilen Essig und Zitronensaft hebt den Mercurialspeichelfluss und auch den Speichelfluss der Schwangern. Ein warmes Verhalten mit gelinder Beförderung der Transpiration, warme Bäder, gehörige Unterhaltung der Leibesöffnung und der Gebrauch diluirender und später zusammenziehender Mundwasser, sind bei Mercurialspeichelfluss dem oft unwirksamen Jod vorzuziehen. — Mit Schwefelsalbe dick bestrichene Leinwandlappen um den Unterkiefer zu legen bei Speichelfluss, besonders in solchen Fällen, wo wegen der starken Geschwulst kein Mundspülwasser und keine innern Arzneien in Gebrauch gezogen werden können. ℞ Aq. destill. lactuc. ℥vjj; Alumin. depur. Ʒj; Mel. rosat. ℥j. ℞ Aq. destill. ℥vjj; Acid. hypochlorin. gtt. xx; Mel. rosat. ℥j; damit zu bepinseln. ℞ Cupri sulphur. cryst.; Tr. myrrh., catech., ana ℥j; Tr. pimpin. ℥v; Infus. salivae ℥vj; Mel. crudi ℥vj; stündl. den Mund damit auszuspülen. Emplastr. melilot., breit aufgestrichen um den Hals gelegt.

Spermatorrhoe. S. Samenverluste.

Spinal-Irritation ist sehr häufig die Ursache von verschiedenen Krankheiten, deren Quelle in andern Organen, namentlich solchen, in denen die Spinalirritation Reaction hervorruft (wiederklingt wie das Echo), gesucht wird; so gehören hieher Unterleibsschmerzen (s. Gastroenteritis), Mattigkeit der Glieder (anfallsweise oder anhaltend), episod. Bronchialaffectionen (s. Rückgratsfrictionen), öfters wiederkehrende gastrische Erscheinungen, Ischias, Phthisis, nachäffende Lungenaffection, anfallsweise auftretende Bewusstlosigkeit mit Krämpfen etc. sind öfters Ergebnisse der Spinalirritation. Es wechseln namentlich öfters einige der genannten Krankheiten mit einander ab, wodurch man zuweilen erst aufmerksam gemacht wird, dass ein und dasselbe Grundleiden die Ursache dieser Erscheinungen sein möge. Untersucht man die Wirbelsäule, so findet man entweder Hals, Brust oder Lendenwirbel gegen den Druck empfindlich, ebenso manche Zwischenrippenräume. Der intermittirende Typus ist charakteristisch für Spinalirritation. Diese Irritation pflanzt sich leicht aufs Gehirn fort und wird dann oft dort erst als Gehirnerweichung erkannt. Die Empfindlichkeit der Wirbelstellen ist dem Grade nach sehr verschieden. Oft nur dem stärksten Druck deutlich, ist sie zuweilen so gross, dass sie ein geringes Aufschreien und schmerzhaftes Einziehen des Rückgrats hervorbringt; in einzelnen Fällen tritt die Empfindlichkeit sogar spontan auf. Oft glauben die Kr. den durch Druck verursachten Schmerz in irgend einem inneren oder äusseren, oft gerade leidenden Theil hinstrahlen zu fühlen. Gewöhnlich weiss der Kr. es nicht, dass er solch eine schmerzhafte Stelle am Rückgrat hat, zuweilen aber hat er Kenntniss davon. Der Schmerz ist entweder constant oder temporär. Im letzteren Falle kehrt er nach längerer oder kürzerer Zeit oft wieder zurück und wechselt zuweilen dann die Stelle, geht vom Hals auf die Rückenwirbel über u. s. w. Oft ist diese Wiederkehr des Schmerzes an Menstruation, Gravidität, Einwirkung unangenehmer Gemüthsbewegungen gebunden. Manchmal findet man zwei gleichzeitig empfindliche Stellen, zwischen denen sich dann eine schmerzensfreie befindet. In der grössten Mehrzahl findet sich die Schmerzhaftigkeit mehr oder weniger dem leidenden Organe gegenüber, entsprechend dem Ursprunge der dorthin verlaufenden Nerven. Es leiden bedeutend mehr Weiber als Männer an Spinalirrit. Es gibt zwei wesentlich von einander verschiedene Arten; die eine Irritatio spinalis primaria, s. protopathica, scheint selbständiges Uebel des Rückenmarks oder seiner Häute zu sein, in Folge dessen wieder andere Krankheitserscheinungen auftreten können. Die Spinalirrit. ist hier Ursache, die anderweitige Krankheit Symptom. Die Secundaria findet sich dagegen bei mehreren acuten und chronischen Uebeln, besonders wenn sie schon einige Zeit dauerten, als Symptom, wohl bedingt durch sympathisches Mitleiden des Rückenmarks. Hier ist die andere Krankheit Ursache, die Spinalirrit. Folge. Diese secundäre Spinalreizung findet man bei Lungenkrankheiten, Intermittentes, Menstrualstörungen, an den obern und mittlern Brustwirbeln, bei chronischem Uterinleiden an den untern Rückenwirbeln; bei Gesichtsschmerz am 7ten Halswirbel. Rheuma scheint die häufigste Ursache der primären Form zu sein, oft auch Arzneisiechthum; ächt nervöse Spinalirrit. ist höchst selten. — Gegen die Annahme einer Spinalirrit. als einer besondern Krankheit hat Dr. Mayer in Alzel eine ziemlich umfangreiche Arbeit publicirt (1849). Derselbe zeigt, wie anfangs ganz allgemein das Symptom einer Empfindlichkeit der Wirbelsäule mit jenem Namen bezeichnet wurde; man hielt es für eine Neuralgie und als die Nervenphysiologie weitere Fortschritte machte, so untersuchte man, ob es eine centrale oder peri-

pherische Neuralgie sei. Die Anhänger Bell's entschieden sich für den centrischen Ursprung der Spi-
nalneuralgie und nun bekam der Name eine allgemeinere Bedeutung, indem man jetzt schon so weit
war, zu sagen, es gebe Spinalirrit. ohne Empfindlichkeit der Wirbelsäule, und somit war die Möglichkeit zu dem Abwege gegeben, auf den in der That
manche Aerzte gerathen sind, dass sie fast alle
chronischen Krankheitsformen für eine Spinalirrit.
erklärten. Die Vertheidiger der Spinalirrit. als eines
centrischen Leidens erklärten sie nun entweder mit
Stilling für eine Stockung und Maceration, oder mit
Marshall u. Hirsch für rein dynamisch, von jeder
Congestion ganz verschieden; letztere Ansicht eben
führt dazu, alles, wo auffallende materielle Veränderungen nicht da sind, sofort für Spinalirrit. zu
erklären. Das Schlimmste nun ist, dass mit demselben Namen von Verschiedenen ganz Verschiedenes
bezeichnet wird. Nimmt man ein rein dynamisches
Leiden an, so ist damit nichts gesagt, dasselbe muss
materielle Ursachen haben, denn eine Wirkung ohne
Ursache ist nicht denkbar. Alle andern Ansichten
über Spinalirrit. sind aber nicht von der Art, dass
man eine besondere Krankheit anzunehmen nöthig
hätte. Als Name für eine Rückenmarkskrankheit ist
der Begriff zu weit und zu eng, denn beides kommt
unabhängig von einander vor; nimmt man Entzündung, Rheuma, Neuralgia dorso-intercostalis, oder
Neuralgia medullae spinalis, Entzündung oder Congestion als Wesen an, so ist der Name Spinalirritation ganz unnütz, denn die erstere Bezeichnung ist
für sich genügend und viel besser. Das, kurz angedeutet, sind die Gründe, wodurch der Verf. zu dem
Schlusse kommt, dass künftig die Benennung Spinalirritation ganz aus der medicinischen Literatur verschwinden möge. Der Nutzen der Lehre von der
Spinalirrit. ist nur ein indirecter, diese sogen. Lehre
hat die Aufmerksamkeit der Aerzte auf das Rückenmark gelenkt. Der Verf. hat eine sorgfältige Arbeit
unternommen, um das Symptom wieder als Symptom
zur Geltung zu bringen.

Diagnose beruht auf evidenter Empfindlichkeit
eines oder mehrerer Wirbelbeine gegen Druck. Der
in heisses Wasser getauchte Schwamm gibt ein un-
sicheres Resultat, indem er oft nicht Schmerz verursacht, wo geringer Druck sehr bedeutenden hervorbringt. Verwechselt kann Spinalirrit. werden mit
mancherlei anderen Krankheiten der Wirbelsäule:
Caries, chronische Entzündung der Knochen und
Bänder u. s. w., Spinalirritation, die nur ein Erethismus des Rückenmarks ist, und chronische oder
acute Entzündung des Rückenmarks und seiner Häute
der verschiedensten Natur, sind verwandte Uebel und
wohl dem Grade nach nur unterschieden. Als Krankheiten, die oft einer Spinalirrit. ihren Ursprung verdanken, sind zu nennen: Hysterie, Veitstanz, Ner-
venschmerzen, Brustaffectionen, Asthma, Brustkrampf,
besonders Krampfhusten (woher schon die älteren
Aerzte in hartnäckigen Fällen der Art ein ableitendes Pflaster zwischen die Schulterblätter zu legen

pflegten), Krampfübel, unter der Form von allgemeinen und localen Krämpfen auftretend, fixer Schmerz im Fundus uteri während der Schwangerschaft. Secundäre Spinalirrit. findet sich bei Hydrothorax, Pneumotuberculosis, Prosopalgie, chronischem Uterinleiden, chronischem Leberleiden, Menstrualanomalien, kaltem Fieber.

Prognose immer ungewiss; manchmal gelingt es sehr rasch, die primäre Form mit dem von ihr bedingten Uebel zugleich zu heben ; andere Male bringen wir nur Linderung, oder die Heilung geht nur sehr langsam von Statten. Oft ist sie nicht dauernd, und das Uebel kehrt nach längerer oder kürzerer Zeit wieder.. Die secundäre Form schwindet nach Hebung der Krankheit, welcher sie sich zugesellte, aber eine gegen die Spinalirrit. gerichtete Behandlung erleichtert oft, wenn auch nur temporär, die Krankheit. S. Tuberculose etc.

Therapie. Bei der primären Form dienen Egel und Vesicatorien, welche letztere man gerne in Fontanelle verwandelt. Sinapismen sind nicht zu empfehlen. Bei secundärer Form darf man das Grundleiden nicht unbeachtet lassen. Fontanellen auf den schmerzhaften Theil oder in die Nähe gehören zu den vorzüglichsten Mitteln. Blutige Schröpfköpfe werden von Einigen als das beste Mittel empfohlen. Einreibungen von Mercursalbe und Jodeinreibungen zieht man nur dann in Gebrauch, wo man syphilitische Diathese vermuthet. Kalte Waschungen und Begiessungen des Rückgrats erleichtern nur anfangs. Warme Bäder sind oft nützlich. Unter den innern Mitteln ist vorzüglich Chinin empfohlen. Arsenik, Opium Morphium haben sich, wie es scheint, unwirksam gezeigt. Drastica wurden in England zuweilen nützlich gefunden und dürfen bei abdominellen Ursachen nicht vernachlässigt werden. Calomel nützt nur manchmal. Valeriana, Castoreum, Eisen werden in Fällen, wo das Leiden als reine Neurose zu bestehen scheint, oder wo es von Chlorose, Anämie begleitet ist, zu versuchen sein. Einreibungen gegen Spinalirritation und Neuralgie aus ℞ Extr. belladonnae ʒj; Morphii acet. gr. vjj; Liniment. saponat. camphorat. ℥ij. Misce täglich einzureiben. Horizontale Lage, Abführmittel (aus Ol. Croton) verbunden mit leichten Eisenpräparaten sind die Hauptmittel zur Kur, unterstützt von Einreibung von Unguent. tart. emet. auf die empfindliche Rückenstelle. Vergl. Rückenmarkskrankheiten. —

Splenitis. S. Milzentzündung.

Sprachschwierigkeit. S. Aphonie.

Sputa; chemisch-mikroscopische Untersuchung derselben. Die Sputa zeigen in Beziehung auf abnorme Stoffe keine besonderen Verschiedenheiten. Bei der Untersuchung hat man vorzüglich auf folgende zu sehen. 1) B l u t. Die Sputa erscheinen mehr od. weniger rosa, röthlich od. gleichförmig gefärbt, keine dunkle Streifen und keine Blutkörperchen unter dem Mikroscope, sie zeigen mit Salpetersäure Albumin. b) Geflossenes Blut; die Sputa sind stark gestreift, oder intensiv blutroth gefärbt, untermischt mit Blutcoa-

gulis, zeigen unter dem Mikroscop Blutkörperchen.
2) Eiter. Die Sputa erscheinen gelb oder grünlich
gefärbt, aber auch nicht eiterhaltige erscheinen so.
Man muss den Eiter zuerst gehörig trennen; die
Sputa werden mit wenig destillirtem Wasser geschüttelt, die Eiterzellen suspendiren sich im Wasser,
welches man abgiesst und separirt absetzen lässt, in
diesem Sediment suche man nun unter dem Mikroscop
den Eiter. Die Sputa sind immer albuminös. Die
chemische Untersuchung des Eiters, um ihn vom
Schleim zu unterscheiden, ist beim Auswurfe von
grosser Wichtigkeit. Mischt man Eiter auf einem
Uhrglase mit Aetzkalisolution, so entsteht eine steife
Gallerte; dieses findet beim Schleime nicht statt,
dieser bleibt dünnflüssig. Eine 2te Probe ist: Kocht
man den Schleim mit Salzsäure an der Weingeistlampe, so findet sich eine schwach röthliche Färbung
ein. Kocht man Eiter mit Salzsäure, so gibt sich
eine dunkel violette Röthe; je lösartiger der Eiter
ist, desto schneller tritt diese violette Färbung ein.
Ferner: Filtrirt man Eiter, so ist im Filtrat immer
Eiweiss enthalten, das sich mit Salpetersäure sogleich zu erkennen gibt; im filtrirten Schleime ist
das Eiweiss aber nicht enthalten. Eiweiss ist daher
ein immerwährender Begleiter des Eiters. 3) Albumin. Oft erscheinen grosse Mengen davon, besonders bei sich lösenden Pneumonien; bei Resorption
eines Exsudats; man findet in der Höhe der Entzündung nur höchst wenig Albumin, mit der Besserung
erscheint immer mehr oft eine so grosse Menge,
dass die Sputa durch Erhitzen oder durch Salpetersäure fast so fest wie Eiteralbumin erstarren. 4) Tu-
berkelsubstanz, besonders theilweise verkalkte
Stückchen sind oft beigemischt, diese zeigen eine
amorphe Granulation und einen starken Rückstand
beim Verbrennen am Platinlöffel. 5) Lungenstück-
chen, zeigen grosszellige Structur und feine Gefässe
unter dem Mikroscop. 6) Zucker bei der Mellíturie,
nicht allein im Speichel, sondern auch in den tuberkulösen Sputis; es zeigen wohl die Sputa für sich
durch die Zuckerprobe (S. Harnruhr) den Zucker,
doch ist es besser, ihn aus dem abgedampften Rückstand mit Alcohol auszuziehen.

Stammeln. S. Aphonie.
Starrkrampf. S. Tetanus.
Starrsucht. S. Catalepsie.
Stase. S. Congestion.
Steckfluss. S. Catarrhus suffocativus.
Sterilitas. S. Unfruchtbarkeit.
Stimmlosigkeit. S. Aphonie.
Stomacace. S. Mundfäule.
Stomatitis exsudativa. S. Aphthae.
Strangurie. S. Harnblasenkrankheiten Nr. 3.
Stuhlverstopfung. S. Verstopfung.
Stummheit. S. Aphonie.
Sudor anglicus. Der englische Schweiss.
Symptome. Trat im 15ten und 16ten Jahrhunderte
epidemisch auf, auch im Jahre 1802 sah man eine
kleine Epidemie. Ein hitziges Flussfieber mit gros-
sem Nervenleiden. Miasmatisch. Zwischen Wohlsein

und Tod nur eine kurze Frist von 5—6 Stunden oder
Entscheidung höchstens in 24 Stunden. Es gab sehr
gefährliche Formen, in welchen der wesentliche Zufall, der schmelzende Schweiss abging. Vorboten
fehlten, höchstens etwas Herzklopfen, ohnmacht-
ähnliches Sinken der Kräfte, oder auch rheumatische
Leiden verschiedener Art, endlich widriger Geschmack
und übler Geruch aus dem Munde. Frost mit kurzem
Schüttelfroste und Zittern mit folgender fort und fort
zunehmender Hitze selbst mitten im Schlafe, Kriebeln oder Ameisenlaufen in den Händen und Füssen,
schmerzhafte Gefühle unter den Nägeln, höchste Ermattung, Hirnzufälle, rasende Fieberwuth, oder
dumpfes Kopfweh, furchtbare Schlafsucht, die; wurde
sie nicht standhaft überwunden, den sichern Tod
durch Schlagfluss herbeiführte. Zuweilen wurde das
Gesicht blau aufgedunsen, daher grosse Athmungsbeschwerden, Herzklopfen. Stinkender Schweiss über
den ganzen Körper entweder heilbringend oder verderblich als vergebliches Heilbestreben. Ergriffensein des Rückenmarks, Zuckungen, Ekel, Erbrechen,
Nackenschmerz; ziehende Schmerzen in den Oberarmen. Nierenthätigkeit u. Stuhlgang dabei ununterbrochen fortdauernd. Zuweilen nach überstandenem
Schweisse Frieselbläschen. Wurde der Schweiss im
Verlaufe der Krankheit unterdrückt, so folgte sicher
der Tod. Befiel mehrmals dasselbe Subject.

Therapie. Das sogenannte altenglische Verfahren
war das beste. Man vermeide den Schweiss, das über-
mächtige Heilbestreben noch mehr anzuspornen. Man
lasse die Heilkraft frei walten, beseitige nur die Hindernisse. Decke die Kranken nicht zu sehr mit
Fetterbetten zu, behandle sie vielmehr kühl, gebe
Limonade zum Getränke, decke sie nur mässig zu.
Man wende Alles an zur Abwendung der Schlafsucht,
durch Riechessig, sanftes Rütteln etc. Keine erhitzende Behandlung, sondern eine kühlende ist
nöthig. Frische Luft im Zimmer. Mineralsäuren,
Chlor, Schwefelsäure; in einzelnen Epidemien waren
V.S. das Beste.

Südliche Krankheiten oder die Krankheiten in den heissen Zonen. Die Hitze in den
Tropen bewirkt einen stärkeren Zufluss der Säfte in
die Haut; diese enthält dadurch ungleich mehr und
stärkere Lymph- und Blutgefässe, sowie Nervenäste,
und daher sind Vitalität, Sensibilität und Aushauchung
bedeutender und Hautkrankheiten zahlreicher und
intensiv stärker, als im Norden. Hier überwiegt das
venöse System das arterielle, die Thätigkeit der
Leber ist auffallend gesteigert, die Gallenabsonderung verstärkt, und das Pfortadersystem stärker
entwickelt, daher die Krankheiten des Lebersystems
im Süden einen bestimmtern und schärfern Charakter
zeigen. Aber Hitze und Licht wirken nicht blos als
directe Hautreize, sondern beide besitzen auch einen
lebhaften reizenden Einfluss auf das Harn- u. Nervensystem theils direct durch unmittelbare Einwirkung
der Hitze auf den Kopf, theils sympathisch von der
Haut aus. Der Schlaf ist in den heissen Ländern
ungleich kürzer, und dieser Mangel an erquickendem

und stärkendem Schlaf muss als eine Hauptursache
betrachtet werden, wesshalb die idiopathischen Hirn-
und Nervenkrankheiten in jenen Gegenden ungleich
häufiger vorkommen und zugleich weit gefährlicher
sind. Die Tropenländer sind von allen Ländern der
Erde die feuchtesten. Die Feuchtigkeit ist bekanntlich, in Verbindung mit Wärme, das kräftigste und
allgemeinste Auflösungsmittel, und sie äussert daher
den grössten Einfluss auf die Bildung und Zerstörung,
auf das Leben und das Absterben in der organischen
Natur. Die Tausende von Insekten, welche nach
jedem Regen entstehen und schnell in Verwesung
übergehen, die nachtheiligen Emanationen aus den
verwesenden Pflanzen, Blumen, Blättern u. Bäumen;
die rasche Absorption des fortwährend verdunstenden
Sumpfwassers, in welchem Myriaden von Thierchen
sich erzeugen; die frischen Abend- und Nachtwinde;
der übermässige Genuss gesalzenen Fleisches, reizender Gewürze u. wasserreicher Gemüse u. Früchte,
sind in Verein mit der Nässe die häufigsten und allge-
meinsten ursächlichen Momente der in den heissen
Ländern vorkommenden Krankheiten. Unter den
Tropen herrschen nur 2 Jahreszeiten: die heisse und
die Regenzeit. Während letzterer, die gegen 3 Monate dauert, herrscht eine gelindere Temperatur, und
die Eingebornen, welche für diese Jahreszeit ungleich
empfindlicher als wir für unsern Winter sind, leiden
während ihrer Dauer besonders an Lungenkatarrhen,
Pleuresien und Pneumonien, die schnell in Hepatisation der Lungen übergehen. Lungensucht ist seltener, doch kommt sie auf den Antillen und unter
dem Aequator häufig vor, verlauft acut und tödtet
rasch. Die Pocken herrschen endemisch in Arabien,
Abyssinien und Aethiopien. Der Aussatz ist ursprünglich in den heissen Gegenden Arabiens, Sy-
riens und Egyptens entstanden, und kommt gegenwärtig fast nur in den heissesten Tropenländern vor,
besonders in Afrika tritt er unter den verschiedensten und ekelhaftesten Formen auf; er ist auch in
Amerika eingedrungen, in Guiana, Brasilien und Peru
erscheint er; in den mittäglichen Gegenden Asiens,
Coromandel, Siam, Persien, Syrien, Kleinasien, auf
den meisten Inseln im Ocean richtet er grosse Verwüstungen an. Personen mit vorwaltendem lymphatischem Systeme werden am leichtesten befallen. Die
Krankheit ergreift vorzugsweise die Haut, die Membranen, die Drüsen und Knochen, und zu ihren häufigsten ursächlichen Momenten gehören: eine nasse
mit dem Sumpfmiasma verunreinigte Luft; die kalten
Nächte, welche in den Tropenländern so häufig auf
die glühend heissen Tage folgen; die schlechte Beschaffenheit der Nahrungsmittel; fette, verdorbene
Fische, gesalzene und geräucherte Fleischspeisen,
Schweinefleisch und die Unreinlichkeit. Der Aussatz
ist erblich und contagiös. Die Elephantiasis der
Araber herrscht endemisch in Egypten, auf Ceylon,
Malabar, fast in ganz Afrika, in Amerika und Bar-
bados; ist unter den Negern allgemein verbreitet.
Die Krankheit besteht in einer eigenthümlichen Entzündung der lymphatischen Gefässe, wobei die Haut

und das Zellgewebe nach dem Laufe dieser Gefässe
aufschwillt. Die Indier gebrauchen zu ihrer Heilung
die in Stücke zerschnittene Eidechse Lacerta anolis
und lassen jeden Morgen die rohen und noch zittern-
den Stücke von Dreien dieser Reptilien bis zur Genesung geniessen. (S. Lepra.) Die Pians besitzen
eine grosse Aehnlichkeit mit den grossen Pocken-
pusteln. Man pflegt diese Krankheit als eine der
furchtbarsten Varietäten der Syphilis zu betrachten.
Sie sind erblich, oder auch so ansteckend, dass eine
augenblickliche Berührung des Körpers oder selbst
der Kleidungsstücke eines davon befallenen Individuums hinreicht. Sie befallen gewöhnlich nur einmal. Sie stammen ursprünglich aus Afrika und wurden durch die Neger nach den Antillen verschleppt.
Mercur, schweisstreibende und Arsenik enthaltende
Mittel sind bisher mit dem besten Erfolge dagegen
angewendet worden.

Die Crabes, eine Art rother Fungus, welche die
Pians begleiten, die Krätze, die Flechten, die Rosen
u. die Phthiriasis sind Krankheiten, welche in Egypten,
Arabien, Afrika, Spanien und Portugal sehr häufig
vorkommen. Augenkrankheiten sind in Egypten,
Armenien, Syrien, Malabar, Siam, Japan, Guinea,
Abyssinien und an den Meeresküsten der heissen
Länder allgemein verbreitet. Das Schlafen des Nachts
in der kalten Luft auf Terrassen trägt daran viel
Schuld. Leberkrankheiten sind in heissen Ländern
sehr häufig, die Bewohner der Tropenländer besitzen
das stärkste biliöse Temperament; daher auch acute
und chronische Leberentzündungen, Gelbsuchten,
Carcinoma, Hypertrophien und Abscesse der Leber
fast als endemisch betrachtet werden können. Als
Hauptursachen der in den heissen Ländern so häufig
auftretenden Unterleibsentzündungen u. schnell tödtlichen Dysenterien muss man die plötzliche Unterdrückung der Hautausdünstung, das Trinken des
kalten Brunnenwassers und den übermässigen Genuss
von Früchten, Gewürzen und anderen Excitantien
betrachten. Das Miserere herrscht in Goa und Ben-
galen, der Volvulus, tödtliche Durchfälle und Ruhren
in Kleinasien, Malabar, Siam, Java, Egypten, Mauri-
tanien, auf den Antillen, in Brasilien, Cayenne und
Surinam. Die Cholera und das gelbe Fieber sind in
Indien und Amerika endemisch. — Gehirnentzündungen, Phrenesien, Arachnitis, Cephalitis, Faul- und
bösartige Nervenfieber kommen in heissen Ländern,
wo die brennende Hitze, die stete Aufreizung des
Nervensystems und die Verwesung der thierischen
und vegetabilischen Stoffe als eben so viele gelegentliche ursächliche Momente wirken, sehr häufig vor,
und zeichnen sich durch ihre Tödtlichkeit aus. Die
bösartigen Nervenfieber sind in Arabien zur Zeit allgemein verbreitet, wenn der Samum weht; in Persien
während der heissen Jahreszeit, wo der Musson weht.
In Siam, auf Formosa, in Timor und auf Ceylon herrschen faulige Nervenfieber, in Mozambique das torpide Nervenfieber, und acute Gehirnentzündungen
treten in allen Gegenden des heissen Erdgürtels auf.
Die Nervenfieber nehmen leicht einen gefährlichen

Charakter an, verlaufen sehr rasch und sind von
furchtbaren Krisen begleitet; überhaupt aber compliciren sich fast alle Krankheiten mit typhösen Symptomen. Die Wechselfieber mit oder ohne gastrische
oder biliöse Complicationen, sind in den Colonien so
allgemein, dass sie allen Krankheiten sich zugesellen,
und den Charakter und Typus derselben verlarven.
Von der so gefährlichen Febris subintrans duplex
tertiana werden besonders die noch nicht acclimati-
sirten Europäer und selbst Creolen befallen, wenn
sie einige Zeit von den Colonien abwesend gewesen
sind. Dieses Fieber ist auch wohl desshalb mit dem
gelben Fieber verwechselt worden, weil die Kranken
dabei galligtes Erbrechen haben, und zugleich eine
gelbe Färbung der Haut und der Bindehaut eintritt.
Sie entstehen durch Diätfehler, durch feuchte Hitze
und Insolation. Die charakteristischen Symptome
der bösartigen typhösen intermittirenden Fieber, die
ebenfalls in den heissen Ländern sehr häufig sind,
bestehen in Verdunkelung des Gesichts, Blässe, Erbrechen, Ohnmachten, Bewusstlosigkeit, kalten Schweissen, Krämpfen, wüthenden Delirien, Schaudern, Sinken der Kräfte u. schwacher, endlich ganz erlöschen-
der Respiration und Circulation. Aderlässe haben
bisweilen zu Anfang der Krankheit gute Dienste geleistet; wenn jedoch die gelindeste Remission eintritt, dann müssen kräftige rothmachende Mittel und
grosse Dosen Chinin. sulphur. rasch hinter einander
angewendet werden. Die Frage über Leben und Tod
wird in der Regel schnell entschieden. Das Frühjahr
bringt regelmässig in Egypten bösartige Fieber hervor, die mit den oben benannten eine grosse Aehnlichkeit besitzen, nicht selten epidemisch werden u.
auch wohl mit der Pest verwechselt sind. Aderlässe
mindern die Gefahr, das Chinin. sulphur. gilt als
Specificum, und durch eine streng vegetabilische
Diät und Meiden der Fleisch-, Fisch- u. Eierspeisen
kann man dem Entstehen dieser Krankheit vorbauen.
Die Pest herrscht endemisch in Syrien, an den Küsten
der Barbarei, in Constantinopel, Egypten und Kleinasien. (S. diesen Artikel.) Am bedeutendsten und
gefährlichsten sind die in den heissen Ländern unter
den mannigfachsten Formen auftretenden Neurosen.
Krämpfe, Convulsionen, Tetanus, Epilepsie, Hysterie,
Hypochondrie, Catalepsis, Paralysen u. s. w. kommen
sehr häufig vor. Besonders leiden Viele im Innern
Afrika's, in Senaar, Guinea, Abyssinien und Mada-
gascar an Epilepsie. Der schroffe Uebergang von
Wärme zu Kälte wirkt besonders nachtheilig auf die
Kinder ein und ruft Epidemien tödtlicher Convulsionen, Trismus und Tetanus hervor. Auch Helminthen
erzeugen diese Krankheiten. Die acuten Krankheiten pflegen häufig unter heftigen convulsivischen
Zufällen einzutreten. Die Zahl der Irren aller Art
ist in den südlichen Gegenden Asiens sehr bedeutend, besonders unter den Religionsschwärmern. Die
Syphilis ist in den heissen Ländern sehr gelinder
Natur, sie heilt dort oft ohne alle Kunsthülfe. Wassersuchten, Hautwassersuchten und seröse Infiltrationen sind unter den Tropen ebenfalls sehr häufige

Krankheiten, da die feuchte. Atmosphäre, die erschlaffende vegetabilische Diät, und die vorwaltenden Obstructionen der Leber und der Baucheingeweide ihr Entstehen besonders begünstigen. Der Scorbut, obwohl hauptsächlich in den kalten Erdstrichen zu Hause, verschont auch die Bewohner heisser Zonen nicht, er ist auf den Antillen gleichsam constitutionell geworden. Hämorrhoiden kommen in heissen Ländern sehr häufig vor, ebenso Mutterblutungen. Die Behandlung muss in den heissen Zonen rasch u. kräftig sein, wie die Krankheiten selbst, daher sie denn auch mit der wirksamen Behandlungsweise in den gemässigten und kalten Ländern nicht die entfernteste Aehnlichkeit hat. Blutentziehungen, die sonst so nothwendig sind, leisten, wie die Erfahrung gelehrt hat, in den Tropenländern, selbst beim Beginn acuter Krankheiten, selten Dienste; wohl aber haben tonisirende Mittel im Allgemeinen sich sehr heilsam bewiesen. Gegen jene furchtbaren Hautkrankheiten, gegen welche die Kunst nur noch so lange etwas vermag, als das Uebel noch nicht zu sehr veraltet ist, wirken diätetische Mittel noch am besten. Frische Pflanzensäfte, gesunde Nahrung, von welcher Fische, Eier und Salzfleisch ausgeschlossen sind, Bäder u. Reinlichkeit wirken besser als Schwefel und Mercur. Bei Leber- und Unterleibskrankheiten leisten Calomel, Opium und Ipecacuanha häufig gute Dienste. Die Convulsionen und bösartigen intermittirenden Fieber verlangen starke Dosen China, Chininsulphur. Ebenso nützlich erweisen sich Camphor, Salmiak, Tart. emet. und grosse Zugpflaster. Der übermässige Gebrauch narcotischer Mittel zieht die traurigsten Folgen nach sich, kleine und seltene Gaben hingegen stimmen die zu stark erregte Sensibilität herab und vermehren die Circulationsthätigkeit und Muskelkraft. Uebermässige Tafelgenüsse, entnervende Vergnügungen und lasterhafte Ausschweifungen verzehren dort die meisten Kräfte. In den Privat-Apotheken in heissen Ländern hält man vorräthig: Tart. emet., Ipecacuanha, Opium, Vesicantia, Mercurialia, Chinapräparate, Ammon., Rheum, Essig, Chamomill., Schwefelsäure, Chlor, Senf, Seidelbast, Camphor, Eisenpräparate, Sassaparill, Moschus, Aloë, Quajac, Cinnamom., Capsic., Scilla, Jalappa. Ankömmlinge aus kalten Klimaten, die sich nicht wohl befinden, Symptome der endemischen Krankheit oder des gelben Fiebers, der Pest etc. bekommen, nehmen Emet., Tamarinden. Sind faulige Krankheiten endemisch oder epidemisch, so nehmen sie auf das Brechmittel China gr. 30—40 alle 3—4 Stunden, bis etwa auf ℥j. Sie müssen die höher gelegenen Gegenden bewohnen, wo die Luft rein, nicht so drückend schwül ist. Man nehme öfters Rheum. Bei jeder Mahlzeit etwas Tr. chinae Robert-Whytt.; guten Branntwein, Maderawein. Ankömmlinge dürfen sich der Sonne nicht sehr aussetzen, zumal mit blossem Haupte. Sie bekommen Jucken oder Hitzblattern, Hautausschläge, welche wie Flohstiche aussehen; diese kleine Unbe-abgerechnet, müssen die Leute glauben, einer guten Gesundheit. So wird die

Masse des Blutes und der Säfte allmählig gereinigt
und man ist acclimatisirt, wenn eine gewisse Blässe
der Haut auf den frischen Teint der kalten Klimate
folgt; wenn aber diese Hautausschläge nicht stattfinden, oder wenn man sie plötzlich unterdrückt,
wenn man einen Stich der Sonne bekommt, weil man
sich ihr zu sehr ausgesetzt hat, oder wenn man an
warmen, nicht hinreichend gelüfteten Orten schläft,
dann steht ein hitziges Fieber bevor, welches sich
durch Anwandlungen von Schwindel, oder heftige
Kopfschmerzen, Schmerzen in den Lenden, Brechneigung, Blutflüsse u. s. w. erklärt. Eine V.S. mässigt
das Fieber, aber zu oft wiederholt, tödten die V.S.
Erfrischende Laxantia, Tamarinden, Limonien mit
etwas Tart. emet. thun gute Wirkung. Die Emet., den
Tart. emet. etc. gibt man in einem Dct. Tamarindor.
mit Zitronensaft; die Kranken werden alsdann durch
das Erbrechen nicht so heruntergebracht. Ruhren,
Flüsse, gastrische und galligte Fieber, Halswehe,
Fussgeschwüre, Stiche mit entzündlichem Charakter
kommen in heissen Gegenden, wo die Morgen sehr
kühl sind, oder in den heissen Gegenden mit hohen
Abdachungen, Bergen etc. öfters vor, ebenso bösartige, krebsartige Fussgeschwüre. Trismus, Tetanus
ist in manchen Gegenden nicht selten. In den Tropenländern wird bei den neuangekommenen Europäern
durch den die Oxydation beschränkenden Einfluss der
Hitze zuerst die Secretion der Galle und des Pigments vermehrt, die Thätigkeit der Leber und des
ganzen Verdauungsapparats wird erhöht, um die
rechte Mischung der Säfte dennoch zu erhalten. Dies
geht aber nur bis auf einen gewissen Punkt, dann
stockt die Secretion und die übermässig angestrengten Organe erkranken; daher entstehen dann die
Ruhren, Diarrhoen, Leber- und Magenschleimhaut-
Entzündungen etc. Es kommen oft Vergiftungen durch
Pflanzen, giftige Thiere vor; man halte sich in solchen Fällen an Emetica, Oel, Ammonium, Essig. —
Sind mit dem Hinsinken der Kräfte und mit dem
matten Pulse Delirien verbunden, so gibt man Capsicum, Chlor, Schwefelsäure, China. — Hautkrankheiten sind dort sehr häufig. Man halte stets im
Auge, dass die Krankheiten der südlichen Länder
Neigung zum torpiden, putriden Charakter haben, zu
Profluvien, Cholera etc.; Chlor, Ammon., China, Tart.
emet., Säuren, Camphor sind die Hauptmittel. Die
Diarrhoen, welch in Italien Reisenden aus nördlichen
Ländern nicht selten gefährlich werden, schreibt man
dem Genusse der starken italienischen Weine zu,
welche dieselben theils aus früher Gewohnheit zu
trinken, theils in der Meinung, sich damit gegen den
erschlaffenden Einfluss der Hitze zu schützen, unvermischt zu sich nehmen. Man räth daher den Nordländern in Italien und gewiss in südlichen Gegenden
überhaupt, immer nur wenig Wein und stets mit
Wasser vermischt zu trinken; hat sich aber Jemand
durch den übermässigen Genuss des Weines eine
stürmische Diarrhoe zugezogen, so helfe nichts schneller und sicherer, als das ausschliessliche Trinken von
Limonade. Die Natur hat vielmehr die Bewohne-

heisser Länder und Die so sich auch nur zeitweise in demselben aufhalten, an den Genuss der herrlichen aromatischen sauern Früchte gewiesen, welche die Glut der Sonne dort zur Reife bringt. (Friedmann: Ueber Arzneikunde auf Kriegsschiffen, Acclimatisation in den Tropenländern und die vorzüglichsten Tropenkrankheiten. Erlangen 1850. — Dutroulau (Gaz. méd. 1850. Nr. 33.): Ueber Krankheiten auf Seeschiffen. — Aubert-Roche: Essai sur l'acclimatement des Européens dans les pays chauds — Ann. d'hyg. publ. Avr. 1844. Cannstatt's Jahresber. für 1844. Bd. VII. p. 51.) Das Kriegsschiff vergleicht Fridmann mit einer belagerten, schwimmenden Festung, in welcher Sparsamkeit und sorgfältige Benützung des kleinen Raumes zu den obersten Grundsätzen gehören. Schlechte Lebensmittel, verdorbenes Wasser, die feuchte, sauerstoffarme, dagegen an Chlor und Jod reiche Seeluft, der häufige Wechsel des Klima, die Eintönigkeit des Seelebens und der Mangel an Bewegung wirken hier zusammen, um häufige Krankheiten zu erzeugen. Hinsichtlich der Prophylaxis auf Kriegsschiffen wird erwähnt, dass es höchst nachtheilig für die Mannschaft sei, des Nachts auf den meistens feuchten Brettern des Verdeckes zu schlafen, indem hiedurch Cholera, Dysenterie u. gelbes Fieber entstehen können. Ueberhaupt sei das Schlafen unter freiem Himmel in den Tropenländern schädlich. Es ist ferner dringend nothwendig, täglich nach dem Reinigen des Schiffes sogleich für schleunige und vollkommene Austrocknung der Luft zu sorgen, durch sog. Kühlesegel oder durch ein Gemenge von Mangan superoxyd mit Kochsalz, welches mit Schwefelsäure übergossen wird, wodurch sich Sauerstoff und Chlordämpfe entwickeln. Das gesalzene Rind- und Schweinefleisch, die gewöhnliche Kost der Matrosen, muss, um nicht in Fäulniss zu gerathen, an einem trockenen Orte oder in luftdicht verschlossenen Gefässen aufbewahrt werden. Sobald das Schiff auf einer Rhede angekommen, sollte der Mannschaft dann frische Nahrung anstatt der Seekost verabreicht werden. Das Trinkwasser kann man, wenn es schlecht geworden ist, durch Schütteln mit Braunstein oder Kalk und nacheriges Durchseihen klären. Unter den gegohrenen Getränken ist ein gutes Bier weit gesundheitszuträglicher, als Grog oder Genever, Kaffee ist nicht zu empfehlen, ebenso wie die destillirten Getränke. Verf. räth zu häufigen gymnastischen und Schwimmübungen für die Matrosen, aber nicht zum Baden in halbsüssen Wassern an der Mündung der Flüsse, wodurch Wechselfieber entstehen.

Europäer sollen in Tropenländern mehr Pflanzen- als Fleischkost geniessen, überhaupt weniger essen, wenig oder gar keinen Wein trinken, nicht rauchen. Früh aufstehen, und Aufenthalt im Freien des Morgens ist zu empfehlen, weniger günstig wirkt die Abendluft; nachtheilig ist ein langer Schlaf besonders während des Tages. Gut ist es, viel Obst, Ananas, Pisang, Pimpelnuss zu geniessen. Reines

Quellwasser, Limonade; oder Wasser mit Wein zum Getränke; ferner ist es räthlich, täglich zu baden.

Gegen Nausea marina empfiehlt Fr. prophylactisch aromatische Tincturen, welche selbst bei eingetretenem Erbrechen gut sind. Bei anhaltendem Erbrechen Sinapismen oder reizende Fussbäder. Zwieback, mageres, gebratenes Fleisch werden am besten noch vertragen, zum Getränk kaltes Wasser, Wein oder Bier. In den Tropenländern wirke eine nicht zu lange dauernde Seekrankheit gewöhnlich wohlthätig auf den übrigen Organismus zurück.

Sommerkrankheiten bei uns: Durch anhaltend extreme Hitze werden im Sommer die Krankheiten gerne gastrisch biliöse. Die meisten Menschen verspüren die Rückwirkung der heissen Tage und warmen Nächte auf ihren Körper. Verminderte Oxydation des Blutes durch den absolut geringen Sauerstoffgehalt der verdünnten, warmen Atmosphäre, vornehmlich Carbonisation des Blutes aber durch geminderte Einwirkung des Sauerstoffs auf das Blut u. vermehrten Wassergehalt der Atmosphäre, gesteigerte wässerige Hautausdünstung sind allgemein alsdann und nothwendig. Alle Welt fühlt sich alsdann bei der grossen Hitze ermattet, erschlafft, körperlich und geistig unthätig, das Nahrungsbedürfniss gemindert. Die Wirkung der Sommerhitze ist in unseren Zonen absolut und relativ viel stärker als in den südlichen Gegenden, weil bei uns die Wärmegrade höher (täglich bei uns z. B. bis zu 28°, während in Neapel nur + 25"), die Tage länger, die Nächte wärmer, ohne Thau, unser Körper empfindlicher u. unsere Wohnung, Kleidungs- und Nahrungsgewohnheiten nicht dafür eingerichtet sind. Die Disposition zu Krankheiten ist daher bei allen gegeben, (bei hoher Sommerhitze) und kommt um so eher zum Ausbruche, als die Gelegenheitsursachen nicht gemieden, die früher gewohnte, im Sommer bei grosser Hitze unpassende Lebensart nicht geändert wird. Wir sollten die Lebensart der Südländer adoptiren, in kühlen, schattigen Räumen wohnen, jede Arbeit in der Mittagszeit und Sonnenhitze meiden, jede Schweisserregung verhüten, nur wenig hitzende, mehr kohlenstoffige u. stickstoffige, fettige u. weingeistige Nahrung, kühlende, erfrischende und belebende Getränke geniessen, unsere Kleidung sollte leichter, mehr aus Leinen und Baumwolle als aus Wolle bestehen, und wir hätten nicht so regelmässige und allgemeine Sommerkrankheiten, wie die Diarrhoen und Cholera aestiva. Nur von Einigem zu reden, corrigiren wir im Sommer wenigstens unsere Speise nach dem Jahrescharakter. Wie für die anderen Monate des Jahres durch Klima und Jahreszeit gerechtfertigt, geniessen wir auch in den heissen Sommertagen mehrmals des Tags Fleisch, lassen nicht ab von den fetten Fleischbrühen und den geschmelzten Gemüsen, und glauben auch für diese Zeit ein gut gefüllter Magen sei das beste Praeservativ gegen alle Krankheiten. Wenn es schon wahr ist, dass reichliche Ernährung jede äussere Schädlichkeit leichter abwehrt und die locale Erkrankung leichter ausstösst, so gilt dies

doch nicht von unpassender Nahrung. Der erschwerte Respirationsact wegen geringer Innervation
und Erschlaffung der Muskeln, und der geminderte
Respirationsprocess wegen absolut vermindertem
Sauerstoff in absolut vermehrten Wassergas und
Kohlensäuregehalt der Atmosphäre, macht es unmöglich, zumal bei der geringen Körperbewegung, eine
erhitzende, viel Sauerstoffaufnahme voraussetzende
Nahrung zu ertragen, wie dieses Speisen sind, welche
viel Stickstoffbestandtheile und überflüssigen Wasser-
stoff enthalten oder Nahrungsmittel, welche eine starke
Verdauungsthätigkeit voraussetzen. Ihr Uebermaass,
resp. Gleichmaass mit den übrigen Monaten gibt
Krankheitsdisposition oder selbst Krankheit. Die
Südländer geniessen gar keine animalische Kost, sie
verursacht im Süden Diarrhoen. Ebenso verhält es
sich mit den Getränken. In Neapel geniesst kein
Lazeroni Wasser ohne Eis und einigen gewürzigen
Zusatz durch ätherische Oele, Liqueure oder Wein.
So auch ist uns bei stärkerer u. ungewohnter Sonnenhitze unvermischtes Wassertrinken geradezu schädlich. Die durch die Hitze geminderte Innervation
und die erschlaffenden Gewebe der Därme bedürfen
zur Anregung ihrer Thätigkeit des Reizes der Kälte
und geistiger und ätherischer Beimischung, jedoch nur
in der geringen Menge von Gewürz. Durch unser
temperirtes Brunnenwasser von 1—10° R. und seine
Reizlosigkeit werden die schlaffen Darmwände noch
mehr erschlafft, und es tritt jene wässerige, gallenlose
Diarrhoe ein, welche das Analogon der profusen
Schweisse der Haut, und nachfolgender Lähmung der
peripherischen Gefässe durch die geringste Anstrengung bei der Sonnenhitze. Kissinger- od. Selterserwasser mit Eis u. Zusatz von Liqueur u. Wein, mit Zucker
oder Pflanzensäure sind die zuträglichsten, in dem In-
stinkt der Südländer längst geübten, wohlthätigen Getränke. In Bayern dagegen reservirt man für die heissen
Sommermonate das stärkste und hopfenreichste Bier,
welches nur durch das Zuviel des Alcohols und verstärkten Zusatz des Hopfens undienlich ist. Der
Alcohol gibt bei seiner Elementarzerlegung viel freien
Wasserstoff, welches zu seiner Verbrennung viel
Sauerstoff verlangt, dabei starke Erhitzung verursacht; der Bitterstoff des Hopfens bei seiner Reich-
haltigkeit im Sommerbiere wirkt aber lähmend auf
das Nervensystem und erhöht somit den Effect der
erschlaffenden Sonnenhitze. Auf der Hochebene Alt-
bayerns, wo die Nächte immer kühler und bewegte
Luft ist, also auch die Wirkung der gehemmten Sonnenhitze alle 24 Stunden wieder ermässigt wird, mag
es weniger empfunden werden, als in den niederen
Gegenden des Rheins und unteren Mains. Bei aller
Propagation des Bierverbrauches findet dasselbe doch
im Süden keine Verehrung und auch nicht am Rheine
in den Sommertagen. Der undiätetische Gebrauch
des Bieres im Sommer gibt Krankheitsdisposition und
Krankheit, zumal bei Personen mit Hämorrhoidalanlage, denen überhaupt der Sommer die wenigst
günstigste Jahreszeit ist. Die Pflanzensäure und Koh-

lenstoffhydrate sind die wenigst erhitzenden Nahrungsmittel, weil sie zur Metamorphose ihrer End-
producte zu Kohlensäure und Wasser die wenigste
Zufuhr von Sauerstoff bedürfen. Daher sind im Sommer Pflanzensäure, Früchte, Kukummern eine so will-
kommene, zuträgliche Nahrung, daher die saure
Milch in den heissen Tagen eine so beliebte und zuträgliche Nahrung (die reiche Milchsäure nähert sich
den Pflanzensäuren), es erklärt sich, warum im heissen Sommer die Kohlenstoffhydrate Reis, Mais, Zucker
die überwiegend oft ausschliessliche Nahrung sind,
wie im Norden weingeistige, fettige und Stickstoffnahrung. Diese Thatsachen der Erfahrung stimmen
aber genau überein mit den organ. chemischen Gesetzen. Was aber von der stickstofflosen Nahrung
gilt, hat auch seine Geltung für die stickstoffhalti-
gen Nahrungsmittel. Sie sollen den plastischen Bil-
dungsprocess bedingen und befördern. Dieser ist
aber in der heissen Jahreszeit auf ein Minimum beschränkt wegen der durch die Hitze geminderten Innervation. Ein Plus der Aufnahme über den Bedarf
geht daher entweder unverändert wieder fort, oder
muss also auch die Elementarzersetzung zu Kohlensäure und Wasser zur Excretion erfahren. Manches
ist daher auch im Sommer unzuträglich, während es,
obwohl als schwer verdauliche voluminöse Nahrung,
wie Kartoffel, Kleienbrod, im Winter bei reger Verdauungsthätigkeit, gesteigerter Innervation, sauer-
stoffreicheren Luft ganz zuträglich ist.

Milch und Mais sind desshalb die ausgewählt
besten Nahrungsmittel in heisser Jahreszeit und im
Süden, weil sie keinen unnöthigen Ballast und unverdaulichen Stoffe mit sich führen. Reis hat 95%
und Mais 82% Stärkemehl (Kohlenstoffhydrat), das
Getreide, das beste, enthält blos 60—70% Stärke und
zuviel Stickstoff-Bestandtheile, die Kartoffel zu
wenig Stärkemehl (15%) und zu viel unverdauliche
Beimischungen. —

Am häufigsten und gefährlichsten befallen werden
bei enormer Sommerhitze die zarten Kinder im ersten
Lebensjahre. Es sterben viele an Cholera, Diarrhoen,
Dysenterie mit mannigfachen Complicationen des
Hydrocephalus, Convulsionen, Gastromalacie. Das
so wenig consolidirte Leben der Neugebornen ist am
meisten abhängig und leicht gefährdet durch atmosphärische Anomalien. Sie empfinden am meisten die
Nachtheile einer oxygenarmen Luft. Die Sommerhitze und den Mangel von Sauerstoff der Luft kann
man aber nur schwer corrigiren, und die Wenigsten
kennen die Nachtheile dieser atmosphärischen Verhältnisse. Man sollte gegen so aussergewöhnliche
Temperaturabweichungen auch aussergewöhnliche Mittel anwenden, nur steinerne, ganz aus Sandstein oder
Quader erbaute Häuser bewohnen, die Kinder nur in
schattigen kühlen Räumen zurückzuhalten, und die
Sonnenzeit und freie Luft meiden, die kühle Nacht-
luft in die Zimmer lassen, durch Wasserbenetzung
dieselbe entfalten und den Kleinen neben der Muttermilch nur kühles Wasser oder leichte Pflanzensäure

oder etwas Milch mit Wasser geben, oder Chlorwasser, von welchem man weiss, dass es im Organismus durch seine Verwandtschaft mit Wasserstoff Sauerstoff frei macht.

Sycosis menti. S. Lepra.

Synocha.

Symptome. Schwindel und Frost, letzter pflegt einen sehr hohen Grad anzunehmen und lange auszudauern; er dauert oft ½ Stunde, er ist dann über den ganzen Körper ausgedehnt und pflegt im Rückenmarke anzufangen. Nach demselben entsteht allmählig Hitze, die einen sehr hohen Grad annimmt. Puls ist voll, mässig schnell, und dies ist andauernd so; öfters ist jedoch der Puls klein, weich, und dann ist oft Entzündung innerer Theile, eine veränderte Circulation die Ursache. Gesicht ist roth, warm, voll, aufgetrieben, Augen glänzen, sind etwas röther als gewöhnlich, in dem Blicke liegt Ausdruck der Aufregung. Sind diese Symptome da, so sind sie immer Zeichen der Synocha, allein man findet oft auch bei Synocha das Gegentheil, z. B. Blässe, Niedergeschlagenheit etc.; dies ist oft der Fall, wo heftige Schmerzen sind. Die Zunge ist lebhaft roth, wie mit einem sehr dünnen Schleim überzogen, dabei trocken, heftiger Durst ist vorhanden, Nasenhöhlen sind trocken und roth. Kopf gewöhnlich eingenommen, Schwindel oft Irrereden, Herzklopfen. Ist im Anfange der Krankheit schon Durst da, so zeigt es gewöhnlich Synocha an, tritt er aber erst später ein, so ist oft torpider Charakter vorhanden. Urin ist sparsam, sehr hochroth, orangefarbig, geht oft brennend ab. Stuhlgang pflegt zu fehlen, oder ist sehr hart, wird mit Beschwerden ausgeleert, selten ist Durchfall vorhanden. Transpiration ist gemindert, der Kranke hat oft eine ganz trockene, gespannte, doch nicht unangenehm rauhe Haut, Gefühl, als ob sie aufgedunsen, geschwollen wäre. Manchmal Blutungen aus der Nase, das aus der Ader gelassene Blut hat Crusta phlogistica, ist sehr hart und zähe; endlich kommt es bald zu Delirien.

Therapie. Man beseitige die Veranlassung der Krankheit; man wähle solche Mittel, welche die vermehrte Lebensthätigkeit mindern, d. h. V.S., Blutegel, Mittelsalze, Nitrum, namentlich Natrum nitricum, Calomel, Natrum, Kali, Salmiak mit Tart. emet., erweichende Klystiere aus Haber und Gerste, Waizenkleien, Graswurzel, Althaea, Malva, Verbascum, Chamillen mit Honig, Leinöl, Salpeter. ℞ Nitri depur., magnes. alb., ana ℈β; alle Stund 1 Pulv. ℞ Cremor. tart. ℥j; Solv. aq. font. fervid. ℥vj; Mel. simpl. ℥j; alle Stund 1 Essl. ℞ Nitri depurat., magnes. sulph., ana ℥jβ; Aq. font. ℥vij; Mel. despum. ℥j; alle Stund 1 Essl. ℞ Nitr. depur., cremor. tart., magnes. calcin., sacch. lact. elaeosacch. citri, ana ℥β; alle Stund ½ Theel. voll. Vegetabilische Säuren, kühlende Abführmittel leisten gute Dienste. ℞ Fruct. tamar. ℥ij; F. decoct. per ½ hor. ℥vj; Sal. anglic. ℈β; Syrup. mannae ℥j; alle Stund ½ Tasse voll. ℞ Nitri puri ℈ij; Sal. Glauber. ℥j; Tart. emet. gr. j; Aq. fontan. ℥viij; Syrup. rub. idaei ℥j; alle Stund 1 Essl. S. Entzündung.

Syphilis. Die grosse Klasse der venerischen Krankheiten umfasst 2 genau geschiedene Reihen: 1) nicht virulente Krankheiten, deren Typus die Blennorrhagie, 2) virulente Krankheiten, deren Typus der Chanker ist.

I. Reihe. Die blennorrhagischen Leiden vergiften nicht die Constitution, sind nicht durch Erblichkeit übertragbar, und geben nie positive Resultate durch Inoculation weder auf der äusseren Haut, noch auf Schleimhäuten; sie sind ansteckend im Sinne der Irritantien und die einfache katarrhalisch-phlegmonöse Entzündung ist ihre gewöhnlichste Form. Nur Chanker erzeugt den Chanker, die Blennorrhoe an sich vermag dieses nicht, denn die Inoculation des Trippergiftes erzeugt keinen Chanker. Der Tripper kann unter dem Einflusse von allen Ursachen entstehen, welche gewöhnlich den katarrhalischen Entzündungen vorhergehen, so dass er, wenn er einmal entstanden ist, aus seinen ihm eigenen Symptomen unmöglich abgenommen werden kann, welche ihm seine Entstehung gegeben hat. Indessen findet man am gewöhnlichsten, dass er von einem anderen Ausflusse erzeugt wurde, und dass also der katarrhalische Schleimeiter der wirksamste Reiz zu sein scheint, um Entzündung der Schleimhäute zu verursachen. Gleichwohl gibt der virulente Eiter, welcher den Chanker absondert, sehr oft Veranlassung zu blennorrhagischen Ausflüssen; aber dann kann man sich leicht überzeugen, dass die Art, wie diese Ursache wirkt, verschieden je nach gewissen Nebenumständen, nicht immer richtig erklärt worden ist. Weiber, welche mehrere Männer, die einen mit Chanker, die andern mit Tripper oder Bubonen angesteckt haben, leiden stets nicht allein an Blennorrhoe, sondern auch an Chanker am Uterus oder der Scheide, wovon nur die Blennorrhoe sich äusserlich zeigen konnte. Wenn nicht zugleich Chanker vorhanden ist, so erzeugt der eingeimpfte Eiter nicht wieder Chanker. Ebenso umgekehrt: wird eine Frau von einem an Harnröhrentripper leidenden Manne mit Chankern angesteckt, so trug dieser in der Harnröhre auch noch einen Chanker. Bubonen, welche in Folge eines Trippers auftreten, liefern, wenn sie eitern, keinen Eiter, der Impfresultate gebe. Sie verhalten sich in diesem Falle wie Geschwülste, oder einfache Abscesse, deren Charakter sich oft auf scrophulöse, aber nicht auf syphilitische Affectionen beziehen.

Der Tripper kann einfach, entzündlich und torpid sein. Beim einfachen Tripper empfindet der Kranke 24 bis 48 Stunden oder 3—7 Tage nach der Ansteckung ein Jucken an der Harnröhrenöffnung, das anfangs in ein angenehmes Gefühl, späterhin in ein mehr schmerzhaftes, einen stechenden Schmerz übergeht. Lippen der Harnröhre angetrieben, etwas angeschwollen, geröthet, einen zähen, weissen Schleim absondernd. Nach 24 Stunden geht die Röthe tiefer in die Harnröhre, Schmerz besonders beim Drucke längs der Harnröhre, vorzüglich in der Fossa navicularis. Beim Harnen brennt es daselbst, tropfenweiser Abgang des Urins, Erectionen besonders des Nachts, Schleim ist

grünlichgelb, eiterähnlich, specifisch riechend. Beim
entzündlichen Tripper ist das erste Stadium viel
rascher, Geschwulst bedeutender, Schleim häufig mit
Blut tingirt, ja manchmal schwärzlich (russisch.
Tripper), von Zeit zu Zeit Blutungen in Folge
der Erectionen, Strangurie, Harnverhaltung, Cystitis;
bei der heftigsten Form hört alle Schleimsecretion
auf (trockener Tripper); dazu meist Fieber,
Stuhlverstopfung, Tenesmus am After beim Stuhlgang. Beim torpiden oder Rothlauftripper zeigen sich
die Lippen der Harnröhrenmündung ödematös.

II. Reihe. Die virulenten Krankheiten haben
ihren Ursprung in einem besondern Princip, in einem
Geschwüre, welches nach Willkür reproducirt werden
kann und innerhalb eines gewissen Zeitraums ein-
impfbar ist. Das Geschwür entsteht immer genau an
der Stelle, wo der Giftstoff eingeimpft worden ist,
und seine Entwicklung findet innerhalb eines nicht
genau bestimmten Zeitraumes statt. Die Einwirkung
des Giftes kann genau örtlich beschränkt bleiben,
und nur zu consecutiven Erscheinungen Veranlassung
geben, deren gewöhnlichste die Vereiterung der Inguinaldrüsen ist; aber es kann auch in die allgemeine
Säftemasse eindringen, und im übrigen Körper eine
Reihe charakteristischer Symptome hervorrufen. Die
allgemeine Ansteckung des Systems ist die Folge
einer Idiosyncrasie, die nicht unwandelbar in jedem
Individuo sich vorfindet. Das sicherste Zeichen dieser Infection ist die specifische Induration des Chankers. Niemals bleiben nach einem solchen specifisch
indurirten Chanker die nachfolgenden Symptome der
constitutionellen Syphilis aus. Ein- oder zweimal
unter 100 Fällen mag die Induration falsch erklärt
werden und unbemerkt vorübergehen, aber wenn die
Aufmerksamkeit auf die Inguinaldrüsen gerichtet
wird (die unvermeidlich durch die Infection leiden),
so kann aus ihrem Zustande auf das Bestehen eines
indurirten Chankers geschlossen werden; denn ein
Bubo, der solch einem Chanker folgt, eitert nie
specifisch, d. h. sein Secret bringt, wenn Inocula-
tionsversuche damit gemacht werden, nicht Chanker
hervor, der Versuch gibt immer ein negatives Resultat.

Der Bubo kann rein entzündlich sein: a) durch
Verbreitung der Entzündung eines Nachbargebildes
ohne Berücksichtigung des besondern Wesens des
primären Zufalls, von dem er ausgeht, sei dieser nun
ein Tripper, ein Chanker, oder irgend ein anderes
Uebel; b) durch sympathische Beziehung. Der Bubo
kann virulent sein, d. h. bedingt durch directe Absorption des specifischen Syphiliseiters, und dann ist
er nothwendige Folge des Chankers; nur Chankereiter ist fähig, ihn hervorzurufen. Der Bubo kann
oberflächlich sein oder tief liegen, oder beide Formen
zugleich darstellen. Er kann seinen Sitz im Zellgewebe, in den Lymphgefässen oder Lymphdrüsen,
in einem allein, oder in einem und dem andern zugleich haben. Er kann acut oder chronisch sein. Er
kann andern sogenannten primären Zufällen folgen,
oder sogleich ursprünglich auftreten. Wenn ihm andere Zufälle vorausgegangen sind, so sind wiederum

zwei Fälle möglich; er kann denselben unmittelbar
gefolgt sein, und dann ist er nichts weiter als eine
Folgeerscheinung, oder er kann sich erst in dem Zeitraume der allgemeinen Syphiliserkrankung zeigen, u.
dann ist er der secundäre Bubo. Ist eine Entzündung des Zellgewebes oder Lymphgefässsystems der
Inguino - Crural - Gegenden oder anderer Theile, die
Folge einer andern Ursache als des Chankers, so gibt
der Eiter davon niemals ein Impfergebniss. So liefert
der Bubo, wenn er Begleiter eines Trippers ist und
in Eiterung übergeht, keinen impfbaren Eiter; nur
wenn er von einem Chanker herrührt, entwickelt er
einen specifischen und ansteckenden Eiter. Aber es
genügt noch nicht, dass dem Bubo ein Chanker vorausgegangen sein muss, wenn er einen specifischen
Eiter liefern soll; der Bubo muss, um diesen liefern
zu können, nicht das Resultat einer blossen sympathischen oder consecutiven Entzündung sein, sondern
es muss Absorption stattgefunden haben. Findet eine
solche Absorption in Folge eines Chankers der Genitalien statt, so bildet er sich nur in den oberflächlichen Drüsen, und meist nur in einer auf einmal,
obschon mehrere, sowohl oberflächliche, als tiefere,
zu gleicher Zeit entzündet und geschwollen sein
können, so dass eine Drüse alle charakterischen
Merkmale des virulenten Bubo an sich trägt, während
die benachbarten Drüsen, in denen die Entzündung
auch in Eiterung übergehen kann, sowie in dem umgebenden Zellgewebe, sich nur als einfache, nicht
virulente darstellen. Der virulente oder durch Absorption von Chankereiter entstandene Bubo ist dem
Wesen nach dem Chanker ganz gleich und nur durch
Form und Sitz von demselben unterschieden. Der
virulente Bubo ist der einzige, der sich weiter impfen
lässt. — Es gibt keine constitutionelle Syphilis ohne
vorausgegangene Localansteckung. Wenn die Ansteckung stattgefunden hat, so darf man die secundären Erscheinungen innerhalb 12 Monaten erwarten.
Wenn aber eine Quecksilberbehandlung angewendet
worden ist, so können diese Erscheinungen verhütet
oder hinausgeschoben werden auf längere oder kürzere Zeit, oder vielleicht für immer. Ist jedoch keine
Behandlung eingetreten, so zeigen die Erscheinungen
eine wunderbare Ordnung in ihrer Aufeinanderfolge,
was nur von Solchen geleugnet wird, welche sich
nicht überzeugen wollen. Primäre, nachfolgende,
secundäre, vorübergehende und tertiäre Zufälle folgen auf einander mit der vollkommensten Regelmässigkeit. Aber eine Behandlung unterbricht, wie schon
gesagt, die Ordnung ganz und gar. Wenn eine mercurielle Behandlung durchgemacht worden ist, so
können die secundären Symptome unter ihrem Einflusse für eine nicht zu bestimmende Zeit verzögert
werden, dieselbe zerstört aber die Diathese nicht und
schiebt nur die secundären Symptome weiter hinaus.
Andererseits verhütet die mercurielle Behandlung die
tertiären Symptome nicht, und diese können sogar
auftreten, während durch Mercur das Auftreten der
secundären verhindert worden ist; die letzteren können dann nach den tertiären zum Vorschein kom-

men, wodurch die Ordnung in den Erscheinungen
ganz umgekehrt wird.

Die Symptome der Syphilis classificiren sich
folgendermassen:

1) **Primärer Zufall**, der Chanker, Folge der
directen Wirkung des Giftes. Er reproducirt dasselbe
und pflanzt sich mittelst desselben auf dem Wege
der Contagion von einem kranken Individuum auf
ein gesundes fort, ebenso durch die Inoculation oder
auch an dem Individuum selbst von einer Stelle auf
die andere.

2) **Successive Zufälle**, d. i. solche, die
nach und nach oder durch blosse Ausdehnung der
ersten örtlichen Symptome auftreten, wie z. B. neue
Chanker, rein entzündliche oder virulente Drüsengeschwülste u. s. w.

3) **Secundäre oder constitutionelle Zufälle**, oder Zufälle allgemeiner Infection, wo das
Gift eine Modification erlitten und die syphilitische
Constitution erzeugt hat. Diese Zufälle entwickeln
sich auf der Haut, den Schleimhäuten, in den Augen,
den Hoden etc. und treten selten früher als nach
2wöchentlicher Dauer des primären Zufalls, des Chankers, auf, in der Regel aber erst 4, 6, 8 Wochen darauf oder noch weit später. Die secundären Erscheinungen können unbestreitbar von der Mutter auf das
Kind erblich übertragen werden. Die Kinder tragen
alsdann nach der Geburt allgemeine, denen der Mutter analoge Symptome an sich, ohne primäre Affection erlitten zu haben und ohne dass man dieselben
etwa auf Rechnung von Sympathien bringen darf,
welche durch die Geschlechtsorgane des Vaters oder
der Mutter 2 oder 3 Monate nach der Geburt auf sie
eingewirkt hätten. Auch kann secundäre Syphilis
durch Inoculation weiter verpflanzt werden.

4) **Tertiäre Zufälle**, welche in unbestimmten
Zeitabschnitten, in der Regel aber lange Zeit nach
Aufhören des primären Leidens auftreten. Sie zeigen
sich bei der Mehrzahl der Kranken nur, wenn schon
secundäre Symptome der Krankheit vorhanden gewesen oder noch vorhanden sind, was zu richtiger
Feststellung der Diagnose nicht übersehen werden
darf. In die Reihe der tertiären Zufälle hat man zu
stellen: den Nodus, die tiefen Tuberkeln, die Tuberkel des Zellgewebes, die Periostosen, die Exostosen, die Caries, die Necrosen, die syphilitischen
Tuberkeln des Gehirns, manche innere Affectionen,
die bisher noch unvollkommen dargestellt sind.

Constitutionelle Syphilis kann nur einmal er-
worben — die Diathese kann nicht verdoppelt werden. Die Diathese besteht, aber die Erscheinungen
sind nicht bestimmt und unvermeidlich. Die Diathese ist nicht unverträglich mit Gesundheit. Syphilitische Cachexie ist selten. Die Syphiloiden
erscheinen meistens als Hautausschläge, Flecken,
Pusteln, Verschwärung, Tuberkeln. Die für charakteristisch gehaltene, dunkle Kupferfarbe der Syphiloiden erscheint meistentheils erst sehr spät und oft
nur in den Flecken ganz deutlich, die auf die Heilung der Formen folgen, welche die tieferen Haut-

gewebe angegriffen hatten und auf den Schleimhäuten niemals eine Spur zurücklassen.

Die nicht virulenten Krankheiten erfordern keine specifische Heilart, ebensowenig die virulenten primären Zufälle; Mercur kommt bei letzteren nur in Ausnahmsfällen zur Anwendung — nämlich bei der indurirten Form des Chankers.

Constitutionelle Syphilis erfordert mercurielle Behandlung; wenn jedoch die secundären und tertiären Symptome zum Vorschein gekommen sind, so muss der Mercur verlassen und zu Jodkali gegriffen werden. Letzteres ist alsdann das Heilmittel par excellence. So oft wir neben der Syphilis irgend eine Unordnung oder Affection in dem Tractus alimentarius zu behandeln haben, dürfen wir die Indicationen, die uns diese intercurrirenden Krankheiten an die Hand geben, nie aus den Augen lassen, und müssen eher, falls es nothwendig erscheint, die specifische Behandlung einstweilen bei Seite setzen.

Behandlung. Personen, welche besorgen, die Krankheit weiter zu verpflanzen, oder denen man misstraut, müssen zum Behufe der Prophylaxis Chlor, Seife und alle die Mittel brauchen, welche am besten reinigen und durch chemische Umänderung der krankhaften Absonderungen desinficiren. Man darf nicht fürchten, hier zu ätzend einzuwirken; je mehr die verdächtigen Gewebe gesäubert und rein sind, desto weniger wird man die Ansteckung zu fürchten haben. Was das Individuum betrifft, welches sich der Ansteckung aussetzt und sich davor schützen will, so müssen die Vorbauungsmittel vor und nach dem venerischen Coitus verschieden sein. Vor dem Coitus müsste eine sorgfältige Untersuchung d. Geschlechtstheile die Ueberzeugung geben, dass gegenwärtig nirgends eine Aufhebung des Zusammenhangs an denselben existirt. Uebertriebene Reinlichkeit, besonders alkalische oder seifige Waschungen sind hier schädlich und setzen der Ansteckung aus, indem sie die Oberflächen blosslegen, welche oft durch Smegma oder Schleim geschützt werden. Adstringirende Waschungen jedoch einige Zeit vorher gemacht, sind nicht zu widerrathen; hierher gehören Waschungen mit Alaunauflösungen, Bleizucker, mit aromatischen und gerbstoffhaltigen Substanzen, Vinum aromaticum, namentlich bei solchem empfindlichen Penis, der bei jeder Friction leicht sich wund reibt, nach häufigen Eicheltrippern; Fetteinreibungen schützen weniger. Das Urinlassen nach dem Beischlafe bietet in prophylactischer Beziehung manche Vortheile dar. Nach dem verdächtigen Coitus muss die Sorgfalt für Reinlichkeit verdoppelt werden, mit alkalischen Auflösungen, Seife, Chlorauflösungen müssen die Theile gewaschen werden. Jede Trennung des Zusammenhangs soll cauterisirt werden. — Dem Mercur muss in der Syphilis confirmata der Vorzug vor allen andern gepriesenen Mitteln gegeben werden, wenn keine Gegenanzeigen zugegen sind. Das Präparat, welches den Vorzug verdient, ist das Jod██████ anfangs zu 1 Gran und in Pillenform. █ nicum namentlich bei Syphilis mit Ses███

den, anfangs gr. vj, womit aber von 2 zu 2 Tagen
gestiegen werden kann, so dass Kranke bis 40 Gran
täglich gebraucht haben. Beim Gebrauche des Mercurs, den man in steigenden Gaben stets geben muss,
beginne man immer mit einem Laxans, lasse strenge
Diät beobachten, einfache vegetabilische Kost, kein
Fleisch, keine Säuren, kein säuerliches Obst, kein
Salat etc., nur wässeriges Getränke, und, um auf die
Haut zu wirken, Holztrank dabei; Schutz vor Verkältung, gleichmässige Temperatur. Es müssen beim
Mercurgebrauch Krisen erfolgen, entweder durch den
Darm, oder die Haut, oder die Nieren. Die Kranken
müssen sich selbst, wenn sie in Folge der strengen
Kur aufs Aeusserste herabgekommen sind, doch auf-
fallend schnell erholen, sich leicht fühlen, sonst hat
die Kur nicht angeschlagen.

Die Inunctionskur ist blos geeignet für
inveterirte Lues, die, wenn sie vielleicht durch
nachlässige fragmentarische Behandlung früher miss-
handelt wurde und in Folge dessen besonders die
innern Gebilde ergriffen hat, weit verbreitete Affection der Schleimhäute und der Knochen hervorbringt, sei es primäre oder secundäre Knochen-
affection; ferner wo nicht blos eine Form, sondern
gleichzeitig eine grosse Menge Formen von secundärer Syphilis im Organismus besteht, und wo fast
alle Gebilde, die nur der Sitz sein können, vom
Krankheitsprocesse befallen sind; ferner wo die Individuen sonst keine anderweitige Dyscrasie haben,
wo namentlich keine Erscheinungen zersetzter Säftemasse, keine Anlage zu Scorbut, keine Neigung zu
Tuberkulose vorhanden ist. Man beginnt die Behandlung des genau Alles befolgenden Kranken mit der
Vorbereitungskur, den Organismus herunter zu stimmen und die Organe, auf welche der Mercur angewendet wird, zur Aufnahme vorzubereiten. Bei vollblütigen plethorischen Individuen ist es nöthig, eine
V.S. zu machen, dann kommt ein Laxans, Drasticum; strenge Diät (anfangs noch reichlicher als
später beim Mercurgebrauch), nur Vegetabilien, des
Morgens ½ ℔ Kalbfleischbrüh oder Wasserschleim mit
Semmelbrod; Mittags Schleimsuppe u. etwas Gemüse
oder gekochtes Obst mit 3—4 Loth Semmel; Abends
eine kleine Portion Suppe; zum Getränk keinen Wein,
kein Bier, keinen Kaffee, keinen Thee, sondern dünnes Dct. sassaparill, oder bei Armen Saponariae, Graminis, Caricis aren. Dabei täglich Vormittags ein
Kleienbad, anfangs ½ St. lang und steigt damit täglich um 5 Minuten, bis das Maximum 1½ St. erreicht
hat. Der Kr. muss fortwährend das Zimmer hüten
(höchstens im Sommer bei warmem Wetter in der
Sonne kann eine Ausnahme eintreten). Die Menge
der Bäder ist verschieden, richtet sich nach der Beschaffenheit der Haut; das Minimum der Bäder ist
8, das Maximum 14. Wenn in dieser Periode die Erscheinungen schon milder werden, so ist dies gut,
schlimm aber im Gegentheile. Der Vorbereitungskur
folgt die eigentliche Inunction des Abends, wornach
der Kranke zu Bette geht. Die Inunction geschieht
mit grauer Mercursalbe, sie muss frisch bereitet sein;

bei Individuen mit leicht irritablem Hautsystem nimmt
man zu derselben statt des Fettes Cacaobutter (man
darf in der Salbe selbst unter dem Mikroscope keine
Mercurkügelchen sehen). Gewöhnlich nimmt man ʒj
von der einfachen oder ʒβ von der doppelten Salbe;
es ist besser, mit kleinen Dosen zu beginnen, und
nach der 4ten, 5ten Inunction, wenn nicht Salivation eintritt, zu steigern; mehr als ʒij — ij dürfen
nicht genommen werden. Die Einreibungen werden
entweder vom Kranken selbst gemacht, oder durch
einen Wärter, der die einreibende Hand mit einem
ledernen Handschuh bedeckt; am besten bedient er
sich eines starken Medicinglases zum Einreiben. Es
wird so lange gerieben, bis die Salbe ganz eingerieben und die Stelle fast ganz trocken ist, meist
½ St. lang. Die Einreibungen geschehen an einem
warmen Orte, z. B. am Ofen; mit der Einreibungs-
stelle muss gewechselt werden; am Unterschenkel
vom Knöchel bis ans Knie, dann vom Knie bis an
die Weiche, weiter an den Oberarmen beider Seiten,
ferner am Rücken, dann beginnt man wieder am Unterschenkel etc. Die Einreibungen geschehen nicht
jeden Tag, sondern in Intervallen, etwa in den ersten
8 Tagen alle andern Tage eine, später kann man
wenn die Salivationserscheinungen nicht gleich heftig
hervortreten, jeden Tag eine machen. Die Menge
der Inunctionen, deren Maximum man willkürlich auf
25 bestimmt hat, hängt von der Raschheit der Entwicklung der Salivationserscheinungen im Munde oder
im Bauche, von der Heftigkeit der Blutungen, vorzüglich vom Eintritte der Krisen ab; zuweilen genügen 8 — 10, aber bei Manchen kann man 25 — 30
Inunctionen machen. Wo schon frühzeitig heftige
Salivation eintritt, darf man nicht mit der Inunction
fortfahren; heftige Salivation, Anschwellung der Zunge,
Fieber, Kollern im Unterleib, Auftreibung des Bauches, Drang zum Stuhle, nachdem 5 — 6 Tage Verstopfung vorausgegangen, zeigen an, dass es jetzt
genug sei. Den Inunctionen sollen Abführmittel folgen, aber nur bei Erscheinungen von Auftreibung im
Bauche, Kollern, Kolik, Blähungen: Infus. Sennae
compos. mit Rheum; kommen aber Krisen durch die
Haut, so sind die Abführmittel schädlich. Nach den
Krisen ein warmes Bad ½ St. lang und Abwaschen
des ganzen Körpers in demselben mit Seifenspiritus
und Flanell, nach demselben frische Wäsche, gut
durchwärmt, ein frisch überzogenes Bett, ein anderes
warmes Zimmer. Es dauern dann 14 Tage, 4 — 6
Wochen lang die Salivationserscheinungen und Krisen
durch die Haut fort, wobei die strengste Diät befolgt
werden muss. Während der Dauer der Inunction darf
der Kranke weder das Bett, noch die Leibwäsche
wechseln, muss sich in einer gleichmässigen Temperatur aufhalten, die Zimmerluft darf nicht gereinigt werden. Im Verlaufe dieser grossen Schmierkur
können einige Erscheinungen eintreten, die eine besondere Behandlung nöthig machen. Anschwellung
der Zunge, so dass Erstickungsgefahr droht, man
muss eine Korkplatte zwischen die Zähne legen,
und kann selbst Scarificationen machen

Grosse Geschwüre im Munde: Malva oder Alth. dect.
mit etwas Rosenhonig zum Ausspülen des Mundes;
die Geschwüre bepinselt man mit Rosenhonig und
Zusatz von etwas Camphor. Blutungen aus Zähnen:
Tamponiren und Aq. Thedenii, selbst Glüheisen.
Wenn schon vor der dritten Inunction die Salivation
heftig eintritt, wenn im Verlaufe der Inunction heftige Brustbeklemmung, Husten, Stechen, Auswurf,
Carditis mercurialis, Pneumonie u. s. w. eintritt, darf
die Inunction nicht fortgesetzt werden; die Kranken
kommen in ein Bad, die Salbe wird abgewaschen und
die Kur unterbrochen. Bei Schwangern darf diese
Kur nicht angewendet werden. Bei Unschwangern
wählt man zur Kur die Zeit zwischen zwei Menstruationsperioden. — Das Opium ist in der Behandlung
der venerischen Krankheiten von sehr grossem Nutzen,
in allen Fällen, wo das nervöse Element unter den
zu bekämpfenden Symptomen vorsticht. Ausserordentliche Reizbarkeit eines Organs oder des ganzen
Systems im Allgemeinen und der Schmerz in Folge
von Entzündungen erfordern oft seine alleinige Anwendung, oder wenigstens seine Mitwirkung. Besonders wird das Opium unentbehrlich während des Gebrauches des Mercurs, indem es den Darmkanal
beruhigt; es ist ein Corrigens für die purgirende
Wirkung des Mercurs und verhindert die Koliken und
Magenschmerzen, welche namentl. z. B. der Gebrauch
des Sublimats Vielen verursacht. Als Corrigens des
Mercurs bekämpft das Opium mit Vortheil das Zittern, welches bisweilen als Folge desselben beobachtet wird, oder verhindert es völlig. R Merc. praecipit. rubri gr. jj; Stibii sulphurat. nigri ɜvjjj; Sacch.
albi ɜjj; Divide in part. xvj aequales. S. Morgens
und Abends 1 Pulver; bei jedesmaliger Wiederholung
werden dem Ganzen 2 Gran Merc. praecip. mehr zugesetzt, bis die ganze Formel gr. x desselben enthält, alsdann wird die Gabe desselben in derselben
Art wieder vermindert. R Merc. sublimat. corrosiv.
gr. v; Succ. liquirit. ɜjj; F. pilulae Nr. 100. F. Mit
1 Pille Früh und Abends anzufangen und jeden Tag
um 1 Pille gestiegen. Ferrum jodatum innerlich ge-
gegeben ist in den Fällen von constitutionellen syphilitischen Affectionen, wo tonische Mittel mit anti-
syphilitischen verbunden werden müssen, namentlich
bei scrophulöser und lymphatischer Complication von
der besten Wirkung. Anfangs gewöhnlich 6 Gran,
womit aber von 2 zu 2 Tagen gesteigert werden muss,
so dass der Kranke bis zu 40 Gran tägl. verbrauchen
kann. R Ferri jodati ɜj; Syrup. sudorific. ℥ j. D. S.
täglich 2—6 Löffel voll. R Ferri jodati gr. jjj—jx;
Aq. destill. ℥vj; zu Einspritzungen. — Die Treff-
lichkeit des Jodkali's bei allen syphilitischen Affectionen, die keine Schleimhaut zum Sitz gewählt,
bestätigt sich immer mehr, doch ist es bei blonden
Leuten viel wirksamer, als bei Brunetten, bei jüngeren Subjecten rascher wirkend, als bei alten;
kleine Dosen scheinen die Verdauung mehr anzugreifen, als grössere. — In neuester Zeit hat in der
Behandlung tertiärer syphilitischer Formen die Was-
ser-Schwitzkur sehr viele Anhänger und sie verdient

sie auch namentlich in Fällen, wo die Kranken mit
Mercur und andern Metallen übersättigt und zugleich
arzneisiech gemacht worden waren.

1) Chanker. Das primär syphilitische Geschwür
kann häufig von selbst heilen, ohne Kunsthülfe; da
jedoch dieses nicht immer geschieht und so lange die
Heilung nicht geschehen, der Kranke der allgemeinen·
Infection etc. ausgesetzt bleibt, so werde der Chanker so frühe als möglich zerstört, oder man suche
seine Dauer abzukürzen. Der Chanker verlangt bei
seinem ersten Auftreten, welche Form er auch angenommen haben möge, gebieterisch die abortive Methode. Die Pustel, mit der der Chanker auftritt, werde
jederzeit, ohne dass es einer strengen Diagnose bedarf, getheilt und ihre Basis tief cauterisirt, und zwar
mit Lapis infernalis. Auch kann man hier in allen
Fällen, wo eine verdächtige Pustel auf beweglichen
und leicht zu isolirenden Geweben sitzt, z. B. der
Vorhaut, die Ausschneidung machen. Das ursprüngliche Geschwür oder der Chanker muss ebenfalls
cauterisirt oder excidirt werden. Wenn in den der
Ansteckung ausgesetzt gewesenen Theilen ein oder
mehrere Schleimbälge sich angeschwollen zeigen, so
muss man dieselben stets ohne Zögern aufschneiden
und dann cauterisiren. Ist bereits ein Abscess in
den Schleimbälgen vorhanden, so muss man eben so
verfahren. Dasselbe Verfahren muss Statt finden bei
den kleinen umschriebenen Abscessen des Zellgewebes, die sich durch Einsaugung in der Nähe eines
Chankers etc. entwickeln. Wenn der Sitz der Krankheit im lymphatischen Systeme (Lymphgefässe und
Lymphganglien) ist, so können die so eben angezeigten Mittel nicht mehr angewendet werden, sondern
man muss nunmehr zu den Mitteln greifen, welche
man zur Unterdrückung der Bubonen gebraucht. Wenn
jedoch die Gewebe, wo der Chanker sitzt, nur etwas
angeschwollen sind, er selbst schon eine gewisse Ausdehnung gewonnen hat, so wirkt der Lapis infernalis
nicht mehr tief genug, und die Ausschneidung kann
nicht über die schon inficirten Gewebe hinausdringen.
In solchen Fällen erhält man guten Erfolg durch die
Anwendung des Aezkali oder noch mehr durch die
Pasta Viennensis. In Folge der Anwendung dieser
Aezmittel werden die cauterisirten Theile öfters ödematös und schwellen sehr an, wesshalb man sie auch
in den Fällen nicht in Gebrauch ziehen darf, wo man
einen Chanker an der innern Fläche der Vorhaut oder
auf der Eichel bei schon vorhandener, mehr oder
weniger starker Phimosis äzen müsste. — Obgleich
im Allgemeinen Geschwüre und Wunden nicht zu oft
verbunden werden dürfen, um nicht die Vernarbung
zu stören, so muss man sich doch sehr hüten, dasselbe Verfahren bei dem Chanker einzuschlagen, so
lange die Verschlimmerung fortdauert. Hier wird die
abgesonderte Materie zur permanenten Krankheitsursache, und kommt daher sehr viel darauf an, dass
man dieselbe immer bald entfernt. Die Verbände
müssen daher, je nach der Stärke der Eiterung, täglich 3—4mal gemacht werden. Man muss die Bildung
von Krusten sorgfältig verhüten, unter welchen der

Eiter verdirbt und unter sich frisst. So lange der
Chanker in der Verschwärungsperiode bleibt, muss
man die Aezung mit Höllenstein so oft wiederholen,
als man nach dem Abfalle der künstlich erzengten
Schorfe am Grunde oder an den Rändern die dieser
Periode angehörigen Kennzeichen findet: sobald dagegen der Wiederersatz Statt findet, wird man sich
hüten, das Cauterium auf Theile zu bringen, die
sich in der Heilung befinden, aber fortwährend auf
die Punkte anwenden, welche sich noch im Zustande
der specifischen Eiterung befinden. Zum Verbinden
bedient man sich der Charpie mit aromatischem Weine.
Das Geschwür wird sorgfältig mit dem Wein gewaschen und mit Charpie, die damit getränkt ist, bedeckt, ohne dass diese mehr als nur befeuchtet sei,
denn ist sie zu sehr nass, so hält die dadurch erzeugte Maceration die Heilung auf. Bleibt die Absonderung dennoch sehr reichlich, so verbindet man
mit der weinigen Abkochung der Gerberlohe. Ist
Schmerz zugegen, so setzt man dem Weine noch 8
bis 10 Gran Extr. Opii gummosum auf die Unze zu.
Versiegt die Eiterung ganz und gar, und das Geschwür bleibt daher stationär, so lässt man den Wein
für den Augenblick weg, und verbindet mit einer erweichenden Abkochung einige Tage hindurch, um dann
wieder zu dem Weine überzugehen. Ist die Heilung
so weit vorgeschritten, dass so zu sagen nur die Oberhaut fehlt, dann überfahre man ganz leicht mit Höllenstein. Während dieser Behandlung beobachte der
Kranke grösstmöglichste Ruhe und angemessene Diät.
Ein schwächendes Regimen, selbst karge Diät, verdünnende Getränke und der allgemeine und örtliche
antiphlogistische Apparat, die bei starken und Entzündung geneigten Individuen angezeigt sind, würden bei schwachen, lymphatischen und durch schlechte
Nahrung schon herabgekommenen Subjecten äusserst
schädlich sein. Hier muss eine mässig erregende
Lebensweise und im Allgemeinen Alles, was die Fehler der Constitutionen verbessern, oder einem begleitenden krankhaften Zustande abhelfen kann, angewendet werden. Wenn der regelmässige Chanker
vernarbt ist, die Gewebe, auf welchen er sass, ihre
normale Beschaffenheit vollkommen wieder angenommen haben, so kann der Kranke einige Tage nach
der Heilung von Neuem und ohne Furcht die Geschlechtsverrichtungen wieder ausüben. Dies darf
aber nicht Statt finden, wenn Verhärtungen zurückbleiben, auf welchen die Narben sich gebildet haben,
die, wenn sie aufbrechen, stets Recidive erzeugen.
In solchen Fällen muss man wie bei secundären oder
tertiären Syphilisformen verfahren.

　　a) Verlarvte Chanker. Wenn die Harnröhre
der Sitz des Chankers ist, und Symptome eines acuten
Trippers ihn begleiten und compliciren, so muss zuerst das antiphlogistische Verfahren angewendet werden: Blutegel ans Perinaeum und an den Schamberg,
örtliche erweichende Bäder mit Opium, allgemeine
Bäder, reichliches Getränke. Zur Vermeidung von
Erectionen, welche die kranken Flächen dehnen, zer-
ren, zerreissen und die Verschwärung stärker machen,

jeden Abend 2 aus Camphor mit Opium bereitete Pillen. Wenn sich kleine Abscesse an den von dem Chanker eingenommenen Punkten des Kanals bilden, so muss man darauf bedacht sein, sie bei Zeiten zu öffnen. Sind die entzündlichen Complicationen beruhigt, so lässt man den Vinum aromat., zuerst mit gleichen Theilen einer Mohnkopfabkochung, und dann wenn er keine Reizung hervorruft, unvermischt in die Harnröhre einspritzen. Oft kann man gleich vom Anfange an, wenn die Trippersymptome nicht zu heftig sind, mit Lapis infern. äzen mittelst des Aezmittelträgers. Sitzt das Geschwür am Eingange des Kanals und es ist sichtbar, so werde es behandelt wie andere Chanker, nur ist es sehr nützlich, einen kleinen mit den zum Verbande benützten Arzneimitteln befeuchteten Cylinder zwischen den Lippen der Harnröhre zu erhalten, um ihre Berührung zu verhindern. Die unter diesen Umständen den Chanker begleitende Blennorrhagie verschwindet mit ihm, wenn er die alleinige Ursache derselben war, oder weicht den passenden Arzneimitteln, die man zu gleicher Zeit anwenden muss, wenn sie nur eine Complication bildet. Chanker in der Tiefe der Scheide., am Mutterhalse, oder im Innern des Uterus müssen bei jedem Verbande durch den Mutterspiegel für die Cauterisation und die Anwendung der nöthigen topischen Mittel zugänglich gemacht werden.

b) **Oberflächliche Chanker.** Sitzen sie auf der Eichel oder der Vorhaut und sind zugleich die Symptome des Eicheltrippers vorhanden, so werden die Theile oberflächlich cauterisirt, und etwas feine trockene Leinwand zwischen Eichel und Vorhaut gebracht; reicht dieses nicht zur Heilung, so findet die oben angegebene Methode vollständige Anwendung.

c) **Phagedänischer Chanker** zeichnet sich dadurch aus, dass er bei ungewöhnlicher Hartnäckigkeit doch nie allgemeine Syphilis zur Folge hat, und sich nicht contagiös zeigt (Ricord). Diese Nichtcontagiosität wird von Andern aber bestritten, vergl. tertiäre Zufälle. Wenn dieser das Bändchen zerstört, einen Fistelgang gebildet, Portionen der Weichtheile sich abgelöst haben, so muss man sie theilen oder ausschneiden, worauf man die ganze Oberfläche der blossgelegten Verschwärung cauterisirt, so wie auch die durch die Operation erzeugten blutenden Stellen. — Wenn Chanker sehr entzündet sind, so hüte man sich Blutegel in ihrer Nähe anzusetzen, durch geringste Unachtsamkeit werden die Blutegelstiche selbst wieder Chanker; sollten Blutentleerungen nothwendig scheinen, so müssen die Blutegel in eine gewisse Entfernung, an nicht abwärts geneigte Stellen applicirt und ihre Bisse durch feuchte Compressen vor Eiter geschützt werden. Wenn die Chanker von grosser Reizbarkeit und Schmerz begleitet werden, so muss man innerlich sowohl als äusserlich Opiumpräparate anwenden. Indessen sehr oft ist der Höllenstein applicirt das wirksamste Beruhigungsmittel und beste Antiphlogisticum. Will der phagedänische Chanker im Statu quo bleiben oder fortschreiten, so wendet man Digestivsalbe oder Pasta Viennensis oder Vesi-

catorsalbe an, bis sich das Geschwür reinigt und
Fleischwärzchen entstehen, dann verfährt man wie
beim gewöhnlichen Chanker. Mercur wird keiner angewendet im Allgemeinen. Wenn jedoch die Krankheit trotz der angezeigten Mittel fortschreitet und
der Zustand schlecht ist, so greift man zum Mercur
oder Jod und den Ptisanen.

d) Verhärteter phagedänischer Chan-
ker. Die Verhärtung eines Chankers muss man stets
sehr im Auge haben. Sehr einfache und unschmerz-
hafte verhärtete Chanker müssen täglich 2—3mal mit
der Calomel- und Opiumsalbe verbunden werden. Ist
die Eiterung stark, so macht man vor dem Verbande
eine Waschung mit aromatischem Weine; bleibt sie
zu reichlich, so verbindet man nur mit Wein. Bleibt
nach der Vernarbung noch Verhärtung zurück, so muss Mercur angewendet werden, örtlich
sowohl als innerlich, denn so lange Verhärtungen bestehen, sind Recidive zu befürchten.

2) Bubonen: Adenitis acuta non specifica, entzündlicher Bubo: 20 Blutegel an die
Geschwulst, Cataplasmen, Gerstenwasser zum Getränk, Fleischbrühe. Sobald sich Fluctuation zeigt,
Oeffnung der Geschwulst durch einen ergiebigen Einschnitt. Parker rühmt als das beste Mittel zur
Zertheilung syphilischer Bubonen eine starke Auflösung von Jod mit Jodkalium. Jodin. ℈j; Hydrojod.
potassae ℈jj; Aq. destill. ℥j. S. Morgens und Abends
aufzustreichen. Die Wirkung dieses Mittels sei oft
zauberähnlich; wo aber demungeachtet Erweichung
eintritt, kann diese durch Cataplasmen beschleunigt
werden. Wenn der Abscess reif zur Eröffnung ist,
so muss man die Haut nicht zu dünn werden lassen,
dann die dünnste Parthie durch mehrere, 6—8—10,
sehr kleine Einstiche öffnen und so den Abscess entleeren, hierauf durch einen der Einstiche mit einer
feinen Spritze eine ganz schwache Auflösung von
Zinkvitriol, oder auch von Jod, Alaun, Tonica u. s. w.
einspritzen. — Wenn die örtliche Entzündung eine
etwas starke Fieberbewegung erzeugt hat, so muss
man bei robusten Personen einen Aderlass machen
oder Blutegel ansetzen, bei minder starken Personen
bloss Blutegel, doch lieber zu viel als zu wenig,
20—30—40; nebst den Blutegeln erweichende Fomentationen, wobei man das Bein der kranken Seite etwas
beugen lässt, um die Spannung zu vermindern; salzige Purgirmittel wirken hier sehr gut. Entsteht in
Folge der Blutegel ein Erysipelas am Bubo, so macht
man Mercureinreibungen 1—2mal täglich. Sobald die
Entzündung durch die Blutegel (die so oft wiederholt
werden, als es die Kräfte des Kranken erlauben) beseitigt ist, wird die Geschwulst, wenn sie nicht in
Eiterung übergegangen ist, wie ein indolenter Bubo
behandelt. Man bedeckt den Bubo mit Emplastr. de
Vigo bei Tage, des Abends nimmt man es ab und
reibt ℨj Mercuralbe ein, worauf man, wenn etwas
Schmerz vorhanden ist, einen Umschlag auflegt oder
die Compression anwendet. Die Compression geschieht entweder durch die Bandage (Spica) und gra-
duirte Compressen, oder mittelst eines Bruchbandes,

oder mittelst eines kleinen ovalen Brettchens, welches
mit Leder überzogen ist und durch einen Riemen befestigt wird.. Greifen die Mercureinreibungen das
Zahnfleisch an, so können sie durch Einreibungen
von Jodsalbe ersetzt werden. Doch muss die Haut
erst sorgfältig gereinigt werden, wenn man vorher
das Emplastr. Vigonis cum Mercurio oder die Mercursalbe angewendet hat, bevor man die Jodkalisalbe
gebraucht, weil sich sonst eine neue Zusammensetzung bildet, welche sehr caustisch ist, die Haut
entzünden und ziemlich tief excoriiren kann. Bei
den völlig kalten und indolenten Bubonen und Geschwüren, die eines starken Antriebes bedürfen, sind
diese gemischten Einreibungen aus Mercursalbe und
Jodkalisalbe oft nützlicher, als Einreibung von Crotonöl oder Tart. emet. Widersteht die Geschwulst
dieser Behandlung, so muss man zum Vesicator greifen. Sobald Eiter vorhanden ist, muss man ihm einen
Ausweg verschaffen; nach der Eröffnung des Bubo
wendet man Bäder an, erweichende Umschläge, nach
Befinden Laudanum; nur bei kleinen Oeffnungen und
nicht virulenten Bubonen legt man während der ersten
Tage eine Wiecke ein. Der geöffnete Bubo verlangt
die allgemeine Behandlung des Chankers. Geht der
Bubo in Gangraen über, dann Chlorkalk etc. zum
Verband.

3) Constitutionelle Syphilis. Die nach
welcher Behandlungsweise nur immer zurückgebliebene Verhärtung des Chankers lässt Consecutivfälle
befürchten. In allen Fällen, wo Erscheinungen von
übermässiger Aufregung, und noch mehr, von Entzündung vorhanden sind, müssen vor allem die antiphlogistischen Mittel angewendet werden. — Die je
nach der Gewohnheit des Kranken entweder gänzliche oder theilweise Entziehung der Nahrungsmittel
ist, wenn sie ohne Unterscheidung der Fälle, als allgemeine Methode angewendet wird, eines der schlech-
testen Mittel, welches man anwenden kann. Bei
schwächlichen, herabgekommenen, scrophulösen Individuen verschlimmert in der That eine sehr strenge
Diät die Krankheit, während eine gute, kräftige Ernährung den glücklichen Erfolg der Kur zum Theile
bedingt. Die Diät sei also nach der mehr oder weniger entzündlichen Beschaffenheit des Leidens, nach
den Kräften der Kranken und besonders nach ihrer
zeitherigen Lebensweise und dem Ersatze eingerichtet,
den sie erhalten müssen. — Bäder sind ein grosses
Hülfsmittel bei der Behandlung. — Die Verdauungsorgane müssen vollkommen frei erhalten werden. —
Die schweisstreibenden Mittel sind von Bedeutung;
allein nicht von solcher, wie man allgemein glaubte.
Sie wirken sehr gut als Adjuvantia der Mercurbe-
handlung in allen Fällen, wo der Darmkanal gesund,
nicht zu viel örtliche oder allgemeine Aufregung vorhanden und besonders die Haut unthätig ist. Auch
sind sie angezeigt und sehr nützlich, wenn Contraindicationen für den Mercur bestehen, dieser schlecht
angewendet worden ist und schlimme Folg[...]
hat, und man genöthigt ist, ihn vor der [...]
zusetzen. Die Sassaparille steht unte[...]

an, dann das Decoct von Felz, ihm folgt Quajac,
namentlich bei Krankheiten der Knochen. Man wendet
die Diaphoretica in der Form von Ptisanen an, oder
als Syrupe, wenn die Behandlung verheimlicht werden
soll. Wofern die Kranken nicht in einem Zimmer
von 14—16 Graden (Cels.) sich ruhig verhalten, so
lässt man die Ptisanen den Tag über kalt nehmen,
wo sie dann auf den Darmkanal und die Urinsecretion wirken, Abends aber, kurz vor dem Schlafengehen warm und in etwas grösserer Quantität. Mit
gutem Erfolge lässt man in diesem Falle den Tränken
etwas Ammonium aceticum zusetzen. — Die tonischen,
antiscorbutischen und antiscrophulösen Mittel, je nach
den Constitutionen und Complicationen, dürfen niemals vernachlässigt werden; entweder allein oder in
Verbindung mit Mercurialien, die China, Amara, Eisenpräparate und besonders das Jodeisen (dieses
namentlich bei einfachen oder mit Syphilis complicirten Scropheln), endlich das Jod innerlich und örtlich. Dem Mercur muss in der Syphilis confirmata
der Vorzug vor allen anderen gepriesenen Mitteln
gegeben werden, wenn keine Gegenanzeigen zugegen
sind. Das Präparat, welches den Vorzug verdient,
ist das Jodquecksilber, anfangs zu 1 Gran und in
Pillenform. Das Jod leistet in primärer Syphilis
wenig, viel weniger als der Mercur, mehr aber in
secundärer, vorzüglich bei scrophulösen Kranken,
dagegen aber leistet es bei secundärer Syphilis nach
vorausgegangener Sättigung mit Mercur und in der
Mercurialcachexie selbst die erspriesslichsten und
durch kein Mittel zu ersetzende Dienste. — Das Jodkali erhält fortwährend viele Lobeserhebungen in der
syphilischen Praxis. Manche lassen es des Tages nur
einmal und in steigender Gabe nehmen. Man beginnt
in secundären und tertiären Zuständen mit ℥β Jodkali
auf ℥jv aq. dest. und etwas Syrup, davon die eine
Hälfte am ersten, die zweite Hälfte am andern Morgen
zu nehmen. Diese Gaben lässt man ein bis zweimal
repetiren und steigt dann um ℥β u. s. f. Nur in seltenen Fällen muss man auf mehr als 2—3 ℥ steigen.
Mit dem Vorschreiten der Heilung müssen die Gaben
ebenso stufenweise um je ℥β vermindert werden und
endlich nach 6—8 Tagen lang nach völligem Erlöschen
aller krankhaften Erscheinungen fortgenommen werden. Streng ist aber darauf zu sehen, dass Patient
während der Kur sich warm halte, den Genuss von
amylumhaltigen Mitteln meide, weder Brod noch Mehlspeisen geniesse, und überhaupt die Diät knapp und
beschränkt werde. — Das Opium ist in der Behandlung der venerischen Krankheiten von sehr grossem
Nutzen, in allen Fällen, wo das nervöse Element unter
den zu bekämpfenden Symptomen vorsticht. Ausserordentliche Reizbarkeit eines Organs oder des ganzen
Systems im Allgemeinen und der Schmerz in Folge
von Entzündungen erfordern oft seine alleinige Anwendung, oder wenigstens seine Mitwirkung. Besonders wird das Opium unentbehrlich, während des
Gebrauches des Mercurs, indem es den Darmkanal
beruhigt; es ist ein Corrigens für die purgirende Wirkung des Mercurs, und verhindert die Koliken und

Magenschmerzen, welche namentlich z. B. der Gebrauch des Sublimats Vielen verursacht. Als Corrigens des Mercurs bekämpft das Opium mit Vortheil
das Zittern, welches bisweilen als Folge desselben
beobachtet wird, oder vermindert es völlig. Man gebe
bei secundärer Syphilis täglich 3 Schoppen von einer
Abkochung von Saponaria und in jedem Schoppen
1 Essl. voll Roob Laffect., und lasse täglich eine von
folgenden Pillen nehmen: Protojodureti hydrarg., Extr.
lactuc. sativ., ana 45 Gr.; Extr. opii 15 Gr.; Extr.
conii mac. ʒjꝑ. M. f. pilul. Nr. 60; dabei Tisanen.
In Bezug auf die mercurielle Behandlungsweise der Syphilis im Vergleich zur blossen Hungerkur steht fest, dass die letztere zwar auch im
Stande ist, primäre und die meisten secundären Erscheinungen zur Heilung zu bringen; unter dem Einflusse des Hungers magert der Körper ab, die Pulsfrequenz, die Temperatur sinkt, die Resorption wird
gesteigert, pathologische Ablagerungen verschwinden,
aber — nach beendigter Kur kehren mit der grösseren
Körperfülle auch die syphilitischen Erscheinungen
wieder zurück. Diese Häufigkeit der Recidive und
die grössere Länge der Kurdauer spricht gegen die
ausschliessliche Anwendung des Hungers. Die der
mercuriellen Behandlung zur Last gelegten Uebelstände, die Zerrüttung der Constituton und die Erzeugung bösartiger tertiärer Formen sind nicht zu
befürchten, wenn der Mercur unter den nöthigen Vor-
sichtsmaassregeln gereicht wird.

4) Syphiloiden sind das häufigste Symptom
der constitutionellen Syphilis, und zeigen sich zuerst nach dem primären Zufalle oder nach der Geburt,
wenn sie durch erbliche Uebertragung erzeugt worden
sind. Es erscheinen diese die äussere Haut und gewisse Gegenden der Schleimmembranen einnehmen-
den Ausschläge selten vor Ablauf der 2. Woche nach
dem Anfange des Chankers und entwickeln sich gewöhnlich erst nach der 4., 5., 6. Woche, und selbst
noch viel später. Sie können alle Formen der Hautausschläge überhaupt annehmen; einfache Flecke,
Pusteln, Verschwärung, Tuberkeln. Syphilitische
Hautausschläge unterscheiden sich von den idiopathischen im Allgem. durch folgende Charaktere:
1) den chronischen Verlauf; 2) Mangel an Hautjucken;
3) die sog. Kupferröthe, die beim Drucke niemals
ganz verschwindet und auch nach der Heilung meist
Pigmentflecke zurücklässt; 4) die Neigung bei längerem Bestehen zu exulceriren; 5) die unreine Form;
Flecke, Knötchen, Schuppen, Pusteln, Tuberkeln
kommen oft neben einander vor; 6) die Tendenz der
Eruption, eine Ringform anzunehmen; 7) die Vorliebe für gewisse Körperstellen: Stirne, Gelenke etc.
Die für charakteristisch gehaltene, dunkle Kupferfarbe der Syphiloiden erscheint meistentheils erst sehr
spät und oft nur in den Flecken ganz deutlich, welche
auf die Heilung der Formen folgen, welche die tieferen
Hautgewebe angegriffen hatten und auf den Schleimhäuten niemals eine Spur zurücklassen. Wenn den
Syphiloiden Fieber, grosse Aufregung vorhergeht,
oder sie davon begleitet werden, so muss zuerst die

antiphlogistische Behandlung angewendet werden, hierauf Jod, von Antiphlogisticis unterstützt, wenn die Aufregung fortdauert, oder zugleich mit Diaphoreticis in den entgegengesetzten Fällen. Bei noch bestehender Entzündung erweisen sich die sulzigen, gelatinösen Bäder sehr nützlich, die Dampfbäder die Zinnoberräucherungen. Einreibungen mit Jodquecksilbersalbe zugleich mit gelatinösen Bädern bei den schwammigen oder pustulösen Formen, wenn keine Reizung mehr zugegen ist, und wo die Krusten trocken geworden und hängen geblieben sind, sowie in Fällen von Tuberkelerzeugung; auch Sublimatbäder täglich oder alle 2 Tage wiederholt, sind in solchen Fällen oft sehr nützlich. — Die Schleimtuberkeln, mögen sie am After sitzen oder an der Schenkelbeuge, zwischen den Zehen, am Nabel, den Ohren, den Achselhöhlen, werden zuerst, wenn sie nicht schwären, mit reinem Chlornatrium gewaschen (wenn zu viel Reizung vorhanden ist, oder wenn sie schwären, mit Wasser verdünnt), so dass es ein leichtes Brennen, aber keinen Schmerz verursacht. Nach diesen Waschungen, welche täglich zweimal gemacht werden, bestreut man die Theile mit englischem Calomel; in 8 — 12 Tagen verschwinden so selbst die grössten Tuberkeln. Die consecutiven Geschwüre werden wie die Chanker behandelt.

Die Geschwüre, welche ihren Sitz im Halse haben, sind entweder die Folge von Schleimtuberkeln, oder sie nehmen die Zeichen des verhärteten Chankers an, oder sie verlaufen auch wohl wie die phagedänischen Geschwüre, und oft wie solche, die durch Entzündung brandig geworden sind. In den zwei ersten Fällen, welche eine Mercurialbehandlung erfordern, gewähren die Gargarismen aus Cicuta und Solanum nigrum mit Chlor grossen Vortheil.

Leichter Grad von Stomatitis: Gargarisma aus Decoct Lactuc. vir. ʒv; Honig ʒjβ; Alaun ʒjβ; 3mal täglich damit zu Gurgeln. Bei Stomatitis mercurialis tägl. 3mal Gurgeln mit Decoct Lactuc. vir. ʒv; Honig und Acid. muriat. 15 Tropfen.

Speichelfluss: Täglich ʒj Flor. sulphur. in Honig. Limonade zum Getränk; Gargarismen mit Alaun. ℞ Merc. sublim. corros. gr. vj; Extr. conii mac.; extr. chamomill., ana ʒjj; Tinct. opii ʒj; Mell. ros. ʒj; tägl. 3mal mit einem Pinsel auf das Halsgeschwür zu bringen. Bei dem phagedänischen Geschwür müssen die narcotischen, opiumhaltigen Gargarismen in Verbindung mit Cauterisationen mittelst Lapis infern. angewendet werden. Bei den Verschwärungen im Schlunde wird oft das Zäpfchen zerstört. Man muss dasselbe, wenn es fast abgelöst ist, wegschneiden, und nicht abwarten, dass es von selbst abfällt.

Syphilitische Iritis. Mit dem antiphlogistischen Verfahren, welches gebieterisch erfordert wird, muss man sobald als möglich eine allgemeine mercurielle Behandlung verbinden. — Oertlich: Blutegel an die Schläfe, an den Processus mastoideus, und sobald die Lichtscheu abnimmt, Vesicantia in den Nacken, auf die Stirn und an die Schläfe. Während man auf der Vesicatorstelle im Nacken die Eiterung

unterhält, werden die an den Schläfen und an der
Stirn mit Mercursalbe verbunden und erneuert, so
oft sie. unter diesem Verbande trocken werden. Gegen
die Zusammenziehung der Pupille wendet man Belladonna an.

Syphilitische Hodenentzündung darf
nicht verwechselt werden mit der Entzündung des
Nebenhodens beim Tripper; sie zeigt sich selten als
einziges Symptom einer secundären Affection, sondern folgt meistentheils auf andere Symptome der
allgemeinen Affection, oder wird von ihnen begleitet,
und befällt oft nur einen Testikel auf einmal, obgleich auch beide zugleich ergriffen sein können. Die
syphilitische Sarcocele kann oft complicirt und ihre
Diagnose sehr dunkel sein, daher soll man immer
zuerst eine antisyphilitische Behandlung versuchen,
ehe man exstirpirt. Verlust der Haare und
Nägel. Gewöhnlich fallen die Haare während
eines pustulösen, flechtenartigen Ausschlages der
behaarten Haut aus, oder einige Zeit nach. dem
Verschwinden eines syphilitischen Ausschlages, und
zwar weit öfter bei Kranken, die keinen Mercur genommen haben. Das Heilverfahren ist hier dasselbe
mit dem gegen die vorausgegangene oder begleitende
Affection. Bei dem Ausfallen der Haare muss man,
abgesehen von der allgemeinen Behandlung, den Kopf
rasiren lassen und einige reizende Einreibungen mit
der Jodquecksilbersalbe oder durch Alcohol verdünnten Cantharidentinctur machen.

5) Tertiäre Zufälle. Sie treten meistens nur
erst eine lange Zeit nach der primären Infection auf,
und da andere Ursachen ganz ähnliche Krankheiten
erzeugen können, so ist es bisweilen unmöglich, sie
zu unterscheiden. Nicht contagiös vererben sie sich
nur dadurch, dass sie in der Organisation und Constitution der Kinder krankhafte Umstimmungen ohne
specifischen Charakter erzeugen, die man gewöhnlich
zu den Scropheln rechnen kann. Diese Hunterisch-
Ricord'sche Lehre aber, dass unter den syphilitischen Formen und Krankheiten nur der Chanker contagiös und inoculirbar sei, wird von vielen Autoren
bestritten, und es wird auch die Inoculirbarkeit, und
Ansteckungsfähigkeit der secundären und tertiären
Syphilisformen behauptet, sowie über ihre Uebertrag-
barkeit von den Eltern auf die Kinder. Die Zeichen,
nach welchen die Diagnose der tertiären Zufälle aufgestellt werden kann, entnimmt man von ihrer an-
erkannten Häufigkeit nach dem Auftreten der primären
Syphilis, von der Abwesenheit jeder andern Ursache,
und besonders von den charakteristischen secundären
Symptomen, die ihrer Entwicklung vorausgegangen
sind, oder zugleich mit ihnen auftreten. Die secundären Erscheinungen bilden in der Mehrzahl der Fälle
ein charakteristisches Mittelglied zwischen dem primären Leiden und den tertiären Formen. Die mercurielle Behandlung, so unwirksam und oft selbst
schädlich sie bei dem primären Zufalle in der Periode
des Fortschreitens oder der zunehmenden Schwärung
ist, so mächtig wird sie dann, wenn Verhärtung in
den Chankern entsteht, und zeigt vorzüglich ihre

grösste Wirksamkeit, wenn die charakteristische allgemeine Ansteckung bis zu deutlichen secundären
Zufällen vorgeschritten ist, um von Neuem ihre Heilkraft bei den tertiären Zufällen gegen das Jod zu
verlieren, und diess um so mehr, je weiter sich dieselben durch ihre Form von den vorhergehenden entfernen. Tiefe Tuberkeln der Haut und der
Schleimhäute (Lupus syphiliticus) an den Nasenflügeln, an der Eichel, an der Zunge, am Mutterhalse
etc. haben öfters das Ansehen scirrhöser und carci-
nomatöser Verhärtungen. Sie sind meistens mit
Scropheln oder herpetischen Affectionen complicirt,
verlaufen langsam und oft schmerzlos; entstellen die
Theile auf welchen sie sitzen, und spalten sich gern,
indem sie immer mehr verhärten, um dann in einen
Zustand von Erweichung zu gerathen, worauf die
Schwärung bald folgt. Die Behandlung muss zuerst
darin bestehen, alle Complicationen zu bekämpfen,
und dann zum Jod und seinen Präparaten überzugehen. — Die örtliche Behandlung erfordert jedesmal,
wenn Reizung zugegen ist, erweichende, narcotische
Mittel, Umschläge mit Laudanum, Cicuta, Solanum.
Ist Entzündung zugegen, so setzt man Blutegel, jedoch in einiger Entfernung von den verhärteten Stellen. Sind die Tuberkeln im indolenten Zustande, so
verbindet man sie täglich 1—2mal mit Jodquecksil-
berhonig. Ist die Krankheit hartnäckig, so muss
man mit salpetersaurem Quecksilber äzen, aber nicht
zu tief, um entzündliche Reaction zu vermeiden.
Einen Verband, der oft, selbst in der Verschwärungsperiode, einen glücklichen Erfolg gewährt, geben die
Chlorwaschungen und das Calomel ab, wie bei den
Schleimtuberkeln. Knochenschmerzen: sie treten
meistens des Nachts auf; sie fordern die Mercurialbehandlung. Das directe Verfahren besteht in der
örtlichen Anwendung von Blutegeln, erweichenden
und narcotischen Mitteln. Nützt dieses Verfahren
nichts, so nützen Vesicatore oft erstaunlich viel. Das
Vesicator muss auf die leidende Stelle selbst applicirt
werden; hat es gezogen, so spaltet man die Oberhaut
ohne sie wegzunehmen, und verbindet dann mit Opium-
cerat, und legt warme Umschläge darüber. Ist das
erste Vesicator trocken geworden, so legt man, wenn
der Schmerz wieder kommt, ein zweites, ein drittes
u. s. f. Sollte jedoch der Schmerz auch dieser Behandlung trotzen, so macht man einen tiefen Einschnitt in die kranken Theile, durch welchen man
die Spannung aufhebt. Periostitis; sie verursacht Periostosen. Diese mehr oder weniger umschriebenen Geschwülste haben gewöhnlich ihren Sitz
auf den an der Oberfläche des Körpers liegenden
Knochen, an der Tibia, Clavicula, dem Ellenbogen,
dem Radius, dem Schädel, Metacarpus u. s. w., und
vorzüglich auf den Punkten, wo diese Knochen der
Haut am meisten genähert sind. Bisweilen sind sie
indolent, jedoch meistentheils bei der Berührung
ziemlich schmerzhaft, und zeigen eine teigige Beschaffenheit oder wirkliche Fluctuation. Sie können
sich zertheilen aber auch in Eiterung übergehen.
Anfangs muss man zu der Behandlung greifen, welche

bei den ihnen vorausgehenden und sie begleitenden
Knochenschmerzen angegeben worden ist. Wenn eine
starke Geschwulst fortbesteht, so wendet man verdünnte, allmählig mehr concentrirte Jodtinctur an,
oder Vesicantia und Sublimatauflösung wie bei den
Bubonen. Bleibt die Zertheilung plötzlich stehen,
so wendet man danu methodische Compression an.
Ist die Periostose in Eiterung übergegangen, so muss
man alsbald mit dem Bistouri die Haut öffnen. Syphilitische Ostitis befällt dieselben Stellen wie
die Periostitis, und wird ebenso behandelt wie die
Periostitis und der Knochenschmerz. Innerlich Mercur, Diaphoretica (Ptisane von Felz), Jodeisen, Dampfbäder. Die Wasserkur. Nodi, Gummigewächse
sind tiefe Tuberkeln des Zellgewebes, eine Art chronischer Furunkeln, die in dem Zellgewebe unter der
Haut oder einer Schleimhaut ihren Sitz haben, zeigen
sich gewöhnlich nur sehr spät nach dem Primärleiden
und sind, einige minder schwere Fälle abgerechnet,
die Folge einer unter dem Einflusse der syphilitischen
Cachexie tief verdorbenen Constitution. Diese Tuberkeln erscheinen selten einzeln, meistens in ziemlich
grosser Anzahl und an verschiedenen Gegenden des
Körpers zu gleicher Zeit, zuerst als kleine, anfänglich kaum bemerkbare, aber harte Geschwülste, die
durch eine Art Stiel an der Haut hängen und auf den
unter und neben ihnen liegenden Theilen beweglich
sind. Sie vergrössern sich fast immer langsam und
ohne Schmerz. Oft brauchen sie 5 — 6 Monate und
noch weit länger, um ihre grösste Ausdehnung zu
erlangen. Sie erreichen dann den Umfang einer Hasel-
oder welschen Nuss; die Haut bricht endlich auf und
es fliesst Eiter aus. Der Hauptzweck der Behandlung
muss sein, die Constitution durch alle mögliche Mittel
zu unterstützen und wieder zu stärken. Innerlich
Jod allein oder mit Eisen, Amara tonica. Bleiben diese
Tuberkeln als einziges Symptom der früheren schweren
syphilitischen Krankheit zurück, so exstirpire man sie.

6) Tripper im Allgemeinen. Die Blennorrhagie im acuten Zustande trägt die Kennzeichen
einer katarrhalischen Entzündung an sich, daher die
Behandlung wesentlich antiphlogistisch sein muss.
Blutegel, aber in einiger Entfernung angesetzt von
der Ruthe; allgemeine und örtliche Bäder in dieser
Periode bekommen in der Regel gut. Die Getränke
müssen verdünnend, einfach, angenehm und leicht zu
verschaffen sein, z. B. viel Wasser; die Diät sei
mehr oder weniger streng, je nach der Heftigkeit der
Entzündung und dem Zustande des zu behandelnden
Subjectes. Ist die Affection sehr heftig, so muss die
Diät ganz streng sein; in weniger heftigen Fällen
kann man, wenn die Verdauungsorgane gesund sind,
Fleischbrühe, Suppen, Milch, rohe, oder noch besser
gekochte Früchte erlauben, aber durchaus keine Speisen oder Getränke, welche aufregen könnten. Unter
dem Einflusse der eben angezeigten Behandlung können die Symptome des acuten Zustandes vollständig
verschwinden, bisweilen ist es auch hinreichend die
Krankheit sich selbst zu überlassen; öfters geht sie
jedoch in den chronischen Zustand über und dann

muss eine andere Behandlung eingeschlagen werden.
Wenn die acuten Erscheinungen geringer werden
oder verschwinden, sobald der Schmerz nachlässt
oder ganz aufhört, so lässt man die sehr erschlaffenden Mittel weg und bedient sich der direct auflösenden, auf welche man die revulsivischen, die eigentlich
sogenannten Antiblennorrhagica und die allgemeinen
oder örtlichen adstringirenden und tonischen Mittel,
die Reizmittel u. s. w. folgen lässt.

a) **Tripper bei Weibern.** Würde man in den
ersten 2 oder 3 Tagen gerufen, so würden Einspritzungen von adstringirenden Mitteln und andere äussere
Anwendung derselben bei den Blennorrhagien der
Vulva, Scheide und Gebärmutter gewöhnlich von
Erfolg gekrönt werden, während der Gebrauch von
Copaivabalsam u. Cubeben bisweilen gegen den Harnröhrentripper wirksam sein würde. Bestünden schon
entzündliche Symptome, die übrigens nicht sehr heftig
sind, so würde es von Nutzen sein, zugleich einige
Blutegel in die Nähe der Scheide anzusetzen. Im
acuten Zustande ist die möglichst vollkommene Ruhe
das erste Erforderniss; die Nahrung muss leicht sein,
allgemeine Bäder sind sehr nützlich, wobei die Frauen
mit dem schleimigen Badewasser Einspritzungen in
die Scheide machen. Werden Blutegel nöthig, so
müssen sie entfernt und an erhabenen Stellen (der
Schenkelbeuge) gesetzt werden, dass die Egelstiche
nicht vom Tripperschleim berührt werden können. Ist
Fieber vorhanden: Venaesection, Getränk reichlich.
Am wirksamsten ist die örtliche Behandlung. Höchste
Reinlichkeit, erweichende und leicht narcotische Umschläge, Dct. Alth., Solani etc. Von Nutzen ist es,
die kranken Theile zu isoliren durch Tampon, Charpie, die man mit den erweichenden Flüssigkeiten befeuchtet; den Tampon bringt man auch zwischen die
Schamöffnung. Erweichende Umschläge, Cataplasmen auf den Bauch, wenn die Blennorrhagie ihren
Sitz im Uterus hat. Pessarien müssen jedenfalls entfernt werden. Bei heftiger Urethritis, Antiphlogose,
Belladonnaeinspritzungen, Katheter; bei beträchtlicher seröser Infiltration der grossen Schamlippen
werden kleine Einstiche nöthig. — Widersteht der
acute Tripper dieser Behandlung, secerniren die gerötheten und turgescirenden Schleimflächen viel eiter-
artigen Ausfluss, so wendet man den Lapis infernal.
oberflächlich an, man tamponirt hierauf trocken mit
Charpie, um die Scheidenwände zu isoliren. Ist der
acute Zustand gewichen, so muss man, um die Entwicklung eines chronischen Zustandes zu verhindern,
die äussere Anwendung resolvirender Mittel (Plumbum acet., Alaun) in Gebrauch ziehen. Je weiter
man sich von dem acuten Zustande entfernt, desto
höher steigt man mit der Dosis des Plumbum acet.
oder Alauns. Plumb. acet. ℨiij—℥ß auf ℔ ij Flüssigkeit. Der chronische Zustand ist indessen öfters
hartnäckig; man wendet Einspritzungen alsdann an
von Abkochung der Gerberlohe mit gleichen Theilen
Alaunauflösung. Riecht der Ausfluss sehr übel, so
wendet man Chloreinspritzungen an. In hartnäckigen
Fällen muss man des Tages 2—3mal die Scheide ganz

austamponiren mit trockener Charpie. Sind Geschwüre,
papulöse Granulationen dabei vorhanden, so werden
diese mit Höllenstein cauterisirt, nachdem man vorher die Theile mit trockener Charpie abgetrocknet
hat. Nach jeder Cauterisation wird tamponirt. Alle
Einspritzungen, welche Frauen in die Vagina und den
Uterus machen, müssen in liegender Stellung und
bei erhöhtem Becken geschehen, sonst bleibt nichts
von der Injection zurück.

b) **Tripper bei Männern. Balanitis, Ba-
lano Posthitis, Blennorrhagia externa, Eicheltripper.** Wenn dieser leicht ist, so sieht man
ihn nicht selten von selbst verschwinden auf Ruhe
und Reinlichkeit. Solutio acet. Plumbi ʒj auf ʒvj aq.
dest., oder Sulf. zinci 2 Gr. auf ʒj. Geschieht dieses
nicht, so macht man Einspritzungen zwischen Vor-
hant und Eichel täglich 2mal aus Aq. destill. ʒiij und
Lapis infern. ʒij. Kann die Eichel entblösst werden,
so führt man, wenn die Entzündung nicht übermässig
ist, einen Stift Höllenstein schnell über alle die
kranken Oberflächen hin, dass eine oberflächliche
Excoriation bewirkt wird, nach welcher man sich be-
gnügt, feine trockene Leinwand um die Eichel herum
zu legen und die Vorhaut wieder darüber zu ziehen.
Hierauf lässt man auf die Ruthe Fomentationen mit
in kaltes Wasser oder Aqua Goulardi getauchten Compressen machen. Die Leinwand muss täglich zweimal
gewechselt werden, wobei jedesmal eine Waschung
mit einfachem Wasser oder mit einer leichten Blei-
auflösung gemacht wird. Je nach Umständen muss
in Zwischenräumen von 2—3 Tagen die Cauterisation
wiederholt werden. Ist die Entzündung sehr heftig,
sind Complicationen vorhanden, Phimosis, so muss
man Blutegel an den Schamberg, an die Falte zwischen den Schenkeln und Geschlechtstheilen jeder
Seite setzen, erweichende schleimige Bäder, Einspritzungen damit zwischen Eichel und Vorhaut anordnen. Ist viel Oedem, wenig Entzündung vorhanden, so macht man 1 oder 2 kleine Einstiche an jeder
Seite des untern Theils der Vorhaut. Droht Gangraen
der Vorhaut, so macht man Fomentationen von Extr.
Opii gummos.; Injectionen damit, auch gibt man innerlich Opium gr. j einige Mal innerhalb 24 Stunden,
besonders ist es dienlich, wenn ein Lavement mit
8 oder 10 Granen Camphor gegeben wird.

**Harnröhrentripper, Urethritis blennor-
rhagica.** Sobald Jemand gegründete Befürchtungen
haben kann, sich einen Tripper zugezogen zu haben,
so muss man ihn veranlassen, sich den Vorschriften
einer wohlverstandenen Diätetik zu unterwerfen:
Ruhe der verdächtigen Theile, reizlose Nahrung,
Vermeidung starker Getränke, des Biers, Weins,
keine warmen Bäder. Viel Trinken beim Tripper
taugt überhaupt nichts, namentlich nicht das Trinken
von Wasser das viel Salze enthält; am besten ist
schleimiges Getränke, wenn doch getrunken werden
muss. Wenn aber der Tripper mit seinem pathogno-
mischen Kennzeichen auftritt, so ist es strenge Vorschrift, denselben sobald als möglich und sogleich
in seinem Entstehen abortiv zu unterdrücken. Die

Zufälle, welche auf Tripper folgen können, stehen
in geradem Verhältnisse zu seiner Dauer und zu der
Entwicklung, die man ihn hat erreichen lassen, oder
zu der man ihn durch falsche Vorstellungen von seinem Wesen und durch eine schlechte Behandlung
treibt. (Vergl. verlarvte Chanker p. 601. Wenn Chanker in der Harnröhre sich finden, und man es blos
mit einem Tripper zu thun zu haben glaubt, so ist
dieser Irrthum beträchtlich, denn dieser Tripper ist
so contagiös, als der Chanker aussen. Natürlich ist
Hauptsache die örtliche Behandlung dieses Harnröh-
renchankers durch Aezmittel.) Wenn der Ausfluss
noch ganz im Entstehen ist, vom 1—4ten Tage, wenn
Schmerz zugegen ist, aber ohne andere Zeichen einer
sehr acuten Entzündung, so muss man je nach der
körperlichen Stärke des Kranken 20, 30 oder 40 Blutegel an das Perinäum setzen. Zugleich gibt man innerlich Copaivabalsam oder Cubeben in grossen Dosen.
Ruhe, verdünnendes Getränke in kleiner Quantität,
strenges Regime, Fleischbrühe, leichte Suppen, gekochtes Obst etc. Auf diese Weise unterdrückt man
oft Ausflüsse, die man zur rechten Zeit in Behandlung genommen hat, in 3—4 Tagen, wenigstens ist
der Verlauf dann sehr günstig. Injectionen, wenn
gleich beim Auftreten der Entzündung Schmerz zugegen ist, sind nicht so vortheilhaft, als unter entgegengesetzten Umständen. Wenn der Ausfluss ohne
Schmerz, ohne eine Zeichen von Entzündung auftritt,
so sind keine Blutentleerungen nothwendig, und der
Copaivabalsam etc. ist meistentheils hinreichend, drastische Purganzen sind dann öfters von gutem Erfolge. Injectionen von Lapis infern. täglich zweimal
$^1/_4$—10 Gran auf die Unze Wasser in die Harnröhre
unterdrücken dann die Blennorrhagie. Vorzuziehen
ist der Aezträger von Lallemand zur Cauterisation,
nach 3—4 Tagen wiederholt angewendet. Bei der
Injection fängt man mit gr. $^1/_4$ auf die Unze Wasser
an, und wird der Schmerz nicht vermehrt und der
Ausfluss nicht vermindert, so vermehrt man die Dosis
immer um $^1/_4$ Gran. Bekommt man den Tripper in
einer vorgerückten Periode zur Behandlung, oder hat
obiges Verfahren denselben nicht unterdrückt, so darf
man die Antiblennorrhagica, Copaiva etc. nicht sogleich anwenden. Das rationellste Verfahren ist hier
das symptomatische. Blutegel, örtliche laue Bäder von
Dct. Alth. und Capit. Papav., bei heftigem Schmerze
mit Laudanum, Dect. Belladonnae nach jeder Harnentleerung. Die Behandlung des Trippers ist meist
hauptsächlich eine örtliche. Neben der sorgfälti-
gen Reinigung werden dem Grade der Entzündung
der Harnröhre und Eichel angemessene kalte (selten
eiskalte) Ueberschläge gemacht, und wo die Entzündung nur in geringem Grade besteht, sofort zu der
Anwendung von Einspritzungen mittelst gläserner
Spritzen, und zwar nur vom Arzte gemacht, 3—4mal
täglich wiederholt. Am häufigsten (weil am erfolg-
reichsten) Sulfas u. Acetas Zinci (2—4—6 gr. auf ℥j
aq. destill.) Nitr. argent. cryst. ($^1/_4$—1 gr. auf ℥j aq.
destill.) Protojoduret. ferri recent. (1—3 gr. auf ℥j
aq. destill.) Alumen crud. ʒj auf ℥vj. Nur bei sehr

empfindlichen Kranken kommen das essigsaure Blei
½—1 ʒ auf ʒvj aq. destill., und vegetabilische Adstrin-
gentien, Tannin, Catechu, Gummi, Kino, Extr. rad. Ratanh., Extr. rad. Tormentil., in Anwendung. Bei
Trippern ohne Entzündungserscheinungen schickt man
eine concentrirte Einspritzung des gewählten Mittels
einmal voraus (Sulf. oder Acet. zinci ʒj auf ʒj aq.
dest. oder Nitr. argent. cryst. 10—20 gr. auf ʒj; Protojoduret. ferri rec. Ɉj—Ɉβ auf ʒj Wasser, und lässt
dann die oben bezeichneten verdünnten Lösungen
nach und nach steigend anwenden. Nur in einzelnen
veralteten und sehr hartnäckigen Fällen werden solche
concentrirte Lösungen in Pausen von 8 zu 8 Tagen
wiederholt eingespritzt, und zugleich mit dem zeitweisen Einlegen von Bougies verbunden. Innerliche
Mittel, z. B. die Balsamica und Pfeffer nur selten.

Leichtere Grade von Blennorrhoe: tägl.
3 Injectionen mit: Rosenwasser und Roussillonwein,
ana ʒvj, Alaun und Tannin, ana 10 Gran. — (Eine
besondere Art von Gonorrhoea secundaria
ist die, bei welcher der Ausfluss besonders Morgens
nach Erectionen und Pollutionen auftritt und sehr
wässerig ist. Diesem Ausflusse liegt eine Anschwellung und Erweichung der Prostata zu Grunde, wie
dies die Untersuchung durch den Mastdarm zeigt.
Es wurde gegen das Uebel empfohlen: kalte Douche
auf den Damm, sowie Einreibungen mit einer Salbe
von Ferr. jod.

Um die Erectionen zu verhüten, darf sich
der Kranke nicht zu sehr zudecken und muss einige
kalte Umschläge auf die Ruthe machen, wenn Erectionen kommen; am kräftigsten wirkt der Camphor
mit Opium verbunden in Pillenform oder in Klystieren. ℞ Camphor Ɉβ; Extr. opii gr. j; Vitr. ovi Nr. 1
aq. ʒvj. S. Zum Klystier. ℞ Camphor. Ɉjj; Extr.
opii gr. vjjj; Mucil. G. arab. q. s. f. pilul. Nr. 16.
S. 2—3 Stück Abends. So lange noch viel Entzündung besteht, dürfen keine Einspritzungen gemacht
werden; Suspensorium muss getragen werden. Gelinde Blutungen aus der Harnröhre in Folge der Erectionen sind wohlthätig; heftigere fordern säuerliches
Getränke, kalte Umschläge. Ein ingeniöses Mittel gegen schmerzhafte beständig wiederkehrende Erectionen
bei einem Tripperkranken, dem alle bekannten Mittel
diese Qual nicht beseitigen konnten, sobald er nur
1 Stunde im Bette war, verordnete man diesem in dem
Collodium. Nach vorhergeschickten kalten Waschungen, sobald der Penis in Erschlaffung getreten, musste
Patient auf den Penis in seiner ganzen Ausdehnung
mit Inbegriff der Pars prostatica stark Collodium aufstreichen, wodurch die vermehrte Blutanhäufung auf
das Sicherste wirklich verhindert wurde. Als am
andern Tage das Collodium sich theils von selbst abgelöst hatte, theils von dem Patienten abgezogen
worden war, stellten sich wieder die Erectionen ein,
aber in gelinderem Grade, und durch wiederholte Anwendung des Collodiums wurden sie in Kurzem gänzlich beseitigt. Schub in Wien empfiehlt gegen die
nächtlichen Erectionen das Natrum hydrobromicum
ʒβ auf ʒjjj Wasser; Abends 3 Essl. voll. Allzuheftige

Erectionen bei Syphilis werden am besten verhütet
dadurch, dass man das Präputium über die Eichel
zieht und mit einem Bändchen zusammenbindet;
auch wird die Erection durch dieses Maneuvre sogleich beseitigt. Die Eichel muss dabei ganz vom
Präputium bedeckt sein. Vor dem Schlafengehen
legt der Patient diese Ligatur an und des Morgens
nimmt er sie wieder ab. Ist der Ausfluss stark, so
muss man so viel Oeffnung lassen, dass derselbe
durchfliessen kann.

Dysurie, Harnverhaltung verlangt Antiphlogistica; Blutegel an den Damm, Venaesection,
Bäder, Einreibungen mit Extr. Belladonna auf den
Damm, in den Mastdarm. Bei completer Harnverhaltung jedoch muss man katheterisiren nach vorausgeschickter Blutentleerung.

Hat die acute Form der Blennorrhagie dem chronischen Zustande Platz gemacht, so sind die Antiphlogistica nicht mehr am Orte, sondern die Antiblennorrhagica. Man vermindere die Getränke, lasse
die lauen Bäder weg, die örtlichen Bäder müssen
beinahe kalt sein, Aqua Goulardi, kalte Flussbäder
sind vortheilhaft; die Nahrung muss substantieller
sein, etwas guter Wein, säuerliche Getränke sind
hier vortheilhaft, Eisenwasser, Abführmittel, Bal-
samus Copaivae. Dieser letztere erzeugt oft Erbrechen beim Beginne seines Gebrauches, aus Eckel,
später aber erregt er Erbrechen in Folge einer wahren
Gastritis. Dieses muss man berücksichtigen, um ihn
zur gehörigen Zeit auszusetzen, um dann nach Beruhigung der Organe wieder damit fortzufahren. Der
Copaivabalsam scheint den Harnröhrentripper desto
eher sogleich im Anfange zu unterdrücken, je mehr
er purgirend wirkt, während in der Behandlung der
chronischen Blennorrhagie das Gegentheil stattfindet.
Wenn man vom Copaivabalsam eine purgirende Wirkung haben will, so muss man ihn in hinreichender
Dosis und sogar mit laxirenden Substanzen geben;
will man im Gegentheile diese Wirkung vermeiden,
so muss er in abgetheilten Dosen und mit Opium
oder den eigentlichen adstringirenden Mitteln genommen werden. Soll seine Wirkung besonders auf die
Harnwege gerichtet sein, so muss man zu einer Zusammensetzung mit Diureticis seine Zuflucht nehmen.
Er bewirkt oft einen den Masern, der Urticaria, dem
Erythem ähnlichen Hautausschlag, was aus dem
schlechten Zustande des Darmkanales in Folge des
Balsams entspringt. Die Hautaffection ist stets
schädlich, sie verbessert niemals den Ausfluss, im
Gegentheil sie verschlimmert ihn, man muss daher
sogleich das Medicament aussetzen. In Substanz
gab man früher den Copaivabalsam zu 60—80 Tropfen,
später gab man ihn zu 2 Unzen täglich. Die gewöhnlichste Dosis ist die eines Quentchens bis einer Unze
in 2—3 Gaben im Laufe eines Tages. Zwischen dem
Einnehmen und den Mahlzeiten muss ein hinlänglicher Zwischenraum, wenigstens 2 oder 3 Stunden
liegen, weil man sich ausserdem der Gefahr aussetzt,
die Verdauung zu stören; daher ziehen es viele
Kranke vor, ihn des Morgens und Abends zu neh-

men. Säuerliches Getränke. Limonade zum Nach-
trinken bekommt den Kranken gut. ℞ Balsam. Copaivae ℥j; Tinct. aromat. acid. ʒvj; Syrup. cort.
aurantior. ℥β. S. Umgeschüttelt anfangs 4mal täglich 1 Kaffeelöffelchen voll, dann 5mal u. s. f. gestiegen bis auf 7—8. ℞ Balsam. Copaivae ʒij—vj;
Vitelli ovi Nr. 1; Extr. opii gr. j; Aq. dest. ℥jv. S.
zum Lavement. Ist es unmöglich, den Balsam wegen
anhaltenden Erbrechens oder Widerwillens durch den
Mund zu nehmen, so muss man ihn in Klystieren
geben, wo er dann in grösserer Dosis gegeben wird.
Das Mittel hebt den Ausfluss nicht sogleich auf,
meistentheils erscheint er wieder, wenn man den
Balsam aussetzt, um von Neuem zu verschwinden,
wenn man ihn wieder gibt, so dass man ihn also,
um einen dauernden Erfolg zu haben, noch 8—10 Tage
nach dem Aufhören des Ausflusses fortbrauchen muss,
wobei die Dosen nach und nach verringert werden. —
Cubeben helfen oft, wo der Copaiva keinen Erfolg
hatte. Oft erreicht man die Heilung nur dadurch,
dass man mit beiden Mitteln abwechselt, oder sie
verbindet. Im acuten Zustande wirken sie öfter
schädlich. Dosis: ϶j—ʒij, 1—4mal des Tages. ℞ Extr.
Aéther. Cubebarum ʒj; Pulv. gummi arab. ʒβ; Aq.
destill. ʒj; Magnes. carbon. ʒβ; M. f. pilulae Nr. 90.
S. in 3 Tagen zu verbrauchen. — Die Behandlung
des Trippers sei meistens örtlich: Sorgfältige Reinigung, dem Grade der Entzündung entsprechend
kalte (selten eiskalte) Ueberschläge, und wo die
Entzündung nur in geringerem Grade besteht, werde
sofort zu Einspritzungen geschritten und diese täglich 3—4mal wiederholt aus Sulfas Zinci oder Acetas
Zinci 2—6 Gr. auf ℥j Aq. dest.; Nitras argenti cryst.
¼—1 Gr. auf ℥j; Protojoduret. ferri recens 1—3 Gr.
auf ℥j; Alumen crudum ʒj auf ℥vj; nur bei sehr
empfindlichen Personen zieht man das Acet. plumb.
basicus ʒβ—j auf ℥vj in Gebrauch. Am meisten empfiehlt Schuh die Zinkpräparate zu Einspritzungen
bei Trippern. Bei fehlenden Entzündungserscheinungen wird eine concentrirte Einspritzung aus
Sulfas oder Acetas Zinci ʒj auf ℥j Aq. dest., Nitras
argenti 10—20 Gr. auf ℥j, und dann erst die oben
erwähnten verdünnten Lösungen nach und nach steigend angewendet. Nur in einzelnen veralteten und
sehr hartnäckigen Fällen werden solche concentrirte
Lösungen in Pausen von 8 zu 8 Tagen wiederholt
eingespritzt und zugleich mit dem zeitweisen Einlegen von Bougies verbunden. Waller in Prag
zieht bei Tripper die Einspritzungen mit Lapis
infern. gr. β—v auf ℥j Wasser denen mit andern
Metallen vor. Unter den Balsamicis wird das Electuarium de Cullerier am häufigsten angewendet und
verdient wegen seiner schnellen Wirkung das beste
Lob. Nur müssen alle Entzündundssymptome vor
dessen Anwendung vollkommen beseitigt sein und
die Verdauungsthätigkeit des Kranken muss genau
beobachtet werden. Viel Trinken beim Tripper taugt
nichts, namentlich nicht das Trinken von Wasser,
das viel Salze enthält; muss getrunken werden, dann
ist schleimiges Getränke noch das beste. Eisen-

mann hat gegen den Tripper das Vinum Semini Colchici opiatum (Vin. semini Colchici ℨiij, Tinct. Opii crocat. ℨβ) täglich 3—4mal zu 25—30 Tropfen empfohlen und Ficinus bestätigt die Wirksamkeit dieser Tropfen gegen den durch Ansteckung entstandenen Tripper wie bei den aus andern Ursachen herrührenden Schleimflüssen der männlichen und weiblichen Geschlechtstheile. Wenn an einem Punkte des Kanales eine abnorme Empfindlichkeit zugegen ist, so muss man auf diesen Punkt den Lapis infernalis appliciren mit Hülfe des Aezträgers.

Epididymitis subacuta: 2mal täglich Einreibung der leidenden Seite mit einer Salbe aus ana starker Mercurialsalbe und Extr. Belladonnae; nach der Einreibung Cataplasmen und Bettruhe.

Epididymitis acuta: 15 Blutegel an das Perinäum, ebensoviele in die Inguinalgegend der leidenden Seite; nach den Egeln ein Bad, Gerstenwasser als Getränk, strenge Diät, Ruhe und Cataplasmen, kalte Umschläge, Abführmittel, Diät.

Chronische Epididymitis: Auflegen von Emplastr. de Vigo und Tragen eines Suspensoriums. Die Bestandtheile des Empl. de Vigo sind: Einfaches Pflaster, gelbes Wachs, Pech, Gummi ammoniac., olibanum, Mercur, Terpentin, Styrax liquida und ätherisches Lavendelöl. Wenn nach einem unterdrückten oder so eben geheilten Tripper, in Folge einer Verkältung u. s. w., plötzlich heftige peinliche Krämpfe entstehen, die vom After und Hodensacke ausgehen, oder sich zur Seite des Fusses hinziehen, wahre neuralgische Anfälle bilden, so muss man gegen diese Neuralgia gonorrhoica (Neuralgia nervi pudendi interni) entweder sogleich wieder ein Trippergift einimpfen, oder in Ermanglung dessen ein anderes zur Wiedererzeugung eines Trippers empfohlenes Mittel gebrauchen lassen, nämlich ℨj Copaivabalsam auf einmal nehmen lassen.

Ophthalmia blennorhagica. Ist der Kranke stark, so macht man Venaesection, setzt 30—50 Blutegel im Niveau des Nasenflügels, an die Schläfe; hierauf wendet man die Augenlider um und fährt mit einem Stift Höllenstein schnell darüber weg, so dass die Oberfläche der Conjunctiva palpebrarum und dann noch weit oberflächlicher die der Conjunct. ocularis dadurch weisslich gefärbt werden. Unmittelbar darauf macht man kalte Einspritzungen von Wasser zwischen die Augenlider, so dass kein Höllenstein auf der Cornea bleibt. Nach diesem bedeckt man das Auge mit Compressen, die mit einer Abkochung · von Mohnköpfen getränkt sind. Bei heftigem Schmerze wendet man Extr. Belladonnae örtlich an. Ist Chemosis zugegen, so muss unverzüglich die Excision gemacht werden, wobei man die Schleimhaut mittelst kleiner Pincetten mit Widerhacken aufhebt und mit krummen Scheeren wegnimmt. Zertheilt sich die Krankheit, so setzt man noch Vesicatore in den Nacken und lässt Augenwasser mit gr. j Höllenstein auf ℨj Wasser fortgebrauchen.

Vegetationen, Condylome scheinen nicht

die nothwendige Folge des syphilitischen Giftes zu sein, da sie unter Umständen und durch Ursachen entstehen können, die der Syphilis völlig fremd sind. Man macht die Excision derselben mit auf der Fläche gekrümmten Scheeren. Sind die Wucherungen weggeschnitten, bedeckt man den operirten Theil mit in kaltes Wasser getauchten Compressen; eitern die kleinen Wunden, so verbindet man sie mit aromatischem Weine. Man schneidet die Vegetationen erst dann ab, wenn die etwa vorhandenen Chanker geheilt sind. Sind die Kranken messerschen, sind die Vegetationen flach, so wendet man zu ihrer Entfernung Caustica an, das Opium, Calomel, Sabinapulver etc. Die eigentlich antiphlogistische Behandlung ist nur angezeigt, wenn andere begleitende Symptome sie verlangen. Cupri sulphuric. 3j auf ℥β—j Aq. dest., oder Lapis infern. zum Aezen. Durch die Tinct. Thujae zu 2—3maligen Gaben von 6—16 Tropfen innerlich allein gegeben oder in Verbindung mit dem Betupfen der Condylomata durch dieses Mittel sollen die Feigwarzen sicher geheilt werden.

Phimosis: Injectionen von aromatischem Weine mit Opium zwischen Vorhaut und Eichel; dabei erweichende narcotische Umschläge; droht Gangrän, dann die Operation. Vortrefflich wirken kalte Gliederbäder und kalte Umschläge.

Paraphymosis: Einschlagen des Gliedes in kalte Compressen, blande Diät, kühlendes Getränke; man versucht die Reduction oder löst die Strictur durch einen Einschnitt je nach Umständen. Nach Lösung der Einschnürung: emollirende Umschläge.

T.

Tabes. S. Marasmus.

Tabes dorsalis. S. Rückenmarksschwindsucht.

Tabes metallica. Leute, die in Bergwerken und Fabriken sich befinden, wo viele Arsenikdämpfe sich entwickeln, sind dieser Krankheit häufig ausgesetzt. Sie bekommen trocknen Husten, haben ein bleiches Aussehen, leiden an grosser Kurzathmigkeit, und endlich entsteht ein schleichendes Fieber. In diesen Fällen findet man die Lungen ganz zusammengeschrumpft. Eine milde Behandlung scheint hier die Hauptsache zu sein. Wechsel des Aufenthalts, viele laue Bäder, Milchtränke, Hühnerbrühe, Schwefelbäder.

Tabes nervosa. S. Febris nervosa lenta.

Tetanus. Starrkrampf. Eine mehr oder weniger heftige oder anhaltende Contraction der Muskeln der willkürlichen Bewegung mit Spannung und Starrheit der afficirten Theile. Die Zusammenziehung dauert ohne Zwischenzeiten und vollständige Erschlaffung fort, wodurch sich diese Krankheitsform von den gewöhnlichen Krämpfen und Convulsionen unterscheidet; auch bleiben bei Tetanus Besinnung und Gefühl ungestört, was bei Epilepsie nicht der

Fall. Wenn sich die Wirkungen derselben blos auf
die Kinnlade oder Kehle erstrecken, so Heisst man
ihn T r i s m u s, wird aber der ganze Körper ergriffen,
T e t a n u s; wenn der Körper dabei vorwärts geneigt
ist, E m p r o s t h o t o n u s, und sind die Rückenmuskeln vorzüglich afficirt, E p i s t h o t o n u s; ist
der Körper auf eine Seite gezogen, P l e u r o s t h o-
n u s. Wichtiger ist die Eintheilung in den acuten,
sehr gefährlichen, und in den chronischen, leichter
heilbaren Tetanus. Man kann ihn auch in den trau-
matischen, als den von Wunden entstandenen, und
idiopathischén eintheilen; er ist zuweilen Reflexions-
leiden auf Vesication, entsteht durch Wunden, Erkältungen. Krämpfe durch Meningitis spinalis bedingt können mit Tetanus verwechselt werden, wenn
z. B. Personen im starken Schweisse auf·feuchte
Steinplatten sich gelagert hatten, u. Rückenschmerz
und tetanische Starrheit, peinigende Schmerzen in
den durch Muskelcontractur (nicht durch Lähmung)
unbeweglichen Unterextremitäten plötzliche electrischen Erschütterungen gleichende Zuckungen erfolgen. Solche Fälle verlangen Antiphlogose u. starke
Ableitungen auf den Darm.

Therapie. Man berücksichtige die entfernteren
Ursachen, und wenn sie in der Wunde liegen, wie
fremde Körper, Zerrung, Zusammenschnürung der
Nerven u. s. w., so erweitere man die Wunde und
verfahre nach den Regeln der Kunst. In dieser Absicht ist auch die Cauterisation der Wunde und selbst
die Amputation des Gliedes vorgeschlagen. Bei dem
den Ausbruch der acuten Exantheme begleitenden
Tetanus hat man blos den Ausbruch des Exanthems
zu befördern durch Chlorwaschungen etc. Trismus
und Tetanus hystericus. S. Hysterie Nr. 8. Bei der
Behandlung des Tetanus werden gerühmt: Opium,
Moschus, Camphor, Cantharidentinctur, Aq. Laurocer., Acid. hydrocyan., Tabak, Terpentinöl, Arsenik.
Die Chloroformeinathmung bewirkt öfters bei idiopa-
thischem Tetanus in Folge von Erkältung etc. rasche
Heilung. Man lässt es in Zwischenräumen von einigen Stunden einigemal im Tage einathmen, bis der
Kranke in einen ruhigen Schlaf verfällt. Die S t ü t z-
sche Methode: abwechselnd innerliche und äusser-
liche Anwendung des Opiums, des Ammons, p. 306.
Ferner China, Naphthen und andere reizende, stärkende Mittel, kaltes und warmes Kalibad. Die beste
Behandlung scheint die innere Anwendung des Calomels mit Opium, Einreibungen von Ungt. Mercur.
℞ Kali carbonic. depur. ʒiij; Aq. flor. chamomill.,
Aq. cinnamom., ana ʒjv; Syrup. papav. alb. ʒj; alle
¹⁄₂—1 St. abwechselnd mit Folgendem 1 Essl. voll.
℞ Tr. opii simpl. ʒiij; gtt. v—xv alle ¹⁄₂ St. abwechselnd mit dem Vorigen. Strychnin gr. ¹⁄₁₆ 2stündl.
bis Zuckungen kommen fortgegeben heilt den Starrkrampf; manchmal 10—20 Tage lang musste die Kur
damit fortgesetzt werden.

Tic doulereux. S. Gesichtsschmerz.

Tinea. Kopfgrind oder Grindkopf. Man ver-
gesse nie, dass Tinea oft eine heilsame Ableitung der
Naturkraft ist, welche durch sie den Ueberschuss der

Säfte ausgleicht, die in dem Alter, wo sie vorkommt,
nach dem Kopfe sich ziehen. Sie heilt gegen die
Pubertät hin meist von selbst. Unterdrückt darf sie
nie werden mit Bleisalben und dergleichen ; man
kommt mit örtlichen, unschuldigen Mitteln für die
Reinlichkeit meist zurecht. Bei Complication mit
Scropheln wendet man die Specifica an: Eichelkaffee,
Jodine, Eisen, Bäder etc. Die örtliche Behandlung
beschränkt sich darauf, die Irritation zu mindern, die
Krusten zu lösen durch frische Butter, Malvendect.,
Cataplasm., Spec. emollient., Ungt. flor. sulphur.
(℥jj ad ℥jv. Axung.), von Zeit zu Zeit, etwa alle 10—12
Tage, ein Laxans. Sind die Geschwüre hartnäckig,
so fahre man mit dem Ungt. sulphur. fort, wasche
mit Aq. sublimat.; man stösst die erweichten Grinde
mit einem Kamme los und macht statt der erweichenden Umschläge aromatische. Ist der Kopf rein, so
wäscht man ihn 1—2mal tägl. mit Seifen- oder Kali
carbon.-Wasser. Bleibt nach Abstossung der Schorfe
eine eiternde Fläche zurück, so heilt man diese durch
Ungt. Zinci. Oft ist es nöthig, wenn in Folge der
Irritation die Congestion nach dem Kopfe sehr stark
ist, die Ohren sehr angeschwollen sind, einige Blutegel hinter die Ohren zu setzen. Hat die Tinea
lange gedauert, so müssen vor ihrer Heilung Fontanellen gesetzt werden. ℞ Calcariae chlorat. ℨj; Aq.
fontan. ℥viij; zum Ueberschlage. ℞ Calcar. chlor.
ℨj; Axung. porci ℥jv; zum Einreiben ²mal Haselnuss-
gross. ℞ Kali sulphurat. ℨjjj; Sapon. hyspan. ℨj;
Aq. calcar. ust. ℥vjjj; Spirit. vin. rectif. ℨjj. M. die
trocknen Stellen Morgens und Abends damit zu
waschen. ℞ Aq. oxymuriat. ℨjß—jj; Ol. olivarum ℥j.
M. S. Exantheme, chronische.

Tonsillitis. S. Angina.

Torpor.
Symptome. Müdigkeit, Mattigkeit, Schwäche,
Gähnen, Schwere in den Gliedern, Ohrenklingen,
Schwindel, Widerwillen gegen gewisse Speisen, z. B.
Fleisch, Mangel an Appetit, Erbrechen, der Kranke
hat einen timiden Blick, auch Durchfälle und Neigung zum Schlaf, oder unruhigen Schlaf; der Schlaf
erquickt nicht, Ziehen im Rücken, die Haut wird
rauh, welk. Schauder und Frost, letzterer dauert
an. Calor mordax, Pulsus mollis, frequens, debilis,
oder auch rarus. Entstellter Blick, Zunge unrein,
gelblich oder braun, oder schwarz belegt, Furchen
auf derselben und Risse, Delirien, kurz Symptome
des Typhus. Die Behandlung ist wie bei Nervenfieber angegeben.

Tracheitis. S. Kehlentzündung.

Traubenkur. Wir entnehmen der Schrift des
Dr. M. Hirsch jun. aus Bingen, „die Weintrauben-
kur und die Art ihrer Anwendung, Mainz 1843" Folgendes: Als Frühstück wird nüchtern 1½ ℔ Trauben
mit einem Brödchen genossen, dann macht der kräf-
tigere Kranke eine Promenade, der Schwächere ruht.
Zwischen 10 und 11 Uhr Vormittags wird die erste
grosse Portion Weintrauben von 2½—3 ℔ genossen.
Das Mittagessen muss sehr einfach und spärlich sein.
Ist der Patient an Bouillon gewöhnt, so ist eine kleine

Quantität erlaubt, ausserdem etwas Kalb- od. Hühner-
fleisch; alle Gemüse aber, mit Ausnahme von einem
paar in Salzwasser abgekochten Kartoffeln, müssen
wegbleiben. Als Desert wird 1 ℔ Trauben gegessen,
und ist ausnahmsweise ein Glas alten Rheinweins
gestattet. Zwischen 3 und 4 Uhr wird die 2te grosse
Portion Trauben von 2—3 ℔ genommen und hierauf
ein Spaziergang gemacht. Das Abendessen besteht
aus 1½ ℔ Trauben und einem Brödchen. Nur solche,
die keine aromatische Bestandtheile enthalten, werden empfohlen und nur die dünnschaligen Trauben,
und es soll die Kur 4—6 Wochen fortgesetzt werden.
Der Verf. erklärt besonders die Krankheiten für die
Kur geeignet, in denen vegetabilische Säuren in Verbindung mit Gummi und Zucker von Nutzen sind, u.
stützt sich auf die physiolog. Ansichten S c h u l t z ' s
vom Blutleben. Abdominalplethora wird durch die
Traubenkur nicht selten geheilt. In manchen Fällen
erhalten die Kranken eine noch längere Zeit fortwährend Neigung zu Diarrhoen. Dass die Weintrauben wohlthätig auf die Ruhr wirken, ist von
älteren Aerzten und auch von H o l s c h e r gerühmt
worden, besonders bei entzündlichem Character der
Ruhrepidemie.

Trippernachkrankheiten. Siehe Trippertuberkeln.

Tripper. S. Syphilis p. 610.

Trippergicht. Arthritis gonorrhoica hat man
in der neueren Zeit diejenigen, meistentheils schmerzhaften Gelenkaffectionen genannt, welche in Folge
des Trippers vorkommen, und der wahren Gicht so
ähnlich sehen, dass sie nicht selten mit ihr verwechselt werden. Es sind vorzüglich die virulenten Tripper, solche, die durch ein intensives Trippercontagium
hervorgerufen wurden, welche am ersten im Stande
sind, die Trippergicht zu Wege zu bringen. Es sind
ferner auch solche Tripper geeigneter, die Trippergicht zu veranlassen, deren heftigen entzündlichen
Erscheinungen ein mehr grünlicher, reichlicher, mit
Blut tingirter Ausfluss folgt; es sind ferner solche,
die entweder eine vorher noch nie mit Tripper be-
haftete Urethra eines jungen und kräftigen Neulings
befallen, oder die eine sehr reizbare Harnröhre ergreifen. Es sind ferner solche, welche auf eine Harnröhre übertragen wurden, die durch eine vorhandene
Annäherung zu permanenter Strictur oder durch
schon ausgebildete Verengerungen in jenen Zustand
einer höheren oder krankhaften Reizbarkeit versetzt
ist. Es sind endlich solche Tripper im Stande, die
Trippergicht herbeizuführen, welche von Seiten des
Kranken verwahrlost, oder auch verkehrt behandelt
sind. Es kommen aber, doch selten, Complicationen
der Scropheln und Herpes mit Trippergicht vor, was
natürlich die Prognose verschlimmert. Es gibt eine
metastatische, eine acute und chronische Form. Die
metastatische Form entsteht nach der plötzlichen
Unterdrückung des Trippers, kommt aber doch nicht
so häufig vor als die 2te und 3te Form. Sie tritt in
der Regel mit Schüttelfrost auf; oft schon in einer
Nacht, in 15—20 Stunden schwillt das Gelenk, und

zwar in der Regel das eine Kniegelenk bedeutend an
und verliert in Folge der Ausdehnung des mit wässeriger Synovialflüssigkeit reichlich gefüllten Kapselbandes die Form der artikulirenden Knochenenden.
Das Gelenk fühlt sich heiss an, zuweilen dessen
Hautbedeckungen geröthet, in den schlimmsten Fällen
entwickelt sich rasch ein Pseudoerysipel. Schmerz
ist pressend, spannend, Bewegung und Berührung
vermehrt ihn. Die Gelenkentzündung hat eine entschiedene Neigung zu Abscessbildung, und es kann
Phlebitis zu Stande kommen in Folge von Eiterre-
sorption, es kann der Eiter die Knorpelüberzüge ergreifen, oder den Knochen, und Caries oder Necrose
erfolgen. Die Entzündung zertheilt sich oder geht in
die 2te oder 3te Form der Trippergicht über.

Die acute Form begleitet meist Fieber. Sie kann
sich entwickeln, wenn sich die entzündlichen Erscheinungen des Trippers fast oder meistens gelegt
haben, und die Blennorrhaea schon Tage oder selbst
Wochen bestanden hatte. Zuweilen leiden die Kranken nur noch an Nachtripper, oder sie haben Stricturen mit erhöhter Reizbarkeit der Urethra, bei denen
immer noch mehr oder weniger Ausfluss aus der
Harnröhre sich zeigt, wo entweder des Morgens noch,
oder nach Excessen in Diät und Regime, nach dem
Genusse von Spirituosa, nach einem Tanze, nach
einem scharfen Ritte, nach einem zu früh gewagten
Coitus, sich eine fühlbare Irritation der Urethra einstellt. Diese Form befällt zwar auch das Kniegelenk,
aber auch andere Gelenke, z. B. das Handgelenk,
Gelenke des Halswirbels etc. Sie hat eine ganz
entschiedene Neigung, in dem befallenen Gelenke
eine falsche Ankylose zu Stande zu bringen; so dass
man oft schon nach 8—14 Tagen eine ganz auffallende
Rigidität vorfindet, und Depositionen von fibrösen —
fibröscartilaginösen — später selbst von knochigen
Stoffen in die Gelenkbänder sind der häufigste Ausgang dieser Form. Diese Krankheitsform ist es,
welche die kräftigsten und blühendsten Männer sehr
früh zu Invaliden machen kann, und es gehört daher
die Trippergicht zu den schwersten Züchtigungen
der Venus. Zwar werden meistens Männer von ihr
heimgesucht, aber doch auch Weiber, welche die Gewohnheit haben, gleich nach vollzogenem Coitus sich
stets zu waschen. Die chronische Form geht am
häufigsten aus der acuten hervor, oder sie beschleicht
auch den noch mit Nachtripper oder mit krankhafter
Urethra, Reizung oder mit Stricturen in Folge von
Gonorrhoe behafteten Kranken. Auch diese Form
befällt öfters mehrere Gelenke; sie tritt ohne Fieber
auf und hat anfangs keine visible Veränderungen der
befallenen Gelenke zur Folge, höchstens eine leichte
Intumescenz des Kapselbandes, auch Tumor albus
ähnliche Degenerationen bringt sie zu Stande.

Sowohl bei der acuten als chronischen Form wird
die Constitution auf höchst nachtheilige Weise ergriffen. Die Verdauungskraft leidet, das Nervensystem wird durch Schmerzen verstimmt.

Behandlung der metastatischen Form. Je
nach der Heftigkeit des Fiebers, der Constitution,

des Alters mehr oder weniger rigorose Antiphlogose.
V.S. öfters wiederholt. Dabei 20—30 Blutegel, Ni-
trumemulsion oder Tart. emet. in refracta dosi, La-
xanzen. Gleich in den ersten Tagen ist es von
grossem Nutzen, einige Gaben Calomel mit Opium
zu interponiren. Nach den Blutentziehungen Cataplasmata narcotica, besonders aus Belladonna. Strenge
Diät, Ruhe, diluirende Getränke. Kommt ein Abscess
zu Stande, so öffne man ihn subcutan. Nach solchen
Attaken muss man später durch Bäder, Einreibungen
zu Hülfe kommen, u. tonisirende Massregeln, Eisenbäder, Seebäder werden heilsam sein.

Behandlung der acuten Form. Blutegel,
Salmiak und Tart. emet. Abends ein Plummerisches
Pulver. Blutegel werden von Zeit zu Zeit wiederholt;
narcotische Cataplasmen, bald darauf kann man Vesicantia in die Nähe legen; man setze etwas Camphor
dem Vesicator bei, um Strangurie zu vermeiden. Man
verbinde das Vesicator mit Unguent Mercuriale ℥j u.
Extr. belladonn. 3β—j. Ist das Fieber gemässigt,
dann Sublimat mit Opium und Decoct Sassaparill.
14 Tage bis 3 Wochen fortgesetzt, nach dieser Zeit
Kali hydrojodin. Man kommt aber nicht weit, wenn
man die Urethra nicht in ihre Integrität zurückzuführen trachtet. Man behandelt daher die Harnröhre
mit Bougies, anfangs mit sehr dünnen, welche man
mit Extr. belladonnae bestreicht; so lange die Reizbarkeit der Harnröhre nicht getilgt ist, so dass man
ziemlich dicke Bougies lange Zeit kann liegen lassen, wird man nicht glücklich in der Behandlung
sein. Ist man so weit gekommen, dass nur noch in
dem einen oder anderen Gelenke ein geringer Grad
von Steifigkeit nachgeblieben ist, so schickt man den
Kranken nach Wiesbaden, Aachen, Töplitz, oder in
Schwefelbäder und übe die Gelenke.

Behandlung der chronischen Form. Anfangs
topische Blutentleerungen. Besonders aber habe man
die topische Behandlung der Urethra im Auge, gebe
Opium mit Sublimat und später Kali hydrojodin. in
steigenden Gaben und übe besonders die Gelenke.
Bestreichen des Tags 2mal mit Tinct. Jodin., Einreibungen mit Jod.

Trippertuberkeln, Tripperscropheln, eine
Folgekrankheit von Tripper, eine Tripperdyscrasie.
Wenige Aerzte haben die Erscheinungen der Trippertuberkeln als Folgekrankheit des Trippers, d. h.
ihren nächsten Zusammenhang mit dem Trippergifte,
erkannt; Vielen war und ist die Krankheit eine räthselhafte. So erzählt ein vielbeschäftigter Praktiker,
dass er aus der Krankheit eines 30jährigen, kräftigen, unter guten Verhältnissen lebenden Mannes
durchaus nicht klar werden konnte. Dieser, immer
gesund, erlitt einen Tripper, mit dem er sich wegen
schlechter Behandlung durch 6 Monate umherschleppte.
Bald darauf entwickelten sich die sonderbarsten Erscheinungen, meistens von Abdominalorganen ausgehend. In diesem Siechthum mit allmählig zunehmenden Symptomen brachte er 5 Jahre zu, worauf
der neu consultirte Arzt das Leiden wegen gänzlicher
Appetitlosigkeit, aufgetriebenen Bauches, wieder-

holten Brechens für Abdominalemphraxis mit eintretendem Ascites hielt. Bei der Section aber fand er das
ganze Bauchfell und somit alle Unterleibsorgane mit
einer unzähligen Menge fester, gelber Körper, von
der Grösse einer Linse bis einer Bohne, bedeckt. —
Eine Weibsperson, die lange Zeit an einem bösartigen weissen Flusse litt, wird vermeintlich an Peritonitis chronica behandelt, stirbt, und man findet bei
der Section gelbe, harte, grosse Tuberkel im Unterleibe. Dieses gibt schon einen Begriff von der ge-
meinten Krankheit. Die Trippernachkrankheiten kann
man in 3 Gruppen theilen. Die erste umfasst die
organischen Veränderungen des Genital- und uropoëtischen Systems (Strictura urethrae, scirrhus prosta-
tae, hypertrophia urocystae, welche letztere sich gewöhnlich zur verhärteten Vorsteherdrüse hinzustellt);
die zweite der acuten Metastasen (orchitis, prostati-
tis et ophthalmitis gonorrhoica); die dritte eine eigene
Tripperdyscrasie, woraus der Herpes gonorrhoicus,
dolores artuum vagi gonorrhoici (rheumatismus gonorrhoicus), arthritis gonorrhoica und die Tubercula
gonorrhoica (steatomata gonorrhoica) ihren Ursprung
nehmen.

Symptome. Charakteristische Erscheinungen, welche die erste Entwicklung begleiten, scheinen zu
fehlen. Symptome werden erst merkbar, wenn diese
nach erlangter Ausdehnung und Grösse Störungen in
den physiologischen Functionen der verschiedenen
Organe hervorrufen, wesshalb auch die eingetretenen
Phänomene wiederum nach den Organen verschieden
sind, welche zuerst und am meisten von dieser Desorganisation occupirt sind. Im Allgemeinen scheinen
pseudo-rheumatische Schmerzen in den Lenden und
verschiedenen Muskelparthien, und, beginnt die Tuberkelbildung am Halse, eine Isthmodynia ohne Entzündung und Ulceration der Schleimhaut mit wech-
selndem Schnupfen vorherzugehen. Es bilden sich
dann kleine linsen- und erbsengrosse, harte Knötchen, die sich durch die Haut, wie es am Halse
der Fall ist, leicht fühlen lassen und den Kern zu
den allmählig anwachsenden Tuberkeln geben. Sie
nehmen zu, ohne beunruhigende Symptome zu verursachen, wenn sich nicht solche in den innern Organen bilden. Die Kranken glauben blos geschwollene Drüsen zu haben. Haben sie die Grösse einer
Haselnuss erreicht, so sitzen sie ganz fest und un-
verschiebbar im Zellgewebe oder auf den Muskeln,
sind beim Drucke unschmerzhaft, die darüber liegende
Haut ist unverändert und gesund. Wie hier unter
der Haut, so bilden sie sich auch in den innern Organen, schleichend, unmerkbar. Diese knotigen Körper sind durchaus neue Gebilde, neue Produkte einer
Tripperdyscrasie, nicht angeschwollene Drüsen, übersteigen nicht die Grösse eines Hühnereies, sind von
compacter Masse ohne Fasern wie verhärtetes Fett.
Sie kommen vor: 1) Sie beginnen im Hoden u. steigen mit dem Samenstrange in das Becken, wo dann
die Knollenbildung längs der Art. iliac. und Aorta
fortlauft. 2) Die Steatomata setzen in der Nähe der
Carotiden an und steigen mit diesen in die Brust

zum Aortabogen, wo sie sich dann über sämmtliche Brustorgane ausdehnen. 3) Sie gehen vom Bauch- felle aus, welches oft ganz damit übersäet ist, auf der äussern Platte und da, wo es die Leber, Milz etc. überzieht. Man fand sie auch an der Pleura, dem Pericardium und Arachnoidea. 4) Es beschränkt sich die organische Bildung nur auf einzelne Organe des Genitalien- oder uropoëtischen Systems.

Diagnose. Schlecht behandelte, vernachlässigte, in die Länge gezogene Tripper, wiederholte An- steckung geben die nächste Veranlassung; durch die allmählige und fortdauernde Aufsaugung des Tripper- giftes scheint eine wahre Dyscrasie zu entstehen, deren Ausdruck diese Steatomata sind. Die Kranken sind bei weitem nicht immer scrophulös.

Therapie. Man hielt früher die Krankheit für absolut unheilbar. Man hatte Mittel gegeben, welche durch Ausscheidung auf die Harnwege wirken, als Canthariden etc., aber fruchtlos, ebenso den rothen Präcipitat, Sublimat, Arsenik, Gold, die Holztränke, die Schmierkur, die Wiedereinimpfung des Trippers. Glücklich war man indessen bei der Behandlung mit Jod, innerlich und äusserlich angewendet. Jodsalbe 2mal des Tags in die Tuberkel am Halse etc. einzu- reiben, und innerlich Jod und Jodkali von ersterem gr. j und von dem zweiten gr. jj in Auflösung per Tag; dabei sparsame Diät, aber leichte Fleischkost. Treten Jodsymptome ein, als Kopfschmerzen, Schwin- del etc., so setzt man mit dem Gebrauche des Jods aus, lässt indessen Decoct. Sassaparill trinken, Bä- der gebrauchen, bis man wieder zum Jod greift. Zur Nachkur Adelheidswasser. ℞ Jodini gr. j; Kali hy- drojod. gr. jj; Aq. destill. ℥vjjj; auf 3mal per Tag zu nehmen. ℞ Jodini gr. vj; Kali hydrojod. ℈j; adipis suillae ℥ß. S. Morgens und Abends eine Haselnuss-gross 10 Minuten lang in die Tuberkeln einzureiben.

Trismus. S. Kinnbackenkrampf. Tetanus.

Trunksucht. S. Säuferkrankheiten.

Tuberculosis. S. Lungentuberkeln.

Tympanitis. Windsucht, Trommelsucht.

Symptome. Bedeutende, oft ungeheure, bis zum Zerplatzen steigende elastische Ausdehnung des U.L., bei der Percussion Trommelton. Die Auftreibung ist ungleich. Kollern im U.L., aber kein Abgang von Ructus und Flatus. Beschwerliches Athmen, Leibschmerzen, kalte Extremitäten, Verstopfung, selten Diarrhoe.

Diagnose. Die Anschwellung folgt nicht der Lage des Körpers wie bei Wassersucht.

Therapie. Man entferne die Ursache und nehme Rücksicht, ob eine entzündliche Affection dabei im Spiele ist; ist letzteres der Fall, so legt man erst Blutegel an; ist dies nicht, so gibt man Carminativa und Antispasmodica; Asa foetida mit Rheum, Co- lumbo, Ol. Cajeput, Emulsio oleosa, Einreibungen aus Cajeput, Mentha mit Camphor und Tr. thebaica. Klystiere mit Chamomill., Kümmel, Asa foetid. Ist der Genuss vegetabilisch gährender Stoffe daran Schuld, so gibt man Magnesia carb., Lapid. Cancror.,

Aq. Calcis mit Rheum. Bei säuerlicher Gährung, Acid. Halleri, Eis innerlich und äusserlich. Auftröpfeln von Naphtha. Bei Ueberladung des Magens Emetica. Sind alle Mittel vergebens, so kann man die Luft durch eine Spritze oder Pumpe auspumpen, oder den Bauch mittelst einer angelegten Bauchbinde zusammenbinden, oder man kann ihn punctiren mit einem Troikart. Die Auftreibung bei Kindern in den Präeordien weicht der Salbe von Ungt. Alth. mit Ol. Chamomill. et Menthae und dem Gebrauche des Pulvis puerorum. Die Verbindung des Moschus mit Gm. Ammoniacum hat sich gegen Tympanitis sehr hülfreich erwiesen; 3 Pillen zusammen aus gr. jjj Moschus und gr. xjj Gm. ammon. bestehend, als tägliche Dosis. Die Tympanitis gegen das Ende des Typhus, als eine das herannahende Ende bezeichnende Erscheinung in Folge der beginnenden Lähmung der Gedärme, weicht am schnellsten dem caustischen Salmiak. Man tröpfelt frischen Spirit. Salis ammon. caust. in ein Glas voll reinen Wassers langsam unter stetem Umrühren und so lange, bis dasselbe damit so geschwängert ist, dass das Mittel zwar stark schmeckt, aber ohne auf Mund, Schlund und Magen ätzend zu wirken, getrunken werden kann. Der Kranke trinke langsam, wenig und oft davon. Die Essigsäure hat sich gegen Tympanitis im Typhus sehr heilsam bewiesen. ℞ Ol. terebint. ʒj; Vitell. ov. q. s.; Acid. acet., Aq. rosarum, ana ʒj; f. linim.; 3stündl. einzureiben.

Typhlitis. Entzündung des Blinddarms. Charakteristisch ist der Schmerz in der Gegend des Coecums. Der Druck auf die Regio. iliaca dextra ist empfindlich, der Schmerz dort fixirt, doch auch zuweilen mit Coliken verbunden. Bei der Lage links nimmt er zu, ebenso beim Stehen und bei Stuhlentleerungen. In der Tiefe der Coecalgegend fühlt man eine Anschwellung und Härte. Es kann Verstopfung oder auch Durchfall vorhanden sein; oft (Typhlitis stercoralis) ist Verstopfung die Ursache. Die Entzündung kann wie jede Darmentzündung verlaufen, aber auch Eiterung und Durchlöcherung des Darms herbeiführen. Behandlung wie bei Darmentzündung.

Typhus. S. Nervenfieber.

U.

Unfruchtbarkeit. Sterilitas. Die Fälle, wo die Empfängniss durch Missverhältniss beiderseitiger Geschlechtstheile, durch Abneigung zweier Gatten, oder durch männliche Impotenz verhindert wird, gehören nicht hieher. Die Unfruchtbarkeit des Weibes kann Folge allgemeiner oder örtlicher Krankheitszustände sein, solche sind: 1) phlegmatische, mehr männliche Constitution, oft durch mangelnde Menstruation und sehr schwachen oder gänzlich fehlenden Geschlechtstrieb noch näher charakterisirt. 2) Mangel der Ovarien, der Gebärmutter, bedeutende Verwachsungen der Vagina und des Muttermundes, be-

trächtliche Verengerung des Scheidenkanals, sehr
grosses, festes Hymen, ja selbst ein ausserordentlich
verengertes Becken. Unter den mannigfachen Ursachen der Unfruchtbarkeit soll die am häufigsten
vorkommende die Engigkeit des Mutterhalskanals
sein. Die Verengerung ist entweder eine krampfhafte oder eine organische, letztere ist die häufigere
und hat ihren Sitz meistentheils am äusseren Mutter-
munde. Man findet das Collum uteri fast immer angeschwollen, leicht hypertrophisch, die Schleimhaut,
die das Innere desselben auskleidet, in einem chronisch entzündlichen Zustande, bisweilen mit Erosionen oder Granulationen bedeckt, und mit einem solchen Zustande sind immer Unregelmässigkeiten der
Menstruation verknüpft, und es wird die Berührung
des männlichen Samens mit dem Ovulum völlig gehindert. Um die Diagnose sicher zu stellen, ist die
Untersuchung mit dem Speculum nothwendig, darauf
untersucht man mit einer dünnen Bougie den Mutter-
halskanal. Sind Erosionen und Granulationen zugegen, so werden sie mit Höllenstein geätzt; hierauf
führt man einen dünnen, conisch geformten und mit
Belladonnasalbe bestrichenen Pressschwamm in den
Muttermund ein, dieser bleibt 2—3mal 24 Stunden
liegen, und dieses Verfahren wird 3—4mal wiederholt zwischen 2 Menstruationsperioden, und jedesmal wird das Volumen des Pressschwammes etwas
vermehrt. 3) Starke Einrisse des Mittelfleisches bis
zum After, beträchtliche Scheidenvorfälle, Schief-
lage. Umstülpung oder Vorfall des Uterus, bedeutende Zerreissungen, Verhärtungen, Geschwüre des
Muttermundes, Ausartungen der Ovarien, Verwachsungen der Muttertrompeten oder gar Exstirpation
oder Zerstörungen einzelner Theile der inneren Genitalien. 4) Uebelgelegte Pesarien, Polypen im Uterus
oder in der Vagina, Reste der Placenta, Schleim-
pfröpfe. 5) Hoher Grad von Atonie der Geburtstheile, welche entweder als torpide Schwäche mit
gänzlich gesunkener Sensibilität (durch Kälte und
Schlaffheit, Unempfindlichkeit der Genitalien charakterisirt), oder als Schwäche mit krankhaft gesteigerter Sensibilität (durch Schmerzhaftigkeit u. Krämpfe
in den Genitalien oder den nahe gelegenen Theilen
sich äussernd) erscheinen kann, zu lange fortgesetztes Stillen, eine der ehelichen Fruchtbarkeit nachtheilige Verrichtung. 6) Allgemeine bedeutende
Krankheiten, als Fieber, Wassersuchten, Bleichsucht,
bedeutendes Fettwerden u. s. w. 7) Zu häufiger
Coitus.

Therapie richtet sich nach den angegebenen Ursachen, welche entweder durch die Operation oder
auch durch die innere Behandlung, wenn möglich,
gehoben werden muss, die allgemeine phlegmatische
Constitution mit schwammigem Körperbau, langsamem
Pulse, trägem Temperamente u. s. w. macht eine
reizende Diät nothwendig, guten alten Wein, aromatische Kräuterbäder, spirituose Waschungen des
Rückgrats oder der Kreuzgegend, Electricität, innerlich Dct. Chinae mit Tr. Cinnamom., Cort. Aurant.
etc. Phosphor innerlich und äusserlich, Vanille,

Eisensäuerlinge zum Getränke; bei Enge der Genitalien laue seifenhaltige Bäder, Dampfbäder, eingebrachte, mit erweichenden, schleimigten, öligten Dingen befeuchtete Schwämme, Einreibungen des Perinäums mit Fett und Oel. Man übe den Coitus in der letzten Zeit der Menstruation oder gleich nach Beendigung derselben, weil zu dieser Zeit die Genitalien am weitesten sind und das Weib am ehesten der Empfängniss fähig ist. Bei Schieflagen des Uterus nach rückwärts und bei weit nach hinten gelegenen äussern weiblichen Genitalien soll der Coitus a posteriori geübt werden. Einrisse in den Damm müssen durch die Operation gehoben werden. Bei örtlicher Schwäche der Genitalien hebe man die Ursache derselben, Hämorrhagie, zu häufige und starke Menstruation, Schleimflüsse etc. Bei Schwäche mit erhöhter Sensibilität, wo oft ein Vaginalkrampf entsteht, der Coitus höchst schmerzhaft, die Vagina sehr trocken ist, verordne man laue Bäder, Bäder von Ems, Seebäder, Landluft, Roborantia, erweichende Dampfbäder, Einreibungen von Ol. Hyoscyami, öfteres Einbringen eines Schwammes mit Laudanum und Milch, Dct. von Mohnköpfen, von Hyoscyam., Chamillen, Valeriana etc. Bei torpider Schwäche wende man die eben genannten Mittel, guten alten Wein, aromat. Kräuterbäder, Spirituosa etc. an, und hieher gehören noch die Sabina, Canthariden, Urtication, Emplastr. aromatic. auf die Kreuzgegend, Frottiren der Schenkel, von Zeit zu Zeit Drastica. Gegen zu Fettsein s. Fettsucht. Bei zu häufigem Coitus muss eine Enthaltsamkeit zur Pflicht gemacht werden. Trennung vom Manne für einige Zeit ist nützlich, besonders wenn die Menses profus sind. — Sterile Frauen sollen concipiren, nachdem sie das Calomel bis zur Salivation gebraucht hatten. Sollte eine Frau, die mehrere Jahre hindurch unfruchtbar war, concipiren, so muss sie während der Schwangerschaft sehr vorsichtig sein; es kann nämlich leicht Abortus entstehen. In manchen Fällen kann das Uterinsyst. auf den Einfluss des Samens einer bestimmten Person reagiren und von einem andern Manne nicht im Geringsten afficirt werden. Im Oriente werden unfruchtbare Frauen, wenn sie durch Talismane, Zeichen und Lesen der Priester ihren Wunsch, Mutter zu werden, nicht erreichen konnten, von Weibern in der untern Bauchgegend und an den Lenden sanft geknetet, mit Oel eingerieben, erweichende Einspritzungen in den Uterus gemacht, in mit aromat. Substanzen versetzte Bäder gebracht, Tampons (mit Zwiebel, Viola und in Weingeist getauchtem Mastix gefüllt) oder Pessarien (deren Hauptbestandtheile Nelken, Zimmt, Ambra, Bezoar und Moschus sind) in die Scheide gelegt. Wie leicht zu begreifen, sind durch diese Maneuvres die traurigsten Folgen bedingt; daher auch chronische Metritis zu den Tageserscheinungen gehört.

Unterdrückte Blutungen, Fussschweisse, Speichelflüsse. Erstere stellt man durch Blutegel, Schröpfköpfe, reizende Dämpfe, wenn die Unterdrückung schnell geschah, wieder her, im entge-

gengesetzten Falle schicke man, wenn es Blutungen
aus dem After und den Genitalien waren, Klystiere
von Aloë und Mezereum voraus, und lässt oft erst,
wenn die Andeutungen der blutigen Secretionen kommen, Blutegel oder Schröpfköpfe setzen; wenn nach
unterdrückten Menses die Kranken epilept. Zuckungen bekommen, so lässt man sie sogleich, nachdem
man vorher Blutegel an die Genitalien gesetzt hat,
in ein warmes Bad bis an den Nabel bringen u. kalte
Sturzbäder über den Kopf machen; dies ist oft mehremale zu wiederholen; dadurch werden nicht allein die
Congestionen gegen den Kopf und drohende Apoplexie
beseitigt, sondern auch die Ausbildung der Epilepsie
gehindert, die cessirenden Blutungen nicht selten
wieder hergestellt. Ebenso bei unterdrücktem S p e i -
c h e l f l u s s : erweichende, erschlaffende, anhaltend
gebrauchte Mundwasser; äusserlich leisten um das
Kinn und um die Ohrspeicheldrüsen gelegte Breiumschläge gute Dienste. U n t e r d r ü c k t e F u s s -
s c h w e i s s e . Kaum die halbe Pathologie ist zu-
reichend, alle jene Zustände aufzuführen, die ihre
Entstehung dem unterdrückten Fussschweisse. verdanken. Man kann als Grundsatz anstellen, dass je
plötzlicher die Unterdrückung stattfand, und in je
höherem Grade das betreffende Individuum an diesem
Uebel litt, in demselben Grade sich eine acute Krankheit erheben werde, dass aber ebenso im entgegengesetzten Falle sich ein chronisches Leiden heraus-
bilden oder auch eine Unterdrückung ohne alle er-
hebliche Folgen vorübergehen werde. Die Organe,
die bei plötzlicher Unterdrückung vorzugsweise befallen werden, sind die Lungen, die Haut, Augen u.
das Uterinsystem; geht derselbe Process aber langsam und unmerklich vor sich, oder findet sich das
Leiden nicht in einem hohen Grade vor, so erfolgen
rheumatische Beschwerden, Schwindel, Eingenommenheit des Kopfes, Beengungen im Scrob. cordis,
Schwerhörigkeit u. gastralgische Beschwerden. Auch
mag manche Desorganisation sich in ihren Anfängen
daraus erklären lassen. Um unterdrückte F u s s -
s c h w e i s s e wieder herzustellen, strene man vor
dem Schlafengehen 1 Theel. voll Salmiak und doppelt so viel äzenden Kalk in den Strumpf und lasse
diesen anziehen. Selten ist es nöthig, auch bei Tage
dies anzuwenden; einige Abende fortgesetzt reicht
es hin zur Wiederherstellung der Schweisse; die
Salzsäure des Salmiaks verbindet sich mit dem Kalk,
und das Ammon. wird frei, welches letztere das Wirksamste ist. Gicht- und Rheumatisch-Kranken bekommt dies am besten, denn diese vertragen keine
Fussbäder. — Fussbäder mit erwärmter Asche sind
empfohlen. Bedeckung der Füsse mit Wachstaffet,
reizende Fussbäder. Bei Reflexparalysen in Folge
unterdrückter Fussschweisse: Heilung durch Fussbäder aus Aq. regia ($\mathfrak{Z}\beta$ in 1 Bad) und den innerlichen Gebrauch des Extr. nuc. vomic. c. extr. rhei
composit. in steigender Dosis. Bei plötzlich unterdrückten stinkenden Fussschweissen, wenn darauf
Blindheit, Gicht oder sonst eine unheilvolle Folge
ausbricht, ist die Brechweinsteinsalbe, in die vordem

schwitzende Stelle eingerieben, dann mit Schweinblase bedeckt, das sicherste Mittel, den Schweiss wieder herzustellen und die aus dieser Unterdrückung entstandene Krankheit zu heben. S. Achselschweisse.

Unvermögen, männliches. S. Impotenz.

Uraemie. Es gesellt sich sehr häufig zur Bright'schen Nierenkrankheit eine Reihe von Symptomen, deren Ausgangspunkt in Verunreinigung des Blutes mit den excrementiellen Bestandtheilen des Harnes gesucht zu werden pflegt. Dieselben äussern sich hauptsächlich durch gestörte Thätigkeit der Centralorgane des Nervensystems, des Gehirns und des Rückenmarks, veranlassen indessen auch noch weitere Zufälle, welche als Secretionsanomalien sich kund geben. Dem Grade und der Form nach gestalten sich die Erscheinungen sehr verschieden, in eine acute und chronische Form der Uraemie. Die chronische Form beschleicht ihre Opfer allmählig, unvermerkt und tödtet sie fast jedesmal. Geistige Trägheit und Schläfrigkeit, dumpfer Kopfschmerz, wüstes Gefühl im Kopf, matte ausdruckslose Augen, theilnahmloses Hinleben, Gleichgültigkeit, Langsamkeit, Trägheit; alle diese Erscheinungen bemerkt man oft schon früh in der Bright. Krankheit, und es vermindern sich diese Zufälle wieder, wenn die Harnabsonderung reichlicher wird, und verschwinden auch wohl für eine Zeit lang gänzlich. In andern Fällen nehmen sie auch an Intensität zu, und die Kranken gehen in der Betäubung mit stertorösem Todesröcheln zu Grunde. Die acute Form der Uraemie macht ihre Anfälle rasch, ohne lange Vorläufer treten die Störungen mit voller Intensität auf, und zwar entweder als Depression der Hirnfunction, oder als Irritation des Rückenmarks, oder es laufen beide Symptomenreihen neben einander. Im ersten Fall sinken die Kranken nach einem kurzen, durch Kopfschmerz, Schwindel, Uebelkeit und Erbrechen oder durch monotone Delirien angedeuteten Vorläuferstadium, welches indess auch fehlen kann, rasch in tiefe Betäubung, aus der sie schon früh nicht mehr geweckt werden können. Gesicht blass, Pupille unverändert, oder auch Wangen roth, Conjunctiva injicirt; Pupille verengt, Augenlider verklebt, Puls 60—90 Schläge, Respiration stertorös. Im 2ten Falle treten plötzlich Convulsionen auf wie bei Eclampsie u. Epilepsie. Diese acute Form der Uraemie, das einfache Coma, so wie die Convulsionen mit oder ohne Coma treten häufiger bei plötzlicher Unterdrückung der Harnabsonderung ein, so besonders bei Morbus Brightii, nach Scharlach und Typhus, wo das in ungewöhnlicher Umsetzung begriffene Blut ein sofortiges Zerfallen des zurückgehaltenen Harnstoffes in kohlens. Ammoniak vermittelt. Die Prognose ist bei ihr etwas günstiger, sie geht nicht selten vorüber und die Kranken genesen noch vollständig; jedoch kann sie auch in wenig Tagen oder Stunden tödten. Man beobachtet sie ausserdem aber auch bei chron. M. Brightii, wo sie oft ganz unerwartet sich einstellt, nicht selten ehe die Störung der Harnsecretion selbst, die Quelle des Uebels, erkannt wurde. Im letzten Falle rührt das plötzliche Auftauchen der Nervenzufälle davon her, dass der Harnstoff lange Zeit unverändert im Blute verweilt, bis ein zu seiner Umsetzung in kohlens. Ammoniak geeigneter Fermentkörper sich bildet. welcher dann rasch die Zerlegung einleitet und gleichzeitig mit ihr jene drohende Symptomengruppe ins Leben ruft.

Die Diagnose der acuten Harnstoffvergiftung ist nicht immer leicht, Verwechslungen mit Apoplexia sanguinea und serosa, mit hysterischen Convulsionen, mit Reflexkrämpfen der verschiedensten Art, mit narcotischer Vergiftung, mit Typhus etc. sind möglich und geschehen weit häufiger als man zu glauben geneigt ist. Irrthümer sind hier begreiflich, und verzeihlich, einmal weil die Kranken mit weit vorgeschrittener Nierendegeneration nicht selten ohne auffallendes Unwohlsein ihren Geschäften nachgehen, bis Veränderungen in der Blutmischung eintreten, welche plötzlich ein Zerfallen des angesammelten Harnstoffes veranlassen, sodann aber weil in vielen Krankheiten die Harnkanälchen der Nieren mit Exsudat sich füllen und die Ausscheidung dieses wichtigen Excretes beeinträchtigt wird, in welchem dieser Vorgang bisher noch wenig erkannt und beachtet wurde; so in den frühen Stadien des Scharlachs, nach Typhus, im Gefolge der Cholera, während der Schwangerschaft (Puerperaleclampsie) etc.

Neben den angegebenen allgemeinen Störungen der Nerventhätigkeit kommen als Folgen der Uraemie nicht selten auch Amaurosis und Taubheit zur Beobachtung.

Bei allen diesen Störungen, resp. Folgen der Uraemie wird meist die Ausscheidung des Harnes vor dem Beginne der Zufälle vermindert, oder gar unterdrückt, oder er wird wie blutig und trübe, und sein Eiweissgehalt nimmt zu. Es gibt jedoch Fälle, wo diese warnenden Vorboten fehlen, wo der Harn in normaler, ja in vermehrter Quantität bis zum Eintritt des Todes ausgeschieden ward. Der Nachlass der uraemischen Zufälle wird gewöhnlich von profuser Harnsecretion, welche hier eine wahrhaft kritische Bedeutung hat, begleitet. Ein sehr constantes, schon in frühen Perioden der Uraemie vorkommendes Symptom ist das Erbrechen anfangs von saurem, später ammoniakalischem (urinosem) Geruche. Die Sectionen der an Uraemie Verstorbenen weisen die bei M. Brightii characteristischen Veränderungen nach.

Die Therapie hat bei der Uraemie wohl 3 Aufgaben ins Auge zu fassen. 1) Wiederherstellung der Harnsecretion oder die Bethätigung derselben (diuretische Mittelsalze, Digitalis). 2) Die Verhinderung der Zersetzung des im Blute angesammelten Harnstoffes (Säuren). 3) Die Beschränkung der nachtheiligen Wirkung des im Blute sich entwickelnden Ammoniakcarbonates auf das Nervensystem (Säuren, Chlor, Waschungen mit Essig, Essigklystiere).

Uriniren, unwillkürliches. S. Harnen, unwillkürliches.

Urodialysis.

Symptome. Es kommt eine Form bei neugebornen Kindern und eine bei Greisen vor. Die Kinder lassen wenig Harn, er ist roth, färbt die Wäsche, erregt Brennen beim Lassen, die Kinder jammern und schreien dabei, ziehen die Füsse gegen den Bauch und krümmen sich zusammen. Der Harn geht nur guttatim ab; Stuhl verstopft, saures Erbrechen. Die Haut wird endlich an verschiedenen Stellen excoriirt, wund; diese wunden Stellen haben blaue Farbe, nässen, riechen wie Urin und fressen um sich. Auf der andern Seite sind es Greise von 60—70 Jahren. Die Krankheit beginnt mit Stuhlverstopfung, Säurebildung, Appetitlosigkeit, Heisshunger, vermehrtem Durst. Reissende Schmerzen in den unteren Extremitäten nach dem Laufe des Nerv. ischiad. und cruralis; die Schmerzen sind periodisch und des Nachts auftretend. Dabei heftiges Hautjucken, Prorigo senilis; besonders des Nachts; es werden kleine Beulen hervorgebracht, die man deutlich unter der Haut fühlt (Epinictis). Durch das heftige Kratzen entstehen kleine, braune, durch das erstarrte Blut gebildete Schorfe. Das Hautjucken erscheint zuerst am Rücken, Hintern, an der innern Schenkelfläche. Harn wird dunkler, geringer, erregt Brennen beim Lassen; Schlaflosigkeit kommt dazu. Asthma urinosum, gegen Abend heftige Oppression der Brust, nach Mitternacht nehmen die Anfälle ab. Salzflüsse, Geschwüre, die durch Epinictis entstehen, meist die vordere Fläche der Tibia einnehmen und sich rasch verbreiten, haben zusammengefallene, unterminirte Ränder, Granulationen in der Tiefe, ein ichoroses Secretum von corrodirender Beschaffenheit, saurer Reaction und widrigem Geruche, schmerzen sehr. Dieses Asthma unterscheidet sich von Hydrothorax durch seine Periodicität und den Wechsel verminderter Harnausleerung. Ophthalmia senilis; anfangs wird blos dunkle Augenbutter abgesondert, die Augenlider verkleben, schwellen später an, die Geschwulst verbreitet sich über die Conjunctiva des Augenlides, Ectropium entsteht, endlich Thränenfluss, welcher die Wangen excoriirt. Oberflächlicher Gesichtskrebs gewöhnlich an den Nasenflügeln, häufig aber auch an der Zunge.

Therapie. Bei Kindern ändere man die alimentären Schädlichkeiten, bei herpetischen Müttern und Ammen müssen die Kinder abgewöhnt werden. Sorge für gute Milch, bei Stuhlverstopfung gibt man Rheum, Manna und Antacida. Bäder mit Kleien, Species emollient., Einreibungen mit Liniment. volat. camphorat., die offenen Stellen wasche man mit Kleien und Seifenwasser, streue Semen Lycopodii, Magnesia ein; sind diese Stellen eingetrocknet worden und Herzgespann entstanden, so lege man Seidelbast auf, innerlich Semen Lycopodii. ℞ Semen lycopodii ℥β; tere c. vitell. ov. Nr. 1; Gm. arab. ℥j; Aq. cerasor. ℥v; Syrup. emulsiv. ℥j; alle ½ St. 1 Essl. Bei der Urodialysis senum muss die Kost nährend, nicht scharf und reizend sein, nichts Saures, Fettes darf genossen werden. Zum Getränk gutes Bier, Abkochungen von Tannensprossen mit Malz, keinen Wein; dabei öfters Bäder mit erweichenden Kräutern, Kleien, Reiben mit Senfspirit., wollene Kleidung, Aufenthalt

in warmer Temperatur, natürliche Schwefelbäder. ·
Innerlich Emulso cannabis et amygdal. mit etwas
Extr. Hyoscyam. oder Aq.-Lauroceras.; später gibt
man Copaiva- und Tolubalsam. Man gibt gelinde
Abführmittel, Rheum, Pulv. Doweri, Antimonschwe-
fel. Gegen das Hautjucken helfen Bäder mit Kleien,
Dampf-, Schwefelbäder. S. Jucken. Auf die Geschwüre macht man Bähungen von Spec. aromat.,
man kann etwas Opiumtinctur zusetzen, Gastein,
Schwefelbäder; sind sie zurückgetrieben worden und
heftige Symptome entstanden, so lege man Vesicator
auf diese Stellen. Bei Gesichtskrebs Umschläge von
Cicuta, Belladonna. ℞ Axungiae porc. ℥jv; Picis
liquid. ℥j; Tr. opii ʒj; F. Ungt. gegen das Hautjucken. S. Jucken. ℞ Terebinth. ʒj; Naphth. vitr.
ʒij; 2stündlich gtt. 15. ℞ Sulph. aurat. antim., pulv.
rad. scill., ana gr. ꝰ; Sacch. alb. ꝰꝰ; d. t. doses
Nr. XII; 4mal 1 Pulv. Diese Diuretica nämlich entsprechen einer Hauptindication, die Urinsecretion zu
vermehren.

Urticaria. S. Nesselsucht.

V.

Vaccina. S. Blattern Nr. 4.

Vaginitis. Elytbritis. Es gibt 4 Klassen: 1) die
durch äussere Reizung (Quetschungen, Reibungen,
Dehnungen) hervorgerufen, 2) andere Reize, welche
Blut zu diesen Organen hinziehen, oder excoriiren
(Masturbation, Syphilis, langes Gehen, Reiten, reizende Einspritzungen); 3) innere Reize, durch Constitution, Menses, vermehrte Normalabsonderung der
Scheide, Vernachlässigung der Reinlichkeit, besonders während Locchien bedingt; 4) specielle Lebens-
verhältnisse, schlechte Gewohnheiten, Missbrauch
warmer Bäder, Kohlenfeuer, lymphatische scrophulöse
Constitution. Besonders werden die jungen Frauen
kurz nach ihrer Verheirathung von Vaginitis befallen,
und da sie das Uebel verschweigen, so ist oft hartnäckige Leucorrhoe die Folge. Mit Vaginitis Behaf-
tete sollen nicht syphilitisch anstecken können, wenn
nicht Chanker zugegen ist. Die Prognose kann bei
Auswüchsen in der Scheide oder Ausgang in Brand
sehr schlimm werden, da Blasen-, Darm- und Schei-
denfisteln sehr leicht daraus entstehen können. Der
Ausfluss ist bei der Vaginitis nur das Secundäre, ist
also bei der Behandlung auch als solches zu berücksichtigen. Ruhe ist Haupterforderniss, allgemeine
Bäder (nicht Sitzbäder), erweichende narcotische
Einspritzungen müssen angewendet werden. Bei heftiger Entzündung sind eine Aderlässe, Blutegel nach
den Schenkelfalten hin erforderlich, damit der Ausfluss nicht Entzündung der Stiche verursache. Cataplasmen werden verworfen. Gegen chronische Vaginitis empfiehlt B r i o u d e adstringirende Mittel,
Auspinselung der Scheide mit Alaun vermittelst des
Speculums. Dies ist stets, wo es nur thunlich, anzuwenden, weil man durch dasselbe erst recht auf

den wahren Grund der Entzündung kommt. Copaiva
und Cubeben wirken nur auf die Urethra specifisch;
wo sie auch auf die Vagina wirkten, geschah es durch
Ableitung auf den Darm.

Variola. S. Blattern.

Veitstanz. Chorea St. Viti.

Symptome. Er ist nie tödtlich, liebt Kinder von
10—14 Jahren; doch findet man ihn auch bei Erwachsenen, selten aber bei Alten und Kindern unter 10
Jahren, auch nicht bei Mädchen vor der Menstruation. Gastrische Unreinigkeiten, vornehmlich Würmer oder zurückgegangene Ausschläge, ungewöhnliche Ausbildung der Zeugungstheile, ungezügelte
Phantasie, Schrecken, Ausschweifungen in Venere,
Onanie, schlechte Nahrung, Steine, Gewächse etc.
sind gewöhnlich Ursache; bisweilen ist es ein hysterischer Zufall. Es ist ein Gemisch von convulsivischen und spastischen Bewegungen mancherlei und
ganz verschiedener Art (mit Ausschluss der epileptischen), ohne Wuth oder Wahnsinn; sie hüpfen, springen, tanzen, Gauklersprünge, Opistothonus, Stimmorgane sind manchmal afficirt, dann entsteht Keuchen,
Schreien wie ein Esel. Das Bewusstsein bleibt gewöhnlich oder kehrt wenigstens bald zurück. Oft
sind die Sinne somnambulisch exaltirt; sie hat öfters
Perioden, deren Wiederkehr unbestimmt ist. Die
Anfälle dauern eine oder mehrere Stunden, enden
meist mit Schweiss, hinterlassen Schwäche des Geistes und Körpers. Schreck, Helminthiasis und here-
ditäre Anlagen gehören zu den ätiologischen Momenten der Chorea St. Viti, auch ein Zusammenhang mit
rheumat. Pericarditis lässt sich nachweisen.

Therapie. Man hat auf die angegebenen Ursachen
Rücksicht zu nehmen; verhüte Unglück während der
Paroxysmen und gebe die bei Epilepsie gepriesenen
Mittel. Nebst diesen werden noch gerühmt: Schwe-
elbäder ($\mathfrak{z}$jv Kali sulphurat. auf 16 Eimer Aq.), Fer-
um carbon. in grossen Dosen bis zu $\mathfrak{z}\beta$ in 24 Stunden.
Blutegel an die schmerzhaften Stellen der Lumbal-
und Sacralgegend, Berücksichtigung der Menstruation.
Blasenpflaster und Aezmittel längs der Wirbelsäule.
Application eines Emplastr. neoriosi in den Nacken
bis zur starken Pustelbildung heilte einen Veitstanz,
nachdem Zink, Strychnin, Artemisia wirkungslos geblieben waren. Valeriana zu 15—18 Gran bis zu
mehreren Drachmen täglich in Pulverform. Brechmittel, alle 8 Tage wiederholt, gegen Chorea nach
Schreck entstanden. Electricität. Kalte Bäder oder
kalte Begiessungen; zwei kräftige Krankenaufwärter
ergreifen den Kranken an den vier Gliedmassen und
ziehen ihn 6—8mal durch Wasser von 10—15° C.,
trocknen ihn hernach ab und bringen ihn in ein
ziemlich warmes Bett, damit eine reichliche Transpiration erfolge; dieses Bad täglich, und in der
Zwischenzeit trinkt der Kranke als Tisane ein Infus.
valerian.; man muss den Kopf des Kranken mit ins
Wasser tauchen, um die Symptome von Seiten des
Gehirns zu vermeiden. Kalte Begiessungen werden
vielseitig empfohlen. Arsenik (gr. j des weissen Arsenik in 40 Pillen, 2 Stück alle 2 Stunden), Ungt.

Autenr. auf die Wirbelsäule, oder Brechweinsteinsalbe zu Einreibungen. Stiebel glaubt, dass immer
beim Veitstanze ein örtliches Leiden am Rückenmark zu Grunde liege, was sich stets ausspräche
durch Schmerzhaftigkeit beim Drucke auf irgend
einen Wirbel. Zur Behandlung gehören: Blutegel,
Mercureinreibungen, später Exutorien, Ungt. Autenr.
Innerlich Calomel zum Abführen. Helfen alle diese
Mittel nicht, dann helfen fast immer wiederholte kalte
Sturzbäder über das Rückgrat. Wird die Krankheit
binnen 14 Tagen bis 3 Wochen nicht gehoben, so
überlasse man die Heilung ruhig der Natur, welche
sie immer mit dem Entwicklungsprocess vollendet;
zur Nachkur Eisen. Glaubersalz ʒij in ℥ ij Av. aufgelöst und davon Tassen- oder Esslöffel-weise stündlich oder 2stündlich, trocken gegen beginnende Chorea, wenn aber Verstopfung vorhanden. Gelingt es
so nicht, so muss man ein Gegenmittel geben, z. B.
Zinc. acet.

Venacava-Entzündung.

Symptome. Unruhe, Angst, heftig brennender,
linienförmig vom Becken aus bis in die Brusthöhle
steigender Schmerz, bei Bewegung der Wirbelsäule
sich vermehrend. Unterleib aufgerieben, weich, in
der Mitte (linienförmig) schmerzhaft. In Scrobiculo
cordis Undulationen oder Pulsation der Vene. Fieber; manchmal Erbrechen, rechtes Hypochondrio
aufgetrieben, nicht selten schmerzhaft; icterische
Symptome.

Therapie. V.S. am Arme, Blutegel an den After,
Schröpfköpfe an die Wirbelsäule; Calomel mit Rici-
nusöl; strenge antiphlogistische Diät, Säuren zum
Getränk, Chlor.

Vena - Portarum - Entzündung. S. Pfort-
ader-Entzündung.

Venen-Entzündung. Phlebitis.

Symptome. Brennende Schmerzen linienförmig
nach dem Verlaufe der Vene, der angeschwollen, geröthet, oft flammig ist. Die Vene zeigt in ihrem Verlaufe an den Stellen, an denen die Klappen sich befinden, Verhärtungen, Knoten; der Theil, zu dem sie
geht, ist schmerzhaft, bewegungslos. Theilnahme
der Leber, Aufgetriebenheit des rechten Hypochondr.,
oft Schmerz in dieser Gegend, belegte Zunge, bittrer
Geschmack, icterische Erscheinungen. Heftige Pulsation des Herzens unter dem Processus ensiformis,
Unruhe, Neigung zu Ohnmachten. Fieber.

Therapie. V.S., aber nicht an der entzündeten
Vene, sondern entfernt von ihr. Ausleerende Mittel,
Tart. emet., Calomel, Jalappa, Cremor tart. In die
Nähe der Vene Blutegel, Scarificationen. Cataplasmen mit Narcoticis. Strenge antiphlogistische Diät,
besonders dienlich sind Bäder. Bilden sich Abscesse
und müssen sie geöffnet werden, so muss man sie
rasch zum Schliessen bringen, die Vene durch Compression zur Obliteration bestimmen. Bei typhösen
Zufällen Säuren.

Venosität, erhöhte, Morbus atrabiliarius.

Alle diejenigen Krankheiten, in denen sich ein zu
grosser Kohlenstoff vorfindet, wurzeln in einem Vor-

walten der Venosität des Blutes. Ist ein Ueberschuss
an Kohlen- und Wasserstoff im Blute, entstanden
durch kohlenstoffreiche Nahrung, sauerstoffarme Luft,
oder wenig Blut bei geringer Bewegung umgesetzt
wird, so sucht sich der Organismus desselben auch
dadurch zu entledigen, indem er einen sauerstoffarmen, aber kohlenwasserstoffreichen Stoff, das Fett,
bildet und aus dem Kreislauf entfernt. Alle Organe,
welche besonders der Ausscheidung des Kohlen- und
Wasserstoffs vorstehen, werden mit Venenblut überfüllt, das ganze Venensystem erleidet eine Ausdehnung, während das Arteriensystem an Energie verliert. Ein solches Blut (welches bei einem 45 Jahre
alten Manne, der oft an Schwindel litt u. s. w., 12
Proc. Kohlenstoff zuviel enthielt), durch mangelhafte
Erregung des Gehirns zur Erhaltung des Lebensprocesses untauglich, häuft sich auch in den Gefässen
des Schädels an, und bildet so die Anlage zu Apoplexie. Solche Zustände werden dadurch beseitigt,
dass man das Arteriensystem auf Kosten des Venen-
systems erhebt, die Kohlen- und Wasserstoffzufuhr
beschränkt, die Organe, welche diese Stoffe ausscheiden, anspornt. Es ist die erhöhte Venosität ein allgemeiner Krankheitszustand, die Grundlage vieler und
wichtiger Krankheiten, und entwickelt sich aus einer
fehlerhaften Blutbereitung. Zur Umwandlung des
venösen in arterielles Blut sind auch in naturgemässen Zuständen die Abscheidungen solcher Stoffe
nothwendig, deren Gegenwart oder Abwesenheit den
Unterschied zwischen dem venösen und arteriellen
Blute bedingt. Werden diese Abscheidungen absolut oder relativ beschränkt, oder zurückgehalten,
so nimmt die gesammte Blutmasse, sowohl im Ve-
nen- wie Arteriensysteme, den vorherrschenden
Charakter der Venosität an, d. h. das ganze Blut
wird mit kohlen- und wasserstoffigen, zur Abscheidung bestimmten Stoffen überladen. Da solches Blut
das Gefäss- und Nervensystem so wenig als die irritable Faser erregen und beleben kann, so bilden
sich Stockungen, Anhäufungen, Nervenkrankheiten,
Krämpfe, Dyscrasien und Cachexien, Gallenfieber.
Mittel daher, welche durch eine vermehrte Leber- und
Darmsecretion breiigte, meist dunkelgefärbte Stuhlgänge erregen, werden jene im Blute zurückgehaltenen Stoffe vermittelst der Leber- und Darmschleimhaut, als wichtige Collatorien im Blute für das Venen-
und Blutbereitungssystem, entfernen und die auf
erhöhter Venosität beruhende Schwäche heben, daher
säuerliche Mittel zum diätetischen Gebrauche, um
eine grössere Menge Sauerstoff in den Organismus
zu bringen, ohne dass diese jedoch schwer verdaulich sein dürfen. Zum Arzneigebrauche die Extracta
saponac., Gramen, Tartar., Cichor., Saponar., Rheum,
Calomel, Aloë, Sulphur., Cremor. tart., Vesicantia.
℞ Tr. cort. aurant., acid. sulphur. dilut., ana ℨj; Tr.
aloes ℨiij; 2mal 60 gtt. ℞ Acid. sulphur. ℥
Aq. destill. ℥vj; Syrup. rub. idaei ℥ij;
Theel. ℞ Acidi nitr. ℈ij; Opii puri gr.
℥ij; Syrup. cort. aurant. ℥j; 3stündlich
℞ Magnes. sulph. ℨj; Aq. menth. ℥vj;

dilut. ℈ij; Syrup. rub. idaei ℥j; 2stündl. 2 Esslöffel.
Syrupus mineralis stündl. 1 Essl. ℞ Acid. nitros.
℈β; Aq. destill. ℥ j; Syrup. cinnam. ℥jβ; ½stündl.
½ Tasse voll. ℞ Acid. sulphur. dilut., spirit. nitrico
aeth., ana ℨj; stündl. gtt. 20 in Wasser. ℞ Acid.
muriat., spirit. sulphur. aeth., ana ℥ij; Aq. cinnam.
℥jv; Syrup. berber. ℥j; 2stündl. 1 Essl. voll. Ueber
den Aderlass bei erhöhter Venosität der Greise vrgl.
Greisenalter.

Verdauung, torpide. Verdauungsschwäche. Digestio laesa, Apepsie, Dyspepsie.

Symptome. Torpide Digestion gibt sich durch
folgende Erscheinungen kund: 1) durch ein Gefühl
von Spannung im Hypochondrium, verbunden mit
einer elastischen Anschwellung, welche durch das
Entweichen von Gasen aus dem Magen, die entweder
geschmacklos, oder sauer, oder schwefelig sind, etwas
geringer wird. Die Ausdehnung entsteht durch die
angehäuften Gase, welche auch einen beständigen
Druck auf das Diaphragma ausübt. Die Nothwendigkeit, bei jedem Einathmen wegen des verhinderten
Herabsteigens des Diaphragmas mittelst der Intercostalmuskeln die Rippen zu erheben, veranlasst eine
Ermüdung der linken Seite. Nur das Austreiben von
Gasen verschafft alsdann Erleichterung; Purgirmittel,
Blutegel, Vesicantia schaden, oder nützen wenigstens
nichts. 2) Palpitationen mit Langsamkeit oder Unregelmässigkeit des Pulses, in Folge des Consenses
zwischen dem Magen und dem Herzen; aus eben-
demselben Grunde ändert sich sogleich bei erschöpf-
ten Personen nach dem Essen oder Trinken der Puls,
ohne dass man diese Veränderung der Resorption
zuschreiben kann. Wahrscheinlich ist die Wirkung
der Kohlensäure und des Schwefelwasserstoffgases
hier die Ursache. 3) Gelegentliche Oppression der
Brust, gewöhnlich nach dem Frühstück; entweder
durch verhindertes Herabsteigen des Diaphragma,
oder durch krampfhafte Thätigkeit des Larynx bei
Anlage zu Asthma Spasmodicum. Es tritt auch wirklich bei Asthmatikern Verschlimmerung ein, wenn
Stuhlverstopfung obwaltet. Sind in solchen Fällen
auch Purgirmittel schädlich wegen Reizung des Magens, so muss man dennoch den Leib offen halten,
aber durch Klystiere, oder solche Mittel, die ausschliesslich aufs Rectum wirken. 4) Schwere im
Kopfe, Flecken vor den Augen (niederer Grad von
Amaurose, durch Gegenwart der narcotischen Gase
im Magen bewirkt); unwillkürliche Bewegung der
Augenlider aus der nämlichen Ursache. 5) Grössere
oder geringere Taubheit, durch die Leibesverstopfung,
unregelmässige Circulation im Gehirne oder die narcotischen Gase im Magen verursacht. 6) Eigenthümliche Niedergeschlagenheit des Geistes und Neigung
über die von der Krankheit erzeugten Empfindungen
nachzugrübeln. Hypochondrische Gemüthsstimmung;
der unverscheuchbaren Hoffnung bei Brustleiden entgegengesetzt. Verstimmung des Gemüths, Zorn.
7) Bei dazu disponirten Personen kommen noch hinzu
Symptome der Reizung der gastrischen Drüsen (saa-
res Aufstossen und Erbrechen einer sauren Flüs-

sigkeit, Gefühl von Spannung in der Magengegend
ungefähr 4 Stunden nach dem Essen) oder die der
Irritation der Schleimhaut des Magens (krankhafte
Absonderung auf der Zunge, übler Geschmack, übler
Geruch aus dem Munde, Kopfschmerz in der Stirn-
gegend, zuweilen Schluchzen und in den höheren
Graden Durst, Appetitlosigkeit, Hitze an Händen und
Füssen).

Diagnose. Die Anwesenheit der torpiden Digestion kann häufig aus dem Anblicke der Schleimhaut
des Mundes erkannt und aus Berücksichtigung der
allgemeinen Torpidität des Capillargefässsystems
vorhergesagt werden. Eine merkwürdige Blässe der
Zunge und des Innern des Mundes ist charakteristisch. Den 2ten Umstand bemerkt man mehr in den
spätern Lebensperioden und zeichnet sich derselbe
durch eine tiefe Schattirung der Farbe aus, die ans
Livide gränzt. In beiden Fällen bemerkt man Kälte
der Extremitäten, häufig Amenorrhoe und alle Zeichen des Torpors in der Capillarcirculation, selbst
dann, wenn die Circulation des Herzens abnorm thätig ist. Dazu kommt noch grösserer Torpor in der
Circulation der Leber. Daher nur solche Mittel erfolgreich sind, die excitirend auf die Leber wirken.

Therapie. Schädlichkeiten, welche die torpide
Verdauung erzeugen und, wenn sie vorhanden, vermehren, sind sitzende Lebensweise, ungenügender
Luftwechsel und unverdauliche Speise. Die Disposition findet sich am häufigsten im abnehmenden
Alter; jedoch haben die Gewohnheiten der Gesellschaft sie bei uns zu einem allgemeinen Leiden jedes
Alters gemacht. Wenn die Krankheit auch ursprünglich aus mangelnder Thätigkeit und verminderter
Sensibilität der Schleimhaut entsteht, so führt sie
doch oft in Folge der Retention der Fäcalmassen,
welche als chemische Irritantia wirken, zu örtlicher
Reizung und Entzündung, und hieraus entsteht dann
grosse Verwirrung nicht nur in Betreff der Beurtheilung der Symptome, sondern auch über Juvantia und
Nocentia, so wie über die Heilmittel. Die Behandlung wird in dem Maasse erfolgreich sein, als es ihr
gelingt, die Schleimhautoberfläche wieder zu dem
Grade von Sensibilität zu bringen, welche zu einer
zeitigen Entfernung der Fäcalmassen erforderlich ist,
und der Erfolg ist vollständig, wenn dieses für die
Dauer bewirkt wird, ohne dadurch andere Krankheitszustände herbeizuführen. In dieser Beziehung
sind die so häufig gebrauchten drastischen Pillen
von Morrison etc. zu verbannen; sie verursachen,
wenn sie täglich gebraucht werden, chronische Entzündung des Magens und Darmkanals. Die hier entsprechenden Mittel sind: Mercur, Purgirmittel, Tonica, Canthariden, Camphor; die Diät bestehe in
wenigen, leicht verdaulichen Speisen. Unterstützungsmittel der Kur sind: kalte Bäder, Frictionen, frühes
Aufstehen, viele Bewegung und die Gewöhnung an
bestimmte Zeiten für die Mahlzeiten und Stuhlausleerungen. Mercur namentlich, wenn das Ansehen
der Excremente einen Mangel an Gallensecretion verräth; bei torpider Circulation der Leber Calomel des

Abends in einigen Dosen. Purgirmittel; sie wirken
bei verschiedenen Idiosyncrasien verschieden; manche purgiren auf den Gebrauch von Dowerspulver,
von Steckrüben, von China, Kaffee etc. Asa foetida
gr. ½ wirkt gut, wenn sich im Darm unregelmässige
Zusammenziehungen mit Ausdehnung des Colon durch
Flatus kundgeben, namentlich wenn man es mit Seife
verbindet. Die Purgirmittel wirken mit zur Beseitigung temporärer Symptome; das Hauptleiden erfordert Tonica, namentlich Aloetica, deren bitteres
Princip den torpiden Zustand des Magens verbessert,
z. B. Aloë mit Vinum Huxhami Früh und Abends,
nebst Asa foetida in einer Pille vor dem Schlafengehen. Der Camphor unterstützt die Asa foetida in
der Bewirkung einer gleichmässigen Contraction des
Darmkanals. ℞ Asae foetid. gr. vj; Camph. gr. jv;
Ammon. carbon. gr. vjjj; Aloes gr. xxxvj. M. f. pil.
Nr. XII. D. in vitro. Die Canthariden wirken namentlich bei Weibern gegen die Amenorrhoe. In
℥vjj Aloë Decoct mit ℥j Tinct. Huxhami früh Morgens 1 Weinglas voll kann man ℥jβ Tinct. cantharid.
zusetzen; sie wirken auf die Schleimhäute überhaupt
reizend; es darf daher gastrische Reizung nicht zugegen sein. Die Kur der Krankheit ist desswegen
so schwierig, weil es den Kranken an festem Willen
gebricht, sich den nothwendigen Kurplänen zu unter-
ziehen. Ist mit der Verdauungsschwäche noch Säure
verbunden, gibt man Antacida mit den bittern Mitteln verbunden. ℞ Magnes. calcin. ℥j; Rad. rhei
℥jj; Semin. foenicul., cort. aurant., ana ℥j; stündlich
1 Theel. voll. ℞ Extr. absinth. ℥β; Infus. summitat. millefol. ℥vjjj; Essent. cort. aurant. ℥jj; stündl.
½ Essl. ℞ Tinct. calinae ℥jj; Tinct. quassiae ℥jjj;
Tinct. cinnamom. ℥jβ; 4mal 20 — 60 Tropfen. Ist
Schleim vorhanden, so ist Hunger und Durst vermindert, Neigung zu sehr starken Speisen, weiss
belegte Zunge, Vollheit und Druck in der Magengegend; die ersten Bissen sättigen gleich, der Leib
ist aufgetrieben, ein Gefühl von Kälte, Stuhl unordentlich, Urin wässerig, Aufstossen, Eingefallenheit
des Gesichts. Ist der Schleim beträchtlich, so gibt
man Salmiak, dann Emetica, Laxantia und endlich
Aromatica. ℞ Calami aromat., Caryophill., ana ℥jjj;
Cinnamom. ℥jβ; F. infus. pr. ¼ hor. ℥vjj; Liquor. c. c.
gj; 6mal tägl. 1 Essl. ℞ Calam. aromat., rad. ari,
ana ℥j; Semin. ℥jj; 4mal 1 Theel. voll. Darauf die
bittern Mittel. Sind galligte, zähe Stoffe von den
Nahrungsmitteln im untern Theile des Darmkanals
zurückgeblieben, wo dann die Zunge gelb belegt ist,
Durst, Vollheit, Flatulenz, Pulsation im U.L. vorhanden sind, so gibt man ein reizendes Purgans aus
Rheum, Senna, Jalappa u. s. w., flüchtig reizende
Mittel, Calamus etc. Mineralwasser. Ist wahre Asthenie in den Organen der Verdauung, wirken diese zu
schwach und sind keine Producte der Krankheit vorhanden, so gibt man flüchtig reizende Mittel, dann
Amara und schliesst mit der China, dem Eisen; die
Diät muss reizend sein. Sind örtliche Fehler schuld,
als Scirrhus ventric., so muss Mässigkeit im Essen
und Trinken beobachtet werden. S. Magenkrebs.

Sind Metastasen, z. B. gichtische, rheumatische Stoffe
schuld, oder örtliche Vollblütigkeit, so leite man die
Metastase ab, setze Blutegel an, wende die Hämor-
rhoidalkur an. ℞ Limatur. Mart., cortic., aurant.,
ana ℨjjj; Cinnamom., Semin. foenicul., ana ℨjβ; 4mal
1 Theel. voll. ℞ Cort. peruvian., ligni quass., ana
ℨβ coque, sub fin. coct. adde rad. calami arom. ℨjj;
Colat. ℥vjjj; Extr. gentian. rubr. ℨjj; Liquor. anod.
Hoff. ℨj; Syrup. cort. aurant. ℥j; 2stündl. 1 Essl.
℞ Elixir. visceral. Hoff. ℨj; Tr. cort. aurant. ℨj;
Extr. colombo Əj; Vor- und Nachmittags gtt. 80. Di-
gestivpulver. S. Magenverschleimung, Magen, verdorbener.

Vergiftung. Intoxicatio.

Symptome. Es werden entweder durch den Mund
oder irgend eine andere Oeffnung des Körpers, die
Vagina, den After, oder durch eine Wunde oder
grössere Oberfläche der Haut, mittelst eines Fuss-
bades etc., oder durch die Respirationsorgane etc.,
giftige Substanzen in den Organismus gebracht. Nach
Verschiedenheit der Gifte finden sich verschiedene
Symptome. 1) Aezende, fressende Gifte; brennende
Schmerzen im Schlunde, Magen, Krämpfe, Erbrechen,
Durst, Durchfall, ängstliches Gefühl, Ohnmacht, Convulsionen, Erkalten der Extremitäten, Blässe, Tod.
Solche Gifte sind: Arsenik, Mercur, Kupfer, Grünspan, Zink. 2) Betäubende Gifte: Schmerzen im
Magen, Erbrechen, Trunkenheit, Raserei, Unruhe,
verdrehte Augen, Athmungsbeschwerden, Delirien,
Trismus, Hydrophobie, soporöser Schlaf, convulsi-
visch kleiner Puls, unwillkürliche Ausleerungen,
Convulsionen, Tod. Solche Gifte sind: Opium, Blausäure, Hyoscyamus u. s. w. 3) Ansteckende Gifte:
als Blei, s. Bleikolik. 4) Thierische Gifte: Schlan-
gen-, Hundsbiss, Stich der Bienen, Tarantel etc.

Diagnose kann nur durch die Untersuchung der
Secreta, des Erbrochenen festgestellt werden, oder
durch die Kenntnisse der einwirkenden Schädlichkeit.
Verdacht entsteht, sobald obengenannte, ungewöhnliche Erscheinungen plötzlich in einem vorher gesunden Individuum entstehen, ohne dass man sonstige
Ursachen sich denken kann.

Therapie im Allgemeinen: Man entferne das durch
den Mund genossene Gift durch Emet., Kitzeln des
Gaumens etc., wenn die Entzündung im Magen nach
dem Genusse der Gifte den Gebrauch der Emetica
nicht contraindicirt. Man hülle das genossene Gift
durch öligte, schleimigte Mittel ein, stimme durch
Demulcentia die Reizbarkeit herab, entziehe topisch
Blut bei Entzündung des Magens; gebe Gegengifte.
Die Venaesection ist bei Vergiftungen und Scheintod
als Rettungsmittel eines der nothwendigsten Mittel,
namentlich wenn die Gifte einen apoplectischen Zustand erregen, wo man neben den kalten Kopfum-
schlägen auch die Vena jugularis oder eine Armader
öffnen muss. Namentlich dient das Aderlassen bei
robusten, starken, vollsaftigen Personen, welche
durch Opium, Belladonna, Stramonium, Hyoscyamus,
Kohlendunst etc. vergiftet worden sind. Hier wirkt
das das Gift ausleerende Brechmittel oft erst nach

geschehener Blutausleerung, und die Unterlassung einer V.S. wäre strafbar. Vergl. noch metallische Vergiftung.

A c o n i t erregt Schwindel, Ohnmachten, kalte Schweisse, Zuckungen, Blindheit, Lähmung. Gegenmittel sind: Emet. aus lauwarmem Wasser, Essig und Wasser; bei Ohnmachten auch starken Kaffee, Naphtha, Essig, Essigäther.

A l k a l i e n als Natron, Kali, Pottasche, Aschenlauge, flüchtiges Laugensalz, Lapis caustic., Spirit. ammon. caust., erregen nach dem Schlucken schnell Entzündung, Brand in den Eingeweiden, erstere nur in grossen, letztere schon in kleinen Dosen. Gegengifte sind: Essig, Citronensaft, alle saure Pflanzensäfte in Menge genossen.

A l o ë wirkt in sehr grossen Dosen heftig purgirend und erregt starke Leibschmerzen. Gegengifte wie bei Niesswurz.

A n g u s t u r a - R i n d e wirkt und wird behandelt wie Nux vomica.

A r n i c a : Schwindel, Kopfschmerzen, starker Schweiss, Zuckungen. — Essigumschläge auf den Kopf, Waschen der Glieder mit Essig, innerlich viel Essig und Wasser.

A r s e n i k , Rattenpulver, weisser Arsenik, Fliegensteine, Fiebertropfen, polirte Spielwaaren, Scheelisches Grün, mit Rauschgelb getrockneter Kattun geben Veranlassung zu Arsenikvergiftungen. Streut man etwas Arsenik auf glühende Kohlen, so verbreitet sich ein Knoblauchgeruch. Kupferammon färbt Arsenik gelbgrün (Scheelisches-, Wiener-, Schweinfurter - Grün). Durch Schwefelwasserstoff folgt allmählig ein gelblicher Niederschlag (Auripigm.). Schmilzt man die Arsenik enthaltende Substanz mit Salpeter, löst dieses in destillirtem Wasser auf und tröpfelt eine Auflösung von salpetersaurem Silber hinzu, so entsteht ein ziegelrother Niederschlag. Zufälle sind: Kalter Schauder, heftiger Krampf, fürchterliche Angst in der Magengegend und Brust, Anschwellen der Zunge, Schmerz und Brennen im Halse, heftiges Würgen, ohne dass Erbrechen folgt, unauslöschlicher Durst, Zittern der Glieder, Todtenkälte im Gesichte, sehr kleiner, schneller und harter Puls, stark eingezogene Bauchmuskeln, furchtsames Aussehen, Harn- und Stuhlgang unterdrückt, Schmerzen lassen nach, alsdann ist der innerliche Brand schon da; es folgen nun stinkende, blutige Stuhlgänge, Ohnmachten, der Tod. Schon gr. jj Arsenik, besonders nüchtern, können dieses verursachen. Die Leichen verwesen fast gar nicht, sondern trocknen ein zu Mumien. Ist die Quantität des genossenen Giftes klein und mit viel Speise vermischt, so sind die Zufälle gelinder, das Gift wirkt tief auf den Darmkanal und erregt heftige Kolik und Blutabgang; Auszehrung. Durch noch kleinere Quantität des Giftes kann jahrelanges Siechthum des Körpers entstehen; es stellen sich Friesel auf der Haut ein, Haare fallen aus, Abzehrung und gleichsam Verdorrung treten ein. Hülfsmittel sind: Für den ersten Moment schleimige Dinge, Eiweiss in Abundanz, Milch, Oel in grosser Menge, während der Zeit besorgt man das Ferrum oxydatum hydratum, welches das beste und sicherste Gegengift ist (man gibt alle 2—5 Minuten 15—30 Gran und noch viel mehr in heissem Wasser angerührt); erbricht der Kranke, so wiederholt man es in kleinen Dosen. (Blutentziehungen, warme Bäder, gegen die Nervenzufälle kleine Gaben Opium etc. werden dadurch nicht ausgeschlossen); oder im Nothfalle löst man ℥ j geschabter Seife in 2 Quart kochendem Wasser auf, wovon der Kranke alle 5 Minuten 2 Tassen trinken muss, hiemit wird einige Stunden fortgefahren. Auch Eiweiss mit Wasser, eine Solutio Hepat. Sulphur., Calcar., Honig und Zuckerwasser ist gut, man muss es abwechselnd mit dem übrigen trinken lassen. Blutegel, Bäder, erweichende Klystiere. Bei schon längere Zeit stattgehabter Vergiftung gebrauche man Schwefel mit Opium; Ol. Anisi, Schwefelbäder zu Töplitz, Aachen, Baden; Diaphoretica. Die zurückgebliebene Störung im Magen verlangt Milchdiät, Gm. arab., Lichen island., Quassia, Polygala amara. Die schleichende Vergiftung durch die Lungen erfordert Milchdiät, Schwefelbäder; vergiftete Wunden müssen scarificirt und durch aufgesetzte Schröpfköpfe muss daselbst Blut entleert werden: Convulsionen verlangen Asa foet., Valeriana, Moschus, Castor; zur Nachkur gelind eröffnende Mittel, z. B. ℞ Sapon. med. ℨjj; Resin. quajaci ℨj; Ol. anis. gtt. xx; Extr. ferri pomat. ℨj; F. pilul. gr. ij; Consperg. pulv. cinnamom.; 8mal 8 Stück. Vergl. noch metallische Gifte.

Barytvergiftung macht entzündliche Erscheinungen der Magen- und Darmorgane nebst Schwindel und Convulsionen. — Schwefelsaure Alkalien und Erden, Natrum sulphuric. und Magnesia sulphurica, im Nothfalle viel Brunnenwasser.

Belladonna verursacht Schwindel, Betäubung, Krämpfe, Schlummersucht, rothe, dunkle Gesichtsfarbe, Hülfsmittel sind: Emet., Essig innerlich und äusserlich.

Blausäure, Acidum hydrocyanicum, in Lauroceras., Amygdal. amar., Pfirsich-, Abrikosen-, Pflaumenkernen, Schlehedornblüthen, Prunus Padus und Upas enthalten. Die Leichen zeichnen sich durch unverändertes, blühendes Aussehen aus u. verbreiten den Geruch der Blausäure wie bittere Mandel. Hülfsmittel gibt es nur bei kleinen Gaben; man reiche innerlich Aschenlauge mit Wasser; noch besser alle ¼ St. gtt. 20—30 caustischen Salmiaks in einer Tasse Kaffee, welcher besonders gerühmt wird, mit einem Löffel voll Terpentinöl.

Blei. S. Bleikolik und Plumbum aceticum.

Camphorvergiftung. Blässe des Gesichts, Kältegefühl, Gähnen, Dehnen, grosse Müdigkeit, Abspannung der Muskeln, Schwindel, Sopor, Delirien, Anästhesie, Verlust des Bewusstseins, convulsivische epileptische Zufälle, Tod durch Hirnlähmung.— Emetica, hierauf eine Laxans und eröffnende Klystiere; bei drohender Apoplexie V.S. aus der Jugularis, kalte Umschläge, Hautreize; zur Milderung der hervortretenden Nervenzufälle kleine Gaben Wein, nach **Hahnemann** Opium und etwas Aether, Terpentinöl.

Canthariden; gegen sie dient Camphor. Opium; Ol. Ricini.

Chlorgas; am schnellsten dagegen wirkt sehr verdünntes Schwefelwasserstoffgas durch Aufguss von Schwefelsäure auf Schwefelkalium entwickelt, welches vor Mund und Nase gehalten wird; Einathmen von Ammoniakgas; Antiphlogose gegen die entzündlichen Brustaffectionen.

Chloroformvergiftung durch Inhalationen. Aussetzen der Inhalationen. Man bringe den Asphyctischen sogleich in frische Luft, und besprenge das Gesicht oder begiesse Kopf und Brust mit kaltem Wasser. Hautreize, Frictionen der Haut, künstliches Unterhalten der Respiration, Electricität, innerlich einige Löffel Wein.

Chromsalze: Alkalien zur Neutralisation der Säure und dann Eisenoxydhydrat.

Cicuta s. Narcotica. Zufälle wie bei Belladonna — Emetic.; dann innerlich und äusserlich Essig und Wasser; zur Milderung der gastroenteritischen Affection, reizmildernde, einhüllende Mittel, Milch, Gerstendecoct, auch in Klystieren. Blutegel auf den U.L., erweichende Fomente. Zur Hebung der unterdrückten Herzthätigkeit Camphor, Ol. Menthae.

Coloquinten erregen fürchterliche Leibschmerzen, Zuckungen, blutige Diarrhoen, Entzündung und Brand der Gedärme und des Magens. Hülfsmittel: Mandelmilch, Baumöl, viel Hafer- u. Gerstenschleim, Dct. Salep. mit Extr. Opii.

Digitalis. Zufälle u. Behandlung wie bei Aconit.

Elaterium; wie bei Aconit.

Euphorbium. Hülfsmittel: Milch, schleimige Brühen, Oel in grosser Menge, Seifenwasser.

Fischgift. Die Genesis des Fischgiftes ist ganz der des Wurstgiftes analog und besteht in der fauligen Zersetzung des Blutes und des Fettes; wird durch das Räuchern, zumal durch das im Rauche enthaltene empyreumatische Oel befördert und endlich im Magen des Menschen durch die Magenwärme ausgebildet, wo sich dann ein eigenthümliches Gas entwickelt, dessen Gegenwart sich durch einen specifischen Geruch aus dem Munde verräth und der dem Geruche aus dem Munde von Betrunkenen gleicht. Der Grad der Wirkung des Giftes steht mit der Stärke der Verdauung im umgekehrten Verhältnisse. Die Wirkung des Fischgiftes hat ungemein viel Aehnlichkeit mit der Vergiftung durch die Aqua toffana: es ist dasselbe langsame Absterben der Digestions- und dann der Lebenskraft, bei vollkommen bestehenden Geisteskräften. Man kann 3 Stadien dieser Vergiftungskrankheit annehmen; das erste zeichnet sich durch Mattigkeit, heftiges Erbrechen und Durchfall aus, wobei sich Zeichen von Blutcongestion nach dem Kopfe und grosse Trockenheit in der Nase und Rachenhöhle einstellen. Das zweite Stadium tritt etwa 2 Tage nach dem Anfange der Krankheit ein. Hier zeigt sich anhaltende Verstopfung und die hartnäckige Unterdrückung aller Absonderun-

gen, so des Schweisses, Speichels etc., nur die Urinsecretion ist sehr stark, aber mit Krämpfen verbunden; die Hauptzeichen aber sind: allgemeine Abmagerung, Unterdrückung des Herzschlages, ein croup-
ähnlicher Husten, Lähmung des oberen Augenlides,
Trägheit und Unbeweglichkeit der Iris und Dysphagie.
Im dritten Stadium Steigerung aller früheren Symptome, allmählig bis zur völligen Stimmlosigkeit,
Blindheit; die unteren Extremitäten sind gelähmt.
die Respirationsorgane versagen den Dienst gewöhnlich und erfolgt noch vor dem 10ten Tage ein sanfter
Tod. Die Genesung nach solchen Vergiftungen geht
äusserst langsam vor sich; die Leichen verwesen
schnell und ohne Geruch von Fäulniss. Auch durch
die in Russland schlecht gesalzenen und durch die
Eigenthümlichkeit der Verhältnisse schlecht präpa-
rirten Salzfische kommen Vergiftungen vor. Die Behandlung der Vergiftung durch Fische stimmt mit der
von giftigen Würsten überein. Emetica aus Ipecacuanha, weissem Vitriol vor Allem indicirt, dann
reinigt man die Därme durch ölige Salzmixturen und
Klystiere. Nachher gibt man $\ni\beta$ Schwefelleber in ℥ j
Wasser als Getränke.

Gase, irrespirable, oder giftige (Kohlensäure, Kohlendampf, Kohlenwasserstoff, Cloakengas,
Schwefelwasserstoff). Man bringe den Asphyctischen
sogleich in frische Luft und suche zur Beseitigung
der Gehirncongestion das Athmen einzuleiten; Entfernung des Schaumes vor dem Munde, Bespritzen
und Begiessen mit kaltem Wasser, Hautreize, Frictionen, Essigumschläge, Riechen an Essig, Senfteige
etc., Blutentziehungen. Ausdauer in der Anwendung
dieser Mittel. Später Wein, Naphtha.

Glas. Gegenmittel sind: einhüllende Dinge,
Haferschleim, Oel, Mehlbrei, Fluorsäure.

Goldprärarate: Gegengifte sind wie bei
Zink-, Wismuth- und Zinnpräparaten: Eiweisswasser,
Magnesia, Eisenoxydhydrat.

Grünspan. S. Kupfer.

Höllenstein. Gegen denselben ist eine starke
Auflösung von Kochsalz, wovon alle 5 Minuten 1 Tasse
getrunken wird und wodurch sich Hornsilber bildet,
das Beste, späterhin Gerstenschleim, Oel, übrigens
wie bei ätzenden metallischen Giften.

Honig der wilden Bienen und Hummeln ist zuweilen giftig, weil sie ihn mitunter von giftigen Pflanzen nehmen; der Genuss davon erzeugt: Schwindel,
Leibschmerzen, Krämpfe. Hülfsmittel: Trinken von
vielem frischem Wasser, auch von etwas Essig, man
entferne später durch ein Emet. das Gift.

Hyoscyamus, Bilsenkraut; wie bei Belladonna.

Jod-Vergiftungen kommen selten vor, das Beste
in solchen Fällen wäre ein Emeticum von Ipecacuanha
und dann ein Schleim von Stärkmehl in grossen und
öftern Gaben; oder man gebe Milch, lauwarme Bäder,
Valeriana, China, Ammon. und Antispasmod. gegen
die zurückgebliebenen Symptome.

Käsegift. Brechmittel, hierauf kohlensaure
Alkalien, Liquor Kali oder Ammon. carbon. Zum Ge-

tränke Milch; die entzündlichen Reactionen 1. artis
behandelt.

K a l k, ungelöschter. Gegenmittel sind: Essig
mit Honig und Wasser gemischt in grosser Menge
getrunken, Zitronensäure mit Wasser verdünnt, öligt-
schleimige Mittel.

K l e e s ä u r e. Gegenmittel: viel Milch, Oel,
schleimige Dinge, Zuckerwasser, später Kalien.

K o c k e l s k ö r n e r. Schwindel, Kopfschmerz,
Trockenheit im Munde, Magenkrampf, Zittern, Convulsionen, Bewusstlosigkeit, Neigung zum Erbrechen.
Hülfsmittel: Emeticum aus Ipecacuanha, dann Essig,
späterhin Camphoremulsion.

K r ä h e n a u g e n, Nux vomica. Starke Erregung
des Gehirns und Rückenmarks, eingezogene Bauchmuskeln, periodisch eintretende Krämpfe, wie electrische Schläge, Starrkrampf, Opisthotonus, rothbraune
Gesichtsfarbe, Schwindel mit augenblicklicher unvollkommener Bewusstlosigkeit, Ekel, Erbrechen, Kälte,
Steifigkeit der Glieder, Schlagfluss, Tod. Gegenmittel: Sogleich ein Emeticum aus Tart. emet. und
Ipecac., dann Opium, Mandelmilch mit Terpentin,
Naphtha, eröffnende Klystiere, späterhin Chinadect.;
ausserdem ein warmes Bad und in demselben kalte
Sturzbäder auf den Kopf. Chloroform leistete bei
einer Vergiftung durch Strychnin die glänzendste
Hülfe. In einem andern Fall heilten 20 Gr. Camphor
in einer Emulsio amygdal. ℥vj auf 4mal in 2 Stunden
genommen eine Strychninvergiftung.

K u p f e r. Schmerz in der Nabelgegend, Durst,
Reiz zum Erbrechen, heftige, oft blutige Diarrhoe
od. Verstopfung, widriger Metallgeschmack im Munde,
schwacher Puls, blasse Farbe, zuweilen hartnäckiger,
dem Aussatz ähnlicher Ausschlag. Durch grössere
Quantitäten entstehen heftige Schmerzen in der
Magengegend, grosse Angst, Brennen in der Brust,
Trockenheit des Schlundes, Erbrechen, Schwindel,
fürchterliche Kopfschmerzen, Hirnwuth, Magenentzündung, Steifheit der Glieder, Schwäche, Lähmungen, Schlagfluss oder langsamer Tod. An den Leichen
findet man die Finger so zusammengezogen, dass man
sie nur mit Mühe auseinander bringen kann. Ist das
Gift noch im Magen und noch nicht durch Erbrechen
ausgeleert, dann gleich ein Emet. ℈j Ipecacuanha,
darauf viel laues Zuckerwasser. Klystiere von Gerstenschleim mit Oel, Eiweiss und Wasser abgerührt,
in grosser Menge getrunken; späterhin gibt man noch
immer viel schleimige und ölige Dinge, auch e i s e n-
h a l t i g e. Schwefelleber, Wasser mit Milch u. Eiweiss
abgerührt, tägl. ℥j in ℔ jj Flüssigkeit ist zu empfehlen.
Haben Kinder Kupfermünzen verschluckt, so können
Toxicationserscheinungen erfolgen, wenn die Münze
nicht bald durch den Stuhlgang abgeht, und namentlich saure Speisen, Salate u. dergl. viel genossen
werden. Bei ganz kleinen Kindern und grossen Münz-
sorten kann man leicht durch Emetica dadurch Unglück herbeiführen, dass die Münze stecken bleibt;
daher gebe man Laxantia in Verbindung mit solchen
Mitteln, welche als Antidota wirken, welche das
Kupfer auflösen, neutralisiren und allmählig abführen.

Dazu passt **Hepar sulphur.** Z. B. Jalappae gr. v;
Hepat. sulphurat. gr. jjj; Amyli gr. v; Sacch. alb. M.
f. p. d. doses Nr. 8. S. Alle 3 Stunden 1 Pulver.
Man untersage den Genuss von fetten, gesalzenen,
gewürzten und sauren Speisen, besonders des Salats;
lasse Milch trinken, Milch mit Wasser, Eierwasser
(4 Eier mit 1½ Maass Wasser abgekleppert und mit
Zucker versüsst), schleimige Suppen, süsse, nicht
gesalzene Gemüse. Vergl. noch metallische Gifte.

Loloh. Taumellolch, Lolium erregt Uebelkeit,
Magenschmerzen, Schwindel, Kopfweh, allgemeine
Schwäche, Ohrensausen, Kälte der Glieder, grosse
Angst, Zittern, Irrereden, Convulsionen, Tod. Hülfs-
mittel: anfangs Emet., dann viel Essigwasser zum
Trinken, Eisumschläge auf den Kopf, Waschen der
Glieder mit Essig; viel schleimige Dinge, Zucker-
wasser; bei Congestionen Blutegel.

Metallische Vergiftungen. Wird man
zu einem Vergiftungsfalle gerufen, so ist wohl
für den ersten Augenblick Nichts so nothwendig
zu wissen, als von welcher Beschaffenheit der ver-
giftende Körper sei. Dies aber in so drängenden Umständen immer gleich mit Sicherheit zu ermitteln,
ist in der Regel sehr schwierig, oft ganz unmöglich.
Denn nicht allein dass die Symptome der einzelnen
Gifte sehr schwanken und keinen sicheren Schluss
erlauben, wir finden dies sogar bei den grösseren
Klassen, z. B. bei den narcotischen und metallischen
Giften, deren Symptome mitunter soviel Aehnlichkeit bieten und so nahe an einander gränzen, dass
dem Arzte die Bestimmung des vergiftenden Körpers
ungemein erschwert wird. Sich aber auf chemische
Untersuchungen des Giftes einzulassen, wer würde
dies hier, wo jeder Augenblick theuer ist, unterneh-
men. Es ist daher gar nicht zu verwundern, wenn
wir schon bei den Aerzten der ältesten Zeiten das
Bestreben finden, sogen. allgemeine Gegengifte aufzufinden, um sich auf diese Art der für den Augenblick der Noth so schwierigen Arbeit, die Beschaffenheit des Giftes zu ermitteln, zu überheben. Ihre
wunderlichen Antidota, Alexeteria, Theriaca, mochte
das Gift aus dem Thier-, Pflanzen- oder Mineralreich
entlehnt sein, konnten aber nicht genügen. — In
unseren Tagen wurde auf chemischen Principien
fussend gegen metallische Vergiftungen das von
Mialhe empfohlene hydratische Schwefeleisen als sicheres Gegenmittel gepriesen. Aber
auch abgesehen davon, dass das sich bildende Eisen-
oxydulsalz durchaus nicht als indifferent zu betrachten ist, so ist dies Präparat auch keineswegs ein
Gegengift gegen eines der stärksten metallischen
Gifte — gegen das Cyanquecksilber. Um diesen
Uebelständen abzuhelfen, hat Duflos dem Mialhe-
schen Präparat gebrannte Magnesia zu........
bildet sich so ein indifferentes Magnesia.......
Eisenoxydul fällt nebst dem Schwefel........
Das Cyanquecksilber aber wird durch d........
sche Präparat in Schwefelquecksilber u.........
magnesium verwandelt. Duflos nennt.........
Oxysulphuretum ferri cum Magnesia. U.........

hydratische Schwefeleisen zu bereiten, verfährt man folgendermassen: In 6 Theilen officinellen Salmiakgeistes von 0,970 spec. Gew. wird Schwefelwasserstoffgas bis zur Sättigung eingeleitet, darauf noch 4 Theile desselben Salmiakgeistes zugesetzt, die Mischung in einer geräumigen Flasche mit der sechsfachen Menge destillirten Wassers verdünnt, und in diese Flüssigkeit nun eine frisch bereitete Auflösung von 8 Theilen krystallisirtem schwefelsaurem Eisenoxydul eingetragen. Man schüttelt das Ganze wohl um, füllt das Gefäss mit frisch ausgekochtem destillirtem Wasser vollends, verschliesst es gut, lässt absetzen und zieht dann die überstehende Flüssigkeit mittelst eines Hebers ab. Man übergiesst den Bodensatz abermals mit ausgekochtem Wasser, lässt wieder absetzen, giesst das Klare ab, und wiederholt dies noch einige Male. Der auf diese Weise gut ausgesüsste Niederschlag wird in einer luftdicht verschliessbaren Flasche aufbewahrt. Um das Magnesia haltige Präparat zu bereiten, hat man nur nöthig, das Vorstehende mit 2 Theilen mit Wasser zu einer homogenen Milch wohl abgerührter gebrannter Magnesia zu vermischen. — In diesem Oxysulphuretum ferri cum Magnesia besitzen wir nun auch gegen das so energisch wirkende Cyanquecksilber ein nichts zu wünschen übrig lassendes Gegengift. Auch gegen Arsenik, Kupfer, Quecksilberpräparate, besonders den Sublimat lässt es nichts zu wünschen übrig.

Mutterkorn. Secale cornutum. S. Kriebelkrankheit.

Nachtschatten. Solanum; wie bei Belladonna.

Narcotica im Allgemeinen. Man hat bei der Behandlung acuter Vergiftung durch diese Mittel 3 Indicationen zu erfüllen. 1) Das Gift schleunig zu entfernen durch Emetica, die geeigneten Gegenmittel anzuwenden, die drohende Apoplexie durch V.S. der Jugularis zu bekämpfen. Grund-Charakter der narcotischen Vergiftung ist: Depotenzirung u. Lähmung des Nervensystems; rauschartige Umneblung, Schwere des Kopfes, Betäubung, Schwindel, Sopor, Coma, dunkelgeröthetes, livides Gesicht, tiefgeröthete, hervordringende Augen, erweiterte Pupille, heftiges Klopfen der Hals- und Kopfarterien, sichtbare Turgescenz der Jugularis, Torpor der geistigen Fähigkeiten, Funken vor den Augen, Doppelsehen, Blindheit, Schwerhörigkeit, Wahnsinn, Anästhesie gegen äussere Eindrücke, mühsame, schnarchende Respiration. Diese Zufälle, besonders bei Opium, Lactuca, Hyoscyamus, Belladonna, Stramonium, Alcohol. Dahingegen rufen die speciell das Spinalsystem treffenden, wie Nux vomica, und alle Strychnin und Brucin enthaltenden Mittel, sowie Blausäure, in der Regel äusserst heftige spastische und convulsivische Bewegungen, zumal trismusartige, tetanische und hydrophobische Erscheinungen mit rasch folgender Lähmung der Muskel hervor; die auf die Rückenmarksplexen und das Gangliensystem einwirkenden, wohin z. B. Conium, Cicuta, Aconit, Secale cornut., Giftsumach gehören, bewirken Lähmung der Untergliedmaassen, der Blase, des Mastdarms, gastro-enteritische

Zufälle. — Bespritzen mit kaltem Wasser, Lufteinblasen, V.S., Brechmittel. ℞ Zinc. sulphurici, sacch. albi, ana ℈β. M. f. p. d. t. d. Nr. 2. S. Von 5 zu 5 Minuten 1 Pulver. Hat der Kranke erbrochen, so kommen die eigentlichen Gegengifte an die Reihe. Unter den Gegenmitteln der narcotischen Vergiftung spielt die Gerbesäure (Tanin) bei den ein Alkaloid enthaltenden narcotischen Giftstoffen eine sehr wichtige Rolle, indem er mit dem Alkaloid unschädliche eigenthümliche Verbindungen (Tanate) eingeht, und wäre wohl zu rathen, sie gleich nach dem Brechmittel, oder wenn sie nicht gleich zu haben sind, sogleich einen China-, Eichen-, Weidenrindenabsud als Antidot anzuwenden. Hierauf folgt die Behandlung der durch die narcotischen Gifte herbeigeführten krankhaften Zustände (Auflösung, Zersetzung der Blutmischung) durch vegetabilische Säuren (Weinessig oder Citronensäure). Für den weitern Zweck, die Desorganisation des Nervensystems zu bekämpfen dienen: Analeptica, Camphor, Angelica, Valeriana, Wein, Ammon., Salmiak, Moschus, Aether, Kaffee, Sinapismen etc. Gegen örtliche Congestionen dienen: Blutegel, Schröpfköpfe, kalte Umschläge, Fussbäder.

Niesswurz. Helleborus. Erbrechen, Purgiren, Angst, Leibschmerzen, Kopfcongestionen, Zittern, Verdrehen der Augen, kalte Schweisse, Anschwellungen des Gesichts, Wahnsinn. — Viel schleimige und ölige Mittel, Baumöl, Gerstenschleim, viel Zuckerwasser, eine Auflösung von ℥ij Potasche mit Eiweiss; alle ¼ St. 2 Essl. voll. Bei Ohnmachten starker Kaffee, späterhin Emulsio camphorata.

Opium. Nach kleinen Quantitäten: Trockenheit im Munde, Halse und Darmkanale, Verstopfung, langsamer, voller Puls, Reiz auf die Harnwege und Genitalien. Diese Wirkungen erfolgen schon durch gr. jj, dauern 4—8 Stunden, nachher entsteht Trägheit, Schläfrigkeit, Mattigkeit, charakterisches Jucken der Haut. Grosse Gabe erregt heftige Angst, Wahnsinn, Schlummersucht, Apoplexie; erfolgt durch letztere nicht der Tod, so bleibt grosse Schwäche, Gefühllosigkeit und lähmungsartiger Zustand zurück. Behandlung: gleich ein starkes Brechmittel aus Zinkvitriol, dann innerlich u. äusserlich Essig mit Wasser in grosser Menge, abwechselnd mit starkem Kaffee, Camphor und Citronensäure. Zuweilen ist eine V.S. besonders bei Vollblütigen nöthig; auch gebe man innerlich mitunter etwas Essignaphtha, einige Tassen schwarzen Kaffee und mache kalte Kopfumschläge; sehr nützlich ist auch der Genuss der freien reinen kalten Luft.

Oxalsäure: Kalkerde, Kreide, Bittererde mit sehr vielem Wasser, Seifenwasser, fetten Oelen, Brechmittel.

Phosphor. Grosse Massen schleimigen Getränkes, um das Erbrechen zu befördern. Emeticum nur wenn Phosphor in Substanz verschluckt wurde. Alcolische Mittel, dann Antiphlogose gegen die Enteritis. Bei Verbrennungen mit Phosphor nehme man Oele statt Wasser zum Abwaschen. Sonst wie bei den concentrirten Säuren.

Pilze, giftige. S. Schwämme.

Plumbum aceticum: Abführmittel aus Rheum mit Soda sulphurica mit Wasser in Eiweiss gerührt zum häufigen Getränk und soviel in 24 Stunden davon zu nehmen, als thunlich. Die Krämpfe wie die Leibschmerzen schwinden darauf schnell und es tritt baldige Genesung ein.

Quecksilber. Sublimat u. Präcipitat. Zufälle und Behandlung wie bei Arsenikvergiftung. (Ferrum oxyd. hydr. ist kein Gegengift hier.) Ausserdem lasse man Zuckerwasser mit Eiweiss trinken. Eiweisswasser, von dem Weissen eines Duzend Eier in lauem Wasser geschlagen; reichliches Trinken und Reizen zum Brechen durch Einführung des Zeigefingers in den Schlund. Dann ein excessiver Gebrauch von Magnesia, die mit Wasser angerührt ist. In Ermangelung von etwas Besserem: Milch, zur Hälfte mit Wasser verdünnt. Zur Nachkur dient Chinadect., Getreidemehl und Kleie, Gluten (bei Sublimatvergiftung) mit kaltem Seifenwasser vermischt zu trinken. Vergl. noch metallische Gifte.

Sabina. Sadebaum. Gegenmittel sind: schleimige, ölige Dinge, Zuckerwasser, später Camphoremulsion, oft sind V.S. und Blutegel nöthig.

Salpeter. Nitrum. Es entstehen z. B. auf ℥jj auf einmal genommen, Krämpfe, Leibschmerzen, Magenentzündung, Gegenmittel sind viele schleimige Dinge, Zuckerwasser.

Salpetersäure (Scheidewasser), so wie bei Salz-, Schwefel-, Salpetersalz- (Königswasser), Phosphor-, Sauerklee- u. Flusssäure. Zufälle: Verbrennen des Mundes, Rachens, der Speiseröhre, fürchterliche Schmerzen, Angst, Krämpfe, der Tod erfolgt erst nach einigen Tagen durch Gangrän. Gegenmittel sind: Asche mit Wasser angerührt in den Schlund gegossen, nachher Seifenwasser, viel schleimiges Getränke von Leinsamen mit Oel, auch tassenweise zu trinken von einer Mischung aus 2 Loth gebrannter Magnesia in ℔ jj siedendem Wasser aufgelöst. Liquor Kali carbonici.

Salzsäure wird durch kohlensaures Natron gehoben, welches man in Gerstenwasser reicht. Cataplasmen, Blutegel an die Magengegend; etwas Morphium innerlich zur Beruhigung.

Säuren, Mineralsäuren: äusserst schmerzhafte, mit Aezung verbundene, rasch in Brand übergehende Entzündungen der Schlund-, Magen-, Darmorgane. — Gebrannte oder kohlensaure Magnesia mit vielem Wasser verdünnt. Im Nothfall eine Potaschenlösung oder gepulverte Kreide, eine Seifenlösung, Mandel-, Mohn-, Leinöl, Milch; viel Trinken von kaltem Wasser dazwischen, Antiphlogose des U.L.

Seidelbast, Daphne Mezereum; wie bei Niesswurz.

Schierling, Conium. Zufälle wie bei Belladonna. Gegenmittel sind: erst ein Emet., dann innerlich und äusserlich Essig und Wasser, späterhin schleimige Dinge.

Schwämme, Champignon, Pilze. Ihre Wirkung ist theils betäubend, theils äzend. Hülfsmittel

gegen betäubende Schwämme sind: Emet. aus Zinkvitriol (gr. vj—x), dann gelind abführende Mittel aus
Oel und Salz und starker schwarzer Kaffee. Gegen
die ätzenden Schwämme: Brechmittel aus lauwarmem
Wasser mit Oel, viel Gerstenschleim mit Oel. Nach
dem Erbrechen alle ¼ St. gtt. 20 Spirit. sal. ammon.
caust. mit 2 Essl. Wasser; dabei abführende Klystiere.

Schwefelleber. Hepar. sulphur. Gegenmittel
sind: Zitronensaft, Essig und Wasser, schleimige
Dinge, später Dct. Chinae.

Schwererde. Baryta. Gegenmittel: Innerlich Solutio salis Glauberi oder Sal. anglican. mit
Gerstenschleim.

Spanischer Pfeffer; wie bei ätzenden
Schwämmen.

Stechapfel, Datura Stramonii; wie bei Belladonna.

Strychnin s. Krähenaugen.

Sumach. Rhus radicans und toxicodendron.
Gegenmittel: Einreibungen von weisser Präcipitatsalbe in die entzündeten Hautstellen (wenn die Vergiftung äusserlich geschah); innerlich viel Cremor
tartar., Zuckerwasser und kühlende Diät; bei der
innern Vergiftung sind Milch und Oel das Beste.

Tabak erregt Betäubung, Trunkenheit, Schwindel, Erbrechen, Durchfall, im höhern Grade selbst
Lähmung; Behandlung wie bei Belladonna. Emet. Ger-
bestoffabkochung. V.S., kalte Fomentat. Essigklyst.

Tart. emeticus. Brechweinstein. Heftiges
Erbrechen, späterhin auch Diarrhoe, heftige Leibschmerzen, Zuckungen, kalte Schweisse. Man unterstütze das Erbrechen durch Zuckerwasser, gebe alle
1½ St. gr. β Extr. Opii in Zuckerwasser, späterhin
Chinadect. Viel grüner Thee und viel Tannin.

Theegift. Gegenmittel sind: starker Kamil-
lenthee, starker Kaffee, selbst Camphor.

Wismuth; wie bei Zink.

Wurstgift. Charakteristische Merkmale der
Wurstvergiftung sind: Trockenheit der Mundhöhle,
Röthe und Entzündung des Rachens, erschwertes
Schlingen, schwache, zuweilen ganz unterdrückte
Stimme, Amblyopie und Amaurose, erweiterte Pu-
pille, Ptosis, hartnäckige Verstopfung. Psychische
Functionen nicht gestört. Oft sind Handflächen und
Fusssohlen gefühllos. Das Wurstgift wirkt lähmend,
macht daher das Blut gerinnen, dunkelschwarz, bewirkt Stasen und endlich Lähmung der Bauchnerven
und anderer Nervenpartien. Bosch (Würtemb. ärztl.
Correspondenzbl. Nr. 37. 1853) lernte den Phosphor
gegen diese drohende Paralyse der Ganglien und
Capillarvenen kennen, ebenso den Arsenik. Er mischte
12 Tropfen Spiritus phosphoratus (gesättigte Auflösung des Phosphors in Alcohol) in ʒviij Wasser und
mischte ferner ¹/₆₀ Gr. Arsenik ebenfalls in viij ʒ Wasser abwechselnd die eine Stunde 1 Essl. voll von
Phosphorauflösung die andere Stunde Arsenik. Die
gewöhnlichen Hülfsmittel gegen Wurstgift sind:
Emetic. aus ʒβ Ipecacuanh., darauf Sal. Glauber. (zum
Laxiren) in Eiswasser mit Baumöl, oder ein Emulsio
oleosa, dann abwechselnd Seifen- und Essigklystiere.

Zink. Das oxydirte Zink erregt in grossen Gaben Erbrechen, Leibschmerz, Krämpfe, Ohnmachten etc. Da das Erbrechen schon von selbst erfolgt, so gebe man lauwarmes Wasser, Zuckerwasser, Milch, Oel, auch schleimige Dinge.

Verstopfung des Stuhlgangs, Hartleibigkeit, Obstructio alvi. Man berücksichtige die Individualität. Es gibt Menschen, bei denen es natürlich ist, nur alle 2—3 Tage offenen Leib zu haben ohne Beschwerden. Bleibt der Stuhlgang zu lange zurück, so sind die Folgen verdickte Fäces, Infarcten, Ausdehnung des Colon, Obstruction. viscer. abdominis, Hämorrhoidalbeschwerden, Congestionen nach dem Kopfe und der Brust, Hypochondrie. Das Coecum und die Textura sigmoidea üben, wenn sie durch Fäcalmassen übermässig ausgedehnt sind, einen nachtheiligen Druck auf die Schenkelnerven und Blutgefässe, die Uretheren und Vena iliaca interna aus, veranlassen dadurch Taubheit, Krämpfe, Schmerzen und in Folge des gehinderten Rückflusses des Blutes ein stärkeres od. geringeres Oedem der Unterextremitäten. Das Colon ascendens und descendens drücken auf die Nieren und die benachbarten Gefässe und veranlassen Störungen in der Urinabsonderung, sowie ein Gefühl von Schwere und dumpfe Schmerzen in den Weichen. Distension der rechten und linken Flexur und das Colon transversum stört die Functionen der Gallenorgane, des Dünndarms, Magens und der Milz. Steigt die Ausdehnung des Colons aufs Höchste, so werden nicht nur alle die eben genannten consecutiven Affectionen sehr verschlimmert, sondern es wird auch das Herabsteigen des Zwerchfells verhindert, und die Action des Herzens und der Lungen wesentlich beeinträchtigt, woraus Palpitationen, Intermissionen und Unregelmässigkeiten im Pulse, Dyspnoe und kurze schnelle Respiration entstehen. Diese Wirkungen auf das Gefässsystem und auf die Respirationsorgane behindern den Rückfluss des Blutes vom Kopfe und geben zu Congestionen und mannigfachen Nervenleiden Veranlassung. Auch veranlassen Fäcalanhäufungen gerne Hämorrhoidalknoten und Blutungen, sowie Hautkrankheiten und verschiedene Reflexerscheinungen, z. B. Schulter-, Fersen - und andere Schmerzen, erweiterte Pupille u. s. w. Ursachen sind: unterlassenes Trinken, harte, schwere, trockene Nahrungsmittel, Mehlspeisen, Kartoffeln, Hülsenfrüchte, Nüsse, Mandeln, Kastanien, anhaltendes Sitzen, Zusammenschnüren des Unterleibs, Mangel der Galle, Verhalten des Stuhlganges. Volvulus, s. diesen.

Therapie. Man gewöhne sich, täglich früh zu Stuhle zu gehen. Man trinke mehr Wasser, geniesse saftige Gemüse, Obst, Aepfel, Pflaumen, vermeide trockene, schwere Nahrungsmittel, man mache sich viel Bewegung und reibe den U.L. Sehr wirksam zeigt sich die endermatische Anwendung. In Fällen, wo alle Mittel den angehaltenen Stuhl nicht heben konnten, wirkte Calomel gr. jjj mit Aloe extr. gr. jv auf eine Vesicatorstelle in Scorbiculo cordis. Wenn der Stuhlverstopfung eine Verstopfung der Unter-

leibsdrüsen, Schwäche der Gedärme oder Krämpfe
zu Grunde liegen, ist oft Chinapulver mit Cremor
tart. das Passendste. Karlsbad, Kissingen, Kämpfische
Klystiere, Nux vomica in äusserst kleinen, fast homöo-
pathischen Gaben. Digestivpulver. Obstructio alvi
spastica finden wir häufig bei Personen mit chronischen Neurosen, mit Cardialgie, Kolik, Hysterie,
Veitstanz, Catalepsie. Hier verbinde man das Laxans
mit Antispasmodicis, z. B. Ol. Ricini, Fol. sennae
mit Herb. menth., Rad. valerianae, Millefol., Asa
foetida, kleine Gaben Extr. nucis vomica oder Strychnin. ℞ Fol. sennae ʒjβ; Summitat. millef. ℥jjj; Semin.
carvi contus. ʒjj; Infunde aq. fervid. q. s. colat. ℥jjj;
Solve sodae phosphor., Syrup. mannae, ana ℥β. S. die
Hälfte auf einmal, dann stündl. 1 Essl. voll bis zur
Wirkung bei hysterischen u. sensibeln Personen. —
Bei Hypochondristen mit Neigung zu Obstructio alvi
chronica ist Rheum und Aloë der Senna vorzuziehen.
Hier müssen gelinde, eröffnende Mittel Monate lang
alle 1—2 Tage eine Dosis genommen werden, z. B.
das Solamen Hypochondriac. ℞ Kali tart. ʒjjj; Rhei
optimi ʒj; Magnes. carbon. ʒjβ; Eleosacch. foenicul.
ʒvj; oder ℞ Kali tart., Flav. cort. aurantior., Rhei,
Semin. foenicul., ana ʒjj; Ol. cajeput. gtt. vjjj. S.
vom ersten 4mal, von letzterem 2mal tägl. 1 Theel.
voll. — ℞ Tinct. aloes simpl., Tinct. rhei vinos.,
Tinct. aromat., ana ℥β. S. 1—3 Theel. voll und
dann je den dritten Tag ausgesetzt. Die Aloë in
solchen Verbindungen leitet venöse Congeationen
vom Kopfe ab und entfernt solche Stockungen im
U.L. bei Solchen, die viel sitzen, Staatsdienern,
kopfanstrengende Arbeiten Verrichtenden etc. Hier
nützen auch die sogen. Lebenselixire, Elixir. ad
longam vitam. — Frischer Honig des Morgens nüchtern genommen ist sehr sicher wirkend, angenehm
und unschädlich bei Verstopfungen wegen Mangel
an Säfte. Holzkohle zu einem Theel. alle ½ Stund.
So verkehrt die Ansicht ist, den Magen u. die Dünndärme mit Wasser ausspülen zu wollen, so gut ist
das möglich und nützlich für die Dickdärme. Bei
habitueller Verstopfung ist es sehr viel einfacher,
Klystiere anzuwenden, als Arzneien. Die Ursache
des Uebels ist entweder Verhärtung der Excremente
allein, oder gleichzeitig Mangel an Contractilität der
Dickdärme. Arzneien können auf diese niemals allein
wirken, sondern auf den ganzen Tract des Nahrungskanals: da Magen und Dünndärme einen viel höhern
Grad von Vitalität haben, als die Dickdärme, kann
der Arzneigebrauch sehr viel andern Nachtheil mit
hervorbringen, während dass sie gegen die wahre
Ursache chronischer Verstopfung höchst unvollkommen wirken. Aber Klystiere von blossem Wasser
heben diese vollkommen und bewirken nie den mindesten anderweitigen Nachtheil. Sind verhärtete
Excremente da, dienen lauwarme Klystiere zur Auf-
weichung besser, als kalte; fehlt es dem Dickdarm
an Contractilität, dienen kalte besser, als warme.
(S. Wasserkuren, Verstopfung.) S. Volvulus und
Purgantia.

Volvulus. Volvulus, Intussusceptio, innere

Darmeinschnürung, oft auch Ileus genannt, ist ein die Continuität des Darmrohres und mithin den Durchgang der Fäces unterbrechendes Hemmniss. Die Erscheinungen von Gefässanschoppung und Entzündung können unter solchen Umständen natürlich fast nie fehlen. Welche auch die Ursache dieser Hemmung sein möge, Anhäufung verhärteter Excremente im Colon und Rectum, Steine, Fruchtkerne, Würmer, Einschiebung des Darmrohres in sich selber, callöse oder scirrhöse Verengerungen des Darmkanals, eingeklemmter Bruch, Entzündung, spasmodische Constriction des Darmes unter dem Kothknollen, Einschnürung durch eine zellige Brücke oder einen Bruchsackhals etc., die Erscheinungen sind: Fehlen kothiger, luftartiger oder anderer Entleerungen durch den Anus; Aufstossen von Gas durch den Mund, fortwährende Nausea, Erbrechen jeder verschluckten Flüssigkeit, zuweilen bemerkt man umschriebene Auftreibung des U.L., acute Kolikschmerzen mit dem Rücktritt einer früher bestandenen Hernie in den U.L., welche durch Husten und andere Anstrengungen nicht mehr hervortritt. Endlich werden selbst kothige Massen erbrochen (Ileus, Miserere), es erfolgt beständiges Schluchzen, aussetzender, unregelmässiger, kleiner Puls. Lässt der Schmerz plötzlich nach, erfolgt von selbst reichlicher, stinkender Stuhlgang, sinkt dabei der Unterleib zusammen, wird er weich, und der Puls bleibt dennoch klein, aussetzend, die Extremitäten kalt, so ist die in Folge der Einschnürung bestandene Entzündung in Brand übergegangen. — Zuweilen ist man im Stande, bei der Untersuchung mittelst des Fingers durch den After den invaginirten und bereits tief herabgesunkenen Darm zu fühlen, der im glücklichen Falle, wenn der Volvulus sich hebt, allmählig wieder in die Höhe steigt, und in diesem Maasse schwerer, und endlich gar nicht mehr erreicht werden kann.

Mag die Ursache dieser Hemmung sein, welche sie wolle, die erste Indication bleibt immer, das Hinderniss direct oder indirect zu heben, die entzündlichen Symptome weichen dann meist schnell. Sind eingeklemmte Brüche vorhanden, so müssen diese reponirt werden. Antiphlogose und Erzwingung von Stühlen sind Hauptsachen: V.S. bei grossem vollem Pulse, sonst Blutegel, kalte Fomentationen, ölige Mittel, Ol. Ricini, Lini zu Klystieren, laues Bad mit hoher Steisslage und beständigem Kneten des Bauches. Klystiere mit Aqua Goulardi. Opium (zuweilen stündlich 10 Tropfen Laudanum oder sogar eine Dosis von ½—1 Kaffeelöffel voll in einem dringenden Falle) u. ebenso Belladonna reicht man, um über der verengten Stelle die antiperistaltische Bewegung (Erbrechen) zu beschränken. Um aber die peristaltische Bewegung unterhalb der verengten Stelle zu befördern, setzt man reizende Klystiere. Blutentleerungen, Cataplasmen, Fomente, laue Bäder; gegen den Durst Eispillen, Potio Riveri sind die Hauptmittel. — Das Strychnin (²/₅ Gr., Sacch. albi ℈j; Magnesiae calcin. ʒj; M. divide in partes aeq. Nr. 20; S. anfänglich stündlich 1 Pulver und später täglich

2 - 3 Gaben) wird bekanntlich zur Bekämpfung der Constipation als Folge von Gehirnleiden gewisser Geisteskrankheiten und die Hypochondrie, und daher auch in obiger Form hier empfohlen. Waren Oleosa, Ol. Ricini, Infus. Sennae mit Magnesia sulph. vergebens, um Stuhl zu erzwingen, so geht man zu Ol. Croton. gtt. β auf Zucker oder in Pillenform über, reicht diese in einem Infus. Nicotianae, oder mit Opium, Belladonna. Zu den reizenden Klystieren gehören: Infus. Sennae, Ol. Ricini ʒij—ɉij; Aceti vini, Tart. emet. gr. jv; ʒβ—jj—ɉij Herb. Nicotian. zum Klystier. War zurückgetretene Gicht die Veranlassung, dann: V.S., Vesicator auf den U.L. — Bei Hysterie: Opium. Im äussersten Falle liess man Merc. vivus ℞ β auf einmal verschlucken. — Einblasen von Luft in die Gedärme mittelst eines an seiner Seitenfläche mit einem Ventil versehenen Blasebalges oder einer Rindsblase mit einer Klystierröhre versehen, oder mit dem Munde selbst durch einen hoch eingebrachten elastischen Katheter. Dieses Einführen eines elastischen Katheters so hoch wie möglich, das Einblasen in denselben, Setzen der Aqua Goulardi-Klystiere ist zweckmässiger als jedes innere Mittel, Opium und Eis abgerechnet. Innere drastische Mittel verschlimmern meistens die Lage.

Vomitus. S. Erbrechen.

Voracitas. S. Gefrässigkeit.

Vorsteherdrüsen etc. S. Prostata etc.

W.

Wadenkrampf zuweilen, und zwar vorzugsweise bei Weibern und Mädchen, des Nachts und nach stattgefundenen Erkältungen, bei unregelmässigem Blutumlaufe, werden die Muskeln der Waden von höchst schmerzhaften Zusammenziehungen befallen, die unter dem Namen des Wadenkrampfes bekannt sind, aber auf fleissiges Frottiren und Waschungen mit Rum, Arak u. dergl. in der Regel bald weichen, übrigens auch durch das Umbinden eines Schwefelfadens um die Wade verhütet werden sollen.

Wasserbrechen der Säufer. S. Trunksucht. Der Hysterischen. S. Hysterie Nr. 3.

Wasserkuren. Das Verfahren in den nach Gräfenberger Art errichteten Wasserheilanstalten besteht in Folgendem: Mit einem Schwitzbad wird der Tag eröffnet und unmittelbar darauf ein kaltes Bad genommen, hierauf gefrühstückt, spazieren gegangen, fleissig Wasser getrunken, ein Wellen- oder Douchebad gebraucht, und mit fortgesetztem Spazierengehen der Vormittag geendet; nach dem Mittagsmahle abermals promenirt, viel Wasser getrunken, später ein Fuss- oder Sitzbad genommen, und nach dem Abendessen zu Bette gegangen. Um 4—5 Uhr Morgens Einwicklungen in wollene Tücher, gleichzeitig kaltes Wasser getrunken und der hervorbrechende Schweiss durch fortgesetztes Trinken von kaltem Wasser unterstützt, auch für frische

Luft im Zimmer gesorgt. Nach 2—3 Stunden wird
zum Bade geschritten in ganz oder nur halb mit
Wasser gefüllten Wasserkübeln, die so geräumig
sind, dass nach allen Seiten freie Bewegung mit
Armen u. Füssen statthaben kann; zuvor wird Brust
u. Kopf mit kaltem Wasser gewaschen, in der Wanne
selbst wird sodann der Körper frottirt, Arme und
Beine unaufhörlich bewegt. Dauer nur wenige Minuten, nie so lange bis nach Ueberwindung des ersten
Eindrucks der Kälte ein zweites Gefühl von Frost
eintritt, worauf gefrühstückt und Bewegung gemacht
wird. Das Wellenbad wird benützt zur Erhöhung der
belebenden stärkenden Wirkung der kalten Bäder,
häufig auch allein und mit glücklichem Erfolge bei
rein dynamischen Leiden des Nervensystems, sowie
bei örtlicher Schwäche der äussern Haut. Die rein
örtliche Anwendung des kalten Wassers, wegen
Localleiden oder zur kräftigen Unterstützung der
übrigen Kur, durch Umschläge von kaltem Wasser,
Fuss- und Sitzbäder, Wasserdouche, geschieht in
Form von Einwicklungen des ganzen Körpers, man
gebraucht die Umschläge zur Beförderung der Transpiration u. Resorption; die übrigen Umschläge bei
Geschwüren und andern chronischen Metamorphosen
der Haut, sowie bei Neuralgien und congestiv entzündlichen Leiden. Die Fussbäder lässt man vor
dem Schlafengehen nehmen; Sitzbäder, 10—15 Minuten lang, bei Krankheiten des Unterleibs, Hämorrhoidalbeschwerden, Leiden des Uterinsystems, sowie als
ableitendes, beruhigendes Mittel dienen bei Affection
des Kopfes u. anderer entfernten Organe. Die Wasserdouche von 16—20 Fuss Höhe, mehrerer Zoll
Durchmesser, auf den leidenden Theil oder den
Nacken und das Rückgrat. Die Wasserheilmethode
wird in der Folge jedenfalls eine mächtige Stütze
der ärztlichen Kunst bilden, wird aber den über-
triebenen Anforderungen so mancher Ultrahydropa-
then ganz zu entsprechen nimmermehr im Stande
sein, und es werden der Fälle gewiss noch gar viele
übrig bleiben, bei denen man seine Zuflucht zu phar-
maceutischen Mitteln wird nehmen müssen. Alle
acuten Krankheiten ohne Ausnahme eignen sich nach
den Angaben der Hydropathen zum inneren oder
äusseren Gebrauch des kalten Wassers. Das frische
Wasser muss arm an festen mineralischen Bestandtheilen sein, denn seine auflösende Kraft ist einem
physikalischen Gesetze zufolge um so grösser, je
weniger feste Bestandtheile es bei seiner Anwendung
bereits aufgelöst enthält. Man lasse den Kr. oft und
jedesmal aus kleinem Glase kaltes Wasser trinken,
welches alle halbe Stunden frisch geholt werden
muss. Auf diese Weise kann ein Erwachsener täglich 3—4 Maass ohne den mindesten Schaden zu sich
nehmen. Aeusserlich wende man das kalte Wasser
zum Waschen des Kopfes, der Brust u. s. w. an,
oder begiesse in sehr heftigen acuten Fällen, z. B.
vom Scharlach, Pocken u. a., den ganzen Körper,
oder schlage diesen in nasse Leintücher ein, wie
unten angegeben. Bei Lungenentzündungen bewirken
alle 10—12 Minuten erneuerte kalte Aufschläge auf

die Brust, neben Wassertrinken, kräftige Schweisse,
heben das Seitenstechen, erleichtern die Respiration
und machen jede Blutentleerung unnöthig. Bei Nervenfiebern sind kalte Begiessungen des Kopfes, alle
30—40 Minuten, von grossem Nutzen. In der Cholera habe sich dasselbe bewährt; in der Ruhr habe
es niemals geschadet, und auch bei Wechselfiebern
möchte es anzuwenden sein. Noch wichtiger aber
sei die Wirkungskraft des kalten Wassers in chronischen Krankheiten u. die glückliche Heilung vieler
solcher Uebel habe ja die Entstehung u. Verbreitung
der Kaltwasserheilanstalten bedingt.

In Folgendem sollen zur Benützung des kalten
Wassers in der Privatpraxis die Formen u. Methoden
angegeben werden, die im gewöhnlichen bürgerlichen
Leben ausführbar und anwendbar sind, und den Beweis geben, dass man auch in der Privatpraxis sich
auf derlei Kuren einlassen könne. Diese Anwen-
dungsformen sind:

1) **Begiessung im starken Strom über
den ganzen Körper.** Der Kr. wird früh, nüchtern in einem angenehm warmen Zimmer, stets bei
verschlossenen Fenstern und bei Abhaltung aller
Zugluft, entkleidet und stehend, nur wenn er zu
schwach dazu ist, sitzend, mit 2—3 Eimern ganz
frischen Brunnenwassers vom Scheitel aus so begossen, dass der Strom nicht im Stosse auffällt.
Zwischen dem Ausgiessen der einzelnen Eimer darf
keine längere Pause eintreten. Hierauf wird der Kr.
schnell mit (nicht erwärmten) leinenen Tüchern abgetrocknet, mit einem frischen Hemd bekleidet und
ins Bett gebracht; der Haarkopf hier in ein wollenes
oder dickes baumwollenes Tuch eingehüllt. In der
warmen Jahreszeit und bei gutem Wetter kann sich
der Kr. auch völlig anziehen und in die freie Luft
setzen. Diese Begiessungen werden jeden Morgen
und bei eintretender Besserung einen Tag und dem
anderen wiederholt. Es sind während der Kur nur
einfache, leichte, ungewürzte, wenig gesalzene, aber
kräftige Nahrungsmittel in kleinen Portionen und
womöglich jeden Tag ein rohes Eidotter zu geniessen.
Das Getränk darf nur aus Milch, besonders frisch
gemolkene und aus frischem Wasser bestehen. Ausgezeichnet seien diese Begiessungen bei starken
Mutterblutflüssen, selbst gleich nach der Entbindung; bei auf scorbutischer Anlage beruhenden Blutungen aus anderen Theilen; bei schlaffen, zu starken
Schweissen; Schlaffheit u. Schwäche der Muskelfaser.

2) **Einwickeln in einen dicken wollenen Teppich u. Wassertrinken.** Diese
Einwicklung des ganzen Körpers, auch der Arme,
geschieht in einem angenehm warmen Zimmer früh
nüchtern und wird der eingewickelte Kr. ausserdem
noch mit einer leichten Federdecke bedeckt. Er
trinkt nur soviel kaltes Wasser, als er ohne grosse
Belästigung des Magens zu sich nehmen kann. Ein
Wärter reicht ihm das Getränk und entfernt vorsichtig den vorgelegten Harnrecipienten (Flasche) so
oft derselbe durch das häufige Uriniren angefüllt ist.
Nach 3 Stunden wird der Kranke herausgewickelt,

wegen des gewöhnlich eingetretenen sehr starken
Schweisses abgetrocknet und in ein frisches Bett,
oder warm angezogen, auf dasselbe gelegt. Die noch
lange anhaltende Ausdünstung darf nicht gestört werden, doch kann der Kranke nun ein Glas Milch mit
Schwarz- oder Weissbrod geniessen. Im Uebrigen
hat er ganz die oben angegebene Diät zu befolgen.
— Diese Anwendung des kalten Wassers ist eine der
mildesten und lässt sich daher noch in solchen Fällen
gebrauchen, wo die äussere Anwendung des kalten
Wassers nicht mehr möglich ist, z. B. bei Lungen-
süchtigen. —

3) Einwickeln in ein mit frischem
Brunnenwasser getränktes Leintuch.
Auf einen Strohsack wird ein Kopfkissen gelegt,
über das Ganze ein dicker wollener Teppich u. über
diesen ein in frisches Wasser getränktes und nicht
stark ausgepresstes Betttuch ausgebreitet. Der nackte
Kranke legt sich darauf und um ihn wird nun erst
das nasse Leintuch, dann der wollene Teppich sorgfältig und so herumgeschlagen, dass nur das Gesicht
frei bleibt. Nachdem er so 3 Stunden gelegen, wird
er herausgewickelt und mittelst einer Giesskanne 1/4
bis 1/2 Minute lang vom Kopfe aus mit kaltem Wasser begossen, dann abgetrocknet, angekleidet u. noch
einige Zeit auf ein Bett gelegt. Bei warmer Sommer-
witterung ist es auch gut, wenn sich der Kranke
Bewegung im Freien macht. — Auch bei dieser Methode muss das Zimmer mässig warm sein u. dürfen
die Fenster nicht geöffnet werden. In den ersten
14—21 Tagen der Kur werden diese Einwicklungen
täglich, später einen Tag um den andern gemacht.
Diät wie oben.

4) Schwitzen und Wassertrinken im
wollenen Teppich mit darauffolgendem
Vollbade. Nachdem der Kranke 2—3 Stunden
nach der Vorschrift (sub 2) eingewickelt gewesen,
wird er herausgewickelt und sogleich 2—3 Minuten
lang in eine mit frischem kaltem Brunnenwasser gefüllte Badewanne gesetzt und getaucht, in der er sich
stark zu bewegen hat. Dann erst ruht er angekleidet
auf dem Bette und frühstückt, wie sub 2 angegeben.
Diese Methode ist die stärkste u. durchdringendste.

5) Die Trinkkur ist besonders für Schwache
und an der Brust Leidende von grossem Werthe.
Das Trinken muss vorsichtig mit ganz kleinen, des
Tags öfters wiederholten Mengen begonnen, u. wenn
sich der Magen erst an das Wasser gewöhnt hat,
durch Vergrösserung und öftere Wiederholung der
Gaben allmählig gesteigert werden, bis es zum me-
thodischen Wassertrinken den ganzen Tag über gekommen ist. Nur das beste Quellwasser sollte zu
solchen Kuren genommen werden, bei denen die Diät
noch viel wichtiger ist, als bei den andern Methoden.
Nur schleimige Vegetabilien, leichte Gemüse, frisch
gemolkene Milch, trockenes, gut gebackenes Schwarz-
oder Weissbrod ist erlaubt; der Genuss aller Fleischspeisen und Fleischbrühen, alles säuerlichen Obstes
streng verboten. Dabei ist auf zweckmässige Ab-
wechselung von Ruhe und Bewegung und auf den Ge-

nuss der freien Luft zu sehen. Lungenkranke in nördlichen Klimaten dürfen sich jedoch im Winter der frischen Luft gar nicht aussetzen. — Die Erfolge dieser Behandlung sind besonders bei Solchen, die an Lungengeschwüren und Schleimschwindsucht leiden, wahrhaft überraschend.

Als eine Modification der Priesnitz'schen Schwitzwasserkuren muss die in neuer Zeit so viel Aufsehen erregende sogen. Schroth'sche oder Semmeldiätkur angesehen werden, nach welcher, wie ihre Theorie aufstellt, die krankhaften Stoffe namentlich bei chronischen Uebeln durch Auswurf, den Urin, Stuhl und die Hautausdünstung entfernt werden sollen. Die Mittel dazu sind: Partielle Umschläge, der Leibumschlag, Einhüllung in ganze Leintücher, und eine eigenthümliche Diät. — Die partiellen Umschläge bestehen aus einfachen Leinwandlappen von verschiedener Grösse, die 4- oder mehrmal überlegt, mehr od. weniger nass auf den leidenden Theil gelegt oder um denselben gewunden werden. Dieser nasse Umschlag wird aber allzeit mit einem trocknen bedeckt, u. bleibt lange liegen, bevor er gewechselt wird.

Die örtlichen Umschläge werden entweder für sich allein angewendet, z. B. bei örtlich durch Stoss, Hieb, Schlag oder andere traumatische Ursachen entstandenen Phlegmonen, Wunden, Geschwülste, Geschwüren u. s. w., oder in Verbindung mit dem sog. grösseren Heilapparat, wo nämlich das örtliche Leiden mit einem andern körperlichen Siechthum entweder zufällig gleichzeitig vorhanden ist, oder wo es in ursächlichem Zusammenhange mit demselben steht, z. B. die scrophulösen Geschwüre, gastrischen Fussgeschwüre u. s. w., oder wo man ableiten will, wie bei Gehirnentzündungen, indem dann diese Umschläge an Händen und Füssen angelegt werden.

Selten werden diese Umschläge, selbst in entzündlichen Fällen, vor 2 Stunden gewechselt, denn die Haut wird durch das längere Liegenlassen derselben an der leidenden Stelle zur Transpiration gebracht und durch das Verdampfen erfolgt eine Verminderung der Entzündung. Auch auf eiternde Wunden und Phlegmonen wird, ehe der nasse Umschlag angelegt wird, erst ein einfacher nasser Leinwandlappen aufgelegt, u. während dieser einfache Lappen oft 12—24 Stunden liegen bleibt, wechselt man den darüber angelegten nassen Umschlag nach Erforderniss alle 2—8 Stunden; dadurch werden nämlich der oft wiederholte Reiz der Haut und der Geschwüre beim Wechsel der Umschläge vermieden, und die Bildung eines guten Eiters begünstigt. Zu den sog. Leibumschlägen nimmt man ein der Länge nach 3—4fach zusammengelegtes Leintuch, rollt es ein, taucht es so in frisches Quellwasser, windet es mehr oder weniger aus und legt es zwischen die Achselhöhlen und Hüften, indem man es einfach rollt, rund um den Stamm des Körpers herum an, darüber gibt man ein ebenso zusammen trockenes Leintuch und befestigt es mit einer Binde oder Schnur, ohne jedoch die Brust einzuschnüren, um den Athem nicht

In manchen Fällen werden sogar 2 nasse Leintücher und darüber ein trockenes als Leibumschlag angewendet. Dieser Leibumschlag muss, seltene Fälle ausgenommen, volle 8 Stunden liegen bleiben, der Kranke muss im Bette ruhig liegen bleiben und entweder in eine Kötze oder ein Federbett bis an den Hals eingehüllt sein. Nach den 8 Stunden wird der Patient ausgewickelt, und hat er geschwitzt, was anfangs häufig geschieht, so wird er mit einem trocknen Leintuch gut abgerieben. Um jedoch eine plötzliche Abkühlung zu vermeiden, ist das Zimmer an kühlen Tagen und im Winter bis auf 15⁰ R. zu erwärmen, und der Kranke hat, bevor er ausgeht, ½ Stunde in demselben zu verweilen, um die Ausdünstung allmählig vorüber gehen zu lassen.

Zu den Einhüllungen in ganze Leintücher sind 2—5 Leintücher, eine gute Kotze und ein Zudeckbette erforderlich. Man breitet über das mit einer Matratze versehene Bett zuerst die Kotze aus, darüber kommen nach Erforderniss des Krankheitszustandes 2 oder mehr in kaltes Quellwasser eingetauchte und wieder ausgewundene Leintücher in ihrer ganzen Länge, jedoch so, dass das innerste, den Körper zunächst berührende etwas tiefer als die andern gelegt oder von oben nach unten so eingeschlagen wird, dass es nur bis zu den Achselhöhlen reicht. Nun legt sich der Kranke ganz entblösst darauf, hebt die Hände in die Höbe, und das innerste Tuch wird unter den Achselhöhlen über den Leib u. den unteren Theil des Körpers geschlagen, dann lässt der Patient die Hände herab, und es werden die übrigen Tücher vom Halse angefangen über den ganzen Körper nicht zu fest überworfen, über dieses kommt die Kotze am Halse und an den Füssen gut anliegend, damit der sich bildende warme Dunst nicht entweichen könne. Darauf legt man das Federbett, welches an den Seiten gut eingestopft wird. Das Zudeckbette kann auch mittelst 2 Bändern oder Riemen über der Brust und den Füssen leicht befestigt werden, damit es dem Kranken möglich wird, sich in seiner Verpuppung auf die eine oder die andere Seite zu legen, ohne dass das Oberbett verschoben wird und Luft eindringen kann. Der Kopf bleibt immer frei, und der Schweiss darf nicht durch Bewegung erzwungen werden.

Die Dauer dieser Einhüllung richtet sich nach dem früheren oder späteren Eintritt des Schweisses, welcher anfangs oft schon nach 2—3 Stunden ruhigen Liegens eintritt, bei fortgesetzter Kur und gut eingehaltener Diät gänzlich ausbleibt und einer blos vermehrten Ausdünstung Platz macht. Die Regel ist, dass der Kranke vom Ausbruch des Schweisses an gerechnet nur 3 Stunden in der Einwicklung verbleiben soll, so dass er, wenn z.-B. nach 2 Stunden der Schweiss eingetreten, im Ganzen 5 Stunden zu liegen hat; tritt im Verlauf der Kur kein Schweiss ein, so muss der Patient volle 8 Stunden eingewickelt bleiben. Hierauf wird er ausgewickelt, mit einem trockenen Leintuch abgerieben u. kann dann, ½ St. leichter zugedeckt, das allmählige Verdampfen der

Haut abwarten. Weder in noch nach der Einwicklung
darf in chronischen Krankheiten Wasser getrunken
werden; das zum Waschen und Mundreinigen nöthige
Wasser muss lauwarm sein, weil sonst leicht Anschwellungen, Entzündung und selbst Vereiterungen
der Hals- und benachbarten Drüsen erfolgt. Da endlich die Leintücher durch den Schweiss und krankhafte Ausdünstung übelriechend und verschieden gefärbt werden, so sind sie nach jedem Gebrauch gut
auszuschweissen u. mit frisch gewaschenen, in denen
keine Seife anhängt, zu verwechseln.

Die Diät ist von Hauptwichtigkeit, und ohne
diese sei die Wirkung der Umschläge und ganzen
Einhüllungen nur eine äusserst untergeordnete und
unzureichende. Diese Diät ist namentlich bei chronischen Uebeln von ausgezeichnetster Wirksamkeit
und besteht in chronischen Leiden in der Vorderkur,
Haupt- oder strengen Kur, und Nachkur.

Die Vorkur ist nicht immer nothwendig, und wird vorsichtsbalber bei manchen
Kranken in Anwendung gebracht, die entweder physisch oder moralisch zu schwach sind, als dass man
sie ohne Gefahr sogleich den strengen Theil der Kur
durchmachen lassen könnte, oder wo es nothwendig
ist, den Kranken auf die Hauptkur allmählig vorzubereiten, um ihm durch einen plötzlichen Wechsel
der Lebensweise nicht zu schaden. Sie besteht in
Folgendem: der Kranke nimmt nach Bedürfniss entweder den blossen Leibumschlag oder mitunter auch
die ganzen Leintücher während der festgesetzten
Zeit, einmal täglich. Er darf des Tags nur einmal
u. nur wenig trinken. Gewöhnlich erlaubt Schroth
um die 4—5te Nachmittagsstunde ½—1 Seidel leichten Weines aber in kleinen Zwischenräumen u. nicht
auf einmal zu trinken, nie während dem Essen, wenigstens 2 Stunden nach der Mahlzeit. Wird der
reine Wein anfangs nicht vertragen, so erlaubt er
½ Seidel Wein mit eben so viel Wasser zu mischen.
Ungerne und nur als seltene Ausnahme gibt er reines Wasser. In Hinsicht des Essens wird früh ein
Glas Kornkaffee mit einer Semmel oder noch besser
die altbackene Semmel (die 3—5 Tage alt sein darf)
allein genommen; Mittags ein Stückchen gedunstetes
mürbes und mageres Rindfleisch mit oder ohne
Gemüse, z. B. gelbe Rüben, Compot, Erdäpfelmus,
oder nur ein Brei aus Reis, Gries oder Heidegrütze
einfach mit Wasser und etwas Butter bereitet, oder
eine Wassersuppe gereicht. Abends darf wieder ein
leichter Brei oder blos altbackene Semmeln genossen
werden. Wird der Hunger damit nicht gestillt, so
können den Tag über 2 oder 3 alte harte Semmeln
zu Hülfe genommen werden.

Die Dauer der Vorkur richtet sich nach den
Kräften des Kranken und nach der Beschaffenheit
der Krankheit. Ist letztere von der Art, dass eine
gelinde Kur ihrem Umsichgreifen nicht steuert, so
wird unverzüglich zur strengen Kur geschritten, z. B.
bei syphilitischen Geschwüren, die sich schnell verbreiten und edlen Organen Zerstörung oder Verun-
staltung drohen. Selten sind mehr als 3—5 Wochen,

und dies meist bei muthlosen Kranken erforderlich,
oft geht man nach wenigen Tagen, manchmal sogleich
zur Hauptkur über.

Die Hauptkur besteht in Folgendem:
1) In der Anwendung der ganzen Einhüllungen, abwechselnd mit dem Leibumschlage, 2) in einer strengen, trockenen oder Semmeldiät, 3) in periodischer
Enthaltung von allen Getränken.

Die ganzen Einhüllungen werden entweder ganz
allein oder mit dem Leibumschlage abwechselnd angewendet und volle 8 Stunden dauern. Man nimmt
sie gewöhnlich um die ersten Morgenstunden vor.
Der Leibumschlag wird gewöhnlich schon am Abend
umgelegt. Viele Patienten thun dies auch mit der
ganzen Einwicklung, um dadurch mehr freie Zeit zu
gewinnen. Das Wasser zum Abwaschen und Mund-
ausspülen muss immer lauwarm sein, und der Körper darf durchaus nicht nach dem Austritt aus der
Einhüllung mit kaltem Wasser abgewaschen werden.

Die Semmeldiät besteht in dem Genuss von 2—6
Semmeln aus Waizenmehl, welche aber altbacken
sein müssen und nie weich sein dürfen, bei Vermeidung aller Brühen, Fleisch und anderer Speisen.
Die Zahl der Semmeln richtet sich nach dem Appetit
des Kranken, doch darf sie in keinem Falle zu gross
sein, damit keine Belästigung davon entstehe. Nur
in den Fällen, wo wegen grosser Trockenheit im
Munde und der Zunge die ebenfalls trockene Semmel
nicht genossen werden kann, erlaubt Schroth, um
das Schlingen zu erleichtern, zu jeder Semmel ein
wenig Wein zu nehmen.

Das periodische Enthalten von allen Getränken
richtet sich nach der physischen und moralischen
Kraft des Patienten. Bei Schwächlichen u. Furcht-
samen erlaubt Schroth anfangs täglich oder jeden
andern Tag $\frac{1}{2}$—1 Seidel reinen oder mit Wasser gemischten Wein, doch später ist er strenger. Bei
denen aber, die die Selbstüberwindung besitzen, sieht
er es sehr gerne, wenn sie 2—5 volle Tage sich jedes Getränkes enthalten. Nach einer 2—5tägigen
Enthaltung vom Trinken wird dem Kranken gegen
die 4—5te Nachmittagsstunde des sogen. Trinktages
die Erlaubniss ertheilt, den brennenden Durst mit
einer mässigen Quantität eines leichten, gewöhnlichen
Landweins mit Beobachtung gewisser Vorsichtsmass-
regeln zu stillen. Patient muss nämlich 2 Stunden
zuvor entweder etwas dicke Wassersuppe geniessen,
um den Magen auf das ersehnte Getränk vorzubereiten, oder er soll zuvor $\frac{1}{2}$ Seidel erwärmten Wein
nehmen und erst darauf den übrigen Theil der er-
laubten Trinkportion in kleinen Zügen und stets
dazwischen harte Semmeln verzehrend, zu sich nehmen. Das erlaubte Maass ist im Durchschnitt 2 Seidel; reines kaltes Wasser darf aber nicht getrunken
werden. Nach dem Trinktage folgen wieder einige
Tage der Entbehrung aller Getränke bei einfacher
Semmeldiät, dann aber auch wieder der heissersehnte
Tag der Erholung.

Die strenge Kur wird so lange fortgesetzt, als
es die Kräfte des Kranken ohne Nachtheil erlauben,

und wenn keine Anzeige zur Linderung derselben vorhanden, bis der Körper von allen Krankheits- stoffen gereinigt ist, was sich aus den Erscheinun- gen an der Zunge, dem Urin und dem gleichzeitigen Mindern oder gänzlichen Schwinden der sicht- oder fühlbaren Krankheitssymptome ergibt.

Die ganzen Einhüllungen und Umschläge pflegen den brennenden Durst bedeutend zu mindern. Sinken bei der Hauptkur die Kräfte so sehr, dass man üble Folgen befürchten müsste, so pflegt S c h r o t h einige Tage mit den Einhüllungen und Leibumschlägen ein- zuhalten, etwas nahrhafte und leicht verdauliche Kost zu reichen (jedoch ohne Brühen und Suppen) und erlaubt täglich etwas Wein zu trinken, gewöhnlich nicht mehr als die Hälfte des binnen 24 Stunden gelassenen Urins beträgt. In seltenen Fällen ist ein oder zwei Gläser gutes Bier statt dem Wein erlaubt. Hierauf geht man wieder nach einigen Tagen der Erholung zur strengen Kur über.

N a c h k u r. Ist der Körper von den Krankheits- schlacken gereinigt und sind die Symptome des Lei- dens verschwunden, ist die Beschaffenheit der Zunge und des Urins von der Art, dass die Reinigung des Körpers als vollkommen beendet angesehen werden kann, so geht man zur Nachkur über. Der Recon- valescent lässt die Einhüllungen und Umschläge ent- weder gänzlich weg oder wendet sie nur selten an, und geht allmählig zur gewohnten, aber doch immer einfachen Kost über, und geniesst 1 oder 2 Speisen, und trinkt immer nur erst 2 Stunden nach der Mahl- zeit. Nach einigen Stunden aber kann man auch 1 oder 2 Gläser frisches Wasser, wenn es der Durst erheischt, trinken. Hat nun der Genesene binnen 14 Tagen bis 4 Wochen durch diese Lebensweise und Bewegung in freier Luft an Kräften zugenommen, und sind alle Krankheitssymptome verschwunden, so pflegt S c h r o t h, um sich und den Reconvalescenten von der vollständigen Reinigung der Körpersäfte von allen Krankheitsresolven zu überzeugen, eine Probe- kur anzuordnen. Diese besteht darin, dass der Ge- nesene 3—4 volle Tage bei trockener Semmel und gänzlicher Enthaltung von Getränken die Einhüllun- gen in 3—4 Leintücher während ganzer 8 Stunden täglich wiederholt, ohne dass desshalb ein neuer starker Zungenbeleg oder eine Trübung oder Nieder- schlag im Urin sich bilden darf. Treten diese Fälle nicht ein, so wird der Kranke als vollkommen genesen erklärt, zeugt aber der vermehrte Zungenbeleg und der leicht brüchige und Satz bildende Urin noch von eigenen Krankheitsrückständen, so wird die Kur noch so lange fortgesetzt, als diese Erscheinungen wieder verschwunden sind.

In Hinsicht der Bewegung macht S c h r o t h keine besonderen Vorschriften und überlässt es der Willkür des Kranken, nach seinem Kraftgefühl die Spaziergänge einzurichten, er widerräth nur zu viele Anstrengung. Die Kleidung sei der Witterung an- gemessen. Während der Nachkur hüte man sich vor jedem Diätfehler, vermeide Anfangs alle Gewürze und gehe nur langsam zur gewohnten Kost über.

Haupterscheinungen während der
Kur bei chronischen Krankheiten sind
folgende: 1) Ein heftiger Durst, namentlich bei Solchen, die viel Getränk zu sich zu nehmen gewohnt waren, doch im Verlaufe der Kur wird
dieses Bedürfniss um Vieles geringer. 2) Der Appetit verliert sich anfangs gänzlich, so dass oft
2—3 Semmeln hinreichend sind, ihn zu befriedigen,
und auch diese bringt man wegen der Trockenheit
der Zunge und des Mundes oft nur mit Mühe hinab;
doch im Verlaufe der Kur tritt eine vermehrte Feuchtigkeit der Zunge und des Mundes und ein besserer
Appetit ein, und dann mundet eine altbackene Semmel vortrefflich. 3) Die Zunge wird trocken
und weiss belegt, später bei eintretender Lösung der Krankheitsstoffe wird sie abwechselnd gelb,
bräunlich, oft pelzartig mit einem dicken, zähen
Schleim bedeckt, nicht selten ist der Zungenbeleg
schwarz. Bei erfolgender innerer Reinigung verliert
sich auch nach und nach dieser Zungenbeleg, von
der Spitze und den Rändern anfangend, bis endlich
auch die Wurzel rein wird, und die nun feuchte
Zunge mit hervorragenden Papillen eine gleichmässige Röthe erreicht. 4) Der Geschmack anfangs
fad, wird pappig, lehmig, oft mit Brechneigung verbunden, später sauer, bitter, metallisch, endlich salzig, welches letztere ein gutes Zeichen sein soll,
bessert sich aber nach und nach und wird angenehm.
5) Der Körper magert ab. 6) Eine fieberhafte
Aufregung verbunden mit dem Gefühl von Schwäche,
Mattigkeit und Abgeschlagenheit sind häufig, doch
mindern und verlieren sich diese Erscheinungen mit
der Abnahme der aufgerüttelten Krankheitserscheinungen. 7) Der früher gegen Druck empfindliche,
oft sehr aufgetriebene Unterleib fällt allmählig ein
und wird unschmerzhaft. 8) Der Auswurf stellt
sich bei Kranken, deren Verdauungsorgane lange gelitten, oft in unglaublichen Massen ein. 9) Der
Urin wird bei strenger Kur anfangs etwas spärlicher
abgesendet, bei fortgesetzter Kur aber beträgt dessen
Quantität in 24 Stunden 1—2 Seidel, wenn auch der
Kranke keinen Tropfen Flüssigkeit zu sich nimmt;
seine Farbe ist mehr oder weniger intensiv roth und
er brennt beim Harnen etwas; er trübt sich und
macht Bodensatz. Bei fortgesetzter Kur und dadurch
bewirkten Reinigung der Säfte wird der Urin allmählig heller und in grösserer Menge abgesondert, so
dass oft 2—4 Seidel Urin selbst an Dursttagen abgehen; er bricht sich immer schwerer, der Bodensatz
wird seltener, endlich bleibt er ganz klar, wenn er
auch 48 Stunden stehen gelassen wird, und hat eine
strohgelbe Farbe. Diese Beschaffenheit des Urins
und die reine Zunge sind als sichere Anzeigen zu
betrachten, dass man zur Nachkur übergehen könne.
10) Der Stuhlgang bleibt oft mehrere Tage, ja
bis 3 Wochen gänzlich aus und ist gewöhnlich hart,
wie Ziegenexcremente beschaffen, oft mit dickem
Schleime, auch mit Blutstreifen überzogen. Dieses
Ausbleiben des Stuhlganges ist mit keiner Auftreibung des Unterleibs oder mit sonstigen Beschwerden

verbunden, und es sind desshalb keine Mittel zu
dessen Beförderung in Anwendung zu bringen. Die
Stuhlverstopfung wird aber oft schon in der Hauptkur durch den Eintritt eines einmaligen oder wiederholten Durchfalls unterbrochen, mittelst welches,
manchmal nicht ohne Leibschneiden, viel zähe, ver-
schiedenfarbige, sehr übelriechende Kothmasse und
Schleim, bei Hämorrhoidariern mit Blut und Eiter
abgehen. Auf diese Entleerungen folgt in den meisten Fällen unmittelbar eine Besserung des Krankheitszustandes. 11) Die Hautausdünstung
entfernt ebenfalls viele Krankheitsstoffe, was man
aus dem übeln Geruch beim Auspacken aus den verschieden gefärbten und riechenden Leintüchern, die
das Wasser beim Auswaschen molkenartig trüben,
ersieht.

Behandlung der acuten Krankheiten.
Hier wird keine Vorkur, sondern gleich die Hauptkur angewendet. Leibumschlag und ganze Einhüllungen und strenge Diät. Bei Halsentzündungen
z. B. macht man kalte Umschläge, die jedoch gut
ausgewunden und 4—5 Stunden liegen gelassen werden müssen; ein Leibumschlag, den man erst nach
3stündigem Schweiss abnimmt; Semmeldiät od. Sago-
brei, abgeschrecktes Wasser zum Trinken. — Bei
Brustfell- oder Lungenentzündungen Leibumschlag,
welcher so lange liegen bleibt, bis der Patient tief
athmen kann, oft sind 12—19 Stunden dazu erforderlich, oder bis Schweiss ausbricht. Zum Getränk 2
österreichische Seidel Wasser, einen Esslöffel voll
Roggenmehl, dieses wird 3mal aufgekocht und gut
abgequirlt, bis eine milchartige Flüssigkeit ohne alle
Mehlkügelchen entsteht, alle Stund davon ½—1 Tasse
lauwarm ohne Zucker zum Trinken.

Rademacher führt darüber im zweiten Bande
seiner Erfahrungsheillehre p. 443 u. 532 Folgendes
an: Im 16ten Jahrhundert, wie früher, war wohl die
Mehrzahl der Aerzte der Meinung, dass die Wasser-
süchtigen sich wo nicht alles Getränkes enthalten,
doch nur zur höchsten Nothdurft trinken durften.
Eine merkwürdige Stelle hat Rademacher aus
einem Schriftsteller aufgezeichnet, weiss nicht mehr
genau den Namen dieses Schriftstellers, glaubt aber,
dass es Victor Trincavelli gewesen. Diese Stelle
lautet also: „Novi ego non postremi nominis medicum,
Hispanum publice Bonaniae profitentem, qui solo esu
alimentorum assorum et abstinentia potus omnis per
40 dies continuata curatus est absque ullo prorsus
medicamento." Das war also eine wahre Durstkur,
fügt Rademacher hinzu und bemerkt: Ich selbst
habe diese Kur absichtlich nie angewendet, jedoch
manche Leute aus der geringeren Volksklasse gefunden, die zwar nicht, wie jener Spanier, sich alles
Getränk versagten, aber doch nur zur höchsten Nothdurft tranken. In des Ant. Benivenius Buch de
abditis morborum et sanationum causis (Cap. 13) findet
man eine seltsame, dahin einschlagende Geschichte.
Ein Bauer, der an einer alten Zellgewebswassersucht
leidet, verlangt von Benivieni, er solle ihn heilen;
dieser erklärt, er könne ihn nicht heilen, sein Uebel

sei schon zu alt. Der Bauer lässt sich aber so leicht
nicht abweisen, sondern verlangt dringend seinen
Rath. Benivieni muss über dessen Zudringlich-
keit lächeln, und um seiner los zu werden, sagt er
ihm: Mein Freund! willst du genesen, so musst du
nichts mehr trinken, als wie eben hinreicht, dein
Leben zu fristen. Ein Jahr nachher kommt derselbe
Bauer wieder zu Benivieni und sagt: er sei derjenige, den er durch seinen guten Rath von der
Wassersucht befreit; nun komme er, um anzufragen,
ob er jetzt, da er geheilt sei, wieder trinken dürfe.
Der Bauer muss wohl das ganze Jahr gar nichts getrunken haben, denn es steht ausdrücklich dort: ad
te revertar, scire cupiens, an adhuc mihi liceat ali-
quid bibere, cum hactenus nihil biberim. Benivieni
räth ihm, sich allmählig an den Wein zu gewöhnen
und zwar an ungewässerten. — Da die alte Hungerkur in unseren Tagen wieder hervorgesucht ist, so
kann ich, fährt Rademacher im prophetischen
Geiste fort, sterbe ich nicht bald, noch erleben,
dass auch die Durstkur wieder zu Ehren kommt. In
dieser Voraussetzung mache ich vorläufig folgende
Bemerkung, ohne jedoch dadurch im Allgemeinen
über den Werth der Kur absprechen zu wollen. In
derjenigen Wassersucht, die von einer Urerkrankung
der Nieren abhängt und in der der sparsam ausgeson-
derte Harn nicht selten so sauer ist, dass das eingetauchte Lakmuspapier sich so schnell und stark röthet,
als habe man es in scharfen Essig getaucht, in dieser
Wassersucht, welche man gar trefflich durch Magnesia, Ammonium oder andere Laugensalze heilt, wird
die Durstkur nicht gut thun, denn reichliches Trinken ist hier wohlthätig. Auch die alten Aerzte mögen
wohl Fälle erlebt haben, in denen reichliches Trinken sich zweckmässiger erwiesen, als Dursten. Ich
wünschte, fährt Rademacher fort, dass einmal ein
gelehrter Arzt uns mit einer ausführlichen Abhandlung über die Durstkur (aus alten Büchern zusam-
mengestöbert) beschenkte. Ein recht artiges Stückchen erzählt er noch von Dominicus Panarolus
(Obs. 24 Pentecoste 2): Puella quaedam hydrope
lethali torquebatur; jubentibus nobis potus cujus-
cunque fugam, ut fieri debet, tantam aquae quanti-
tatem aliquando bibit, ut rumpi videretur. Sed quo-
niam, ut ajunt, fortuna pueris et stultis auxiliatur,
alvi fluore aborto, pristinae sanitati restituta con-
valuit. Eine Durstkur im strengen Sinne des Wor-
tes, bei der der Kranke blos von Zwieback, altbacke-
nem Brode, oder von anderen wirklich trockenen
Nahrungsmitteln lebte, würde er wohl nicht lange
aushalten, meint Rademacher. „Man kann wohl
nicht daran zweifeln, fährt er fort, dass diese Entziehung noch feindlicher auf den ganzen Körper einwirkt, als die Entziehung der Speise, und dass durch
dieselbe, wird sie auf einen gewissen Grad getrieben,
kranke Organe zum Normalstande können zurückgebracht werden.“ Dieses schrieb Rademacher zu
einer Zeit, in welcher die sogen. Schroth'sche
Kur noch nicht bekannt war. Einige Jahre später
traf ein, was Rademacher prophezeiht hatte.

Schroth sucht durch seine Semmeldiät die Kranken nicht zu heilen, sondern nur zu erhalten, bis durch seine Kurmethode alle krankhaften Stoffe aus dem Blut und dem Körper durch alle Ausscheidungswege fortgeschafft sind. Jeder Patient darf so viel Semmel essen als er will, und als Beweis für den von Liebig aufgestellten Grundsatz, nämlich dass bei stickstofffreier Nahrung (Semmel, Reis, Gummi, Zucker) der Körper wohl eine Zeitlang sich erhalte, aber nicht in die Länge fort ernährt werden könne, erwähnt man, dass jeder unter Schroth's Behandlung Stehende, unter fortwährendem Semmelessen abmagert, selbst wenn er täglich 10—16 verspeist. Hungerkur sei diese Methode schon desswegen nicht, weil schon im ersten Stadium derselben, durch die Auflösung der Krankheitsstoffe ein gastrischer Zustand eintritt, wo ohnehin ein Verlangen nach Speise aufhört; bei Appetitlosigkeit könne also von Hunger nie die Rede sein. Schroth sucht durch feuchte Wärme zu heilen, während Priessnitz die kalte Nässe für sich behielt.

Wasserscheu. Hydrophobie in Folge des Bisses eines wuthkranken Thieres, namentlich Hundes, gehört in die Chirurgie. Es braucht aber nicht immer der Biss eines solchen Thieres vorausgegangen zu sein. Die Krankheit kann überhaupt erfolgen, wenn der Speichel eines solchen tollen Thieres mit einer Wunde oder mit einer dünnen Epidermis versehenen Stelle des Körpers in Berührung kam. Nach 7—14, gewöhnlich nach 20—40 Tagen, manchmal nach mehreren Monaten erst kam die Wuth, und in Gesellschaft mit dieser die Wasserscheu zum Ausbruch. War eine Verwundung vorausgegangen, so gehen Veränderungen an dem Aussehen der Wunde voran, ebenso an den schon vernarbten Wunden. Es verbreiten sich Schmerzen nach dem Verlaufe der Nerven, es entsteht Mattigkeit, Schwere in den Gliedern, Schwindel, Betäubung, Lichtscheu, Tranrigkeit, grosse Empfindlichkeit, unruhiger Schlaf, bleiches entstelltes Gesicht, beengtes Athmen, Eckel, Brechneigung, Erbrechen, Schmerz in der Herzgrube, heftiger Durst, Trockenheit im Schlunde, Abscheu gegen alles Getränke, so dass schon beim blossen Anblick des Wassers Zusammenschnürung des Schlundes und Convulsionen entstehen. Anfälle von Raserei, Erectionen des Gliedes und endlich erfolgt der Tod aus Ermattung, Lähmung oder Schlagfluss. Die Wasserscheu ist ansteckend, aber nicht unter allen Verhältnissen; 24 Stunden nach dem Tode ist das Contagium noch wirksam, wenn es in die Blutmasse gebracht wird, in dem Magen wird es verdaut, an unverletzten Schleimhäuten ist es ebenfalls unwirksam. Die Scheu vor Wasser ist zuweilen blos Symptom hohen Nervenfiebers, der Hysteriae, Angina, Gastritis. Von dieser symptomatischen Wasserscheu unterscheidet sich die wahre durch die Anamnese und den eigenthümlichen Verlauf. Auch richtet sich die Behandlung nach diesen Formen; die Behandlung der Wasserscheu nach einer Verwundung gehört nicht hieher, ist im Gebiet der Chirurgie (vrgl. unsere Taschenencyel.

der Chirurgie. 3te Aufl. 1854. p. 80). Die Behandlung
der symptom. Form richtet sich nach der zu Grunde
liegenden Krankheit.

Wassersucht. Hydrops. Siehe die einzelnen
Formen; Nierenentartung, Bright'sche. Im Arznei-
schatze gegen Wassersuchten finden wir folgende
Mittel. Ipecacuanha in refract. Dosi besonders
gegen Hautwassersucht nach Erkältungen und unterdrückten Hautausschlägen und der herumirrenden
Wassersucht, Brustwassersucht etc. Aloë als Abführmittel; beim entzündlichen Hydrops hingegen
Mittelsalze. Gratiola, Elaterium bei torpid.
Hydr. als Drasticum. Ʒj — jj gröblich zerstossener
Senfkörner in einem gut verschlossenen Gefässe mit
einem Liter Molken oder auch altem Biere gekocht,
und nachdem es zum Sieden gebracht worden, vom
Feuer genommen, und in 1—2 Tagen in kleinen Quantitäten verbraucht, soll die nach Wechselfiebern zurückgebliebenen Wassersuchten beseitigen. Ol. Terebinth. gtt. jj—v—x auf Zucker oder in Emulsion,
Saft, Electuar. mit Eidotter, Gm. arab., Honig, Syrup
u. s. w., wobei man schleimige Abkochungen nachtrin-
ken lässt; auch äusserlich zu Einreibungen in die
Nierengegend. Nicotiana vermehrt die Secretion
der Haut und Nieren bei torpidem Hydr. Rad. Senegae Ʒjj bis Ʒβ auf Aq. Ʒxvj bis zur Hälfte eingekocht alle 2 St. 1 Essl. mit Arnica, Digital., Scilla,
Valeriana, Serpentar., Ammon. acet., Liquor C. C.,
Kermes, mit schleimigen, Zuckerstoff haltigen Mitteln.
Cremor. tartar. bei Hydr. nach hitzigen Fiebern.
Aether mercur. (Sublimat gr. j in Ʒj Schwefeläthergeist aufgelöst) zu gtt. x, 2mal tägl. in Milch oder
Gummiwasser. Ol. äther. Juniperi zu v—xj gtt.
in Aq. Petrosel. Früh u. Abends. Kali acetic. ꝰj—jj
in Auflösung, Liq. Kali acet. Ʒj—Ʒβ (Kali carb. Ʒjβ—jj;
Acet. crud. Ʒjjj—jv; Aquae Ʒj—jv; Esslöffelweise).
(Kali acet. Ʒjjj; Spirit. vin. rectif. Ʒj zu 15—16 gtt).
℞ Kali acet. Ʒjj; Aq. menth. Ʒjjj; Syrup. foenicul. Ʒj;
stündlich 1 Essl. Cantharidentinctur gegen
aton. Hydrops nach Scharlach, so zu vielen Tropfen
als das Kind Jahre zählt. Nitrum. ℞ Kali nitr.
Ʒjj; Aquae parietariæ ℥j; Acid. acet. Ʒjj; Camphor.
in spirit. vin. Ʒjv; Col.; stündl. 1 Essl. Ferrum
oxydat. fusc. mit Safran, ana gr. jv; 3mal tägl.,
bei Hydrops durch Fehler der Reproduction bei blasser Gesichtsfarbe. Jod. Scilla. ℞ Sapon. medicat. Ʒjv; Gm. ammon., nitr. potass., pulv. scill., ana
Ʒjj; Syrup. simpl. q. s. f. pilul. gr. jj—jv; 2stündl.
1 Stück. ℞ Extr. scill. aq. Ʒβ; Extr. Mart. pommat.
Ʒjβ; Aq. flor. cass. Ʒvj; Syrup. flor. cass. Ʒj; 3stünd-
lich 1 Essl. ℞ Acet. scill., acet. vin. opt., ana Ʒβ;
Sal. tart. q. s. ad saturat.; Aq. menth. Ʒjv; Aq. cinnamom. vin., syrup. diacod., ana Ʒj; 2stündl. 1 — 2
Essl. Digitalis. fol. Ʒjj; F. infus. Ʒj; Ol. tereb.
Ʒj; Vitell. ov. Nr. 2; Extr. scill. Ʒj; auf den U.L.
einzureiben. Ononis spinosa. ℞ Rad. onon.
spin. Ʒj; F. dect. per ½ hor. sub. fin. coct. adde;
Baccar. junip. Ʒjj; Colat. Ʒjx; Roob. spin. cerv. Ʒj;
Oxym. scill. Ʒβ; 3stündl. ½ Tasse voll. Wachholderbeeren in Bier gekocht. Elaterium

zu gr. $^1/_6$ — $^1/_4$ mit Calomel. ℞ Herb. digital. ℥β;
Herb. card. bened. ℥j; F. infus. ℥viij; Extr. lactuc.
sylv. ℥jβ; Extr. scill. gr. xvj; Spirit. junip. ℥vj;
Laudan. syd. ℥β; Oxym. scill. ℥ij; Nitr. depur. ℥ij;
3stündl. 1 Essl., besonders nach der Paracentese.
℞ Herb. digit. gr. vj; Calami aromat., sacch. alb.,
gm. mimos., ana ℥β; 2—3mal 1 Pulv. ℞ Rad. scill.
gr. ij; Fol. digital. gr. j; Tart. depurat. ℥β; 3mal 1
solches Pulv. ℞ Ol. terebinth., spirit. camphor., liq.
ammon. caust., ana ℥β; zum Einreiben bei Oedem
der Füsse. ℞ Kali acet. ℥ij; Spirit. junip. ℥β; 4mal
20—80 gtt. ℞ Gummi ammon. ℈ij; Solv. in Liquor.
kali acet. q. s.; Aq. juniper., aq. petroselin, ana ℥iij;
Extr. scill. marit. gr. v; Aether. sulph. gr. x; Syrup.
cinnamom. ℥j; stündl. 1 Essl.; Potio antihydr. Frankii. ℞ Rad. scill. gr. vj; Rad. zingiber. gr. xij;
Kali nitr., tart. vitriol., ana ℥j; Divid. in part. 6; 2 bis
3mal 1 Pulv. ℞ Roob. junip., roob. sambuc., liquor.
kali acet., oxymel. scill., ana ℥β; Tr. digit. aeth. ℈ij;
Cremor. tart. ℥iij; F. electuar.; 4mal 1 Theelöffel.
℞ Ipecacuanh. ℈β—℥β; F. infus. ℥vj; Spirit. nitr. aeth.
℈j—℥j; Succ. junip. inspiss. ℥j; 2stündl. 1 Esslöffel
(nach Scharlach, Kinderformel). ℞ Bacc. junip. herb.
absynth, ana ℥β; Aq. fervid. ℥xviij; digere per hor.
VI; 3mal 1 Weinglas voll. ℞ Auri muriat. gr. j;
Aq. destill. ℥j; d. ad vitr. chart. nigr. vestit.; 4mal
10 gtt. und allmählig mit 5 auf 25 zu steigen. ℞
Ligni juniperi, rad. tarax., gramin. cichor., ana ℥ij;
Seneg., semin. foenicul., petrosolin., bacc. junip.,
ana ℥ij; 2 Essl. auf 1½ Quart Wasser auf 1 Quart
dct. Selles blutreinig. Theé diuretisch - diaphoretisch
wirkend. Die Citronenkur, alle 2 Stund. 1 Essl. voll
frisch ausgepressten Citronensaft, in Verbindung mit
strenger, magerer Diät, fast Hungerkur, gegen viele
auf erhöhter Venosität beruhende Hydropsien.

Wechselfieber. Intermittirendes, kaltes Fieber. Intermittens.

Symptome. Vorläufer: Trägheit, Mattigkeit,
bleierne Schwere in den Gliedern, üble Stimmung
des Geistes, Druck und Schwindel im Kopfe, Mangel
des Appetits, Durst und Trockenheit im Munde,
übler Geruch aus demselben, unruhiger Schlaf, doch
auch oft das Gegentheil, aber die Kranken fühlen
sich nicht erquickt. Puls matt, klein, oft unbestän-
dig. Ehemalige Fehler äussern sich nun aufs Neue,
Wunden fangen an zu jucken, Frostbeulen werden
schwarz u. s. w. Diese Symptome dauern oft länger
fort, ¼ Jahr, oft kürzer. Pathognomische Zeichen
sind: 1) Jeder Anfall fängt mit Frost an, dauert
bald ¼ — ½, oft 12 Stunden, es übertrifft also der
Frost der intermittirenden Fieber den in einem remittirenden ungemein. 2) Nun kömmt allmählig die
Hitze; war der Frost lang und heftig, so ist es auch
die Hitze. 3) Schweiss gleichmässig und warm, verstärkte Absonderung des Urins, charakteristischer
ziegelfarbener Bodensatz. 4) Apyrexie, Abwesenheit
aller Symptome. Nähere Beschreibung: Bei einem
Gefühle von Mattigkeit und Schwere in den Gliedern
entsteht Gähnen und Recken derselben, Gesicht
wird bleich, fällt etwas ein, und diese Symptome

verbreiten sich über den ganzen Körper, dabei wird
die Haut rauh, weil sie sich zusammenzieht, dann
werden Nase, Kieferspitze und Füsse kalt, starr,
Nägel und Lippen blau. Schauder zuerst im Nacken
und Rückgrat, Flimmern vor den Augen, Sausen vor
den Ohren, der Kranke wird ärgerlich. Puls klein,
schwach, unregelmässig, ebenso der Athem; es entsteht Durst, Aufstossen, Erbrechen, Urin jumentös.
Nach einiger Zeit mindert sich der Frost, es entsteht Jucken, die Farbe wird roth, Haut dehnt sich
aus, wird weich, Athem frei, Puls stark und voll,
aber die Sinne werden mehr angegriffen und oft treten Delirien ein. Urin dunkel, es entsteht Schweiss,
der Urin hat ein ziegelmehlförmiges Sediment. Es
tritt nun Apyrexie ein, es bleibt blos Abgeschlagenheit und blasses Gesicht zurück. Der Charakter des
Fiebers kann erethisch, synochal und torpid, es kann
gastrische Complication vorhanden sein. Man unterscheidet: Intermitt. manifest., wenn die Symptome
deutlich sind, und verborgene, Febr. interm. larvata,
wo die Symptome nicht so deutlich sind, zur unbestimmten Zeit periodisch wiederkehren u. eine Aehnlichkeit mit den deutlichen Wechselfiebern haben.
Ein bei offenbaren sowohl, als larvirten Intermitt.
fast jedesmal vorkommendes Zeichen soll sein, ein
schmerzhaftes Gefühl beim Drucke mit den Fingern
auf den 2ten oder 3ten Rückenwirbel; so lange dies
anhält, sind Recidive zu befürchten, wenn auch schon
25 Tage kein Anfall mehr da war. Ueber die Dauer
der Nachkur und über die Art ihrer Ausführung sind
die Ansichten der Aerzte bekanntlich sehr verschieden. Es ist schwer, mit Sicherheit im Voraus einen
Termin festzustellen, nach dessen Ablauf ein Rückfall des Fiebers nicht mehr zu fürchten, der Con-
valescent daher den Maassregeln zur Verhütung der
Recidives nicht weiter zu unterwerfen ist. Der allgemein angenommene vierwöchentliche Zeitraum reicht
nicht hin, um Rückfällen vorzubeugen. Dem Arzte
bleibt nur übrig, für den concreten Fall den Zeitpunkt zu bestimmen, zu welchem die Disposition zu
Rückfällen als getilgt angenommen werden kann.
Dieser Zeitpunkt ist eingetreten, sobald der Conva-
lescent sich so weit erholt, so viel an Kräften wieder
gewonnen hat, dass er ohne Fährdung der Gesundheit die Einwirkung der Gelegenheitsursachen, zunächst der atmosphärischen und diätetischen, ertragen kann. Es bestätigt sich immer der Satz, dass
die Geneigtheit zu Rückfällen in demselben Menschen
wächst, als die Krankheit länger dauert, sei diess
entweder ohne Unterbrechung oder mit dazwischen
liegenden Pausen, und es bestätigt sich die Richtigkeit des therapeutischen Grundsatzes, das Wechselfieber sobald als thunlich zu beseitigen. Die larvirten
Wechselfieber äussern sich gewöhnlich als Kolik,
Kopfweh, Zahnschmerzen. Die manifest. Wechselfieber unterliegen verschiedenen Eintheilungen. Nach
Wiederkehr des Paroxysmus: 1) das einfache tägliche
Wechselfieber, Febr. quotidiana intermitt. simpl., wenn
der Paroxysmus nach Verlauf von 24 Stunden entsteht und nur eine Apyrexie eintritt. Kommen zwei

Paroxysmen und Apyrexien in 24 Stunden, so heisst
es Febr. quotid. duplex. Das 3tägige Wechselfieber,
Febr. interm. tertiana, wenn der Paroxysmus alle 48
Stunden sich zeigt. 2) Das doppelte 3tägige Wechselfieber, Tertiana duplex, wenn alle 3 Tage Paroxysmen und Apyrexie eintreten, wenn alle Paroxysmen und Apyrexien der ungeraden Tage sich entsprechen und ebenso die aller geraden Tage, in An-
sehung der Zeit am Tage, wo sie eintreten. Diese
entstehen gewöhnlich am Abend, Frost ist nicht so
heftig, als anhaltend, Hitze dauert gewöhnlich 5—6
Stunden. Das 2-, fast 3tägige Fieber, Febr. tertian.
duplicata; hier entstehen alle Zeit um den andern
Tag 2 Paroxysmen und 2 Apyrexien und nun erfolgt
ein fieberfreier Tag. 3) Das 4tägige Wechselfieber,
Febr. intermitt. quartana simplex, alle 72 St. Paroxysmen, und Febr. quartan. duplex; hier entstehen
die Anfälle 2 Tage nach einander und der 3te ist
fieberfrei. Febr. quart. duplicata, hier entstehen 2
Anfälle an einem Tage, dann 2 fieberfreie Tage.
4) Hemitriataeus, semitertiana, tritertiana, so nennt
man eine Quotidiana und Tertiana, die zusammen
existiren; wenn eine Tertiana intermittens und Quotidiana remittens mit einander verbunden sind. Nach
Verschiedenheit der Anfälle: Die Anfälle sind fix,
Febr. intermitt. fixa; oder sind vorschreitend, Febr.
intermitt. anteponens, wenn die Anfälle früher als
bisher eintreten. Die Anfälle bleiben länger zurück,
Febr. intermitt. postponens. Nach der Gefahr: Gutartige, Febr. intermitt. benigna; bösartige, Febr. int.
maligna; die mit übeln Zufällen begleiteten, Febr.
intermitt. comitatae, wo Schlagfluss, Delirien etc.
damit verbunden sind (vergl. Südliche Krankheiten).
Früjahrsfieber, Herbstfieber, epidemisches, endemi-
sches, sporadisches, erethisches, synochales, torpides
Wechselfieber. Gleiche Dauer des Frost- und Hitzestadium ist dem erethischen Charakter eigen, Praevalenz des Frostes dem torpiden, Praevalenz des
Hitzestadiums dem synochalen Charakter. Beim erethischen Charakter sind die Krisen complet, beim
entzündlichen zu schwach, beim torpiden zu schwach
oder colliquativ. Bei dem erethischen ist die Apyrexie rein, ist diese aber unrein, so nähert es sich,
wenn der Puls während der Apyrexie voll, gespannt
ist, die Hauttemperatur erhöht bleibt, dem synochalen Charakter; wo dagegen grosse Abgeschlagenheit,
Eingenommenheit des Kopfes, Summen und Sausen
vor den Ohren, Sinnesstörungen, überhaupt erschlaffende, nervöse Erscheinungen stattfinden, ist Hinneigung zum torpiden Charakter. Frühlingsintermittens
sind meist erethisch, oder zur Synocha hinneigend.
Herbstintermittens neigen mehr zum Torpor. Die
Quartana neigt sich mehr zum torpiden, die Quotid.
mehr zum synochalen, die Tertiana mehr zum ereth.
Charakter. Kräftige Individuen mehr zum synoch.,
alte, decrepide, abgelebte mehr zum torpiden. Der
Genius epidemicus und endemicus übt ebenfalls Einfluss auf den Charakter.

Diagnose. Krankheiten mit interm. Fiebertypus
unterscheiden sich von der sogen. Febr. interm. ma-

ligna, wo ebenfalls topische Erscheinungen, z. B. in
Gehirn, Lungen etc., auftreten, dadurch, dass bei
den bösartigen Formen der Intermittens die Apyrexie
ganz oder fast ganz frei ist von den Symptomen, was
bei den Krankheiten mit intermitt. Fiebertypus nicht
der Fall ist, indem während der Zwischenzeit die
topische Affection der Organe fortdauert.

Therapie. Zur Zeit, wo intermittent. epidem.,
oder wo sie epidemisch vorkommen, schütze man sich
durch einfache magere Kost, Vermeidung aller Verkältung, des Liegens auf freiem Felde, des Schlafens
in niederen, tief gelegenen Zimmern, des Entblössens
des Körpers zur nächtlichen Weile. Der Genuss des
Fleisches, der Fische und der Eier wird von allen
Aerzten des Orients beim kalten Fieber während und
noch lange Zeit nach dem Fieber auf das Strengste
untersagt, und in der That scheinen diese Speisen,
ja schon eine Fleischsuppe, im dortigen Klima durchaus nachtheilig zu sein; saure Speisen, alle Vegetabilien und Früchte sind die zuträglichste Diät. Das
gewöhnlichste Volksmittel, mit günstigstem Erfolge
oft, ist starker heisser Kaffee mit Citronensaft. $\zeta\beta$
gebrannten, gestossenen Kaffee mit ζjj heissem Wasser infundirt und eben so viel Citronensaft in der
Apyrexie getrunken. Sind Vorläufer der Febr. int.
da, so kann man vielleicht durch ein Emeticum oder
warme Bäder, Pulv. Doweri, je nachdem alimentari-
sche Schädlichkeit oder Verkältung schuld ist, die
Krankheit abbrechen. Ist man einmal vom Wechselfieber ergriffen gewesen, so behält man grosse Geneigtheit zu neuen Anfällen, und geringe Feuchtigkeit der Luft, wenn sie selbst übrigens ziemlich
rein und frei von organischen Beimischungen ist,
reicht hin, neue Anfälle hervorzubringen. Daher alle
und jede Bäder, selbst der Aufenthalt in kühlen,
wasserreichen Gegenden solchen Personen, die an
Intermittens entweder gelitten haben oder noch leiden, oder die durch die Folgen von Intermitt. krank
sind, durchaus verboten werden müssen, da sich ihr
Zustand durch Uebertretung dieser Regel sichtbar,
ja bis zur Unheilbarkeit verschlimmert. Den in den
Sumpfgegenden vorkommenden Sumpffiebern wahrscheinlich in Folge des Genusses des durch organische Stoffe verunreinigten Wassers, könnte man
wahrscheinlich dadurch vorbeugen, dass man beim
vorher filtrirten destillirten Trinkwasser einen Zusatz
von einer ζj Kochsalz und weniger Unzen kalkbicar-
bonathaltigen Wassers zu der im Laufe des Tages
erforderlichen Menge destillirten Trinkwassers machte.
Dadurch würde das Wasser seiner beigemengten
schädlichen organischen Stoffe (Vegetabilien etc.)
befreit, sondern es bekäme dadurch auch den zur
Erhaltung der Gesundheit nothwendigen Zusatz von
Kalkbicarbonat im Wasser. Die Indication morbi bezieht sich auf die Krankheit als Totalität und auf
die einzelnen Anfälle. Wo der Charakter des Fiebers der erethische und keine Complication zugegen
ist, wird ein mehr exspectatives Verfahren hinreichen, daher Aufenthalt im Bette, leichte Bedeckung,
im Froststadium bei heftigem Durste lauwarmes Ge-

tränke, selbst ein Infus. Menthae, oder lauwarme
Limonade. Im Hitzestadium dieselben Getränke, nur
etwas kühler. Im Stadium der Krise hüte sich der
Kranke vor Verkältung: ist die Krise nicht sehr
copiös, so gibt man ein Pulv. Doweri, Infus. Sambuci. Bei synochalem Charakter, bei plethorischen,
blutreichen Individuen, bei starken Congestionen
nach der Brust, bei Anlage zur Phthisis oder Apoplexie ist es nöthig, eine kleine Blutentleerung zu
machen; Blutegel sind der V.S. vorzuziehen, wenn
man damit ausreicht; dabei schon im Froststadium
kühlendes Getränke, Citronen- oder Pomeranzensaft;
kalte Ueberschläge bei Gefahr der Apoplexie auf den
Kopf und Klystiere, strenge antiphlogistische Diät.
Bei torpidem Charakter reibe man den Körper mit
warmen, in Mastix oder Camphor getunkten Tüchern,
mit Spirit. Camphorat., warmem Essig, lege Senfteige
an die Waden, Brust, Oberarme, Klystiere aus Infus.
Chamomill., Valerian.; auch Naphthen und etwas
Ammon. caust., letztern auch äusserlich. Können
die Kranken schlingen, so gibt man Infus. Valerian.,
Menthae, Calami mit Naphthen, Arak, Branntwein.
Bei heftigem Erbrechen Opium tinct. gtt. vjjj—x alle
5—8 Minuten, auf den Bauch Sinapismen, Vesicantia,
wenn die Durchfälle oder das Erbrechen nicht stehen
wollen, und streut auf die wunden Stellen Opium,
Morphium ein, gibt innerlich Nux vomica. In dem
Stadium der Krise gibt man Acid. Hall. phosphoric.
In Bezug auf die Behandlung der Krankheit als Totalität muss man unterscheiden: ob die interm. rein
oder complicirt, ob sie die Bedeutung der depuratoria habe oder nicht; ob Gefahr auf den nächsten Eintritt des nächsten Paroxysmus stehe oder nicht. Ist
keine Complication zugegen, kann der nächste Anfall dem Leben des Kranken Gefahr bringen, ist die
Interm. keine depuratoria, so kann man sogleich
gegen die Krankheit zu Felde ziehen. Ist Complication zugegen, so muss diese erst getilgt werden,
ehe man zur Bekämpfung der Intermitt. schreitet;
also bei Gastricismus Emet. oder Rheum, Mittelsalze, je nachdem die Turgescenz nach oben oder
unten geht, bei Entzündungen V.S., Mercurfrictionen.
Hat das Fieber den Charakter der depuratoria, so
darf man nicht sogleich mit den Febrifugis einschreiten, hat es ihn aber nicht, so ist kein Grund vorhanden, die Interm. ihr Wesen treiben zu lassen.
Soll Interm. depurat. sein, so müssen folgende Momente stattfinden: es müssen anderweitige Krankheiten in dem von Interm. befallenen Individuum vorhanden sein, die einen Gegensatz zu Interm. bilden,
als: impetiginöse Krankheitsprocesse, Herpes, Pori-
gines, Phthisis, Abdominalneurosen, Cardialgien,
Hypochondrie, Epilepsie, Hysterie, Producte früherer
Intermitt., als Fieberkuchen, Gelbsucht etc.; die
Krankheit muss eine schlimmere, gefährlichere,
schwerer heilbare sein als Intermitt. selbst; es muss
sich gleich in den ersten Apyrexien bestimmt nachweisbare Abnahme der Krankheitserscheinungen zeigen, besonders bei Fieberkuchen
die Intermitt. nicht complicirt, nicht depuratoria, so

schreitet man mit der specifischen Behandlung vor.
Anfangs: Resolventia, Salmiak, Flor. sal. ammon.
mart., Antimonpräparate, Tart. emet., Sulph. aurat.,
Vinum Huxh., Seife, Fel. tauri, Gummata, Kalien etc.
und endlich China, Chinin, Arsenik. Das Chinin
verbindet man am besten mit Salmiak und Opium.
Will man das Fieber schnell heben, so gibt man
Chinin, hat man aber nicht zu sehr zu eilen, so gibt
man China in Substanz. Gelingt es mit China und
Chinin nicht, so gibt man Tr. Fowleri 2—3mal tägl.
zu gtt. vj steigend. Der Arsenik heilt schnell, sicher
und wohlfeil die Wechselfieber, die Solutio Fowleri
in der fieberfreien Zeit alle 3—4 Stunden zu 6—9
Tropfen. Nachtheil erfolgt nie. Selten wird man
über ℥jj der Solutio Fowleri zur Heilung des Fiebers
nöthig haben. Leichtere Formen von Wechselfiebern
weichen dem Subcarbon. ferri allein, die schwereren
aber einer Verbindung dieses Mittels mit einigen
Granen Chinin. Subcarbon. ferri ℥j divide in 3 part.
aequales, welche in den dem Anfalle vorangehenden
3 Stunden genommen werden, in anderen Fällen ℥jjβ
in 6 Gaben vertheilt, von welchen 3 an dem fieberfreien Tage, 3 in den 3 Stunden vor dem Anfalle gereicht werden. Intensive Fieber bekämpft man gleich
von vorne herein mit Subcarbon. ferri ℥j; Sulphur.
Chin. gr. vj in 3 Gaben getheilt, in 3 Stunden vor
dem Anfalle zu nehmen. Eine Bedingung ist, dass
der Kranke das Mittel nüchtern und während er
noch im Bette ist nehme, so wird er sich des Früh-
stücks enthalten, wenn er das Mittel Morgens, des
Mittagessens, wenn er es Nachmittags, des Abend-
essens, wenn er es Abends nehmen muss. Leerheit
des Magens u. Ruhe sind daher unerlässliche Punkte
auch beim Chiningebrauche. Hartnäckige Fieber,
Quartanae, Recidive, widerstehen manchmal allen
Mitteln, der China etc. In solchen Fällen hat man
die China zu früh angewendet; man schicke daher
Salmiak, Trifol. febrin., Emet. voraus; oder es liegt
eine Dyscrasie zu Grunde, die erst behandelt werden
muss, z. B. Syphilis. Zuweilen ist Alles das vergebens, dann ist Belladonna, zu gr. jj—jv täglich, das
Hauptmittel, ferner besonders bei Obstructionen der
Eingeweide, Calomel und Extr. Chelidonii, ferner
Eisen, Flor. sal. ammon. mart.; endlich, wenn Alles
nicht helfen will, Phosphor. ℞ Phosphor. gr. j; Ol.
terebinth. ℥j; 4mal gtt. 10. S. Fieberkuchen. Bei
schon bestehenden Milzanschwellungen kommt man
ohne örtliche Blutentziehungen nie zum Ziele. ℞ Tr.
arsenic. Fowl. ℥β; tägl. 2mal 6 Tropfen in Wasser
zu nehmen (gtt. x enthalten gr. $^1/_{16}$ Arsenik) ℞ Solut. arsenic. Fowl. gtt. vj; Aq. font. ℥j; Tr. arom.
℥jj; Syrup. cinnamom. ℥β; F. haustus; auf einmal.
Kali arsenic. zu gr. $^1/_{48}$—$^1/_{12}$; 2—4mal tägl. ℞ Chinin.
sulphur. gr. xjj—xxx; Natri acet., sacch. alb., ana
℥j; divid. in part. vj; 2stündl. 1 Pulver. ℞ Chinin.
sulphur. gr. x; Pulv. rad. liquirit. gr. xjj; Tragacanth. gr. vj; Syrup. diacod. q. s. f. boli Nr. 3; während der Apyrexie zu verbrauchen. ℞ Cort. peruvian.
reg. ℥jjβ; Ammon. muriat. ℥jj; Mel. puri, syrup. cort.
aurant., ana ℥jj; F. electuar. S. Kurz vor dem An-

fall Theelöffelweise zu ℥j—jj zu verbrauchen. ℞ Ammon. muriat. depur. ℨjj; Flor. chamomill., rad. calam. arom., cort. salicis pentand., ana ℨjjj; Mel. despumat. q. s. f. electuar.; 2stündl. 1—2 Theel. in der Apyrexie. ℞ Ammon. muriat. ℨj; Extr. trifol. febrin. ℨjß; Aq. fontan. ℥vj; Syrup. d. rheo c. cich. ℨjß; stündl. 1 Essl. Die Aerzte in Germersheim, Ludwigshafen und andern Städten am Rheine, in welchen die Interm. so häufig vorkommen, geben, sobald sie mit der Diagnose im Reinen, wenn gastrische Erscheinungen mit im Spiele sind, ein Emeticum, und zwar möglichst lange vor dem nächsten Anfalle, dabei geschieht es nicht selten, dass ohne alle weitere Medicamente das Wechselfieber ausbleibt. Ist diess aber nicht der Fall, so gibt man beim nächsten Anfalle, sobald nach der trockenen Hitze der Körper anfängt, etwas feucht zu werden, bei Erwachsenen ℈j Chin. sulphur. auf einmal. Die Kranken bekommen auf diese Gabe oft Congestionen zum Kopfe, werden gehörlos, klagen über Sausen und bekommen Delirien, aber diese Erscheinungen verlieren sich nach 1½ Stunden wieder. In der Regel bleibt der nächste Anfall aus, oder es kommt nur zu Dehnen und Recken der Glieder. Sind aber bereits Tumoren der Milz vorhanden, hat die Intermitt. schon lange gedauert, so gibt man an den Tagen, wo die Anfälle wiederkehren sollten, gr. j Chin. sulph. längere Zeit fort. — Kinder bekommen gr. jjj—℈ß Chinin auf einmal mit Acid. tart. in Solution. Pfeufer empfiehlt 10 Gran Chinin auf einmal am fieberfreien Tage eines reinen endemischen Wechselfiebers zu geben, was zur Heilung hinreiche, dabei kräftigste Nahrung, Fleisch u. Wein. — Sulfas Chinae in Klystierform soll im Wechselfieber den Vortheil gewähren, dass man ungefähr die Hälfte der sonst gebräuchlichen Dosis nöthig habe. ℞ Arsenic. alb. gr. j; Aq. cort. aurant. ℥jx; Syrup. cort. aurant. ℥j; stündlich 1—2 Esslöffel in der Apyrexie. ℞ Arsen. sulphur. gr. ß—j; Sacch. alb. ℈ß; Ol. anisi gtt. j; d. t. d. Nr. XII. In der Apyrexie 1 Pulver. Werden Asthmatische von Wechselfiebern, besonders Quartanfiebern befallen, so müssen diese behutsam mit Resolventibus behandelt werden; man heilte auf diese Weise mit dem Wechselfieber auch das Asthma, Wechselfieber, bei denen der Frost fast den ganzen Paroxysmus hindurch anhält, so dass die Hitze nur undeutlich und von Frostschauer unterbrochen hervortritt, und sehr unvollkommener Schweiss erfolgt, haben eine deutliche nervöse, krampfhafte torpide Natur und müssen mit krampfstillenden Mitteln, besonders Opium behandelt werden. Es wurden auch schon Wechselfieber durch Einreibungen von Brechweinsteinsalbe oder Cantharidentinctur geheilt. Bei Kindern, welche das Chinin nicht ordentlich nehmen wollen, kann man es endermatisch beibringen; man schickt ausleerende Mittel voran und lässt Chinin 2mal täglich auf eine Vesicatorstelle, oder Chinin sulphur. gr. vjjj mit etwas Pomade auf eine Vesicatorstelle des Muscul. deltoid. in der Apyrexie appliciren. Eisenmittel sind namentlich bei hartnäckigen Quartanen gerühmt. ℞ Extr. trifol. fibrin. ℨj; Limatur.

ferr. ℥ij; F. c. mell. q. s. electuar.; alle 2—3 Stund.
einer Nussgross. Ferrum sulphuricum ℥j in ℥j Aqua
fontan. gelöst alle 2 Stunden ¹/₂—1 Trinkglas voll
zwischen den Anfällen zu nehmen. Salicin in Pulver-
od. Mixturform von gr. ¹/₂—6, gewöhnlich gr. j stündl.
Autenrieth'sche Salbe in der Apyrexie auf den U.L.,
die Schenkel, das Rückgrat, die Arme abwechselnd
einzureiben, ohne Pusteln zu erregen, namentlich bei
Kindern. In neuester Zeit haben des Dr. Warburg's sogenannte „vegetabilische Fiebertropfen"
als Febrifugum grosses Aufsehen erregt. Dr. Warburg hatte alle Aerzte aufgefordert, welche noch
nicht Gelegenheit hatten, mit dieser Arznei Versuche
anzustellen, und dieselben in gegebenen Fällen anzuwenden wünschen, sich zu diesem Zwecke gefäl-
ligst brieflich und amtlich beglaubigt an ihn selbst,
unter der Adresse: 27, King William Street, Charing
Gross, nach London zu wenden; oder an dessen
Bruder, F. Ch. Warburg in Mainz wohnhaft; Adresse:
Burggasse Lit. D. Nr. 240; wogegen sofort eine angemessene Quantität dieser Medicin gratis verabfolgt
werden wird. Sie sollen specifisch wirken bei intermittirenden Fiebern, verlarvten Wechselfiebern in
Form von Neurosen, Neuralgien, Apoplexien, Trismus, Tetanus etc.; bei einfachen gastrischen Fiebern,
bei Schleim- und Nervenfieber, Stockungen der Se-
und Excretionen, des Magen-, Leber-Systems, rheumatischen Fiebern, Cardialgien, Koliken, Säurebildung im Magen, Schleimwürgen der Säufer etc. Nach
dem Ergebniss chemischer Analysen enthält das
Fläschchen dieser Tinctur in Weingeist aufgelöst:
¹/₂ Quentchen Chinin sulphuricum; ℈β andere Arzneimittel, nämlich Camphor, Opium, Aloë, Rhabarber.
Der Stempel industrieller Charlatanerie ist also in
diesen durchaus nichts Neues enthaltenden Tropfen
nicht zu verkennen. Als fiebervertreibendes Mittel
gegen Intermittens werden trockene Schröpfköpfe zu
beiden Seiten der Wirbelsäule und auf diese selbst,
und zwar von der Kreuzgegend anfangend bis zum letzten Halswirbel heraufgesetzt, als vortrefflich wirkend,
und ohne Beihülfe des Chinins heilend, empfohlen.
Unter die zahlreichen Volksmittel gegen das kalte
Fieber gehören auch die sympathetischen Mittel,
welche Jedermann schon bei Kranken der verschiedensten Stände als sehr wirksam wird befunden haben.
Das sympathetische Mittel bestehe nun, worin es
wolle, so hilft es, wenn der Kranke daran glaubt,
oder wenn er nur denkt, dass man Sympathie gebrauche. Ein solches Mittel ist das sogen. Abschreiben.
Man schreibt Namen und Alter des Kranken auf und
damit Punctum! Der Kranke glaubt Wunder was damit geschieht, und das Fieber bleibt aus. — Ein anderes Mittel: Man schreibt die Anfangsbuchstaben
des Namens des Kranken auf eine bittere Mandel und
lässt ihn diese stillschweigend verzehren. — Der
Kranke überlässt etwas von seinem nüchtern gelassenen Urin dem Sympathetiker. Dieser kocht denselben ¹/₂ Stunde lang mit 2 Esslöffel voll Küchensalz zur Zeit, wenn der Fieberanfall sich einzustellen

pflegt. Das Fieber bleibt weg und der Kranke verfällt dagegen in eine starke Transpiration etc. etc.

Weichselzopf. Plica polonica.

Symptome. Herrscht in Polen, Lithauen und einigen Gegenden Russlands endemisch, und wird als eine besondere Form von Scrophein angesehen, da sehr häufig Erscheinungen eines Gelenkrheumatismus vorausgehen. — Verwirrung und Verwicklung der Haare, zuletzt in Zöpfen, sie verdicken sich und schwitzen eine klebrige Materie aus, wodurch sie zusammengehalten werden. Bei einem hohen Grade werden sie schmerzhaft und es entstehen an den Nägeln Excrescenzen. Dem Ausbruche gehen vorher: Müdigkeit, Glieder-, Kopfschmerzen, Schwindel, Fieberreiz, übelriechende Schweisse. Schmutz und hauptsächlich die Beschaffenheit des Klima's entwickeln vorzüglich diese Krankheit. Nach dem Ausbruche verlieren sich diese Zufälle. Da der Weichselzopf ein wahres Emunctorium ist, u. ein kritisches Symptom einer constitutionellen Krankheit, so wirkt sein Erscheinen auf den Gesammtorganismus sehr wohlthätig, sein plötzliches Zurücktreten dagegen äusserst nachtheilig ein, und es erfolgen Metastasen. Wird der Zopf vor der Zeit abgeschnitten, so kommt er wieder und es erfolgt oft Lähmung, Taubheit, Blindheit u. s. w.

Therapie. Man behandle die allgemeine Dyscrasie und löse den Zopf vorsichtig ab, wende ein antiscrophulöses Heilverfahren an; Hauptmittel sind Sudorifica, Depurantia und Antiscorbutica; strenge Diät. Nach dem Abschneiden betupfe man die leidenden Stellen mit oxygenirter Salzsäure. Auch äusserlich angewendet heilt der Sublimat, 3β auf ℔ j Wasser, Morgens und Abends damit zu waschen. Plummerische Pillen oder Pulver. ℞ Sulphur. aurat. antimon., calomel., ana gr. vj; Magnes. carbon. 3j; divid. in part. 3, Früh und Abends 1 Pulver; eine Salbe aus rothem Präcipitat, dabei Sublimatpillen, stellten einen Kranken in 8 Wochen wieder her. Man gebe Antimon und Dct. Quajaci. Ist die Ausscheidung vollendet, welches man daran erkennt, dass der Zopf das vorher glänzende Ansehen und den üblen Geruch verliert und an gesunden, frischen Haaren hängt, so schneidet man ihn ab. Acid. nitricum zum Waschen und Baden. Dr. Fritsch, Kreisphysikus zu Flatow, und Dr. Scherbel (Casper's Wochenschrift 1845 Nr. 45) halten die Plica für ein Artefact, und weder für eine Krankheit noch für eine Krise, denn man könne ohne Nachtheil den Weichselzopf abschneiden, wenn nur dafür gesorgt werde, dass der Kopf sich allmählig an kühles Verhalten gewöhne; dann könne man bei jedem Menschen eine Plica erzeugen durch Warmhalten des Kopfes, Unterlassung des Auskämmens der Haare. Endlich sehe man auch bei Ausbildung des Weichselzopfes niemals irgend einen Einfluss auf den Gesundheits- oder Krankheitszustand des betreffenden Individuums.

Wiederkauen beim Menschen. Ruminatio humana.

Symptome. Schon einige Zeit im Magen aufge-

haltene Speisen werden wieder durch den Schlund
ohne alle Anstrengung des Magens etc. in den Mund
getrieben; auch Getränke werden ruminirt, nicht
blos Speisen, wie bei Thieren, auch kann dieselbe
Portion mehremal ruminirt werden, nicht wie beim
Thiere nur einmal, auch ist das Wiederkauen beim
Menschen manchmal ein freier, willkürlicher Akt.
Nur was im Magen sich findet, nicht was im Zwölf-
fingerdarme, kann ruminirt werden. In manchen
Fällen kann der Wiederkauende ganz gesund und
ohne alle Beschwerden sein, doch sind in den meisten Fällen andere krankhafte Erscheinungen damit
verbunden; bei einigen ist die Magengegend gespannt, empfindlich, und gewöhnlich sind Schwäche
des Magens und der Verdauung, Unordnung im U.L.,
Blähungen, Magendrücken, Verstopfung oder Durchfall zugleich mit vorhanden. Die Krankheit entsteht
am häufigsten schon in der frühen Jugend, wird aber
leicht bei Kindern übersehen, wird mit Erbrechen
verwechselt. Sie soll erblich sein, ist manchmal
symptomatisch bei Hysterie und Hypochondrie, wird
ferner verursacht durch abnorme Reizbarkeit des
Magens. Laxität des Oesophagus, eine eigene Idiosyncrasie des Magens. Gelegenheitsursachen sind:
mechanische Reize, zu warme, zu grosse Quantitäten
Speise, chemische Reize, Säurebildung etc., organische Fehler, Verhärtungen, Geschwulst, Verschliessung des Pylorus, Verhärtung des Pancreas.

Diagnose. Beim Erbrechen findet Anstrengung
statt, hier nicht; die gewöhnlichen Vorboten des
Erbrechens fehlen hier. Das Wiedergekaute behält
den Geschmack nicht, den es als Speise hatte.

Therapie. Die Kranken sollen suchen, das Wiederkauen zu unterdrücken; ist dies nicht möglich,
so gibt man Potio Riveri während der Anfälle. Ausser
den Anfällen hat man die Aufgabe, die Reizbarkeit
des Magens herabzustimmen durch Narcotica, Antispasmodica, mit Tonicis; äusserlich Einreibungen
von Liniment. narcot., Vesicant. auf die Magengegend. Wenigen rothen Bitterwein. Abführmittel,
vorzüglich der Gebrauch der Molken. Regulire die
Diät, leicht Verdauliches, mehr Fleisch als Vegetabilien. Die Speisen sollen gehörig gekaut und langsam geschluckt werden, die Kranken sollen sich
nicht auf einmal sättigen, sondern in öftern, kleinen
Portionen. Man entferne Würmer, gastrische Unreinigkeiten, verbessere die Säure, den Magensaft, die
Galle; bei organischen Fehlern palliatives Verfahren.

Windkolik. S. Colica flatulenta.

Wurmkrankheit. Helminthiasis.

Symptome. Blasse Gesichtsfarbe mit blauen Ringen um die Augen, öfterer Wechsel der Farbe des
Morgens und nüchtern, Zusammenlaufen des Speichels
im Munde, Uebligkeit, übler Mundgeruch, unregelmässiger Appetit, Heisshunger, Jucken in der Nase,
Niesen, aufgetriebener, nicht harter U.L., Leibschmerzen in der Nabelgegend, erweiterte Pupille,
Nasenbluten, Zusammenfahren im Schlafe, Zähneknirschen, Liegen auf dem Bauche, lebhafte Träume
bis zum Somnambulismus, ungewöhnliches Mager-

werden, Neigung zu Krämpfen (Reflexsymptome der
Wurmkrankheit), Abgang von Wurmfragmenten. Bei
Ascariden noch: beschwerliches Jucken am After,
besonders Abends, Dysurie, Tenesmus, scheinbare
Hämorrhoidalbeschwerden, Schleimabsonderung durch
Mastdarm, Blase, Vagina, ungewöhnliche periodische
Gemüthsverstimmung und Traurigkeit. Bei S p u l -
w ü r m e r n noch besonders : öfteres Leibweh und
Gefühl von Schnellen in der Nabelgegend. Bei
B a n d w ü r m e r n noch: das Gefühl, als wenn etwas
in der linken Seite plötzlich nach aufwärts liefe, in
den Hals gebe und wieder zurückfiele, das Gefühl
eines Klumpen in der einen oder andern Seite mit
wellenförmiger Bewegung, das Gefühl von Saugen
im Leibe, Schwindel, Kriebeln, Taubwerden, Einschlafen der Finger und Fusszehen, plötzliches Aufhören der Unterleibsbeschwerden nach einem Schluck
Branntwein oder Wermuthessenz.

Diagnose von Hydrocephalus acutus S. 261. Von
Bauchscropheln S. 33, man fühlt dort die angeschwollenen Bauchdrüsen.

Therapie. Man beruhige die Würmer durch Milch
zum Getränke oder Klystiere, Umschläge auf den
Leib, Emulsio oleosa, Flor. Zinci, Hyoscyamus extr.
℞ Merc. viv. ℥ j; Coq. per aliquot horas aq. font.
℥ jv; Col. zum Getränk und Klystiere. Bei heftigen
Zufällen des Bandwurms ist das schnellste Beruhigungsmittel 1 Essl. Tr. absynth. Die Radicalkur
verlangt die Wegschaffung der Würmer und Verhütung ihrer Wiederkehr.

Bei A s c a r i s v e r m i c u l a r i s im Mastdarme
hausend gibt man die Mittel am besten in Klystierform. ℞ Allii recent. ʒj; Infunde lact. vaccin. ℥vjjj;
Stet. in digest. ½ hor. zum Klystier 2mal täglich.
℞ Asae foet. ʒj; Spirit. vin. q. s. vitell. ov. Nr. 2;
Aq. chamomill. ℥jjj; Mel. crud., ol. olivar., ana ʒj;
zu 2 Klystieren; 2—3mal täglich. Dabei gebe man
gelind eröffnende Mittel, wenn kein Stuhl erfolgt.
Gegen die durch das heftige Jucken im Mastdarme
sehr lästigen Ascariden empfiehlt S c h u l z e Klystiere von Infus. Lign. Quassiae (℥β auf ℥vjjj), indem
nach deren Anwendung jedesmal grosse convolute
Würmer abgehen.

A s c a r i s l u m b r i c o i d e s im Dünndarme, in
den Magen sich verirrend. Gegen Ascariden wendet
man auch Klystiere von Kalkwasser u. Haberschleim
mit sicherem Erfolge an. ℞ Semin. cin. ʒj; Elaeosacch. tanacet. ʒβ; 4mal ein solches Pulver. ℞ Semin cin. ʒβ; Follor. sennae ʒj; Rad. valerian. ʒjj;
Ferri sulphur. cryst. ʒjj; Sacch. alb. ℥jβ; früh nüchtern und Abends 1 Theel. voll. ℞ Extr. semin. cinae
aeth. ʒj; Sacch. albi ℥jjβ; Amyli ʒjj tere f. c. mucilag.
tragac. massa ex qua formentur trochisci Nr. 60. Jedes
enthält gr. j Extract. Davon 1—3 Stück zu nehmen.
3 Gran Extract entsprechen ʒβ des gepulverten Samens. ℞ Cort. Geoffroyae surinam. ℥jjj—℥j; F. dect.
℥vjjj—xjj; Aq. cinnamom. ℥jj; Syrup. cinnamom. ℥j;
1—3 Essl. voll nach Verschiedenheit des Alters früh
nüchtern zu nehmen; vorzüglich bei gleichzeitiger
Aufreizung im Gangliensysteme, aber mit Vorsicht

macht es Uebligkeit, Erbrechen, so dienen als Gegenmittel: Ol. Ricini und vegetabilische Säuren.
℞ Ol. tanacet. ℨß; Fel. tauri inspis. ℨj. M. f. unquent; tägl. 2mal 1 Theel. voll in die Nabelgegend einzureiben. ℞ Ol. tanacet. aeth. ℈j; Ol. tanacet. coct. ℨß; Axung. porci ℨjß. M. D. S. Zum Einreiben. Linimentum vermifugum: Einreibungen damit auf den Unterleib zu machen: Ol. Ricini 32 Gram.; Ol. absynth. 15; Ol. Tanaceti 15 Grammes; Tinct. filicis maris aeth. gtt. 20; durch Digestion einer Knoblauchzehe in dem Rainfarnöl kann man das Liniment noch verstärken. Bei allen diesen Mitteln muss zuerst die Reizbarkeit durch Milch und Zucker abgestumpft werden. Nehmen die Kranken die Mittel nicht innerlich, so gibt man das Ungt. anthelminth. äusserlich; dabei stets Abführmittel, Ol. Ricini, Jalappa. Der Honig ist für sich ein grosses Mittel wider die Spulwürmer; wenn man jeden Morgen nüchtern einen guten Löffel voll nehmen lässt, gehen sie gewöhnlich schmerzlos ab, man kann ihm Wurmsamen beimischen.

Taenia in den dünnen Gedärmen. Bei den Bandwurmkuren ist es zweckmässig, folgende Richtungen ins Auge zu fassen. Es ist bekannt, dass der Bandwurm salzige, gewürzhafte, saure, starkriechende Sachen, die ihm zugeführt werden, nicht liebt und ihn todtkrank machen können; daher den ersten Tag Hunger und dann Häringssalat. Um den Wurm aus dem Intestinum tenue in das Rectum zu locken, gibt man Milchklystiere, dann gibt man das Specificum Filix mas, und zuletzt ein Abführmittel. In neuerer Zeit hat man den Kousso als Specificum gegen Bandwurm empfohlen, ist aber durchaus nicht so sicher wirkend, und sehr theuer (ℨjjj kosten 6 fl.). Dieses Mittel ist der Blüthenstock von Banksia abyssinica (Brayera-Blüthen), ein Baum an den Küsten des rothen Meeres. ℨvj in einem Seidel warmen Wassers früh Morgens zu nehmen. Für Personen über 12 Jahren 4½ Drachmen. Nach einer Stunde purgire man heftig und der Bandwurm gehe ab. Abends vor der Kur lässt man entweder Nichts oder ein spärliches Mahl, z. B. etwas Häringssalat geniessen, und früh Morgens nüchtern den Kousso nachdem man ihn mit heissem Wasser infundirt und 25 Minuten in einem bedeckten Gefässe digerirt hatte, in Form eines Schütteltranks, wobei der Kranke noch etwas Citronensaft einsaugt. Die bestimmte Portion wird entweder auf einmal oder in 2—3 Haustus genommen, und nach jedem Haustus der Mund mit kaltem Wasser ausgespült und aus einer Citronenscheibe etwas Saft gesogen, um Brechreiz fern zu halten. Folgt nach 3 Stunden kein Stuhlgang, so gibt man 1 Tasse St. Germainthee oder 1 Glas Bitterwasser. Die junge Rinde des Baumes Musenna (Mossena) in Abyssinien gilt für untrüglich zum Abtreiben des Bandwurmes. Zwei Unzen der Rinde wurden von Prunnerbey pulverisirt und mit gehacktem Fleische zu kleinen Klösen gemischt, welche leicht gebacken und am Morgen verschluckt wurden; Abends zuvor wurde blos etwas Reis genossen, am Tage selbst nichts bis gegen Abend, wo wieder etwas Reis genommen wurde.

Am nächsten Tage ging der Wurm ab. ℞ Extr.
aeth. filicis maris ʒj; Pulv. filic. m. q. s. f. pilul.
Nr. 30; bei vorausgegangener strenger Diät Morgens
während 1 Stunde 3mal, jedesmal 10 Stück Pillen,
und einige Stunden später ℥jj Infus. sennae compos.
Das Oleum filic. maris aether. zu ʒjj—ʒjjβ oder ʒjjj
in einer Mandelemulsion auf einmal des Abends vor
dem Schlafengehen genommen, des andern Morgens
4 Uhr ℥jβ Ol. Ricini darauf genommen und höchstens
in 2 Stunden noch eine solche Dosis Ricinusöl, soll
jeder Zeit den Bandwurm abtreiben. Bei diesem Verfahren ist durchaus keine Vorkur nöthig, höchstens,
dass die Kr. am Abende, an dem sie das Ol. filic.
maris aeth. nehmen, kein Abendessen zu sich nehmen. Ol. filic. maris aether. Ɔjj; Pulv. rad. filicis
maris q. s. d. pilul. Nr. 40. S. in vitro bene clauso.
S. Abends vor dem Schlafengehen viertelstündlich
10 Pillen zu nehmen. Den Tag über nur Wassersuppe und den folgenden Tag Morgens 4 Uhr abführende Pillen aus Sapo, jalap. und Calomel. — Die
frische (aber nie die trockene) Rinde der Wurzel des
Granatbaumes ℥jj auf ℔ jβ bis ℔ j eingekocht auf
3mal binnen einer Stunde genommen ohne alle Vorbereitungskur entfernt den Bandwurm fast jederzeit.
℞ Sem. cin. ʒβ; Rad. valerian. jalapp,, tart. tartar.,
ana ʒj; F. cum mel. crud. q. s. elect., Früh u. Abends
1 Theel., bis diese Masse verbraucht ist; ist dies
geschehen, dann 8—12 Tage lang Früh und Abends
1 Theel. voll Ol. Chaperti, nämlich ℞ Ol. c. c. foetid.
℥j; Ol. terebint. ℥vjjj; Stet. in digest. dies jjj; während des Einnehmens rieche der Kranke an schwarzem Brode; endlich ein Drasticum. ℞ Pulv. rad.
jalapp. Ɔj; Fol. senn. ʒβ; Tart. tartar. ʒj; Divid. in
part. jjj; alle St. 1 Pulv. Geht der Wurm nur stück-
weise, so muss die Kur nach 10—12 Tagen wiederholt werden. Sind die Würmer abgetrieben, so ordne
man die Diät, gebe Fleisch, Obst mit Amaris. Auch
Cortex Granator. ℥β—℥jj mit ℔ jβ auf ℥xjj aq. dect.,
gegen Taenia mit grossem Nutzen. Extr. filicis maris
Ɔj am Abend. Man lasse am Vorabend der folgenden
Kur den Kranken nichts weiter als eine aus 4 Loth
Weissbrod und ebensovieler Butter mit ¼ Flasche
Flusswasser bereiteten Suppe geniessen und gebe
am folgenden Morgen folgenden Bissen: ℞ Resin.
jalappae, Gummi gutti, Calomel, ana gr. vjj; Conserv. rosarum q. s. f. bolus; eine Stunde später: ℞
Pulv. rad. filicis maris ʒjj; Aq. flor. tiliae ℥jjj. M. S.
Auf einmal zu nehmen. Kurze Zeit nach dieser genommenen Arznei fängt der Wurm an sich zu bewegen und erregt dadurch nicht selten Uebligkeit
und Erbrechen, welches am besten verhütet wird,
wenn man den Kranken einige Bewegung durch Auf-
und Abgehen machen lässt. Sollte der Wurm nach
4—5 Stunden nicht abgegangen sein, so muss Patient
½stündlich noch einige Esslöffel voll Ol. Ricini verschlucken. — Die Flores anthelminthicae Brayerae,
℥j auf ℥vj Decoct gegen Bandwurm. Die Schmidt-
sche Methode gegen Bandwurm: Von Morgens 6 Uhr
an alle 2 St. 2 Essl. voll von Folgendem: ℞ Pulv.
rad. valerian. ʒvj; Fol. senn. ʒjj; F. Infus. ℥vj; Natri

sulphur. ʒjj; Syrup. mann. ℥jij; Elaeosacch. tanacet.
ʒjj. Dabei wird schwarzer Kaffee mit vielem Zucker
nachgetrunken; so wird fortgefahren bis Abends 7 Uhr.
Des Mittags dünne Mehlsuppe nebst einigen Stückchen Häring mit Häringsmilch; des Abends 8 Uhr
Häringssalat mit gebacktem rohen Schinken u. Zwiebeln, vielem Oele und Zucker bereitet. Am nächsten Morgen von 6 Uhr an: ℞ Asae foetid., extr.
gramin., ana ʒjij; Gm. gutti, pulv. rad. rhei, jalapp.,
ipecacuanh., herb. digital. purpur., sulphur. aurati,
ana Ɉβ; Calomel Ɉjj; Ol. aether. tanacet., Ol. anis.
vulg., ana gtt. xv; F. pilulae gr. jj; Consperg. lycopod.; stündlich 6 Pillen mit 1 Theel. voll Syrup zu
nehmen. ½ Stunde nach der ersten Dosis 1 Essl.
voll Ol. Ricini, In der Zwischenzeit zwischen einer
Dosis und der andern schwarzer Kaffee mit vielem
Zucker; bis um 2 Uhr Nachmittags erfolgt gewöhnlich der Abgang des Bandwurms und dann hört man
mit den Pillen auf, oder man fährt fort, bis sich
vom Wurm nichts mehr zeigt. Erfolgt der Abgang
des Wurms sehr langsam, so lässt man in der Zwischenzeit während des Gebrauches der Pillen noch
einigemal 1 Essl. Ol. Ricini mit etwas Zucker nachnehmen. Zu Mittags blos Fleischbrüh, des Abends
Fleisch oder Mehlsuppe mit frischer Butter und
Zucker. Zur Vorsorge kann man am folgenden Tage
noch einige Pillen nehmen lassen. Um alle Rückfälle zu verhüten, läset man den Kranken nach der
Kur noch öfters Häringssalat und geriebenen Meerrettig und Essig mit vielem Zucker geniessen. Auch
können alle 8 Tage einige Dosen der Pillen genommen werden. Nach der Kur erlaubt man gute Fleischbrühen, junges Fleisch, Hühner, Tauben, Gelbes
vom Ei, guten Wein, Amara. Wenn bei Bandwurm
ein Theil desselben zum After heraushängt, so betupfe man das Thier mit Blansäure, um es zu tödten
und so sein Abreissen zu verhüten. Das Terpentinöl
hat bei Taenia ebenfalls bedeutende anthelminthische
Eigenschaften, und dadurch hat dasselbe auch schon
sich bei Epilepsie, welche den Bandwurm zur Grundlage hatte, öfters geheilt. In einem Falle verordnete
man einem Epileptischen, ohne im Geringsten an
Würmer zu denken, eine Purganz aus Terpentinöl.
Mitten in der Nacht wurde der Arzt in aller Eile zu
dem Patienten beschieden, welcher, wie der Bote
sagte, im Sterben lag. Derselbe war jedoch nur von
der sehr starken Dosis Terpentinöl, die er genommen, betäubt. Am folgenden Morgen ging von ihm
ein gewaltiger Bandwurm ab. Fälle, wo Epileptische
von ihrer Krankheit und dem Bandwurme zugleich
geheilt wurden, kommen nicht selten vor.

Rademacher in seiner bekannten Erfahrungsheillehre empfiehlt als vortreffliches Wurmmittel gegen
den Bandwurm das schwarze Kupferoxyd. Es tödtet
den Wurm und treibt ihn nicht, und man braucht bei
dieser Kur, die nicht im mindesten angreifend wirkt,
daher auch in solchen Fällen noch zur Anwendung
kommen kann, wo andere heroische Kuren nicht mehr
am Platze sind, um Kopf und Schwanz desselben
nicht mehr zu kümmern. Das Oxyd für Erwachsene

3mal und 4mal täglich zu 2 Gr. pro dosi mit etwas Zucker. Rademacher gibt auch eine Tinctura Cupri acetici.

Wurmmittel. ℞ Flor. tanacet., semin. santon., ana ℥j; Ferr. sulphur. cryst. ℈jj; Ol. valerian. gtt. x, divid. in part. x; Morgens und Abends 1 Pulver. ℞ Semin. cinae ℈jj; Pulv. rad. jalapp. ℨβ; Sacch. alb. ℥jjj, divid. in part. 6; 3mal 1 Pulv. und 1 Theel. voll Syrup. alth. nachzunehmen. ℞ Pulv. cort. rad. granat. ℨj; Asae foetid. ℨβ; Ol. croton. gtt. jjj; F. c. syrup. alth. bolf Nr. 15; 5 Stück im Tage gegen Taenia. ℞ Calomel, aloes, ana gr. jjj; F. pilul. Nr. 3; jeden Abend eine solche Gabe gegen Taenia.

Wuth. S. Wasserscheu.

Z.

Zahnen. Die Kinder bis zu 5—6 Jahren haben 20 Zähne; die Erwachsenen haben deren 32. Die ersten Zähne wechseln, die zweiten bleiben. Die wechselnden oder Milchzähne sind diejenigen, welche in den ersten 3 Lebensjahren hervorkommen und sie fallen bis zum 10ten oder 12ten Jahre wieder aus. Gegen das 20ste Jahr kommen die sogen. Weisheitszähne. Von den Milchzähnen kommen zuerst die beiden unteren mittleren Schneidezähne hervor, dann kommen die beiden oberen mittleren Schneidezähne, hierauf die beiden oberen seitlichen Schneidezähne zum Vorscheine. Nach der Eruption der beiden ersten Zähne kommt ein Stillstand von etwa 2 Monaten, alsdann kommen nach und nach die 4 oberen Schneidezähne und hierauf folgt wiederum ein Stillstand von wenigstens einem Monate. Die 4 ersten Mahlzähne und die beiden seitlichen unteren Schneidezähne bilden die 4te Gruppe. Nur selten zeigen sich diese Mahlzähne, oder auch nur 1 oder 2 von ihnen nicht vor den Schneidezähnen; gewöhnlich ist die Eruption dieser letzteren beendet vor der der 4 Mahlzähne. Meistens kommt ein Mahlzahn, ein Schneidezahn, ein Mahlzahn, ein Schneidezahn und endlich kommen 2 Mahlzähne. Nach einer neuen Pause kommen dann die 2ten Mahlzähne, und das Kind hat dann 20 Zähne; 8 Schneidezähne, 4 Hundszähne und 8 Mahl- oder Backenzähne. Die Milchzähne kommen nicht nach einer gewissen Ordnung hervor, einer nach dem andern und ohne Unterbrechung, sondern gruppenweise mit Intervallen. Nach der ersten Gruppe der beiden unteren mittleren Schneidezähne folgt eine Pause von etwa 1—2 Monaten. Die beiden mittleren oberen Schneidezähne kommen zwischen dem 10—12ten Monate und bilden die 2te Gruppe. Nach 15—30 Tagen kommen die beiden seitlichen oberen Schneidezähne. Hierauf folgt eine längere Pause, und man sieht dann gleichzeitig die beiden seitlichen unteren Schneidezähne und die 4 ersten Backenzähne hervorsprossen, und dies bildet eine 4te Gruppe. Es kommt dann eine Pause von 2—5 Monaten auf die Entwicklung dieser 12 Zähne, und dann kommt die 5te Gruppe, nämlich die 4 Eckzähne. Die 6te und letzte Gruppe, nämlich die 2ten Backenzähne, kommt erst 5—6 Monate später hervor. Diese Intervallen sind wichtig zu kennen, weil man das Kind nur während der beiden ersten Intervallen entwöhnen sollte. Wenn die Kinder 3 Jahre alt geworden, haben sie bereits gewöhnlich ihre 20 Zähne. Im Verlaufe des 6ten oder im Anfange des 7ten Lebensjahres sieht man hinter dem 2ten Backenzahn einen dicken bleibenden vierhügligen Backenzahn erscheinen. Zu dieser Zeit fangen dann auch die Milchzähne an auszufallen und zwar gewöhnlich in der Ordnung, wie sie zum Vorscheine gekommen; es fallen daher die unteren mittleren Schneidezähne mit dem 7ten Jahre aus, die oberen im 8ten, die ersten Backenzähne im Laufe des 10ten Jahres, die 2ten Mahlzähne gegen das 11te und die Hundszähne zwischen dem 11ten und 12ten Jahre. Wie aber die Milchzähne ausgefallen, treten die bleibenden an ihre Stelle. Mit 12 Jahren kommen die 2ten dicken Mahlzähne und das Kind hat dann 28 Zähne. Endlich gegen das 20—25ste Jahr oder noch später kommen die letzten sogen. Weisheitszähne, so dass dann der Mann 32 Zähne hat. Das erste Zahnen, die Dentition, erfolgt in Verbindung mit einem allgemeinen Entwicklungszustande, welcher in den meisten Fällen ohne alle oder doch nur sehr wenige Störungen vor sich geht. Fast in allen Fällen wird schon mehrere Monate vor der eigentlich beginnenden Dentition die Absonderung des Speichels vermehrt, es zeigt sich das sogen. Geifern. Das Zahnfleisch ist trocken und bietet besonders am obern Rande bedeutende, bisweilen fast knorpelartige Härte dar. Mit der zunehmenden Speichelsecretion wird dieses Gewebe weicher, entfaltet sich mehr, so dass der obere Rand desselben eine breite, beinahe eingedrückte Oberfläche erhält. Bisweilen wird durch die Turgescenz von Säften die Anschwellung des Zahnfleisches vorübergehend so stark, dass dasselbe gleichsam viereckig erscheint. Etwas später bemerkt man bei manchen Kindern Erhabenheiten u. Vertiefungen, welche den unterliegenden Zähnen entsprechen (sog. fleischige Zähne). Diese meistens ungleiche Hervorragungen werden bei stärkerem Drucke leicht schmerzhaft. Mit der Entwicklung des Zahnfleisches fängt dasselbe an zu jucken, wird roth und heiss. Die Ammen fühlen, dass die Warzen härter gefasst werden, und das Lippen- und Zahnfleisch der Kinder mehr oder weniger starke Hitze haben. Die Kinder nehmen, offenbar um den Reiz oder das Stechen im Munde zu beschwichtigen, alles in den Mund. Diese Symptome machen sich in der Regel um den 3ten oder 4ten Monat bemerklich und gehen dem Durchbruche der Zähne bisweilen um mehrere Wochen voraus, manchmal verlieren sie sich wieder und kehren erst vor dem Durchbruche des Zahnes zurück. Sehr häufig aber wird bei schwachen Kindern und bisweilen auch bei anscheinend robusten, oder vielmehr durch Ueberfütterung plethorisch gewordenen, die Dentition entweder verzögert oder, namentlich während der Entwicklung des Augenzahnes, von ernsten Beschwerden begleitet. So geht bei zarten und besonders bei den

in volkreichen Städten und niedrigen, ungesunden
Ortschaften lebenden die Dentition spät u. langsam
von Statten, und bietet oft Zeichen von gesteigerter
Irritation, als Röthung oder Anschwellung des Zahnfleisches, Hautausschläge, Schreckhaftigkeit, Unwohlsein, Fieberbewegungen, gegen Abend mit Unruhe,
vielem Schreien und plötzlichem Aufschrecken aus
dem Schlafe dar. Nicht selten aber, und namentlich
bei schwachen Kindern, gesellen sich mehr oder
weniger schnell Unordnungen in den ersten Wegen,
chronische Diarrhoe, leichte dysenterische Affectionen oder schleichende remittirende Fieber, Obstruction oder Anschwellung der Mesenterialdrüsen, hartnäckiger, häufig wiederkehrender Husten, Tuberkelbildung in den Lungen oder dem Verdauungsapparate,
Marasmus etc. hinzu. Bei Kindern von mehr plethorischem als wirklich robustem Habitus, in Folge von
Verfütterung, ist das Zahnfleisch oft sehr geschwollen
und schmerzhaft, das Gesicht geröthet, Kopf heiss
und schmerzhaft. Dazu Symptome von Encephalitis,
Fieber sehr stark, heftiger Durst, Erbrechen, Constipation, Schläfrigkeit, Stupor, oder grosse Reizbarkeit, Unruhe, Convulsionen, verminderte Urinsecretion. Eine ganz naturgemässe oder im geringern
Grade erschwerte Dentition kann leicht in eine ernste
Krankheit dadurch verwandelt werden, dass man, wie
nur zu häufig geschieht, dem Kinde, so oft es wegen
der den Zahnungsprocess begleitenden Reizung schreit,
Nahrung reicht, indem hierdurch der Verdauungsappa-
rat überladen u. dessen Function, die ohnehin schon
beeinträchtigt ist, noch mehr gestört wird, während
auch zugleich der Blutandrang zum Kopfe durch die
Gewohnheit, das Kind im Zimmer zu behalten und
im Schlafe es warm zuzudecken, begünstigt wird.
Ein verzögerter Durchbruch der Zähne kann sehr
leicht gefährliche Erscheinungen herbeiführen. Jörg
bemerkt, dass ein übereilter Verknöcherungsprocess
der Kopfknochen meistens mit dem zu frühen Hervorsprossen von Zähnen vergesellschaftet sein wird,
und dass in einem solchen Falle immer viel für das
Gehirn zu fürchten sei; denn wenn die Fontanellen
und die Nähte vor der gehörigen Zeit geschlossen
werden, so werde auch der für die Entwicklung des
Gehirns erforderliche Raum beschränkt. Dagegen
verrathe ein zu spätes Zahnen unvollkommene Plastik; besonders in solchen Fällen sei daher die Ernährung mangelhaft, und die Anlage zu den Scropheln, der Rhachitis u. dem chronischen Wasserkopf
hervorstechend. Auch der Durchbruch der zweiten
oder bleibenden Zähne kann namentlich bei Individuen, deren Kiefer nicht gehörig entwickelt sind,
verzögert oder von sympathischen Leiden begleitet
werden, und ebendasselbe gilt vom Eintritte der
Weisheitszähne. Bei zarten, nervösen u. reizbaren
Kindern hat man Anschwellung der Parotiden und
Submaxillardrüsen, schmerzhafte u. bisweilen periodisch wiederkehrende Affectionen des Ohres, des Gesichtes, Convulsionen, oder Epilepsie und Chorea
beobachtet, welche Symptome mit dem Durchbruche
der Zähne sich verloren.

Behandlung. Gewürzhafte und erhitzende Speisen u. Getränke sind den Kindern immer nachtheilig und müssen vermieden werden, weil während der Dentition ohnehin ein reichlicher Säftezudrang gegen den Kopf stattfindet, den die Natur entweder durch directe Ausscheidungen (Tinea, Crusta lactea, Ohrennässen etc.) oder durch die Zahndurchfälle unschädlich zu machen sucht. Naht die Dentition herbei, so bringe man das Kind oft ins Freie, um es zu stärken und eine Perspiration insensibilis zu bewirken, welche von den Zähnen ableitet; man bade das Kind öfters lauwarm, um die Haut zu erweichen. Unbedingt schädlich ist der Schlendrian, zahnende Kinder auf harte Wurzeln oder sonstige derlei Dinge beissen zu lassen. Man halte den Leib offen durch gelinde Abführmittel, man beschäftige das Kind. Das Leiden ist bei der Dentition entweder idiopathisch, welches im Munde seinen Sitz hat, oder symptomatisch in andern Theilen des Körpers. Man hat 1) die örtliche Reizung zu beseitigen und 2) die symptomatischen Krankheiten zu behandeln. — Man mache, wo sich das Zahnfleisch angeschwollen u. roth zeigt, Scarificationen desselben, besonders aber wenn Röthe u. Geschwulst fehlen, im zweiten Stadium des Zahnprocesses, sobald der Zahn bereits bis zur Oberfläche vorgedrungen ist. Man gebe den Kindern etwas Weiches in den Mund, was in Sennasyrup und aufgelöstem Borax getränkt ist. Erschlaffende, verdünnende, antiphlogistische Mittel bei Turgescenz im Munde, Auge, der Parotis u. s. w. Bäder, Blutegel hinter die Ohren. Man sei sehr vorsichtig und behutsam in der Wahl der Mittel. Bei der gesteigerten Sensibilität bringen an sich geringe Gaben von Reizmitteln heftigere Wirkungen als sonst hervor. Auch muss sich der Arzt darauf beschränken, die zu stürmische Thätigkeit der verschiedenen Systeme zu mässigen und sie allmählig zum richtigen Verhältniss zurückzuführen; er darf sie aber nicht gänzlich hemmen und unterdrücken, besonders die Ausleerungen. Man beobachte ein diätetisches, kühlendes Verfahren, entferne alle warmen Bedeckungen des Kopfes, in den Abendstunden dürfen diese Kinder durchaus nicht ausgetragen werden. Wird das Fieber heftiger, synochös, dann kühlende, gelinde, abführende Mittel, eine nur schwach nährende Diät; die Mutter oder Amme muss reizende Nahrungsmittel oder geistige Flüssigkeiten vermeiden, nur kühlende Getränke zu sich nehmen. Für das Kind dient eine Saturatio kali carbonici mit Succus citri, dabei saure Fussbäder des Abends, Umschläge von Sauerteig mit scharfem Essig auf die Waden, ableitende Klystiere von Kleienabsud und Sauerhonig. Zum Abführen Calomel. Bei erhöhter Temperatur des Kopfes kalte Umschläge und Blutegel. Blasenpflaster hinter die Ohren gesetzt, sind gute Derivantia. Leichte Diarrhoe stopfe man ja nicht, sie ist nicht unangenehm; ist sie aber zu stark, entkräftet sie, dann gebe man Hydrarg. cum creta, Rheum mit Magnesia, schleimige Mittel, Decoct. Salep, Reiswasser, Mandelemulsion, Gummi, warmes Bad, und falls keine Entzün-

dung im Spiele, mache man aromatische Umschläge
und Einreibungen auf den Leib. Calomel gr ¹/₈ und
꒩β Sacch. lactis 2—4mal tägl. mässigt am besten die
Diarrhoe. Bei Schlaflosigkeit, Unruhe, Reizbarkeit,
Aufschrecken mit Schreien etc., was oft Vorläufer
von Convulsionen sind, setze man Blutegel hinter
die Ohren, scarificire das Zahnfleisch, gebe abführ-
rende, erweichende, kühlende Mittel, laues Bad,
kalte oder laue Begiessungen des Kopfes, rothmachende und schmerzstillende Linimente längs der
Wirbelsäule (Ammonium und Opium; Camphor,
Ammon., Ol. Cajeput, Terebint.) eingerieben, besser
indessen wirken oft Eisumschläge aufs Rückgrat
gegen die Convulsionen in der Dentitionsperiode;
bei zarten Kindern gelinde Tonica. Der hier vorkommende hartnäckige Husten erheischt eine besondere Berücksichtigung des Zahnfleisches, sowie
die Anwendung besänftigender u. erweichender Mittel
mit laxirenden, ableitenden, diaphoretischen. — Beim
Reizfieber zahnender Kinder, bei immer wieder-
kehrendem Orgasmus im Gefässsysteme, besonders
bei freien Darmausleerungen, ersetzt die oxygenirte
Salzsäure, Acid. muriat. oxygenat., kein anderes
Mittel, besonders bei starker Hitze; Röthe der Haut,
der Wangen, grosser Unruhe etc. Hier bändigt sie
nicht allein auf bewunderungswürdige Weise diese
Fieber, so dass alle schlimmen Symptome derselben
abnehmen und die Crise regelmässig in allen Secretionsorganen (der äussern Haut, der Schleimhäute,
der Nieren, Speicheldrüsen etc.) eintritt, sondern
wirkt auch während des Einnehmens durch unmittelbares Berühren günstig auf die entzündeten, wunden,
mit Aphthen besetzten Mund- u. Halstheile. ℞ Aq.
oxymur. ℥j; Aq. dest. ℥iij; stündl. ¹/₂—1 Essl. für
1—10jährige Kinder. — Steigern sich die Kopferscheinungen, so verfahre man wie bei dem Hydrocephalus
acutus. — Bei nervösen Erscheinungen:
Flores Zinci, gr. ¹/₄—¹/₂ mit Magnes. carbon. 2stündl.,
und Klystiere von Asa foetida; Aqua flor. naphae,
Aether, Syrup. diacod., Vesicantia, ableitende Mittel.
Der Amme gibt man Valeriana, Castoreum, dem Kinde
selbst aber Moschus. Ein scharfes Laugenbad und
Einreibungen des Rückgrats mit Unguent. Hydrarg.
cin. u. Rorismarin. compos., ana ℥β; Tinct. opii croc.
℥β—j, gegen Convulsionen kleiner Kinder. Auch der
U.L. wird mit dieser Salbe geschmiert, dann mit
einem Umschlage aus aromatischen Kräutern bedeckt
u. das Kind in wollene Tüller gewickelt. Schwächliche Kinder halte man durch gute Diät aufrecht.
Nützen diese Mittel nichts, so bleibt nichts übrig,
als das Zahnfleisch einzuschneiden. S. Convulsionen,
Eclampsie. — Gegen das Erbrechen, das von
keiner entzündlichen Affection des Magens herrührt,
leistet die Saturatio kali oder Selterswasser gute
Dienste, dabei bedecke man die Magengegend mit
einem aromatischen Umschlage oder Pflaster. Sind
Zeichen von Entzündung vorhanden, so tritt das bei
Gastritis übliche Verfahren ein; Blutegel auf die
Magengegend, schleimige Getränke u. s. w. Bei
Kindern tritt zuweilen eine Entzündung in dem

obern Theile des Verdauungskanals wie eine Encephalitis auf u. documentirt sich durch Kopfschmerz, Delirium und Lichtscheu; alle diese Zufälle verschwinden nach der Application einiger Blutegel auf die Magengegend. Eine sorgfältige Untersuchung des Leibes ist daher unter allen Umständen unerlässlich. Treten enteritische Zufälle auf, Fieber, Hitze, Durst, geröthete Zunge, angespannter, schmerzhafter Unterleib, trockene Haut, dann Blutentleerungen, schleimige Mittel, erweichende Breiumschläge. — Beim Brechdurchfalle: strenge Diät, demulcirende und gummöse Tränkchen, erweichende Klystiere und Cataplasmen, Bäder. In dringender Gefahr Opiumklystiere, Sinapismen auf den Nacken u. den Bauch. — ℞ Merc. dulcis gr. β; Magnes. carb., Gummi arab., ana gr. v; Elaeosacch. foenicul. ℥β; d. t. d. Nr. 6; 3mal tägl. ¹/₂—1 Pulver mit Muttermilch. — Essigklystiere leiten namentlich vom Kopfe ab. ℞ Succ. citri recent. ℥j; Satura kali carbon.; Aq. destill. ℥jv; Aq. amygd. amarum ʒβ; Syrup. flor. aurant. ʒβ; stündl. 1 Esslöffel voll bei fieberhaften Bewegungen durch Wurm- und Zahnreiz. — ℞ Mannae elect. ℥β; Magnes. carbon. ʒj; Nitri depur. ʒβ; Extr. hyoscyami gr. jj; Aq. foenicul. ℥vj; Syrup. alth. ʒβ; stündlich 2 Theel. bei Zahnfieber mit Krämpfen.

Zahnentzündung. Odontitis, Odontalgia inflammat. Heftiger, klopfender, stechender Schmerz auf einen Zahn beschränkt, Zahnfleisch geschwollen, dunkel, oft purpurfarbig geröthet, bei der Berührung schmerzhaft. Es kommt oft zu den verschiedensten Symptomen, zu Congestionen zum Kopfe, Speichelfluss, Thränenguss, Zuckungen. Man setze 3—4 Blutegel an den leidenden Zahn.

Zahnkrankheiten und **Zahnschmerz** etc. gehören in die Chirurgie. Vergl. unsere chirurgische Taschenencyclopädie 2te Aufl. 1854 p. 933 u. ff.

Zehrfieber. S. Febris hectica.

Zellgewebsverhärtung, brandige, des Halses. Pseudoerysipelas subtendinosum colli (Ludwig). Angina externa, Cynanche sublingualis rheumatico-thyphoides.

Symptome. Unter leichten Fieberbewegungen, ziehenden Kopfschmerzen, Mattigkeit, leicht belegter Zunge etc., mässigen od. fehlenden Schlingbeschwerden, entwickelt sich eine härtliche Geschwulst gewöhnlich auf einer Seite des Halses in dem umgebenden Zellgewebe der Submaxillardrüse, selten in dem der Sublingualis oder Parotis, schreitet gleichförmig am Halse unter der Kinnlade bis an das Kinn, selbst bis auf die entgegengesetzte Seite und über den Kehlkopf herab, nicht selten rückwärts bis über das Zellgewebe der Parotis, ragt stark hervor. Auch die Zellgewebsorgane zwischen Kehlkopf und Mundhöhle und die Muskeln dieser Gegend werden vom Verhärtungsprocess ergriffen, die Zunge ruht daher auf verhärtetem Boden, am innern Umfang der Kinnlade in der Mundhöhle, wie ein harter, schwieliger Ring sich fühlen lassend. Fähigkeit den Mund zu öffnen vermindert, schmerzhaft. Zunge nach oben und hinten gedrängt, Sprache daher erschwert, mit

Gurgelton verbunden. Schlingen erschwert, anstrengend; bei Zunahme der Krankheit reichlicher Schleim im Halse. Auf der Geschwulst aussen zeigt sich die Haut anfangs nicht geröthet, natürlich, je nach dem Grade der Spannung beweglich. In den ersten 4—6 Tagen ist Fieber sehr mässig, Gemeingefühl wenig alterirt, Appetit und Schlaf fehlen nicht ganz, Durst mässig, Se- und Excretionen ziemlich geordnet. Im weitern Fortgange röthet sich die Haut, im Munde nicht selten Ausschwitzungen von Lymphe, Geschwulst unter der Zunge wird weicher, ebenso manche Stellen äusserlich, nicht selten mit dem Gefühle des Emphysems für die Zufühlung, oder a n s c h e i n e n d fluctuirend. In der Mundhöhle bricht eine Stelle durch, ergiesst dünne, übelriechende Jauche. Das Fieber wird stärker; Delirien; es erfolgt putrid typhöser Process und in 4—5 Tagen, dem 10—12ten der Krankheit, erfolgt der Tod unter Coma.

Diagnose. Von Angina gangraenosa durch den Mangel aller oberflächlichen Brandzeichen in der Schleimhaut des Halses, und den Mangel des Oedems in der äussern Geschwulst. Von allen Halsentzündungen mit symptomatischer oder idiopathischer Anschwellung der Speicheldrüsen durch die geringe od. gar nicht bestehende Affection dieser Drüsen selbst, während das Zellgewebe um letztere und über und zwischen der Musculatur, zwischen Kehlkopf und Zunge ergriffen ist. Von Pseudoerysipelas durch den Mangel an ursprünglicher Theilnahme der Haut, durch die Art der Härte des Zellgewebs, die schnelle Mortification desselben und acuten Verlauf. Als wesentliche und leitende Momente für die Diagnose gelten: die geringe Entzündung im Schlunde; die eigene, so zu sagen hölzerne Härte der Zellgewebsgeschwulst, welche keinen Eindruck annimmt unter der tendinösen Ausbreitung des Muscul. Platysmamyoid. und der Muskel des Halses; die harte Geschwulst unter der Zunge mit einem schwieligen Wulste am innern Ursprunge der Kinnlade mit hochrother, nicht selten blauer Färbung; das gleichmässige Fortschreiten dieser Geschwulst in der Art, dass der steinharte Rand derselben von noch ganz freiem Zellgewebe begränzt wird; die geringe Affection od. vielmehr gänzliche Freiheit der Drüsen, während die Geschwulst durch das sie umgebende Zellgewebe fortschreitet oder von diesem ausgeht. Die Krankheit verlauft in acuter, subacuter und torpider Form, der Tod erfolgt durch nervöses Fieber, Fistelbildung, Eiterung, secundäres Fieber, Senkung des Eiters in die Brusthöhle.

Therapie. Man leite den örtlichen Krankheitsprocess so schnell und kräftig als möglich von den innern Partien des Halses auf die Oberfläche durch äussere Reize. Die verschiedenen Complicationen, besonders die Fieberformen, müssen individuell nach den vorliegenden Eigenthümlichkeiten berücksichtigt werden. Topisch verfährt man am besten so: Es wird zuerst, je nach der Grösse der Geschwulst, ein 2—3 Finger breites und 1 Finger langes Vesicans auf die Verhärtung gesetzt. Nach 12—24 Stunden,

je nachdem die Symptome dringend sind und die Entwicklung derselben schon ausgedehnter ist, wird die
Epidermis abgenommen. Auf die Vesicatorstelle wird
nun ein Bourdonnet gebracht von der Grösse, dass
es die ganze Stelle bedecken kann, und welches wenigstens so dick, oder besser noch dicker gemacht
ist, als für den gewöhnlichen Gebrauch, um hinreichend von einer Sublimatauflösung geschwängert werden zu können, in welche vorher das Bourdonnet
gelegt war. (Ʒj Subl. auf Ʒj Aq. destill.) Mit trockner Charpie bedeckt und mit Heftpflastern und Compressen etc. festgehalten, bleibt das Bourdonnet 12
bis 24 Stunden liegen, wieder je nach der Dringlichkeit der Umstände. Es zeigt sich nun ein weisser
Anflug von Schorf; darauf wird ein zweites Bourdonnet aufgelegt, wie das erste; der Schorf ist nun
graulichschwärzlich, dicker. Nun gewöhnliche Cataplasmen 1 oder 2 Tage auf den Schorf, bis er abge-
fallen ist, und ist nun die Geschwulst nicht ganz
verschwunden, so wird ein 3tes und 4tes Bourdonnet
aufgelegt auf die vom Schorf befreite, eiternde Stelle.
Bleibt nach der vierten Anwendung des Sublimats
noch viel Verhärtung zurück, so zieht man seitlich
einen neuen Vesicatorstreif, um hier die Auflösung
aufs Neue anzuwenden. Die Heilung der geäzten
Hautstelle erfolgt schnell und leicht unter Bedeckung
mit Emplastr. nigrum. Bei Complication mit Entzündung der Tonsillen müssen Blutegel angewendet
werden. Bleibt nach der Heilung eine Auftreibung
der Mandibula zurück, so reibe man Ungt. Mercur.
mit Liniment. volat. ein. Geht das Pseudoerysipelas
in Eiterung über, so öffne man den Abscess im
Schorfe mit dem Messer. Emetica, Nitrum, Salmiak
etc. je nach den Complicationen.

Zellgewebsverhärtung der Kinder. Sclerosis. Die Kranken sind Kinder, sie werden unruhig,
stossen kurzes, klagendes Geschrei aus, kein Fieber,
kein Erbrechen, nur zuweilen Durchfall. Das Zellgewebe verhärtet sich. Untere Extremitäten werden
häufiger befallen, als der übrige Körper, die Glieder
schwellen an, haben ein erysipelatöses Ansehen; es
kommt zu einem Trismus-ähnlichen Zustande der
Kinnlade, die Kinder können nicht schlucken, alle
geschwollenen Theile sind kalt.

Diagnose. Oedem oder Hautwassersucht behält
den Eindruck der Finger, Sclerosis nicht; von Trismus durch die Anschwellung und Härte der Theile.
Von Rothlauf durch die Abwesenheit des Schmerzes
beim Drucke, des Fiebers und durch die Kälte.

Therapie. Nur von graduirter Anwendung äusserlicher permanenter Wärme, lauen Oeleinreibungen,
Auflegen erwärmten Mehles, warmen Bädern, Kali-
bädern ist etwas zu erwarten. Von Mercurialeinreibungen sieht man ebensowenig als von Blutegeln
etwas Nützliches; auch von innerlich gereichten
Arsneien, z. B. Calomel, werden die Kinder nicht
gerettet.

Zittern der Glieder ist fast immer Symptom
anderer Krankheitszustände, es erscheint im Fieber-
froste und auf Erkältungen, Zorn, Aerger, Schrecken,

Freude, grossen Blut- und Säfteverlust, Diarrhoe, Ausschweifungen in Venere, Onanie, in Folge von Hysterie, Quetschungen der Nerven, Knochenbrüchen, Cruditäten im Darmkanal, Würmern, Säure.

Therapie richtet sich nach diesen Ursachen. Wird wie bei Krämpfen angegeben, behandelt. Bei dem idiopathischen und rein nervösen Zittern nehme man Rücksicht auf das Rückenmark, als dem Grundsitze des Uebels, daher Nux vomica, Zink, Stramon, Stahlbäder, Pyrmont, kalte Bäder, Moxa auf das Rückgrat. Mineralmagnetismus längs dem Rückgrate vom Hinterhaupte anfangend; vielleicht auch häufig zu wiederholende Applicationen von Kupfer- und Zinkplatten mit getränkten Zwischenlagen auf den Nacken; oder auch den Hydrogenpol einer galvanischen Säule in den After, und den Oxygenpol an das Hinterhaupt; man muss mit schwachen Batterien beginnen. Nach Missbrauch des Mercurs bleibt oft ein Zittern (Mercurialzittern) der Glieder zurück, wogegen Opium, Morphium sich höchst nützlich bewährt. —

Zoster. S. Gürtel.

Zuckungen. S. Krämpfe.

Zungenentzündung. Glossitis.

Symptome. Zunge schwillt an, vergrössert sich, wird unbeweglich, Schlingen und Schlucken wird gehemmt, manchmal Stickanfälle, Fieber. Bei der chronischen Form: dunkle Flecken auf der Zunge, Brennen auf derselben, Härte, Risse auf dieser Stelle, jauchiger Eiter, Geschwüre.

Therapie. Kaltes Wasser mit Essig in den Mund zu nehmen, Bepinseln mit Mandelöl, V.S., Scarificationen, kühlende Klystiere mit Essig. Bei der chronischen topische Blutentziehung durch Blutegel. Bähungen mit Belladonnainfus., später mit Zusätzen von Adstringent., z. B. Ferr. sulphur., Plumb. acet., Lapis infern., Exstirpation. ℞ Herb. belladonn. gr. x—xjj; F. infus. ℥jx—x; Mel. rosar. ℥j; lauwarm Tassenweise in den Mund zu nehmen. — Application des Höllensteins.

Zungenkrampf. Spasmus linguae. Je nach der Verschiedenheit der Zungenmuskeln, die befallen worden, sind die Symptome verschieden. Sie ist bald nach rückwärts gezogen, bald zusammengerollt, bald gegen den Gaumen gepresst, bald vorn herausgestreckt. Sprechen und Schlingen verhindert.

Diagnose. Bei Glossitis treten die localen Beschwerden in der Zunge nicht so plötzlich ein, sie entwickeln sich mehr nach und nach. Die Zunge schmerzt stark, ist angeschwollen, heiss, roth, trocken, es ist Fieber vorhanden.

Therapie. Man behandle den Tetanus, Typhus, die Epilepsie; bei rheumatischen Ursachen: Infus. Valerian. mit Spirit. Mind. und Opium. Aeusserlich warme Bäder, aromatische, warme Umschläge um den Hals, antispasmod. Klystiere, Vesicans, Sinapismen in den Nacken, Einreibungen von Opium, Ol. Hyosc. unter das Kinn.

Zunge, gerissene. S. Mundhöhlenkatarrh.

Zungenwärzchen, Hypertrophie derselben. Die Heilung gelang durch Blutegel an

den Hals und Bestreichen der Wärzchen mit Solutio
kali hydrojod. vollständig.

Zurücksinken von Exanthemen, z. B. des
Friesels etc., wird durch Urina spastica angedeutet,
dann entsteht allgemein krampfhafter Zustand, Puls
hart, zusammengezogen, die Kranken sind in der
grössten Lebensgefahr. Das Zurücksinken pflegt
auch zuweilen einen heftigen Singultus (Schlucken)
herbeizuführen. Man erkennt es oft an dem verstärkten Fieber, der brennenden Haut, dem blassen
Urin. Hier sind alsbald flüchtige, auf die Haut wirkende Mittel anzuwenden, wiederholt Senfteige zu
legen, Moschus, Camphor, Hirschhornsalz.

Zwergfellentzündung. Diaphragmitis, Para-
phrenitis.

Symptome. Schmerzen im untern Theile der Brust,
dabei ist charakteristisch, dass dieser sich bei der
Respiration verändert, besonders wenn der Kranke
sich aufrichtet, und beim Niederschlucken. Druck
auf der Gegend des Zwergfells erregt Schmerz, dabei
Angst, Unruhe, Schluchzen; wird er heftig, so entsteht Erbrechen, die Respiration wird meistens mit
dem Thorax verrichtet. Krämpfe und Convulsionen
in den Gesichtsmuskeln, Delirien, gastrische Sympt.

Diagnose. Von Lungenleiden durch die Ergebnisse des Stethoskops.

Therapie. V.S., Blutegel, Einreibungen von Ungt.
Merc. Innerlich Nitrum. Calomel, Belladonna mit
etwas Bismuth, Bäder. Vergl. Mehlis: die Krankheiten des Zwergfells: Med. Zeit. von dem Verein
für Heilkunde in Preussen Nr. 51 1845, im Auszug
mitgetheilt.

Anhang

als

Recepttaschenbuch.

(Die Zahlen bedeuten die Seitenzahlen, auf denen
die Mittel receptirt vorkommen. Die nämlichen Zahlen mehreremale neben einander zeigen an, dass das
Mittel so und so oft auf derselben Seite receptirt ist.)

Gewichte:

Das Nürnberger Medicinalgewicht ist das übliche in
  Deutschland; von diesem enthält:
1 ℔ = ℥xij.
1 ℔ = 7445 Holländische As.
30 ℔ = 46 Kölnische Mark.
Das Wiener Medicinalpfund hält fast volle 420 franz.
  Grammes und ist um 60 Grammes schwerer als
  das Nürnberger.
1 ℥ Bayrisches Gewicht = 30 Grammes französisch.
1 ℥ Medicinalgewicht also 360 Grammes.
1 ℔ Nürnberger A. G., nahezu 358 Grammes, also
  ·2 Gramme weniger.
1 Gramme = 20 Gran.
1 Dekagramme = ℨjjβ.
1 Hektogramme = 3 ℥ + 2 ℨ.
1 Kilogramme = 2 ℔ + 5 ℨ.
1 Decigramme = ungefähr 2 Gran.
1 Centigramme = 1/5 Gran.
1 Milligramme = 1/62 Gran.
Das englische Medicinalpfund ist schwerer als das
  deutsche um 3 ℨ, 2 ℈ und 13 1/5 Gran.
20 englische ℔ = 24 ℔ in Deutschland.
Hier mag zur béssern Verständigung bemerkt werden, dass die Einheit, von welcher das franz.
  Grammengewicht ausgeht, die Gramme ist, die
  wenig mehr als 16 Gran preuss. Medicinalgewicht wiegt. 1000 solcher Gramme ist ein Kilo
  und entspricht 34 ℥ preuss. Medicinalgewicht, so
  dass 500 Grammes nahezu 1 ℔ betragen. Die
  Gramme zerfällt in 10 Decigrammes, in 100 Centigrammes, in 1000 Milligrammes. 30 Grammes
  betragen nahezu ℥j; 1 Gran preuss. Medicinalgewicht beträgt ungefähr 6 Centigrammes.

Maasse:

1 Maass in Franken, Bayern, Sachsen = 2 bürgerlichen ℔, 32 ℥.

¹/₂ Maass (Seidel, Nösel) = 16 ℥.
1 Berliner Maass (Quart) = 36 ℥.
1 Oestreichisches, Württembergisches, Badisches Maass bis zu 54 ℥.
1 Pinte in England 16 ℥.
1 Pinte in Frankreich 32 ℥.
1 Gallone in Frankreich, England, Schweden = 8 medicin. ℔.
1 Setier = 24 Kubikzoll pariser Maass.
1 Chopine = 16 ℥.
1 Litre beinahe 1 pariser Pinte.
1 Schwedische Kanne = 88 ℥.
1 Fascikel = 1 ℥.
1 Manipel = ¹/₂ ℥.
1 Handvoll ¹/₂ ℥ bei trockenen Sachen.
1 Esslöffel voll = ¹/₂ ℥; bei spirituosen Mitteln zu 2—3 ʒ.
1 Theelöffel = 1 ʒ.
1 Gutta = 1 Gran etwa.

Die **Aachener** berühmte **Therme** ist zugleich an Schwefel-Salzen sehr reich. Die Kaiserquelle ist 45° R. warm und an Schwefelgehalt am reichsten. Die diese Therme deckenden Steine sind mit Massen chemisch reinen Schwefels bedeckt. Die Quirinusquelle, welche ganz nahe bei der Kaiserquelle entspringt, enthält fast dieselben Bestandtheile; die untere Quelle am Rosenbad aber ist an Schwefelgehalt ärmer. Aus der Kaiserquelle erhält der Elisenbrunnen durch Röhrenleitung sein Wasser, das noch 34° R. warm ist. Keine tausend Schritte von diesen Quellen, in einem schmalen Thalgrund, sprudeln allenthalben aus dem warmen Boden eine Masse von Quellen. Das Oertchen **Burtscheid** ist zu beiden Seiten dieses Thalgrundes erbaut, und übertrifft Aachen an Quellenreichthum, und seine Quellen übertreffen die Aachener auch an Baregin. Vermuthlich rührt daher auch die auffallend stärkende Eigenschaft der Burtscheider Bäder, dagegen das Bad zu Aachen eher ermattet. Aachen sowohl als Burtscheid werden zum Trinken und Baden benützt. Bei Metallvergiftung aller Art leistet Burtscheid nichts, Aachen aber sehr viel, bei Nervenleiden umgekehrt. Aachen ist unter allen Schwefelquellen Deutschlands, nach Monheim's Urtheil, unter allen auf Erden die reichste an Schwefelgehalt, sowie Burtscheid als Salzquelle, die mit dem Sprudel zu Karlsbad die grösste Aehnlichkeit hat, von keiner in Deutschland übertroffen wird. — Aachen gegen hartnäckige Ueberreste syphilitischer oder Mercurialleiden, und wo es zweifelhaft ist, ob die Leiden Ueberreste der syphilitischen Krankheit oder Folgen der Mercurialkur sind; Lähmungen, die nicht Folge von Schlagflüssen sind, gegen Hautausschläge, Gries- und Steinbeschwerden. Zur Nachkur gewöhnlich Spaa.
Abach in Niederbayern, alkalisch-salinische Schwefelquelle gegen Gicht, Lähmungen.

Abensberg in Niederbayern wie Abach.

Abführmittel. Siehe Purgantia, Obstructiones p. 448, Verstopfung p. 651.

Absynthium. Herba. Infuso-Decoct. ʒß auf ℥vj. Extr. ɟj tägl. Tinct. 20—30 gtt. 3mal tägl. Bad ℔ ½—1. Ol. 1—4 gtt. 35.

Aceton. S. Lungenschwindsucht p. 366; erleichtert sehr die Expectoration zu 15—30 Tropfen 3—4mal tägl., und mindert den quälenden Husten. Die Gegenwart von Fieber, Schweiss, Durchfall, Bluthusten bilden keine Contraindication.

Acetum concentratum ʒj—jj auf ℥vj Wasser.

Acetum camphoratum enthält 5 Gr. Camphor in ℥j Essig. Innerlich zu ½—1 Essl.

Acetum Opii. S. Opium, alle 2 Stunden im Nervenfieber. Sepsis. Waschmittel.

Acetum saturninum, S. Extr. Saturni. Die mit Wasser verdünnte Form des Extr. S. als Aqua Saturnin. Goul.

Achilleinum. Mit Wasser und Weingeist bereitetes Schaafgarbenextract gegen Wechselfieber tägl. ɟj.

Acida. Säuren. Die mineralischen Säuren passen nicht bei hitzigen, sthenischen Fiebern mit Localentzündungen, gewöhnlich aber gegen Typhus, bei fauligter und gallig-fauligter Diathese, Colliquation der Säfte, schleichenden Nervenfiebern, fieberlosen Blutwallungen, in der Decrepiditätsperiode der Frauen (Elix. acid. Hall.), asthenischen Blutungen, Schwäche der Muskelkraft, colliquativen Schweissen, Pollutionen, Scrophulosis, Syphilis inveterata, Scorbut, Stomacace, Gastromal. inf., chronischen Leberfehlern, zu Bädern gegen Gicht, Scropheln, Herpes. Aeusserlich bei faulen Geschwüren, Gangrän, asthenischen Blutungen. — ℞ Acid. muriat. ʒj; Mell. ros. ℥jjj; Pinselsaft. ℞ Dct. Hordei ℔ j; Acid. muriat. ʒjj; Mell. ros. ℥j; Gurgelwasser. ℞ Folior. Salviae pug. j; Vini rubr. q. s. fiat dect. ℥vjjj; Mell. rosar. ℥j; Acid. muriat. ʒj. Zum Gurgeln bei Scorbut. ℞ Acid. nitr. conc.; Acid. salis conc., ana ℥j. Zu einem Bade.

Acidum aceticum mit 3 Theilen Wasser vermischt als Essig zu gebrauchen; als Riechmittel.

Acidum benzoicum. S. Benzoe.

Acidum carbonicum. Zum Einathmen des kohlensauren Gases für Lungenleidende lässt man den Kranken in Kuhställen wohnen oder schlafen, oder hinter dem Pfluge den frischen Erddunst einathmen. Man applicirt im Gasbade, z. B. zu Kissingen, es auf die Haut, wobei der Kopf frei sein muss, gegen chronische Hautausschläge, gegen Unthätigkeit oder übergrosse Reizbarkeit des Hautsystems, atonische Gicht, rheumatische und paralytische Leiden, übermässige Fussschweisse; Klystiere damit gegen Faulfieber und Scorbut. Zu Umschlägen gegen faule, schlaffe Geschwüre, Brand, Krebs. Die flüssige Kohlensäure in Form der natürlichen oder künstlichen Mineralwässer bei chronischen Magenleiden, Apepsie, Sodbrennen, Plethora abdominalis, Gelbsucht, Melaena, Haemorrhoiden,

Gicht, Nieren- und Blasenstein. Hypochondrie und Melancholie. Die salzhaltigen besonders bei activen Abdominalstockungen; die kalihaltigen bei atonischen Stockungen, erhöhter Reizbarkeit, Blennorrhoea ventriculi et intestinor. chronica, stillen krampfhaftes Erbrechen; die eisenhaltigen bei sensibeln, zarten, nervenreizbaren mit atonischer, laxer Faser begabten Kranken, Phthisis pulmon. pituitosa. — Pulv. aërophor., Brausepulver aus 2—3 Theilen Kali carbon., 4 Theilen Zucker und 1 Theil reiner Weinsteinsäure. P. d. 2—3 ℈; besser ist folgende Mischung: Natrum bicarbon. 3 Theile, Acid. tart. 2 Theile und Zucker nach Belieben; sie sind schnell und leicht beruhigende Mittel bei psychischen Aufregungen; belebend nach Ermüdung und Anstrengung, bei Gefühl von Angst und Hitze Hysterischer. Prädominirt Magensäure, so gibt man es ohne alles Acid. tart. Ein gutes Verhältniss ist Natr. bicarb. gr. x, Acid. tart. gr. jv und Zucker nach Belieben, p. d. Um während des Einrührens einen Verlust von Kohlensäure zu verhüten, soll man das Natr. bicarb. gr. xv mit Elaeosacch. citri gr. jv einzeln in Chart. cerat., und Acid. tart., Sacch. alb. ana gr. vjj wieder in Charta cerata caerulea geben, wovon zuerst ein Pulver aus dem weissen und gleich hinterher aus dem blauen Umschlage genommen werden soll. Am besten, man nimmt das Pulv. aëroph. trocken in den Mund und trinkt gleich etwas Wasser nach. S. Potio Riveri. Auf Seefahrten sehr dienlich; bei erhöhter Reizbarkeit des Magens, Magensäure u. Uebelkeit, stillt Erbrechen. Mittelst einer besonderen Vorrichtung in Form eines Kruges (sogen. Liebiger Gasbereitungs-Kruges), wie solche neuerer Zeit in Aufnahme gekommen, kann man sehr leicht kohlensaures Wasser bereiten, wenn man 240 Gr. Natrum bicarbon. und 220 Acid. tart., dieses letztere etwas gröblich nur gepulvert oder in kleinen Stücken mit einer Maass Wasser in diesen Krügen in Verbindung bringt. Nimmt man statt Wasser Limonade u. die obige Mischung, so bereitet man auf diese Weise auch die sogen. Limonade gazeuse. Gegen Brechneigungen u. s. w. mit Eis erkaltet.

Acidum chromicum leicht löslich in Wasser u. Weingeist. Verdünnt, als Irritans, concentrirt als Causticum wirkend; gegen ulcerirte Hämorrhoidalknoten; zum Bepinseln derselben.

Acidum citricum crystallis. ℈j entspricht ungefähr ℥j Citronensaft zu Limonaden und Brausepulver.

Acidum hydrocyanicum. (Siehe Aqua Laurocerasi.)

Acidum hydrojodicum eine leicht zu nehmende Säure von angenehmem Geschmacke, mit Wasser verdünnt soll sie alle pharmakodynamischen Eigenschaften des reinen Jods haben, aber bei normaler Verdauung viel weniger örtliche Reizung erzeugen als dieses. ℨj Jodsäure = 5 Gr. Jod.

Acidum lactis. Als ein bei der Verdauung physiologisch wirkender Stoff, empfohlen bei Schwerverdaulichkeit und Verdauungsschwäche, ebenso bei Lithiasis mit Bildung von Phosphat-Concrementen

(weissem Gries) als den phosphorsauren Kalk schnell
lösend; auch gegen Scorbut; als Lösungsmittel des
Weinsteins an den Zähnen; 5—15—30 Tropfen p.
d. 4—6mal den Tag über in Mixtur oder Pastillen-
form oder zu Limonade ($\frac{1}{2}$—2 Drachmen Milchs.
auf $\frac{1}{2}$ Maass Wasser mit $\tilde{3}$j Zuckersyrup).

Acidum muriaticum $\tilde{3}$j—j auf $\tilde{3}$vj; 10—40gtt. auf ℔j
Getränke. 51.

Acidum muriaticum oxygenatum. S. Chlorwasser.

Acidum muriatico - nitricum, Königswasser, nur zu
Bädern; zu einem ganzen Bade $\tilde{3}$ij Salssäure, und
$\tilde{3}$j Scheidewasser. Zu Fussbädern $\tilde{3}\beta$ aq. fortis, und
$\tilde{3}$j Salzsäure.

Acidum nitricum, Aqua fortis, Scheidewasser; dilutum 2—5 gtt. auf die Gabe. 444.

Acidum oxalicum, bei gewissen entzündlichen, aphthösen u. Verschwärungszuständen der Digestionsschleimhaut (Bräunen, Schwämmchen, Mundfäule,
scorbutischen und syphilitischen Mundgeschwüren,
Magen- und Darmentzündungen), als Palliativmittel
bei Hypertrophie des Herzens, bei Peri- und Endocarditis; 5—15 Gr. in $\tilde{3}$iij Mimosengummi u. Syrup
Essl.-weise, als Mundwasser j—iij ∋ auf ℔j schleimiges Decoct.

Acidum phosphoricum $\tilde{3}$j—jβ auf $\tilde{3}$vj; gtt. 10 — 30.

Acid. phosphor. sicc. 3—5 Gr. 47.

Acidum pyrogallicum als Haarfärbungsmittel; mit der
Tinctur werden Abends die Haare eingenässt.

Acidum s. Aceticum pyrolignosum. 5—15gtt. 3—4mal
tägl. in Schleim; ∋j—$\tilde{3}$j auf $\tilde{3}$vj. 404.

Acidum Reitzii compositum contra Scirrhum, eine
Mischung von überwiegender Salpetersäure, Salzsäure, Schwefeläther und Borax; äusserlich zu Einreibungen in die Extremitäten, und innerlich angewendet. Mit 2 Theilen Spiritus nitrico-aether. gemischt, 30 gtt.; oder pur in Zuckerwasser 10 gtt.
p. d.; äusserlich $\tilde{3}\beta$ mit $\tilde{3}$ij eines fetten, süssen
Oeles zum Liniment.

Acidum silicum, Silicea. Kieselsäure, Kieselerde.
Terra silicea minut. pulv. Feines Quarzpulver.
Zimmermann in Münchberg gab den reinen, fein
gepulverten Quarzsand, von dem instinctiven Triebe
des Kranken zu diesem Mittel geleitet, in einem
Falle von hartnäckiger, von mannigfachen Verdauungsbeschwerden begleiteter und mit kritischem
Hämorrhoidalflusse alternirender Hypochondrie mit
völlkommen günstigem Erfolge. $\tilde{3}\beta$—j 3—4mal tägl.
längere Zeit fortgesetzt.

Acidum succinicum, sal. succini depuratum s. volatile, mehr als Benzoë balsamisch. Flores succini
1—15 Gr. p. d., nervenstärkend, belebend, krampfstillend in Fällen, wo Castoreum, Ammon. carbon.,
Moschus gegeben wird. Acid. succinic. 5—10 Gr.
in Solution $\tilde{3}\beta$ in aq. cinnamomi vinos. $\tilde{3}$j und
Syrup. cinnamomi $\tilde{3}\beta$, stündlich $\frac{1}{2}$—1 Essl.; oder
in Pulver- und Pillenform, mit Moschus, Castor.,
Opium. Bei Gangraena senilis, Gichtmetastasen,
Rheuma, Suppressio mensium. In acuten Fiebern
mit grosser Adynamie, gefahrvollen Metastasen

exanthematischer Fieber, der Gicht zum Magen etc., wo es mächtig auf Urin und Schweiss wirkt.

Acidum sulphuricum dilutum. S. Elixir. acid. Halleri; Elixir. vitr. Mynsichti; Aqua vulneraria. ℨβ—j auf ℥vj; ℨβ auf ℔ jj Aqua zum Getränk. ℞ Dect. salep (ex Gr. vjjj) ℥vj; Acid. sulphuric. dilutr. ℨjβ; Syrup. ubi Idaei ℥jβ; stündlich. ℞ Acid. sulphuric. dilut. ℨj; Dect. Althaeae ℥vj; Syrup. cort. aurant. ℥j; stündl. 47.

Acidum tartaricum, Sal. essentiale tartari (besser dafür Cremor tartari, siehe diesen) zu Limonadenpulver (1 Theil mit 4 Theilen Zucker und einigen Tropfen Ol. citri), Brausepulver.

Acidum valerianicum, in flüssigem Zustande. In Wasser (16 Theilen), Weingeist und Aether löslich; zu 5—10—15 gtt.

Aconitum. Pulv. herb. 2—10 Gr. Extr. 3mal tägl. zu 1—2 Gr. und alle 3 Tage um 1 Gr. gestiegen, so dass die Dosis 8—10 Gr. beträgt. Tinct. 3—50 gtt. Extr. aconit. ℈j, Vini stibiat. ℥j; 3mal tägl. 20—40 gtt. 150. 441. 514.

Aconitinum löslich in Alcohol, Aether, Säuren, nur schwierig in Wasser; bei Neuralgien, Gicht, Rheumatismus, Coxalgien hauptsächlich äusserlich; (innerlich gefährlich!) 2—4mal täglich ungefähr ¹/₁₆ Gr. in Pillen, äusserlich in weingeistiger Lösung ¹/₂—3 Gr. auf ℨj Alcohol oder in Salbenform 1—4 Gr. auf ℨj Fett.

Actaeae racemosae radix, in Amerika gegen die Folgen des Bisses der Klapperschlange; bei uns bei chronischen Brustbeschwerden, gegen Veitstanz und Epilepsie; steht dem Helleborus niger nahe; 10 — 20 Gr. mehremal täglich in Pulv. oder Dect. ℥β—j auf den Tag.

Adansonia digitata Cort.; bei Wechselfiebern ℥j auf libr. jjj ad colat. libr. 1¹/₂.

Adelholzen (Oberbayern), eisenhalt., salin., Schwefelquelle; gut bei Gicht, Lähmung, Lithiasis.

Die Adelheidsquelle zu Heilbrunn beim Kloster Benedictbeuren ist ihres Jodgehaltes wegen sehr merkwürdig. Kochsalz 36,899, Jodnatron 0,912, Bromnatron 0,300, kohlens. Natron 4,257, kohlens. Talg 0,23, kohlens. Kalk 0,504, Kieselsäure 0,122, Kohlenwasserstoffgas 4 p. C. Gegen Scrophelkrankheiten.

Adstringens Knaupii, dieses in Belgien und Frankreich von den Veterinärärzten sehr häufig angewendete Mittel (Eisenvitriol und Alaun ana 500 Gewichtstheile, Salmiak, Kupferoxyd und Zinkvitriol ana 30 Gewichtstheile, bei mässigem Feuer geschmolzen), wird als vortreffliches Adstringens empfohlen, bei Verrenkungen, Contusionen ohne oder mit Verwundungen und Ecchymosen, Knochenbrüchen mit enormer Anschwellung und Anschwellung in Folge von Luxation, Gesichtsrothlauf (?), Rothlauf in Folge von Scarification ödematöser Glieder, partiellem Oedem in Folge von Lymphentzündung, beginnendem Panaritium, wie varicösen Geschwüren; bei Varices der Glieder und des Samenstranges, Purpura haemorrhagica, Blutschwamm, Fungositäten der Wunden.

Aerugo, viride aeris, Grünspan, meist äusserlich gr. j—jj auf ℥j aq. dest.; ℈β—j auf ℥j Fett.

Aether aceticus 10—15 gtt. in kleiner Dosis zu 10—40 gtt.

Aether aceticus chloratus et Aether chloratus als feine verlässige Belebungsmittel in adynamischen Zuständen, auch gegen krampfhaftes Asthma; 15—30 gtt. mehremale täglich mit Wasser gemischt oder rein auf Zucker.

Aether mercurialis 667.

Aether muriaticus alcoholisatus. S. Spiritus muriatico aethereus, Spiritus salis dulcis. Durch Destillation der concentrirten Säure mit Alcohol gewonnen, 15—20—30 gtt.; ℥j auf ℥j Fluidum.

Aether nitrico alcoholisatus. Spiritus nitri dulcis wird wie voriger gewonnen und verordnet.

Aether sulphuricus wie aceticus. Besondere Wichtigkeit hat er aber neuester Zeit erlangt zur Betäubung, um Operationen schmerzlos zu überstehen.

Aether sulphurico alcoholisatus ist Liquor anodynus; s. diesen.

Aethiops antimonialis. S. Mercur. stibiato sulphuratus.

Aethiops martialis. S. Ferrum oxidat. nigrum.

Aethiops mineralis (Merc. viv. u. Sulphur. depur. ana im Glasmörser gerieben) 2—3mal tägl. 4—6—20 Gr.

Agaricus gr. 3—8 vor dem Schlafengehen. 367.

Agarici albi Resina in grossen Gaben drastisches Purgans (ähnlich der Jalappa, aber milder) ist von sehr tüchtigen Praktikern auf das Angelegentlichste als Antidiaphoreticum bei den profusen Schweissen der Phthisiker, Arthritiker etc. empfohlen. Auch gegen atonische und Verschleimungszustände des U.L., gegen atonische chronische Brustwassersucht, gegen Verdauungsschwäche nach dem anhaltenden Missbrauche geistiger Getränke. Gabe zwischen 6—36 Gr. auf den Tag in Pulver. Gegen Nachtschweisse am besten eine Gabe von 3—8 Gr. vor dem Schlafengehen. 367.

Aich (Bayer. Schwaben), Salinisch-erdiges Mineralwasser; unbedeutend.

Alaun. S. Alumen.

Albumen, ein Eiweissantidotum bei Quecksilber-, Kupfer- etc. Vergiftungen.

Alcohol tannicum. Adstringirend aromatische Flüssigkeit zu Einspritzungen (⅛ auf ⅛ Flüssigkeit) bei verschiedenen auf Atonie und gesunkener Vegetation beruhenden Uterin-Leiden, passiven Congestionen des Gebärmutterhalses, zufälligen Gegeschwüren, Gebärmuttervorfällen u. s. w. Blennorrhoen der Männer (aber noch mehr verdünnt wie oben).

Alcohol sulphuris. Schwefelalcohol 8—8 gtt. 3stündl. in Haferschleim (bei Asphyxie und Syncope alle 5—10 Minuten gegen chron. Rheuma und Gicht.

Alexandersbad (Bayer. Oberfranken), Alkalisch-erdiges Eisenw., Chlorose. Kaltwasserheilanstalt.

Alexisbad (Anhalt), 1) Selkenbrunnen, starkes Vitriolwasser, bei Schwächezuständen. 2) Alexibrunnen, erdig-salinisches Mineralw.

Allium cepa. Zwiebel, äusserlich auf Bubonen, kalte

Abscesse, Furunkeln, gegen Wespenstiche; innerlich roh genossen treiben sie Würmer und Flatus ab, befördern die Absonderung der Schleimhäute, Nieren; bei Catarrhen, Hydrops, Scorbut, Wechselfiebern. 678.

Allium sativum. Knoblauch, ähnlich wie voriges, nur noch kräftiger.

Alloxan. Dieses Zersetzungsproduct der Harnsäure wurde bei Leberkrankheiten, Auftreibung mit Entzündung derselben, Gelbsucht, dadurch entstandenem Speichelfluss, bedeutender Abmagerung, hectischem Fieber, mit Vortheil angewendet; tägl. 3mal 5—7 Gr. mit Pulv. rad. liquirit.

Aloë als Reizmittel ½—1 Gr.; als gelinde eröffnendes, Stockungen lösendes Mittel 2—4 Gr.; als Purgans auf einmal 8—10 Gr., Tinct. 6—25 gtt. 221. 272. 652.

Althaea ʒij—ʒß auf ℔ jj Dect.

Altwasser (Preuss. Schles.), erdig-alkalin. Eisenw. Stärkend.

Alumen 2—15 Gr. 43. 169. 15. 434.

Alumina pura, Argilla, Terra bolaris. S. Thonerde.

Amara. Gegen Schwäche des Darmkanals, Verschleimung, Säuren des Magens, gegen Würmer, Intermittens, Cachexien, wenn die ersten Wege gereinigt sind. Bei acuten Krankheiten passen sie nicht. Eine Stufenreihe ist etwa: Extr. Rutae, Aurantior., Tarax., Fumar., Card. benedict., Trifol. febrin., mit aromat. Wasser, Infus. rad., Calam. aromat.; dann Extr. Gentian., Fel. tauri inspissat., Dect. Caryoph., Angustur., Colombo, Chinae, Extr. Absynth., Quass., ätherische Eisentincturen, Tr. nerv. Bestusch., Tr. mart. cydoniat., Tr. ferri muriat., endlich limatura Ferri.

Ambra (Concrement des Pottfisches) 2—10 Gr. Tinct. 10—25 gtt. 302.

Ameisenkur. Ein Haufen lebender Ameisen wird in einen Sack gethan und der gelähmte Arm oder ein solches Bein hineingesteckt und zugebunden; so verweilt das Glied 2—3 Tage lang, dann 24 Stunden Ruhe, dann werden wieder 2—3 Tage lang frische Ameisen applicirt. Zum Ameisenbade quetscht man 4 ℔ grosse Wald-Ameisen in einem leinenen Beutel, giesst darauf siedendes Wasser und mischt die Col. zum Bade.

Ammoniacum 5—20 Gr. Tinct. 10—20 gtt. 26. 668.

Ammonium aceticum liquid. ʒj—ʒjj in Thee; ʒß—j in Mixturen von ʒvj. 49. 729.

Ammonium anisatum 10—30 gtt.; ʒjj—jjj auf ʒvj Mixtur.

Ammonium arsenicum, milder wirkend als der weisse Arsenik, besonders gegen chronische Exantheme (Eczema, Lepra, Psoriasis) und Eneantheme, in wässeriger Lösung mit einer anfänglichen Gabe von ¹/₂₄ Gr., allmählig bis zu ¹/₁₆—¹/₈ Gr. steigend.

Ammonii benzoïci Liquor gegen asthmatische Affectionen des Respirationssystems wie der Darmschleimhaut u. in diesem Bereiche vorkommende spastische Verstimmungen der Innervation unter den Formen von Katarrh mit krampfhafter Reizung, bei festsitzendem Auswurfsschleime, Brust- und Kehlkopfkrampf, Krampfhusten, Keuchhusten, chron. sub-

acutem Asthma, gichtischen und exanthematischen
Metastasen, hysterischen und hypochondrischen
Unterleibskrämpfen; wegen seiner Resorption und
Hautperspiration befördernden Wirkung bei Oedema
rheumatico-arthriticum, mit Hauttorpor zusammen-
hängender Brustwassersucht etc. 25—50 Tropfen
in gehöriger Verdünnung.

Ammonium bicarbonicum, nimmt sich weit leichter,
als das einfache kohlensaure Ammon., daher besonders für Fälle, wo eine höhere Potenz der Wirkung
des Kohlensäure-Antheils gewünscht wird, empfehlenswerth, 6—24 Gr. in kaltem Wasser gelöst.

Ammonium carbonicum 3—6mal 4—10—20 Gr., am
besten in Solution. 37. 133. 146. 375. 548.

Ammonium carbonicum pyro-oleosum. S. Sal. volat.
cornu cervi. 3—6—10 Gr. in Pulver, besser in Solution, Mixturen, äusserlich als Riechmittel. Vom
Liquor Ammon. carb. pyro-oleosi s. Spirit. cornu
cervi rect. p. d. 20—40 gtt. 3—4mal täglich.

Ammonium causticum liquidum. 1—5 gtt., Əj—Эβ auf
℥vj; 3—14 gtt. im Klystier; innerlich; zum Waschen;
Injectionen; Salbe. Zum Behuf der endermatischen
Methode verfährt man jetzt damit so: In ein flaches
Uhrglas giesst man 8—10 Tropfen Liquor. ammon.
caust. conc. und bedeckt die Flüssigkeit mit einem
rund geschnittenen Leinwandstückchen von etwas
kleinerem Durchmesser als das Uhrglas, welches
so vorgerichtet auf die Haut gebracht, durch einen
mässigen Fingerdruck an Ort und Stelle gehalten,
und sobald sich im Umkreise ein rosenfarbener Hof
zeigt, wieder entfernt wird, was schon gewöhnlich
nach 30 Secunden geschehen kann.

Ammonii citrici Liquor als diaphoretisches Mittel in
febrilen Krankheiten gebräuchlich, Gabe wie das
essigsaure.

Ammonium jodatum, innerlich gegen Scrophein,
kräftiges Jodpräparat. Zur Zertheilung von Drüsengeschwülsten (8 Theile Salmiak mit 1 Theile
Jodkali in einem Kissen aufgelegt). Bei chronischen Hautausschlägen, Lepra, Psoriasis, Kopfgrind, Drüsenanschwellung etc., in Salbenform
Эjj—℥j auf ℥j Fett, oder in Solution mit Liquor
Ammon. anis., wodurch seine Zersetzung verhütet
wird. Innerlich 4—10 Gr. p. dosis in wässriger
Solution.

Ammonium muriaticum, Sal. ammon. depurat. 5—30 Gr.
3—6mal tägl., auch Əj—jj mehrmals tägl. 352.

Ammonium muriaticum martiatum. Flores salis ammoniac. martiales 3—10 Gr. 3mal tägl. 153. 568.

Ammonium nitricum bei Fiebern, Katarrhen u. s. w.
Эβ—j.

Ammonium phosphoricum, wegen seiner auflösenden
Eigenschaften in allen acuten wie chron. Krankheiten, welche von der harnsauren Diathese abhängen (Gichtformen), gepriesen.

Ammonium succinicum liquidum s. Liquor c. c. succ.
Kindern alle 2—3 St. 2—6 gtt., 20—30 gtt. Erwachsenen rein oder in Mixturen. 21. 267.

Amygdalarum amarum aqua 5—25 gtt. Ol. amygdal.

amar. aeth. ϶β; Unguent. amygd. ℥j; F. unguent.
S. Auf grosse Lappen dünn gestrichen auf den
Unterleib zu legen und alle 12 Stunden frisch zu
appliciren gegen heftige Unterleibsschmerzen. ℞
Gummi arabic. ʒjj; f. l. a. dest. ℥jv mucilago; adde
aquae amygdal. amarar. ʒβ; Syrup. emulsiv ℥j;
2tündl. 1 Essl.

Amygdalae dulces. S. Emulsion.

Amygdalinum gr. j einer gewöhnlichen Mandelemulsion zugesetzt, entspricht ungefähr ʒj Aq. Laurocerasi.

Amylum zum Klystier ʒβ auf ℥vj Wasser. 225.

Amylum jodeatum als milde Anwendungsform des
reinen Jods, vorgeschlagen bei scrophulösen Geschwüren, hartnäckigen Hautausschlägen, Syphiliden zu ϶β (= ½ Gr. Jod) bis zu ℥j 3mal tägl.

Amylum Dauci, gegen Husten und als ernährendes
und reizmilderndes Mittel bei Phthisis empfohlen.
5—8 Gr. p. d.

Amylum Tapiocca, ein von Jatropha Manihot stam-
mendes, dem Arrowroot ähnliches und gleich diesem zu verwendendes Stärkemehl.

Angelica ʒjj—ʒβ auf ℥vj infus. Extr. 10—80 Gr. Tinct.
20—60 gtt. 134.

Angustura vera 434.

Anis ℥j auf ℥xjj infus. Ol. 10—20 gtt. Bei dyspepti-
tischen Beschwerden, Blähkolik, Bronchialcatarrh,
zur Beförderung der Milchsecretion.

Antacida, welche die Säuren in den ersten Wegen
einsaugen, neutralisiren, und so bei Krankheiten,
wo die Säure in den zweiten Wegen obwaltet (Rhachitis, Gicht, Steinerzeugung), wohlthätig wirken.
Hieher: Magnes., Lapid. cancror., Conch. ppt.,
Creta, Bolus, Terra sigillat., Kali Natrum, Ammon.,
und deren Präparate, Seife, Hepar. sulphur. Ist
Säure, Magenschwäche, Sodbrennen bei nervösen
krampfhaften Personen zugegen, so wirken die kalischen Mittel auch ganz vortrefflich gegen Krämpfe
und schlechte Verdauung, wenn man sie mit Aromat. verbindet. ℞ Liquor kali carbon. ʒβ; Aqua
foenicul. ℥jβ; Syrup. rhei, syrup. mannae, ana ℥β.
S. 3—4mal 1 Thl. bei Säuglingen z. B. wegen Krämpfen, Magensäure, grünen Stühlen. ℞ Tr. kalin.
℥jj; Tr. quassiae ʒjjj; Tr. cinnam. ʒjβ; S. 4mal tägl.
20—60 gtt. gegen Atonie des Magens und Säurebildung. ℞ Kali carbonici depurat. ʒj; Extr. rut.
ʒjjj; Extr. card. bened. ʒjβ; Aqua menth. ℥vj; Aqua
chamomill. ℥jj; Tr. aurantior. s. elixir. viscer. Hoffm.
ʒβ; Liquor. anodyn. ʒj. S. 3—4mal wohl umgeschüttelt 1 Esslöffel voll.

Anthrakokali, gegen chron. Vegetationskrankheiten,
Syphilis, scrophulöse Lungenschwindsucht, chron.
Flechtenausschläge u. herpetisch-scabide Dyscrasie
empfohlen; es muss wenigstens 2 Monate lang fortgegeben werden. 2—3 Gr. in Pulver oder Pillen;
äusserlich ʒj auf ʒjjj Fett zur Salbe.

Antihydropica. S. Wassersucht.

Antimonium chloratum liquid. S. Butyrum Antim.
zum Cauterisiren.

Antimonium crudum s. Antimon. sulphur. nigr.

Antimonium diaphoreticum ℥j — jβ in einer Mixtur Essl.-weise in Verbindung mit V.S., besonders gegen Pneumonien. 213.

Antimonium hydrosulphur. luteum. S. sulph. aurat.

Antimonium jodatum, soll äusserlich in Salbenform wie Brechweinstein einen künstlichen Ausschlag erzeugen; innerlich gegen chron. Lungenkatarrhe ⅛—¼ Gr., äusserlich zur Pustelsalbe ℥jj auf ℥j Fett.

Antimonium oxydulatum rubrum. S. Kerm. minerale.

Antimonium sulph. nigrum s. Antim. crudum. 3—15 Gr.

Antimonium oxydatum album 5—10—20 Gr. alle 2—3 Stunden. 243.

Antiphlogistica 122.

Aphrodisiaca. Mittel, die zum Beischlaf reizen. Hieher alle Diuretica, Sellerie, Petersilie, Spargel, feine Gewürze, Tr. Vanill, Cinnamom., Tr. Chin. compos., Gewürzchocolade, reizende Einreibungen in die Kreuzgegend von Terebinth., Tr. Cantharid., Spirit. sal. ammon. caust., kleine elektrische Schläge durchs Becken, der innere Gebrauch der Tr. Cantharid. Aber diese Mittel alle haben den Nachtheil, dass sie 1) so leicht durch Ueberreiz schwächen, und dadurch früher als sonst Impotenz hervorrufen, 2) dass sie mittelbar das Leben verkürzen. Gegen Impotenz und den Mangel der Geschlechtskraft sind noch am wenigsten schädlich manche Nahrungsmittel, als der Genuss von Zwiebeln, Rettig, Senf, Kastanien, Ingwer, Chocolade, Austern, Rochen und anderen Seefischen, Johannislauch, gutem alten Weine, Aal- u. Schildkrötensuppe. S. Samenverluste. S. Impotenz. Ist allgemeine Körperschwäche der Grund, so gebe man innerlich Tr. Chin. mit Wein, Eisenmittel, und rathe eine Zeit lang Enthaltsamkeit an. Nach des Asklepiades Gesundheitsvorschriften heisst es: Wenn man des Lattichs schwarzen Samen nimmt und ihn zerstösst, sodann zum Trinken mit kaltem Wasser mischt, und davon trinkt am Morgen und zur Abendzeit, stellt er den Beischlaf ein und kühlt die Liebesgluth. Auch der indische Hanf, Canabis indica, regt den Geschlechtstrieb sehr auf. Als Aphrodisiacum für geschwächte Männer bedient man sich in den Harems eines aus Cannabis, Nelken, Moschus, Ambra, Perlen und Honig gemachten Electuariums, oder auch der Canthariden. Vgl. p. 256. Ueber Antiaphrodisiaca s. Pollutionen.

Apii Petroselini Extract, als kräftiges Antiperjodicum, besonders bei zu Grunde liegenden Unterleibsbeschwerden gerühmt, auch bei acutem Tripper 10—15 Gr. auf den Tag.

Aqua amygdal. amar. S. amygd. amarae.

Aqua antimiasmatica Köchlini = Liquor Cupr. ammoniat. muriat. ℥jj auf ℥xx Kindern zu 1 Thee- bis Esslöffel 2mal täglich nach der Mahlzeit.

Aqua arsenicalis Pearsonii in Frankreich ausschliessend im Gebrauch; täglich Dosis Ɔj—3β, ja ℥j steigend. Ɔj = ¹⁄₂₄ Gr. arseniksaurer Soda.

Aqua Binelli, wahrscheinlich ein Creosotpräparat.

Aqua calcaria. S. Calcaria.

Aqua calcariae bicarbonicae. Eine Auflösung von

Carrara-Marmor in kohlensaurem Wasser, bei congestiver, irritabler gastrischer u. acider Dyspepsie,
als erfrischendes Getränk in den früheren Stadien
gastrischer Fieber und bei harnsaurer Diathesis;
2—3 Quart für den Tag.

Aqua carbonica jodata. Eine Auflösung von Jodkali
in kohlensäuerlichem Wasser; künstlicher Jodsäuer-
ling, $\frac{3}{3}v = 4$ Gr. Jodkali.

Aqua chlorata. S. Chlorwasser.

Aqua cinnamomi. S. Cinnamomum.

Aqua Ferri jodati carbonica, künstlicher Jodeisen-
säuerling in atonischen und torpiden Scropheln,
atonischer Gicht, Schleimsucht, atonischen Hämorrhoiden, Bleichsucht, weissem Fluss, chronischen
Verdauungsbeschwerden.

Aqua Laurocerasi 5—60 gtt. Acidum hydrocyanicum
gtt. $\frac{1}{2}$—1. Vier Tropfen mit $\frac{3}{3}$jv aq. dest. p. die.
Bei neuralgischen und spasmodischen Leiden des
Darmkanals, des respirator. Apparates etc. Asthma,
Phthisis, Hysterie, Tetanus, Hydrophobie. 247.
806. 889.

Aqua laxativa Viennensis. S. Senna und Purgantia.

Aqua Magnesiae bicarbonica. Bei auf freien Säuren
und Indigestion beruhenden Krankheiten, krampfhaften Uebeln des Magens und Darmkanals, besonders bei Kindern, Säugammen, Weintrinkern
empfohlen.

Aqua magnesiae sulphuricae carbonica et bicarbonica,
ein künstliches, doppelt kohlensäuerliches Saidschützer Wasser darstellend, bei Abdominalüber-
füllungen, venösen Congestionen, Stuhlverstopfung,
materieller Hypochondrie, Hysterie u. Melancholie.
Icterus, Melaena, Haemorrh. 1 bis mehrere Gläser
rufen reichliche Stuhlentleerungen herbei.

Aqua maris carbonica, künstlich bereitet mittelst Auflösung von Seesalz ($\frac{3}{3}$jj) in kohlensäurehaltigem
Wasser (24 $\frac{3}{3}$), ein billiges, sanft und sicher abführendes Mittel, auch wurmwidrig und antiscro-
phulös wirkend.

Aqua Natri carbonici, künstlich bereiteter Natron-
säuerling, bei Versäurung secernirender Organe,
als: Magensäure, harnsauren Concrementen der
Harnorgane, Gries, Harnsteinen, Scropheln, Gicht,
Verschleimung, Unterleibsstockungen, Hypochond.,
Hysterie. $\frac{1}{2}$—1 Flasche jeden Morgen nüchtern.

Aqua natri jodati carbonica, künstlicher Jodnatron-
säuerling gegen eingewurzelte Scropheln, Kröpfe,
herpetische Hautkrankheiten, weissen Fluss phleg-
matischer Individuen.

Aqua oxymuriatica. S. Chlorwasser 686.

Aqua Saturnina. S. Acetum saturninum.

Aqua vulneraria Thedenii (3 ℔ roher Essig, 1½ ℔
rectificirter Weingeist, 1 ℔ Honig und 1½ ℔ diluirte
Schwefelsäure).

Arcanum duplicatum. S. Kali sulphuric.

Argentum cyanicum als Antisyphiliticum ½ Gr. p. d.

Argentum jodatum. Der Umstand, dass auch bei dem
längeren Gebrauche des Jodsilbers sich weder die
Haut bräunt, noch Kneipen und Durchfall erzeugt
wird, wie durch das Argent, nitric., rechtfertigt

bei sonst gleicher Wirkungskraft mit letzterem
vorzüglich die Empfehlung desselben. $^{1}/_{12}$ Gr. p. d.

Argentum muriaticum als Anthelminthicum u. Hydra-
gogum in der Wassersucht und Melancholie, auch
als Antisyphiliticum und Antispasmodicum bei Epilepsie. $^{1}/_{12}$ p. d.

Argentum muriaticum ammoniatum als Antisyphiliticum, gegen Epilepsie, $^{1}/_4$ Gr.

Argenti muriatici ammoniati Liquor, gegen chron.
Nervenleiden (Veitstanz) $\mathfrak{Z}j = ^{1}/_2$ Gr. salzsaures Silber. 3mal tägl. 3—10 gtt. in 1 Essl. aq. dest. allmählig steigend.

Argentum nitricum crystallisatum. S. Lapis infernalis.

Argentum oxydatum, die adstringirenden, tonisirenden und sedativen Kräfte des Silberoxyds haben
sich in Dyspepsie, Pyrosis, chronischer Gastritis,
Hämorrhagie, Leucorrhoe, nervöser Reizbarkeit
u. s. w. als Antisyphiliticum bewährt; es soll sich
zu Argent. nitricum verhalten wie Calomel zum
Sublimat; als bei Cardialgien ($^{1}/_2$ Gr. 2mal des
Tags), Magendrücken, Gastralgien u. Kolikschmerzen, dysenterischer und periodischer Diarrhoe,
Diarrhoen nach Typhus, nächtlichen Schweissen,
Harnfluss, Menorrhagie, Epilepsie (tägl. 1 Gr. in
2—3 Dosen getheilt), abnormen Secretionen, blutigen oder purulenten Charakters. Aeusserlich in
Salbenform oder Pulver bei Ophthalmien, Horn-
hautgeschwüren, syphilitischen und sehr schmerzhaften Ulcerationen mit profuser Secretion oder
scrophulöser Grundlage, schwürigen Brustwarzen.
Fast specifisch soll es wirken bei anomalen oder
übermässigen Uterinsecretionen, wenn dieselben,
z. B. Hämorrhagien, Folge localer Reizung, nicht
aber mechanischer Verletzung waren. $^{1}/_3$ — 2 Gr.
p. d. 2—4mal tägl.

Argilla, unlöslich in Wasser; ein absorbirendes Mittel
mit mild adstringirender Nervenwirkung, welchem
durch den Umstand, dass es mit Wasser einen klei-
sterähnlichen Teig bildet, auch noch die einhüllende Eigenschaft der vegetabilischen Schleime zukommt. Gegen Magensäure, Ruhr und Durchfälle.
5—10 Gr. mehremale tägl. in Emulsionsform, Schüt-
telmixturen, schleimigen Decocte.

Argilla acetica, leicht löslich in Wasser, als Adstringens bei Blutspeien und Nachtripper (innerlich
und äusserlich zu Injectionen). Ihre Eigenschaft
thierische Körper vor Fäulniss zu bewahren, macht
sie vorzüglich geeignet zur Conservation der Leich-
name. 3β—j auf den Tag in schleimigen Decoct.
10—15 Gr. auf $\mathfrak{Z}jjj$ zu Injectionen.

Argilla sulphurica, gegen typhöse Diarrhoen u. Nachtripper zu Injectionen. 10—20—40 Gr. p. d. in schleimigem Vehikel.

Armeriae vulgariae Flores, Adstringens u. diuretisch,
reiht sich an Uva ursi, besonders als höchst wirksames, die Harnabsonderung direct beförderndes
Diureticum empfohlen. Infus. oder Decoct. $\mathfrak{Z}jj$—$\mathfrak{Z}j$
als Tisane täglich 3mal 2 Tassen voll lauwarm zu
trinken.

Arnica befördert die Resorption; Extr

schwinden, die nach äusserer Einwirkung entstanden sind, besonders solche zwischen Muskeln und im Zellgewebe. Die Radix bewirkt keinen Ekel, wenigstens im schwächern Grade als die Flores, dagegen hat sie zusammenziehende Wirkung und stillt Neigung zur Diarrhoe. Aufs Blutsystem wirkt die Arnica nicht ein. Der innere Gebrauch der Flores in typhösen Fiebern, chron. Entzündungen, hydropischen Krankheiten, meteoristischen Auftreibungen des Bauches, selbst in Peritonitis puerperalis ist höchst auffallend nützlich, wirkt weit kräftiger als Valeriana, Serpentaria in solchen Fällen. Die Arnica ist das Hauptmittel in allen Fällen, wo entzündungsähnlicher Zustand der Baucheingeweide mit typhösem Fieber begleitet, das Leben in Gefahr setzt. Zwar bedarf es immer anderer Hülfsmittel zugleich, wie bei Periton. puerp. der Einreibungen von Terpentinöl, bei Typhus der Mineralsäuren, bei pneumonischen Symptomen in demselben der Vesicantia u. s. w., allein ohne Mitwirkung der Arnica leisten alle diese Mittel nicht hinreichende Hülfe. Die Verbindung der Arnica mit Essigsäure ist auch als äusseres Mittel höchst wirksam, wo man zertheilende Fomentationen nöthig hat. Flor. arnicae ℥β, acet. vini fervent. ℥jjj, Aq. fervid. ℥v infunde et post ebullit. brevem cola. ℈j—jjj Infus. auf ℥vj. Extr. 5—15 Gr. Tinct. 10—30 gtt. Ol. aether. bei veralteter Apoplexie und Lähmungen, Verhärtungen im U.L. 4 gtt. in ℥β einer versüssten Säure, alle 2 St. 4 gtt., oder als Elaeosacch. 4 gtt. auf ℥jv Zucker Kaffeel.-weise. 106. 313. 337. 566.

Aronis radix 127.

Arrow-Root. Dieses Stärkmehl ist ein mildes Nutriens für aufzufütternde, atroph. Kinder, Schwindsüchtige, auch zur Vermehrung der Milch bei Stillenden. ℥β—j auf ℔ jj Decoct.; 1 Theel. voll mit kaltem Wasser q. s. zum Teig gebildet, dann 1 Tasse kochenden Wassers zugegossen, gut umgerührt, am Feuer zur Gallerte eingekocht, mit Zucker Morgens und Abends eine solche Portion.

Arsenicum album. 2—3mal tägl. zu ¹/₃₀—¹/₁₆—¹/₁₂ Gr. in Solution, z. B. gr. j Ars. alb. ℔ j aq. destill., davon anfänglich ¹/₂, dann einen ganzen Essl. voll mit Milch. Bei sehr sensibeln Personen werden 5—10 Tropfen Tinct. Opii zugesetzt. Tinct. arsen. Fowleri tägl. 2mal 5—10—20 gtt. Tinct. ars. Fowl. und Tinct. Opii ana ℥β während der Apyrexie alle 2 St. 6 Tropfen. 138. 197. 674.

Arsenici Hydrojodatis et Hydrargyri Liquor, bei hartnäckigen, tiefeingewurzelten Hautausschlägen, Lepra, Psoriasis empfohlen. Bei Lupus als Salbe (zum Auflegen gr. jjj—3β—3j mit ℥j Fett) 3j = ¹/₈ Gr. arsenige Säure; ¹/₄ Gr. Quecksilberoxydul mit ¹/₆ Jod als Jodwasserstoffsäure. Man gibt 3β des Liquor mit Wasser verdünnt 2mal täglich, oder zum Verbrauche in 24 Stunden 3 ℥ einer Mischung von 80 Tropfen mit ℥vjjj Wasser. ℞ Liquor. Hydrojod. Arsenic. et Hydrarg. 3jj; Aq. destill. 3jjjβ; Syrup. Zingib. 3β. M. divide in jv haustus, summatur unus mane nocteque; auch bei complicirten inveterirten syphilitischen Geschwüren; gewöhnlich brechen die Kranken die ersten Dosen aus, wesshalb magenstärkende Mittel, Zimmtwasser etc. nachzunehmen sind, macht sehr schnell Speichelfluss und Abmagerung.

Arsenicum jodatum bei Lepra und Impetigo, Brustkrebs ⅛—¼ Gr. in Pillen mit Extr. Cicutae; äusserlich bei fressenden tuberkulösen Flechten 2—4 Gr. auf ℥j Fett; zu jeder Einreibung ungefähr ℨj dieser Salbe.

Artemisia vulgaris, bei Epilepsie ℨβ—j Pulv. rad. kurz vor dem Anfalle; bei Eclampsie gr. j—jj stündl. Extr. ℨβ—j alle 24 Stunden. Gegen unterdrückte Menses. Infus. ℨj—℥j. Das Extr. spirituosum bei Eclampsie der Kinder, bei nicht entzündlichen Grimmen, Koliken und Durchfällen der Kinder wie der Erwachsenen, selbst in der Ruhr nachdem der Blutabgang nachgelassen, in gastrischen Fiebern bei Uebergang in den nervösen Charakter; bei Dysphagie, Cardialgie, chronischem Erbrechen, Scirrhositäten des Magens, chron. Kopf- und Gesichtsschmerz, Bleichsucht und bei stockender Menstruation, stockendem Hämorrhoidalfluss, Epilepsie; in der Amenorrhoe und Dysmenorrhoe, wenn das Ganglien-, Rückenmarkssystem, besonders die motorische Seite sehr aufgeregt und doch im Ganzen eine Atonie im Nerven- und Muskelsystem vorhanden ist, z. B. bei Zuckungen ½—2ℨ—℥j u. mehr für den Tag in Emulsionen, oder Pillen. 128.

Arum. S. Aronis Rad.

Asa foetida 2—3mal tägl. zu 10—30 Gr. Tinct. 15—30 gtt. Klystier ℨβ—jβ. 678. Die Asa foet. besonders gegen Keuchhusten mit Extr. Lactuc. vinos. innerlich und in Klystieren, bei krampfhaften Leiden des Nerv. vagus, Stimmlosigkeit, Heiserkeit mit Schlundkrämpfen. 55. 27. 86. 276. 449.

Aspariginum, Diureticum, ½—1 Gr. 4mal tägl.

Asparigi Turionum Syrupus, die Anzahl der Pulsschläge vermindernd und gegen Hypertroph. cordis empfohlen; auch Diureticum; 2—3mal tägl. 1 Essl. voll.

Asparigi radicis Extract. spirit., soll die Blutcirculation verlangsamen, Ruhe und Schlaf bewirken, diuretisch. ℈j—℈jj binnen 24 Stunden in Pillen. Syrupus 2—3mal des Tags 1 Essl. voll.

Asphaltöl. Bitumen Asphaltum 2—3mal tägl. 3, 5—8 gtt. auf gestossenem Zucker und etwas Syrup. cort. aurant. und aq. cinnamomi ana nachgetrunken; auch kann man es mit gtt. j—jj Spirit. nitri dulc. nehmen lassen, gegen Schleimschwindsucht. 555.

Atropinum; in Alcohol u. Aether, weniger in Wasser löslich; seiner Gleichbeständigkeit wegen allen übrigen Belladonnapräparaten vorzuziehen, als Dilatativum (Iridis ¹⁄₁₀₀₀ Gr. reicht dazu schon hin). Innerlich 1 Theil Atropin in seiner Wirkung = 200 Theilen Extr. Bellad. Innerlich dürfte man die Gabe von ¹⁄₄₀ Gr. nicht übersteigen. Syrupus Atropini ℥j enthält ¹⁄₂₀₀ Gr. Atropin = der Wirkungskraft von 1 Gr. Extr. Belladonnae.

Au (Oberbayern), erdig-salinische Schwefelquelle.

Aurantii Extr.; Folia; Cort.; Tinct. Flaved. cort.
aurant. 10—20 Gr. Flor. Naphae Infus. ex ʒj—jv
pro die. 67. 74. 107. 127. 129. 379.

Aurum cyanicum, von allen Goldpräparaten am wenigsten corrosiv und reizend, gegen Scropheln,
tuberkulöse Schwindsucht, Syphilis, Amennorrhoe,
Verhärtungen. $^1/_{16}$—$^1/_2$ Gr.

Aurum divisum s. pulveratum. $^1/_4$—$^1/_2$ Gr. allmählig
gestiegen bis zu 3—4 Gr. tägl., mit Amylum, Lycopod. oder Syrup., es wird als das mildeste Gold-
präparat von Einigen betrachtet. Syphilis, Scropheln, in der psychiatrischen Praxis, zu Salben
10 Gr. — ʒj auf ʒj Cerat.

Aurum jodatum, $^1/_{12}$—$^1/_{16}$ Gr. mit Gummi arab., äusserlich 5—10 Gr. auf ʒj Fett, gegen Syphilis u. scrophulöse Geschwüre.

Aurum muriaticum, eines der eingreifendsten Gold-
präparate von caustischer Wirkung, gegen Syphilis,
Wassersucht, Drüsenleiden u. s. w. $^1/_{20}$—$^1/_{16}$—$^1/_4$ Gr.
p. d. in aq. destill. (1 Gr. in ʒvj) 1 oder mehrere
Essl. voll hievon des Tags in einer Tasse Thee.
Zu Einreibungen $^1/_{10}$—$^1/_4$ Gr. mit Pulv. rad. Irid.
florent., Lycopod. od. Stärkmehl. Aeusserl. ℈j auf
ʒj Fett; Gr. jj auf ʒvj aq. dest. 668.

Aurum-muriatico-natronatum, milder als voriges gegen
syphilitische Geschwüre in Einreibungen in die
Zunge, $^1/_{20}$—$^1/_{16}$—$^1/_8$ Gr.; j.

Auri nitrico-muriatici Liquor, als Aezmittel vortrefflich (es erfolgt Vernarbung ohne Substanzverlust
bei Lupus, Gebärmutterkrebs, syphilitischen, scrophulösen und scorbutischen Geschwüren.

Aurum oxydatum. $^1/_{20}$—1 selbst 2 Gr. auf den Tag.

Baden (in der Schweiz) am Ufer der Limmat, Ther-
mopolis der Römer, hat 18 reiche warme Quellen
von verschiedener Temperatur, aber von gleicher
Qualität. 16 Unzen enthalten schwefels. Natron
2,288; schwefels. Talkerde 2,442; Gyps 10,86; Kochsalz 13,04; Chlorkali 0,711; Chlortalk 0,566; Chlorkalk 0,719; kohlens. Kalk 2,599; kohlens. Talk
0,152; ausserdem Spuren von flussspaths. Kalk,
Alaunphosphor, Strontian, Kieselsäure, Brom und
Jod. Bei Drüsenleiden nicht erethischer Natur
erscheint die Wirksamkeit dieser Bäder am glän-
zendsten.

Baden bei Wien, erdig-salinische Schwefelwasser, hat
13 Quellen von 36—37° R. warm; auf 16 Unzen:
schwefels. Natron 1,09; schwefels. Talk 1,860; Gyps
3,200; Kochsalz 1,341, etwas organische Materie.
Man erwartet vom Badener Bad Erkräftigung der
Hautthätigkeit; wo man Congestionen fürchtet,
lässt man erst in den kühleren, dann in den wärmeren Quellen baden, umgekehrt, wo Torpor vorhanden ist. Bei Rheumatismus, Gicht, zu reichlicher Absonderung der Schleimhäute, Hautkrankheiten, Metallvergiftung und Schwäche wird es
verordnet. Es wird seltener getrunken. In der
Nähe die Steyrischen Alpen.

Baden-Baden am Schwarzwald, eine Therme. Kochsalz
16,00, Chlorkalk 1,75, Gyps 3,00, kohlens. Kalk
1,66, kohlens. Eisen 0,10, Kieselsäure 0,33, Chlor-

kalk 0,25. Die Temperatur der Judenquelle ist
67° R., einen Grad heisser als die von Burtscheid.
Fast gegen alle chronische Krankheiten gerühmt.
Besonders gegen Gelenkleiden in Folge chronisch.
Entzündung, Hautausschläge, Gicht, Rheumatismus,
Verschleimungen. Gegen Katarrhe, Blasenkrank-
heiten ist diese Therme von jeher berühmt. Man
trinkt und badet.

Bäder, Balnea. Kalte Bäder. Wenn sie nur kurze
Zeit, mehr als Eintauchen oder Begiessungen angewendet werden, wirken reizend, dagegen wenn man
längere Zeit darin verweilt, schwächend. Erstere
bei örtlichen paralytischen Leiden, letztere bei örtlicher Entzündung, nach Verletzungen z. B. des
Gehirns; Auges, bei Erschlaffungen, Vorfällen,
Aneurysmen, Varices, Hernien u. s. w. Contraindicirt sind sie bei den mehr irritabeln Subjecten,
Plethora und allen jenen Fällen, wo das Zurück-
strömen des Blutes nach inneren Theilen zu befürchten; auch passen sie nicht während der Schwangerschaft und Menstruation, bei inneren Aneurysmen, Phlegmatien, Flechten, Erysipelen, Neigung
zu Haemoptysis, Asthma. Die Bäder in flies-
sendem Wasser, Meerbäder, sind trefflich
tonisch, vorzüglich bei Scropheln, Hypochondrie,
Hysterie, Amenorrhoe, Rhachitis etc. Kalte Fussbäder gegen Verstauchungen, Verbrennungen, Er-
frierungen etc. Laue und warme Bäder vermehren die Expansion der Gefässe und den Turg.
vital., beleben das Nervensystem und beruhigen
dasselbe durch gleichmässige Vertheilung der Blutmasse: alle Ab- und Aussonderungen, vorzüglich
der Haut, werden dadurch befördert, die Aufsaugung
bethätigt. Je heisser die Bäder, desto leichter entstehen Nervenaufreizungen, Wallungen nach Brust
und Kopf, Herzklopfen, Schwindel, Ohnmachten.
Laue und warme Bäder bei entzündlichen und billösen Fiebern, Abdominalphlegmatien, der ersten Periode der Ruhr, Nephritis, Peritonitis, acut. Rheum.,
nervösen Reizungen, Spasmen, Schlaflosigkeit, Syphilis zur Beförderung und Absorption des Mercurs, zur Vorbereitung der Kranken für schwere
Operationen, zur Erleichterung der Geburt. Die
heissen Bäder sind excitirend, schweisstreibend
revulsivisch wirkend. Bei chronischen und am Ende
der acuten Rheumat., bei Sprödigkeit der Haut, um
den Ausbruch der Blattern zu befördern, Haemor-
rhoid. hervorzurufen. Die heissen Fussbäder,
um unterdrückte Lochien und Menses hervorzurufen, Congestion von Kopf und Brust abzuleiten,
die Gicht festzuhalten etc. Die Dampfbäder
sind mächtig schweisstreibend, ableitend, bei Krätze,
Flechten und andern inveterirten Hautkrankheiten.
— Man bade niemals bei vollem Magen, sondern
erst 3—4 Stunden nach der Mahlzeit, besser vor
derselben, nüchtern. Im kalten Bade darf der
Kranke höchstens 3 Minuten verweilen, im kühlen
ungefähr 10, im lauen 15—30 Min., im warmen und
heissen Bad 5—8 Min.; höher als 36° R. darf die
Temperatur nicht gesteigert werden. Die kalte

Douche bei Geisteskrankheiten, Melancholie, Manie, Hypochondrie. Ihrer Anwendung sollen laue und erschlaffende Bäder etc. vorausgehen. Ferner: zur Zertheilung kalter Geschwülste, bei Lähmungen, Ausschwitzungen, Steifigkeiten, Contracturen, Neuralgien. Contraindicirt sind sie bei Plethora, wenn nicht V.S. vorausgeschickt wird. Die heisse Douche passt bei Hemiplegien, örtlichen Lähmungen, chronisch rheumatischen Schmerzen, unvollkommener Anchylose. Die heissen Schwefel-Douche-Bäder gegen Flechten. Die einfachen salinischen oder schwefligen, die Douche von Unten nach Oben sind häufig nützlich bei Erschlaffung mit oder ohne Ulceration des Uterus, der Vagina, des Rectums. Die Schlamm- und Moorbäder zur Belebung der Haut bei Neuralgien, Lähmungen, Steifigkeiten, nach schweren Verletzungen. Räucher-Bäder. Räucherungen von trockenen, aromatischen, harzigen Substanzen, Bernstein, Mastix, Myrrhe, Opium, Schwefel, Mercur, bei Lähmungen, Steifigkeiten, Wassersuchten, Geschwüren, Hautkrankheiten, Syphilis. Thierische Bäder oder die Einbringung kranker Theile in frisch geschlachtete Thiere, vorzüglich bei Verkürzungen der Sehnen und Contracturen der Muskeln nach Fracturen. — Schwefelbäder. 1—2 ℥ Kali sulphurat. auf 1 Bad für Erwachsene, nach eingewurzelten syphilitischen Uebeln, um sich von deren vollkommener Heilung zu überzeugen, gegen Lähmungen, Hautkrankheiten, nach Metallvergiftungen. Eisen- oder Stahl-Bäder. 1—3 ℥ Globul. mart. oder Löschwasser, oder Liquor. ferri muriat. s. Ol. Mart. 1—2 ℥, oder Ferrum oxydat. sulph. ½—1½ ℥, bei allgemeiner Körperschwäche nach starken Blutverlusten, Vereiterungen, Rhachitis, chronischen Schleimflüssen, Neuralgien, Lähmungen. Sublimat-Bäder. ℨj—℥β; es darf aber am Körper keine wunde Stelle sein; zweckmässiger sind Fussbäder mit Sublimat in einem steingutnen Gefässe ½ Stunde lang 36° R. gegen Syphilis, Scropheln, Gelenkkrankheiten, Verhärtungen. Aromatische und stärkende Bäder nach schweren Verwundungen, Fracturen, Blut- u. Schleimflüssen, Vereiterungen, Lähmungen, Scropheln, Rhachitis, Dyspepsie, Phthisen. — Von Malz, Feldkümmel, Münze, Lavendel, Quendel, Majoran, Wermuth, Chamillen, Calmus, Weiden, Ulmen, Eichen, China, Gelatina, denen man noch Wein oder Spirit. zusetzen kann. ℞ Gelatin. ℔ jj; Solv. aq. tepid. ℔ jjj; S. zu einem Bade. Von den Species aromat. 8—10 ℥ zu einem Bad, von den stärkenden Rinden 1—2 ℔ zum Infus. oder Dct. ℞ Herb. menth., flor. lavend., rad. calam., cort. salic., ana ℥jβ; Sem. carv. ℥j; S. mit 3 Quart Wasser infundirt durchzuseihen, zu einem Bade, mit dem Rückstande in einem leinenen Tuche, den Körper zu reiben. ℞ Cort. salicis — hypocast. — querc., Rad. Calam., ana ℥jjj; S. mit 4 Quart Wasser ½ St. zu kochen zu 1 Bad. Zu einem blos hautreinigenden Bade nimmt man 4—5 ℔ Waizenkleien, die man mit 4—6 Loth

Seife anbrühen lässt, colire es durch ein Tuch, und benütze das Residuum im Tuch eingebunden zum Abreiben des Körpers im Bade. Jod-Bäder. S. bei Scropheln. Kalicausticum-Bäder ℥jj bis ℥β zu 1 Bad; den Liquor. Kali caust. in dreifacher Gabe. ℞ Calcar. muriat. ℥β; Aq. destill. ℥jv. D. in 3plo S. zu 3 Bädern; dazu ℔ jj—jv Kochsalz. Saure Fussbäder. ℞ Acid. nitr., — muriat., ana ℥j. S. So viel davon in 1 Fussbad, dass es einen etwas säuerlichen Geschmack davon bekömmt. Ein solches Fussbad daure ½ Stunde täglich oder einen Tag um den andern, gegen Gallensteine, chronische Hepatitis. S. Heilquellen.

Ballotae lanatae Folia, das Gefässsystem heftig erregend, Haut und Nieren bethätigend. Gegen Wassersucht, Rheumatismus, Gicht. Infus. oder Dect. ℥β—j auf ℥vj in 2 Hälften auf einen Tag.

Balsamum resolutivum joduratum (Opodeldoc spissum mit ⅛ Jodkalium), ist nicht so der Zersetzung unterworfen wie Ungt. hydrojodicum.

Balsamum Copaivae. S. Copaiva.

Balsamum nucis moschatae. S. Macis. Aeusserl. 105.

Balsamum peruvianum 234. 521.

Balsami de Tolu Syrupus, ziemlich dem Syrup. Bals. peruv. analog.

Balsamum vitae Hoffmanni s. Mixtura oleoso-balsamica (Ol. lavend., majorani, caryoph., flor. macid., cinnamomi ana ℈j; Ol. rutae, succin. an. gtt. x; balsami peruv. ℈β; Spirit. vin. rect. ℥x). 129.

Bardana. Aeusserl. Innerl. 111.

Baryta muriatica. ⅛—¼—½ Gr. 3—4mal tägl., allmählig bis zu 1—2 Gr. in Auflösung mit aq. dest., Vin. stib., etwa ℈β—j in ℥β—j; 3—4mal tägl. für Kinder zu 5—10—25 gtt., für Erwachsene 30—60 gtt. 33. 257.

Baryum jodatum. Bei Scropheln ⅛ Gr. 3mal täglich allmählig steigend bis zu gr. j, ja bis auf 3 Gr.; äusserl. 4 Gr. auf ℈j Fett.

Bebeerinum, antiperiodisch und tonisch wie Chinin.

Bebeerinum sulphuricum, gegen intermittirende Fieber, Neuralgien u. s. w. bewirkt keine Aufregung der Circulation, wie das Chinin oft, und ist um die Hälfte wohlfeiler; wie Chinin gegeben; ist mittelst einiger Tropfen Schwefelsäure gänzlich auflösbar und kann so in flüssiger Form gegeben werden.

Begiessungen, kalte. 161.

Belladonna. Folia et Herba. 1—3 Gr. 1—2 tägl. Von der Radix gibt man nur die Hälfte, weil sie stärker ist, 3—4mal tägl. ½—2 Gr. Extr. ½—2 Gr. S. Atropinum. 50. 13. 188. 259. 653. 294. 295. 374. 690.

Benzoe. Flores 3—10 Gr. (mit 3 Gr. Camphor p. d.) 2stündl. Tinct. simpl. 20—30 gtt. alle 3—4 St. als Carminativ und Expectorans. Acidum benzoicum. 6—12 Gr. mehrmals in Pulv., Pillen. Bei chron. Bronchial- und Lungenaffectionen. 60. 61.

Berberinum et berberinum muriaticum. Stomachicum, kann neben die Rhabarber gestellt werden, ist aber vorschlagend tonisirend, auch zu 5—10 Gr. kaum drastisch wirkend. 1—3 Gr. mehremale tägl.

Zu Bèrtrich an der Mosel quillt aus vulkanischem
Boden eine 32° R. warme Therme mit Salzgehalt
und etwas Eisen; wird nur zum Baden benützt.

Bestuscheffs.Tinctur. S. Spiritus sulph. aeth. mart.

Bierhefe 45.

Bignoniae Catalpae Radicis Cortex. Die Tinctur davon gegen scrophulöse Augenentzündung und namentlich den damit verbundenen Augenliderkrampf.
4—8 gtt. mit 12 gtt. aq. dest. 3mal des Tags lau
ins Auge zu träufeln.

Bignoniae Catalpae Siliquae. Gegen chronische Engbrüstigkeit und krampfhaftes Asthma ℥β auf ℥viij
Decoct. Alle 2 St. 2 Essl.

Bilin in Böhmen, nur innerlich gebraucht, von Brustkranken mit Milch versetzt; ein Säuerling, sali-
nisch-alkalinisches Laugenwasser, steht dem Vichy
wenig nach; bei Blennorrhoen der Harnblase, Sand
und Gries, Steinbeschwerden, Lungenschleimflüs-
sen. Aus ihm werden die sog. Bastilles digestives
de Bilin bereitet, gegen Säurebildung und Stein.

Bismuthum nitricum praecipitat., 2—4mal tägl. ¹/₂—1
bis 2—3—6—8 Gr. und gestiegen in Pulv. 372.

Bismuthum valerianicum. Gegen Gastrodynien, chronische Gastralgien, Neuralgien, chronisch nervöse
Palpitationen. ¹/₂—2 Gr. p. d. 4mal des Tags.

Blasenpflaster. S. Vesicator.

Blausäure. S. Acid. hydrocyanicum.

Blutreinigende Mittel wirken diaphoretisch und diuretisch. Man rechnet hieher: Rad. Graminis, Bardan., Caric. arenar., Sassaparill., Smilac. Chin.,
Quajac., Mezer., auch die Antimon- und Schwefel-
verbindungen. Wenn diese theils erregenden, reizenden, theils scharfen und auflösenden Mittel bei
warmem Verhalten und zweckmässiger Diät lange
und andauernd gebraucht werden, und zwar in Form
lauer Getränke, so wirken sie nicht blos diaphoretisch und diuretisch, sondern sie greifen auch in
die gesammte Ernährung und Vegetation ein, indem sie die Resorption steigern, die Secretionen
der Schleimmembranen, besonders der Synovial-,
der serösen und fibrösen Häute befördern, umstimmen, verbessern, und zugleich die Assimilation und
Nutrition auf eine heilsame Weise herabsetzen und
unterbrechen. Solche blutreinigende Species 3—6
Wochen lang bei magerer Diät und Warmhalten
des Körpers gebraucht, leisten die herrlichsten
Dienste bei hartnäckigen und alten Ablagerungen,
Stockungen in den Drüsen und secernirenden Membranen, bei eingewurzelten Abnormitäten u. Krankheiten der Vegetation überhaupt, bei hartnäckigen
Cachexien und Dyscrasien, denen keine wahre
Schwäche, sondern abnorme Vegetation und reproductive Thätigkeit zum Grunde liegt, z. B. bei
veralteten und eingewurzelten rheumatischen, gichtischen, scrophulösen, herpetischen, leprösen, psorischen Cachexien und Dyscrasien, bei Syphilis
inveterat., depravat., bei allen aus solchen Uebeln
entstandenen chronischen Hautübeln, Knochenanschwellungen. Bei hohem Grade von Schwäche der
Digestionsorgane und des ganzen Körpers als Folge

jener Uebel, so wie bei fauliger und scorbutischer
Dyscrasie, bei Neigung zu colliquativen Schweissen
und Diarrhoe, bei Diabetes, Phthisis etc. sind sie
contraindicirt. Frictionen, warme Bäder und Bähungen, höhere Zimmertemperatur unterstützen die
gute Wirkung der blutreinigenden Mittel. Folgende
blutreinigende Species kann man 4—6 Wochen lang
in den Monaten Mai etc. gebrauchen lassen, mit
darauf folgender Kräuter-, Brunnen- oder Badekur
bei eingewurzelter Gicht, chronischen Exanthemen,
hartnäckigem Herpes, Syphilis inveterat. R Ligni
quaj. ℥jj; Rad. bardan., saponar., chin., ana ℥iij;
Liquirit., sassaparill., gram., caric. arenar., ana ℥jβ;
Herb. trifol. fibrin. ℥ij; Rad. calam. aromat. ℥jβ.
M. c. c. f. spec. divid. in vjjj part. S. täglich 1
Portion mit 5 Pfund Wasser bis auf 3 Pfund einzukochen und den Tag über zu verbrauchen. Hieher
gehören noch die frisch ausgepressten Kräutersäfte
zu den sogenannten Frühlingskuren. Schwache
Verdauungsorgane, pflegen sie nicht zu ertragen,
desshalb muss man oft gleichzeitig bittere Mittel
anwenden. Gewöhnlich lässt man am Morgen die
vorgeschriebenen ℥jv des Saftes mit Kalbfleischbrüh
vermischt und auf 2 Portionen vertheilt, bei hinreichender Körperbewegung im Freien trinken, oder
auch wohl gleichzeitig ein mildes Mineralwasser,
Kissinger, Selterser etc. gebrauchen. R Herb.
millefol., —. heder. terrestr. recentium, ana q. s.
ut exprimatur succ. ℥iij. D. in vitr. S. Kräuter-
saft. R Tarax. totius recent., herb. recent. cochlear.,
— nasturt. aq., ana q. s. ut exprimendo f. succ.
℥jv; Succo colat. adde sacch. alb. ℥j. M. S. 2stündl.
1 Essl. voll.

Bocklet: schwefels. Talk 3,23, schwefels. Natron
2,542, schwefels. Kalk 0,003., Chlorkali 0,1473,
Chlornatron 6,5532, Chlortalk 4,432, Bromtalk
0,00021, kohlens. Talk 3,360, kohlens. Kalk 6,545,
kohlens. Eisen 0,6108, kohlens. Mangan 0,001,
Kieselsäure 0,2210, Kohlensäure 39 C. Z. — Salinisches Eisenwasser; reizend und stärkend, besonders in Nervenkrankheiten aus Schwäche, Scropheln, Uterinleiden; 3—6 Gläser tägl.; häufig als
Nachkur von Kissingen.

Boll im Württembergischen, 2 Stunden von Göppingen,
Schwefelbad.

Bolus-Bissen ist eine ziemlich weiche, doch zusam-
menhaltende Arzneiform von runder oder länglicht-
runder Gestalt, an Grösse die Pillen übertreffend
von ℥j—jj Gewicht. Man kann den Bolus als eine
etwas festere und abgetheilte Latwerge betrachten.
Zu aufnehmenden Mitteln (Excipientia) dienen der
Honig, die Conserven, Pulpen, selbst Zuckersäfte,
oder Balsame. Z. B. R Pulv. corticis peruviani regii
℥vj; Pulv. cortic. cinnamom. ℥j; Syrup. cort. aurant.
q. s. f. massa boli, in sex partes aequales dividenda.
Conspergantur pulvere cinnamomi, detur in sca-
bula. S. Alle 2 Stunden 1 Bissen zu nehmen.

Bolus Armena 168. 58.

Borago 112.

Borax veneta. Alle 1—2 Stunden (bei Kreisenden

10—15 Gr.; sonst 2—3mal tägl. zu 20—30 Gr. in
Pulver, besser in Solution. 19. 42. 386.

Brausepulver. S. Acidum carbonicum p. 695. 66. 124.

Brayera anthelminth. S. Flores Brayerae.

Brechmittel. Emetica. Die hauptsächlichste Wirkung
der Brechmittel ist die Entleerung von Stoffen im
obern Theile des Gedärm-Organs überhaupt. Da bei
mehrmaligem Erbrechen nicht nur mehr Flüssigkeiten ausgebrochen werden, als genossen wurden,
sonder namentlich zuletzt auch immer Galle und
pancreatischer Saft dadurch weggehen, so ist klar,
dass die Entleerung durch Brechmittel nicht blos
den Magen treffen, sondern auch auf den Zwölffingerdarm und die dem Magen zunächst gelegenen
Organe der Oberbauchgegend sich erstrecken müsse.
Die bedeutende Exaltation der Magennerven, welche bei dem Erbrechen stattfindet, hinterlässt nicht
allein eine grössere Empfänglichkeit derselben und
thätigere Rückwirkung, wenn äussere Einflüsse und
namentlich Arzneien nachher auf sie einwirken, so
dass oft erst ein Brechmittel Arzneien Eingang und
die Möglichkeit ihrer Kraftentfaltung verschafft,
welche sich vorher fast indifferent gegen den Magen
verhielten, sondern sie bewirkt auch sehr oft eine
völlige Umstimmung der Nervenaction im Magen,
so dass die Arzneien nach dem Erbrechen oft richtiger die normale Nerventhätigkeit ansprechen, als
vor dem Erbrechen. Weitere Folgen der Emet. sind:
Ableitung für Nervengebilde, Hebung von hartnäckigen Störungen der Gehirnthätigkeit, von Krämpfen, Lähmungen vom Rückenmark ausgehend, von
krampfhaften Brustbeschwerden. Sie wirken stark
auf das vegetative Leben, den Aus- und Absonde-
rungsprocess ein, vermehren die Absonderungen
der zum Magen-Leber-System gehörigen Organe,
können also Stockungen, Retentionen in diesen
Gebilden heben, entfernen Krankheitsproducte aus
denselben. Sie bringen die angesammelten Massen
in den Bronchien zum Auswurf, erhöhen die Hautthätigkeit, befördern die innere Resorption. Seit
Hyrtl die zwei neuen Muskeln broncho- und pleuro-
otophageus entdeckt hat, ist es anatomisch-phy-
siologisch bewiesen, wie Brechmittel durch diese
Muskeln zur Entleerung der mit Schleim erfüllten
Bronchien beitragen müssen. Man hat Bubonen,
Wasserbrüche, Abscesse etc. nach ihnen verschwinden gesehen. Gegen Contagien durch ihre das Nervensystem und die Vegetation umstimmende Kraft.
— Das Erbrechen darf nicht zu stark und zu oft
wiederholt werden, wenn nicht die Eingeweide leiden sollen. Die Brechmittel dienen also 1) in Fiebern, gastrischen, biliösen, pituitösen; zu Anfange
der Exantheme, nervöser, typhöser, contagiöser
Fieber, Scharlachs, Masern, Typhus, Faulfiebers,
als Prophylaxis, und zur Erstickung des Uebels
im Keimen. 2) Entzündungen mit galligtem Charakter, Anginen. 3) Acuten und chronischen Catarrhen, Blennorrhoen, der Lunge, des Halses, des
Magens. 4) Wassersuchten, Wurmkrankheiten.
5) Stockungen der Leber und Milz, Drüsen, Hoden-

Geschwülsten, Bubonen. 6) Zur Entfernung frem-
der Körper aus der Luft- und Speiseröhre. 7) Bei
Anfällen von Hysterie, Hypochondrie, Krämpfen der
Wöchnerinnen, Asthma convulsiv., Blasenkrampf,
Fames canina, Apepsie. 8) Seelenstörungen. 9) Lähmungen, Stickfluss, metastatischer Lähmung nach
unterdrückter Hautausdünstung. 10) Apoplexie
wohlbeleibter Leute nach vorausgeschickter V.S.,
wenn der Magen voll war beim Schlage. 11) Taubheit und Schwerhörigkeit. 12) Vergiftungen. Das
blandeste Emet. ist Ipecac.·ℨβ mit Aq. destill. ℥ij;
alle 5 Min. 1 Essl. voll bis zur Wirkung. Für kleine
Kinder passt: ℞ Rad. ipecacuanh. gr. xviij; Syrup.
alth. ℥jβ; M. Umgeschüttelt alle Stund 1 Theel.;
oder für grössere Kinder: ℞ Rad. ipecacuanh. ℈j;
Aq. destill, oxym. scill., ana ℥j; M. Bei Personen,
welche schwer brechen, setzt man Tart. emet. hinzu. ℞ Rad. ipecacuanh. ℈β; Tart. emet. gr. ij—iij;
Aq. destill. ℥jβ; alle 5—8 Minuten 1 Essl. Bei
grosser Torpidität des Magens, z. B. bei Vergifteten
durch Opium, Belladonna etc. passen folgende Formeln. ℞ Zinci sulphur. ℈j—ℨβ; Aq. destill. ℥ij;
S. Alle 5-10 Min. 1 Essl. ℞ Cupr. sulph. cryst.
℈β; Aq. destill. ℥iij; S. wie die vorige. ℞ Rad.
ipecacuanh. ℈jβ; Cort. aurant. ℈ij; Cremor.·tart. ℨβ;
Fiat. infus. fervid. ℥jv·; Oxym. scyll. ℨβ; M. S.
Emet. von Gionella. Alle ¼ St. 1 Essl. voll.

Bromium. Gegen Scrophulosis, Struma, strumatöse
Ulcerationen, arthritisch rheumatische Affectionen,
Flechten (besonders Eczema). ¹⁄₁₀ — ¹⁄₅ Gr. 2mal
täglich in wässriger Solution. 6 Tropfen Broms, ℨβ
aq. tägl. 1—2mal 5 Tropfen, allmählig bis zu 15
Tropfen; äusserlich 10—20 Tropfen des reinen
Broms auf ℨj Wasser.

Bromkalium ist nicht dem Jodkalium ähnlich zu betrachten, es geht ihm die Wirksamkeit gegen Syphilis vollständig ab, es ist vielmehr zu ℨij—iij
pro die gereicht ein Stupefaciens und erregt Berauschung. Eigenthümlich herabstimmend wirkt es
auf die Genitalienthätigkeit und ist in dieser Beziehung allen Narcoticis und dem Camphor bei
Weitem vorzuziehen. Nachtheilige Wirkungen hat
es hiebei nie. Daher Antiphrodisiacum gegen Satyriasis und gegen zu häufige nächtliche Pollutionen,
gr. xxjv — xxxvj mit ℨij Sacch. alb. In XII Theile
getheilt alle 2—3 Stunden 1 Pulver zu nehmen. Dabei Milchdiät, vegetabilische Kost mit Vermeidung
aller Säuren.

Brucinum, schwierig in Wasser, gar nicht in Aether
und fetten Oelen, leicht in Weingeist, ätherischen
Oelen, Säuren löslich. Schwächerer Wirkung als
das Strychnin, bei Lähmungen, nach Bleivergiftung
und Apoplexie. ½ Gr. allmählig steigend bis zu 5
Gr. in Pillen, als Tinctur und in wässriger Lösung.

Brückenau in Franken, in der Nähe von Fulda, eine
an Kohlensäure reiche Quelle, nicht ohne Eisengehalt. Ein anderer Quell, nahe beim Stahlquell,
ist eisenfrei. Stärkend, gegen chronische Neuralgien, Dyscrasien, Magenschwäche. Mit der Anzahl

der Becher wird so lange gestiegen, als es vertragen wird. Zur Vorkur die Abführmittel, auch
während der Kur wiederholt, wenn Verstopfung
eintritt, oder das Wasser wird mit Milch gemischt.
Brustthee 144. 259.

Bryoniae Rad. Wirkt wie Coloquinthen, gegen Stockungen im U.L., Hypochondrie, Melancholie, inveterirte Gicht. Succus recens express. rad. 1mal tägl.
zu ϶β—j, ʒβ auf ʒvj Infus. alle 2 St. 1 Essl. Die
getrocknete Wurzel der Bryonia hat keine Wirksamkeit wie die frische oder die Urtinctur, welche
die Homöopathen bereiten lassen. Gegen periodisches Gliederreissen, gichtisch geschwollene Theile
3stündlich 5 gtt. Sie sowie das Ledum palustre
ist in solchen Fällen wirksam, wo die sog. rheumatische Affection weder als Symptom eines Allge-
meinleidens, noch als secundäre Folge eines Ur-
leidens in irgend einem andern Organe (Haut,
Nieren, Leber) auftritt, sondern ein Urleiden des
ergriffenen Theils selbst ist.

Buccu folia. ʒj auf ʒviij Decoct. in Blasencatarrh,
Beschwerden krampfiger Art, die das Uriniren hindern; bei schwieriger Menstruation, Gebärmutter-
blutung, weissem Fluss, vorzüglich nach der Geburt (insoferne beide Zustände in gesunkener sen-
sibler und irritabler Energie des Organs gründen
können), bei chronischen, rheumatischen und gichtischen Leiden, Wassersucht. Tinct. ʒj p. d.

Burgbernheim (Bayr. Mittelfr.), Bittersalzquelle. Se-
cretionsbefördernd. Gicht, Lithiasis, Hypochondrie.

Bursa pastoris. Herb. Haemostaticum bei profuser
Menstruation, Hämorrhagien. Infus. ʒβ—j auf libr. j
Tassenweise. Tinct. (Rademacher) 30 — 60 gtt.
als Diuret. in Nierenaffectionen.

Burtscheid. S. Aachen.

Cacao. ℞ Butyri cacao; Syrup. papav. rhoead, Aq.
flor. aurant., Ol. amygd. dulc. ana ʒij. S. alle
1—2 St. 1 Theelöffel voll gegen Husten. Zu Moos-,
China-, Arrowroot- etc. Chocolade.

Cadmium sulphuricum. Dem schwefelsauren Zink an
die Seite zu setzen, gegen chronische Augenentzündungen mit dyscrasischer Grundlage, entsprechenden pathologischen Zuständen der Cornea, Conjunct., Maculae etc. als Einträuflungsmittel ½—6 Gr.
auf ʒij Wasser.

Cainca, radix. Acre drasticum, gutes Diureticum
u. Purgans gegen Hydrops torpid. ʒj auf ʒviij—xij
Dct., 2—4mal tägl. 1 Essl. Extr. zu 20—30 Gr. 3mal
täglich. ℞ Rad. caincae ʒiij; Coq. c. aq. commun.
q. s. per ½ hor. Col. ʒvj refrig. adde Spirit. muriat.
aeth., Elaeosacch. juniperi, ana ʒij. S. Alle 2 St.
1—1½ Essl. gegen Hydrops. Tinct. ʒj—jj für den Tag.

Cajeput Oleum. 2—5—12 gtt. auf Zucker oder Elaeosacch. in versüssten Säuren gelöst; auch äusserlich. 21. 313.

Calamus aromaticus. ʒiij—vj auf ʒvj Infus. alle 2 St.
1 Essl. Extr. ϶β—j ist wenig gebräuchlich; mehr
die Tinct. simpl. zu 30—40 gtt. 3mal tägl. mit Wein;
das Oleum 1 — 3 gtt. auf Zucker oder in Naphtha.
378. 639.

Calcaria chlorinica. S. Chlorkalk.

Calcaria muriatica. Aehnlich dem Baryt wirkend gegen torpide Scropheln, solche Blennorrhoen, kalte Geschwülste, Struma, Gichtconcremente, auch als ein sicheres Mittel gegen Erbrechen gerühmt: innerlich 2—4—10 Gr. 2—3mal tägl. in geistiger oder wässriger Solution. 3β—j in ʒvj eines schleimigen Decocts 3—4mal tägl. 1 Essl. 375. 569.

Calcaria phosphorica. 5—7jährigen lymphatischen, scrophulösen Kindern zu gr. jβ—jj mit Sacch. alb. ϑβ tägl. 2mal 1 Pulv. nach dem Frühstück u. Mittagessen, um nach iatrochemischen Principien dem Blute das Salz, dem es ohne Zweifel seine alkalische Beschaffenheit zu verdanken hat, beizubringen. Erwachsenen von tuberkulösem Habitus zu 3—10 Gr. mit ϑβ Zucker tägl. 2mal ein halbes Pulver. Auch als den Zellenbildungsprocess fördernd bei Atrophia infantum 1½jährigen Kindern 2—4 Gr. tägl. Endlich auch bei Fracturen befördert er bedeutend die Heilung. 506.

Calcaria phosphorico-stibiata. S. James-Pulver.

Calcaria usta. Nicht innerlich zu geben; Kalkwasser innerlich gegen Magensäure, Stein- und Harnbeschwerden mit Blennorrhoea chronica und Vereiterung dieser Theile, Phthisis purulenta intestinalis mit Durchfällen, Tympanitis, Herpes; zu Mund- und Gurgelwässern etc. innerl. 2—3mal tägl. 2—4 ʒ Aq. calcis. Syrupus calcariae als Säure tilgendes Mittel ϑj—3β auf den Tag gegen chron. Diarrhoen der Kinder, nach dem Abgewöhnen von der Mutter, der Kuhmilch zugesetzt. 541.

Calendula. Extr. 4—8 Gr. 3—4mal täglich, allmählig damit zu steigen bis zu 3β 2—4mal, äusserl. dessen frisch ausgepresster Saft ein vortreffliches blutstillendes Mittel bei Verwundungen. — Extr. gegen chron. Erbrechen, Cardialgie, scirrhöse Verhärtungen, äusserl. gegen krebsartige Geschwüre.

Calomel. Aeusserlich; innerlich; in grossen Dosen; in vollen Dosen nach bestimmten Indicationen gereicht in Fiebern und Entzündungen; der Odor mercurialis bei Schwerkrankheiten ist stets ein gutes Zeichen. In Fiebern, wo das Calomel aus individuellen Gründen nicht anwendbar ist, leistet das Ol. Ricini bei gleicher oder annähernd gleicher Indication Vorzügliches; mit Cremor Tart., mit Sulphur. aurant., mit Moschus, mit Nitrum, mit Zink, mit Schwefel, mit Rheum, Opium, Jod, mit Jalappa, mit Magnesia. 687.

Calx. S. Calcaria.

Campechianum lignum, Blauholz ʒj mit ℥ j Decoct auf ʒvj. Extr. ϑβ. Adstringens. 168.

Camphora. In bösartigen Fiebern, da wo die Gehirn- u. Nervenkraft abnimmt, die Bedingung der Crise aber Kraft ist, wo zugleich auch der Blutsaft im Entarten begriffen ist, da ist seine Indication. Sein Platz ist also mehr im 2ten Theile der Krankheit u. hier mögen mässiger Unterleibsschmerz Calor mordax, Pulsus frequens et celer nicht davon irreleiten; sie sind Symptome der Dissolution bei geschwächter Nervenkraft. — Mixtura camphorata

s. Julep. e camphora (Camphor ℥j, Zucker ℥jβ, gerieben, Aq. dest. calid. ℥x); Spirit. camphor. äusserlich; Ol. camphorat. (1 Theil Camphor und 8
Theile Mohnöl), innerlich zu 10—16 gtt., meistens
äusserlich. Liniment. saponato-camphor. (Opothel-
dok; aus Sapo domest., — hispan., ana ℥jβ; Camph.
℥jjj; Alcohol ℥xx; post refrigerat. Ol. Thymi 3β, —
rorismarin. 3j; Liq. Ammon. caust. 3jjj); Liniment.
ammoniato-camphoratum, Linim. volat. camph. (Ol.
Olivarum ℥jj; Ol. Camph.; Liquor. ammon. caust.
ana ℥j). 37. 133. Tropfen 64. 342.
Cannabis, Hanf. Tinctura Cannab. indicae gegen
Neuralgien der verschiedensten Art, acute u. chronische Rheumatismen unschätzbar. 10—15 Gr. Alcohol vini 45 Gr. entweder gleich vom Glase oder
in etwas Wasser gegossen, sogleich zu schlucken,
weil sonst das Harz präcipitirt wird. Das Extr.
Cannab. ind. wie die Tinctur, aber auch in Starrkrampf (alle 2 St. 3β bis zum Verschwinden des
Paroxysmus und zum Eintritt cataleptischer Symptome), Hydrophobie. ½—5 Gr. am besten in Weingeist gelöst, 2 Gr. auf 3j Weingeist. Semen Cannabis zu Emulsion 3β auf 3xjj mit Gummi mimosae
und Zucker, alle 2 St. ½ Tasse. 442.
Cannstatt mit 37 Quellen, von denen 2, Weiblein u.
Männlein genannt, die beträchtlichsten sind. Schwefels. Natron 4,75, schwefels. Talk 0,25, schwefels.
Kalk 7,57, Kochsalz 17,75, kohlens. Kalk 7,37,
kohlens. Eisen 0,25, nebst 20 C. Z. kohlens. Gase.
Ist eine kühle Therme (20° R.), ein schwaches al-
kalisches Kochsalzwasser, ähnlich dem von Kissingen.
Cantharides. ¹⁄₁₀, ¹⁄₆, ¹⁄₄, ½ Gr. Tinct. 2—5 gtt. 3—4-
mal in Haferschleim; oder Əj—3β zu ℥vjjj Emuls.,
alle 2 St. 1 Essl. Pflaster Tinct. äusserlich. Tinct.
innerlich. Pulv. Emuls. Statt des Emplastr. cantharid. vulg. wendet man jetzt mit mehr Vortheil
das Cantharidin an, als: 1) Taffetas vel Charda
(auf Postpapier gestrichen) cantharidalis. Beim
Auflegen befeuchtet man die bestrichene Fläche
mit einem in Wasser getauchten Läppchen. 2) Unguentum cantharidale eine Mischung von ana Aether
cantharidalis mit Schweinefett; nach 2—3 Einreibungen von 20 Minuten erhält man in einer halben
Stunde sicher Blasen. 3) Collodium cantharidale,
Əj von Aether cantharid. und Collodium wirkt soviel
als 3β gewöhnliches Vesicatorpflaster.
Capsicum annum. 2—6 Gr. Tinct. 15—40 gtt. Extr.
3—4mal zu 3—6 Gr.
Carbo animalis, Carnis; gegen Scropheln, Scirrhus
und Carcinom, Kropf, Hypertrophie der Ovarien,
Polypen des Uterus, Phthisis trachealis, Prosopalgie. Innerlich ½—3—5—10 Gr. 2—4 tägl. in Pulv.
Latwerge, Pillen. ℞ Carbon carnis Əj; Ferri subcarbon., Sacch. albi ana Əjj; divid. in part. x aeq.;
3—4mal tägl. 1 Pulv. allmählig steigend. ℞ Lapid.
cancror., Herb. conii macul. ana 3jβ; Pulv. aromat.
Əβ; Carbon. carnis, Ferri subcarbon. ana 3jj; Rad.
liquirit., Sacch. albi ana ℥β; 3mal täglich ½—1½
Theelöffel.

Carbo vegetabilis. 3—6mal 5, 10—15 Gr. 30. 401.

Carboneum jodatum. Bei scrophulösen Leiden, Kropf, Amenorrhoe, Krebsgeschwüren; in Salben (3β auf ʒvj Fett) bei Drüsenanschwellungen, Lepra, Prorigo 1—6 Gr. für den Tag in Pillen.

Carboneum sulphurat. S. Alcohol sulphuris.

Carbonei Trichloretum, antiseptisch-sedativ; gegen Krebs und brandige Verschwärungen mit profuser Absonderung 1—4 Tropfen in Wasser 3mal täglich; äusserlich ɔj—jij auf 1 Maass Wasser. Das Carbonas trichloratus zu 5 Gr. stündlich in Pulverform mit Zucker gegen Cholera morbus empfohlen.

Cardamomum. Carminativum u. Stomachicum gegen Flatulenz, Apepsie, Blennorrhoea ventriculi. Pulv. seminis 3—10 Gr. ist Bestandtheil des Pulvis aromaticus, Tinct. aromat.

Carduus benedictus, Herba, reines Amarum resolvens, gegen Atonie des Magens, Magen- u. Lungenverschleimung gleich dem Trifol. fibrin., bei atonischen Unterleibsstockungen, chron. Leberleiden, nervösen Schleim- und in Wechselfiebern (in Saburralfiebern mit Salmiak und Potio Riveri), in den Brustaffectionen, am Ende der Pneumonie tägl. ʒj—jj Extr. Ŗ Extr. card. benad. ʒβ; Extr. tarax, — Chelidon. liq. ʒjij; Kali tart. ʒjij; Aq. menth. ʒvjij; Aq. laurocer. ʒjβ; Liq. anodyn. ʒj. Umgeschüttelt 3—4mal tägl. 1 Essl. gegen chronische Leberleiden mit anomaler Gallensecretion und terpiden Stockungen im Pfortadersystem.

Carduus Mariae. S. Leberkrankheiten p. 328.

Carex arenaria. ʒj—jij mit ℔β auf 3 zur Tisane gekocht.

Caricae 49.

Carminativa 273. 274.

Carragheen, Lichen ʒjij, Aq. ℔ j, Dct. ℔ β; Sacch. alb. ʒj—jj; Coq. cum. lact. ℔ j ad gelatinam; Sacch. alb. ʒj; Amygd. amar. Nr. 2; nährendes und Brustmittel bei Zehrkrankheiten, Heiserkeit, Diarrhoe, Ruhr, Marasmus. Pulvis Carragheen compositus: Will man in Gestalt eines Gélées anwenden, so wird 1 Kaffeelöffel voll davon mit einer kleinen Menge kalten Wassers verarbeitet und die Masse in 1 Tasse voll siedenden Wassers eingerührt. 368.

Carvum, Kümmel; Semen, Aqua, Ol. aeth. Semen: ɔβ—ʒj Infus.; Aq. 1 Essl. Ol. 2—4 gtt.

Caryophylla, Nelkenwurzel, gelinde reizendes, tonisirendes Stomachicum, in der Kinderpraxis bei Magenverschleimung, Atrophie, Scropheln, Rhachitis, Chlorose junger Mädchen, Helminth. nach Reinigung der ersten Wege durch Calomel und Rheum; ʒj auf ʒviij Decoct.

Caryophylli aromatici, Gewürznelken 3—15 Gr., Pulv.; Tinct. 10—30 gtt.; Ol. 1—5 gtt.; ʒj auf ʒvj Infus.

Cascarilla. Gegen Atonie des Vegetationsprocesses, gegen Durchfälle, Ruhren, leichte Wechselfieber, passive Blutflüsse etc. 15—20 Gr. 3—4mal tägl. in Pulv.; Extr. 10—20 Gr.; Tinct. 20—30 gtt.; Infus. ʒjj—vj auf ʒvj.

Cascarillinum. ½—1 Gr. p. d.

Cassia Fructus. Flores 43.

Castoreum. 3, 10—30 Gr.; Tinct. 15—30 gtt. 26. 274.

Castrocaro im Grossherzogthum Toskana hat jod- u. bromhaltige Heilquellen.

Cataplasma ist diejenige Form von Arzneimitteln, welche. die Consistenz eines Breies haben und äusserlich kalt oder warm aufgelegt werden, Stoffe, welche durch Kochen ihre Wirkung verlieren, z. B. Wein, Camphor., Spirit., Ammon. u. s. w. setzt man den Umschlägen erst bei, wenn sie gebraucht werden sollen. Warme Cataplasm. dürfen nur so warm sein, dass man sie auf dem Handrücken ertragen kann. Um einen warmen Umschlag länger warm zu erhalten, kann man ein Stück Wachstuch über denselben legen. ℞ Ammon. muriat. cont. ʒj; Op. pur. crud. ∋β; Crust. panis sic. cont. ℥jv; S. mit schwachem Essig zu einem Brei zu machen und zwischen Leinwand auf die Stirne zu legen; Catapl. anodynum. — ℞ Farin. secal. ʒj; Mell. despum. q. s. f. Catapl. Auf Furunkel und oberflächliche Abscesse zur Zeitigung zu legen. ℞ Herb. conii macul., Hyoscyam., Flor. chamom., Sambuc., ana ℥j; Farin. sem. lini ℥jβ; S. mit kochendem Wasser zum Ueberschlage angerührt, erweichender, zeitigender und schmerzstillender Umschlag. ℞ Pulv. bol. armen. — Rad. ratanh., ana ʒj; Acet. rosat. q. s. Auf die Stirne zu legen bei starkem Nasenbluten. ℞ Fol. alth. ℥jj; — Hyoscyam. ℥j; coq. in lacte. — ℞ Farin. trit., Spum. cerevis., ana ℥vjjj; M. leni calore f. catapl. gegen unreine fauligte Geschwüre aufzulegen. ℞ Ammon. muriat., Pulv. sapon. venet., Herb. hyosc., ana ʒβ; Farin. s. lini ℥jβ; Aq. fervid. q. s.; bei Milchknoten.

Catechu, Terra japonica ∋β—ʒj; Dct. ʒj—jj auf ℥vj. 86. 156.

Cathartica. S. Purgantia.

Cautschukpillen gegen Phthisis; mit 2 Gr. täglich beginnend und allmählig zu steigen.

Centaureum. Infus. Dct. ʒjj—℥β auf ℥vj; Extr. ∋β—ʒj; Tinct. ʒβ—j.

Cera alba, Oelmixtur ʒβ—j; äusserlich.

Cerussa. S. Plumbum.

Cetrarinum. Der bittere Extractivstoff des isländischen Mooses, bei Intermittens 1—3 Gr. p. d.

Chaberts Oel bei Wurmkrankheit.

Chaerophyllum sylvestre, gegen Syphilis inveterata, Radesyge, Carcinom.

Chamomilla. Pulv. 10—60 Gr. Infus. ℥β—j auf 3—4 Tassen; Tinct. ʒj—jj; Extr. ∋j—ʒβ; Ol. 1—5 gtt. äusserlich; innerlich.

Champagner Wein, gut bereiteter, kann in folgenden Krankheitsgattungen öfters, ja meist erlaubt werden und ist selbst guter Erfolg von ihm zu erwarten: Bei Magenkrämpfen, Erbrechen, Bleichsucht, Störungen der Menstruation, Stein- und Griesbeschwerden, Wassersucht, Catarrhen, Rheumatismen, Gicht, Asthma, Lungensucht, Nervenkrankheiten, faulige Krankheiten, Scorbut, Brand, Unterleibskrankheiten, Verschleimungen, Rhachitis, Scropheln, Darrsucht, chron. Hautausschlägen.

Chelidonium. Frisch ausgepresster Saft ʒj—jβ; Extr. ∋β—ʒj. S. Leberkrankheiten p. 326. 330.

Chenopodium, Ambrosioides. Nervenstärkend, gelinde erregend, auflösend, nicht erhitzend; bei Hysterischen, Nervenschwäche. ϶j—ℨj Pulv.; Infus. ℨjj—jjj auf ℥vj oder als Thee auf 2—3 Tassen.

China. Cortex. 3 Sorten: 1) fuscus; 2) regius s. flavius, die billigste gegen Intermittens; 3) ruber, die theuerste. Will man sich überzeugen, ob der Kranke wirklich Chinin erhalten habe, so darf man blos Jodkalilösung in den gelassenen Urin tröpfeln, wodurch sich ein gelblicher, orangefarbiger Bodensatz bildet, als Beweis der Aufnahme von China. Diese Probe vermag den geringsten Theil des Chinasalzes anzuzeigen. — Als Surrogat für die China kann empfohlen werden bei Wechselfiebern das Salicin in der Apyrexie zu 12, 20—30 Gr. und bis zu ℨj u. darüber gesteigert werden. Ein anderes einheimisches Mittel dieser Art ist die Blätter und die resinösen Knospen der gemeinen Pappel (Papulus alba oder nigra?). Ebenso die Eschenrinde (Cortex Fraxini excelsior), eine wahre China indigera. Die Rinde von Cerasus vulgaris; die Rosskastanienrinde (Cypressus semper virens), deren Zapfen oder balsamische Nüsse. Endlich Arsenik. — Pulv., Latwerge, Bissen zu 10—20 Gr., zu ℨβ—ℨβ (als Fiebermittel). Kaltes Infus. mit Wasser oder Wein ℨjj—ℨβ auf ℥xjj. Heisses Infus. Dct. ℨjj—vj auf ℥vj. Extr. frigid. par. 10—30 Gr. Extr. 5—6 Gr. Tinct. 304. 673.

Chinae radix. ℨj auf ℥vjjj Dct. in 24 Stunden Diaphoret. Gegen Syphilis, Gicht, psorische Schärfe, Wassersucht.

Chinin gr. ¹/₂—5, höchstens 24 Gr. in 24 St., siehe indess p. 432. Endermat. 197. Für die Kinderpraxis ist die Beobachtung sehr wichtig, dass die Bitterkeit des Chinins durch Kaffee und Tanninum purum bemäntelt wird, wodurch es möglich ist, den Kindern das Chinin auf eine sehr bequeme Weise beizubringen; auch durch den Absud der gebrannten Eicheln kann die Bitterkeit des Chinins aufgehoben oder durch Zusatz von Säuren wieder zum Vorschein gebracht werden. Auch Acid. tannicum 1¹/₂ Theile auf 10 Theile zugesetzt, soll dem Chinin die Bitterkeit nehmen.

Chininum aceticum in kaltem Wasser schwer, in heissem aber leicht löslich. ¹/₂—6 Gr. in Wechselfiebern bis ϶j.

Chininum arsenicicum. Gegen hartnäckige Intermitt. ¹/₁₆—¹/₄ Gr.

Chininum chinicum. Leicht löslich in Wasser und wässerigem Weingeist; in der Reconvalescenz nach Wechselfiebern bei Individuen mit sehr reizbarer Faser, welche an Nervenzufällen und Empfindlichkeit des Magens leiden, ¹/₂—2—6 Gr.; bei Intermitt. bis zu ϶j.

Chininum citricum. In Wasser ziemlich lich, tonisch und antiseptisch, selbst lichen Zuständen in Wechselfiebern. Chin. acet.

Chininum ferro citricum. Vorzüglich i lescenz von intermittirenden u.

bei Cachexien, Bleichsucht. 1—6 Gr. vor und nach jeder Mahlzeit entweder in Madera-Wein aufgelöst, oder am besten (wegen seiner Bitterkeit) in Pillenform.

Chininum ferro-hydrocyanicum. Löst sich leicht in Weingeist, in Wasser beinahe unlöslich, dem Ch. hydrocyanicum wegen seiner geringen Zersetzbarkeit vorzuziehen. Als Febrifugum 2—4 Gr. in Pillen.

Chininum hydrojodicum. Ziemlich löslich in Wasser; gegen Scropheln 1—8 Gr.

Chininum lacteum. Leicht assimilirbar und vollständig löslich in Wasser; ½—2 Gr.; in Wechselfiebern bis Ʒj.

Chininum muriaticum. Leicht löslich in Weingeist und kochendem Wasser; am häufigsten angewendet unter allen Chininpräparaten, bei Wechselfiebern, bei lentescirenden, hectischen Fiebern, heftigen, der Periodicität sich nähernden rheumat. Schmerzen und nervösen Rheumatismen, Arthritis anomala, atonica, Hydrops bei schwächlichen, herabgekommenen Individuen, Cyanosen. ½—1—2—3 Gr. alle 2 Stunden 1 Pulv., oder Ʒj in Ʒβ Aq. menth. piper. alle 2 St. 20—60 gtt.

Chininum nitricum. In Wasser schwer, in Weingeist leicht löslich. ½—4 Gr.

Chininum phosphoricum. Als das mildeste, Magen u. Respirationsorgane durchaus nicht feindlich afficirende, das Gefässsystem am wenigsten erhitzende unter den Chinasalzen (wie Chin. citricum).

Chininum sulphuricum. Schwer löslich in kaltem Wasser (in 70 Theilen), in 30 Theilen heissen Wassers, noch leichter in Alcohol, sehr wenig in Aether. Mit Chin. muriat. das häufigst gebrauchte; Febrifugum, bei Neurosen, Neuralgien, epidem. Cholera, Lungenschwindsucht, in grossen Gaben gegen Rheumatismus acutus, Typhus u. s. w. Die Methode buccale et pharyngienne besteht darin, dass bei intermitt. Fiebern und Neuralgien das Chinasulphat in Schwefeläther gelöst (1 Gr. auf Ʒj) auf die Zunge, das Gaumensegel, die innere Fläche der Wangen, die Rückenwirbelwand des Pharynx eingerieben wird, wodurch eine reichliche Salivation mit ungeheurer Bitterkeit und eine stärkere, auch raschere Wirkung auf das Rückenmark hervorgebracht wird, als durch Ʒβ des Mittels innerlich genommen. Seiner Schwerlöslichkeit wegen wird es fast nur in Pulver, Pillen, Bissen, doch auch in Solution (mit Wasser unter Zusatz von Schwefelsäure 1 Tropfen auf 1 Gran) gereicht. Als bestes Geschmackscorrigens des bitteren schwefels. Chinins nimmt man nach dem Einnehmen ein Stückchen trockene Chocolade oder schwarzen Kaffee. ℞ Chinini sulphurici Ʒjj; Mixtur. sulphuric. acid. Ʒj; Aq. destill. Ʒij. D. S. In den Nachmittagsstunden während der Apyrexie zu verbrauchen.

Chininum tannicum. Adstringens u. tonicum. Febrifugum, bei allgemeiner Schwäche, Neigung zur Auflösung der Säfte und Anlage zur Wassersucht, Schleimflüssen der Harnröhre. ½—2—4 Gr. in Pillen.

Chininum tartaricum (wie citricum) ½—2 Gr. bis zu ʒj.

Chininum valerianicum hat, in kleinen Gaben angewendet, als antiperiodisches Arzneimittel das Chin.
sulphuric. an Wirksamkeit übertroffen. Man verordnet es, sowie das Zinc. valerianicum in Gummiwasser aufgelöst. 10 Gr. lösen sich leicht in 100
Grammen Gummischleim. Meistens in Pillenform
gegeben gegen Neuralgien. Bei intermittirenden
und remittirenden Fiebern werden 10—20—40 Centigramme (1½—6 Gr.) Valerianchinin, in Gummischleim aufgelöst, während der fieberfreien Zeit
gegeben.

Chinoïdinum. In Wasser fast unlöslich, leicht in
Weingeist, schwerer in Schwefeläther, leicht in
mit Säuren versetztem Wasser; in Wechselfiebern
am wirksamsten; auch in der Reconvalescenz von
Wechselfiebern (allgemeinem Kräftemangel, Milz-
u. Leberanschoppungen), zu 2—10—20 Gr. in Pulv.,
Pillen, weingeistiger und ätherischer Auflösung.

Chlorkalk, Calcaria chlorinica, ʒj—ʒj in ℥ j Aq. dest.
geklärt, filtrirt und dazu ℥jj Syrup; 4mal täglich
1—2—3 Essl. gegen Lungentuberkeln. Das Chlorcalcium ist bei Oedem, namentlich des Hodens, zur
Ersparung der Scarificationen empfohlen worden.
Man legt Säcke, die mit geröstetem Chlorcalcium
gefüllt sind, auf die ödematös angeschwollenen
Theile u. lässt sie durch 24 Stunden liegen. Vermöge seiner Eigenschaft, Feuchtigkeit anzuziehen,
tränkt sich das Chlorcalcium nun mit dem unter
der Haut angesammelten Wasser. Chlordämpfe als
desinficirende Mittel wendet man so an, indem man
℥jj Chlorkalk in etwa ℥viij Aq. dest. ohne Filtri-
rung lösen lässt, darin grosse Lappen eintaucht
und diese über eine Schnur gehängt werden, die
ungefähr 1 Fuss über der Brust des Kranken quer
über das Bett gezogen wird, so dass alle Luft, die
dem Kranken von der Gegend des Bettendes zuströmt, die Lappen zu passiren hat, z. B. beim
Typhus. 30. 434. Umschläge. Salbe. 620.

Chloroform in geringen Dosen als schmerzstillendes
Mittel auch bei inneren Krankheiten, z. B. Nieren-
kolik, Neuralgien, Asthmen etc. etc. Man giesst
etwa 20—30 gtt. auf ein Sacktuch und lässt den
Kranken damit einathmen. Zu 10 gtt. in einem
schleimigen Vehikel innerlich gegeben ward ein
Irrer, der nicht schlafen konnte und andere nicht
schlafen liess, zum Schlafe gebracht; er schlief
von 7 Uhr Abends bis 8 Uhr Morgens. Die 3 folgenden Nächte dasselbe Ergebniss. Das Chloroform innerlich zu 5—15 gtt. in einem mucilaginösen
Vehikel gegeben narcotisirt wie Opium, ohne, wie
dieses, Hirncongestionen zu bewirken. Das Chloroform örtlich applicirt, z. B. 15—40 gtt. auf Watt
geträufelt und in den leidenden Theil eingerieben,
hebt die meisten Schmerzen; kommen diese wieder,
so wiederholt man 4—6mal diese Einreibungen. Das
Chloroform wird gegen die Schlaflosigkeit der Greise,
welche so hartnäckig die Krankheiten dieser letzteren complicirt als Hypnoticum zu 4—10 gtt. in
4—6 ℥ Mucilago mit sehr gutem Erfolge gegeben.

So z. B. Bronchitis acuta et chronica, Broncho-
pneumonie. Alle 2 Stunden 1 Kaffeelöffel voll von
10 gtt. Chloroform in Salepschleim; oder dieselbe
Gabe auf 2mal in einem Zwischenraume von 1 Stunde
am Abend zu reichen. Auch kann das Chloroform
bei Wahnsinnigen, welche sich unbändig geberden,
um sie zu beruhigen, mit grösstem Vortheile angewendet werden.

Chlorräucherungen.

Chlorwaschungen 33.

Chlorwasser, Aqua oxymuriatica, Acid. muriat. oxygenat. liquid., wirkt innerlich wie Salzsäure, nur
sanfter; ʒß—ʒiij mit Wasser verdünnt.

Cichoreum rad. Infus. Dct. ʒj auf ʒvj—viij; Extr.
Əß—ʒß; Syrup. de Cich. e. Rheo, Theelöffel-weise.

Cicuta, Conium maculatum, Schierling. Herb. pulv.
3mal tägl. 2, 10—20 Gr.; Extr. 3mal tägl. 1—3 Gr.
rasch steigend. 33. 402.

Cinae s. santonici semen. ʒß—j täglich 2—3mal am
besten in Latwergen, Morsellen, Bolus; Infus.
ʒij—ʒß auf ʒvj; Extr. aq. 6—10 Gr. Extr. oleoso-
aether. ʒij mit Pulv. semin. cynae zu 2 Gr. schweren
Pillen gemacht, davon Morgens 8—10 Stück. Kindern von 1—3 Jahren zu 2—5 Gr. des Extr., ältern
zu 5—10 Gr.; Erwachsenen bis zu 15 Gr. p. d. mehr-
remale tägl. Santoninum besitzt die wurmtreibenden
Eigenschaften ohne die reizenden Nebenwirkungen,
ist überdies geschmack- und geruchlos, gewöhnlich
in Confect, Tabletten, deren jedes ¼ Gr. Santonin
enthält; für Kinder unter 4 Jahren 2—3 Gr. tägl.,
über 12 Jahren 5—6 Gr. 678.

Cinchoninum, in kaltem Wasser kaum, in heissem
schwer, auch in kaltem Weingeist schwer, leichter
in heissem, noch leichter in absolutem Alcohol löslich, dem Chinin gleich, leichter zu nehmen als
letzteres. 2—10 Gr.

Cinchoninum aceticum, ½—4 Gr. p. d.

Cinchoninum chinicum, ½—4 Gr. p. d.

Cinchonicum muriaticum, ½—2 Gr.

Cinchonimum sulphuricum, ⅛—½—2—10 Gr.

Cinnamomum, Zimmt. Aq. simpl. Esslöffel-weise 502;
A. vinosa 1—2 Theel. Tinct. 15, 30—60 gtt. alle
½—1 St. Oleum 1—3 gtt. alle 1—2 St. Ol. cinnamomi 10 gtt.; Naphth. vitr. ʒj, alle ¼, ½—1 St.
10—14 gtt. bei hoher Lebensgefahr durch Metrorrhagie. Elaeosacch. für übelschmeckende Arzneien.
Theeinfus. ʒj—ij auf 2 Tassen.

Citrus, Citrone. Cort. Əß—j; Ol. 2—4 gtt. einigemale
tägl.; Succus recens expr. ʒß—ʒjß auf ℥ iij Flüssigkeit (ʒj Kali carb. zu ʒij succ. ad saturationem).

Coccionella, Cochenill. 296. 295.

Cocculus indicus, Semen. Früher innerlich bei Nervenleiden. Aeusserl. ʒj—jv auf ʒj Fett gegen Läuse.
Das Cocculin gr. vj—x auf ʒj Fett.

Cochlearia. Frisch als Salat ʒij—iij oder auf Butterbrod. Succus recens expr. ʒj—ij; Spirit. ʒj—iij;
Corserva ʒij—iij. 567.

Cocosöl. S. Oleum Cocos.

Codeinum, rein sedativ u. schlafmachend, besonders
auf das Gangliensystem wirkend; bei Abdominal-

neurosen mit Schmerzen in der Oberbauchgegend,
die sich in den Seiten, bis in den Rücken u. nach
Oben verbreiten, mit Brennen, Beängstigung, Seufzen, Herzklopfen etc. und die Laudanum nicht
tilgte; bei nervösen Irritationen der Schleimhäute
des Magens u. Darmkanals, in chronischer Gastritis
und Gastralgie, Gesichtsschmerz 1 Gr. = ½ Gr.
Morphium.

Coffea, Kaffee, 2—3 Loth auf 4 mässig grosse Tassen
Infus. — Coffeinum in 50 Theilen Wasser, in Alcohol und Essigsäure löslich; eine der stickstoffreichsten Körper in der Natur, mit dem Thein identisch, jedoch 12mal wohlfeiler als letzteres, als
Surrogat der China empfohlen. 295.

Colchicum. Tinct. semin. 3mal tägl. 10—25 gtt.; vinum
20—30 gtt.; Acetum ϶β—jβ; Oxymel ʒij—ʒβ; Extr.
2—3mal tägl. 1—2 Gr. Rad. 2—3mal zu 2—6 Gr.
Colchicinum in Wasser, Weingeist und Aether löslich, 1/36—1/24—1/16 Gr., heftig Erbrechen und Purgiren erregend. 207. 508. 514. ℞ Semin. colchici
autumn. ϶j; F. infus. ʒvj; Extr. aconiti gr. jv;
Sulfat. Magnesiae, Syrup. domestici ana ʒβ. M.

Collodium. Aeusserl. bei Brandverletzungen, Erysipelas, Excoriationen, Geschwüren, Wunden, Hautaffectionen u. s. w.

Colocynthis, Coloquinthe. Extr. ¼—1 Gr. als Reizmittel; zu 6—10 Gr. als Purganz; Tinct. 10—25 gtt.

Columbo. Pulv. 10—60 Gr.; Decoct. ʒij—ʒβ auf ʒvj.
Extr. 10—30 Gr. Tinct. ϶j—ʒj.

Conchae praeparatae. S. Lapides cancrorum.

Conium, in Weingeist, Aether, Terpentin und
Mandelöl leicht löslich; eines der feinsten und am
schnellsten wirkenden Gifte; innerlich analog der
Blausäure: 1 Gran Coniin gelöst in ʒij Aq. flor.
Aur. tägl. 5mal 4 gtt. (also 1/40 Gr. pro dosi, mit-
hin ⅕ Gr. für den ganzen Tag) auf Zucker.

Conium. S. Cicuta.

Conserva. Die Conserve besteht aus frischen, saf-
tigen, zarten Pflanzentheilen (Blumen, Blättern
und Früchten), welche durch Zerstampfen in einem
steinernen Mörser in Brei verwandelt, und dann mit
einer zu ihrer Conservation hinreichenden Menge
reinen Zuckers vermengt werden; z. B. ℞ Herb.
cochleariae recent. ʒj; Sacch. albi ʒiij; f. l. a. conserva. D. in olla. S. Theelöffelweise zu verbrauchen.

Contrajervae radix. Nervinum et Diaphor. gegen chronische Diarrhoen, als Excitans in nervösen Fiebern
ʒij auf ʒvj Infus. 4—6mal tägl. 1 Essl.

Convallaria majalis zu Schnupfpulver.

Copaivae Balsamum, 10—60 gtt.; ʒj—iij in Mixtur;
das Oleum Balsami Copaivae aethereum zu 10—20 gtt.
p. d. 155. 615. 616.

Cornu Cervi Rasura. Zur Gelatina ʒj—jβ mit 3 ℔ auf
2 ℔ eingekocht mit Zusatz von Succ. citri u. Zucker.
Das Oleum animale foetidum s. c. c. als Anthelminthicum, als Ol. Chaberti. — ʒβ Ol. animale foetid.
in ʒij Liq. anodyn. gelöst alle 3 St. 20—30 gtt. gegen
chron. Rheuma in den Gelenken. 76. 368.

Cortex adstringens brasiliensis, der Ratanhia ähnliches Adstringens; tonisch bitter; bei Blut- und

Schleimflüssen, profuser Menstruation aus Atonie des Uterus, chron. Fluor albus; das Extr. ʒj—ij in 24 St. in Pillenform oder in aromatischem Wasser.

Cosmetica. Gestossene bittere, von ihren Schalen nach 24stündigem Liegen im heissen Essig befreite Mandeln ℔ ¼; dazu gestossener Camphor ʒij und das Gelbe von 6 Eiern zur Paste zusammengemischt, gibt ein sanftes Hautverschönerungs-Waschmittel. — Um rothes Haar blond zu färben, wird Wegebreitwasser 16 Loth, venet. Seife 8 Loth, Gummi arab. 1 Loth zu einer Salbe zusammen gerieben, und Morgens und Abends die Haare damit eingerieben. Die Engländerinnen sollen ihren hübschen Teint durch den Gebrauch der kalten Klystiere erhalten. Aqua cosmetica. ℞ Saponis venet. ℥β; Sal. tart. depur. ʒj; Flor. cerevisiae (Bierhefe) ʒj; Aq. flor. naphae ℥vj. Stent. in digestione per dies octo subinde aegitando, dein cola et adde. Ol. de bergamotta gtt. x. S. Gegen Mitesser im Gesichte, Acne; dasselbe damit öfters zu bestreichen. — Handteig zur Feinhaltung der Hände, des Gesichts u. Halses für Damen. ℞ Amygd. amar. excort. ℥ij; Sapon. venet. ℥jjj; Aq. dest. Rosar. ℥jj; bene cortund. ut f. pasta adde. Ol. Bergamot ʒβ; Spirit. Camphor., Spirit. Lavendul., ana ℥β; M. exactissime. — Gesichts-Pomade (Coldcream). ℞ Ol. amygd. ℥β; Aq. rosar. ʒij; Cetacei, Cerae albissin., ana ʒjj; f. Contin. agitatione Ungt. moll.; Add. Ol. Rosar. gtt. jj. — Ueber Leberflecken s. diese. — Ein Mittel, welches die Haare ohne Messer entfernt und frei ist von allem Arsenik, empfiehlt F. Boudet. ℞ Pulv. amyli 10 Theile, Pulv. calcis vivae auch 10 Theile, Hydrosulphati sodae crystill. 3 Theile. Diese Mischung wird mit etwas Wasser teigartig gelöst und auf die Haut gestrichen, wodurch die Haare ohne Rasiermesser sich entfernen lassen. Dieses unschädliche Mittel, welches keinen Arsenik enthält, erlaubt eine ausgedehnte Anwendung, z. B. vor dem Anlegen von Vesicatoren, vor den Brechweinsteineinreibungen u. s. w.

Cremor Tartari (S. Acidum tartaricum) mit Nitrum ʒ; mit Citrone zum Getränke; mit Sal. Glauberi; mit Schwefel; mit Magnesia.

Creosot. ℞ Creosot, Succi liquiritiae ana ʒj; Pulv. rad. aeth. ℥jj. M. s. p. Nr. 120. S. Morgens und Abends 5 Stück.

Crocus. Pulv. 3—6mal tägl. 5, 10—15 Gr. Theeinfus. ʒj—jβ auf 3 Tassen. Tinct. 10—60 gtt.

Crocus Martis aperitivus. S. Ferrum carbonicum.

Crotonöl ⅛—½—1 gtt. (2 gtt. purgiren stark). Ol. Croton. 6 gtt.; Ol. nuc. jugland. ʒβ tägl. 1 Theel. voll in die Nabelgegend einzureiben, wenn die Kinder nicht gerne einnehmen; es erfolgen 2—3 Sedes. Zur Pustelbildung 16. S. Purgantia.

Cubeben 616.

Cudovea in Schlesien soll gegen torpide Chlorose, überhaupt bei Geschlechtskrankheiten sich bewähren; enthält: schwefels. Natron 2,436, Chlornatrium 0,626, Chlorkali 0,313, kohlens. Natron 6,276, kohlens. Talk 1,270, kohlens. Kalk 3,442, kohlens.

Eisen 0,208, kohlens. Mangan 0,035, Kieselsäure
0,645. Morgens 5—6 Uhr nach genommenem Pfeffermünzthee oder schwarzem Kaffee trinkt man 8—10
Becher, bis reichlicher Stuhl erfolgt.

Cuprum, Kupfer, ist eines von den 3 Universalmitteln nach Rademacher (die beiden andern sind
Eisen und Natrum nitricum). Radem. gibt das
Cuprum oxydatum nigrum 1—2—4 Gr. täglich und
zwar ½—1 Gr. p. d. Die essigsaure Kupfertinctur
zu ℥jß—jj in getheilten Gaben täglich. Die gewöhnliche Form in acuten Fiebern ist: ℞ Tinct.
cupri ℥jß; Gummi tragacanth. ℈j; Aq. cinnamomi
s. v. ℥j; Aq. destill. ℥vjj; D. S. stündl. 1 Essl.
voll; statt des ℈j Tragacanth. kann man ℥j Gummi
arabic. nehmen. Das Kupfer wird in Universal-
krankheiten gegeben, die nicht salpetriger oder
Eisen-Natur sind. Z. B. Kopfschmerzen, die
man sonst rheumatisch oder nervös nennt. Prosopalgie, wenn sie nicht von einer Urleberaffec-
tion oder Milzaffection abhängt, wo man sie dann
mit Brechnusswasser zu 30 gtt. 5mal des Tags gereicht, oder Eichelwasser heilt. Gegen chronische Zungenentzündung; gegen Apoplexie
etc. etc. Spricht kein Grund der Wahrscheinlichkeit, dass eine Krankheit eine Salpeter- oder Eisenaffection sei, so muss man eben annehmen, dass
es eine Kupferaffection sei.

Cuprum ammoniato-muriat. S. Aq. antimiasmaticum.

Cuprum sulphuric. ammoniatum. Liquor ℥j auf ℥x Aq.
dest. Esslöffelweise. 127.

Cuprum sulphuricum ⅓—½—1 Gr.; als Emet. in Sol.
zu 4—8 Gr. alle 10—15 Minuten in getheilter Dosis;
äusserlich. Wo die concentrirte Form zum äusseren
Gebrauche nicht nöthig ist, löst man 1 Gr. des
Cupr. sulph. in ℥j Aq. dest. und treibt die Verdünnung, wenn sie heftiges Brennen erregt, noch
weiter. Anzeige findet das Mittel 1) da, wo Atonie
und Laxität örtlich vorherrscht: bei Wunden, wo
frische Trennung der organischen Masse zu heilen
ist; das Mittel stillt das Blut, verhütet Nachblu-
tungen, profuse Ergiessungen, und erzielt schöne
Narben; 2) bei parenchymatösen Blutungen, atonischen Blennorrhoen, schlechten, laxen, callösen,
brandig fungösen und sonst leicht blutenden Geschwüren. Warzen, Feuchtwarzen und andere
Pseudoplasmen heilt die concentrirte Form sicher.
Kupferröthe des Gesichts weicht dem Gebrauche
eines Waschwassers aus gr. vjjj Kupfervitriol, ℥jj
Benzoetinct. u. ℥jv Aq. dest.; innerlich bei Augenleiden. Vergl. Brechmittel p. 714. 80. 127.

Cyanuretum, Potasse, 512.

Cydoniorum pyrus, Quitte, 156.

Daphne Mezereum. S. Mezereum.

Datura Stramonium. S. Stramonium.

Daucus Carotta. 1—2 gelbe Carottenwurzeln gerieben
verzehrt gegen Sodbrennen und Magensäure. Der
Saft von Carottenbrei (von Daucus Carotta) als
Surrogat der Milch zur Ernährung der Kinder
(entwöhnter Kinder u. Säuglinge). Die Kuhmilch,
das gewöhnliche Surrogat der Muttermilch, reagirt

fast in allen Fällen sauer, wenn die Kühe nicht
auf die Weide getrieben werden, sondern der Stall-
fütterung unterworfen sind, während die gute Muttermilch alkalisch reagirt. Darin liegt wohl die Ursache, dass viele mit Kuhmilch genährte Kinder
nicht gedeihen, und dass Durchfälle und Brechdurchfälle so äusserst häufig sind. Zweckmässig
dürfte die Ernährung mit Carottenbrei (Daucus
Carotta) sein, wie in der Wallachei und Türkei
üblich ist. Dieser Saft ist sehr reich an Pflanzenalbumin und Schleimzucker. Man mischt 2 Loth
sehr fein geriebenen Carottenbreis mit 2 Tassen
kalten weichen (Regen- oder Fluss-) Wassers, lässt
das Gemisch unter öfterem Umrühren 12 Stunden
hindurch in einem wohl verdeckten Gefäss an einem
kühlen Orte stehen, giesst dann den Saft ab und
presst den Brei aus. Den Saft mischt man mit
gestossenem Wasserzwieback $\frac{1}{2}$—1 Quentchen auf
1 Loth Saft, oder mit Arrowroot, Weissbrod, setzt
den Brei auf ein gelindes Kohlenfeuer und lässt
ihn einmal aufwallen, aber nicht bis zum Kochen
erhitzen. Dem vom Feuer genommenen Breie setzt
man weissen Zucker bei. — Für neugeborne
Kinder, die keine Muttermilch bekommen, lässt
man gleich im Beginne vor der Destillation dem
ganz fein geriebenen Carottenbrei den gestossenen
Wasserzwieback beisetzen. Nach vollendeter Destillation wird der Saft durch ein leinenes Tuch
gepresst, mit Kandiszucker und einer Prise Kochsalz gemischt und dem Kinde durch die Saugflasche
gewärmt gereicht. Alte grosse Carotten sind besser
als kleine junge. Grösste Reinlichkeit ist nöthig.
Decoctum, Abkochung. Durch dasselbe werden aus
den dazu angewendeten Arzneisubstanzen nicht nur
der Schleim, Zucker, Extractivstoff, sondern auch
zum Theil die harzigen Bestandtheile ausgezogen,
weil diese in der andauernden Wärme flüssig, und
durch die Bewegung in der siedenden Flüssigkeit
derselben beigemischt werden. Daher haben auch
die meisten Decocte eine trübe, undurchsichtige
Beschaffenheit. Dagegen werden flüchtige, ätherisch-öligte Bestandtheile, besonders bei länger
fortgesetztem Kochen verflüchtigt. Bei der Abkochung muss die Dauer des Kochens bestimmt
werden, denn Substanzen, welche hart und harzig
sind, schwer ausziehbare Bestandtheile enthalten,
z. B. Quajakholz, Hirschhorn, Malz, Sassaparille u. s. w. müssen eine längere Zeit hindurch,
$\frac{1}{2}$ bis 2—3 Stunden gekocht werden; bei anderen
Substanzen ist die Dauer $\frac{1}{4}$—$\frac{1}{2}$ Stunde hinreichend.
Die Dauer des Kochens hat auf gewisse Substanzen
einen eigenthümlichen Einfluss, so bekommt das
Decoct der Sennablätter bei langer Dauer der
Kochung nachtheilige Eigenschaften, verursacht
heftige Leibschmerzen; unter ähnlichen Umständen
wird die Abkochung des Süssholzes bitter, die
Quassia hingegen verliert ihre Bitterkeit. Werden
mehrere Substanzen zugleich abgekocht, von denen
die eine eine längere, die andere eine kürzere Zeit
der Abkochung erfordert, oder auch, wegen ihres

Schleimgehaltes, die Extraction erschwert, so wird diese zuletzt (sub finem coctionis) beigemischt. In der Regel dürfen Decocte nicht filtrirt, ja nicht einmal von ihrem Bodensatze getrennt werden, da dieser wirksame Bestandtheile (Harz, oxydirten Extractivstoff) enthält, welche in der höheren Temperatur auflöslich werden.

Decocto-infusum entsteht, indem man eine zur Abkochung nicht geeignete Substanz mit einem besonders bereiteten und noch siedend heissem Decoct infundiren lässt, und vereinigt mithin die Vorzüge beider Arzneiformen. Man setzt entweder die zu infundirende Substanz am Ende der Kochung, vor der Durchseihung des Decoctes, zu demselben und lässt dieses nun erkalten, oder auch in einem verschlossenen Gefässe digeriren; oder man bestimmt, dass die zu infundirende Substanz mit dem colirten, aber noch siedend heissem Decocte übergossen werde.

Decoct. Pollini 111.

Decoct. Zittmanni 111.

Delphinium. In Wasser kaum, in Weingeist und Aether leicht löslich. Dem Veratrin analog wirkend. ¼—½ Gr. p. d.; äusserlich 10—40 Gr. auf ℥j Fett oder Alcohol.

Dexterina aus dem Stärkmehl durch Schwefelsäure gewonnen statt Gummi arab. und als Nutritivum (in Tisanen, Chocolade, Pastenform) meistens statt des Stärkmehls als Agglutinaticum zu Contentivverbänden. 1½—2½ ℥ Dextrin auf 1 ℔ heisses Wasser zu Verbänden.

Diaphoretica. Die Diaphoresis wird auf verschiedene Weise bewirkt; a) durch Entfernung mechanischer Hindernisse, welche die Hautporen verstopfen, z. B. Schmutz, Rigidität, Krampf der Haut. Hier passen warme Bäder, warmes Waschen, Relaxantia, Antispasmodica. b) durch Verminderung des Reizes bei inflamatorischen Fiebern, acuten Exanthemen, örtlichen Entzündung. Hier sind Aderlässe, Blutegel, Nitrum, viel lauwarmes, wässriges, säuerliches Getränk, also Antiphlogistica die besten Diaphoretica. c) durch Vermehrung des Reizes im Blut- und Nervensysteme; nach Erkältungen, bei chronischen Krankheiten mit Schwäche, Torpor, ohne entzündliches Fieber. Hier passen die Diaphoret. im engern Sinne. Flor., Sambuc., Chamomill., Stipit. Dulcamar., Spec. Lign., Quajac., Sassaparill, Mezer., Antimonialia, Schwefel, Campher, Mosch., Opium, reizende Nahrung, warme Bedeckung, Friction der Haut etc. Man gebraucht die Diaphoretica zur Hebung antagonistischer Krankheiten, des Rheumatismus, der Ruhr, zur Ausleerung schädlicher Stoffe im Blute, besonders gleich nach der Ansteckung durch Contagien, wo die stärkern Diaphoret., die Alexipharmaca der Alten wohl eine häufigere Anwendung verdienen, als es geschieht. Z. B. gegen Scharlach, Typhen, Schlangen-, toller Hunde-Biss; nur passen sie nicht, wenn solche Gifte schon Fieber und Entzündung erregt haben, sondern nur in der ersten Zeit, wo sich durch Nervenverstimmung die geschehene Ansteckung offenbart. Hier lege sich der Kranke ins Bette, decke sich warm zu, nehme z. B. eines von folgenden Pulvern, und trinke so lange fleissig Fliederthee nach, bis wirklicher Schweiss eintritt. ℞ Tart. emet. gr. j; Chinin. sulph. gr. jj; Ammon. subcarb. sicc., Pulv. cort. cinnamom., ana gr. v; Sacch. alb. gr. vjjj. S. Alle 2 Stund. 1 Pulv. ℞ Mosch. opt., Castor, Mosc., Camphor., ana gr. β; Nitr. depur. gr. jv; Artemis. vulg. ℈β; — Ipecac. gr. βj — Serpentar., Elaeosacch. succ., ana gr. vj. M. f. p. In der Regel sind 2—4 Dosen hinreichend zur Schweissbildung. Auch kann man es bei Migraine der Hysterischen, bei Ischias, Prosopalgie gebrauchen. Bei Congestion nach dem Kopfe und der Brust vermeide man die erhitzenden Diaphoret. Hier passt ℞ Spirit. Mind. ʒjβ; Aq. flor. sambuc. ʒvj; Roob ʒβ; Tartar. emetic. gr. j. M. S. stündl. 1 Essl. Auch nach plötzlichen Erkältungen, bei frischen catarrhalischen und gelinden rheumat. Beschwerden thut diese Mischung gute Dienste, besonders wenn man noch ʒjj Salmiak zusetzt. Gegen chronische Rheumatismen ohne Fieber und ohne Vollblütigkeit ist folgendes wirksam zur Diaphorese. ℞ Gm. quajac. ℈β; Rad. calam. aromat. gr. vjjj; Calomel, Camphor, ana gr. j. M. f. p. S. 2—3mal 1 Pulv.

Dictamnus albus; Radix gegen Menstruatio suppressa, Epilepsia ex causa menstr. anom., gegen Helminth., gewöhnlich in Verbindung mit Paeonia etc.

Digestivpulver. S. Pulvis digestivus.

Digitalis. Pulv. ¼—1—3 Gr. Infus. ℈β—j auf ʒvj. Tinct. 5—10 gtt. Extr. ½—15 Gr. Digitalinum leicht löslich in Wasser und Alcohol, unlöslich in Aether. ¹⁄₃₂ Gr. p. d. in Pillen. Digitalin wirkt 100mal kräftiger als Digitalis gegen Beklemmung, Dyspnoe, Präcordialangst, Schmerzen in der Brust, Hydrops; in sehr kleiner Dosis nur zu verbrauchen, ¹⁄₆₄ Gr. im Anfange bis hinauf höchstens zu ¹⁄₁₀ Gr. 54. 243. 247. 253. 342. 668.

Diospyri virginiana Syrupus 2—4 Theelöffel voll p. d. Kindern weniger; von Diospyreos virg. baccae; Adstringens bei Diarrhoe; die Baccae in Infus. ʒβ—j auf ʒvjjj.

Dippels-Oel. S. Oleum animale Dippelii.

Diuretica 667.

Doberan (Mecklenburg), muriatische Bittersalzquelle; auflösend. Seebäder.

Dowerspulver (Opium und Ipecacuanha ana ʒj; Kali sulphuric. ʒjj). 18 Gr. enthalten 1 Gr. Opium. Dos. 6—9—18 Gr.

Drastica. S. Purgantia.

Driburg in Westphalen ist ein Sauerbrunnen, enthält 41 C. Z. Kohlensäure im Pfunde. Ausserdem enthält es schwefels. Natron 3,888, schwefels. Talk 4,250, schwefels. Kalk 9,123, kohlens. Eisen 0,512, kohlens. Mangan 0,072. In denselben Krankheiten wie Pyrmont empfohlen (s. d.), aber von nervenschwachen Magen besser vertragen durch den

reicheren Gehalt an Kohlensäure und Salzen, besonders für Individuen, die zur Verschleimung und
Verstopfung hinneigen, Hypochondrie, Uterinkranke.
Des Morgens 4—5 Becher im Anfange, und so hoch
gestiegen, als es der Magen verträgt und gelinder
Stuhl erfolgt. Von jedem Becher wird blos die
obere Hälfte getrunken, dabei Bewegung. In den
kalten Bädern soll man nur wenige Minuten bleiben.

Durand'sches Mittel. S. Leberkrankheiten p. 329.

Dulcamara, Stipites. Pulv. 5—30 Gr. Decoct ℥ij auf
℥vj; auch ℈ij—℥β auf ℔ jj Flüssigkeit in 24 Stunden. Extr. 9—20 Gr.

Eau de Luce. S. Succinum.

Eger Wiesenquelle. S. Franzensbad.

Eichelwasser 401.

Eisen. S. Ferrum.

Eisenbäder. S. Bäder p. 709.

Eisenwasser 8 und Heilquellen p. 742.

Eisenwein (Ferri pulv. ℥j; digere vase clauso agitando per jv dies c. vini renani ℔ j; colat. adde
tinct. cinnamomi ℥β). 3mal 1 Essl. S. Ferrum acet.,
Ferr. pomat.

Elaeosaccharum. Oelzucker, ist die einfache Verbindung eines ätherischen Oeles mit Zucker in Pulverform, durch das Zusammenreiben beider bereitet.
Man rechnet dabei gewöhnlich auf einen Scrupel
Zucker einen Tropfen ätherischen Oels.

Elaterium Extr. Bei torpider Wassersucht, Hydrops
pectoris, ist Diureticum, Drasticum. Auch bei
recht hartnäckiger Gicht ex abdomine mit gleichzeitiger, krankhaft erhöhter, chronischer Venosität,
Physconie der Leber und Stockungen in der Pfortader. Täglich 1 — 2mal ¼ — 1½ Gr.; und soll es
wässrige Stühle machen, 1mal täglich oder alle
48 Stunden 2, 3, 4—6 Gr. in Mixtur, Pulver, Bissen,
Pillen. Elaterii gr. j; elaeosacch. calami ℥j divide
in part. vjj aeq., alle ¼ St. 1 Pulv. bis Purgiren
erfolgt. — Elaterii gr. jj solv. in spirit. nitr. dulc.
℥jj; tinct. scillae; oxymel. colchici, ana ℥β; 3—4
mal täglich 1 Theel. gegen Hydrothorax. Das Ela-
terin zu 1/30—1/25 Gr.

Electuarium s. Lityga.

Electuarium lenitivum. S. Senna und Purgantia.

Eleosacchara; gewöhnlich auf ℈j Zucker 1 Tropfen
Ol. aether.

Elixirium nennt man die Auflösung eines oder mehrerer Extracte in einer wässrigen Flüssigkeit mit
Zusätzen von Tincturen, Salzen, Geisten, Aether
u. s. w.

Elixirium acidum Halleri. 1 Theil Schwefelsäure u.
3 Theile Alcohol p. d. 10—15 gtt.

Elixirium ad longam vitam aus Zedoaria, Gentiana,
Crocus, Rheum, Angelica, Theriac und Aloë. 205.
Elixir. anticatarrh.

Elixirium pectorale regis Daniae s. e succo liquiritiae
(Succ. liquirit., Liquor. ammonii anisat., ana ℥j;
aq. foeniculi ℥iij Theelöffelweise genommen alle
1—3 St. Statt dafür auch das Pulver pectoralis.
℞ Pulv. liquiritiae composit. Pharmac. Boruss. ℈j.
D. t. doses Nr. 12. S. 3mal 1 Paket.

Elixirium viscerale Hoffmanni ad restituendas vires primarum viarum besteht aus Flav. cort. anrant., Zimmtkassie, unreifen Pomeranzen, Kali carbon., Malagawein, Extr. absynth., Cascarill., Gentian., Trifol. fibr., Ol. cedrae, Liquor. anodynus. 3mal tägl. 30—40 gtt.

Elixirium vitrioli Mynsichtii. 25—30 gtt. in Wasser oder Rothwein besteht aus 1 Theil acid. sulphur. und 12 Theilen Tinct. aromat.

Emetiſum $^2/_{16}$—$^3/_{16}$ Gr., höchstens noch 1—2mal in kurzen Zwischenräumen $^1/_{16}$ Gr. genommen wirkt als sehr sicheres Brechmittel, während ihm jedoch die übrigen Wirkungseigenthümlichkeiten der Ipecacuanha zu fehlen scheinen, am besten ana mit Weinsteinsäure und etwas Zucker zu geben.

Emplastrum antirheumaticum 514.

Emplastrum asae foetidae 247.

Emplastrum de Galbano 372.

Emplastrum Theriaci. S. Opium.

Ems in der Nähe von Koblenz hat 2 Natron-Thermalquellen, das Kränchen und den Kesselbrunnen. Das Kränchen hat: Kochsalz 7,7974, schwefels. Natrum 0,1213, schwefels. Kali 0,5924, kohlens. Natrum 9,7118, kohlens. Kalk 1,1407, kohlens. Talk 0,788. Temperatur 30° R. Der Kesselbrunnen hat: Kochsalz 7,6340, Chlorkali 0,045, schwefels. Kali 0,54, kohlens. Natron 10,70. Temperatur 46° R. Ems ist gegen Lungenleiden sehr berühmt worden, was dem kohlens. Natrongehalt zu verdanken ist. Man trinkt 4—8 Becher; Brustkranke mischen Milch bei. Die Bäder höchstens $^1/_2$ Stunde lang.

Emulsion, Pflanzenmilch ist eine weisse, undurchsichtige, milchähnliche Flüssigkeit, welche durch das Zusammenstossen und Zusammenreiben solcher Arzneisubstanzen, welche zugleich ein fettes Oel und Schleim enthalten, mit Wasser (emulgendo) bereitet wird. Samen, welche Schalen besitzen, z. B. Mandeln, werden erst von diesen befreit, dann lässt man sie in einem Mörser mit einer geringen Menge Flüssigkeit zu einem feinen Brei zerstossen, und setzt dann allmählig mehr und mehr von der Flüssigkeit hinzu, bis zur Genüge. Dann seiht man die Emulsion durch Leinwand, und mischt dann die Zusätze bei. Wenn eine Emulsion als Arznei gebraucht werden soll, so rechnet man von indifferenten, öligen Samen 1 Theil auf 8, höchstens 12 Unzen Flüssigkeit und auf ℥xvj, wenn sie zum gewöhnlichen Getränk dienen soll. ℞ Amygdal. dulc. cortic. liberat. ℥j; Aq. destill. ℥viij; f. l. a. emulsio; colat. solv. sacch. albi ℥j. M.

Endermatische Methode besteht in der Anwendung der Arzneistoffe auf die von der Epidermis entblösste Haut. Die Haut muss ihrer Epidermis frisc beraubt sein, sonst findet keine Aufsaugung statt. Die Wirkung der Arzneimittel, welche auf diesen Wege etwas zu leisten vermögen, tritt viel reiner hervor, als wenn sie mit der Schleimfläche der Dauungsorgane in Berührung gebracht werden. Zunächst bleibt sie die wirksamste Heilmethode: 1) wenn der Zugang zum Magen und Darmkanal durch Krankheiten versperrt ist, wie bei Trismus, Wasserscheu, Halskrämpfen, Entzündung u. Stricturen der Speiseröhre, Krankheiten in der Rachenhöhle u. s. w. 2) Wenn der innere Gebrauch von Arzneimitteln wegen Krankheiten der Verdauungsorgane selbst unmöglich ist, als bei Entzündung des Magens und Darmkanals, bei Krämpfen dieser Organe, wodurch jede Arznei sogleich wieder ausgeworfen wird, bei der Ruhr, dem Ileus, bei der paralytischen Diarrhoe etc. 3) Wenn man in Folge der innern Anwendung eine unvermeidliche Mitaffection anderer mit dem Magen in Beziehung stehender Organe und selbst nachtheilige Nebenwirkungen im Gefäss- und reproduktiven System befürchten muss. Andere, unter besondern Verhältnissen erreichbare Vortheile sind noch folgende: 1) kann man bei örtlichen Krankheiten die Arzneimittel auf das kranke Organ oder nach Belieben in dessen Nähe anwenden, was bei Neuralgien, krankhaften Affectionen sehr erwünscht ist. 2) Kommt man mit kleinen Gaben aus, und umgeht den Ekel vieler Patienten vor Geruch und Geschmack. 3) Man kann A.M. anwenden, wenn der Patient es nicht wissen soll, und eine in der Einbildung bestehende Idiosyncrasie gegen ein Mittel hat. 4) Die längere Nachwirkung eines Mittels ist leichter zu beschränken, wegen der Zugänglichkeit der Applicationsstelle. — Zuerst muss die Haut an der Applicationsstelle von der Epidermis befreit werden, so dass das A.M. mit dem Rete Malpighi in unmittelbare Berührung kommt. Dies geschieht durch ein Vesicator; auch Blutegelwunden, oder eigends dazu gemachte Hautschnitte werden dazu benützt, oder man bedient sich des Abbrennens von etwas in Schwefelsäure getauchter Baumwolle auf der Oberhaut, des Ammon. caustic., des Acid. acet. concentr. Ist die Blase gezogen, so entfernt man die Epidermis, und bringt auf die entblösste Hautstelle das A.M., auf welches ein Stückchen Wachspapier gelegt und mit Pflaster befestigt wird. Geeignet sind nur Mittel, die ihre Wirkung schon in kleinen Quantitäten entfalten, daher besonders die Alkaloide, besonders die narcotischen, das Extr. Bellad. ℈j in ℥ij Aq. Lauroc. gelöst, mittelst eines Pinsels einigemal auf die Vesicatorstelle aufzutragen. Die gewöhnliche Form ist die Pulverform, bei ganz kleinen Gaben mit etwas Zucker. Subepidermatische Anwendung, respect. Inoculation des Veratrins gegen neuralg. faciei. und andere begränzte Paralysen. Veratrin wird mit einem Tropfen Wasser zur Consistenz eines weichen Teiges verbunden und gleichwie das Vaccinegift inoculirt, Morgens und Abends 12 solche Inoculationen an die schmerzhaftesten Stellen des Gesichts, wodurch der Schmerz neutralisirt wird.

Enula. S. Helenium.

Epispastica. S. Caustica.

Equisetum arvense, Schachtelhalmen, adstringirend und heftig diuretisch; ℥ij auf ℔ j Dct.

Ergotinum. In Wasser nicht, in Aether wenig, aber

in Alcohol und Essigsäure löslich, aus Secale cornutum bereitet, wirkt wie dieses. $^1/_{16}$—$^1/_8$ Gr. p. d.

Euphorbium. Aeusserlich s. Caustica.

Expectorantia, Mittel, welche den Auswurf befördern. Hindert eine starke Reizung und Constriction den Auswurf, z. B. bei Pleuresie, Pneumonie, so sind V.S., Nitrum mit tart. vitriol. und Oelemulsionen, häufiges Trinken lauen Getränkes, z. B. Graupenschleim mit Oxymel, die besten Expector., indem sie die absondernden Lungengefässe schwächen, erschlaffen, und so die Reizung und Entzündung vermindern. In andern Fällen sind Antispasmodica die besten Expector., wenn nämlich Krampf ohne Entzündung zu Grunde liegt, wie z. B. bei Asthma Miliari, im spastischen Stadium des Keuchhustens etc. Liegt wahre Schwäche und Atonie zu Grunde, z. B. bei Asthma senum, bei hydropischen Alten, Säufern, so passen die sogen. specifischen Expector., d. h. solche Mittel, welche eine besondere Beziehung auf die Lungen haben. Dahin: Senega, Scilla, Liquir., Foenicul., Anis, Arnic., Sambuc., Sulphur, Sulph. aurat., Gm. ammoniac., Benzoe; äusserlich Einreibungen reizender Mittel; Rubefacientia, Vesicantia auf den Thorax; das Einathmen warmer mit reizenden Stoffen imprägnirter Dämpfe; zuweilen Emetica. Alle diese Mittel finden ihre Anwendung, wo die Absonderung in den Lungen vermindert ist, oder wo sich schädliche Stoffe daselbst angehäuft haben, deren Ausleerung nothwendig ist, z. B. zäher Schleim, Ueberreste coagulabler Lymphe nach Pneumonien. Die reizenden Expector. sind bei jeder wahren Pneumonie, wenn sie vor dem 9ten Tage angewendet werden, sowie im 1sten Stadium des Keuchhustens, der Blennorhoea pulmonum, überhaupt da, wo noch viel Entzündungsreiz obwaltet, schädlich. Dagegen sind sie bei vielen andern Lungenübeln, angepasst den verschiedenen Stadien und dem Zustande, worin das Uebel und der Kranke sich befinden, und ausgewählt nach ihrer mehr oder minder reizenden Wirkung höchst nothwendige Mittel, die nicht allein zur Erleichterung, sondern auch oft zur radicalen Heilung derselben sehr viel beitragen. ℞ Rad. liquirit., irid. florent., ana ℈ij; Flor. sulphur. ℥β; Benzoes ℈j; Sacch. alb. ℥ij; Ol. anis., — foenicul., ana gtt. x. S. Pulv. pector. Wedelii 2—3mal täglich ℈j bei atonischen Lungenleiden bei alten reizlosen, asthmatischen Subjecten. ℞ Extr. myrrh. ℈jβ; — hyoscyam., pulv. rad. sarsap., ana ℈β; Aq. cinnamom. q. s. ut f. pilul. No. 10. 2mal 1—4 Stück bei atonischer Blennorrhoe pulmonum, die mit gesteigerter Reizbarkeit, viel Husten, schlaflosen Nächten und Unruhe verbunden ist, weshalb wegen der Hyoscyam. nicht zu gebrauchen. ℞ Myrrh., bals. peruvian., ana ℈jβ; Extr. opii ℈β; F. pilul. gr. jj. Alle 2 St. 2—3 Stück, besonders bei Phthisis pituitosa der Säufer. ℞ Gm. ammoniac. ℈j; Sulph. aurat. gr. vj; Syrup. alth. ℥ij. Alle 2—3 St. umgeschüttelt 1—2 Theel. bei chronischem Asthma, wie das Pulv. Wedelii, Arthritischen, Hydropischen, alten Leuten. ℞ Sal.

ammoniac. ʒij ; Camphor. gr. vj ; Flor. arnic. ℈β;
Sacch. alb. ʒvj. M. f. p. d. in vitr. S. 3 — 4mal
1 Theelöffel bei vernachlässigten Pneumonien mit
Schwäche, langsamem Pulse, verhinderter oder
bräunlicher, schäumiger, geringer Expectorantion.

Extractum antiphthisicum wird gewonnen, indem die
beim Gerben der Kalbfelle mit Eichenabsud in der
Grube nach mehreren Wochen erhaltene, nicht
saure, klare, dunkelweingelbe Flüssigkeit verdunstet wird. ʒij — jij in ʒβ aq. Lauroc. täglich 8mal
30—50 gtt.

Extractum panchymagogi Crolli, drastisch 10—15 Gr. ;
dafür meistens Extr. rhei compos. gegen Hydrops
chron. torpid., chron. Verstopfung u. zähen Schleim.

Extractum Ferri pomatum. S. Ferrum pomatum.

Extractum Saturninum. S. Acetum saturninum.

Faba Ignatii. S. Ignatzbohne.

Faba Pichurina. Aehnlich wie Nux moschata, tonisch
adstringirend gegen habituelle Durchfälle, gegen
Diarrhoen in typhösen Fiebern 3—4 täglich ℈β—j
in Pulv.; auch ʒβ auf ʒvj Infus.

Fachingen in Nassau dem Geilnauer gleich, ausser
dass es gar kein Eisen enthält, welches im Geilnauer Wasser sich in kleiner Menge befindet. Harn-
krankheiten, Stockungen im Unterleib. Täglich
2—8 Gläser mit oder ohne Milch.

Farfara. S. Tussilago.

Fell tauri, frisch ʒij in Wein oder aq. Menth. Extr.
5—20 Gr. Pillen. Solution. Aeusserlich. ℞ Fell
tauri recentis ʒj; Syrup. cort. aurant. ʒjβ s. cinnamomi. S. 2stündlich 2 Theel. voll. ℞ Fell tauri
recent. ʒβ; Syrup. rhei ʒj. 2stündl. 1 Theel. voll.
90. 326.

Ferdinandsbrunnen. S. Marienbad.

Ferrum, Eisen. Die Experimente mit den Eisenmitteln haben das wichtige Resultat geliefert, dass die
weit verbreitete Furcht der Aerzte von der s. g.
erhitzenden Eigenschaft des Eisens gegenüber, es
vielmehr die Herzthätigkeit verlangsame. Es ist
eines von den 3 Universalheilmitteln nach Rademacher (die beiden andern sind Cuprum und
Natrum nitricum). — Ein wichtiges Zeichen der
Eisenaffection, d. h. einer Krankheit, welche zu
ihrer Heilung Eisen verlangt, ist (nach Rademacher)
der Mangel an Harnsäure und mehr noch die laugen-
salzige Eigenschaft des Harns. Wenn das mit
schwacher Essigsäure geröthete Lakmuspapier in
den Harn getaucht, gleich so blau wird, wie es
vor der Röthung war, so kann man (so lehrt Rademacher) wohl ziemlich sicher sein, dass man es mit
einer Eisenaffection zu thun hat. Weiter ist eine
sichtbare Abnahme der Muskelkraft, sonderlich in
acuten Krankheiten, ein wahrscheinliches Zeichen,
dass man es mit einer Eisenkrankheit zu thun hat,
vorausgesetzt, dass der Kranke nicht an einer Ur-
gehirnaffection, oder an einer unter der Heilkraft
des Kupfers stehenden Affection des Gesammtorganismus leide. Bleiches und schmutzig-weisses
Gaumen und Gaumensegel, Röthe der Augen und
Geschwulst der Lider, wie Eiter aussehende

Schleimabsonderung der Meibonischen Drüsen ist
oft ein vermuthliches Zeichen der Eisenaffection,
d. h. für eine das Eisen verlangende Krankheit,
des Gesammtorganismus, und mit ableitenden La-
xanzen, mit Quecksilber etc. kommt man hier nicht
zum Zwecke, ja schadet zuweilen mehr als man
nützt. Rademacher sagt: Von den Universalmitteln Eisen und Kupfer sehe man, wenn man sie
im Verlaufe der Krankheiten gebe, wo die Muskel-
kräfte schon sich gemindert haben, selbst dann,
wenn sie die geeigneten Mittel nicht für den concreten Fall wären, doch keinen Schaden, oft sogar
eine wohlthätige Wirkung, indem die Kräfte zunehmen. Die Präparate Radem. sind besonders
1) das rohe peroxydirte Eisen zu ʒjj tägl.; 2) das
kohlens. Eisen, Crocus Martis aperitiv.; 3) essigsaure Eisentinctur (nach Radem. besonderer Angabe angefertigt in acuten Fiebern zu ʒj tägl. mit
ʒviij aq. und ʒj Gummi arabicum.

Ferrum aceticum. Unzuverlässiges Präparat, vergilbt
die Zähne. Tinct. ferri acet. aeth. 3—4mal täglich
25—60 gtt.; Ferr. acet. oxydul. 4—6 Gr. in Solution oder Pillen. Liquor ferri acetici als Oxidat
gegen arseniksaure Alkalien 42.

Ferrum ammoniatum. S. Ammonium muriat. martiat.

Ferrum ammonico-citricum, wird sehr leicht vertragen 3—6—12 G. p. d.

Ferrum ammoniaco-tartaricum. Leicht löslich, von
angenehmem Geschmack. Bei chlorot. und scroph.
Leiden, Anämie; Esslöffelweise in einer Solution,
so dass ʒj des Eisenpräparats auf ʒj Wasser genommen wird.

Ferrum arsenicicum. Kräftiger als alle andern Arse-
nikpräparate, innerlich gegen Krebsleiden u. Lepra;
äusserlich zur tiefern Zerstörung krebsiger Massen.
$^1/_{16}$—$^1/_{12}$ Gr.; äusserlich ɔj—3β auf ʒβ—j Fett.

Ferrum bromatum. Gegen Scropheln, Amenorrhoe,
Hypertrophie des Herzens wie des Uterus. 1—4 Gr.
2—3mal täglich in Pillen, wässriger oder weiniger
Lösung.

Ferrum carbonicum 2, 6—10 Gr. in der Prosopalgie
und andern Neurosen sogar zu ɔjj—ʒj. 386.

Ferrum citricum (oxydatum) hat am wenigsten unangenehmen Geschmack 2, 6—12 Gr. p. d. in Pulver,
Pillen, Syrup, kohlensäurehaltiger Limonade.

Ferrum cydoniatum. Von Extr. ferri cydon. 5—10 Gr.
von der Tinct. 30—60 gtt.

Ferrum hydratum oxydatum. S. Ferr. oxyod.

Ferrum hydrocyanicum. Blausaures Eisen, Blaustoff-
eisen, bei Apepsie, Leber und Milzanschwellung,
Diarrhoen, Wechselfiebern, Scropheln, Chorea,
Epilepsie, Cardialgie, Kupfervergiftung, bei veralteter, mit Mercurialcachexie verbundener Syphilis; äusserlich gegen phagadänische, krebsartige
Geschwüre. 1, 2—6 Gr. in Pulv. Das gewöhnliche
Berlinerblau ist ein mit Alaunerde sehr versetztes
blausaures Eisen, man kann es zu 1 Theel. 2—3mal
täglich geben; reiner ist das Pariserblau, welches
man zu 1—4 Gr. gab.

Ferrum hydrojodinicum, Ferrum jodatum, Jodeisen.
Tonico - resolvens bei Schwächezustand des Gesammtorganismus der vegetativen und irritabeln
Lebensseite, cachectischem Aussehen, Schlaffheit
der Muskeln und torpid scrophulöse Diathese;
Atrophia mesenterica, hypertrophisch. Lupus,
Kopfgrind, Lungenphthisis, Chlorosis praematura,
Gastrodynia chlorotica, Amenorrhoe, Fluor albus,
secundärer und tertiärer Syphilis, fieberlosen Rheumatismen mit Schwächecharakter, Hydrops, Scorbut, Milzauftreibung, Caries, Scirrhus, Hodenauf-
treibung. 2—5 Gr. 2—3mal tägl. in Pulv., Pillen,
wässriger oder weingeistiger Lösung. — Aeusserlich 3β—j auf ℥β—j Fett oder mit Lösung zu Wasch-
wassern. ℥ij auf ein Bad. Jod. aceti Ferri ℈β—j;
aq. dest. ℥β. 8. 41. 509.
Ferrum jodatum· saccharatum (10 Gr. = 1 Gr. Jodeisen). Die passendste Form für die Anwendung
des Jodeisens.
Ferri sesquijodati Liquor. Vorschlagender Jodgehalt.
Ferrum lacticum, in Wasser schwierig, in Weingeist
kaum löslich; leicht assimilirbar, bei Chlorose und
Anämie. 2, 6, 10—12 Gr. (3β für den Tag) in Pillen,
auch in Syrup (nicht gerne in Pulver, da es die
Zähne färbt).
Ferrum magnesico - citricum. S. Ferrum ammoniaco-
citricum.
Ferrum muriaticum oxydat. rubrum. Gegen Gastro-
malacie, Atrophia infantum, typhöse Durchfälle.
Präparate sind: Spiritus sulphurico-aeth. martiat.
(S. diesen); Tinct. ferri muriat. oxydati zu 10—20
gtt. in Haferschleim. ℞ Ferri muriat. oxydul. ℥ij;
Aq. dest. ℥iij; 3—4mal ½—1 Essl. 371. 434.
Ferrum nitricum oxydatum. Bei chron. Diarrhoen in
wässriger Lösung.
Ferri nitrici Liquor. Innerlich und äusserlich bei
weissem Fluss und bei Mutterblutflüssen. 10 gtt.
p. d.
Ferrum oxydulatum nigrum, Aethiops martialis. 2,
4—6 Gr. Besser ist Ferrum pulv. 566.
Ferrum oxydatum hydratum siccum et liquidum.
Eisenoxydhydrat; bekanntes Antidot gegen arsenige und Arsensäure. (Von Einigen wird ihm
Crocus Martis aperitivus vorgezogen.) Auch gegen
habituelle Diarrhoen eines der besten Mittel und
gegen Fettsucht. Das trockene Eisenoxydhydrat,
welches in den flüssigen Präparaten ungefähr in
dem Verhältnisse von 1 zu 18 Theilen enthalten
ist, zu 25—30 Gr. mit recht heissem Wasser gemischt alle 2—5 Minuten. Das als Antidot mehr
empfehlenswerthe flüssige Eisenoxydhydrat lässt
man den Vergifteten in so grossen Quantitäten und
so heiss trinken, als es der Zustand verträgt. 646.
Ferrum oxysulphurat. S. Vergiftung. 646.
Ferrum persulphuratum hydratum humidum. Bei
Bleivergiftungen und Gegengift des Sublimats,
Kupfers und Arsens. Morgens und Abends 1 Esslöffel bei Bleivergiftung, nebst Purganzen, Bädern,
Opium.

Ferrum phosphoricum oxydatum. Gegen Diabetes, Chlorose, Scropheln, Rhachitis 2, 6—10 Gr. 3—4mal täglich in Pulver, Pillen, Bissen; als Salbe ʒij auf ʒij Fett gegen Krebsgeschwüre schmerzstillendes Palliativum. ·

Ferrum pomatum. ʒij—ij̶j̶ auf ʒvj aq. dest., tinctur. cinnamomi ʒj; 2mal 1 Essl.; Tinct. Ferri pomat. ʒij, aq. cinnamomi vin. ʒj,ꞁ 2mal 60 gtt.; übrigens wie Ferr. cydoniat.

Ferrum pulveratum, Limatura Martis praeparate. Zu 1—2 Gr. allmählig steigend bis zu 8 Gr. in 24 Stunden, in Pulver, Latwergen, Pillen, Bolus, Trochiscen. Das Aufstossen des Schwefelwasserstoffgases rührt her von der Wasserzersetzung in Folge der Oxydation des metallischen Eisens bei Gegenwart der Magensäure. Auch enthält die Limatura öfters etwas Schwefeleisen.

Ferrum sulphuricum. ¹/₂—3 Gr. tägl. 2—3mal in Pulvern, Pillen und Mixtur. Zum Bad ʒij—jv. 42.

Ferrum tannicum. Besonders in der Chlorose. Gr. 10—ʒβ in Syrup oder Pillen mit Extr. Absynthii.

Ferrum tartaricum erhitzt am wenigsten von allen Eisenpräparaten. Zu 5—10 Gr. in Solution. Pillen. Zum Bade Globuli martiales ʒv—vj. 42.

Ferrum valerianicum. 1, 2—3 Gr. p. d.

Fichtenknospen. S. Turiones pini.

Fiebertropfen Warburgs. 8. Wechselfieber.

Filix mas. Rad. ʒj—ij 2—3mal tägl. in Latwergen mit Honig; Extr. 3—4mal tägl. ꞁβ—j—ʒβ in Pillen. Extr. filicis radicis aether. gegen Bandwurm und Spulwurm 10—30 Gr. in Pillen oder Emulsionen, oder einfach mit Syrup gemischt. Oleum filicis maris aether. 72 gtt. in 16 Pillen, welche mit Pulv. rad. fibrin. bereitet sind. 8 Abends und 8 am andern Morgen und 2 Stunden nach der letzten Gabe ʒj Ol. Ricini. 680.

Flinsberg in Schlesien ist ein Sauerbrunnen, dessen Hauptquelle auf ʒxvj 0,73 kohlens. Eisen enthält; die andern Quellen enthalten kein Eisen.

Flores Brayerae anthelminthicae. ʒj auf ʒviij Dct.

Flores salis ammoniaci martiales. S. Ammon. mur. mart.

Flores sulphuris. S. Sulphur.

Flores Zinci. S. Zincum oxydatum.

Foeniculum. Wie Anis.

Fomentationen. S. Umschläge.

Fomentationes Schmuckeri 124.

Fowlers Tropfen. S. Arsenik.

Frangula. Cort. Rhamn. Frangulae 479.

Franzensbad in Böhmen, ein an Glaubersalz reiches, zugleich kohlens. Natron, ein wenig Eisen und viel freie Kohlensäure enthaltendes Wasser, dessen eröffnende Wirkung durch den Eisengehalt gemässigt wird. Reizend, Se- und Excretionen befördernd, auflösend und stärkend. In chronischen Nervenkrankheiten, Magenkrampf, Kolik, Verdauungsschwäche, Schleimsucht, Magensäure, Blähsucht, Stockungen des U.L., Gallensteine, Steinbildung, Blasenhämorrhoiden. Als Nachkur nach auflösend schwächenden Quellen, namentlich Karlsbad; und

als Vorkur für stärkere Eisenwässer. Mit 4 Bechern
beginnend bis auf 10 steigend: Bäder dauern ¹/₂ St.
lang. Franzensbad besitzt 4 Trinkquellen — den
Franzensbrunnen, die Salzquelle, die Wiesenquelle
und den kalten Sprudel — eine ausschliesslich zu
Bädern benützte Quelle, die Louisenquelle — eine
kohlensaure Quelle (Gasquelle) — endlich den berühmten Mineralmoor.

Franzensbrunnen. S. Franzensbad.

Friedrichshaller Bitterwasser aus dem Landgericht
Heldburg im Herzogthum Sachsen-Meiningen, 4 Stunden von Coburg; ähnlich wie das von Püllna, Saidschütz, Sedlitz u. Epsom; enthält sehr viel schwefelsaures Natron, schwefels. Kali und namentlich
schwefels. Bittererde, und salzs. Natron, salzs. Bittererde, Laxans.

Fuligo splendens. Innerlich Əβ—3β 3—4mal tägl. im
Dect., Pulver, Pillen. Aeusserlich gegen Exantheme, chron.

Fumaria. Herba, Succus rec. expr. zu ʒij—iij tägl.
ʒβ—j auf ʒviij Dect. Extr. ʒij—iij tägl.

Fussbäder. S. Bäder und 215.

Gais bei Appenzell war sonst die berühmteste Molkenanstalt; jetzt wetteifert damit die Heinrichs-
Badeanstalt bei Herisau.

Galanga. Rad. Magenmittel, Gewürz wie Ingwer od.
Cubeben. Pulv. 10—20 Gr. 2—3mal tägl. ʒiij -ʒβ
auf ʒvj infus. Esslöffelweise. Tinct. 30—40 gtt. mit
Wein, aromat. Wassern, bittern Extracten.

Galbanum, Gummi. Əβ—3β, in Pulv., besser in Pillenform 2—3mal tägl. Tinct. 30—60 gtt. Ol. aeth.
2—8 gtt. Klystier Əj—ȝβ.

Galeopsis grandiflora (Lieber'sche Brustkräuter).
Herba et Flor., gegen Phthisis pituitosa, colliquative Schweisse scrophulöser Lungensucht; in Verbindung mit Dulcamara, Althea, Liquirit. ʒβ—j
zum Dct. auf den Tag, zuweilen mit Zusatz von
etwas Milch. ℞ Summitat. galeops. grandiflor., rad.
alth., ana ʒj; Rad. liquir. ʒij zum Thee auf 4 Tage.
℞ Herb. et flor. galeops. grandiflor. ʒiij; Rad. alth.,
liquir. stip. dulcam., ana ʒβ; M. c. c. S. Thee auf
6 Tage, tägl. ¹/₆ mit 1¹/₂ ℔ kochenden Wassers zu
übergiessen, 10 Minuten gelinde zu kochen und
den Tag über lauwarm zu verbrauchen. 368.

Gallae turcicae. Pul. 5—20 Gr. Dct. ʒj—iij auf ʒviij.
Salbe.

Gallussäure 48.

Galvanismus angewendet als galvanisches Bad: der
leidende Theil wird in ein Gefäss voll Salzwasser
untergetaucht, sodann bringt man den Leitungs-
draht des einen Pols oder Säule in die Flüssigkeit,
ohne den Theil zu berühren, und den des andern
Pols mittelst einer Armatur an eine ausserhalb des
Salzwassers befindliche Stelle des leidenden Theils;
oder beide Hände und Füsse werden je in ein Gefäss mit Salzwasser getaucht und in jedes derselben ein Pol der Säule geleitet. Die festen Arma-
turen zur Anwendung des Galvanismus bestehen
aus Metallplatten und Stäben, welche so geformt
sind, dass sie dem leidenden Theile anpassen, mit

einem Häckchen zur Aufnahme des Leitungsdrahtes
versehen sind, und mittelst geeigneter Bänder oder
Heftpflaster an die Körpertheile befestigt werden.
Die Hautstellen befeuchtet man vorher mit Salzwasser. Eine dritte Anwendungsart ist die mittelst
der Metallbürsten. Angewendet wurde der Galvanismus: bei Amaurosis, Amenorrhoe, Stimmlosigkeit nach Gemüthsbewegungen oder nach schneller
Unterdrückung einer Epistaxis, Gichtknoten, Bubonen, Cardialgie, rheumatischen Baryecoia, Epilepsie, Hxdrocele, Hydrophobie, Lähmungen, Paralysis, Prosopalgie aus rheumatischer Ursache, Tetanus, Gelenkwassersucht, Paralysis traumatica. Contraindicirt ist er bei Blutspucken, Phthisis, Hämor-
rhoidal- und Menstrualblutfluss, andern krankhaften
Blutungen, Fieber, bei Schwangeren.

Gallerte, Gelatina. Die Grundlage dieser fest-weichen
Form und eigentlich auch der Hauptbestandtheil
ist entweder ein thierischer Leim (aus dem Hirschhorn, dem Fleisch, den Klauen, Bändern, Knorpeln,
Hausenblase) oder ein Pflanzenschleim, welcher die
Fähigkeit hat, zu gelatinisiren, d. h. mit einer gewissen Quantität einer wässrigen oder weinichten
Flüssigkeit eine durchsichtige od. durchscheinende,
zitternde, festweiche Substanz darzustellen. Unter
den Vegetabilien enthalten besonders das Traganthgummi, der Salep, Sago, die isländische Flechte
diese Art des Schleimes. Die Gallerten werden
bereitet, indem man die Substanzen, welche dazu
dienen sollen, durch hinreichendes Kochen in einem,
anfänglich verdeckten Gefässe gehörig ausziehen
oder sich auflösen lässt, und dann die, wenn es
nöthig ist, durchgeseihte, auch wohl durch Auf-
kochung mit Eiweiss, welches vorher der erkalteten
Flüssigkeit beigemischt wird, geklärte oder durch
Absetzen gereinigte Abkochung oder Auflösung bei
gelindem Feuer so lange verdunsten lässt, bis eine
kleine Quantität derselben nach dem Erkalten ge-
latinisirt. Man setzt meist vor dem Erkalten noch
süsse, säuerliche oder weinigte Flüssigkeiten, auch
Oelzucker hinzu. Z. B. ℞ Ichthyocollae contusae
℥iij; coqe ex aquae font. purae ℥xxjv ad remanen-
tiam. ℥xij. Colatur evaparata leni igne ad consistentiam spissioris gelatinae, cui adde. Vini Rhenani optimi. ℥j. Sacch. alb. ℥vj. Elaeosacch. flavedin.
citri ℥ij; Liquor adhuc calidus detur in vitro, se-
ponentur loco frigido. S. Theelöffelweise. Man kann
auch einen Früchtesaft, z. B. Syrup. mororum, ribium, succ. citri etc. hinzusetzen, oder Zucker
und Wein weglassen. S. Cornu cervi, Lichen
islandic.

Gargarisma. S. Acida p. 694. 30. 50.

Gastein, die merkwürdigste Therme der Salzburger
Alpen. Ihre Temperatur ist in den 6 Quellen verschieden; die höchste ist nahe an 50° R. Das Wasser
weicht sehr wenig von chemisch reinem Wasser ab.
Man braucht es blos zum Baden, getrunken wird
es selten. Die vortrefflich hohe Lage, fast 3000'
über dem Meere, umgeben vom ewigen Schnee der

Alpen, trägt zum Ruhme der Therme viel bei. Ihre stärkende Wirkung ist anerkannt.

Gehirnmittel 179.

Geilnau in Nassau wird mehr versendet, als an Ort und Stelle getrunken; es ist ein trefflicher kohlensaures Natron enthaltender Sauerbrunnen.

Gelatinabäder. S. Gallerte.

Genista tinctoria. Herba, Flores et Semina; Diuret. et Diaphor. gegen Hundswüth als Präservativ. ℥j,ß mit ℔ jj Wasser auf ℥xvj Dect. Pulv. 2—4mal tägl. ℈j.

Gentiana rubra. Extr. ∋ß—j tägl. 2—3mal in Solut. Tinct. ℈ß—j tägl. 1—2mal. Infus. ℥ß auf ℥viij. Gentianinum in Aether und Alcohol löslich gegen scrophulöse Cachexien und als Stomachicum (5 Gr. Gentianin. auf ℥j Alcohol als Tinctur) (oder 16 Gr. auf ℔ j Syrup) 1—4 Gr. 1—2mal täglich.

Geoffroyae cortex. Pulv. ∋ß—℈j. Extr. 9—10 Gr. Tinct. 20—60 gtt. Dect. ℥j auf ℥viij. 678.

Getränke 124. 434.

Ginseng Rad. Dct. ℈ß—j Tonico-nervinum.

Glaubersalz. S. Sal. Glauberi.

Gleichenberg (Steiermark), alkalinisch-muriat. Mineralquelle. Scrofeln, Hautausschläge, Lithiasis.

Gleisweiler bei Landau in der bayrischen Rheinpfalz hat eine Wasser- und Molkenheilanstalt.

Globuli martiales. S. Ferrum tartaricum.

Glycerinum, ein Fett, das keine Säure bildet, mithin nicht ranzig wird, und desswegen auch gegen Schuppenkrankheiten empfohlen wird.

Gräfenberg (Oestr. Schlesien), Kaltwasserheilanstalt.

Gramen. Extr. Graminis liquidi ℥j, 2stündl. 1 Theel. voll. ℞ Radic. Graminis ℥j f. decoct. ℔ j; Extr. Taraxaci ℥j D. zu 2 Klystieren. ℞ Extr. Graminis liquid. ℥j; Aq. ceras. nicror. ℥iij; Syrup. moror. ℥ß. S. 2stündl. ½ Essl. Um bei Leberleiden resolvirend zu wirken. Wie Carex arenaria.

Granatorum, Cortex radicis; am besten ist die frische Rinde ∋j—℈ß—j alle 1—2 Stunden im Infus., Dct., Pulv. ℥ij—jij auf ℥vj; Extr. spirit. ℈ß—j, alle ¼—½ St. ℈iij—jv des Extr. aether. in abgetheilten Gaben, reichen gewöhnlich zur Abtreibung des Bandwurms hin. Cort. rad. ℥ij—jij aq. ℔ jj macera per hor. 24; Dct. ℔ j, sacch. albi q. s. ad gratum saporem; alle ½ St. den dritten Theil. 680.

Graphit, Plumbago, Ferrum carbonatum ∋ß—j tägl. 2—4mal in Pillen, Bissen, Latwergen. ℥j—jj in 8 Tagen zu verbrauchen. S. Flechten.

Gratiola. 8—15 Gr. Herb. pulv. bewirken heftiges Vomiren, Purgiren, selten so gebraucht. Als erregendes, resolvirendes Mittel 2—5 Gr., allmählig bis 10—12 Gr. Infus. Herb. ℈j—jij auf ℥vj—viij mit etwas Tinct. aromat. oder Liquor anodyn. alle 2 St. 1 Essl.; Extr. als Excitans 4—10 Gr. 3mal tägl.; als Purganz ∋ß—j.

Guaco. tinctura gegen epidem. Cholera 20 gtt. ℈j.

Guajacum. Lignum gegen Gicht ohne Fieber mit Ablagerungen, gegen Herpes, Tinea, Syphilis secundaria, Asthma pituitosa, atonische Leberphyskonie, chronische Blennorrhoen ex causa arthrit., Verschleimung des Digestionsapparats, rheumatische

Gelbsucht, Prosopalgie, Schwindel, Lähmungen, Schlagfluss ex causa arthrit. aut syphilit.; wirkt auf Harn und Schweiss, reizt die Function des Drüsen- und Lymphsystems. — Species pro decocto lignor. tägl. ʒj—jij mit ℔ jv Wasser bis zur Hälfte eingekocht. — Extr. 5—10 Gr. 3mal tägl. Tinct. lign. tägl. ʒβ—j; Tisane ℥j,ʒ—j mit ℔ jv auf ℔ jj Dct. 510.

Guajacum, resina nativa, reizender und erhitzender als Lignum; bei höheren Graden von Torpor, ist dabei Pellens bei Ammenorrhoea atonica; sonst wie Lignum. Tinct. resin. simpl. und volat. 15—30 gtt. 3—4mal tägl. — Sapo guajacin. Əβ—j tägl. 2—3mal in Pillen. Resin. quaj. nativ. p. d. 3, 5, 10—15 Gr. in Solution, Emulsion, Pulver, Latwerge, Bissen, Pillen. S. Diaphoretica p. 729. 112. 210. 304. 510.

Gummi arabicum, zu Əj—ʒj in Pulver. Zu den Oelmixturen nimmt man gleiche Theile Oel und Mucilago gummi arab. und mehr Mucilago. Vom Pulver nimmt man auf ℥β Oleum wenigstens ʒij Gummi. Ein Eidotter entspricht ungefähr ℥β Gummischleim. Syrupus gummosus ℥j = ʒj Gummi, als Hustensaft.

Gurnigel im Canton Freiburg hat 2 Bittersalz haltige Schwefelquellen, das Schwarzbrünnli und Stöckwasser. Es ist eines der bedeutendsten Bäder der Schweiz und wegen seiner Kraft wider den Bandwurm berühmt.

Gutti, Gummi, zu 10—15 Gr. heftig drastisch. Als Reizmittel ¹/₃—¹/₂ Gr. 3—4mal tägl.; als gelindes Purganz 2—3 Gr. 2mal tägl.; als Drasticum Əβ—j auf einmal in Pillen, Solution, Emulsion. Am besten in Liquor kali carbon. ʒj Gutt. Əj; 4—5mal tägl. 30—40 gtt. Das Gutti soll auch nach italienischen Aerzten vorzügliche Wirksamkeit in entzündlichen Krankheiten des Magens und Darmkanals haben. Gummi Gutt in starken Gaben hat Abeille im Hospital Val-de-Grace abermals gegen chronische Dysenterie, gegen Anasarca mit Bauchwassersucht, sowie mit Albuminurie complicirte Bauchwassersucht sehr wirksam gefunden.

Hall bei Kremsmünster in Oestreich; gegen Kröpfe, es enthält bei sehr vielem schwefels. Natron auch eine bedeutende Menge Jodnatrum; die Quelle ist kalt; zum Baden wird das Wasser erwärmt. Wirksamer ist die Trinkquelle bis zu ℥v auf den Tag.

Hallerisches Sauer. S. Elix. acid. Halleri.

Hedera terrestris. S. Glechoma hederacea. Gundelrebe als Brustmittel, auch der ausgepresste Saft; 3—4 Hände voll zu einem Bade; dann eine starke Handvoll mit ¹/₂ ℔ Butter zu einer Salbe; endlich als Thee, besonders gegen Scropheln und scrophulöse Geschwülste. Herba, Resolvens und Diuretic. gegen Catarrhe, Lungensucht, Blutspeien, Blutharnen, Nierenvereiterung 3β in Pulv. Infus. ʒj auf ℥j.

Hefe. S. Bierhefe.

Heilquellen, Mineralwasser. Es ist bekannt, dass die Wirkung eines Mineralwassers ausser der Temperatur, der Qualität und Quantität der flüchtigen und festen Bestandtheile vorzüglich noch abhänge von dem verschiedenen Verhältnisse der

Quantität des wirksamsten Bestandtheils zur Summe der Quantitäten der übrigen Bestandtheile. So z. B. kann die Eisenquelle A, welche kohlensaures Eisen 2,00 enthält, in ihrer Wirkung als Eisenwasser doch schwächer sein als die Quelle B, obwohl diese kohlensaures Eisen blos 1,00 enthält und zwar desshalb, weil die Quelle A eine zum kohlensauren Eisen relativ sehr grosse Quantität anderer Bestandtheile enthält, wodurch die Wirkung des Eisens alienirt, geschwächt oder ganz aufgehoben wird, was bei der Quelle B nicht der Fall ist, da sie nebst dem kohlensauren Eisen nur eine geringe Quantität anderer Bestandtheile besitzt, wodurch die Wirkung des Eisens überwiegend und vorherrschend bleibt.

I. *Eisenwasser*. Hauptbestandtheil Eisen, enthalten gewöhnlich noch an festen Bestandtheilen: schwefelsaure, chlorsaure und kohlensaure Salze; etwas Mangan, Strontian, Lithion und phosphorsaure Salze; an flüchtigen Bestandtheilen: kohlensaures Gas, zuweilen etwas Stickgas, Wasserstoffgas und Sauerstoffgas. Wirken auf alle Se - und Excretionen, Schleimhäute, zusammenziehend, Absonderungen vermindernd, Säure tilgend, Verdauung verbessernd, anthelminthisch,, die Reproductivität verbessernd und vermehrend, Fruchtbarkeit erhöhend, Zeugungskraft stärkend. Auf das Blut reizend, belebend, verbessernd, die Cohäsion der Fasern vermehrend, daher Muskel stärkend; das sensible System stärkend, die krankhaft erhöhte Reizbarkeit herabstimmend. Die an freier Kohlensäure reichen (flüchtigen) wirken belebend und reizend, stärkend, und von den auflösenden schwächenden Salzen unterstützt, gelinde auflösend, eröffnend, besonders auf die Urinwerkzeuge und den Darmkanal. Die Vitriol - und Alaunwässer, sowie mehrere erdige und salinische Eisenwässer (schweren) wirken zusammenziehend. Die an kohlensaurem Eisen zwar reichen, aber auch viel kohlensaure Erden enthaltenden wirken vorzugsweise stärkend. Indicationen: Schwäche der Dauungsorgane und des ganzen Assimilationsprocesses, Dyspepsie, Apepsie, Sodbrennen, Flatulenz, Säure, Verschleimung, Magenkrampf, Durchfall, Schleimhämorrhoïden, Würmer. Anlage zu Scropheln, Rhachitis, Atrophie der Kinder, atonische Gichtbeschwerden und Rheumatismen, Unfruchtbarkeit, Kälte, Neigung zum Abortus, Fluor albus. Blutmangel, chlorotische Dyscrasie, Cachexien im Allgemeinen, Schwäche durch Blutverluste, Säfteverluste, Schwäche nach schwächenden Heilmethoden, Stockungen im Uterinsystem und den Hämorrhoidalgefässen, auf Schwäche sich gründende Schlaffheit der Faser, Schwäche des Gefässsystems, passive Hämorrhagien, Schwäche durch Excesse in Venere, Gemüthskrankheiten, Hypochondrie sine und zuweilen cum materia, Lähmungen, Impotentia virilis, Epilepsie. Bekommen am besten Personen von torpider Constitution, einem mehr phlegmatischen Temperament od. abgestumpftem Organismus, besonders Frauen. Contraindica-

tionen: Nach Gehirnkrankheiten, in allen Lungenkrankheiten, die zu Blutcongestionen oder entzündlichem Zustande, Hectik hinneigen; bei Vollblütigkeit, activen Blutcongestionen, activen Blutflüssen,
heftige cholerische Temperamente, Unreinigkeit der
ersten Wege, Anhäufung von Schleim, Galle; entzündliche Fieber, Verhärtungen, Anschwellungen,
Stockungen in parenchymatösen Eingeweiden des
U.L., Tuberkeln, Drüsen; sollen nie in der Schwangerschaft gebraucht werden, besonders in den ersten
Monaten (Eisen und Kohlensäure wirken specifisch
auf Abortus), nicht bei syphilitischer und gichtischer Körperbeschaffenheit. Je inniger die Verbindung und Mischung aller Bestandtheile und je
flüchtiger die Säure ist, welche das Eisen oxydirt
und bindet, desto leichter werden sie vertragen und
um so flüchtiger und durchdringender wirken sie,
daher werden sie meistens innerlich gebraucht;
dagegen die schweren Eisenwässer mehr zum äussern Gebrauche als Bäder angewendet. Die Zeichen,
dass sie gut vertragen werden, sind: Kein Drücken
im Magen, Vermehrung des Appetits, keine Congestion zum Kopfe und zur Brust, tägl. Stuhlausleerungen, schwarze Färbung der Fäces, häufiger
Abgang von Ructus und übelriechenden Flatus.

1) Salinische Eisenwasser. Ausser
Eisen noch schwefelsaures Natron und etwas schwefelsaure, salzsaure und kohlensaure Alkalien und
Erden. Hieber: *Pyrmont, Driburg, Meinberg, Hof-
geismar* in Hessen, *Augustusbad* in Sachsen, *Lieb-
stein* in Meiningen, *Riepoldsau* in Baden, *Boklet,
Brückenau, Griesbach, Baden-Baden, Ueberlingen,
Alexisbad, Petersthal* in Baden, *Freyenwalde* bei Berlin, *Füred* in Ungarn.

2) Alkalisch-salinische Eisenwas-
ser, enthalten viel kohlensaures Natron: *Kaiser-
Franzensbad* oder *Eger* in Böhmen. *Marienbad.*

3) Alkalisch-erdige Eisenwasser
ähnlich den vorigen, aber ausgezeichnet durch kohlensaures Natron, Kalk- und Talk-Erden. *Spaa,
Schwalbach. Steben* in Bayern. *Oudowa* in Schlesien. *Reinerz* in Preussen. *Malmedy*, Niederrhein.
Aachen. Alexanderbad in Bayern. *Niedernau* in
Württemberg.

4) Erdige Eisenwasser sind reich an
kohlensauren und schwefelsauren Erden, haben kein
schwefelsaures Natron: *Immau. Wildungen* in Waldeck. *Kleinern* in Waldeck. *Teschen* in Böhmen.

5) Vitriolwasser. Schwefelsaures Eisen
ist Hauptbestandtheil, zuweilen auch Chlor, nebst
dem schwefelsaure und salzsaure Salze, arm an
freier Kohlensäure. *Alexisbad* nur äusserlich. *Lo-
chatin* in Böhmen; nur äusserlich.

6) Alaunwasser.
II. *Schwefelwasser.* Schwefel in Form
von Schwefelwasserstoffgas ist Hauptbestandtheil;
enthalten ferner viel schwefelsaure, salzsaure und
kohlensaure Erden und Alkalien, zuweilen etwas
Eisen und Jod; kohlensaures Gas und Stickgas;
haben hepatischen Geschmack und Geruch. Wirken

auf alle se- und excernirenden Organe, vorzüglich
die Haut, Schleimhäute des Darmkanals u. Lungen,
ihre Functionen vermehrend, diaphoretisch, schleim-
anflösend, expectorirend, abführend. Auf Pfortader
und Leber, auf Uterinsystem, Hämorrhoidalgefässe,
reizend, Blutumtrieb befördernd, gelind erhitzend
und specifisch die Function sämmtlicher Unterleibsorgane belebend. Reizend auf das glandulöse und
lymphatische System, auf die serösen und fibrösen
Häute, die Thätigkeit der erstern steigernd und
die Metamorphose in letztern umändernd; metallische in den Körper übergegangene Gifte entkräf-
tend. Die heissen Schwefelquellen wirken heftiger,
flüchtiger und reizender, sehr durchdringend und
zugleich erhitzend. Die kalten alkalischen besitzen
flüchtige Bestandtheile in Menge, werden daher
innerlich gut vertragen, specifisch auf Uterin- und
Harnwerkzeuge. Die kalten erdig salinischen wirken mehr auf den Darmkanal auflösend und eröffnend. Indicationen: Perverse Se- und Excretionen
und dadurch bedingte fehlerhafte Mischung der
Säfte; chronische Hautkrankheiten; herpetische,
krebsartige, veraltete Geschwüre, atonische Blennorrhoen der Respirationsorgane und des uropoëtischen Systems; Catarrhus chronic., Schleimasthma,
Fluor albus, chron. Blasenkatarrh. Stockungen im
U.L., atonischer Art durch Plethora abdominalis,
Haemorrhois, grosse Trägheit des Stuhlgangs, oder
durch venöse Ueberfüllung des Uterinsystems und
Anomalien der Menstruation sich aussprechend.
Atonische Scrophulosis, beginnende Wassersuchten
atonischer Art, Gicht, veraltete Rheumatismen.
Dyscrasien durch Psora, Metastasen, Metallvergiftung, entartete Venerie, Structurveränderungen,
Anchylosen, Geschwulst, Verhärtungen. Personen
mit Schwäche der Schleimhäute torpider Art, sich
kundgebend entweder durch wirkliche Blennorrhoe
oder Neigung dazu, vorzüglich in den Luftorganen
und Urinwerkzeugen. Atonie des Gefässsystems,
träge Circulation des Blutes im U.L. Wenn das
Wesen der Krankheit entweder durch Störung der
äussern Haut oder durch allgemeine specifische
Dyscrasie bedingt wird. Contraindicationen für die
reizenden: Allgemeine Plethora und Neigung zu
activen Congestionen, activen Blutflüssen, vorzüglich der Lungen; rein syphilitische Dyscrasien,
Hinneigung zu scorbutischer und wässriger Auflösung. Mit Versicht bei Lungenkrankheiten oder
hectischer Anlage. Contraindicationen für die heissen: Neigung zum Schlagfluss oder bei grosser Ner-
venerschöpfung, fieberhafte Zustände, bedeutende
organische Entartungen der Eingeweide oder grösserer Gefässe. Die Schwefelwasser werden vorzugsweise als Bad benützt: Douche, Gasbad, Schwefel-
mineralschlamm zu örtlichen Umschlägen, auch
innerlich, besonders die Thermen und alkalischen
Schwefelwasser.

　　1) Alkalisch-muriatische Schwefelwasser enthalten viel kohlensaures Natron und
Chlornatrium, weniger schwefelsaure und chlorsaure

Salze; Schwefelwasserstoffgas, freie Kohlensäure,
häufig auch etwas Stickgas. *Aachen. Burtscheid*
bei Aachen. *Schinznach*, Therme bei Aargau, ebend.
Baden. Leuk, Therme in Wallis.

2) **Alkalisch-salinische Schwefel-**
wasser sind von den vorigen nur dadurch verschieden, dass nebst kohlensaurem Natron auch
viel schwefelsaures Natron vorherrscht. *Landek* in
Schlesien. *Warmbrunn* in Schlesien. *Weilbach.*

3) **Erdig-salinische Schwefelwasser,**
ähnlich den vorigen, nur sind in ihnen die schwefelsauren und kohlensauren erdigen Salze vorherrschend. *Baden* bei Wien. *Meinberg* in Lippe-Detmold. *Nenndorf* in Kurhessen. *Wipfeld* bei Würzburg. *Kreuth* in Bayern. *Limmer* und *Nordheim,*
beide in Hannover; nur äusserlich gebraucht.

4) **Eisenhaltige salinische Schwe-**
felwasser. *Rosenheim* in Bayern, besonders äusserlich als Bad. *Abensberg* in Bayern, nur als Bad.
Neumarkt in Bayern, nur zu Bädern. *Bocklet.*

III. *Laugenwasser*, alkalische Mineralwasser. Der vorwaltende Bestandtheil ist kohlensaures Natron; nebst diesem viel kohlensaure Erden,
schwefelsaures und salzsaures Natron (wodurch sie
viel Aehnlichkeit mit den Kochsalz- und Glauber-
salzwassern haben); dann etwas Eisen , Mangan,
Lithion und phosphorsaure Salze. Kohlensaures
Gas und Stickgas; von langenhaftem Geschmacke.
Wirken auf die Verdauungsorgane: Säure tilgend,
auf das Drüsen- und Lymphsystem die Resorption
befördernd, ungemein auflösend, wesentlich die Mischung der Säfte umändernd, verdünnend, zerflüs-
sigend und daher schwächend, erschlaffend, erwei-
chend. Auf die äussere Haut und die Schleimhäute
belebend, reizend, ihre Absonderung vermehrend
und verbessernd. Die Urinwerkzeuge specifisch
bethätigend, die Qualität des Urins umändernd,
Stein zersetzend. Das Nervensystem beruhigend
und zugleich belebend. Diese Wirkungen sind alle
vom kohlensauren Natron abhängig. Von den übrigen Bestandtheilen bedingte Wirkungen sind: die
erdig-alkalischen wirken ohne Reiz auflösend auf
das Drüsen- und Lymphsystem, die Absonderung
der Haut- und Harnwerkzeuge verbessernd, vortrefflich, wo bei reizempfänglichen und zarten Kranken eine Mischungsveränderung der Körpersäfte
bewirkt werden soll. Die salinisch-alkalischen und
die muriatisch-alkalischen wirken reizender, flüchtiger, auflösender, ergreifender auf die Mischungs-
verhältnisse und mehr erregend aufs Nervensystem;
daher besonders wo unter Reizung und Belebung
der Nerven auf das Drüsen- und Lymphsystem
auflösend und auf die Thätigkeit der Haut- und
Harnwerkzeuge erregend gewirkt werden soll. Indicationen : Allgemeine Dyscrasien saurer Art;
hartnäckige Gicht, besonders mit organischen Verbildungen, Stockung, Afterbildungen, Auftreibungen
und Verhärtungen parenchymatöser Eingeweide, der
Leber, Milz; Gelbsucht, Gallensteine, Stockungen
im Pfortadersysteme, Haemorrhoidal-Beschwerden,

Stockungen im Uterinsystem. Chronische Hautausschläge besonders in Folge saurer Dyscrasie ;
chron. Krankheiten der Schleimhäute,. der Respirationsorgane und des Uterinsystems, soferne sie
congestiver, subinflammatorischer und erethischer
Art sind, oder mit profuser, oder mit perverser
Schleimabsonderung complicirt. Lythiasis. Chron.
Nervenkrankheiten ; wo diese mit Torpor vorkommen, z. B. Lähmungen, sind heisse indicirt; küh-
lere aber und an freier Kohlensäure reichere, wo
den Krankheiten ein Erethysmus nervor. zu Grunde
liegt, namentlich bei Neuralgien und convulsivischen Krankheiten, besonders vom Unterleib ausgehend. Besonders bei athletischem Körperbau,
wo kräftig und durchdringend eingewirkt werden
soll. Contraindicationen: hoher Grad allgemeiner
Schwäche, scorbutische Anlage, Mangel an Tonus
mit Neigung zu Hydropsien ; bei fieberhaften, hectischen Beschwerden in Folge von Ulcerationen
edler Organe. Bei vorwaltender Disposition zu
activen Congestionen, Blutflüssen, Schlagfluss. Der
innerliche Gebrauch wird widerrathen bei erblicher
Anlage zur Schwindsucht, dagegen Ems für chron.
Blutleiden doch empfohlen wird. Besitzen sie einen
Zusatz von Eisen (wie Kissingen) und einen damit
verbundenen Reichthum von kohlensaurem Gas
(ebenfalls Kissingen), so wird ihre schwächende,
zersetzende Kraft vermindert, und sie sind dann
auch bei schwächlichen und nervenschwachen Personen anzuwenden, besonders in jenen schwierigen
Complicationen, wo Nervenschwäche mit Verstopfungen und Dyscrasie der Säfte da ist.

1) Erdig-alkalische Mineralwasser.
In ihnen befinden sich ausser kohlensaurem Natron
noch kohlensaure Kalk- und Talk-Erden als vorwaltende Bestandtheile. *Schlangenbad* in Nassau.
Ems. Wildbad in Württemberg.

2) Salinisch-alkalische Laugenwasser enthalten nächst kohlensaurem Natron noch
viel schwefelsaures Natron und andere schwefelsaure Salze, sowie etwas Chlorverbindungen. *Teplitz*,
Therme. *Bilin* in Böhmen. *Fachingen* in Nassau.
Gastein im Salzburgischen, Therme, ähnlich wie
Teplitz.

IV. *Bitterwasser*. Bittersalz ist Hauptbestandtheil, die meisten auch schwefelsaures Natron, weniger salzsaure, kohlensaure, alkalische
und erdige Salze ; sehr wenig Eisen, Mangan, Strontian, salpetersaure und phosphorsaure Salze und
verhältnissmässig wenig kohlensaures Gas. Wirken
auf den Magen und den Darmkanal schleimauflösend,
ausleerend, stark abführend, ableitend vom Kopfe,
der Brust und der äussern Haut. Auflösend auf
Leber und Pfortader- und Uterinsystem, die Se-
und Excretionen dieser Organe befördernd. Aufs
Gefäss- u. Muskelsystem kühlend, antiphlogistisch,
Mischung der Säfte umändernd, verdünnend, den
Orgasmus des Blutes mässigend, Plethora vermindernd, die stürmischen, oft subinflammatorischen
Bewegungen des Blutsystems schwächend, die

Muskelfasern erschlaffend. Indicationen: Neigung zur Verschleimung und Trägheit des Darmkanals von Natur oder durch gewisse Zustände habituell geworden, z. B. während Schwangerschaften (mit nöthiger Vorsicht gebraucht, befördern sie da die gestörten Darmausleerungen, mindern die Congestionen des Blutes nach edlen Organen und machen so oft Aderlässe unnöthig, ja sie erleichtern sogar, die letzten 14 Tage vor der Entbindung gebraucht, ungemein diese selbst). Gegen active Blutcongestionen nach Kopf u. Brustorgane; chronische Hautausschläge besonders des Gesichts, entstanden durch Blutcongestion, anomaler Menstrual- und Hämorrhoidalcongestion. Geschwülste und Verhärtungen durch active Congestionen entstanden und genährt, anfangende Verhärtungen der Brüste, Stockungen im U.L. durch Ansammlung von Galle, Schleim, Plethora abdominalis, wahre Plethora, Hämorrhoidalbeschwerden durch active Congestion entstanden, rheumatische u. gichtische Affectionen mit Plethora u. activen Congestionen, zu empfehlen sehr robusten, phlegmatischen, plethorischen, zu activen Congestionen oder gar zu Entzündungen geneigten Personen. Contraindication: Bei schwächlichen, blutarmen Individuen kann leicht Erschlaffung des Magens und Darmkanals, grosse Abspannung und Schwäche des Muskel- und Gefässsystems, ja selbst hydropische Cachexie eintreten; darum ist es besser bei der Mehrzahl der Kranken mit oftmaliger Unterbrechung von 6—10 Tagen trinken zu lassen, und nur selten ist ein langer u. anhaltender Gebrauch anzurathen.

Saidschütz in Böhmen. *Sedlitz* oder *Seidlitz* in Böhmen. *Püllna* in Böhmen.

V. *Glaubersalzwasser.* Glaubersalz ist vorherrschend, enthalten noch andere schwefelsaure Salze und etwas kohlensaure und salzsaure Salze; in den kalten Quellen dieser Klasse ist gewöhnlich nicht unbedeutend Kohlensäure vorhanden. Schleimauflösend, eröffnend, abführend, daher ableitend; Resorption befördernd; diuretisch, auch kühlend schwächend. Werden meistens innerlich gebraucht. Die alkalischen warmen wirken ungemein belebend, erregend, auflösend, zersetzend. Die heissen alkalischen sind zu widerrathen bei einem hohen Grade allgemeiner Schwäche, besonders des irritablen Systems, bei vorwaltender Disposition zu activen Blutflüssen und zum Schlagfluss.

Karlsbad. Marienbad in Böhmen. *Pfeffers.*

VI. *Kochsalzwasser.* Chlornatrium vorherrschend; ferner haben sie salzsauren Talk und Kalk, schwefelsaure, kohlensaure, einige sogar phosphorsaure Salze, Eisen, Extractivstoff, Kali, Thonerde, Mangan; blos die kalten eisenhaltigen enthalten viel Kohlensäure; die heissen enthalten nicht selten Stickgas, auch zuweilen Schwefelwasserstoffgas. Wirken besonders auf die Schleimhäute, namentlich der Respirationsorgane und specifisch auf die Urinwerkzeuge, ihre Absonderung vermehrend, umändernd. Resorption befördernd, sehr auflösend,

rückbildend auf Afterorganisationen. Das Blut verdünnend, Stockungen hebend. Uterinsystem belebend, Menstruation befördernd und regulirend.
Das Nervensystem und die äussere Haut belebend
und stärkend, wenn sie als Bäder gebraucht werden. Indicationen: Blennorrhoen und Verschleimungen, namentlich der Verdauungsorgane (besonders mit grosser Erschlaffung und Trägheit des
Darmkanals), der Respirationsorgane, des Uterinsystems; chronische Leiden der Harnwerkzeuge
bedingt durch gichtische, syphilitische und scrophulöse Dyscrasien, Hämorrhoidalcongestionen oder
örtliche Schwäche; Gries und Stein. Hartnäckige
Leiden des Drüsen- und Lymphsystems in Folge
allgemeiner Dyscrasien oder durch sie bedingte
Afterbildungen, Drüsengeschwülste und Verhärtungen, Struma lymphatica, Krankheiten der Prostata, Blasenhämorrh., Stricturen, Verhärtungen
des Halses und der Häute der Blase; chron. scrophulöse Augen- u. Knochenbeschwerden, Stockungen, Auftreibungen, Verhärtungen der parenchymatösen Eingeweide im U.L., Plethora abdominal.,
Hämorrhoiden, Gelbsucht, materielle Hypochondrie,
Melancholie und andere Nervenleiden in Folge von
Stockungen oder organischen Metamorphosen im
Leber- u. Pfortadersystem. Krankheiten des Uterinsystems von Schwäche torpider Art, Reactionen u.
Suppressionen der Menses, Bleichsucht, Unfruchtbarkeit, krankhafte Metamorphose der Ovarien.
Chron. Krankheiten des Nervensystems von erhöhter Reizbarkeit u. Schwäche desselben, Schmerzen, Krämpfe, nervöser Kopfschmerz, Convulsionen, Epilepsie, Zittern, Lähmungen, Impotenz,
Gichtbeschwerden cum Erethismo nervorum oder
von Schwäche der Haut bedingt (besonders die
Seebäder). Chronische Hautkrankheiten, Ausschläge, Geschwüre, Flechten, Afterbildungen u.
fehlerhafte Absonderungen (Sol- und kalte Meerbäder). Besonders phlegmatischen und weniger
empfindlichen Personen, bei Neigung zu psorischen
und lymphatischen Ablagerungen, Disposition zu
Oedema aus Schwäche oder Fettsucht.

1) **Meerwasser.** Seebäder gehören zu den
Kochsalzbädern; ihre Wirkung aber ist von der der
Landsolbäder höchst verschieden, denn ein Haupt-
moment ihrer Heilkraft ist mit bedingt von dem
Eindrucke des Seewassers auf das Nervensystem
der Haut, von der reinen Seeluft, von der mäch-
tigen Bewegung des Meeres, dem gewaltigen Eindruck, den der Ocean auf den Landbewohner macht,
der kalten und doch milden Temperatur des Wassers. Alles dieses wirkt zusammen erhebend, belebend auf das Nervensystem und bethätigt die
Haut nicht allein dadurch, sondern indem sich,
wie nach jedem kalten Bade, die für die kurze
Zeit des Bades verminderte Ausdünstung gewaltig
nach dem Bade vermehrt, selten als Schweiss, sondern als gasförmige Verdunstung. Die Bethätigung
des Nervensystems erweckt die der Digestionsorgane, man fühlt Hunger, wenn man aus dem

Bade kommt. Das Bronchialsystem, mithin die
Sanguification wird mächtig beschleunigt. Das
Seebad ist daher belebend, stärkend, hauptsächlich für das Nervensystem. *Norderney* an der
Küste von Ost-Friesland. *Cuxhaven* im Gebiete
von Hamburg. *Scheveningen* in Holland. *Dobberan*
in Mecklenburg-Schwerin. *Ostende* in Belgien. *Kiel.*
Man badet Vormittags zwischen 10—12 Uhr, anfangs
nur einige Minuten lang, bis man sich mehr daran
gewöhnt hat. 30 Bäder werden gewöhnlich zur Kur
gerechnet.

    2) S o o l q u e l l e n. Quellen, welche am reich-
haltigsten an Kochsalz sind, nennt man S a l z -
s o o l e n; sie werden meist zu Gewinnung des
Kochsalzes technisch benützt. Viele Quellen in
Deutschland sind so reich an Kochsalz, 'dass sie
nicht einmal gradirt werden müssen, um darauf
benützt zu werden. Die besten Soolbäder sind im
Salzburgischen in dem Salzkammergut, namentlich
Ischl. Die Soole daselbst enthält mehr als ¼ ihres
Gewichtes Kochsalz, ausserdem aber, wie alle
Soolen, noch andere Beimischungen von Bittererde, schwefelsaurem Natron, Kalk u. s. w., daher
man diese Bäder nicht durch mechanisches Bei-
mengen von Salz zu gewöhnlichem Wasser nach-
ahmen kann. *Hallein*, *Reichenhall*, *Traunstein*,
Kissingen, *Soden*, *Nenndorf.*

    Die gewaltige Alpennatur ersetzt bei diesen
Quellen den Eindruck des Meeres. Soolbäder sind
kräftige Hautreize, und der Salzgehalt wird unmittelbar dem Blute durch die Lymphgefässe der Haut
zugeführt, ohne die Verwandlungen, die er im Digestionsorgane erfährt, zu theilen, es wird also
dem Blute eine andere Qualität mitgetheilt. Sie
beschränken die zu reichliche Absonderung der
Schleimhäute ganz besonders, und bei chronischen
Catarrhen u. Schnupfen, bei zu reichlicher Schleimabsonderung im Digestionskanal und bei Schleimflüssen der Mutterscheide u. s. w. sind sie von vor-
züglichem Werthe. M a n d a r f d i e S o o l b ä d e r
n i e z u w a r m g e b e n, doch auch nicht zu kalt;
nie kälter als $+ 16\degree$ R., und nie wärmer als $+ 24\degree$ R.
Nie darf man in einem solchen Bade länger als 20
Minuten verweilen. Die Soole wird nicht getrunken.

    3) E i s e n h a l t i g e K o c h s a l z w a s s e r ent-
halten viel Kohlensäure und kohlensaures Eisen;
sie stehen zwischen den beiden vorigen, vereinigen
ihre Wirkungen, Auflösung und Stärkung; innerlich und äusserlich gebraucht. *Kissingen*, *Cann-*
statt, *Homburg* in Hessen.

    4) A l k a l i s c h e K o c h s a l z w a s s e r ent-
halten ausser Chlornatrium noch viel kohlensaures
Natron, besitzen wenig oder gar kein Eisen und
sind meistens von erhöhter Temperatur; sie wirken
am flüchtigsten, reizendsten und auflösendsten. Bethätigen das Drüsen- und Lymphsystem, sowie die
Haut, Harnwerkzeuge, äusserlich sehr reizend auf
die Haut (Badeausschlag), belebend aufs Nervensystem und reizend und erhitzend aufs Blutsystem.
Wiesbaden, *Burtscheid* bei Aachen, *Baden-Baden.*

5) **Jod- und bromhaltige Kochsalzwasser** zeichnen sich durch beträchtlichen Gehalt an Jod und Brom aus, Brom- und Jodnatrium
und Brommagnium. Sie wirken innerlich und äusserlich sehr reizend auf die se- und excernirenden
Organe, das Drüsen- u. Lymphsystem, die Schleimhäute, Harnwerkzeuge, das Uterinsystem. Contraindicationen: sie begünstigen langwierige Lungen-
u. Gebärmutterleiden unter Aufregung des Nervensystems u. auffallender Umstimmung des Gemüths,
führen leicht bösartige Entzündungen herbei, bringen Lungenknoten leicht in Eiterung, vermehren
die Anlage zum Bluthusten, wirken eigenthümlich
reizend auf die Geschlechtstheile, daher sie mit
grosser Vorsicht zu gebrauchen sind. *Kreutznach.*
Heilbrunn in Bayern; *Adelheidsquelle. Hall* in
Oestreich.

VII. *Säuerlinge* oder Sauerbrunnen. Kohlensäure ist vorherrschend; nächst dieser kohlensaure,
chlorsaure und schwefelsaure Salze, häufig auch
Eisen. Wirken kühlend, erfrischend, werden leicht
vertragen, greifend den Magen wenig an, wirken
auf alle Se- u. Excretionen reizend, Ab- u. Aussonderung befördernd; anhaltend gebraucht wirken sie
auflösend, rückbildend. Auf das Nervensystem nur
vorübergehend reizend und belebend. Die eisenhaltigen wirken besonders reizend, belebend. Indicationen: Chronische Krankheiten des Gefässsystems, beruhend auf zu sehr gesteigerter Reizbarkeit oder vorwaltender Atonie, Hämorrhoidalbeschwerden, um sie zu zertheilen oder zum Fluss
zu bringen, Anomalien der Menses, Verschleimung
der Respirationsorgane, des Magens, Darmkanals
u. der Urinwerkzeuge, Lungensucht durch Stockungen im Uterin- u. Pfortadersystem begründet, Wassersuchten, Stockungen, Hypertrophien, Verhärtungen, Stein, Magenkrampf, krampfhaftes Erbrechen,
Coliken. Eine erhöhte Temperatur dieser Wässer
macht sie für Brustkranke empfehlenswerther, als
die von kalter Temperatur, welche zu reizend und
erhitzend für solche Kranke sind.

1) **Alkalisch-muriatische Säuer-
linge** besitzen ausser freier Kohlensäure noch
kohlensaures Natron, Chlornatrium, weniger andere
chlorsaure, kohlensaure und schwefelsaure Salze.
Selters in Nassau. *Heppingen* am Niederrhein.
Roisdorf.

2) **Erdig-muriatische Säuerlinge,**
durch ihren Gehalt an Chlornatrium und kohlensaure Erden ausgezeichnet. Vortrefflich bei Personen, die sehr reizbar, zu Congestionen und Entzündungen geneigt sind, bei Dispositionen zu Hals-
und Lungenschwindsucht. *Kronthal* in Nassau.
Ludwigsbrunnen in Hessen. *Schwalheim* in Hessen.
Kiessingen, Maximiliansbrunnen.

3) **Alkalisch-salinische Säuerlinge** besitzen ausser freier Kohlensäure noch kohlensaures
und schwefelsaures Natron. *Salzbrunn* in Schlesien.
Marienbad in Böhmen.

4) **Erdige Säuerlinge** sind reich an koh-

lensauren Erden. *Königswarth* in Böhmen. *Pyrmont*, grösstentheils zum Getränk. *Meinberg* in Lippe-Detmold. *Deinach* in Württemberg.

5) **Alkalisch-erdige Säuerlinge** haben ausser Kohlensäure noch viel kohlensaures Natron und kohlensaure Erden. *Geilnau* in Nassau. *Göppingen* in Württemberg. *Langenau* in Bayern. *Karlsbad* in Böhmen.

6) **Einhaltige Säuerlinge.** Kohlensäure, kohlensaures Eisen, kohlensaure, salzsaure, schwefelsaure Salze. *Liebwertha* in Böhmen. *Hardeck* in Bayern. *Flinnsberg* in Preussen.

VIII. *Indifferente Thermalwasser* besitzen eine Wirkung, die sich nicht erklären lässt aus dem sehr geringen Gehalte von kohlensauren, schwefelsauren, phosphorsauren, flusssauren, alkalischen und erdigen Salzen, Chlornatrium, Eisen, Mangan, Strontiansalzen, kohlensauren Gas und Stickgas. Wirken äusserlich erregend aufs Nerven- u. irritable System, wohlthätige Behaglichkeit erweckend, beleben den ganzen Organismus; ferner auf alle Se- u. Excretionen bethätigend, Resorption vermehrend, besonders der äussern Haut, der Schleimhäute, der Harnwerkzeuge und des Genitaliensystems. Innerlich die Darmausleerungen mässig vermehrend, gelinde reizend, diuretisch. Indicationen: Chronische Nervenleiden, allgemeine Abspannung und Entkräftung, Zittern der Glieder, nervöse Hypochondrie, Hysterie, Cardialgie, Krampfkolik, nervöser Kopfschmerz, Krankheiten des Rückenmarks besonders torpider Art: Lähmungen, beginnende Rückenmarksschwindsucht, inveterirte rheumatische und gichtische Localaffectionen, chronische Hautausschläge, veraltete Geschwüre, Stockungen, krampfhaftes Leiden der Blase, Stein und Gries, Incontinentia urinae, Schwäche der Genitalien, Bleichsucht, Neigung zum Abortus, Unfruchtbarkeit, Impotenz. Contraindicationen: Vollblütigkeit, Neigung zum Bluthusten., Disposition zu Apoplexie. *Ofen* in Ungarn. *Dobbelbad* in Steiermark. *Glashütten* in Ungarn. *Wildbad* in Württemberg etc.

Ueber die einzelnen Badeorte schlage man in diesem Anhange das Register nach.

Heinrichs- oder Moosberger Quelle bei Herisau, besonders bei Chlorose von Schwäche, bei Reconvalescenz etc. gerühmt; hat eine mit Gais rivalisirende Molkenanstalt.

Helenium gegen chronische Blennorrhoe der Lunge, des Magens und Darmkanals, zu Ende der Pneumonie, wenn Adynamie eintritt, in Dct> ℥jv—vj auf ℥vj alle 2 St. 1 Essl. Pulv. ℈j—jj. Extr. 10—20 Gr. 60. 548.

Helichrysi arenarii Herba et Flores. Gegen Impetigo, Diureticum et Tonicum als Thee.

Helleborus niger, Radix. Extr. 2, 4—10 Gr. 2—3mal tägl. in Pillen oder Solution. Tinct. 2—3mal tägl. 10—20 gtt. Pulv. 2—9 Gr.; als Drast. 15 Gr. bis ℈j. Infus. ℥jβ—℥jj auf ℥vj—x. 574.

Helminthochortos. Pulv. ℈β—j für Kinder, ℈β—jj für

Erwachsene, auch in Latwerge, besser im Infus.
ℨβ—ℨvj auf ℥vⅲ.

Hepa sulphuris. S. Kali sulphuratum.

Hieracii umbellati Herba. Gegen chron. Husten, Ge-
heimmittel gegen Lungenschwindsucht. Dct. 4mal
tägl. zu 1 Essl.

Hippocastanum,. Cortex. ℨβ—ℨvj auf ℥vj; Extr. 10. bis
30 Gr. Intermittens.

Hirschhorn. S. Cornu Cervi.

Hirschhorngeist. S. Ammonium succinicum liquidum.

Hoffmanns Elixir. S. Elix.·viscerale Hoffmanni.

Hoffmanns Tropfen. S. Liquor. anodynus Hoffmanni.

Homburg vor der Höhe, ein eisenhaltiges Kochsalzwasser: Kochsalz 79,155, Chlortalk 7,767, Chlorkalk
7,757, kohlens. Talk 2,011, kohlens. Kalk 10,962,
kohlens. Eisen 0,461, schwefels. Natron 0,381 und
fast 49 C.Z. freie Kohlensäure; ist das reichste an
Kohlensäure in Europa. Unterleibsleiden.

Hordeum praeparatum. Surrogat des Arrowroots als
Demulcens bei Irritationszuständen der Respira-
tions- u. Nutritionsschleimhaut. ℨij—ⅲ—ℨβ auf den
Tag wie Arrowroot gegeben, auch als Chocolade.

Hufelands Kinderpulver. S. Pulvis puerorum.

Hydrargyrum. S. Mercurius.

Humulus Lupulus. Ein Amaro-aromaticum bei Magenschwäche Spiritnosen Ergebener, Melaena, Gicht,
Chlorose, Rhachitis, Lithiasis. R. Extr. humuli
lupuli ℨjjj; Aq. humuli lupuli ℥vⅲ; Tinct. hum.
lup. ℨj; 4mal tägl. 1 Essl.

Hyoscyamus. Pulv. Herb. 1—5 Gr. 3—6mal täglich.
Extr. 1—6 Gr. mehremale für Erwachsene. ¹/₄—¹/₂ Gr.
bei Säuglingen; bei grösseren Kindern 1—2 Gr. Ol.
coct. ℨj—ℨβ in ℥vj Emulsion. semin. papav. Hyos-
cyaminus zur sicheren Erweiterung der Pupille
gr. j in ℨj Aq. dest., davon 1 Tropfen ins Auge.
R. Seminis Hyoscyami ℨβ; Sem. papav. alb. ℨβ;
F. emulsio ℨjv; Syrup. naphae (als Corrigens) ℨβ.
M. 2stündl. sedative Emulsion. 69.

Hyoscyami Scopoliae Herba, zwischen Bellad. und
Hyoscyam. stehend. Prophylacticum gegen Scharlach, Heilmittel gegen Mercurialspeichelfluss, Mer-
curialaphthen und syphilitische Halsgeschwüre und
Knochenschmerzen. Extr. ¹/₃—¹/₂—2¹/₃ Gr. p. d.
2stündl. Pulv. ¹/₃ Gr.

Hyssopus. Summitates, gegen chron. Blennorrhoe
der Respirationsorgane, des Magens und Darmkanals, colliquative Schweisse. ℨβ auf 3 Tassen
Theeinfus.

Jacea. Viola tricolor. Infus. ℨβ—j auf ℥x für Erwachsene; ℨj—jjj für Kinder. Pulver in Substanz
Ϟ—ℨβ 8mal tägl. Syrupus Jaceae ℨj = ℨj Herba. 392.

James-Pulver. Calcaria phosphorico-stibiata. Es ist
dies das von Dr. James (gest. 1776) eingeführte
Fieberpulver (Pulvis febrifugus Jacobi). Nach der
jetzigen Pharmacopoe wird es bereitet, indem man
1 ℔ Antimon. sesquisulphur. in Pulver mit 2 ℔ Hirsch-
hornfeile mischt, das Ganze in einem Schmelztigel
der Rothglühhitze aussetzt und es dabei so lange
rührt, bis kein Dampf mehr aufsteigt. Der Rest
wird zu Pulver gerieben, in einen andern Schmelz-

tigel gebracht und bei langsamem Feuer nochmals
durch 2 Stunden der Rothglühhitze ausgesetzt. Zuletzt pulverisirt man es ganz fein und bewahrt es
auf. Das Pulver ist unter dem Namen fever-powder
in ganz England verbreitet, es fehlt fast in keinem
guten Hause, vorzüglich auf dem Lande. Die Dosis
ist von gr. jij—jv—xjij oder x in Pulver- oder Bolus-
form, und die Engländer geben es unter ähnlichen
Umständen, wie wir den Brechweinstein anwenden,
mit entschiedenem Erfolge.

Jalappa. Rad. ϶j—jj ist sie Purganz. Resina 5—10 Gr.
bei Erwachsenen; 1 Gr. bei Kindern. Resina praeparat. ϶β—j; Sapo gr. v—x als Excitans, ϶β—j als
Purganz. Rad. Jalapp. 3—6Gr. Erwachsenen, 1—3Gr.
Kindern als Excitans; 10—12 Gr. alle Stund als Purganz bis Wirkung erfolgt; — Jalapinum namentlich
sich für Kinder eignend, ½ Gr. für Kinder; 1—2Gr.
für Erwachsene als Purganz, in Pulv. mit Zusatz
von Calomel etc. oder in Fleischbrühe, in Pulverform u. Mixturen mittelst etwas Wein gelöst. 780.

Jecoris aselli oleum. S. Oleum Jecoris aselli.

Ignatzbohnen. Wie Nux vomica wirkend. ¼—½,
später bis 1—2—3 Gr. gestiegen; 1—3mal tägl. in
Pulver. 41. 128.

Ilmenau (Sachsen - Weimar), Kaltwasserheilanstalt.
Fichtennadeldampfbad.

Imnau im Fürstenthum Sigmaringen enthält kohlens.
Kalkerde nebst wenigem Eisen. Harn- und Uterin-
krankheiten, Nervenkrankheiten aus Schwäche;
innerlich und äusserlich.

Imperatoria rad., gleich der Angelica. ℥j auf ℥vj
Infus. gegen Delirium tremens.

Indigo, Indigum, gegen Epilepsie 3—6mal tägl. ϶j—jj
allmählig bis 3jv, oder alle 3 Stunden ϶β—j immer
mit ana Zucker als Pulv. gestiegen; zarten Kindern
¼—1 Gr. in Latwergen.

Infusum, Aufguss. Ein flüssiger Auszug einer oder
mehrerer Arzneisubstanzen, durch Einweichen (Ma-
ceratio) in kaltes Wasser, in kalten Wein (Infus.
aquosum, vinosum frigide paratum), der durch
Uebergiessen mit siedendem Wasser, siedendem
Wein (Infus. aquosum, vinosum calide paratum)
dargestellt. Durch den kalten wässerigen Aufguss
werden die in Wasser leicht auflöslichen, zum
Theil auch, wiewohl nur in geringer Menge, die
flüchtigen, ätherischen Bestandtheile der Arzneisubstanzen (Pflanzenschleim, Extractivstoff, Zucker,
die Salze, ätherischen Oele), nicht aber die in Wasser unauflöslichen Theile (oxydirter Extractivstoff,
Harz, Pflanzenwachs) ausgezogen. Der warme Aufguss, mit nachheriger Digestion extrahirt, ausser
den'genannten, auch noch mehr die flüchtigen und
selbst zum Theil die harzigen Bestandtheile, den
oxydirten Extractivstoff. Der weinigte Aufguss zieht
noch mehr ätherisch-öligte u. harzige Bestandtheile
aus. Da durch den Aufguss nur einzelne Bestandtheile ausgezogen werden, so rechnet man, was
die Gabe betrifft, das Doppelte, ja auch wohl das
3—4fache der Dosis in Substanz, in Pulver auch
diese Form. ℞ Radic. valerianae minoris concisae

℥β; Aq. fontan. frigid. ℥xviij; Macerentur in lagena
ampla per viginti quatuor horas, colaturae filtratae
adde Aetheris acetici ℨj. M. S. 3mal tägl. 1 Weinglas voll. (Kaltes Infusum.) — ℞ Radic. angelicae,
Rad. valerian. ana ℨjj; Concisos infunde cum aq.
fervid. q. s. ad colat. ℥vj. Digere in vase bene
clauso per horas quartam partem. Colaturae refriger. adde Spirit. sulphuric. aether. ℨj. M. S. 2stündl.
1 Essl. (Warmes Infus.) — ℞ Radic. squillae, Cortic.
cinnamomi contus. ana ℨjj; Vini optimi libr. jj; Di-
gerantur loco tepido per viginti quatuor horas;
Colat. adde Sacch. albi ℥jj. M. S. 3stündl. 1 Essl.
(Weinigter Aufguss.)

Infuso-Decoctum. Wenn eine Arzneisubstanz zu-
    nächst infundirt, der Rückstand von der Infusion
    nachher aber abgekocht wird, entweder mit der-
    selben, oder mit einer andern Flüssigkeit, so ent-
    steht die Aufgussabkochung. Sie enthält mithin
    gleichzeitig die flüchtigen und die weniger auflös-
    lichen, gewissermassen festen Bestandtheile eines
    und desselben Mittels.
Inoculationen mit Arzneimitteln, z. B. Tart. emet.
    statt der Einreibungen. S. Ischias.
Inula. S. Helenium.
Jod äusserlich; innerlich: Jodkali ℈j, Aq. dest. ℥j alle
    ½ St. 15—20 gtt. ist ein starkes Diureticum bei
    Scharlach und Hydrocephalus acutus, im Stad.
    Exsudat.; man kann die Dosis sogar verdoppeln,
    so dass alle 24 Stunden ℨj verbraucht wird. Beim
    Jodgebrauch: nahrhafte Kost aus Milch, Eiern,
    Pflanzen- u. Fleischspeisen, nur keine Amylacea,
    daher auch kein Brod, sondern dafür höchstens
    3 Brodzwiebacke nach Darreichung des Jods. 568.
Jodammonium. S. Ammonium jodatum.
Jodeisen. S. Ferrum hydrojodinicum.
Jodidum Chinini, theilweise in siedendem Alcohol
    löslich, bei scrophulösen Leiden; 1—8 Gr.
Jodidum Morphii. ⅙—1 Gr.
Jodidum Sulphuris, eines der wirksamsten äusser-
    lichen Heilmittel bei Hautkrankheiten, besonders
    bei tuberkulösen u. squammosen Formen, wo eine
    reizende, resolvirende Behandlung angezeigt ist.
    3β auf ℥j Olivenöl oder ℈j auf ℥j Fett zu Salben;
    oder ℨj auf ℥j Cocusöl.
Jodinhalationen. Scudamore mischt 8 Gr. reine Jo-
    dine, 5 Gr. Kali hydroj., 3β Alcoh. u. 3vβ Wasser.
Jodmercur. S. Merc. jodatus.
Jodöl. S. Ol. jodatum.
Jodoform oder Formyljodid als von ungemeiner Wirk-
    samkeit bereits gerühmt gegen Drüsengeschwülste,
    Prurigo und Lepra und andere Hautkrankheiten,
    gegen Psoriasis, Impetigo und Krätze in Salben-
    form, 3j Jodoform mit ℥j Ceratum simplex abzu-
    reiben. Auch gegen den Kropf innerlich in Pillen-
    form 2—3 Gr. auf 3 Pillen und dabei auch äusser-
    lich. Bereitungsweise: Jodsolution in Weingeist
    mit einer weingeistigen Kalilösung gemischt, und
    ähnlich wie das Chloroform bereitet, es bildet sich
    ein Präcipitat.
Jodwasser 151. 697. Adelhaidsquelle.

Ipecacuanha Rad. Zum Erbrechen ℈j—jj. Mixtur als
Antispasmod. ¹/₂—2 G. Infus. emet. ℥j auf ℥jjj.
℞ Ipecac. pulv., Olei olivar. ana part. vjjj, Axung.
suill. part. xv f. liniment.; wie die Brechweinsteinsalbe zu gebrauchen, jedesmal ¹/₄ St. lang damit
die Haut zu reiben, tägl. 3—4mal. — Extr. spirit.
aq. bei chronischer Diarrhoe ¹/₁₀—¹/₂ Gr. p. d.

Iris florentin. Rad. 131. 144.

Ischl. Die Soole wird als Bad, Fussbad, Waschung,
zu Umschlägen und innerlich angewendet; innerlich besonders die Maria-Louisen-Salzquelle und
die Schwefelbergquelle. Will man reizen, das
Hautorgan stark anregen oder ableiten, z. B. bei
veralteten Hautübeln, Torpor der Haut, Neigung
zu Schweissen aus Laxität der Haut, Neigung zu
Erkältungen, bei atonischer Gicht und veraltetem
fixem Rheumatismus, bei Torpor der Unterleibsorgane, passiven Hämorrhoidal- und Uterinalblut-
flüssen, bei passiven Congestionen nach inneren
Organen, ist der Zusatz einer grossen Quantität
Soole, 1—3 Eimer auf 15 Eimer Wasser indicirt.
Tiefer eingreifend ist aber die Wirkung, wenn man
mit einer kleinen Quantität Soole anfängt u. methodisch steigt, namentlich in Fällen, wo die Se- u.
Excretionen angeregt werden sollen, bei scrophulösen Krankheiten, Geschwülsten, Verhärtungen
von Drüsen der Ovarien, des Uterus. Reizbare
Brustkranke, besonders solche, die Neigung zu
Bluthusten haben, vertragen die Soolbäder nicht.
Salzdampfbäder hat man hier als Reizmittel für
die erschlafften, übermässig secernirenden Schleimhäute der Luftwege und Genitalien mit Erfolg benützt; bei Lungentuberkeln sollen sie Ausgezeichnetes leisten. Noch intensiver als die Soolbäder
wirken die Salzbergschlammbäder und werden da
angewendet, wo auf die erstern die gewünschte
Reaction nicht erfolgt. Die Maria-Louise-Salzquelle
ist der Trinkquelle, die als schwache Salzsoole ein
specifisches Reizmittel für den Darmkanal abgibt
u. bei Verdauungsschwäche, Appetitlosigkeit, Verschleimung des Magens und der Gedärme, chronischen Diarrhoen aus Schwäche, Drüsengeschwülsten, Wassersuchten und Eingeweidewürmern zu
1—2 ℔ täglich gebraucht werden kann.

Juglans regia. Ol. äusserlich gegen Hornhautflecken;
innerlich gegen Bandwurm. Putamina im Dct. ʒvj
auf ℥vj. Extr. in Solutionen, Pillen ℈j. Besonders
gegen Scropheln, ℥j frische Blätter, von den getrockneten ℈j—jj auf ℥vjjj Infus.; zu Umschlägen ℥β
auf 1 ℔ Colatur; Succ. rec. expr. 2—4mal 1 Kaffeelöffel. Extr. Jugl. Nucum Putaminis ℈j auf ℥j Aq.
dest. zur Bepinselung der hypertrophischen Mandeln. 155. 569.

Jujubae zum Thee (obsol.).

Julepmixtur nennt man eine helle Mixtur, aus Bestandtheilen zusammengesetzt, welche dem Gesicht, Geruch und Geschmack angenehm ist, z. B.
℞ Aetheris acetici ʒβ; Aq. melissae ℥v; Syrup.
ribium ℥j.

Juniperus. Baccae im Infus. ℥j auf ℥x alle 1—2 St.

1—2 Essl. Oleum 2—6 gtt. als Elaeosacch.; Roob
ʒj—jj 4mal tägl. Lignum ʒj—jj auf 3 ℔ Det. Tinct.
ʒj—ʒj; dann Junip. empyreumaticum gegen Odontalgie u. Wurmleiden; Antiscrophulosum u. Antiscorbuticum innerlich; bei eczematösen Hautleiden.
Scabies (3—4 Frictionen seien in der Regel zur
Heilung hinreichend), lichenartige, herpetische u.
papulöse Ausschlagsformen (alle 2 Tage einzureiben); scrophulöse Augenentzündungen (mit einem
in dieses Oel eingetauchten Pinsel wird alle 2 Tage
die innere Fläche des untern Augenlides bestrichen; bei Kindern reichen jedoch fast immer einfache Einreibungen des empyreumat. Oels auf die
Stirn, Schläfe, Backenknochen und aussen auf die
Augenlider zur Heilung hin); gegen Tinea favosa
ʒjβ mit ʒjj Fett zur Salbe. 667.
Junci effusi Herba. Bei Stein- u. Griesbeschwerden,
Strangurie u. Dysurie 1 Theil auf 4—5 Theile Colat.
halbtassenweise.
Kaempf'sche Klystiere 272. 288.
Kainzerbad (Oberbayern), erdig-salinische Schwefel-
quelle.
Kali aceticum, Terra foliata Tartari. Resolvens, Di-
gestivum, Diaphoretic., Diuretic. Als Solvens u.
Diuret. zu ʒβ—ʒβ, als Purganz zu ʒβ—j in Solu-
tion. Liquor in 3facher Dosis ʒj—ʒβ. Wohlfeiler
ist die Saturation aus Kali c. aceto vini parat.
(Potio Riveri). Kali carbon. ʒj—jj; Acet. vini opt.
q. s. ad solutionem (ʒj auf die ʒj). Kali acet. ʒjjj;
Spirit. vini ʒj; 15—60 gtt. 35. 162.
Kali arsenicosum. S. Arsenik.
Kali bicarbonicum. S. Kali carbon. acidul.
Kalium bromatum, milder als Brom; bei scrophulösen
Geschwülsten, Anschwellungen der Hoden, Struma,
Syphilis; 4—8 Gr. innerhalb 24 Stunden; ʒj auf ʒvj
Wasser, tägl. 4—6 Essl.; äusserl. ʒj auf ʒj—j β Fett.
Kali carbonicum, subcarbonicum, Sal. Tartari. 3,
6—10 Gr., 3mal tägl., in spastischen Beschwerden
zu ʒβ—j alle 2 St.; bei Lithiasis tägl. ʒj—ʒjjj. Den
Liquor in 3facher Dosis. Das beste Geschmacks-
corrigens ist Tinct. aromatica. (S. Potio Riveri.)
Kali carbonicum acidulum, Kali bicarbonicum, milder
als carbonic. ʒβ—j in Pulverform 3—4mal täglich.
Als Pulv. aerophor. (S. Brausepulver.) In Solutionen ʒj—jj auf ʒvj—vjjj. ℞ Kali carbon. acid. ʒjʒ;
Sacch. pulv., Mucilag. gummi arab. (c. aq. Rosar.
parat.), ana ʒvjjj; F. pastilli pond. gr. xvjjj. S.
öfters 1 Stück zu nehmen. ℞ Kali carbon. acid.,
Elaeosacch. citri, ana ʒjj; Aq. flor. aurant. ʒjv. S.
Umgeschüttelt alle ½—2 St. 1 Essl. voll u. darauf
3—4 Theel. voll mit etwas Wasser u. Zucker gemischten Citronensaft nachzutrinken. β. Antacida 701.
Kali caustium. ¼—2 Gr. in Schleim. Tinct. kalina
3mal täglich 10—15—20 gtt. Liquor kali caust.
10—20—30 gtt., oder ʒj Kali caust. in ʒvjj Wasser,
2—3mal täglich mit Milch oder Haferschleim. Zum
Bade ½—1½, höchstens und in schlimmen Fällen
von Tetanus etc. ʒjj—jjj Kali caust. Bei Kindern
ʒjjj—vj aufs Bad. 137. 158.
Kali chloricum. S. Kali oxymuriaticum.

Kali chronicum, flavum et rubrum. Bei Afterproductionen und Geschwüren äusserlich; das Kali chronicum ist als Emeticum gewöhnlich 2—4 Gr. für Erwachsene, 1—1½ Gr. für Kinder.

Kali ferro-hydrocyanicum gegen Steinbeschwerden; der Gefässerethismus mit gesteigerter Sensibilität, gegen Reizungs - und entzündliche Zustände der Brustorgane und Gehirnhäute, gegen neuralgische Schmerzen, auch als die Pulsfrequenz milderndes Mittel Эβ—j in Bolus oder Solution.

Kali hydrochlorinicum. S. Kali oxymuriaticum.

Kali hydrojodinicum. S. Jod.

Kali hydrocyanicum. Cyankali wirkt wie Blausäure; ¼—1 Gr. 2—3mal täglich; äusserlich 1—4 Gr. auf Зj Wasser oder Fett; zu Klystieren 1—10 Gr.

Kali natronato-tartaricum, Kali Tartaricum natronatum, Tartarus natronat., Sal. Seignett., wirkt sanfter als Kali tartaricum. Als Digestivum Эβ—Зβ in Pulverform, als Laxanz Зβ—Зjβ in Fleischbrühe.

Kali nitricum. S. Nitrum.

Kali oxymuriaticum, Kali chlorinicum, 3—4mal tägl. 5—10 Gr. in Solution. Aeusserlich Зj auf Ʒ j Aq. font. zu kalten Umschlägen bei Rheumatismus acut. articulorum, überhaupt bei Gelenkentzündungen. 287.

Kali silicium wirkt lösend auf die harnsaure Soda, daher zur Beseitigung typhusartiger Gichtablagerungen, 10—15 Gr. 2mal tägl. in Зvj—vjjj Wasser.

Kalinische Tinctur. S. Kali causticum.

Kalinische Waschungen. S. Kali causticum.

Kali sulphuratum, Hepar sulphuris, Schwefelleber 2—5 Gr. 3—4mal tägl.; bei acuter Metallintoxica-tion Эj—Зβ; Kindern 1—3 Gr. in Solution; als Waschmittel Зβ—j auf Ʒ j Wasser. Zum Bade Зjj—jv.

Kali sulphuricum, Tartarus vitriolatus, Arcanum duplicatum, Sal. polychr. Glaseri, als Digestiv Эβ—j alle 3—4 St., als Purganz Зβ—Зvj in Solution, Pulver, Latwerge.

Kali tartaricum, Tartarus tartarisatus, solubilis; als Solvens Эβ—j, 4mal täglich, als Laxanz Зβ—j in Solution (wie Terra foliata tartari),

Kali tartaricum acidulum. S. Cremor tartari.

Kali tartaricum natronatum. S. Kali natronato-tartaricum.

Kalkwasser. S. Calcaria.

Karlsbad; 8 Quellen strömen ihr Wasser hier aus, das an Wärme sowohl an Gehalt verschieden ist. Die wichtigste ist der Sprudel. Dieser hat: schwefels. Natron 19,86916, Chlornatron 7,97583, kohlens. Natron 9,0950, kohlens. Talk 1,36965, kohlens. Kalk 2,370, kohlens. Strontian 0,00737, kohlens. Eisen 0,0278, kohlens. Mangan 0,00645, Kalkphosphat 0,00169, Thonerdenphosphat 0,00246, Kalkfluor 0,02458, Kieselsäure 0,57715, Kohlensäure 11 C. Z. Temperatur 73° R. Die Hygeaquelle hat dieselben Verhältnisse. Neubrunnen 60° R., Mühlbrunnen 56° R., Theresienbrunnen 52° R., Bernhardsbrunnen 68ᵈ R., Schlossbrunnen 50° R. Karlsbad wird häufiger getrunken, als zum Baden benützt. Die Thermen sind auflösend, abführend, säuretilgend;

wohlthätig für Steinkranke, ebenso für Nervenleiden. Gegen Anschoppungen im Unterleib von
atonischer Schwäche, Physkonien, Plethora abdominalis, Hämorrhoiden, Hypochondrie cum materia,
Gicht. Morgens 5 Uhr alle ¼ Stund 1 Becher, mit
2—4 Bechern anfangend bis höchstens auf 16 steigend. Versendet lässt man diese Wasser jedesmal
erwärmt, z. B. Früh u. Abends einen Schoppen
trinken.

Kempterwasser; Jodquelle im Kempterwalde; wie
Adelheidswasser.

Kermes minerale, Stibium oxydulat. rubr., wirkt wie
Sulphur aurat. S. diesen.

Kinderpulver 131.

Kino Gummi $\ni\beta$—j täglich 3—4mal in Pulver, Pillen,
$3j$—ij auf $\overline{3}vjjj$ Dct., Tinct. $\ni\beta$—3β.

Kissingen. Die 4 benützten Quellen sind: der Ragoczy, der Pandur, der Maxbrunnen u. der Soolen-
sprudel. Maxbrunnen u. Pandur enthalten einerlei
fixe Bestandtheile. Die Analyse weist nach:

	Ragoczy.	Pandur.	Soolen-sprudel.
schwefels. Natron	2,00	1,75	25,3079
Chlorkali . . .	0,91	0,25	0,9792
schwefels. Kalk .	2,50	0,75	—
Chlornatron . .	62,05	57,00	107,5154
Chlortalk . . .	6,85	5,85	24,5161
Chlorlithran . .	—	—	0,1920
Chlorkalk . . .	—	—	3,9936
Bromtalcium . .	0,70	0,68	0,063
Natronphosphat .	0,17	0,05	—
kohlens. Talk .	2,50	1,62	6,4128
kohlens. Kalk .	3,55	5,85	1,6512
kohlens. Eisen .	0,68	0,45	0,3550
Kieselsäure . .	2,25	1,55	0,3550

An freier Kohlensäure sind alle Quellen sehr reich,
die Maxquelle am reichsten. Der Ragoczy wird am
meisten getrunken u. sein Kohlensäuregehalt wirkt
beruhigend auf die Darmschleimhaut. Der Pandur
gewährt das Badewasser, ebenso die Salzsoole.
Gegen Unterleibskrankheiten, Stockungen im U.L.,
den Lungen. Man trinkt gewöhnlich früh 2—8
Becher Ragoczy, von jedem blos die obere Hälfte,
hierauf Frühstück und 2 Stunden darauf das Bad.

Klystiere 23. 288.

Kochel im bayrischen Oberlande, eine rein kohlensaure Natronquelle; gegen Stein und Gries, Blasenkrankheiten, Krankheiten der weiblichen Geschlechtsorgane, Anschoppungen im U.L. u. s. w.

Kochsalz. S. Natrum muriaticum.

Kohle. S. Carbo.

Königswasser. S. Acidum muriat. nitricum.

Kousso 679.

Kräutersäfte 71. Blutreinigende Mittel.

Kräuterkissen und Säckchen 515.

Krankenheil bei Tölz in Oberbayern; hat jodhaltige
Soda- und Soda-Schwefel-Quellen, während die
Adelheidsquelle, Kreuznach, Hall und andere jodhaltige Kochsalzquellen sind, und ist leichter zu
vertragen als die jodhaltigen Kochsalzwasser. Das

Jodsodawasser von Krankenheil selbst bei Säuglingen milde wirkend gegen Scropheln, Flechten,
Lungenleiden. Das Jodsodawasser findet seine
Anwendung vorzugsweise bei Lungenleiden, bei
sehr geschwächten Constitutionen bei Kindern und
beim weiblichen Geschlechte, namentlich gegen
Kropf und Fetthals, während das Jodsodaschwe-
felwasser bei Scropheln und Flechtenübeln und
mehr bei kräftigen Naturen angezeigt ist. Als
kohlensaure Mineralwasser leisten sie Dienste
bei Verdauungsstörungen und unterscheiden sich
schon dadurch wesentlich von den jodinischen
Kochsalzquellen von Kreuznach, Hall u. s. w.,
welche bei Lungenaffectionen und Assimilations-
schwäche nicht leicht vertragen werden.

Kreosot. S. Creosot.

Kreuth im bayrischen Gebirge auf dem Wege von
Tegernsee nach Tyrol, überschaut die Berchtes-
gardner Alpen und hat eine treffliche Einrichtung.
Die eine Quelle enthält Jodcalcium, die andere
nicht. Gyps ist in beiden, Salzgehalt ist gering.
Hat vortreffliche Molken u. auch Soolbäder. Brustkranken ist dieser Aufenthalt in so hohen Regio-
nen nicht zu rathen. Gegen Knochenkrankheiten,
chron. Haut- und Nervenkrankheiten, Lähmungen.

Kreuzbrunnen. S. Marienbad.

Kreuznach hat Salinen, Quellen mit Bromgehalt.
Die eine der 4 Quellen hat: Kochsalz 59,665 Gran,
Chlorkali 0,407 Gr., Chlorlithian 0,0566, Chlortalk
0,679, Chlorkalk 2,2512, Chlormangan 0,654, Jodnatrium 0,0440, Bromcalcium 6,6025, Bromtalcium
1,3672, Thonchlorat 0,4321, kohlens. Talk 0,473,
kohlens. Kalk 0,613, kohlens. Eisenoxydul 0,364,
Kieselsäure 0,031. Die Quelle zu Münster am Stein
hat 28° R., die andern Quellen sind kühler. Ausser
dem gewöhnlichen Badausschlage, den auch andere
Soolbäder hervorbringen, beobachtet man hier auch
noch einen eigenthümlichen, der in Flecken besteht,
er bricht bald nach den ersten Bädern hervor; ein
zweiter diesem Bade eigenthümlicher Ausschlag
zeigt sich aber erst nach dem 15ten Bade; an den
behaarten Theilen des Körpers bricht er in Pusteln
aus, die unerträglich jucken und in Krusten übergehen, nach deren Abfall der Ausschlag nie wieder
entsteht, der Kranke kann so lange fort baden, als
er will. Das Bad passt nicht, wo Neigung zu Blutungen aus Mangel der Contractilität der Gefässe
stattfindet, scheint aber grosse Wirkung wider die
Bildung der Scrophelmaterie zu leisten.

Krumbach (bayr. Schwaben), erdig-salinische Bittersalzquelle.

Krystallwasser 124.

Kupfer. S. Cuprum.

Lac Magnesiae, ℥ij Magnes. usta werden mit ℥x Aq.
in einem porzellanen Gefässe zu einem gleichför-
migen Brei gemischt und unter beständigem Umrühren bis zum Kochen erhitzt, hernach wird das
Gefäss vom Feuer entfernt und der warmen dick-
breiigen Masse ℥jß Zuckerpulver unter beständigem
Umrühren beigemischt, womit die dicke Masse ganz

dünnflüssig wird. Die Mischung wird ferner durch
ein dünnes Sieb geseiht u. noch mit ʒβ Aq. Naphae
oder Aq. Rubi Idaei gemischt; als Purganz zu
verbrauchen, nach dem Einnehmen 1 Glas Wasser
nachzutrinken, auch gegen Metallvergiftungen, z. B.
Arsenik. Auch ʒj Magnesiae ustae in ℥j Wasser abgerieben gibt die Lac Magnesiae und bewirkt nach
4 Stunden eine reichliche Stuhlentleerung.

Lactuca virosa. Extr. 3—4mal täglich 1—2 Gr. und
binnen 8 Tagen allmählig p. d. bis auf 6—10 Gr.
℞ Sulphur. aurat. gr. jj; Lactucarii parisensis gr. j;
Gummi arab. ʒjβ; Aq. cerosar. nigr. ℥iiij; Syrup.
capill. Vener. ℥j; stündlich ¹/₃ Essl. 54. 259.

Laffecteur Syrup. 111.

Landeck in Schlesien, ein alkalisch-salinisches Schwefelwasser.

Langenau (bayr. Oberfranken), Säuerling.

Langenschwalbach in Nassau. Die Quellen sind kalt,
reich an Kohlensäure, hat etwas kohlens. Eisenoxydul, reizendes Gefässsystem. Gegen Anlage
zur Hektik, Nervensensibilität. 4—8 Becher des
Morgens; täglich 1 Bad.

Lapides cancrorum 5—20 Gr. 299.

Lapis causticus. S. Kali caust.

Lapis infernalis. Das Argentum nitricum crystallis.;
innerlich gegen Hautleiden und veraltete Fussgeschwüre, auch gegen Herz- und Magenleiden zieht
man den Silbersalpeter mit Erfolg in Anwendung.
Gegen das Heer von Hautkraukheiten, bei welchen
ein geregelter Appetit, eine typische Darmexcre-
tion stattfindet, wo Vormittags ein klarer, Nachmittags hingegen ein trüber Urin ausgeleert wird,
aus welchem sich nach völligem Erkalten ein schleimiger Bodensatz niederschlägt und ein schillerndes
Häutchen an der Oberfläche erscheint, die sich
ferner gegen dem Herbst zu dem Auge des Beob-
achters entziehen, dagegen die Athmungsschleim-
haut befallen, so dass im Winter Bronchien und
Lungen irritirt sind, sympathische Röthe des Gesichts (fliegende Hitze) mit sich führen, Eczema,
Psoriasis diffusa et inveterata, leistet der Silbersalpeter ohne irgend eine schädliche oder unangenehme Nebenwirkung im Zeitraume von 2—4 Wochen
die herrlichsten Dienste. Eine mässige Lebensweise,
besonders der äusserst mässige Genuss animalischer
Kost ist unerlässlich; Kaffee ist nachtheilig, Wein
schäd⬤her als Bier oder Branntwein. Bei den hype-
rämischen Erscheinungen der innern Schleimhaut
sind Diätfehler am schädlichsten, da sie eine bedeutende Irritation der kranken Schleimhaut zu veranlassen pflegen. In Fällen dieser Art lässt man
den Silbersalpeter einen Tag aussetzen und dafür
ϑβ Calomel nüchtern auf einmal nehmen. ℞ Argent.
nitr. cryst. ϑβ; tere in mortario lapideo cum aq.
dest. pauxill., adde pulv. rad. aeth., sacch. albi
ana ʒjβ; aq. dest. q. s. M. exacte f. pilul. Nr. 30.
Consperg. pulv. rad. alth. D. vitro clauso S. Morgens u. Abends 3 Pillen zu nehmen und allmählig
zu steigen. Die erste Hälfte lässt man gewöhnlich
zu 3 Pillen 2- oder 3mal täglich nehmen; die 2te

Hälfte zu 4 Pillen p. d. Die 2te Portion zu 5—6 Pillen p. d. Die 3te zu 7 und 8 und so fort. Das Maximum der Dosis ist 11 Pillen des Morgens und Abends, also fast 1½ Gr. Silbersalpeter. Kann der Kranke keine Pillen nehmen, so lässt man ℈β des Salpeters in ℥β Aq. dest. aufgelöst zu 10—30 Tropfen p. d. in ½ Tasse Haferschleim, dem aber kein Kochsalz zugesetzt sein darf, nehmen. Nüchtern darf man das Mittel nicht nehmen, da in diesem Zustand der Magen Salzsäure enthält; welche den Silbersalpeter in Hornsilber verwandelt. Jene dunkle Färbung der Haut, welche Einige bei Epileptischen beobachteten, findet man auf diese hier angegebene Methode nicht. Es ist Thatsache, dass von keinem Arzneistoff etwas im Körper bleibt, mit Ausnahme des Eisens, welches zum Theil in die Blutmischung als integrirender Bestandtheil eingeht, und des leicht reducirbaren Silbers, welches bei seinem Marsche durch die Haut in der Zellenschichte des sogen. Schleimnetzes vom Lichte reducirt und als metallisches Silber nicht wieder ausgeschieden wird, allein auch hier sehen wir die Entfernung des fremden Stoffes bis zur äussersten Gränze des Organismus, wo es unschädlich ist. Die Höllensteinflecken tilgt man durch tägliches Bestreichen derselben mit Jodtinctur; die gelben Jodflecken aber mittelst Ammonium causticum; auch das Deutojoduret. Merc. wird gegen diese schwarze Flecken angewendet, es macht die Haut bald abschälen. 105. 247. 520. 564.

Latwerge, Electuarium, bei den Alten auch Opiatum genannt, besteht grösstentheils aus gepulverten Substanzen, meist vegetabilischen Ursprungs, welche durch eine angemessene Flüssigkeit (Syrup, Fruchtsaft, Conserve, Pulpe, Roob, Honig) in eine festweiche, nur eben nicht zerfliessende Consistenz gebracht werden. Z. B. ℞ Stannii limati s. granulati ℥β; Radicis filicis maris pulv. ℥j; Mellis depumat. q. s. ut fiat Electuarium spissium D. in fictile S. 3mal täglich, gut umgerührt, eine reichlichen Theelöffel voll.

Laudanum. S. Opiumtinctur.

Laurocerasi Aqua. S. Aqua Laurocerasi.

Laxantia 777 Purgantia.

Leberthran. S. Oleum jecoris Aselli.

Ledi palustris Herba. Gegen Keuchhusten ℥jj — ℥β auf ℥jv—vj Infus.

Das Ledum palustre gegen lähmende Schmerzen in den Gelenken, welcher nur bei Bewegung empfunden wird. Infus. ledi palustri ℈j auf ℥xjj; 2stündlich 1 Essl.; wirkt ähnlich wie Bryonia.

Leuk im Canton Wallis, im Rhonethale, enthält 21 heisse Quellen, deren Temperatur + 34—51° ist, von welchen 5 benützt werden. Sie verdienen alle mehr Gyps- als Salzquellen zu heissen. Die Hauptquelle enthält: Gyps 12,712, schwefels. Talkerde 1,991, schwefels. Natron 0,509, schwefels. Strontian, Kochsalz, Chlorkalium, Chlorkalk, kohlens. Kalk, kohlens. Talk, kohlens. Eisen, Kieselerde, alle zwischen 0,002 und 0,357. — Man trinkt das

Wasser von 2—10, ja 16 Gläsern, dann badet man gemeinschaftlich in einem grossen bedeckten Bassin bis zu mehreren Stunden lang. Bei Stein u. Gries wird es nachtheilig betrachtet. Es passt am besten für an chronischen Flechten oder Fussgeschwüren leidende Kranke.

Leutstetten (Oberbayern), salinisch - erdige Mineralquelle, bei Rheuma, Scrofeln.

Lichen islandicum 3β—j und mehr als Dct. auf $\bar{3}$xij; je mehr man es kocht, desto mehr gallertartig wird es. Gelatina islandica: das gereinigte und klein geschnittene Moos lässt man zuerst einige Minuten in heissem Wasser infundiren und dann das Wasser abgiessen; dann wird es mit der nöthigen Menge Wasser zum Kochen angesetzt. Sobald nun das Moos im Wasser hinlänglich erweicht und die wirksamsten Bestandtheile gehörig ausgezogen sind, wird die Abkochung vom Feuer genommen und durch Leinwand geseiht, die durchgeseihte Flüssigkeit wieder aufs Feuer gesetzt und langsam eingekocht, $\bar{3}j\beta$ von dieser Gallerte zu Mixturen von $\bar{3}$vj—x in 24 Stunden. R Dect. lichen island. $\bar{3}$jv (ex $\bar{3}$ij bis $\bar{3}$iij); Syrup. capillor. Ven., Syrup. cerassor. acidulor. (Weichsel) $\bar{3}$j. M. 2stündl. 1 Essl. 260. 368.

Liebenzell in Württemberg, ein schwaches Salzwasser, nicht viel wärmer als Cannstatt, steht in dem Rufe, dass es der Unfruchtbarkeit der Frauen abhelfe.

Lieber'sche Kräuter. S. Galeopsis grandiflora.

Liebwerden (Böhmen), alkalisch - erdige und eisenhaltige Säuerlinge; auflösend.

Limonadenpulver. S. Acid. tartaric. und 123. Maury empfiehlt zu einer moussirenden Limonade: R Magnesiae ustae 8 Gramm., Magn. carbon. 4 Grm., Sacch. cum Oleo aethereo 50 Grm., Acidi citric. pulv. 26 Grm. Diese Menge reicht für eine Flasche aus, und hält sich mehrere Tage.

Linctus, Lecksaft, hat die Consistenz des Schleimes, enthält meistens auch schleimige Bestandtheile, welche, so wie Eigelb, Honig, Zuckersäfte, fette Oele, die Grundlage desselben bilden. Ausserdem enthält er nach Umständen auch noch Extracte, Tincturen, eingedickte Pflanzensäfte etc. etc. Wenn ein fettes Oel, Schleim und Zuckersaft den Linctus constituiren, so nimmt man davon gleiche Theile. R Mucilago gummi mimosae, syrup. althaeae, ana $\bar{3}\beta$. M. f. linctus. S. Theelöffelweise zu nehmen. R Gummi mimosae $\bar{3}$iij; Syrup. opiati $\bar{3}$jβ; Misce terendo adde Olei amygdal. recentis $\bar{3}$j. F. s. linctus. S. Bei heftigem Hustenreiz stündl. 1 Theel. R Pulv. rad. rhei subtilissimi $\partial\beta$; Syrup. chamomillae $\bar{3}$jβ. M. f. linctus. S. Gut umgerührt, 4mal tägl. 1 Kaffeelöffel voll. Für jüngere Kinder dem Rhabarbersyrup, welcher Manna, Senneblätter, Honig enthält, und Leibschmerzen verursacht, vorzuziehen. —

Linimentum volatile 33. 373.

Linum, Oleum Lini. Semina Lini $\bar{3}$j mit $\mathbb{C}$ j Wasser oder Milch $1/4$ Stunde lang gekocht.

Liquor anodynus Hoffmanni, Spirit. sulphurico-aeth. 10—60 gtt. auf Zucker, in Thee, Mixturen. 67.

Liquor anodynus martialis. S. Spirit. sulphur. aeth. martiatus.

Liquor cornu cervi succinatus. S. Ammon. succinic.

Liquor cupri ammoniati muriat. S. Aq. antimiasmat.

Liquor kali acetici. S. Kali aceticum.

Liquor kali carbonici. S. Kali carbonicum.

Liquor kali caustici. S. Kali causticum.

Liquor Saponis stibiati S. Stibium.

Lithantracis Oleum pyro-carbonicum, Oleum empyreumaticum. Gegen Gicht innerlich 2—6 gtt. 3—4mal täglich auf Zucker oder in Naphtha vitrioli oder in Pillen mit bittern Extracten. ℞ Ol. empyreumaticum e ligno fossili, Antimon. sulphurat. nigr., ana ʒj; olibani ʒij; pulv. stibit. dulcam. ʒvj. F. pilul. gr. jj; tägl. 3mal 6—10 Stück.

Lithantrakokali sulphuricum, wie Anthrakokali.

Lithium carbonicum. Zur Auflösung der Harnsteine, namentlich der aus Harnsäure und oxalsaurer Kalkerde bestehender mittelst Injectionen in eine Blase.

Lobelia inflata, Folia, scharf narcotisch, gegen nervöses, spastisches, langwieriges Asthma, Angina pectoris, bei catarrhalischen Brustfiebern im 2ten Stadio der Pneumonie, Schwächezuständen, wo das Athmen sehr kurz, keuchend, beschwerlich ist; 3—4mal tägl. 1—3 Gr. Tinct. alle 20—30 Minuten 10—40 gtt. (während des Anfalls) auf Zucker. — ʒj—jʃ auf ʒiij Infus. Syrupus ʒj = ɔj Herba.

Lohbäder 178.

Lolii temulenti Extr. Dem Hyoscyamus und Aconit analog; 5—10 Gr. auf den Tag.

Ludwigsbrunner Mineralwasser (bei Grosskarben im Grossherzogthum Hessen), 3¼ St. von Hanau und Frankfurt a. M., ein leichtes kohlensaures Wasser, leichter als Selters; eisenfrei.

Lycii Rusat. Extr. aus Berberis Lycium bereitet, Rusat in Indien genannt, Febrifugum 3β mit Wasser verdünnt 3mal täglich, auch gelindes Aperitivum.

Lycopodium 6, 10—20 Gr. 2—3mal tägl.; bei schmerzhaften Blasenleiden alle 1—2 Stunden in Syrup, Latwergenform. 225. 442. 632.

Macis et Nux moschata. Balsamum nucistae. Aeusserlich (S. diesen) Ol. nucistae aeth. 1—3 gtt. auf Zucker, in Alcohol gelöst — Ol. macidis aeth. ɔij in ʒβ Naphtha zu 25—30 gtt. 2—3mal täglich. — Tinct. macidis 3—4mal täglich 20—30 gtt. Pulvis nucis mosch. 3—4mal täglich zu 3, 6—10 Gr.

Magnesia alba, carbonica. 5—15 Gr. (1 Theel. voll wiegt etwa 7—8 Gr.) 3mal täglich mit Zucker und Gewürz.

Magnesiae Lac. S. Lac Magnesiae.

Magnesia muriatica, wie Calcaria muriatica.

Magnesia phosphorica. Bei beginnender Rhachitis zu 10—30 Gr. p. d.; in stärkeren Gaben als Laxanz.

Magnesiae sulphuratae ʒj acid. tart. ɔij; Sacch. alb. ɔjv divid. in part. xjj. Alle 3 St. 1 Pulver unter Aufbrausen bei Mercurialspeichelfluss.

Magnesia sulphurica, Sal. amarum, Bittersalz, als Digestiv. 3β—j täglich 2—3mal, als Purganz ʒj—jj in Solutionen. Das beste Mittel, den unangenehmen, bitteren und scharfen Geschmack vom Bit-

tersalz und anderen Salzen zu verhüten, ist, die
Salzauflösung in einem Kaffeeaufgusse mit Zucker
zu reichen. Z. B. ʒiij Sal. amarum in ℥ij aquae
font. gelöst und dazugesetzt ℥jß infus. coffeae mit
℥ß Zucker. Auch Zitronensaft mit Zucker deckt
den Geschmack des Bittersalzes.

Magnesia usta s. Lac Magnesiae. — Ihr fehlt die
Kohlensäure, verbindet sich nicht so gut mit der
Säure im Magen, gegen Blähungen weniger wirksam, als die carbonica. Meistens nur als Gegenmittel bei Schwefel- oder Salpetersäurevergiftung,
alle 5—10 Minuten 2—3 Essl. voll von ℥j in ℔ ij
kochendem Wasser gelöst. Die Magnesia usta wirkt
als Purgirmittel noch stärker als die Magnesia sulphurica oder gar die Magnesia carbonica s. alba.
Sie wirkt sicher und schmerzlos, und ist nebenbei
als Magenmittel von besonderer Heilwirkung. ℥ij
in ℥iv aq. dest. ohne allen Zusatz als Schüttelmixtur alle Stunden 1 Esslöffel voll oder als Pulver ⅓ der ganzen Portion von ℥ij in einer Tasse
mit Wasser angerührt zu nehmen, oder in Oblaten,
die ʒj kostet 5 kr. Mit gleichen Theilen Schwefel-
pulver gemischt, ist es ein gutes Mittel gegen habituelle Verstopfung u. Hämorrhoidalanlage. 146. 377.

Magnesialimonade (20 Unzen kohlensaures Wasser
und 9 Drachmen citronensaure Magnesia) steht der
Magnesia sulphuric. nahe, ist das wohlschmeckend-
ste u. eleganteste Abführmittel; die Flasche kostet
etwa 24 kr.

Magneto-electrischer Rotations-Apparat. Die Magnet-
Electricität ist ein schätzbares Heilmittel, das sehr
oft vieles vor manchem dynamischen Mittel voraus
hat. Bei Lähmungen, wo nur stets eingreifende,
theils schmerzhafte, theils heftig wirkende Arzneimittel angewendet werden können, oder besser gesagt, bei denen man sich nur von sehr tief ein-
greifenden Mitteln, deren Wirkung auf den Gesammtorganismus nicht zu berechnen ist, einigen
Erfolg versprechen kann, leistet die Magneto-Elec-
tricität mehr als man nur irgend im Voraus zu fordern berechtigt ist, abgesehen davon, dass die Anwendung schmerzlos und von allen gefährlichen
Nachwirkungen frei ist. Bei Rheumatismen, namentlich chronischen, ist sie unbedingt das vorzüglichste
Mittel, den Schmerz zu heben, die Krankheit und
die rheumatische Diathese zu begleiten. Auch bei
Nervenübeln, die theils auf einer perversen Action
des Nervensystems, theils in einer Abstumpfung
der naturgemässen Nervenaction beruhen, gibt sie
ihre Heilkraft kund. Der durch Keil modificirte
Saxton'sche Apparat ist der zweckmässigste. Vergl.
Schluchzen und Catalepsie.

Malmedy verdiente mehr in Aufnahme zu kommen;
sein Pouhon (Sauerquelle) ist weit reicher als das
einst so berühmte Spa. Es enthält: kohlens. Natron
3,8645, kohlens. Kalk 2,4741, kohlens. Talk 0,8532,
kohlens. Thon 0,562, kohlens. Eisen 1,75, Kieselsäure 0,3481, kohlens. Gas 23 Cubikzoll.

Maltum hordei 567.

Mandelöl. S. Amygdalae dulces.

Mandelmilch. S. Amygdalae dulces.

Manganum aceticum, eines der mildern Manganprä-
parate, 5—10 Gr. p. d.

Manganum carbonicum. 5, 10—15 Gr. p. d.

Manganum muriaticum. Gegen syphilitische Uebel
innerlich und äusserlich; zur Stillung des Nasen-
blutens innerlich; 3—10 Gr. p. d. in Pillen oder
Lösung.

Manganum phosphoricum. Das mildeste Manganprä-
parat. $\ni\beta$ p. d.

Manganum sulphuricum. Nur äusserlich gegen Krätze,
syphilitische und herpetische Ausschläge; neuerlich
gegen chronische auf Stärkung mit Atonie beruhen-
der Leiden der Leber, Milz etc. als Cholagogum
gegen Gicht, auch Abführmittel; 5 Gr. — $\ni$j 3—4mal
täglich; als Abführmittel 3j—jβ in getheilter Dosis
in Solution. Zu Salben 3j auf 3j Fett.

Manna electa. 3β—jj auf 3vj—vjjj; Syrup. 1—2 Theel.
Kindern; zu Mixturen 3β—j.

Marchantiae conicae Herba. Als Antihydropicum bekanntes Lebermoos; auch gegen Sand- und Steinbeschwerden im Dct. als Theegetränk.

Marching (Niederbayern), erdig-salinische Schwefelquelle.

Marienbad in Böhmen kann als der Hauptrepräsen-
tant der Bitterwasser gelten. Der Marienkreuz-
brunnen ist beliebter als der von Saidschütz, mit
5—6 Bechern beginnend bis auf 15—20 steigend.
Der Ferdinandsbrunnen analog dem Kreuzbrunnen.

Markgrafenpulver 128.

Marrubium album, Herba 3jj—3β auf 3vj—vjjj Dct.;
Extr. $\ni\beta$—3jβ 2—3mal tägl.; Succ. rec. expr. 3j—jj.

Marum verum, Herba, gegen Asthma spasticum, Angina pectoris, hysterische Anfälle als Thee mit
Valeriana, Galeopsis etc. verbunden. $\mathbf{R}$ Herb. Ma-
riveri — chenopodii ambros., foliar. aurant., ana
3j; — Sennae, rad. angelic. — calami, ana 3β;
semin. coriandri 3j M. c. c. Thee auf 7 Tage; mit
4—5 Tassen kochenden Wassers jedes $^1\!/_7$ zu infundiren und den Tag über kalt zu trinken.

Mastiche, Mastix. Spiritus Matricalis, äusserlich zu
Waschungen ödematöser Geschwülste, gichtisch-
rheumatische Affectionen, Paralysen. 129.

Matico Folia, Stypticum, bei Mutterblutflüssen, Ruhr,
Leucorrhoe, wenn das Reizungsstad. vorüber ist,
Hämorrhoidalaffectionen. 3β—j auf 3vj—vjjj Infus.
2—3mal 2 Theel. voll; Tinct. 20—40 gtt. p. d.

St. Maurice, nicht weit von Leuk (s. dieses), ist eine
heisse Quelle, die zwar ohne Gyps, doch weit
schwächer an Wirksamkeit als Leuk ist.

(Meinberg (wie Pyrmont) wird von Brustkranken besser vertragen. Mit 3—4 Gläsern beginnend bis auf
8 steigend.

Mel, Honig, ist Resolvens, Aperiens, Demulciens
und Anthelminthicum, gegen Unterleibsstockungen,
Milzsucht, Leberfehler, Würmer, chronische Verschleimung der Lungen und des Darmkanals; gegen
Heiserkeit und Catarrhalhusten, Kupfervergiftung.

Melissa und Mentha. 3jj—3β auf 3 Tassen Infus. —
Pulv. $\ni$j—3j; Ol. aeth. 1—8 gtt.

Meloë majális. Gegen Hydrops torpidus, Impotenz, als Prophylacticum der Hundswuth; gr. j—jv.

Mentha. S. Melissa.

Meran (Tyrol), schwacher Säuerling. Molken- und Traubenkuranstalt.

Mercurius aceticus. Dem salpetersauren Quecksilber ähnlich, bei Krankheiten der Harnwege, welche mit Syphilis in Verbindung stehen ¼—5 Gr.; zu Waschungen 1 Gr. auf ℥j Wasser; Əij—iij auf ℥j Fett zur Salbe.

Mercurius ammoniato muriaticus. S. Merc. praecipit. albus.

Mercurius bromatus. Soll dem Calomel analog wirken, ohne aber die Speicheldrüsen zu afficiren; Gabe gleich dem Calomel. — Mercurius perbromatus dem Sublimat analog, aber noch weniger auf die Speicheldrüsen wirkend. ⅛—½ Gr. in Wasser oder Aether.

Mercurius cyanicus oder hydrocyanicus. Gegen syphilitische Knochenschmerzen, syphilitische Kopfschmerzen; äusserlich gegen Hautausschläge, Gutta rosacea, Eczema, Schuppenflechten, Conjunctivitis scrophulosa in Salbenform, Blepharitis glandularis scrophulöser Subjecte als Augenwasser; Hydrocele der Kinder, in Salben ¹⁄₁₆—½ Gr. mehrmal tägl. in Pillen oder Solution; in Augenwässern 1 Gr. auf ℥ij—jv A. Manche geben es in allen Krankheitszuständen, wo Calomel angezeigt ist, aber Salivation Nachtheil bringen könnte (es macht keine Salivation). ℞ Merc. hydrocyan. Əβ; aq. dest. ℥ jş Laud. liquid. Syd. 3j, Morgens u. Abends 1 Essl. in Dct. Sassaparill. oder Gerstenschleim, bei Syphilis.

Mercurius dulcis. S. Calomel.

Mercurius gummosis Plenkii 127.

Mercurius hydrocyanicus. S. Merc. cyanicus.

Mercurius jodatus cum kalio jodato. Innerlich und äusserlich bei tertiärer Syphilis und Scropheln, Lungenschwindsucht,Dyspepsie,Emenagagum,Leucorrhoe ⅛—¼ Gr. p. d. 2—3mal in Solution. Mercurius subjodatus bei Syphilis, Scropheln, wuchernden scrophulösen Geschwüren, chron. Anschwellungen drüsiger Organe, scrophulös. Tumor albus, Neuralgien, chrón. Hautkrankheiten innerlich und äusserlich; dem Calomel analog, leicht Speichelfluss erregend, aber kräftiger resolvirend; gegen papulöse und pustulöse Syphiliden der Kinder soll es specifisch sein. ½—1 Gr. mehremale täglich in Pulver oder Pillen; äusserlich Əj—3j auf ℥j Fett. 53. 117.

Mercurius perjodatus. (1 Atom Quecksilber und 2 Atom Jod) verhält sich zum vorhergehenden wie Sublimat zu Calomel, äzend wirkend, stark reizend, innerlich daher seltener; erregt leicht Erbrechen; äusserlich viel gebraucht, besonders bei Kropf, Augenleiden, Hornhauttrübungen, und den oben genannten Krankheitszuständen, in welchen das vorige mildere Präparat angewendet wird. Tumor albus, Knochenanschwellungen, Hygroma cystic. patellare, Verdickung der Gelenkbänder nach Hydrarthus rheumaticus, Tumor arthriticus genu mit

trägem Verlaufe; in Salbenform ʒj auf ʒiij Fett.—
$^1/_{10}$—$^1/_8$—$^1/_4$ Gr. in Alcohol oder Aether gelöst, 2—4-
mal täglich unter gehöriger Verdünnung (nicht bei
leerem Magen!); äusserlich gr. vjjj—ʒj auf ʒj Fett.
Hydrargyrum bijodatum rubrum gr. jj auf ʒj Fett
zur Salbe.

Mercurius nitrosus. Liquor hydrargyri nitrici oxydati (Liquor Bellostii). Den Liquor Hydrarg. nitr.
oxydulati 1, 2—5 gtt. in einer Tasse destillirten
Wassers 2mal täglich. $^1/_4$ Stunde nach dem Frühstück und nach dem Abendessen, steigt alle 7 Tage
um 1 Tropfen und setzt die Kur 30 Tage lang fort.

Mercurius praecipitatus albus, Hydrarg. ammoniato-
muriat., oxydat., nur äusserlich.

Mercurius praecipitatus ruber praeparatus $^1/_{16}$, $^1/_{12}$
bis $^1/_8$ Gr. und vorsichtig gestiegen. 599.

Mercurius solubilis Hahnemanni, Hydrarg. oxydulat.
nigrum, $^1/_4$—$^1/_2$, 1—3 Gr. 2—4mal tägl. in Pulvern.

Mercurius sublimatus corrosivus. S. Sublimat.

Mercurius stibiato sulphuratus, aethiops antimonialis.
3—5—15 Gr. 3mal täglich in Pulver mit Magnesia
oder Lapides concr. 569.

Mercurius vivus 678.

Mercursalbe. S. Unguentum mercurii.

Mergentheim (Würtemb.), eisenhaltiges Kochsalzwasser. Haemorrhagien, Scrofeln, Gicht, Unterleibsleiden.

Mezereum. ʒj—jj auf ʒvj Dct. in Tinct. aromat. und
Syrup. 2—3mal tägl. 2 Essl.; innerlich u. äusserlich.

Michelstadt (Odenwald), Kaltwasserheilanstalt.

Milchpulver. Milchthee. 391.

Millefolium. Schafgarbe, ʒjj—vj auf 3 Tassen.

Millepedes, Kellerwürmer (wie Meloë) gegen Hydrops.
℞ Succ. Milleped. rec. expr., liquor. kali acet., ana
ʒß; Aq. Petresol. ʒjv; Roob. junip. ʒj; umgeschüttelt stündlich 1 Essl.

Milzmittel 400.

Mindelheim(Oberbayern), erdig-salinischeEisenquelle.

Minderers Geist. S. Ammonium aceticum.

Mineralwasser. S. Heilquellen.

Mixtur, Schüttelmixtur, besteht aus einer oder mehreren gepulverten Substanzen, und aus einer einfachen, zusammengesetzten Flüssigkeit, und muss
daher kurz vor dem Einnehmen gut umgeschüttelt
werden. Im engeren Sinne versteht man darunter
eine mannigfaltige Zusammensetzung in flüssiger
Form, welche aber keine pulverigen Bestandtheile
enthält; z. B. ℞ Liquoris kali acetici, extr. graminis liquid., ana ʒj; Aq. chamomillae ʒvj; Spirit.
nitr. aeth. ʒj. M. S.

Mixtura aromatica acida. S. Elixir. vitriol. Mynsichtii.

Mixtura oleosa, auch Emulsio spuria genannt, enthält fette Oele, flüssige und halbflüssige, auch zum
Theil feste Harze, und andere in Wasser nicht
auflösliche Substanzen (Ammoniumgummi, Asand,
Baumöl u. s. w.), mittelst schleimiger und eiweiss-
stoffiger Substanzen mit Wasser zu mischen, oder
gewissermassen in einer wässrigen Flüssigkeit zu
suspendiren. Eine Unze Oel, Balsam oder Harz
erheischt etwa ʒj consistenten Traganth-, Mimosen-

oder Althaeaschleims, doch setzt man den Harzen,
der Einhüllung wegen, gewöhnlich mehr, ja wohl
gar das drei- bis vierfache jener Schleime zu. Ein
Eidotter entspricht ungefähr ℥β jener Schleime.
Auf ℥j milden Oels rechnet man etwa 4—5 Unzen
Flüssigkeit. Z. B. ℞ Olei Ricini ℥j; Vitell. ovi
Nr. 2; Aq. chamomill. ℥v; F. l. a. Mixtura. Solve
magnesiae sulphuric. ʒvj. S. S. Gut umgeschüttelt 2stündl. 2 Essl.

Mixtura oleosa-balsamica. S. Bals. vit. Hoffm.

Molken p. 393.

Monesiae, Extr. Ein beruhigendes Tonico-adstrin-
gens; innerlich bei chron. Bronchitis, Bronchiec-
tasie, Haemoptysis, Lungenschwindsucht, Chlorose,
Magenschwäche, chron. Erbrechen, Gastroenteritis,
Dysenterie, Durchfall, Scorbut, Hämorrhagie;
äusserlich Tripper, Leucorrhoen, Metrorhagien
Nasenbluten etc. Innerlich ϶j—iij innerhalb 24 St.
In Pulver, Syrup oder Pillen. Aeusserlich in wässriger Lösung 2 Gr. auf ℥j Aq. zu Inject.

Mordingen (Bayer. Schwaben), kalk-erdiges Mineralwasser.

Morphium aceticum, muriat. sulphuric. Innerlich
¹/₁₆—¹/₄ Gr. Endermat. Einreibungen. Das Morph.
muriat. ist leicht löslich; endermatisch gegen
acuten und chron. Rheumatismus, zur Beschwichtigung innerlicher Schmerzen aus verschiedenen
Ursachen, Neuralgien, Spasmen und Neurosen,
Gastrodynie, Asthmaformen, Ischiadik; innerlich
bei eingeklemmten Hernien behufs der Erschlaffung
des Muskelsystems; bei Neuralgien u. Zahnschmerzen in das Zahnfleisch der leidenden Seite ¹/₄ Gr.
3 Minuten lang einzureiben; bei Neuralgia frontalis
¹/₃—¹/₅ Gr. in Solution durch das Nasenloch einzu-
ziehen. ℞ Morphii acet. gr. ¹/₂; Lactucarii gr. jv;
Sacch. albi ϶ij. Divide in partes IV aeq. Für die
Nacht zur Beruhigung 1—2 Pulver. 90. 372.

Morselle, Morsuli, tabellae. Die heilkräftigen Bestandtheile derselben werden durch stark einge-
kochten, beim Erkalten erstarrenden Zucker in eine
feste, starre, meistens in länglich viereckige Stücke
abgetheilte Form gebracht. Das Gewicht einer einzelnen Morselle beträgt 1 bis ungefähr 3 Drachmen. Z. B. ℞ Sacch. albi ℥iij; Succi berberum recens
express. ℥jß coque ad consistentiam tabulandi, sub
finem adde Elaeosacch. flavedin. citri ℈ij; Tiant. l.
a. morsuli ponderis ʒjß. S. Morsellen, bei grosser
Fieberhitze öfters eine davon im Munde vergehen
zu lassen. 30.

Moschus. Tinct. (ʒj in Alcohol u. Wasser ana ℥ij) zu
20—60 gtt. in Mixt. Emuls. von ℥vj—viij zu ʒij—iij.
In Pulv. ¹/₄—¹/₂ Gr. alle ¹/₂—1 St. ganz kleinen Kindern; grösseren Kindern 1—3 Gr. z. B. bei Asthma
Millari. Erwachsenen zu 8—10 Gr. p. d., in Geistes-
zerrüttungen selbst zu ϶j alle 3 Stunden. Klystiere
von ϶j—ʒj mit Gummi arab. oder Eigelb abgerieben
und mit ℥jv—vj aq. cham. alle 3 St. eines, gegen
Trismus und Tetanus. 27. 37. 74. 295.

Moschus artificialis. S. Succinum.

Mundwasser 405. 560.

Musenna 679.

Myrrhae saccharum. Tinct. äusserlich. Extr. Pill.
Pulv. Pulv. äusserlich gegen Gangrän Mixtur.
℞ Myrrh. ʒj; Terendo infus. flor. chamom. ʒvj; Aq.
cinnamom. ʒj; Ferri sulph. gr. xv; Syrup. cort.
aurant. ʒj; alle 3 St. 1 Essl. gegen Milchfluss.

Myrtillorum baccarum Extr. Als Adstringens bei
Diarrhoe und Ruhren. Ɔβ—jj p. d.

Nafé, Syrop de Nafé; Brustmittel bei Reizungs- und
nervösen Zuständen der Respirationsorgane.

Naphtha. S. Aether.

Naphthalinum. Wird gleichzeitig mit dem Creosot
und Paraffin als Product bei der trockenen Destillation der Steinkohlen, des Russes und harziger
Substanzen gewonnen; auflösend, expectorirend bei
Schwäche u. Reizlosigkeit der Respirationsschleimhaut, in Linctus, Syrupen oder Emulsionen. — Bei
Wurmbeschwerden innerlich; Salbe ʒjj Theile auf
30 Theile Fett bei Hautkrankheiten; chron. Entzündung der Augenlider; ¹/₂—3 Gr. mehremale tägl.

Narcotinum. Gar nicht in Wasser, schwierig in Alcohol, leichter in Aether und festen Oelen löslich;
ein Bestandtheil des Opiums. Narcoticum muriaticum als Antiperiodicum und Febrifugum in Ost-
indien selbst dem Chinin vorgezogen; schnell beruhigend, schweisstreibend; auch endermatisch
angewendet; ist im Wasser und Weingeist leicht
löslich; 1, 3—10 Gr. p. d.

Nasenmittel 407.

Natrum aceticum. ℞ Natri acet. bene siccati ʒjj;
Pulv. rad. rhei elect. ʒj; Extr. conii macul. ʒβ;
f. pilul. Nr. 60. S. 3mal 4 Stück tägl. ℞ Rad.
Graminis ʒj; F. decoct. ʒvjjj; Natr. acet. ʒjj; Syrup.
citri ʒj. M. 2stündl. gegen Leberleiden. 379.

Natrum arsenicicum. ¹/₂₄—¹/₁₀ Gr. p. d. S. Arsenik.

Natrum boracicum. S. Borax.

Natrum carbonicum siccum. Zu 4, 8—12 Gr. in Bräuse-
pulver; äusserlich zu Waschungen. 44. 146.

Natrum carbonicum acidulum, bicarbonicum. 5—20 Gr.
Pulv. ʒjj nach ʒvj.

Natrum hyposulphurosum schweisstreibend, bei Acne,
Porrigo etc., gegen die Folgen zurückgetretener
Ausschläge, constitutionelle Syphilis; Ɔjj—ʒj den
Tag über in Pillen oder Lösung; zu Bädern ʒj—jv,
in Wasser gelöst als Surrogat der natürlichen
Schwefelquellen.

Natrum jodatum. Im Kropfschwamm, in den jodhaltigen Mineralwässern.

Natrum muriaticum. Kochsalz; gegen profuse Blutungen der Lunge alle ¹/₄ St. ¹/₂—1 Essl.; gegen
Magenblutung in Folge verschluckter Blutegel;
gegen Ascariden (Klystiere), Magenverschleimung,
Phthisis trachealis; Syphilis (Ɔj — ʒj—jβ 2—3mal
tägl.). Gegen Aerger und Zorn 4 Essl. voll Kochsalz in einem Glase Wasser. Aeusserlich zu Bädern
bei Scropheln, Herpes, Psora, Gicht mit Ablagerungen, Contracturen 2—6 ℔. Im Klystier zur Beförderung der Leibesöffnung ʒj u. ʒx kaltes Wasser.
Kochsalzwirkungen. Personen, welche viel Koch-

salz essen, bekommen leicht riechenden Athem, geschwürige Mundwinkel, Magenleiden nach dem Essen (das Salzen während der Mahlzeit ruft dergl. eher hervor, als die Bereitung der Speisen mit Salz), juckende Ausschläge, Schlaflosigkeit, kalte Füsse, Leucorrhoen, Kopfhitze und Kopfschmerzen, Begierde nach geistigen Getränken, nach Pflanzensäuren oder nach Kaffee, Schweisse, besonders Nasenschweisse u. s. w. — alle diese Erscheinungen werden durch Enthaltung vom Kochsalzgenuss, und theils durch Spiritus nitri dulcis (das Hahnemann'sche Antidot gegen Kochsalz) gehoben.

Natrum nitricum. Sanfter als Nitrum, gleich der Verbindung des Nitrum mit Sal. Glauberi. Natrum nitricum, kubischer Salpeter, eines von den 3 Universalmitteln nach Rademacher. Man gibt es zu ℨj—ℨjß in 24 Stunden; gewöhnlich ℨjj in 24 St.; überall wo inflammatorische Zustände und Fieber vorherrschen. Das Natrum nitricum gegen Zahnschmerzen selbst bei cariösen Zähnen, Kieferschmerzen, Neuralgia Faciei, vielen heftigen localen Rheumatismen, der Schulter, des Armes, der Brustmuskeln, und in rheumatischen Fiebern, überhaupt bei allen rheumatischen u. rheumatisch-entzündlichen, selbst acuten Krankheiten, selbst täglich zu ℨjv—ℨjß wird es ohne alle Beschwerden genommen. Wo Säure, leichte dyspeptische Beschwerden bestehen, muss Magnesia usta vorangeschickt werden (ℨjjj—jv).

Natrum oxymuriaticum. Dem Chlorkalk und Chlorkali sich anschliessend, aber milder und von antiphlogistischer Heilkraft, im Abdominaltyphus und typhös-putriden Fiebern (zu Ende der 1sten und anfangs der 2ten Periode) bei Wechselfiebern, gegen chronische zu Verschwärung und Brand tendirende Phlogosen hautiger Gebilde, Stomacace, Verschwärung der Tonsillen, innerlich und äusserlich; ℨß—j auf ℨjv—v Wasser 2stündlich 1 Essl.; äusserlich ℨj—jj—ℨß auf ℥vj—vjjj Wasser.

Natron phosphoric. S. Soda phosphorata u. Purgantia.

Natrum sulphuricum. S. Sal Glauberi und 146.

Nenndorf in Kurhessen hat 4 Quellen, die alle bedeutende Mengen von Hydrothiangas verbrauchen. Ausserdem enthalten sie schwefels. Natron 5¼ Gr. aufs Pfund, schwefels. Talk und Kalk zusammen 10 Gr., ebenso kohlens. Talk und Kalk, dann bituminöse Theile. Gegen Scrophelkrankheit gerühmt.

Neumarkt (Bayer. Oberpfalz), eisenhaltige, salinische Schwefelquelle. Bei Contracturen, Stockungen, Dyscrasien.

Nicotiana Tabacum. ℨß—jj auf ℥vj ebull. alle 2—3 St. 1 Essl. für Erwachsene. Das beste Corrigens ist Elaeosacch. calami aromat. 353.

Niedernau, 3 Stunden von Tübingen, besitzt alkalinische Stahlwasser.

Nitrum phosphoricum, bei zarten, sensibeln Personen als Pulver, Digestivum und sanftes Abführmittel, ℈j—ℨß 3—4mal tägl.; als Laxanz ℨj—jß.

Nitrum, Kali nitricum depuratum. Pulvis temperans (nitrum und kali tartaric. ana) ℈ß—j nach heftigen Gemüthsbewegungen, Blutwallungen. Innerl. 5—15

Gr. alle 1—2 St.; besser im Dect. rad. alth. oder
Emulsio semin. papav., amygd. dulc. 591.

Nördlingen (Bayer. Schwaben), erdig-salinische Eisenquelle.

Nux moschata. S. Macis.

Nux vomica. Die Nux vomica und ihre Präparate
sind vorzüglich Lebermittel. Pulv. 1—2 Gr. 2—4-
mal täglich Erwachsenen und allmählig bis zu 5,
8—10 Gr. gestiegen. Extr. spirit. ¹/₈, ¹/₄, ¹/₂—1 Gr.
in Solution. Pil. ; es ist stärker als das Extr.
aquos., wovon man die doppelte Dosis geben kann;
¹/₂—1 Gr. anfangs, bis zu 2, 3—5 Gr. gestiegen.
Tinct. 5, 10—15 gtt. bis allmählig 40 gtt. in Syrup.
Strychnin: innerlich fange man mit ¹/₁₆, ¹/₁₂, ¹/₈—¹/₄ Gr.
an, zuerst nur 2-, dann 3mal tägl. Endermatisch
zuerst ¹/₁₂, ¹/₈—¹/₄ Gr. und vorsichtig gestiegen zu
¹/₂—1 Gr., zu jeder Dosis kommt Pulvis sacch. gr. iij.
Salbe. Strychninum aceticum, in Wasser schwer,
in Alcohol leicht löslich. Strych. jodicum ebenso.
Strychn. muriaticum auch in Wasser leicht löslich.
Strychn. nitric. leicht löslich in Wasser und Weingeist. Strychn. sulphurie. in 10 Theilen Wasser
und leicht in Alcohol löslich, auch zum Einimpfen
gebraucht. Einige Tropfen der Essentia nucis vomicae nach homöopathischer Anweisung hebt eine
hartnäckige Obstructio alvi eines 2jährigen Kindes;
dieses Mittel wirkt trefflich gegen Dyspepsie, Gastrodynie, Mastdarmvorfall u. dgl. Z. B. Choleraähn-
liche Brechdurchfälle mit oder ohne Leibschmerzen.
Gegen Gastricismus s. diesen. Marshall-Hall
empfiehlt Strychnin aceticum in der Epilepsie bei
schwächlichen, cachectischen Individuen und nervöser Erschöpfung, ferner in der Paraplegie in
Folge geschlechtlicher Ausschweifungen, gegen
Paralysis agitans. R̃ Strychnini acetic. gr.j; acidi
acetici gtt. xx Alcoholis ℥ij; Aq. destill. ℥vj. M.
S. 10 Tropfen (¹/₅ Gr. Strychnin) 3mal täglich.

Obertieffenbach (Oberbayern), erdige Schwefelquelle.
Oeleinreibungen 570.

Oleum amygdalarum. S. Amygdalae.

Oleum animale aethereum s. Dipelii 3—10 gtt. auf
Zucker, besser in Aether, ätherischen Oelen oder
in Pillen; äusserlich als Reizmittel; zu Einreibungen; Linimente gegen Gliederlähmungen.

Oleum animale foetidum. S. Cornu cervi.

Oleum Cocos ist ein ebenso wohlfeiles, ja wohlfeileres
Fett als Axungia porci, zu allen Salben dienlich;
wird aber nicht so leicht ranzig als Schweinefett;
es ersetzt auch das Unguentum ceratum und Ceratum amygdalinum; namentlich bei Verbrennungen
ein sehr zweckmässiges Verbandmittel seiner Milde
wegen.

Oleum empyreumaticum. S. Lythanthrac. und 175.

Oleum jecoris Aselli, Leberthran. Für Erwachsene
¹/₂—3 Essl. voll; Kindern 1—2 Theel. 2—3mal tägl.
Um den widrigen Geschmack des Leberthrans zu
maskiren, empfiehlt man unmittelbar vor dem Einnehmen des Oels ein Stück getrockneter Orangen-
rinde kauen und nach dem Verschlucken des Mittels

ebenfalls ein Stück dieser Rinde in den Mund zu nehmen. Auch ist es sehr nützlich, vor und nach dem Einnehmen des Oels den Mund mit Branntwein ausspülen, schwarzen Kaffee nachnehmen oder Rotulae menthae pip. in den Mund nehmen zu lassen. Auch der Zusatz von Creosot 1 Tropfen auf ℥ß Thran soll zur Verbesserung des Geschmacks dienen und die nachfolgende Uebelkeit und Brechneigung soll dadurch gänzlich verhütet werden. Wenn der Leberthran nicht mehr genommen werden kann, so ersetzt ihn Trousseau mit Erfolg durch Jodbutterbrod. Vier Unzen frische Butter werden mit 1 Gr. Jodkali, 3 Gr. Bromkali und 1½ Э Seesalz gemischt. Diese Butter wird den Tag hindurch auf sehr kleinen Butterbrödchen allmählig consumirt.

Oleum jodatum statt des Ol. jecor. aselli. Gr. j Jod auf Эj Ol. amygd. dulc.

Oleum Lini. S. Linum.

Oleum Lithanthracis. S. Lithanthrax.

Oleum olivarum. Baumöl, Provencer-, Jungfernöl, innerlich bei Krampfhusten, trockenem Asthma, Koliken, Vergiftung durch scharfe Gifte (Canthariden ausgenommen), Vipernbiss, Vergiftung durch Schwämme, bei Nephritis, Cystitis, Spasmus vesicae, Dysurie, Ischurie. Aeusserlich eingerieben tägl. ¼ ℔ in den ganzen Körper gegen Hautwassersucht, zur Verhütung und Heilung der Pest, gegen die colliquativen Schweisse der Hectischen; gegen Verbrennungen (mit Eiweiss und Alaun), Wundstein etc. Innerlich am besten ℥jj — ℥j in Fleischbrüh, Emulsion.

Oleum Petrae, Petroleum, Steinöl; innerlich blos das Ol. rectificat, 5—15 gtt. auf Zucker oder in Aether gelöst gegen torpiden Hydrops, chron. Paralyse der Blase mit Incontinentia auf Retentio urinae, Enures. nocturna, atonische Gicht; äusserlich zu Einreibungen gegen Frostbeulen und Gichtknoten.

Oleum Ricini. S. Ricinusöl.

Oleum Succini rectificat. S. Succinum.

Oleum Tartari per deliquium. S. Kali. carbonicum.

Ononis spinosa, Rad. ℥j—jj auf ℥viij Dect. Auch gegen Amenorrhoe, besonders wenn ein Infus. sennae composit. vorausgeschickt wurde. 257. 667.

Opium. Vom Opium, das Eisenmann fast bei den meisten Krankheiten entzündlicher und neurotischer Natur mitgibt, behauptet er, dass es den meisten Giften ihre Heftigkeit benehme. Colchicum für sich macht Vergiftungserscheinungen, aber mit Opium verbunden nicht, ebenso nicht mit Sublimat. Opium purum, ⅛, ¼—½ Gr. 1—3mal tägl., um zu excitiren; zu 1—3 Gr., um zu betäuben und Schlaf zu erregen; als Antiphlogisticum. Extr. aq. wie Opium purum gegeben; Tinct. Opii benzoica 3—15 gtt. (℥j enthält 2½ Gr. Opium). Tinct. opii simpl. s. thebaica (℥j enthält 6 Gr.; 12 gtt. etwa 1 Gr.) zu 2—25 gtt. Tinct. opii crocata s. Laudanum (12 gtt. enthalten 1 Gr. Opium), wie Tinct. simpl. gegeben. Acetic. Opii liquid. sehr schätzenswerthes Präparat, auch ferner der Essig hier die narcoti-

sirende, erhitzende und verstopfende Eigenschaft
des Opiums mässigt, ohne die krampf- u. schmerzstillende Wirkung desselben zu schwächen; in England u. Amerika als „black drops" betitelt; 2—8 Gr.
Tinct. Opii Calcuttensis, besonders bei Knochen-
und Gelenkschmerzen, gereizten, sehr empfindlichen
Hautgeschwüren und Ausschlägen, als Sedativum
bei Hysterie, Carcinoma Uteri, Keuchhusten; als
Fomentum tepidum bei Blepharospasmus scrophulöser Subjecte. 10—30 gtt. Im Klystier wirken 6 Gr.
so viel als 18 per os genommen. Pulv. Doweri. S.
Dowerspulver. Electuarium Theriaca. (3j enthält
5 Gr. Opium.) Opiumlatwerge. Aeusserlich gegen
Leibschmerzen. 90.

● Orb (Bayer. Unterfranken), Soolquellen. Auflösend,
abführend.

Osmäzom in Wasser und Weingeist löslich, als Reiz- 7α
mittel der Verdauungsthätigkeit zur Wiederherstellung u. Hebung des Appetits bei Reconvalescenten.
3,3—j in Fleischbrüh, oder mit aromat. Stoffen in
Pulver, Chocolade.

Osmunda regalis Radix, gegen Hernien, Drüsenleiden,
Scropheln, Rhachitis, Gicht. Die Wurzel 8 Tage
lang digerirt u. von dem Infus. 2mal tägl. 1 Weinglas voll; Pulv. 2mal tägl. 1 Kaffeel. voll.

Ottobad bei Wiesau im Fichtelgebirge hat Stahlquellen.

Oxycanthinum, Alcaloid der Berberitzenrinde; tonico
amarum, steht dem Chinin nahe.

Oxymel scillae. S. Scilla.

Oxymel simplex. 1 Theil Essig und 2 Theile Honig,
bis zur Honigdicke abgedampft.

Oxysulphuret. ferri cum Magnesia. S. Vergiftungen.

Ozon. Schönbein betrachtet das Ozon jetzt als
eine allotropische Form des Sauerstoffs, das vermöge seiner energisch oxydirenden Eigenschaften
als das wichtigste Zerstörungsmittel der ununterbrochen, besonders in der wärmeren Jahreszeit und
in geringer Höhe über dem Meere sich erzeugen-
den Miasmen, und beweist dieses durch Versuche
mit durch faulendes Fleisch inficirter Luft in Flaschen etc. Er zeigt ferner, dass die antimiasma-
tische Eigenschaft des Ozons so gross ist, dass
eine bestimmte Menge von atmosphärischer Luft,
welche eine $1/2$ Mm. Ozon enthält, im Stande ist,
eine ihr gleiche Menge miasmatischer Luft zu desinficiren. Hieraus schliesst er, dass die miasmatischen Substanzen selbst ein äusserst geringes
specifisches Gewicht besitzen müssen. Die En- und
Epidemien hängen, wie Schönbein glaubt, mit dem
Ozongehalte der atmosphärischen Luft zusammen.
Es ist sehr möglich demnach, dass das Ozon früher
oder später eine sehr wichtige prophylactische und
therapeutische Rolle spielen werde. Die Darstellung des Ozon wird selbst für grössere Räume keine
Schwierigkeiten haben, da es nach Sch. hiezu genügt, Phosphorstücke zur Hälfte mit Wasser bedeckt, auf + 18—20° Cels. zu erwärmen, und da
schon sehr geringe Mengen von Ozon bereits sehr
bedeutende desinficirende Eigenschaften besitzen.

Paeonia 127.

Pampinorum vitis Extr. zur Vertreibung der Sommersprossen in 12 Theilen Wasser gelöst als Waschwasser.

Papaver alb. Extr. Emulsio. ℞ Semin. papav. albi
ʒß; F. emulsio ℥jv; Extr. nucis vomic. aether. gr. ij
(gegen Erbrechen); Syrup. naphae (als Corrigens)
ʒß. S. 2stündl. S. Hyoscyamus.

Paraguay-Roux, Paratinctur; dafür auch die wohl-
feilere Tinct. Spilanthi oleracei als Zahnmittel.

Pareira bravae Radix, der Uva ursi ähnlich; gegen
Blasenleiden, Tripper und Leucorrhoe, Steinbeschwerden (besonders phosphorsaure Steine) und
als Tonicum gegen Dyspepsie ʒj—ij pulv. p. d.
ʒß mit 60 ℥ auf 20 eingekocht tassenweise.

Pasta amygdalarum. 123.

Pasta Viennensis. 5 Theile Aezkali, 1 Theil Aez-
kalk, mit Alcohol oder Wasser zu einem Teig angerührt und mittelst eines gefensterten Pflasters
aufzulegen.

Pastilles de Bilin. S. Bilin.

Pastilles de Vichy gegen Nierenleiden, Stein u. Gries.

Pech. S. Pix.

Perubalsam. S. Balsamum peruvianum.

Petersthal im Badischen hat 3 Quellen. Die Trinkquelle enthält schwefels. Natron 3,40, Natron bicarbon. 0,60, Calcaria bicarbon. 17,00, Ferrum bicarbon.
2,500, nebst etwas kohlens. Natron. Die Laxier-
quelle enthält Kochsalz, schwefels. Natron, kohlens.
Kalk und etwas Eisen. Die dritte Quelle ist die
Schwefelquelle.

Petroleum. S. Oleum petrae.

Petroselinum, ʒij—ʒß auf 2—3 Tassen. Ol. petroselin.
aether. ϑj in ʒij Weingeist oder Aether gelöst
10—20 gtt. p. d.; oder als Elaeosacch. 3 gtt. auf
ʒj Zucker.

Pfäfers, hochberühmte Therme, die fast chemisch
reines Wasser darbietet, denn sie enthält auf 100
Theile Wasser nicht mehr als 1¾ Theile fixer Salze
und Erden; liegt zwischen Graubünden und Glarus.
Man trinkt früh von 5—7 Uhr, im geheizten Saale,
von 2 Gläsern bis zu 1½ Quart Wasser, frühstückt
dann und badet nach etwa 1 Stunde meist im gemeinschaftlichen Bade. Gegen den 5—9ten Tag
zeigen sich die Vorboten des Badeausschlages, der
den 15ten Tag mit Fieber auszubrechen pflegt, als
Friesel, Herpes, Furunkel, Pustel Anschwellung
der Füsse und Hände. Man badet nun den Tag
8—12 Stunden, bis der Ausschlag nachlässt, dann
immer kürzere Zeit. Die meisten Kranken leiden
an Hysterie, Hypochondrie, Nervenlähmungen,
Schleimflüssen, Chlorose etc. u. finden hier Heilung.

Pflanzensäfte, frische 711. Blutreinigende Mittel.

Phellandrium aquaticum. Semen. ϑd—ʒß 3mal tägl.
in Pulv. Infus. ʒij—jv auf ℥vj. 260.

Phlorrhizinum. Bitterstoff aus der frischen Apfel-
baumrinde, ähnlich dem Salicin als Surrogat des
Chinin empfohlen. 12—15 Gr.

Phormii tenacis radix. Der Sassaparill ähnlich mit
purgirender Nebenwirkung. ʒß auf ℥viij Dect.

Phosphorus. Aether phosphorinus (Phosphori gr. vj,

'Naphtha vitr. ℥j) 2—4—15 gtt. in Schleim, Mandelmilch. Oleum phosphorat. als Externum. Salbe.
149. 313. 538. 565.

Picrotoxinum, das bittere Princip der Kockelskörner;
äusserlich gegen Kopfgrind, atonische Geschwüre.
5—10—12 Gr. auf ℥ij Oel oder Fett.

Pillen, Pilulae, sind kugelförmige Körper von solcher
Consistenz, dass sie sich zerdrücken lassen, ohne
dem Finger anzukleben ; auch müssen sie einige
Zeit hindurch aufbewahrt werden können, ohne hart
auszutrocknen, zusammen zu kleben, oder zu zerfliessen. Ihr einzelnes Gewicht beträgt 1—4 Gran.
Zur Pillenmasse eignen sich alle Arzneisubstanzen,
welche entweder an und für sich, oder in Verbindung mit gewissen Zusätzen einen festen, form-
baren Teig, d. h. eine Pillenmasse (Massa pilu-
larum) darzustellen vermögen. Die Bestandtheile
zur Bildung einer Pillenmasse sind die aufzuneh-
men- (excipienda) und die aufnehmenden (excipientia), obwohl es Arzneikörper gibt, welche schon
an und für sich, oder indem man sie blos durch
Erwärmung oder Anfeuchtung erweicht, eine Pillenmasse darstellen. Zu aufnehmenden, gestaltgebenden Substanzen (excipientia) dienen: zähe
Extracte, Honig, Süssholzsaft, Zuckersäfte, Seife,
Balsame u. dergl. Die Dosis der Arznei wird bei
Pillen entweder durch die Gewichtsbestimmung der
einzelnen Pillen, oder bestimmt durch die Angabe
ihrer Zahl berechnet. Wenn man nicht genau weiss,
wie gross die Quantität oder das Gewicht des Bin-
demittels sein werde, so überhaupt, wenn die Pillenmasse sehr wirksame Bestandtheile enthält, verdient die Angabe der Anzahl der Pillen den Vorzug, denn dadurch kann die Dosis am allergenaue-
sten bestimmt werden. Bei Mitteln, welche schon
in kleineren Gaben sehr wirksam sind, oder vielmehr bei solchen, welche in concentrirter Form, in
einem geringen Volumen, nachtheilig auf die innere
Fläche des Nahrungskanals wirken können, z. B.
bei den scharfnarcotischen Mitteln, äzenden Metallmitteln u. s. w., ist es nothwendig, die einzelne
Gabe auf eine grössere Anzahl von Pillen zu vertheilen, und man muss das Volumen der Pillenmasse
durch einen indifferenten Zusatz vergrössern. So
soll man z. B. einen Viertelgran Sublimat nicht in
e i n e r, sondern mindestens in 3—4 Pillen geben. ●
℞ Merc. sublim. corrosiv. gr. sex (gr. vj) solve in
pauxill. aq. destill.; adde Pulv. rad. Althaeae ℈ij.
M. f. pilulae Nr. sexaginta (LX), dann enthalten
10 Pillen erst 1 Gran, und 5 einen halben, 3 aber
ein wenig mehr als den 4ten Theil eines Granes.
Zum Bestreuen der Pillen, welches das Zusammen-
kleben derselben verhüten soll, benützt man das
Lycopodiumpulver, Süssholzwurzelpulver, Altheae-
pulver u. dgl., und soll ein unangenehmer Geruch
der Pillen verdeckt werden, so benützt man Pulv.
rad. Irid. florentinae, und handelt es darum, den
Geschmack der Pillen zu verbergen, so wählt man
zum Conspergiren der Pillen Pulv. semin. foeniculi,
Pulv. cinnamomi.

Pimpinella, Rad. Infus. ʒiij auf ℥vj alle 2 St. 1 Essl.
gegen Commotionen mit Verdacht auf Blutextravasat in einer der 3 Höhlen (auch in Verbindung mit
Arnica hier)' nach vorausgegangener V.S. Tinct.
gegen Angina tonsill. catarrh. 20 — 30 gtt. auf
Zucker.

Pini turiones gegen chron. Exanth.

Pinselsäfte. S. Acida 694. 576.

Piper album, nigrum, longum. Gegen Intermitt. alle
2—3 St. 5—15 Körner; Piperinum 6—8 Gr.; Ol.
piperis aeth. 1—5 gtt.; auch gegen Paralysen mit
Dyspepsie; 1 gtt. = 3 Gr. Piperin, letzteres auch
gegen Gono- und Leucorrhoe statt der Cubeben.
Einige Pfefferkörner vor dem Eintritt der Menses
genommen, sollen letztere verspäten um mehrere
Tage, ohne Nachtheil.

Pix alba s. burgundica gegen Herpes, Phthisis pituit.,
Lithiasis, 2—3mal tägl. ℈j—ʒj in Pillen; äusserlich
als Empl., als Derivans, Rubefaciens und als Electricität isolirend gegen heftige Neuralgien der Brust,
des Rückens, der Glieder, Rheuma topicum, gegen
Phthysis laringea des Empl. antirheum. Helg. rund
um den Hals getragen. Pechpflaster.

Pix nigra liquida, Theer. Theerräucherungen zum
Einathmen gegen Phthisis pulm. ulcer. atonica,
Theerwasser äusserlich. Zum Räuchern setzt man
einen Topf voll Schiffstheer in das Krankenzimmer
und unterhält ihn mittelst einer Spirituslampe im
beständigen gelinden Kochen. Das Gefäss wird
alle 2 Tage gereinigt und frisch gefüllt. Die Aq.
picea, Theerwasser, tägl. 1—2 ℔; ¹/₂—1 Tasse voll
3—6mal mit etwas Wein oder Milch vermischt zu
nehmen gegen inveterirte Gicht, Phthisis, chron.
Hautausschläge. 137.

Plantago. Succus Plantagin. major. gegen rebellische
Wechselfieber; weingläserweise während der Apy-
rexie oder bei Eintritt des Frostes (dann warm) den
Saft zu trinken. Die 3.—4. Gabe heilt das Fieber.

Platina muriatica et Platina muriat. natronata. ʒβ—ʒij
innerlich wirken giftig; in concentrirter Lösung auf
die Haut oder Schleimhaut gebracht, zeigen sie
eine reizende bis corrosive Wirkung; äusserlich u.
innerlich gegen Syphilis, Tripper, Fluor albus,
Epilepsie. ¹/₈—¹/₂ Gr.

Plumbum aceticum, Saccharum Saturni. ¹/₄—¹/₂—1 Gr.
3mal tägl. in Pulv., Pillen und Emulsionen. Aeusserlich zu Augenwassern 1—2 Gr. auf ℥j Aq. dest.
Zu Injectionen 3—6. Gr. auf ʒj. Klystiere. 48. 88.
344. 355.

Plumbum chloratum. Dem Chlorzink bei Krebsübeln
vorzuziehen. ʒj in einer Maass Wasser gelöst oder
in Salbenform.

Plumbum jodatum. ʒβ auf ℥j Fett zu Salben gegen
Drüsengeschwülste, Bubonen. Gegen Scropheln
3mal täglich 1—3 Gr. in Pillen. Plumbi jod. ʒβ;
conserv. rosar, q. s. f. pilulae Nr. 20; tägl. 2mal
1—3—6—12 Pillen.

Plumbum nitricum, Anti~ ~ ~   ~tagiosum.
  Bei Wunden C   Flechten,
                                      ~ger u. fester

Form (wie Lapis infernalis) als Plumb. nitr. fusum angewendet werden; (auch zum Einbalsamiren).

Plumbum tannicum, gegen Decubitus; bei schlaffen chronischen Fussgeschwüren 3β—ij auf ℥j Fett.

Plummer'sche Pulver 676.

Pollini Decoct. 111.

Polygala amara ist ein Amarum acre; Expectorans, naht der Senega. Im spätern Stadium der Pneumonia typhosa, Catarrhus pulm. chron. Infusodec. ℥j auf ℔ j Wasser zu ℥vjjj Col. mit Lichen, Herba marubii, Stipit. dulc., alle 1—2 St. 1—2 Essl. 59.

Polygala Senega. S. Senega.

Potio Riveri. ℞ Potion. Riveri c. succ. citri parat. ℥jβ; Aq. hyssopi ℥jv; Mell. despumat. ℥j; 1—2stündl. 1 Essl. voll. ℞ Kali bicarb., elaeos. citri ana ℨij; Aq. flor. aurant. ℥jv. S. Umgeschüttelt alle ¹/₂—2 St. 1 Essl. u. darauf 3—4 Theel. voll mit etwas Wasser u. Zucker vermischten Citronensaft nachzutrinken. S. Acid. carb.

Pradier'sche Umschläge. ℞ Balsam. de Mecca ℨvj; Cort. chin. rubr. ℥j; Croc. orient. ℥β; Herb. salviae, rad. sassaparill., ana ℥j; Alcohol. vini ℔ jjj. Davon 1 Theil mit 2 Theilen Kalkwasser gemischt u. wohl umgeschüttelt; der Meccabalsam wird in ℔ j Spirit. aufgelöst und die vegetabilischen Species mit dem Reste 48 Stunden digerirt, die beiden Mischungen colirt und zusammengegossen. Bei der Application streicht man Cataplasmen aus Leinsamenöl fingerdick auf eine Serviette, darauf werden zu einem jeden Umschlage ℥jj obiger Mischung gegossen, und das Ganze auf den leidenden Theil so übergeschlaen, dass er hievon bedeckt wird; das Cataplasma wird durch Flanellumwicklung festgehalten und erst nach 24 Stunden mit einem neuen vertauscht; gegen atonische torpide Gicht.

Prutz ist ein Sauerbrunnen in Tyrol, der zu den stärksten gehört; enthält etwas Eisen.

Ptisanen s. Tisanen.

Püllna in Böhmen liefert ein häufig versendetes Bitterwasser, das stark purgirt, da es sehr viel Glaubersalz enthält.

Pulsatilla nigricans, Herba. Pulv. 2—5, allmählig 10 Gr. 3—4mal tägl. Extr. ¹/₂—1—3 Gr. 389.

Pulvis antidyscrasicus 111.

Pulvis digestivus 378.

Pulvis Doweri. S. Dowerspulver.

Pulvis pectoralis. S. Expectorantia 733.

Pulvis pectoralis Wedelii. S. Expectorantia 733.

Pulvis puerorum Hufelandii 53.

Pulvis Rosensteinii 68.

Pulvis temperans. S. Nitrum.

Pulvis stomachicum 206.

Purgantia, Carthartica, Drastica, Laxantia. Ihre Wirkungen sind direkt: Entleerung der Contenta, verstärkte Thätigkeit der absondernden Gefässe und dadurch vermehrte Secretion der Säfte, beschleunigter, oft auch verstärkter Mot. perist. Indirekt und in Folge des direkten Effektes: Beschränkung der Nutrition, Verminderung der auf den Körper einwirkenden reizenden Potenzen, Herabstimmung

der Thätigkeit des irritabeln Systems, falls nicht
durch die reizende Qualität des Mittels die Summe
der reizenden Potenzen vermehrt wird; ferner verstärkte Resorption in der Haut und in andern Systemen, Derivation des nach den obern Theilen
dringenden Blutes, sowie der in denselben haften-
den Krankheitsreize, vermehrte Hautsecretion,
vermehrte Function des sexuellen Systems, consensueller Einfluss auf die Organe des U.L., des
Gehirns, der Nerven, Sinneswerkzeuge, auf das
Blut und Lymphsystem, wegen des Consenses dieser Gebilde mit dem Darmkanale. Siehe die Bemer-
kung: „Durch die gänzliche Umstimmung des Dünndarms" etc. pag. 273 u. 274.— Unter den Mittelsalzen
genügt die Magnesia sulphur. oder Soda phosphorata. Das Ol. Ricin. ist da, wo jeder Reiz der
Darmmucosa, z. B. bei Wöchnerinnen, schaden
würde, unentbehrlich. Man gibt es mit Ol. Papa-
veris in Emulsion. Zwecklos ist, es mit Salzen zu
verbinden, denn wo diese passen, hat man kein Ol.
Ricini nöthig. Das Ol. Crotonis lässt man zu
6—10 Tropfen mit Baumöl vermischt 1—4jährigen
Kindern äusserlich in die Nabelgegend einreiben,
worauf 2—3 Sedes folgen. R Ol. Croton. gtt. vj;
Ol. nuc. jugland. ℨβ. S. 3mal tägl. 1 Theel. voll
einzureiben; bei Kindern, die nicht gerne Arznei
nehmen, kann man Abends ½—1 Drachm. Fol. sennae
mit 2 Tassen kaltem Wasser übergiessen, die Nacht
durch maceriren, und in diesem colirten Wasser am
Morgen den Kaffee kochen lassen. Die Laxantia, Ecco-
protica, wohin mit Ausnahme des Ol. Ricini gehören:
die fetten Oele, Magnes. carbon., Terra foliat. tart.,
Tart. tartar., Sal. Seign., Tamarind., Manna, als
die gelindesten und für kleine Kinder allein gebräuchlichen, ferner die Laxantia frigida, antiphlogistica: Sal. Glauber., Sal. amar., Cremor. Tart.,
Tart. vitr., Bitterwasser, Ragozi, Pandur, Calom.,
Tart. emet., erschlaffen den Darmkanal, vermehren
die wässerige Secretion, beschleunigen zwar, aber
verstärken nicht den Motus peristalticus u. schwächen das Gefäss- und Muskelsystem. Die Purgantia
im engern Sinne, auch Drastica, Purgantia calida
genannt, reizen vermöge eines resinösen Prinzips
den Darmkanal, beschleunigen und verstärken den
Motus peristalticus, vermehren die Secretion im
Darmkanale, ohne sie wie die Laxantia wässerig
zu machen, schwächen weniger, als letztere, nur
dann, wenn sie zu starke Ausleerungen machen
und das Blut erhitzen. Hieher gehören: Folia
Sennae, Rheum, Rad. Jalappa, Ol. Ricini, Sulphur,
resin. Jalappae, Aloë, Scamon., Gm. Gutt, Bryonia,
Elaterium, Colocynthid., Hellebor. niger, Ol. Croton., grana Tiglii. Die Abführmittel dienen bei
Anhäufungen schädlicher Stoffe, Galle, Schleim,
Blut etc. im Darmkanale, wenn anders Emetica
nicht indicirt sind, bei zu lange andauernder Ansammlung natürlicher Excremente, bei zu consi-
stenter fester Beschaffenheit derselben, bei schon
vorhandenen oder zu befürchtenden Krankheiten
in Folge von Retention der normalen Excretion,

bei zu trägem, abnormem Motus peristalticus, bei
Anzeige zur Entziehung seröser Säfte, um dadurch zu schwächen, zur Umstimmung der Nerven-
und Gefässthätigkeit, bei Affection des Kopfes und
der Haut, bei Seelenstörungen, Exsudaten, Extra-
vasaten. Die Laxantia nützen vorzüglich, wo es
darauf ankommt, die Contenta des Darmkanals in
flüssiger Form auszuleeren, ihn zu relaxiren, zu
kühlen, gelind aufzulösen, zu deriviren; bei gastrischen Fiebern, Encephalitis, acuten Exanthemen
mit Kopfaffection etc. Die Purgantia im engeren
Sinne geben wir, um zu reizen, um schwer bewegliche Stoffe aus dem Darmkanale zu entfernen, bei
Torpor derselben, Hypochondrie, Melancholie, Bleivergiftung. In manchen Fällen verbindet man Laxantia und Purgantia, u. sind Krämpfe die Ursachen
von Obstructionen, so setzt man Antispasmodica
zu, z. B. Infus. Sennae mit Infus. Valerian. Der in
England so übliche Gebrauch des Calomels in kleinen Dosen gr. jj — jv mit vegetabilischen Abführmitteln, Rheum, Jalappa, Scamonium, ist in jenen
dyspeptischen Leiden, die von Anhäufungen der
Galle im Darme herkommen, und mit brauner,
schmutziger Zunge, übelriechendem Athem und
Druck in der Magengegend einhergehen — lobenswerth. Ein paar Dosen des genannten Mittels führen
in der kürzesten Zeit zur Heilung. Die Angst,
Gastritis zu erregen, ist unbegründet. Bei einfacher
Verstopfung mit reiner Zunge sind Klystiere oder
vegetabilische Purganzen allein an ihrer Stelle.
Thatsachen von der grössten Wichtigkeit sind die
Wirkungen dieser verschiedenen Mittel auf die ver-
schiedenen Theile des Darmkanals. Calomel wirkt
vorzüglich auf Magen und Duodenum, das Gallen-
system. Rheum, Scamonium und Jalappa erzeugen
Reizung des Dünndarms, und dessen peristaltische
Bewegung, während Aloë und Coloquinthen einen
besonderen Einfluss auf den Dickdarm verüben.
Contraindicirt sind die Abführmittel bei Entzündung oder doch gesteigerter Empfindlichkeit des
Darmkanals und der Genitalien, bei Prolapsus Uteri,
Neigung zum Abortus, bei gleichzeitiger Indication
zur Unterhaltung eingetretener Schweisse und Ausleerungen, deren Hemmung durch Ableitung auf
den Darm leicht gefährlich werden kann, endlich
bei mechanischen Verletzungen, bei welchen sich
der Kranke nicht bewegen kann und darf, sowie
bei hohem Grade von Idiosyncrasie gegen Purganzen. Um die stockenden trägen Darmausleerungen
zu befördern, genügen schon solche Abführmittel,
welche den Motus peristalticus beschleunigen;
Wasser trinken, Obstgenuss etc., eine Tasse Thee
von ʒß—j Fol. sennae, des Morgens oder Abends
etwas Aloë und Rheum. Die Senna darf nicht gekocht, nur infundirt werden. Als Senna-Abführ-
mittel empfiehlt sich noch besser ein kaltbereiteter
Aufguss von ʒß Fol. sennae und ℥ß Wasser. —
℞ Fruct. Tamarindae. — Manane elect., ana ʒjjj fiat
Dct. ℥jjß; Sal. Glauber. ʒjjj; Syrup. domest. ℥ß.
2stündl. 2 Essl. — Von dem Electuar. linitivum gibt

man 1—3 Theel. voll. S. Verstopfung. Formeln
für Erwachsene. ℞ Rad. tarax. ℥j; Aq. fontan.
℥xviij; Coq. ad remanent. ℥j; Colat. fervid. infund.,
folior. senn. ʒiij; Mannae ℥j; Sal. Glaub. ℥β; alle
1—2 St. 2—3 Essl. ℞ Folior. senn., rad. rhei, mannae, ana ʒiij; F. infus. ℥jv; Sal. Seign. ℥β; auf 2mal
zu nehmen. Bei hysterischen, sensibeln Personen
dient: ℞ Fol. senn. ʒβ; Summitat. millefol. ʒiij;
Semin. carv. cont. ʒij; F. infus. ℥iij; Natr. phosphor., syrup. mann., ana ℥β; die Hälfte auf 1mal,
dann stündl. 1 Essl. bis zur Wirkung. ℞ Pulv.
rad. jalapp. ʒβ; Tart. vitriol. gr. xv; Mell. crud.
q. s. f. bolus; auf 1mal ℞ Calomel gr. ij; Rad.
jalapp. Əj; Ol. anis aeth. gtt. ij; Mellag. tarax. q.
s. f. bolus; auf 1mal zu nehmen und schwarzen
Kaffee nachzutrinken. ℞ Ol. croton. gtt. iij; Sapon. medicat. Əj; Ol. menth. gtt. vj; F. pilul. Nr. 10;
zu 2—5 St.; ebenso: ℞ Calomel, res. jalapp., sapon.
medic., ana ʒj; F. pilul. gr. ij. Morgens u. Abends
5—10 Stück bei Hypochondrie, Torpor des Darmkanals. ℞ Natr. phosphor. ℥j; Elaeosacch. macid.
ʒij; auf 2mal in Fleischbrühe. Pilulae Jalappae
Pharm. borussic. bestehen aus Jalappaseife 3 Theilen, Jalappenwurzel 1 Theil; mache 2gränige Pillen
daraus. Formeln für Kinder. ℞ Fol. sennae
ʒjβ; F. infus. ℥ij; Sal. Seign., elaeosacch. foenicul.,
ana ℥ij; Syrup. mann. ℥β; 2stündl. 1 Esslöffel bis
zur Wirkung für 4—6jährige Kinder. ℞ Infus.
senn. compos. ℥jβ; Syrup. mann. ℥j; alle ½ St.
1 Theel. ℞ Pulv. rhei ʒβ—ʒjβ; Natr. carb. Əj; F.
infus. ℥iij; Elaeosacch. anis. ʒiij. Esslöffelweise bis
zur Wirkung. Das Elect. lenitiv., sowie Ol. Ricini
in Emulsion. Das Calomel gr. ij—iij mit rad. Jalapp. Əβ oder Magnes. passt besonders nach Anwendung der Anthelmint. Für Neugeborne passt:
℞ Sal. Seign. Əβ; Sacch. lact. ʒij; Syrup. simpl.,
aq. foenicul., ana ℥j; wohl umgeschüttelt alle ½ St.
1 Theel. Indessen sind Klystiere von lauer, süsser
Milch mit 4 Essl. voll gestossenem Zucker und 2
Theilen Leinöl allen innerlichen Laxirmitteln bei
Neugebornen vorzuziehen. ℞ Pulp. (besser fruct.)
tamarind. ℥j—ij; fiat dect. ℥vj; Syrup. mann. ℥j;
alle St. 1 Essl. — Laxirmittel nach Rademacher's Grundsätzen: Die Hartleibigkeit kann
ebenso gut consensueller Art sein, als der Durchfall, und dann ist es am klügsten, das Urleiden zu
heben. Laxirmittel bei Leber-, Milz- und Nierenaffection anhaltend, als gar zu heftig auf einmal
gegeben, verändern zuweilen die Verstopftheit im
chronischen Durchfall, darum mag Jeder wohl zu-
sehen, sonderlich bei der Bauchwassersucht, mit
welchem Uebel er es zu thun hat, ehe er ans Verordnen geht. Hier sprechen wir blos von der Trägheit des Stuhlgangs, welche in dem Darmkanale
selbst begründet ist.

Ist Trägheit des Mastdarms, Gefühllosigkeit
desselben Schuld an der Hartleibigkeit, so muss
man täglich eine Kochsalzauflösung zum Klystier
geben, und zwar immer zur selben Zeit täglich.
Nach und nach aber verringert man die Menge des

Kochsalzes im Klystier. Manche Hypochondrie ist
nichts als eine Gefühllosigkeit des Mastdarms, welche durch solche Kochsalzklystiere besser geheilt
wird, als durch jede Apotheke. Ist hingegen der
ganze Darmkanal zu träge in seiner Bewegung, so
hilft das Klystieren gar nichts. Hier muss der
ganze Darmkanal zur vermehrten Bewegung ge-
prikelt werden.

. Manchen thun sog. Morison'sche etc. Laxirpillen gut, Andern die Fol. Sennae, Andern Jalappapulver. Auch die Coloquinten als Tinctur 15—20
Tropfen machen oft besser und gemächlicher Oeffnung als alle berühmten Laxirpillen, und man kann
dann auch mit den Tropfen zu- und abnehmen lassen, bis man die gehörige Anzahl getroffen hat,
welche man nöthig hat. Unter den Salzen sind
Glauber- und Seignettsalz die einzigen, welche
R a d e m. den anhaltend verstopften und hartleibi-
gen Menschen rathet. Ersteres wirkt stärker als
letzteres. Ein Pfund Wasser ist die geringste
Menge, worin ʒj von diesen Salzen aufgelöst werden muss, weniger Wasser darf es nicht sein, aber
wohl mehr; die laxirende Kraft des Salzes wird
durch das Wasser verstärkt.

In Fällen, wo die an Verstopfung leidenden
Kr. Alles wieder wegbrechen, was in den Magen
kommt, und man die Abführmittel geben muss und
will, muss man Pillen, die gut ausgetrocknet
sind, verschlucken und den Kranken kein Getränk
nachnehmen lassen, weil sonst die Pillen ebenfalls
mit dem Getränk ausgebrochen werden. Sind die
Pillen weich, so vergehen sie im Magen, und reizen
diesen, dass er sie auswirft. Sind sie aber hart,
dann kommen sie in den Darm, ehe sie im Magen
aufgelöst worden sind, und bewirken vom Darm
aus den Stuhlgang.

Pyrethrum, Radix. Nervinum acre Ꝫß—Ʒß 3mal tägl.
in Pillen oder Latwergen. Ʒij auf ℥viij Infus. alle
2 St. 1 Essl. voll mit Haferschleim. Zu Gurgel-
wassern.

Pyrmont im Lippe'schen hat 4 Stahlquellen, 2 Salzquellen und einen Sauerbrunnen; ist ein salinisches
Eisenwasser, gegen Krankheiten durch Erschöpfung,
Blutverluste, Onanie, Hypochondrie, Hysterie, Magenkrampf. Blut- und Schleimflüsse passiver Art;
mangelnden Appetit, habituelles Erbrechen, Schwerverdaulichkeit, chron. Diarrhoen, Lienterien, Dyscrasien durch Schwäche, Cachexie, Bleichsucht, beschwerliche, schmerzhafteMenstruation, Fluor albus,
Unfruchtbarkeit, Neigung zu Abortus. Man trinkt
4—9 Gläser nüchtern, beginnt mit 4 Gläsern und
steigt. Zwischen den einzelnen Trinkzeiten mässige Bewegung; eine Stunde nach dem letzten Becher
frühstückt man. Wird das Wasser kalt schlecht vertragen, so wird es gewärmt oder mit Milch gemischt.
Kurzeit dauert 4—6 Wochen.

Quajacum. S. Guajacum.

Quassia, Lignum et cortex. Pulv. 10—30 Gr. 3mal
tägl. Tinct. Ꝫj—℥j—ij. Extr. 5—20 Gr. 3mal tägl.
Infus. Ʒij—iij auf ℥xij. S. Leberkrankheiten p. 330.

Quercus, Cortex. ʒiij auf ʒvj Dct.

Racahout des Arabes; geeignetes Frühstück für Reconvalescenten, schwächliche, reizbare, an Magenaffectionen oder Krankheiten der Brustorgane Leidende statt des Kaffees, Thees oder der Chocolade. Es wird mit Milch oder Wasser (1—2 Essl. voll Racahout auf 1 Tasse) unter allmähligem Zugiessen des letzteren abgerührt und bis zur Chocoladeconsistenz gekocht.

Rademacher's Heilmittel. Bauchmittel nach Rademacher sind: Semen Cardui Mariae, das Durand'sche Mittel.

Lebermittel. Quassia, Chelidonium, Liquor Calcariae muriat., Tinct. Chelidonii, Nux vomica, Crocus.

Milzmittel: Holzkohle, Scilla, Eichelwasser, Galeopsis grandiflora, Rubia Tinct., Baccae Juniperi, Ol. Succini, Conium maculatum, Magnesia tartarica.

Bauchspeicheldrüsenmittel: Jod.

Plexus solaris-Mittel: Aqua amygd. amar.

Magenmittel: Bismuth. nitr., Kali acet., Natron acet., Ammon. carbonic., Kohlensäure, gegen Magenschmerz und Erbrechen Jod, Liquor Calcar. muriat.

Darmmittel: mildes Oel, Jod, Mischung aus Tinct. Nuc. vomica und Asa foetida, Zinc. acet., Katechu und Salmiak, Gewürze.

Pfortadersystem: Flores sulphuric.

Urinwerkzeuge: Magnesia, Kalk, Laugensalze.

Diuretica: Tart. taraxatus, Coloquintensamen, gewässerter Mohnsaft.

Eigentliche Nierenmittel: Cochenille, Solidago vigaurea.

Harnblase und Harnröhre: Fungus Cynosbati, Liquor ammonii sulphurati.

Brustmittel, Herzmittel: Digitalis.

Lungenmittel: Ammonium muriat., Sulphur. aurat., Antim., Extr. Nicotian. rustic.

Kopfmittel, Gehirnmittel: Tabak, Stramonium, Argent. chlorat., Zinc. acet.

Aeussere Organe: Cortex Chinae, wahrscheinlich Heilmittel auf das Corium; Folia Fraxii und Flor. Arnicae gegen Muskelschmerzen.

Rajae oleum, wie Ol. jecoris aselli.

Rakoczy. S. Kissingen.

Rasura Cornu Cervi. S. Cornu cervi.

Ratanhiae, Radix. Pulv. ɟj—ɟj—ʒj. Dct. ʒβ—j auf ʒvjjj. Extr. ɟβ—ɟj. Tinct. ɟβ—ʒſ. Extr. aether. 6—12 Gr. 383.

Recept, Formula medica, beginnt mit einer Ueberschrift, d. h. dem Datum und der Jahreszahl, und in der zweiten Zeile mit dem Zeichen ℞, d. i. Recipe, nimm von der folgenden Arznei so und so viel an Gewicht. Die Namen des Mittels stellt man in den Genitiv, das Gewicht in den Accusativ, also z. B. nimm Gr. vj, Grana·sex (des Mittels) Opii. Alsdann beginnt eine neue Zeile, die s. g. Subscription, d. h. die Angabe der Art und Weise, wie der Apotheker die bezeichneten Arzneimittel zu bereiten, in gewisse Formen bringen, eintheilen, in welchen Hüllen und Gefässen er sie verabreichen soll, z. B. Misce, fiat pulvis, divide in sex partes aequales. Dentur in charta cerata, oder in scatula, in vitro orificio omplo u. s. w. An die Subscription schliesst sich die Signatur, d. h. die von dem Apotheker abzuschreibende und dem Arzneimittel anzuhängende Anweisung für den Kranken oder dessen Pfleger, wie das verschriebene Medicament anzuwenden sei. Z. B. Signa oder Signatur: Täglich viermal einen Esslöffel voll mit Wein zu nehmen, oder nach Bericht zu nehmen u. s. w., oder zum äusserlichen Gebrauch. Den Schluss des Receptes machen die Angaben des Standes und Namens etc. des Kranken und Namensunterschrift des Arztes.

Als Muster eines vollständigen Receptes in der hergebrachten Form mag Folgendes dienen:

Ueberschrift.	Die V Maji 1853.
Angabe des Mittels.	℞ Pulveris radicis rhei ʒjβ Magnesiae carbonicae ʒij Elaeosacch. foenicul. ana ʒiij
Subspription.	Misce fiat pulvis, detur in olla vitrea.
Signatur. —	Signetur. Täglich 3mal einen Theelöffel voll zu nehmen.
Bezeichnung des Kranken.	Für Herrn Hofrath Fischer.
Namen d. Arztes.	Dr. Maier.

Nach alten herkömmlichen Regeln soll eine Magistralformel, d. h. eine vom Arzte auf dem Recepte vorgeschriebene Formel, zum Unterschiede von den s. g. officinellen, d. i. vorschriftsmässig in den Officinen vorräthig gehaltenen Arzneien, z. B. das Electuarium e Senna u. s. w., eine Magistralformel sagen wir, sollte aus der Basis, dem Hauptmittel, einem Adjuvans, einem Dirigens, Corrigens und Constituens bestehen. Z. B.

Basis.	℞ Ammonii muriat. depurat. ʒij
Adjuvans.	Tartari stibiat. gr. β
Corrigens.	Succi glycyrrhicae inspissat. ʒiij
Constituens.	Aquae flor. sambuci ʒvj.

Solve Signa. Zweistündl. 1 Essl. voll. —

Reichenhall, ein Soolbad.

Resolventia, auflösende, zertheilende Mittel sind im weiteren Sinne alle die, welche Zertheilung bei Entzündung bewirken, also alle Antiphlogistica frühzeitig genug angewendet, V.S., Blutegel, Nitrum, nach Umständen die Kälte, Wärme etc. Im engeren Sinne versteht man darunter solche Mittel, welche Absonderungswerkzeuge durch eigenthümlich gelinde Reizung in der Art umstimmen, dass sie stagnirende Säfte oder andere Contenta, Cruditäten, Sordes besser auszubreiten und fortzubewegen fähig werden. Sind diese Contenta solche, die als fremdartige Reize aus dem Körper entleert werden müssen, so bereiten die Resolventia die Ausleerung derselben vor und bahnen den Brech-

u. Laxirmitteln den Weg. Ihre Anwendung finden
sie bei Hindernissen im Blut- u. Säftenlaufe, Stag-
nationen, Infarcten im Blut-, Lymph- u. Drüsen-
systeme der Respirations- u. Abdominalorgane. Man
theilt sie ein in Resolventia frigida et calida. Zu
ersteren gehören Salmiak, Baryt, Tart. emet. in
refract. dosi, Sal. amar., Magnes. carbon., Tart.
tartar., Tart. solubil., Calomel in kleinen Dosen etc.
Sie dienen bei sogenannter Obstructio calida, und
ihre Wirkung ist gelinde reizend. Resolventia calida
sind dagegen: die Sacchar., Mel, Liquirit., Gramen,
Carex. aren., Bardana, Dulcamara, Taraxac., Fumaria, Chelidon., Senega, Scilla, Asa foetid., Galban.;
Sulphur, Antimonialia, Mercurialia, und bei höheren
Graden der Obstruct. calida, die Narcotica acria:
Aconit, Aq. Laurocer., Cicuta, Belladonn. Digital.,
Hyoscyam., Nicotian., Pulsatilla, Stramon.
Reutli in Tyrol, salinisch-alkalische Quelle, bei
Bleichsucht und Schleimflüssen berühmt.
Rhamnus Frangula. S. Frangula.
Rheum, Radix. In kleinen Dosen zu 2—6 Gr. tonisch;
zu 20—30 Gr. purgirend. Alte Hypochondristen mit
habitueller Obstr. alvi nehmen jeden Morgen 1—2
Theel. voll Pulver im schwarzen Kaffee. Extr. als
Solvens u. Tonicum 10 Gr.; als Purganz ʒj. Tinct.
aquosa als Tonicum 30—40 gtt. 2—3mal tägl.; als
Purganz ʒjj—vj auf ℥jv—vj Mixturen. Tinct. vinosa
s. Darellii ʒβ—j tägl. 3—6mal als Cardiacum bei
schwachem Magen verschleimter spastischer Subjecte, in der Reconvalescenz nach Fiebern und
Schlaflosigkeit aus Magenschwäche u. Reizbarkeit
der Nerven. Syrupus für Säuglinge 1 Theel. voll
mit Aq. foeniculi. Pulv. Dct. Extr. ℞ Rad. rhei
ʒjj; F. infus. ℥vj; Magnes. sulphuric. ℥β; Extr.
tarax. ʒjβ; Syrup. domest. ℥β; stündl. 1 Essl.
Rhododendron, Folia. Pulv. 3mal tägl. 5—10—15 Gr.
Infus. ʒjβ auf ℥vj.
Rhusma. 1 Theil Auripigment und 8 Theile unge-
löschten Aetzkalk wurden früher nach türkischer
Weise mit Wasser zu einer Salbe gemacht, und
die behaarten Stellen 2 Messerrücken dick zu bestreichen. Nach 8 Minuten schabt man das Ganze
ab. Man weiss jetzt, dass eine Verbindung von
Schwefel und Wasserstoff mit Schwefel und Calcium die Eigenschaft hat, in 3—5 Minuten die
Haare in eine weiche Gallerte aufzulösen. Damit
werden die Stellen bestrichen, an welchen man die
Haare entfernen will; sie wachsen selten nach.
Rhus toxicodendron, Folia. Pulv. ½—1—3 Gr. Abends
und Morgens. Extr. 1—2 Gr. 2—3mal tägl. Tinct.
5—15 gtt. 2—3mal tägl. 471.
Ricinusöl. ℥β—j alle 1—2 St. in Emulsion mit Eigelb,
oder rein genommene und stark gesalzene Fleisch-
brühe, schwarzen Kaffee mit etwas Succus Citri,
Aqua Menthae nachgetrunken. Tinct. Ricini semin.
aetherea ʒj—jj p. d. 43.
Rippoldsau in Baden, ein eisenhaltiges Salzbad, enthält viel Kohlensäure; reizend, führt ab, daher bei
Trägheit des Darmkanals.
Roisdorf bei Bonn, ein vortrefflicher Sauerbrunnen,

der fast nur zur Versendung benützt wird, gleicht sehr dem Selterserwasser.

Roob de Laffecteur. S. Syrup de Laff.

Rosarum conserva 156.

Rosenheim in Oberbayern enthält Schwefelwasserstoff und eisenhaltige Mineralbäder, Soolen- und Mutterlaugenbäder, Salzdampfbäder; eine Kaltwasserheilanstalt; auch Molken- und Kräutersäfte werden daselbst bereitet, ebenso Schlammbäder. Die Salzsoole wird zugeführt.

Rosenstein's Pulver 68.

Rothenbrunn von sehr ähnlicher Qualität wie Reutli, bei Menstrual- u. Hämorrhoidalbeschwerden gerühmt.

Rothenburg (bayr. Mittelfranken), erdige Eisenquelle; auflösend, bei Stockungen.

Rotulae, Zeltchen unterscheiden sich fast nur in der Form und Grösse von den Morsellen. Der Zucker wird bis zur Flugconsistenz eingekocht, dann werden die gepulverten Arzneisubstanzen, oder flüchtige Essenzen, Geister, Oele beigemischt, und nun wird die Masse noch vor dem Erkalten auf ein geöltes Blech ausgetröpfelt. Das Gewicht der einzelnen Zeltchen variirt zwischen 5—10 Gran, Beispiel sind die Pfefferminz-Zeltchen.

Rubefacientia. S. Caustica.

Rubia tinctorum, Rad. ℥j auf ℥viij Dct. 2stündlich 1 Esslöffel. Pulv. 10—40 Gr. 506.

Rumex 334.

Ruta, Herba. Frisch ϑβ—ϑβ auf Butterbrod. Infus. ℥jj—℥β auf ℥vj. Extr. Gegen Hysterie, anomale Menses, Colica flatul., Magensäure, als Nervinum.

Sabadilla, Semen, gegen torpide Wassersucht, Melancholie mit habitueller Obstr. alvi, Würmer. ℥j auf ℥vj Infus.; alle 2—3 St. 1 Essl. Aeusserlich gegen Kopfungeziefer, chronische Hautausschläge. Ein gefährliches Mittel sowohl innerlich als äusserlich. Das aus demselben bereitete Veratrin gegen Bauchepilepsie, Lähmungen, Neuralgien, Prosopalgie (äusserl. 10—20—30 Gr. auf ℥j Fett). Man reibt 2—3mal 10—15 Minuten lang die schmerzhafte Partie so lange ein, bis Brennen und Jucken sich einstellen. Auch im 2ten Stadium des Keuchhustens hat man es in die Herzgrube eingerieben. Innerlich ist es nicht rathsam, da schon ¹/₂₄, höchstens ¹/₈ Gran p. d. im Stande ist, einen merklichen Reiz auf das Rückenmark und dessen Nerven auszuüben. 196. 197. 285.

Sabina, Herba. 5—10—15 Gr. 2mal tägl. in Pillen. Oleum 1—3—4 gtt. 2mal tägl. mit Zucker. Infuso-Decoct ℥jj—℥β auf ℥vj—vjjj. Aeusserlich mit Camphor zum Einstreuen in unreine Geschwüre mit wildem Fleische. 41. 168.

Saccharum lactis 124.

Saccharum Saturni. S. Plumbum aceticum.

Saidschützer Bitterwasser in Böhmen ist schwächer als Püllna.

Saint-Germain-Thee. ℞ Folior. Sennae spirit. ext ℥jv; Flor. samb. ℥jjβ; Semin. foenic., Semin. ani ana ℥j; Tart. depur. ℥vj. M.

Sal amarum. S. Magnesia sulphurica.

Sal essentiale Tartari. S. Acidum tartaricum.

Sal Glauberi, Natrum sulphuricum. Als Purganz ʒj—ij; als Digestivum tägl. ʒβ—j; am besten mit Succus citri, Syrup Rhamni, Syrup cerasor nigror. Vom Natrum sulphuricum delapsum s. siccum gibt man die Hälfte der obigen Gaben.

Sal Seignetti. S. Kali natronato-tartaricum.

Sal volatile cornu cervi. S. Ammon. carb. pyro-oleos.

Sal tartari. S. Kali carbonicum.

Salbei, Salviae Herba. ʒij—ʒβ auf ʒvj Infus. gegen schwächende Schweisse bei schwacher Haut, Hectischen, gegen Galactorrhoea nimia.

Salep, Radix, Mucilago (ʒj Pulv. mit ʒij kaltem Wasser im Mörser gerieben und ʒx kochendes Wasser zugemischt). Dct. s. Gelatina ʒj mit ℔ j Wasser eingekocht. Als Nährmittel rührt man 1 Theelöffel voll Saleppulver mit 2 Essl. voll kaltem Wasser an, welches zu ℔ β—j kochender Milch oder Fleischbrühe gethan und nachher etwas Zimmt zugesetzt wird. Salepwurzel theilt dem Blute eine erhöhte Wärme mit und ruft gewissermassen die s c h l u m m e r n d e S i n n l i c h k e i t nach Massgabe der Dosis zu regerem Leben auf. Sie wird zu feinem Pulver gestossen und mit Zuthat von etwas Ingwer zu einem graulichen Brei versotten, der an Consistenz der Chocolade gleicht und in der Christenheit zuweilen von Kranken, im Islamitischen aber aus Ueppigkeit nur von den Gesunden getrunken wird. Von besonders nachhaltiger Wirkung meint man im Orient, sei das Getränke vor Sonnenaufgang und unmittelbar nach dem erquickenden Labsal des Morgenschlafs; zu einigen Tassen.

Salicin. S. Salix.

Salinische Wasser sind solche, die neben dem Kochsalze auch noch andere Salze enthalten, nicht auf Gewinnung des Kochsalzes benützt werden, aber zum Trinken und Baden sich eignen.

Salix, Cortex. Aeusserlich wie Cortex Quercus. Innerlich Dct. ʒβ—j auf ʒviij. Extr. Эβ—j tägl. 3mal in Pillen, aromat. Wasser. Salicin als Surrogat des Chinin 4—10 Gr. alle 3 St. oder ½stündl. vor dem Anfalle der Intermittens.

Salmiak. S. Ammoniacum muriaticum.

Salzbrunn, kaltes Wasser liefernd: schwefels. Natron 2,9462, schwefels. Kali 0,296, Chlornatrium 1,1675, kohlens. Natron 8,1512, kohlens. Lithion 0,0134, kohlens. Kalk 2,333, kohlens. Talk 1,8812, kohlens. Strontian 0,022, kohlens. Eisen 0,0360, Kieselsand 0,3386. Am meisten suchen hier Brustkranke Heilung, ebenso Steinkranke Hülfe.

Salzbäder. 4 ℔ Kochsalz und 1 ℔ Calcaria muriat. auf ein Bad.

Sambucus, Flores. ʒβ—j mit 3—6 Tassen kochenden Wassers infundirt und vor dem Schlafengehen binnen einer Stunde mit etwas Citronensaft warm getrunken; bei katarrhalischem Husten kann man noch ʒj Semina anisi zusetzen. Roob ʒβ—jβ auf ʒvj Aq. flor. Sambuci. Sambucus ist Diaphoreticum, das weder Wallung noch Hitze macht, Antispasmodicum, Antirheumaticum, Antihystericum. Roob.

Santonici semen. S. Cinae semen.

Sapo dentifricius, aus Magnesia carbon., Butyr. Cacao und etwas Oleum menthae.

Sapo medicatus. 2—4mal tägl. 5—10—20 Gr. in Pillen. Aeusserl. Sapo domesticus zu Waschungen, ℥iij—vj auf ein Bad. 151. 162.

Sapo stibiata. S. Liquor sapon. stibiat.

Sapo viridis. S. Seife, grüne.

Saponaria, Radix. Frisch ausgepresster Saft ℥j—jj. Dct. Tisane ℥β—j auf ℥viij.

Sarsaparilla, Radix. Dct. Tisane ℥j—jv mit 4 ℔ Wasser auf 1 ℔. Syrupus sassaparillae compositus aus der Sassaparillwurzel unter Zusatz einer kleinen Quantität Fol. Sennae u. Seminis anisi; eine vereinfachte Modification des Roob de Laffecteur. 111.

Sassafras, Lignum. Dct. Tisane ℥β—jj auf ℥xxjv.

Scammonium. Als excitirendes Resolvens 1—3 Gr. 2mal tägl., als Purganz 3—6 Gr. davon alle 10—15 Min. in Pulver, Pillen, Bolus. Resina scammon. in der Kinderpraxis, besonders unter Wurmmittel zu 8 Gr. bewirkt die Resina scammonii Erwachsenen einige Stuhlausleerungen; zu 6 Gr. bei 15 Jahren; zu 4 Gr. bei 7—8 Jahren; zu 2 Gr. bei 1—2 Jahren; auch in Biscuiten.

Schäftlarn (Oberbayern), erdig-salinische Mineralquelle.

Schinznach, ein Dorf am linken Ufer der Aar, ist eine Therme, etwas über 31⁰ R.; gehört zu den vorzüglichsten Schwefelbädern, es enthält in 16 Unzen 6 Cubikzoll Hydrothiangas. Es verstopft sehr häufig, wie alle Schwefelwasser, wenn es getrunken wird. Als Bad gegen rheumatische Beschwerden, gegen Hautkrankheiten.

Schlangenbad im Nassauischen hat mehrere Quellen, die sich durch Abwesenheit aller erdigen Salze u. Gehalt von kohlensaurem Natron auszeichnen. Die Therme hat 30⁰ R. In Hautkrankheiten, Uterin- und Harnblasenkrankheiten.

Schwalbach. S. Langenschwalbach.

Schwefelleber. S. Kali sulphuratum.

Schwindeck (Oberbayern), erdig-salinische Mineralquelle; Rheuma, Gicht, Knochenleiden.

Scilla, Radix. Pulv. ½—1—2 Gr. 2—3mal tägl. in Pulver, Pillen, mit Zimmt. Extr. 1—3 Gr. Infus. vinosum und Tinct. 5—20 gtt. Infus. aquos. ʒβ auf ℥vj mit etwas Aromatischem alle 2 St. 1 Essl. Acetum scill. ʒij—℥β auf ℥vj Mixtur. Oxymel scill. ℥j—jβ auf ℥vj Mixtur. 54. 401. 667.

Scordium, Herba, wie Salvia, meistens blos äusserlich.

Secale cornutum. 3—20 Gr. 3mal alle 10—20 Minuten. Dct. ℥j—jβ auf ℥vj stündl. 1 Essl. Das Extr. secalis cornuti als Haemastaticum 15—30 Gr. in ℥β Wasser äusserlich; innerlich 3—4 Gr. p. d. 48.

Sedlitzer Bitterwasser bei Bilin, wie Saidschütz.

Seebäder. S. Heilquellen.

Seeon (Oberbayern), erdige Schwefelquelle am Chiemsee. 10.

Seife, grüne 309.

Seignettsalz. S. Sal Seignetti.

Selters in Nassau ist der wahre Repräsentant der
kochsalzhaltigen Sauerbrunnen. Wird versendet;
an Ort und Stelle nicht verbraucht; in gastrischen
putriden Fiebern, Stockungen der Leber u. Pfortader, Gries u. Stein, Blasenkatarrh, chron. Brustkrankheiten.

Sempervivum tectorum. Succus sempervivi tectorum
recenter expressi ist ein narcotisches Mittel, das
vorzüglich auf das Uterinsystem wirken soll. Die
an Mutterkrämpfen Leidenden werden durch dasselbe schnell beruhigt, und dessen heilsame beruhigende Wirkung erstreckt sich bald über das Gang-
lien-, Spinal- u. Cerebral-Nervensystem. Der frisch
ausgepresste Saft hebt die Uterinkrämpfe von den
leichtesten Formen bis zu den schwersten, wenn
nicht Abnormitäten in der Plasticität des Gebär-
mutterorgans zu Grunde liegen; auch Epilepsia
uterina ist nicht auszuschliessen. Ausser der narcotischen hat es auch eine kühlende Wirkung, und
die von ihm bewirkte Beruhigung unterscheidet sich
daher von der durch Castoreum etc. bewirkten, daher wird das Sempervivum auch bei Orgasmus vertragen, wo das Castor. und die Valeriana nicht es
werden. Durch seine lösende und kühlende Wirkung ist er angezeigt gegen Uterinkrämpfe durch
reizende Beschaffenheit des Blutes. Nicht selten
entstehen dergl. Krämpfe zur Zeit der Menstruation, wenn das Menstrualblut zu sehr verkohlt ist,
wodurch die Uterinnerven gereizt werden. Diese
Dyscrasie tilgt das Sempervivum, anhaltend gebraucht.

Senega, Radix. ʒj—ɟj auf ℥vj Infus. (nicht Dct.) mit
Mucil. Dct. Alth. alle 2—3 St. 1 Essl. Extr. 5—10 Gr.
3—4mal tägl. Syrup; Theelöffelweise; oder ℥β—j
auf ℥vj Mixtur. Pulv. rad. senegae ℥β; Tart. tartar. ʒvj; Magnes. carb. ʒij. S. Früh und Abends
1 Theel. voll. 59. 60. 72. 667.

Senfteig. S. Sinapismus.

Senna, Folia. Pulv. 5—60 Gr. Pilul. Infus. ʒij—℥β
auf ℥iij—jv. Aq. laxat. viennensis ℥β—j in ℥ij Aq.
foenic. für Kinder; Erwachsenen zu ℥ij—iij in gleichem Vehikel. Electuar. lenit. ℥β—j. Klystier
ʒij—℥β Infus. Mixtur. Tinct. Thee. Extr. ʒij
purg. Am besten lässt man ʒj Fol. Sennae mit
℥iij kalten Wassers durch 2—3 Stunden infundirt
stehen, und erhält so ein dem Geschmack ange-
nehmeres und wirksameres Präparat (welches das
ätherische Oel nicht enthält), als wie das warme
Infus. Lässt man ein Manipel Fol. Sennae mit
½ Tasse kalten Wassers infundirt die Nacht über
stehen, so kann man mit dem abgeseihten Wasser
dann zum Frühstück den Kaffee bereiten lassen,
welcher gar keinen Sennageschmack hat und sehr
wirksam ist. 652.

Serpentaria, Radix. Infus. ʒij—℥β auf ℥vj. Serpentaria mit Hirschhorngeist ist vielleicht die beste
Verbindung, die bei fauligen Pocken etc. gegeben
werden kann. 149.

Serpillum, Herba. ʒij—℥β auf einige Tassen zum
Theeinfus, wird wie Lavendula benützt.

Serum lactis aluminat. S. Alumen.

Serum lactis tamarindorum. S. Tamarinden.

Sinapis zum Bähen 50.

Sinapismus 124.

Sippenau (bayr. Oberpfalz), erdige Schwefelquelle.

Soda phosphorata. S. Natrum phosphoricum. S. Sal
mirabile perlatum. Milde auflösend und abführend
für schwächliche u. empfindliche Personen. 3—5 Gr.
tägl. 2—3mal und als Digestivmittel ℈j etwa 3mal
tägl., danach 3mal ʒj. Zum Abführen ʒvj—℥j—jj.
Bei Kindern ʒj auf ℥jj Rosenhonig 2stündl. 1 Theel.
voll z. B. bei Aphthen.

Soden in Nassau hat eine Menge Quellen, die Kohlensäure, sehr viel Kochsalz und etwas Eisen enthalten; sind sehr aufregend.

Solamen Hypochondriac. Kleinii 272.

Solani tuberosi Herba. Das Kraut der Kartoffel eignet sich zugleich zu narcotischen Cataplasmen.

Solidago virga aurea 237.

Spaa, alkalisch-erdiges Eisenwasser: Nervenkrankheiten und Brustaffectionen aus Schwäche oder
Erethismus, Blennorrhoen, passive Blutflüsse, Verdauungsschwäche, Dyscrasien, Uterinleiden auf
Schwäche beruhend.

Species, blutreinigende 711.

Species zum Thee.

Species Lignorum. S. Guajacum lignum und 111.

Species narcoticae 719. Cataplasma.

Species nervinae Hufelandii gegen Hysterie und andere Neurosen: Rad. valerian., Caryophill., Herb.
menth. pip., Fol. aurantior., ana ʒvj, davon täglich
2 Essl. voll mit 3 Tassen siedendem Wasser infundirt u. die eine Hälfte Morgens, die andere Abends
kalt getrunken.

Sperma ceti, Cetaceum. Salbe.

Spilanthi oleracei tinct. compos., gegen Zahnschmerz
statt Paraquay-Roux.

Spiritus cornu cervi. S. Ammon. carbon. pyro-oleos.

Spiritus juniperi. S. Juniperus.

Spiritus matricalis. S. Mastiches compositus.

Spiritus Mindereri. S. Ammonium acet.

Spiritus muriat. aether. S. Aether muriat. aethereus.

Spiritus nitri dulcis. S. Aether nitrico-aethereus.

Spiritus salis dulcis. S. Aether muriat. alcoholis.

Spiritus sulphurico-aethereus muriatus. S. Ferrum
muriatic. oxydat.

Spiritus vini zum Waschen und Einreiben. Zu
Dämpfen.

Spongia marina usta. ʒjj—℥ß auf ℥vj Dct. Pulv.
6—10 Gr. allmählig bis zu ℈j gestiegen 3—4mal
täglich.

Stannium muriaticum oxydulatum, als Wurmmittel,
gegen Neurosen, Epilepsie und idiopath. Krampf-
formen u. s. w. (wenn weder Fieberbewegung, noch
gastr. Unreinigkeiten, noch zu hoch gesteigerte
Reizbarkeit des ganzen Nervensystems vorhanden),
gegen exanthematische und krampfhafte Metamorphosen der äussern Haut (Herpes furfuraceus, exe-
dens, Prurigo pudendi muliebris); Veitstanz, veraltete Paraplegien. Das Zinnchlorür erheischt in

innerlicher Anwendung als ein heftiges Gift grosse
Vorsicht. Das Zinn-protochlorür hat man als Gegengift des Sublimats empfohlen. $^1/_{16}$—$^1/_8$—$^1/_4$ Gr.
Morgens u. Abends, bis 1 Gr. für den Tag (Stann.
mur. 1 Gr. in ʒj Spirit. muriat. aeth.; anfänglich
5 Tropfen 3—4mal täglich, allmählig steigend; als
Wurmmittel 1—2 Gr. auf den Tag zu Pillen.

Steben in Bayern; starkes Eisenwasser.

Stibium. S. Antimonium.

Stramonium Datura. Herba et Semina. $^1/_2$—3 Gr.
1—2mal täglich in Pulver. Extr. Ɔβ—j in ℥β Aq.
laurocer. solut. 3mal tägl. 5—10—15 gtt. und allmählig bis zu 80 gtt. gestiegen. Gegen Krampf-
asthma der Männer lässt man 1 Theil Folia Stram.
mit 4 Theilen leichten Tabak gemischt tägl. 2—3
Pfeifen davon rauchen. Daturinum in Weingeist,
weniger in Aether, sehr schwierig in Wasser löslich, bewirkt gleich dem Atropin starke Erweiterung der Pupille, etwa $^1/_{40}$ Gr. innerlich. 26. 256.

Strychnin. S. Nux vomica.

Stütz'sche Methode 306.

Sublimat, Mercurius sublimatus corrosivus. Liquor
Hydrarg. muriat. corrosivi (Sublimat und Salmiak
ana 12 Gr., Aq. dest. 1 ℔), Aq. phagadaenica (Subl.
24 Gr., Aq. calcis ℥xvj). Innerlich den Sublimat
zu $^1/_{16}$—$^1/_{12}$—$^1/_8$—$^1/_4$ Gr. und vorsichtig höchstens
zu $^1/_2$ Gr. gestiegen in Aq. destill., besser in Pillen
1—2mal täglich. Bäder ʒjj—℥j, worin der Kranke
20—30 Min. bleibt. Aeusserlich als Waschmittel
1—2 Gr. auf ℥j. Als Mund- und Gurgelwasser
3—6 Gr. auf $^1/_2$—1 ℔ dest. Als Pinselsaft 2 Gr.
auf ℥j—jj. Als Augenwasser 1 Gr. auf ℥jv Aq.
destill. Zu Einspritzungen $^1/_2$—2 Gr. auf ℥j—jjj.
Aetzmittel. Salbe. 139. 213. 319. 508. 599.

Succinum, Bernstein. (S. Acidum succinicum.) Ol.
succini rectificat. 5—10 gtt. in Naphtha vitr. (ʒβ
in ʒjjj) gegen Krämpfe der Hysterischen, Ohnmachten, Paralysen. Ist Bestandtheil des Eau de Luce
gegen Gonorrhoe, Leucorrhoe (mit Terpentin und
Balsam. copaiv.), Pollutiones nocturnae. Das Ol.
succ. crudum zum äussern Gebrauch. Tinct. succ.
20—30 gtt. gegen hysterische Krämpfe mit Tinct.
val., Castor., Asa; — Moschus artificialis (Acid.
nitric. dilut. erhitzt u. allmählig Ol. succ. rect. zugesetzt, worauf ein Bodensatz erfolgt) in der Armen-
praxis gegen Krampfübel, Keuchhusten 4—6 Gr. für
Kinder, 10—20 Gr. für Erwachsene, in Emulsion.

Succus recens expressus. S. Blutreinigende Mittel.

Sulphur auratum. $^1/_4$—1 Gr. mehremal täglich. Mit
Calomel. Mit Camphor. Scilla. 59. 213. 353.

Sulphur depuratum, Schwefel. Flores sulphuris als
Expectorans u. Diaphoret. 3—10 Gr.; als gelindes
Laxanz Ɔβ—jβ. Lac. sulph. 3—8 Gr., als Laxanz
Ɔβ—j. 221.

Sulphuretum Lixivae et Calcis. Beide Mittel in chronischen Halsleiden, chron. Catarrhen, bei Stimmlosigkeit empfohlen, namentlich Sulphuret. Calcis,
welches leichter aufzubewahren sei, 3 Gr. pro dosi
3mal täglich, welche Gabe dann auf gr. β pro dosi
verringert werden kann, ein halbes Jahr fortgesetzt

heilte ein Mädchen, bei welchem alle 8—10 Wochen die Tonsillen aufschwollen, so dass man die Exstirpation vornehmen wollte.

Sulzerbrunnen (Oberbayern), eisenhaltige Schwefelquelle.

Syrupus calcariae. S. Calcaria usta.

Syrupus mineralis 47.

Syrup de Laffecteur. S. Laffecteur.

Syrupus spinae cervinae, seu domesticus. ½—1 Essl. für Erwachsene; 1—2 Kaffeel. voll für Kinder als Abführmittel.

Syrupus Succus herbarum, aus gleichen Theilen Succi Herbae Cichorei, Fumariae, Chaerofolii et Nasturtii unter Zusatz von Zucker bereitet 2—4 Essl. voll den Tag über.

Tamarinden, Fructus. ℥j—jj auf ℥xjj Dct. Tassenweise. Pulpa ʒij—℥β in Latwergen. Mixtur. Serum lactis Tamarind. Pulpa Tamarind. ℥j auf 3 ℔ kochende Milch; nach der Colatur wird zu der halb erkalteten Flüssigkeit zu Schaum geschlagenes Eiweiss gesetzt, bis zum Gerinnen gekocht u. filtrirt; gegen Melaena. Extractum Tamarind. fructuum: Gabe wie Pulpa, ist dieser dabei vorzuziehen. ℞ Pulp. tamarind. ℥j; fiat dct. ℥jv; Syrup. mannae ℥j; S. 2stündl. 1 Essl. ℞ Fruct. tamarind., Mannae elect. ana ℥j; f. decoct. ℥vj; Magnes. sulphuric. Syrup. mororum, S. Syrup. domestic. ana ℥j. D. S. 2stündl. 2 Essl. voll.

Tanacetum. Herba et Flores. Infus. ℥β auf ℥vj; Ol. aether. 2—5 gtt. als Elaeosacch., das Ol. coct. äusserlich in den Bauch einzureiben. 670.

Tanninum, gegen passive Metrorrhagien, Fluor alb., chronische Gonorrhoe und Diarrhoe, colliquative Durchfälle Schwindsüchtiger, Diabetes, Keuchhusten, Antidot gegen Alcaloide, besonders Strychnin. Tannini puriss. ϶jj; vini aromat. ℥vjjj; 4mal tägl. 1 Essl. voll. Tannini puri ʒβ, conserv. rosar. q. s. f. pilul. Nr. 18; stündlich 1 Pille.

Taraxacum. Herba et Radix ℥j—jj auf ℔ jβ Dct. Succus recens. express. (Abends aus Blumen u. Kraut gepresst mit Chelidon., Cochlearia, Fumaria etc.) ℥jj; des andern Morgens nüchtern mit Fleischbrüh. Extr. ℥β—3vj in Aq. meliss. den Tag über. Extr. liquid. ℥β—℥jβ den Tag über.

Tartarus boraxatus 236.

Tartarus depuratus. S. Cremor tartari.

Tartarus emeticus in refracta dosi als reizendes Solvens ¹/₁₆—¹/₈—¹/₄, höchstens ½ Gr. 3—4mal tägl. in Solution (2—3 Gr. in ℥vjjj Aq. dest. u. Syrup. sacch. ℥j alle 2 St. 1 Essl.), als Nauseosum vom Kopfe derivirend, umstimmend ½—1½ Gr. p. d. (10—12 Gr. in ℥jx Flüssigkeit). Als Emeticum 3—4—6 Gr. Aeusserlich. Vinum stibiatum. Huxh. (Tart. emet. 24 Gr. in ℥xjj Malagawein ϶j—ʒβ auf ℥jv Infus. Valerian. als Excit., Antispasmod. und Diaphor. meistens in der Kinderpraxis; als Emet. ʒβ—j mit ℥jβ Oxymel. Scill. (1—4jähr. Kinder alle 10 Min. 1—2 Theel.). Unguent. tartar. stibiat. (ʒβ auf ℥jj Fett, oder ʒjjβ auf ℥j). 343.

Tartarus natronatus. S. Kali natronato-tartaricum.

Tartarus solubilis. S. Kali tartaricum.

Tartarus tartarisatus. S; Kali tartaricum.

Tartarus vitriolatus. S. Kali sulphuricum.

Taxi baccatae semen.. Der Digitalis gleich, die Herzthätigkeit herabstimmend. ½, 1—2 Gr. p. d. in Pulv.

Teinach im Schwarzwalde bei Calw. Eisenwasser,
Sauerbrunnen.

Terebinthina. Oleum terebinthinae rectificat. allein
innerlich gebraucht 2—3mal tägl. 10, 15—20 gtt. auf
Zucker oder Schleim. Ol. terebinth., sulphuratum,
äusserlich. Klystier. Das Terpenthinöl hat vorzüglich blutstillende Kraft, sowohl äusserlich gebraucht bei Wunden, als innerlich gebraucht, Beim
Blutspeien aus dem Magen hilft es oft, wenn alle
andern Mittel vergebens angewandt werden, indem
man es, so oft als es der Magen verträgt, in Eiweiss nehmen lässt. Beim hartnäckigen Nasenbluten 10—40 Tropfen Terpenthinöl in einem Trank
und alle 2—3 Stunden die Dosis wiederholt. Beim
Blutharnen, bei Blutungen nach ausgerissenen Zähnen wirkt es innerlich genommen vortrefflich, ebenso
bei Blutungen aus der Gebärmutter; bei Purpura
hat man es in Gaben von 10 Tropfen bis ꝫß vollkommen ausreichend gefunden; allein wenn starker
Blutverlust stattfindet und das Leben jede Minute
bedroht ist, thut man besser, ꝫß—j auf einmal zu
verordnen und später kleinere Gaben folgen zu
lassen. Das Mittel ist widrig zu nehmen; setzt
man aber zu jeder Dosis ½ Tropfen oder 1 Tropfen
Creosot hinzu, so wird dadurch dem Eckel in der
Regel vorgebeugt. Ebenso geschieht dieses durch
10—20 Tropfen Rosmarinspiritus, und zum Vehikel
scheint Gummischleim am besten sich zu eignen.
Den Spirit. Terebinth. rectif. zu 5—20 Tropfen mit
Laudanum, nach Umständen wiederholt, und am
zweckmässigsten in ʒj einer aromatischen Tinctur,
der ꝫß frisches Wasser zugegossen wird, gereicht,
wird von den Engländern als das sicherste Heilmittel bei langwieriger, erschöpfender Diarrhoe,
in Folge von Störungen der Darm- u. Hautfunction
sowohl, als der cholerischen angesehen. Dabei
Cataplasmen. Milch ist für den Terpenthin das
beste Vehikel, wenn aber Patienten gegen das Einnehmen der Medicin sich sträuben sollten, so ist
es hinreichend, Tinct. Cinnamom u. Spirit. Laven-
dulae beizusetzen, um Geruch u. Geschmack des
Terpenthinöl gänzlich zu verschleiern. 285. 286.
626. 633. 667.

Terra foliata tartari. S. Kali aceticum.

Terra aluminata. S. Alumen.

Terra ponderosa-salita. S. Baryta.

Thee. S. Species und Marum verum.

Theersalbe 216. 288. 633.

Theerwasser. S. Pix nigra liquida.

Theriak. S. Opium und 295.

Thermen. Ellmer sagt (in der Schweizerischen
Zeitschrift von Tscharner 1852. Hft. 4), dass die
Thermen, und zwar die neutralen, ihre Heilkraft
nur in der Temperatur besässen. Bei allen
chronisch entzündlichen Leiden, besonders aber

bei Catarrhen und Tuberculosis der Lungen leisten sie die vortrefflichsten Dienste. Dabei dürfe nur wenig gegessen, aber von dem warmen Wasser oft und viel getrunken werden. Die Diät trage dann viel zur Wirkung des Wassers bei. Die Wirkung selbst, die auflösend-antiphlogistische Kraft des Wassers sei nicht dem chemischen Gehalt, sondern der Temperatur zuzuschreiben. Gerade diese Temperatur von etwa 22° Wärme scheint die geeignete zu sein, um das gereizte Gefässsystem schon durch das natürliche Entziehen der Wärme recht herabzustimmen, während kälteres Wasser zu viel Reaction hervorruft und wärmeres Wasser, z. B. Pfeffers, erhitzt. Es wirkt also schon durch die Temperatur kühlend, antiphlogistisch. Diese Temperatur macht es auch zur Resorption sehr geeignet und befördert, besonders in grossen Quantitäten getrunken, schon primär durch seine erschlaffende Wirkung, die Darmsecretion. In die Blutmasse aufgenommen, wirkt es verdünnend, beseitigt die entzündliche Reizung derselben im Allgemeinen, und so speciell die entzündliche Reizung im Umfange der Tuberkeln und Tuberkelhöhlen. Aus diesem Grunde wirken diese Thermen und warmen Wasser auch bei Catarrhen so wohlthätig ein; wenn man leichte Theeinfusionen zu 22° 4—8 Schoppen des Tages trinken lässt und gehörige Diät beobachten lässt, so sind sie trefflliche Heilmittel bei Catarrhen. Aus eben diesem Grunde wirken wahrscheinlich auch die Molken so gut, wenn sie lauwarm getrunken werden, und desswegen scheint Pfeffers bei 30° Wärme den Brustkranken zu schaden, und überhaupt allen Kranken mit Blutreiz, weil seine Temperatur zu erhitzend ist; würde man es auf 22° abkühlen lassen, dann würde es wahrscheinlich besser wirken. S. Heilquellen.

Thlaspi bursa pastoris 889.

Thonerde. Terra aluminis (S. Alumen) bei chron. Diarrhoen der Kinder. ℞ Dct. ligni campech. ℥jv; Argillae depurat. ℥ij; stündl. 1 Theel. ℞ Emuls. oleos. ℥j; Syrup. alth. ℥β; Argill. depur. ʒβ; Aq. cinnam. simpl. ʒj; Extr. cicut. gr. jj; stündl. 1 Theel. bei der Brechruhr ganz kleiner Kinder.

Thuja. Die Tinctura Thuyae occidentalis gegen condylomatöse Wucherungen, Hordeolum innerlich u. äusserlich.

Tinctura aromatica acida. S. Mixtur aromat. acid.

Tinctura kalina (aus Kali caustic. ℥jv mit ℥ jj Alcohol digerirt, bereitet; früher kam Stibium dazu, daher auch der Name Tinct. Antimonii acris) gegen hartnäckige Abdominalübel, Obstructio hepatis, Drüsenverstopfung, Unterleibsverschleimung, Ascites, fieberlose Gicht (zumal mit Guajak in Podagra), Scrophulosis, Rhachitis, Lithiasis, Gonorrhoea chronica und Hypochondria materialis — 3mal tägl. 10, 15—20 gtt., am besten ganz rein mit Aq. destill. oder in Haferschleim. 701. Antacida 572.

Tisane, Ptisane, Orgeade, wird jede schwache Ab

kochung genannt, welche zu einem medicinischen
Getränk dient.

Tocaierwein 34.

Töplitz in Steiermark, eine Therme, die ebenso bestimmt wie Pfeffers Badeausschlag hervorbringt.

Töplitz in Böhmen, eine der ersten Thermen in
Deutschland, die in einer Wärme von 50—53⁰ R.
in 6 Quellen entspringen. Wird fast nur zum Baden
gebraucht, bei chron. Rheumatalgien. Auffallend
ist, dass eine Temperatur von 46⁰ R. recht gut
ertragen wird, während sie, wenn gemeines Wasser
auf diesen Grad erhitzt würde, unerträglich wäre.

Tormentilla, Radix. ℥j auf ℥vj Dect. Esslöffelweise
Aeusserlich wie Quercus. 388.

Trifolium fibrinium. Herba et folia. Digestivum et
stomachicum. Ʒij—℥β auf ℥viij Infus. Extr. 8—4mal
tägl. Əβ—Ʒβ. Auch als Pillenconstituens.

Trochisci, Sternkügelchen, sind runde, plattgedrück-
te, meistens mit einem aufgedruckten Sterne versehene Plätzchen von der Consistenz einer festen
Pillenmasse, welche geeignet sind, im Munde zu
zerfliessen. Das Gewicht der einzelnen Plätzchen
beträgt 4—10 Grane. Zum Gestaltgebenden oder
Bindemittel wählt man Stärkemehl, Traganth, ara-
bisches Gummi, gereinigten Süssholzsaft.

Turiones pini gegen chron. Exantheme.

Turpetum minerale, ein Mercurpräparat. 449.

Tussilago Farfara.

Ueberlingen am Bodensee, ein salinisches Eisenwasser: Hautkrankheiten, Dyscrasien, Lähmungen,
Steinbildung; innerlich und äusserlich.

Ulmus, Cortex. ℥j—jj Dct. mit ℞ jv auf ℞ jj Wasser
Tassenweise, reines Adstringens.

Umschläge 32. 515.

Unguentum anodynum.

Unguentum antihydropicum.

Unguentum Autenriethii. S. Unguent. stibiat.

Unguentum contra decubitum.

Unguentum Mercurii. Anwendung grosser Mercurialfrictionen zur Beseitigung und Abkürzung mehrer
Krankheitszustände, namentlich der Apoplexie, Hepatitis, Febri nerv. gastrica, Pocken, des Kindbett-
fiebers, des Rheumatismus acutus u. s. w. Man
macht die Einreibungen von oben nach unten, nach
dem Striche der Haare 8—10 Minuten lang, langsam mit einem feinen Lederhandschuh die Hand
überzogen, oder mit einem Arzneiglase; alle 2 St.
Ʒjj—jv. Das Zimmer habe mittlere Temperatur.
Nimmt die Krankheit ab, und naht dabei Speichelfluss oder dessen Symptome, so lasse man den
Körper mit Weingeist oder Seifenwasser abwaschen
und Wäsche wechseln. Bei acuten Entzündungen
der Unterleibseingeweide gelangen wir öfter auf
einen Punkt, wo wir von keinem der bekannten
Mittel irgend eine sichere Hülfe zu versprechen
im Stande sind, da die Krankheit trotz aller angewandten Mittel doch sich nicht mindert, und hier
wirken grosse Mercurialfrictionen oft ebenso specifisch als die Antimonialmittel in grossen Gaben
bei Entzündungen der Respirationsorgane.

Unguentum oxygenatum.
Unguentum resolvens.
Unguentum Rorismarini compos.
Unguentum sulphuricum. S. Krätze, Schwefelseife.
Unguentum stibiatum. S. Tart. emeticus.
Unguentum Werlhofii ℞ Merc. praecipit. albi ʒj;
    axungiae ʒj.
Ureum, Harnstoff; Diuretic., in Solution 5—10 Gr. p. d.
Ureum nitricum. 1—2 Gr. 2—3mal tägl. in Pillen.
Uva ursi. Folia ʒj auf ℔ j Dct. tägl. 59. 155. 227.
Valeriana. Radix. ʒβ—j tägl. 3mal Pulvis; als Thee
    ʒβ—j den Tag über kalt getrunken. Extr. frigide
    parat. Ɔβ—j p. d.; Tinct. simpl. 30—60 gtt.; Tinct.
    aetherea 20—30 gtt.; Ol. aeth. (Ɔj in ʒj Aether.
    acet., davon 3—4mal tägl. 10—15 gtt. auf Zucker)
    gegen nervösen Kopfschmerz. 133.
Vanilla, Siliqua, besonders für Hysterische ein gutes
    Stomachicum (Tinct. vanillae und tinct. ferri acet.
    aeth., ana ʒjj; 3mal täglich 30 gtt. in Madeirawein
    gegen atonische Menstruatio suppressa et retenta).
    3—15 Gr. in Substanz 2—4mal täglich. Tinct.
    15—60 gtt.
Veratrin. S. Sabadilla. Veratrum.
Verbascum. Herba. Infus. ʒβ—j auf ʒviij.
Vichy. Deutsche Aerzte schicken ihre Kranken der
    Art, welche Vichy besuchen könnten, nach Karls-
    bad und Marienbad. Das Wasser in V. ist das
    alkalireichste in Europa und besteht aus zweierlei
    Quellen, warmen (Grande Grille) u. kalten (der Cele-
    stine). Die warmen Quellen sind nur lau und haben
    nur wenig Geschmack und eine nicht sehr bedeu-
    tende Gasentwicklung, die kalten sind gasreicher.
    Das Wasser wird getrunken und zu Bädern be-
    nützt. Vichy wird nur von Kranken, nicht von
    Vergnügungssüchtigen besucht, und ist namentlich
    für Magenleiden, Leberkrankheiten, Unterleibsübel,
    Amenorrhoe etc. specifisch wirkend.
Vilsbiburg (Niederbayern), erdig-salin. Mineralquelle.
Vinum aromaticum.
Vinum Huxhami. S. Tart. emeticus.
Vinum stibiatum. S. Tart. emeticus.
Viola tricolor. S. Jacea.
Viscum quernum, album. 10—15, 20—25 Gr. alle 2—3
    St. für Kinder; Erwachsenen 3mal täglich Ɔj—ʒj in
    Pulver oder Infus. ʒjj auf ʒvj; — ʒβ—j auf ʒvj 2—4-
    mal tägl. 1 Essl. Aeusserlich mit Ziegenmilch zu
    Cataplasmen gekocht und anhaltend gebraucht ist
    es ein vortreffliches Mittel gegen Geschwülste ver-
    dächtiger und nicht genau erkannter Natur. 128.
Vitriolum album. S. Zincum sulphuricum.
Vitriolum cupri. S. Cuprum sulphuricum.
Wachs. S. Cera.
Warburg's Fiebertropfen 675.
Warmbrunn im Riesengebirge ist eine Therme von
    37—38° R. Die chemische Analyse weist hier eben-
    sowenig als für Teplitz, Gastein u. Leuk den Grund
    ihrer Heilkraft nach. Gegen Brustbeschwerden, die
    durch Auflockerung und Anschwellung der Bron-
    chialschleimhaut entstehen, gerühmt.
Waschwasser.

Weilbach im Nassauischen, zwischen Mainz u. Frankfurt. Sein Gehalt an Hydrothiangas gibt ihm den Hauptwerth; wird häufiger versendet, als an der Quelle getrunken. Gegen chronische Brustleiden, Stockungen im Unterleib.

Weingeistdämpfe 57.

Werlhof's Salbe. S. Unguent. Werlhofii.

Wiessau. S. Ottobad.

Wiesbaden mit 17 Thermen, von welchen die heisseste 70° R., die kühleste 46° R. Wärme hat. Kochsalz 44,225 Gran, Chlorkali 1,200, Chlortalk 1,790, Chlorkalk 5,480, schwefels. Natron 0,700, schwefels. Kalk 0,420, kohlens. Kalk 1,650, kohlens. Talk 0,700, kiesels. Alaun 0,600, Extractivstoff 1,76. Ausserdem Spuren von Jodkali, kohlens. Baryt, Bromcalcium etc. Man trinkt und badet zu Wiesbaden. Das Trinken verstopft leicht im Anfange, allein bei Fortsetzung des Gebrauches der Quelle hört dieses auf. Die Digestion wird wenig oder gar nicht befördert. Das Baden erzeugt einen krätzeähnlichen Ausschlag. Im Anfange werden rheumatische und gichtische Schmerzen zu Wiesbaden heftiger, aber allmählig mässiger und verlieren sich. Das Bad ist dem zu Burtscheid ziemlich ähnlich, nur schwächer.

Wildbad, das berühmteste Bad in Württemberg, das jedoch bei chemischer Analyse nur wenig wirksame Bestandtheile nachweist, doch 32° R. Wärme hat; eines der besten nervenstärkenden, belebenden Heilwässer.

Wildungen, welches wie Pyrmont zu den Fürstlich Waldeck'schen Domainen gehört, gegen Schwäche der Schleimhaut der Blase, vermehrte Schleimabsonderung derselben, Blennorrhoea u. Catarrhus vesicae; alle Morgen ein Glas. Die Verbindung des Natron mit einer geringen Menge von durch reichen Antheil von Kohlensäure höchst fein aufgelösten und verflüchtigten Eisen macht dieses Wasser für atonische Blasenkrankheiten, Blasenschleimsucht und Lithiasis besonders geeignet.

Wilhelmsbad (Kurhessen), erdig-salin. Eisenquelle; bei Schleimhautleiden, Verdauungsstörungen.

Wipfeld in Franken bei Würzburg, erdig-salinisches Schwefelwasser. Chron. Leiden der Haut, Schleimhäute (besonders der Luftwege). Rheuma, Gicht, Mercurialkrankheiten.

Wörth (Niederbayern), erdig-alkalische Mineralqnelle.

Zedoaria. Radix. Wie Galanga. Pulv. $\ni\beta$—j tägl. 3mal.

Zincum aceticum. Zu 5—10 Gr. rasch Erbrechen erregend; bei Gehirnleiden, Manie, den consensuellen Durchfall bei Gehirnaffectionen hebend; Ophthalmie, Blennorrhoen, Otorrhoen, wenn kein Schmerz zugegen, Tripper; als tonisch alterirendes Mittel ½—1—4 Gr. 2—3mal in Pillen oder Solution; als Emeticum 5—10 Gr. — Inject. 8—10 Gr. auf $\mathfrak{Z}$jv—vj Wasser mit schleimigem Zusatze; zu Augenwassern ¼—3 Gr. auf $\mathfrak{Z}$j Wasser. 50. 179.

Zincum hydrocyanicum. Gegen Neuralgien, Cardialgie, Beschwerden von übermässiger Sensibilität

des U.L., nervöses Kopfweh; äusserlich bei scrophulöser und katarrhalischer Ophthalmie. $^1/_8$—$^1/_4$
—$^1/_3$—1 Gr. 2—3mal tägl. in Pulver oder Pillen;
zu Collyrien 5—10—20 Gr. auf ʒj—ʒjjj Wasser.

Zincum ferro hydrocyanicum. $^1/_2$—1—2 Gr. 2—3mal
tägl. in Pulver oder Pillen; zu Collyrien 10—30 Gr.
auf ʒj—jjj Wasser.

Zincum jodatum. Heftig reizendes corrosives Gift, bei
chronischer Anschwellung der Mandeln 10—30 Gr.
auf ʒj Wasser, mit einem Schwamme auf die Mandeln aufzutragen; zur Zertheilung atonischer scrophulöser Geschwülste. ʒj auf ʒj Fett; 1—2mal tägl.
ʒj davon einzureiben.

Zincum muriaticum. Chlorzink. Innerlich und äusserlich gegen Syphilis, Flechten, Neurosen als
Causticum gegen Muttermäler, Fungus haematodes,
Zahnschmerzen. $^1/_{30}$—1 Gr. 3—4mal tägl. in Aether
oder Wasser gelöst. ℞ Zinci muriat. gr. vjjj; Aq.
dest. ʒj. S. 20—30 gtt. zu nehmen. ℞ Zinci muriat.
ʒʒ; Aq. dest. ʒjv gegen Condylomen und syphilitische Geschwüre.

Zincum oxydatum, Flores zinci. $^1/_2$—8 Gr. 3—4mal
tägl.; Kindern $^1/_4$—$^1/_2$ Gr. alle 1—2 St. Aeusserlich. 128. 295.

Zincum sulphuricum, Vitriol. album als Nauseos.
$^1/_8$—$^1/_4$—$^1/_2$ Gr. alle 2 St. Als Emet. 5—10—15, ja
20 Gr. S. Brechmittel 714.

Zincum valerianicum. Von italienischen Aerzten
gegen nervöse Krankheiten oft verordnet. Vorzüglich gegen Neuralgien in täglichen Gaben von
1—1$^1/_2$ Gr., woraus man 2 Pillen formen lässt, wovon man beim Schmerzanfall eine anwendet; besonders gegen Gesichts- u. Kopfschmerz, die rein
nervös, nicht rheumatisch etc. sind. Neuralgien
des Facialis, um die Augen, am Ohr, Neuralgie
supraorbit., Neuralgie facialis, Neuralgie intercost.
und die Mamma dringend; Migrain mit Orbital- u.
Augenschmerz.

Zingiberis Radix, Ingwer. Pulv. ϑβ—j mit Calamus,
Galanga etc. auch zu Scilla, Arnica, China; Syrupus Zingib. ʒβ zu ʒvj Flüssigkeit. ℞ Limatur ferri
gr. jβ; Pulv. rad. rhei, zingiberis, ana gr. jv; Elaeosacch. menth. gr. vj. M. f. pulv. d. t. d. Nr. 6.
S. 2mal täglich 1 Pulver.

Zittmann's Decoct. S. Decoct. Zittmanni.

BIBLIOTHECA
REGIA
MONACENSIS

Lightning Source UK Ltd.
Milton Keynes UK
UKOW06n1415211215

265132UK00008BA/63/P

9 781343 365681